ISBN 978-0-365-54515-6
PIBN 11261222

יהוה
INSTITVTIO THEOLOGICA
ANDOVER FVNDATA MDCCCVII
PS. CXIX
169.
כדברך
הבינני
JOH. XVII.
17.
ὁ λόγος
ὁ σὸς
ἀλήθειά
ἐστι
ΟΥ ΧΡΙΣΤΟΥ

Zeitschrift

der

Deutschen morgenländischen Gesellschaft.

Herausgegeben

von den Geschäftsführern,

in Halle Dr. Arnold, in Leipzig Dr. Anger,
Dr. Hupfeld, Dr. Brockhaus,

unter der verantwortlichen Redaction

des Prof. Dr. Brockhaus.

Achter Band.

Mit zwölf Kupfern.

Leipzig 1854

in Commission bei F. A. Brockhaus.

Inhalt

des siebenten Bandes der Zeitschrift der Deutschen morgenländischen Gesellschaft.

Erklärung der Münzen mit Pehlvi-Legenden.

Von

Dr. A. D. Mordtmann.

Vorrede.

Die folgenden Untersuchungen, beschränkt in ihrem ersten Anfange, haben sich nur allmälig über das ganze Feld der Pehlvi-Münzen verbreitet und eine Ausdehnung gewonnen, welche durchaus nicht in meinem Plane lag. Einzelne Bruchstücke wurden bereits früher in der Zeitschrift der Deutschen Morgenländischen Gesellschaft veröffentlicht, und unvollständig, ja selbst fehlerhaft, wie sie waren, hatten sie dennoch das Glück den Beifall der Kenner zu erwerben, was mich aufmunterte meine Untersuchungen fortzusetzen. Je weiter ich in dieses vereinsamte und dürftig angebaute Gebiet vordrang, desto mehr berichtigten sich meine Ergebnisse und befestigten in mir jenes Gefühl, welches den Forscher unwillkürlich ergreift, wenn er auf irgend einem Wege, sei es durch angestrengte Untersuchung oder durch einen glücklichen Moment, ein Resultat erreicht, wovon er sich selbst sagt: „*Εὕρηκα*, das ist das Richtige!“ während er bei andern Resultaten nicht dieses freudige Gefühl hat, ohne gleichwohl etwas Besseres geben zu können. Ist es mir gelungen auf diesem Felde Resultate zu erzielen, so ist es meine Pflicht hiermit öffentlich anzuerkennen, was mich zu diesen Forschungen veranlasste. Herr Prof. Justus Olshausen hat bekanntlich das Verdienst, die Kenntniss der Pehlvi-Münzen um ein Bedeutendes gefördert zu haben, und man kann mit Recht sagen, dass er nach Silvestre de Sacy der zweite Entdecker war. Namentlich gebührt ihm das Verdienst, die Münzen der späteren Epochen von Chusrav I. an zuerst richtig gelesen zu haben. Dadurch wurde er in den Stand gesetzt, die ersten Anfänge der muhammedanischen Numismatik nachzuweisen, und die orientalischen Geschichtschreiber, vorzüglich Makrizi, in ihren dessfallsigen Notizen wenigstens der Hauptsache nach zu bestätigen. Es kam nunmehr darauf an, möglichst viele Exemplare solcher Münzen aufzufinden, um daraus die ältesten muhammedanischen Münzen in ihrer Reihenfolge möglichst vollständig darzustellen, und es waren auch seitdem mehrere ziemlich weit zurückgehende Exemplare aufgefunden worden. So stand die Sache, als ich im Spätherbst 1845 nach Konstantinopel abreiste. Herr Prof. Olshausen empfahl mir beim Abschiede auf diese Münzen mein Augenmerk zu richten. Hier in Konstantinopel fand ich unerwarteter Weise eine ziemlich grosse Anzahl Pehlvi-Münzen in verschiedenen Cabinetten, und mit der grössten Bereitwilligkeit wurden sie mir sämmtlich von den Eigenthümern zum Behufe der Untersuchung zur Disposition gestellt. Ich musste mich in dieses Fach von vorn hinein arbeiten, da es mir bis dahin ganz fremd geblieben war. Bevor ich es zu einiger Sicherheit gebracht hatte, war eine der grösseren Sammlungen, die mir bis dahin zu Gebote stand, nach Paris gewandert, indem ihr Besitzer, Herr E. de Cadalvène, Direktor der französischen Post, das Unglück hatte geisteskrank zu werden; nur einige seiner Münzen, welche ich abgezeichnet hatte, konnte ich noch später untersuchen. Bei dem Studium der jüngsten Pehlvi-Münzen aber blieb es nicht; um zu sicheren Resultaten zu gelangen, musste ich immer weiter zurückgreifen, bis ich endlich bei Ardeschir I. anlangte. Das Material vermehrte sich indessen beträchtlich, und ich habe seitdem reichlich gegen 2000 Pehlvi-Münzen genau untersuchen können. Ausser meiner eigenen geringen Sammlung, welche ich hier angelegt habe, standen mir die sämmtlichen in Konstantinopel befindlichen Pehlvi-Münzen zu Gebote; ich habe jetzt die angenehme Pflicht, allen Männern, welche mich so bereitwillig und freundlich unterstützten, hier öffentlich meinen Dank auszusprechen. Besitzer der Sammlungen, die ich habe benutzen können, sind folgende Herrn:

1. Herr Seropé Markar Alischan, Münzen- und Antiquitätenhändler, Armenier.

2. Herr Baron Behr, ehemals k. belgischer Gesandter bei der h. Pforte, jetzt in Lüttich.

3. Herr Bilezikdschi, armenischer Architekt.

4. Herr J. P. Brown, Dolmetscher und interimistischer Geschäftsträger der Vereinigten Staaten von Nordamerika bei der h. Pforte.

5. Herr E. de Cadalvène, ehemals Direktor der französischen Post.

6. Herr H. Cayol aus Marseille, Besitzer einer lithographischen Anstalt.

7. Se. Exc. Herr A. L. Córdoba, ehemals k. spanischer Gesandter bei der h. Pforte, jetzt k. Rath und Senator in Madrid.

8. Se. Exc. Ismail Pascha, Direktor der Medicinalschule von Galata Sarai.

9. Herr Dr. G. Rosen, k. preuss. Consul und hanseatischer Vice-Consul in Jerusalem.

10. Subbi Bej, Mitglied des Conseils des öffentlichen Unterrichts.

11. Herr R. Baron Tecco, k. sardinischer Gesandter bei der h. Pforte.

Von diesen Sammlungen ist die unter No. 8 die reichste und vollständigste; ausserdem enthalten die Sammlungen No. 1, 6 und 10 jede für sich mehrere hundert Stücke, und vorzüglich ist die Sammlung No. 1 reich an seltenen Stücken.

Ferner habe ich in Smyrna benutzen können:

12. Die Sammlung des Herrn H. P. Borrell, Antiquitäten-Händlers, † 1851, und

13. Das Cabinet des Herrn Ivanoff, k. russ. Generalconsuls; erstere Sammlung war vorzüglich reich.

14. Herr Oberst Rawlinson gestattete mir bei seiner Durchreise durch Konstantinopel die Musterung seines reichhaltigen Cabinets, in welchem ich mehrere Unica zu finden das Glück hatte.

Auf einer Urlaubsreise im Sommer 1849 untersuchte ich

15. das k. k. Cabinet in Wien und

16. das k. Cabinet in Berlin; die Bereitwilligkeit, mit welcher Herr Direktor J. Arneth und Herr Dr. Friedländer mir die gewünschten Abdrücke einzelner Münzen gewährten, muss ich hier gleichfalls öffentlich mit Dank anerkennen.

17. Herr Prof. J. Olshausen stellte mir seinen ganzen Vorrath von Abdrücken zur Disposition.

Die Abbildungen, welche ich in einzelnen Werken, wie in denen von Longpérier, Niebuhr, Rob. Ker-Porter u. A. fand, habe ich ebenfalls, so weit es möglich war, zur Vervollständigung meiner Arbeit benutzt.

Um ein möglichst vollständiges Material zu erhalten, wandte ich mich auf diplomatischem Wege an die Vorsteher der Cabinette in London, Paris und Petersburg. Aus Paris bekam ich gar keine Antwort; aus London erhielt ich das Versprechen, dass Herr Vaux, Conservator im British Museum, mir von allen gewünschten Münzen Abdrücke gegen Erlegung der üblichen Taxe anfertigen lassen würde; ich willigte ohne Weiteres in den geforderten höchst billigen Preis ein und gab Auftrag mit der Arbeit zu beginnen. Seit mehr als 3 Jahren ist die Bestellung abgegangen, und ich habe bis jetzt kein einziges Stück erhalten. — Aus Petersburg erhielt ich eine ablehnende Antwort, weil Herr Prof. Dorn selbst mit einer Arbeit über diese Münzen beschäftigt war.

Es blieb mir also (da Amtsgeschäfte mir eine längere Entfernung von Konstantinopel nicht gestatten) nichts Anderes übrig als die wenigen Notizen über diese drei Cabinette und über die Münzen, welche sich in Privatsammlungen in diesen Residenzen befinden, aus den Werken von Prof. Olshausen, E. Thomas, A. de Longpérier u. s. w. zu benutzen.

Nichtsdestoweniger würde ich ruhig gewartet haben, bis eine günstige Wendung des Schicksals mir erlaubt hätte, die reichen Schätze von London, Paris und Petersburg zu untersuchen, wenn nicht Gründe von besonderer Wichtigkeit mich veranlasst hätten, schon jetzt mit meiner Arbeit hervorzutreten.

Die Arbeiten eines Burnouf, Rawlinson, Spiegel, Holtzmann, Lassen u. A. haben die Kenntniss des alten und neuen Persischen auf einen so hohen Standpunkt gehoben, dass es nachgerade einmal Zeit wird, das in der Mitte liegende Pehlvi auch etwas zu cultiviren. Die Arbeiten A. du Perron's sind ganz unbrauchbar; Müller's Abhandlung im Journal Asiatique ist ein unvollendetes Bruchstück. Die Unvollkommenheiten des Longpérier'schen Werkes sind längst anerkannt, und die Kritik hat ihn wahrlich nicht verschont; bei näherer Prüfung wird man finden, dass die ungünstigen Urtheile nur zu sehr gerechtfertigt sind. Bei völliger Unkenntniss des Pehlvi und des Persischen gehörte ein grosser Muth dazu, die Legenden der Pehlvi-Münzen erklären zu wollen; er kannte selbst das Alphabet nur unvollkommen, was ihm nicht nur bei den Münzen auf seiner letzten Tafel manchen argen Streich gespielt (er hat kufische Schriftzüge für Pehlvi gehalten, wie bärtige Mannsgesichter für Frauenköpfe ausgegeben u. s. w.), sondern auch schon bei den ältern Sasanidenmünzen grobe Irrthümer veranlasst hat. Dennoch darf man nicht verkennen, dass er mit schwacher Kenntniss des Pehlvi-Alphabets, aber mit einem feinen Takt für Kunst die ganze Reihe der Sasanidenkönige von Ardeschir I. bis auf Ardeschir III. fast durchgängig richtig bestimmt hat; auch muss man hervorheben, dass es ihm schon gelungen ist, die Münzen von Chusrav I. von denen des Chusrav II. richtig zu unterscheiden, was dem seligen Krafft und mir erst aus der Deutung der Regierungsjahre gelang, während Hr. E. Thomas noch jetzt darüber ziemlich im Dunkeln herumtappt und nach allerlei künstlichen Unterscheidungszeichen mühsam forscht (vgl. dessen Abhandlung S. 287, in der Note).

Bei weitem genügender, als Longpérier, ist E. Thomas, jedoch keineswegs in dem Grade, wie der heutige Stand unserer Kenntniss der übrigen Sprachen Persiens es erfordert. Namentlich vermisst man eine logische Behandlung der Sprache selbst, und seine fast ausschliessliche Abhängigkeit von den philologischen Arbeiten der indischen Perser hat ihn zu manchen Resultaten geführt, deren Unzulässigkeit auf den ersten Blick erscheint.

Um in Betreff des Pehlvi einigermassen methodisch zu verfahren, scheint es mir vor allen Dingen unerlässlich, dass wir zuerst einmal zusammenstellen, was dieser Sprache unzweifelhaft angehört, und zwar in der Gestalt, wie es auf den Original-Denkmälern vorkommt. Leider ist die Ausbeute nicht gross; die Münzen, die geschnittenen Steine und höchstens ein Dutzend kurzer Inschriften — das ist alles, was wir bis jetzt mit Sicherheit kennen. Vergleichen wir aber diese wenigen sichern Ueberbleibsel mit dem Bundehesch, mit A. du Perron und mit den Bruchstücken in den persischen Wörterbüchern Burhan-i-kati, Ferheng-i-dschihangiri, Heft kolzum u. s. w., so gelangen wir zu dem kläglichen Ergebniss, dass wir eigentlich noch gar nicht wissen, was Pehlvi ist, und dass wir also erst am Anfange der Erkenntniss sind. Indessen darf diess nicht abschrecken; fahren wir gelassen fort, die unbestrittenen Ueberreste des Pehlvi, unbeirrt durch die Träumereien der indischen Perser, zu untersuchen, so wird schon ein brauchbares Resultat zu Tage kommen, und vielleicht wird eine spätere Zeit weitere Denkmäler an's Licht bringen, welche unsere Erkenntniss noch mehr vervollkommnen werden.

Ich mache den Anfang mit den leichtesten Denkmälern, mit den Münzen; nach Beendigung dieser Arbeit werde ich die Inschriften auf geschnittenen Steinen und endlich die wenigen grösseren Inschriften von Naksch-i-Rustem u. s. w. erläutern.

Konstantinopel, den 18. December 1852.

Einleitung.

Litteratur.

S. de Sacy, Mémoires sur diverses antiquités de la Perse et sur les médailles des rois de la dynastie des Sassanides. Paris 1793. 4.

Sir W. Ouseley, Observations on some medals and gems bearing inscriptions in the Pahlavi or ancient Persick Character. London 1801.

T. C. Tychsen, Commentationes IV. de numis veterum Persarum, in Commentt. Soc. Reg. Scientt. Gott. rec. T. I—III. 1808—1813.

A. de Longpérier, Essai sur les médailles des rois Perses de la Dynastie Sassanide. Paris 1840. 4.

B. Dorn, Ueber einige unbekannte Münzen des dritten Sassaniden-Königs Hormisdas I., in dem Bulletin de l'Acad. imp. à St. Pétersbourg. Classe des sciences historiques. 1843.

J. Olshausen, Die Pehlewi-Legenden auf den Münzen der letzten Sâsâniden, auf den ältesten Münzen arabischer Chalifen, auf den Münzen der Ispehbed's von Taberistân und auf indo-persischen Münzen des östlichen Irân, zum ersten Male gelesen und erklärt. Kopenhagen 1843. 8.

A. Krafft, Ueber Olshausen's Entzifferung, in den Wiener Jahrbüchern der Literatur, Bd. 106. Anzeigeblatt.

Edward Thomas, The Pehlvi Coins of the early Mohammedan Arabs, im Journal of the Royal Asiatic Society, Vol. XII, Part 2.

Edw. Thomas, Notice on certain unpublished coins of the Sassanides, im „Numismatic Chronicle" Vol. XV.

Meine eigenen Abhandlungen, welche seit dem J. 1847 in der Zeitschrift der Deutschen Morgenländischen Gesellschaft erschienen sind, gehören nicht hierher, da sie nur Vorläufer der gegenwärtigen Arbeit waren; sie constatiren blos den Gang meiner Studien vom ersten unsichern Herumtappen an, neben einzelnen glücklichen Funden, die ich noch jetzt als mein unbestrittenes litterarisches Eigenthum, als meine erste Entdeckung ansehen kann. Was aus jenen Aufsätzen in diese Abhandlung nicht übergegangen ist, habe ich als unrichtig erkannt und verworfen.

Allgemeine Uebersicht.

Die Münzen, welche Aufschriften in Pehlvi-Charakteren tragen, zerfallen in dynastischer Beziehung in vier Klassen, welche bereits Olshausen richtig erkannt hat. Die ältesten sind diejenigen, welche von Fürsten aus der Sasaniden-Dynastie (226—651 n. Ch. G.) geprägt wurden. Ihnen schliessen sich unmittelbar die ältesten muhammedanischen Münzen an, welche ungefähr um die Zeit, wo das Reich der Sasaniden von den arabischen Eroberern die ersten Stösse erhielt, von den Statthaltern der Chalifen in diesen Gegenden ausgeprägt wurden und ungefähr bis zum J. 700 reichen. An diese schliessen sich die Münzen der Fürsten und Statthalter von Tabaristan, deren muselmännischer Charakter in der spätern Periode zwar sicher ist, jedoch nicht so entschieden hervortritt, wie auf den Münzen der Statthalter im übrigen Persien. Sie reichen bis nahe an das J. 800. Eine vierte Klasse bilden die Münzen des östlichen Persiens, welche neben den Pehlvi-Charakteren auch noch Aufschriften in Devanagari und in andern bis jetzt noch nicht entzifferten Charakteren haben, und deren chronologische Bestimmung noch grossen Schwierigkeiten unterliegt.

So sehr auch die einzelnen Münzen verschieden sind, so haben sie doch gewisse Kennzeichen mit einander gemein. Diese bestehen in dem vollständigen Gegensatz zu allem, was parthisch war. Mit den Sasaniden war keineswegs ein blosser Wechsel der Dynastie, sondern auch eine ganz entschiedene Reaction gegen alles Ausländische und eine möglichst vollständige Wiederherstellung des altpersischen Wesens in jeder Beziehung eingetreten. Auf den Münzen zeigte sich diess sehr auffallend. Statt der griechischen kamen wieder persische Legenden in Gebrauch; statt des Kriegers oder Fürsten mit dem Bogen wurde der Feueraltar auf die Rückseite der Münzen gesetzt; während auf den parthischen Münzen das Profil des Königs nach Links schaut, ist es auf den Sasanidenmünzen nach Rechts gerichtet, und nur sehr selten (in unwillkürlicher Uebereinstimmung mit den eben so seltenen parthischen Münzen dieser Art) erscheint statt des Profils ein dem Beschauer zugekehrtes Brustbild des Königs. Für die Geschichte des Geldes ist es besonders interessant, dass sämmtliche Münzen mit Pehlvi-Charakteren (mit Ausnahme der ältesten, der von Ardeschir I. geprägten) zu den dünnen Münzen gehören, als erste und älteste dieser Gattung, indem bis dahin nur Dickmünzen vorkommen, welche für den geschäftlichen Gebrauch viel unbequemer sind.

In artistischer Beziehung finden wir die schönsten Münzen zu Anfang, von Ardeschir I. an; die Münzen aber, welche noch unter den ersten Monarchen in Betreff der Ausführung unbedenklich für schön gehalten werden können, verschlechtern sich plötzlich in einem auffallenden Grade unter Sapor II.; von da an immer tieferer Verfall, bis sie unter Piruz so ziemlich den Gipfel der Barbarei erreicht haben, der sich unter Kobad, Chusrav I. und Hormuzd IV. ziemlich stationär erhält; unter Chusrav II. zeigt sich wieder ein Anfang zum Besseren, der aber nicht fortschreitet, sondern stationär bis zu den letzten Münzen dieser Gattung sich erhält.

Bei weitem die grösste Anzahl der Münzen sind Silbermünzen, deren Gehalt von Anfang bis zu Ende sich ziemlich gleich bleibt; nur von Sapor II. an zeigt sich eine Verschlechterung des Gehalts, die aber mit Jezdegird II. bereits wieder verschwindet. Goldmünzen sind sehr selten; mir sind solche nur vorgekommen von folgenden Monarchen: Ardeschir I., Schapur I., Hormuzd I., Bahram II., Hormuzd II., Schapur II., Schapur III., Jezdegird II. und Chusrav I., und zwar von jedem nur in einzelnen Exemplaren. Auch kommen zwei Goldmünzen aus der arabischen Periode vor. Häufiger sind Kupfermünzen; solche sind ausgeprägt unter Ardeschir I., Schapur I., Hormuzd I., Bahram II., Schapur II.; später scheinen sie aber nicht mehr gebräuchlich gewesen zu seyn.

Der Inhalt der Pehlvi-Legenden ist gleichfalls verschieden, und nehmen wir diesen als Eintheilungsgrund an, so ergeben sich folgende Klassen:

1) Name des Münzherrn mit seinen Titeln und Prädikaten auf beiden Seiten der Münze, ohne irgend einen andern Zusatz; von Ardeschir I. bis Hormuzd II. einschl.

2) Name des Münzherrn mit vollem Titel und allen Prädikaten; ausserdem Benutzung des Altargestelles um entweder ein die Aechtheit der Münze beurkundendes Wort, oder den Namen der Provinz, wo sie geprägt ist, darauf zu setzen; unter Schapur II. und Ardeschir II.

3) Auf der Vorderseite, wie bisher, Name des Münzherrn mit Titel und Prädikaten; auf der Rückseite Wiederholung des Namens, jedoch Weglassung des an dieser Stelle üblichen Prädikats, wofür der Name der Provinz gesetzt wird; auf dem Altar Bescheinigung der Aechtheit der Münze; unter Schapur III.

4) Beschränkung des königlichen Titels auf „König der Könige“, mit Weglassung aller weiteren Zusätze. Auf der Rückseite Wiederholung des Königsnamens, Bescheinigung der Aechtheit, Name der Provinz oder Stadt, hin und wieder auch Namen Gottes; unter Bahram IV., Jezdegird I. und II.

5) Wie No. 4, jedoch fehlt die Bescheinigung der Aechtheit; eben so werden auch die Namen Gottes weggelassen; unter Bahram V. und Jezdegird III.

6) Einfacher Name des Königs nebst Qualification als Hormuzdverehrer. Rückseite: Wiederholung des Königsnamens, nebst Angabe des Prägeortes; unter Hormusd III. und Piruz.

7) Einfacher Königsname mit einem Segenswunsche. Rückseite: Angabe des Regierungsjahres und des Prägeortes; unter Kobad, Chusrav I., Hormuzd IV. und während der Zwischenherrschaft Bahram's VI.

8) Ganz wie No. 7, mit Angabe des Metalls auf der Vorderseite der Münze. Dieser Habitus, welcher schon unter Hormuzd IV. einzeln vorkommt, bleibt unverändert bis zum Schluss.

Paläographisch lassen sich die Münzen schwerer scheiden, weil die Uebergänge zu unmerklich sind; doch kann man im Allgemeinen 3 Perioden annehmen:

1) Völlige Uebereinstimmung des Alphabets auf den Münzen mit den Lapidarschriften aus derselben Periode von Ardeschir I. an bis etwa auf Nersi, wo der Uebergang beginnt, welcher unter Hormuzd II. noch nicht vollständig bewerkstelligt ist.

2) Mittel zwischen dem alten Lapidar-Alphabet und dem modernen Pehlvi, etwa von Schapur II. an bis auf den Anfang der Regierung Chusrav's II.; am markirtesten ausgeprägt unter Bahram IV., dessen Münzen die schönsten Muster dieser Schriftgattung darstellen.

3) Völlige Uebereinstimmung mit dem Pehlvi-Alphabet der heutigen Parsen, unter Chusrav II. noch nicht ganz sicher, namentlich in den ersten Regierungsjahren; ja sogar unter Kobad Schiruje, Ardeschir III., Azermiducht und Jezdegird IV. theilweise Rückkehr zum Alphabet der ersten Periode; von da ab jedoch in den mohammedanischen Münzen, so wie in der ganzen Reihe der Münzen von Tabaristan rein ausgebildet.

Sprache und Alphabet.

Gleich wie das Alphabet auf den Münzen der Sasaniden und ihrer Nachfolger ein doppeltes ist, mit einer ziemlich langen Uebergangsperiode, so ist auch die Sprache eine zweifache. Während die auf den ältesten Münzen, gleich der auf den Lapidardenkmälern aus derselben Periode, augenscheinlich den Uebergang vom Zend zum Neupersischen bildet (mit aramäischen Elementen stark vermischt), treffen wir auf den neueren Münzen, ungefähr von Kobad an, eine Sprache, welche sich von dem heutigen Persischen nur ganz unbedeutend unterscheidet, die aramäischen Elemente ganz ausgeschieden hat und sie gleichsam nur noch neben sich duldet. Von den persischen Historikern, welche übrigens in solchen Dingen ganz unzuverlässig sind, wird erzählt, Bahram V. habe befohlen, dass an seinem Hofe nur p e r s i s c h پارسی gesprochen und in den Schulen nur persisch gelehrt werden solle. Da dieser Bericht mit allerlei wunderlichen Nebenumständen verknüpft war, so lernte ich ihn erst verstehen, als ich eine Totalübersicht der Sasanidenmünzen gewonnen hatte. Unter Jezdegird II. waren die Verhältnisse zum griechischen Reiche sehr freundschaftlich, und es scheint dieser Umstand nicht ohne Einfluss auf Persiens Cultur geblieben zu seyn; auch die Christen erfreuten sich unter diesem Monarchen vieler Begünstigungen. Die Urtheile der Geschichtschreiber über ihn sind daher sehr verschieden: während die byzantinischen Historiker Jezdegird II. als einen milden und wohlwollenden Herrscher schildern, wissen die persischen Chronisten nicht Böses genug von ihm zu erzählen, und er ist unter dem Namen des بزهکر „Bösewichts" bekannt, was die arabischen Berichterstatter durch اثيم „Sünder" wiedergeben. Unter seinem Sohn und Nachfolger Bahram V., welcher als Kronprinz viel von seinem Vater zu leiden hatte, trat eine völlige Reaktion gegen alles Christenthum und Griechenthum ein, und Bahram V. gilt daher bis auf den heutigen Tag für einen Liebling der Orientalen. Nun ist es leicht möglich, dass Bahram V. in seinem Hass gegen griechische Cultur und gegen Christenthum auch diejenigen Elemente der damals üblichen Sprache, welche daran erinnerten, mit einem Interdikt belegte, was namentlich die aramäischen Elemente treffen musste, indem die Sprache der persischen Christen damals, wie noch bis auf diese Stunde, syrisch war. Bahram starb 440 n. Ch. G., und ungefähr 60 Jahre später finden wir auf den Münzen von Kobad schon ganz gutes Neupersisch.

Die Sprache auf den älteren Münzen kann man mit gutem Fug P e h l v i nennen. Pehlvi, oder wie das Burhan-i-kati ausspricht, Pahlavi پهلوی, kommt von dem Worte پهلو pahlav „Stadt;" pahlavi bedeutet also s t ä d t i s c h, زبان پهلوی Zeban-i-pahlavi, die städtische Sprache.

Die Sprache auf den Münzen der zweiten Periode kann man Parsi پارسی nennen, worunter ich aber nicht das mit Arabischem vermengte Neupersische verstehe, sondern das reine und unverfälschte Persische, wie wir es in Firdevsi lesen, obgleich sich noch einige Verschiedenheiten vorfinden.

In derselben Periode hat sich wunderbarer Weise das Aramäische auf den Münzen in gleicher Berechtigung erhalten, indem die Zahlen, welche die Regierungsjahre anzeigen, von 1 bis 10 aramäisch sind, von 11 an aber persisch. Ich weiss dafür keinen andern Grund, als die grosse Aehnlichkeit von 3 und 30, 4 und 40, welche in persischer Sprache in Pehlvi-Charakteren wenig oder gar nicht verschieden sind, so dass man also vielleicht einer Verwechslung dieser Zahlen vorbeugen wollte.

Die Alphabete auf der beigefügten Tafel, nach den oben angegebenen drei Perioden gesondert, habe ich aus den schönsten Exemplaren zusammengetragen, und bemerke nur, dass da, wo in einer Columne mehrere Zeichen neben einander stehen, dieselben chronologisch geordnet sind, d. h. das erste Zeichen links ist das älteste u. s. f. Die mit einem × bezeichneten Charaktere sind mir nicht auf Münzen vorgekommen, sondern aus Inschriften von Gemmen nachgetragen; jedoch habe ich nur solche Gemmen benutzt, welche unzweifelhaft derselben Periode angehören.

Prägeorte.

Von Schapur III. an *) verschwindet das Wort Jezdani (der göttliche) auf der Kehrseite der Münzen, und es finden sich an dessen Stelle rechts verschiedene Zeichen, deren Deutung als Prägeorte von mir zuerst in einem Briefe an Prof. Olshausen vom 3. August 1847 (abgedruckt in der Zeitschrift der D. M. G. Bd. II, S. 112) versucht wurde. Auf den Ispehbed-Münzen findet sich an dieser Stelle das Wort Tapuristan. Dieses schon von Olshausen mit voller Sicherheit gelesene Wort veranlasste mich zuerst, in den erwähnten Münzzeichen die Namen der Prägestätten, wenigstens in abgekürzter Form, zu suchen. Einige andere Münzen, welche Olshausen in die Hände fielen, hatten hier ein Wort, welches er Iran las, was diese Ansicht bestätigte. Im J. 1847 gelang es mir zuerst einige andere dieser Zeichen zu erklären, andere deutete Olshausen (a. a. O., S. 115, Anm.); doch habe ich mehrere der damals aufgestellten Deutungen später aus numismatischen, orthographischen oder historischen Gründen aufgegeben; andere sind mir noch bis heute unsicher; über mehrere weiss ich gar nicht einmal eine Vermuthung auszusprechen. Thomas, welcher am 2. Juni 1849 seine Abhandlung einreichte, hat für die abgekürzten Formen wenig oder nichts gethan; zwei, höchstens drei hat er mehr oder minder richtig erklärt; die übrigen, selbst die auffälligsten und leichtesten, hat er gar nicht einmal zu erklären versucht, wiewohl mehrere derselben gerade auf denjenigen Münzen vorkommen, deren Erklärung er zum Gegenstand seiner Abhandlung machte. Longpérier, der nicht einmal Pehlvi lesen konnte, hat gar keinen Versuch gemacht. Ich nehme die Zeichen in chronologischer Ordnung vor, d. h. wie die chronologisch geordneten Münzen sie geben.

1) את, אתו, אתור, אתורי, אתוריא, Taf. IV, No. 1, ist der älteste Name, welcher schon isolirt auf Münzen von Bahram II., dann in grosser Menge auf Münzen von Schapur III. vorkommt (ich habe wenigstens 200 derselben in den Händen gehabt); auch unter den folgenden Regierungen kommt er vor, zuletzt auf Münzen von Bahram V., also im Ganzen etwa 160 Jahre. Unter den 5 verschiedenen Formen, welche ich oben angeführt habe, ist die letzte vollständig, also keine Abbreviatur, und man liest ungezwungen Athurin, Assyrien, also genau dieselbe Form,

---

*) Unter Bahram II. kommen jedoch schon 2 isolirte Fälle vor.

wie das altpersische 𐎠·𐎰·𐎢·𐎼·𐎠 und das neuarabische اثوريه. Später steht daneben oft das Wort בבא, welches dem nicht widerspricht. Da die meisten Sasaniden-Münzen in den hiesigen Cabinetten aus Bagdad kommen, so dient dieser Umstand als weitere Bestätigung, falls es deren noch bedarf.

2) סי T. IV, No. 2, kommt vor von Schapur III. an bis zum Jahre 66 der Hidschret, ist also eine der am längsten bestehenden Münzstätten. Ich erklärte diese Signatur zuerst durch Sistan (Ztschr. der D. M. G. Bd. IV, S. 93); später stiegen Zweifel in mir auf, indem ich es für unstatthaft hielt, schon im Pehlvi die ganze moderne Abschwächung von Sacastene in سيستان Sistan anzunehmen; allein eine Chalifenmünze bei E. Thomas vom J. 73 giebt den vollen Namen der Provinz: סיכאנ̃סאן Sikatschtan, was mich veranlasste, zu meiner früheren Auslegung zurückzukehren.

3) כר T. IV, No. 3, kommt zuerst auf einer Münze von Schapur III. vor, dann erst wieder unter Bahram V., und erhält sich in dieser abgekürzten Form bis zum 31. Regierungsjahre Chusrav's II. Später auf den Chalifenmünzen erscheint die volle Form כרמאן Kirman.

4) בבא T. IV, No. 4, erscheint zuerst auf Münzen von Bahram IV. und in grosser Anzahl unter den folgenden Königen, bis zum Jahre 68 der Hidschret. So unzweifelhaft die einzelnen Züge sind, so wenig gelang es mir eine Lokalität ausfindig zu machen, welche denselben entspräche; auch Thomas (s. dessen Abhandlung S. 327) gesteht, dass er den Sinn dieser Buchstaben nicht zu treffen vermochte, und doch ist es so einfach und klar: die drei Buchstaben sind b b a und repräsentiren die volle unabgekürzte Form des aramäischen Wortes בבא „die Pforte", als Bezeichnung der Residenz von den ältesten Zeiten an bis auf den heutigen Tag. Bei der Mehrzahl der Sasanidenmünzen ist also Ctesiphon مدائن darunter zu verstehen; bei den Chalifenmünzen die Residenz des Statthalters, welcher sie prägen liess. Diese Deutung wird noch negativ dadurch bestärkt, dass mir bis jetzt keine einzige Münze mit dem Eigennamen der Residenz vorgekommen ist, so interessant es sonst wäre zu erfahren, wie die Sasaniden eine Stadt nannten, welche die Griechen und Römer Ctesiphon, die Araber Madaïn, und Firdevsi, Taberi u. A. Taisifun طيسفون (d. i. Ctesiphon) nennen.

5) דא T. IV, No. 5, von Bahram IV. bis zum Jahre 76 der Hidschret, in sehr grosser Anzahl. Prof. Olshausen (Ztsch. der D. M. G. Bd. II, S. 115) erklärte die Abbreviatur durch Dâmegân; die Münze eines Chalifen, dessen Herrschaft in Damegan niemals anerkannt war, machte mich zweifelhaft und führte mich auf ganz entschiedene Abwege, welche in der Ztschr. der D. M. G. zu meiner nicht geringen Beschämung alle einregistrirt

sind. Später kam ich auf Damegan zurück, obwohl die grosse Anzahl Münzen, auf denen ich dieses Zeichen sah, mich auf's Neue bedenklich machte, bis ich in Hr. Thomas' Abhandlung die ganz ungezwungene Deutung Darabgird fand, welche alle meine bisherigen Zweifel niederschlug. Zu weiterer Bestätigung kann ich noch eine ganz isolirte Münze von Bahram IV. anführen, welche

6) דאראפכר Taf. IV, No. 6, Darafkir(d), als *ἅπαξ λεγόμενον* hat.

7) מא Taf. IV, No. 7, von Bahram IV. bis zum 20sten Regierungsjahre Chusrav's I. Die Buchstaben Ma sind deutlich, und da Madaïn als eine arabische Pluralform nicht in Betracht zu ziehen ist, auch orthographische Gründe dagegen sprechen, so bleibt nur Madai, Medien, übrig. Auf einer Münze von Bahram IV. kommt vollständig

8) מאדא Mada, T. IV, No. 8, als *ἅπαξ λεγόμενον* vor.

9) או T. IV, No. 9, von Bahram IV. an unter allen folgenden Königen sehr häufig bis zum 37sten Jahre Chusrav's II. Die beiden Zeichen sind a und u, oder a und n, oder s und u, oder s und n. So misslich es sonst ist, 2 Zeichen, von denen jedes einer doppelten Deutung fähig ist, richtig auszulegen, so glücklich treffen hier mehrere Umstände zusammen, um die Deutung sicher zu finden. Zuerst lässt das häufige Vorkommen des Zeichens entweder auf einen bedeutenden Ort (oder eine derartige Provinz), oder auf eine grössere Nähe schliessen. Ferner kommt die Mehrzahl der hier und in Smyrna vorhandenen Sasanidenmünzen aus Bagdad; endlich kommt auf einer Münze von Chusrav II. der Name unabgekürzt vor (Jahr 37), nämlich אוזינא Uzaina, welche Form genau der von Procopius (de Bello Gothico lib. IV, c. 10) aufbewahrten Form *Οὐζαΐνη* entspricht. Diess ist nichts anderes als die bekannte Provinz Chuzistan mit der Hauptstadt Susa. Es ist also diessmal gleichgültig, ob wir das erste Zeichen a oder s lesen; im ersten Falle wäre es der Name der Provinz, im zweiten Falle der Name der Hauptstadt. Thomas erklärt dieses Zeichen durch Yezd (s. dessen Abhandlung S. 293, No. 15), was aber unzulässig ist, da das Wort Jezd in Jezdani und Jezdikerti ganz anders geschrieben wird und mit der so häufig vorkommenden und daher unzweifelhaften Form des Prägeorts gar keine Aehnlichkeit hat.

10) סס, Taf. IV, No. 10, von Jezdegird II. bis zum Jahre 70 der Hidschret sehr häufig; wurde schon von Olshausen (Ztschr. der D. M. G. Bd. II, S. 115) durch Stachr = Istachr استخر, arabisirt اصطخر = Persepolis erklärt. Hr. Thomas (S. 325) erklärt es noch für „unidentified".

11) אס Taf. IV, No. 11, von Jezdegird II. an bis zum 21sten Jahre Chusrav's II., kommt nicht sehr häufig vor; die ziemlich

nahe liegende Deutung Aspahan = Ispahan wird durch die spätere Form אסף völlig bestätigt.

12) אחם Taf. IV, No. 12, von Bahram V. an bis zum 2ten Jahre Ardeschir's III., ist sehr einfach durch Achmatana = Ecbatana = Hamadan, die Sommer-Residenz der Sasaniden, zu erklären, und diese so nahe liegende Deutung Hrn. Thomas wohl nur desshalb entgangen, weil er zufälliger Weise (S. 328) falsch vokalisirte.

13) אר Taf. IV, No. 13, von Bahram V. an bis zum 10ten Jahre Chusrav's II. Hier wäre noch ein dritter und vierter Buchstabe sehr wünschenswerth, denn mit ar haben wir so viele geographische Namen zur Disposition, dass man sich unmöglich für einen mit Gewissheit entscheiden kann; ich nenne nur Armenia, Arbela, Ardebil, Arachosia, Aria, Artaxata, Ardeschir u. s. w. Arbela war mir übrigens von jeher das Wahrscheinlichste.

Man könnte den ersten Buchstaben auch als s und den zweiten als l fassen, und dann hätten wir die bekannte Stadt Seleucia, Ctesiphon gegenüber, welche während der Sasanidenzeit noch ihren alten Namen beibehielt, wie sich aus den syrischen Kirchenschriftstellern ergiebt; er hat dort die Form ܣܠܝܩ. Gegen diese sonst so nahe liegende Deutung habe ich nur das Bedenken, dass mir nie in dieser Abbreviatur die gekrümmte Form des s vorgekommen ist, so dass das erste Zeichen wohl nur a seyn kann.

14) רד oder לד, Taf. IV, No. 14, von Bahram V. an bis zum J. d. H. 67 sehr häufig. Der erste Buchstabe ist r oder l, der zweite d; eine andere Deutung der Buchstaben ist gar nicht zulässig, weil die Signatur zu häufig vorkommt. Dennoch ist es mir bis jetzt nicht gelungen eine Lokalität aufzufinden, welche mich hinlänglich befriedigt hätte. Die Stadt Rud in Multan ist zu weit entfernt; die Münzen würden seltener seyn; nicht zu gedenken, dass auch orthographische Gründe dagegen sprechen. Strabo und Stephanus Byzant. erwähnen eine Stadt Laodicea in Medien; wüsste man nur etwas mehr als den blossen Namen, so wäre nicht viel dagegen einzuwenden. Eben so kennt Ptolemäus eine Stadt Ῥοῦδα in Parthien und eine andere Stadt Ῥοῦδα in Drangiana, eine Stadt Ῥύττα in Babylonia, — kurz zum Herumtappen ist genug vorhanden, Befriedigendes wenig oder nichts. Einstweilen, bis etwas Besseres gefunden wird, schlage ich die Stadt Ledan in Chuzistan vor, welche noch am meisten befriedigt; sie war während der Sasanidenzeit Sitz eines nestorianischen Bischofs, und wird daher von den syrischen Kirchenhistorikern unter dem Namen ܒܝܬ ܠܕܢ Beth Ledan häufig erwähnt. (Vgl. Assem. Bibl. Orient. Tom. I, p. 3. 190. 192. 353.)

15) נה Taf. IV, No. 15, von Jezdegird III. an bis zum 36sten Regierungsjahre Chusrav's II. Das erste Zeichen ist n, das zweite h oder ch; für Conjecturen bieten diese beiden Zeichen eine reiche Fülle von Namen dar; am natürlichsten scheint es an Nahavend نهاوند in Irak zu denken.

16) אד Taf. IV, No. 16, von Piruz bis zum 28sten J. d. H. ziemlich häufig. Diese Signatur kommt in doppelter Form vor, nämlich das d mit dem vorhergehenden Zeichen verbunden und auch nicht verbunden. Erstere Form veranlasste Hrn. Thomas, auch diese Signatur, gleichwie die vorher unter No. 9 beschriebene, durch Jezd zu erklären. Auch hier ist diese Deutung unzulässig: die Betrachtung des Namens Jezdegird so wie der Umstand, dass das Pehlvizeichen für z sich allemal mit dem folgenden Buchstaben verbindet, während dieser Prägeort eben so häufig mit getrennten Zeichen geschrieben wird, sprechen dagegen; ferner verbindet sich das z mit d nie in der Weise, wie in diesem abbreviirten Prägeorte, nach unten, sondern etwas höher hinauf, wie die Wörter Mazdaiasn, Ochramazdi, Jezdikerti u. s. w. beweisen. Allen diesen Schwierigkeiten entgeht man, wenn man die Zeichen einfach so liest, wie sie sich auf den ersten Blick darstellen, nämlich a d. Zur Auslegung stellen sich zwei Namen zur Disposition, Adiabene und Aderbaigan. Adiabene hat viel für sich, indem es an die Stelle des um dieselbe Zeit verschwindenden Athuria (s. oben No. 1) treten würde; der angeblich griechische Ursprung des Namens (ἀ priv. und διαβαίνειν) macht mich nicht irre, denn das ist vielleicht nur eine philologische Grille, und überdiess nennen die Syrer dieses Land ܚܕܝܒ Chadib. Nur macht mich das späte Vorkommen dieses Namens bis zum Jahre der Hidschret 28 bedenklich, und daher bin ich eher geneigt Aderbaigan als das Richtige anzunehmen; dieser Name hat sich seit Jahrtausenden bis auf den heutigen Tag ziemlich unverändert erhalten, Ἀτροπατήνη اذربايكان, u. s. w. Ein einziges Mal erhebt sich dagegen ein chronologischer Zweifel, der aber, in Betracht der chronologischen Ungeheuerlichkeiten, die auf den arabischen Pehlvi-Münzen in grosser Anzahl vorkommen, von gar keiner Bedeutung erscheint.

17) ני Taf. IV, No. 17, von Piruz bis zum 54sten Jahre der Hidschret. Die beiden Zeichen sind ni, weswegen man Nisibin, Nisa u. s. w. lesen kann; Nisa scheint mir eher zulässig, weil Nisibin von Chusrav II. wieder an das griechische Reich abgetreten wurde, während Münzen vom 30sten Regierungsjahre dieses Fürsten mit dieser Signatur vorkommen.

18) אב Taf. IV, No. 18, vom 11ten Jahre Kobad's bis zum 37sten Jahre Chusrav's II. Das erste Zeichen ist ein a, das zweite ein b. Unter der grossen Anzahl geographischer Namen, welche mit diesen Buchstaben anfangen und deswegen hier in Betracht

kommen können, ist keiner von so hervorragender Wichtigkeit, dass man sich sogleich dafür entscheiden könnte. Ich führe nur folgende an:

Aber in Chorasan, nahe bei Nischapur;
Abher zwischen Zendschan und Kazwin;
Abiwerd in Chorasan (Apavarctica);
Abbadan an der Mündung des Tigris;
Aberkuh in Persis u. s. w.

19) בסא Taf. IV, No. 19, vom 15ten Jahre Kobad's bis zum 81sten Jahre der Hidschret. Dieses kommt auf den Chalifenmünzen sehr häufig vor. Anfangs las ich es Basra, was auch mit der Geschichte übereinstimmte, bis ich andere Sasanidenmünzen mit dem wirklichen Namen dieser Stadt sah, folglich Basra aufgeben musste. Thomas liest es Bisch und hält es für den Pehlvi-Namen der bekannten Stadt بيضاء Beidha (s. dessen Abhandlung S. 324). Allein die Erläuterung, welche er selbst dazu giebt, widersetzt sich dieser Auslegung. Er citirt Ibn Haukal's (nach Ouseley) Oriental Geography: „Beiza is one of the largest towns in the Koureh of Istakhar; it is a pleasant and well-inhabited place; its walls are white; and it was the station of the Mussulman army at the time of the conquest of Istakhar.“ — Bekanntlich ist das von Ouseley übersetzte Werk eine schlechte Compilation aus dem Isstachri; in dem Originalwerke heisst es, S. 64: والبيضاء اكبر مدينة فى كورة اصطخر وسميت البيضاء لان لها قلعة تبيض من بعيد ويرى بياضها وكانت معسكر للمسلمين يقصدونها فى فتح اصطخر وهى مدينة تقارب اصطخر فى الكبر وبناؤهم من طين وهى تامة العمارة خصبة جدا ينتفع اهل شيراز بميرتها „Beidha ist die grösste Stadt in der Provinz Isstachr; sie hat ihren Namen von einem dazu gehörigen weissen Kastell, dessen Weisse man von fern sieht. Sie war ein Sammelplatz der moslemischen Heere, welche sich dorthin zogen als Isstachr erobert werden sollte. Die Stadt kommt Isstachr an Grösse ziemlich gleich; das dortige Baumaterial ist Lehm. Sie ist äusserst bevölkert und sehr fruchtbar; die Bewohner von Schiraz machen sich die dort erzeugten Lebensmittel zu Nutze.“ Schon diese Stelle ist gegen die Zulässigkeit der obigen Auslegung, insofern wohl ein aramäisches, aber kein arabisches Wort als Wurzel eines sasanidischen Städtenamens vorkommen kann; noch erheblicher aber werden die Zweifel, wenn man den gleichfalls von Thomas citirten Abulfeda liest; dieser sagt wörtlich: قال ابن حوقل والبيضاء من اكبر مدن كورة اصطخر وسميت البيضاء لان لها قلعة يرى بياضها من بعيد واسمها بالفارسية نشانك „Ibn Haukal sagt: Beidha ist eine der grössten Städte der Provinz Isstachr; sie hat ihren Namen von einem dazu gehörigen Kastell, dessen Weisse man von fern sieht; ihr persischer

Name ist Nischanek." Wir müssen uns also nach einer andern Deutung umsehen, und es bieten sich deren drei dar, von denen jede ziemlich viel für sich hat. 1) Es ist möglich, dass es nur eine andere Form für die unter No. 4 behandelte Signatur בבא ist; diess würde namentlich für die Sasanidenzeit leicht möglich gewesen seyn. 2) Oder es ist nur eine andere Form für Basra בצרא, in welchem Falle wir jedoch für die Sasanidenzeit eine andere Lokalität aufsuchen müssten. 3) Oder endlich, und das ist mir das Wahrscheinlichste, haben wir hier weder mit der Residenz, noch mit Basra, noch mit Beidha zu thun, sondern wir lesen die Zeichen einfach so, wie sie sich auf den ersten Anblick und ungezwungen darbieten, nämlich *Bsa*, also *Basa*, eine Stadt, welche nicht minder berühmt ist, als Beidha. Isstachri sagt S. 64: واما كورة دارابجرد فان اكبر مدنها فسا وهى واسعة الشوارع تقارب فى الكبر شيراز الا انها اصح هواء واوسع ابنية وبناوهم من طين واكثر الخشب فى ابنيتهم السرو ولها حصن وخندق وربض واسواقها فى ربضها وفيها سائر الفواكه „Die grösste Stadt in der Provinz Darabdschird ist Fasa; sie hat breite Strassen und kommt Schiraz an Grösse ziemlich gleich, jedoch ist die Luft gesünder und die Gebäude sind geräumiger. Das dortige Baumaterial ist Lehm, das meiste Holz an den Gebäuden Cypressenholz. Die Stadt hat Festungswerke, einen Graben und eine Vorstadt. Die Märkte sind innerhalb der Vorstadt und reichlich mit Früchten versorgt." — Abulfeda berichtet ungefähr dasselbe, macht aber nach dem Verfasser des Lobab eine Bemerkung, welche uns hier wesentlich zu Statten kommt; er sagt nämlich: وبسا يقال لها بالعربى فسا „Basa heisst auf arabisch Fasa." Die neupersische Schreibart würde aber mit der Pehlviform ganz und gar identisch seyn. Historische Zweifel sind einstweilen nicht vorhanden, denn die älteste Chalifenmünze, auf welcher dieser Name vorkommt, ist bis jetzt vom Jahre d. H. 35, wo ganz Persien längst unter arabischer Herrschaft war.

20) זד Taf. IV, No. 20, vom 17. Jahre Kobad's bis zum 37. Jahre Chusrav's II. Das erste ist ein z, das zweite ein d. Zur Erklärung dieser Abbreviatur weiss ich nur sehr wenig und schwerlich Befriedigendes beizubringen. Zadracarta ist nach Arrian (Exped. Alexandr. lib. III, cap. 25) die grösste Stadt in Hyrkanien. Vielleicht ist es dieselbe, welche Polybius (lib. X, c. 31) *Σύριγξ* und Strabo (lib. XI, cap. 7) *Κάρτα* nennt. Bei Ptolemäus kommt sie nicht vor. Dass der Name Zadracarta nur in einem einzigen klassischen Schriftsteller vorkommt, erregt mir Bedenklichkeiten gegen die vorgeschlagene Deutung, aber ich weiss nichts Besseres. Um die Zeit, wo dieses Münzzeichen zum ersten Mal vorkommt, nämlich um das J. 508, machte Kobad einen Feldzug nach den indischen Gränzen. Dort

lag ein festes Schloss Zumbader, Tzudader (*Ζουμβάδερ, Τζουδάδερ*), wo die kostbarsten Schätze von Dämonen bewacht wurden. Weder der Magier noch der Juden Zauberkünste vermochten die Riegel des Schlosses zu zersprengen, doch das Gebet der nestorianischen Christen öffnete dem Könige die Thore von Zudader, und er hob alle Schätze, welche daselbst vergraben waren. (Rawlinson glaubt diesen Ort in dem heutigen Dádar, am Fusse des Bolanpasses, wieder zu finden. Journ. of the Georgr. Society, Vól. XII, p. 114.) Diese Erzählung, so romanhaft sie klingt, wird von drei ernsthaften Geschichtschreibern, Cedrenus, Theophanes und Victor, berichtet. Letzterer bestimmt sogar das Jahr, nämlich unter dem Consulat des Venantius, also im J. C. 508. Cedrenus nennt das 26. Regierungsjahr des Anastasius, also 516. Die erstere Angabe würde sehr gut passen, denn es ist nicht unmöglich, dass Kobad dort eine Münzstätte errichtet habe.

21) Taf. IV, No. 21. 22. 23. Ob diese drei Zeichen identisch sind, weiss ich nicht. Das erste kommt nur einmal vor, im 31. Regierungsjahre Kobad's; das zweite und dritte im Ganzen nur fünf Mal, nämlich Kobad, 40. Jahr, Chusrav I, 23. Jahr, Hormuzd IV, fünftes und eilftes Jahr, und Chusrav II, achtes Jahr. Es ist misslich, eine so kleine Signatur bestimmen zu sollen, von der es nicht einmal sicher ist, ob sie einen oder zwei Buchstaben enthält. Ist es nur ein Buchstabe, so wäre die erste ein a, womit so gut wie nichts gesagt ist. Die zweite wäre ein g, und man könnte an Ganzaca (= Tebriz), Gurgan (= Hyrcania) u. s. w. denken. Sind es aber zwei Zeichen, so wäre es zi oder zu, womit sehr wenig oder sehr viel, aber nichts Befriedigendes anzufangen ist.

22) סנט oder אנט, Taf. IV, No. 24. Vom 32. Regierungsjahre Kobad's bis zum 72. J. d. H. in sehr grosser Anzahl. Prof. Olshausen und ich lasen dieses Zeichen Sind, und diess hat auch vieles für sich; nur machte mich zuletzt die ausserordentlich grosse Anzahl Münzen bedenklich, welche aus dieser Prägestätte hervorgegangen sind; diese Bedenklichkeiten wurden noch durch einige Chalifenmünzen vermehrt, welche Namen von Statthaltern trugen, die gewiss niemals in Sind befehligt haben. Es kam nun darauf an, etwas Näheres aufzufinden. Antiochia ist nicht wohl möglich; die einzige Stadt, welche hier in Betracht kommen könnte, wäre Antiochia Margianes, das ist aber Merv, welches bereits unter diesem Namen vorkommt und sein eigenes Münzzeichen hat. Bei Assemani (Bibl. Or. Tom. I, p. 193. 194) wird eine Provinz Honitho ܗܘܢܝܬܐ, wahrscheinlich in Chuzistan, erwähnt, welche einigermassen mit obiger Signatur übereinstimmt, die ich aber sonst nirgends erwähnt finde. Dagegen scheint Antmesch, gleichfalls in Chuzistan, sehr viel für sich

zu haben. Nach Faustus Byzant. (lib. V, cap. 7, p. 306, citirt von St. Martin, Mémoires sur l'Arménie, I, p. 312 in der Note), ist diess der persische Name des Schlosses, wo die Staatsgefangenen aufbewahrt wurden; niemand durfte die Namen der dort Verhafteten nennen, und sie wurden als todt betrachtet, wesshalb dieses Kastell „das Schloss der Vergessenheit" genannt wurde. Bei Amm. Marc. heisst es Agabana und bei Theophylaktus *Γιλιγέρδων*; Faustus Byz. schreibt den persischen Namen Անդմշն und den armenischen Namen Aniusch. Einen ähnlichen Namen sieht man noch bei Isstachri, auf dessen Karte zwischen pag. 88 und 89, nämlich unter No. 4 اندامش Andamisch, das nach der angegebnen Lage auf der Gränze von Chuzistan, ungefähr am Fusse des Zagros-Gebirges liegen muss.

23) איראן Taf. IV, No. 25. Vom 33. Jahre Kobad's bis zum 9. Jahre Chusrav's II. Auf den ersten Blick liest man Iran, Persien, was indessen als Münzstätte doch zu grossen Raum einnimmt. Da aber Arianna und Arran اران von derselben Wurzel abstammen, so ist es leicht möglich, dass eine dieser beiden Provinzen die mit diesem Worte bezeichneten Münzen geliefert hat.

24) Die beiden Signaturen Taf. IV, No. 26 und 27, kommen, die erstere von 34. Jahre Kobad's bis zum 11. Jahre Chusrav's II., die letztere vom 12. Jahre Chusrav's II. bis zu dessen 32. Jahre vor. Das erste Zeichen ist ein r, die beiden folgenden sehen sich gleich, sind aber sehr vieldeutig; die natürlichste Auslegung ist wohl Rhages, Raj ری, doch wage ich es nicht, die einzelnen Buchstaben bestimmt anzugeben.

25) דינאן Taf. IV, No. 30. Dieses Zeichen kommt nur ein einziges Mal auf einer Münze vom 35. Jahre Kobad's vor; die Münze ist sehr schön und deutlich, und die Schriftzüge sind mit vollkommener Schärfe ausgedrückt. Die drei letzten Buchstaben können nur nan seyn; aber der erste und zweite Buchstabe sind verschiedener Deutung fähig: der erste ist ein etwas schief liegendes d, kann aber auch ein b oder ch seyn, ja selbt eine Contraction von j oder z und noch einem Buchstaben, etwa b, wäre nicht unmöglich; der zweite Buchstabe ist i oder z. Ich gestehe mein Unvermögen, diesem Worte eine nur einigermassen befriedigende Erklärung zu geben; es ist vielleicht eine sehr entfernte Lokalität, weil sonst die Münzen von dort häufiger vorkommen müssten.

26) נשח und נשחף Taf. IV, No. 28 und 29. Vom 37. Jahre Kobad's bis zum 27. Jahre der Hidschret, ungemein häufig, und jeder einzelne Buchstabe ist so deutlich, dass man auf den ersten Blick n sch ch oder n sch ch p, also Nischachpuchri liest, welches der sasanidische Name der bekannten Stadt Nischapur (arabisch Neisabur) ist. Thomas (p. 328) sagt: „it may either be Nisah or Fesah," es dürfte ihm jedoch schwer

fallen, die Existenz dieser Lokalitäten in Persien nachzuweisen. Meint er aber Nisa und Fasa, so begreift man nicht, woher das ch und das p am Ende des Wortes kommt; auch wäre für Fasa der erste Buchstabe in diesem Worte ganz abweichend gebildet, wie man sich leicht durch Vergleichung der Zahlen pentsch deh (15) und nudsch deh (19) überzeugen kann.

27) חר Taf. IV, No. 31, vom 38. Jahre Kobad's bis zum 18. Jahre Chusrav's I., dann später vom J. d. H. 63 bis 67 חרא Taf. IV, No. 32, bezeichnet ohne Zweifel die Stadt Herat, welche auch Thomas erkannt hat.

28) Taf. IV, No. 33. Dieses Zeichen kommt vom 40. Jahre Kobad's bis zum 36. Jahre Chusrav's II. vor. Das erste ist ein m, das zweite b oder z oder i. Für die Combination mb wird sich schwerlich ein Name auffinden lassen (*Maĩna* in Kurdistan, Ptolem. V, 13, 21. hat doch zu wenig für sich); für mz erinnert man sich unwillkürlich an Mazanderan, was ich auch früher vorgeschlagen habe; indessen stiegen Zweifel in mir auf, ob man im Pehlvi den Namen مازندران so schreiben könne, und dies veranlasste mich, auch die Combination mi vorzunehmen, wo sich aber wieder zu viele Lokalitäten, wie Mimend, Meibod u. s. w. darboten, so dass ich diese Signatur ungewiss liess. Ich entschied mich endlich für Meibod, weil sich in diesem Falle sogar die Lesart mb rechtfertigen würde. Abulfeda sagt: يزد وميبذ بلدتان من كورة اصطخر فى الجهات التى بين اصبهان وكرمان وهما متقاربتان „Jezd und Meibod sind zwei Städte in der Provinz Isstachr in dem Landstrich zwischen Ispahan und Kirman, und liegen beide nahe bei einander." — Diese Vermuthung erhielt eine willkommene Bestätigung, als ich kürzlich eine Münze vom 27. Jahre Chusrav's II. im Cabinete Subhi Bej's sah, auf welcher der Prägeort מיב Taf. IV, No. 34, angegeben war, so dass nunmehr die Deutung Meibod als gesichert anzusehen ist.

29) אירא (הירא) und איר (היר) Taf. IV, No. 35. Vom zweiten Jahre Chusrav's I. bis zum 25. J. d. H. Man liest diess ohne Anstoss Hira, die bekannte Hauptstadt des arabischen Vasallenstaates am Euphrat, in der Nähe von Kufa.

30) ראם Taf. IV, No. 36. Vom 11. Jahre Chusrav's I. bis zum 26. Jahre Chusrav's II. Die drei Zeichen können nur Ram gelesen werden, und es gibt viele Städte, welche mit diesem Worte anfangen. Ram heisst Ruhe. Ram Schapur, Ram Hormuzd u. s. w. entsprechen in ihrer Zusammensetzung genau den deutschen Namen Carlsruhe, Friedrichsruhe u. a. Von den verschiedenen Städten, deren Namen mit diesem Worte beginnen, ist Ram Hormuzd in Chuzistan die bedeutendste, wesshalb ich diese als den Prägeort angenommen habe.

31) זר Taf. IV, No. 37. Vom 12. Jahre Chusrav's I. bis zum 38. Jahre Chusrav's II. Das erste ist z, das zweite r

Die stark gedehnte Form des ersten Buchstaben fällt auf, und man könnte geneigt seyn, ihn für b zu halten, wenn nicht der Umstand, dass das Pehlvi b sich nie mit dem folgenden Buchstaben verbindet, sondern unter demselben weggeht, sich dieser Annahme widersetzte; übrigens sind solche Streckungen nicht ungewöhnlich. Die einfachste Auslegung ist Zerendsch زرنج 𐏀.𐎼.𐎣 (Zaraka), *Δραγγιανή* oder *Ζαράγγαι*, welches auch noch unter den Omajjaden und Abbasiden Münzstätte blieb. (M. s. Prof. Stickel in der Zeitschr. der D. M. G. Band VI, S. 115 ff.)

32) פר Taf. IV, No. 38, vom 17. Jahre Chusrav's I. bis zum 30. Jahre Chusrav's II. Das erste ist p (oder f), das zweite r; beide Buchstaben lassen keine weitere Auslegung zu, insofern bei ächtpersischen Namen nicht so leicht an l zu denken ist. Es lag nahe, an Pars, Persis zu denken, allein es erheben sich allerlei Schwierigkeiten dagegen. Zunächst haben wir in der Provinz Pars schon mehrere Münzstätten mit Sicherheit erkannt, z. B. Isstachr, Darabgird, Basa, so dass die Bezeichnung der ganzen Provinz nicht mehr gut zulässig ist, es wäre denn für die Hauptstadt derselben, die aber schon ihr eigenes Münzzeichen hat; dann aber wird der Name Pars auch immer mit a geschrieben: 𐎱.𐎠.𐎼.𐎿. पारसीक پارس und im Pehlvi selbst פארס, so dass man für die Abbreviatur eine andere Erklärung suchen muss. Zunächst bietet sich Parthia dar, aber hätte unter Chusrav I. der Name Parthia noch bestanden, was sehr zweifelhaft ist, so würden die Sasaniden diesen Namen gewiss nicht auf ihren Münzen geduldet haben. Von grösseren Städten Persiens hat daher wohl Farra in Segestan den meisten Anspruch. Bei Isstachri heisst es p. 103: واما فره فانها مدينة اكبر من هذه المدن ولها رساتيق تشتمل على نحو من ستين قرية وبها نخيل وفواكه وزروع وعليها نهر فره عن يمين الذاهب من سجستان الى خراسان „Farra ist grösser als alle diese Städte (deren Beschreibung vorhergeht) und hat ein Gebiet, welches ungefähr 60 Dörfer umfasst. Es sind dort Dattelpalmen, Früchte und Getreidefelder. Bei der Stadt fliesst der Fluss Farra, zur Rechten des Weges von Sedschestan nach Chorasan."

33) מר Taf. IV, No. 39. Vom 18. Jahre Chusrav's I. bis zum 36. Jahre Chusrav's II. Es ist ohne Zweifel die bekannte Stadt Merv in Chorasan. Später wird der Name voll ausgeschrieben.

34) חוז Taf. IV, No. 40, kommt nur zweimal vor, im 22. und 25. Jahre Chusrav's I. Chudsch entspricht genau dem syrischen ܚܘܙ, welches wiederum die Elemente von خوزستان und اهواز (Chuzistan und Ahvaz) enthält, und scheint also nur Ne-

benform für Uzaina zu seyn, wenn man nicht annehmen will, dass Ahvaz schon vor der islamischen Zeit existirte.

35) Das Zeichen Taf. IV, No. 41, kommt nur einmal, 26. Jahr Chusrav's I, vor, und ist zu vieldeutig, als dass eine Untersuchung Aussicht auf Erfolg darbieten könnte. Vielleicht ist es nur der Anfang einer sonst schon bekannten Signatur.

36) נא oder נה Taf. IV, No. 42, kommt ebenfalls nur einmal, 29. Jahr Chusrav's I, vor, und scheint dasselbe zu bedeuten, wie das unter No. 40 erklärte Zeichen.

37) אם oder סם Taf. IV, No. 43, kommt nur zweimal vor, im 31. und 40. Jahre Chusrav's I, und zeigt entweder einen sehr entfernten Ort an, oder eine Stadt, welche nur auf kurze Zeit unter sasanidischer Herrschaft war. Liest man das erste Zeichen s, so würde Samarkand beiden Bedingungen entsprechen; auch stand es damals wirklich unter der Herrschaft der Chosroen. Liest man das Zeichen a, so wäre vielleicht Amol in Taberistan das natürlichste.

38) רא Taf. IV, No. 44, vom 31. Jahre Chusrav's I. bis zum 11. Jahre Chusrav's II, ist wohl nur eine andere Form für Raj; s. oben No. 24.

39 ספר Taf. IV, No. 45, kommt nur zweimal vor, im 36. Jahre Chusrav's und im 3. Jahre Hormuzd IV. Dies bedeutet wohl die Stadt Asferain, Saferain, Asperajin oder Saperajin in Chorasan, in der Nähe von Nischapur. Da اسپر oder سپر im Persischen einen Schild bedeutet, so giebt das Burhan-i-kati eine wunderliche Erklärung des Namens dieser Stadt: اسپر

آیین بای فارسیله اسفر آیین وزلنده ومرادخیدر که خراسان اولکه

سنده معروف شهردر خلقنك آیین وعادتلری دائما قلقان قوللندقلری

حسبیله بو اسمله تسمیه اولندی „Asperajin, auch Asferajin, ist eine bekannte Stadt in der Provinz Chorasan, und hat ihren Namen davon, dass die Bewohner sich immer eines Schildes zu bedienen pflegen."

40) נהר Taf. IV, No. 46, vom 38. Jahre Chusrav's I. bis zum 31. Jahre Chusrav's II. Bei diesem Zeichen wird am zweckmässigsten das nächstliegende genommen, Nahrvan, in der Nähe von Bagdad.

41) Die Abkürzung Taf. IV, No. 47, kommt nur einmal, im 38. Jahre Chusrav's I, vor, und weiss ich nichts Bestimmtes darüber anzugeben.

42) בי oder בז Taf. IV, No. 48, vom 43. Jahre Chusrav's I. bis zum 32. Jahre Chusrav's II, dann noch einmal im J. d. H. 52. Thomas sagt (p. 327) „possibly the original mode of indicating Busrah;" da aber Basra eine von den Arabern angelegte Stadt ist, so kann diese Auslegung nicht in

Betracht kommen; ich selbst aber wusste nichts Besseres anzugeben, bis mir vor einiger Zeit eine Münze vom 13. J. Chusrav's II. in die Hände fiel, welche die auf Taf. IV, No. 49, dargestellte Legende gab. Augenscheinlich war in derselben der Name des Prägeortes ganz ausgedrückt, leider aber so abgescheuert, dass wenig oder nichts zu erkennen war. Nach dem zweiten Buchstaben fehlten zwei, vielleicht drei Zeichen, worauf das auf der Tafel dargestellte wieder etwas hervortrat. Dieser Umstand ist um so verdriesslicher, da es die einzige mir bis jetzt vorgekommene Münze ist, welche über die räthselhafte Abbreviatur Auskunft geben könnte. Ich schlage einstweilen, da der sichtbare Buchstabe möglicherweise ein t ist, Bihistun vor, bis etwa ein glücklicher Zufall eine zweite besser erhaltene Münze an's Tageslicht bringt.

43) Die Abbreviatur Taf. IV, No. 50, kommt nur einmal, im 44. Regierungsjahre Chusrav's I. vor, und die ganze Form ist so wenig der persischen Sprache angemessen, dass ich einen Fehler des Stempelschneiders anzunehmen geneigt bin.

44) דרזנ; Taf. IV, No. 51, ein *ἅπαξ λεγόμενον*, im 6. Regierungsjahre Hormuzd IV. Vielleicht ist hier die Stadt Zuzen in Chorasan gemeint. Im Dschihannuma heisst es p. ٣٤٩: زوزن بونلك
قصبه‌لرندندر ملك زوزنى انده عالى عمارتلر بنا اتمشدر انكور وخربزه
وانار وانجيرى ايو اولور ابريشيمى وافردر تقويمده زوزنى هراة ايله
نيسابور بيننده طقسان اوچ درجه طول اوتوز بش درجه عرضده
قهستاندن بر بيوك بلده بازار فضلادن شارح مفتاح زوزنى ومشايخدن
زين الدين خوافى وشاه سنجان خوافى اكا منسوبلردر „Zuzen ist eine von den Städten dieses Landes. Melik Zuzeni hat daselbst grosse Armenküchen erbaut; es wachsen dort gute Trauben, Wassermelonen, Granatäpfel und Feigen; auch wird dort viel Seidenzeug gemacht. Im Takwim wird angegeben, es liege zwischen Herat und Nischapur, unter dem 93. Grade der Länge und unter dem 35. Grade der Breite; es sei ein grosser Ort in Kuhistan. Unter den Gelehrten stammt der Commentator des Miftah, Zuzeni, und unter den Scheichen (der Mystiker) Zeineddin Chawafi und Schah Sindschan Chawafe aus diesem Orte."

45) Taf. IV, No. 52, kommt gleichfalls nur einmal, im 9. Jahre Hormuzd IV, und zwar auf einer schlecht conservirten Münze vor, so dass ich keine Vermuthung darüber wage.

46) Taf. IV, No. 53, im 13. Regierungsjahre Hormuzd IV,
47) Taf. IV, No. 54, im 5. Regierungsjahre Chusrav's II,
48) Taf. IV, No. 55, im 10. Jahre Chusrav's II,
49) Taf. IV, No. 56, im 10. Jahre Chusrav's II,
50) Taf. IV, No. 57, im 31. Jahre Chusrav's II,
sind lauter *ἅπαξ λεγόμενα*, mit denen ich nichts anzufangen weiss.

51) אסף Taf. IV, No. 58, im 35. und 37. Regierungsjahre Chusrav's II, ist ohne Zweifel Ispahan; s. oben No. 11.

52) אוזינא Taf. IV, No. 59, auf der schönen Münze des Wiener Cabinets (in Longpérier's Werk Taf. XI, 3, abgebildet, jedoch in Betreff der Figuren stark verschönert, dagegen die Legende bis zur Unkenntlichkeit corrumpirt). Die Münze ist vom 37. Jahre Chusrav's II. Der Name der Provinz Uzaina (s. oben No. 9) wird ohne Schwierigkeit gelesen.

53) פסא Taf. IV, No. 60, im 28. Jahre Chusrav's II, ist der volle Name der schon oben besprochenen Stadt Basa oder Fasa.

So weit gehen die Zeichen auf den mir vorgekommenen Sasanidenmünzen; auf den anderen Pehlvimünzen kommt noch eine kleine Nachlese voll ausgeschriebener Namen vor, welche hier ebenfalls mit aufzuführen sind.

Auf den Ispehbed-Münzen:

54) טפורסתאן Taf. IV, No. 61, Tapuristan = طبرستان, welches keiner Erläuterung bedarf.

Auf den Chalifenmünzen:

55) בגרא Batschra Taf. IV, No. 62, ist der Pehlvi-Name der Stadt Basra, und kommt vor vom 51. bis 75. Jahre der Hidschret.

56) שאגא Taf. IV, No. 63, kommt nur zweimal vor, einmal im J. 54 auf einer Münze von Zijad bin Ebi Sofian, einmal im J. 73 auf einer Münze von Mogira. Man liest Schadscha oder Sadscha, und es wäre möglich, dass es die Stadt Schasch in Mavaraennahr anzeigte; da ich jedoch keine Orginalmünze mit diesem Namen gesehen habe, sondern nur die von Thomas gegebene Abbildung der Legende (T. III, No. XXIII), so wage ich keine bestimmte Behauptung auszusprechen.

57) כרמאן Taf. IV, No. 64, vom J. 65 bis 70, liest man ohne Bedenken Kirman. Ich verlasse hier die chronologische Ordnung, um die andern mit Kirman anfangenden Namen in ihrer Ordnung zu erläutern. Es finden sich nämlich eine Anzahl Münzen, auf denen nach dem voll ausgeschriebenen Worte Kirman noch einzelne Buchstaben stehen, und es liegt die Vermuthung nahe, dass darunter verschiedene Städte der Provinz Kirman zu verstehen sind. Sollte es mit dieser Vermuthung seine Richtigkeit haben, so hat man nicht weit zu suchen, indem man auf den Umkreis einer nicht sehr bevölkerten Provinz beschränkt ist. Unter dieser Voraussetzung will ich es versuchen, die auf solche Weise bezeichneten Münzstätten ausfindig zu machen, da hier, wie im Vorhergehenden, so gut wie nichts vorgearbeitet ist.

58) Taf. IV, No. 65 und No. 66, kommt zweimal vor, im J. d. H. 60 und 63. — Der erste Buchstabe ist a oder s, der zweite p, der dritte ist zweifelhaft. Unter den Orten in Kirman finde ich mit ab oder af oder ap keinen einzigen, mit sp haben wir die Stadt Sipendsch سپنج, ein ächt persischer Name (wörtlich dreifünf, dann in abgeleiteten Bedeutungen: funfzehn, ein Wirthshaus oder eine Herberge, wo man sich nur 3 bis 5 Tage aufhält, die Welt als Gegensatz zur himmlischen Heimat). Isstachri sagt p. 72: سبنج فى وسط المفازة ومنقطعة عن حدود كرمان وان كانت مضمومة اليها وصوّرناها فى مفازة فارس وخراسان „Sibendsch liegt mitten in der Wüste, ausserhalb des Gebietes von Kirman, wiewohl es zu demselben gezogen wird; wir haben es in die Wüste zwischen Fars und Chorasan gesetzt." — Und im Dschihannuma p. ٢٥٧: سپنج نواحی کرماندن سجستان سرحدنده بر شهردر عمرو بن لیث بنا ایلدی بوکا قنطرهٔ کرمان دیرلر کیری یوقدر مجرد بویله تسمیه اولنور „Sipendsch ist eine Stadt in Kirman an der Gränze von Sedschestan, welche Amr bin Leith erbaute; sie heisst Kantara-i-Kirman (Brücke von Kirman), es ist aber keine Brücke da; man nennt sie nur so." — Dass Amr bin Leith diese Stadt erst erbaut hat, ist ein Bedenken, welches im Dschihannuma nicht viel sagen will.

59) Taf. IV, No. 67, kommt nur einmal auf einer Münze vom J. 62 d. H. vor, welche ich selbst in den Händen hatte, und wovon ich noch einen guten Abdruck besitze. In Kirman giebt es mehrere Städte, deren Namen mit m anfangen; aus Isstachri, Abulfeda und dem Dschihannuma trage ich folgende Liste zusammen:

مورقان — منوجان oder منوكان
معون — ماهان — ميناب
مجار — ماكسان oder ماسكان

Von allen diesen Namen will aber keiner recht ungezwungen hineinpassen; höchstens würde Mazarkan sich dazu eignen, wenn man annähme, dass der mittelste der auf das m folgenden Striche, welcher auf der Münze etwas länger ist als die beiden andern, ein r wäre; der letzte Strich ist etwas gekrümmt und kann also ein k seyn; der erste wäre ein z, wie es in der mittlern Periode der Pehlvischrift üblich ist.

60) Taf. IV, No. 68, kommt auf einer Münze vom J. 62 vor. Zur Erklärung dieser Zeichen weiss ich so gut wie nichts beizubringen. Wollte ich den Strich zwischen dem Worte Kirman und dem t des folgenden Wortes für den Finalstrich nehmen, was mir jedoch wenig wahrscheinlich ist, so könnte man vielleicht an تارم Tarom denken, welches jedoch nicht einmal in Kirman liegt.

61) כרמאן אר Taf. IV, No. 69, kommt einmal im J. 72 vor, und scheint mir den Anfang der weltbekannten Stadt Hormuz, im Pehlvi Ochramazdi, nämlich a und u zu enthalten; der letzte Strich wäre ein blosser Finalstrich.

62) Taf. IV, No. 70, kommt zweimal, im J. 71 und 75, vor. Die letzten drei Striche sind so vieldeutig, dass es sehr misslich ist eine Vermuthung zu wagen. Ich stelle daher nur ganz schüchtern eine einzige Vermuthung auf, nämlich ولاشكرد, Valaschgird.

63) כרמאן : סר Taf. IV, No. 71, kommt auf einer im k. k. Cabinet zu Wien befindlichen Münze vom J. d. H. 75 vor. In dem Abdruck, welchen ich besitze und welcher mit grosser Sorgfalt gemacht ist, ist der vorletzte Buchstabe so undeutlich, dass ich selbst mit der Loupe nicht entscheiden kann, ob es wirklich ein s oder etwas Anderes ist. Der letzte ist gewiss ein r, und ich bin daher geneigt anzunehmen, dass diese Münze in Sirdschan سيرجان, einer der grössten Städte in Kirman, geprägt ist.

64) מרו Taf. IV, No. 72, vom J. 63 bis 75, verhältnissmässig ziemlich häufig; der Name liest sich leicht und ohne Anstoss Merv in Chorasan.

65) מרורום Taf. IV, No. 73, von J. 63 bis 74, ist die bekannte Stadt Mervrud.

66) Taf. IV, No. 74, kommt einmal im J. 63 vor; Thomas (p. 295) giebt die Transcription פאראן in neuerem Pehlvi, was man jedoch aus seinem Facsimile Tab. II, Fig. 15 (welches hier auf Taf. IV, No. 74, genau wiedergegeben ist) nicht heraus liest; dagegen schreibt er p. 328, wo er von den sasanidischen Münzstätten spricht: „The original is unique, but the coin whereon it occurs is so much worn that it would not do to rely upon the outline of the mintname it retains." Auf Sasanidenmünzen ist mir dieser Name nie vorgekommen, Hr. Thomas scheint sich also zu widersprechen. Uebrigens liest man den Namen, wie er auf der Figurentafel vorgestellt ist, ohne Schwierigkeit פאלח Balch.

67) Taf. IV, No. 75, auf einer Münze vom J. 63. Thomas liest es חובס خبس (Khubus) und bemerkt dazu (p. 300): „The name of the Mint on this coin has been a good deal worn; so much so that I can scarcely rely upon the reading proposed."

68) Taf. IV, No. 76, auf einer Münze vom J. 63. Thomas erklärt es durch بشكان oder كشكان, womit nichts gewonnen ist, indem beides voces nihili sind. Da der Prägeort nur einmal vorkommt, so ist es sehr schwer zu bestimmen, welcher Ort eigentlich gemeint ist, indem mehrere Buchstaben ziemlich vieldeutig sind; Nevbendschan, Hamadan, ja selbst Schiraz könnte man herauslesen. Ich enthalte mich aber jeder näheren

Bestimmung, bis etwa ein anderes Exemplar denselben Namen giebt.

69) Taf. IV, No. 77. 78. 79. 80, in den Jahren 64, 67, 68 und 69. Thomas liest diese Zeichen افرشت und هجرشت und vermuthet darunter Hazarasp. Wollte man auch das zweite Zeichen für ein ج als das regelmässige Aequivalent für ز ansehen, so hat doch die zweite Hälfte zu wenig Aehnlichkeit mit dem Worte asp, welches im ältesten und neuesten Persisch unverändert geblieben ist; hinter dem t stehen auch noch 2 Striche, die man nicht so ganz unberücksichtigt lassen darf. Man liest eigentlich אםריסמון oder אםלִיסמון, und ich habe an Zàblestan زابلستان gedacht, wenn nicht der Umstand, dass alle vier Lesarten vorn gar keine Spur eines z enthalten, bedenklich wäre. Ich muss also diese Lokalität unerklärt lassen.

70) Taf. IV, No. 81, kommt einmal auf einer Münze vom J. 73 vor, und ist wohl defekt, wie Thomas (p. 320) andeutet.

71) סיכאגֿסאן Taf. IV, No. 82, im J. 73, ist der volle Name von Segestan, Sikatschtan; s. oben No. 2.

72) חוראסאן Taf. IV, No. 83, im J. 74. Jeder einzelne Buchstabe ist so deutlich, und das Wort Chorasan ist so bekannt, dass ich jeder Erläuterung überhoben bin..

73) חובס Taf. IV, No. 84, kommt auf ostiranischen Münzen von den J. 63, 68 und 69 vor, und wurde schon von Hr. Thomas mit ziemlicher Wahrscheinlichkeit für Chubis خبيص erkannt. Isstachri sagt von dieser Stadt nichts weiter, als dass sie zu Kirman gehört. — Marco Polo giebt einen sehr interessanten Bericht; er sagt (lib. I. c. 26): Cobinam est civitas magna, copiam habens ferri, chalybis et andanici. Fiunt ibi specula de chalybe pulcherrima et magna. Fit quoque ibi tutia, quae oculis medetur, et espondium in hunc modum. Habet regio illa mineras, ex quibus terram fodiunt, et in fornacem ignitam proiectam decoquunt, desuper crate ferrea vaporem ascendentem intercipiente, in qua vapor conglutinatus tutia efficitur. Materia vero grossior, quae in igne remanet, espondium vocatur. Sunt huius terrae incolae Mahumeti sectatores. — Jetzt liegt die Stadt in Trümmern und ist ein Räubernest. (Vgl. Fraser Reise in Khorasan, deutsche Uebersetzung, II, S. 456).

Stellen wir die gewonnenen Resultate zusammen, so ergeben sich mit ziemlicher Sicherheit folgende Namen von Provinzen: 1) Assyria 2) Segestan 3) Kirman 4) Media 5) Chuzistan (Susiana) 6) Adarbaigan (Atropatene) 7) Arran 8) Tuberistan 9) Chorasan. Interessant ist dabei die Bemerkung, dass die aus den Klassikern bekannten Namen, welche sich jetzt nicht mehr vorfinden, fast um dieselbe Zeit verschwinden, in welcher sich das heutige Neupersisch bildete, nämlich während und bald nach der Regierung Bahram's V, während die den Alten unbekannten und erst später aufgekommenen Namen erst in der letzten Zeit erscheinen, endlich die Namen derjenigen Provinzen, welche von den ältesten Zeiten bis jetzt fast unverändert geblieben sind, während der ganzen Periode vorkommen. Zu der ersten Klasse gehören Assyria und Media; zur zweiten Klasse Arran und Chorasan; zur dritten Sacastene = Segestan, Carmania = Kirman, Atropatene = Adarbaigan, Tapyri = Taberistan. Chuzistan endlich ist auf den ältesten Münzen ungewiss, weil es vielleicht auch Susa gelesen werden kann.

Von Städtenamen sind ziemlich sicher 1) die Residenzstadt Ctesiphon = Madaïn 2) Darabgird 3) Istachr (= Persepolis) 4) Ispahan 5) Hamadan (Achmatana, Ecbatana) 6) Nahavend 7) Nisa 8) Basa oder Fasa 9) Raj 10) Nischapur 11) Herat 12) Meibod 13) Hira 14) Ram Hormuzd 15) Zerendsch 16) Farra 17) Merv 18) Seferain oder Asferain 19) Nahrvan 20) Bihistun 21) Zuzen 22) Basra 23) Sipendsch 24) Sirdschan 25) Mervrud 26) Balch 27) Chubis. Weniger sicher sind: 28) Arbela 29) Ledan 30) Abiverd 31) Zadrakarta 32) Antmesch 33) Schusch 34) Mazarkan 35) Hormuz. — Hier fällt der gänzliche Mangel antiker Namen auf; keine Spur von Antiochia, Persepolis, Seleucia, Ctesiphon, Alexandria u. s. w., von denen die meisten freilich wohl niemals volksthümlich geworden sind.

Ungefähr 20 Zeichen und Abkürzungen habe ich ganz unerklärt gelassen oder nur sehr schwankende Vermuthungen über sie aufstellen können; jedoch darf man nicht alle Hoffnung aufgeben, dass diese Räthsel noch später einmal ihre Lösung finden werden. Oft ist eine einzige gut erhaltene Münze, ein einziger Buchstabe mehr als gewöhnlich, hinreichend die langgesuchte Deutung auf den ersten Blick zu finden, wie ich diess z. B. bei den Namen Darabgird, Bihistun, Uzaina, Sikatschtan an mir selbst erfahren habe.

Erste Abtheilung

Münzen der Sasaniden.

---

1. Ardeschir I. اردشیر

Pehlvi ארתחשתר Artachschetr (Taf. I, No. 1),
Griechisch Ἀρταξάρης, Ἀρταξήρ, Ἀρταξέρξης,
Armenisch Արտաշիր Ardaschir,
Hebräisch אורשיר Orschir,
Syrisch ܐܪܕܫܝܪ Ardeschir,
regierte von 226 bis 238 nach Chr. G.

In Betreff des Typus bietet kein Fürst so viele Abwechslungen dar, als Ardeschir I. Longpérier führt in seinem Werke nicht weniger als 11 Varietäten an, womit sie indessen keineswegs erschöpft sind; ich könnte diese Zahl leicht um das Doppelte vermehren. In Betreff der Inschriften bieten sie dagegen mehr Einförmigkeit dar. Im Allgemeinen aber lassen sich für diesen Fürsten 3 verschiedene Perioden angeben.

Erste Periode. Zeit des Aufstandes und Kampfes gegen die Dynastie der Arsaciden.

Aus dieser Periode sind mir nur 2 Stücke bekannt:

A. Gesicht dem Beschauer zugekehrt, mit einem Diadem, auf welchem ein nach oben gekehrter Halbmond; starkes Haupthaar und dichter Bart; einfache Perleneinfassung. No. 1.*

Legende ..... תחש ..
(ar) tachsche (tr)
Ardeschir

R. Nach links gekehrter Kopf mit parthischer Mütze; Haar und Bart weniger stark, als auf der Vorderseite.

Legende: ...פא בג מזדאיסן
Mazdâjasn Bag Pâ (pek)
Der Hormuzdverehrer, der göttliche Babek.

Æ. Grösse 5½. Gewicht 60 As. Metall sehr schlecht. — Cabinet des Hrn Cayol.

Ardeschir, der Sohn Babek's, hat auf dieser Münze noch fast ganz den parthischen Typus beibehalten, während die späteren mit dem Feueraltar die Reaction gegen das Parthertbum entschieden aussprechen. Gleich den Arsaciden, welche auf dem Revers das Bild des ersten Arsaces beibehielten, tritt Ardeschir auf dieser Münze als Stifter einer neuen Dynastie auf, und beurkundet zugleich in dem seinem Vater beigelegten Titel seinen Eifer für Wiederherstellung der altpersischen Religion.

No. 2. Die zweite Münze aus dieser Periode habe ich nicht in den Händen gehabt; ich kenne sie nur aus einem Artikel der „Mémoires de la Société d'Archéologie et de Numismatique de St. Pétersbourg, Vol. III. St. Pétersbourg 1847," wo p. 60 in dem Bericht über die Sitzung vom 13. Oct. 1847 folgendes vorkommt: „Mr. de Bartholomaei fait la lecture d'une lettre adressée par lui à Mr. B. Dorn concernant la plus ancienne monnaie sassanide. — Mr. Dorn avait montré à Mr. Bartholomaei une monnaie récemment acquise pour le musée de l'académie Imp. des sciences et avait eu la complaisance de lui en donner une empreinte.

„Cette médaille appartient au roi Artaxerce, et par la simplicité de la légende ainsi que par l'analogie du type avec celui des dernières drachmes arsacides, elle doit appartenir au commencement du règne d'Artaxerce. Les légendes de l'exemplaire dont il s'agit ici, ont été déchiffrées en grande partie et sans difficulté par Mr. Dorn, ainsi que par Mr. de Bartholomaei. D'un côté on lit *Artakhschetr Malca* à droite et à gauche de la tête d'Artaxerce vu de face, avec une tiare à fanons, une chevelure énorme et une barbe disposée sur plusieurs rangs. Cette effigie (quoique moins grossièrement dessinée) rappelle cependant la tête d'Arsace XXIX, avant-dernier roi parthe représenté sur des drachmes de face avec une grande chevelure crépue.

„Le rev. de notre médaille était moins facile à déterminer. On y voit une effigie tournée à gauche, comme sur les drachmes parthes, et couverte d'une tiare, au milieu d'un croissant, seule particularité qui la distingue des effigies d'Artaxerce représentées sur des monnaies bien connues. La légende consiste en trois mots, dont le premier, *masdiésn*, a été lu sans difficulté par Mr. Dorn. Un autre mot placé derrière l'effigie est presque effacé: il a paru à Mr. de Bartholomaei renfermer les éléments de *malca*. Le troisième mot, sous l'effigie, est distinctement écrit, mais sa lecture n'en était pas pour cela plus assurée. Mr. Dorn ainsi que Mr. de Bartholomaei avait d'abord cru voir les lettres m, a, m et deux autres lettres encore, dont la lecture est assez incertaine; enfin ils étaient tous deux convaincus que l'effigie vue de profil pouvait bien être aussi celle du roi Artaxerce. Plus tard Mr. de Bartholomaei en examinant l'empreinte de cette médaille, et en la confrontant avec des monnaies des époques approchantes, fut frappé de la ressemblance des lettres prises pous des *m* avec la lettre *p* sur une monnaie de Sapor I. de sa suite sassanide, et alors il lut facilement le nom de Papaki. La légende doit donc être lue: *masdiésn (malca?) Papaki* et l'effigie représentée au rev. de celle d'Artaxerce donne pour la première fois avec certitude le portrait de Papek, son père, qui avait gouverné la Perse, en prenant le titre de roi sous les Arsacides. Artaxerce avait ainsi, en faisant copier les drachmes parthes, remplacé la figure du rev. qui est constamment Arsace I. fondateur de la dynastie, par l'effigie de son père. Il voulait par là faire valoir des droits au trône de Perse."

Nach dieser Beschreibung ist die petersburger Münze etwas verschieden von der obigen. Der Bericht sagt nichts über Metall, Grösse u. s. w. der Münze; auch sind die Legenden nicht in Pehlvischrift wiedergegeben.

Zweite Periode, welche etwa die ersten Regierungsjahre von der völligen Vernichtung des Partherreichs an umfasst. Ardeschir nimmt den Königstitel an, und erklärt sich durch seine Münze als entschiedenen Wiederhersteller der altpersischen Religion. Auf dem Revers steht ein grosser Feueraltar mit zwei Opfergefässen zur Seite. Das Brustbild des Königs ist nach rechts gekehrt, was von jetzt an gewissermassen als Gegensatz beibehalten wird; das Costüm ist noch das parthische, wie es auf den letzten Münzen dieser Periode erscheint. Das Geld ist meistentheils noch dick; es sind Tridrachmen; das Metall ist Gold, Silber, Billion und Kupfer. Diese Münzen waren es, welche der Altvater pehlvischer Numismatik, S. de Sacy, zuerst lesen lehrte, und so wie er sie las und deutete, so werden sie noch jetzt, mit ganz unbedeutenden Ausnahmen, gelesen und gedeutet.

A. Legende: מזדיסן בג ארתחשתר מלכא איראן No. 3.*
Mazdaiasn Bag Artachschetr Malka Iran.
Der Hormuzdverehrer, der göttliche Ardeschir, König von Iran (Persien).

R. Legende: rechts ארתחשתר Artachschetr, Ardeschir.
links die Legende Taf. II, 5,
welche bisher seit S. de Sacy durch יזדאני Jezdani, der göttliche, erklärt wurde, die aber jedenfalls einer ausführlichen Erörterung bedarf.

Zunächst ist zu bemerken, dass nur sehr selten die Schriftzüge auf den sasanidischen Münzen auf der Vorderseite ganz genau dieselben sind, wie auf der Rückseite, welche letzteren immer einige Modificationen darbieten. Nun sind mir einzelne, jedoch nur sehr wenige Münzen vorgekommen, auf denen das Wort Jezdani nicht dem leisesten Zweifel Raum giebt; bei weitem die grösste Anzahl aber lässt sehr erhebliche Zweifel zu. So z. B. ist der erste Buchstabe fast niemals ein j, sondern meistens ein n, höchstens ein r; der zweite Buchstabe verbindet sich selten oder nie mit dem dritten, was doch der Fall seyn müsste, wenn es ein z wäre; ausserdem kommen häufig nur 4 Buchstaben und nicht 6 vor. Ich hegte daher schon längst gegen diese Auslegung im Stillen Bedenklichkeiten, ohne jedoch damit hervorzutreten. — Hr. Thomas hat in dem Numismatic Chronicle Vol. XV eine andere Auslegung versucht; er erklärt nämlich die Legende der Kehrseite

ארתחשתר נוואזי

und bemerkt dazu in der Note folgendes:

„نوازی — نَاوُس A fire temple ناوُس آتشكده باشد Farhang-i-Jehangiri.“

Darnach lautete also die Legende: Artachschetr Novazi, was man aber nicht übersetzen kann; ständen die Worte in umgekehrter Ordnung, so würden sie „Der Feueraltar des Ardeschir“ bedeuten. Aber Hr. Thomas wurde hier von seinen indischen Persern irre geleitet, und hat wahrscheinlich gar nicht daran gedacht, dass das im Ferheng-i-Dschihangiri erklärte Wort nicht mehr und nicht weniger als das griechische *ναός* ist, wodurch von vorn herein diese Deutung sich als unzulässig erweist.

Der erste Buchstabe ist zuweilen so gebildet, dass man verleitet wird, ihn für ein r zu halten; diess brachte mich zuweilen auf den Gedanken, ein von raotscho (Licht) gebildetes Wort zu versuchen; aber die Ueberzeugung, dass der erste Buchstabe ein n ist, liess sich nicht zurückweisen; eine Ableitung von نار „Feuer“ bot sich ebenfalls dar, aber das Wort nar ist dem alten Zend fremd.

Nach Erwägung aller Möglichkeiten wird man zu dem Schlusse kommen, dass Nuvazi die einzig richtige Transcription ist; es fragt sich nur, ob es nicht möglich sey, eine andere Uebersetzung dafür aufzufinden. نواز und نوازش ist das Substantivum verbale zu dem Zeitworte نوازيدن, نواختن, welches „singen“, „spielen“ (auf einem musikalischen Instrumente), „recitiren“, ferner „schmeicheln“, „liebkosen“ u. s. w. bedeutet; im Zend wird man aber eine noch viel bessere Bedeutung finden, die sich jedoch ungezwungen mit den so eben angegebenen Bedeutungen des neupersichen Wortes verbinden lässt. Im Jaçna beginnen alle Anrufungen mit den Worten:

nivaêdhajêmi hañkârajêmi
ich rufe an, ich preise.

Die Wurzel des Wortes nivaêdhajêmi giebt für unser Wort auf der Kehrseite neben dem Feueraltare eine ungezwungene Erklärung: nuvazi ist der „Anrufende“; was oder wen Ardeschir anruft, darüber kann bei der Betrachtung der Münze kein Zweifel seyn.

AV. 176,6 As. Im British Museum. Beschrieben bei Thomas, Num. Chr. Vol. XV.

No. 4. *A*. Legende: מזדיסן בג ארתחשתר מלכאן מלכא איראן

Mazdaiasn bag Artachschetr Malkan Malka Iran.

Der Hormuzdverehrer, der göttliche Ardeschir, König der Könige von Iran.

R. Legende: ארתחשתר נוואזי
Artachschetr Nuvazi
Ardeschir der Anrufende.

Æ. B. Sehr häufig. Bei Ismail Pascha sah ich einst 16 Stück zum Verkauf ausgeboten. Grösse 6. Ein Exemplar im Cabinet des Hrn. S. Alischan wiegt 255 As; das meinige, welches schon etwas abgenutzt ist, wiegt 248 As.

A. Legende wie No. 4. *Æ.* Häufig; ein schönes Exemplar abgebildet bei Longpérier I, 3. No. 5.

Ohne Legende. *Æ.* Zwei Exemplare abgebildet bei Longpérier I, 5, 6. Hier sehr häufig. No. 6.

A. Legende: No. 7.
מזדיסן בג ארתחשתר מלכאן מלכא איראן מנוגתרי מן יזדאן
Mazdaiasn Bag Artachschetr Malkan Malka Iran Minotschetri men Jezdan.
Der Hormuzdverehrer, der göttliche Ardeschir, König der Könige von Iran, von himmlischem Geschlechte entsprossen.

R. Legende: ארתחשתר נוואזי
Artachschetr Nuvazi.

Æ. Im k. k. Cabinet zu Wien, wo ich die Münze in den Händen hatte. Da die Münzen von Ardeschir I. in ihren Legenden eine grosse Einförmigkeit darbieten, so versäumte ich es die Legende dieser Münze genauer zu untersuchen, und copire sie daher nur nach Longpérier, dessen Abbildung mir jedoch verschiedene Zweifel erregt. Die Münze ist dünn, und da auch hier zum ersten Male der Zusatz: Minotschetri men Jezdan vorkommt, so bildet sie den passendsten Uebergang zur dritten Periode.

Dritte Periode, umfasst die letzten Regierungsjahre Ardeschir's I. Vollständige Reaction gegen das Partherthum, indem auch das parthische Costüm verschwindet, und statt dessen das Diadem und die Krone mit dem kugelförmigen Aufsatz sich zum ersten Male zeigt. Der Revers wie in der zweiten Periode.

A., *R.* } Legende wie No. 7 ganz vollständig. No. 8.*

Æ. Grösse $6\frac{1}{2}$. Gewicht 87 As. Man trifft nicht leicht eine Sammlung, in welcher sich nicht wenigstens ein Exemplar dieser Gattung vorfindet. Das Gewicht habe ich nach einem sehr schönen Exemplare in dem Cabinet des Hrn. S. Alischan bestimmt.

Ganz wie No. 8; jedoch auf *A* vor dem Profil noch eine Contremarque, welche einen Halbmond und Stern vorstellt ☾✱. No. 9.

Æ. Im Cabinet Ismail Pascha's.

Wie No. 8, jedoch Alles in verkleinertem Massstabe. No. 10.

Æ. Grösse $4\frac{1}{2}$. Gewicht 45,7 As. Cabinet des Hrn Cayol.

Wie No. 8, jedoch in noch viel kleinerem Massstabe. No. 11.

AR. Grösse 2. Gewicht 12 As. Zwei Exemplare in den Cabinetten des Hrn. S. Alischan und Ismail Pascha's.

No. 12. Ohne alle Spur von Legende; eine Kupfermünze, abgebildet bei Longpérier II, 5.

No. 13. *A.* Profil des Königs wie gewöhnlich; ihm gegenüber das links gewandte Profil eines Knaben mit einer einfachen parthischen Kappe, wovon herabhängende Lappen die Ohren bedecken. Legende undeutlich und jedenfalls unvollständig.

R. wie gewöhnlich; Legende undeutlich.

AR. Gewicht 73,5 As. Im British Museum. Bekannt gemacht duch Thomas, Num. Chron. XV.

Diese schöne Münze wurde offenbar in der letzten Zeit geschlagen, wahrscheinlich zum Andenken an die Ernennung Schapur's zur Thronfolge; wie unter andern der von Hrn. Thomas citirte Taberi berichtet: „Ardeschir kam nach Madaïn, liess seinen Sohn Schapur als Thronfolger anerkennen und setzte ihm eine Krone aufs Haupt.“ (In der türkischen Uebersetzung, Ausgabe von Konstantinopel, steht diese Stelle Bd. III, S. ٥١.

2. Schapur I. شاپور

Pehlvi שחפוחרי (Taf. I, 2) Schachpuchri,
Arabisch سابور Sabur,
Griechisch Σαπώρης, Σαπόρης,
Armenisch Շապուհ Schabuh,
Hebräisch שבור,
Syrisch: ܫܒܘܪ,

Sohn Ardeschir's I, reg. 238—269 n. Ch. G.

*No. 14. *A.* Rechts gewandte Büste des Königs, Bart weniger stark, als bey Ardeschir I; das Haupthaar fällt in mehreren dichten Büscheln am Hinterkopf herab. Auf dem Kopfe ein Diadem und eine Art phrygischer Mütze, deren Spitze die Form eines Adlerkopfes hat. Die Enden des Diadems flattern am Hinterkopf über dem Haupthaar. Legende:

מזדיסן בג שחפוחרי מלכאן מלכא איראן מנוג̃תרי מן יזד(אן)

Mazdaiasn Bag Schachpuchri Malkan Malka Iran Minotschetri men Jezd(an)

Der Hormuzdverehrer, der göttliche Schapur, König der Könige von Iran, von himmlischem Geschlechte entsprossen.

R. Feueraltar; links und rechts zwei von demselben abgewandte Personen, jede mit einer gezackten Krone auf dem Kopfe; sie stützen sich auf einen Spiess, den sie resp. in der rechten und linken Hand halten, während resp. die Linke und Rechte an das Schwert greift. Ein einfacher Perlenkranz umgiebt die Vorderseite und Kehrseite der Münze. Legende:

שחפוחרי נווא[זי]
Schachpuchri Nuvazi.

Æ. Gewicht $75\frac{1}{2}$ As. Im British Museum; beschrieben von Thomas, Num. Chron. Vol. XV.

Diesen Typus scheint Schapur später aufgegeben zu haben, da mir bis jetzt ausser der so eben beschriebenen Münze kein zweites Exemplar vorgekommen ist.

A. Auf dem Kopfe statt der phrygischen Mütze eine Krone mit vier Zacken, wovon regelrecht nur eine ganz, zwei halb und eine gar nicht sichtbar; über der Krone ein kugelförmiger Aufsatz. Alles Uebrige wie auf No. 14; ebenso auch die Legende und die Rückseite. No. 15.*

Æ. Grösse 7. Gewicht 87 As. (Nach einem sehr schönen Exemplare in meinem Besitz.) Ein anderes Exemplar im Cabinet des Hrn Cayol: Grösse $6\frac{1}{2}$. Gewicht $84\frac{1}{2}$ As.

Diess ist der Normaltypus, welcher ohne Abweichung sich stets erhält.

Legenden u. s. w. wie No. 15. No. 16.

Æ. Grösse $2\frac{1}{2}$. Gewicht 14 As. Cabinet des Hrn. Cayol.
„ 2 „ 11 „ „ „ „ S. Alischan.

Aehnliche Stücke im k. k. Cabinet zu Wien, im Cabinet des Baron Behr (2 Exemplare).

Legenden u. s. w. wie No. 15. No. 17.

AV. Grösse $5\frac{1}{2}$. Gewicht 150,34 As. Nach einem Exemplare im kaiserlichen Cabinet zu Paris, beschrieben bei Longpérier und abgebildet daselbst Taf. III, No. 1.

Eine Anzahl Kupfermünzen von verschiedenen Grössen und Gewichten (von 371 As an abwärts) mit undeutlichen Legenden, jedoch den bisher beschriebenen Münzen völlig ähnlich, in den Cabinetten des Hrn. Cayol, Baron Tecco u. s. w. No. 18.

A. in jeder Beziehung wie No. 15, jedoch der Name des Königs No. 19.

שחפחרי

Schachpachri, ohne u geschrieben.

R. dieselbe Orthographie des Königsnamens, wie auf dem Avers; auch steht auf dieser Münze abweichend der Königsname nach dem Epitheton Nuvazi.

Æ. Cabinet des Baron Tecco.

Eine Silbermünze im Cabinet des Hrn. Cayol hat statt der beiden ersten Worte „Mazdaiasn Bag" blos 2 Zeichen, welche dd oder zd gelesen werden; sonst ist die Legende vollständig. No. 20.

Æ. Grösse $6\frac{1}{2}$. Gewicht 83,2 As.

Eine Silbermünze im Cabinet des Baron Tecco enthält folgende Legende: No. 21.

מזדיסן חס ח אן כא איראן מנוג̄תרי מן יזדא

Mazdajasn chp ch an ka Iran Minotschetri men Jezda(n), wo der Mangel des Epithetons Bag und die Verstümmlung des

Königsnamens auffällt. Bei dem Anblick der Münze überzeugt man sich sehr bald, dass mehr als das oben Angegebene auf derselben niemals vorhanden seyn konnte. Auf dem Revers ist der Königsname

שחפותרי

Schachputri

geschrieben, wo die letzte Hälfte die alte Zendform puthra beibehalten hat. Vermuthlich ist die Münze in einer entlegenen Provinz des Reiches geprägt worden, wo der Uebergang vom Altpersischen zum Pehlvi noch nicht völlig bewerkstelligt war.

No. 22. Eine Münze im Cabinet des Hrn. Cayol enthält in vollkommener Schärfe und Deutlichkeit eine Legende, welche ich bis jetzt nicht habe erklären können. Die erste Hälfte liest sich leicht wie folgt:

מזד...ן בג שחפוחרי מלכאן מלכא

Mazdaiasn Bag Schachpuchri Malkan Malka.

Die letzte Hälfte aber (Taf. II, 6) ist ganz unverständlich. Im Cabinet des Hrn. S. Alischan ist eine Münze, deren Avers mit dieser Münze genau übereinstimmt; auf der Rückseite aber stehen die Worte Schachpuchri und Nuvazi in umgekehrter Ordnung. Eine ähnliche Münze beschreibt Longpérier, der sie Taf. III, 3, abgebildet hat.

No. 23. *A*. ohne Abweichung.

R. Legende, links יזרשח Jezd. Schach-
rechts פוחרי puchri,

eine ganz ungewöhnliche Anordnung der Legende.

AR. Grösse 5. Gewicht 38 As. Cabinet des Hrn. Cayol.

No. 24. *A*. Ohne besondere Abweichung; nur der Königsname ist geschrieben שחופחרי Schachvupachri, und auf

R. שחפחורי Schachpachuri.

AR. Grösse $8\frac{1}{2}$. Gewicht 84 As. Cabinet des Hrn. Bilezikdschi.

No. 25. *A*. Legende:

מזדיסן בג שפ:וחרחוי מלכא איראן מנוגחרי מן י

Mazdaiasn Bag Schapvuchrachvi Malka Iran Minotschetri men Je(zdan).

Die barbarische Schreibart des Königsnamens sticht gegen die sonstige Correctheit der Legende so auffallend ab, dass nur der Typus jeden Zweifel über den Münzherrn beseitigt. Auch die Rückseite ist auffallend barbarisch:

links שרי
rechts ארפזן

AR. Grösse 6. Gewicht 81 As. Cabinet des Hrn. Cayol.

Im Allgemeinen ist zu bemerken, dass die Münzen von Schapur I. die schönsten Muster in paläographischer Beziehung aus der ersten Periode sind. — Eine im k. Cabinet zu Berlin befindliche Münze von Schapur I. ist in der Mosel gefunden worden.

3. Hormuzd I. هرمزد, هرمز

Pehlvi אוחרמזדי Ochramazdi,
Griechisch Ὁρμίσδας, Ὁμισδάτης,
Armenisch Որմիզդ Ormizd,
Syrisch ܗܘܪܡܝܙܕ,
Sohn Schapur's I, reg. 269—271 n. Chr. G.

A. Profil des Königs nach rechts gekehrt; mit einer Art phrygischer Mütze; das Obertheil derselben ist nach vorn übergebogen und endigt in einem Pferdekopf. Der Bart schwach, das Haupthaar in einem dichten Büschel bedeckt den Nacken. Längs dem Nacken des Pferdekopfs läuft eine Reihe von nagelähnlichen Verzierungen; oberhalb der kugelförmige Bund, dessen Enden nach hinten flattern. Einfache Perleneinfassung. Die Legende fängt bei der Brust an und geht zur Stirn hinauf: No.26.*

מזדיסן בג אוחרמזדי בג רושאן מלכאן מלכא
Mazdaiasn Bag Ochramazdi Bag (i) Ruschan Malkan Malka
Der Hormuzdverehrer, der göttliche Hormuzd, der Gott des Lichts, König der Könige.

R. Feueraltar, welchem zwei Personen zugekehrt sind; die Person links hat das Costüm des Königs, wie auf der Vorderseite, und soll wohl den König vorstellen; er hält die Rechte erhoben und greift mit der Linken an das Schwert; die Figur rechts, vermuthlich der Mobed-i-Mobedan, hält in der Rechten ein Diadem empor, und greift mit der Linken an das Schwert. Die Legende ist in vier Abtheilungen:

rechts vom Oberpriester:	מזדיסן בג	Mazdaiasn Bag
über der Flamme:	אוחרמזדי	Ochramazdi
	מלכי	Malki
links vom König:	בג רושאן	Bag(i) Ruschan
unter dem Feueraltar:	מלכאן מלכא	Malkan Malka

Der Hormuzdverehrer, der göttliche Hormuzd, der königliche, der Gott des Lichts, der König der Könige.

AV. Grösse 5. Gewicht 149,6 As.

Ich sah diese schöne Münze in dem Cabinet des Obersten Rawlinson bei seiner Durchreise hier. Hr. E. Thomas sah sie im British Museum, und beschreibt sie im Num. Chron. Vol. XV; jedoch ist die dort gegebene Abbildung viel grösser ausgefallen und giebt nur eine entfernte Ahnung von der schönen Arbeit. Hr. Thomas liest das etwas auffallende Epitheton nach dem Königsnamen לבאכושאן, ohne es weiter zu erklären. Die Abbildung giebt allerdings vor dem b noch einen langen Strich, aber im Orginal, wovon ich einen sehr guten Abdruck besitze, ist wenig oder nichts davon zu sehen, und scheint mir eher das nach hinten flatternde Diadem zu seyn. Wie aber Hr. Thomas dazu kommt, diese Münze Hormuzd II. zuzuschreiben, ist mir ganz unbegreiflich. Man braucht nur die Abbildung der Goldmünze von Hormuzd II. bei Longpérier Taf. V, No. 4, mit dieser zu vergleichen, um sich sofort zu überzeugen, dass sie nicht von Hormuzd II. ist.

o. 27. *A.* wie No. 26. Legende:

אוחרמזדי מלכא

Ochramazdi Malka

Hormuzd König.

R. Links eine Figur, welche mit dem Könige einige Aehnlichkeit hat; die Linke berührt den Mund, die Rechte scheint an das Schwert zu greifen. Rechts eine sitzende Figur, welche mit der Linken sich auf einen Speer stützt, während die Rechte einen undeutlichen Gegenstand (es scheinen zwei Palmblätter zu seyn) auf einen niedrigen Altar zwischen den beiden Figuren legt.

Æ. Im British Museum. Beschrieben von E. Thomas im Num. Chron. Vol. XV.

lo. 28. *A.* vermuthlich wie No. 27.

R. Ein Feueraltar, weniger schlank als sonst. Legende: links סתי, rechts אאן oder אאר

Æ. Beschrieben von E. Thomas a. a. O. nach einem Exemplar im British Museum.

o. 29. *A.* wie No. 27. Legende:

אוחרמזדי בגרוש מלכא

Ochramazdi Bag(i) Rusch Malka

Hormuzd, Gott des Lichts, König.

Die Abbildung giebt allerdings noch ein l oder r vor dem b, allein die genaue Betrachtung des Abdrucks der Münze No. 26 überzeugt mich, dass daselbst nur 2 Buchstaben stehen, b und g, von welchen Thomas den erstern für ein l genommen hat.

R. Ein mit dem Kopfe nach links gewandter stehender Stier; vor demselben eine dem Beschauer zugekehrte ganze Figur des Siwa. Legende nicht vorhanden.

Æ. Im British Museum, beschrieben und abgebildet von Thomas a. a. O.

Bei der Seltenheit der Münzen von Hormuzd I. glaube ich kein überflüssiges Werk zu thun, wenn ich ein anderes Denkmal von ihm bekannt mache. Es wurde hier vor mehreren Jahren eine Gemme zum Verkauf ausgeboten, aber zu einem ins Ungeheure gehenden Preise, wobei der wahre Besitzer sich in ein so geheimnissvolles Dunkel hüllte, dass Monate lang verschiedene Personen den Stein zum Verkauf ausboten, ohne dass man erfahren konnte, wer der eigentliche Besitzer sey, während die Mittelspersonen sich auf Unterhandlungen gar nicht einliessen. Später soll der Stein in Russland verkauft worden seyn. Ich nahm einen Abdruck von der Legende und eine Zeichnung des Steines in natürlicher Grösse. Es war ein Achat, in abgerundeter Form, Länge 9, Breite $7\frac{1}{2}$ (nach Mionnet), und stellte in Basrelief ein nach rechts gewandtes Profil dar. Die Legende *ist:*

דד מלכאן פירוג̄ חורמזדי

... Malkan Pirutsch Churmazdi

Die beiden ersten Zeichen scheinen, wie oben No. 20, Abkürzungen für die Epitheta Mazdaiasn Bag zu seyn. Die Form des Königsnamens nähert sich der modernen Form, ist jedoch zur Zeit der Sasaniden nicht ungewöhnlich; später werden noch mehrere Beispiele vorkommen. Die Legende wäre also wie folgt zu übersetzen:

Der Hormuzdverehrer, der göttliche, der König, der siegreiche Hormuzd.

4. Bahram I. بهرام

Pehlvi ורהראן Varahran,
Griechisch *Οὐαραράνης*,
Armenisch Վռամ Wram,
Hebräisch בהרם,
Syrisch ܘܪܗܪܢ,

Sohn Hormuzd I, reg. 271 — 274 n. Chr. G.

A. Nach rechts gekehrte Büste des Königs mit starkem gelockten Bart; das Haupthaar hängt in Flechten nach hinten herab. Ein Diadem mit Ohrlappen wie bei Schapur I; Krone mit Spitzen in Form von Pferdeohren; darüber der kugelförmige Bund. Einfache Perleneinfassung, von dem Bund überragt. Legende: No. 30.*

מזדיסן בג ורהראן מלכאן מלכא אירא̇ן ואניראן מנוג̄תרי מן יזדאן

Mazdaiasn Bag Varahran Malkan Malka Iran v Aniran Minotschetri men Jezdan

Der Hormuzdverehrer, der göttliche Bahram, König der Könige von Iran und Turan, von himmlischem Geschlechte entsprossen.

Hier zeigt sich zum ersten Male der Zusatz v Aniran, so dass wir hier das erste Beispiel einer vollständigen Titulatur haben.

R. Feueraltar, links der König, rechts der Oberpriester, abgewandt, auch sonst mit Spiess u. s. w. wie bei Schapur I. Einfache Perleneinfassung. Legende:

ורהראן נוואזי

Varahran Nuvazi

AR. Grösse 7. Gewicht $78\frac{1}{2}$ As.

Mir sind 6 Exemplare bekannt: 1) in dem Cabinet der kaiserlichen Bibliothek in Paris; 2) im Cabinet des Baron Behr; 3)

im Cabinet des Obersten Rawlinson. Diese drei sind wie die Abbildung bei Longpérier Taf. III, 7. 4) Im Cabinet Ismail Pascha's; diese ist auch so, weicht jedoch darin ab, dass auf der Kehrseite das Zeichen nicht links, sondern rechts neben der Flamme steht; 5) im k. k. Cabinet zu Wien; 6) im Cabinet des Obersten Rawlinson, abgebildet bei Longp. III, 8. Diese Abbildung aber stellt die Legende auf *R.* falsch dar. Beide Münzen habe ich im Original untersucht und besitze von ihnen sehr schöne Abdrücke. Die Legende der Kehrseite ist

links: ורח Varach-} Bahram.
rechts: ראן ran }

No. 31. Eine Münze im Cabinet Ismail Pascha's weicht von der unter No. 30 beschriebenen Münze nicht ab, und hat die volle Legende; ausserdem aber unter dem Anfang derselben noch eine zweite Reihe, welche folgende Buchstaben enthält:

יארתחשתר
i-Artachschetr,
Ardeschir's,

was sich vermuthlich an das Wort Jezdan anschliesst.

R. ורחראן נוואזי Varahran Nuvazi.

Æ. Cabinet Ismail Pascha's.

5. Bahram II. بهرام

Adoptivsohn Bahram's I, reg. 274—291 n. Chr. G.

Von diesem Fürsten kommen 4 Typen vor, mit einem Kopf, zwei Typen mit zwei Köpfen, und mit drei Köpfen. Auch nimmt man hier den ersten Rückschritt in Betreff der technischen Ausführung wahr, indem die Schrift nicht mehr so deutlich erscheint.

Erster Typus.

*No 32. *A*: Nach rechts gekehrtes Brustbild des Königs mit Bart; das Haupthaar in Büscheln nach hinten herabhängend; das Diadem befestigt; die Krone hat die Form von Flügeln, worüber der kugelförmige Bund, Einfache Perleneinfassung. Legende (vielleicht falsch copirt):

מזדיסן בג ורחראן מלכ .. ....ראן מנותרי מן יזאן
Mazdaiasn Bag Varahran Malk (a . . . I)ran Mino (tsche) tri men Jez (d) an

Der Hormuzdverehrer, der göttliche Bahram, König der Könige von Iran, von himmlischem Geschlechte entsprossen.

R. Feueraltar, links der König, rechts der Oberpriester, beide abgewandt, auf Spiesse sich lehnend. Legende:

links ורחאן Varah(r)an
rechts נווא Nuwa.

AV. Grösse 5. Diese schöne Goldmünze war im Besitz des Generals Alexander Court; wohin sie nach seinem Tode gekommen ist, weiss ich nicht. Sie ist abgebildet bey Longpérier Taf. IV, 1.

A. und *R.* wie No. 32, jedoch etwas verschieden, z. B. die No. 33.
Flügel der Krone mehr in die Höhe stehend. Legenden wie No. 32.

AR. Grösse $6\frac{1}{2}$. Gewicht 58 As. Cabinet Subhi Bej's. Noch zwei Exemplare in den Cabinetten des Hrn. Cayol und Ismail Pascha's. Auch ein Exemplar abgebildet bei Ker-Porter Taf. 58, No. 3.

Zweiter Typus.

A. Bildniss des Königs wie No. 32; zu seiner Linken No. 34.
das Bildniss einer Frau. Legende fast unleserlich.

R. wie No. 32. Legende: ורהראן נרואזי Varahran Nuvazi.

AR. Gewicht 85 As. Im British Museum. Beschrieben und abgebildet von Thomas im Num. Chron. Vol. XV. Die Abbildung erinnert stark an Ahasverus und Esther.

Dritter Typus.

A. der Königskopf wie No. 32; ihm gegenüber nach links No. 35.
gekehrtes Profil eines Knaben mit einer phrygischen Mütze; das Ende der Mütze in Gestalt eines Adlerkopfes nach vorn gebogen; Legende undeutlich.

R. Ohne besondere Abweichung.

AR. in kleinem Massstabe, Gewicht 12,8 As. Im British Museum. Beschrieben und abgebildet von E. Thomas in Numism. Chron. Vol. XV.

Vierter Typus.

A. Brustbild des Königs, eben so costümirt, wie No. 32; No. 36.
zu seiner Linken die ebenfalls nach rechts gekehrte Büste der Königin mit einem Perlendiadem; der Kopfputz ist nach vorn übergebogen und endigt in Form eines Eberkopfes. Vor ihnen nach links gekehrte Büste eines Knaben, wie No. 35 costümirt. Der Knabe überreicht mit der Linken dem Könige ein Diadem. Legende:

מזדיסן בג ורחראן מלכאן מלכא .....

Mazdaiasn Bag Varahran Malkan Malka .....

Der Hormuzdverehrer, der göttliche Bahram, König der Könige ...

R. Der König und der Oberpriester sind dem Feueraltar zugekehrt. Legende: ורהראן יזדאני Varahran Jezdani. (Eins der wenigen Exemplare, wo das Epitheton Jezdani unzweifelhaft ist.)

AV. Grösse 4. Gewicht 151 As. Cabinet des Hrn. S. Alischan. Ein anderes Exemplar im Cabinet der kaiserlichen

Bibliothek in Paris ist bei Longpérier beschrieben, und wiegt 150,34 Grammes.

No. 37. *A.* wie No. 36. Legende:
מזדיסן ....ורחראן מלכאן מלכא איראן ואניראן מנוגֿחתרי מן יזדאן
Mazdaiasn (Bag) Varabran Malkan Malka Iran v Aniran Minotschetri men Jezdan.

R. wie No. 32. Legende: ורחראן נוואזי Varabran Nuvazi.

Æ. Grösse 7. Gewicht 79 As. Von diesem Typus sind mir verhältnissmässig ziemlich viele Exemplare vorgekommen, jedoch haben fast alle sehr undeutliche Legenden.

No. 38. *A.* wie No. 36. Die Legende enthält aber nicht den letzten Zusatz: Minotschetri men Jezdan.

Æ.

No. 39. *A.* wie No. 36, jedoch insofern abweichend, dass der Knabe dem Könige nichts darreicht, im Gegentheil dessen Arme gar nicht sichtbar sind. Legende wie No. 38.

R. Ohne Abweichung. Legenden:
links: ורחראן Varabran. Bahram.
rechts: אתורי (Taf. IV, No. 1) Aturi(a). Assyrien.
auf dem Altarschaft: לדי oder רדי ? (T. II, 8).

Æ. Grösse 7. Gewicht 82½ As. Im Cabinet des Hrn. Alischan. Wir haben hier das erste Beispiel eines Prägeortes.

No. 40. E. Thomas giebt in dem Num. Chron. Vol. XV die Abbildung und Beschreibung einer Münze, welche in jeder Beziehung mit der unter No. 39 beschriebenen übereinstimmt, jedoch darin abweicht, dass das Wort לדי oder רדי nicht auf dem Altarschaft, sondern über der Flamme steht. —

Æ. 90,32 As. Im British Museum.

No. 41. Wie No. 36, aber die Umschriften nicht zu erkennen.

Æ. Cabinet des Hrn. Alischan, des Baron Behr.

6. Bahram III. بهرام

Sohn Bahram's II, reg. nur 4 Monate, im J. 291 n. Ch. G.

No. 42. Von Bahram III. sind mir 5 Münzen bekannt: eine im British Museum (beschrieben und abgebildet bei Thomas, Num. Chr. Vol. XV), eine im Cabinet der kaiserlichen Bibliothek in Paris (beschrieben und abgebildet bei Longpérier, Taf. V, 1), eine im Cabinet des Hrn. Alischan und zwei im Cabinet Ismail Pascha's. Alle fünf sind von gleichem Typus.

A. Nach rechts gekehrte Büste des Königs, Bart und Haare wie bei seinem Vater, einfaches Diadem mit Krone ohne weitere Verzierung, mit dem kugelförmigen Aufsatz. Einfache Perleneinfassung. Die Legenden sind verschieden, aber durchgängig barbarisch, so dass man nur mit Mühe den Namen des Münzherrn erkennt. Am deutlichsten ist noch die Legende auf der Münze des britischen Museums ausgefallen. Sie heisst:

מזדיסן בג ורחראן מ...אן מג .. גֿתר מן ..ז..אן

Mazdaiasn Bag Varahran Ma(lkan Malka Ir)an Min(o)tschetr (i) men (Je) z (d) an.

Æ. Feueraltar; der König und der Oberpriester demselben zugewandt; statt des Spiesses erhebt jeder der Beiden mit der vom Beschauer abgewandten Hand eine Art Scepter, während die andere an das Schwert greift. Legenden: ורחר[אן] נווא[זי] Varahran Nuvazi.

Æ. No. 1.	Grösse		Gewicht	82,9	As.
No. 2.	„	$6\frac{1}{2}$.	„	85,12	„
No. 3.	„	7.	„	83	„

7. Nersi. نرسی

Pehlvi נרסחי (Taf. I, 5) Nersechi,
Griechisch *Ναρσῆς*, Narseus, Narsaeus,
Armenisch Ներսեհ Nerseh,
Syrisch ܢܪܣܝ,

Sohn Bahram's II, Bruder Bahram's III, reg. 291—300 n. Ch. G.

A. Rechts gewandtes Profil des Königs, gekräuselter Bart; No. 43.* das Haupthaar in Flechten herabhängend; Diadem; Krone mit 4 Zacken in Form von Eichenblättern, darüber der kugelförmige Bund. Einfache Perleneinfassung. Legende:

מזדיזן בג נרזחי .... מנוגֿתרי מן [י]זדא

Mazdaiazn Bag Nerzechi .... Minotschetri men (Je) zda
Der Hormuzdverehrer, der göttliche Nersi ...... von himmlischem Geschlechte entsprossen.

In der Legende, welche auch sonst barbarisch erscheint, fällt die Orthographie des Wortes Mazdaiazn (stat Mazdaiasn) und des Königsnamens auf.

R. Feueraltar, König und Oberpriester wie auf den Münzen Bahram's III. Legende ganz correct:

נרסחי נוואזי

Nersechi Nuvazi.

Æ. Grösse 7. Gewicht 67 As. Cabinet des Hrn. Alischan.

A. wie No. 43, jedoch die Zacken der Krone grösser, so No. 44. dass sie links und rechts weiter hinüber ragen. Legende:

מזדיסן בג נרסחי מלכאן מלכא איראן מנו.....

Mazdaiasn Bag Nersechi Malkan Malka Iran Mino .....
Der Hormuzdverehrer, der göttliche Nersi, König der Könige von Iran, von himmlischem Geschlechte entsprossen.

R. wie No. 43.

Æ. Cabinet Ismail Pascha's, des Baron Tecco.

No. 45. *A.* Die Kronzacken von mittlerer Grösse, die Haarflechten in zwei Büscheln nach hinten herabhängend, sonst wie No. 43 und 44. Legende:

מזריסן בג נרסחי ..כאן .... אן מנ..... מן יזדאן

Mazdaiasn Bag Nersechi (Mal)kan (Malka Ir)an Min(otschetri) men Jezdan.

R. wie No. 43.

Æ. Grösse 6½. Gewicht 70 As (nach einem ausgebrochenen Exemplare in meinem Besitz). Ein anderes Exemplar im Cabinet des Baron Tecco.

No. 46. Im Cabinet Ismail Pascha's ist ein Exemplar mit einer ganz barbarischen Legende auf der Vorderseite, während die Legende der Kehrseite correct ist.

No. 47. *A.* wie No. 43. Legende:

נרסיחי מ

Nersichi M(alka)

R. ohne Legende.

Æ. Grösse 2½. Cabinet des Obersten Rawlinson.

8. Hormuzd II.

Sohn Nersi's, reg. 300—308 n. Chr. G.

*No. 48. *A.* Nach rechts gekehrte Büste des Königs, gelockter Bart, das Haupthaar in Locken und dichten Büscheln nach hinten herabhängend; der Kopfputz in Gestalt eines Vogels, der seine Flügel in die Höhe schlägt und im Schnabel eine Weinbeere (auf andern Exemplaren drei Weinbeeren) hält, darüber der kugelförmige Bund; einfache Perleneinfassung. Legende:

מזריסן בְ.... מזדי מלכאן מלכא איראן מנוג̄ ...י מן יזדאן

Mazdaiasn ba(g Ochra)mazdi Malkan Malka Iran Minotsche(tr)i men Jezdan

Der Hormuzdverehrer, der göttliche Hormuzd, König der Könige von Iran, von himmlischem Geschlechte entsprossen.

R. Feueraltar; in der Flamme ein Kopf; links und rechts der König und der Oberpriester demselben zugewandt, und resp. mit der Rechten und Linken ein Schwert erhebend. Legende:

אוחרמזדי יזדאני

Ochramazdi Jezdani.

Æ. Grösse 7¼. Gewicht 75 As. Im Cabinet des Hrn. Cuyol.

Die Münzen dieses Monarchen bilden in Betreff der Schrift den Uebergang zur zweiten Periode und zeichnen sich durch grosse Undeutlichkeit aus; das hier beschriebene Exemplar macht davon eine rühmliche Ausnahme, wesshalb ich es voran gestellt habe. Ein Exemplar im Cabinet des verstorbenen Borrell war auch sehr schön, aber die Legende in barbarischen Verunstaltungen. Grösse 7½. Gewicht 76 As.

A. und *R.* wie No. 48. Legende unleserlich. No. 49.

AV. Gewicht 153,11 As. Cabinet des Hrn. Magnoncourt. (Abgebildet bei Longpérier Taf. V, 4.)

A. wie No. 48. Legende r No. 50

מזדיסן בג אוחרימזדי מלכאן מלכא

Mazdaiasn Bag Ochrimazdi Malkan Malka.

Die Legende ist vollständig, und die Münze hat nie mehr enthalten. Der Königsname ist undeutlich, indem der 4. und 5. Buchstabe gleich sind, es könnte daher auch Ochurmazdi gelesen werden. Beide Lesarten kommen auf anderen Stücken vor.

R. Legende: חור Chur (mazdi)

נווא Nuwa

AR. Grösse 7. Gewicht 83 As. Cabinet des Hrn. S. Alischan.

A. wie No. 50. No. 51.

R. Legende in sehr schönen und deutlichen Buchstaben:

links אחורמזדי Achurmazdi

rechts נווא Nuwa.

AR. Cabinet Ismail Pascha's.

A. wie No. 48. Legende: No. 52.

מזר ..... אוחרימזדי מלכא מלא מנגרי מן יז

Mazda (iazn Bag) Ochrimazdi Malka (n) Mal (k) a Min (o) tsche-(t) ri men Jez(dan).

R. Unleserliche Legenden.

AR. Grösse 7. Gewicht 81 As. In meinem Cabinet.

A. wie No. 48. Unleserliche Legende. No. 53.

R. Legende: הורמוז נווא Hormuz Nuwa.

AR. Cabinet des Baron Tecco.

Diese Münze, welche sonst nichts Besonderes enthält, wird dadurch interessant, dass sie auf der Kehrseite schon die neupersische Form des Namens Hormuz هرمز giebt, wodurch die Auslegung der Legende auf der Gemme von Hormuzd I. vollständig bestätigt wird. Es geht also daraus hervor, dass das Neupersische schon um 300 in der Bildung begriffen war, also gegen 130 Jahre früher als es zur Regierungs- und Schulsprache erhoben wurde; vielleicht noch früher, wenn die Gemme unter Hormuzd I. geschnitten worden ist, was sich freilich nicht beweisen lässt.

A. wie No. 48. Legende: No. 54.

מזדיסן אוחרמזדי

Mazdaiasn Ochramazdi

R. mit unleserlicher Schrift.

AR. Cabinet des Obersten Rawlinson.

9. Schapur II. شابور

Sohn Hormuzd II, reg. 308—380 n. Chr. G.

Während der langen Regierung Schapur's II (sie dauerte einige Monate länger als sein Leben, indem sein Vater vor seiner Geburt starb, und die Regierung in seinem Namen von einer Regentschaft während der Schwangerschaft seiner Mutter und bis zu seiner Volljährigkeit geführt wurde) zeigen sich mehrere Typen, jedoch habe alle einen gemeinsamen Charakter. Die Münzen aus seinen ersten Regierungsjahren gehören sowohl in Betreff der Kunst als in paläographischer Beziehung noch der ersten Periode an. Es zeigt sich aber bald eine auffallende Verschlechterung der Arbeit, und es kommen Münzen von ganz barbarischer Ausführung vor, während das Alphabet, in einer Uebergangsperiode begriffen, noch keinen besonders markirten Charakter hat, der sich erst unter Schapur III. und Bahram IV. ausbildete.

Erste Periode, welche in künstlerischer Beziehung die erste Hauptperiode abschliesst, und mit deren Ende vollständige Barbarei hereinbricht.

*No. 55. *A.* Nach rechts gewendetes Brustbild des Königs, gekräuselter Bart; das Haar in einem dichten Büschel über den Nacken hängend; Diadem; Krone wie bei Schapur I, darüber der kugelförmige Bund; einfache Perleneinfassung. Legende:

מזדיסן בג שחפוחרי מלכאן מלכא איראן ואניראן מנוגתרי מן ידזאן

Mazdaiasn Bag Schachpuchri Malkan Malka Iran v Aniran Minotschetri men Jezdan

Der Hormuzdverehrer, der göttliche Schapur, König der Könige von Iran und Turan, von himmlischem Geschlechte entsprossen.

R. Feueraltar noch in der bisher üblichen Form, ohne Kopf in der Flamme; der König und der Oberpriester demselben zugekehrt und in der Stellung wie auf No. 48. Legende:

שחפוחרי נואזי Schachpuchri Nuwazi.

AR. Grösse 7. Cabinet Ismail Pascha's.

No. 56. *A.* wie No. 55. Legende:

מזדיסן בג שחפוחרי מלכאן מלכא איראן ואניר[אן]

Mazdaiasn Bag Schachpuchri Malkan Malka Iran v Anir(an)

Der Hormuzdverehrer, der göttliche Schapur, König der Könige von Iran und Turan.

R. Legende: שח נווא Schach(puchri) Nuwa(zi).

AR. Grösse 6½. Gewicht 75 As (nach meinem Exemplare). Andere Exemplare im k. Cabinet zu Berlin (sehr schön), in den Cabinetten der Hrn. S. Alischan, Bilezikdschi, E. de Cadalvène.

No. 57. *A.* wie No. 55. Legende:

.....בג שחפוחרי מלכאן מלכא איראן

(Mazdaiasn) Bag Schachpuchri Malkan Malka Iran
(Der Hormuzdverehrer) der göttliche Schapur, König der Könige von Iran.

R. Legende: שחפוחרי נוואזי Schachpuchri Nuwazi.

Æ. Cabinet des Barons Behr.

In dem Cabinet des Hrn. Brown befindet sich eine der so eben beschriebenen ganz ähnliche Münze, mit dem Unterschiede, dass zwischen dem Diadem und dem Worte Mazdaiasn die beiden Buchstaben סי (Taf. IV, 2) stehen, welche aller Wahrscheinlichkeit nach die Abkürzung von Sikatschtan enthalten. No. 58

Zweite Periode. Anfang des Verfalls.

A. wie No. 55, jedoch mit weniger Kunst; die Legende ist wegen der Kleinheit der Münze und Vollständigkeit der Titel äusserst schwer wiederzugeben; jedoch liest ein geübtes Auge die Legende ohne Anstoss: No. 59.

Mazdaiasn Bag Schachpuchri Malkan Malka Minotschetri men Jezdan

Der Hormuzdverehrer, der göttliche Schapur, König der Könige, von himmlischem Geschlechte entsprossen.

R. Feueraltar wieder von derselben Form wie auf den Münzen Ardeschir's I, d. h. fast die ganze Breite der Münze einnehmend, und rechts und links zwei Opfergefässe, dagegen keine Figuren. Legende:

נוואזי שחפוחרי

Nuwazi Schachpuchri.

Æ. Grösse 5. Gewicht 88 As. Cabinet des Herrn Cayol. Ein anderes Exemplar im Cabinet Ismail Pascha's.

A. und *R.* wie No. 59, jedoch sind mir die Legenden nur aus Longpérier Taf. VI, 1 und 2, bekannt, und ich wage es nicht sie zu deuten. No. 60.

AV. Gewicht 150,34 As. Cabinet der kaiserlichen Bibliothek in Paris und des British Museum.

Dritte Periode. Gänzlicher Verfall, wahrscheinlich in Folge der schweren Kriege mit Constantius und Julian, indem auch das Metall sich auffallend verschlechtert; dagegen gewinnt die Schrift wieder an Deutlichkeit, und mit wenigen Ausnahmen, wo barbarische Legenden vorkommen, sind die Züge fest und scharf ausgedrückt und sehr deutlich zu lesen.

Der allgemeine Typus dieser Periode ist folgender:

A. wie auf No. 55, jedoch in noch viel schlechterer Ausführung.

R. Der Feueraltar hat einen dünneren Schaft, als bisher üblich war; der breite Schaft verschwindet seitdem gänzlich;

in der Flamme ein Kopf. Links und rechts der König und der Oberpriester in der Stellung wie auf No. 55. Wo sich Abweichungen von diesem Typus finden, gebe ich sie an; ich beschreibe sonst nur die verschiedenen Legenden, welche in dieser Periode vorkommen.

No. 61. *A.* מזדיסן בג שחפוח.....כאן....כא איראן מנוגֿתרי מן יזדאן
Mazdaiasn Bag Schachpuch(ri Mal)kan (Mal)ka Iran Minotschetri men Jezdan
Der Hormuzdverehrer, der göttliche Schapur, König der Könige von Iran, von himmlischem Geschlechte entsprossen.

R. שח נוואז Schach(puchri) Nuwaz(i).

Æ. Grösse 6. Gewicht 85 As. Cabinet des Hrn. S. Alischan.

No. 62. *A.* מזדיסן בג שחכוחרי מלכאן מלכא איראן ואניראן
Mazdaiasn Bag Schachpuchri Malkan Malka Iran v Aniran
Der Hormuzdverehrer, der göttliche Schapur, König der Könige von Iran und Turan.

R. שחפוח נווא Schachpuch(ri) Nuva(zi).

Æ. Grösse 6. Gewicht 80 As. Cabinet des Hrn. S. Alischan.

No. 63. A. Im Styl etwas verschieden, erinnert an die späteren Münzen von Chusrav I; weniger steif gearbeitet, als die bisherigen Numern; auch der Altarschaft auf der Kehrseite ist viel schlanker. Legende:

מזדיסן בג שחפוחרי מלכאן מלכא איראן
Mazdaiasn Bag Schachpuchri Malkan Malka Iran.

R. שח נווא Schach(puchri) Nuva(zi).

Æ. Grösse 7½. Gewicht 84 As. Cabinet des Hrn. S. Alischan.

No. 64. *A.* in dem früheren steifen Styl; Legende wie No. 63.

R. Legende wie No. 63; ferner auf dem Altarschaft das Wort ראסט (Taf. II, 9) rast.

Dieses Wort erscheint von jetzt an auf den Münzen; es ist offenbar das neupersische راست „recht, richtig“ und sollte den vollen Gehalt der Münzen bezeichnen. Wohl mochte es einer solchen Versicherung bedürfen, da die Münzen von dieser Zeit an sich auffallend im Gehalte verschlechtern.

Æ. Grösse 8. Gewicht 83 As (nach der Münze des Hrn. Alischan). Andere Exemplare in den Cabinetten der Hrn. Brown und Cayol.

No. 65. Vier Münzen, welche in jeder Beziehung mit der so eben beschriebenen übereinstimmen, jedoch um die Hälfte schwerer sind.

Æ. Grösse 6. Gewicht 127 und 132 As (nach 2 Exemplaren

in meinem Cabinet), zwei andere in dem Cabinet des Hrn. S. Alischan.

A. מלכא מלכאן שח בג מזדיסן No. 66.

Mazdaiasn Bag Schach. Malkan Malka.

Die Lücken der Legende sind ursprünglich und nicht erst durch Abnutzung entstanden.

R. Auf dem Altarschaft steht איראן (Taf. IV, 25), Iran. Andere Inschriften nicht vorhanden.

Æ. Grösse 5½. Gewicht 81 As. Cabinet des Hrn. Cayol.

A. מלכא מלכאן שחפו מ No. 67.

M. Schachpu. Malkan Malka.

Die Lücken sind ursprünglich, die Form der Buchstaben ist ziemlich abweichend.

R. Auf dem Altarschaft: ראסת rast.

Æ. Grösse 6. Gewicht 85 As. Cabinet des Hrn. Cayol.

A. Die Legende fängt bei der Vorderspitze der Krone an, geht längs dem Gesichte und der Brust hinunter und wieder nach hinten hinauf: No. 68.

מזדיסן בג שחפוחרי תוחם

Mazdaiasn Bag Schachpuchri tobam

Der Hormuzdverehrer, der göttliche Schapur, der Starke.

Das Wort tobam (T. II, 10), welches mir bis jetzt bloss auf dieser einzigen Münze vorgekommen ist, entspricht dem Vedischen तविष, dem Zendworte takhma und dem Neupersischen تهم, welche alle dasselbe bedeuten.

R. links: שח Schach(puchri)
rechts: ש oder ס oder א?
auf dem Altarschaft: ראסת rast.

Æ. Grösse 6. Gewicht 83½ As. Cabinet des Hrn. S. Alischan.

A. Die Legende beginnt in derselben Weise wie bei No. 68 vorn bei der Kronenspitze: No. 69.

מזדיסן בג שחפוחרי

Mazdaiasn Bag Schachpuchri

Der Hormuzdverehrer, der göttliche Schapur.

R. links: שח Schach(puchri)
rechts einige undeutliche Züge.

AV. Grösse 5½. Gewicht 176 As. Cabinet des Hrn. S. Alischan.

Da es eine Goldmünze ist, so bedurfte es nicht der Bescheinigung ihrer Aechtheit auf dem Revers; als gute Waare lobte sie sich selbst.

No. 70. *A.* Die Legende beginnt wie bei No. 68 und 69:

מזדיסן בג שחפ

Mazdaiasn Bag Schachp(uchri)

Der Hormuzdverehrer, der göttliche Schapur.

R. fast nichts zu erkennen.

AR. Grösse 5½. Gewicht 88 As. Cabinet des Hrn. S. Alischan.

No. 71. *A.* Legende beginnt normal am Hinterkopf:

שחפוחרי מלכאן מלכא איר...

Schachpuchri Malkan Malka Ir(an)

Schapur, König der Könige von Iran.

R. Bloss auf dem Altarschaft stehen die Zeichen סי, vermuthlich zur Bezeichnung der Prägestätte in Segestan.

AR. Grösse 7. Gewicht 83 As. Cabinet des Hrn. S. Alischan.

No 72. *A.* שחפוחרי מלכאן מלכא

Schachpuchri Malkan Malka

Schapur, König der Könige.

R. Auf dem Altarschaft: ראסת rast.

AR. Sehr häufig.

No. 73. *A.* Legende fängt bei der Brust an und geht bis zur Vorderspitze der Krone hinauf:

שחפוחרי

Schachpuchri

Schapur.

R. Auf dem Altarschaft: סי Si(katschtan), Segestan.

AR. Grösse 7. Gewicht 87 As (nach einem Exemplar in meinem Besitz). Eine sehr häufig vorkommende Varietät.

No. 74. *A.* Legende fängt bei der Vorderspitze der Krone an:

מלכא איראן

Malka Iran.

König von Persien.

R. Auf dem Altarschaft: סי Si(katschtan), Segestan.

AR. Cabinet des Hrn. Cayol.

No. 75. *A.* Legende in normaler Weise angeordnet:

מלכאן מלכא

Malkan Malka

König der Könige.

R. Auf dem Altarschaft: ראסת rast.

AR. Grösse 7½. Gewicht 81 As. Cabinet des Hrn. Cayol; ein zweites Exemplar im Cabinet des Hrn. S. Alischan.

Dass die unter No. 74 und 75 beschriebenen Münzen zu Schapur II. gehören, ist nach dem sonstigen Habitus zwar unzweifelhaft, indessen werde ich später noch einiger Münzen erwähnen müssen, welche ebenfalls den Typus von Schapur II. genau wiedergeben, und doch einen andern Münzherrn nennen; es wäre also möglich, dass die hier beschriebenen Münzen ebenfalls dorthin gehören.

A. ohne Legende, nur durch den Typus der Büste zu er- No. 76.
kennen.

R. ebenfalls ohne Legende.

AR. Grösse 2. Gewicht $10\frac{1}{4}$ As.

Von dieser Münze habe ich 3 Stücke gesehen, alle drei verschieden: 1) in dem k. k. Cabinet zu Wien, abgebildet bei Longpérier Taf. VI, 6; vor dem Gesichte das Zeichen . 2) im Cabinet des Hrn. Cayol; vor dem Gesichte das Zeichen ל und auf der Kehrseite in der Flamme zwei kreuzweis gelegte Gegenstände, ähnlich zwei Stücken Holz; 3) im Cabinet des Hrn. S. Alischan; vor dem Gesichte das Zeichen

Ohne alle Legenden, nur durch den Habitus kenntlich. No. 77.

Æ. Grösse 4. Cabinet des Baron Behr.

Soweit die Legenden lesbar waren und durch ihre Variationen eine Classificirung zuliessen, habe ich die verschiedenen Varietäten, welche mir vorgekommen sind, beschrieben. Es giebt aber ausserdem eine Menge mit so barbarischen Schriftzügen, dass man entweder gar nichts lesen kann, oder höchstens den Königsnamen mit Mühe erkennt, welche ich daher hier nicht weiter erwähne.

10. Ardeschir II. اردشير

Halbbruder Schapur's II, reg. 380—383 n. Ch. G.

Longpérier giebt in seinem Werke, Taf. VII, 1, 2 und 3, Abbildungen von drei Münzen, welche er Ardeschir II. zuschreibt; aber nur die erste, Taf. VII, 1, hat diesen Namen; die Münzen 2 und 3 gehören Jezdegird II. an.

A. Rechts gewandte Büste des Königs, schwacher gekräu- No. 78.*
selter Bart, das Haupthaar in Büscheln nach hinten herabhängend; einfaches Diadem ohne Krone (Ardeschir II. beherrschte das Reich eigentlich nur als Reichsverweser); der kugelförmige Band darüber; einfache Perleneinfassung. Legende:

מזדיסן בג ארתחשתרי מלכאן מלכא איראן . ....אן

Mazdaiasn Bag Artachschetri Malkan Malka Iran (v Anir)an
Der Hormuzdverehrer, der göttliche Ardeschir, König der Könige von Iran und Turan.

R. Feueraltar mit einfacher Flamme, ohne Kopf in derselben; der König und der Oberpriester demselben zugekehrt und resp. mit der Rechten und Linken ein Schwert erhebend. Ohne Legende.

Æ. Grösse 8. Cabinet des Hrn. Dr. Rosen.

No. 79. *A.* wie No. 78. Legende etwas kürzer:

.... ארתחשתרי .... איראן
Artachschetri ..... Iran.

R. Legende נווא ..... חחש... (Ar)tachsche(tri) Nuwa (zi).

Auf dem Altarschaft: ראסם rast.

Æ. Cabinet des Hrn. Brown.

No. 80. *A.* wie No. 78. Der erste Buchstabe der Legende steht vor dem kugelförmigen Bund, der zweite hinter demselben, und der Rest der Legende geht in der üblichen Weise fort, so dass der letzte Buchstabe den ersten berührt:

מזדיסן בג ארתחשתרי
Mazdaiasn Bag Artachschetri
Der Hormuzdverehrer, der göttliche Ardeschir.

R. Ohne Legenden.

Æ. Grösse 7. Gewicht 83 As. Cabinet des Baron Tecco. In dem Cabinet des Hrn. S. Alischan ist eine Münze mit derselben Legende, jedoch nicht in der oben beschriebenen Weise angeordnet, sondern ganz regelmässig; Grösse 7. Gewicht 76 As.

No. 81. *A.* wie No. 78; ausserdem vor der Stirn ein aufwärts gerichteter Halbmond und vor dem Hals und Bart ein Stern ♅; ohne Legende.

R. Feueraltar, aber ohne Figuren; links und rechts von der Flamme einige undeutliche Charaktere.

Æ. Grösse 2. Cabinet Ismail Pascha's.

11. Schapur III. شاپور

Sohn Schapur's II, reg. 383—388 n. Chr. G.

No. 82. *A.* Nach rechts gekehrtes Profil des Königs, schwacher Bart, das Hauptbaar in Locken in einem nicht sehr starken Büschel nach hinten herabhängend; Diadem; Krone geschlossen in Form eines Baretts, darüber der kugelförmige Bund. Einfache Perleneinfassung. Legende:

מזדיסן בג שחפוחרי ג מלכאן מלכא אידאן ואנידאן
Mazdaiasn Bag Schachpuchri G. Malkan Malka Iran v Aniran
Der Hormuzdverehrer, der göttliche Schapur, König der Könige von Iran und Turan.

R. Feueraltar mit einem Kopf in der Flamme; der König und der Oberpriester demselben zugekehrt, resp. in der Rechten und Linken ein langes Schwert in die Höhe haltend. Legende:

links: שחפ Schachp(uchri), Schapur
rechts: אתור Athur(ia), Assyrien
auf dem Altarschaft: ראסט rast.

Æ. Grösse 6. Gewicht 84 As. Cabinet des Hrn. Alischan. Ausserdem Exemplare in den Cabinetten der Hrn. Borrell und Cayol.

Was der Buchstabe g hinter dem Königsnamen bedeutet, weiss ich nicht sicher anzugeben. Eine zeitlang glaubte ich, g als der dritte Buchstabe des semitischen Alphabets zeige den d r i t t e n Schapur an; allein bei Bahram IV. zeigt sich derselbe Buchstabe und kein d; auch wurde diese Bezeichnung nicht beibehalten, obgleich nachher noch Gelegenheit genug dazu war. Da früher und auch später und selbst auf Münzen von Schapur III. dieser räthselhafte Zusatz nicht vorkommt, so muss er jedenfalls von sehr unwesentlicher Bedeutung seyn. Dennoch wäre ich geneigt, die anfangs von mir vorgeschlagene Deutung beizubehalten, und selbst durch Bahram IV. mich nicht irre machen zu lassen, weil der dritte Bahram nur 4 Monate regiert hat, und seine Regierung von vielen Historikern übergangen wird; ja selbst auf einer Münze von Ardeschir II. glaubte ich ganz conform ein b als Bezeichnung der Zahl 2 gefunden zu haben, und verfehlte auch nicht, alles dieses in der Zeitschrift der D. M. G. drucken zu lassen, wo es noch steht. Aber 1) es war kein b, sondern, wie ich bei genauerer Prüfung mich überzeugte, ein m, welches zum Worte Mazdaiasn gehört; es ist die so eben No. 80 beschriebene Münze; 2) findet sich derselbe räthselhafte Buchstabe g auf vielen Gemmen, und zwar ebenfalls hinter dem Eigennamen und vor der Bezeichnung des Standes. Ich bin daher von der numerischen Deutung abgegangen, und glaube vielmehr, dass es ungefähr dem neupersischen كه, qui, entspricht, in grammatischer Beziehung für uns eben so redundirend, wie das türkische اولان, so dass also diese Legenden zu übersetzen wären: N. N: w e l c h e r i s t ..... u. s. w. Eine ähnliche Zusammenziehung werden wir später bei der persischen Zahl d r e i, se, wahrnehmen.

A. Dieselbe Legende, wie No. 82, jedoch ohne das so eben besprochene g. Zwischen dem Buchstaben i und s des Wortes Mazdaiasn steht ein Halbmond: מזדי☽סן No. 83.

R. Legenden, links: שחף Schachp(uchri), Schapur
rechts: אתו Athu(ria), Assyrien
auf dem Altarschaft: ראסט rast.

Æ. Grösse $7\frac{1}{2}$. Cabinet des Hrn. Cayol.

No. 84. *A.* wie No. 82. Die Legende fängt wieder so sonderbar an, wie auf der Münze No. 80:

מזדיסן בג שחפוחרי מ..אן מ...א אי.....

Mazdaiasn Bag Schachpuchri Ma(lk)an Ma(lk)a I(ran)

Der Hormuzdverehrer, der göttliche Schapur, König der Könige von Iran.

R. Legenden, links: שחפוח Schachpuch(ri)
rechts: אתור Athur(ia)
auf dem Altarschaft: ראס ras(t).

Æ. Grösse $6\frac{1}{2}$. Gewicht 89 As. Cabinet des Hrn. S. Alischan.

No. 85. *A.* wie No. 82. Legende desselben Inhalts wie No. 84, auch ebenso angeordnet.

R. Legende, links: שח Schach(puchri), weiter nichts.

Æ. Grösse 7. Cabinet des Hrn. Borrell.

No. 86. *A.* wie 82. Legende:

מזדיסן בג שחפ.....ג מלכאן מלכא

Mazdaiasn Bag Schachp(uchri) gi Malkan Malka

Der Hormuzdverehrer, der göttliche Schapur, welcher ist König der Könige.

R. Legenden, links: שחף Schachp(uchri)
rechts: אתור Athur(ia)
auf dem Altarschaft: ראסט rast.

Æ. Grösse $6\frac{1}{2}$. Cabinet des Hrn Cayol.

No. 87. *A.* wie No. 82. Legende wie No. 86, jedoch ohne das g.

R. Ohne Legende; bloss auf dem Altarschaft ראסט rast.

Æ. Grösse $7\frac{1}{2}$. Gewicht 87 As. Cabinet des Hrn. S. Alischan.

No. 88. *A.* wie No. 82. Legende:

מזדיסן בג שחפוחרי ג מלכאן מלכא

Mazdaiasn Bag Schachpuchri gi Malkan Malka

Der Hormuzdverehrer, der göttliche Schapur, welcher ist König der Könige.

Die Legende stimmt genau mit der von No. 86 überein, weicht aber wesentlich in der Gestalt der Buchstaben ab, wesshalb sie aus einer andern Münzstätte hervorgegangen zu seyn scheint.

R. Legenden, links: שח Schach(puchri), Schapur
auf dem Altarschaft: ראסט rast
rechts: nichts (wodurch die so eben ausge-

sprochene Vermuthung in Betreff der Münzstätte Bestätigung erhält).

Æ. Grösse 6½. Cabinet des Hrn. S. Alischan.

A. wie No. 82. Legende: No. 89.

מזדיסן בג שחפוחרי ג מלכאן מלכ[א]

Mazdaiasn Bag Schachpuchri gi Malkan Malk(a)

Der Hormuzdverehrer, der göttliche Schapur, welcher ist König der Könige.

R. Legenden, links: שח Schach (puchri)
auf dem Altarschaft: ראס ras (t)
rechts: א a ?

Æ. Grösse 6. Gewicht 79 As. Cabinet des Hrn. S. Alischan.

A. wie No. 82. Legende wie No. 89, ohne das g. Die No. 90.
Legende fängt bei der Brust an, geht bis zum kugelförmigen Bund hinauf, und schliesst am Hinterkopf.

R. Auf dem Altarschaft: ראסט rast.

Æ. Grösse 7. Cabinet des Hrn. Cayol.

A. wie No. 82. Legende: No. 91.

מזדיסן בג שחפוחרי ג מלכאן מ

Mazdaiasn Bag Schachpuchri gi Malkan Ma(lka)

Der Hormuzdverehrer, der göttliche Schapur, welcher ist König der Könige.

R. Legende, links: שח Schach (puchri)
auf dem Altarschaft: ראסט rast
rechts: אתו Athu(ria).

Æ. Grösse 6½. Gewicht 88 As. In meinem Cabinet.

A. wie No. 82. Legende: No. 92.

מ.... שחפוחרי מלכאן

M(azdaiasn Bag) Schachpuchri Malkan (Malka).

R. Ohne Legenden.

Æ. Grösse 7. Cabinet des Hrn. S. Alischan. Die Form der Buchstaben ist abweichend von der gewöhnlichen.

A. Bart und Haupthaar stärker als sonst; nur das Diadem No. 93.
ist da, dagegen fehlen die Krone und der kugelförmige Bund, so wie jede andere Art Kopfschmuck. Legende:

מזדיסן בג שחפוחרי מל

Mazdaiasn Bag Schachpuchri Mal(ka).

R. Legende verwischt. Auf dem Altarschaft ראסט rast.

AV. Grösse 4½. Gewicht 89,5 As. Cabinet des Hrn. Rollin. (Abgebildet bei Longp. Taf. VII, 4.)

A. wie No. 82. Legende: No. 94.

מזדיסן בג שחפוחרי ג מלך

Masdaiasn Bag Schachpuchri gi Malka
Der Hormuzdverehrer, der göttliche Schapur, welcher König ist.

R. Legenden, links: שחף Schachp(uchri)
rechts: אחור Athur(ia).

Æ. Grösse 7. Gewicht 87 As, nach einem Exemplar in meinem Cabinet, welches jedoch die Inschriften der Kehrseite nicht hat; diese sind von einem Exemplar des Hrn. S. Alischan.

No. 95. *A.* Im Allgemeinen wie No. 82, jedoch etwas verschiedener Styl, vorzüglich in der Krone. Legende (Taf. II, 11):

שחפוחרי מלכאן מלכא איראן
Schachpuchri Malkan Malka Iran.

R. Auf dem Altarschaft: סי Si(katschtan), Segestan.

Æ. Grösse $6\frac{1}{2}$. Gewicht 88 As. Cabinet des Hrn. S. Alischan.

Diese Münze wird dadurch interessant, dass wir durch sie erfahren, wie sich das Pehlvialphabet im östlichen Iran modificirt hat.

No. 96. *A.* wie No. 82. Legende:

שחפוחרי מלכא
Schachpuchri Malka.

R. Legende, links: שח Schach(puchri)
auf dem Altarschaft: ראסט rast
rechts: אתו Athu(ria).

Æ. Zwei Exemplare mit geringen Variationen im Cabinet des Hrn. S. Alischan; ein Exemplar des Hrn. Borrell hat keine Legende auf der Kehrseite.

No. 97. *A.* wie No. 82, im Styl etwas verschieden. Legende, bei der Brust anfangend, wie bei No. 90:

מלכאן מלכא א .. אן ו (T. II, 12)
Malkan Malka I(r)an v (Aniran)
König der Könige von Iran und (Turan).

R. Auf dem Altarschaft: גר Gir(man). Diese Legende ist nicht bloss desshalb interessant, weil sie zum ersten Male den Namen der Provinz Kirman als Münzstätte aufführt, sondern auch, weil sie gewissermassen die Deutung bestätigt, welche ich vorhin (s. No. 82) dem isolirten g gab, indem ich es mit dem neupersischen گد verglich, da hier ebenfalls ein g einem harten ك im neupersischen كرمان entspricht.

Æ. Cabinet des Hrn. Cayol.

No. 98. *A.* wie No. 82. Legende: מלכאן מלכא Malkan Malka.

R. ohne Legende. Die Form der Buchstaben, verglichen mit der vorigen Münze, scheint anzudeuten, dass sie ebenfalls aus Kirman herstammt. Sie befand sich im Cabinet des Hrn. Borrell.

A. wie No. 82, ohne Legende; vor dem Kopfe des Königs No. 99.
eine Blume. *R.* gleichfalls ohne Legende.

AR. Grösse 1. Gewicht 10 As. Cabinet des Hrn. S. Alischan.

12. Bahram IV. بهرام

Sohn Schapur's II, Bruder Schapur's III, reg. 389—399 n. Ch. G.

A. Nach rechts gekehrtes Brustbild des Königs, gekräuselter No. 100.
Bart, das Haupthaar in Locken in einem Büschel hinter dem Nacken herabhängend; Diadem; Krone vorn in Zacken, hinten in einem Flügel endigend; darüber der kugelförmige Bund; einfache Perleneinfassung. Legende:

מזדיסן בג ורהראן ג מלכאן מלכא אי

Mazdaiasn Bag Varahran gi Malkan Malka I (ran)

Der Hormuzdverehrer, der göttliche Bahram, welcher ist König der Könige von Iran.

R. Feueraltar mit einfacher Flamme, ohne Kopf in derselben; der König und der Oberpriester in derselben Stellung wie bei Schapur III. Legenden:

links: ורה Varah (ran)

auf dem Altarschaft: ראסת rast

rechts: אתו Athu (ria)

links neben der Flamme: פא pa....?

AR. Grösse 6½. Gewicht 81 As. In meinem Cabinet.

Ueber die Bedeutung der Buchstaben, welche auf der Kehrseite der Münzen Bahram's IV. neben der Flamme und auf anderen Stellen vorkommen, und welche fast mit jedem Exemplare sich ändern, ist es sehr schwer etwas Genügendes zu sagen. In den meisten Fällen jedoch lässt sich ein Name oder ein Epitheton Gottes nachweisen, welches den Buchstaben entspricht, die neben der Flamme stehen, während diejenigen, welche anderswo stehen, sich meistens als geographische Namen auslegen lassen. Die Münzen Bahram's IV. gewinnen dadurch ein eigenthümliches Interesse, indem fast jedes Exemplar eine Varietät für sich bildet.

Das auf dieser ersten Münze vorkommende *pa* lässt sich entweder als Abkürzung des Zendwortes paiti, der Herr, oder des Pehlviwortes פאהלום pahalum, ausgezeichnet, vortrefflich, erhaben, deuten.

A. wie No. 100, mit gleichlautender Legende. No. 101.

R. Legenden, links unkenntlich

rechts: אתו Athu (ria)

neben der Flamme סא As ?

AR. Grösse 6. Gewicht 78 As. Cabinet des Hrn. S. Alischan.

Zur Erklärung der beiden Zeichen *as* lag mir, einem Sohne des Nordens, der Gedanke an die Asen Odin's sehr nahe; aber die Entfernung von der Heimat machte sie, einfache Menschen, erst in Skandinavien zu Göttern oder Halbgöttern; überdiess habe ich eine unüberwindliche Abneigung gegen das Symbolisiren (*συμβάλλειν*), wenn es sich nicht leicht und ungezwungen von selbst giebt, und ich ziehe es daher vor, das Zeichen als Abkürzung von asman, Himmel, zu erklären. Das Wort findet sich fast unverändert im ältesten und neuesten Persisch.

o.102. *A.* wie No. 100. Legende etwas zerstört, aber augenscheinlich eben so vollständig, wie in den beiden vorhergehenden Numern.

R. Legenden, links: zerstört

rechts: אתו Athu(ria)

links neben der Flamme: הר hr.

AR. Grösse 6½. Gewicht 92 As. Cabinet des Hrn. Cayol.

Die beiden Buchstaben neben der Flamme sind wahrscheinlich der Anfang des Wortes Hormuzd, welche moderne Form uns schon einige Male als Nebenform vorgekommen ist, damals freilich noch mit eingeschobenem ו (u), während sich hier schon das moderne هرمز zeigt.

o.103. *A.* wie No. 100. Legende:

מזדיסן בג רחראן מלכאן מלכא

Mazdaiasn Bag (Va)rahran Malkan Malka.

R. Legenden, links und rechts nichts

neben der Flamme, rechts: או } Och(ramazdi), Hormuzd.

links: ח }

AR. Grösse 5½. Gewicht 67 As. Cabinet des Hrn. S. Alischan.

o.104. *A.* wie No. 100. Die Legende fängt bei der Brust an und geht zur Krone hinauf u. s. w.

מזדיסן בג ורחראן מלכאן מלכא (Taf. II, 13)

Mazdaiasn Bag Varahran Malkan Malka.

R. In der Flamme ein Kopf; Legenden nicht vorhanden.

AR. Zwei Exemplare im Cabinet des Hrn. Borrell. Die Form der Buchstaben ist auffallend.

o.105. *A.* wie No. 100. Legende:

מזדיסן בג ורחראן מללכאן מלך

Mazdaiasn Bag Varahran Malkan Malk(a).

R. wie No. 100. Legenden:

links, nichts zu erkennen

rechts: ורח Varah(ran)

neben der Flamme { links: רד oder לד, rd oder ld

{ rechts: ז ?

Æ. Cabinet des Hrn. Borrell.

In der Legende der Vorderseite hat der Stempelschneider in dem Worte Malkan ein l zu viel geschnitten. Die Zeichen neben der Flamme sind mir noch räthselhaft; sie sind schon auf den unter No. 39 und 40 beschriebenen Münzen vorgekommen.

A. wie No. 100. Legende: No. 106.

מזדיסן בג ורחראן ג מלכא

Mazdaiasn Bag Varahran gi Malka.

R. wie No. 100. Legenden:

neben der Flamme, links  (Taf. II, 14)

rechts בבא (T. IV, 4.) Baba, Pforte (Residenz).

auf dem Altarschaft: אסט (r)ast.

Æ. Cabinet des Hrn. Borrell.

Die Zeichen links neben der Flamme sind mir ganz unverständlich.

A. wie No. 100. Legende genau so wie No. 106. No. 107.

R. wie No. 104. Legenden

links: ורח Varah(ran)

rechts: אתו Athu(ria)

auf dem Altarschaft: סט (ra)st

neben der Flamme: אוח Och(ramazdi).

Æ. Cabinet des Hrn. Cayol.

A. wie No. 100. Legende genau wie No. 106. No. 108.

R. wie No. 104. Legenden

links: ורח Varah(ran)

rechts: אתור Athur(ia)

auf dem Altarschaft: ראסט rast

neben der Flamme: בבא Baba, Residenz.

Æ. Cabinet des Hrn. Cayol.

A. wie No. 100. Legende: No. 109.

מזדיסן בג ורחראן ג מלך

Mazdaiasn Bag Varahran gi Malk(a).

R. wie No. 104. Legenden

links: ור Vara(hran)

rechts: את Ath(uria)

auf dem Altarschaft: ט (ras)t.

Æ. Grösse 7. Gewicht 88 As. Cabinet des Hrn. S. Alischan.

A. wie No. 100. Legende wie No. 109. No. 110.

R. wie No. 100. Legenden

links: ור Vara(hran)

rechts: אתו Athu(ria)

auf dem Altarschaft: ראסט rast
neben der Flamme: אס As(man), Himmel.

Æ. Cabinet des Hrn. Borrell, 2 Exemplare.

No. 111. *A*. wie No. 100. Legende wie No. 109.
R. wie No. 100. Legenden, links: ור Vara(hran) weiter nichts.

Æ. Cabinet des Hrn. Borrell.

No. 112. *A*. wie No. 100. Legende wie No. 109.
R. wie No. 100. Legenden, links: ורה Varah(ran)
neben der Flamme: בבא Baba, Residenz.

Æ. Cabinet des Hrn. Borrel.

No. 113. *A*. wie No. 100. Legende wie No. 109.
R. Feueraltar wie auf den Münzen Ardeschir's I, d. h. ohne König oder irgend eine andere Figur. Legenden
links durch Oxydirung ganz zerstört,
rechts: ראסתי rasti, ächt, wahrhaft.

Æ. Cabinet des Barons Tecco.

No. 114. *A*. wie No. 100. Legende wie No. 109.
R. wie No. 104. Legenden, rechts: אתו Athu(ria)
neben der Flamme: כר Kir(man...

Æ. Cabinet des Obersten Rawlinson.

Die Zeichen neben der Flamme sind auf den Münzen späterer Könige unzweifelhaft die Abkürzung für Kirman; das kann aber hier nicht gemeint seyn, es wäre denn, dass nicht die Provinz Kirman, ostwärts von Pars, sondern die Stadt Kirmanschahan zu verstehen ist, welche in Assyrien liegt. — Hr. S. Alischan besitzt ebenfalls ein Exemplar dieser Münze. Grösse 7. Gewicht 89 As.

No. 115. *A*. wie No. 100. Legende wie No. 109.
R. wie No. 104. Legenden
neben der Flamme {links: כאר / rechts: ה

Mit dieser Legende weiss ich gar nichts anzufangen; steckt vielleicht ein Pehlviwort dahinter, welches dem Zendworte qarenağh (Glanz) entspricht?

Æ. Cabinet des Obersten Rawlinson.

No. 116. *A*. wie No. 100. Legende:
מזדיסן בג ורהראן ג מ
Mazdaiasn Bag Varahran gi Ma(lka).
R. wie No. 100. Legenden, links: ורהר Varahr(an)
neben der Flamme: בג Bag, Gott.

Æ. Cabinet des Hrn. Borrell.

No. 117. *A*. wie No. 100. Legende wie No. 116.

R. wie No. 100. Legenden
links: אתר Athu(ria)
rechts: יזדכר Jezdiker(ti), Jezdegird
auf dem Altarschaft: ראס ras(t).

AR. Cabinet des Hrn. Borrel.

Merkwürdig ist der Name Jezdegird auf der Kehrseite. Ein Sohn Bahram's IV. dieses Namens war sein Nachfolger, und vielleicht als solcher, ولى عهد, wie es im mohammedanischen Staatsrecht heisst, auf der Münze mitgenannt, wie solches auf den Chalifenmünzen häufig vorkommt.

A. wie No. 100. Legende wie No. 116. No. 118.
R. wie No. 104. Legenden, links: ור Vara(hran)
rechts: אתר Athu(ria)
auf dem Altarschaft: ראסט rast.

AR. Cabinet des Hrn. Borrell.

A. wie No. 100. Legende wie No. 116. No. 119.
R. wie 104. Legenden
zwischen dem König und dem Altar: מא Ma-
zwischen dem Oberpriester und dem Altar: דא da } Medien.

AR. Cabinet des Hrn. Borrell.

A. wie No. 100. Legende: No. 120.
מזדיסן בג ורחראן מלכא
Mazdaiasn Bag Varahran Malka.

R. wie No. 100. Legenden
links: ורח Varah(ran)
rechts: „ „ „
neben der Flamme links: בבא Baba, Residenz
„ „ „ rechts: בג Bag, Gott.

AR. Cabinet des Hrn. Borrell.

A. wie No. 100. Legende: No. 121.
מזדיסן בג ורחראן ג
Mazdaiasn Bag Varahran gi.

R. so abgenutzt, dass nichts zu erkennen ist.

AR. Grösse 7. Gewicht 86 As
„ „ „ 87 „ } Cabinet des Hrn. S. Alischan.

Ein drittes Exemplar im Cabinet des Hrn. Borrell.

A. wie No. 100. Legende: No. 122.
מזדיסן ורחראן מלכאן מלך
Mazdaiasn Varahran Malkan Malk(a).

R. wie No. 100. Legenden
neben der Flamme rechts: א
„ „ „ links: ר } O(chramazdi).

AR. Cabinet des Hrn. Borrell.

A. wie No. 100. Legende, bei der Brust anfangend: No. 123.

בג ורחראן מלכא
Bag Varahran Malka.

R. wie No. 104. Legende nicht vorhanden.

Æ. Cabinet des Hrn. Borrell.

No. 124. *A.* wie No. 100. Legende, von der Brust anfangend:

ורחראן מלכאן מלכא
Varahran Malkan Malka.

R. wie No. 104. Legende unleserlich.

Æ. Cabinet des Hrn. Borrell.

No. 125. *A.* wie No. 100. Legende, bei der Brust anfangend:

ורחראן מלכאן מלכא דאר
Varahran Malkan Malka Dar.

R. wie No. 100. Legenden
rechts: ורח Varab (ran)
neben der Flamme: דאר } Darapker(d), Darabgird (T. IV, 6).
auf dem Altarschaft: אפכר }

Æ. Cabinet des Hrn. Borrell. Ob das Dar auf der Vorderseite auch Darabgird bedeutet, wage ich nicht zu behaupten.

No. 126. *A.* wie No. 100. Legende, bei der Brust anfangend:

ורחראן מלכאן מלכא
Varahran Malkan Malka.

R. wie No. 104. Legenden, rechts: ורח }
neben der Flamme: רא } Varahran
links: אן }
auf dem Altarschaft: רא ra (st).

Æ. Cabinet des Hrn. Borrell.

No. 127. *A.* wie No. 100. Legende, bei der Brust anfangend:

ורחראן מלכאן מ
Varahran Malkan Ma(lka).

R. wie No. 100. Legenden
neben der Flamme links: ב ש B. Sch. } Bar oder Ben oder Boman-i
" " " rechts: חף ch. p. } Schachpuchri, Sohn Schapur's.

Æ. Im k. k. Cabinet zu Wien.

No. 128. *A.* wie No. 100. Legende:

ורחראן
Varahran.

R. wie No. 104. Legende
neben der Flamme: או O(chramazdi).

Æ. Cabinet des Hrn Borrell.

No. 129. *A.* wie No. 100. Legende:

ורחרא
Varahra (n).

R. wie No. 104. Legende nicht vorhanden.

AR. Grösse 6. Gewicht 78 As. Cabinet des Hrn. Borrell.
„ 6½ „ 65 „ „ „ „ S. Alischan.

A. wie No. 100. Legende: No. 130

ורהראן

Varahran.

R. wie No. 104. Legende

neben der Flamme: אוח Och(ramazdi).

AR. Cabinet des Hrn. S. Alischan.

Diess sind nur die auffallendsten Varietäten, welche mir vorgekommen sind; ich besitze aber ausserdem noch eine Menge Abdrücke von Münzen, welche in der Form der Buchstaben oder in noch geringeren Beziehungen abweichen. Das Cabinet des Hrn. Borrell war vorzüglich reich an Münzen dieses Monarchen.

13. Jezdegird I. یزدکرد نرم

(d. h. Jezdegird der Milde).

Pehlvi יזדכרתי (Taf. I, 6) Jezdikerti,
Arabisch یزدجرد Jezdedschird,
Armenisch Յազկերտ Jazgerd,
Griechisch Ἰσδιγέρδης,
Syrisch ܝܙܕܓܪܕ,
Hebräisch יזדגרד,
Sohn Bahram's IV, reg. 399—400 n. Chr. G.

Die Regierung dieses Fürsten wird nur von wenigen Historikern erwähnt; so viel mir bekannt, ist seiner nur im Modschmel ul Tewarich (im Journal Asiatique, Mai 1843. p. 387), im Lubb ul Tewarich des Emir Jahia, und im Tarich-i-Fenai (p. 24) gedacht, in letzteren beiden mit dem Zusatze, dass die Perser ihn nicht zu den Königen zählen. In der That haben die vornehmsten orientalischen Geschichtschreiber, als Taberi, Mirchond, Abulfeda u. s. w., eben so Firdewsi in seinem Schahname und die Byzantiner kein Wort über diesen Fürsten. Die Angaben der oben erwähnten Schriftsteller finden aber dadurch ihre Bestätigung, dass ein glückliches Zusammentreffen es mir vergönnt hat, zwei Münzen von diesem Jezdegird aufzufinden, was für eine so kurze Regierung, die vielleicht nicht einmal allgemein anerkannt war, sehr viel ist.

A. Vollkommene Nachbildung des Typus Schapur's II, und zwar von der schlechtesten Sorte; auch das Metall ist sehr schlecht. Legende: No. 131.*

יזדכרתי מ

Jezdikerti Ma(lka).

R. gleicht ebenfalls in jeder Beziehung den Münzen Schapur's II; in der Flamme ein Kopf. Legenden
auf dem Altarschaft: ראסם rast
zwischen dem Altar und dem König: ידכרתי Jezdikerti.

Æ. Grösse 5½. Zwei Exemplare im Cabinet des Obersten Rawlinson, welcher sie in Segestan erhalten hat. — Das ganz eigenthümliche Metall dieser Münzen zeigt sich durch eine besondere Art der Oxydirung und durch das Gefühl, und nur die unter No. 74 und 75 beschriebenen Münzen Schapur's II. erinnerten mich an diese Münzen, so dass ich geneigt bin, auch jene demselben König zuzuschreiben. Noch mehr ist diess der Fall bei einer Münze, welche ich selbst besitze, und deren Vorderseite die Legende מלכאן מלכא א Malkan Malka I(ran) hat. Die Kehrseite hat bloss das Wort נוואזי Nuwazi.

14. Jezdegird II. يزدكرد بزهكار

(d. h. Jezdegird der Bösewicht.)

Arabisch يزدجرد الاثيم,
Pehlvi ראמשטרס יזדכרתי (Taf. I, 7) Ramaschtras Jezdikerti,
Sohn Jezdegird's I, reg. 400—420 n. Chr. G.

No 132.* *A*. Nach rechts gekehrte Büste des Königs, gekräuselter Bart, das Haupthaar in einem Büschel nach hinten herabhängend; Diadem; Krone mit mauerförmigen Zacken, vor der Krone ein Halbmond; über derselben der kugelförmige Bund; einfache Perleneinfassung. Legende:

מזדיסן בג ראמשתר יזדכרתי מלכאן מלכא איר
Mazdaiasn Bag Ramaschtra(s) Jezdikerti Malkan Malka Ir(an)
Der Hormuzdverehrer, der göttliche Ramaschtras Jezdegird, König der Könige von Iran.

R. Feueraltar mit Flamme, ohne Kopf in derselben; der König und der Oberpriester mit erhobenem Schwerte demselben zugekehrt. Legenden, links: ראמש Ramasch(tras)
rechts: יזדכרתי Jezdikerti
neben der Flamme, links: אר rechts: שת
ר ר
z י Ardaschetri, Ardeschir.

Æ. Grösse 6. Cabinet Ismail Pascha's.

Von den Münzen dieses Monarchen ist mir keine von so grosser Schönheit, Vollständigkeit und Deutlichkeit vorgekommen, wie diese, wesshalb ich mit Recht glaube sie voranstellen zu müssen. Verschiedene Bemerkungen drängen sich dabei auf.

1. Der Name des Münzherrn, so wie der gleichnamigen Herrscher, ist so wie ihn schon Tychsen gelesen hat, und nicht

Izdkerd, wie Longpérier las; nicht nur diese, sondern alle Münzen von Königen dieses Namens geben denselben in unzweifelhafter Deutlichkeit.

2. Wir finden hier das erste Beispiel eines Vornamens, was bis dahin nicht vorkommt, später aber bis zuletzt beibehalten wird; Jezdegird II. hiess Ramaschtras (den Beweis wird die nächstfolgende Münze liefern). Im Neupersischen bedeutet آرامشت, ruhig, fest, wovon es vielleicht der Superlativ ist; der Name entspricht also dem griechischen Hesychius, dem römischen Tranquillus, Firmus u. s. w. Longpérier, welcher die Münzen Jezdegird's II. verkannte und sie Ardeschir II. zuschrieb, hat die Gruppe יזדכרתי ראמשתר. Ramaschtra(s) Jezdikerti so gelesen: R(am) Artahche(tr) iezdani, wobei ihn begreiflicherweise allerlei Dinge geniren mussten; das seiner Ansicht nach redundirende R erklärte er durch Ram, zu dessen Auslegung er das hebräische רם herbeizog. Auch liess er sich noch von E. Burnouf ein Attest über die richtige Lesung des Namens Izdkerd ausstellen, was jedoch nicht verhindert, dass er falsch und Tychsen richtig gelesen hat.

3. Merkwürdig ist auch in dem Namen Ardaschetri auf der Kehrseite der Uebergang von dem ursprünglichen Artachschetri zum neupersischen Ardeschir, welcher Uebergang auf dieser Münze schon auf halbem Wege vollzogen ist. Die Anordnung der Buchstaben ist eigenthümlich: man muss oben links bei der Flamme anfangen; der erste und der zweite Buchstabe stehen aufrecht; der dritte und der vierte liegen; dann rechts alle Buchstaben aufrecht. Es ist hier ohne Zweifel der Stifter der Dynastie gemeint, und das Ganze soll vielleicht eine Art relatio inter divos, vielleicht bloss eine Nachahmung der parthischen Münzen vorstellen.

A. wie No. 132. Legende: No. 133.

מזדיסן ראמשתרס (Taf. I, 7)

Mazdaiasn Ramaschtras.

(Weiter enthält die Legende nichts).

R. Wie No. 132. Ausserdem auf jeder Seite der Flamme ein Halbmond, und darunter ein Punkt. Legenden

links: יזדכרתי Jezdikerti

rechts: חל Har.. (Herat).

AR. Cabinet des Obersten Rawlinson.

Diess ist die einzige Münze, welche, so viel ich weiss und kenne, den Vornamen des Königs vollständig und deutlich giebt, wobei jedoch seltsamer Weise der eigentliche Name fehlt und erst auf der Kehrseite erscheint. Bevor ich diese Münze (im November 1849) sah, hatte ich den Namen Ramaschti gelesen.

Nunmehr konnte ich zwei andere Münzen, welche ich bis dahin dem Könige Dschamasp zugeschrieben hatte, richtiger erklären. In den Cabinetten des Hrn. Borrell und des Hrn. S. Alischan hatte ich nämlich zwei Münzen mit derselben Legende auf der Vorderseite gefunden; nur fehlten die beiden letzten Buchstaben, und das erste r zu Anfang des Namens war etwas undeutlich, so dass ich es für ein z hielt und das Ganze Zamasp las. Auf Hrn. Borrell's Münze war der Prägeort nicht zu erkennen; die Münze des Hrn. S. Alischan ist in בבא d. h. in Ctesiphon geprägt.

No. 134. *A.* wie No. 132. Legende:

מזדיסן בג ראמשתר יזדכרתי מלכאן מלכא

Mazdaiasn Bag Ramaschtr(as) Jezdikerti Malkan Malka.

R. wie No. 132. Legenden, links: יזדכרתי Jezdikerti

rechts: אתורי Athuri(a)

auf dem Altarschaft: ראסתי Rasti

neben der Flamme: בבא Baba, Ctesiphon.

AR. Grösse 6. Gewicht 76 As, nach einem Exemplar in meinem Cabinet; ein ähnliches im Cabinet Ismail Pascha's; ein drittes Exemplar im Cabinet des Hrn S. Alischan, wo der Name des Prägeortes so bezeichnet ist: בא / ב

No. 135. *A.* wie No. 132. Legende wie No. 134.

R. wie No. 132. Legenden, links: יזד Jezdi(kerti)

rechts: אתור Athur(ia)

auf dem Altarschaft: ראסת rast

neben der Flamme: אוח Och(ramazdi).

AR. Cabinet des Hrn. Borrell.

No. 136. *A.* wie No. 132. Legende wie No. 134.

R. wie No. 133, ohne die Punkte unter den Halbmonden.

Legenden, links: רא Ra(maschtras)

rechts: חו ?

neben der Flamme links: ר ?

„ „ „ rechts: ס ?

AR. Cabinet des Barons Tecco.

No. 137. *A.* wie No. 132. Legende wie No. 134.

R. wie No. 133. Legenden, links: יזדכרתי Jezdikerti

rechts: בבא Baba, Ctesiphon

auf dem Altarschaft: סת (ra)st.

AR. Grösse 7½. Gewicht 88 As. Cabinet des Hrn. Alischan.

No. 138. *A.* wie No. 132. Legende wie No. 134.

R. wie No. 136. Legenden, links: יזדכרתי Jezdikerti

rechts: אתורי Athuri(a)

auf dem Altarschaft: ראסתי rasti.

AR. Grösse 7. Gewicht 87 As. Cabinet des Hrn. S. Alischan.

A. wie No. 132. Legende wie No. 134. No. 139.
R. wie No. 132. Legenden, links: יזדכרתי Jezdikerti
rechts: אתו Athu(ria)
auf dem Altarschaft: אסת (r)ast
neben der Flamme: ורח Varah(ran).

Æ. Cabinet Ismail Pascha's. Der hier genannte Varahran (Bahram) ist vermuthlich der Sohn Jezdegird's, welcher ihm in der Regierung folgte, und also auf dieser Münze als Thronfolger bezeichnet ist, wovon wir schon zwei Beispiele (No. 13 und No. 117) gesehen haben.

A. wie No. 132. Legende: No. 140.
מזדיסן .... יזדכרתי מ.....
Mazdaiasn .... Jezdikerti M (alka).
R. wie No. 133. Legenden, links: יזד Jezdi (kerti)
rechts: אס As(pahan), Ispahan.

Æ. Grösse 7. Gewicht 69 As. Cabinet des Hrn. S. Alischan.

A. wie No. 132. Legende wie No. 134. No. 141.
R. wie No. 132. Legenden
rechts: Jezdikerti } in Zügen, die sich schwer im
links: Ramaschtras } Einzelnen zerlegen lassen.
auf dem Altarschaft: ראסט rast
neben der Flamme: ס ?

Æ. Grösse 6. Gewicht 80 As. In meinem Cabinet.

A. wie No. 132. Legende: No. 142.
מזדיסן ... יזדכרתי מלכאן מ
Mazdaiasn ... Jezdikerti Malkan Malka.
R. wie No. 132. Legenden fehlen ganz.
AV. Grösse 4½. Im k. k. Cabinet zu Wien.

Die Lücke auf der Vorderseite reicht nur für das Wort Bag aus; der Name Ramaschtras hat nie auf dieser Münze gestanden.

A. wie No. 132. Legende: No. 143.
מזדיסן בג ראמשתי יזדכרתי
Mazdaiasn Bag Ramascht(ras) Jezdikerti.
R. wie No. 132. Legenden, links unleserlich
rechts: אתורי Athuri (a)
auf dem Altarschaft: ראסט rast
neben der Flamme: את Ath(uria).

Æ. Cabinet des Hrn. Borrell.

A. wie No. 132. Legende unleserlich. No. 144.
R. wie No. 132. Legenden, links: יזדכרתי Jezdikerti
rechts: אתו Athu (ria)
auf dem Altarschaft: ראסט rast
neben der Flamme: אס as (man), Himmel.

Æ. Grösse 7' Gewicht 79½ As. Cabinet des Hrn. S. Alischan. Ein anderes Exemplar im Cabinet des Hrn. Borrell.

15. Bahram V. بهرام كور

Pehlvi רא סטי ורחראן Ra-sti Varahran,
Sohn Jezdegird's II, reg. 420—440 n. Chr. G.

*No 145 *A*. Nach rechts gewendetes Brustbild des Königs; gekräuselter Bart; das Haupthaar in Locken nach hinten herabfallend; Diadem; Krone mit zwei mauerförmigen Zacken, vorn und hinten; über derselben ein Halbmond, in dessen Höhlung der kugelförmige Bund liegt. Legende:

מזדיסן בג ..... ורחראן
Mazdaiasn Bag ... Varahran
Der Hormuzdverehrer, der göttliche ... Bahram.

R. Feueraltar; das Brustbild des Königs mit demselben Kopfschmuck wie auf der Vorderseite, so dass der Kopf selbst unter der Flamme, der Kopfschmuck in der Flamme erscheint; links und rechts der König und der Oberpriester mit erhobenem Schwerte, dem Altar zugekehrt. Legenden

links: ורח Varab (ran)
rechts: בבא Baba, Ctesiphon.

Æ. Grösse 8. Gewicht 74 As. In meinem Cabinet.

Meine Münze hat zwischen dem Worte Bag und dem Namen Varahran noch einige Züge, die aber so schwach sind, dass ich sie früher gar nicht für Buchstaben hielt; erst auf anderen Münzen erkannte ich daselbst einen Vornamen, den ich aber bis jetzt noch nicht mit Sicherheit habe ausmitteln können, theils weil ich eigentlich noch gar kein gut erhaltenes Exemplar in den Händen gehabt habe, theils weil überhaupt Münzen von Bahram V. selten sind, so dass ich keine Gelegenheit hatte, durch Vergleichung mehrerer Exemplare dem Namen auf die Spur zu kommen. Sicher sind nur die beiden ersten und die drei letzten Buchstaben; ob aber noch etwas dazwischen fehlt, weiss ich nicht. Rasti, wenn diess der vollständige Name wäre, würde der Aufrichtige, der Wahrhafte, bedeuten. Einstweilen mag es dabei sein Bewenden haben, bis ein glücklicher Zufall mir zu Hülfe kommt.

No 146 *A*. wie No. 145. Legende: ורחראן Varahran.
R. wie No. 145. Legenden, links undeutlich
rechts: אר U(zaina), Chusistan.

Æ. Cabinet des Obersten Rawlinson.

No. 147. *A*. wie No. 145. Legende:

מזדיסן בג רא.... ורחראן מלכא
Mazdaiasn Bag Ra(sti) Varahran Malka.

R. Legenden, links: ורח Varah(ran)
rechts: אחמ Achma (tana), Ecbatana.

Æ. Grösse 7½. Gewicht 85 As. Cabinet des Hrn. S. Alischan.

A. wie No. 145. Legende: No. 148.
מזדיסן .. רא.... ורחראן מלכא
Mazdaiasn (bag) Ra(sti) Varahran Malka.

R. Ohne Kopf in der Flamme; rechts von der Flamme ist ein Halbmond; Legenden, links und rechts undeutlich
neben der Flamme: את Ath(uria).

Æ. Cabinet des Hrn. Ivanoff. Eine ähnliche Münze abgebildet in Niebuhr's Beschreibung von Arabien, Taf. XI, No. 19.

A. wie No. 145. Legende: No. 149.
מזדיסן בג ורחראן מ
Mazdaiasn Bag Varahran Ma(lka).

R. wie No. 145. Legenden, links unleserlich
rechts אס As(pahan), Ispahan.

Æ. Cabinet des Hrn. Brown.

A. wie No. 145. Legende: No. 150.
ורחראן Varahran.

R. wie No. 145. Legenden, links undeutlich
rechts: אר Ar... (Arbela).

Æ. Cabinet des Obersten Rawlinson.

A. wie No. 145. Legende: No. 151.
ורחראן Varahran.

R. wie No. 145. Legenden, links: ורחראן Varahran
rechts: כר Kir(man).

Æ. Cabinet des Obersten Rawlinson.

A. wie No. 145. Legende: No. 152.
מזדיסן ורחראן Mazdaiasn Varahran.

R. wie No. 145. Legenden
links: ורח Varah(ran)
rechts: מד Mad... (Medien).

Æ. Grösse 8. Gewicht 75 As. Cabinet des Hrn. Cayol.

A. wie No. 145. Legende: No. 153.
ורחראן Varahran.

R. wie No. 145. Legenden
rechts: אתר Athu(ria)
neben der Flamme: רדי oder לדי?

Æ. Cabinet des Obersten Rawlinson.

A. wie No. 145. Legende: No. 154.
ורחראן מלכא Varahran Malka.

R. wie No. 145. Legenden, links: ור Vara(hran)
rechts: נה Naha(vend).

AR. Cabinet Ismail Pascha's.

No. 155. *A*. wie No. 145. Legende:
מלכא ורהראן Varahran Malka.

R. wie No. 145. Legenden, links: ורהר Varahr(an)
rechts: לד Led(an).

AR. Grösse 8. Gewicht 80 As. Cabinet des Hrn. Alischan.

No. 156. *A*. wie No. 145. Legende: ורהראן Varahran.

R. wie No. 148, jedoch fehlt der Halbmond neben der Flamme. Legenden, links und rechts undeutlich
neben der Flamme: א ?

AR. Grösse 8. Gewicht 76 As. Cabinet des Hrn. S. Alischan.

16. Jezdegird III. یزدکرد

Pehlvi קדי יזדכרתי (Taf. I, 8) Kadi Jezdikerti,
Sohn Bahram's V, reg. 440—457 n. Chr. G.

*No. 157. *A*. Der Typus ist ähnlich wie auf den Münzen Bahram's V, mit der einzigen Ausnahme, dass die Krone nicht zwei, sondern vier Zacken hat, wovon also eine ganz, zwei halb und eine gar nicht gesehen wird. Legende:

מזדיסן קדי יזדכרתי
Mazdaiasn Kadi Jezdikerti
Der Hormuzdverehrer, Kadi Jezdegird.

R. Feueraltar mit traubenförmiger Flamme ohne Kopf, sonst wie bei Bahram V. Legenden, links undeutlich
rechts: בבא Baba, Ctesiphon.

AR. Grösse 8. Gewicht 72 As. Cabinet des Hrn. Borrell.

Zur Erklärung des Vornamens, dessen Lesung jedoch durch viele Exemplare gesichert ist, weiss ich wenig beizubringen; کت und کته im Neupersischen bedeutet „gross"; गाध gâdh heisst „bleiben", „stehen".

No. 158. *A*. wie No. 157. Legende eben so.

R. Legenden, links undeutlich
rechts: אז U(zaina), Chuzistan.

AR. Grösse 8. Gewicht 71 As. Cabinet des Hrn. S. Alischan. Ein anderes Exemplar im Cabinet des Hrn. A. L. de Córdoba.

No. 159. *A*. wie No. 157. Legende ebenso.

R. Legenden, links: יזדכ Jezdik(erti)
rechts: נה Naha(vend).

Æ. Grösse 8. Gewicht 71 As. Cabinet des Hrn. S. Alischan.

A. wie No. 157. Legende: No. 160.

קדי יזדכרתי Kadi Jezdikerti.

R. Legenden, links: יזדכ Jezdik (erti)

rechts: ניכי (T. II, 15)

auf dem Altarschaft: ראי ra (st).

Æ. Grösse 8. Gewicht 64 As. } Cabinet des Hrn. S. Alischan.
„ 8½. „ 77,7 „ }

„ 7. „ 67 „ in meinem Cabinet.

Das Wort auf der rechten Seite des Feueraltars sieht auf meiner Münze aus, als wäre es der Schluss des Namens Jezdikerti; auf den beiden Münzen des Hrn. S. Alischan aber kann man sie nur niki lesen, womit aber schwerlich ein Prägeort bezeichnet wird, weil er sich nachher gar nicht wieder zeigt; vielleicht ist es das neupersische نیکو gut.

17. Chodar Varda oder Chodad Varda oder Chatar Varda. (Hormuzd III.)

Pahlvi חודרורדא oder חוררורדא oder חתרורדא (Taf. I, 9. 10. 11),

Neupersisch هرمز oder بهرام. Hormuzd III,

Sohn Jezdegird's III, reg. 457—458 n. Chr. G.

Die griechischen Schriftsteller kennen diesen Fürsten gar nicht, ebensowenig wird seiner in den syrischen Historikern gedacht. Die persischen Historiker nennen ihn Hormuzd, mit der einzigen Ausnahme des Hamza von Ispahan und des Verfassers des Modschmel ul Tewarich, welche ihn Bahram nennen. Münzen von ihm, d. h. Münzen mit dem Namen Hormuzd aus dieser Periode sind mir bis jetzt nicht vorgekommen. Die bei Longpérier Taf. IX, 1, abgebildete Münze sieht sehr verdächtig aus; abgesehen von dem ganz abweichenden Typus, der nicht einmal sasanidisch ist, bildet sie in Betreff der künstlerischen Ausführung eine wahre Abnormität in dieser Periode. Dagegen finden sich, wiewohl in sehr geringer Anzahl, Münzen mit einem Namen, welcher nirgends recht hinpassen will; in Betreff des Typus schliessen sie sich genau an die Münzen von Bahram V, Jezdegird III, Pirus und Palasch an, und ich gebe einstweilen was ich habe, bis ich vielleicht gelegentlich ein deutlicheres Exemplar erhalte.

A. nach rechts gewendetes Brustbild des Königs; gekräusel- No. 161.* ter Bart; das Haupthaar in Locken nach hinten; vierzackige Mauerkrone und Diadem; über der Krone ein Halbmond, in dessen Höhlung der kugelförmige Bund liegt; doppelte Perleneinfassung. Legende s. Taf. I, 9. 10. 11.

Die letzte Hälfte des Namens ist vollkommen deutlich und durch mehrere Exemplare gesichert; der Name ist augenscheinlich die Pehlviform des uns bis jetzt nur durch das Medium des Griechischen überlieferten persischen Namens Bardanes. Desto unsicherer ist dagegen die erste Hälfte. Von den drei Exemplaren, welche ich bis jetzt kenne, ist das eine an dieser Stelle sehr undeutlich; die bei Longpérier Taf. IX, 5, (der sie dem Könige Palasch zuschreibt) ist unzuverlässig, und auch die einzige deutliche, welche ich kenne, lässt hier Zweifel zu. Alle drei haben zuerst deutlich ein ch; der zweite Zug steht auf zwei Münzen isolirt und wäre das damalige o, u oder v; dagegen ist er auf der dritten Münze deutlich mit dem dritten Zeichen so verbunden, dass sie zusammen ein t bilden. Der dritte Zug selbst auf der zuletzt erwähnten Münze hat die Gestalt eines d; das vierte Zeichen hat auf der ersten Münze die Gestalt eines r, auf der zweiten die eines d, auf der dritten kann es beides seyn. Man kann also den Namen lesen: Chatar Varda oder Chodad Varda oder Chodar Varda. Mir scheint die zweite Auslegung desshalb am meisten für sich zu haben, weil die Form des Buchstaben sich selbst auf den zweifelhaften Münzen mehr dem d als dem r nähert, und weil sich eine ungezwungene Erklärung davon geben lässt, nämlich „von Gott gegeben," „von Gott erschaffen" oder vielleicht geradezu „Gott" nach der von E. Burnouf aufgestellten Deutung „selbst geschaffen." Einen neupersischen Namen zur Vergleichung kenne ich nicht; Gotarzes, Gudarz kann nicht in Betracht kommen. Im Schahname kommt unter der Regierung Hormuzd IV. ein Chorad Barzin خوراد برزين vor, was vielleicht noch das Nächstliegende ist.

R. Feueraltar mit der Büste des Königs in der Flamme; der König und der Oberpriester zur Seite, dem Altar zugewendet; zwischen dem Könige und der Flamme ein Stern, zwischen dem Oberpriester und der Flamme ein Halbmond. Legenden

links: ורדא Varda

rechts: סי Si(katschtan), Segestan.

Æ. Grösse 7. Gewicht 60 As. Cabinet des Hrn. S. Alischan.

Ein zweites Exemplar in demselben Cabinet hat auf der Kehrseite links gar keine Legende, rechts aber wieder die Abkürzung des Namens Segestan.

Æ. Grösse 6½. Gewicht 65 As.

18. Piruz. پیروز

Pehlvi קדי פירוגי (Taf. I, 12) Kadi Pirudschi,
Arabisch فيروز,
Griechisch *Περόζης*,
Syrisch ܦܝܪܘܙ Piruz,
Armenisch Պերոզ Beroz,
Sohn Jezdegird's III, reg. 458—485 n. Chr. G.

A. Nach rechts gekehrtes Brustbild des Königs; Bart und Haupthaar wie gewöhnlich; Diadem; Krone nach vorn und hinten in Flügelgestalt, darüber Halbmond und kugelförmiger Bund; einfache Perleneinfassung. Legende: No. 162*

מזדיסן קדי פירוגי
Mazdaiasn Kadi Pirudschi
Der Hormuzdverehrer, Kadi Piruz.

R. Feueraltar, ohne Kopf in der Flamme (was überhaupt von jetzt an nicht weiter vorkommt); der König und der Oberpriester demselben zugekehrt; neben der Flamme links ein Stern, rechts ein Halbmond. Legenden
links unleserlich
rechts: נה Naha(vend).

AR. Grösse 7. Gewicht 75 As. Cabinet des Hrn. S. Alischan.

A. wie No. 162. Legende ebenso. No. 163.

R. wie No. 162, jedoch links neben der Flamme statt des Sternes gleichfalls ein Halbmond. Legenden
links: פירוגי Pirudschi
rechts: או U(zaina), Chuzistan.

AR. Grösse 7½. Gewicht 84 As. Cabinet des Hrn. S. Alischan. In den Cabinetten der Hrn. E. Cadalvène und Alischan befinden sich zwei Münzen mit denselben Legenden, der Typus der Kehrseite aber ist wie No. 162.

A. wie No. 162. Legende: No. 164.
קדי פירוגי Kadi Pirudschi.

R. wie No. 162. Legenden
links: פירוגי Pirudschi
rechts: סט St(achr), Persepolis.

AR. Grösse 6. Gewicht 51 As. Cabinet des Hrn. S. Alischan; noch zwei Exemplare in den Cabinetten Ismail Pascha's und eines Mechitaristen in Wien.

Im k. k. Cabinet zu Wien ist eine Münze mit gleichen Legenden; dem Königsnamen auf der Kehrseite ist noch ein מ m hinzugefügt, vermuthlich Anfangsbuchstabe des Wortes malka,

König. Ein ganz gleiches Exemplar besitzt Hr. S. Alischan. Grösse 7. Gewicht 81 As.

No. 165. ***A.* wie No. 162. Legende wie No. 162.**

***R.* wie No. 162. Legenden, links, מ M(alka), König**
rechts: דא Da(rabgird).

***Æ.* Im k. k. Cabinet zu Wien.**

No. 166. ***A.* wie No. 162. Legende wie No. 162.**

***R.* wie No. 162. Legenden, links: פירוגֿי Pirudschi**
rechts: ני Ni(sa).

***Æ.* Cabinet des Hrn. Ivanoff.**

No. 167. ***A.* wie No. 162. Legende wie No. 162.**

***R.* wie No. 162. Legenden**
links: פירוגֿי
rechts: אס As(paban), Ispahan.

***Æ.* Grösse 7. Gewicht 73 As. Cabinet des Hrn. Borrell.**

No. 168. ***A.* wie No. 162. Legende wie No. 162.**

***R.* wie No. 162. Legenden**
links: מ M(alka), König
rechts: אס As(paban), Ispahan.

***Æ.* Grösse 7. Gewicht 69 As. Cabinet des Hrn. S. Alischan.**

No. 169. ***A.* wie No. 162. Legende wie No. 162.**

***R.* wie No. 162. Legenden, links: פירוגֿי Pirudschi**
rechts: מא Ma(da), Medien.

***Æ.* Grösse 7. Gewicht 80 As. Cabinet des Hrn. Borrell.**

No. 170. ***A.* wie No. 162. Legende wie No. 162.**

***R.* wie No. 162. Legenden, links: פירוגֿי Pirudschi**
rechts: דא Da(rabgird).

***Æ.* Grösse 7. Gewicht 86 As. Cabinet des Hrn. Borrell.**

No. 171. ***A.* wie No. 162. Legende s. T. II, 16; vermuthlich:**

מזד קדי פירוגֿי

Mazd(aiasn) Kadi Pirudschi.

***R.* wie No. 170.**

***Æ.* Grösse 6½. Gewicht 81 As. Cabinet des Hrn. Borrell.**

No. 172 ***A.* wie No. 162, die Krone aber mit drei Zacken, wovon eine halb, eine ganz und eine gar nicht sichtbar ist, statt der vordern Zacke aber ein Halbmond. Legende:**

...זדי.... קדי פירוגֿי

(Ma)zdais(sn) Kadi Pirudschi.

***R.* wie No. 162. Legenden, links: מ M(alka), König**
rechts: אד Ad(erbaigan).

***Æ.* Grösse 7. Gewicht 81 As. Cabinet des Hrn. S. Alischan.**

A. wie No. 172. Legende: No. 173.
...קדי פירו.... ... Kadi Piru (dschi).
R. wie No. 162. Legenden, links: פירו Piru(dschi)
rechts: דא Da(rabgird).
Æ. Grösse 8. Gewicht 91 As. In meinem Cabinet. Ein zweites Exemplar im Cabinet Ismail Pascha's.

A. wie No. 172. Legende wie No. 172. No. 174.
R. wie No. 162. Legenden
links: מ M(alka) König
rechts: סט St(achr), Persepolis.
Æ. Grösse 8. Gewicht 86 As. Cabinet des Hrn. Borrell.

A. wie No. 172. Legende wie No. 172. No. 175.
R. wie No. 162. Legenden, links: קדי Kadi
rechts: נה Nah (avend).
Æ. Grösse 7½. Gewicht 80 As. In meinem Cabinet.

A. ganz unkenntlich. No. 176.
R. Legenden, links: פירודגי Pirudschi
rechts: כר Kir(man).
Æ. Cabinet Ismail Pascha's.

A. wie No. 172. Legende: No. 177.
....כדי פי Kadi Pi (rudschi).
R. wie No. 162. Legenden, links: מ M (alka), König
rechts: זד Zad (rakarta).
Æ. Grösse 7½. Gewicht 83 As. Cabinet des Hrn. S. Alischan.

A. wie No. 172. Legende wie No. 173. No. 178.
R. wie No. 162. Legenden
links: מ M (alka), König
rechts: או U (zaina), Chuzistan.
Æ. Grösse 7½. Gewicht 87 As. Cabinet des Hrn. Alischan.

19. Palasch. پلاش

Arabisch بلاش,
Griechisch *Βάλας*, *Βλάσης*, *Οὐάλευς*, Valens,
Syrisch ܒܠܫ, ܒܠܫܘ,
Armenisch Վաղարշ Vagarsch,
Sohn des Pirus, reg. 485—491 n. Chr. G.

Von diesem Könige sind mir noch keine Münzen vorgekommen. Longpérier schreibt ihm eine Münze zu, welche er Taf. IX, 5, abbildet, welche aber Chodad Varda angehört. Andere Münzen, welche ich früher dem Palasch zuschreiben zu können glaubte, habe ich später mit Sicherheit für Münzen Bahram's V. erkannt. Ich bin daher nicht im Stande, den ursprünglichen Namen dieses Königs zu geben.

In dem Longpérier'schen Werke findet sich Taf. IX, 4, eine Münze abgebildet; eine ähnliche hat Niebuhr in seiner Beschreibung von Arabien, Taf. XI, No. 20, abgebildet. Ein drittes Exemplar besitzt Hr. Cayol. Leider ist das letzte ohne Legenden. Longpérier schreibt diese Münze dem Piruz zu, indem er die Zahl auf der Kehrseite תרין (zwei) für den Namen Piruz ansah. Diese Auslegung ist gewiss falsch; der wahre Name muss in der Legende auf der Vorderseite stecken, wovon mir aber nur die unvollkommenen Abdrücke bei Niebuhr und Longpérier bekannt sind. Diese Münzen gehören jedenfalls in diese Periode, und können also entweder Palasch oder Kobad oder Dschamasp angehören; letzteres ist mir nicht wahrscheinlich, auch bin ich eher geneigt, sie dem Palasch, als dem Kobad zuzuschreiben; jedoch kann ich hier keine völlige Gewissheit geben, da mir ausser einer einzigen Münze nur unzuverlässige Abbildungen zu Gebote stehen.

Die Zahlen, welche zum ersten Male auf diesen Münzen erscheinen, bezeichnen das Regierungsjahr des Königs, in welchem die Münze geprägt wurde. Dieses dauert fort bis zum Schlusse der Sasanidenzeit. Auf den sich anschliessenden Münzen der Chalifen sind es Jahre der Hidschret, während die Münzen von Taberistan eine eigene Aera haben, welche später Gegenstand einer besondern Untersuchung seyn wird.

Die Zeit, wann Dschamasp zur Regierung gelangte, und wie lange er regierte, lässt sich nicht mit Sicherheit ermitteln. Es war ein Interregnum; Kobad wurde abgesetzt, weil er in Persien eine Art Communismus mit Weibergemeinschaft u. s. w. zum Landesgesetz machte, worauf man seinen Bruder Dschamasp einsetzte; später kam Kobad wieder, gelobte Besserung, und regierte wieder fort. Die längste Frist, welche ich in den Historikern für dieses Interregnum angegeben finde, ist 5 Jahr, 496 — 501 n. Chr. G.; da aber die Münze No. 181 die Zahl 6 hat, so ergiebt sich hieraus der Grund, wesshalb diese Münzen dem Dschamasp nicht zugeschrieben werden können; es wird sich später eine Münze zeigen, auf welche er grösseren Anspruch hat. Erwägen wir aber, dass die mit Sicherheit bekannten Münzen Kobad's erst mit seinem 11. Regierungsjahre anfangen, während vorher keine mit seinem Namen versehene Münze erscheint, so bin ich nicht sicher, ob die Münzen No. 179, 180, 181 nicht auch Kobad angehören, zumal da die Zeit so schön passt. Er bestieg den Thron im J. 491, das war sein erstes Jahr, 492 zweites Jahr, 493 drittes Jahr, 494 viertes

Jahr, 495 fünftes Jahr, 496 sechstes Jahr; in diesem Jahre wurde er abgesetzt, und eben so weit würden obige drei Münzen reichen. Dann bis 501 Interregnum des Dschamasp; im J. 501 kam Kobad wieder zur Regierung; in demselben Jahre kommen wieder Münzen desselben zum Vorschein mit der Zahl 11 und mit verschiedenem Typus.

Da die bei Niebuhr abgebildete Münze sich wahrscheinlich in Kopenhagen befindet, so wäre es möglich von dort aus mit Sicherheit zu ermitteln, welcher Name auf derselben steht. Einstweilen beschreibe ich die mir bekannten drei Münzen, so weit es mir möglich ist, und lasse es unentschieden, wem sie angehören.

A. Brustbild des Königs, nach rechts gewandt; schwacher No.179* Bart; Haupthaar in Locken; Diadem; zweizackige Krone, darüber Halbmond und kugelförmiger Bund. Ihm gegenüber die nach links gekehrte Büste eines Knaben mit einem ähnlichen Kopfschmuck und einem kugelförmigen Bund; der Knabe überreicht dem König ein Diadem. Legende undeutlich; die drei Zeichen, wie sie bei Longpérier abgebildet sind, liest man a u m.

R. Feueraltar, König und Oberpriester, wie bisher; neben der Flamme links ein Stern, rechts ein Halbmond. Legenden

links: תרין tarein, 2
rechts: כר Kir(man).

Æ. Grösse 5. Gewicht 49¼ As. Nach einem Exemplar in dem Cabinet der kaiserlichen Bibliothek zu Paris abgebildet bei Longpérier Taf. IX, 4.

A. wie No. 179. Legende ııııııı ? No. 180.

R. Legenden, links: תלתא thalatha, 3
rechts: כר Kir(man).

Æ. Abgebildet bei Niebuhr, Beschreibung von Arabien, Taf. XI, No. 20.

A. wie No. 179. Legende nicht vorhanden. No. 181.

R. Legenden, links: שתא schata, 6
rechts: אד Ad(erbaigan).

Æ. Cabinet des Hrn. Cayol.

Da mir von Kobad keine Münzen mit Sicherheit bekannt sind, welche über das 11. Jahr zurückgeben, so lasse ich zunächst Dschamasp folgen.

20. Dschamasp. جامسپ

Griechisch *Ζαμάσπης*,
Syrisch ܙܐܡܣܦ Zamasp,

Armenisch Զամասպ Zamasb,

Sohn des Piruz, reg. um 498 n. Chr. G.

*No.182 *A*. Rechts gekehrtes Profil des Königs; Diadem; Krone mit drei mauerförmigen Zacken, wovon eine halb, eine ganz und eine gar nicht sichtbar ist; statt der vierten vorderen Zacke ein Halbmond; über der Krone ein Halbmond, in dessen Höhlung der kugelförmige Bund; die Enden des Diadems stehen vorn und hinten in die Höhe, so dass sie die Perleneinfassung durchschneiden; vor der Stirn ein Stern, darunter drei kleine Halbmonde; vor dem Kinn wieder ein Halbmond; auf der Brust Halbmond und Stern; auf der rechten Schulter wieder ein Halbmond, und hinter der Krone ein Stern. Ausserhalb der Perleneinfassung am Rande noch dreimal Halbmond und Stern. — Legende nicht vorhanden.

R. Feueraltar; König und Oberpriester demselben zugekehrt; links von der Flamme ein Stern, rechts ein Halbmond. Legenden s. Taf. I, 13 und 14. — Die Legende links (No. 13) ist offenbar umgekehrt; das Ganze, wenn man rechts anfängt, ist entweder בג זמסף Bag Zamasp, der göttliche Dschamasp, oder vielleicht einfach זאמסף Zamasp.

AR. Cabinet Ismail Pascha's.

21. Kobad. قباد

Pehlvi קואם (Taf. I. 15) Kavad,
Griechisch *Καβάδης*,

Syrisch ܩܘܕ,
Armenisch Կաւատ Gawad,
Sohn des Piruz, reg. 491 bis 531 n. Chr. G.

Jahr 11 (501).

No.183.* *A*. Typus wie bei Dschamasp, nur fehlen der Stern und die drei Halbmonde vor dem Gesichte und der Stern mit Halbmond auf der Brust, endlich die Halbmonde und Sterne auf dem äussern Rande. Legende:

קואד Kavad.

R. wie auf der Münze No. 182. Legenden
links: יאג̄ דח jadsch deb, 11.
rechts: אב Ab....?

AR. stark vergoldet und hohl, nach dem Typus der byzantinischen Kaisermünzen. Cabinet Ismail Pascha's.

Jahr 12 (502).

No. 184. *A*. wie No. 183. Legende: קואד Kavad.
R. Legenden, links: ..ד דואג̄ duadsch d(eh), 12
rechts: לד Led(an).

AR. Grösse $7\frac{1}{2}$. Gewicht 76,28 As. Beschrieben und abgebildet bei Longpérier, Taf. X, 1, nach einem Exemplar im Cabinet des Dr. Rigollot. Ich besitze ein ähnliches Exemplar, jedoch ist die Kehrseite so abgenutzt, dass die Jahreszahl nicht zu erkennen ist; der Prägeort ist jedenfalls ein anderer. Grösse $7\frac{1}{2}$. Gewicht 71 As.

A. wie No. 183, doch erscheinen die Sterne und Halbmonde am Rande wieder. Legende: ..קוא Kava(d). No. 185.

R. wie No. 183, aber mit doppelter Perleneinfassung. Legenden
links: דואג̄ דה duadsch deh, 12
rechts: נה Nah(avend).

AR. Cabinet des Obersten Rawlinson.

Jahr 13 (503).

A. wie No. 185. Legende nicht zu erkennen. No. 186.
R. wie No. 185. Legenden
links: סיג̄ דה sidsch deh, 13
rechts: סי Si(katschtan), Segestan.

AR. Cabinet des Hrn. Borrell.

Jahr 15 (505).

A. wie No. 185, jedoch fehlt der Stern vor der Krone. Legende: No. 187.

..קוא Kava(d)

R. wie No. 183. Legenden
links: פנג̄ דה pantsch deh, 15
rechts: או U(zaina), Chuzistan.

AR. Cabinet des Hrn. Cayol.

Jahr 17 (507).

A. wie No. 187. Legende: קואמ אפזו Kavad afzu. No. 188.
Das Wort afzu, wofür später afzud steht, erklärt Hr. Prof. Olshausen aus dem neupersichen افزون „zunehmen"; es wäre demnach eine Art Segensformel, augeatur!

R. wie No. 183. Legenden, links: חפ דה haf deh, 17
rechts: זר Zad(rakarta).

AR. Grösse $7\frac{1}{2}$. Gewicht 84 As. Cabinet des Hrn. S. Aliscban.

Jahr 19 (509).

A. wie No. 187. Legende: No. 189.
קואמ אפזו Kavad afzu.
R. wie No. 183. Legenden, links: נוג̄ דה nudsch deh, 19
rechts: בסא Basa.

Æ. Grösse 8. Gewicht 81 As. Cabinet des Hrn. S. Alischan.

Jahr 20 (510).

No. 190. *A*. wie No. 187. Legende:

קואם אפזו Kavad afzu.

R. wie No. 183. Legenden
links: ויסט vist, 20
rechts: או U (zaina), Chuzistan.

Æ. Grösse 8. Gewicht 77 As. Cabinet des Hrn. Cayol.

No. 191. *A*. wie No. 187, jedoch darin verschieden, dass die Enden des Diadems die Perleneinfassung nicht durchschneiden; auch fehlen die Halbmonde und Sterne ausserhalb der Einfassung. Legende:

קוא Kava (d).

R. wie No. 183. Legenden
links: ויסט vist, 20
rechts: אס As (pahan), Ispahan.

Æ. Grösse 8. Gewicht 82 As. Cabinet des Hrn. S. Alischan.

No. 192. *A*. wie No. 191. Legende: קוא Kava (d).

R. wie No. 183. Legenden
links: ויסט vist, 20
rechts: סי Si (katschtan), Segestan.

Æ. Grösse 7½. Gewicht 65 As. Cabinet des Hrn S. Alischan.

Jahr 22 (512).

No. 193. *A*. wie No. 185. Legende: קואם אפזו Kavad afzu.

R. wie No. 183. Legenden
links: דואג̄ ויס duadsch vis(t), 22
rechts: אס As (pahan).

Æ. Cabinet Ismail Pascha's.

Jahr 30 (520).

No. 194. *A*. wie No. 185. Legende: קואם אפזו Kavad afzu.

R. wie No. 183. Legenden, links: סיה sih, 30
rechts: נה Nab (avend).

Æ. Cabinet Ismail Pascha's.

No. 195. *A*. wie No. 185. Legende: קואם אפזו Kavad afzu.

R. wie No. 183. Legenden
links: סיה sih, 30
rechts: סט St (achr), Persepolis.

Æ. Im k. Cabinet zu Berlin.

Jahr 31 (521).

A. wie No. 185. Legende: קואם אפזו Kavad afzu. No. 196.
R. wie No. 183. Legenden, links: יאג̄ סיה jadsch sih, 31
rechts: (Taf. IV, 21) ?
Æ. Im k. Cabinet zu Berlin.

A. wie No. 185. Legende: קואם Kavad. No. 197.
R. wie No. 183. Legenden, links: יאג̄ סיה jadsch sih, 31
rechts: סט St(achr), Persepolis.
Æ. Cabinet des Dr. Rosen.

Jahr 32 (522).

A. wie No. 185. Legende sehr undeutlich. No. 198.
R. wie No. 183. Legenden, links: דו סי du si, 32
rechts: אנמ And(mesch).
Æ. Cabinet des Dr. Rosen.

A. wie No. 185. Legende: קואם אפזו Kavad afzu. No. 199.
R. wie No. 183. Legenden, links: דו סי du si, 32
rechts: נה Naha(vend).
Æ. Cabinet Ismail Pascha's.

A. wie No. 185. Legende: קואם אפזו Kavad afzu. No. 200.
R. wie No. 183. Legenden
links: דו סי du si, 32
rechts: סי Si(katschtan), Segestan.
Æ. Grösse 7. Gewicht 58 As. Cabinet des Hrn. S. Alischan.

Jahr 33 (523).

A. wie No. 185. Legende undeutlich. No. 201.
R. wie No. 183. Legenden, links: ססיה se sih, 33
rechts: איראן Airan, Arran.
Æ. Cabinet des Baron Behr.

A. wie No. 185. Legende: קואם אפ.. Kavad af(zu). No. 202.
R. wie No. 183. Legenden, links: ססיה se sih, 33.
rechts: דא Da(rabgird).
Æ. Cabinet Ismail Pascha's.

A. wie No. 185. Legende: קואם אפזו Kavad afzu. No. 203.
R. wie No. 183. Legenden, links: סיג̄ סי sidsch si, 33
rechts: בסא Basa.
Æ. Grösse 8. Gewicht 79 As. Cabinet des Hrn. S. Alischan.

Jahr 34 (524).

A. wie No. 185. Legende: קואם אפ.. Kavad af(zu). No. 204.
R. wie No. 183. Legenden, links: ג̄הל סי tschehel si, 34
rechts: (Taf. IV, 26) Raj.

Æ. Cabinet des Hrn. Brown.

No. 205. A. wie No. 185. Legende: קואם אפזו Kavad afzu.
R. wie No. 183. Legenden
links: גהל סי tschebel si, 34
rechts: סט St(achr), Persepolis.
Nach einem von Prof. Olshausen mir mitgetheilten Abdruck.

Jahr 35 (525).

No. 206. A. wie No. 185. Legende: ..אפ קואם Kavad af(zu).
R. wie No. 183. Legenden, links: פנג סי pantsch si, 35
rechts: דינאן Dinan?
Æ. Grösse 8. Gewicht 84 As. Cabinet des Hrn. S. Alischan.

No. 207. A. wie No. 185. Legende: ..אפ קואם Kavad af(zu).
R. wie No. 185. Legenden
links: פנג סי pantsch si, 35
rechts: סט St(achr), Persepolis.
Æ. Grösse 7½. Gewicht 84 As. Cabinet des Hrn. S. Alischan.

Jahr 37 (527).

No. 208. A. wie No. 185. Legende: קואם אפזו Kavad afzu.
R. wie No. 183 mit doppelter Perleneinfassung. Legenden
links: הפט סי haft si, 37
rechts: או U(zaina), Chuzistan.
Æ. Grösse 7½. Gewicht 77 As. In meinem Cabinet.

No. 209. A. wie No. 185. Legende: קואם אפזו Kavad afzu.
R. wie No. 208. Legenden
links: הפט סי haft si, 37
rechts: ..שח (Ni)schach(puchri), Nischapur.
Æ. Grösse 8. Gewicht 80 As. Cabinet des Hrn. Alischan.

Jahr 38 (528).

No. 210. A. wie No. 185. Legende: ..אפ קואם Kavad af(zu).
R. wie No. 208. Legenden, links: השט סי hascht si, 38
rechts: אר Ar(bela?).
Æ. Grösse 8. Gewicht 83 As. Cabinet des Hrn. Cayol.

No. 211. A. wie No. 185. Legende: ..אפ קואם Kavad af(zu).
R. wie No. 183. Legenden
links: השט סי hascht si, 38
rechts: אס As(pahan), Ispahan.
Æ. Grösse 8. Gewicht 75,17 As. Nach einem Original im Cabinet der kaiserlichen Bibliothek zu Paris beschrieben und abgebildet bei Longpérier, Taf. X, 3, der sie jedoch fälschlich dem Dschamasp zuschreibt.

No. 212. A. wie No. 185. Legende: קואם אפזו Kavad afzu.

R. wie No. 183. Legenden, links: הַשְׁ סיה hascht sih, 38
rechts: הֵר Her.. (Herat).
Æ. Cabinet Ismail Pascha's.

Jahr 39 (529).

A. wie No. 185. Legende: קואם אף Kavad af.(zu): No. 213.
R. wie No. 183. Legenden
links: נוֹג סי nudsch si, 39
rechts: אוֹ U (zaina), Chuzistan.
Æ. Cabinet Ismail Pascha's.

Jahr 40 (530).

A. wie No. 185. Legende: אם... אפזו (Kav)ad afzu. No. 214.
R. wie No. 208. Legenden, links: גֹהל tschehel, 40
rechts: (T. IV, 22.) ?
Æ. Grösse 7½. Gewicht 54 As. Cabinet des Hrn. S. Alischan.

A. wie No. 185. Legende: קואם אף Kavad af.(zu). No. 215.
R. wie No. 183. Legenden;
links: גֹהל tschehel, 40
rechts: אוֹ U (zaina), Chuzistan.
Æ. Cabinet Ismail Pascha's.

A. wie No. 185. Legende: קואם אף Kavad af(zu). No. 216.
R. wie No. 183. Legenden, links: גֹהל tschehel, 40
rechts: לד Led (an).
Æ. Cabinet Ismail Pascha's.

A. wie No. 185. Legende: קואם אף Kavad af(zu). No. 217.
R. wie No. 183. Legenden, links: גֹהל tschehel, 40
rechts: מי Mei(bod).
Æ. Cabinet des Barons Behr.

A. wie No. 185. Legende: קואם אפזו Kavad afzu. No. 218.
R. wie No. 208. Legenden, links: גֹהל tschehel, 40
rechts: זד Zad (rakarta).
Æ. Cabinet des Barons Tecco.

Jahr 41 (531).

A. wie No. 185. Legende: קואם אפזו Kavad afzu. No. 219.
R. wie No. 208. Legenden
links: יאוֹ גֹ jadsch tsche(hel), 41
rechts: ני Ni (sa).
Æ. Grösse 8. Gewicht 79½ As. Cabinet des Hrn. S. Alischan.

22. Chusrav I. خسرو نوشروان

Pehlvi חוסרוי Chusrui (Taf. I, 16),
Arabisch كسرى انوشروان,
Griechisch Χοσρόης,
Syrisch ܟܣܪܘ,
Armenisch Խոսրով Chosrov,
Sohn Kobad's, reg. 531—579 n. Chr. G.

Die ersten Autoritäten in altpersischen Dingen, Müller, Olshausen und Rawlinson, lesen den Namen Chusrub, obgleich Prof. Olshausen selbst (Die Pehlewî-Legenden, S. 63) ein paläographisches Bedenken dagegen hat. Dieses würde auch in der That wenig zu bedeuten haben angesichts des grammatischen Bedenkens, dass Chusrui eine adjectivische Form wäre. Ich habe mit Olshausen mündlich und schriftlich darüber verhandelt, indessen habe ich mich durch seine Gründe, oder vielmehr durch diesen einen Grund nicht überzeugen können; aber die Hochachtung und Verehrung gegen Männer wie Müller, Olshausen, Rawlinson, erlaubt mir nicht die Sache über's Knie abzubrechen, sondern nöthigt mich meine Gründe darzulegen.

1) Die Züge ergeben unzweifelhaft Chusrui und nicht Chusrub. Man vergleiche das b in den Worten Baba, scheba (sieben), arba (vier), und das Schluss- i in dem Worte si (30), in der Abbreviatur Ni (Nisa) u. s. w.

2) Es lassen sich Beispiele in Menge nachweisen, wo ein altpersisches v in ein neupersisches b übergegangen ist: vist = بيست, Varahran = بهرام, Kavad = قباد, vazarka = بزرك, vina = بين, vat = باد; Beispiele des Gegentheils sind dagegen minder häufig: agrabaja = كرفت, agabata = كفت, asbara = اسوار. Beispiele von der Verwandlung eines Pehlvi b in ein neupersisches v sind mir nicht bekannt.

3) Das Pehlvi scheint am Ende eines Wortes gar kein b leiden zu wollen; man vergleiche die Namen Darabgird, Abdullah (u. alle Zusammensetzungen mit Abd), Mussab, Mahaleb u. s. w.

4) Die Form Chusrui ist nicht auffallender, als alle andern Königsnamen, wie Artachschetri, Schachpuchri, Ochramazdi, Nersechi, Jezdikerti, Pirudschi, Namen, deren Orthographie keinem Zweifel unterworfen ist; eine Menge neupersischer Namen, Schiruie, Barzuie, Sibuie u. s. w. entsprechen der Form Chusrui ganz genau.

5) Die Form Chusrui entspricht genau dem griechischen Χοσρόης (nach heutiger Aussprache, welche damals gewiss schon gebräuchlich war), und es ist schwerlich anzunehmen, dass

die Griechen bei diesem ihnen so geläufigen Namen sollten weniger genau und gewissenhaft gewesen seyn, als bei den Namen der übrigen Sasanidenkönige, welche sie mit einer fast ängstlichen Treue wiedergaben, so weit es das griechische Alphabet zuliess. In dem Vorhergehenden sind Beispiele in Menge vorhanden.

Jahr 2 (532).

A. Profil des Königs zur Rechten gewandt, Bart und Haupthaar gekräuselt, Diadem, Krone und kugelförmiger Bund, wie bei Kobad; statt der vorderen Spitze der Krone ebenfalls ein Halbmond, über demselben ein Stern; hinter der Krone ein Stern; über jeder Schulter ein Halbmond; einfache Perleneinfassung; ausserhalb derselben noch drei Halbmonde, welche mit dem kugelförmigen Bunde den äussern Rand in vier Theile theilen. Legende undeutlich. No. 220*

R. Feueraltar, König und Oberpriester, wie auf den Münzen Kobad's. Neben der Flamme links ein Stern, rechts ein Halbmond. Einfache Perleneinfassung. Legenden
links: תריין tarein, 2.
rechts: איראן Airan, Arran.

Æ. Grösse 8½. Gewicht 80 As. In meinem Cabinet.

A. wie No. 220. Legende: חוסרוי Chusrui. No. 221.
R. wie No. 220. Legenden
links: תריין tarein, 2.
rechts: סט St(achr), Persepolis.
Æ. Cabinet Ismail Pascha's.

A. wie No. 220. Legenden No. 222.
vor dem Kopfe: חוסרוי Chusrui
am Hinterkopfe: אפזוט afzud (Taf. II, 18).
R. wie No. 220. Legenden, links: תריין tarein, 2
rechts: זד Zad (rakarta).
Æ. Grösse 8½. Gewicht 75,8 As. Cabinet des Hrn. S. Alischan.

Jahr 3 (533).

A. wie No. 220. Legende wie No. 221. No. 223.
R. Legenden, links: תלתא talata, 3
rechts: אנט And (mesch).
Æ. Cabinet Ismail Pascha's.

Jahr 4 (534).

A. wie No. 220. Legende wie No. 221. No. 224.
R. Legenden, links: ארבא arba, 4
rechts: סט St (achr), Persepolis.
Æ Grösse 8. Gewicht 83 As. Cabinet des Hrn. S. Alischan.

Jahr 6 (536).

No. 225. Aus dem Jahre 6 ist mir keine Münze zu Gesicht gekommen, jedoch entnehme ich aus einer Notiz in den Mémoires de la Société Imp. d'Archéologie et de Numismatique de St. Pétersbourg, dass Hr. von Bartholomaei eine Münze von diesem Jahre besitzt. Metall, Prägeort u. s. w. nicht angegeben.

Jahr 8 (538).

No. 226. *A.* wie No. 222.
R. Legenden, links: תומנא tomena, 8
rechts: ני Ni(sa).
AR. Cabinet des Hrn. Borrell.

No. 227. *A.* wie No. 222.
R. Legenden, links: תומנא tomena, 8
rechts: סי Si(katschtan), Segestan.
AR. Cabinet Ismail Pascha's.

Jahr 11 (541).

No. 228. *A.* wie No. 222.
R. Legenden, links: יאג דה jadsch deh, 11
rechts: אר U(zaina), Chuzistan.
AR. Grösse 8½. Gewicht 79 As. Cabinet des Hrn. Cayol.

No. 229. *A.* wie No. 222.
R. Legenden, links: יאג דה jadsch deh, 11
rechts: אב Ab...?
AR Cabinet des Dr. Rosen.

No. 230. *A.* wie No. 222.
R. Legenden, links: יאג דה jadsch deh, 11
rechts: אס As(pahan), Ispahan.
AR. Grösse 8½. Gewicht 86 As. Cabinet des Hrn. S. Alischan.

No. 231. *A.* wie No. 222.
R. Legenden, links: יאג דה jadsch deh, 11
rechts: מי Mei(bod).
AR. Grösse 8. Gewicht 78 As. In meinem Cabinet.

No. 232. *A.* wie No. 222.
R. Legenden, links: יאג דה jadsch deh, 11
rechts: ראם Ram (Hormuzd).
AR. Grösse 8 und 9. Gewicht 79 As. Cabinet des Hrn. S. Alischan.

Jahr 12 (542).

No. 233. *A.* wie No. 222.
R. Legenden, links: דואג דה duadsch deh, 12
rechts: אר U(zaina), Chuzistan.

AR. Grösse 8. Gewicht 83 As. Cabinet des Hrn. S. Alischan.

A. wie No. 222. No. 234.

R. Legenden, links: ה.. דואג duadsch (de)h, 12
rechts: לד Led(an).

AR. Grösse 8. Gewicht 66 As. Cabinet des Hrn. Cayol.

A. wie No. 222. No. 235.

R. Legenden,
links (mit umgekehrten Buchstaben): ..ג דואג duadsch de(h), 12
rechts: ריך Raj.

AR. Cabinet des Hrn. Cayol.

A. wie No. 222. No. 236.

R. Legenden, links: דה דואג duadsch deh, 12
rechts: זד Zad(rakarta).

AR. Cabinet Ismail Pascha's.

A. wie No. 222. No. 237.

R. Legenden, links: דה דואג duadsch deh, 12
rechts: זר Zer(endsch).

AR. Cabinet Ismail Pascha's.

Jahr 13 (543).

A. wie No. 225. No. 238.

R. Legenden, links: דה סיג sidsch deh, 13
rechts: מי Mei(bod).

AR. Cabinet Ismail Pascha's.

Jahr 14 (544).

A. wie No. 225. No. 239.

R. Legenden, links: דה אר.... (tscheh)ar deh, 14
rechts: אס As(pahan), Ispahan.

AR. Grösse 8. Gewicht 80 As. Cabinet des Hrn. S. Alischan.

Jahr 15 (545).

A. wie No. 225. No. 240.

R. Legenden, links: דה פנג pantsch deh, 15
rechts: דא Da(rabgird).

AR. Cabinet des Barons Behr.

A. wie No. 225. No. 241.

R. Legenden, links: דה פנג pantsch deh, 15
rechts: זר Zer(endsch).

AR. Zwei Exemplare in den Cabinetten Ismail Pascha's und Subhi Bej's.

Jahr 17 (547).

A. wie No. 225. No. 242.

R. Legenden, links: הפדה hafdeh, 17
rechts: פר Farra

Æ. Cabinet des Hrn. Brown.

No. 243. *A*. wie No. 222.
R. Legenden, links: הפדה hafdeh, 17
rechts: מי Mei (bod).
Æ. Grösse 8. Gewicht 72 As. Cabinet des Hrn. S. Alischan.

Jahr 18 (548).

No. 244. *A*. wie No. 222.
R. Legenden, links: חשט דה hascht deh, 18
rechts: אר Ad(erbaigan).
Æ. Cabinet Ismail Pascha's.

No. 245. *A*. wie No. 222.
R. Legenden, links: השט דה hascht deh, 18
rechts: הר Her (at).
Æ. Grösse 8. Gewicht 84 As. Cabinet des Hrn. S. Alischan.

No. 246. *A*. wie No. 222.
R. Legenden, links: השט דה hascht deh, 18
rechts: דא Da (rabgird).
Æ. Grösse 7. Gewicht 75 As. Cabinet des Hrn. S. Alischan.

No. 247. *A*. wie No. 222.
R. Legenden, links: השט דה hascht deh, 18
rechts: מר Mer (v).
Æ. Grösse 8. Gewicht 3½ spanische Drachmen. Cabinet des Hrn. A. L. de Córdoba.

Jahr 19 (549).

No. 248. *A*. wie No. 222.
R. Legenden, links: נוג̄ דה nudsch deh, 19
rechts: בסא Basa.
Nach einem von Prof. Olshausen mir mitgetheilten Abdruck.

Jahr 20 (550).

No. 249. *A*. wie No. 222.
R. Legenden, links: ויסט vist, 20
rechts: אחם Ahma (tana), Ecbatana.
Æ. Cabinet des Hrn. Çayol.

No. 250. *A*. wie No. 222.
R. Legenden, links: ויסט vist, 20
rechts: אב Ab...?
Æ. Grösse 8½. Gewicht 86 As. Cabinet Subbi Bej's.

No. 251. *A*. wie No. 222.
R. Legenden, links: ויסט vist, 20
rechts: מא Ma (da), Medien.

Æ. Grösse 7½. Gewicht 65 As. Cabinet des Hrn S. Alischan.

Jahr 21 (551).

A. wie No. 222. No. 252.
R. Legenden, links: יאג̄ ויסט jadsch vist, 21
rechts: איראן Airan, Arran.
Æ. Grösse 8. Gewicht 61 As. Cabinet des Hrn. S. Alischan.

A. wie No. 222. No. 253.
R. Legenden, links: יאג̄ ויסט jadsch vist, 21
rechts: כר Kir(man).
Æ. Cabinet Ismail Pascha's.

A. wie No. 222. No. 254.
R. Legenden, links: יאג̄ ויסט jadsch vist, 21
rechts: לד Led(an).
Æ. Im k. Cabinet zu Berlin.

A. wie No. 222. No. 255.
R. Legenden, links: יאג̄ ויסט jadsch vist, 21
rechts: זד Zad(rakarta).
Æ. Grösse 8. Gewicht 78 As. Cabinet des Hrn. Cayol.

Jahr 22 (552).

A. wie No. 222. No. 256.
R. Legenden, links: דואג̄ ויסט duadsch vist, 22
rechts: חוג̄ Chudsch..., Chuzistan.
Æ. Cabinet des Obersten Rawlinson.

A. wie No. 222. No. 257.
R. Legenden, links: דואג̄ ויסט duadsch vist, 22
rechts: ..נש Nischa(chpuchri), Nischapur.
Æ. Cabinet des Barons Behr.

A. wie No. 222. No. 258.
R. Legenden, links: דואג̄ ויסט duadsch vist, 22
rechts: זד Zad(rakarta).
Æ. Grösse 8½. Gewicht 81 As. Cabinet des Hrn. S. Alischan.

Jahr 23 (553).

A. wie No. 222.
R. Legenden, links: סריסט se vist, 23 No. 259.
rechts: זו Zu(zen).
Æ. Cabinet des Hrn. Cayol.

Jahr 24 (554).

A. wie No. 222. No. 260.
R. Legenden, links: ג̄האר ויסט tschehar vist, 24
rechts: זד Zad(rakarta).

Æ. Cabinet Ismail Pascha's.

Jahr 25 (555).

No. 261. *A*. wie No. 222.
R. Legenden, links: פנג ויסט pantsch vist, 25
rechts: כר Kir (man).
Æ. Cabinet des Hrn. Borrell.

No. 262. *A*. wie No. 222.
R. Legenden, links: פנג ויסט pantsch vist, 25
rechts: חוג Chudsch..., Chuzistan.
Æ. Grösse 8. Gewicht 2 Drachmen weniger 6 Gran spanisch. Cabinet des Hrn. A. L. de Córdoba. Ein zweites Exemplar im Cabinet Ismail Pascha's.

No. 263. *A*. wie No. 222.
R. Legenden, links: פנג ויסט pantsch vist, 25
rechts: דא Da (rabgird).
Æ. Cabinet des Obersten Rawlinson.

No. 264. *A*. wie No. 222.
R. Legenden, links: פנג ויסט pantsch vist, 25
rechts: מר Mer (v).
Æ. Grösse 7. Gewicht 70 As. Cabinet des Hrn. S. Alischan.

No. 265. *A*. wie No. 222.
R. Legenden, links: פנג ויסט pantsch vist, 25
rechts: ני Ni (sa).
Æ. Cabinet des Hrn. Borrell.

No. 266 *A*. wie No. 222.
R. Legenden, links: פנג ויסט pantsch vist, 25
rechts: נשח Nischach (puchri), Nischapur.
Æ. Im k. Cabinet zu Berlin.

Jahr 26 (556).

No. 267. *A*. wie No. 222.
R. Legenden, links; שש ויסט schasch vist, 26.
rechts: א A ?
Æ. Cabinet Ismail Pascha's.

No. 268. *A*. wie No. 222.
R. Legenden, links: שש ויסט schasch vist, 26
rechts: חירא Hira.
Æ. Grösse 8½. Gewicht 74 As. Cabinet des Hrn. S. Alischan.

No. 269. *A*. wie No. 222.
R. Legenden, links: שש ויסט schasch vist, 26
rechts: אר U (zaina), Chuzistan.
Æ. Grösse 7½. Gewicht 82,91 As. Cabinet des Hrn. Rollin (abgebildet bei Longpérier, Taf. X, 5).

A. wie No. 222. No. 270.
R. Legenden, links: שש ויסם schasch vist, 26
rechts: בבא Baba, Ctesiphon.
Æ. Cabinet des Hrn. Borrell.

A. wie No. 222. No. 271.
R. Legenden, links: שש ויסם schasch vist, 26
rechts: זר Zad (rakarta).
Æ. Cabinet des Obersten Rawlinson.

Jahr 28 (558).

A. wie No. 222. No. 272.
R. Legenden, links: השת ו.. ם hascht v(is)t, 28
rechts: אר Ad (erbaigan).
Æ. Cabinet Ismail Pascha's.

A. wie No. 222. No. 273.
R. Legenden, links: השת ..יסם hascht (v)ist, 28
rechts: לר Led (an).
Æ. Im k. Cabinet zu Berlin.

A. wie No. 222. No. 274.
R. Legenden, links: השת ויסם bascht vist, 28
rechts: מר Mer (v).
Æ. Grösse 7½. Gewicht 83 As. Cabinet des Hrn. Cayol.

Jahr 29 (559).

A. wie No. 222. No. 275.
R. Legenden, links: נוג̄ ויסם nudsch vist, 29
rechts: פר Farra.
Æ. Cabinet Ismail Pascha's.

A. wie No. 222. No. 276.
R. Legenden, links: נוג̄ ויסם nudsch vist, 29
rechts: לר Led (an).
Æ. Cabinet Ismail Pascha's.

A. wie No. 222. No. 277.
R. Legenden, links: נוג̄ ו.סם nudsch vist, 29
rechts: נה Nah (avend).
Æ. Nach einem von Prof. Olshausen mir mitgetheilten Abdruck.

A. wie No. 222. No. 278.
R. Legenden, links: נוג̄ ו.סם nudsch v(i)st, 29
rechts: נשה Nischab (puchri), Nischapur.
Æ. Grösse 8. Gewicht 68 As. Cabinet des Hrn. S. Alischan.

A. wie No. 222. No. 279.
R. Legenden, links: נ.ג̄ ויסם n(u)dsch vist, 29
rechts: זר Zad (rakarta).

Æ. Grösse 8. Gewicht 72 As. Cabinet des Hrn. S. Alischan.

Jahr 30 (560).

No. 280. *A*. wie No. 222.
R. Legenden, links: סיח sih, 30
rechts: דא Da(rabgird).
Æ. Grösse 8. Gewicht 80 As. Cabinet des Hrn. S. Alischan.

Jahr 31 (561).

No. 281. *A*. wie No. 222.
R. Legenden, links: יאג̇ סיח jadsch sih, 31
rechts: אמ oder סמ Am(ol) oder Sam(arkand).
Æ. Cabinet Ismail Pascha's.

No. 282. *A*. wie No. 222.
R. Legenden, links: יאג̇ סיח jadsch sih, 31
rechts: בבא Baba, Ctesiphon.
Æ. Cabinet des Barons Behr, Ismail Pascha's.

No. 283. *A*. wie No. 222.
R. Legenden, links: יאג̇ סי jadsch si, 31
rechts: נח Nah(avend).
Æ. Cabinet Ismail Pascha's.

No. 284. *A*. wie No. 222.
R. Legenden, links: יאג̇ סי jadsch si, 31
rechts: ראי Raj.
Æ. Cabinet Ismail Pascha's.

No. 285. *A*. wie No. 222.
R. Legenden, links: יאג̇ סי jadsch si, 31
rechts: סי Si(katschtan), Segestan.
Æ. Cabinet Ismail Pascha's.

Jahr 32 (562).

No. 286. *A*. wie No. 222.
R. Legenden, links: דואג̇ סי duadsch si, 32
rechts: סט St(achr), Persepolis.
Æ. Cabinet des Hrn. Cayol.

No. 287. *A*. wie No. 222.
R. Legenden, links: דואג̇ סי duadsch si, 32
rechts: זר Zer(endsch).
Æ. Grösse $8\frac{1}{2}$. Gewicht 75 As. Cabinet des Hrn. S. Alischan.

Jahr 34 (564).

No. 288. *A*. Gesicht des Königs dem Beschauer zugekehrt. Ausserhalb der Einfassung kein Halbmond; sonst wie No. 222. Legende:

חוסרוי אפזוד Chusrui afzud.

R. Ganze Figur des Königs, der sich mit beiden Händen auf sein Schwert stützt; Kopfschmuck wie gewöhnlich; Legende links:

חוסרוי גֿחאר סיה
Chusrui. Tschehar sih
Chusrav. 34.

rechts eine Legende, zu deren Auslegung ich nur schüchtern, nach Analogie einer Münze von Chusrav II, welche ich selbst in den Händen gehabt habe und wovon ich einen sehr deutlichen Abdruck besitze, folgendes vorschlage:

Iran afzud. Kirman.

Das Wort Kirman ist jedoch sehr unsicher und muss dahin gestellt bleiben, bis ein zuverlässigerer Abdruck zum Vorschein kommt.

AV. Grösse 7. Gewicht 85,12 As. Cabinet des Herzogs von Blacas. Nach einer Abbildung bei Longpérier, Taf. X, 4.

A. wie No. 222. No. 289.
R. Legenden, links: גֿהל סי tschehel si, 34
rechts: איראן Airan, Arran.
AR. Cabinet Ismail Pascha's.

A. wie No. 222. No. 290.
R. Legenden, links: גֿהל סי tschehel si, 34
rechts: אר U(zaina), Chuzistan.
AR. Cabinet Ismail Pascha's.

A. wie No. 222. No. 291.
R. Legenden, links: גֿהל סי tschehel si, 34
rechts: בבא Baba, Ctesiphon.
AR. Grösse 8½. Gewicht 81 As. Cabinet des Hrn. S. Alischan. Ein anderes Exemplar im Cabinet Ismail Pascha's.

A. wie No. 222. No. 292.
R. Legenden, links: גֿהל סי tschehel si, 34
rechts: מר Mer(v).
AR. Cabinet Ismail Pascha's.

A. wie No. 222. No. 293.
R. Legenden, links: ל... סיה (tschehe)l sih, 34
rechts: נה Nah(avend).
AR. Cabinet Ismail Pascha's.

Jahr 35 (565).

A. wie No. 222. No. 294.
R. Legenden, links: פנגֿ סי pantsch si, 35
rechts: אנמש And(mesch).
AR. Grösse 8. Gewicht 80 As. Cabinet des Hrn. S. Alischan.

No. 295. *A.* wie No. 222.
R. Legenden, links: פנג סי pantsch si, 35
rechts: כר Kir(man).
Æ. Cabinet Ismail Pascha's.

Jahr 36 (566).

No. 296. *A.* wie No. 222.
R. Legenden, links: שש סי schasch si, 36
rechts: אחם Achma(tana), Ecbatana.
Æ. Cabinet Ismail Pascha's.

No. 297. *A.* wie No. 222.
R. Legenden, links: שש סי schasch si, 36
rechts: פר Farra.
Æ. Cabinet des Dr. Rosen.

No. 298. *A.* wie No. 222.
R. Legenden, links: שש סי schasch si, 36
rechts: מר Mer(v).
Æ. Cabinet Ismail Pascha's.

No. 299. *A.* wie No. 222.
R. Legenden, links: שש סי schasch si, 36
rechts: ספר Safer(ain).
Æ. Cabinet Ismail Pascha's.

Jahr 37 (567).

No. 300. *A.* wie No. 222.
R. Legenden, links: הפט סי haft si, 37
rechts: דא Da(rabgird).
Æ. Cabinet Ismail Pascha's.

No. 301. *A.* wie No. 222.
R. Legenden, links: הפט סי haft si, 37
rechts: פר Farra.
Æ. Cabinet Ismail Pascha's.

No. 302. *A.* wie No. 222.
R. Legenden, links: הפט סי haft si, 37
rechts: מי Mei(bod).
Æ. Cabinet Ismail Pascha's.

No. 303. *A.* wie No. 222.
R. Legenden, links: הפט סיה haft sih, 37
rechts: נשחף Nischachp(uchri), Nischapur.
Æ. Cabinet des Hrn. Brown.

No. 304. *A.* wie No. 222.
R. Legenden, links: הפט סי haft si, 37
rechts: רא Raj.
Æ. Cabinet Ismail Pascha's.

No. 305. *A.* wie No. 222.

R. Legenden, links: הפט סי haft si, 37
rechts: זר Zer(endsch).
AR. Cabinet Ismail Pascha's.

Jahr 38 (568).

A. wie No. 222. No.306.
R. Legenden, links: השט סי hascht si, 38
rechts: אב Ab.... ?
AR. Cabinet Ismail Pascha's.

A. wie No. 222. No.307.
R. Legenden, links: השט סי hascht si, 38
rechts: אנט And(mesch).
AR. Cabinet Ismail Pascha's.

A. wie No. 222. No.308.
R. Legenden, links: חשט סי hascht si, 38
rechts: אר Ar(bela)
AR. Grösse 9. Gewicht 83 As. Cabinet des Hrn. S. Alischan.

A. wie No. 222. No.309.
R. Legenden, links: השט סי hascht si, 38
rechts: דא Da(rabgird).
AR. Cabinet Ismail Pascha's.

A. wie No. 222. No.310.
R. Legenden, links: השט סי hascht si, 38
rechts: נהר Nahr(van).
AR. Cabinet des Obersten Rawlinson.

A. wie No. 222. No.311.
R. Legenden, links: השט סי hascht si, 38
rechts: נשחף Nischachp(uchri), Nischapur.
AR. Cabinet Ismail Pascha's.

A. wie No. 222. No.312.
R. Legenden, links: השט סי hascht si, 38
rechts: ראא Raj.
AR. Cabinet Ismail Pascha's.

A. wie No. 222. No.313.
R. Legenden, links: השט סי hascht si, 38
rechts: זר Zad(rakarta).
AR. Cabinet Ismail Pascha's.

Jahr 39 (569).

A. wie No. 222. No.314.
R. Legenden, links: נוג סי nudsch si, 39
rechts: כר Kir(man).
AR. Cabinet Ismail Pascha's.

A. wie No. 222. No.315.

R. Legenden, links: נוג סיה nudsch sih, 39
rechts: זר Zad (rakarta).

Æ. Grösse 9. Gewicht 83 As. Cabinet des Hrn. S. Alischan.

Jahr 40 (570).

No.316. *A*. wie No. 222.
R. Legenden, links: גהל tschehel, 40
rechts: אחמ Achma(tana), Ecbatana.
Æ. Cabinet des Obersten Rawlinson.

No.317. *A*. wie No. 222.
R. Legenden, links: גהל tschehel, 40
rechts: בבא Baba, Ctesiphon.
Æ. Cabinet Ismail Pascha's.

No.318 *A*. wie No. 222.
R. Legenden, links: גהל tschehel, 40
rechts: לר Led(an).
Æ. Cabinet Ismail Pascha's.

No.319. *A*. wie No. 222.
R. Legenden, links: גהל tschehel, 40
rechts: נשה Nischach(puchri), Nischapur.
Æ. Cabinet des Hrn. Cayol.

No.320. *A*. wie No. 222.
R. Legenden, links: גהל tschehel, 40
rechts: סט St(achr), Persepolis.
Æ. Cabinet des Hrn. Cayol.

Jahr 41 (571).

No.321. *A*. wie No. 222.
R. Legenden, links: יאג גהל jadsch tschehel, 41
rechts: אמ oder סמ Am(ol) oder Sam(arkand).
Æ. Cabinet des Hrn. Cayol.

No.322. *A*. wie No. 222.
R. Legenden, links: יאג גהל jadsch tschehel, 41
rechts: פר Farra.
Æ. Grösse 8½. Gewicht 85 As. Cabinet des Hrn. S. Alischan.

Jahr 42 (572 .

No.323. *A*. wie No. 222.
R. Legenden, links: דואג גהל duadsch tschehel, 42
rechts: דא Da (rabgird).
Æ. Cabinet Ismail Pascha's.

No.324. *A*. wie No. 222.
R. Legenden, links: דואג גהל duadsch tschehel, 42
rechts: נשה Nischach(puchri), Nischapur.

Æ. Cabinet Ismail Pascha's.

A. wie No. 222. No. 325.
R. Legenden, links: דואג̄ גחל̄ duadsch tschehel, 42
rechts: זר Zad(rakarta).

Æ. Cabinet Ismail Pascha's.

A. wie No. 222. No. 326.
R. Legenden, links: דואג̄ גחל̄ duadsch tschehel, 42
rechts: זר Zer(endsch).

Æ. Cabinet Ismail Pascha's.

Jahr 43 (573).

A. wie No. 222. No. 327.
R. Legenden, links: סגחל̄ se tschehel, 43
rechts: אז U(zaina), Chuzistan.

Æ. Cabinet Ismail Pascha's.

A. wie No. 222. No. 328.
R. Legenden, links: סגחל̄ se tschehel, 43
rechts: אב Ab....

Æ. Cabinet Ismail Pascha's.

A. wie No. 222. No. 329.
R. Legenden, links: סגחל̄ se tschehel, 43
rechts: בי Bi(histun).

Æ. Grösse 8½. Gewicht 81 As. Cabinet des Hrn. S. Alischan.

A. wie No. 222. No. 330.
R. Legenden, links: סגחל̄ se tschehel, 43
rechts: בבא Baba, Ctesiphon.

Æ. Cabinet Ismail Pascha's.

A. wie No. 222. No. 331.
R. Legenden, links: סגחל̄ se tschehel, 43
rechts: לד Led(an).

Æ. Cabinet Ismail Pascha's.

A. wie No. 222. No. 332.
R. Legenden, links: סגחל̄ se tschehel, 43
rechts: נשח Nischach(puchri), Nischapur.

Æ. Cabinet Ismail Pascha's.

A. wie No. 222. No. 333.
R. Legenden, links: סגחל̄ se tschehel, 43
rechts: ראם Ram (Hormuzd).

Æ. Im k. k. Cabinet zu Wien.

A. wie No. 222. No. 334.
R. Legenden, links: סגחל̄ se tschehel, 43
rechts: זר Zad(rakarta).

Æ. Cabinet Ismail Pascha's.

Jahr 44 (574).

No. 335. *A.* wie No. 222.
R. Legenden, links: גהל גהל tschehel tschehel, 44
rechts: אב Ab....
Æ. Cabinet Ismail Pascha's.

No. 336. *A.* wie No. 222.
R. Legenden, links: גהל גהל tschehel tschehel, 44
rechts: אר Ar(bela).
Æ. Cabinet Ismail Pascha's.

No. 337. *A.* wie No. 222.
R. Legenden, links: גהל גהל tschehel tschehel, 44
rechts: מי Mei(bod).
Æ. Grösse 8½. Gewicht 76 As. Cabinet des Hrn. S. Alischan. Ein anderes Exemplar im Cabinet Ismail Pascha's.

No. 338. *A.* wie No. 222.
R. Legenden, links: גהל גהל tschehel tschehel, 44
rechts: נשח Nischach (puchri), Nischapur.
Æ. Grösse 8½. Gewicht 86 As. Cabinet des Hrn. S. Alischan. Ein anderes Exemplar im Cabinet des Hrn. Cayol.

No. 339. *A.* wie No. 222.
R. Legenden, links: גהל גהל tschehel tschehel, 44
rechts: ריר (T. IV, 50) ?
Æ. Cabinet Ismail Pascha's.

No. 340. *A.* wie No. 222.
R. Legenden, links: גהל גהל tschehel tschehel, 44
rechts: זד Zad (rakarta).
Æ. Cabinet Ismail Pascha's.

No. 341. *A.* wie No. 222.
R. Legenden, links: גהל גהל tschehel tschehel, 44
rechts: זר Zer (endsch).
Æ. Cabinet Ismail Pascha's. Dieselbe Münze ist auch in Niebuhr's Beschreibung von Arabien T. XII, No. 23, abgebildet.

Jahr 45 (575).

No. 342. *A.* wie No. 222.
R. Legenden, links: פנגהל pantschehel, 45
rechts: אר U(zaina), Chuzistan.
Æ. Cabinet Ismail Pascha's.

No. 343. *A.* wie No. 222.
R. Legenden, links: פנגהל pantschehel, 45
rechts: לד Led (an).
Æ. Cabinet Ismail Pascha's.

No. 344. *A.* wie No. 222.
R. Legenden, links: פנגהל pantschehel, 45
rechts: מר Mer(v).

AR. Grösse 8. Gewicht 85 As. Cabinet Subbi Bej's.
A. wie No. 222. No.345.
R. Legenden, links: פנגחל pantschehel, 45
rechts: נהר Nahr(van).
AR. Cabinet Ismail Pascha's.
A. wie No. 222. No.346.
R. Legenden, links: פנגחל pantschehel, 45
rechts: נשחף Nischachp(uchri), Nischapur.
AR. Cabinet Ismail Pascha's.
A. wie No. 222. No.347.
R. Legenden, links: פנגחל pantschehel, 45
rechts: סט St(achr), Persepolis.
AR. Cabinet Ismail Pascha's.

Jahr 46 (576).

A. wie No. 222. No.348.
R. Legenden, links: שש גחל schasch tschehel, 46
rechts: אנם And(mesch).
AR. Cabinet Ismail Pascha's.
A. wie No. 222. No.349.
R. Legenden, links: שש גחל schasch tschehel, 46
rechts: לד Led(an).
AR. Cabinet Ismail Pascha's.
A. wie No. 222. No.350.
R. Legenden, links: שש ג..ל schasch tsche(he)l, 46
rechts: נשח Nischach(puchri), Nischapur.
AR. Grösse 6½. Gewicht 48 As. Cabinet des Hrn. Cayol.
A. wie No. 222. No.351.
R. Legenden, links: שש גחל schasch tschehel, 46
rechts: ראם Ram (Hormuzd).
AR. Cabinet Ismail Pascha's.
A. wie No. 222. No.352.
R. Legenden, links: שש גחל schasch tschehel, 46
rechts: זר Zer(endsch).
AR. Grösse 8½. Gewicht 83 As. Cabinet des Hrn. S. Alischan. Ein zweites Exemplar im Cabinet Ismail Pascha's.

Jahr 47 (577).

A. wie No. 222. No.353.
R. Legenden, links: הפט גחל haft tschehel, 47
rechts: אב Ab.....
AR. Cabinet Ismail Pascha's.
A. wie No. 222. No.354.
R. Legenden, links: הפט גחל haft tschehel, 47
rechts: אר Ar(bela).
AR. Im k. k. Cabinet zu Wien.
A. wie No. 222. No.355.

R. Legenden, links: גחל הפט haft tschehel, 47
rechts: מר Mer(v).
Æ. Im k. Cabinet zu Berlin; im Cabinet Ismail Pascha's.

No. 356. *A.* wie No. 222.
R. Legenden, links: גחל הפט haft tschehel, 47
rechts: נשח Nischach(puchri), Nischapur.
Æ. Im k. Cabinet zu Berlin; im Cabinet Ismail Pascha's.

No. 357. *A.* wie No. 222.
R. Legenden, links: גחל הפט haft tschehel, 47
rechts: סט St(achr), Persepolis.
Æ. Cabinet Ismail Pascha's.

No. 358. *A.* wie No. 222.
R. Legenden, links: גחל הפט haft tschehel, 47
rechts: זר Zer(endsch).
Æ. Grösse 6. Gewicht 46 As. Cabinet des Hrn. S. Alischan. Ein zweites Exemplar im Cabinet Ismail Pascha's; ein drittes Exemplar (Grösse 6. Gewicht 46 As) im Cabinet des Hrn. Cayol, welches jedoch auch vom J. 48 seyn könnte, da von der Zahl die beiden ersten Buchstaben fehlen.

Jahr 48 (578).

No. 359. *A.* wie No. 222.
R. Legenden, links: גחל השט hascht tschehel, 48
rechts: אחמ Achma(tana), Ecbatana.
Æ. Grösse 8½. Gewicht 84 As. Cabinet des Hrn. S. Alischan.

No. 360. *A.* wie No. 222.
R. Legenden, links: גחל השט hascht tschehel, 48
rechts: נהר Nahr(vau).
Æ. Cabinet Ismail Pascha's.

No. 361. *A.* wie No. 222.
R. Legenden, links: גחל השט hascht tschehel, 48
rechts: נשח Nischach(puchri), Nischapur.
Æ. Cabinet Ismail Pascha's.

No. 362. *A.* wie No. 222.
R. Legenden, links: גחל השט hascht tschehel, 48
rechts: סט St(achr), Persepolis.
Æ. Grösse 8½. Gewicht 85,7 As. Cabinet des Hrn. S. Alischan.

23. Hormuzd IV.

Sohn Chusrav's I, reg. 579—591 n. Chr. G.

Jahr 2 (580).

*No. 363 *A.* Nach rechts gewendetes Brustbild des Königs; gekräuseltes Bart- und Haupthaar; Diadem; Krone und kugelförmiger

Bund wie bei Chusrav I; vor der Krone Halbmond und Stern; hinter der Krone ein Stern; über der linken Schulter ein Halbmond; einfache Perleneinfassung, und ausserhalb derselben noch dreimal Halbmond und Stern. Legende:

אוהרמזדי אפזום Ochramazdi afzud.

R. Feueraltar und alles Uebrige wie bei Chusrav I. Legenden, links: תרין tarein, 2
rechts: פר Farra.

AR. Cabinet Ismail Pascha's.

A. wie No. 363. No. 364.
R. Legenden, links: תרין tarein, 2
rechts: לד Led(an).
AR. Grösse 8½. Gewicht 85,8 As. Cabinet des Hrn. S. Alischan. Ein zweites Exemplar im Cabinet des Hrn. Cayol.

A. wie No. 363. No. 365.
R. Legenden, links: תרין tarein, 2
rechts: סט St(achr), Persepolis.
AR. Grösse 8. Gewicht 69 As. Cabinet des Hrn. Cayol.

Jahr 3 (581).

A. wie No. 363. No. 366.
R. Legenden, links: תלתא talata, 3
rechts: כר Kir(man).
AR. Grösse 9. Gewicht 79 As. Cabinet des Hrn. Cayol.

A. wie No. 363. No. 367.
R. Legenden, links: תלתא talata, 3
rechts: דא Da(rabgird).
AR. Cabinet Ismail Pascha's.

A. wie No. 363. No. 368.
R. Legenden, links: תלתא talata, 3
rechts: בי Bi(histun).
AR. Cabinet Ismail Pascha's.

A. wie No. 363. No. 369.
R. Legenden, links: תלתא talata, 3
rechts: לד Led(an).
AR. Grösse 8½. Gewicht 86,6 As. } Cabinet des Hrn. S.
„ 8 „ 86,6 „ } Alischan.
Ein drittes Exemplar im Cabinet Ismail Pascha's.

A. wie No. 363. No. 370.
R. Legenden, links: תלת talat, 3
rechts: סי Si(katschtan), Segestan.
AR. Grösse 8. Gewicht 69 As. Cabinet des Hrn. Borrell.

A. wie No. 363. No. 371.
R. Legenden, links, תלתא talata, 3
rechts: סט St(achr), Persepolis.
AR. Grösse 9. Gewicht 86,6 As. Cabinet des Hrn. S. Alischan.
„ 8½. „ 86,6 „ In meinem Cabinet.

No. 372. *A.* wie No. 363.
R. Legenden, links: תלתא talata, 3
rechts: ספר Safer (ain).
Æ. Im k. Cabinet zu Berlin; Cabinet Ismail Pascha's.

No. 373. *A.* wie No. 363.
R. Legenden, links: תלתא talata, 3
rechts: זר Zad(rakarta).
Æ. Cabinet Ismail Pascha's.

No. 374 *A.* wie No. 363.
R. Legenden, links: תלתא talata, 3
rechts: זר Zer(endsch).
Æ. Grösse 9. Gewicht 85,8 As. Cabinet des Hrn S. Alischan.
„ 8. „ 86,6 „ In meinem Cabinet.
Noch zwei Exemplare in den Cabinetten des Hrn. Borrell und Ismail Pascha's.

Jahr 4 (582).

No. 375 *A.* wie No. 363.
R. Legenden, links: ארבא arba, 4
rechts: בי Bi (histun).
Æ. Grösse 8½. Gewicht 87 As. Cabinet des Hrn. S. Alischan.

No. 376. *A.* wie No. 363.
R. Legenden, links: ארבא arba, 4
rechts: נשח Nischach(puchri), Nischapur.
Æ. Zwei Exemplare im Cabinet Ismail Pascha's.

No. 377. *A.* wie No. 363.
R. Legenden, links: ארבא arba, 4
rechts: זר Zad (rakarta).
Æ. Cabinet Ismail Pascha's.

No. 378. *A.* wie No. 363.
R. Legenden, links: ארבא arba, 4
rechts: זר Zer(endsch).
Æ. Grösse 9. Gewicht 87 As. } Cabinet des Hrn. S. Alischan.
„ 9. „ 86 „ }
Ein drittes Exemplar im Cabinet des Hrn. Borrell.

Jahr 5 (583).

No. 379. *A.* wie No. 363.
R. Legenden, links: חומשא chomascha, 5
rechts: אר Ad(erbaigan).
Æ. Grösse 7. Gewicht 60 As. Cabinet des Hrn. S. Alischan.

No. 380. *A.* wie No. 363.
R. Legenden, links: חומשא chomascha, 5
rechts: כר Kir(man).

Æ. Cabinet Ismail Pascha's.

A. wie No. 363. No. 381.
R. Legenden, links: חומשא chomascha, 5
rechts: בי Bi (histun).
Æ. Cabinet Ismail Pascha's.

A. wie No. 363. No. 382.
R. Legenden, links: חומשא chomascha, 5
rechts: נהר Nahr (van).
Æ. Cabinet Ismail Pascha's.

A. wie No. 363. No. 383.
R. Legenden, links: חומשא chomascha, 5
rechts: נשח Nischach(puchri), Nischapur.
Æ. Grösse 9. Gewicht 85 As. Cabinet des Hrn. S. Alischan.

A. wie No. 363. No. 384.
R. Legenden, links: חומשא chomascha, 5
rechts: סט St(achr), Persepolis.
Æ. Cabinet Ismail Pascha's.

A. wie No. 363. No. 385.
R. Legenden, links: חומשא chomascha, 5
rechts: זן Zu (zen).
Æ. Cabinet Ismail Pascha's.

A. wie No. 363. No. 386.
R. Legenden, links: חומשא chomascha, 5
rechts: זר Zer(endsch).
Æ. Cabinet Ismail Pascha's.

Jahr 6 (584).

A. wie No. 363. No. 387.
R. Legenden, links: שתא schata, 6
rechts: אז U (zaine), Chusistan.
Æ. Cabinet des Obersten Rawlinson.

A. wie No. 363. No. 388.
R. Legenden, links: שתא schata, 6
rechts: אד Ad (erbaigan).
Æ. Cabinet des Hrn S. Alischan.

A. wie No. 363. No. 389.
R. Legenden, links: שתא schata, 6
rechts: אב Ab...
Æ. Grösse 6½. Gewicht 48 As. In meinem Cabinet. Ein zweites Exemplar im Cabinet des Hrn. Cayol.

A. wie No. 363. No. 390.
R. Legenden, links: שתא schata, 6
rechts: אר Ar (bela).
Æ. Cabinet Ismail Pascha's.

A. wie No. 363. No. 391.

R. Legenden, links: שתא schata, 6
rechts: דא Da(rabgird).

Æ. Grösse 8½. Gewicht 81 As. Cabinet des Hrn. S. Alischan. Ein zweites Exemplar im Cabinet Ismail Pascha's.

No. 392. *A.* wie No. 363.
R. Legenden, links: שתא schata, 6
rechts: פר Farra.
Æ. Cabinet Ismail Pascha's.

No. 393. *A.* wie No. 363.
R. Legenden, links: שתא schata, 6
rechts: מי Mei(bod).
Æ. Im k. Cabinet zu Berlin; im Cabinet Ismail Pascha's.

No. 394. *A.* wie No. 363.
R. Legenden, links: שתא schata, 6
rechts: נהר Nahr(van).
Æ. Grösse 8½. Gewicht 86 As. Cabinet des Hrn. Alischan. Ein zweites Exemplar im Cabinet Ismail Pascha's.

No. 395. *A.* wie No. 363.
R. Legenden, links: שתא schata, 6
rechts: נשח Nischach(puchri), Nischapur.
Æ. Grösse 9. Gewicht 84 As. Cabinet Subhi Bej's.
„ 8. „ 59 „ „ des Hrn. S. Alischan.
„ 6½. „ 42 „ (beschnitten) in meinem Cabinet.
Ein viertes Exemplar im Cabinet Ismail Pascha's.

No. 396. *A.* wie No. 363.
R. Legenden, links: שתא schata, 6
rechts: סט St(achr), Persepolis.
Æ. Cabinet des Barons Behr.

No. 397. *A.* wie No. 363.
R. Legenden, links: שתא schata, 6
rechts: זוזנן Zuzen.
Æ. Grösse 8½. Gewicht 83 As. Cabinet des Hrn. Borrell.

No. 398. *A.* wie No. 363.
R. Legenden, links: שתא schata, 6
rechts: זר Zer(endsch).
Æ. Cabinet Ismail Pascha's.

Jahr 7 (585).

No. 399. *A.* wie No. 363.
R. Legenden, links: שבא scheba, 7
rechts: אנמ And(mesch).
Æ. Cabinet Ismail Pascha's.

No. 400. *A.* wie No. 363.
R. Legenden, links: שבא scheba, 7
rechts: בבא Baba, Ctesiphon.

AR. Grösse 9. Gewicht 86 As. Cabinet Subhi Bej's. Ein anderes Exemplar im Cabinet Ismail Pascha's.

A. wie No. 363. No. 401.
R. Legenden, links: ...ש sch..., 6 oder 7
rechts: מר Mer(v).
AR. Cabinet Ismail Pascha's.

A. wie No. 363. No. 402.
R. Legenden, links: שבא scheba, 7
rechts: נשחף Nischachp(uchri), Nischapur.
AR. Grösse 9. Gewicht 86¼ As Cabinet Subhi Bej's.
„ 9. „ 86 „ „ „ „
„ 8. „ 85 „ „ des Hrn. S. Alischan.
Ein viertes Exemplar im Cabinet Ismail Pascha's.

A. wie No. 363. No. 403.
R. Legenden, links: שבא scheba, 7
rechts: זר Zer(endsch).
AR. Cabinet Ismail Pascha's.

Jahr 8 (586).

A. wie No. 363. No. 404.
R. Legenden, links: תמנא tamena, 8
rechts: אד Ad(erbaigan).
AR. Cabinet Ismail Pascha's.

A. wie No. 363. No. 405.
R. Legenden, links: תמנא tamena, 8
rechts: אב Ab....
AR. Cabinet Ismail Pascha's.

A. wie No. 363. No. 406.
R. Legenden, links: תמנא tamena, 8
rechts: בבא Baba, Ctesiphon.
AR. Grösse 8½. Gewicht 83 As. Cabinet des Hrn. Cayol. Ein zweites Exemplar im Cabinet Ismail Pascha's.

A. wie No. 363. No. 407.
R. Legenden, links: תמ..א tame(n)a, 8
rechts: לד Led(an).
AR. Grösse 9½. Gewicht 87,33 As. Nach einem Exemplar im Cabinet des Herzogs von Blacas abgebildet bei Longpérier, Taf. XI, 1.

A. wie No. 363. No. 408.
R. Legenden, links: תמנא tamena, 8
rechts: מי Mei(bod).
AR. Grösse 8½. Gewicht 83 As. Cabinet des Hrn. S. Alischan.

A. wie No. 363. No. 409.
R. Legenden, links: תמנא tamena, 8
rechts: נהר Nahr(van).

AR. Cabinet Ismail Pascha's.

No. 410. *A*. wie No. 363.
R. Legenden, links: תמנא tamena, 8
rechts: נה Nah(avend).
AR. Cabinet Ismail Pascha's.

No. 411. *A*. wie No. 363.
R. Legenden, links: תמנא tamena, 8
rechts: נשח Nischach(puchri), Nischapur.
AR. Grösse 9. Gewicht 83 As. Cabinet des Hrn. S. Alischan.

No. 412. *A*. wie No. 363.
R. Legenden, links: תמנא tamena, 8
rechts: זר Zer(endsch).
AR. Cabinet Ismail Pascha's.

Jahr 9 (587).

No. 413. *A*. wie No. 363.
R. Legenden, links: תשא tischa, 9
rechts: אר U(zaina), Chuzistan.
AR. Cabinet Ismail Pascha's.

No. 414. *A*. wie No. 363.
R. Legenden, links: תשא tischa, 9
rechts: אחמ Achma(tana), Ecbatana.
AR. Cabinet Ismail Pascha's.

No. 415. *A*. wie No. 363.
R. Legenden, links: תשא tischa, 9
rechts: אב Ab....
AR. Cabinet Ismail Pascha's.

No. 416. *A*. wie No. 363.
R. Legenden, links: תשא tischa, 9
rechts: פר Farra.
AR. Cabinet Ismail Pascha's.

No. 417. *A*. wie No. 363.
R. Legenden, links: תשא tischa, 9
rechts: בבא Baba, Ctesiphon.
AR. Cabinet Ismail Pascha's.

No. 418. *A*. wie No. 363.
R. Legenden, links: תשא tischa, 9
rechts: ני Ni(sa).
AR. Cabinet Ismail Pascha's.

No. 419. *A*. wie No. 363.
R. Legenden, links: תשא tischa, 9
rechts: נשח Nischach(puchri), Nischapur.
AR. Cabinet Ismail Pascha's. Ein zweites Exemplar im Cabinet des Commerzienraths Pogge in Leipzig. (Olshausen S. 80.)

A. wie No. 363. No.420.
R. Legenden, links: תשא tischa, 9
rechts: סט St(achr), Persepolis.
Æ. Grösse 8. Gewicht 74 As. Cabinet des Hrn. S. Alischan.
A. wie No. 363. No.421.
R. Legenden, links: תשא tischa, 9
rechts: ספר Safer(ain).
Æ. Cabinet Ismail Pascha's.
A. wie No. 363. No.422.
R. Legenden, links: תשא tischa, 9
rechts: זריב (Taf. IV, 52)? יריב?
Æ. Cabinet Ismail Pascha's.

Jahr 10 (588).

A. wie No. 363. No.423.
R. Legenden, links: אשרא aschra, 10
rechts: אירא̈ן Airan, Arran.
Æ. Im k. k. Cabinet zu Wien.
A. wie No. 363. No.424.
R. Legenden, links: אשרא aschra, 10
rechts: אר U(zaina), Chuzistan.
Æ. Im k. Cabinet zu Berlin.
A. wie No. 363. No.425.
R. Legenden, links: אשרא aschra, 10
rechts: אב Ab....
Æ. Grösse 8. Gewicht 83 As. Cabinet des Hrn. S. Alischan. Zwei andere Exemplare in den Cabinetten des Hrn. Cayol und Ismail Pascha's.
A. wie No. 363. No.426.
R. Legenden, links: אשרא aschra, 10
rechts: אר Ar(bela).
Æ. Grösse 9. Gewicht 81 As. Cabinet Subhi Bej's.
A. wie No. 363. No.427.
R. Legenden, links: אשרא aschra, 10
rechts: מי Mei(bod).
Æ. Im k. Cabinet zu Berlin.
A. wie No. 363. No.428.
R. Legenden, links: אשרא aschra, 10
rechts: נהר Nahr(van).
Æ. Zwei Exemplare im Cabinet Ismail Pascha's.
A. wie No. 363. No.429.
R. Legenden: links: אשרא aschra, 10
rechts: נשח Nischach(puchri), Nischapur.
Æ. Grösse 9. Gewicht 85,8 As. Cabinet des Hrn. S. Alischan. Zwei andere Exemplare in den Cabinetten Ismail Pascha's und Subhi Bej's.

No. 430. *A*. wie No. 363.
R. Legenden, links: אשרא aschra, 10
rechts: סט St(achr), Persepolis.
Æ. Grösse 8½. Gewicht 85 As. Cabinet Subhi Bej's. Noch zwei Exemplare in den Cabinetten des Hrn. Cayol und Ismail Pascha's.

No. 431. *A*. wie No. 363.
R. Legenden, links: אשרא aschra 10
rechts: זד Zad(rakarta).
Æ. Grösse 9. Gewicht 85 As. Cabinet des Hrn. S. Alischan. Ein zweites Exemplar im Cabinet Subhi Bej's.

No. 432. *A*. wie No. 363.
R. Legenden, links: אשרא aschra, 10
rechts: זר Zer(endsch).
Nach einem von Prof. Olshausen mir mitgetheilten Abdruck.

Jahr 11 (589).

No. 433. *A*. wie No. 363.
R. Legenden, links: יאז̄ דה jadsch deh, 11
rechts: איראן Airan, Arran.
Æ. Cabinet Subhi Bej's.

No. 434. *A*. wie No. 363.
R. Legenden, links: יאז̄ ..ה jadsch (de)h, 11
rechts: אב Ab....
Æ. Grösse 9½. Gewicht 84 As. Cabinet des Hrn. S. Alischan.

No. 435. *A*. wie No. 363.
R. Legenden, links: יאז̄ דה jadsch deh, 11
rechts: בבא Baba, Ctesiphon.
Æ. Grösse 9. Gewicht 86 As. Cabinet des Hrn. S. Alischan.
„ 8½. „ 85 „ in meinem Cabinet.

No. 436. *A*. wie No. 363.
R. Legenden, links: יאז̄ דה jadsch deh, 11
rechts: זו Zu(zen).
Æ. Cabinet des Hrn. Cayol.

No. 437. *A*. wie No. 363.
R. Legenden, links: יאז̄ דה jadsch deh, 11
rechts: זד Zad(rakarta).
Æ. Im k. Cabinet zu Berlin; im Cabinet des Hrn. Borrell.

No. 438. *A*. wie No. 363.
R. Legenden, links: יאז̄ דה jadsch deh, 11
rechts: זר Zer(endsch).
Æ. Drei Exemplare im Cabinet Ismail Pascha's.

Jahr 12 (590).

No. 439. *A*. wie No. 363.

R. Legenden, links: דוא̄ג דה duadsch deh, 12
rechts: אנמ And(mesch).

Æ. Cabinet des Hrn. Borrell.

A. wie No. 363. No. 440.
R. Legenden, links: דוא̄ג דה duadsch deh, 12
rechts: דא Da (rabgird).

Æ. Grösse $8\frac{1}{2}$. Gewicht 86 As. Cabinet Subbi Bej's. Ein zweites Exemplar im Cabinet des Barons Behr.

A. wie No. 363. No. 441.
R. Legenden, links: דוא̄ג דה duadsch deh, 12
rechts: לד Led (an).

Æ. Cabinet des Hrn. Cayol.

A. wie No. 363. No. 442.
R. Legenden, links: דוא̄ג דה duadsch deh, 12
rechts: מי Mei (bod).

Æ. Cabinet Ismail Pascha's.

A. wie No. 363. No. 443.
R. Legenden, links: דוא̄ג דה duadsch deh, 12
rechts: נהר Nahr(van).

Æ. Grösse $8\frac{1}{2}$. Gewicht 85 As. Cabinet des Hrn. Alischan.

A. wie No. 363. No. 444.
R. Legenden, links: דוא̄ג דה duadsch deh, 12
rechts: ני Ni (sa).

Æ. Cabinet Subbi Bej's.

A. wie No. 363. No. 445.
R. Legenden, links: דוא̄ג דה duadsch deh, 12
rechts: נה Naha(vend).

Æ. Grösse $9\frac{1}{2}$. Gewicht 83 As. Cabinet Subbi Bej's. Noch zwei Exemplare in den Cabinetten des Hrn. Borrell und Ismail Pascha's.

A. wie No. 363. No. 446.
R. Legenden, links: דוא̄ג דה duadsch deh, 12
rechts: נשח Nischach(puchri), Nischapur.

Æ. Grösse 9. Gewicht 81 As. Cabinet des Hrn. Borrell.
„ 8. „ 69 „ „ „ „ S. Alischan.

Noch drei Exemplare in den Cabinetten des Hrn. A. L. de Córdoba, Ismail Pascha's und des Obersten Rawlinson.

A. wie No. 363. No. 447.
R. Legenden, links: דוא̄ג דה duadsch deh, 12
rechts: ראם Ram (Hormuzd).

Æ. Im k. k. Cabinet zu Wien.

A. wie No. 363. No. 448.
R. Legenden, links: דוא̄ג דה duadsch deh, 12
rechts: ריו Raj.

Æ. Grösse $8\frac{1}{2}$. Gewicht 86 As. Cabinet Subbi Bej's.

No. 449 *A.* wie No. 363.
R. Legenden, links: דדה דואג̄ duādsch deh, 12
rechts: זר Zer(endsch).
Æ. Cabinet des Hrn. Borrell.

Jahr 13 (591).

No. 450. *A.* wie No. 363. Legenden, vorn: אוחרמזד Ochramazd, am Hinterkopfe: סים sim, Silber (neupersisch سيم).
Dagegen fehlt das Wort afzud.
R. Legenden, links: דה סיג̄ sidsch deh, 13
rechts: (Taf. IV, 53) ?
Æ. Grösse 7½. Gewicht 61 As. Cabinet des Hrn. S. Alischan.

Eine sehr interessante Münze, schon aus dem Grunde, weil in dem Prägejahr das Reich in vollem Aufruhr war, Hormuzd selbst im Gefängniss und bald darauf ermordet, sein Sohn Chusrav II. auf der Flucht nach dem griechischen Reiche; sie muss also an einem entlegenen Orte geprägt seyn, wohin vielleicht das Gerücht von diesen Ereignissen noch nicht gedrungen war. Leider habe ich auf anderen Münzen diesen Prägeort nicht gefunden, und ich kann also wenig oder nichts darüber sagen; soll es etwa Sik(atschtan), Segestan seyn? Auch das Wort sim (T. II, No. 19), welches hier zum ersten Mal erscheint, ist interessant, da es den bis dahin von Hormuzd IV. angenommenen Typus verändert.

24. Bahram VI. بهرام چوبين

Ein Usurpator, regierte 1 Jahr, 591 n. Chr. G.

Jahr 1 (591).

No. 451. *A.* Typus in jeder Beziehung wie auf den Münzen Chusrav's I. Legende: ורחראן אפזוט Varahran afzud.
R. Gleichfalls wie auf den Münzen Chusrav's I.
Legenden, links: (T. III, 1)
rechts: נשחף Nischachp(uchri), Nischapur.
Æ. Die Cabinette Ismail Pascha's und Dr. Rosen's.

Die Zahl kann nichts anders als eins seyn, und nach der bisherigen, auch später beibehaltenen Methode müsste es die aramäische Form seyn, also חד. Das d ist auch da; wie aber die übrigen Charaktere zu deuten sind, ist schwer zu sagen; vielleicht ist auch der erste ein a, also die hebräische Form אחד; aber der mittelste Buchstab ist sehr schwer damit zu vereinigen. Die Münze des Hrn. Dr. Rosen ist aber gerade an dieser Stelle sehr schön und deutlich und lässt gar keinen Zweifel übrig.

A. wie No. 451. No. 452.
R. Legenden, links: אחד ahad, 1
rechts: זד Zad (rakarta).
Abgebildet bei Marsden, XXVII, No. DXXVII. Longpérier, XI, 2.

25. Chusrav II. خسرو برويز

Arabisch كسرى ابرويز,
Sohn Hormuzd IV, reg. 591—628 n. Chr. G.

Im J. 591 herrschte Bahram VI. in Persien, während Chusrav II. auf griechischem Gebiete als Flüchtling sich aufhielt. Erst im J. 592 wurde er mit Hülfe griechischer Truppen zurückgeführt. Auf seinen Münzen aber hat er, wie schon vor ihm Kobad, dieses Jahr mitgerechnet, weil sich Münzen vom J. 38 finden, wesshalb ich auch die Rechnung von 591 an führen muss. Allein Münzen vom J. 1 kann es nicht geben.

Jahr 2 (592).

A. Nach rechts gerichtete Büste des Königs; Bart und Haupthaar wie gewöhnlich; das Diadem mit zwei Reihen Perlen besetzt; über der Krone statt des kugelförmigen Bundes zwei ausgebreitete Flügel, darüber Halbmond und Stern; vor der Krone und vor jeder Schulter Halbmond und Stern; hinter der Krone ein Stern; über der linken Schulter ein Halbmond; doppelte Perleneinfassung, und ausserhalb derselben noch dreimal Halbmond und Stern. Legenden, No. 453.*
vor dem Gesichte: חוסרוי Chusrui
am Hinterkopfe: אפזום afzud
noch weiter hinten: סים sim.
R. Feueraltar u. s. w. wie gewöhnlich; dreifache Perleneinfassung und ausserhalb derselben viermal Halbmond und Stern.
Legenden, links: תרין tarein, 2
rechts: ךא Raj.
AR. Im k. k. Cabinet zu Wien.

A. wie No. 453. No. 454.
R. Legenden, links: תרין tarein, 2
rechts: זד Zad (rakarta).
AR. Grösse 8. Gewicht 68½ As. Cabinet des Hrn. S. Alischan.

Jahr 3 (593).

A. wie No. 453. No. 455.
R. Legenden, links: תלת talat, 3
rechts: איראן Airan, Arran.
AR. Im k. Cabinet zu Berlin.

No. 456. *A.* wie No. 453.
R. Legenden, links: תלת talat, 3
rechts: אר U(zaina), Chuzistan.
Nach einem von Prof. Olshausen mir mitgetheilten Abdruck.

No. 457. *A.* wie No. 453.
R. Legenden, links: תלת talat, 3
rechts: אחמ Achma(tana), Ecbatana.
Æ. Grösse 8½. Gewicht 83 As. Cabinet des Hrn. Cayol.

No. 458. *A.* wie No. 453.
R. Legenden, links: תלת talat, 3
rechts: לד Led(an).
Æ. Grösse 8½. Gewicht 87 As. Cabinet Subhi Bej's.

No. 459. *A.* wie No. 453.
R. Legenden, links: תלת talat, 3
rechts: נשח Nischach(puchri), Nischapur.
Æ. In den Cabinetten des Hrn. Cayol, Ismail Pascha's und Subhi Bej's.

No. 460. *A.* wie No. 453.
R. Legenden, links: תלת talat, 3
rechts: סט St(achr), Persepolis.
Æ. Cabinet des Hrn. Brown.

No. 461. *A.* wie No. 453.
R. Legenden, links: תלת talat, 3
rechts: זר Zer(endsch).
Æ. In den Cabinetten des Hrn. Borrell und Subhi Bej's.

Jahr 4 (594).

No. 462. *A.* wie No. 453.
R. Legenden, links: ארבא arba, 4
rechts: אר U(zaina), Chuzistan.
Æ. Cabinet Ismail Pascha's.

No. 463. *A.* wie No. 453.
R. Legenden, links: ארבא arba, 4
rechts: אחמ Achma(tana), Ecbatana.
Æ. In den Cabinetten des Hrn. Borrell und Subhi Bej's.

No. 464. *A.* wie No. 453.
R. Legenden, links: ארבא arba, 4
rechts: אב Ab....
Æ. Grösse 8½. Gewicht 81 As. Cabinet des Hrn. S. Alischan. Ein zweites Exemplar im Cabinet des Hrn. Cayol.

No. 465. *A.* wie No. 453.
R. Legenden, links: איבא arba, 4
rechts: אנט And(mesch).
Æ. Grösse 7½. Gewicht 60 As. In meinem Cabinet.

No. 466. *A.* wie No. 453.

R. Legenden, links: ארבא arba, 4
rechts: פר Farra.
Æ. Grösse 9. Gewicht 85 As. Cabinet Subhi Bej's.

A. wie No. 453. No. 467.
R. Legenden, links: ארבא arba, 4
rechts: בי Bi (bistun).
Æ. Cabinet Subhi Bej's.

A. wie No. 453. No. 468.
R. Legenden, links: ארבא arba, 4
rechts: נשח Nischach(puchri), Nischapur.
Æ. Grösse 8. Gewicht 54 As. Cabinet des Hrn. Borrell.
Ein zweites Exemplar im Cabinet Ismail Pascha's.

A. wie No. 453. No. 469.
R. Legenden, links: ארבא arba, 4
rechts: סט St(achr), Persepolis.
Æ. Cabinet des Hrn. Cayol.

A. wie No. 453. No. 470.
R. Legenden, links: ארבא arba, 4
rechts: זר Zer(endsch).
Æ. Cabinet Subhi Bej's.

Jahr 5 (595).

A. wie No. 453. No. 471.
R. Legenden, links: חומש chomasch, 5
rechts: אחמ Achma(tana), Ecbatana.
Æ. Cabinet Subhi Bej's.

A. wie No. 453. No. 472.
R. Legenden, links: חומש chomasch, 5
rechts: אב Ab....
Æ. Cabinet des Hrn. Ivanoff.

A. wie No. 453. No. 473.
R. Legenden, links: חומש chomasch, 5
rechts: אר Ar(bela).
Æ. Cabinet des Hrn. Cayol.

A. wie No. 453. No. 474.
R. Legenden, links: חומש chomasch, 5
rechts: פר Farra.
Æ. Cabinet Ismail Pascha's.

A. wie No. 453. No. 475.
R. Legenden, links: חומש chomasch, 5
rechts: מי Mei(bod).
Nach einem von Prof. Olshausen mir mitgetheilten Abdruck.

A. wie No. 453. No. 476.
R. Legenden, links: חומש chomasch, 5
rechts: נה Naha(vend).

AR. Grösse 9. Gewicht 84 As.} Cabinet des Hrn. S. Ali-
„ $8\frac{1}{2}$. „ 82 „ } schan.

No. 477. *A*. wie No. 453.
R. Legenden, links: חומש chomasch, 5
rechts: כחד ?
AR. Im k. k. Cabinet zu Wien.

No. 478. *A*. wie No. 453.
R. Legenden, links: חוממשא chomascha, 5
rechts: ריו Raj.
AR. Grösse $8\frac{1}{2}$. Gewicht 87 As. Cabinet Subhi Bej's.

No. 479. *A*. wie No. 453.
R. Legenden, links: חומש chomasch, 5
rechts: סי Si (katschtan), Segestan
AR. Zwei Exemplare in den Cabinetten des Hrn. Cayol und Subhi Bej's.

No. 480. *A*. wie No. 453.
R. Legenden, links: חומש chomasch, 5
rechts: סם St(achr), Persepolis.
AR. Grösse 8. Gewicht 75 As. Cabinet des Hrn. S. Alischan; noch zwei Stücke im Cabinet Subhi Bej's.

No. 481. *A*. wie No. 453.
R. Legenden, links: חומש chomasch, 5
rechts: זר Zad (rakarta).
AR. Grösse $8\frac{1}{2}$. Gewicht 86 As. Cabinet Subhi Bej's.

Jahr 6 (596).

No. 482. *A*. wie No. 453.
R. Legenden, links: שתא schata, 6
rechts: כר Kir (man).
AR. Cabinet des Barons Behr.

No. 483. *A*. wie No. 453.
R. Legenden, links: שתא schata, 6
rechts: נשח Nischach(puchri), Nischapur.
AR. Grösse 9. Gewicht 85 As. Cabinet des Hrn. S. Alischan.

No. 484. *A*. wie No. 453.
R. Legenden, links: שתא schata, 6
rechts: סם St (achr), Persepolis.
AR.- Cabinet Subhi Bej's.

No. 485. *A*. wie No. 453.
R. Legenden, links: שתא schata, 6
rechts: זר Zad (rakarta).
AR. Grösse $8\frac{1}{2}$. Gewicht 83 As. Cabinet des Hrn. Borrell.

Jahr 7 (597).

No. 486. *A*. wie No. 453.

R. Legenden, links: שבא scheba, 7
rechts: איראן Airan, Arran.
Æ. Grösse 9. Gewicht 84½ As. Cabinet Subhi Bej's.

A. wie No. 453. No 487.
R. Legenden, links: שבא scheba, 7
rechts: אד Ad(erbaigan).
Æ. Cabinet Ismail Pascha's.

A. wie No. 453. No. 488.
R. Legenden, links: שבא scheba, 7
rechts: דא Da(rabgird).
Æ. Cabinet des Hrn. Cayol.

A. wie No. 453. No. 489.
R. Legenden, links: שבא scheba, 7
rechts: נה Naba(vend).
Æ. Cabinet Subhi Bej's.

A. wie No. 453. No. 490.
R. Legenden, links: שבא scheba, 7
rechts: נשח Nischach(puchri), Nischapur.
Æ. Zwei Exemplare im Cabinet Subhi Bej's.

A. wie No. 453. No. 491.
R. Legenden, links: שבא scheba, 7
rechts: זר Zer(endsch).
Æ. Im k. Cabinet zu Berlin.

Jahr 8 (598).

A. wie No. 453. No. 492.
R. Legenden, links: תומנא tomena, 8
rechts: נשח Nischach(puchri), Nischapur.
Æ. Grösse 9. Gewicht 83 As. Cabinet des Hrn. Cayol.

A. wie No. 453. No 493.
R. Legenden, links: תומנא tomena, 8
rechts: ריו Raj.
Æ. Cabinet Subhi Bej's.

A. wie No. 453. No. 494.
R. Legenden, links: תומנא tomena, 8
rechts: זו Zu(zen).
Æ. Cabinet des Obersten, Rawlinson.

Jahr 9 (599).

A. wie No. 453. No 495.
R. Legenden, links: תשא tischa, 9
rechts: איראן Airan, Arran.
Æ. Cabinet Subhi Bej's.

A. wie No. 453. No. 496.
R. Legenden, links: תשא tischa, 9
rechts: אחמ Achma(tana), Ecbatana

AR. Cabinet des Hrn. Cayol.

No. 497. *A*. wie No. 453.
R. Legenden, links: תשא tischa, 9
rechts: בסא Basa.
AR. Grösse 9. Gewicht 85 As. } Cabinet Subhi Bej's.
„ $8\frac{1}{2}$. „ $84\frac{1}{2}$ „ }

No. 498. *A*. wie No. 453.
R. Legenden, links: תשא tischa, 9
rechts: נשח Nischach(puchri), Nischapur.
AR. Im k. Cabinet zu Berlin; Cabinet Subhi Bej's.

No. 499. *A*. wie No. 453.
R. Legenden, links: תשא tischa, 9
rechts: ריו Raj.
AR. Cabinet Subhi Bej's.

Jahr 10 (600).

No. 500. *A*. wie No. 453.
R. Legenden, links: אשרא aschra, 10
rechts: אחם Achma(tana), Ecbatana.
AR. Cabinet Subhi Bej's.

No. 501. *A*. wie No. 453.
R. Legenden, links: אשרא aschra, 10
rechts: (T. IV, 55) ?
AR. Cabinet des Hrn. Borrell.

No. 502. *A*. wie No. 453.
R. Legenden, links: אשרא aschra, 10
rechts: זר (T. IV, 56), Zadrakarta?
AR. Im k. k. Cabinet zu Wien.

Jahr 11 (601).

No. 503. *A*. wie No. 453.
R. Legenden, links: יאג̄ דה jadsch deh, 11
rechts: אד Ad(erbaigan).
AR. Zwei Exemplare in den Cabinetten des Hrn. Cayol und des Obersten Rawlinson.

No. 504. *A*. wie No. 453.
R. Legenden, links: יאג̄ דח jadsch deh, 11
rechts: אנמ And(mesch).
AR. Cabinet des Obersten Rawlinson

No. 505. *A*. wie No. 453. Ausserdem hat die Münze ausserhalb der Einfassung rechts nach unten als Contremarque die Buchstaben ספר (T. II, 20).
R. wie No. 504.
AR. Grösse 9. Gewicht 86 As. Cabinet Subhi Bej's.

Da dieselbe Contremarque auf allen Münzen von Taberjstan durchgängig steht und zwar immer an derselben Stelle, so liegt es nahe, dass man auch die Chosroes-Münzen, welche diese Contremarque haben, als solche ansieht, welche in Taberistan dadurch für legal erklärt wurden. Es wird später erwiesen werden, dass die Sasaniden-Münzen genau das doppelte Gewicht der Ispehbeden-Münzen hatten, so dass sie mit grosser Leichtigkeit coursiren konnten. Die Erklärung des Wortes selbst ist einfach, es sind die drei Buchstaben s p d, und diese repräsentiren die Pehlviform des neupersischen Wortes Ispehbed, wie die Beherrscher von Taberistan genannt wurden. — Auffallend ist es, dass Münzen von Chusrav II. mit aramäischen Legenden diese Contrasignatur niemals haben, während unmittelbar vom J. 11 ab diese Contremarquen häufig vorkommen, obgleich in Taberistan die Prägung der Münzen erst 120 Jahre später anfing. Es scheint also, dass die Ispehbeden mit den aramäischen Elementen nichts zu thun haben wollten. — E. Thomas glaubte in der Contremarque das arabische Wort عبد zu erkennen, und somit berechtigt zu seyn, die mit dieser Contremarque versehenen Münzen für Chalifenmünzen zu halten, hat jedoch letztere Ansicht wieder aufgegeben (The Pehlvi Coins, S. 282). Aber auch die Deutung Abd ist unzulässig; denn 1) wurden die arabischen Contremarquen mit kufischen Buchstaben gemacht, und 2) fragt man mit Recht, was denn eine solche Contremarque wie Abd bedeuten sollte? Abd heisst Diener, und bildet in Zusammensetzungen mit den verschiedenen Namen Gottes Personennamen, z. B. Abdullah, Abdulhak, Abdulrahman, Abd ul Medschid, Abd ul Aziz u. s. w.; aber weder allein noch in solchen Zusammensetzungen kann es Contremarquen für Münzen abgeben.

A. wie No. 453. No. 506.
R. Legenden, links: יאג̄ דה jadsch deh, 11
rechts: דא Da(rabgird).
Æ. Im. k. k. Cabinet zu Wien.

A. wie No. 453. No. 507.
R. Legenden, links: יאג̄ דה jadsch deh, 11
rechts: לד Led(an).
Æ. Grösse 9. Gewicht 82 As. Cabinet des Hrn. S. Alischan.

A. wie No. 453. No. 508.
R. Legenden, links: יאג̄ דה jadsch deh, 11
rechts, נה Naha(vend).
Æ. Zwei Exemplare im k. k. Cabinet zu Wien.

A. wie No. 453. No. 509.
R. Legenden, links: יאג̄ דה jadsch deh, 11
rechts: נשח Nischuch(puchri), Nischapur.
Æ. Im k. k. Cabinet zu Wien.

A. wie No. 505. No. 510

R. wie No. 509.
AR. Cabinet Subbi Bej's.

No. 511. *A.* wie No. 505.
R. Legenden, links: יאג̄ דה jadsch deh, 11
rechts: ריא Raj.
AR. Cabinet Ismail Pascha's.

No. 512. *A.* wie No. 453.
R. Legenden, links: יאג̄ דה jadsch deh, 11
rechts: סט St(achr), Persepolis.
AR. Im k. Cabinet zu Berlin; zwei Exemplare im Cabinet Ismail Pascha's.

No. 513. *A.* wie No. 505.
R. wie No. 512.
AR. Cabinet Ismail Pascha's.

Jahr 12 (602).

No. 514. *A.* wie No. 453.
R. Legenden, links: דואג̄ דה duadsch deh, 12
rechts: הירא Hira.
AR. Grösse 8½. Gewicht 80 As. Cabinet des Hrn. Alischan.

No. 515. *A.* wie No. 453.
R. Legenden, links: דואג̄ דה duadsch deh, 12
rechts: בסא Basa.
AR. Grösse 8½. Gewicht 86 As. } Cabinet Subhi Bej's.
„ 9. „ 82 „ }

No. 516. *A.* wie No. 505.
R. Legenden, links: דואג̄ דה duadsch deh, 12
rechts: ריו Raj.
AR. Im k. Cabinet zu Berlin.

Jahr 13 (603).

No. 517. *A.* wie No. 453.
R. Legenden, links: סיג̄ דה sidsch deh, 13
rechts: ..ט...בי (T. IV, 49), Bi(his)t(un).
AR. Grösse 7. Gewicht 58 As. Cabinet des Hrn. S. Alischan.

No. 518. *A.* wie No. 453.
R. Legenden, links: סיג̄ דה sidsch deh, 13
rechts: נשח Nischach(puchri), Nischapur.
AR. Grösse 9. Gewicht 100 As. Cabinet des Hrn. S. Alischan.

Jahr 14 (604).

No. 519. *A.* wie No. 453.
R. Legenden, links: ג̄האר דה tschehar deh, 14
rechts: אירא Hira.

AR. Cabinet Ismail Pascha's.

A. wie No. 453. No 520.
R. Legenden, links: גֿהאר דה tschehar deh, 14
rechts: אב Ab....
AR. Grösse 5. Gewicht 34 As (stark beschnitten). Cabinet des Hrn. Alischan.

A. wie 505. No. 521.
R. wie No. 520.
AR. Beschrieben bei E. Thomas (The Pehlvi Coins, S. 283).

A. wie No. 505. No. 522.
R. Legenden, links: גֿהאר דה tschehar deh, 14
rechts: אנמ And(mesch).
AR. Grösse 9. Gewicht 88 As. Cabinet Subhi Bej's.

A. wie No. 453. No. 523.
R. Legenden, links: גֿהאר דה tschehar deh, 14
rechts: כר Kir(man).
AR. Cabinet des Hrn. Cayol.

A. wie No. 453. No. 524.
R. Legenden, links: גֿהאר דה tschehar deh, 14
rechts: בי Bi(histun).
AR. Grösse 9. Gewicht 85 As. Cabinet des Hrn. S. Alischan.

A. wie No. 505. No. 525.
R. Legenden, links: גֿהאר דה tschehar deh, 14
rechts: בסא Basa.
AR. Grösse 7½. Gewicht 54,8 As. Cabinet des Hrn. Cayol.

A. wie No. 505. No. 526.
R Legenden, links: גֿהאר דה tschehar deh, 14
rechts: ני Ni(sa).
AR. Cabinet Subhi Bej's.

A. wie No. 505. No. 527.
R. Legenden, links: גֿהאר דה tschehar deh, 14
rechts: נשח Nischach(puchri), Nischapur.
AR. Cabinet Ismail Pascha's.

A. wie No. 505. No. 528.
R. Legenden, links: גֿהאר דה tschehar deh, 14
rechts: ראם Ram (Hormuzd).
AR. Cabinet Subhi Bej's.

Jahr 15 (605).

A. wie No. 453. No. 529.
R. Legenden, links: פֿנג דה pantsch deh, 15
rechts: היר Hir(a).
AR. Cabinet Ismail Pascha's.

A. wie No. 505. No. 530.

R. Legenden, links: פנג דה pantsch deh, 15
rechts: אחמ Achma(tana), Ecbatana.
AR. Cabinet Ismail Pascha's.

No. 531. *A.* wie No. 453.
R. Legenden, links: פנג דה pantsch deh, 15
rechts: אנמ And(mesch).
AR. Grösse 8½. Gewicht 83 As. Cabinet des Hrn. S. Alischan.

No. 532. *A.* wie No. 453.
R. Legenden, links: פנג דה pantsch deh, 15
rechts: לד Led(an).
AR. Im k. k. Cabinet zu Wien.

No. 533. *A.* wie No. 505.
R. Legenden, links: פנג דה pantsch deh, 15
rechts: נה Naha(vend).
AR. Cabinet Subhi Bej's.

No. 534. *A.* wie No. 453.
R. Legenden, links: פנג דה pantsch deh, 15
rechts: נשח Nischach(puchri), Nischapur.
AR. Cabinet Ismail Pascha's.

No. 535. *A.* wie No. 505.
R. wie No. 534.
AR. Cabinet Ismail Pascha's.

No. 536. *A.* wie No. 453.
R. Legenden, links: פנג דה pantsch deh, 15
rechts: סט St(achr), Persepolis.
AR. Grösse 8½. Gewicht 88 As. Cabinet Subhi Bej's. Ein zweites Exemplar im k. k. Cabinet zu Wien.

No. 537. *A.* wie No. 453.
R. Legenden, links: פנג דה pantsch deh, 15
rechts: זר Zer(endsch).
AR. Grösse 9. Gewicht 85 As. Cabinet Subhi Bej's.

Jahr 16 (606).

No. 538. *A.* wie No. 505.
R. Legenden, links: שאג דה schadsch deh, 16
rechts: אר U(zaina), Chuzistan.
AR. Cabinet des Dr. Rosen.

No. 539. *A.* wie No. 453.
R. Legenden, links: שאג דה schadsch deh, 16
rechts: זר Zad(rakarta).
AR. Grösse 9. Gewicht 83 As. Cabinet Subhi Bej's.

Jahr 17 (607).

No. 540. *A.* wie No. 505.

R. Legenden, links: הפס דה (?) haft deh, 17
rechts: סי Si(katschtan), Segestan

Æ. Beschrieben bei Thomas (The Pehlvi Coins, S. 283). Wenn die Zahl richtig copirt ist, so wäre es eine auffallende Abweichung von der sonst üblichen Orthographie הפתד ohne t.

Jahr 18 (608).

A. wie No. 453. No. 541.
R. Legenden: links: ה..ם דה ha(sch)t deh, 18
rechts: פר Farra.
Æ. Cabinet Ismail Pascha's.

A. wie No. 453. No. 542.
R. Legenden, links: השם דה hascht deh, 18
rechts: זר Zer(endsch).
Æ. Cabinet Subbi Bej's.

Jahr 19 (609).

A. wie No. 453. No. 543.
R. Legenden, links: נוג̄ דה nudsch deh, 19
rechts: בבא Baba, Ctesiphon.
Æ. Grösse 8¼. Gewicht 86 As. Cabinet Subhi Bej's.

A. wie No. 453. No. 544.
R. Legenden, links: נוג̄ דה nudsch deh, 19
rechts: סי Si(katschtan), Segestan.
Æ. Cabinet Ismail Pascha's.

Jahr 20 (610).

A. wie No. 453. No. 545.
R. Legenden, links: ויסם vist, 20
rechts: אחם Achma(tana), Ecbatana.
Æ. Grösse 8½. Gewicht 75 As. Cabinet des Hrn. S. Alischan.

A. wie No. 453. No. 546.
R. Legenden, links: ויסם vist, 20
rechts: בבא Baba, Ctesiphon.
Æ. Im k. k. Cabinet zu Wien.

A. wie No. 453. No. 547.
R. Legenden, links: ויסם vist, 20
rechts: ראם Ram (Hormuzd).
Æ. Cabinet Ismail Pascha's.

Jahr 21 (611).

A. wie No. 453. No. 548.
R. Legenden, links: יאג̄ ויסם jadsch vist, 21
rechts: אד Ad(erbaigan).

Æ. Cabinet Ismail Pascha's.

No. 549. *A*. wie No. 505.
R. Legenden, links: יאג ויסט jadsch vist, 21
rechts: אב Ab....
Æ. Cabinet Ismail Pascha's.

No. 550. *A*. wie No. 505.
R. Legenden, links: יאג ויסט jadsch vist, 21
rechts: אנט And(mesch).
Æ. Grösse $7\frac{1}{2}$. Gewicht 67 As. Cabinet des Hrn. S. Alischan.

No. 551. *A*. wie No. 453.
R. Legenden, links: יאג ויסט jadsch vist, 21
rechts: אס As(pahan), Ispahan.
Æ. Cabinet des Hrn. Borrell.

No. 552. *A*. wie No. 453.
R. Legenden, links: יאג ויסט jadsch vist, 21
rechts: בבא Baba, Ctesiphon.
Æ. Grösse 8. Gewicht 67,2 As. Cabinet des Hrn. Cayol. Ein zweites Exemplar im Cabinet Subhi Bej's.

No. 553. *A*. wie No. 453.
R. Legenden, links: יאג ויסט jadsch vist, 21
rechts: לד Led(an).
Æ. Zwei Exemplare im Cabinet Subhi Bej's.

No. 554. *A*. wie No. 505.
R. Legenden, links: יאג ויסט jadsch vist, 21
rechts: נה Naba(vend).
Æ. Grösse $8\frac{1}{2}$. Gewicht 81 As. Cabinet Subhi Bej's.

Jahr 22 (612).

No. 555. *A*. wie No. 453.
R. Legenden, links: דואג ויסט duadsch vist, 22
rechts: בבא Baba, Ctesiphon.
Æ. Grösse $8\frac{1}{2}$. Gewicht 86 As. Cabinet Subhi Bej's.

Jahr 23 (613).

No. 556. *A*. wie No. 453.
R. Legenden, links: סריסט se vist, 23
rechts: בבא Baba, Ctesiphon.
Æ. Cabinet Ismail Pascha's.

No. 557. *A*. wie No. 505.
R. Legenden, links: סריסט se vist, 23
rechts: מרו Merv.
Æ. Beschrieben bei E. Thomas (The Pehlvi Coins, S. 283).

Jahr 24 (614).

No. 558. *A*. wie No. 505.

R. Legenden, links: גחאר ויסם tschehar vist, 24.
rechts: בבא Baba, Ctesiphon.
Æ. Beschrieben bei E. Thomas, S. 283.
A. wie No. 505. No.559.
R. Legenden, links: גחאר ויסם tschehar vist, 24
rechts: לד Led(an).
Æ. Grösse $7\frac{1}{2}$. Gewicht 71 As. Cabinet des Hrn. S. Alischan.
A. wie No. 453. No.560.
R. Legenden, links: גחאר ויסם tschehar vist, 24
rechts: מי Mei(bod).
Æ. Cabinet Subhi Bej's.
A. wie No. 453. No.561.
R. Legenden, links: גחאר ויסם tschehar vist, 24
rechts: מר Mer(v).
Nach einem von Prof. Olshausen mir mitgetheilten Abdruck.
A. wie No. 505. No.562.
R. Legenden, links: גחאר ויסם tschehar vist, 24
rechts: נשח Nischach(puchri), Nischapur.
Æ. Cabinet des Barons Tecco.
A. wie No. 505. No.563.
R. Legenden, links: גחאר ויסם tschehar vist, 24
rechts: סי Si(katschtan), Segestan.
Æ. Cabinet Ismail Pascha's.

Jahr 25 (615).

A. wie No. 453. No.564.
R. Legenden, links: פנג ויסם pantsch vist, 25
rechts: אי U(zaina), Chuzistan.
Æ. Cabinet des Hrn. Cayol.
A. wie No. 453. No.565.
R. Legenden, links: פנג ויסם pantsch vist, 25
rechts: אחמ Achma(tana), Ecbatana.
Æ. Grösse $8\frac{1}{2}$—$9\frac{1}{2}$. Gewicht 88 As. Cabinet Subhi Bej's. Derselbe hat noch ein zweites Exemplar.
A. wie No. 505. No.566.
R. wie No. 565.
Æ. Cabinet Ismail Pascha's.
A. wie No. 453. No.567.
R. Legenden, links: פנג ויסם pantsch vist, 25
rechts: כר Kir(man).
Æ. Grösse $8\frac{1}{2}$. Gewicht 87 As. Cabinet Subhi Bej's. Ein zweites Exemplar im k. k. Cabinet zu Wien.
A. wie No. 505. No.568.
R. Legenden, links: פנג ויסם pantsch vist, 25
rechts: דא Da(rabgird).

AR. Grösse 9. Gewicht 87 As. Cabinet Subbi Bej's.
„ 8½. „ 84 „ „ des Hrn. S. Alischan.
Noch ein Exemplar im Cabinet Ismail Pascha's.

No. 569. *A*. wie No. 453.
R. Legenden, links: פנג ויסט pantsch vist, 25
rechts: בי Bi(histun).
AR. Grösse 7. Gewicht 57 As. Cabinet des Hrn. Borrell.

No. 570. *A*. wie No. 505.
R. Legenden, links: פנג ויסט pantsch vist, 25
rechts: בסא Basa.
AR. Grösse 8½. Gewicht 84 As. Cabinet Subhi Bej's.

No. 571. *A*. wie No. 453.
R. Legenden, links: פנג ויסט pantsch vist, 25
rechts: לד Led(an).
AR. Cabinet des Hrn. Cayol.

No. 572. *A*. wie No. 453.
R. Legenden, links: פנג ויסט pantsch vist, 25
rechts: מי Mei(bod).
AR. Zwei Exemplare in den Cabinetten des Hrn. Cayol und Ismail Pascha's.

No. 573. *A*. wie No. 453.
R. Legenden, links: פנג ויסט pantsch vist, 25
rechts: נהר Nahr(van).
AR. Grösse 9. Gewicht 84 As. Cabinet Subhi Bej's.

No. 574. *A*. wie No. 505.
R. Legenden, links: פנג ויסט pantsch vist, 25
rechts: נה Naha(vend).
AR. Cabinet Subhi Bej's.

No. 575. *A*. wie No. 453.
R. Legenden, links: פנג ויסט pantsch vist, 25
rechts: נשח Nischach(puchri), Nischapur.
AR. Grösse 7½. Gewicht 63 As. Cabinet des Hrn. S. Alischan. Noch ein Exemplar im Cabinet des Obersten Rawlinson.

No. 576. *A*. wie No. 505.
R. wie No. 575.
AR. Grösse 9. Gewicht 86 As. Cabinet Subhi Bej's.

No. 577. *A*. wie No. 505.
R. Legenden, links: פנג ויסט pantsch vist, 25
rechts: סי Si(katschtan), Segestan.
AR. Cabinet des Barons Behr.

No. 578. *A*. wie No. 453.
R. Legenden, links: פנג ויסט pantsch vist, 25
rechts: סט St(achr), Persepolis.
AR. Cabinet des Dr. Rosen.

No. 579. *A*. wie No. 505.
R. wie No. 578.

AR. Beschrieben bei E. Thomas, S. 283.
A. wie No. 453. No. 580.
R. Legenden, links: פנג ויסט pantsch vist, 25
rechts: זר Zer(endsch).
AR. Grösse 8. Gewicht 63½ As. Cabinet des Hrn. S. Alischan.

Jahr 26 (616).

A. wie No. 453. No. 581.
R. Legenden, links: שש ויסט schasch vist, 26
rechts: אחמ Achma(tana), Ecbatana.
AR. Im k. k. Cabinet zu Wien.
A. wie No. 453. No. 582.
R. Legenden, links: שש ויסט schasch vist, 26
rechts: אב Ab...
AR. Im k. k. Cabinet zu Wien.
A. wie No. 505. No. 583.
R. Legenden, links: שש ויסט schasch vist, 26
rechts: אנמ And'mesch).
AR. Cabinet dss Dr. C. L. Grotefend in Hannover.
A. wie No. 453. No. 584.
R. Legenden, links: שש ויסט schasch vist, 26
rechts: בבא Baba, Ctesiphon.
AR. Grösse 9. Gewicht 80 As. Cabinet des Hrn. Cayol. Zwei Exemplare im k. k. Cabinet zu Wien.
A. wie No. 505. No. 585.
R. Legenden, links: שש ויסט schasch vist, 26
rechts: דא Da(rabgird).
AR. Cabinet Ismail Pascha's (zwei Exemplare); Cabinet Subbi Bej's.
A. wie No. 453. No. 586.
R. Legenden, links: שש ויסט schasch vist, 26
rechts: לד Led(an).
AR. Im k. k. Cabinet zu Wien; Cabinet Subhi Bej's (zwei Exemplare).
A. wie No. 505. No. 587.
R. Legenden, links: שש ויסט schasch vist, 26
rechts: מר Mer(v).
AR. Grösse 9. Gewicht 85½ As. Cabinet Subhi Bej's.
A. wie No. 453. No. 588.
R. Legenden, links: שש ויסט schasch vist, 26
rechts: נאר Nar(van).
AR. Im k. k. Cabinet zu Wien.
A. wie No. 453. No. 589.
R. Legenden, links: שש ויסט schasch vist, 26
rechts: נה Naba(vend).
AR. Cabinet Ismail Pascha's.

No. 590. *A*. wie No. 453.
R. Legenden, links: שש ויסת schasch vist, 26
rechts: נשח Nischach(puchri , Nischapur.
AR. Cabinet Ismail Pascha's.

No. 591. *A*. wie No. 505.
R. wie No. 590.
AR. Im k. Cabinet zu Turin.

No. 592. *A*. wie No. 453.
R. Legenden, links: שש ויסת schasch vist, 26
rechts: ראם Ram (Hormuzd).
AR. Grösse 8½. Gewicht 76 As. Cabinet des Hrn. Cayol.

No. 593. *A*. wie No. 453.
R. Legenden, links: שש ויסת schasch vist, 26
rechts: ריי Raj.
AR. Im k. k. Cabinet zu Wien.

No. 594. *A*. wie No. 505.
R. Legenden, links: שש ויסת schasch vist, 26
rechts: סי Si(kaschtan), Segestan.
AR. Beschrieben bei Thomas, S. 283.

No. 595. *A*. wie No. 453.
R. Legenden, links: שש ויסת schasch vist, 26
rechts: סט St(achr), Persepolis.
AR. Grösse 8. Gewicht 77 As. Cabinet des Hrn. S. Alischan.

No. 596. *A*. wie No. 505.
R. wie No. 595.
AR. Cabinet Subhi Bej's.

No. 597. *A*. wie No. 505.
R. Legenden, links: שש ויסת schasch vist, 26
rechts: זד Zad(rakarta).
AR. Grösse 8½. Gewicht 86,3 As. } Cabinet Subhi Bej's.
„ 9. „ 86 „ }

Jahr 27 (617).

No. 598. *A*. wie No. 505.
R. Legenden, links: הפת ויסת haft vist, 27
rechts: היר Hira.
AR. Cabinet Subhi Bej's.

No. 599. *A*. wie No. 453.
R. Legenden, links: הפת ויסת haft vist, 27
rechts: אחמ Achma(tana), Ecbatana.
AR. Cabinet Subhi Bej's.

No. 600. *A*. wie No. 453.
R. Legenden, links: הפת ויסת haft vist, 27
rechts: אב Ab....
AR Grösse 8½. Gewicht 83 As. Cabinet Subhi Bej's.

A. wie No. 505. No. 601.
R. Legenden, links: הפס ויסט haft vist, 27
rechts: אנמ And(mesch).
Æ. Grösse 9. Gewicht 86 As. Cabinet Subbi Bej's.
A. wie No. 453. No. 602.
R. Legenden, links: הפס ויסט haft vist, 27
rechts: כר Kir(man).
Æ. Grösse 9. Gewicht 87 As. Cabinet Subbi Bej's.
A. wie No. 453. No. 603.
R. Legenden, links: הפס ויסט haft vist, 27
rechts: דא Da(rabgird).
Æ. Cabinet des Hrn. Cayol.
A. wie No. 505. No. 604.
R. wie No. 603.
Æ. Cabinet Subbi Bej's.
A. wie No. 453. No. 605.
R. Legenden, links: הפס ויסט haft vist, 27
rechts: בי Bi(histun).
Æ. Cabinet Subbi Bej's.
A. wie No. 453. No. 606.
R. Legenden, links: הפס ויסט haft vist, 27
rechts: בבא Baba, Ctesiphon.
Æ. Cabinet Subbi Bej's.
A. wie No. 453. No. 607.
R. Legenden, links: הפס ויסט haft vist, 27
rechts: מיב Meib(od).
Æ. Grösse 8½. Gewicht 83½ As. Cabinet Subbi Bej's, welcher noch ein zweites Exemplar besitzt.
A. wie No. 453. No. 608.
R. Legenden, links: הפס ויסט haft vist, 27
rechts: נה Naha(vend).
Æ. Cabinet Ismail Pascha's.
A. wie No. 453. No. 609.
R. Legenden, links: הפס ויסט haft vist, 27
rechts: נשה Nischach(puchri), Nischapur.
Æ. Cabinet Ismail Pascha's.
A. wie No. 505. No. 610.
R. wie No. 609.
Æ. Grösse 8½. Gewicht 86½ As. Cabinet Subbi Bej's.
A. wie No. 453. No. 611.
R. Legenden, links: הפס ויסט haft vist, 27
rechts: סי Si(katschtan), Segestan.
Æ. Grösse 7½. Gewicht 58 As. Cabinet des Hrn. S. Alischan. Ein zweites Exemplar im Cabinet Ismail Pascha's.
A. wie No. 505. No. 612.

R. Legenden, links: הפט ויסט haft vist, 27
rechts: זד Zad (rakarta).
Æ. Cabinet Ismail Pascha's.

No. 613. *A.* wie No. 453.
R. Legenden, links: הפט ויסט haft vist, 27
rechts: זר Zer (endsch).
Æ. Im k. Cabinet zu Berlin.

Jahr 28 (618).

No. 614. *A.* wie No. 453.
R. Legenden, links: השט ויסט hascht vist, 28
rechts: או U (zaina), Chuzistan.
Æ. Grösse 8½. Gewicht 86 As. Cabinet des Hrn. S. Alischan; noch ein Exemplar im Cabinet des Hrn. Borrell.

No. 615. *A.* wie No. 453.
R. Legenden, links: השט ויסט hascht vist, 28
rechts: אחם Achma(tana), Ecbatana.
Æ. Grösse 7. Gewicht 58 As (beschnitten). Cabinet des Hrn. S. Alischan; ein zweites Exemplar im Cabinet Ismail Pascha's.

No. 616. *A.* wie No. 453.
R. Legenden, links: השט ויסט hascht vist, 28
rechts: כר Kir(man).
Æ. Cabinet Ismail Pascha's.

No. 617. *A.* wie No. 453.
R. Legenden, links: השט ויסט hascht vist, 28
rechts: דא Da(rabgird).
Æ. Zwei Exemplare in den Cabinetten des Hrn. Cayol und Subhi Bej's.

No. 618. *A.* wie No. 505.
R. wie No. 617.
Æ. Beschrieben bei E. Thomas, S. 283.

No. 619. *A.* wie No. 453.
R. Legenden, links: השט ויסט hascht vist, 28
rechts: בבא Baba, Ctesiphon.
Æ. Grösse 8½. Gewicht 85 As. Cabinet Subhi Bej's.

No. 620. *A.* wie No. 453.
R. Legenden, links: השט ויסט hascht vist, 28
rechts: בסא Basa.
Æ. Grösse 8½. Gewicht 85 As. Cabinet Subhi Bej's.

No. 621. *A.* wie No. 505.
R. Legenden, links: השט ויסט hascht vist, 28
rechts: פסא Fasa.
Æ. Beschrieben bei E. Thomas, S. 283.

No. 622. *A.* wie No. 453.
R. Legenden, links: השט ויסט hascht vist, 28
rechts: לד Led (an).

Æ. Grösse 9. Gewicht 87 As. Cabinet Subhi Bej's.

A. wie No. 453. No. 623.
R. Legenden, links: השׁ ויסט hascht vist, 28
rechts: מי Mei(bod).

Æ. Grösse 9. Gewicht 72 As. Cabinet Subhi Bej's.

A. wie No. 505. No. 624.
R. Legenden, links: השׁ ויסט hascht vist, 28
rechts: מר Mer(v).

Æ. Cabinet Ismail Pascha's.

A. wie No. 453. No. 625.
R. Legenden, links: השׁ ויסט hascht vist, 28
rechts: (sic) נהל Nahr(van).

Æ. Grösse 6½. Gewicht 44 As (beschnitten). In meinem Cabinet.

A. wie No. 453. No. 626.
R. Legenden, links: השׁ ויסט hascht vist, 28
rechts: ני Ni(sa).

Æ. Grösse 8½. Gewicht 85 As. Cabinet Subhi Bej's.

A. wie No. 453. No. 627.
R. Legenden, links: השׁ ויסט hascht vist, 28
rechts: נשׁח Nischach (puchri), Nischapur.

Æ. Grösse 9. Gewicht 85 As. Cabinet Subhi Bej's. Noch ein Exemplar im Cabinet Ismail Pascha's.

A. wie No. 505. No. 628.
R. wie No. 627.

Æ. Zwei Exemplare in den Cabinetten Ismail Pascha's und Subhi Bej's.

A. wie No. 453. No. 629.
R. Legenden, links: השׁ ויסט hascht vist, 28
rechts: ריר Raj.

Æ. Zwei Exemplare im Cabinet Subhi Bej's.

A. wie No. 453. No. 630.
R. Legenden, links: השׁ ויסט hascht vist, 28
rechts: סי Si(katschtan), Segestan.

Æ. Cabinet Subhi Bej's.

A. wie No. 505. No. 631.
R. wie No. 630.

Æ. Grösse 8½. Gewicht 82½ As. Cabinet Subhi Bej's (derselbe hat noch ein zweites Exemplar).

A. wie No. 453. No. 632.
R. Legenden, links: חשׁ ויסט hascht vist, 28
rechts: סט St(achr), Persepolis.

Æ. Cabinet Subhi Bej's.

A. wie No. 453. No. 633.
R. Legenden, links: השׁ ויסט hascht vist, 28
rechts: זר Zad(rakarta).

AR. Grösse 9. Gewicht 83 As. Cabinet des Hrn. S. Alischan.

No. 634. *A*. wie No. 505.
R. wie No. 633.
AR. Zwei Exemplare im Cabinet Subhi Bej's.

No. 635. *A*. wie No. 453.
R. Legenden, links: הַשׁט ויסט hascht vist, 28
rechts: זר Zer(endsch).
AR. Cabinet Ismail Pascha's; Cabinet Subhi Bej's (2 Stück).

Jahr 29 (619).

No. 636. *A*. wie No. 505.
R. Legenden, links: נוג ויסט nudsch vist, 29.
rechts: דא Da(rabgird).
AR. Cabinet Subhi Bej's.

No. 637. *A*. wie No. 453.
R. Legenden, links: נוג ויסט nudsch vist, 29
rechts: נשח Nischach(puchri), Nischapur.
AR. Grösse 9. Gewicht 86 As. } Cabinet Subhi Bej's.
„ 9. „ 84½ „
Noch ein Exemplar im Cabinet Ismail Pascha's.

No. 638. *A*. wie No. 453.
R. Legenden, links: נוג ויסט nudsch vist, 29
rechts: סי Si(katschtan), Segestan.
AR. Grösse 9. Gewicht 85½ As. Cabinet Subhi Bej's.
„ 6½. „ 47 „ (beschnitten). Cabinet des Hrn. S. Alischan.

No. 639. *A*. wie No. 505.
R. wie No. 638.
AR. Grösse 9. Gewicht 86 As. Cabinet Subhi Bej's. Derselbe hat noch ein zweites Exemplar.

No. 640. *A*. wie No. 453.
R. Legenden, links: נוג ויסט nudsch vist, 29
rechts: סט St(achr), Persepolis.
AR. Cabinet Ismail Pascha's.

No. 641. *A*. wie No. 453.
R. Legenden, links: נוג ויסט nudsch vist, 29
rechts: זו Zu(zen).
AR. Cabinet Subhi Bej's.

Jahr 30 (620).

No. 642. *A*. wie No. 453.
R. Legenden, links: סיה sih, 30
rechts: פר Farra.
AR. Grösse 7. Gewicht 52 As (beschnitten). Cabinet des Hrn. S. Alischan.

A. wie No. 505. No. 643.
R. Legenden, links: סיה sih, 30
rechts: בסא Basa.
Æ. Cabinet Ismail Pascha's.

A. wie No. 453. No. 644.
R. Legenden, links: סיה sih, 30
rechts: מי Mei (bod).
Æ. Cabinet Ismail Pascha's.

A. wie No. 505. No 645.
R. wie No. 644.
Æ. Grösse 8½. Gewicht 70 As. Cabinet des Hrn. S. Alischan.

A. wie No. 453. No. 646.
R. Legenden, links: סיה sih, 30
rechts: ני Ni (sa).
Æ. Cabinet Ismail Pascha's.

A. wie No. 453. No. 647.
R. Legenden, links: סיה sih, 30
rechts: נה Naha(vend).
Æ. Zwei Exemplare in den Cabinetten des Hrn. Borrell und Ismail Pascha's.

A. wie No. 453. No. 648.
R. Legenden, links: סיה sih, 30
rechts: נשח Nischach (puchri), Nischapur.
Æ. Grösse 9. Gewicht 84 As. Cabinet des Hrn. S. Alischan. Ein zweites Exemplar im Cabinet Ismail Pascha's.

A. wie No. 505. No. 649.
R. wie No. 648.
Æ. Grösse 9. Gewicht 88 As. Cabinet Subbi Bej's.

A. wie No. 505. No. 650.
R. Legenden, links: סיה sih, 30
rechts: סי Si (katschtan), Segestan.
Æ. Cabinet Ismail Pascha's.

A. wie No. 505. No. 651.
R. Legenden, links: סיה sih, 30
rechts: זר Zad (rakarta).
Æ. Grösse 7. Gewicht 50 As. Cabinet des Hrn. S. Alischan. Ein zweites Exemplar im k. Cabinet zu Berlin.

Jahr 31 (621).

A. wie No. 453. No. 652.
R. Legenden, links: יאג סיה jadsch sih, 31
rechts: אז U(zaina), Chuzistan.
Æ. Grösse 9½. Gewicht 86½ As. Cabinet Subbi Bej's. Derselbe hat noch zwei Exemplare.

A. wie No. 453. No. 653.

R. Legenden, links: יאג̄ סיח jadsch sih, 31
rechts: אחם Achma(tana), Ecbatana.
Æ. Grösse 9. Gewicht 83½ As. Cabinet Subhi Bej's.
„ 8½. „ 68 „ „ des Hrn. S. Alischan.
Ein drittes Exemplar im Cabinet Ismail Pascha's.

No. 654. *A.* wie No. 453.
R. Legenden, links: יאג̄ סיח jadsch sih, 31
rechts: אב Ab....
Æ. Grösse 9. Gewicht 86 As.} Cabinet Subhi Bej's.
„ 9½. „ 85 „ }
Noch zwei Exemplare im k. k. Cabinet zu Wien und im Cabinet Ismail Pascha's.

No. 655. *A.* wie No. 453.
R. Legenden, links: יאג̄ סיח jadsch sih, 31
rechts: אנם And(mesch).
Æ. Zwei Exemplare in den Cabinetten des Hrn. Borrell und Ismail Pascha's.

No. 656. *A.* wie No. 505. Vor der Krone eine Contremarque in Gestalt eines Thieres.
R. wie No. 655.
Æ. Grösse 8. Gewicht 66 As. In meinem Cabinet.

No. 657. *A.* wie No. 453.
R. Legenden, links: יאג̄ סיח jadsch sih, 31
rechts: כר Kir(man).
Æ. Cabinet Subhi Bej's.

No. 658. *A.* wie No. 453.
R. Legenden: יאג̄ סיח jadsch sih, 31
rechts: (Taf. IV, 57) ?
Æ. Grösse 7. Gewicht 57 As. Cabinet des Hrn. S. Alischan.

No. 659. *A.* wie No. 505.
R. Legenden, links: יאג̄ סיח jadsch sih, 31
rechts: דא Da(rabgird).
Æ. Grösse 9. Gewicht 85½ As. Cabinet Subhi Bej's.
„ 8. „ 61 „ „ des Hrn. S. Alischan.

No. 660. *A.* wie No. 453.
R. Legenden, links: יאג̄ סיח jadsch sih, 31
rechts: בי Bi(histun).
Æ. Grösse 9. Gewicht 86 As. Cabinet Subbi Bej's. Ein zweites Exemplar im Cabinet Ismail Pascha's.

No. 661. *A.* wie No. 453.
R. Legenden, links: יאג̄ סיח jadsch sih, 31
rechts: לד Led(an).
Æ. Grösse 9. Gewicht 80 As. Cabinet des Hrn. S. Alischan.
„ 8½. „ 75½ „ „ Subhi Bej's.

No. 662. *A.* wie No. 453.

R. Legenden, links: יאג סיח jadsch sih, 31
rechts: מי Mei(bod).
AR. Grösse 8½. Gewicht 84½ As. Cabinet Subhi Bej's.
A. wie No. 505. No.663.
R. Legenden, links: יאג סיח jadsch sih, 31
rechts: מר Mer(v).
AR. Grösse 9. Gewicht 87 As. Cabinet Subhi Bej's.
A. wie No. 453. No.664.
R. Legenden, links: יאג סיח jadsch sih, 31
rechts: נאר Nar(van).
AR. Grösse 9½. Gewicht 85½ As. Cabinet Subhi Bej's.
A. wie No. 453. No.665
R. Legenden, links: יאג סיח jadsch sih, 31
rechts: נשח Nischach(puchri), Nischapur.
AR. Grösse 9. Gewicht 71 As. Cabinet des Hrn. S. Alischan. Noch zwei Exemplare im Cabinet Ismail Pascha's.
A. wie No. 505. No.666.
R. Legenden, links: יאג סיח jadsch sih, 31
rechts: ריו Raj.
AR. Grösse 9. Gewicht 86 As. Cabinet Subhi Bej's.
A. wie No. 453. No.667.
R. Legenden, links: יאג סיח jadsch sih, 31
rechts: סי Si(katschtan), Segestan.
AR. Cabinet Subhi Bej's.
A. wie No. 505. No.668.
R. wie No. 667.
AR. Cabinet Ismail Pascha's.
A. wie No. 453. No.669.
R. Legenden, links: יאג סיח jadsch sih, 31
rechts: סט St(achr), Persepolis.
AR. Im k. Cabinet zu Berlin.
A. wie No. 453. No.670.
R. Legenden, links: יאג סיח jadsch sih, 31
rechts: זר Zer(endsch).
AR. Drei Exemplare in den Cabinetten des Hrn. Cayol, Ismail Pascha's und Subhi Bej's.

Jahr 32 (622).

A. wie No. 453. No.671.
R. Legenden, links: דואג סיח duadsch sih, 32
rechts: או U(zaina), Chuzistan.
AR. Cabinet des Barons Tecco.
A. wie No. 505. No.672.
R. Legenden, links: דואג סיח duadsch sih, 32
rechts: דא Da(rabgird).
AR. Cabinet des Obersten Rawlinson.

No.673. *A.* wie No. 453.
R. Legenden, links: סיח דואג̄ duadsch sih, 32
rechts: בי Bi(histun).
Æ. Im k. k. Cabinet zu Wien.

No.674. *A.* wie No. 453.
R. Legenden, links: סיח דואג̄ duadsch sih, 32
rechts: מר Mer(v).
Æ. Grösse 9. Gewicht 86½ As. Cabinet Subhi Bej's.

No.675. *A.* wie No. 505.
R. wie No. 674.
Æ. Grösse 9¼. Gewicht 83 As. In der Stadt Ani in Armenien gefunden; jetzt im Cabinet des Hrn. S. Alischan.

No.676. *A.* wie No. 453.
R. Legenden, links: סיח דואג̄ duadsch sih, 32
rechts: ריי Raj.
Æ. Cabinet Subhi Bej's.

No.677. *A.* wie No. 453.
R. Legenden, links: סיח דואג̄ duadsch sih, 32
rechts: סי Si(katschtan), Segestan.
Æ. Grösse 8½. Gewicht 75½ As. Cabinet Subhi Bej's.

No.678. *A.* wie No. 505.
R. wie No. 677.
Æ. Cabinet des Hrn. Cayol.

No.679. *A.* wie No. 453.
R. Legenden, links: סיח דואג̄ duadsch sih, 32
rechts: סט St(achr), Persepolis.
Æ. Cabinet Ismail Pascha's.

No.680. *A.* wie No. 505.
R. Legenden, links: סיח דואג̄ duadsch sih, 32
rechts: זר Zad(rakarta).
Æ. Grösse 8. Gewicht 61 As. Cabinet des Hrn. Cayol. Ein zweites Exemplar im Cabinet Ismail Pascha's.

Jahr 33 (623).

No.681. *A.* wie No. 453.
R. Legenden, links: ססיח se sih, 33
rechts: נח Nah(avend).
Æ. Im k. Cabinet zu Berlin.

No.682. *A.* wie No. 453.
R. Legenden, links: ססיח se sih, 33
rechts: סי Si(katschtan) Segestan.
Æ. Cabinet Subhi Bej's.

Jahr 34 (624).

No.683. *A.* wie No. 453.

R. Legenden, links: גהאר סיה tschehar sih, 34
rechts: אחמ Achma(tana), Ecbatana.
Æ. Cabinet Ismail Pascha's.

A. wie No. 453. No. 684.
R. Legenden, links: גהל סיה tschehel sih, 34
rechts: אב Ab....
Æ. Zwei Exemplare, im k. k. Cabinet zu Wien und im Cabinet Ismail Pascha's.

A. wie No. 453. No. 685.
R. Legenden, links: גהאר סיה tschehar sih, 34
rechts: בבא Baba, Ctesiphon.
Æ. Grösse 9. Gewicht 88 As. Cabinet des Hrn. S. Alischan.
„ 8½. „ 65 „ in meinem Cabinet.

A. wie No. 453. No. 686.
R. Legenden, links: גהאר סיה tschehar sih, 34
rechts: לד Led(an).
Æ. Grösse 9. Gewicht 86 As. Cabinet Subhi Bej's. Ein anderes Exemplar im Cabinet Ismail Pascha's.

A. wie No. 453. No. 687.
R. Legenden, links: גהל סיה tschehel sih, 34
rechts: מי Mei(bod).
Æ. Im k. Cabinet zu Berlin und im k. k. Cabinet zu Wien.

A. wie No. 453. No. 688.
R. Legenden, links: גהאר סיה tschehar sih, 34
rechts: נה Naha(vend).
Æ. Cabinet Ismail Pascha's.

A. wie No. 453. No. 689.
R. Legenden, links: גהל סיה tschehel sih, 34
rechts: נשה Nischach(puchri), Nischapur.
Æ. Grösse 9. Gewicht 88 As. Cabinet Subbi Bej's. Ein zweites Exemplar im Cabinet Ismail Pascha's.

A. wie No. 453. No. 690.
R. Legenden, links: גהאר סיה tschehar sih, 34
rechts: סי Si(katschtan), Segestan.
Æ. Cabinet Subbi Bej's (zwei Exemplare).

A. wie No. 505. No. 691.
R. wie No. 690.
Æ. Cabinet Subhi Bej's.

A. wie No. 453. No. 692.
R. Legenden, links: גהאר סיה tschehar sih, 34
rechts: סט St(achr), Persepolis.
Æ. Cabinet Ismail Pascha's.

A. wie No. 453. No. 693.
R. Legenden, links: גהל סיה tschehel sih, 34
rechts: Zad(rakarta).

AR. Grösse 8. Gewicht 63 As. Cabinet des Hrn. S. Alischan.

Jahr 35 (625).

No.694. *A*. wie No. 505.
R. Legenden, links: סנג סיה pantsch sih, 35
rechts: אוי U(zaina), Chuzistan.
AR. Cabinet des Hrn. Borrell.

No.695. *A*. wie No. 453.
R. Legenden, links: סנג סיה pantsch sih, 35
rechts: אחמ Achma(tana), Ecbatana.
AR. Grösse 8. Gewicht 56 As. In meinem Cabinet.

No.696. *A*. wie No. 505.
R. wie No. 695.
AR. Grösse 7. Gewicht 54 As. Cabinet des Hrn. S. Alischan.

No.697. *A*. wie No. 453.
R. Legenden, links: סנג סיה pantsch sih, 35
rechts: אב....
AR. Grösse 8. Gewicht 64 As. Cabinet des Hrn. Borrell. Ein zweites Exemplar im Cabinet Ismail Pascha's.

No.698. *A*. wie No. 453.
R. Legenden, links: סנג סיה pantsch sih, 35
rechts: אנמ And(mesch).
AR. Cabinet Ismail Pascha's.

No.699. *A*. wie No. 453.
R. Legenden, links: סנג סיה pantsch sih, 35
rechts: אספ Aspa(han), Ispahan.
AR. Cabinet des Hrn. Cayol.

No.700. *A*. wie No. 505.
R. Legenden, links: סנג סיה pantsch sih, 35
rechts: דא Da(rabgird).
AR. Grösse 9½. Gewicht 84 As. Cabinet Subhi Bej's. Derselbe hat noch ein zweites Exemplar.

No.701. *A*. wie No. 453.
R. Legenden, links: סנג סיה pantsch sih, 35
rechts: בבא Baba, Ctesiphon.
AR. Cabinet Subhi Bej's.

No.702. *A*. wie No. 453.
R. Legenden, links: סנג סיה pantsch sih, 35
rechts: לד Led(an).
AR. Cabinet Subhi Bej's.

No.703. *A*. wie No. 505.
R. wie No. 702.
AR. Grösse 9. Gewicht 85 As. Cabinet Subhi Bej's. — E. Thomas (The Pehlvi Coins, S. 283) beschreibt ebenfalls ein Exemplar.

A. wie No. 453. No.704.
R. Legenden, links: סנג סיה pantsch sih, 35
rechts: מר Mer(v).
AR. Grösse 6. Gewicht 34 As (stark beschnitten). Cabinet des Hrn. Cayol.

A. wie No. 505. No.705.
R. Legenden, links: סנג סיה pantsch sih, 35
rechts: ני Ni(sa).
AR. Cabinet Subhi Bej's.

A. wie No. 453. No.706.
R. Legenden, links: סנג סיה pantsch sih, 35
rechts: נח Nah (avend).
AR. Grösse 9. Gewicht 86,7 As. Cabinet Subhi Bej's. Ein zweites Exemplar im Cabinet des Barons Behr.

A. wie No. 453. No.707.
R. Legenden, links: סנג סיה pantsch sih, 35
rechts: נשח Nischach (puchri), Nischapur.
AR. Zwei Exemplare im k. k. Cabinet zu Wien; ein drittes Exemplar im Cabinet Ismail Pascha's.

A. wie No. 505. No.708.
R. Legenden, links: סנג סיה pantsch sih, 35
rechts: סי Si (katschtan), Segestan.
AR. Zwei Exemplare in den Cabinetten Ismail Pascha's und Subhi Bej's.

A. wie No. 505. No.709.
R. Legenden, links: סנג סיה pantsch sih, 35
rechts: זד Zad(rakarta).
AR. Grösse 8½. Gewicht 74½ As. Cabinet des Hrn. S. Alischan. Noch ein Exemplar im Cabinet Ismail Pascha's.

A. wie No. 453. No.710.
R. Legenden, links: סנג סיה pantsch sih, 35
rechts: זר Zer (endsch).
AR. Grösse 9. Gewicht 75 As. Cabinet des Hrn. Cayol.
„ 8½. „ 66 „ „ „ „ S. Alischan.

Jahr 36 (626).

A. wie No. 453. No.711.
R. Legenden, links: שש סיה schasch sih, 36
rechts: אנמ And (mesch).
AR. Zwei Exemplare im Cabinet Subhi Bej's.

A. wie No. 453. No.712.
R. Legenden, links: שש סיה schasch sih, 36
rechts: בבא Baba, Ctesiphon.
Nach einem von Prof. Olshausen mir mitgetheilten Abdruck.

A. wie No. 505. No.713.
R. wie No. 712.

Æ. Cabinet Ismail Pascha's.

No. 714. *A*. wie No. 453.
R. Legenden, links: שש סיה schasch sih, 36
rechts: לד Led(an).
Æ. Cabinet Subhi Bej's.

No. 715. *A*. wie No. 453.
R. Legenden, links: שש סיה schasch sih, 36
rechts: מי Mei(bod).
Æ. Cabinet Subhi Bej's.

No. 716. *A*. wie No. 505.
R. Legenden, links: שש סיה schasch sih, 36
rechts: מר Mer(v).
Æ. Grösse 9. Gewicht 85 As. Cabinet Subhi Bej's. Ein zweites Exemplar im Cabinet Ismail Pascha's.

No. 717. *A*. wie No. 453.
R. Legenden, links: שש סיה schasch sih, 36
rechts: נה Nah(avend).
Æ. Cabinet des Hrn. Borrell.

No. 718. *A*. wie No. 505.
R. Legenden, links: שש סיה schasch sih, 36
rechts: נשח Nischach(puchri), Nischapur.
Æ. Grösse 9. Gewicht 84¼ As. Cabinet Subhi Bej's.

No. 719. *A*. wie No. 453.
R. Legenden, links: שש סיה schasch sih, 36
rechts: ראם Ram (Hormuzd).
Æ. Abgebildet bei Ouseley Observations u. s. w. Taf. 6.

No. 720. *A*. wie No. 453.
R. Legenden, links: שש סיה schasch sih, 36
rechts: סי Si(katschtan), Segestan.
Æ. Zwei Exemplare in den Cabinetten Ismail Pascha's und Subhi Bej's.

No. 721. *A*. wie No. 453.
R. Legenden, links: שש סיה schasch sih, 36
rechts: סס St(achr), Persepolis.
Æ. Zwei Exemplare in den Cabinetten Ismail Pascha's und Subhi Bej's.

Jahr 37 (627).

No. 722. *A*. wie No. 453.
R. Legenden, links, חפת סיה haft sih, 37
rechts: היר Hira.
Æ. Im k. Cabinet zu Berlin.

No. 723. *A*. Das Gesicht des Königs dem Beschauer zugekehrt, sonst wie No. 453. Legenden
links: סים – אפזום sim. afzud. Silber. Es blühe
rechts: חוסרוי מלכאן מלכא Chusrui Malkan Malka
Chusrav, König der Könige.

R. Statt des Feueraltars u. s. w. ein weiblicher Kopf, dem Beschauer zugekehrt, in einer Art Flammenglorie. Die vier Halbmonde und Sterne sind zwischen der zweiten und dritten Perleneinfassung. Legenden
links: הפס סיה hapt sih, 37
rechts: איראן אפזוס אוזינא Iran afzud. Uzaina. Persien blühe. Chuzistan.

Æ. Grösse 8½. Gewicht 83½ As. Im k. k. Cabinet zu Wien.

A. wie No. 453. No. 724.
R. Legenden, links: הפס סיה haft sih, 37
rechts: אב Ab....
Æ. Zwei Exemplare im Cabinet Subbi Bej's.

A. wie No 505. No. 725.
R. Legenden, links: הפס סיה haft sih, 37
rechts: אנם And(mesch).
Æ. Beschrieben bei E. Thomas, S. 283.

A. wie No. 505. No. 726.
R. Legenden, links: הפס סיה haft sih, 37
rechts: אםף Aspa(han), Ispahan.
Æ. Beschrieben bei Thomas, S. 283.

A. wie No. 505. No. 727.
R. Legenden, links: הפס סיה haft sih, 37
rechts: דא Da(rabgird).
Æ. Grösse 8½. Gewicht 85 As. Cabinet des Hrn. Alischan.

A. wie No. 453. No. 728.
R. Legenden, links: הפס סיה haft sih, 37
rechts: בבא Baba, Ctesiphon.
Æ. Grösse 9. Gewicht 70 As. Cabinet des Hrn. Cayol.

A. wie No. 453. No. 729.
R. Legenden, links: הפס סיה haft sih, 37
rechts: נשח Nischach(puchri), Nischapur.
Æ. Drei Exemplare in den Cabinetten der Hrn. Alischan, Borrell und Ismail Pascha's.

A. wie No. 505. No. 730.
R. Legenden, links: הפס סיה haft sih, 37
rechts: סי Si(katschtan), Segestan.
Æ. Grösse 9. Gewicht 85 As. Cabinet Subbi Bej's. Derselbe hat noch ein zweites Exemplar.

A. wie No. 453. No. 731.
R. Legenden, links: הפס סיה haft sih, 37
rechts: זד Zad(rakarta).
Æ. Cabinet des Dr. Rosen; Cabinet Subbi Bej's, welcher letztere drei Exemplare hat.

A. wie No. 453. No. 732.

R. Legenden, links: הסם ס· haft si, 37
rechts: זר Zer(endsch).
Æ. Grösse 9. Gewicht 87 As. Cabinet Subhi Bej's.
„ 6½. „ 50 „ (beschnitten). Cabinet des Hrn. S. Alischan. Ein drittes Exemplar im Cabinet Ismail Pascha's.

Jahr 38 (628).

No.733. *A.* wie No. 453.
R. Legenden, links: השם סיה hascht sih, 38
rechts: אנם And(mesch).
Æ. Im k. k. Cabinet zu Wien.

No.734. *A.* wie No. 453.
R. Legenden, links: השם סיה hascht sih, 38
rechts: נשח Nischach(puchri), Nischapur.
Æ. Cabinet Ismail Pascha's.

No.735. *A.* wie No. 453.
R. Legenden, links: השם סיה hascht sih, 38
rechts: סט St(achr), Persepolis.
Æ. Cabinet Ismail Pascha's.

No.736. *A.* wie No. 453.
R. Legenden, links: השם סיה hascht sih, 38
rechts: זר Zer(endsch).
Æ. Cabinet Ismail Pascha's.

Die folgende Münze ist eigentlich meinem Zwecke fremd, da aber gegenwärtige Abhandlung alle Sasaniden-Münzen umfasst, so kann ich die einzige derselben, welche keine Pehlvi-Legende enthält, hier nicht gut ausschliessen.

No.737. *A.* wie No. 453; es fehlen aber die Flügel über der Krone; vor und hinter der Krone nur ein Stern, aber kein Halbmond; auch über den Schultern fehlen diese Embleme. Legende in georgischen Charakteren:

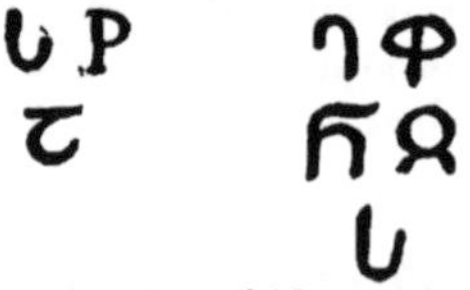

S t e f
a n o Stephan.
s

R. wie No. 453, jedoch statt der Feuerflamme auf dem Altar ein Kreuz. Auch fehlen Halbmond und Stern. Legende nicht vorhanden.
Æ. Zwei Exemplare in den Cabinetten der Hrn. Cayol und Ivanoff.

Obiger Stephanos (Eristavi), Sohn des Mepe Guran Kurat Palati, regierte als Vasall Chusrav's II. von 610 bis 642 in Georgien.

Von 97 Münzen mit der Contremarque ספר sind:

16	aus	סי	Segestan.
15	„	דא	Darabgird.
11	„	נשח	Nischapur.
10	„	זד	Zadrakarta.
7	„	אנט	Andmesch.
7	„	מר	Merv.
4	„	בסא	Basa.
3	„	לד	Ledan.
3	„	אחם	Hamadan.
3	„	נח	Nahavend.
3	„	ריד	Raj.
3	„	סמ	Persepolis (Istachr).
2	„	אר	Chuzistan.
2	„	אב	?
2	„	בבא	Ctesiphon.
2	„	ני	Nisa.
1	„	היר	Hira.
1	„	אס	Ispahan.
1	„	מי	Meibod.
1	„	ראם	Ram Hormuzd.

26. Kobad II. Schiruie. قباد شيرويه

Pehlvi קואט פירוג̃ Kavad Pirudsch (Taf. I, 17).
Sohn Chusrav's II.

A. Brustbild nach rechts gewendet, Diadem und Krone No.738.
wie bei Chusrav II, darüber Halbmond und kugelförmiger Bund; vor der Krone Halbmond und Stern, hinter der Krone ein Stern; über der linken Schulter ein Halbmond; über der rechten Schulter ein Stern; einfache Perleneinfassung; ausserhalb derselben noch dreimal Halbmond und Stern. Legenden

vor dem Kopfe: קואט Kavad
hinter dem Kopfe: פירוג̃ Pirudsch.

R. Feueraltar u. s. w. wie bei Chusrav II. Einfache Perleneinfassung; ausserhalb derselben viermal Halbmond und Stern; Legenden

links: תרין tarein, 2
rechts: אחם Achma(tana), Ecbatana.

AR. Grösse 9. Gewicht $85\frac{1}{2}$ As. Cabinet des Hrn. S. Alischan.

Das Datum steht in auffallendem Widerspruch mit den bisher bekannten historischen Notizen, nach denen Kobad Schiruie höchstens 8 Monate regiert hat. Ich war daher geneigt, diese Münze dem Kobad Sohn des Piruz zuzuschreiben. Aber der Habitus entspricht ganz genau den letzten Münzen Chusrav's II, und ich kann sie daher nur an diese Stelle setzen.

27. Ardeschir III. اردشير

Sohn des Kobad Schiruie, regierte 18 Monate.

Jahr 1.

*N.739. *A.* Habitus wie auf den Münzen Chusrav's II, nur ist der Kopf jugendlicher, ohne Bart; auch ist nur eine einfache Perleneinfassung da. Legende, links: אפזו afzu
rechts: ארתחשטר Artachschetr.
R. wie No. 738. Legenden, links: אחד achad, 1
rechts: unleserlich.
AR. Cabinet des Barons Behr.

Jahr 2.

No.740. *A.* wie No. 739.
R. Legenden, links: תרין tarein, 2
rechts: איר Hira.
AR. Grösse 8. Gewicht 50 As. Cabinet des Hrn. S. Alischan.

No.741. *A.* wie No. 739.
R. Legenden, links: תרין tarein, 2
rechts: אחמ Achma(tana), Ecbatana.
AR. Cabinet des Obersten Rawlinson.

No.742. *A.* wie No. 739.
R. Legenden, links: תרין tarein, 2
rechts: בסא Basa.
AR. Abgebildet bei Marsden Taf XXVIII, No. DXXV.

28. Puranducht. پوراندخت

Longpérier schreibt der Königin Puranducht und ihrer Schwester Azermiducht einige Münzen von Taberistan zu, und entschuldigt die starken Schnurrbärte auf denselben mit der damals herrschenden Barbarei. Ob diese Königinnen wirklich haben Münzen prägen lassen, ist nicht erwiesen; ein sicheres Exemplar ist mir noch nicht vorgekommen. Ich besitze jedoch eine Münze, welche vielleicht der Azermiducht angehört, aber leider ist ein Theil des Namens durch eine Contremarque zerstört.

29. Azermiducht. ازرميدخت

*N.743. *A.* Weiblicher Kopf, nach rechts gekehrt, mit einer kleinen

Krone. Einfache Perleneinfassung. Legende, soweit sie nicht durch eine Contremarque zerstört ist,

סרם (T. I, 18) ..rm

R. ist so zerstört, dass man nur mit Mühe noch den Feueraltar erkennt.

AR. Grösse 8. Gewicht 65 As In meinem Cabinet.

30. Jezdegird IV. يزدكرد

reg. von 632 bis 651.

A. wie auf den Münzen Ardeschirs III. Legenden No.744.*
links: סים אפזוט afzud. Sim.
rechts: יזדכרט Jezdikert (Taf. I, 19).
R. Legenden, links: תשא tischa, 9
rechts: אר Ad'erbaigan).
AR. Grösse $8\frac{1}{2}$. Gewicht 70 As. Cabinet des Hrn. S. Alischan.

A. wie No. 744. No.745.
R. Legenden, links: (sic) דא אג.. (ja)dsch deh, 11
rechts: אר Ad(erbaigan).
AR. Cabinet des Hrn. Cayol. — Da Aderbaigan im J. 643, also im 12. Jahre Jezdegird's erobert wurde, so kann das Datum nur 11 sein.

Hr. Bartholomaei besitzt eine Münze vom 12. Jahre Jezdegird's, doch ist kein Prägeort angegeben (Mémoires de la Société Impériale d'Archéologie de St. Pétersbourg. Vol. IV, No. 1. Bulletin, S. 14). No. 746.

Gewicht der sasanidischen Münzen.

Die Untersuchungen über das Gewicht der Münzen, welches mit dem Werthe derselben, ihrer Eintheilung, dem Verhältniss des Goldes zum Silber und überhaupt mit so manchen interessanten Dingen in Verbindung steht, beschäftigten mich erst später, als schon ein grosser Theil der von mir untersuchten Münzen nicht mehr in meinem Bereich war. Nichts desto weniger blieb noch eine ziemliche Anzahl zu meiner Verfügung, um nachträglich ihr Gewicht zu bestimmen. Ich habe das holländische As zu Grunde gelegt, und die Angaben von Longpérier und E. Thomas darauf reducirt. Ich stelle die erhaltenen Resultate in folgender Tafel zusammen, wobei ich bemerke, dass ich als gute Exemplare nur solche angenommen habe, welche 75 As und darüber wogen.

Münzherren	Gute und schlechte Stücke.			Gute Stücke.		
	Zahl	Totalgewicht As.	Durchschnitt pr. Stück As.	Zahl	Totalgewicht As.	Durchschnitt pr. Stück As.
Ardeschir I.	7	538,91	76,70	6	502,94	83,82
Schapur I.	26	2139,56	82,29	23	1964,06	85,39
Bahram I.	1	78,49	78,49	1	78,49	78,49
Bahram II.	9	690,68	76,74	6	505,34	84,22
Bahram III.	3	251,02	83,67	3	251,02	83,67
Nersi.	7	554,79	79,26	5	416,25	83,25
Hormuzd II.	6	478,59	79,76	6	478,59	79,76
Schapur II.	45	3718	82,62	43	3574,6	83,13
Ardeschir II.	3	249,8	83,27	3	249,8	83,27
Schapur III.	27	2285,46	84,65	27	2285,46	84,65
Bahram IV.	13	1053,16	81,01	11	921,16	83,74
Jezdegird II.	12	960,74	80,06	10	821,54	82,15
Bahram V.	10	766,25	76,63	9	713,25	79,25
Jezdegird III.	6	414,7	69,17	1	80,7	80,7
Chodad Varda	2	125	62,5			
Piruz	19	1456,68	76,67	14	1151,5	82,25
Palasch(?)	1	49,75	49,75			
Kobad I.	16	1218,95	76,18	13	1041,95	80,15
Chusrav I.	41	3129,41	76,33	30	2441,41	81,38
Hormuzd IV.	46	3669,23	79,77	36	3051,73	84,77
Chusrav II.	127	9823,5	77,35	91	7676	84,35
Kobad Schiruie	1	85,5	85,5	1	85,5	85,5
Ardeschir III.	1	50	50			
Azermiducht	1	65	65			
Jezdegird IV.	1	70	70			
Total:	431	33923,17	78,71	339	28291,29	83,46

Longpérier (S. 7) setzt das Normalgewicht auf 79 Grains, also auf 87⅓ As fest, was gewiss zu hoch ist; der Wahrheit dürfte man am nächsten kommen, wenn man es zu 84 As annimmt. E. Thomas (S. 278) setzt es auf 58,46 engl. Grains, also 78,81 As fest, was wieder zu wenig ist; letzterer hat vermuthlich den Irrthum begangen, dass er 26 Stücke auf Gerathewohl herausgriff, während eigentlich nur die schwersten Stücke zu einer solchen Untersuchung genommen werden sollten; ich selbst habe vielleicht Unrecht gethan, bis zu 75 As hinabzugehen, und hätte eigentlich nicht unter 80 As hinabsteigen sollen.

Die erste Columne ist nöthig, um die Unterabtheilungen des Geldes zu ermitteln. Es kommen nämlich ausser den gewöhnlichen Stücken noch kleinere und grössere vor, welche die

Unterabtheilung feststellen können; leider finden sich diese nicht in genügender Anzahl, um ein Durchschnittsgewicht zu ermitteln, ein Umstand, der namentlich bei den kleineren Stücken die Ermittlung des Normalgewichts erschwert, weil das Beschneiden eines kleinen Stückes verhältnissmässig weit mehr Schaden thut, als das eines grossen. Denn wenn man von einem Stücke von 84 As 4 As abschneidet, so fehlt $\frac{1}{21}$ oder $4\frac{16}{21}$ p. Ct.; schneidet man aber von einer Münze, welche 12 As wiegt, 4 As ab, so fehlt $\frac{1}{3}$ oder $33\frac{1}{3}$ p. Ct.

Von grösseren Stücken kommen vor

unter	Ardeschir I.	2 Stücke,	503 As,	Durchschnitt	251,5 As.
„	Schapur II.	2 „	259 „	„	129,5 As.

Man kann mit ziemlicher Sicherheit annehmen, dass die ersteren das Doppelte der letzteren sind, so dass man zur Ermittlung des Durchschnitts diese vier gleich sechs der kleineren Stücke rechnen kann, also

Ardeschir I.	4 Stücke,	503 As,
Schapur II.	2 „	259 „
	6 Stücke,	762 As, Durchschnitt 127 As.

Diess ist ungefähr das $1\frac{1}{2}$fache der gewöhnlichen Münzen, wodurch wir also zu dem Resultat kommen, dass die dicken Münzen, welche Ardeschir I. in der ersten Hälfte seiner Regierung prägen liess, nicht Tetradrachmen, sondern Tridrachmen waren, und dass die schwereren Stücke, welche Schapur II. ausprägen liess, Stücke von $1\frac{1}{2}$ Drachmen waren.

Unter Ardeschir I. und Schapur I. kommen drei Stücke mit folgendem Gewichte vor:

Ardeschir I.	45,7 As,
Schapur I.	38 „
ditto	40 „
3 Stücke	123,7 As, Durchschnitt 41,2 As,

welche also halbe Drachmen waren.

Von ganz kleinen Stücken habe ich folgende gewogen:

Ardeschir I.	1 Stück	. . 12	As,
Schapur I.	1 „	. . 14	„
	1 „	. . 11	„
Schapur II.	1 „	. . $10\frac{1}{2}$	„
Schapur III.	1 „	. . 10	„
	5 Stücke	$57\frac{1}{2}$	As.

Durchschnittlich $11\frac{1}{2}$ As, ein Resultat, welches nur geringen Werth hat; nur so viel kann man daraus schliessen, dass sie Sechstel-Drachmen waren.

Aus dem bisher Gesagten ergiebt sich, dass in Persien das

Duodecimalsystem gebräuchlich war; die cursirenden Silbermünzen waren:

$\frac{1}{6}$ Drachmen	. . von	14	As,
$\frac{1}{2}$ „	. . „	42	„
Drachmen	. . „	84	„
$1\frac{1}{2}$ „	. . „	126	„
Tridrachmen	. . „	252	„ .

Schwer ist es, das Verhältniss derselben zu den Goldmünzen zu ermitteln, da von letzteren nur sehr wenige vorkommen, und diese wenigen Stücke ganz unerklärliche Sprünge und Abweichungen darbieten. Es kommen vor:

1.	Ardeschir I.	1 Stück	. . 176,6	As,
2.	Schapur I.	1 „	. . 150,34	„
3.	Hormuzd I.	1 „	. . 149,64	„
4.	Bahram I.	1 „	. . 150,34	„
5.	ditto	1 „	. . 151	„
6.	Hormuzd II.	1 „	. . 153,11	„
7.	Schapur II.	1 „	. . 150,5	„
8.	ditto	1 „	. . 175,5	„
9.	Schapur III.	1 „	. . 89,5	„
10.	Chusrav I.	1 „	. . 85	„

Die Stücke 2, 3, 4, 5, 6, 7 harmoniren unter sich sehr schön und geben als Durchschnitt 150,82 As. Auch die Stücke 1 und 8 stimmen mit den Stücken 9 und 10, welche letztere offenbar die Hälfte der ersteren sind, und für die kleineren einen Durchschnitt von $87\frac{3}{4}$, für die grösseren einen Durchschnitt von $175\frac{1}{2}$ As geben. Aber wie vergleicht sich die erste Münzreihe mit der letzten? Die drei verschiedenen Sorten stehen unter einander im Verhältniss von 12, 14 und 7, — ein ganz irrationales und unerhörtes Münzverhältniss. Am ungezwungensten würde sich die Sache erklären, wenn man annehmen wollte, dass es 12-, 20- und 24- Drachmenstücke sind, was das Verhältniss des Silbers zum Golde etwa wie 1 zu $11\frac{1}{3}$ stellen würde. Indessen sind 10 Goldstücke nicht hinreichend, um diesen Punkt in ein genügendes Licht zu setzen.

Zur Vergleichung des Münzfusses der einzelnen Prägeorte müsste ich eine Anzahl Münzen zur Disposition haben, welche wenigstens zehnmal grösser wäre, als diejenige, welche ich untersucht habe. Indessen habe ich es dennoch versucht, ob nicht selbst die kleine Anzahl einigermassen ein Resultat liefere. Und diess ist auch wirklich der Fall: die Münzen aus Chorasan sind durchgängig die besten und erheben sich über das gefundene Durchschnittsgewicht; die Münzen aus Persepolis ergeben ein Durchschnittsgewicht, welches von dem vorher S. 144 gefundenen Total-Durchschnitt nur um $\frac{1}{100}$ As differirt; im Allgemeinen sind die Münzen aus Pars und Chuzistan die schlechtesten. Folgende Tabelle, wobei dieselben Grundsätze befolgt sind wie bei der Tabelle S. 144, ist das Ergebniss der Untersuchung. Je geringer die Anzahl der Münzen ist, desto werthloser ist das betreffende Resultat.

Prägeorte	Gute und schlechte Stücke.			Gute Stücke.		
	Zahl	Totalgewicht As.	Durchschnitt pr. Stück As.	Zahl	Totalgewicht As.	Durchschnitt pr. Stück As.
ריו Raj	3	259	86,33	3	259	86,33
נשח Nischapur	30	2351,8	78,39	22	1877,8	85,35
נאר Nahrvan	5	384,5	76,9	4	340,5	85,12
מר Merv	9	699	77,78	7	595	85
פר Farra	3	222	74	2	170	85
בי Bihistun	6	454	75,67	4	339	84,75
אנם Andmesch	8	616	77	5	423	84,6
כר Kirman	4	302,75	75,69	3	253	84,33
בבא Ctesiphon	17.	1358,2	79,89	12	1010	84,17
אב Ab....	10	734	73,4	7	588	84
דא Darabgird	13	1066,5	82,04	12	1005,5	83,79
סי Segestan	12	859,5	71,62	6	502,5	83,75
ני Nisa	4	323	80,75	3	251	83,67
לד Ledan	15	1222,11	81,47	13	1085,11	83,47
סט Persepolis	14	1111,9	79,42	11	917,9	83,45
אוחם Ecbatana	11	820	74,55	7	584	83,43
זר Zerendsch	14	1021,9	72,99	9	750,4	83,38
בסא Basa	9	721,3	80,14	8	666,5	83,31
זו Zuzen	2	137	68,5	1	83	83
זר Zadrakarta	19	1466,1	77,16	13	1077,1	82,85
או Chuzistan	11	896,41	81,49	10	825,91	82,59
אר Arbela	3	247	82,33	3	247	82,33
איראן Arran	3	225,5	75,17	2	164,5	82,25
נה Nahavend	8	642,7	80,34	7	571,7	81,67
מי Meibod	8	619	77,37	5	405	81
אס Ispahan	8	620,17	75,27	4	323,17	80,79
אירא Hira	3	204	68	1	80	

Zweite Abtheilung

Münzen arabischer Chalifen und Statthalter mit Pehlvi-Legenden.

Als die im Innern Arabiens neugestiftete Religion heraustrat und in Aegypten, Syrien und Persien Eroberungen machte, waren die ersten Heerführer durchaus nicht im Klaren, was sie eigentlich wollten. Am wenigsten scheinen sie die Idee gehabt zu haben einen Staat zu stiften, und schon hatten sie eine Menge Länder erobert und unter ihre Herrschaft gebracht, schon waren zwei Oberfürsten der Araber gestorben, als es endlich dem dritten derselben, dem Chalifen Omer, zum klaren Bewusstseyn kam, dass ein Reich gestiftet war, und dass also Einrichtungen, Gesetze, Regierungsbeamte, Verwaltungsnormen u. s. w. für dasselbe nöthig waren. Mit grosser Ausführlichkeit und Unbefangenheit erzählen uns die arabischen Historiker, wann und wie Omer alle diese Dinge allmälig ins Leben rief, wie er selbst die unbedeutendsten Dinge schaffen musste, weil es den wilden Raubhorden an jeder klaren Idee gefehlt hatte. So z. B. ist es auch erst unter Omer den Leuten klar geworden, dass das Reich G e l d haben müsse. Man half sich nun einfach: man nahm die Silbermünzen von Persien und die Goldmünzen vom byzantinischen Reiche an, und legalisirte sie durch eine Contremarke in kufischer Schrift. Was gründliche Kenner und Forscher des Korans längst bewiesen haben, dass der ganze Islam nichts weiter als eine äusserliche Spielerei ist, und dass es den arabischen Hordenführern um ganz andere Dinge zu thun war, als um die Einheit Gottes, um das Prophetenthum Mohammed's u. s. w., das bestätigen in unwiderleglicher Weise die in grosser Anzahl vorhandenenen Münzen dieser Zeiten. Da sehen wir auf beiden Seiten die Symbole des Feuercultus, und ohne sich daran zu stossen, drücken sie ganz harmlos ein Bismillah oder ein El hamd lillah oder dergleichen darauf, und damit ist es gut; dass das Geld nicht brenzlich oder sonst unangenehm riecht, wussten sie eben so gut wie Vespasian. Funfzig Jahre lang cursirte diese Münze unter den Muahhedin, gleichwie man sich nicht im Geringsten darüber scandalisirte, die mit dem Kreuze, mit dem Bildnisse des Erlösers, mit den Worten *Ἰησοῦς Χριςὸς νικᾷ* und anderen Emblemen des Christenthums versehenen griechischen Goldmünzen unter sich cursiren zu sehen.

Die ältesten Münzen der Araber unterscheiden sich in nichts von den Münzen Chusrav's II, selbst dessen Name ist beibehalten; nur am Rande steht irgend eine Formel in kufischen Zügen. Später wurde statt des Namens Chusrav der Name des Statthalters gleichfalls in Pehlvi-Charakteren gesetzt; erst ganz zuletzt erscheint dieser Name in kufischen Charakteren, während um dieselbe Zeit die in Pehlvischrift ausgedrückten Theile der Legende eine Abnahme der Kenntniss dieser Sprache und Schrift beurkunden. Auffallend ist es, dass nur sehr wenige Münzen den Namen des Chalifen angeben; bei Weitem die Mehrzahl führt den Namen des Statthalters als Münzherren an, eine Thatsache, welche dem Geschichtsforscher einen bedeutenden Wink über das Verhältniss und die Stellung dieser Statthalter geben kann.

Die natürlichste Classificirung dieser Münzen ist die nach den Münzherren, wie schon bei den Sasaniden geschehen ist, und wie auch E. Thomas in seiner Abhandlung dieses System befolgt hat. Voran geben daher die Münzen ohne Angabe eines Münzherren, wo der Name Chusrav noch beibehalten ist.

Jahr 20 (641).

A. Typus der Münzen von Jezdegird IV. Legenden No. 747.
links: אפזום afzud
rechts: יזכרט Jezkert
am Rande (kufisch): بسم الله Bismillah. Im Namen Gottes.

R. Legenden, links: ויסט vist, 20
rechts: אד Ad(erbaigan).

AR. Gewicht 77,4 As. Sechs Exemplare: eins im britischen Museum, zwei im Cabinet Masson's, drei im Cabinet des General Fox. Beschrieben bei Thomas S. 280.

Thomas las den Prägeort Jezd, wodurch bei ihm Zweifel wegen der Münze entstanden, weil Jezd im J. d. H. 20 (641) noch nicht erobert war. In Betreff Aderbaigan's erheben sich ähnliche Zweifel, weil die Eroberung dieser Provinz erst im J. 643 vollendet wurde; vielleicht ist sevist (23) zu lesen, oder die Abkürzung des Prägeortes ist noch anders auszulegen. — Diess ist übrigens die einzige mir bekannte Münze Jezdegird's, welche von den Arabern angenommen wurde; alle andern tragen den Typus von Chusrav II.

Jahr 25 (646).

A. Typus der Münzen Chusrav's II. Legenden No. 748.
links: אפזום afzud
rechts: חוסרוי Chusrui
am Rande: بسم الله Bismillah.

R. Legenden, links: פנג ויסט pantsch vist, 25
rechts: איר Hira.
AR. Cabinet Ismail Pascha's.

Jahr 28 (649).

No. 749. *A*. wie No. 748.
R. Legenden, links: השט ויסט hascht vist, 28
rechts: אד Ad (erbaigan).
AR. Beschrieben bei Thomas S. 282.

Jahr 32 (653).

No. 750. *A*. wie No. 748.
R. Legenden, links: דואג סיה duadsch sih, 32
rechts: לד Led(au).
AR. Beschrieben bei Thomas S. 282.

Jahr 35 (656).

No. 751. *A*. wie No. 748.
R. Legenden, links: פנג סיה pantsch sih, 35
rechts: בסא Basa.
AR. Beschrieben bei Thomas S. 282.

No. 752. *A*. wie No. 748.
R. Legenden, links: פנג סיה pantsch sih, 35
rechts ein Prägeort, der sich aus der von Thomas gegebenen Transcription in modernem Pehlvi nicht wiedererkennen lässt; vielleicht זז Zu(zen).
AR. Beschrieben bei Thomas S. 282.

No. 753. *A*. wie No. 748.
R. Legenden, links: פנג סיה pantsch sih, 35
rechts: ריו Raj.
AR. Beschrieben bei Thomas S. 282.

No. 754. *A*. wie No. 748, jedoch mit der kufischen Legende
محمد ولى الله Mohammed der Freund Gottes.
R. wie No. 753.
AR. Gewicht 79 As. Cabinet Masson's (Thomas S. 283).

Jahr. 37 (657).

No. 755. *A*. wie No. 748
R. Legenden, links: הפ סי haf(t) si, 37
rechts: אד Ad (erbaigan).
AR. Thomas S. 282.

Jahr 42 (662).

No. 756. *A*. wie No. 748. Randlegende:
بسم الله ولى
Bismillah Veli.

R. Legenden, links: דואג גׄהל duadsch tschehel, 42
rechts: בסא Basa.
Æ. Cabinet des Hrn. Borrell.

Jahr 45 (665).

A. wie No. 748. Statt des Wortes afzud ein Stern und das Wort لله lillah. No. 757.
R. Legenden, links: פנגׄהל pantschehel, 45
rechts: בי Bi(histun).
Æ. Gewicht 47 As. Cabinet des Hrn. Stokes (Thomas S. 283).

Jahr 47 (667).

A. wie No. 748. Statt des Wortes afzud steht auf der Münze afzu (wie auf den Münzen Kobad's), welches Thomas halb Arabisch lillah und halb Pehlvi Zu liest, eine Auslegung, welche allen philologischen Grundsätzen widerspricht. No. 758.
R. Legenden, links: הפט גׄהל haft tschehel, 47
rechts: בי Bi(histun).
Æ. Gewicht 72 As. Cabinet des Hrn. Stokes (Thomas S. 283).

A. wie No. 748. Randlegende: No. 759.
بسم الله الملك Bismillah el Melik.
R. Legenden, links: הפט גׄהל haft tschehel, 47
rechts: בסא Basa.
Æ. Zwei Exemplare im k. Cabinet zu Berlin und im Cabinet Masson's.

Jahr 48 (668).

A. wie No. 748. No. 760.
R. Legenden, links: השט גׄהל hascht tschehel, 48
rechts: אד Ad(erbaigan).
Æ. Thomas S. 282.

Jahr 49 (669).

A. wie No. 748. No. 761.
R. Legenden, links: נואגׄהל nuatschehel, 49
rechts: Basa.
Æ. Thomas S. 282.

Jahr 50 (670).

A. wie No. 748. No. 762.
R. Legenden, links: פנגׄא pantscha, 50
rechts: בסא Basa.
Æ. Thomas S. 282.

Zijad bin Abu Sofian.

Jahr 38 (658) Statthalter von Bassra
„ 39 (659) Statthalter von Pars
„ 45 (665) Statthalter von Segestan und Befehlshaber in Bassra
„ 46 (666) Statthalter von Irak und Kufa
„ 47 (667) Statthalter von Dschebal
„ 50 (670) Statthalter von Chorasan, Sind, Oman, Bahrein, nebst allen vorhin genannten Provinzen; stirbt 53 (673) an der Pest.

Jahr 43 (663).

No. 763. *A.* wie No. 748. Legenden
rechts: זייאם י Zijad-i- Zijad Sohn
א......אן A(bu Sofi)an Abu Sofian's.
Randlegende: بسم الله Bismillah.
R. Legenden, links: ס גֿהל se tschehel, 43
rechts: דא Da(rabgird).

Æ. Gewicht 60½ As. Cabinet Masson's (Thomas S. 315). Thomas, welcher diese Münze ganz richtig gelesen hat, findet ein Bedenken bei der Form des t, welche aber unter Hormuzd IV. sehr häufig ist; Beispiele in Menge geben die Münzen vom sechsten Regierungsjahre desselben, wo das t in dem Worte schata (6) durchgängig so gebildet ist. Dass Abulfeda die Anerkennung Zijad's als Bruder des Chalifen Moavia abseiten des Letzteren erst nach dem J. 44 erfolgen lässt, kann der Authenticität dieser Münze keinen Abbruch thun, und der von Thomas geäusserte Zweifel scheint mir von gar keinem Gewicht.

Jahr 51 (671).

No. 764. *A.* wie No. 748. Pehlvilegende (Taf. I, 20):
זייאם Zijad-
י אבו סוסיאן i-Abu Sofian
Randlegende: بسم الله ولى Bismillah Veli.
R. Legenden, links: יאג̄ פנג̄א jadsch pantscha, 51
rechts: בג̄רא Batschra, Bassra.

Æ. Cabinet des Obersten Rawlinson. Es ist wahrscheinlich dieselbe Münze, welche Thomas S. 287 beschreibt. Gewicht 56½ As.

Jahr 52 (672).

No. 765 *A.* wie No. 764.
R. Legenden, links: דו פנג̄א du pantscha, 52
rechts: נאר Nahr(van).

Æ. Cabinet Ismail Pascha's.

A. wie No. 764. No. 766.
R. Legenden, links: דו פנג̄א du pantscha, 52
rechts: ני Ni (sa).
Æ. Cabinet Pietraszewski's. Abgebildet auf dem Titel des Werkes: Le Génie de l'Orient, commenté par ses monuments monétaires. Par L. L. Sawaszkiewicz. Bruxelles 1846. 8.

Jahr 53 (673).

A. wie No. 764. No. 767.
R. Legenden, links: ספנג̄א se pantscha, 53
rechts: בסא Basa.
Æ. Gewicht 82 As. Thomas S. 288. Ein zweites Exemplar von Hrn. Soret bekannt gemacht.

A. wie No. 764. No. 768.
R. Legenden, links: ספנג̄א se pantscha, 53
rechts: ני Ni(sa).
Æ. Gewicht 42 As. Cabinet des Hrn. Stokes (Thomas S. 288).

Jahr 54 (674).

A. wie No. 764. No. 769.
R. Legenden, links: ג̄אר פנג̄א tschar pantscha, 54
rechts: בסא Basa.
Æ. Gewicht 78 As. Im britischen Museum (Thomas S. 288).

A. wie No. 764. No. 770.
R. Legenden, links: ג̄אר פנג̄א tschar pantscha, 54
rechts: שאג̄א Schadscha.
Æ. Gewicht 59 As. Im britischen Museum (Thomas S. 288).

Jahr 55 (675).

A. wie No. 764. No. 771.
R. Legenden, links: פנג̄ פנג̄א pantsch pantscha, 55
rechts: בג̄רא Batschra, Bassra.
Æ. Gewicht 47 As. Thomas S. 288.

Die Daten 54 und 55 widersprechen der zu Anfang dieses Artikels stehenden historischen Notiz, nach welcher Zijad im J. 53 gestorben ist. Ich habe diese Notizen aus Taberi, Abulfeda, Elmacin, Abulfaradsch, Hadschi Chalfa u. s. w. gezogen, gestehe aber, dass ich den numismatischen Denkmälern eine grössere Glaubwürdigkeit beilege, als jenen Historikern, von denen der älteste, Taberi, fast drei Jahrhunderte später schrieb. In der That ist es unmöglich anzunehmen, dass der Stempelschneider in Bassra, welcher den Stempel für die letzte Münze No. 771 schnitt, nicht sollte gewusst haben, wer damals in Bassra Statthalter war.

Ubeidullah bin Zijad.

Jahr 53 (673) Statthalter in Kufa, Bassra, Segestan und Chorasan
„ 56 (676) als Statthalter von Chorasan abgesetzt
„ 58 (678) wieder Statthalter von Chorasan
„ 60 (680) als Statthalter von Chorasan abgesetzt
„ 61 (681) als Statthalter von Segestan abgesetzt
„ 64 (684) als Statthalter von Kufa und Bassra abgesetzt; stirbt im Moharrem 67 (August 686).

Jahr 26 (647).

No. 772. **A. Legenden, rechts: אובידאלא Ubeitala- Ubeidullah**
Taf. I, 21. י זייאטאן i-Zijatan Sohn Zijad's.
am Rande: بسم الله Bismillah.
R. Legenden, links: שש ויסט schasch vist, 26
rechts: דא Da(rabgird).
Æ. Gewicht 78 As. Cabinet Masson's (Thomas S. 290).

Jahr 27 (648).

No. 773. **A. wie No. 772.**
R. Legenden, links: אפט ויסט haft vist, 27
rechts: נשח Nischah (puchri), Nischapur.
Æ. Grösse 7. Gewicht 41 As. In meinem Cabinet.

Jahr 45 (665).

No. 774. **A. wie No. 772.**
R. Legenden, links: פנגהל pantschehel, 45
rechts: דא Da(rabgird).
am Rande ein Monogramm.
Æ. Gewicht 81¼ As. Im britischen Museum (Thomas S. 290).

Es ist schwer zu sagen, was diese drei Daten 26, 27 und 45 zu bedeuten haben. Thomas vermuthet in dem ersten Datum ein Versehen des Stempelschneiders, vist statt schast (60), was auch wohl das Wahrscheinlichste ist; aber wie erklärt sich dieses d r e i m a l i g e Versehen, und zwar bei wenigstens zwei ganz verschiedenen Stempelschneidern?

Jahr 56 (676).

No. 775. **A. wie No. 772. Am Rande die Contremarque Taf. II, 21.**
R. Legenden, links: שש פנגא schasch pantscha, 56
rechts: אד Ad(erbaigan).
Æ. Gewicht 86 As. Drei Exemplare: eins im Cabinet Masson's, zwei im Cabinet des Generals Fox (Thomas S. 290).

No. 776. **A. wie No. 772.**
R. Legenden, links: שש פנגא schasch pantscha, 56
rechts: בסא Basa.

Æ. Gewicht 68 As. Cabinet Masson's (Thomas S. 291).

Jahr 58 (678).

A. wie No. 772. No. 777.
R. Legenden, links: השט פנגא bascht pantscha, 58
rechts: בגרא Batschra, Basra.
Æ. In der kaiserlichen Bibliothek zu Paris (Thomas S. 291).

Jahr 59 (679).

A. wie No. 772. No. 778.
R. Legenden, links: נו פנגא nu pantscha, 59
rechts: בגרא Batschra, Basra.
Æ. Gewicht 87 As. Im britischen Museum und im Cabinet Masson's (Thomas S. 291).

Jahr 60 (680).

A. wie No. 772. No. 779.
R. Legenden, links: שסט schast, 60
rechts: כרמאן ספך Sipendsch in Kirman.
Æ. Im East India House. Abgebildet bei Wilson, Ariana Tab. XVII, No. 3, und bei Olshausen S. 53.

A. wie No. 772. No. 780.
R. Legenden, links: שסט schast, 60
rechts: בגרא Batschra, Basra.
Æ. Grösse 7. Gewicht 52½ As. In meinem Cabinet. Auch sonst häufig (Thomas S. 291).

Jahr 62 (682).

A. wie No. 772. Randlegende ausser dem Bismillah rechts und links ein nicht mehr zu erkennendes Wort. No. 781.
R. Legenden, links: דו שסט du schast, 62
rechts: כרמאן מזרק Kirman, Mazark(an).
Æ. Cabinet Ismail Pascha's.

A. wie No. 772. No. 782.
R. Legenden, links: דו שסט du schast, 62
rechts: לד Led(an).
Æ. Gewicht 85 As. Cabinet Masson's (Thomas S. 291).

Jahr 63 (683).

A. wie No. 772. No. 783.
R. Legenden, links: ששסט se schast, 63
rechts: (T. IV. 76) ?
Æ. Gewicht 61½ As. Cabinet des Generals Fox (Thomas S. 291).

Jahr 64 (684).

A. wie No. 772. No. 784.

R. Legenden, links: גֿאר שסט tschar schast, 64
rechts: בגֿרא Batschra, Bassra.
Æ. Cabinet Masson's (Thomas S. 291).

Jahr 68 (688).

No. 785. *A.* wie 772.
R. Legenden, links: השט שסט hascht schast, 68
rechts: בגֿרא Batschra, Bassra.
Æ. Cabinet Masson's (Thomas S. 291).

Abdurrahman Moavia I.

wird Chalife im Schewwal 41 (Februar 662);
stirbt im Redscheb 60 (April 680).

Jahr 43 (663).

No. 786. *A.* Legende: מאאויא אמיר Moavija Amir-i-.... } Taf. I, 22.
Randlegende: بسم الله Bismillah.
R. Legenden, links: סגֿחל se tschehel, 43
rechts: דא Da(rabgird).

Von Soret bekannt gemacht. (Mémoires de la Société d'Histoire et d'Archéologie de Genève, T. V.)

Das Wort, welches unter dem Namen des Chalifen steht, hat bis jetzt allen Bemühungen der Entzifferer getrotzt. Die natürlichste Idee ist, das entsprechende Pehlviwort für المؤمنين darin zu suchen, da Amir vorhergeht; es ist aber schwer zu errathen, wie dieses Wort heissen müsste. المؤمنين bedeutet „die Gläubigen", und bezeichnet bekanntlich die Mohammedaner; in der Uebersetzung hätte man also einen Ausdruck wählen müssen, welcher bisher den Hormuzdverehrern eigen war, also Mazdaiasn, was aber wahrscheinlich die Mohammedaner zurückgewiesen haben würden; auch fehlt es in dem obigen Worte an allen Elementen zur Darstellung von Mazdaiasn. Ein Wort für „glauben," woraus man ein Participium hätte machen können, ist mir weder im Zend noch im Pehlvi vorgekommen; nur im Ossetischen heisst urnin glauben *), was einigermassen dem obigen Worte entsprechen könnte. Es scheint also ein ganz anderes Wort dahinter zu stecken. Leider sind die Buchstaben zu vieldeutig, und andere Münzen mit demselben Worte geben Varianten, welche die Sache um nichts bessern. In einem an Prof. Olshausen gerichteten und in dieser Zeitschrift (Jahrgang 1850, S. 506) veröffentlich-

*) G. Rosen, Ossetische Sprachlehre, S. 41.

ten Schreiben schlug ich نیرو شوندکان vor, eine Conjectur, welche Olshausen dadurch noch wesentlich verbesserte, dass er statt dessen نیرو دهندکان „die Kraftgebenden“ vorschlug. Diess kann man wohl aus dem langen Worte herauslesen, aber Jedermann fühlt das Gekünstelte und Gezwungene eines solchen Titels wie „Beherrscher der Kraftgebenden,“ und so war ich mit dieser Auslegung noch immer nicht zufrieden. Thomas schlägt S. 316 allerlei vor, als Amir ul rueshuekan, Amir ul burashuekan, ferner امیرولروپشوهکان, امیریورروپشوهکان, امیریزویشوهکان, ohne aber dabei zu sagen, was diese voces nihili möglicherweise bedeuten könnten; nur bei burashuekan sind ihm die Koraisch eingefallen. Aber wie wenige Koraischiten gab es im Chalifenreiche im Vergleich mit den übrigen Gläubigen! Auch ist dieser Titel für einen Chalifen ganz unerhört.

Endlich bin ich noch auf die Idee gerathen, statt der Uebersetzung von Emir ul Muminin die Uebersetzung von امیر المسلمین Emir ul Muslimin zu vermuthen, auf welche Idee mich das von Olshausen vorgeschlagene Wort دهندکان führte. Muslim ist ein „Ergebener,“ und so schlage ich jetzt vor, in der ersten Hälfte ein Wort zu suchen, welches dem arabischen نفس „selbst“ (wörtlich „Seele“) entspricht. Die Seele oder der Geist heisst im Zend urun, im Pehlvi רובאנן ruban, im Parsi روان (Nusch-i-revan), und wir hätten also امیر رواندهندکان Amir-i-Revândehendegân „Beherrscher derer die ihre Seele oder sich selbst ergeben haben“. Für امیر المسلمین wüsste ich in der That keine passendere Uebersetzung, und die Legende auf dieser und den übrigen Münzen, welche dieses Wort haben, passt ungezwungen hinein. — Merkwürdig ist, dass das Wort امیر Emir, welches doch mit keiner religiösen Idee in Verbindung steht, im Pehlvi nicht übersetzt ist, obgleich es an ächten Pehlviwörtern dafür nicht fehlt.

Selem bin Zijad.

Jahr 60 (680) Statthalter von Chorasan bis 65 (685)
„ 61 (681) Statthalter von Segestan.

Jahr 26 (647).

A. Legenden: סלם י Selem-i- Selem der Sohn No. 787.
Taf. I, 23. זיאטאן Zijatan Zijad's
Randlegende: بسم الله Bismillah.

R. Legenden, links: שש וסת schasch vist, 26
rechts: חרא Hara, Herat.

AR. Durchschnittliches Gewicht von 10 Stücken 83,32 As. Im britischen Museum. Thomas S. 294.

No.788. *A.* wie No. 787.
R. Legenden, links: שש ויסת schasch vist, 26
rechts: אנם And(mesch).

AR. Gewicht 82,24 As. Zwei Exemplare im Cabinet Masson's. Thomas p. 294.

Jahr 56 (676).

No.789. *A.* wie No. 787.
R. Legenden, links: שש פנגא schasch pantscha, 56
rechts: סי Si(katschtan), Segestan.

AR. Gewicht 79 As. Zwei Exemplare im Cabinet des Generals Fox und Masson's (Thomas S. 293).

Jahr 63 (683).

No.790. *A.* wie No. 787.
R. Legenden, links: סשסת se schast, 63
rechts: מרו Merv.

AR. Durchschnittliches Gewicht von 12 Stücken 75,77 As. Beschrieben bei Olshausen S. 49, Thomas S. 293.

Thomas erwähnt noch (S. 294) einer Münze von Merv aus demselben Jahre im Cabinet Masson's, wo das Datum תלחשת geschrieben ist. Diess bedeutet aber im Aramäischen bei Weitem noch nicht 63, so wenig wie im Arabischen, und scheint eher ein etwas schlecht geschnittener Stempel von irgend einem Jahre zu seyn. Dieselbe Münze hat die Contremarke Taf. II, 22. Soll das vielleicht اصطخر بفارس „Persepolis in Persis" bedeuten?

No.791. *A.* wie No. 787. Mit der Contremarke Taf. II, 21.
R. Legenden, links: סשסת se schast, 63
rechts: מרו רוד Merv Rud.

AR. Durchschnittsgewicht von 5 Stücken 84,4 As. Thomas S. 294.

No.792. *A.* wie No. 787.
R. Legenden, links: סשת se scha(s)t, 63
rechts: פאלח Palch, Balch.

AR. Cabinet Masson's (Thomas S. 295).

Jahr 64 (684).

No.793. *A.* wie No. 787.
R. Legenden, links: גאר שסת tschar schast, 64
rechts: (T. IV, 77) ?

AR. Im britischen Museum, zwei Exemplare (Thomas S. 295).

No.794. *A.* wie No. 787.

R. Legenden, links: גֿאר שסת tschar schast, 64
rechts: מרו Merv.
Æ. Beschrieben bei Olshausen S. 79, Thomas S. 294.

A. wie No. 787. No 795.
R. Legenden, links: גֿ שסת tsch(ar) schast, 64
rechts: מרורוד Mervrud.
Æ. Cabinet des Generals Fox (Thomas S. 294).

Jahr 65 (685).

A. wie No. 787. No. 796.
R. Legenden, links: פנגֿ שסת pantsch schast, 65
rechts: מרו Merv.
Æ. Thomas S. 294.

Jahr 66 (686).

A. wie No. 787. No. 797.
R. Legenden, links: שש שסת schasch schast, 66
rechts: מרו Merv.
Æ. Cabinet Masson's (Thomas S. 294).

Jahr 67 (687).

A. wie No. 787. No. 798.
R. Legenden, links: אפ שסת haf(t) schast, 67
rechts: חרא Hara, Herat.
Æ. Grösse 9. Gewicht $77\frac{1}{4}$ As. Cabinet des Hrn. S. Alischan.

A. wie No. 787, mit den Contremarken Taf. II, 21 und 23. No. 799. Die letzte Contremarke erklärt Thomas S. 301 durch „چولان for چلان Current", hat aber dabei vergessen zu sagen, in welcher Sprache das Wort tscholan, tschulan oder tschelan diese Bedeutung hat. Ich glaube ganz einfach גֿלאן Dschilan lesen zu müssen, welche Provinz bekanntlich noch lange Zeit dem Andrange des Islam widerstanden hat.
R. wie No. 798.
Æ. Durchschnittliches Gewicht von 9 Stücken 76,45 As (Thomas S. 295).

A. wie No. 787. No. 800.
R. Legenden, links: חפת שסת haft schast, 67
rechts: מרו Merv.
Æ. Cabinet Masson's (Thomas S. 294).

A. wie No. 787. No. 801.
R. Legenden, links: הפת שסת haft schast, 67
rechts: מרורוד Mervrud.
Æ. Thomas S. 294.

Jahr 69 (689).

A. wie No. 787. No. 802.

R. Legenden, links: נוה שסט nuh schast, 69
rechts, מרו Merv.
Æ. Cabinet Masson's (Thomas S 294).

Abdullah bin Zobeir

wird als Chalife ausgerufen im Rebiulewwel 64 (November 683), getödtet am 16. Dschemazi ul ewwel 73 (1. October 692).

Jahr 54 (674).

No. 803. *A*. Legende: אפדולא אמיר י Apdula Amir-i- Taf. I, 24.
ורונדהנדכאן Urundehendegan
Abdullah Gebieter der Moslemin
am Rande: بسم الله. Bismillah.
R. Legenden, links: גאר פנגא tschar pantscha, 54
rechts: דא ף Da(ra)p(gird).
Æ. Gewicht 77 As. Im britischen Museum (Thomas S. 316.)

Jahr 60. (680).

No. 804. *A*. wie No. 803.
R. Legenden, links: שסט schast, 60
rechts: דא Da(rabgird).
Æ. Grösse 8. Gewicht 80 As. In meinem Cabinet. Ich besas ein zweites Exemplar, das in der Feuersbrunst, welche in der Nacht vom 6/7 Sept. 1848 meine Wohnung zerstörte, verloren ging.

Jahr 63 (683).

No. 805. *A*. Legende: אפדולא Apdula- Abdullah
Taf. I, 25. י זופיראן i-Zupiran Sohn Zubeir's.
am Rande: بسم الله Bismillah; ferner eine Contremarke, welche Thomas in modernem Pehlvi אפיבפרוש oder ספדבפרוש wiedergiebt. Das Zusammentreffen von b und p erschwert die Auslegung dieser Contremarke; ich vermuthe, dass es so viel heissen soll, als اسپهبد بفروش „Befehlshaber in Frusch;" Frusch ist vermuthlich dieselbe Stadt oder wenigstens derselbe Name, wie Balafrusch بالافروش d. h. Ober-Frusch, welches noch heutzutage eine wichtige Stadt in Mâzanderân ist. Zur Bestätigung mag die dritte Contremarke auf der Münze גלאן Dschilan dienen.
R. Legenden, links: סה שסט se schast, 63
rechts: כרמאן ספנג Kirman, Sipendsch.
Æ. Gewicht 68¼ As. Thomas S. 296.

No. 806. *A*. wie No. 805. Contremarken 1) الله Allah, 2) בפרוש 3) لله بفروش

R. Legenden, links: כשסס se schast, 63
rechts: כרמאן הורם Kirman Horm(uzd).
Æ. Cabinet des Generals Fox (Thomas S. 297).
A. wie No. 803. Contremarke بسم الله ם M. Bismillah. No.807.
R. Legenden, links: כשסס se schast, 63
rechts: סט St(achr), Persepolis.
Æ. Gewicht 70 As. Cabinet des Generals Fox (Thomas S. 316). Ein ganz ähnliches Stück (85½ As) hat auf der Vorderseite noch die Contremarke Taf. II, 21.

Abdullah bin Hazim

wird 65 (685) Herr in Chorasan.

Jahr 63 (683).

A. Legende: אפדולא Apdula- Abdullah No.808.
Taf. I, 26. י הזמאן i-Hazeman Sohn Hazim's.
R. Legenden, links: סשסס se schast, 63
rechts: מרו Merv.
Æ. Durchschnittliches Gewicht von 29 Stücken 80,22 As. Thomas S. 300.
A. wie No. 808. No.809.
R. Legenden, links: חלת שסט talat schast
rechts: חובוס Chubus.
Æ. Gewicht 77 As. Thomas S. 300.

Thomas giebt die Jahreszahl bloss in cursivem Pehlvi, und ich kann mich nur schwer entschliessen eine so unerhörte Zusammensetzung einer Zahl, halb arabisch und halb persisch, als richtig anzunehmen.

Jahr 64 (684).

A. wie No. 808. No.810.
R. Legenden, links: שסט גֿאר tschar schast, 64
rechts: מרו Merv.
Æ. Thomas S. 300.

Jahr 65 (685).

A. wie No. 808. No.811.
R. Legenden, links: שסט פנגֿ pantsch schast, 65
rechts: מרו Merv.
Æ. Thomas S. 300.

Jahr 66 (686).

A. wie No. 808. No.812.
R. Legenden, links: שסט שש schasch schast, 66
rechts: מרו Merv.

Æ. Thomas S. 300.

Jahr 67 (687).

No. 813. *A*. wie No. 808.
R. Legenden, links: חפת שסת haft schast, 67
rechts: בבא Baba, Residenz (Nischapur ?).
Æ. Durchschnittsgewicht von 8 Stücken 81,84 As. Thomas S. 301.

No. 814. *A*. wie No. 808.
R. Legenden, links: חפת שסת haft schast, 67
rechts: (Taf. IV, 78 ?)
Æ. Durchschnittliches Gewicht von 4 Stücken 84,26 As. Cabinet Masson's (Thomas S. 300).

No. 815. *A*. wie No. 808.
R. Legenden, links: חפת שסת haft schast, 67
rechts: מרו Merv.
Æ. Thomas S. 300.

Jahr 68 (688).

No. 816. *A*. wie No. 808.
R. Legenden, links: השת שסת hascht schast, 68
rechts: בבא Baba, Residenz.
Æ. Thomas S. 301.

No. 817. *A*. wie No. 808.
R. Legenden, links: השת שסת hascht schast, 68
rechts: מרו Merv.
Æ. Cabinet des Generals Fox (Thomas S. 300).

No. 818. *A*. wie No. 808.
R. Legenden, links: השת שסת hascht schast, 68
rechts: (Taf. IV, 79) ?
Æ. Cabinet des Generals Fox (Thomas S. 301).

Jahr 69 (689).

No. 819. *A*. wie No. 808.
R. Legenden, links: נוה שסת nuh schast, 69
rechts: מרו Merv.
Æ. Thomas S. 300.

No. 820. *A*. wie No. 808.
R. Legenden, links: נוה שסת nuh schast, 69
rechts: מרורוט Mervrud.
Æ. Gewicht 84¼ As. Thomas S. 300.

No. 821. *A*. wie No. 808.
R. Legenden, links: נו שסת nu schast, 69
rechts: (Taf. IV, 80) ?
Æ. Cabinet Masson's (Thomas S. 301).

Jahr 70 (689).

A. wie No. 808. No. 822
R. Legenden, links: הפטאט haftad, 70
rechts: מרו Merv.
Æ. Thomas S. 300.

Jahr 72 (691).

A. wie No. 808. No. 823.
R. Legenden, links: דו הפטאט du haftad, 72
rechts: מרו Merv.
Æ. Thomas S. 300.

Jahr 73 (692).

A. wie No. 808. No. 824.
R. Legenden, links: סאפטאט se haftad, 73
rechts: מרו Merv.
Æ. Cabinet des Generals Fox (Thomas S. 300).

Omer bin Ubeidullah.

Jahr 65 (685).

A. Legende: אומרי י Omer-i- Omer Sohn No. 825.
Taf. I, 27. אוביטאלאאן Ubeitala-an Ubeidullah's
Randlegende لله الحمد Lillah el hamd. Gott sey Lob.
R. Legenden, links: פנג׳ שסט pantsch schast, 65
rechts: כרמאן Kirman.
Æ. Im britischen Museum (Thomas S. 302).

Jahr 68 (688).

A. wie No. 825. No. 826.
R. Legenden, links: השט שסט hascht schast, 68
rechts: בסא Basa.

Æ. Durchschnittliches Gewicht von 7 Stücken 84,67 As. Thomas S. 303. Ein Exemplar im k. Schlosse zu Turin.

Wie No. 826, mit der Contremarke מרורוד Mervrud. No. 827. Thomas S. 303.

Wie No. 826, mit der Contremarke جائز gangbar. No. 828. Thomas p. 303.

A. wie No. 825. No. 829.
R. Legenden, links: השט שסט hascht schast, 68
rechts: אנד And(mesch).

Æ. Durchschnittliches Gewicht von 4 Stücken 81,84 As. Beschrieben bei Olshausen S. 47. Thomas S. 303.

Jahr 69 (688).

No. 830. *A.* wie No. 825.
R. Legenden, links: נוה שסט nuh schast, 69
rechts: בסא Basa.
Æ. Cabinet Masson's (Thomas S. 303).

No. 831. *A.* wie No. 825.
R. Legenden, links: נאו שסט nav schast, 69
rechts: סט St(achr), Persepolis.
Æ. Gewicht 66¾ As. Cabinet Masson's (Thomas S. 303).
Ein zweites Exemplar beschrieben bei Olshausen S. 79.

No. 832. *A.* wie No. 825.
R. Legenden, links: נאו שסט nav schast, 69
rechts: אנט And(mesch).
Æ. Thomas S. 303.

Jahr 70 (689).

No. 833. *A.* wie No. 825.
R. Legenden, links: הפטאט haftad, 70
rechts: בסא Basa.
Æ. Cabinet der Hrn. Borrell und Cayol.

No. 834. Wie No. 833, jedoch Goldmünze, zwei Exemplare im britischen Museum: eins 79¼ As und eins 90⅛ As (Thomas S. 303).

No. 835. *A.* wie No. 825. Randlegende: لله الحمد * דולאן cursirend (?), von دول, تداول.
R. Legenden, links: הפטאט haftad, 70
rechts: סט St(achr), Persepolis.
Æ. Gewicht 83 As. Thomas S. 303.

No. 836. *A.* wie No. 825.
R. Legenden, links: הפטאט haftad, 70
rechts: אנט And(mesch).
Æ. Thomas S. 303.

Abdulaziz bin Abdullah bin Aamir.

Statthalter von Segestan (Thomas S. 304, Note).

Jahr 66 (686).

No. 837. *A.* Legende: אפדולאג̄יג̄ י Apduladschidsch-i- Taf. I, 28.
אפדולא י א יראן Apdula-i-Aa(m)iran
Randlegende: بسم الله العدل Im Namen Gottes des Gerechten.
R. Legenden, links: שש שסט schasch schast, 66
rechts: סי Segestan.
Æ. Gewicht 85 As. Im East-India House (Thomas S. 304).

No. 838. *A.* wie No. 837. Contremarke جائز gangbar.
R. wie No. 837.

Æ. Gewicht $82\frac{1}{4}$ As. Im britischen Museum (Thomas S. 304).

Musab bin Zobeir.

Jahr 67 (687) Statthalter von Bassra, getödtet im J. 71 (690).

Jahr 71 (690).

A. Legende: מוג̄אף Mutschap- Musab No. 839.
Taf. I, 29. י זופיראן i-Zupiran Sohn Zobeir's
Randlegende: ...בספר * بسم الله Bismillah.... In Frusch?

R. Legenden, links: יאג̄ הפטאט jadsch haftad, 71
rechts: (Taf. IV, 70) Kirmanschehr?

Æ. Im britischen Museum (Thomas S. 306).

Umeije bin Abdullah.

Statthalter von Chorasan und Segestan bis J. 77 (696).

Jahr 73 (692).

A. Legenden: אומייא Umija- Umeije No. 840.
Taf. I, 30. י אפדולאן i-Apdulan Sohn Abdullah's
am Rande بسم الله Bismillah.

R. Legenden, links: סהפטאט se haftad, 73
rechts: סיכאג̄טאן Sikatschtan, Segestan.

Æ. Gewicht 86 As. Thomas S. 307.

A. wie No. 840 mit der Contremarke Taf. II, 24. No. 841.

Æ. Gewicht 89 As. Cabinet des Generals Fox (Thomas S. 307).

Jahr 74 (693).

A. wie No. 840. Contremarke Taf. II, 21. No. 842.

R. Legenden, links: ג̄אר הפטאט tsçhar haftad, 74
rechts: חוראסאן Chorasan.

Æ. Gewicht $77\frac{1}{2}$ As. Im britischen Museum (Thomas S. 308).

A. wie No. 842. No. 843.

R. Legenden, links: .... ג̄אר tschar (haftad), 74
rechts: מרורוט Mervrud.

Æ. Cabinet des Generals Fox (Thomas S. 308).

Chalid bin Abdullah.

J. 71 (670) Statthalter in Pars und Bassra.

Jahr 74 (693).

No.844. *A.* Legende: חאלים י Chalid-i- Chalid Sohn
Taf. I, 31. ..אפדולאא Apdulaa(n) Abdullah's
Am Rande: بسم الله * محمد رسول الله Bismillah. Mohammed resul ullah.

R. Legenden, links: גאר הפטאט tschar haftad, 74
rechts: בסא Basa.

Æ. Gewicht 79½ As. Im britischen Museum (Thomas S. 309).

Jahr 75 (694).

No.845. *A.* wie No. 844. Randlegende: الله .... (Bism)illah.
R. Legenden, links: פנג הפטאט pantsch haftad, 75
rechts: בגרא Batschra, Bassra.
Æ. Von Soret in Genf bekannt gemacht.

Mohalleb bin Ebu Sofra.

65 bis 71 (685—690) Statthalter in Pars
75 „ 82 (694—701) Statthalter in Pars
78 „ 79 (697—698) Statthalter in Segestan
79 „ 82 (698—701) Statthalter in Chorasan;
stirbt 82 (701).

Jahr 75 (694).

No.846. *A.* Legende: מוהאלף י Mohalep-i- Mohalleb Sohn
Taf. I, 32. אבו גופראאן Abu Tschofra-an Abu Sofra's
Am Rande: بسم الله Bismillah.

R. Legenden, links: פנג הפטאט pantsch haftad, 75
rechts: בסא Basa.

Æ. Gewicht 76 As. Im britischen Museum; Cabinet Bland's (Thomas S. 311). Von Prof. Olshausen erhielt ich ebenfalls einen Abdruck dieser Münze.

Jahr 76 (695).

No.847 *A.* wie No. 846. Mit einer Contremarke T. II, 25.
R. Legenden, links: שש הפטאט schasch haftad, 76
rechts: בסא Basa.

Æ. Gewicht 72,4 As. Cabinet Sir H. Willock's (Thomas S. 311).

No.848. .. wie No. 847.

R. Legenden, links: שש הפטאט schasch haftad, 76
rechts: דא Da(rabgird).

AR. Gewicht 75½ As. Im britischen Museum (Thomas S. 311).

Abdulmelik bin Mervan.

Chalife von 65 bis zum 15. Schewwal 86 (685 bis zum 8. October 705).

Jahr 73 (692).

A. Legenden: אפדלמליך אמיר Apdalmelik Amir- No. 849.
Taf. 1, 33. י ורונדהנדגאן i-Urundehendegan
am Rande: بسم الله Bismillah; ferner noch eine Pehlvi-Contremarke, welche Thomas aber in cursivem Pehlvi wiedergiebt, und deren Deutung mir bis jetzt nicht hat gelingen wollen.

R. Legenden, links: סהפטאט se haftad, 73
rechts: אנט And(mesch).

AR. Gewicht 100½ As. Im britischen Museum (Thomas S. 319).

Jahr 75 (694).

A. Legende: אפדולמלך י Apdulmelik-i- Abdulmelik Sohn No 850.
Taf. 1, 34. מרואנאן Mervanan Mervan's
am Rande: بسم الله Bismillah.

R. Legenden, links: פנג הפטאט pantsch haftad, 75
rechts: מרו Merv.

AR. Gewicht 79½ As. Cabinet Masson's (Thomas S. 312).

Haddschadsch bin Jusuf

von 78 bis 96 (697 bis 714) Statthalter über die ganze östliche Hälfte des Chalifenreiches.

Jahr 78 (697).

A. Legenden (kufisch): الحجاج بن el Haddschadsch bin No. 851.
يوسف Jusuf
am Rande: بسم الله لا اله الا الله وحده محمد رسول الله
Bismillah. La ilah illa Allah vahdahu. Mohammed resul allah.

R. Legenden, links: השט הפטא huscht hafta(d), 78
rechts: בסא Basa.

AR. Cabinet des Hrn. Cayol und Ismail Pascha's.

A. wie No. 851. No. 852.

R. Legenden, links: השם הפטאד hascht haftad, 78
rechts: אנמ And(mesch).

Æ. Gewicht 81 As. Im britischen Museum (beschrieben bei Olshausen S. 46. Thomas S. 314).

Jahr 79 (698).

No.853. *A.* wie No. 851. Am Rande: بسم الله Bismillah.

R. Legenden, links: נאר הפטאד nav haftad, 79
rechts: בסא Basa.

Æ. Gewicht 77 As. Im britischen Museum (Thomas S. 314).

Jahr 80 (699).

No.854. *A.* wie No. 853.

R. Legenden, links: השטאד haschtad, 80
rechts: בסא Basa.

Æ. Zwei Exemplare im britischen Museum. Gewicht 75 und 80½ As. (Thomas S. 314. 315).

Jahr 83 (702).

No.855. *A.* wie No. 853.

R. Legenden, links: סהשטאד se haschtad, 83
rechts: בסא Basa.

Æ. Im Cabinet Ismail Pascha's.

No.856. Wie No. 855. Randlegende: لله الملك Lillah el mulk.

Æ. Gewicht 82 As. Im britischen Museum (Thomas S. 315, der sie in das Jahr 81 verlegt, indem er die Zahl יהשטאד liest; das Facsimile auf seiner Taf. III, 25, stimmt mit der Münze No. 855, welche ich in den Händen hatte, ganz genau überein, und auf letzterer sieht man deutlich zwei Striche, so dass es viel natürlicher ist, die Zahl se haschtad in normaler Weise, als je haschtad — eine ganz unerhörte Form — zu lesen).

Verschiedene Münzen.

No. 857. *A.* Legenden: Taf. I, 35. Thomas liest diese Legende (S. 317): *)

ابدرمان ی زنتان

Aus dem lithographirten Facsimile liest man den Vaternamen genau so wie Thomas ihn las; aber den Hauptnamen erkennt man nicht wieder. Das erste Zeichen ist ein a, das zweite ein p; dann folgt ein i oder d; dann ein l oder r; von dem m aber sieht man nichts; nach r folgt wieder ein i, und noch ein i (oder d), und zuletzt ein n; die beiden i könnten auch zusammen ein a bilden. Sollte man, wie man aus der Bemerkung S. 321 schliessen

*) In dem Journ. of the R. A. S. Vol. VIII. S. 408 beschreibt Thomas eine ähnliche Münze in dem Cabinet des Hrn. Bardoe Elliot, wo der Name Apderman ganz deutlich ist.

kann, einen Fehler des Lithographen vermuthen dürfen, so bin ich geneigt, die Auslegung des Hrn. Thomas anzunehmen.

Randlegende: بسم الله Bismillah.

R. Legenden, links: דו פנֿגא du pantscha, 52
rechts: בי Bi(bistun).

Æ. Thomas S. 317.

A. Legende: אפדולא Apdula- Abdullah No. 858.
Taf. I, 36. יזוביראן i-Zubiran Sohn Zobeir's
am Rande: بسم الله Bismillah.
בק ?
und noch die Contremarke Taf. II, 21.

R. Legenden, links: דו שסט du schast, 62
rechts: (Taf. IV, 68) ?

Æ. Gewicht 82,24 As. Cabinet Masson's (Thomas S. 317).

Der Name Zobeir ist nicht ganz deutlich und jedenfalls anders geschrieben als auf der Münze No. 805.

A. Legende אפזוט afzud. No. 859.

R. Legenden, links: פנֿג שסט pantsch schast, 65
rechts: דא Da(rabgird).

Æ. Cabinet Bland's (Thomas S. 320).

A. Legende: אפדולא י Apdula-i- No. 860.
אר....אן Ar....an
am Rande: بسم الله Bismillah.

R. Legenden, links: שש שסט schasch schast, 66
rechts: אד Ad(erbaigan).

Æ. Gewicht 55,27 As. Thomas S. 317.

A. Legende: אגֿלם י סוספהאן Taf. I, 37. Ezlem bin Sufah? No. 861.

R. Legenden, links: הפט שסט haft schast, 67
rechts: זר Zad(rakarta).

Æ. Gewicht 58 As. Cabinet Masson's (Thomas S. 317).

A. Legende: קחטאן Kahtan No. 862.
Taf. I, 38. אוטאי Utai ?
am Rande: بسم الله Bismillah.

R. Legenden, links: הפ שסט haf(t) schast, 67
rechts: הרא Herat.

Æ. Gewicht 86,28 As. Cabinet Masson's (Thomas S. 318).

A. Legende: אפזוט afzud. No. 863.
am Rande: بسم الله Bismillah.

R. Legenden, links: חשט שסט hascht schast, 68
rechts: דא Da(rabgird).
am Rande: ארד * אפזוט afzud ?

Æ. Im britischen Museum.

A. Legende: רויט כאתיבי No. 864.
בן אשאח T. I, 39. Mit Ausnahme des ersten Namens ist die Legende ganz deutlich; für den ersten

Namen schwanke ich zwischen دوود und ليث (Daud oder Leith); das Uebrige ist كاتب ى بن اشعث, also David (oder Leith), Sekretär des Ibn Esch'ath.

Am Rande: بسم الله. لا حكم الا لله

R. Legenden, links: נו שסט nu schast, 69
rechts: אנט And(mesch).

Æ. Gewicht 82 As. In meinem Cabinet.

No 865. *A.* wie No. 864. Am Rande: بسم الله Bismillah.

R. Legenden, links: פנג הפטאט pantsch haftad, 75
rechts: אנט And(mesch).

Æ. Cabinet Bland's (Thomas S. 320).

Die lithographirte Legende stimmt mit der Legende auf meiner Münze ganz genau überein, mit Ausnahme des Datums. Thomas aber liest aus dem Namen etwas ganz Wunderliches heraus: زونتواتوس
بن {سدات / اشت}

No. 866. *A.* Legende: אומיאן
י אבאנאן Taf. I, 40. ?
am Rande: بسم الله Bismillah.

R. Legenden, links: דו הפטאט du haftad, 72
rechts: אנט And(mesch).

Æ. Gewicht 71,45 As. Cabinet Masson's (Thomas S. 318).

No. 867. *A.* Legende: ? ? ?
Taf. I, 41. י אפדולאן i-Apdulan Sohn Abdullah's.
am Rande: بسم الله ولى الامر اد
لله
•I•

R. Legenden, links: דו הפטאט du haftad, 72
rechts: (Taf. IV, 69) Hormuzd in Kirman?

Æ. Gewicht 80,35 As. Im britischen Museum (Thomas S. 318).

No. 868. *A.* wie No. 867. Am Rande: بسم الله ولى الامر

R. Legenden, links: פנג הפטאט pantsch haftad, 75
rechts: כרמאן Kirman.

Æ. Gewicht 80,21 As. Im britischen Museum (Thomas S. 320).

No. 869. *A.* wie No. 867. Am Rande: بسم الله

R. Legenden, links: פנג הפטאט pantsch haftad, 75
rechts: (Taf. IV, 70) ?

Æ. Im britischen Museum (Thomas S. 319).

No. 870. *A.* Legende: נומאירא Numaira- Nomeir
Taf. I, 42. י מהלפאן i-Mahalepan Sohn Mohalleb's
am Rande: بسم الله

R. Legenden, links: סי הפטאט si haftad, 73
rechts: שאג̄א Schadscha.

Æ. Gewicht 90,32 As. Im Cabinet Masson's (Thomas S. 319).

A. Legende: ....אפט Apt... Abd... T. I, 43. No.871.
י אפדולאאן i-Apdulaan Sohn Abdullah's
am Rande: بسم الله

R. Legenden, links: סי הפטאט si haftad, 73
rechts: (Taf. IV, 81). ?

Æ. Grösse 72,8 As. Cabinet des Generals Fox (Thomas S. 320).

A. Legende: אפדולא Apdula- Abdullah T. I, 44 No.872.
י אבדולאן i-Abdulan Sohn Abdullah's
am Rande: بسم الله وله الامر

R. Legenden, links: פנג̄ הפטאט pantsch haftad, 75
rechts: (Taf. IV, 71) Kirman Ser..

Æ. Im k. k. Cabinet zu Wien.

Da bei dem angenommenen System die chronologische Reihenfolge nicht festgehalten werden konnte, so gebe ich hier zur Erleichterung des Auffindens ein Register der in der zweiten Abtheilung beschriebenen Münzen, nach Jahren der Hidschret geordnet.

Jahr der Hidschret.	No.
20 . . .	747
25 . . .	748
26 . . .	772. 787. 788
27 . . .	778
28 . . .	749
32 . . .	750
35 . . .	751. 752. 753. 754
37 . . .	755
42 . . .	756
43 . . .	763. 786
45 . . .	757. 774
47 . . .	758. 759
48 . . .	760
49 . . .	761
50 . . .	762
51 . . .	764
52 . . .	765. 766. 857
53 . . .	767. 768
54 . . .	769. 770. 803
55 . . .	771
56 . . .	775. 776. 789
58 . . .	777

Jahr der Hidschret.	No.
59	778
60	779. 780. 804
62	781. 782. 858
63	783. 790. 791. 792. 805. 806. 807. 808. 809
64	784. 793. 794. 795. 810
65	796. 811. 825. 859
66	797. 812. 837. 838. 860
67	798. 799. 800. 801. 813. 814. 815. 861. 863
68	785. 816. 817. 818. 826. 827. 828. 829. 862
69	802. 819. 820. 821. 830. 831. 832. 864
70	822. 833. 834. 835. 836
71	839
72	823. 866. 867
73	824. 840. 841. 849. 870. 871
74	842. 843. 844.
75	845. 846. 850. 865. 868. 869. 872
76	847. 848
78	851. 852.
79	853
80	854
83	855. 856.

Von 146 Stücken konnte ich das Gewicht vergleichen; dieselben wiegen 11440,64 As, oder im Durchschnitt 78,36 As, also nur etwas weniger als das Durchschnittsgewicht von 431 Sasanidenmünzen (s. S. 144). Da ich aber nicht weiss, wie viel schlechte Stücke Thomas zu den Durchschnittsbestimmungen genommen hatte, so konnte ich hierbei nicht so viele Stücke vergleichen. 39 gute Stücke geben im Durchschnitt 81,73 As, also ungefähr 2 As weniger als bei den Sasanidenmünzen.

Dritte Abtheilung

Münzen von Taberistan.

Diese Münzen, welche die schönsten Muster der neuen Pehlvischrift geben, heissen nach den Beherrschern von Taberistan auch Ispehbeden-Münzen, und enthalten eine eigene Aera, deren Feststellung am Schlusse dieser Abtheilung erfolgen wird, nachdem wir zuvor das dazu erforderliche Material aus den numismatischen Denkmälern selbst untersucht und zusammengestellt haben. Ich halte also hier nicht mehr die Ordnung nach den Münzherren, sondern nach der chronologischen Reihenfolge ein.

Ferhan.

A. Typus der Münzen von Chusrav II. Legenden No. 873.
links: אפזוט .סים afzud. sim.
rechts: פרההאן Ferhan Taf. I, 45.
am Rande, rechts: ספד Seped
links: .II
R. Legenden, links: סהפטאט se haftad, 73
rechts: טפורסטאן Tapuristan.
Æ. Im k. k. Cabinet zu Wien, im k. Cabinet zu Berlin, im Cabinet des Obersten Rawlinson.

Churschid.

A. wie No. 873. Legende: חורשיט Churschid Taf. I, 46. No. 874.
R. Legenden, links: נו השטאט nu haschtad, 89
rechts (wie in allen folgenden): Tapuristan.
Æ. Im East-India House; im Cabinet Masson's (Thomas S. 347).
A. wie No. 874. No. 875.
R. Legenden, links: גהאר נוט tschehar nuved, 94.
Æ. Im k. Cabinet zu Kopenhagen (Olshausen S. 40); im Cabinet des Obersten Rawlinson.
A. wie No. 874. No. 876.
R. Legende: שש נוט schasch nuved, 96.
Æ. Cabinet Ismail Pascha's.
A. wie No. 874. No. 877.

R. Legende: הפט נוט baft nuved, 97
AR. Im East-India House; im Cabinet Ismail Pascha's.

No. 878. *A.* wie No. 874.
R. Legende: נו נוט nu nuved, 99.
AR. Im East-India House.

No. 879. *A.* wie No. 874.
R. Legende: סט sat, 100.
AR. Cabinet Ismail Pascha's. Ich besass ein Exemplar, welches in der Feuersbrunst vom 6/7 September 1848 verloren ging.

No. 880. *A.* wie No. 874.
R. Legende: דו סט du sat, 102.
AR. Im East-India House; im k. Cabinet zu Kopenhagen (Olsh. S. 40).

No. 881. *A.* wie No. 874.
R. Legende: ג̄האר סט tschehar sat, 104.
AR. Grösse 6. Gewicht 30,5 As. In meinem Cabinet; ein zweites Exemplar im Cabinet des Hrn. Cayol.

No. 882. *A.* wie No. 874.
R. Legende: פנג̄ סט pantsch sat, 105.
AR. Grösse 6. Gewicht 40,5 As. Cabinet des Hrn. S. Alischan.

No. 883. *A.* wie No. 874.
R. Legende: ג̄האר דה סט tschehar deh sat, 114.
AR. Im britischen Museum (Thomas S. 347. Olshausen S. 41).

Chalid.

No. 884. *A.* Legende: חאלים Chalid. Taf. I, 47.
R. Legende: נואג̄ דה סט nuvadsch deh sat, 119.
AR. Grösse 6. Gewicht 42 As. In meinem Cabinet.

Omer.

No. 885. *A.* Legende: אומר Omer. Taf. I, 48.
am Rande: ארון oder הרון Harun.
R. Legende: ויסט סט vist sat, 120.
AR. Im britischen Museum, im k. Cabinet zu Kopenhagen, im Cabinet Stokes (Olsh. Thomas).

No. 886. *A.* Legende (kufisch): عمر Omer; sonst wie No. 885.
R. Legende: ויסט דו סט vist du sat, 122.
AR. Grösse 6. Gewicht 37 As. In meinem Cabinet. Andere Exx. im britischen Museum, im k. Cabinet zu Kopenhagen, in den Cabinetten der Hrn. Bland, Cayol, Baron Tecco u. s. w.

Die Zahl bedeutet nicht 220, indem 200 bekanntlich دويست heisst; es konnte aber nicht die gewöhnliche Ordnung der Zahlen beobachtet werden, sonst würde es 200,100 bedeuten; es musste also der Einer zwischen den Zehner und die Hunderte gesetzt werden.

A. wie No. 886. No. 887.
R. Legende: סט ויסט סיג̃ sidsch vist sat, 123.
Æ. Im k. Cabinet zu Berlin (Olsh. S. 73).

A. wie No. 885. No. 888.
R. Legende: סט ויסט ג̃האר tschehar vist sat, 124.
Æ. Im britischen Museum (zwei Exemplare), in den Cabinetten Ismail Pascha's und des Hrn. Rigollot (Thomas S. 347. Olsh. S. 30. Longpérier Taf. XII, 3).

A. wie No. 886. No. 889.
R. Legende: סט ויסט ג̃האר tschehar vist sat, 125.
Æ. Cabinet Ismail Pascha's.

A. wie No. 886. No. 890.
R. Legende: סט ויסט פנג̃ pantsch vist sat, 125.
Æ. Im k. Cabinet zu Kopenhagen (Olsh. S. 18).

Said.

A. Legende: سعيد Said. No. 891.
am Rande IIOI ?
R. Legende: סט ויסט פנג̃ pantsch vist sat, 125.
Æ. In den k. Cabinetten zu Kopenhagen und Berlin; in den Cabinetten der Hrn. Borrell und Willock, im East-India House.

A. wie No. 891. No. 892.
R. Legende: סט ויסט שש schasch vist sat, 126.
Æ. Im k. k. Cabinet zu Wien, im britischen Museum, in den Cabinetten der Hrn. Bland, Oberst Rawlinson und Stokes.

A. wie No. 891. No. 893.
R. Legende: סט ויסט הפט haft vist sat, 127.
Æ. Im britischen Museum, in den Cabinetten der Hrn. Borrell, Stokes und Ismail Pascha's.

Omer.

A. Legende: عمر Omer. Am Rande: IOII No. 894.
R. Legende: סט ויסט הפט haft vist sat, 127.
Æ. Im britischen Museum, im k. Cabinet zu Kopenhagen, im Cabinet Ismail Pascha's (zwei Stücke) und Stokes (Olsh. S. 19. Thomas S. 347).

A. wie No. 894. No. 895.

R. Legende: השת ויסת סת hascht vist sat, 128.

Æ. Grösse 6. Gewicht 37 As. In meinem Cabinet; auch sonst sehr häufig: im k. Cabinet zu Berlin, bei der Universität zu Turin, im k. Cabinet zu Kopenhagen, im britischen Museum, in den Cabinetten des Obersten Rawlinson und Ismail Pascha's.

Said.

No. 896. *A*. wie No. 891.
R. Legende: השת ויסת סת hascht vist sat, 128.
Æ. Cabinet Ismail Pascha's.

Omer.

No. 897. *A*. wie No. 894.
R. Legende: נו ויסת סת nu vist sat, 129.
Æ. Grösse 6. Gewicht 35,2 As. In meinem Cabinet; auch sonst sehr häufig: im k. Cabinet zu Kopenhagen, im britischen Museum, im k. Cabinet zu Berlin, in den Cabinetten der Hrn. Bland, Cayol (Gewicht 39 As), Ismail Pascha, Stokes u. s. w.

Ohne Namen eines Münzherren.

No. 898. *A*. Legende vor dem Gesichte: אפזוד afzud.
R. Legende: סי סת si sat, 130.
Æ. Grösse 5½. Gewicht 44½ As. In meinem Cabinet.

No. 899. *A*. wie No. 898.
R. Legende: דו סי סת du si sat, 132.
Æ. Cabinet des Hrn. Borrell.

No. 900. *A*. wie No. 898.
R. Legende: גהאר סי סת tschehar si sat, 134.
Æ. Cabinette der Hrn. Cayol und Dr. Rosen.

No. 901. *A*. wie No. 898.
R. Legende: שש סי סת schasch si sat, 136.
Æ. Im k. Cabinet zu Berlin.

Dscherir.

No. 902. *A*. Legende: جرير Dscherir.
R. Legende: הפת סי סת haft si sat, 137.
Æ. Im k. Cabinet zu Kopenhagen (Olsh. S. 20).

Suleiman.

No. 903. *A*. Legende: سليمان Suleiman.

R. Legende: סט סי הפט haft si sat, 137.
Æ. In meinem Cabinet.

Hani.

A. Legende: هانى Hani. No. 904
R. Legende: סט סי הפט haft si sat, 137.
Æ. Im k. Cabinet zu Kopenhagen; im britischen Museum; in den Cabinetten der Hrn. Bilezikdschi (Gewicht 38 As), Bland, Rollin, Stokes (Olsh. S. 30. Longpér. XII, 5. Thomas S. 347).
A. wie No. 904. No. 905.
R. Legende: סט סי השט hascht si sat, 138.
Æ. Im britischen Museum.

Mukatil.

A. Legende: مقتيل Mukatil. No. 906.
R. Legende: סט סי נאו nav si sat, 139.
Æ. Im k. Cabinet zu Berlin; im k. Cabinet zu Kopenhagen; im britischen Museum; in den Cabinetten der Hrn. Bland, Cayol (41,8 As), Rigollot, Willock u. s. w. (Olsh. S. 24. Longp. XII, 6. Thomas S. 347).

Abdullah.

Hr. Saweljeff hat eine Ispehbeden-Münze mit dem Namen Abdullah aus dem Jahre 140 beschrieben in dem Werke: О Пеглевійскихъ надписяхъ на Монетахъ Таберистана (Ueber peblevische Inschriften auf taberistanischen Münzen; vgl. Mémoires de la Société d'Archéologie et de Numismatique de St. Pétersbourg. Vol. III, Petersb. 1849, p. 272). No. 907.

Gewicht.

10 Stücke wiegen zusammen 385,5 As, also im Durchschnitt 38,55 As. Vergleicht man damit das Resultat S. 216, so ergiebt sich daraus, dass die Ispehbeden Münzen dem Gewichte nach die Hälfte der Sasaniden-Münzen waren, so dass letztere sehr leicht in Taberistan cursiren konnten.

Zeitrechnung.

Es ist eine ganz natürliche Annahme, dass die auf den Ispehbeden-Münzen gebrauchte Zeitrechnung von dem Jahre an zählt, wo Taberistan seine Unabhängigkeit erhielt; man ist ferner berechtigt anzunehmen, dass diese Unabhängigkeit von dem Sturze des Sasanidenreiches datirt. Da aber keine anderweitigen Daten auf den Münzen vorkommen, so müssen wir uns bemühen, aus den Namen der Münzherren den Synchronismus aufzuklären. Prof. Spiegel hat in dieser Zeitschrift (Bd. IV, S. 62—71) einige interessante Auszüge aus der Specialgeschichte Taberistan's von Abu-l-Hasan bin Isfendiâr gegeben, welche diesen Zweck ganz vortrefflich erfüllen.

S. 67 wird erzählt, dass Taberistan im J. d. H. 140 (757) erobert wurde, und dass die Gilanschahe, deren letzter Fürst Churschid war, im Ganzen 119 Jahre über Taberistan geherrscht haben. Ob beide Epochen identisch sind, geht nicht mit voller Sicherheit aus der Stelle hervor. Auch die ebendaselbst angegebene Reihenfolge von Statthaltern entspricht der auf den numismatischen Denkmälern nicht durchaus; an einer Stelle aber zeigt sich eine ganz unerwartete Uebereinstimmung, die wir daher mit desto grösserer Zuversicht als Grundlage zur sichern Bestimmung der Aera annehmen können. Wir haben nämlich, nach dem vorhergehenden Verzeichnisse der Münzen und nach den Angaben des Geschichtschreibers, folgenden Synchronismus:

Jahr der Aera von Taberistan.	Statthalter.	Jahr der Hidschret.	Statthalter.
120 . . .	Omer		
121			
122 . . .	Omer		
123 . . .	Omer		
124 . . .	Omer		
125 . . .	Omer	158	Omer abberufen
125 . . .	Said سعيد	158	Zeid زيد
126 . . .	Said	159	Zeid
127 . . .	Said	160	Zeid
127 . . .	Omer	161	Zeid
128 . . .	Said		Omer
128 . . .	Omer		
129 . . .	Omer		

Die Uebereinstimmung ist aber nur von kurzer Dauer, wie man sieht, und nicht einmal ganz vollkommen, indem die beiden Namen سعيد und زيد, Said und Zeid, verwechselt sind; so viel aber geht doch daraus hervor, dass wir berechtigt sind, das Jahr 125 der Aera von Taberistan mit dem Jahre 158 oder allenfalls 159 d. H. für gleichbedeutend zu nehmen. Omer, heisst es an der angegebenen Stelle, wurde bei dem Tode Manssur's abberufen; der Chalife Manssur starb am 6. Zilhiddsche 158 (6. Oct. 775), also fast am Schlusse des Jahres; es ist also nicht möglich, dass Said noch im J. 158 hat Münzen prägen lassen; wohl aber schon im J. 159, also im J. 776; diess wären die Münzen vom J. 125. Wir haben also 125 der Aera von Taberistan = 159 der Hidschret = 776 christlicher Zeitrechnung, was als das erste Jahr dieser Aera das Jahr 652 n. Chr. G. giebt. Da nun im J. 651 Jezdegird IV. ermordet wurde, so trifft die anfangs geäusserte Muthmassung mit dem Ergebnisse dieser Untersuchung zusammen, wodurch wir um so mehr berechtigt sind, dieses festzuhalten.

Legen wir dieses Datum zum Grunde, so sind wir im Stande, eine kurze chronologische Uebersicht der Schicksale von Taberistan nach den numismatischen Denkmälern und nach den Angaben des Abu-l-Hasan bin Isfendiâr zusammenzustellen.

Jahr der Aera von Taberistan.	Jahr Christi.	Jahr der Hidschret.	
	651	30	Ende des persischen Reiches.
	652	31	Anfang der Unabhängigkeit von Taberistan
			Dabwaih.
73	724	106	Ferhân, dessen Sohn; er ist ein Zeitgenosse des Chalifen Suleiman (715—717), dessen Bruder Jezid ihn besiegt; Ferhad regiert 17 Jahre, und stirbt bald nach seiner Niederlage; wie aber die Münzen beweisen, doch noch wenigstens bis zum J. 724.
89	740	122	Churschid erscheint zum ersten Mal als Fürst.
94	745	127	Churschid
96	747	129	Churschid
97	748	130	Churschid
98	749	131	
99	750	132	Churschid. — Ebu-l-Abbas Abdullah I. wird Chalife.
100	751	133	Churschid
101	752	134	
102	753	135. 136	Churschid
103	754	137	Ebu Dschaafer Abdullah II. Mansur wird Chalife
104	755	138	Churschid
105	756	139	Churschid
106	757	140	
107	758	141	
108	759	142	
109	760	143	
110	761	144	
111	762	145	
112	763	146	
113	764	147	
114	765	148	Churschid

Jahr der Aera von Taberistan.	Jahr Christi.	Jahr der Hidschret.	
115	766	149	
116	767	150	Chalid wird Statthalter u. regiert 4 Jahre
117	768	151	
118	769	152	
119	770	153	Chalid Statthalter
120	771	154	Omer bin el-Ala Statthalter
121	772	155	
122	773	156	Omer bin el-Ala
123	774	157	Omer bin el-Ala
124	775	158	Omer bin el-Ala
125	776	159	Omer bin el-Ala und Said bin Dalidsch Statthalter
126	777	160	Said bin Dalidsch
127	778	161	Said bin Dalidsch
128	779	162	Said bin Dalidsch und Omer bin el-Ala Statthalter Was die Münze No. 894 vom J. 127 mit dem Namen Omer zu bedeuten hat, vermag ich nicht zu erklären.
129	780	163	Omer bin el-Ala.
130	781	164	Unbekannte Statthalter, vermuthlich Jahja bin Michnak und Abdul-Hamid.
131	782	165	
132	783	166	
133	784	167	
134	785	168	
135	786	169	
136	787	170. 171	
137	788	172	Dscherir, Suleiman und Hani Statthalter.
138	789	173	Hani
139	790	174	Mukatil
140	891	175	Abdullah
141	792	176	Aufstand der Aliden in Taberistan unter Anführung eines gewissen Jahja bin Abdullah. Es wäre leicht möglich, dass der Vater dieses Abdullah derselbe ist, von welchem eine Münze vom J. 140 vorkommt.

Nachschrift.

Am 13. Februar 1853 erhielt ich durch die gütige Vermittlung eines Freundes in London das „Journal of the Royal Asiatic Society. Vol. XIII. Part. 2", welches von S. 373 an einen Aufsatz von E. Thomas enthält, betitelt „Notes Introductory to Sassanian Mint Monograms and Gems. With a Supplementary Notice on the Arabico-Pehlvi Series of Persian Coins." Mein Manuscript über die Pehlvi-Münzen war schon nach Deutschland geschickt, und ich konnte daher in meinem Werke keinen Bezug auf diese Abhandlung nehmen. Bei genauer Prüfung derselben sehe ich mich nicht veranlasst, irgend eine meiner Behauptungen zurückzunehmen, ausser dem, was ich schon in meinem Werke selbst zurückgenommen habe. Gemäss meiner Erklärung nämlich, dass ich alle meine früheren Aufsätze in der Zeitschrift der D. M. G. als „Studien und Vorarbeiten" betrachte, habe ich das, was aus diesen einzelnen Aufsätzen nicht in meine vollständige Arbeit aufgenommen ist, theils stillschweigend, theils ausdrücklich verworfen. Hr. Thomas, dem natürlich nur meine früheren Arbeiten bekannt sind, bestreitet mehrere meiner Deutungen; — er wird finden, dass ich sie schon selbst zum Theil zurückgenommen habe; wo ich aber dabei geblieben bin, kann ich auch jetzt nicht davon abgehen. Ich lege nunmehr der gelehrten Welt die Frucht siebenjähriger Studien vor, und erwarte ruhig die Entscheidung der Kenner.

Durch die Veröffentlichung einer grossen Anzahl Münzen und Siegel, welche Hrn. Thomas in London zu Gebote standen, hat derselbe sich ein grosses Verdienst erworben. Ich bin dadurch in den Stand gesetzt, zu meinem obigen Aufsatze eine reiche Nachlese zu halten. Indem ich die bisher befolgte Ordnung auch in dieser Nachschrift beobachte, kann ich zunächst einen Zusatz zu den Münzstätten geben.

Die Taf. IV, No. 30 abgebildete Legende einer Münzstätte habe ich unerklärt gelassen. Thomas hat sie zweimal auf Münzen von Kobad gefunden, und zwar genau so wie ich. Es ist mir später eingefallen, die bekannte Stadt Dinaver دينور unter dieser Bezeichnung zu suchen, und in Ermangelung eines Besseren mag es einstweilen dabei sein Bewenden haben. In der That ist das letzte Zeichen, welches meistens ein n ist, auch häufig ein v, namentlich in der Zahl vist 20, in den Zusammensetzungen.

Thomas bestreitet S. 408 meine Auslegung des Monogramms, welches seit dem letzten Regierungsjahre Hormuzd IV. beständig auf der Vorderseite der Münzen oberhalb des Wortes afzud steht und welches ich sim lese. Er sagt: „Apart from the deficiency of the requisite letters in the original, I note the serious objection to the rendering proposed, in the fact that the monogram in question is used on the copper coinage." Ich bemerke, dass dieses Monogramm nicht immer gleich gut dargestellt ist; aber die Münzen von Taberistan, welche überhaupt die schönsten Charaktere liefern, lassen auch über dieses Wort keinen Zweifel zu. *Kupfermünzen* aus dieser Periode sind mir überhaupt gar nicht vorgekommen, und ich kenne nur 3, diejenigen, welche Hr. Thomas in dem 12. Bde des Journal of the R. A. S. p. 320 u. 321 beschreibt; diese also müssten das Zeichen haben. Von der ersten dieser drei Münzen sagt er: „To the left is seen a small monogram." Ob damit das besprochene Monogramm gemeint ist, weiss ich nicht; fast aber möchte ich vermuthen, dass es nicht der Fall ist; denn p. 287 zeichnet er das Monogramm ab, so dass in diesem Falle der Ausdruck p. 320: *a* monogram grammatisch unrichtig wäre. Sollte aber dennoch dasselbe Monogramm dort stehen, so macht mich das nicht irre, da wir zu viele Beweise haben, dass damals die Kenntniss des Pehlvi bei den muhammedanischen Stempelschneidern schon in Abnahme gerathen war. Giebt es aber mehr als diese eine Kupfermünze mit demselben Monogramm, nun so gebe ich die Deutung auf und werde, sobald ich mehr solcher Kupfermünzen gesehen habe, eine andere suchen.

Zu den Münzen, deren Beschreibung vorhergeht, habe ich nach Einsendung meines Manuscripts noch einige Hunderte untersuchen können, von denen ich als neue Varietäten folgende aufführe.

Bahram V.

No. 1. (zwischen No. 148 u. 149.)
A. wie No. 145.
R. Legende, rechts: אב Ab.....
Æ. Cabinet Subhi Bej's.

Chodad Varda.

No. 2. (nach No. 161.)
Eine Münze im Cabinet Subhi Bej's hat den Namen des Münzherren in vollkommener Deutlichkeit חודד ורדא Chodad Vardu.
R. links: ורדא Varda
rechts: נה Nah(avend).
Æ. Hr. Dorn (Bulletin de la Classe historico-philologique de l'Académie Imp. des Sciences de St. Pétersbourg, T. V,

p. 227. 228) schreibt diese Münzen dem Vologeses zu (wie Longpérier), indem er die letzte Hälfte des Namens ולכש liest. Der dritte Buchstabe ist auf allen Münzen, die ich gesehen habe, ein d, und der vierte ein a, so dass die Auslegung durch k und sch unzulässig ist. — Die erste Hälfte des Namens liest Hr. Dorn هيكل. Wenn in paläographischer Hinsicht gegen diese Lesart wenig einzuwenden ist, so ist doch das arabische Wort ganz unzulässig, zumal da eine solche Sache, wie mit diesem Worte bezeichnet ist, in Persien gar nicht existirte; überdiess steht dieses Wort auf der Vorderseite der Münze, so dass man schon aus diesem Grunde in Verlegenheit geräth, was der Stempelschneider damit hat andeuten wollen.

Palasch.

No. 3. (zwischen No. 179 u. 180.)

Hr. Thomas beschreibt in dem Journal of the R. As. Society Vol. XIII, Part II, p. 385, 4 Münzen von demselben Habitus, wie unsere Münzen No. 179. 180. 181. nach Originalen im britischen Museum. Er hatte den Vortheil, die Legende der Vorderseite, welche zur Bestimmung des Münzherrn wesentlich nothwendig ist, im Original zu lesen, ein Vortheil, dessen wir beraubt sind; aber Hr. Thomas giebt uns eine Transcription in vieldeutigem Cursiv-Pehlvi, so dass wir dadurch viel weiter in die Irre geführt werden, als durch eine getreue Copie des Originals. Die von ihm gegebene Transcription kann man Dam oder Jam lesen, womit nichts anzufangen ist.

R. links: ח־־ין tarein, 2
rechts: סי Si (katschtan), Segestan.
AR. Im britischen Museum. Thomas a. a. O., S. 385.

No. 4. (zwischen No. 179 u. 180.)
A. wie No. 179.
R. links: תרין tarein, 2
rechts: נה Nah (avend).
AR. Im britischen Museum. Thomas a. a. O.

No. 5. (zwischen No. 181 u. 182.)
A. wie No. 179.
R. links: אסקי ?
rechts: אר U (zaina), Chuzistan.
AR. Im britischen Museum. Thomas a. a. O.

Die Zahl ist nach Thomas' Transcription nicht zu erklären; jedenfalls ist es eine aramäische Zahl aus den Einern, ob aber אחד oder eine andere Zahl zu lesen ist, kann man ohne Ansicht der Originallegende nicht beurtheilen.

No. 6. (zwischen No. 181 u. 182.)
A. wie No. 179.

R. links: אסקי ?
rechts: נשח Nischab(puchri), Nischapur.
Æ. Im britischen Museum. Thomas a. a. O.

Kobad.

Jahr 19.

No. 7. (zwischen No. 189 u. 190.)
A. wie No. 189. Legende: קואם אפזו Kavad afzu.
R. links: נוג דה nudsch deh, 19
rechts: מי Mei(bod).
Æ. Cabinet Subhi Bej's.

Jahr 35.

No. 8. (zwischen No. 205 u. 206.)

Nach dem Bulletin de la Classe historico-philologique de l'Académie Impér. des Sciences de St. Pétersbourg, T. V, p. 140, ist im asiatischen Museum eine Münze von Kobad vom J. 35, geprägt in איראן Arran.

Chusrav I.

Jahr 3.

No. 9. (zwischen No. 222 u. 223.)
A. wie No. 222.
R. links: תלתא talata, 3
rechts: אר U(zaina), Chuzistan.
Æ. Cabinet Subhi Bej's.

Jahr 5.

No. 10. (zwischen No. 224 u. 225.)
A. wie No. 222.
R. links: חמשא chamscha, 5
rechts: זר Zad(rakarta).
Æ. Cabinet Subhi Bej's.

Jahr 22.

No. 11. (zwischen No. 255 u. 256.)
A. wie No. 222.
R. links: דואג ויסת duadsch vist, 22
rechts: כר Kir(man).
Æ. Cabinet Subhi Bej's.

Jahr 25.

No. 12. (zwischen No. 260 u. 261.)
A. wie No. 222.

R. links: פנג̄ ויסט pantsch vist, 25
rechts: אור U(zaina), Chuzistan.
Æ. Cabinet Subhi Bej's.

Jahr 27.

No. 13. (zwischen No. 271 u. 272.)
A. wie No. 222.
R. links: הפט ויסט haft vist, 27
rechts: חוג̄ Chudsch, Chuzistan.
Æ. Cabinet Subhi Bej's.

Jahr 35.

No. 14. (zwischen No. 295 u. 296.)
A. wie No. 222.
R. links פנג̄ סי pantsch si, 37
rechts: ראם Ram (Hormuzd).
Æ. Cabinet Subhi Bej's.

Jahr 37.

No. 15. (zwischen No. 299 u. 300.)
A. wie No. 222.
R. links: הפט סי haft si, 37
rechts: אם oder סם Am(ol) oder Sam(arkand).
Æ. Cabinet Masson's. Thomas, Journ. of the R. A. S. Vol. XIII, p. 387.

Hormuzd IV.

Jahr 2.

No. 16. (zwischen No. 365 u. 366.)
A. wie No. 363.
R. links: תרין tarein, 2
rechts: זר Zer(endsch).
Æ. Cabinet des Hrn. Ivanoff.

Jahr 12.

No. 17. (zwischen No. 438 u. 439.)
A. wie No. 363.
R. links: דואג̄ דה duadsch deh, 12
rechts: (Taf. IV, No. 53) ?
Æ. Thomas, Journ. of the R. A. S. Vol. XIII, p. 387.

Chusrav II.

Jahr 2.

No. 18. (zwischen No. 452 u. 453.)
A. wie No. 453.

R. links: תרין tarein, 2
rechts: נשה: Nischab(pubri), Nischapur.
AR. Cabinet Subhi Bej's.

Jahr 3.

No. 19. (zwischen No. 457 u. 458.)
A. wie No. 453.
R. links: תלת talat, 3
rechts: בבא Baba, Residenz.
AR. Cabinet Subhi Bej's.

Jahr 4.

No. 20. (zwischen No. 469 u. 470.)
A. wie No. 453.
R. links: ארבא arba, 4
rechts: ספר Safer(ajin).
AR. Cabinet der Bibl. Imp. zu Paris; vgl. Thomas a. a. O., S. 386.

Jahr 7.

No. 21. (zwischen No. 490 u. 491.)
A. wie No. 453.
R. links: שבא scheba, 7
rechts: סי Si(katschtan), Segestan.
AR. Cabinet Subhi Bej's.

Jahr 11.

No. 22. (zwischen No. 513 u. 514.)
A. wie No. 453.
R. links: יאג̄ דה jadsch deh, 11
rechts: זר Zer(endsch).
AR. Cabinet Subhi Bej's.

Jahr 14.

No. 23. (zwischen No. 526 u. 527.)
A. wie No. 505.
R. links: ג̄האר דה tschehar deh, 14
rechts: נה Neh(avend).
AR. Cabinet Subhi Bej's.

Jahr 15.

No. 24. (zwischen No. 536 u. 537.)
A. wie No. 453.
R. links: פנג̄ דה pantsch deh, 15
rechts: זר Zad(rakarta).
AR. Cabinet des Hrn. Ivanoff. Gewicht 82 As.

Jahr 17.

No. 25. (zwischen No. 539 u. 540.)
A. wie No. 453.

R. links: חפדה hafdeh, 17
rechts: או U(zaina).
Æ. Cabinet Subhi Bej's.

Jahr 18.

No. 26. (zwischen No. 541 und 542.)
A. wie No. 505.
R. links: השט דה hascht deh, 18
rechts: סי Si(katschtan), Segestan.
Æ. Thomas a. a. O., S. 398.

Jahr 20.

No. 27. (zwischen No. 546 u. 547.)
A. wie No. 453.
R. links: ויסט vist, 20
rechts: מי Mei(bod).
Æ. Cabinet Subhi Bej's.

Jahr 21.

No. 28 (zwischen No. 547 u. 548.)
A. wie No. 453.
R. links: יאג̄ ויסט jadsch vist, 21
rechts: או U(zaina), Chuzistan.
Æ. Cabinet Subhi Bej's.

No. 29. (zwischen 551 u. 552.)
A. wie No. 453.
R. links: יאג̄ ויסט jadsch vist, 21
rechts: בי Bi(histun).
Æ. Cabinet Subhi Bej's.

Jahr 24.

No. 30. (zwischen No. 557 u. 558).
A. wie No. 453.
R. links: ג̄האר ויסט tschehar vist, 24
rechts: אד Ad(erbaigan).
Æ. Cabinet Subhi Bej's.

No. 31. (zwischen No. 557 u. 558).
A. wie No. 453.
R. links: ג̄האר ויסט tschehar vist, 24
rechts: כר Kir(man).
Æ. Cabinet Subhi Bej's.

No. 32. (zwischen No. 557 u. 558.)
A. wie No. 453.
R. wie No. 558.
Æ. Cabinet Subhi Bej's (2 Stücke).

Jahr 25.

No. 33. (zwischen No. 566 u. 567.)
A. wie No. 505.
R. links: פנג̄ ויסט pantsch vist, 25
rechts: אנמ And(mesch).
Æ. Cabinet Subhi Bej's.

Jahr 26.

No. 34. (zwischen No. 583 u. 584.)
A. wie No. 453.
R. links: שש ויסט schasch vist, 26
rechts בי Bi(histun).

Jahr 27.

No. 35. (zwischen No. 611 u. 612.)
A. wie No. 505.
R. wie No. 611.
Æ. Thomas a. a. O., S. 398.

Jahr 31.

No. 36. (zwischen No. 658 u. 659.)
A. wie No. 453.
R. wie No. 659.
Æ. Cabinet Subhi Bej's.

Jahr 32.

No. 37. (zwischen No. 673 u. 674.)
A. wie No. 453.
R. links: דואג̄ סיה duadsch sih, 32
rechts: לד Led(an).
Æ. Cabinet Subhi Bej's.

Jahr 34.

No. 38. (zwischen No. 684 u. 685.)
A. wie No. 505.
R. links: ג̄הא̄ר סיה tschehar sih, 34
rechts: אספ Asp(ahan), Ispahan.
Æ. Cabinet des Obersten v. Wildenbruch.

Jahr 35.

No. 39. (zwischen No. 703 u. 704.)
A. wie No. 453.
R. links: פנג̄ סיה pantsch sih, 35
rechts: מי Mei(bod).
Æ. Cabinet Subhi Bej's.

Jahr 36.

No. 40. (zwischen No. 711 u. 712.)
A. wie No. 453.
R. links: שש סיה schasch sih, 36
rechts: בי Bi(bistun).
Æ. Cabinet Subhi Bej's.

Jahr 37.

No. 41. (zwischen No. 725 u. 726.)
A. wie No. 453.
R. links: הפס סיה haft sih, 37
rechts: אר Ar.... ?
Æ. Cabinet Subhi Bej's.

No. 42. (zwischen No. 728 u. 729.)
A. wie No. 453.
R. links: הפס סיה haft sih, 37
rechts: נה Nah(avend).
Æ. Cabinet Subhi Bej's.

Jezdegird IV.

No. 43. (zwischen No. 746 u. 747.)
A. Legende: יזדכרת Jezdikert.
R. links: נוגֿ דה nudsch deh, 19
rechts: בי Bi(bistun).
Æ. Thomas a. a. O. S. 393.
Diese Münze vom J. 650 ist wohl eine der letzten, welche die Sasaniden haben prägen lassen.

No. 44. Im Cabinet Subhi Bej's sah ich eine Münze, welche ich nirgends unterzubringen weiss. Der Arbeit nach gehört sie in die Epoche Kobad's und Chusrav's I, jedoch ist sie sehr barbarisch. Auf dem Kopfe des Königs ist eine Mauerkrone, darüber ein Halbmond, in welchem der kugelförmige Bund liegt; vor der Krone ist ein grosser Halbmond, wie bei Jezdegird I. Legenden,

am Hinterkopfe: 

vorn: 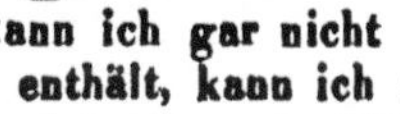

Die erste Legende kann ich gar nicht lesen; von der zweiten, welche 6 Charaktere enthält, kann ich nur den 2., 3. u. 4. **sam** lesen; alles Uebrige ist mir undeutlich.

R. ist von ebenso barbarischer Arbeit; links neben der Flamme ist ein Halbmond; auf dem Altarschaft stehen einige undeutliche Charaktere, nämlich zuerst ein s (wie auf *A*), dann ein a, hierauf 2 Punkte, zuletzt ein kleiner Verticalstrich. Vermuthlich ist diese Münze von irgend einem rebellischen Statthalter oder Vasallen der Sasaniden in einer entfernten Provinz geprägt worden.

Muhammedanische Münzen mit Pehlvi-Legenden.

No. 45. (zwischen No. 771 u. 772.)
A. wie No. 764.
R. links: שש פנגא schasch pantscha, 56
rechts: בסא Basa.
Æ. Thomas a. a. O., S. 408.

No. 46. (zwischen No. 802 u. 803.)
A. wie No. 803.
R. links: סי פנגא si pantscha, 53
rechts: דא Da(rabgird).
Æ. Cabinet des Hrn. Thomas und von ihm beschrieben a. a. O., S. 409.

No. 47. (zwischen No. 803 u. 804.)
A. wie No. 803.
R. links: הפ פנגא haf(t) pantscha, 57
rechts: דא Da(rabgird).
Æ. Britisches Museum. Thomas a. a. O., S. 409.

No. 48. (zwischen No. 825 u. 826.)
A. wie No. 825.
R. links: פנג שסט pantsch schast, 65
rechts: בגרא Batschra, Bassra.
Æ. Bei der Asiatic Soc. of Bengal. Thomas a. a. O., S. 409.

No. 49. (zwischen No. 856 und 857.)
A. Legende: מהממ Mahamet- Mohammed
י אפדולא i-Afdula Sohn Abdullah's.
am Rande: بسم الله Bismillah.
R. links: הפסים oder חפיסם 67 ? (nach Thomas)
rechts: הריא Herat.
Æ. Cabinet Bardoc Elliot's. Thomas S. 409.

Constantinopel, den 27 Juni 1853.

Nachweis über die Kupfertafeln.

Tafel I. Münzherren.

Tafel II. Titel und vermischte Legenden.

Tafel III. Zahlen.

74) tschar haftad . . S. 165
75) pantsch haftad . . „ 166
76) schasch haftad . . „ —
78) hascht haftad . . „ 167
79) nav haftad . . . „ 168
80) haschtad . . . . „ —
81) ? . . . . . „ —
83) se haschtad . . „ —
89) nu haschtad . . „ 173
94) tschehar nuved . „ —
96) schasch nuved . . „ —
97) haft nuved . . . „ 174
99) nu nuved . . . „ —
100) sat . . . . . „ —
102) du sat . . . . „ —
104) tschehar sat . . „ —
105) pantsch sat . . . „ —
114) tschehar deh sat . „ —
119) nuvadsch deh sat . S. 174
120) vist sat . . . . „ —
122) vist du sat . . . „ —
123) sidsch vist sat . . „ 175
124) tschehar vist sat . „ —
125) pantsch vist sat . „ —
126) schasch vist sat . „ —
127) haft vist sat . . „ —
128) hascht vist sat . . „ 176
129) nu vist sat . . . „ —
130) si sat . . . . „ —
132) du si sat . . . „ —
134) tschehar si sat . . „ —
136) schasch si sat . . „ —
137) haft si sat . . . „ —
138) hascht si sat . . „ 177
139) nav si sat . . . „ —

Taf. IV. Prägeorte.

Siehe S. 11 ff.

Tafel V. Alphabet.

Siehe S. 9 ff.

Taf. VI.—X Münzen. (Taf. VI—IX. Nach den Originalen copirt.)

Taf. VI.

1. Ardeschir I. Erste Periode.
2. „ Zweite „
3. „ Dritte „
4. Schapur I.
5. Hormuzd I.
6. Bahram II. mit *einem* Profil.
7. „ mit *drei* Profilen.
8. Bahram III.
9. Nersi.

Taf. VII.

10. Hormuzd II
11. Schapur II.
12. „
13. Ardeschir II.
14. Schapur III.
15. Bahram IV.
16. Jezdegird I.

17. Jezdegird II
18. Bahram V.

Taf. VIII.

19. Jezdegird III.
20. Chodad Varda (Hormuzd III.)
21. Piruz.
22. Palasch (?)
23. Dschamaasp.
24. Kobad.
25. „
26. Chusrav I. (Jahr 2. Airan.)
27. Hormuzd IV. (Jahr 3 Istachr)

Taf. IX.

28. Chusrav II. (Jahr 25 Echatana).
29. Kobad Schiruie.
30. Ardeschir III.
31. Azermiducht.
32. Jezdegird IV.
33. Abdullah Amir-i-Urundehendegan. (Jahr 60. Darabgird).
34. Chalid. (Taberistan. Jahr 119.)
35. Omer. („ „ 122)

Taf. X.

1. Bahram I. (nach Longpérier, Taf. III, 7.)
2. „ („ „ Taf. III, 8)
3. Bahram VI. („ „ Taf. XI, 2.)
4. Bahram II (Aus Thomas, Numism. Chron. Taf. XV, No. 5.)
5. Ardeschir I. Zweite Periode. (Aus Thomas, Numism. Chron Taf. XV. No. 1.)
6. „ „ „ („ „ „ „ No. 2.)
7. Schapur I. . . . . . („ „ „ „ No. 3.)
8. Bahram II . . . . . („ „ „ „ No. 4.)
9. „ . . . . . („ „ „ „ No. 6.)
10. Bahram III. . . . . . („ „ „ „ No. 7.)
11. Hormuzd I. . . . . . („ „ „ „ No. 9.)
12. „ . . . . . („ „ „ „ No. 10.)
13. . . . . . („ „ „ „ No. 11.)

Bibliographische Anzeigen.

Ueber die Sprache der Jakuten. Grammatik, Text und Wörterbuch. Von Otto Böhtlingk. St. Petersburg, 1851. 4. *)

Hr. Böhtlingk sah sich, wie S. XLIX. LII. der Einleitung berichtet wird, zuerst durch *Middendorff*'sche Mittheilungen zu Studien über das Jakutische veranlasst, ward später aber durch Hülfe eines unter den Jakuten geborenen und aufgewachsenen Russen Namens *Uwarowskij* in Petersburg so bedeutend in seiner Arbeit gefördert, dass er sich von dieser, halb unwillig halb willig, immer weiter und weiter fortziehen liess. Diesem glücklichen Umstande verdanken wir nicht nur das umfangreiche Werk über das Jakutische, sondern auch die eingehende Kritik des Kasem-Beg'schen Werkes, welche auch mit jenem in innerem Zusammenhange steht. Auslaufend aus dem Porte eines von den vielen türkischen Sonder-Idiomen begab sich somit Hr. Böhtlingk, zunächst freilich um von dem weiten Ausfluge zu diesem zurückzukehren und in dessen Spezial-Interesse, auf den allgemeinen und unermesslichen Ocean tatarisch-türkischer und mongolischer Sprachforschung; allein ihn leitete stets dabei der Gedanke, nicht nur wie er das Allgemeine für das Besondere nütze, sondern auch umgekehrt, was billiger Weise noch wichtiger, wie er Letzteres jenem dienstbar machen und so beide in fruchtbaren Verkehr umzechiger Beleuchtung versetzen könne. Wir wüssten aber dies Verhältniss nicht besser darzustellen, als mit des Vfs. eignen Worten S. 4 der Schrift zu Kasem-Beg: „Die Bearbeitung eines Zweiges der grossen türkischen Familie, der vor langer Zeit, noch ehe die jetzigen Türken und Tataren den muhammedanischen Glauben angenommen hatten, sich vom Hauptstamme trennte, sich also von allem arabischen und persischen Einfluss fern hielt, der keine Schrift und keine Literatur hervorbrachte und demnach von allen Einwirkungen einer einseitigen Gelehrtenkaste, die nicht selten eine Sprache auf das Aergste gemisshandelt hat, verschont geblieben ist — die Bearbeitung eines solchen Zweiges, sage ich, ist, dies kann schon a priori behauptet werden, im Stande mehr Licht auf den ganzen Sprachstamm zu werfen, als ein ausgebildeter Dialekt, der mehr oder weniger im Zusammenhange mit der grösseren Masse geblieben ist."

Das Werk nun selber über die, stark mit Mongolischen Wörtern versetzte (Gramm. S. 6.) Sprache jenes weit gen Ost an den Lenastrom vorgeschobenen christlichen Türkenstammes der Jakuten (nach S. 61., wenn ich, vgl. S. XXXIV., die Angabe recht verstehe, von etwa 200,000 Köpfen Stärke) kommt billigen Wünschen in entsprechendster Weise entgegen. Sogar, um damit den Anfang zu machen, an einem *Text* fehlt es nicht, welcher, gleichsam als grünende Praxis, der grauen Theorie belebend und bestätigend unter

*) Vgl. Zeitschrift Bd. VI, p. 578 ff.

die Arme zu greifen dient. Ja, was noch mehr sagen will, dieser bildet nicht ein rein linguistisches Hülfsmittel solcher Art, wie Bibelübersetzungen oder anderweite erbauliche Schriften, mit denen sich der Sprachforscher (und doch glücklich, wenn es deren von Sprachen ohne Literatur giebt) nur zu oft begnügen muss. Derlei Schriften nämlich (ich sehe davon natürlich ab, dass der Europäer sonst nichts daraus lernt) sind auch als Sprachmittel nur in untergeordneter Weise für ihn tauglich. Eben als auf eine Religion bezüglich, für welche der Sinn der zu bekehrenden Völker erst mittelst ihrer erschlossen oder doch gestärkt werden soll; dazu meist gefertigt von Leuten, die mit ihren Täuflingen selten von Jugend auf, sei es durch Gleichheit der Interessen und Schicksale oder durch Sprache und sonstigen Verkehr gleichsam zusammengewachsen sind und unter ihnen und mit ihnen gross geworden; von Leuten, die nicht immer einen offenen Sinn wissenschaftlicher Neubegierde, wie viel weniger (schon ihrem Geschäfte entgegen) ein nachsichtiges Herz mitbringen für, wenn auch tiefstehende, doch immer menschliche Anschauungs- und Gefühlsweisen jenseit ihrer gewohnten Katechismus-Ideen, — wie sollten, wie könnten sie, solche Schriften, zudem darin wohl in den meisten Fällen nicht auf die schlichte Erzählung, sondern auf abstruse Dogmatik der Hauptaccent geworfen wird, die in ihnen zur Anwendung gebrachte, d. h., weil ursprünglich wenig oder gar nicht auf den erheischten Zweck vorbereitet, erst für ihn umgeschaffene Sprache ein getreues Spiegelbild geben von ihrer wirklichen Natur in unbeschnittener und durch keine, wie geschickt auch immer sie sei, doch fremde Hand verbogener Freiheit? Anders, d. h. um Vieles besser, steht es mit unserem, „*Uwarowskij's Erinnerungen*" betitelten Jakutischen Texte. Nicht nur war vorgenannter Russe von Kindesbeinen an, weil zu Shigansk geboren und lange und weit im Lande der Jakuten umhergekommen und verblieben, auch ihres Idioms vollkommen mächtig, sondern er versteht es auch, obschon in einfacher, doch frischer und warmer Rede uns für sich zu interessiren und für seine Widerfahrnisse während eines auf Reisen, die an Beschwerlichkeit allen Glauben übersteigen, im fernen Sibirien umhergeworfenen und vielduldenden Lebens, einschliesslich seiner Erzählung über Land und Volk der Jakuten, insbesondere von S. 58 an, welche durch lebendige Anschaulichkeit der Darstellung wie durch Neuheit der Thatsachen wenigstens für uns Nichtrussen ausser Unterhaltung, desgleichen reiche Belehrung gewährt. Dazu noch, ausser ein paar Räthseln und einem Liede, eine mährchenhafte Erzählung, die eine Art Anthropogonie oder die Entstehungsgeschichte des Stammvaters der Jakuten vorstellt.

In der inhaltsreichen *Einleitung* seines überaus gediegenen Werkes bespricht der Vf., ausser den Quellen, woraus er schöpfte, und seinen Vorgängern (S. XXXVII. f.), welche, als nicht entfernt mit ihm den Vergleich aushaltend, für ihn auch nur von mässigem Nutzen sein konnten, überdem noch zwei wichtige Themata. Nämlich zu Anfange den *Unterschied zwischen Flexion und Agglutination* mit Bezug auf die von ihm behandelte Sprache und deren Verwandten; dann von S. XXVI ab bis XXIX *morphologische und logische Merkmale der Jakutischen Sprache* zum Behufe einer Charakteristik derselben für den Zweck einer allgemeinen physiologischen Eintheilung der

Sprachen, sowie S. XXIX. auf die Entfremdung der übrigen türkischen Sprachglieder aufmerksam gemacht wird, die zwischen ihnen und dem Jakutischen grösser sei als unter sich. Daran reihen sich Bemerkungen über die Stellung des Jakutischen sammt der türkischen (Jakutisch - Türkischen) Familie zu dem grossen *altaischen* Sprachgeschlechte überhaupt, welches nach Castrén in 5 Familien zerfällt, nämlich 3, die in einem näheren Verwandtschafts-Verhältnisse zu einander stehen sollen, als die übrigen beiden, d. h. ausser *Türkisch* noch *Finnisch* und *Samojedisch*; dazu *Mongolisch* und *Tungusisch*. Namentlich an einer etwas herben Kritik aber, die insbesondere an *Wilh. Schott's* zwei einschlägigen Werken „*Ueber das Altai'sche oder Finnisch-Tatarische Sprachengeschlecht*“, sowie dessen früherem „*Versuch über die Tatarischen Sprachen*“ geübt wird, sucht Hr. Böhtlingk den nachdrücklichen Beweis zu führen, wie uns zu einer eindringlichen und durchgeführteren Einsicht in das wahre Verhältniss der vorhin erwähnten fünf Sprachfamilien zu einander noch ausserordentlich viel abgehe.

Gern setzte ich mich vor Allem noch mit Hrn. Böhtlingk in Meinungsaustausch und, wo möglich, Einvernehmen rücksichtlich des von anderer Seite her angenommenen, von ihm aber mehr eingeschränkten Unterschiedes zwischen *agglutinirendem* und *flexivischem* Sprachbau, welcher erste dem altaischen, während letzterer dem indogermanischen Sprachstamme, pflegt beigelegt zu werden. Aber eine leidlich eingreifende Besprechung des schwierigen Gegenstandes — non haec capit pagina. Desshalb muss ich mich vor der Hand mit einem Hinweise begnügen auf zwei durch mich verfasste Anzeigen von *Steinthal's* Schrift: *Ueber die Classification der Sprachen*, von denen die kürzere in dieser Ztschr. 1852. S. 287—293., eine ausführlichere in den Blättern für lit. Unterh. 1852. No. 22. enthalten ist. Hr. Steinthal hat seinem Berlin 1852. 8. erschienenen Buche: *Die Entwicklung der Schrift* ein offnes Sendschreiben an mich voraufgeschickt, worin er mehrere meiner dortigen Einwendungen gegen ihn durch Gegeneinwendungen zu entkräften sucht; lässt aber Hrn. Böhtlingk, der doch in der Einleitung in manchen, und, in nicht wenigen Punkten darunter, wie mich bedünkt, nicht ohne Erfolg ihn gleichfalls bekämpft, aus mir unbekannten Gründen, und zwar sehr zu meinem Bedauern ganz zur Seite. Ihm, nicht mir wegen früherer Abfassung meiner Anzeigen vor Erscheinen des Böhtlingkschen Werkes war Rücksichtsnahme auf dasselbe möglich. Wer aber immer ins Künftige auf die verwickelte und nichts weniger als schon vollständig geschlichtete Controverse über den Unterschied von Flexion und Agglutination in anderer Weise als mit Machtsprüchen sich einlässt: ihm wird Hineinziehen der mancherlei beachtenswerthen, wenn auch vielleicht nicht immer das Ziel treffenden Bemerkungen zur Pflicht, welche Hr. Böhtlingk, den obigen Unterschied zwar gewiss nicht gänzlich aufzuheben, indess doch bedeutend abzuschwächen, vorbringt. In der Schärfe, mit welcher Hr. Steinthal, auch in der neuesten Schrift, seine, obschon daselbst S. 23 modificirte Classification von Sprachen hinstellt und festhält, hat er praktisch an den Sprachen selbst noch nicht zur Genüge aufgezeigt, ob und in wie weit sie in das von ihm entworfene Schema passen und mit den, als bezeichnendstem Ausdrucke ihres tiefsten Wesens für sie gewählten Epitheten sich auch wirklich decken. Wie wenig ich aber gemuthet bin, gänzlicher Verschwommenheit physiologischer Sprachunterschiede damit das Wort zu reden, kann ich doch nicht meine Zweifel unterdrücken, ob in physiologischer Rücksicht zwischen den Sprachklassen auch nur so starre und scharfe Grenzen bestehen, als etwa in genealogischer. Ja, der Charakter, will mich bedünken, von derartigen Unterscheidungen, welche unser Verstand versuchen mag, bleibe *in der Wirklichkeit* immer mehr ein *fliessender*, und sei selten ein so abgeschnittener und hermetisch abgeschlossener, dass, wie Hr. Steinthal uns glauben machen will, keinerlei Paschen von diesseit und jenseit möglich sei auch von Ansätzen zu gewissen (im Grunde selbst wieder mehr oder weniger flüssigen und in einander übergehenden) Gebilden, wie z. B. synthetische Formen oder analytisch aufgelöste Ausdrucksweisen, die mit der Hauptrichtung in Widerspruch ständen, welche eine Sprache entweder von vorn herein genommen, oder erst (wie z. B. in ihrer späteren analytischen Periode) allmälig eingeschlagen. Auch wundere ich mich eigentlich nicht darüber. Sind die Sprachen doch *sammt und sonders* Eines Geistes Kind, ja noch mehr, einerlei Körpers: nicht, obschon Erzeugnisse verschiedener und verschiedengearteter Völker, das Geschöpf einer anderen Gattung von Wesen als der Einen: *Mensch*. Was bei Thierarten sich viel anders verhält, indem ihr Entstehen und ihre Fortpflanzung lediglich unter das starre Gesetz unbiegsamer Naturnothwendigkeit gestellt ist, nicht zugleich, wie die Sprache, unter Gesetze *vernünftiger Freiheit!*

Wir kommen zum Hauptwerke, *Grammatik* und *Wörterbuch*. Es kann ihm nur nachgerühmt werden eine darin in gründlichster Weise zur Anwendung gebrachte Methode *comparativer* Sprachforschung, welche, dem Gebiete des Indogermanismus entnommen, sein Vf. auf den altaischen Sprachboden verpflanzt und für diesen fruchtbar gemacht hat. Um Catharina II. hatte sich in Folge der auf ihren Betrieb, ja unter ihrer persönlichen Theilnahme gesammelten und verfassten Vocabularia comparativa (s. Catherinens der Grossen Verdienste um die Vergleichende Sprachenkunde. Von *Friedr. Adelung*. Petersb. 1815. 4.) eine eigne Schule von Sprach-, oder richtiger gesagt: Wort-, höchstens in Folge des Bacmeister'schen Aufsatzes, Phrasen-Vergleichern gebildet, welche man die Russische heissen mag. Bei aller Achtung nun vor den Verdiensten, welche ihrem Treiben nach in näherem oder fernerem Bezug zu ihr stehende Männer, wie *Pallas, Christn. Gottl. v. Arndt, Friedr. Adelung*, der Neffe seines grösseren Onkels, Baron *v. Meriam, Schischkoff* (s. von mir die Rec. seiner Recherches, Berl. Jhb. Sept. 1836. nr. 44.), *Jul. Klaproth, Adrian Balbi* u. a. um die Anfänge der Linguistik und des vergleichenden Sprachstudiums sich erwarben: — die Ziele jener Männer sind nicht mehr die unsrigen, oder vielmehr stehen mit schwerer erringbarer Palme winkend und weit hinausgesteckt jenseit der ihrigen. Wohl mag ein solcher Rückblick auf die Vergangenheit die Freude erhöhen über die Gegenwart, und deren unermesslichen Fortschritt. Nicht zu gedenken nämlich eigner *Gesellschaften* zu Erforschung besonderer Sprachen und Literaturen, wie der *Lettisch-Literärischen* *); *der gelehrten Esthnischen Ge-*

---

*) Ihre Statuten, russisch und deutsch. Mitau 1827. Vgl. Napiersky,

sellschaft zu Dorpat *), welche 1838 zusammentrat; der rüstigen *Finnischen Literatur-Gesellschaft* (Finska Litteratur-Sällskapet) **); oder der allgemeinere Zwecke verfolgenden, indess auch die Sprachen nicht ganz unbeachtet lassenden *Kurländischen Gesellschaft für Lit. und Kunst* ***) macht jetzt in jenem weiten, zur Förderung der Sprachkunde durch Lage und sonstige Umstände aufgeschlossenen, ja genöthigten Reiche, wie, etwa Grossbritannien und Nordamerika ausgenommen, kein zweites, ich meine in Russland, — ein ungemein reges Leben in gedachtem Fache sich bemerkbar. Will man auch nur wenige der Hauptleute namhaft machen, die sich dort mit eigentlicher Sprachforschung und zum Theil im neueren Geiste befassten, als z. B. ausser *J. J. Schmidt* (Mongolisch; Tibetisch), der nicht mehr unter den Lebenden wandelt: *Böhtlingk* (Sanskrit u. s. w.); *Brosset* (Georgisch, Armenisch); *Castrén* (Finnische, und Sibirische Idiome, z. B. Ostjakisch); *Dorn* (ausser andern orientalischen Sprachen insbesondere noch Puschtu); *Gräfe* (Griechisch, Vergleichung Indogermanischer Sprachen und Slawisch); *Kasem-Beg* (Türkisch-Tatarisch); *Kellgrén* (Finnisch); *Kowalewskij* (Mongolisch) nebst *Bobrownikow* und *Popow* (Kalmückisch); *Schiefner* (Tibetisch); *Sjögrén* (Finnische Sprachen; Ossetisch); *Trajanskij* (Tatarisch); *Wiedemann* (Uralische Sprachen); *Wostokoff* (Altslawisch, Russisch) u. s. w.; — so erhält man schon eine recht stattliche Reihe. In dieser nicht der Letzten einer, hat, wie gesagt, Hr. Böhtlingk sein Werk in ächt wissenschaftlicher Weise ausgeführt. Schon, dass er nicht für Schreibung des Jakutischen die, weil vage, auch bequeme, allein dem Sprachforscher sehr undienliche Arabische Schrift wählte, sondern sich dafür, wie Sjögrén bereits mit dem Ossetischen gethan, ein, den Laut schärfer markirendes, aus Russische sich anlehnendes Alphabet zurecht machte: beweist für seinen tiefer gehenden Sinn, dem nicht verborgen blieb, welche hohe Achtung der Sprachforscher auch dem blossen Laute schuldig sei. Zumal bei der höchst merkwürdigen *Vocalharmonie* in

---

Chronol. Prospect der Lettischen Lit. von 1587 bis 1830. Mitau 1831. 8. nr. 455. Sie giebt ein *Magazin* heraus I. II. Bd. 1829. 8. s. Napiersky nr. 460. Bd. V. 1837. Ferner liess sie eine von ihr gekrönte: Lettische Sprachlehre von *Heinr. Hesselberg* Mitau 1841. 8. (s. A. L. Z. Juli 1843. nr. 121.) drucken. Hat sie noch immer nicht das *Stender*'sche Wörterbuch durch ein neues ersetzt?

*) Von ihr erschienen *Verhandlungen*. I. Bd. in 4 Heften. Dorpat 1840—1846. (s. A. L. Z. Juli 1847. nr. 145.) II. Bd. 4. Heft 1852. 8.

**) Unter ihrer Leitung erscheint: *Suomi*, Tidskrift i fosterländska ämnen (Finnland, Zeitschr. für vaterl. Gegenstände). Helsingfors. 1. Jahrg. 1841. 11ter 1851. 8. Enthält ausser manchem sonstigen Lehrreichen auch mehrere Abhandlungen über Sprachliches. — Ueberdem macht sie sich durch Herausgabe nützlicher Werke in Finnischer Sprache unter dem allgemeinen Titel: *Suomalaisen Kirjallisuuden Seuran Toimituksia* um ihre Landsleute, allein durch Ausgaben, wie vom grossen finnischen Epos *Kalevala*. Helsingissä 1849. 8., auch um das Ausland verdient.

***) Ward 1816. gestiftet, (vgl. Sendungen. Bd. III. S. 129. *Napiersky*, Darstellung des Lebens und Wirkens von *J. Fr. von Recke*.) und gab heraus: 1) *Jahresverhandlungen* I. Bd. Mitau 1819. II. 1827. 4 2) *Sendungen* I Bd. 1840. II. 1845. III. 1847. 4. 3) *Arbeiten*. 3 Hefte 1847. 8.

Wurzel und Anhängsel, die sich auf diesem Sprachgebiete eine so grosse Geltung verschafft hat und wohl kaum in: the modern abusive [!] rule of „*lethan le lethan, acas cael le cael*" that is, „that the quality of the first vowel of every syllable must be the same (*broad* or *small*) as that of the preceding" (E. O'C.) Gramm. of the Gaelic lang. Dublin 1808. p. X., eher noch im Deutschen Umlaute und in der Zendischen Vokal-Assimilation ein schwaches Analogon findet. Ueberhaupt ist auf die *Lautlehre* grosse Sorgfalt verwendet, wie man schon daraus ersehen kann, dass sie von der, über 300 Seiten sich erstreckenden Grammatik mehr als ein Drittel (S. 1—116) umfasst, während *Wortbildung* und *Wortbiegung* (wovon die Wortbildung in den bisherigen Grammatiken, fehlt sie anders nicht ganz, doch die partie honteuse auszumachen pflegte) von da bis S. 218., die *Syntax* auf dem Reste abgehandelt werden.

Alle Sprache beruht, wie man freilich mehr präjudiciell und theoretisch anzunehmen pflegt, (s. indess W. v. Humboldt, Versch. des Sprachbaues, §. 25: Ob der mehrsylbige Sprachbau aus der Einsylbigkeit hervorgegangen sei?) auf ursprünglicher *Einsylbigkeit* der Grundbestandtheile, oder, wie man sich gewöhnlich ausdrückt, *Wurzeln*. Dies aber nicht nothwendig immer nach der *geschichtlichen Genesis* der Sprache, sowie dieselbe entschieden nicht von dem Einfachsten, d. h. zumeist nur von Produkten unserer Analyse, den blossen Lauten, oder *Buchstaben*, ausgeht, nicht einmal von den Wörtern an sich, vielmehr von vorn herein — in medium rapit rem, und nur erst im Satze, als, begrifflich mindestens, schon sehr Complicirtem aus der Unruhe und Bewegung von einzelnen Satztheilen zum Abschlusse und zu einer gewissen Befriedigung gelangt. Dagegen, meint man weiter, nach einer vom sprachschaffenden Geiste, ob auch nachmals verdunkelten, im Beginne mit natürlich nicht selbstbewusster, sondern instinctiver Klarheit festgehaltenen Scheidung zwischen zweien, zu Eins verbundenen syllabaren *Elementen*, oder mehr. Solcherlei Doppelgebilde aber hätte man sich, wenn auch als zwei, uranfänglich getrennte geistige Conceptionen, doch etwa als in ihrer Verwachsung zur Welt gekommene Zwillingsgeburten vorzustellen, von, so zu sagen, entweder gleichem Geschlecht (wie von den *reduplicirten* Bildungen gelten würde = AA, ohne geschichtlich ihnen vorausgehendes Simplex A) oder auch ungleichem (AB, BA u. s. w.). Letztere, welchen mehr als Ein Eindruck zum Grunde liegen muss, zerfielen dann wieder in zwei Abtheilungen. Deren eine enthielte Gebilde von zwei *gleichgewichtigen* Elementen oder Wurzeln (RR), wie der *Semitismus* allem Vermuthen nach als Prototypen der späteren vierconsonantigen Formationen bereits, ja, was eben das merkwürdige ist, fast durchweg in seinen Radices triliterae Verwachsungen besitzt, vielleicht sagen wir besser, um nicht der Vorstellung von rein äusserlichem Aneinanderkleben Raum zu geben, Durchwachsungen von zwei Wurzelelementen, oder verargt man uns nicht ein anderes Bild, Gestaltungen] beider zu einem Keins von beiden, zu einem *neuen* Dritten, welcherlei in der Chemie aus einer Base mit einer Säure hervorgehen. In der andern aber dürfen wir den Indogermanischen Verbalcompositen (PR, d. h. Präposition mit Wurzel) analoge Bildungen vermuthen, die *Delitzsch* und *Fürst* in den Semitischen Sprachen zwar auch gesucht, ich besorge jedoch, nicht gefunden haben. Es wäre nicht nothwendig, das zweite der beiden Grundelemente sei wirkliche Präposition und werde präfigirt: es genügte, bei welcher Stellung immer (Prä-, Suf- oder auch Infix, also FR, RF u. s. w. d. h. Affirmativ und Wurzel u. s. w.), das eine sei nicht auch ein dem verbalen gleichberechtigtes, sondern nur unterordnungsweise ihm beigegebenes von *minderem* Gewicht, als z. B. nach Art von Adverbien oder als Charakteristicum zum Behufe auxiliarer Nüancirung des Hauptbegriffs, ähnlich den sog. Conjugationen bei den Semiten, wie Causativa, Desiderativa, Reflexiva u. s. w. Darf man anders nun obigen Satz vom Monosyllabismus der Sprachwurzeln auch in andern Sprachen als den Indogermanischen, wo er thatsächlich erwiesen ist, geltend machen, so hat, wie anderwärts, auch im Jakutischen die Forschung noch ein tüchtig Stück der allerfeinsten und mit grösster Vorsicht auszuführenden Arbeit vor sich in fernerer Zerlegung solcher *zwei- oder gar dreisylbiger* Stämme, die in noch einfachere Elemente aufzulösen Hr. Böhtlingk's eifrigem Bemühen bis jetzt nicht gelang, was auch nicht zu verwundern, da dies bei den Sprachschwestern vom Jakutischen noch wenig versucht worden. Nach dem Genius der altaischen Sprachen aber zu schliessen, welchen eigentliche Präfigirung nicht genehem ist, würde ich innerhalb derselben kaum andere Doppelgebilde erwarten als nach den Formeln RR oder höchstens RF (nicht FR oder gar PR).

Jede sog. *Wurzel*, um dies im Anschluss an das vorige, und weil es auch mit Betrachtungen in Bezug steht, welche Hr. Böhtlingk in der Einleitung anstellt, hier noch mit zu berühren, hat getrennte, selbständige Sprechbarkeit, das schliesst auch ein: den Charakter der *Syllabarität* zu einer der beiden Vorbedingungen ihrer Möglichkeit. Zwar falsch wäre der Satz: Keine Sylbe, die nicht zugleich Wurzel (obschon im weiten Gesammt-Sprachgebiete dies wahrscheinlich immer einmal irgendwo, nur nicht gerade in einer *bestimmten* Sprache, zutrifft), wohl aber ist der umgekehrte richtig: *Keine Wurzel*, es wäre denn durch spätere Verschrumpfung in Wortcomplexen, *die nicht zugleich Sylbe!* Ein der Wurzel nothwendig zukommendes Attribut, wodurch allein schon sie über den einfachen Laut oder Buchstaben erhoben ist. Es muss aber zu jenem physischen noch ein zweites Moment, ein geistiges, hinzutreten, um eine Sylbe, die an sich noch nichts weniger als Wurzel ist, zu einer wirklichen Wurzel zu machen, nämlich das eines in sie gelegten, will man so lieber, aus ihr resultirenden intellectuellen oder doch überhaupt psychischen Inhalts, mit einem andern Worte: das der *Bedeutsamkeit*. Zwar, wenn, was einem Ganzen zukommt, seinen Theilen nicht durchaus fehlen wird, so geht auch, für unsern Fall, den Bestandtheilen der Wurzel, d. h. den Einzelbuchstaben, schon articulirten Lauten der *μέροπες ἄνθρωποι* (d. h. wahrsch. mit wohlgetheilter Rede, nicht bloss thierischem Geschrei begabter Menschen) der Grundcharakter der Sprachwurzeln sowohl als überhaupt aller Sprache, nämlich Bedeutsamkeit, nichts weniger als völlig ab. Als *menschliche*, nicht mehr blosse Naturlaute nämlich, haftet an ihnen allerdings schon etwas Psychisches: ja dies, weil, in ihren Complexen, zu Eindrücken, durchaus nicht allein auf Gefühl und Imagination (womit die Wirksamkeit etwa musikalischer

Töne abschliesst), sondern auch auf den denkenden Verstand von Jenem, welcher uns die Redegabe verlieh, berechnet, — nicht der allerniedersten Art. Inzwischen ihre, der Buchstaben Bedeutsamkeit, in so fern sie ja ohnehin in der Sprache selten vereinzelt vorkommen, und noch nichts als Sylben-Keime sind von, wie scharf und bestimmt auch ihre Unterschiedenheit in Sprach- und Hörorgan, und ihr verschiedener Eindruck, angenehmer unangenehmer; starker schwächerer; rauher linder u. s. w. auf die Seele, von vagem und sich noch zu sehr ins Allgemeine verlierendem Charakter, kann erst das *werdende* Wort, oder der Wortkeim, d. h. die Wurzel, einen bestimmter umschriebenen Sinn in sich aufnehmen, d. h. eine, über die blosse Empfindung hinausgegangene *Vorstellung* zur geistigen Grundlage erhalten. Keine Nothwendigkeit aber entscheidet darüber, sondern es ist, wenn auch sicherlich nicht rein willkührlichem, mindestens durch innere Bestimmungsgründe gleichwie durch einen zwingenden Drang hervorgerufenem, aber auch durch sie eingeschränktem subjectivem Belieben der Völker anheim gegeben, ob an einer so oder anders lautenden Sylbe diese oder jene Vorstellung als haftend innerhalb einer Sprache solle, und das ist zum Verständniss der Rede schlechthin nothwendig, betrachtet, d. h. gleichsam mit diesem *Werthe*, einer cursirenden Münze gleich, ausgegeben und andrerseits angenommen, ja wieder-ausgegeben werden. Jenseit gewisser Sprachgrenzen aber hört der innerhalb ihrer gültige Werth auf; ja es kann kommen, um im Bilde zu bleiben, dass an einem Orte Goldeswerth hat, was am anderen nur den von Kupfer, oder umgekehrt; d. h ohne Bild, wie oft schon in Einer Sprache bald derselbe oder doch nahezu gleiche Sinn in verschiedenen (*synonymen*, Aehnliches oder Gleiches *bedeutenden*) Wörtern seinen körperlichen Ausdruck findet, oder ein völlig anderer in gleich-*lautenden* (*homonymen*), so auch sehen wir — und zwar, wird ausdrücklich von späterer durch rein phonetischen Wandel entstandener Laut-Gleichheit oder Laut-Verschiedenheit Absehen genommen, — verschiedene Sprachen nicht selten, oder die genealogisch unverwandten in der Regel allezeit, von den ganz *übereinlautenden* Wurzelkörpern, gleichsam als wohne ihnen eine völlig andere Seele ein, trotz des Gleichlauts, jede einen himmelweit von dem der andern *verschiedenen*, und in umgedreheter Folge, von lautlich *ungleichen* Wurzeln, der Lautverschiedenheit ungeachtet, einen ganz nahe gerückten oder wirklich *gleichen* Gebrauch machen. Eine Bewerthung und geistige Belebung von Lautgebilden, welche, weil eigentlich, obschon auf unbewusster Wahl, dennoch auf einem Akte der Freiheit beruhend und vielleicht um nichts weniger erklärlich, als etwa die häufig ungleiche Beschlechtung des eigentlich Ungeschlechtlichen in verschiedenen Sprachidiomen, gleichwohl, vollends die Polysemantie innerhalb Einer Sprache hinzugenommen, des Wunderbaren und Geheimnissvollen in ihrem Schoosse gar Vieles birgt. Wir haben die Wurzel in ihrem Bezuge nach unten hin, d. h. zu Buchstab und Sylbe, betrachtet: es bleibt uns, ihrem Erhalten nach oben hin, nämlich zum Worte, noch einige Aufmerksamkeit zu schenken übrig. Obgleich nach abwärts zu von einem in sich genugsamen Bestande, bleibt die Wurzel nach aufwärts, als bloss werdendes, *noch nicht gewordenes* Wort, in unruhvoller Schwebe, und bedarf zum Stillstande, erst wirkliches *Wort* zu sein, d. h. eines festen Bodens innerhalb des, alle die engeren Kreise von Buchstab, Sylbe (Wurzel), Wort in sich befassenden weiteren Kreises, oder *Satzes*. Vgl. Etym. Forsch. I. 147 fg.

Das fertige Wort bleibt mit Bezug auf den Satz doch nur gewissermassen eine Sylbe oder Buchstab, das will sagen, ist nur gewissermassen Vorbereitung und Bauholz für den aus Wörtern zu errichtenden, *werdenden Satz*. Oder, wenn *Wort : Satz = Buchstabe : Sylbe*, oder *Sylbe : Wort*, so drückt das noch selbst des Wortes Unzulänglichkeit, ja wenn man will selbst Unfertigkeit *ausserhalb* des Satzes aus, obwohl es immerhin geschehen mag, dass ein einzelnes Wort, in einer bestimmten Wortform gedacht, ja, nicht genug dass eine Einzelsylbe, sogar möglicher Weise ein Einzellaut (Vocal), wie z. B. Lat. *i* (geh), einen ganzen, nach seinen Bestandtheilen gleichsam in Eins zusammengedrängten Satz repräsentirt. Das Unterscheidende zwischen Wurzel und Wort ist aber dies, dass jene, an sich nur, wie die Buchstaben *vor* ihrer Zusammenfassung in Sylben, wenn auch unbekleidet in der Sprache vorliegend, doch im Grunde nur mittelbar durch Analyse aus ihr abgezogen, des Charakters ermangelt, welcher, diesem nothwendig, darin besteht, *Redetheil* zu sein, d. h. innerhalb des Satzes einer bestimmten Sprachkategorie anheim zu fallen, und, wenn auch nichts weniger als immer zugleich körperlich, doch *geistig* das Gepräge des betreffenden Redetheils, z. B. als Nomen oder Verbum, und in Folge davon auch bestimmter, durch den Redetheil bedingter Wortformen aufgedrückt zu enthalten. Die Wurzel als solche verhält sich noch gegen einen bestimmten Redetheil wie gleichgültig, in welcher Weise z. B. Sskr. *pad* (gehen), das man sich am passendsten als Participium „Gehendes" denkt, nominal fixirt ein gegenständlich ganz *bestimmtes* Gehendes, den Fuss, bezeichnet, sonst aber, als Verbum, das Gehen beliebigen, wenn auch für den einzelnen Fall, bestimmter als beim Participium, das *allen* Personen angehören kann, nach Person unterschiedenen (z. B. *padati*) Subjecten prädicirt. Eine Wurzel, obschon man sich meistens, hauptsächlich wohl der noch im Verbum bemerkbaren grösseren Flüssigkeit wegen, nur von Verbal- (kaum, höchstens, wie beim Pronomen, von Nominal-) Wurzeln zu reden gewöhnt hat, ist an sich weder verbal noch nominal; und die etwaige, vielleicht indess sehr müssige Frage nach *Priorität* von Nomen oder Verbum in den Sprachen (die Prof. Buschmann A. L. Z. Febr. 1848. S. 277 fg, vgl. Etym. Forsch. I. 155, aus nicht unerheblichen Gründen zu Gunsten des Nomens entscheiden möchte) besagt ganz etwas anderes, da die Wurzel in der Sprache, d. h. nicht als blosses Präparat des Forschers genommen, stets nur *im* Worte, oder auch nach Umständen für sich allein, und ob zwar aller sonstigen Zugabe baar, durch Stellung, Redezusammenhang, Partikeln, *als* Wort zur Erscheinung kommt. Buschmann stützt sich z. B. auf den Umstand, „dass seine [des malayischen Sprachstammes] einfachen Wörter an sich meist Substantiva und Adjectiva sind, denen sich das Verbum nur beigesellt als durch einen Nominal-Ausdruck bewirkt; *Nomen* und *Verbum* sind grösstentheils in *Einem* Worte verbunden, und die ursprüngliche Beziehung ist meist die nominale"; wie denn überhaupt, weit gefehlt, dass ein eigentliches, wahrhaftes Verbum, d. h. ein Prädikatsbegriff in Gebundenheit mit Copula und generellem Subject (Person), in allen Sprachen vorkäme, vielmehr viele es nie über einen in Strenge nur nominalen Prädikatsbegriff von, wenn man will, participialem Charakter hinaus bringen. Vgl. hiermit z. B. S. XV der Einleitung: Böhtlingk's Frage: „Warum sollen (Indogermanische) Formen, die nur Wurzel und Pronominalendung enthalten, nicht aus der Verbindung eines participialen Nomens — mit einem selbständigen Pronomen entstanden sein?" Darauf wäre in *Rapp's* immerhin dankenswerthem „Grundriss der Gramm. des Indisch-europäischen Sprachstammes" Erster Bd. Stuttg. 1852. 8. eine indirekte Antwort auf S. 4. enthalten, welche freilich, ohne Rücksichtsnahme auf andere Sprachstämme bloss vom Indogermanismus her erschlossen, ernsten Angriffen nicht leicht Stand halten würde. Sie lautet: „Diess ist der gewöhnliche analytische Weg der Grammatik. Wir schweigen noch von der viel consequenteren Analysis des modernen Razionalismus in der Grammatik, welche die ganze Sprachbildung durch Composizion erklärt, welcher die Derivazion und die Flexion nur verdunkelte Compositionen sind, oder *von der Agglutinationstheorie, welche gegenwärtig in Deutschland die berühmtesten Meister der Sprache zu offenen oder geheimen Anhängern zählt.*" Wem, wie Rapp und vor ihm Becker, die Pronomina *abgerissene* Verbal- und Nominal-Endungen sind (S. 17), der muss, wo, wie in vielen Sprachen, Pronomen und Verbalwurzel, und zwar nach der Ansicht von uns Uebrigen, *von vorn herein getrennt* stehen, diese Sprachen nothwendig erst nachmals wieder sich in jene polarisch einander entgegen gesetzten Elemente *zerfallen* lassen. — Dazu ferner vom flexionslosen Verbal- und flexionslosen Nominalstamm, dem vieldeutigen sog. Casus indefinitus (S. XIII.), in den altaischen Sprachen s. S. XXII.

Noch werde bemerkt, dass der Bogen 29, wenigstens in meinem Exemplare, nicht nur vielerlei Ungehöriges enthält, sondern auch der Bezifferung nach nicht passt; wesshalb also wohl, statt seiner den richtigen Carton einzulegen, vergessen worden. Pott.

Revue de l'Orient de l'Algérie et des Colonies. Bulletin et actes de la société orientale, algérienne et coloniale de France. Recueil consacré à la discussion des intérêts de tous les états orientaux, de l'Algérie et des colonies françaises et étrangères, et à l'étude de la géographie, de l'histoire, des littératures, des sciences, des religions, des moeurs et des coutumes des peuples de ces diverses régions. Rédigé avec le concours des membres de la soc. or. Rédacteur en chef, M. J. D'Eschavannes, membre titulaire de la Société orientale de France. Paris, au bureau de la revue, chez Just Rouvier, libraire.

Die Société orientale de France veröffentlicht seit ihrer Gründung im Jahre 1841 eine Zeitschrift, die unter dem vorstehenden Titel in monatlichen Heften erscheint. Die Gesellschaft verfolgt nicht, wie ihre ältere Schwester, die société asiatique, rein wissenschaftliche Zwecke, ihr Zweck ist vielmehr, nach dem Wortlaute ihrer Statuten, d'explorer l'Orient moderne et de faciliter cette exploration, soit en procurant aux voyageurs des relations dans les contrées qu'ils parcourent, soit en donnant une utile publicité à leurs écrits; de défendre les intérêts français et les populations chrétiennes en Orient; de répandre les bienfaits de la civilisation en ouvrant de nouvelles voies au commerce et à la colonisation." Die Gesellschaft beschränkt sonach ihre Thätigkeit nicht auf den Orient im engeren Sinne des Wortes, sondern zieht auch eine Menge ausser Asien gelegener Länder in ihren Bereich, und richtet ihr Augenmerk weniger auf die Sprachen und Litteraturen, als auf die gesellschaftlichen Verhältnisse der verschiedenen Länder, Geographie, Ethnographie, Naturgeschichte u. s. w. Die Hauptstelle nimmt natürlich Algier ein, als die wichtigste französische Besitzung, der in den uns vorliegenden Heften beinahe zwei Drittheile des Raumes gewidmet sind, ferner Aegypten, die Küstenländer des schwarzen Meeres, ganz Asien in weitester Ausdehnung, Japan und die japanischen Inseln, Afrika nebst Madagascar und den übrigen Inseln, ganz Oceanien so wie die französischen Besitzungen im Westen. Die Mitglieder der Gesellschaft und Mitarbeiter ihrer Revue sind nicht ausschliesslich Gelehrte und Orientalisten von Fach, sondern zum grössten Theil Männer die in jenen Ländern entweder ihren Aufenthalt haben, als Militär- und Civilbeamte, Kaufleute, Missionäre, oder als Reisende dieselben aus eigner Anschauung kennen lernten. Nach dem Zwecke, den sich die Gesellschaft gesetzt hat, lässt sich erwarten, dass ihre Zeitschrift sehr reichhaltig sein wird, und wenn auch nicht alle Aufsätze von gleichem Werthe, wie bei der Mannigfaltigkeit des Inhalts kaum möglich, so sind doch die meisten von hohem Interesse und zum grössten Theil eben so belehrend als unterhaltend. Ueber die Verwaltung und Gesetzgebung, Handel, Bodenerzeugnisse, Colonisation, die eingeborne und eingewanderte Bevölkerung Algiers und der angränzenden Länder, Tunis, Marocco, Tripolis, finden wir in den uns vorliegenden Jahrgängen 1850 bis 1853 mehrere werthvolle Abhandlungen von Lavollée, Hardy, Dupin, Mac Carthy, Fournel, Hautpoul, Prax u. a. Den katholischen Missionären und anderen Reisenden verdankt die Revue einige wichtige Mittheilungen über wenig bekannte Gegenden des östlichen Asiens, Tibet, China, die Inseln Oceaniens u. s. w. Am Ende jedes Monatsheftes findet sich unter der Ueberschrift: „Chronique d'Orient et des colonies" eine Uebersicht der wichtigsten politischen Ereignisse in den Ländern welchen die Gesellschaftt ihre Aufmerksamkeit widmet. Jeder Band zu sechs Monatsheften hat ein vollständiges alphabetisches Register. Dass in einer Zeitschrift, die sich einen so grossen Kreis gezogen hat, nicht alle Aufsätze gleich gediegen sein können, liegt am Tage, und wir finden in der Revue de l'Orient nebst vielem Trefflichen auch manches, was nur auf die Unterhaltung eines grösseren Leserkreises berechnet scheint, selbst manches, was in gar keiner Beziehung weder zu dem Orient noch zu den Colonien steht; auch sind manche Abhandlungen anderen Werken entlehnt, theils mit, theils ohne Angabe der Quellen. Unter letzteren namentlich finden wir einige, welche die Zeitschrift der Deutschen Morg. Ges. auf den ersten Blick als ihr Eigenthum wiedererkennt, nemlich Bd. XII. (1852) der Artikel über die Akademie der Wissenschaften in Constantinopel, ist von S. 362 bis zu Ende, nebst den Statuten der Akademie und dem „modèle de diplôme accordé aux étrangers", eine getreue Uebersizung aus unserer Zeitschrift (Bd. 6. S. 273 ff.). Das Modèle de diplôme ist, mit Auslassung des Namens, nichts anderes als das Diplom des Herrn Freiherrn von Hammer-Purgstall; selbst der Brief des zweiten Präsidenten, welcher das Diplom begleitete, ist nicht vergessen, und die Namensunterschrift „Cheiroulla," zeigt deutlich die deutsche Quelle, denn ein Franzose, der das türkische Alphabet nur einigermassen kennt, dürfte wohl kaum den Buchstaben خ durch das französische *ch* wiedergeben. Der neueste Jahrgang enthält S. 47 ff. und 97 ff. einige von Herrn Allain in der Wüste gesammelte neu-arabische Gesänge, in denen man ebenfalls auf den ersten Blick die in Bd. 6 unserer Zeitschrift, S. 190 ff. von Wallin mitgetheilten Lieder wiedererkennt. Dass Herr Allain dieselben Lieder in der Wüste hört, wie ein anderer Reisender, kann an und für sich nicht auffallen; dass er sie aber genau unter denselben Umständen hört und vier derselben genau in derselben Reihenfolge mittheilt wie Wallin, und selbst seine Erläuterungen, mit Auslassung alles Sprachlichen, sonst buchstäblich mit denen Wallin's übereinstimmen, ist unläugbar ein höchst bemerkenswerther Zufall. Unter den Aufsätzen, welche die bis jetzt ausgegebenen Hefte des laufenden Jahres enthalten, heben wir noch als besonders wichtig hervor „Le Sahara et le Soudan, documents historiques et géographiques recueillis par le Cid-el-hadj-Abd'-el-Kadir-ben-Abou-Bekr-et-Touerty. Avec un alphabet Touareg inédit," von Hrn. Abbé Bargès; — „Tableau historique de la dynastie des Beni-Djellab, Sultans de Tougourt, par l' iman Cid-el-Hadj Mohammed-el Edrissy," aus dem Arabischen übersetzt von Hrn. Abbé Bargès. — Eine Abhandlung „des races dans l'empire Ottoman" von Hrn. M. A. Ubicini, die einen sehr klaren Blick in die Verhältnisse der verschiednen dem türkischen Scepter unterworfenen Völker und die Verwaltung des türkischen Reiches giebt und gerade jetzt, wo die Türkei die Aufmerksamkeit von ganz Europa auf sich zieht, doppelt interessant ist. Von archäologischem Interesse ist ein Aufsatz über Arsennaria in der Provinz Oran, von Hr. Mac Carthy. Wenn wir uns hier auf die Anführung dieser wenigen Abhandlungen beschränken, so geschieht es nur, weil der Raum eine vollständige Angabe des reichen Inhaltes der Zeitschrift nicht gestattet, und wir wünschen, nicht allein im Interesse der orientalischen Wissenschaft, sondern der Civilisation überhaupt, den Bestrebungen der Société orientale einen günstigen Fortgang.

Z.

Epische Dichtungen, aus dem Persischen des Firdusi, von Adolf Friedrich von Schack. 2 Bde. Berlin 1853. 8.

Schneller als man zu hoffen berechtigt war, ist eine Fortsetzung der „Heldensagen des Firdusi" des Herrn von Schack *) erschienen, und diese neuen zwei Bände enthalten nicht etwa eine blosse Nachlese, sondern zum Theil gerade die grossartigsten und ergreifendsten Erzählungen des Iranischen Epos. Die hier mitgetheilten Sagen sind: 1. *Sal und Rudabe*; 2. *der Untergang des Sijawusch*, und die unmittelbar damit zusammenhängenden Erzählungen

*) Vgl. Zeitschr. Bd. VI. S. 447 ff.

3. von *Kai Chosru's Heimkehr*, und 4) *Kai Chosru's erster Kriegsfahrt*; 5. und 6. zwei Episoden aus den Kämpfen Kai Chosru's mit Afrasiab, nämlich *Human und Bischen* und *der Kampf der eilf Recken*; 7. *das Verschwinden des Kai Chosru*; 8. *die sieben Abenteuer des Isfendiar*; 9. *Rustem und Isfendiar*. Bei dem durch mannigfaltige Interpolationen entstellten und in den einzelnen Handschriften vielfach abweichenden Texte des Schahname, hat sich H. v. Schack nicht an einen einzelnen der vorhandenen Texte gebunden, sondern, wie in den „Heldensagen", neben den in den beiden Ausgaben von Macan und Mohl vorhandenen Recensionen, das ihm gehörende Manuscript aus dem J. 912 H. und noch andere ihm erreichbare Manuscripte berücksichtigt, und auch hie und da, ohne durch die Autorität der Handschriften gestützt zu sein, sich durch Conjectur einzelne Aenderungen erlaubt. In der Uebersetzung selbst ist er dem früher befolgten Grundsätze treu geblieben, sich so eng als möglich an den Wortlaut des Textes anzuschliessen, ohne jedoch den Geist und Totaleindruck des Originals unerheblichen Einzelheiten in Bild und Ausdruck aufzuopfern. Die Ersetzung des persischen aus Bahrien bestehenden Versmaasses durch das der deutschen Sprache geläufigere jambische rechtfertigt er mit der vollkommen gegründeten Bemerkung, dass, abgesehen von der Eintönigkeit jener Verse für das anders gewöhnte deutsche Ohr, damit alle amphibrachischen, daktylischen und anapästischen Worte und Wortfolgen, das heisst der grösste Theil des deutschen Sprachschatzes gänzlich ausgeschlossen, die Nennung vieler Namen und Dinge, die in der persischen Poesie eine grosse Rolle spielen, verboten, mithin die Nachbildung des Firdusischen Epos zur Unmöglichkeit würde. Das grosse Interesse, welches schon die „Heldensagen" erregt haben, lässt, bei den hohen Vorzügen wodurch auch diese neuen Uebertragungen sich auszeichnen, welche das persische Epos in Inhalt und Form zu ungestörtem Genusse des Lesers treu abspiegeln, die Verwirklichung der auf die Verwandtschaft des Iranischen und Germanischen Stammes und Sinnes gegründeten Hoffnung des Verfassers erwarten, „dass die unvergleichliche Lebenskraft dieser Dichtungen ihnen bei uns wenigstens einen Theil der Verbreitung und Popularität erwerben werde, deren sie sich im Morgenlande erfreuen."

K. H. Graf.

Nouvelles annales des voyages et des sciences géographiques: rédigées par M. Vivien de Saint Martin. 1852. XXIX. XXX.

XXIX beginnt (p. 1—43. 162—187) mit einem Auszug aus dem officiellen Bericht des Kriegsministers an Louis Bonaparte, damals noch Präsident der Republik, über Algier und die gegenwärtigen Verhältnisse der einzelnen arabischen Stämme zu dem französischen Gouvernement. — Fürst *Em. Galitzin*, einer der thätigsten Mitarbeiter an dem Journal, giebt S. 44—79 eine Beschreibung von Daghestan, woran sich S. 80—90 eine Note des Redakteurs über die Lesghier schliesst — *C. Defrémery* theilt p. 91—119. 327—353 Auszüge mit aus: Bokhâra, its Amir and its people: translated from de Russian of *Khanikoff* by the baron A. A. de *Bode*, London 1845. — *Cherbonneau* giebt p. 129—161. XXX, 1—33. 177—204 eine Uebersetzung aus der Reise des *Ibn Batuta* durch Nordafrika und Aegypten im Beginn des 14. Jahrh.; woran sich viele schätzbare Noten von Defrémery schliessen. — Aus einem spanischen Mspt. ist p. 188—210 die Reise des *G. Robledo*, die er 1536 auf Befehl Pizarro's in das Innere von Ancerma, Quiavana und der benachbarten Landstriche übernahm, übersetzt. — *A. Gallatin* berichtet p. 211—232 über die Indianerstämme von Nordamerika nach der 1836 in Cambridge (New-England) erschienenen Archaeologia Americana. — Baron *A. Bode* handelt p. 233—259 über die Provinz Astrachan im J. 1841 (aus den mém. de la Société de géogr. russe de St. Pétersbourg). — *V. de St. Martin* selbst behandelt die geographische Geschichte des alten Syriens p. 266—292; und giebt p. 292 – 326 eine Uebersetzung von zwei Berichten von *Ch. Beke* sowie eine Darstellung Al. v. Humboldts über das Hochland des Nils.

XXX. Baron *A. Bode* berichtet p. 34—70 über die Turkomanen im Osten des kaspischen Meeres, insbesondere die Yomûd und Gokhan. — Une mission au royaume d'Ashanti par ms. le gouverneur de Winnselt findet sich p. 71—86 aus dem Englischen übersetzt. — Der *Redacteur* giebt p. 87—95 eine von einer Karte begleitete Anzeige von La Finlande en 1848 par Mr. le prince Em. Galitzin. Paris 1852. 2 vol. — *Derselbe* handelt p. 121—176 von der geographischen Geschichte der Länder am Caucasus und Armeniens in den 6 ersten Jahrh. unserer Aera, insbesondere über das Lazien des Procop. — *Vernult* beschreibt p. 205—224 einen Ausflug in die inneren Theile der Mandschurei im Jahre 1850. — Es folgen einige Worte des Redacteurs über den unersetzlichen Verlust, den die Wissenschaft durch *E. Burnouf's* Tod erlitten hat, so wie zwei der an seinem Grabe gehaltenen Reden p. 225—237. — Bemerkungen aus *Savélief's* Reise von Kasan nach Astrachan im Jahre 1850 p. 237—245. — *F. de Saulcy* handelt p. 249—272 über die alte Geographie der syrischen Küste von Beirut bis Acca. — Fürst *Em. Galitzin* bespricht p. 273—298 eine Reise der Herren Kvostoff und Davidoff durch Sibirien nach dem russischen Amerika in den Jahren 1802—4. — *Cherbonneau* übersetzt p. 306—320 aus dem Arabischen die Reiseroute eines tunesischen Kaufmanns von Tuggurt nach Timbuctu und den Mondgebirgen. — Eine Uebersetzung aus *Schafarik's* slavischen Alterthümern über die alten Völker Europa's und ihre Beziehungen zu den Slaven macht den Schluss p. 321—369.

A. W.

Drei Städte in Syrien.

Von

Dr. Hitzig.

In dem Maasse, dass die einzelnen Zweige gesammter Alterthumswissenschaft weiter ausgebildet werden, macht sich mehr und mehr fühlbar, wie die von der Sache gebotene Theilung des Geschäftes auch ihr Missliches hat und Nachtheile mit sich führt. Zwar steht es nicht so, dass überhaupt keine Verbindung der Fächer unterhalten würde, dass die Arbeiter in dem einen Felde von den angrenzenden Gebieten ganz ohne Kenntniss blieben; und was Manchem, der sich in eine Specialität vertieft hat, etwa entgeben mochte, das wird durch Jahresberichte und Uebersichten für ihn nachgeholt. Gleichwohl kommt es vor, dass Einer in nächster Nähe des Andern auf dem Nachbarfelde ackert, ohne dass sie von einander wissen; dass du einen Fund thust oder ein Ergebniss gewinnst, welche, für dich ziemlich werthlos, Jenem sehr zu statten kämen, erhielte oder nähme er davon Kenntniss. Freilich kann nicht mehr wie ehemals allerlei Wissen encyclopädisch beisammen sein, im Kopfe, im Lehrbuch, in der Zeitschrift; es ist nicht möglich, wenn Einem seine besondere Stelle angewiesen ist, zugleich an andern Orten zu sein, und unerspriesslich, verwirrend wie verflachend, von Diesem zu Jenem überzuspringen. Geschweige dass Einer auf verschiedenen Punkten zugleich die Wissenschaft erheblich fördern mag, ist es schon schwer, mit dem Fortschritte des Wissens, den dasselbe durch Andere erzielt, sich überall auf gleicher Höhe zu halten. Man bleibt theilweise zurück, und während man selbst forschend sich concentrirt, in immer engerem Kreise sich tiefer einwühlend, bildet unser jetziges Wissen um andere Dinge den Standpunkt und ihn unvollkommen ab, welcher vor Jahren, als wir Mittel- und Hochschule besuchten, eingenommen war. So geht es namentlich dem Orientalisten mit der klassischen Philologie. Ein *J. J. Reiske* war schon für seine Zeit ein Phänomen, wie es sobald nicht wiederkehren wird, am wenigsten unter denjenigen, welche gemeinhin nur zwei Farben sehen, Schwarz und Weiss, ich meine: zwei Sprachen kennen, Griechisch und Latein, und sie höchstens noch mit einem dünnen Saume Hebräisch einfassen. Aber auch die Orientalisten haben sich noch weiter gespalten, halten theils fest am Semitismus, oder zerbrechen sich den Kopf über Hieroglyphen und Keilschrift, haben in Indien und Baktrien Fuss gefasst, und zerstreuen sich von da weiter über ganz Asien.

Solche Trennung ist wohl recht und gut; soll sie aber nicht in Zersplitterung ausarten, so müssen wieder Verbindungen hergestellt und unterhalten werden, und das Bewusstsein des Zusammenhanges der Disciplinen, wo ein solcher wirklich vorhanden ist, darf nicht verloren gehn. Und welches Fach, wenn wir nicht gerade mit Mandschugrammatik und hebräischer Geschichte beispielen wollen, hätte nicht seine Beziehungen zu einem andern, zu mehreren andern, und Berührungen damit? Der Berg im eigenen Lande, den ich erstieg, bietet eine Aussicht auch auf die Nachbarländer; und das Licht, welches hier aufgesteckt worden, wirft seinen Schimmer fernhin. Man soll mit allen erforderlichen Hülfsmitteln ausgerüstet an die Arbeit gehn; andernfalls macht man leicht von den vorhandenen auch einen falschen Gebrauch; und die angustia rerum verleitet, ähnlich wie ein bis dahin redlicher Mensch aus Noth stiehlt, auch den besonnenen Kenner, zu sagen und zu thun, was er sonst wohl unterlassen hätte. Die Art wie in Dingen der Etymologie nicht nur die alten Römer ihre Muttersprache hudelten, sondern auch neuere Latinisten an ihr herumstümpern, ist bekannt genug; aber kommt denn nicht Aehnliches auf anderen Gebieten vor? Man soll, um ein Wort, einen Namen zu deuten, von der einheimischen Form ausgehen. Sehr wohl! der Grundsatz ist unbestritten; aber wird ihm so unverbrüchlich nachgelebt? *Gesenius* war nicht der Erste und nicht der Einzige, welcher den Arabern ihr Hadhramaut aus dem Hebräischen deuten wollte. Es kommt ja sogar vor, dass man eine Sprache da herrschen lässt und aus ihr erklärt, wo sie zu selbiger Zeit gar nicht vorhanden war. Und wie oft begnügt man sich mit einem à peu près in der Wortvergleichung! Die Theologen trugen kein Bedenken *Ναζωραῖος* Matth. 2, 23. mit נֵצֶר Jes. 11, 1. unmittelbar zu combiniren, den *υἱὸς παρακλήσεως* Apg. 4, 36. von (בַּר und) נָחַשׁ (!) abzuleiten; aber wenn man *Μίνως* und Mănŭs identisch setzt, ohne um die Verschiedenheit der Vokale sich im mindesten zu kümmern, so ist das um kein Haar besser. Sogar werden Fehler begangen und nachbegangen, die geradezu ein Schimpf sind für die gepriesene Wissenschaftlichkeit des Zeitalters. Mag man immerhin מות תמות durch du wirst des Todes sterben fortübersetzen; aber die „Hütten der Töchter" 2 Kön. 17, 30., schon ungeeignet im Zusammenhange, sprechen auch der Grammatik Hohn, als wenn בְּנוֹת der Genitiv wäre. Ein Muster dieser Art, bei welchem auch die Grammatik nicht ausser dem Spiele bleibt, wird vorgewiesen werden; und es giebt ihrer noch manche.

Wer sich in das Folgende hinein- oder bis zu Ende liest, der wird vorstehende Herzensergiessung nicht müssig finden, sondern einsehen, dass sie zum eigentlichen Gegenstande des Aufsatzes eine enge Beziehung hat. Schreiber dieses will das Vorurtheil, als wenn in ältester Zeit nur semitische Sprache für

Syrien in Betracht käme, sich etwas näher ansehn; es soll gezeigt werden, dass auch zwischen Euphrat und Mittelmeer einst indogermanische, ja brahmanische Cultur geherrscht hat. Die Frage wegen der Philistäer bleibt hier ganz beiseite; aber auf meine Anmerkungen zu Daniel S. 9. 106. 179., zu Amos S. 133. mich beziehn werde ich um so eher dürfen, da denselben als vorausgeschickten einzelnen Plänklern jetzt gleichsam eine Heeresabtheilung zum Schutze nachrückt. Ich werde für einmal die Eigennamen dreier syrischer Städte erklären: die Wörter *Mabug, Damask* und *Tadmor*, und einige nächste Folgerungen aus dem jedesmaligen Ergebnisse ausdrücklich ziehen, indem sich hoffen lässt, dass wir von der Erscheinung aus, hier dem Namen, auch zur Sache gelangen. Vermuthungen und Hypothesen, auf welche von da weiter ausgegangen werden könnte, wollen wir nicht vergreifen.

I.

Mabug.

Der griechische Name dieser Stadt, Ἱεράπολις, vorfindlich seit *Strabo*, soll uns desshalb nicht aufhalten, weil neben ihm, dem appellativen, welcher noch drei andern Städten zukommt, auch der wirkliche Eigenname Βαμβύκη [1]) und hiermit schon, wie wir sehn werden, von *Plinius* aber auch ausdrücklich „Mabog" (Mabug) anerkannt wird. Ebenso führen wir auch ohne Weiteres die byzantinische Form Μέμπετζε [2]) unmittelbar auf die arabische مَنْبِج zurück und diese schliesslich auf das syrische ܡܰܒܘܓ (z. B. Assem. Bibl. Or. II, 10. 22 ff.). Nämlich das kurze a in einfacher Sylbe, bisweilen durch ܐ (ܡܐܒܘܓ) angezeigt, deutet Verdoppelung des ܒ an, welche in syrischer Schrift nur nicht ausgedrückt wurde, aber in منبج durch den Ersatz wieder zum Vorschein kommt. Nicht als wäre dieses ن in der syr. Wortform assimilirt worden; denn wir sind berechtigt, ja verpflichtet, da die Stadt in Coele, besser in Commagena, genau genommen in Κυῤῥηστική [3]), jedenfalls auf syrischem Boden lag, an der syr. Gestalt des Wortes als der ursprünglichern festzuhalten. Nun wird auch überwiegend wahrscheinlich, dass Βαμβύκη gleichfalls aus ܡܒܘܓ entstanden ist. Wäre nicht das so ähnliche σαμ-

---

1) Strab. XVI, 748. Plin. H. N. V, 23. Plut. Anton. c. 37., der vermeintliche Appian Parth. c. 37.

2) Leo Diak. IV, 10. X, 4. vgl. Silv. de Sacy, chrest. Ar. II, 122 comm.

3) Plin. a. a. O. — Amm. Marc. XIV, 8. — Ptolem. geogr. V, 15, §. 13.

βύκη, man hätte wohl *Βαμβύγη* gesprochen. An *Βαβύκη* (Plut. Lykurg c. 6.) wurde wohl nicht gedacht; aber des *μ* halber inmitten des Wortes schlug dasjenige des Anlautes, ohnehin geneigt sich zur Muta zu verstärken, um so leichter in b um, da eigentlich formatives b folgt, welchem jenes *μ* sich verähnlichte. In der Gruppe *μβ* stiess *μ* ab, während *β* anzog; in ܡܰܒܽܘܓ = מַבּוּג ist dagegen der folgende Laut durch den ersten und zwar ܒ in ܡ assimilirt worden.

Diess alles lässt sich, wie mir dünkt, schon hören, räumt aber die ebenfalls vorhandene Aehnlichkeit von *Βαμβύκη* und *βόμβυξ* nicht hinweg; und die Sache wird dadurch bedenklich, dass zu *Abulfeda's* Zeit besonders der Maulbeerbaum des Seidengespinnstes wegen dortselbst gepflegt wurde [1]. Die Thatsächlichkeit der Maulbeerbäume am Orte zu jener Zeit steht um so weniger zu bezweifeln, da irgend eine Combinirung mit dem Namen der Stadt dem *Abulfeda* gar nicht zu Sinne kommt. Anknüpfend an eine von ihm angeführte Meinung, als sei منبج aus persischem مَنْبَهْ arabisirt, erklärt erst *Schultens* [2]) dieses منبه für mit پَنْبَهْ Seide [3]) identisch; wo dann die weiteren Consequenzen sich von selbst ergeben. Jener Quellenschriftsteller *Abulfeda's* sagt zugleich, ein Kesrâ habe die Stadt gebaut, habe Einen vom Geschlechte Ardeschir's bin Bâbek über sie gesetzt; und nun wird wohlwollend darauf hingewiesen, dass diess von einer Wiederherstellung zu fassen sei. Allein der Gleiche führt auf diesen Perser auch den Namen منبه zurück; nun aber ist der Name Mabog, *Βαμβύκη* viel älterer Bezeugung, älter als *Ἱεράπολις* [4]), wie Seleucus die Stadt benannt hat [5]). Auch sollte, um eine Arabisirung aus منبه zu sein, مَنْبِج billig vielmehr مَنْبَج lauten; und endlich ist ein Wort مَنْبَهْ sonst unbekannt, so dass es auch erst nach trüglicher Analogie erschlossen sein könnte. Ja wofern منبج von پنبه, würde folgerichtig auch *Βαμβύκη* von *βόμβυξ* kommen; es wäre von dort die Seide nach Griechenland ausgeführt worden; und von da wiederum erhielt Bambyke den Namen geliefert gleichsam an Zahlungs statt!

Von ihren Zeugen [6]) demnach wäre die Stadt wohl nicht benannt; aber vielleicht trat der umgekehrte Fall ein. Für diese

---

1) Tab. Syriae ed. Koehler p. 128.
2) Im index geogr. hinter der vita Saladini.
3) Nicht Seide, sondern Baumwolle; s. Ztschr. f. d. K. d. M. V, 75. Fl.
4) Plutarch a. a. O.
5) Aelian de nat. anim. XII, 2.
6) J. Golius zu Alferghâni p. 262., ohne Beleg durch Zeugnisse.

Annahme würde einmal die Analogie sprechen. So ist ja auch der Musselin von Mossul (مَوْصِل) benannt; und von Damask wird wie die Sache auch der Name דְּמֶשֶׁק [1]) Am. 3, 12. herstammen. Mit diesem nun ist ohne Zweifel wiederum دِمَقْس, مِدَقْس, armen. metaqs, neugriech. *μέταξα* [2]) = **Seide** in der Wurzel einerlei; und so sagt diese Analogie, zumal Damask mit Mabug im nämlichen Lande liegt, zwiefach zu Gunsten aus, wofern die Zeuge Mabug's für seidene zu halten sein werden. Ferner wirkt auf die Einbildungskraft und besticht der bereits erwähnte Umstand, dass im Zeitalter *Abulfeda's* zu Mabug der Seidenwurm Pflege fand. Wie damals so eignete auch früher der Ort sich zur Stätte dieses Industriezweiges; die Ueberlieferung von einer ältern Cultur konnte sich erhalten, und letztere nachgehends wieder aufblühen. Aber allerdings haben „wahrscheinlich erst die Sasaniden", und wahrscheinlicher sie noch nicht „die Seidenzucht dort eingeführt" [3]). Freilich sei *βόμβυξ* nicht der rechte, nicht unser heutiger Seidenwurm, welcher von den Blättern des Maulbeerbaumes lebt; möglicher Weise sollen Seidenzeuge im Wege des Handels nach und über Mabug gekommen sein; dagegen daselbst angebaut, vermuthet *Ritter*, wurde die Baumwolle. Ja die ganze Frage, für unser Einen an sich stachlicht und keineswegs wie Seide anzufühlen, wird dadurch weiter erschwert, dass im Türkischen jenes andere Hierapolis Phrygiens den Namen پَنْبُوق قلعه‌سی [4]) d. i. **Baumwollenschloss** führt: womit ein falsches Licht geworfen wird, geeignet, den Stand der Sache noch mehr zu verwirren. Mag nämlich immerhin diese Benennung sich auf die dortigen weissen Felsen beziehn, so dass insofern das Zusammentreffen von پنبوق und *Βαμβύκη* in „Hierapolis" als Zufall erscheint: so hat doch پنبوق ebenso viel Anspruch als *βόμβυξ* mit *Βαμβύκη* in Verbindung gesetzt zu werden; und dieses پنبوق bedeutet eben nicht **Seide**, sondern **Baumwolle**!

Wenn wir geneigt sind, *βόμβυξ* von *Βαμβύκη* abzuleiten, so liegt die Thatsache, dass jenes nicht der gewöhnliche Seidenwurm, uns vollkommen recht. Des letztern Heimath war ja das nördliche China [5]); und über China's Grenzen hinaus kam er erst

---

1) S. den gut gearbeiteten Art. in Gesenius' thesaur. p. 346.

2) Diess die Etymologie von *μέταξα*, welche Lassen Ind. Alterthumskunde I, 321. noch vermisst.

3) Ritter, Asien VII, 1. 1057. vgl. Lassen a. a. O. S 317.

4) Büsching, Erdbeschreibung XI, 1. S. 104 der 3. Aufl.

5) Lassen a. a. O.

nach Christi Geburt im 5. Jahrhundert. Aber es fällt uns auch nicht ein zu behaupten, dass vestis bombycina (Plin. XI, c. 22.) und Sericum, ὁλοσηρικὸν, dasselbe sei; und den Maulbeerbaum mit seinem Seidenwurm mag man immerhin erst lange nach Christus zu Mabug angesiedelt haben. Es gab noch andere Seide spinnende Würmer, in Indien allein kennt man deren jetzt zwölf verschiedene Arten [1]); und des bombyx als in Assyrien einheimisch gedenkt *Plinius* (a. a. O. u. c. 23). Derselbe solle sich auch auf der Insel Kos finden, deren fast durchsichtige Zeuge im Alterthum berühmt waren; und es lässt sich um so weniger daran zweifeln, da schon *Aristoteles* [2]) das Abwickeln der Cocons auf Kos bespricht. Dergestalt von all jenen Inseln nur auf Kos vorkommend, ist dieser Wurm dorthin verbracht worden; und wo anders her, als eben aus Assyrien? Von da aber gen Kos mochte der Weg leicht über das zwischeninne liegende Mabug führen; und es sieht nun in der That nicht darnach aus, als wenn „βόμβυξ“ „nur zufällig mit dem Namen der Stadt Βαμβύκη übereinstimmte“ [3]). Entschieden wird meines Erachtens die Frage durch den Umstand, dass für βόμβυξ = Seidenraupe im Griechischen die Etymologie fehlt. Man verweist auf βομβέω, auf „das Summen und Schnurren des Schmetterlings“. Aber bedeutet denn βόμβυξ auch den betreffenden Schmetterling? und diesen ursprünglich? und ist von ihm ein so besonderes Summen bekannt, dass er vorzugsweise davon benannt werden mochte? Von der Flöte gesagt, schon bei *Aeschylus*, gehört das Wort einer Familie an; die Flöte ist im Besitze desselben; und die Seidenraupe drängt sich von aussen zu. Wir denken: von Βαμβύκη her, und zuerst auf Kos, βόμβυξ aber für βάμβυξ, weil zwar in anderer Bedeutung das Wort bereits vorhanden war. Ueber ﭘنبوق Baumwolle aber wird nunmehr zu urtheilen sein, dass das Wort nicht unmittelbar auf Βαμβύκη, sondern auf „bombyx“ zurückgeht, welches in späterem Gebrauche, auch der Lateiner, jede feinere Faser z. B. auch die Baumwolle bezeichnet.

Sollte im Verfolge dieser Untersuchung sich ergeben, dass in Mabug ursprünglich Inder sassen, so würde diess die Wahrscheinlichkeit, dass βόμβυξ von Βαμβύκη komme, erhöhen; aber auch wenn die Aehnlichkeit der beiden Wörter zufällig wäre, dürfen wir gleichwohl bei „Mabug“ als der bis jetzt ältesten Form des Namens stehn bleiben. Und nun wird es auch möglich sein, auf die Frage, warum Ammian und Philostratus [4])

---

1) Lassen a. a. O. S. 318.
2) H. A. V, 19.
3) Wie Ritter meint a. a. O. S. 1058.
4) Ammian. XIV, 8. Philostr. vita Apollon. I, 19. — Vgl. Ritter VII, 1. 1061: „Was den Ammian bewog, diese Stadt mit dem Namen des alten Ninus zu belegen, ist uns völlig unbekannt.“ Aber was ist denn von unserer Seite geschehen, um damit bekannt zu werden?

Hierapolis als die alte Ninus d. i. Alt-Ninive benamsen, eine Antwort zu geben; nachdem zuvor auch ein Mythus, der sich an diese Stadt knüpft, erklärt worden sein wird: im Anschluss Beides an ältere Formen dieses Namens.

Eine örtliche Sage zu Hierapolis behauptete, eine grosse Erdspalte (*χάσμα μέγα*) daselbst habe alles Wasser der Deukalionischen Fluth eingeschluckt [1]). Das Gleiche wird von einem *χάσμα* zu Athen erzählt [2]): was nicht zum Verwundern; denn Attika, ein Küstenland, hatte ebenfalls seine Fluthsage. Dass nun Griechen auch mit jener Ueberschwemmung Deukalion zusammenbringen, verstehen wir; ebenso, dass die Sage, wenn sie einmal da war, sich jenes *χάσμα* bemächtigte. Ja wir würden sogar die Frage: warum siedelte sie sich gerade zu Mabug an, das in der assyrisch-babylonischen Fluthsage nicht zum Vorschein kommt, während im phrygischen Hierapolis nicht, wo doch auch ein *χάσμα* [3])? kaum betonen: wenn die Antwort nicht ganz in der Nähe läge. Ich thue einen kühnen Griff und sage: ܡܒܘܓ hiess vorher מַבּוּל, welches Wort als hebr. Appellativ Fluth bedeutet und besonders für die „Sintfluth“ im A. Test. verwendet wird. Betreffend die sprachliche Zulässigkeit sei auf meine Schrift über die Philistäer S. 260. verwiesen; ich füge den daselbst angeführten Beispielen nur noch das oberdeutsche gûgen bei, im Sanskrit lul = schwanken, und bemerke, dass am Wortende namentlich l gelallt zu werden und in g überzugehen befahren musste. Das Wort מבול in der Form ܡܒܘܠܐ kennen auch die Syrer; doch scheint bei der Bildung des Mythus, wenn er in der Fluth eine Sündenstrafe erkennt, eine Arche (*λάρναξ μεγάλη*) annimmt, und wenn alle möglichen Thiere in dieselbe aufgenommen wurden [4]), jüdisches Element sich geltend gemacht zu haben. Unabhängig von מַבּוּל Fluth muss der Stadtname מבול seine Deutung erhalten und, wie sich zeigen wird, findet er dieselbe im Sanskrit. Somit aber bietet das Mährchen von den *ἐν πόλει Ἡλίου* zu Sippara vergrabenen Büchern [5]), gleichfalls an die Fluthsage angeschlossen, eine genaue Analogie. Dass nämlich *Σίππαρα* (*Σίπφαρα* Ptolem. V, 18, §. 7.) mit סְפַרְוַיִם z. B. 2 Kön. 17, 24. identisch ist, darüber haben wir kein Wort zu verlieren; und dass das Wort das sanskrit. svaru Sonnenschein mit hebräischer Dualendung wie צָהֳרַיִם sei, wurde von mir schon zu Daniel 10, 5. ausgesprochen. Aber also erhellt: Man brachte den Namen nachgehends mit dem

---

1) (Lucian) de dea Syr. c. 13.
2) Pausan. Attica 18, 7.
3) Ammian. XXIII, 6.
4) (Lucian) a. a. O. c. 11.
5) Alex. Polyh. aus Berosus s. Richter p. 56. 57. Euseb. chron. I. 32.

hebräisch-syrischen ספר Buch in Verbindung, als der von Hause aus unsemitische Mythus an Semiten gelangt war; ganz so wie sie auch über den Stadtnamen מבול sich ihre semitischen Glossen machten.

Mabul als Name von Hierapolis, welches noch *Ammian* eine civitas capacissima nennt (XXIII, 2.), ist das Sanskritwort mahâpura = grosse Stadt, wofür der Grieche *Ptolemäus* *Μαπούρα* schreibt, wie *Μανάδα* für mahânada [1]). Schon *Lassen* [2]) hat „Kabul" auf *Κάβουρα* zurückgeführt, also *Κάρουρα* Ptol. VI, 18, §. 5. verbessernd, und meint, es möchte pura Stadt darin stecken; und ich habe diese Vermuthung durch Verweisen auf ein anderes Kabul 1 Kön. 9, 13. gerechtfertigt (zu Daniel 1, 7.). Auch *Ἀνάβουρα* in Pisidien (Strab. XII, 570) ist nichts Anderes als Annapura = בֵּית-לֶחֶם; den Uebergang aber betreffend von r in l wird sofort noch ein Mehreres zu sagen sein.

Unser Hierapolis wird auch Alt-Ninive genannt? ich stelle den Satz gegenüber: Ninive am Tigris hiess auch Mahâpura. Mit grösserem Rechte, wie es von vorne scheint, als Hauptstadt Assyriens und in der That grösste aller bekannten Städte (Diodor. 2, 3.). So wird sie als grösste Stadt, wenn ich anders zu Daniel 7, 5. richtig verbessert habe, schon 1 Mos. 10, 12. bezeichnet; und Jon. 1, 1. 3, 1. 4, 11. läuft העיר הגדלה als Appos. des Eigennamens unverdrossen nebenher. Sonst nannte man auch wohl die Hauptstadt geradezu die grosse, so diejenigen der Söhne Ammon's und von Moab; Ninive ist العُظْمى jenem Araber Assem. Bibl. Or. I, 444.; und sonderbarer Weise führte auch ein anderes Ninive, *Νινόη* in Karien, den Namen *Μεγάλη πόλις* [3]). Es hat sich aber, dass wirklich unser Ninive damit auch als mit dem Eigennamen belegt wurde, eine nicht ganz verwischte Spur in jenem *Μέσπιλα* des *Xenophon* [4]) erhalten, über welches Wort ich den Meinungen *Olshausen's* und *Tuch's* [5]) gegenüber die meinige zu Daniel a. a. O. hingeworfen habe, und jetzt daran gehe sie zu beweisen.

Dass *Xenophon* Ninive meint mit seinem *Μέσπιλα*, hat *Tuch* vortrefflich dargethan [6]), und ist hierüber nichts mehr zu sagen; die Aufgabe kann bloss die sein, *Μέσπιλα* linguistisch dem Worte Mahâpura anzupassen. *Xenophon* hörte den Namen an Ort und Stelle. Er ist nicht altpersisch wegen des vorfindlichen l, sondern der dortselbst im Osten des Tigris einheimische, und wird also wohl assyrisch sein.

---

1) Geogr. VII, 1, §§. 17. 18. vgl. Lassen, Ind. Alterthumsk. I, 182.
2) Ind. Alt. I, 29.
3) Steph. Byz. u. d. W.
4) Exp. Cyri III, 4, §. 10.
5) Im II. Bande dieser Zeitschrift S. 117 ff. und 366 ff.
6) Comm. geogr. Partic. I. p. 41—45.

Somit dürfen wir für mahâ-, um mit der ersten Worthälfte den Anfang zu machen, nicht stehen bleiben bei maz in Aurâ Mâzdâ oder zendischem masas gross und mastî Grösse oder beim armenischen méds; sondern es sollte durch assyrische Wörter Uebergang des h in s, des ă in ĕ und Wegbleiben des â selbst in diesem Worte erhärtet werden. Nun dass sanskr. h im Assyrischen s werden und im Allgemeinen Vokalendung abfallen konnte, ergiebt sich aus dem Eigennamen סַרְגוֹן Jes. 20, 1., den wir um so mehr durch zairigaona erklären, da diess eine wirklich vollzogene Composition ist und als Attribut des Haoma gleichfalls eine Person gilt. Zairigaona aber ist sanskritisch hariguṇa [1]). Alles dagegen, was billig verlangt werden kann, leistet ein anderer Assyrer, der im Regentenkanon uns aufbewahrte Unterkönig Babel's — ich drücke mich geflissentlich so aus — *Μεσεσιμόρδακος* [2]), der im J. 692. den Thron bestieg. Sanskritisch würde dieser Name nach meiner Meinung Mahâhimardana lauten, d. i. Zertreter der grossen Schlange. Ich sehe keine andere, keine bessere Erklärung; wer *μόρδακος* auf מְרֹאדַךְ oder auf das pers. مُرْدَكْ zurückführen will, mag zusehen, wie er mit *Μεσεσι* zurecht komme. Ich meinerseits kann, ob mahâhi selber für das häufige mahâsarpa zusammengesetzt wurde, nicht sagen; für *ἐσι* mag an *ἔχις* und an das zend. aschi erinnert werden. Den Begriff anlangend, so wird unter dem grossen Drachen (Ez. 29, 3.) vermuthlich wie Offenb. 12, 9. Ariman zu verstehen, und die Aussage des Namens auf Bekämpfung des Princips in seinen Erscheinungen zu beschränken sein; sofern auch die Magier (Her. I, 140.) es sich zum Geschäfte machten, und *ἡ τῶν κακῶν ἀναίρεσις* (Agath. II, 25.) wesentlich darin besteht, Schlangen zu tödten. Wenn anders dieser König nicht als Namen das Attribut eines Gottes trug, welcher mit Vischnu, dem Bezwinger Râhu's, übereinkommen würde. Den Gegenstand weiter zu verfolgen, scheint für unsern Zweck unnöthig; wir geben zur zweiten Hälfte des Wortes über.

Und zwar wäre das Umschlagen einmal des r in l schon mit „Kabul" und Mabul gegeben, und nicht sehr weit von Ninive entfernt, in Kermanschah Kurdistan's bieten Pehlewi-Inschriften „Ilan" und „Anilan" [3]). Im strengsten Sinne aber würde der Eigenname Schalman-eser ein assyrischer Beleg dafür sein, wäre die Bedeutung der zweiten Worthälfte mit Sicherheit dahin ermittelt, dass wir die erste für mit שלמן (Hos. 10, 14.) identisch, also durch tscharman im Sanskrit

1) S. Burnouf im Journ. As. Juin 1845. p. 409.

2) Die Handschriften *Μεσεσσημορδακου* oder *Μεσησημορδακου*, Syncell. *Μεσησιμορδακ.* Die Erklärung des Namens muss entscheiden.

3) Silv. de Sacy, Mémoires sur diverses antiquités de la Perse p. 243.

erklären dürften. Höchst wahrscheinlich dagegen liegt in דִּגְלַת [1]) vom assyrischen Hauptflusse, was das l betrifft, die assyrische Namensform vor. Da er sonst mit medischem Appellativ für Pfeil [2]) Tigris genannt wird, und ohne Frage sanskr. tivra scharf zu Grunde liegt, indem solches v in g und sogar q (vgl. חִדֶּקֶל und ܩܠܕܐ) übergehn konnte [3]): so müssen wir die Form mit r einmal für ursprünglicher halten. Von ihr leiten sich die Formen mit l ab, welche semitisch; und es könnten das l, welches nicht persisch, die semitischen Dialekte erst in das Wort aufgenommen haben. Allein vielmehr, da wir als Bestandtheil eines assyr. Eigennamens die Form תִּגְלַת besitzen, und gerade der Uebergang in eine fremde Sprache die tenuis gern in die media umsetzt [4]), so urtheilen wir: die assyrische Form des Namens ist eben תִּגְלַת, und in dieser l aus sanskritischem r entstanden.

Nun bleibt noch der beanspruchte Uebergang des u in i zu erörtern; aber wenn ich diesen für das Assyrische nicht zu belegen weiss, so wird man das, denke ich, unerheblich finden. Die nahe Verwandtschaft beider Vokale, kraft welcher die clientes κλύοντες sind und bhû (Skr.), φῦ, im Latein. zugleich fio und fuo lautet, liegt am Tage. Wechsel derselben kommt auch innerhalb derselben Sprache vor. Mîna skr. Fisch kommt von mu stumm sein; mit dschu oder zu leben im Zend ist dschî und zî gleichbedeutend; und wenn פּוּל richtig durch فيل, فيل Elephant gedeutet wird, so ist im Assyr. auch umgekehrt i in u übergegangen.

Also Mabug ist ein Mahâpura, Ninive diess nicht minder; und jetzt klingt, wenn Ammian sein Hierapolis Alt-Ninus nennt, diess nicht mehr so befremdlich. Es soll nun aber hier nicht wiederholt werden, was ich anderwärts [5]) ausgeführt habe, dass נִינְוֵה d. i. Minavâ die Gemahlin des Νῖνος d. i. Μίνως (aus ΜίναϜος), eben die Semiramis = Derketo, also die Gottheit ist, welche zu Mabug verehrt wurde, und von welcher erst ihre Stadt am Tigris den Namen trug: die Aphrodite, nach welcher Ninoe in Karien auch Ἀφροδισιάς hiess. Nicht darin, dass Hierapolis ebenfalls ein Ninive, sondern dass es das alte Ninus sein soll, liegt die Schwierigkeit. Wenn indess Babylon älter war, als Ninive, und von dorther Nimrod gen Norden fortschritt (1 Mos. 10, 10. 11.), so käme es nur darauf an zu zeigen, dass er anfänglich am Euphrat hinaufging, und in der Folge erst sich

1) In den Targ. z. B. Nah. 1, 12; Joseph. Antiq. I, 1, §. 3.; im Arabischen; Diglito Plin. H. N. VI, 27.

2) Plin. a. a. O. vgl. meine Schrift Nakschi Rustam p. 62.

3) Burnouf, Yaçna addit. p. 182—184.

4) S. unten bei Tadmor.

5) Urgesch. der Philist. §. 39. S. 220—224. §§. 142. 144. 153.

gegen den Tigris wandte. Nun nennt uns *Steph. Byz.* eine Stadt *Τελάνη* als eine *ἀρχαιοτάτη Συρίας, ἣν ᾤκει Νῖνος πρὸ τῆς Νίνου κτίσεως.* In diesem Namen ist *Τελ* nichts anders, als das bekannte semitische Wort, welches besonders im Aram. die Eigennamen von Städten anhebt (vgl. Ez. 3, 15. Esr. 2, 59. 2 Kön. 19, 12., Thilutha Amm. 24, 2. und Thilsaphata 25, 8. s. Gesen. thes. s. v. תֵּל); und in Rede steht die bekannte Stadt Aneh (عانة), welche nach *della Valle* [1]) durch zwei lange Strassen diesseits und jenseits des Euphrat gebildet wird, und also wahrscheinlich die „Stadt der Strassen" ist 1 Mos. 10, 11., welche Nimrod gebaut hat. Aber also sind die damaligen Eroberer wirklich zuerst am Euphrat hinaufgezogen, und haben ohne Zweifel damals auch Mabug, und erst nachgehends fast auf gleicher geographischer Breite Mespila gebaut. Wie es kommen konnte, dass diese beiden Namen, die in Mabûpura ihre Einheit finden, so weit auseindergehen, diese Frage muss zugleich mit der zweiten beantwortet werden, warum die Genesis statt des Ninus einen Nimrod nenne; und wer wissen will, warum der Regierungssitz aus dem Westen des Euphrat hinter den Tigris zurückverlegt wurde, der findet vielleicht in der ägyptischen Geschichte Aufschluss.

II.

Damask.

In zweierlei Beziehung verhält es sich mit diesem Namen und der Stadt selbst ähnlich wie mit Mabug im Unterschiede zu Tadmor: Diess wird aus dem Verlaufe der Erörterung erhellen; aber ebendarum lassen wir Damask unmittelbar auf Mabug folgen und bringen Tadmor zuletzt.

Die Form des Namens, welche die ältesten Zeugnisse für sich hat, ist דַּמֶּשֶׂק, allein diese ist hebräisch; die Syrer anerkennen ein r vor m; und bei dieser Stadt am wenigsten wird man uns die Befugniss bestreiten, von der einheimischen Form auszugehen. Zwar der u-Laut in ܕܪܡܣܘܩ und seine Stelle hinter s ist Neuerung; wir haben uns an דרמשק 1 Chron. 18, 5. 6. zu halten, um von da nach der Etymologie auszuschauen. Die arabische Form دِمَشْقُ fällt als die nicht einheimische, als am spätesten bezeugt und als am geringsten ausgestattet, von selber weg. Nämlich den letztern Grund betreffend, stimmen die Verdoppelung im Hebräischen und r der syr. Form gegen die arabische zusammen, so dass auch eine Ableitung von دَمْشَقَ sich sputen nicht in Betracht kommt. Statt dass die Stadt von ihrer

1) Reisebeschreibung I, 187.

Betriebsamkeit den Namen trüge [1]), steht wahrscheinlicher jenes Quadriliterum von دَمْشَقَ abzuleiten, sowie ähnlich mit الحلبيّة die von **Haleb** geradezu geschickte Steinbrecher und Schanzgräber bezeichnet werden [2]), und wie כנען, früher Volks- und Landesname, dann auch **Handel**, **Kaufmannschaft** bedeutet. Da hingegen דַּמֶּשֶׂק am frühesten bezeugt ist, so könnte man diese Form auch für die relativ älteste ansehen, deren Dagesch syrisch sich in r aufgelöst hätte. Der Weg wäre ganz gut, obschon genaue Analogie vermisst wird; er führt aber nicht zum Ziele, nämlich nunmehr das Wort auch etymologisch zu erklären. Von der „rothen Erde" des alten *Simonis* nehmen wir um so mehr Umgang, da besondere Röthe des dortigen Bodens nicht nachgewiesen, und auch die Ableitung der אֲדָמָה eine Fabel ist. Dagegen verschmähen wir auch die Unterstützung des *Steph. Byz.*, der *Δαμασκὸς* für ein Verderbniss aus *Δαρμασκὸς* ansieht, und nämlich das Wort von *δέρμα* und *ἀσκὸς* ableitet: was allerdings nicht übel zu klappen schiene.

Zunächst leite uns eine Stelle *Justin's* [3]), deren Text wir in der Note aussetzen; wir versuchen, die etwelche Berechtigung der betreffenden Aussage darzuthun. Die Arathis ist, wie der Name und ihre Göttlichkeit bezeugen, nichts Anderes, als die Göttin תַּרְעָתָא, die Derketo oder Atergatis. T im Wortanfange fiel wegen des folgenden t-Lautes mit grösserem Rechte ab, als in אֶלְסָר aus תְּלַשָּׂר, gleichwie auch أزب aus ذزب entstand; und es erhellt, dass sie zuerst eine Göttin war, die einen Tempel hatte, sodann Königin wurde, und der Tempel ihr Grabmal. Somit aber ist auch ihr Gemahl Damaskus von vorne herein ein Gott, sich zu ihr verhaltend wie Minos zur Minavâ, zur Stadt seines Namens wie ὁ *Νῖνος* zu ἡ *Νῖνος*; und es kommt jetzt zuvörderst darauf an, sein Wesen, soweit es unser Zweck verlangt, genauer zu bestimmen.

Auf drei Wegen versucht *Stephanus* des Namens Deutung: zweimal ist Dionysos im Spiele; einmal soll Damaskos Sohn des Hermes gewesen sein. Diess läge nicht sehr weit ab, da Dionysos wesentlich mit dem indischen Çiva übereintrifft [4]), und *Ἑρμῆς* auf Çarva, einen Beinamen Çiva's, meines Erachtens ety-

---

1) Gesen. im thesaur. Gemäss manchen Arabern von der Beschleunigung ihres Baues s. Lex. geogr. ed. Juynboll I, 409.

2) Abdoll. ed. Paulus p. 56. 71; s. zu ersterer Stelle Silv. de Sacy.

3) B. XXXVI, 2. Judaeis origo Damascena, Syriae nobilissima civitas, unde et Assyriis regibus genus ex regina Semirami fuit. Nomen urbi a Damasco rege inditum, in cujus honorem Syrii sepulcrum Arathis uxoris ejus pro templo coluere, deamque exinde sanctissimae religionis habent.

4) P. v. Bohlen, das alte Indien I, 148.

mologisch sich zurückführt [1]). Solche Hinweisung aber auf Dionysos ist in mehrfachem Betrachte nicht ohne Gewicht. Um davon, dass jene Nordaraber Herod. 3, 8. den Dionysos verehrten, und von Anderem mehr für jetzt zu schweigen, so feierte man ja in geringer Entfernung von Damask zu Bostra *Ἄκτια Δουσάρια*, erwähnt werden auch *Ἀδραηνῶν Δουσάρια* [2]), *Δουσάρης* aber hiess Dionysos bei den Arabern [3]). Die Ebene ferner von Damask, eines der vier irdischen Paradiese und zwar das erste im Rang [4]), eignet sich schon zu einem Göttersitze, und zwar eben jener Gottheit. In Damask selbst soll man zu zwölf Aepfelarten und neunzehn der Granate sechs und vierzig Sorten Trauben gekannt haben [5]); und — auf Kypselos' Kiste umgaben Weinstöcke, Aepfel- und Granatenbäume das Bild des Dionysos [6]). In der Nähe ferner liegt das Thal von Chelbon, welches wie zur Zeit Ezechiel's (c. 27, 18.) so noch jetzt für seine Trauben und seinen Wein berühmt ist [7]). Endlich soll ja dem *Justin* zufolge nach Damaskus auch Israel König gewesen sein, während andererseits Züge aus der Dionysossage sich an die Geschichte Jakob's angeschlossen haben. Wenn in Scythopolis die Amme des Dionysos begraben wurde (Plin. H. N. V, 18.), so liegt die Vergleichung von 1 Mos. 35, 8., die des Hapax leg. בָּכוּת mit *Βάκχος* nahe genug; und die in Palästina vergrabenen Bilder der Silene (Pausan. Eliaca 24, 6.) scheinen eben die Götzenbilder zu sein, welche 1 Mos. 35, 4. Jakob vergraben hat. Dem Arzte *Philonides* zufolgte hätte *ἐκ τῆς Ἐρυθρᾶς* d. h. vom persischen Meerbusen her Dionysos den Weinstock gen Griechenland gebracht [8]). Aneh, ein Fruchtgarten gleich den Umgebungen von Damask [9]): Aneh, wo wegen der Menge dortiger Reben der Wein erfunden sein soll [10]), würde von dort nach Damask eine Zwischenstation bilden; und babylonische Herkunft des Dionysos besagt wohl auch sein Talar auf jener Kiste des Kypselos, vgl. Herod. 1, 195. Nun aber wanderten vom pers. Meerbusen her auch die mit Israel gleichsprachigen Phönicier ein (Herod. 1, 1. 7, 89. vgl. Steph. Byz. unter *Ἄζωτος*); die Hebräer selbst sind also von dort her gekommen: Jakob mit Dionysos aus der glei-

---

1) Urgesch. der Philist. §§. 169. 170.

2) Mémoires de l'académie des inscr. Tom. XXVI, p. 424.

3) Hesychius unter dem Worte.

4) Abulfeda, tab. Syr. p. 100. und Ibn ol-Wardi ebendaselbst p. 172.; das lex. geogr. I, 409.; Kazwini, Kosmogr. II, 126.

5) Ein Araber bei Casiri I, 150.

6) Pausan. Eliaca 19, 1.

7) Robinson im VII. Bande dieser Zeitschrift S. 69. 70.

8) Athen. Deipnos. XV, c. 5. p. 675., bei Schweigh. p. 458.

9) P. della Valle a. a. O. S. I, 187.

10) Kazwini a. a. O. p. 280; vgl. Silv. de Sacy, chr. Ar. III, 119 comm.

chen Gegend, sofern *Justin* damascenischen Ursprung der Juden aussagt, in die gleiche.

Nunmehr sind wir so weit, um es aussprechen zu dürfen: דרמשק ist das sanskr. Tâmrâksha rothäugig, und diess eine Bezeichnung des Dionysos. Die Muta schiebt sich bekanntlich gerne hinter den Zischlaut, und, wie das t häufig in d übertritt, wird bei „Tadmor" des Weiteren besprochen werden; tâmrâksha aber, und darauf legen wir am meisten Gewicht, ist nicht erst von uns für unsern Bedarf nach Analogie gebildet, sondern hat neben tâmrekshaṇa Râm. II, 13, 19., tâmralotschana 34, 13. in der Sprache wirklich existirt 50, 4. 78, 16. 92, 27. Nal. 26, 17. Çiva ist hier nicht der Verderber; also malen die rothen Augen hier nicht den Zorn, sondern eignen dem Gotte des Weines; und wir vergleichen schicklich die Stellen 1 Mos. 49, 12. Spr. 23, 29. Das Wort tâmra kehrt wieder in تَمْر Dattel; תָּמָר und φοίνιξ sollte eigentlich, beziehungsweise zuerst des Baumes Frucht heissen.

Wenn aber also wie Alt-Ninus auch diese Stadt den Namen ihres Gottes selber trägt, so findet sich noch die weitere Aehnlichkeit, dass auch auf Damask und zwar schon um d. J. 800 vor Chr. eine Gattung feinen Zeuges sich zurückführt, der gleichfalls Seidenstoff zu sein scheint: worüber ich auf den gut gearbeiteten Artikel דְּמֶשֶׁק in *Gesenius'* thesaurus verweise. Und hierin selbst liegt noch eine Hindeutung auf nichtsemitischen Ursprung beider Städte. Die Semiten kannten von vorn herein nur Gewebe aus Ziegenhaar und aus Schafwolle; von Baumwolle wissen sie erst seit Ez. 27, 16. Jos. 2, 6.; und ihr Wort für Flachs ist vermuthlich erst aus פלשתים entstanden, worauf Richt. 16, 14. פִּשְׁתִּים anspielt.

III.

Tadmor.

Einen Beleg für die alte Wahrheit, dass jeder Gegenstand die richtige Weise seiner Behandlung schon in sich trägt, liefert die dritte Syrerin, bei welcher nicht mit einer Form des Namens, sondern mit dem Ursprunge der Stadt füglich begonnen wird. Zwar der Wissende weiss, dass wir nicht wissen, wer ihr Erbauer war; doch dürfen wir einer Kritik der Ueberlieferung, welche den Salomo nennt, um so weniger uns entschlagen, da sie in das A. Test. zurückreicht, und ihre Beweisstelle zugleich die älteste Zeugschaft enthält für das Vorhandensein des Ortes und dieses seines Namens.

Bekanntlich erzählt die Chronik (II, 8, 4.), Salomo habe Tadmor in der Wüste erbaut; die jüdische Kritik lässt auch 1 Kön. 9, 18. dasselbe ausgesagt sein; und ohne Zweifel durch die Juden gelangte diese Sage, gehörig aufgeputzt, bereits vor Muhammed an die Araber, da schon *Nâbiga Dhubjâni* [1]) sie kannte. Die Quelle nun aber des Chronisten war eben das Buch der Könige, welches a. a. O. vielmehr berichtet: Salomo baute תמר in der Wüste im Lande. „Das Land" so geradezu kann nur das israelitische sein (1 Sam. 23, 23. 27. vgl. 21, 12. mit 29, 3.); und „die Wüste" macht einen Bestandtheil „des Landes" aus. Beim judäischen Schriftsteller ist es eine solche wie 1 Sam. 17, 28., ist die Wüste Juda's (z. B. Jos. 15, 61.), von עָרָד südlich liegend; und eben in dieser Gegend kennt *Ezechiel* (c. 47, 19.) einen Ort Namens תמר, den die Punktirer תָּמָר aussprechen [2]), ohne Zweifel das Θαμαρα des *Eusebius* [3]). Schon *Movers* [4]) hat bemerkt, Tadmor liege zwar in der Wüste, aber nicht „im Lande"; auch sei 1 Kön. 9, 15. 17. 18. nur von inländischen Städten die Rede, so dass daselbst unter Tamar Tadmor nicht verstanden sein könne. In der That, wie misslich die Annahme, Salomo habe jenseits von Damask — man vergleiche und erwäge Amos 5, 27., — fern vom eigentlichen Israel, eine Stadt angelegt, muss Jedem einleuchten; und ebenso, wie ganz glaublich es lautet, dass er eine Grenzstadt, die auch zu *Eusebius* Zeiten Besatzung hatte, gebaut d. h. befestigt habe. Davon zu schweigen, dass für תדמר die hebräische Wurzel fehlt, und dass die Eingebornen sagten, ihre Stadt habe schon vor Salomo existirt (s. u.). Wie aber mochte der Chronist zu seiner irrigen Vermuthung kommen? Es lässt sich denken, dass ihm jenes Θαμαρά unbekannt war; und hier fand er für תמר eine Ortsbestimmung und noch eine, die sich gegenseitig auszuschliessen schienen. Er las dann nicht, was er etwa gekonnt hätte (vgl. z. B. חָרִיץ Ps. 68, 32.) für בארץ vielmehr בָּאֲרָם, sondern er wusste aus der Angabe nichts zu machen, und so liess er sie, wie 1 Kön. 3, 46. auch LXX thun, als die zweite, zum mindesten überflüssige, wegfallen. Nun besass er eine Stadt in der Wüste, und auf die Oase Tadmor, welche rings von Einöden umgeben [5]) eine fast einzige Lage hat, verfiel er um so eher der Aehnlichkeit des Namens wegen, da תמר (wie ויקם 1 Sam. 20, 25. aus ויקדם) aus תדמר verschrieben sein konnte. Das K'tib der Chronik wurde sodann Veranlassung eines gleichlauten-

---

1) Silv. de Sacy, chr. Ar. II, 145., comm. p. 412.

2) Ewald (Gesch. des Volkes Israel III, 1. S. 74.) zieht diese Stelle nicht in Betracht, und schafft, das K'tib nach dem K'ri vokalisirend, ein „Thammor" = Thadmor.

3) Vgl. Robinson, Pal. III, 186.

4) Die Chronik ff. S. 210.

5) Plin. H. N. V, 21. Palmyra — vasta undique ambitu arenis includit agros ac velut terris exemta a rerum natura etc. Ebendaselbst Palmyrae solitudines.

den K'ri 1 Kön. 9, 18., und massgebend für *Josephus* (Ant. VIII, 6, 1.) wie für den Uebersetzer *Hieronymus*.

Dem Fehlgriffe des Chronisten verdanken wir unser Wissen, dass Tadmor wenigstens schon im dritten Jahrhundert vor Chr. vorhanden war; und die Schreibung des Namens, auch bei LXX (*Θοιδμόρ*) und *Josephus* (*Θαδάμορα*), mit d ist einmal die am frühesten bezeugte. Es ist diess auch die Orthographie der einheimischen Denkmäler [1]); und „Tadmor" würde demnach aus der Sprache derselben, aus dem Syrischen zu erklären sein. Hier findet sich nun aber das Wort selbst als Appellativ nicht vor; man müsste es etwa mit ܬܕܡܘܪܬܐ, dem ganz gewöhnlichen Ausdrucke für W u n d e r, identisch setzen. Ja, wenn die Stadt etwa an Einem Tage, oder wenn sie wirklich, wie das Märchen will, von den Dschinnen gebaut worden wäre! Aber als man sie baute und benannte, war sie noch kein Wunderwerk, und in der Folge wurde sie es nicht für ihre Bürger, die an ihren täglichen Anblick gewöhnt waren. Mit grösserem Rechte desshalb, als z. B. für den Namen Damask, hat man sich wegen Tadmors, da *Abulfeda* die Stadt als eine der syrischen Wüste in seiner Beschreibung Arabiens mitaufführt [2]), um eine arabische Etymologie umgesehen; in der Hoffnung diess, zwei Fliegen zu treffen mit Einem Schlage, nämlich auch dem griechisch-römischen Namen der Stadt, Palmyra, auf die Spur zu kommen. Nach dem Vorgange von *A. Schultens* meint auch *Gesenius* [3]), תדמר werde für תתמר locus palmarum ferax geschrieben sein. Darauf führe die Form تَتْمُر, welche passim apud Arabes obvia; ferner die griechische und lateinische *Παλμυρά*, Palmyra; endlich, was er als Thatsache giebt, dass die Araber Spaniens die zwischen Cordova und Sevilla gelegene Stadt Palma nach Aussage *Casiri's* (I, 372 f.) تدمير nennen. Auch *Rommel* a. a. O. urtheilt, mit dem Namen تتمر wie mit demjenigen Palmyra scheine ad palmam, quae hic laete viget, allusum esse, setzt aber vorsichtig hinzu: dummodo hoc quidem (der Name Palmyra) non a Graecis Macedonibusque, sed a Romanis repetendum sit. Gewöhnlich wird diese Unterscheidung vergessen.

Wenn *Gesenius* zunächst auf „den andern Namen der Stadt", תמר, sich beruft, so fällt für uns dieser Beweisgrund auf die Seite; und wenn der Name Palmyra theilweise die Form des Wortes Tatmor nachzuahmen scheinen soll, so werden wir am besten thun, diesen Einfall seinem Urheber, *A. Schultens* [4]), in Urschrift

---

1) Swinton in den Philos. transactions Tom. XLVIII, p. 753.
2) S. z. B. Rommel, Abulfedea Arabiae descr. etc. p. 98.
3) Thesaur. p. 345 b.
4) Im index geographicus.

zurückzugeben. Auch den spanischen Reiter: Palma = تدمير, räumen wir sofort aus dem Wege. Dieses تدمير ist nicht تدمر, noch weniger تتمر; und nicht تدمير, sondern eine andere spanische Stadt sollen wie Tadmor die Dämonen dem Salomo gebaut haben [1]). Auch vermuthet *Casiri* bloss seinem Satze: Tadmir Latine sonat Palmiferam, zulieb, und der gewöhnlichen Meinung entgegen, تدمير werde Palma sein, und vermuthet falsch; denn تدمير lag von Cordova gen Osten [2]), also unmöglich zwischen Cordova und Sevilla. Die Stadt kommt wiederholt bei *Casiri* zur Sprache; übrigens soll man dem angeführten lex. geogr. zufolge تُدْمير aussprechen; während *Casiri* Todmir, Tudemir einen Personennamen ausspricht. Es ist deutlich dasselbe Wort, als Name von Personen das gothische Theodemir.

Wir wenden uns zu der angeblichen Form تَتْمُر.

Dass diese Schreibung sich passim finde, dafür verweist *Gesenius* auf eben jenen Anzeiger des *Schultens*, der aber nur ein einmaliges Vorkommen von تتمر aussagt. Er habe im geograph. Wörterbuche Tadmor unter تد aufgesucht und nachgehends unter تت (تتمر) aufgefunden. Dieses von uns eben noch citirte Werk, eine Kürzerfassung des grossen معجم البُلْدان *Jâqût's* [3]), wird gegenwärtig und ist bereits bis zum Buchstaben ك herausgegeben; und die Note *Juynboll's* p. 198 sagt aus, dass allerdings in der grundschlechten (s. p. VII) Leidener Handschrift hinter تتلش mit noch vier Artikeln تتمر folgt, „welche alle in der Wiener richtig unter تد aufgeführt werden." Wie in der Oxforder und in der Pariser geschrieben stehe, weiss ich nicht zu sagen; aber auch im Moschtarik (p. 20 ed. Wüstenfeld) bietet *Jâqût* تدمر; und ich habe überall, so weit mein Lesen reicht, nur immer diese Schreibung gefunden [4]). Demnach wäre تتمر weiter nichts, als ein orthographischer Schnitzer; und es könnte diese Frage und auch die Versippung mit „Palmyra" für abgethan gelten, wäre nicht die Möglichkeit noch offen, die unten besprochen werden wird, dass تدمر gleichwohl aus eigentlichem تَتْمُر

---

1) Kazwini, Kosm. II, 344. 345.

2) Lex. geogr., cui titulus est مراصد الاطّلاع الخ (ed. Juynboll. Lugd. Bat. 1851 ff.) I, 200.

3) Köhler im prooemium zur Tab. Syriae p. III vom Ende.

4) Z. B. Silv. de Sacy, chr. Ar. III. 17. 18. 19. 28; Abulfed. hist. anteisl. p. 130; Hamza, Chron. p. 121.

verdarb. Für diese Form eines Eigennamens müssten wir تتفل (Amrulkais Moall. V. 59) uns gefallen lassen, obgleich über die Vokalaussprache und auch hier über das ت, auf das es ankommt, gestritten wird [1]); und تتمر würde dann bedeuten: (welche) Datteln zu essen giebt, keineswegs, was als Name des Baumes passend: (welche) Datteln bringt oder trägt. Dass die Stadt aber nach ihren Datteln benannt worden, hat keine Wahrscheinlichkeit. In der Nähe, bei Arak und Suchne, auch bei Tadmor selbst gab es zwar Dattelbäume [2]); aber sie werden nicht etwa besonders betont, im Moschtarik nicht einmal erwähnt; Tadmor ist nicht wie Chaibar, Hağar und Basra für seine Datteln sprichwörtlich; und die Einwohner, ihres Zeichens Kaufleute, handelten auch überhaupt nicht mit Landeserzeugnissen [3]). — Da dem bisher Gesagten zufolge die Form تتمر als unberechtigt erscheint; da sie das Wünschenswerthe, genau genommen, nicht aussagt; da man nicht sieht, warum gerade Tadmor von den Datteln benannt sein sollte, während z. B. Chaibar nicht: so schneiden wir die versuchte Verbindung zwischen Tadmor und Palma durch, in der Ueberzeugung, dass ein Band zwischen ihnen von Anfang an nicht vorhanden war.

Durch dieses Ergebniss sind die Aktien „Palmyra's" heruntergedrückt worden; allein sie haben, wenn anders der Name nicht ursprünglich ein lateinischer, an sich keinen Werth. Man sollte nun zum voraus denken, Kenntniss der Stadt und ihres Namens — „Palmyra", denn von „Tadmor" wissen weder Griechen noch Römer — hätten Jene an die Letztern vermittelt, nicht umgekehrt; und wofern Palmyra die richtige Schreibung, ist das Wort schon wegen des y kein römisches. *Josephus* a. a. O. sagt nicht: die Römer, sondern: die Hellenen nennen den Ort *Παλμιρά*. Nun schreiben aber *Appian*, *Ptolemäus* wiederholt und *Steph. Byz.* *Παλμυρά*; *Παλμυρηνός* bieten die einheimischen Denkmäler [4]), und *Παλμυρα* die Münze bei *Eckhel* (III, 266. ed. II.). Auch bei *Plinius* ist jetzt von *Sillig* Palmyra, Palmyrene hergestellt, wie man ebenfalls bei *Treb. Pollio* und *Vopiscus* liest; so dass *Josephus* mit seiner Orthographie allein bleibt; wesshalb schon *Havercamp* auch bei ihm *Παλμυράν* vermuthet hat. Und es scheint somit: Palmira ist nicht einmal gegenüber von *Παλμυρα* die lateinische Form des Namens, sondern überhaupt nur eine schlechte Variante. Wäre aber auch Palmira Latein, so hätte das Wort doch mit palma nichts zu schaffen; denn eine solche Endung irus, a, um, von Hauptwörtern etwa Adjective abzuleiten, existirt nicht. So

1) S. Arnold's Anmerk. p. 7.
2) Lex. geogr. I, 48. II, 16. I, 200. vgl. Abulfeda bei Schultens a. a. O.
3) Appian, bell. civ. V, 9.
4) Inscript. 4478. 4495.

bliebe aber, freilich in anderem Sinne richtig, was *Forbiger* ausspricht [1]): Der einheimische Name bezeichnet so gut wie der griechische eine Palmenstadt!

Παλμυρα, kein lateinisches, schiene somit ein griechisches Wort zu sein, nicht wie *ἁλμυρά*, *δίζυρά* ein Adjektiv, sondern der Art wie *'Εφύρα* oder wie *Κέρκυρα Τέγυρα Σίμυρα*; und wir könnten nun der weitern Frage nach der Etymologie uns entschlagen. Allein in der Reihe von Städten, welche seit Seleukus Nikator griechische oder macedonische Namen tragen, führt *Appian* Palmyra nicht mit auf [2]). Es kehrt diessmal nicht wie so oft ein macedonischer oder hellenischer Ortsname auf syrischem Boden wieder; und den correspondirenden Personnamen *Πάλμυς* trägt Iliad. 13, 792. ein Bundesgenosse der Troer aus Askanien. Die Angabe, *πάλμυς* König, zuerst beim Ephesier *Hipponax*, sei ein lydisches Wort [3]), wird gewissermassen hierdurch bestätigt. Es ist also wie an eine semitische, so auch an eine specifisch griechische Etymologie nicht zu denken, sondern nur an eine indogermanische überhaupt; und leicht könnten, wenn für Tadmor sich eine im Sanskrit finden sollte, „Tadmor" und „Palmyra" sich wie „Ninive" und „Mespila" zu einander verhalten.

Πάλμυς einmal dürfte auf die sanskr. Wurzel pâl = beschützen, regieren zurückgehn, entspräche einem nach Analogie gebildeten Adjektiv pâlnu-s; und nachdem das Wort ein Substantiv geworden, leitete sich *Πάλμυρα* neu davon ab, um die königliche, die Königsstadt zu bezeichnen. Im Sanskr. selbst bleibt hierfür die Analogie aus, sintemal die Endungen ra und ura nur an die Wurzel und sachliches Substantiv anknüpfen. Anlangend sodann Tadmor, so hat sich eine Schreibung Tatmor im Arabischen nicht bestätigt; und gleichwohl könnte das d der semitischen Form aus t einer fremden Sprache entstanden sein. Pytna Creta's ist Pydna in Macedonien; was *Σιτάκη* am Tigris, heisst in Lycien *Σιδάκη*; und für jasata (Izates NPr.) sagt man im Neupersischen Beides: یزدان und یزتان. Zumal wenn das Wort in eine Sprache ganz verschiedenen Charakters übergeht, pflegt der hauchlose Laut, und besonders t, seine schärfere Markirung einzubüssen: wir erinnern an das ägyptische *Τάφναι*, später *Δάφναι*; an die *Διρκητιώ*; an den Fluss *Δαμούρας*, welcher auch noch und richtiger *Ταμύρας* geschrieben wird. Dieses Weges ist ferner aus dem zend. khsaêta König in Fergana إخشيد geworden, was ich zu

1) Alte Geogr. II, 646.

2) Res Syr. c. 57.

3) Vgl. Jablonsky, opuscula III, 91 f. Babrius ed. Lachmann. p. 92. 99. 106.

Silv. de Sacy, chr Ar. II, 148 comm anmerke; und so könnte es mit תדמר schliesslich gegangen sein wie mit דַּמֶּשֶׂק. Unter dieser Voraussetzung scheint es möglich, das Wort zu deuten.

Im Sanskrit könnte dasselbe, zumal wenn wir die Schreibung תדמור auf der fünften Inschrift in Rechnung bringen, kaum anders gelautet haben, als „Tâtamûra". Ein sonst unbekanntes Wort; wenn wir aber ein so gegliedertes nach genauer Analogie bilden, so erwächst uns schon daraus selber einige Berechtigung. Nun giebt es ein Wort jâjaǵûka (z. B. Râmâj. II, 72, 15. 102, 5.), eine Steigerungsform von jâǵaka Opferer z. B. Râmâj. II, 76, 13.; und es würde so Tâtamûra auf ein einfaches Tâmara zurückweisen, das im Wesentlichen gleicher Bedeutung sein müsste. Dieses tâmara existirt, bedeutet Wasser; und man wird jetzt weiter nichts mehr fordern können, als dass Bewässerung Tadmor's dargethan werde. Aber der „lieblichen Wasser" Palmyra's gedenkt schon *Plinius;* und *Ptolemäus* weiss von einem Flusse bei Palmyra [1]), der, wie jenes geograph. Wörterbuch (I, 200) angiebt, die Palmbäume und die Gärten der Einwohner bewässert. Fruchtbarer Boden und eine volkreiche Stadt inmitten einer Sandwüste lassen sich ohne erklecklichen Wasserreichthum schon gar nicht denken; aber eben in der Oase, die er schafft, springt er auch um so mehr in die Augen und bestimmt er desto leichter die Namengebung. Die Königsstadt wäre somit auch eine Wasserstadt: ein artiges Zusammentreffen mit Rabbat-Ammon 2 Sam. c. 12. Die „Königsstadt" V. 26. heisst nämlich V. 27. die Wasserstadt, weil der Stadttheil, den die königliche Burg ausmachte, am Wasser lag: — wie im Falle Palmyra's die Stadt überhaupt.

Noch unverkennbarer, als bei Mabug und Damask, tritt beim Namen Tadmor eigentliches Sanskrit zu Tage: was zu verwundern, wenn von Salomo die Stadt oder später zu einer Zeit gegründet worden wäre, da es in der Geschichte auch jener Gegenden bereits heller wird. Allein die Leute am Orte selber behaupteten ja, wie das „geograph. Wörterbuch" aussagt, sie sei schon vor Salomo vorhanden gewesen. Und wenn dergestalt auch noch sprachlich die Palmyrener von den semitischen Nachbarn sich abtrennten, so begreift sich das Stillschweigen über Palmyra in den ältern Schriften Israel's desto leichter. Allerdings trug die abgesonderte Lage mitten im Wüstensande das Ihrige auch dazu bei; wenn die Einwohner aber dem *Appian* Kaufleute sind, welche den Waarenverkehr aus Persien nach dem Abendlande vermitteln [2]), so erinnert dieser Umstand gar sehr an jene Inder von Hause aus, die arabischen Banjanen. Freilich ist die einheimische Sprache auf den Denkmälern Palmyra's die syrische;

1) Geogr. V, 15, §. 9.
2) Bell. civ. V, 9.

und syrisch schreibt auch Zenobia an den Aurelian [1]). Diesen Einwurf, welcher in ähnlicher Weise auch gegen unsere Ableitung von „Mabug" und „Damask" erhoben werden könnte, glaube ich durch die Erörterung über מַבּוּל und *Σίππαρα* bereits erledigt zu haben. Dass das indische Element vom semitischen zersetzt und aufgesogen wurde, und letzteres mehr und mehr an des ersteren Stelle trat, soll nicht geläugnet werden. Aber wie kommen — nicht irgend Indogermanen, sondern — Sanskrit Sprechende, also östliche Arier nach Tadmor und Mabug und bis nach Damask? Wir werden nicht antworten: Genug, dass sie da sind! sondern mit der Gegenfrage: Wer waren die Bani Tamur, auf welche in Neǵd so viele Reste alter Gebäude von massiver Bauart und grossen Umfanges zurückgeführt werden? [2]) Und haben wohl arabische Ziegenhirten, die unwissenden und armen, Babylon, rohe Kurden Ninive gebaut? Der Name פְּרָת möchte leicht das Sanskritwort „bharata" sein; der „grosse Strom" findet sich auch auf der indischen Halbinsel, und nicht so weit von ihm entfernt auch eine Sonnenstadt Sippara. Wäre die Karte zu *Lassen's* Ind. Alterthumskunde heute, den 9. Juli 1853, bereits in meinen Händen, so würde ich die zweite dieser Fragen vielleicht nicht nur stellen, sondern es auch versuchen mit einer Antwort.

Erläuterung einiger Urkunden in babylonischer Keilschrift.

Von

Schulrath **Dr. G. F. Grotefend.**

Damit man erkenne, wie die Keilschrift mit der Zeit sich so veränderte, dass die Zeit, in welcher eine Keilinschrift verfasst wurde, zum Theil schon nach deren Schreibungsweise beurtheilt werden könne, füge ich meinen Erläuterungen älterer Keilinschriften auch den Versuch einer Entzifferung jüngerer babylonischer Urkunden hinzu, und wähle für diesen diejenigen, welche ich in den drei ersten Bänden von *Lassen's Zeitschrift für die Kunde des Morgenlandes* bekannt gemacht und besprochen habe, um so mehr, weil deren Ausfertigungszeit in ihren Unterschriften genau bestimmt ist. Hiernach sind vier Urkunden, welche ich mit den Buchstaben *A, B, C, D* bezeichnet habe, zu entziffern, wobei ich schon darum mit der Erläuterung der Unterschriften beginne, weil von der Urkunde *B.* nur diess erhalten ist, und

---

1) Vopiscus c. 27.

2) Burckhardt, Reisen in Arabien S. 696.

deren Entzifferung ausser der Bestimmung ihrer Ausfertigungszeit einiges Licht über die Urkunden selbst verbreitet. Bin ich gleich nicht im Stande, eine völlig genügende Erläuterung der Urkunden zu liefern, so vermag ich doch deren Inhalt, welchen ich vor vierzehn Jahren nur im Allgemeinen anzudeuten wusste, also zu bestimmen, dass die Sprachkenner, welche dafür Sinn haben, auf dem gelegten Grunde fortbauen und die bemerkten Irrthümer berichtigen können. Die Urkunden schliessen mit den Namen zweier persischen Könige, unter deren Herrschaft sie ausgefertigt wurden, von welchen der eine *Daryáwesh*, der andere *Artashazta*, *König der Länder*, genannt wird. Schon in dieser Betitelung der Könige statt eines *Königs der Könige*, wie sich bei *Esra* VII, 12. noch *Artachshasta*, der Nachfolger von *Daryáwesh* und *Achashwerosh* (*Esr.* IV, 5 ff.) und Vorgänger des zweiten *Daryáwesh* (*Esr.* IV, 24), nennt, oder eines *grossen Königs*, wie *Artachshasta* auf der Artaxerxesvase zu Venedig genannt wird, spricht sich eine solche Verschiedenheit aus, dass dabei nur an den zweiten *Darius* und *Artaxerxes*, wie bei den *Achashwerosh*, der zu Anfang des Buches *Esther* ein König über 127 Länder heisst, an den zweiten *Xerxes*, oder weil dieser nur kurze Zeit König war, an den zweiten *Artaxerxes*, gedacht werden kann.

Mit dem Namen des *Daryáwesh* sind die Urkunden *B.* und *C.*, mit dem Namen des *Artashazta A.* und *D.* unterschrieben, und vor dem Namen des *Daryáwesh* steht in der Urkunde *B.* die Zahl X., in der Urkunde *C.* die Zahl XVII., vor dem Namen des *Artashazta* dagegen in der Urkunde *A.* die Zahl III. und in der Urkunde *D.* die Zahl XXXX oder IIII, so dass die Urkunden ihrer Zeit nach also auf einander folgen: *B, C, A, D.* Hiernach ist die Urkunde *B.* die älteste derselben, deren allein erhaltene Unterschrift mit einem Namen beginnt, auf welchen dieselben beiden Zeichen folgen, mit welchen in der Urkunde *C.* die Unterschrift vor dem Namen beginnt. Wenn dadurch der Schreiber bezeichnet wird, so ist zur Bildung des Wortes כּתֵב das erste Zeichen als כּ und das zweite als aus ת und ב zusammengesetzt zu betrachten. Diesem Worte scheint zwar die Bezeichnung eines Mannes vorgesetzt zu sein; da jedoch weder die Urkunde *C.* noch *D.* ein solches Zeichen vorsetzt, und in der Urkunde *A.* das *N* eines Namens davon nicht sehr verschieden ist, so gehört dieses dem Namen des Schreibers an, welcher *Lábán* lautet. Von den der Bezeichnung eines Schreibers folgenden oberhalb verwischten Zeichen ist das erste nicht sehr verschieden von der Bezeichnung eines Vaters in der Inschrift aus Behistun, wornach die dem senkrechten Keile folgenden Zeichen des Sohnes Namen andeuteten, der in der Urkunde als Zeuge angeführt war, weil die drei ersten Zeichen der zweiten Zeile *Sached* oder שָׂהֵד lauten, wodurch *Hiob* XVI, 19. ein Zeuge bezeichnet wird. Das darauf folgende שׂ und ת würde hiernach als שְׁאֵת oder שֵׁת (*Verwüstung*) zu deuten sein. Alsdann folgt aber das Wort *Yerach* (*Monat*) mit der Zahl VII und einem מ, wodurch das hebräische Wort מוֹעֵד (*Zeitbestimmung*) angedeutet wird. Die dritte Zeile beginnt mit einem שׁ zur Bezeichnung des Wortes שָׁנָה (*Jahr*) und der Zahl X, worauf wieder ein מ das Wort מַלְכוּת (*Herrschaft*) vor dem Namen des *Darydwesh* andeutet. Wenn dieser *Daryáwesh* von 424 bis 405 v. Chr. regirte, so wurde die Urkunde 414 v. Chr. ausgefertigt, als die Athener ihren Feldzug nach Sicilien unternahmen.

Die Urkunde *C.* ist um 7 Jahre und 5 Monate später datirt, und fällt demnach in die Zeit, in welcher Lysander die athenische Seemacht bei *Aegospotami* vernichtete. Die Unterschrift derselben beginnt mit der Bezeichnung des Schreibers und dessen Namen *Belshakam*, worauf nicht nur der Name seines Vaters *Ribká*, sondern auch des Grossvaters *David* folgt. So sehr sich dadurch der Schreiber auszuzeichnen scheint, so wenig kömmt darauf an, ob ich die Namen recht gelesen habe, weil in der Urkunde doch nur von Privatpersonen die Rede ist. Das Datum ihrer Ausfertigung beginnt in der vorletzten Zeile mit einem *J*, wodurch das Wort יוֹם für בְּיוֹם (*zur Zeit*) angedeutet zu sein scheint, während auf die Zahl XII die Bezeichnung des Monats (*yerach*) durch dessen Anfangsbuchstaben, wie vor der Zahl XVII. ein שׁ zur Bezeichnung des Jahres, folgt. Das שׁ ist zwar dem Anscheine nach nicht verschieden von dem מ für מַלְכוּת nach der Zahl XVII; vergleicht man aber das erste Zeichen der vorletzten Zeile in der Urkunde *B.* vor der Zahl X, so findet man es von dem מ nach der Zahl X durch einen davor stehenden Querkeil für die Partikel עִם (*in*) unterschieden. Die vier Zeilen vor der Unterschrift enthalten die Namen der Zeugen, welchen das Verbum *nimtun* vorgesetzt ist, worin das מ die Stelle eines ב zu vertreten scheint, um die dritte Person des Plurals von נִבַּט (*theilnehmend zuschauen*) zu bezeichnen. Ueber das, wobei die genannten Zeugen theilnehmende Zuschauer waren, belehrt die Urkunde, in welcher den gleichartigen Stellen zufolge zwei Personen in gleichen Verhältnissen angeführt werden. Die eine, mit deren Namen die Urkunde beginnt, heisst *Shár*, die andere am Schlusse der zweiten Zeile *Belitán*, wofür jedoch die zwölfte Zeile, wenn man die gleichartige Stelle der funfzehnten Zeile damit vergleicht, *Beltadan* schreibt. Da der letztere dieser beiden Namen mit dem des vierten Zeugen zusammenstimmt, so scheint auch der erstere von dem des ersten Zeugen nicht verschieden, und *án* demnach nur ein Zusatz, wie *iss* im Vaternamen des ersten und vierten Zeugen, zu sein.

Das Zeichen vor dem Vaternamen des ersten Zeugen soll nach Bellino's Vermuthung dasselbe Sohneszeichen sein, welches dem gleichen Namen des zweiten und dritten Zeugen beigegeben ist. Es ist aber möglich, dass es dem etwas verschiedenen Zeichen vor dem Vaternamen des vierten Zeugen glich, wodurch vielleicht eine Tochter bezeichnet wurde, da es eine Zusammensetzung aus בַּת, wie das Sohneszeichen aus בַּר, zu sein scheint. Hiernach würden *Belit* oder *Belitán* und *Beltadan* weibliche Namen sein. Obgleich der letztere auch ein Vatername des zweiten Zeugen zu sein scheint, wie *Ribká* oder *Rebecka* ein Vatername des Schreibers in der zweiten Zeile der Unterschrift, so könnte jedoch auch ein Muttername aus einem besondern Grunde die Stelle des Vaternamen vertreten, da dem Vaternamen des vierten Zeugen *Beldaniss* das ת fehlt, wie dem Vaternamen des ersten Zeugen *Beliss*. Da mit Ausnahme des Vaternamen des dritten Zeugen alle Namen des Zeugenverzeichnisses mit dem Zeichen des Gottes *Bel* beginnen, so scheint sich daraus eine Verwandtschaft derselben zu ergeben, während die völlig gleichen Namen des zweiten und dritten Zeugen auf zwei verschiedene Familien deuten. Ob dieser *Belshebú* zu lesen sei, ist mir nicht klar, aber auch gleichgültig. Wichtiger ist die Bemerkung, dass von den beiden Familien je eine weibliche und männliche Person theilnehmende Zuschauer waren, weil dadurch die Zeugen einer Verehlichung angedeutet zu werden scheinen, welche der Schluss der Urkunde durch das Verbum *yibel* für יְבַּל bezeichnet. Hiernach sind *Shár* und *Belitán* oder *Beltadan* als Bräutigam und Braut zu betrachten, deren Verehlichung die Urkunde bezeugt. Da sie Blutsverwandte waren, und שְׁאֵר mit בָּשָׂר gleichbedeutend ist, so scheint der Vater des dritten Zeugen *Basar* geheissen zu haben, dessen Namen der Enkel mit *Shár*, wie den Namen der Grossmutter *Beltadan* mit *Belitán*, vertauschte. Denn das Zeugenverzeichniss führt auf folgendes Verwandtschaftsverhältniss:

Beliss (Z. 1. Bruder der) *Beltadan* (Z. 2). *Basar* (Z. 3. Bruder des) *Beldaniss* (Z. 4)
| | | |
Belit. *Belshebú*. *Belshebú*. *Beltadan*.
| |
Belitán od. *Beltadan*. *Shár* od. *Basar*.
Braut. Bräutigam.

Da man bei wichtigen Verhandlungen einen Propheten gegen ein Geschenk zu Rathe zu ziehen pflegte (1 *Sam*. IX, 7 ff.), so erklärt sich daraus der Anfang der Urkunde: | *Shár nisá* (נִשָּׂא) | *Belan nebi sharráf* (*Shár* beschenkte *Belan*, den ausgezeichneten Propheten, vom hebräischen נָבִיא und arabischen שָׂרַף). Weil dieses Propheten Vater zu Anfange der zweiten Zeile eben so heisst, wie die Väter der Braut und des Bräutigams, so scheint er auch als Bruder oder Vetter des jungen Ehepaars zu deren Verehlichung gerathen zu haben, weshalb darauf gesagt wird: | *Belitán nisá* | *Belan án zebed* (*Belitán* beschenkte *Belan* mit einer Gabe, von זָבַד). In den sieben folgenden Zeilen ist nicht alles deutlich erhalten; es geht jedoch für uns nur wenig verloren. Weil in der vierten Zeile auf die Partikel *án* die Zahl VII. folgt, so wird durch den Zusatz *tashánei* das dem *Belan* gebrachte Geschenk bestimmt, welches in sieben Purpurgewändern (תִּשְׁנָא, doppeltgefärbtes Zeug von שְׁנָא, wie תַּשְׁבֵּץ, zellenförmig gewirktes Zeug von שְׁבַץ) bestand, aber nur angelobt war, weshalb das erste Wort der vierten Zeile *nedrún* (*sie gelobten zu geben*) gelautet zu haben scheint. Die fünfte Zeile enthält dagegen die Bezeichnung der Braut durch die Worte *án* | *Belladan*, *bal* | *Belshebú*, sowie das in der sechsten Zeile Erhaltene des Bräutigams Namen *Shár* nicht verkennen lässt, weshalb ich vor diesem Namen das Verbum *tena* (תְּנָה, *gab*) und nach demselben die Worte *án mikrú* (*seinen Kaufpreis* von מְכַר) ergänze. Diesen Kaufpreis, welchen ein Bräutigam zu erlegen schuldig war, bestimmt das Folgende mit einem Vorsatze in der siebenten Zeile, welchen ich *beshem zebed* (*im Namen der Gabe*) *ú bekidem kibel* (*und im Entgegenkommen* oder Vergelten, von קְדַם, *des Empfangs*, von קְבַל) lesen zu dürfen glaube, durch *takel paz* (תְּקַל פָּז, *ein Sekel lautern Goldes*). Was darauf folgt, wird am Schlusse der zehnten und zu Anfange der eilften Zeile wiederholt; ich vermag es jedoch nur zu erklären, wenn man in dem Zeichen nach der verwischten Stelle den Winkel irrig hinzugefügt glaubt, da dann *wendabú cholam* (וְנַדְבִי חֹתָם) *und als sein freiwilliges Geschenk einen Siegelring* bedeutet. Die neunte Zeile enthält die Worte *semak* (סְמַךְ, *schenkte*) *Shár án Belladan*; was aber in der zehnten Zeile vor und nach *în* (*mit*) stand, kann nur vermuthet werden, vielleicht *gam ának* und *kis* (גַּם עֲנָק und כִּיס) *einen Halsschmuck mit dem Beutel zum freiwilligen Geschenke*, woran die eilfte Zeile das verschriebene Wort *cholam* (*des Siegelrings*) mit dem Zusatze *wechdruzú* (וְחַרוּזוֹ) *und seiner Schnur* reihet.

In den fünf letzten Zeilen der eigentlichen Urkunde wird darauf deutlich die Verehlichung durch einen Gegensatz ausgesprochen, welcher in der verwischten Stelle der dreizehnten Zeile statt des *J* im letzten Worte der Urkunde ein *N* vermuthen lässt, weil das Vorhergehende | *Belladan áná* | *Shár* (*Belladan* wurde mit ihm, dem *Shár*, verehlicht) ein Niphal für das Activ יִבְעַל verlangt, dem die Worte | *Shár án Belilán* vorhergehen. Was zwischen diesem Gegensatze steht: *áshkal máneïú éka af hamishta*, weiss ich nur durch Ergänzung eines ausgefallenen *R* im ersten Worte für אֶשְׁכָּרֹת (*Schenkungen*) zu erklären, sowie durch Ergänzung eines *L* am Schlusse der vierzehnten Zeile, damit אֲכַל (*Speise*) einen Gegensatz zu מִשְׁתְּא (*Getränk*) bilde. Da im Chaldäischen מָאן für das hebräische כְּלִי gebräuchlich war, so lautet alsdann der Zwischensatz: *Eshkarot maneïú ekál af hamishta* (*Schenkungen* waren *seine Geschirre der Speise und des Tranks*), und die ganze Urkunde, wie folget.

Text.	Uebersetzung.
Z. 1. | *Shár nisá* | *Belan nebi sharráf*,	*Shár* beschenkte Belan, den ausgezeichneten Propheten,
„ 2. *bar* | *Belshebú*: | *Belilán*	den Sohn des *Belshebú*: *Belilán*

Text.	Uebersetzung.
Z. 3. *nisá* | *Belan án zebed:*	beschenkte *Belan* mit einer Gabe,
„ 4. *nedrún VII. tasháneï.*	sie gelobten 7 Purpurgewänder.
„ 5. *'An* | *Belladan, bat* | *Belshebú,*	An *Belladan*, die Tochter des Belshebú,
„ 6. *tena* | *Shár án mikrú*	zahlte *Shar* seinen Kaufpreis
„ 7. *beshem zebed ú bekidem kibel*	im Namen der Gabe und im Vergelt des Empfangs
„ 8. *tekel paz, wendabú cholam.*	ein Sekel lautern Goldes, und als sein freiwilliges Geschenk einen Siegelring,
„ 9. *semak* | *Shár án* | *Belladan*	schenkte Shár an Beltadan
„ 10. *gam ának in kis nedabú*	auch einen Halsschmuck sammt dem Beutel zu seinem freiwilligen Geschenke
„ 11. *cholam wechárusú.*	des Siegelrings und seiner Schnur.
„ 12. | *Belládan anú,*	*Belladan* (wurde) mit ihm,
„ 13. | *Shár, yibel:*	dem *Shár*, verehlicht:
„ 14. *eshkarot máneïú ekál*	Schenkungen (waren) seine Geschirre der Speise
„ 15. *af hamishta:* | *Shár*	und des Tranks: *Shár*
„ 16. *án* | *Belitán y-ibel.*	hat *Belitán* geehlicht.
„ 17. *Nimlún* | *Belit, bat* | *Beliss.*	Zuschaueten *Belit*, die Tochter des *Beliss.*
„ 18. | *Belshebú, bar* | *Belladan.*	*Belshebú*, der Sohn der *Belladan.*
„ 19. | *Belshebú, bar* | *Basar.*	*Belshebú*, der Sohn des *Basar.*
„ 20. | *Belladan, bat Beldaniss.*	Beltadan, die Tochter des *Beldaniss.*
„ 21. *Kuteb* | *Belshakam, bar*	Schreiber (war) *Belshakam*, der Sohn
„ 22. | *Ribká, bar Dawid:*	des *Ribká*, des *Sohnes David:*
„ 23. *y-(om) XII. y(erach) in sh(ena) XVII. m(alkut)*	die Zeit der 12. Monat im 17. Jahre der Herrschaft des Darius, Kö-
„ 24. | *Darydwesh n(s)i i i.*	nigs der Länder.

So leidlich sich die eben erläuterte Urkunde erklären lässt, so manches bleibt in den beiden Urkunden des Artaxerxes bis auf deren Unterschriften dunkel. Gleichwohl gewährt deren Entzifferung solche Belehrungen, dass sie versucht zu werden verdient, so weit es mir möglich ist. Die Urkunde *A.* beginnt nach Bellino's Zeichnung im ersten Bande von *Lassen's Zeitschrift für die Kunde des Morgenlandes* mit der gewöhnlichen Unterschrift, in welcher die erste Zeile zwei Namen *Belt* und *Imanubel* mit einem am Schlusse etwas veränderten Sohneszeichen vor dem Namen *Beltú* enthält. Der sehr unkenntlichen Bezeichnung des Schreibers, die jedoch als *kuteb* gelesen werden kann, ist ein Schluss-*A* und das Zeichen eines Plurals zur Bezeichnung eines Duals mit der Endung *dín* beigegeben; die Bezeichnung des siebenten Monats weicht aber von der in der Urkunde *B.* fast bis zur Unkenntlichkeit ab. Die dritte Zeile deutet das dritte Jahr der Herrschaft des Königs der Länder *Artashta* an (402 v. Chr.), in welchem nach dem Buche *Esther* I, 3. *Achaswerosh* ein halbes Jahr hindurch das prunkende Mahl feierte, an welchem Theil zu nehmen die Königin verweigerte; da aber die Urkunde eben so schliesst wie die Urkunde *C.*, so meldet sie eine Verehlichung. Der Bräutigam, dessen Name nicht nur zu Anfange der vorletzten Zeile, sondern auch unterhalb des nebengedruckten Siegels, wo der verwischte Anfang ohne das vorgesetzte Gottheitszeichen und der Schluss des Namens besonders darunter geschrieben ist, und zu Anfange der dritten Zeile steht, scheint *Shazbanatkar*, die Braut aber am Schlusse der vorletzten Zeile nach der Partikel *da*, wo das nebengedruckte Siegel durch die später hinzugefügte babylonische Currentschrift überdruckt ist, *Shazberi* genannt zu sein. Wenn die Urkunde nach dem in der fünften Zeile wiederholten Worte mit dem Namen der Braut beginnt, so ist er mit anderen Zeichen geschrieben, was sich aus der verschiedenen Orthographie der beiden Schreiber erklärt.

Von den beiden Schreibern schrieb jeder, vielleicht weil die Urkunde an zwei verschiedenen Tagen ausgestellt wurde, je vier Zeilen mit zwei Beischriften der Siegel, welche sämmtlich mit *iska* (זִוְקָא, *Siegel*) und dem Namen des Besitzers begleitet sind, weshalb die vierte Zeile der Urkunde mit derselben Bezeichnung des dritten Jahres der Herrschaft des Königs *Artashta* schliesst, aber statt der Monatsbestimmung derselben die Ortsbestimmung *in Bab-Rut* vorsetzt. Dadurch wird die Urkunde in zwei Theile geschieden, die beide mit einem Verbum beginnen, dem die fünfte Zeile das Adverbium *mâal* (מֵעַל, *zugleich*) vorsetzt. Dieses Verbum ist zwar anders geschrieben, als das Wort *nisú* (*schenkte*) zu Anfang der zweiten Zeile, scheint aber demselben gleich zu lauten. Von den beiden Zeugen, welche oberhalb des Namens der Braut ihr Siegel aufgedruckt haben, heisst der erste *Tarâá*, der zweite *Beldan*, der Vater der Braut aber nach dem Worte *bat* und vor der verwischten Stelle *Belák*. Wenn man die verwischte Stelle aus der Urkunde *C.* ergänzen darf, so enthielt sie die Bezeichnung der sieben Purpurgewänder, sowie auf das Verbum *nisá* in der zweiten Zeile der Name *Belan* mit dem Beisatze *nebi sharráf barech* (*der ausgezeichnete Prophet als Segenssprecher*) folgt, in welchem nur das Wort *sharráf* auf andere Weise geschrieben ist. In der dritten Zeile wird nach verändertem Sohneszeichen des Bräutigams Vater, wie in der zweiten Zeile der Urkunde *D.* des *Belan* Vater, *Belashebú* genannt, wie es scheint, und dem zufolge als *Belan's* Bruder bezeichnet. In der fünften Zeile folgt aber auf die Worte *mâal nisá* (*zugleich beschenkte er*) ein Name, welcher die Mutter der Braut zu bezeichnen und *Rafuah* zu lauten scheint, wiewohl ich diese Lesung für ebenso ungewiss halte, als die Lesung der sechsten Zeile nach dem Worte *mikreï* (*Kaufpreise*) am Schlusse der fünften Zeile durch *in bab-Beli malpa we klonet zidani* (*mit einem babylonischen Mantel und sidonischen Unterkleide*): es genügt mir bei einer Privaturkunde der Beweis, dass sie den Bericht einer Ehlichung enthält.

Vermuthlicher Text.	Uebersetzung.
Z. 1. *Nisa* | *Shazberi, bat* | *Belák VII. tashneï:*	Es schenkte *Sh.*, Tochter des *B.*, 7 Purpurgewänder:
„ 2. *nisá* | *Belan, nebi sharraf, barech,*	es beschenkte den *B.*, belobten Propheten, als Segnenden
„ 3. | *Shazbanatkar, bar* | *Belá-shebú.*	*Shazbanatkar*, der Sohn des *Beláshebú.*
„ 4. *In Bab-Rut in sh(ena) III m(alkut)* | *Artashta n(s)i.*	Zu *Babylon* im dritten Jahre der Herrschaft des Königs *Artashta.*
„ 5. *Máal nisá* | *Rafuah mikreï*	Zugleich beschenkte er die *Rafuah* als Kaufpreisen
„ 6. *in bab-Beli malpa we klonet zidoni.*	mit einem babyl. Mantel u. sidon. Unterkleide.
„ 7. | *Shazbanatkar án* | *Shazberi*	*Shazbanatkar* hat die *Shazberi*
„ 8. *yibel.*	geehlicht.

Unterschrift.

Z. 1. | *Beli w'* | *Imanubel, bar* | *Beliú,*	*Beli* und *Imanubel*, Sohn des Beliú, (waren)
„ 2. *kulebdin, yerach VII. m(oëd)*	die beiden Schreiber, der 7. Monat die Zeit
„ 3. *in sh(ena) III. m(alkut)* | *'Artashta, n(s)i i in.*	im 3. Jahre der Herrschaft des *'A.*, Königs der Länder.

Von anderer Art ist die deutlicher geschriebene Urkunde *D.* im dritten Bande von *Lassen's Zeitschrift für die Kunde des Morgenlandes*, welche mit einer Ueberschrift beginnt, die in der Mitte der siebenten und zu Anfang der neunten Zeile wiederkehrt und *chiwa* (*Anzeige* von חַוָּה) lautet. Die eigentliche Urkunde beginnt mit den Worten *melaká she* | *Belan, bar* | *Beláshebú, barech* (*das Geschäft,* מְלָאכָה, *des Belan, des Sohnes des Belashebú, des Segenssprechers*), deren Namen in gleicher Weise am Schlusse der siebenten und zu Anfange der achten Zeile wiederkehren. Es folgen aber am Schlusse der zweiten Zeile zwei am Schlusse der vierten und zu Anfange der fünften Zeile wiederholte Namen | *Shadan af Nitabel* mit dem Zusatze eines Plurals *benin she* | *Belshem, sonin* (*Söhne des Belshem als Feinde,* שֹׂנִין), die als das Object des Verbums am Schlusse der dritten Zeile zu betrachten sind. Da das letzte Worte der dritten Zeile, welches am Schlusse der neunten wiederkehrt, *binah* (בִּינָה) zu lauten scheint, so deutet das Zeichen nach *sonin* das Verbum *reah* (רָאָה, *hat erkannt*) an, worauf *bebinah* (*mit der Einsicht*) folgt. Der Genitiv zu Anfange der vierten Zeile scheint *she marah bened* (*des Abfalls der beiden Söhne*) zu lauten, worin die Endung *á* den Dual andeutet. Das folgende Wort mag dann wieder das Verbum בָּן (*hat wahrgenommen*) bezeichnen; aber auf das Zeichen eines Hauses scheint das Nomen קֶשֶׁר (*Verschwörung*) zu folgen, woran sich nach den wiederholten Namen der Söhne des *Belshem* am Schlusse der fünften Zeile der Relativsatz *sh' issed* (*welche bereitete*, יָסַד) reihet, dessen Subject die sechste Zeile zu Anfang enthält. Daselbst folgt auf das Wort *sina* (שִׂנְאָה, *Feindschaft*) der Genitiv eines Namens, der statt *Kur* geschrieben scheint, weil ihm ein Zeichen beigegeben ist, welches einen Bruder bezeichnen mag. Damit verbindet die Conjunction *af* wieder das Verbum *issed* und die Nomina *sina beït*, wo jedoch das Zeichen eines Hauses auch die Präposition בְּ andeuten kann, weil das Schlusswort der sechsten Zeile *naweh* (*Wohnung*) zu lauten scheint, wozu der Anfang der siebenten Zeile den Genitiv *sh'* | *Artaban* fügt.

Die letzte Sylbe dieses Namens ist vielleicht darum kleiner geschrieben, um anzudeuten, dass eine neue Periode beginne, deren erstes Wort *shel* der Conjunction *weil* zu entsprechen scheint. Es folgt darauf das Verbum *neka* (נִקָּא, *erklärte für unschuldig*) und das Nomen מַעַל (*das Vergehen*), dessen Genitiv die folgende Zeile schliesst. Alsdann wird das Wort der Ueberschrift mit dem Zusatze eines ה und des Namens von *Belan* als Subject zum Vorhergehenden wiederholt, und in der achten Zeile als Nachsatz das Futurum *ámalé* (*will ich erfüllen* oder *vollziehen*, אֲמַלֵּא) und *keseh máal* (בִּסֶּה מַעַל, *Vergebung des Vergehens*) hinzugefügt. In der neunten Zeile folgt auf die Bezeichnung der Anzeige das Zeiches eines Mannes und das Particip *náshel* von נָשַׁל (*abfallen*) als Subject zu den Worten *bera binab* (*hat die Einsicht hervorgebracht*) nach der verwischten Stelle, wozu die zehnte Zeile ein Wort fügt, welches ich nicht anders zu deuten weiss, als *bechata* (בְּחַטָּא, *zur Strafe*). An den Genitiv *des Königs* schliesst sich alsdann noch der Relativsatz an, *she mara sonin ánat gamlá* (שֶׁ מְרָא שֹׂנִין עֲנַת גַּמְלָא, *dessen Erbitterung den Feinden das Bemühen vergolten hat*). Ob alles dieses richtig erläutert sei, wage ich nicht zu behaupten; aber die Unterschrift zeigt, dass die Urkunde zu der Zeit ausgefertigt wurde, als der jüngere Kyrus gegen Babylon zog, um den zweiten Artaxerxes seiner Herrschaft zu berauben, und seine Freunde in Babylon sich zum Abfalle vorbereiteten. Die Unterschrift beginnt mit einem Namen, welcher mit der Bezeichnung des Gottes *Bel* dieselben drei Zeichen verbindet, die zu Anfange der folgenden Zeile das Datum durch den Vorsatz *ssemanú* (זְמַנּוֹ, *seine Zeit*) bestimmen. Darauf folgt die Bezeichnung des Schreibers und der Name seines Vaters, welcher *Nesher* oder, wenn das erste Zeichen eine Bezeichnung des Gottes *Nebu* sein sollte, *Nebushar* lautet. Das Datum stimmt mit dem in der Urkunde *A.* überein, ausser dass statt des dritten Jahres der Herrschaft des Königs der Länder das vierte bezeichnet und der König *Artashazta* genannt ist.

Von den beiden Namen unterhalb der Bezeichnung eines Siegels lautet der zur Linken vielleicht *Beláshazar* und der zur Rechten *Beltúshar*. Ihnen lautet keiner von den Namen der neun Zeugen unterhalb der Urkunde gleich, obgleich drei derselben mit der Bezeichnung des Gottes *Bel* beginnen. Auch die fünf Vaternamen mit der Bezeichnung des *Bel* lauten davon verschieden, während die Vaternamen ober- und unterhalb des Namen *Beltadan* bei dem sechsten und achten Zeugen einander völlig gleich sind. Da es übrigens für uns gleichgültig ist, wie die Zeugen geheissen haben, füge ich statt der Erläuterung derselben den Text der Urkunde mit der Uebersetzung hinzu.

	Text.	Uebersetzung.
Z. 1.	*Chiwa. Melaká she* | *Belan, bar*	*Anzeige.* Das Geschäft des *Belan*, Sohnes
„ 2.	| *Beláshebú, barech,* | *Shadan af* | *Nitabel,*	des *B.*, des Segenssprechers, hat *Shadan* und *Nitabel*,
„ 3.	*benin she* | *Belshem, sonin red bebínah*	die Söhne des *B.*, als Feinde erkannt bei der Einsicht
„ 4.	*she marah beneá, ban beït kesher she* | *Shadan*	des Abfalls der beiden Söhne, zeigend als Haus der Verschwörung
„ 5.	*af* | *Nitabel, benin she Belshem, sh' issed*	(das) des *Sh.* u. *N.*, der Söhne des *Belshem*, welche bereitete
„ 6.	*sina she* | *Kúr achí, af issed sina benaweh*	die Feindschaft meines Bruders *K.*, u. bereitete die Feindschaft im Hause
„ 7.	*sh'* | *Artaban. Shel neká mdal chiwat* | *Belan, bar*	des *A.* Weil frei sprach vom Vergehen die Anzeige des *B.*, Sohnes
„ 8.	| *Belshebú, ámalé keseh she mdal.*	des *B.*, will ich vollziehen die Vergebung des Vergehens.
„ 9.	*Chiwa ish náshel bera bínah*	Die Anzeige des abfallenden Mannes schuf die Einsicht
„ 10.	*bechata she n(s)i, she mara sonin dnal gamlá.*	zur Strafe des Königs, dessen Erbitterung den Feinden das Bemühen vergolten hat.

Unterschrift.

Z. 1.	| *Belsseman kuteb, bar* | *Ne(bu)sher;*	*Belsseman* (war) der Schreiber, Sohn des *Ne(bu)sher*,
„ 2.	*ssemanú yerach VII. m(oëd) in sh(ena) IV. m(alkut)*	seine Zeit der 7. Monat der Zeitbestimmung im 4. Jahre der
„ 3.	| *Artashazta, n(s)i l in.*	Herrschaft des *Artashazta*, Königs der Länder.

Bemerkungen
zu Mohl's Ausgabe des Firdusi, Band I.

Von

Fr. Rückert.

J. Mohl's, unseres gelehrten Landsmanns in Paris, Schahname ist ein so wichtiges fundamentales Werk der persischen Literatur in Europa, dass Bemerkungen dazu, Berichtigungen, Ausstellungen, Zweifel, keine unnütze, noch unserer Zeitschrift unwürdige Arbeit scheinen. Ich habe einstweilen Folgendes zu geben, was hauptsächlich in einer Vergleichung des neuen Pariser Textes mit dem Calcuttaer besteht. Dabei hatte ich nur eine Abschrift der Lumsden'schen Ausgabe vor mir, Turner Macan war mir nicht zur Hand; doch da J. Mohl in der Einleitung versichert, dass der letztere den Text des ersteren, so weit er reicht, beinah ohne Veränderung wiederholt habe, so wird der Schade nur ein geringer sein.

Zuerst haben wir dem Herausgeber das zu danken, dass wir nun einen gegliederten Text vor uns haben, abgetheilt in bezifferte Kapitel und mit gezählten Versen, nachdem früher die ganze Masse wie auf einen Haufen geschüttet lag. Den bezifferten Kapiteln voraus geht die Einleitung des Dichters. Dass die Kapitel, deren jedes eine Regierungszeit und das darin Geschehende umfasst, dadurch äusserst ungleich von Umfang geworden sind, war ein nicht zu vermeidender Uebelstand.

Einleitung.

V. 1. خرد بهتر از هرچه ایزدت داد
ستایش خردرا به از راه داد

b. sagt nicht, was H. M. mit einiger Tyrannei von den Worten erzwingt: „(l'intelligence est le plus grand de tous les dons de Dieu) et la célébrer est la meilleure des actions"; sondern: (doch) Lobpreis (Gottes) ist der Vernunft besser als der Weg der Gerechtigkeit."

V. 26. خرد چشم جان است چون بنگری
تو بی چشم جان آن جهان نسپری

„La raison est l'oeil de l'âme; et si tu réfléchis, tu dois voir que sans les yeux de l'âme, tu ne pourrais gouverner ce monde."

Das ist sehr nüchtern; aber auch ce monde könnte nicht آن جهان, sondern nur این جهان sein. Ich will hier gleich bemerken, dass Hr. M. mit این und آن so umzugehen pflegt, als seien sie ganz gleichgültig, was oft grosse Verwirrung anrichtet. In Zeile b. ist aber جان آن nur eine Verunstaltung von شادان, was Calc. hat, wonach sich der poetische Gedanke ergibt: „Vernunft ist das Auge der Seele; wenn du recht zusiehst, ohne Auge kannst du nicht froh die Welt bewandeln.“

V. 27. نخست آفرینش خردرا شناس
نگهبانِ جانست وآنرا سپاس
سپاسِ تو گوش است وچشم وزبان

„Comprends que la raison est la première chose créée. Elle est le gardien de l'âme; c'est à elle qu'est due l'action de grâces, grâces que tu dois lui rendre par la langue, les yeux et les oreilles.“ Wie soll man sich das denken, dass man der Vernunft durch die Augen und Ohren danke? Ich glaube übersetzen zu dürfen: „Die Vernunft ist der Hüter der Seele, und ihr steht zu die Dreiwache; deine Dreiwache ist Ohr, Aug' und Zunge.“ Die drei activen Sinne sind die drei Wachen, überwacht von der Vernunft. سپاس ist also mit سه پاس gleichgestellt, vielleicht nicht sowohl durch ein äusserliches Wortspiel, als durch eine gefühlte oder vorausgesetzte wirkliche Ableitung, so dass سپاس Dankgebet ursprünglich سه پاس Dreiwache, dreimaliges, statt fünfmaliges, Tagesgebet sei, wie vom نیایش خورشید ausdrücklich gesagt wird, dass es dreimal statt finde, um Sonnenaufgang, Mittag und Abend. So wird es denn auch nicht blosser Misverstand sein, wenn Neriosengh (Spiegel's Pârsi-Grammatik S. 146, 18.) die Pârsiform anaspâs d. i. ناسپاس, ohne Dankgebet, undankbar, atridbâprabarakin übersetzt, was Hr. Prof. Spiegel, nachdem ich selbst zuerst ihn darauf aufmerksam gemacht, neulich in dieser Zeitschrift, Band VI. S. 417. eigens besprochen hat. Uebrigens ist dieses سپاس, Dankgebet, Dankbarkeit, gleichsam nur die geistige Seite zu der sinnlichen پاس Wache, Hut, von der Sanskrit-Wurzel paçy, specio; denn Dankbarkeit ist ein Bewahren in Gedanken, und sehen, gewahren, bewahren, behüten ist überall in der Sprache beieinander, wie in رعی رأی, oder نطر نظر tueor. Endlich, nach meinem System von allgemeiner, insonderheit semitisch-japhetischer Sprachverwandtschaft, ist mit paçy, specio, identisch بقر und بصر, deren auslautendes r im Indogermanischen ز ist; wenn بصر die Sehkraft an sich bedeutet, so bezeichnet بقر, wovon بكر sich abzweigt, neben eigenthümlichen Nüancen des Sehens, insbesondere das Beaufsichtigte, Gehütete, paçu pecu *πῶϋ* Vieh, wozu pasco, pastor, *ποιμήν* u. s. w. gehört.

V. 30. حكيما چو كس نيست گفتن چه سود
ازين پس بگو كافرينش چه بود

„Mais comme personne ne peut en (von der Vernunft) parler convenablement, parle-nous, o sage, de la création du monde“; hier ist also حكيما als à vocat. genommen, aber das übrige hat nun keine Construction, wozu ein Nominativ fehlt, der in حكيما stecken muss. Ich halte حكيما für eine gedankenlose Arabisirung eines ursprünglich hier gewesenen شناسا, womit sich der geforderte Sinn in richtiger Construction ergiebt: „da kein Verstehender da ist, was hilft es zu reden?“

V. 47 a. ساخته شد ist nur Oscitanz eines Abschreibers, wodurch Versmass und Reim zerstört wird; der Reim پيوسته شد giebt von selbst بسته شد für ساخته شد an die Hand, auch wenn nicht Calc. wirklich so hätte. Hier ist der erste der sehr zahlreichen Fälle, wo Hr. M. seinen Lieblingscodd. zu Liebe eine augenscheinlich falsche und nichtige Lesart einer richtigen in Calc. entgegenstellt.

V. 50 b. بد das Metrum fordert بود wie Calc. hat.

V. 60 b. ندانند كسى آشكار و نهان

„Personne ni des êtres visibles, ni des êtres cachés, ne sait quelle sera la fin de l'existence du monde.“ Hr. M. sucht hier, wie an andern Stellen, viel zu viel hinter der bloss versfüllenden und reimenden Phrase آشكار و نهان. Beide Wörter können unmöglich Subject, oder Apposition von كسى sein, sondern nur Adverb: „Niemand kennt das Ziel des Getriebes der Welt فرجامِ كارِ جهان weder insgeheim noch offen, weder aussen noch innen = gar nicht.“ Höchstens könnte soviel darin liegen: „Keiner erkennt es weder mit mehr äusserlicher noch mit tiefer ins Innere dringender Betrachtung.“

V. 64. زراه خرد بنگرى اندكى
كه معنى مردم چه باشد يكى

„Fais un peu usage de ton intelligence, considère si le mot Homme peut n'avoir qu'un seul sens. (65) Peut-être ne connais-tu l'homme que comme l'être misérable que tu vois, et ne lui connais-tu aucun signe d'une autre destination. (66) Mais tu es composé d'éléments des deux mondes, et tu es placé entre les deux." Die französische Uebersetzung wäre schon gut, aber der persische Text taugt nichts. Gerade in solchen Fällen pflegt unser Uebersetzer aus den willkürlich gedeuteten Worten den schönsten Sinn hervorzubringen. Hier muss ich erstens leugnen, dass ein Präsens-Futur wie بنگری geradezu statt Imperativs stehen könne. Dieses gilt nur für den eigentlichen strengen Befehl, oder für die feste Voraussetzung, dass etwas geschehen werde, müsse, wie „du sollst nicht tödten; du wirst mir's glauben", für welche Fälle die verschiedensten Sprachen ihr Futur brauchen. Aehnlich ist es bei unserm Dichter VI, 579; nur scheinbar X, 216. Zweitens das چه in der zweiten Zeile hat gar keine Bedeutung. Man könnte es für ein verlesenes und verschriebenes نه ne halten, und danach übersetzen: „Wenn du mit Vernunft ein wenig zusiehst, (wirst du erkennen) dass die Bedeutung des Menschen nicht eine ist;" aber eben die Ellipse (wirst du erkennen) ist auch unstatthaft; nur wenn das كه am Anfang der Zeile fehlte, supplirte sich so etwas von selbst, nämlich: „wenn du mit Vernunft zusiehst, so ist die Bedeutung des Menschen nicht eine, = so wirst du erkennen, dass die Bedeutung nicht eine ist." Also am كه wird der Fehler liegen; setzen wir تو dafür, und in Folge davon ندانی für نباشد, so ergiebt sich der richtige Sinn in richtiger Rede: „Siehst du ein wenig zu mit Vernunft, so wirst du die Bedeutung des Menschen nicht als eine erkennen;" sondern, wie V. 36 entgegensetzt: „Aus beiden Welten hat man dich hervorgebracht, zu einem gewissen Mittleren, oder Mittler, hat man dich herangebildet:" بچندین میانجی بپرورده اند. So rundet das Ganze sich vollständig ab, und der mittlere Vers 65 ist ganz auszuschliessen. Seine Unächtheit erweist sich mir einmal aus der faseligen haltlosen Rede überhaupt, dann insbesondere aus dem falschen Reim دانی dânî: نشانی nishânê, worin jâ'i ma'rûf, î, auf jâ'i madshhûl, ê, reimt, was nach meiner langjährigen Beobachtung die älteren Dichter sich niemals erlauben. Durch dieses دانی übrigens kann das angenommene دانی im vorigen Verse verdrängt worden seyn. Zu diesem letzteren bemerke ich nachträglich, dass man für ندانی auch mit چه دانی sich begnügen kann: „wie solltest du die Bedeutung des Menschen für eine erkennen?" Aber auch die nächsten Verse enthalten des Problematischen, mir der Verunstaltung oder Verfälschung verdächtigen gar viel, und mehr als ich ausführlich zu erörtern Lust habe; ich eile etwas schneller über diese ganze Einleitung hinweg, die man dem Dichter zu Ehren am besten ganz übergeht. Aber Halt machen muss ich bei V. 146 ff., um eine Ehrenrettung Dakiki's, des Vorläufers Firdosi's, zu versuchen. Hr. M. übersetzt: (146) „Alors parut un jeune homme, doué d'une langue facile, d'une grande éloquence et d'un esprit brillant. (147) Il annonça le dessein de mettre en vers ce livre, et le coeur de tous en fut réjoui. (148) *Mais il aimait de mauvaises compagnies; il vivait oisif avec des amis pervers,* (149) et la mort l'assaillit subitement et posa sur sa tête un casque noir. (150) *Il suivait son penchant vers les mauvais; il leur abandonnait son âme douce*, et ne put se réjouir du monde un seul jour. (151) Tout à coup la fortune l'abandonna, et il fut tué par la main d'un esclave. (152) Il périt, et son poëme ne fut pas achevé; et la fortune, qui avait veillé sur lui, s'endormit pour toujours. (153) O Dieu, pardonne-lui ses péchés, et place-le haut dans ton paradis."

Dagegen übersetze ich:

146 Ein Jüngling kam mit gelöster Zung,
Mit hellem Geist und Redeschwung.
147 Ich bring' euch das Buch in Reim', er sprach;
Darob jedes Herz ward freudenwach.
148 *Doch übel war seiner Jugend Art,*
Stets hatt' er mit Uebel zu kämpfen hart.
149 Der Tod kam plötzlich ihm angeschnaubt
Und setzt' ihm den schwarzen Helm aufs Haupt.
150 *Dem Uebel erlag sein Leben so;*
Er ward der Welt keine Stunde froh.
151 Das Glück hatt' ihm plötzlich den Rücken gewandt,
Er fiel durch eines Sklaven Hand.
152 Das Buch blieb unvollendet zurück,
So sank in Schlaf sein waches Glück.
153 O Herr, verzeih ihm seine Vergehn,
Und lass zu Ehren ihn auferstehn!

Zuerst darf man aus dem frommen Wunsche des letzten Verses, aus den Vergehen, die Gott verzeihen soll, nicht auf ein besonders sündiges Leben schliessen; es ist nur die allgemeine menschliche Sündigkeit gemeint. Es bleiben nur die Verse 148 u. 150, deren unterstrichene Stellen die Differenz der Auffassung von Hrn. M. und mir zeigen. Zuerst ist in 148b. statt Hrn. M.'s fehlerhafter Schreibung

ابا بد هميشه به بيكارى بود

die richtigere von Calc. einzusetzen

ابا بد هميشه بپيكار بود

Nur dieses hat Sinn und Reim, und richtiges Versmass بپيكار بود: يار بود. Durch Hrn. M.'s Lesart kommt in den Ausgang - - - statt

- ᴗ - . Aber davon abgesehen, ist بیکاری بود eine nichtsnutzige Phrase, und die Zeile kann auch dann nicht sagen: „il vivait oisif avec *des amis pervers.*“ Wie könnte der Singular بد das bedeuten? Nun kommt es nur noch auf die Bedeutung von خوی an in V. 148a u. 150a. Die Zeile 148a lautet

جوانیش را خویِ بد یار بود

„il aimait de mauvaises compagnies“. Es ist nicht zu sehn, wie Hr. M. das خوی بد یار sich zusammengedacht habe. Es scheint ihm die Phrase خو کردن assuescere vorgeschwebt zu haben, also بد یار خوی بود = böser Freund war gewohnt (seiner Jugend). Es leuchtet ein, dass das nicht persisch ist, sondern خویِ بد heisst üble Art, und یار با gesellt zu, also: Seiner Jugend war gesellt üble Art. Was ist nun diese üble Art? Ich denke, خوی = مزاج Constitution und Temperament. Burhan giebt zwar zur Erklärung von خوی nur خصلت وطبیعت وعادت, aber in طبیعت, natürliche Beschaffenheit, ist eben das mit enthalten, was ich meine. Und insbesondere das Adj. comp. بد خو, dessen Abstract خویِ بد wir hier vor uns haben, bezeichnet ganz gewöhnlich übelgeartet, bösartig, aber auch übellaunig, von üblem Humor. Dieses selbe üble Naturgeschenk ist es nun, wodurch sein Leben erliegt V. 150a:

بدآن خویِ بد جانِ شیرین بداد

was doch gewiss nicht sagen kann: „il suivait son penchant vers les mauvais; il leur abandonnait son âme douce;“ was gleichsam doppelt übersetzt ist, und doppelt fehlt, statt: „dieser üblen Art (Leibesbeschaffenheit oder Temperament) gab er das liebe Leben = er starb daran;“ denn جان دادن heisst nichts weiter als den Geist aufgeben.

V. 153b. جاهی für جاهِ, die falsche scriptio plena, die uns noch öfter begegnen wird, ی statt des i idhâfet in dem Falle, wo dieses i als metrische Länge gilt, und wo es genau genommen in der Transcription í zu accentuiren ist. Wenn Hr. M. dieses zwar ungeschickte, doch vielfältig überlieferte î statt í mit einiger Consequenz anwenden wollte, so müsste er hier auch in Zeile a گناهی im Reime schreiben, wo er گناهِ stehen liess.

V. 175b. نیآمد, das Metrum fordert نامد oder نآمد n'âmed, wie Calc. richtig hat. Hr. M. schreibt gewöhnlich که این, wo metrisch k'în zu lesen, und man gewöhnlich کاین oder کین schreibt. Es ist nichts dagegen einzuwenden, wenn man bei

که این die Zusammenziehung der Aussprache überlassen will. Das geht aber nicht mit نیامد nejâmed, oder بیامد bijâmed und ähnlichen Fällen, wo das dazwischen getretene j die Zusammenziehung in n'âmed, b'âmed aufhebt. Um hier die Zusammenziehung der Aussprache zu überlassen, müsste نه آمد, به آمد geschrieben werden.

V. 179. چنان نامور کم شد از انجمن
چو در باغ سرو سهی از چمن

„Il y a peu d'hommes tels que lui parmi la foule; il était comme un haut cyprès parmi les plantes d'un jardin." Vielmehr: „Ein solcher Edler verschwand aus der Gesellschaft (der Lebenden) wie im Garten eine schlanke Zipresse vom Beete." Es ist nämlich گُم gum zu lesen, oder کم kem im gleichen Sinne wie gum zu verstehen; denn es giebt Fälle (einem solchen werden wir weiterhin begegnen), wo die Wahl zwischen kem und gum ist, indem „minder werden, schwinden" gleichgilt mit „abhanden kommen, verschwinden". Aber als Negation, oder eigentlich halbe Negation wie guère, kann hier kem nicht genommen werden, wie Hr. M. thut; da wäre sowohl شد als از falsch, und müsste dafür بود und در stehen. Calc. liest die zweite Zeile, mit mehr Vollständigkeit des Bildes:

چو از باد سرو سهی از چمن

„wie durch den Sturm die schlanke Zipresse aus dem Gartenbeet (verschwindet)". Vielleicht ist das überflüssige در باغ nur eine Verunstaltung von از باد.

V. 209 b. تآبشخور wohl nur Druckfehler für بآبشخور. Oder sollte ein تا = تن ad, gemeint sein? Doch ist mir ein solches unbekannt.

V. 215 b. افشانیدم vielleicht nur Druckfehler für افشاندم, Reim: خواندم, doch wäre es möglicher Weise eine ursprüngliche scriptio plena = افشاندم, und so خواندم, efshânidem: chwânidem, statt efshândem: chwândem; wie denn der Versausgang wirklich - ◡ - nicht - - fordert. Das gäbe eine neue Ansicht des im Schahname so häufigen Falles, dass ein mittleres ân als - ◡, statt als - scandirt ist. Ich habe das bisher so erklärt: die Sylbe ân (în, ûn) wird nicht als mit nasalisch verschwindendem n so behandelt, dass ân (în, ûn) metrisch gleich â (î, û) gilt, was die sonstige Regel ist, sondern ausnahmsweise wie andere nicht nasale Sylben âr (îr, ûr), âd (îd, ûd) u. s. w., welche bekanntlich in der

Quantität = -⏑ sind, so dass â, î, û für sich eine lange Sylbe bilden, und der auslautende Consonant mit seinem Vocal die Kürze (die nur am Ende der Verszeile für nicht vorhanden angesehen wird, in der Mitte aber vor einem folgenden Elif beliebig verschwindet oder bleibt, je nachdem das Elif als Wesla oder als Hamza, auch dieses beliebig, genommen wird, s. zu XII, 976). Solche Ueberlängen, wie ich sie nenne, schreibe ich âr', îr', ûr'. So wäre also für einen solchen Ausnahmsfall auch ân' statt ân zu schreiben und zu messen. Und für einige einzelne Wörter ist das wirklich die Regel; so ist جانور durchaus dshân'wer -⏑-, nicht dshânwer --; eben so زینهار immer zîn'hâr' -⏑-⏑, nie zînhâr' --⏑, für welche Quantität man زنهار zinhâr' zu schreiben hat. Es wäre nun aber, das ist die mögliche neue Ansicht, anzunehmen, dass alle Conjugationen ânden auf ânîden flectirt würden, wie in der That z. B. خوابانْدن, رساندن und andere Causative zugleich خوابانیدن, رسانیدن, sind; dann aber dass dieses îden verkürzt würde zu iden, so wie man metrisch چدن statt چیدن findet. In allen solchen Fällen nun, wo ein mittleres ân -⏑ statt - ist, wäre âni anzunehmen, hier also خواندم: افشاندم. Aber freilich nicht alle ân, în, ûn als -⏑ gemessen, erklären sich so, z. B. hier V. 13:

بفرمانها ژرف کردن نگاه

wo befermân'hâ ⏑--⏑- statt befermânhâ ⏑--- gemessen ist. Solche Fälle geben dann einem neuen Zweifel Raum, ob man nicht im Firdosi den wirklichen Ausfall einer der drei mittleren Kürzen des Versmasses

⏑-- ⏑-- ⏑-- ⏑-

zuzugeben habe. Doch kann ich das nicht zugeben, besonders aus den zu XII, 976 entwickelten Gründen, und bleibe bei der Erklärung ân' în' ûn' = -⏑. Am allerwenigsten darf man die erste Kürze der Zeile für weggefallen ansehen in solchen sehr häufigen Versanfängen wie سرچشمه, سرمایه, die da nicht سَرْمایه, سَرْچشمه ---⏑ sind, sondern سرِ چشمه, سرِ مایه, serí tsheshme, serí mâje ⏑--⏑. Nebenbei will ich noch bemerken, dass die Sylben aun, ain, mit den Sylben ân, în, ûn, gar nicht das nasale Verschwinden des n gemein haben, sondern sich immer als -⏑ messen, daun', dein', wie daur', deir', nicht wie dûn, dîn.

V. 220b. کجا هست مردم همه یار اوست

ohne Reim auf n: داد اوست. Calc. hat richtig reimend: جهان شادمان از دل شاد اوست, aber die M.'sche Lesart ist besser, nur muss یار in یاد verwandelt werden: „Ueberall wo Menschen sind, da wird seiner mit Lob gedacht."

V. 225. هرآنکس که دارد زپروردگان
آزاد و از نیک دل بردگان

„tous ceux qui sont éclairés, tous ceux qui sont nobles, tous ceux qui sont bons." Ich dächte doch: „Alle seine Angehörigen, Freie und wohlgesinnte Knechte." برده wie der Reim verräth: berde, Knecht, nicht burde, was auch gar keine Construction giebt, oder die seltsame, die Hr. M. angenommen zu haben scheint: qui bonum cor tulerunt = boni.

V. 230. کسی کش پدر ناصر الدّین بود
سرِ تختِ او تاج پروین بود

„qui a eu pour père Nasireddin, dont le trône était élevé au-dessus des Pléiades" als wäre بود in *b* bûd, da es doch wie in *a* بوَد sein muss. Sage: „Wer (wie er, der Gelobte) einen Nasireddin zum Vater hat, dessen Thron wird erhöht seyn über die Pleiaden."

V. 232 b. که در جنگ در شیر دارد فسوس

richtiger Calc. بر شیر, Spott *über*.

V. 236 a. همیشه تن آزاد با تاج وتخت

hier ist آزاد ein blosser Fehler; Calc. hat das richtige آباد; jenes ist ungeschickt aus *b* heraufgekommen:

زدرد وغم آزاد وپیروز بخت

I. Gajumarth.

V. 15 b. ازآن برشده فرّه وبخت او

„(Les bêtes sauvages — se tenaient courbées devant son trône:) ce fut là ce qui releva sa majesté et sa haute fortune." Es ist zu construiren: „(sie standen gebückt vor seinem Throne) wegen seines emporgestiegnen Glanzes und Glückes."

V. 19 b. که بس باروَر شاخ بنیاد بود

„Car beaucoup de branches fécondes devaient sortir de lui." Ich glaube, dass شاخ ein Fehler ist, und پاک بنیاد als adj. comp. zu lesen, denn بنیاد kann weder für sich allein stehen, noch auch regiert von شاخ; dagegen ist باروَر, fruchtbar, hier von selbst = درختِ باروَر.

„Er sah ihn mit Lust im Weltenraum,
Der wurzelächt war ein fruchtbarer Baum.

V. 20. Nach diesem Vers hat Calc. einen, den ich ungern vermisse: So ist die Welt bestellt und beschafft:
Ein Vater in seinem Sohn hat Kraft;
wodurch sich die vorhergehende Schilderung abrundet von der besorgten Zärtlichkeit womit Gajumarth an seinem Sohne Sijamek hange. — Ich schreibe nach Burhan *Gajumarth*, was so gelesen, gar wohl Erdmann, wie Adam bedeuten könnte.

V. 28. Hrn. M.'s Lesart ist gewiss die richtige gegen Calc., nur muss metrisch im Reime بدخوه بوَد : آگه بوَد gelesen werden statt بدخواه بود : آگاه بود, nämlich der ganze Vers so:

گیومرث ازین خود کی آگه بوَد
که اورا بدرگاه بدخوه بوَد

„Mais Kaïoumors lui-même, comment apprendra-t-il que quelqu'un lui enviait le trône?“ Das ungewöhnlichere Tachfif بدخوه badchwah -- für بدخواه ist nur verkannt oder nicht bezeichnet worden; häufiger kommt خواه als Partikel sive in dieser Form خوه vor.

V. 29 b. Nach der Calc. Lesart kommt der Serosch zu Gajumarth gleich einem wilden Thier, in Pardelfell gekleidet:

بسان هژبری پلنگینه پوش .

Dagegen bei Hrn. M. wie eine (oder ein) Peri:

بسان پری با پلنگینه پوش

wobei پوش als Subst. vestimentum genommen ist, und پلنگینه als vortretendes Adj., dagegen in Calc. das herkömmliche adj. comp. pardelfellbekleidet. Nun könnte zwar eben die ungewöhnliche Constr. von پوش als Subst. die Verbesserung in Calc. veranlasst haben; doch das umgekehrte ist mir weit wahrscheinlicher, dass man das auffallende بسان هژبری wegschaffen wollte. Aber gerade für Gajumarth schickt es sich, dass ihm der himmlische Bote als wildes Thier erscheine, da von ihm vorher berichtet ist, dass die wilden Thiere sich anbetend zu ihm sammelten und Zucht und Gesetz von seinem Throne nahmen, V. 14—16. Freilich auch die Peris treten unter den wilden Thieren auf V. 63.

V. 52. بدآن برترین نام یزدانش را
بخواند وبپالود مژگانش را

hat Hr. M. gar seltsam übersetzt: „Dieu l'appela par *cet ange* au nom sublime, et mit fin à ses pleurs." Statt: „Er rief seinen Gott beim höchsten Namen an, und seihete (machte sickern) seine Augenlider = weinte." اش ist hier wie oft = خود; über پالود könnte man streiten, ob es nicht purificavit i. e. abstersit sei, was auch guten Sinn giebt, gleich dem „mit fin à ses pleurs", nur dass nicht Gott Subject sei. Calc. liest in *a* برترى statt برترين, was die gefälligere Construction giebt: „In jener Höhe (des Himmels) den Namen (نام) seines Gottes rief er an"; vielleicht auch: „in jener Erhebung (die ihm durch die göttliche Botschaft zu Theil ward) rief er u. s. w."

V. 62. ببر übersetzt Hr. M. „léopard", wie پلنگ meistens „tigre". Es ist wohl eigentlich umzukehren, ببر ist vyâghra, der bengalische Tiger, woraus auch τίγρις durch Vortritt eines unerklärten t geflossen scheint. Seltsam aber trifft sichs, dass die Skr. Lexicographen vyâghra von â-ghrâ „anriechen" ableiten, wodurch dieser Name zusammenkommt mit dem andern çârdûla = πάρδαλις, von πέρδω, sanskr. çridh, arab. ضرط, nach der alten Thiermythe, dass der Panther durch den Wohlgeruch seiner Ausdünstungen die Thiere nach sich ziehe.

V. 69 a. Ich denke doch

كشيدش سراپاى يكسر دوال

besagt nicht: „il lui arracha la peau de la tête aux pieds", sondern: „er zog seinen ganzen Leib auf einmal in die Riemen, nämlich der Fangschnur." So steht sonst بخمّ دوال = بخمّ كمند. Und ganz eben so steht die Phrase V, 49, wo Hr. M. selbst so, wie ich hier, übersetzt.

V. 72. برفت و جهان مردرى ماند ازوى
نگر تا كرا نزد او آبروى

„il mourut, et le monde resta vide de lui. Regarde! qui pourrait atteindre une gloire égale à la sienne!" Für die erste Zeile lass' ich dahingestellt, ob مردرى wirklich „leer" bedeuten könne, wie allerdings Meninski angiebt. Die andere Bedeutung languidus, iners, deses, stimmt besser zur Erklärung von مُردار morticinium. Ich denke, es heisst: die Welt ward seiner überdrüssig, stiess ihn aus. Ganz eben so steht II, 44

ازو مردرى ماند تخت مهى

Die zweite Zeile aber sagt ohne Zweifel: „Siehe, wem denn bei ihr (der Welt) eine (beständige) Gunst beschieden sei! wer denn

Gnade bei ihr finde!“ woran sich dann der nächste Vers anschliesst:

جهان فریبنده را گرد کرد

ره سود بنمود [پیمود] و مایه نخورد

„Er häufte trügliche Welt zumal,
Ging nach Wucher und genoss nicht das Kapital.“

Oder wie Hr. M. paraphrasirt: „il avait amassé les biens de ce monde trompeur; il avait montré aux hommes le chemin des richesses; mais il n'en avait pas joui.“ Der M.'schen Lesart in *b* بنمود. „il avait montré“ ziehe ich das einfachere und dem Gegensatze genauer entsprechende پیمود Calc. vor.

III. Hosheng.

V. 12. Hrn. M.'s Lesart

چو آگاه مردم بر و بر فزود

پراگنده تخم و کشت و درود

enthält zweierlei ungefüges, in *a* برو, in *b* پراگنده, wofür Calc. dort برآن, hier پراگندن hat; die Construction fordert beides: „Als die Aufmerksamkeit der Menschen zunahm auf dieses, (nämlich) das Streuen des Samens, Pflanzen und Ernte.“ Für برآن könnte hier auch برین stehen, aber nicht برو, welches blos auf etwas vorhergehendes sich beziehen kann, dagegen برآن hier als correlativ aufs folgende geht = برآن که پراگنند, „darauf dass sie säen“, برین aber noch deutlicher blos deuten würde „auf dieses (folgende), das Säen.“

V. 15—18. Die einzelnen Abtheilungen der Kapitel, mit den Inhalt angebenden Ueberschriften, weichen bei Hrn. M. und Calc. sehr von einander ab, und meistens ist der Vorzug auf Hrn. M.'s Seite unbestreitbar. Hier aber möchte ich Calc. den Vorzug geben, wo die erste Abtheilung diese 4 Verse schliessen:

15 همه کار مردم نبودی به برگ

که پوشیدنی شان همه بود برگ

16 پرستیدن ایزدی بود پیش

نیارا همی بود آیین و کیش

17 چو مر تازیان است محراب سنگ
بدآن گه بُدی آتش خوبرنگ
18 بسنگ اندر آتش: ازو شد پدید
کزو روشنی در جهان گسترید

15 Noch ohn' Erspiess war Menschenbetrieb,
Nur spriessendes Kraut ihre Kleidung blieb.
16 Gottes Verehrung war schon zuvor;
Der Ahn einst frommen Brauch erkor.
17 Wie Araber gegen den *Stein* sich kehren,
So kam jetzt das schöne *Feuer* zu Ehren.
18 Das *Feuer* im *Stein*, draus hervor es kam,
Davon der Glanz die Welt einnahm.

V. 15 ist ein Rückblick auf die vorher geschilderten Kulturanstalten von Hosheng, und erweitert nur den V. 14:

Zuvor eh dieser Betrieb war versucht,
War keine Speis' als nur Baumesfrucht.

Beide Verse zusammen gelten also von der Zeit vor Hosheng, im Contrast zu den Erfindungen unter Hosheng. Dann machen V. 16 — 18 den Uebergang zu einer höheren Erfindung, der des Feuers, sammt Einsetzung des Feuercultus. Sie sagen, dass vorher Religion im Allgemeinen schon da war, nun aber die bestimmte Form entstand. Sie contrastiren den lichten Parsi-Feuerdienst mit der arabischen Anbetung des schwarzen Steins; und durch die Antithese Stein und Feuer hat der Dichter, so gut es ihm irgend als Moslim verstattet war, die persische Sitte gegen die arabische hervorgehoben. Diese 3 Verse setzen zum schicklichen Schluss der Abtheilung das Allgemeine, dessen Besonderes dann in der nächsten Abtheilung ausgeführt wird. Bei Hrn. M. aber schliesst die erste Abtheilung stumpf und ungenügend mit V. 15: „*Mais* la condition des hommes n'était pas encore bien avancée, ils n'avaient que des feuilles pour se couvrir." Durch das supplirte mais wird die Aussage der Zeit vor Hosheng, der sie nach meiner obigen Ansicht zukommt, entzogen und unter Hosheng selbst gesetzt. Dann eröffnen die neue Abtheilung V. 16 und 17 so, dass in jedem Verse die beiden Hemistiche gegeneinander umgestellt sind: „*Nos pères* avaient un culte et une religion, et l'adoration de Dieu était en honneur. Comme les Arabes se tournent dans leurs prières vers une pierre, on se tournait alors vers le feu à la belle couleur". Der Ahn نیا in V. 16 ist dort natürlich der wirkliche Ahn Hosheng's, Gajumarth; man kann nicht ohne Zwang nos pères daraus machen. Hätte der Dichter das gewollt, so konnte er ohne Zwang sagen:

نیاکان مارا بُد آئین و کیش

V. 23 a. بزورِ کیانی رهانید زدست

„il lança *la pierre* de sa force de héros“ das ist eine Auslegerglosse, die Hr. M. trotz der Zerstörung des Versmasses aufgenommen hat gegen das richtige von Calc.

بزورِ کیانی بیازید دست

„Mit Kajani-Kraft schwang er die Hand“ nämlich um den Stein zu schleudern, was sich aus dem Zusammenhang von selbst ergiebt, aber der Ausleger wollte es mit dem Worte رهانید, selbst ausdrücken, dieses bedurfte aber eines ز vor دست, das fügte er denn bei und zerstörte den Vers, der so ⏑‐‐⏑⏑‐ statt ⏑‐‐⏑‐ zum Ausgang bekommen hat. Freilich bleibt die Frage, die ich bei einer andern Stelle erörtern werde, ob nicht رهانید, ⏑‐‐⏑ hier als Tachfif رهاند, ⏑‐‐ genommen werden könne; doch hat Hr. M. schwerlich an so etwas gedacht.

V. 25 b. دلِ سنگ گشت از فروغ آذرنگ

„(La petite pierre frappa sur une grande, l'une et l'autre furent brisées, mais une étincelle jaillit du choc,) et son éclat rougit le coeur de la pierre.“ Ich glaube, dass hier, bei der Erfindung des heiligen Feuers durch den Steinwurf nach einer Schlange, der Dichter das Wort آذرنگ nicht als blosses Adj. = rutilus gebrauche, sondern in seiner altreligiösen Bedeutung ignis sacer apud Magos.

Der kleine Stein traf auf grossen Stein,
Und dieser und jener zerbrachen klein.
Aus beiden Steinen kam ein Glanz,
Das Herz des Gesteins ward ein Feuerheerd ganz.

V. 37. 38. جهاندار هوشنگ با هوش گفت
بدارید شان را جدا جفت جفت
بدیشان بورزید وزیشان خورید
همی باجرا خویشتن پرورید

(35 In göttlichem Glanz und fürstlicher Macht
Drauf vom Wild und den Thieren der Jagd
36 Sondert' er (Hosheng) Schaf und Esel und Rind,
Und brauchte zum Feldbau die nutzbar sind.)
37 Sprach Hosheng der Weltfürst hoch und klar:
Haltet sie einzeln Paar und Paar,
38 Arbeitet mit ihnen, von ihnen lebt,
Und nährt euch selbst, dass ihr Steuern gebt!

So nach Calc. Lesart in V. 38 a خورید statt Hrn. M.'s weniger passenden خرید „kauft davon“, und in *b* باج statt Hrn. M.'s Lesart تاج, wonach der Vers zu übersetzen wäre:

Arbeitet mit ihnen, und kauft davon,
Und nährt euch selber für die Kron'.

Hr. M. hat seltsamerweise alle Imperativplurale von V. 37 u. 38 als dritte Singularpräterita übersetzt: „Le sage Housheng ordonna de les réunir par paires; il s'en servit pour cultiver la terre, pour faire des échanges et pour entretenir la splendeur de son trône.“ زيشان خريد kann nicht den von Hrn. M. angenommenen Sinn haben: kauft dafür (anderes), da müsste بديشان stehen.

V. 40 a. چو سنجاب چو قاقم gegen das Metrum, Calc. richtig چو سنجاب و قاقم.

V. 42. ببخشید و گسترد وخورد و سپرد
برفت وجز از نام نیکی نبرد

„Il avait donné et répandu, il avait joui et *confié;* il mourut et n'emporta avec lui qu'un nom honoré.“ Das confié ergiebt sich dem Gefühl als unpassend. Es ist vielmehr gemeint: „er genoss, und übergab sterbend alles.“

V. 46 b. نه نیز آشکارا نمایدت چهر

„(Le monde ne s'enchaînera pas à toi avec amour,) et il ne te montrera pas *deux fois* sa face.“ Vielmehr:

Die Welt hält dir stäte Liebe nicht,
Und zeigt dir nie offen ihr Gesicht.

Die gewöhnliche Vorstellung von der niemals aufrichtig dem Menschen ihr Geheimniss offenbarenden Welt, wie IV, 211. — نه نیز ist neque etiam, nicht pas deux fois.

III. Tahmurath.

V. 5 b. پس آنگه زگیتی کنم گردهای

„Je ferai de la terre la base de mon trône.“ Calc. liest پس آنگه کنم در کُهی گردهای. Nach Burhan ist گردپای:

پیرامونِ تخت و اطرافِ جایْ نشستن

Dazu kann man nicht schicklich die Welt machen, wohl aber einen Berg. Auch das پس آنگه „alsdann, darauf“ passt nur zur Calc. Lesart.

V. 18 a. چنین گفت: خدارا نیایش کنید

Die Afterbesserung eines Abschreibers, der den Vers zerstört

(كفت als - statt - ن), um einen ihm unpassend scheinenden Ausdruck zu beseitigen; Calc.:

چنین كفت : کاین را نیایش کنید

= danket (Gott) für dieses.

V. 21 a. كزيده بهر جاى kann nicht füglich bedeuten „il était *révéré* en tout lieu"; das vage كزيده scheint nur eine Glosse für خنیده Calc. „besungen, gepriesen," zu خنیا Gesang, von Skr. W. svan. Burhan macht einen nichtigen Unterschied zwischen خنیده und خنیده, ersteres erklärt er durch مشهور ومعروف وپسندیده, letzteres durch پسندیده allein. Es ist eben das خو = خ chwa, sva, in خواندن, das mit Ausstossung des stummen w als cha, hingegen mit Assimilirung dieses w als cho übrigbleibt.

V. 23. ein unächter Vers, der das vorhergehende müssig wiederholt, und die unepische Wendung des erzählenden Präsens in *b* hat: „Nachgebet und Fasten *ist* sein Brauch". Dergleichen gebraucht Firdosi so wenig als Homer und die Nibelungen. Vgl. IV, 78. V, 349.

IV. Dshemshid.

V. 2 b. برآمد برآن تخت فرخ پدر

Hr. M. lässt hier, was er sonst nie thut, das Teschdid von فرّخ weg, und nach seiner Uebersetzung scheint er gar فرخ farchi gelesen zu haben: „il monta sur le *trône brillant* de son père." Es ist aber das gewöhnliche فرّخ als adj. praepos. zu پدر: auf den Thron des herrlichen Vaters.

V. 6. منم كفت با فرّهٔ ایزدی
همم شهریاری وهم موبدی

„Je suis roi et je suis Mobed". Man lasse sich nicht verführen شهریاری und موبدی für die persönlichen شهریار und موبد mit angehängtem überflüssigem i unitatis zu halten. Dieses sogenannte î ist immer ê (ob es die Perser jetzt so aussprechen, darf uns nicht kümmern); es entsteht bekanntlich aus یکی eka, und reimt im Firdosi nie auf î des Adjectivs oder des Abstracts, wie hier ایزدی, welches sowohl göttlich als Gottheit ist, hier aber ersteres. Im Reim darauf ist môbedî, also auch shehr'jârî als Abstract zu fassen, und zu construiren: mein ist sowohl Königthum als auch Mobedenthum. Ebenso verhält es sich mit î und ê im Verbo, بودی bûdî du warst, بودی bûdê er wäre. Von diesem Reimgesetze, das erst die spätesten Dichter, wie Hâtifi, verletzen, finden sich in den früheren, insbesondere denen des eigentlichen Persiens, von Saadi über Hafidh bis zu Ehli Shirazi herab, und ebenso im Firdosi, nur scheinbare Abweichungen, wie eben vorliegender Fall. Ja bei den Kunstdichtern ist es eine eigne beabsichtigte Zierlichkeit, bald das î bald das ê da zu setzen, wo man ohne Massgabe des Reimes gerade das Gegentheil erwartet hätte. Fälle, wo scheinbar i und ê reimt, die sich aber bei näherer Ansicht anders ausweisen, sind z. B. VI, 116 u. 128. s. die Note zur letzten Stelle. Siehe auch Einleitung V. 65.

V. 8b. جسنن Druckfehler für جستن.

V. 12b. بهنگام, das Metrum fordert هنگام, wie Calc. hat.

V. 13.

زکتان و ابریشم و موی و قز
قصب کرد پرمایه دیبا و خز

„il fit des étoffes de lin, de soie, de laine, de poil de castor et de riche brocart". Hier ist also موی = laine, قز = poil de castor, und پرمایه دیبا = riche brocart. Wo bleibt nun قصب und خز? Letzteres ist eigentlich castor, und قز sericum e follibus factum, Floretseide. Dabei sind nun in der französischen Uebersetzung die Werkstoffe und die daraus bereiteten Zeuche confundirt. Die persischen Worte sagen: aus Flachs, Seidenfaden und Floretseide machte er Leinwand, kostbare Seidenstoffe und chaz. Letzteres bleibt also als Erzeugniss aus Floretseide. Wirklich sagt Burhan, nachdem er die gewöhnliche Bedeutung chaz Biber angegeben: وجامهٔ ابریشمی نیز گفته اند. So erklärte sich ziemlich der Text, nur wäre in *a* statt موی وقز die Calcutter Lesart موی قز zu setzen. Ein Anstoss bleibt aber auch so: موی قز Haar der Floretseide ist ungeschickt. Ich vermuthe also, dass so umzustellen ist:

زکتان و ابریشم و موی خز
قصب کرد پرمایه دیبا و قز

Aus Flachs, aus Seide und aus Biberhaar machte er Leinwand, kostbares Seidenzeug und grobes Tuch (Filz). — Nämlich خز in seiner ersten Bedeutung Biber, قز aber nach Burhan: ابریشم خام بدقماش.

V. 14a. رستن Druckfehler für رشتن, spinnen, wie III, 8

richtig steht. Burhan kennt kein رِسْتَن = رِشْتَن, wohl aber ein solches ريسيدن, d. i. Präsens ريسم, das sich zu رِشْتَن verhält wie نويسم zu نوِشْتَن, wozu man auch wohl ein schwach conjugirtes نويسيدن bilden kann, aber kein نوستن.

V. 17 a. پيشهور ist eine unerlaubte Schreibung für پيشهوَر oder پيشْوَر pêshewer, nicht pêshehwer; d. i. eine Verwechselung des vokalischen he d. i. a, e, mit dem consonantischen d. i. h.

V. 18. Die hier aufgenommene Form آموزيان für die Priesterkaste liesse sich leicht durch Verschmelzung mit der Calc. Lesart كاتوزيان in ein آتوريان verwandeln, worin die Zendform âthrawa sich darstellte. Eben darauf weist die anderwärts überlieferte Verstümmelung الوزيان. Doch da in allen 3 Formen ز nicht ر steht, so fragt sich, ob nicht zu Grund läge آترزيان = آذريان, so dass آترز die Vermittlung von آتش mit آذر wäre.

V. 24 a. كُرِه lies گُرُه (= گروه).

V. 24 b. كجا نيست بركس ازيشان سپاس

„ils ne rendent hommage à personne". Wenn dieses der Sinn seyn soll: „die Niemand Dank schuldig sind (weil sie sich selber mit ihrer Hände Arbeit nähren)," so müssten die Präpositionen umgestellt werden:

كجا نيست از كس برايشان سپاس

So ist die legitime Constr. von سپاس = مِنّت: die Dankschuld von dir liegt auf mir = ich bin dir Dank schuldig, danke dir. Aber der Text wie er steht giebt den gleich guten, ja besser passenden Sinn: „denen Niemand (für ihre Arbeit) dankt." Vgl. VI, 34 b.

V. 28 b. Dieselbe unerlaubte Schreibart wie 17 a., آزادهرا statt آزادهرا, um so verwunderlicher, da Hr. M. sonst die Postposition را auch an anschliessbare Endbuchstaben nicht anzuschliessen pflegt, und z. B. ان را, آين را schreibt.

V. 30 b. وزآنسان هميشه پر انديشه بود

was zu a ungeschickt zu construiren ist, so dass بود statt بودند zu verstehen wäre. Calc. schicklicher روان شان خ.

V. 31 a. بربن اندرون ist widersinnig gefügt; بر kann nicht اندرون zur Postpos. haben; Calc. richtig بدين اندزون در, اندر,

V. 35 a. هر آنچه زگل آمد چو بشناختنند

So kann man den Vers nicht scandiren, sondern nur wie Calc. ihn schreibt: هرآنچه از گـل آمد خ d. i. هرآنچه آز گـل آمد oder هرآنچ از گـل آمد -------

V. 37 a. چــو گرمابه وکـاخهای بلند

Sorgfältige Abschreiber geben bei solcher Stellung des و dem vorhergehenden Endvokal ein Hamza: چــو گرمابهٔو tshu germâbe'u. Wirklich hätte sonst das u, das immer die Bewegung des Endbuchstaben ist, keine Stütze. Aber Hr. M. rückt dieses u immer an den Anfang des folgenden Wortes, wo nur das arabische و wa steht. Das persische u kann, statt als Auslaut, als Anlaut des folgenden Wortes nur in Gestalt von w, nicht wa, erscheinen vor einigen vokalisch anlautenden Wörtern, besonders Hülfswörtern wie وايـن oder وهـن w'în, وان w'ân, وز wez, وگر oder ور weger oder wer; dabei entsteht وگر nur scheinbar aus we und ger, in der That aber aus w und eger. Eine wirkliche Ausnahme machen, soviel mir jetzt beifällt, nur ودبگر „und ferner", und ويا „oder auch", zwei Partikeln, gleichsam nach Analogie des arabischen ولكن, in persischer Umbildung وليكن welêkin und ولى welê.

Daraus, dass das و, u, die Bewegung des auslautenden Consonanten ist, folgt, dass dieser kurz wird; soll er vor dem u eine Länge bilden, so muss er verdoppelt werden, z. B. زرّ و سیم -ـ‿-‿, da زر وسيم nur ‿ـ‿-‿ ist. Solche auslautende Consonanten, die keine Verdoppelung zulassen, wie من, بد, شب, können, um lang zu bleiben, das u nicht ansetzen, sondern müssen sich dessen Stellvertreters ؟ bedienen. Dieses u, welches die Bewegung des auslautenden Consonanten ist, und nur و statt Dhamma geschrieben wird, kann, wie nicht als Anlaut des folgenden Wortes, so noch weniger am Anfang eines neuen Satzgliedes stehen, also auch nicht am Anfang einer Verszeile. Wenn daher von آمد وديد „er kam und sah" das آمد in der ersten Verszeile steht, kann nicht وديد am Anfang der andern stehen; es steht dann bloss ديد oder بديد und das u fällt ganz weg, s. z. B. V, 40. 77.

Uebrigens gilt diese Theorie des u nur für den Vers; die Prosa hat das persische u mit dem arabischen wa, das vulgär auch u lautet, vermengt, und gebraucht es unbeschränkt auch am Anfang eines Satzes.

V. 43 b. در تندرستی و راه گزند

„les moyens de conserver la santé et de *guérir les blessures.*" Der Weg des Schadens, ' راه گزند, ist so gewaltsam zum Heilweg umgedreht. Es ist aber der Gegensatz von Gift zu Heilmittel.

V. 63 a. جهان سربسر گشت مراورا رهی derselbe Verstoss gegen das Metrum wie III, 18, so dass eine Doppellänge als einfache Länge behandelt ist, hier گشت -⏑ als -, wie dort گفت. Calc. hat auch hier glatt:

جهان سر بسر گشت اورا رهی

mit Wegfall des überflüssigen مر; wobei nur اورا mit Hamza zu bezeichnen ist, damit گشت اورا nicht mit Wesla kesht órá --- gebe, sondern kesht' órá oder kesht 'órá -⏑--. Es wäre möglich, dass Hr. M. hier einem Grundsatz folge, solche abweichende Sylbenmessung, etwa auf Gewähr bester und ältester Handschriften, im Firdosi anzunehmen. Doch wenn wir weiterhin zusehen, so verschwindet diese Vermuthung, es bleiben nur einzelne Fälle als Verstösse.

V. 64 b. بگیتی جز از خویشتن را ندید

Diese Constr. des را über ein Mittelglied mit Präpos. از hinüber scheint nur späterer Sprachgebrauch. Er ist allgemein herrschend bei den Prosaikern, insbesondere Mirchond. In der Prosa des Gulistan hat nur ein Theil der Handschriften dieses را nach dem Casus von از z. B. یکی از ایشان را, der andere, und wie ich glaube, bessere Theil hat: یکی را از ایشان. In den Versen der klassischen Dichter kenne ich kein zweifelloses Beispiel; und hier hat Calc. das richtige

بگیتی جز از خویشتن کس ندید

Der Ursprung dieser späteren Constr. von را nach dem Casus von از erklärt sich daraus, dass ein solches از mit seinem Casus die Stelle eines Genitivs vertritt, und را ja dem nachgesetzten Genitiv nachtritt. یک مرد مردان = یک مرد از مردان; also یک مرد از مردان را = یک مرد مردان را. Aber die klassische Constr. ist یک مرد را از مردان.

V. 70 b. Hier wie V. 47 ist Calc. جهان bündiger als Hrn. Mohl's جه.

V. 75 a. Sogleich hier ist ein ferneres Beispiel zu V. 63 a.

گر ایدون که دانید که من کردم این

Calc. mit ausgelassenem که, das hier schicklich und nachdrücklich fehlen kann:

گر ایدون که دانید من کردم این

Hier kommt aber ein anderes in Betracht. Im Schahname und andern früheren Poesien finden sich seltene Beispiele von der Verbalendung îd zu id erleichtert. Das könnte hier statt haben. Wir werden das weiterhin betrachten, s. V, 491.

V. 78 b. نماند بپیشش یکی نامجوی

Den Vers zu füllen, müsste نماند nemàned im Präs. Fut. gelesen werden, was unstatthaft ist, s. III, 42. Es ist das praet. bist. gefordert, aber ماند mànd' -⏑ gäbe einen Fuss ⏑-⏑ statt ⏑--, was wohl im Arabischen bei diesem Metrum häufig ist, im Persischen aber durchaus unerlaubt; also ist zu schreiben نماندە, „so dass nicht geblieben war," nemàndé ⏑--. Uebrigens enthält á eine befremdliche Constr.:

هرآنکس زدرگاه برگشت روی

indem گشتن statt seines Causativs گردانیدن gebraucht ist, da doch leicht zu sagen war

هرآنکس زدرگه بگرداند روی

doch ich sehe, dass zu schreiben ist

هرآنکس زدرگاه برگاشت روی

die alterthümliche Causativform گاشتن zu گشتن, wie گذاشتن zu گذشتن. — Der Vers fehlt ungebührlich in Calc.

V. 80 b. بر بست کار eine mir unstatthaft scheinende Phrase, statt der gewöhnlichen, die hier auch Calc. hat, برگشت کار „es war (alles) aus, oder die Sache schlug um." Der Vers ist nicht, wie die beiden folgenden, als Gemeinplatz zu verstehen: „Quand la raison ne se soumet pas à Dieu, elle amène la destruction sur elle-même"; sondern als Erzählung:

Da er (Dshemshid) Ichheit vor Gott erhob,
Kam er zu Fall, und sein Reich zerstob.

V. 84 b. همی کرد پوزش در کردگار

Die richtige Phrase hat Calc.

همی کرد پوزش بر کردگار

V. 85 a. همی کاست ازو فرّه ایردی

Die einzig rechte Schreibung hat Calc.

همی گـاست زو خ

Solche Doppelüberlängen wie گاست können nicht als - ⏑ mit folgendem Wesla scandirt werden. گاست ازو ist durchaus nur mit folgendem Hamza als gâst' 'ezô - ⏑ ⏑ - zu denken, nicht als gâst ezô - ⏑ -; das möglich zu machen, müsste (was doch hier formell, wegen des Causativs, unmöglich ist) tachfif des â eintreten, گست ازو gast ezo (scandire gas te zô), wie dieses oft der Fall ist mit پرداخت, wofür dann auch Hr. M. richtig پردخت schreibt, wenn es die Quantität - - ⏑ mit folgendem Wesla haben soll: perdacht ezô (per dach te zô) - - ⏑ -, da پرداخت ازو nur perdâcht' 'ezô - - ⏑ ⏑ - gäbe. Diese gar eigensinnigen Doppelüberlängen können nach sich kein Wesla, also auch keine Vocalbewegung des letzten Consonanten haben. Man kann im Vers gar nicht دوست من sagen, so dass es - ⏑ - wäre, es ist aber auch nicht - ⏑ ⏑ -; man kann es also gar nicht sagen, sondern nur دوستم dô-s'-tem - ⏑ -. Eben so kann kein u nach دوست stehen.

V. 88 b. برترین مایه ist weniger gefügig als Calc. برترین پایه.

V. 90 b. بدوشندگان داده بُد پاکدین

„(des chèvres, des chameaux et des brebis) que cet homme pieux confiait à ses bergers". Vielmehr:

Ziege, Kamel und Schaf zu Gewinn
Gab der Fromme *den Melkenden* hin.

Es ist gleich dem arabischen حلب له, er melkte ihm, d. i. er überliess ihm zu melken, als Niessbrauch, Schaf oder Kamel.

V. 91 b. Die ausgewählte alterthümliche Phrase in Calc. همان تازی اسپان رمنده فری ist doch der trivialen hier همچون پری vorzuziehen. فری giebt freilich Meninski nur als Partikel bene, euge, macte; aber alle dergleichen Adverbia sind ja im Persischen auch ursprünglich Adjective; und wenn Reim und Versmass es erlaubten, könnte statt رمنده فری, ebenso رمنده خوش, stehen. Mag nun das فری zu dem weitverzweigten Stamm فرّ فرّه (ferre) فرّخ, فرّخی, فرخنده gehören, oder ein alt assimilirtes arabisches فره, froh, frech, frei, seyn; die Ur-Verwandtschaft des arabischen selbst mit prî, freuen u. s. w. macht das gleichgültig. فری als prima comp. erscheint in فریبرز Sohn des Kâ'ûs, = Frei(froh)-berg(burg), wenn anders برز = bhřigu, Berg, Burg ist. Doch auch hier tritt arabische Concurrenz ein in بـرز vorspringen, eine schickliche Wurzel für Berg.

V. 92 b. دست دراز بردن ist nicht die rechte Phrase, sondern

nach Calc. دست فـراز بردن die Hand zu etwas hin bringen; mit دراز wäre zu sagen دست دراز کردن. Aus beiden guten Phrasen دست دراز کـردن und دست فراز بـردن ist durch Vermengung die dritte gebildet دست دراز بردن, die absolut verwerflich ist, und wenn sie in allen besten Handschriften stände.

V. 93a. Hier schreibt Hr. M. einmal plene بود, wo das Metrum بُد fordert, das er doch sonst überall in solchem Fall setzt, und zwar ohne Vocalbezeichnung. Diese Nichtbezeichnung des Vocals ist wahrscheinlich die Ursache von بود an dieser Stelle, damit statt پسر بد puser bud, ein Sohn war, nicht ein das Metrum unbeachtender: puseri bad, ein böser Sohn, lese, was hier so nahe lag, da wirklich vom bösen Sohn, Dhohhâk, die Rede ist. Aber solcher Nothhülfe eines Abschreibers, der ein Vocalzeichen sparen will, bedarf ein solcher Herausgeber nicht. Calc. hat richtig بُد.

V. 96 ff. Warum schreibt Hr. M. Peiver? Die Lexica, soweit ich sie zu Rathe ziehen kann, geben Bîver; und damit stimmt auch das Armenische bivr.

V. 98. شب و روز بودیٌ دو بهره بزین
زراهِ بـزرگی نـه از راهِ کـیـن

Hr. M. hat gänzlich missverstanden: „Il était jour et nuit presque toujours à cheval pour acquérir du pouvoir, mais non pour faire du mal.“ Es heisst:

Zwei Drittel davon (von den 10,000 Rossen) waren Tag
und Nacht
Gesattelt, zum Prunk, und nicht zur Schlacht.

Zur Schlacht nämlich wären alle $\frac{3}{3}$ gesattelt worden.

V. 100. دل پورش das Herz seines Sohns, ist völlig unpassend, da in all den Versen vorher nicht vom Vater, sondern eben schon vom Sohne, Dhohhak, die Rede war. Calc. دلِ مهتر das Herz des Fürsten, nämlich Dhohhak.

V. 103. جو ابلیس دید آن کـه او دل بباد
بـرافگند ازان گـشـت بسیار شاد

„Lorsque Iblis vit qu'il avait abandonné son coeur au vent (seinen, des Iblis, windigen Reden), il en eut une joie immense.“ Recht fliessend, im Französischen noch mehr als im Persischen, aber es ist uns dadurch wahrscheinlich nur ein Abschreiber-Nothbehelf für eine unterschlagene alte Wortform und eine nicht verstandene Construction gegeben. Calc.:

چو ابلیس دانست کو دل بداد
بر افسانه اش گشت نهمار شاد

d. i. Als Iblis merkte, dass jener sein Herz hingab, und über seine (des Iblis) Trugreden unmassen froh war, so — damit fängt nun erst der folgende Vers den Nachsatz an. نَهْمار aber ist bei Burhan:

بمعنی بزرگ وعظیم وبسیار وبی نهایت و وفر وبیکران

Die Etymologie verräth بی نهایت und بیکران, nämlich نه همار = نه شمار oder = نه مر, so dass مر, wo es Zahl bedeutet, wie oft im Schahname, nicht wie die Partikel مر = mâtra, Mass, nur soviel, gerade das, sondern die Abkürzung von شمار ist, aus smṛi, dessen anlautendes s in همار richtig h geworden; in μέρος memor u. s. w. ist es abgefallen wie in مر. Ein so kostbares Wort dürfen wir uns nicht unterschlagen lassen.

V. 110 b. جرا Druckfehler für چرا warum.

V. 122 b. وبهس Druckf. für وبس und (das ist) genug.

V. 123 b. نیم Druckf. für نیام Scheide.

V. 132. بهر نیک و بد شاه آزاد مرد
بفرزند برنا زده باد سرد

Es scheint Hr. M. habe verstanden نزده = نا زده er hatte nicht gezogen; denn das نا ist von بر, mit dem es برنا, jung, giebt, abgerückt, und die Uebersetzung lautet: „Jamais il n'avait traité avec dureté son fils pour aucune action bonne ou mauvaise;" was die Worte auch so freilich nicht sagen könnten. Sie sagen aber: In allem Guten und Bösen (allen Lebenslagen) hatte der edle Fürst für seinen jungen Sohn geseufzt d. h. zärtlich gesorgt.

V. 153 b. خورش کرد ویکیک بیاورد بجای

mit dem metrischen Anstoss wie IV. 63. 75. s. Calc. وآورد یکیک بجای — In *a* ist زهر کوست Calc. concinner als زهرگونه.

V. 155. سخن هرچه گویدش فرمان برد
بفرمان او دل گروگان کند

Dieser Vers ist auszuwerfen. Denn 1) hat er gar keinen Reim; dieser wäre zwar herzustellen durch فرمان کند in *a*, so dass der Reim گروگان : فرمان, und کند das ردیف wäre. Aber 2) der Vers hat das unstatthafte praes. histor. (s. zu III, 23) und 3) ist er für den Zusammenhang nicht nur müssig, sondern störend.

V. 157 b. مزه یافت ازآن fehlerhaft statt مـره یافت زان wie Calc. richtig hat. S. III, 85 a.

V. 162 b. بسازد Druckf. für بسازیـد = بسـاخـت wie Calc. richtig hat. Die meisten starken Verba auf تـن können auch schwach auf یدن flectirt werden, doch nicht alle; die Fälle müssen einzeln im Wörterbuch angeführt werden. — دل پر امید d. i. dilí pur 'umêd ⏑--⏑-; besser Calc. دلی پر امید mit einem (ganzen) Herzen voll Hoffnung. Hier ist der rechte Ort für dieses oft falsch gesetzte energische ê unit. = ein ganzer.

V. 164. Hr. M. lässt den Teufelskoch ein etwas ungeschicktes Gericht zusammenkochen „des oiseaux et de l'agneau mêlés ensemble" statt: „verschiedene Gerichte aus Huhn und Lamm". مرغ Vogel ist vorzugsweise Huhn, gerade wie ὄρνις auch.

V. 172 b. ببوزم Druckf. für ببوسم.

V. 186 a. نگر تـا دیو اندرآن das ist allerdings besser als Calc.

سر نـرّه دیـوان ازیـن

nur war das این statt das آن aufzunehmen, wie es auch in *b* steht. Unendlich gewonnen hat der Text durch Auswerfung der 2 Calc. Verse vor diesem.

V. 199 b. چو انگشتری کرد گیتی بروی

missverständlich „(Il tourna son regard vers le trône de Djemschid,) il prit le monde comme une bague pour le doigt" statt:

Entgegen dem Thron von Dshemshid er ging,
Und macht' ihm die Welt eng wie einen Ring.

V. 202 b. سبردش, richtiger Calc. سپرده, wonach auch Hr. M. übersetzt: *quand il eut* abandonné.

V. 208 b. گناه falsch statt گاه Strohhalm.

زمانه ربودش چو بیجاده کـاه

heisst: das Geschick raffte ihn, wie Bernstein den Strohhalm; nicht: le sort le brisa comme une herbe fanée. Ob بیجاده, wie Burhan schreibt, oder wie Hr. M. بیچاده, wirklich Bernstein, oder nur etwas Aehnliches ist, lass' ich dahin gestellt; genug er zieht Hälmchen wie کهربا, s. Burhan s. v. بیجاد.

V. 213 b. که خواهد نمودن بمن مهر چهر

ist eine vortreffliche Lesart gegen die Calc.

نخواهد نمودن ببد نیز چهر

war aber nicht zu übersetzen: que toujours il me montrera sa *face d'amour;* denn مهرچهر und alles ähnliche ist nie Comp. tatpurusha, wie im Deutschen: Liebesantlitz, sondern immer nur bahuvrîhi: liebantlitzig. Hier aber ist مهرِ چهر die Sonne des Antlitzes.

V. Dhohhak.

V. 10. statt جادوئی : بدخوئی hat Calc. hier (und ähnlich in ähnlichen Fällen) جادوی : بدخوی, scheinbar falsch, denn es ist nicht dshâdû'i : badchû'i --⏑ gemeint, sondern dshâdû'î : badchû'î; aber dieses soll hier metrisch nicht --- seyn, sondern -⏑-, das auslautende و beider Wörter soll also verkürzt werden. Das kann es aber nicht, wenn Hamza folgt, sondern nur wenn Wesla, also ist wirklich جادوی : بدخوی zu schreiben, aber genauer جادوِی : بدخوِی dshâdu'î : badchu'î.

V. 14 a. بکشتی و مغزش ببرداختی

so schreibt Hr. M. mit ب statt پ, ich kenne aber kein برداختن verschieden von پرداختن leeren, räumen, fertig machen. Die gewöhnliche Construction fordert hier پرداختن از مغز leer machen vom Hirn, wozu auch ein Accus. der Hirnschale oder des Kopfes nicht wohl fehlen dürfte. Calc. hat برون آختی — (sein Hirn) herauszog; آختن wohl eine Zusammenziehung von آهیختن oder آهختن, wenigstens ihm gleichgeltend. Aber auch das gewöhnliche بپرداختی fügt sich zum Acc. مغزش in der Bedeutung fertig machen, zubereiten als Gericht, wie خورش پرداختن V. 22. 29.

V. 21 a. مگر زین دو تنرا که ریزند خون

so Hr. M. und Calc. Hier scheint nun ein را einem Präpos. Casus zu folgen, und zwar eben dem از, von welchem wir anderes behauptet haben zu IV, 64; aber hier ists auch was anderes, nämlich راکه = که اورا oder که آنرا, ohne Bezug des را aufs vorhergehende. Woher aber dieses راکه = که اورا oder که آن را? Das erklärt sich aus dem Fragerelativ که, dessen Gebrauch im Persischen weit ausgedehnter als in den klassischen Sprachen und unserer Muttersprache ist. Die relative Frage: آن را که می دانی آمد, ὃν οἶσθα, ἦλθεν; quem novisti, venit; welchen du weisst, der kam; ist viel geläufiger als die blosse Relation: آن که اورا میدانی آمد, der den du kennst, kam. Für jenes آنرا که kann nun aber auch آن مرد را که, مردی راکه, oder مرد را که stehen, alles = quem virum novisti. Da überall hier راکه = اورا که oder که آن را ist, so wird es nun auch da dafür gebraucht, wo diese Analyse nicht mehr anzuwenden ist, wie im obigen

ازین دو تن را که ریزند خون
= ازین دو تن که آن را ریزند خون
= ازین دو تن که خونِ آن را ریزند

Allerdings eine Verirrung des Sprachgebrauchs, aber eine erklärliche, eben hier erklärte.

V. 23 b. خرّم نهان ist ein gewählterer Reim auf جهان als in Calc. روشن روان, aber der Sinn ist ganz derselbe, نهان in der Bedeutung „das Innere, das Gemüth", = روان die Seele. Also nicht: „avec une joie secrète", was weder die Worte sagen können, noch von der Situation schicklich gesagt werden kann, sondern: „wohlgemuth". Ich weiss nun freilich nicht gleich anzugeben, ob نهان = ضمیر gut firdôsisch ist, oder ob vielleicht nur ein reimkünstlerischer Abschreiber den Sprachgebrauch späterer Kunstdichter hier eingetragen hat, خرّم نهان statt des einfachen روشن روان. Das letzte giebt den genügenden Reim ân: ân, das erste den geschmückten hân : hân.

V. 24 b. زشیرین روان اندر آویختن ist eine falsche Phrase, richtig Calc. بشیرین خ . آویختن mit ب oder با ist der gewöhnliche Kampfausdruck: anbinden mit einem, einen angreifen. Nach der Uebersetzung: „de les arracher à la douce vie," wird dem آویختن unmögliches zugemuthet: aliquem suspendere ex vita. Es heisst: das süsse Leben anzugreifen, am süssen Leben sich zu vergreifen.

V. 25 b. کشان ist so gezeichnet als sei es گشان mit g, es soll aber گشان mit k und a seyn. Ein kleiner typographischer Uebelstand der sonst so überaus schönen Schrift dieses Prachtdruckes: g und k a kann nicht unterschieden werden. Zum Glück braucht k a nur selten bezeichnet zu werden. — Zu *a* ist nachzuholen: In

از آن روزبانان ومردم کُشان

ist das u, und, zu streichen, wie es denn in Calc. fehlt. Denn es soll nicht heissen: „Einige Trabanten und Mörder,“ sondern: „einige mörderische Trabanten“; also nicht Compos. مردم کشان pl. v. مردم کش, sondern Particip = مردم کشنده; wodurch es sich zu *b* fügt:

گرفته دو مردِ جوان را کشان

„zwei Jünglinge ergriffen habend, schleppend“, oder „zwei ergriffene Jünglinge schleppend“. Es ist aus Hrn. M.'s Uebersetzung nicht zu ersehen, wie er die Construction gefasst; er hätte das partitive ازآن (einige) von jenen, sehr wörtlich französisch wiedergeben können: „*des* gardes“ u. s. w., denn ein solches *des* ist ja = de illis, wie ازان ex illis.

V. 26a. زنان schlagend (M. maltraitant) hat hier keine Stelle, wo es dem کشان des vorhergehenden Verses nachhinken würde; Calc. hat das richtige دمان schnaufend, eilend.

Diese beiden Verse 25. 26., deren einfache Construction ist:

Einige mörderische Trabanten,
Zwei junge Leut' ergreifend, rannten,
Schleppten sie zu den Köchen hinan,
Warfen sie nieder auf den Plan“;

hat die französische Uebersetzung so verwickelt: „on amena en hâte, et en les maltraitant devant les cuisiniers, deux hommes dans la fleur de la jeunesse, que les gardes du roi chargés de ses exécutions avaient pris, et qu'ils jetèrent la face contre terre.“

V. 35. 36. چو گرد آمدندی ازیشان دویست
برآنسان که نشناختندی که کیست
خورشگر بریشان بز و چند میش
بدادی وصحرا نهادیش پیش

Auch diese so einfache Construction ist in der französischen Uebersetzung seltsam verzerrt und missdeutet: „lorsque les cuisiniers en avaient rassemblé deux cents, ils leurs donnaient quelques chèvres et quelques moutons, sans que les jeunes gens sussent, de qui leur venait ce don, et ils les envoyaient dans le désert.“ Sage:

Als deren zwei hundert zusammen kamen,
Wo keiner wusste des andern Namen,
Einige Geissen und Schafe diesen
Gaben die Köch' und zur Wüste sie wiesen.

V. 37b. کرآباد نیاید بدل برش باد

Wenn der Vers mit dieser Lesart richtig gehen soll, muss man metrisch ناید nâjed statt نیاید nijâjed setzen, wie sonst häufiger nâmed statt nijâmed steht. Es ist aber der oben IV, 63 u. 75 besprochene Punkt. Calc. hat glatt:

کز آباد بر دل نیایدش یاد

V. 40 b. بکشتی که با دیو برخاشتی .

kann nicht bedeuten: „il le mettait à mort, (en lui disant): tu as fait alliance avec les Divs." Denn der Reim ist خواستی: برخاستی; das خواستی in a bedeutet aber: „er pflegte zu holen," nicht: „du hast geholt," ist also chwâs'tê, nicht chwâs'tî; das برخاستی in *b* hingegen ist nach obiger Uebersetzung: du bist aufgestanden, also ber châs'tî, nicht ber châs'tê; î und ê aber reimt bei Firdosi nicht, s. zu IV, 6. Der Sinn der dunklen Phrase könnte immerhin der von Hrn. M. gefundene seyn, nur in andrer Fügung: weil er (der ergriffene) mit dem Dewen verkehrt habe. Was das aber bedeuten soll, seh' ich nicht, und denke, die vom Reimzwang leidende Rede sagt: „da er (Dhohhak) mit dem Dewen aufstand = wenn ihn der Drache plagte;" wozu dann Calc. چو برخاستی besser als که passte.

V. 41 a. کجا passt besser als Calc. یکی, doch auch nicht sonderlich, selbst wenn man, um das unentbehrliche „irgend eine" hineinzubringen, دختری خوبروی für دختر خوبروی schriebe; immerhin kann کجا nicht wohl = هرکجا بود seyn, wie es Hr. M. übersetzt. Vielleicht ist بسی oder vielmehr بسا zu verbessern: wie manche!

V. 51 a. بدین خواری وزاری وگرم و درد

„il l'accablait de honte, de tourments, de chaleur et de douleurs." Ich denke گرم ist hier gurm, nach Burh.: غم و اندوه وزحمت سخت wie auch sonst im Schahname.

V. 51 b. پراگنده بر تارکش خاک وگرد

„il lui versait de la terre et de la poussière sur la tête;" zerstört die Construction: indem über seine (des geschleiften) Scheitel Staub und Erde sich verbreitete, constr. particip.

V. 52 b. کشان ودمان از پس اندر گروه

„en courant et le traînant après lui à travers la foule." Dabei ist از پس als „hinterher", und اندر als Präposition zu گروه verstanden, aber dadurch ist دمان, en courant, deplacirt. Ich construire: „ihn schleifend, indessen hinterdrein die Menge lief;" از پس اندر als Adverb wie sonst, und گروه als Subject des participialen Nebensatzes و دمان. Calc. hat دوان statt دمان, besser, wie mir scheint; das ursprüngliche schnaufen von دمان ist hier zuviel.

V. 53 b. بلرزید و ناگه برآورد سر

das ist ein hinterst zuvörderst gegen das nächstfolgende

یکی بانگ برزد بخواب اندرون

„er zitterte, erhob plötzlich das Haupt (=er fuhr *vom Schlaf* auf) und schrie *im Schlaf*.“ Hr. M. hat daher dieses „im Schlaf“ von dem Schreien hinweg zu dem Zittern hinauf übersetzt: „en tremblant dans son sommeil, et levant tout à coup sa tête, il poussa un cri.“ Aber das ist nur ein Flicken einer zerrissenen Rede. In Calc. ists besser im Schick:

بدرّیدش از بیم گفتی جگر

„die Leber zerriss ihm gleichsam (گفتی diceres') vor Schreck.“ Woran sich schliesst: und er schrie im Schlaf auf.

V. 63 a. بشاهی fehlerhaft statt بشاهِ. Es ist eine gewöhnliche Unart der Handschrift ی zu schreiben, wo das i metrisch als Länge fungirt, wie hier. Calc. hat hier richtig بشاهِ. Oder sollte ein Princip darin seyn, dieses ungeschriebene i als ی da zu schreiben, wo es wie hier in der Thesis steht, und nicht von selbst durch die Arsis lang werden kann? Doch sogleich V. 67 a steht in der Thesis نگین nigînî ⏑--. Ich habe mich gewöhnt, dieses langwerdende kurze i, gleichviel ob in Arsi oder Thesi, in europäischer Schrift mit dem Accent, in persischer mit senkrechtem Kesra zu bezeichnen, wie im Arabischen das lange Fatha in لٰكن, اللّٰه. Diese Unterscheidung ist freilich nur nöthig da wo das Metrum sie nicht von selbst an die Hand giebt, in einzelnen abgerissenen Versen. Aber bezeichnet überhaupt sollte das i idhafet von unsern Herausgebern durchaus werden, wie es denn wirklich von den neusten besten englischen geschieht, z. B. von dem gründlichen Falconer. Ich bedaure, dass Hr. M. es unterlassen hat.

V. 69. Umgekehrt wie V. 23 hat hier Hr. M. den einfacheren Reim ân : ân, بخردان : مهتران, Calc. den volleren dân : dân, موبدان : بخردان. Aber das ân : ân ist hier in der That gar kein Reim, weil beides nur das Pluralzeichen ist; s. V, 206.

V. 80 b. زنیک و زبد گردش روزگار

Calc. gefüger:

زنیک وبد گردش روزگار

نیک و بد als neutr. subst., nicht als adj. praepos.

V. 81 a. که بر من زمانه کی آرد بسر

hat keinen Sinn; Calc. کی آید بسر ist deutlicher; es ist aber wohl zu lesen

که بر من زمانه که آرد بسر

„*wer* wird über mich den Zeitlauf (oder das Geschick) zu Ende bringen? (oder auch: für mich das Geschick auf das Haupt) d. i. wer wird mich umbringen?" woran sich nun *a* glatt anschliesst:

کرا باشد این تاج و تخت وکمر

Dieses کی für که ist eine nicht seltene Unart der Abschreiber da, wo das که wie hier fragt. Vielleicht, weil dieses که durch die Frage betont wird, also kî lautet und einer Länge nahe kommt. Also eigentlich keine Unart, vielmehr wäre es gut, کی für das fragende که in solchen Fällen zu schreiben, wo es metrisch eine Länge ist, aber, wie hier, durch folgenden Vocal verkürzt wird; immer wäre aber dann کِی zu zeichnen zum Unterschied von کی kei, warum oder wann, welches als das gewöhnlichere nicht der Zeichnung کَی bedarf. Wie mit که verhält sichs auch mit چه, nur ist چِی nicht auf die Frage beschränkt. Und jedes که und چه wird ja کی und چی mit است : کیست, چی آست, کی آست=چیست. Hiernach wäre die Lesart hier die richtige; dass aber Hr. M. es nicht so gemeint, zeigt die Uebersetzung: „*comment* finira ce temps pour moi?" — Jetzt gewahre ich, dass آزد nicht آرد steht, es ist aber doch wohl nur ein zufälliges Tüpfelein.

V. 83 a. رخساره سرد; die Uebersetzung meint زرد: „leurs joues devinrent pâles"; was auch besser passt, noch besser aber Calc. رخساره تر feucht, nämlich von Thränen (oder Angstschweiss), im scharfen Gegensatze, wie ihn auch Firdosi in solchen *Nebensachen* liebt, zum vorhergehenden لب خشک. Die Veränderung des Reimwortes سرد, oder زرد und تر, zieht natürlich eine gleiche Veränderung in *b* nach sich. Die Lesart Calc. زبان پر زگفتار با یکدگر schliesst sich besser an die darauf folgende Unterredung, als Hrn. Mohl's.

زبان پر زگفتار و دل پر زدرد

V. 84 b. شود جان بیکبار و جان بیبهاست

„(Si nous lui révélons ce qui doit arriver,) *son âme* s'en ira tout d'un coup, et pourtant *sa vie* est un bien inappréciable." Es ist nicht einzusehen, warum seine, Dhohhak's, Seele plötzlich davon gehen soll, wenn die (hier mit sich selbst redend eingeführten) Wahrsager ihm die Wahrheit sagen werden? noch weniger, wie sie des Wütherichs Leben ein unschätzbares Gut nennen mögen. Aber der Vers sagt:

Sagen wir ihm nun das künftige wahr,
So gehts *ans Leben*, das unschätzbar,

natürlich „an *unser* Leben".

V. 109 a. چو ضحاک بشنید و بکشاد گوش

Besser Calc. ohne و, so dass بکشاد گوش der Nachsatz ist. So übersetzt auch Hr. M.

V. 114. که شد اژدهافش بتنگی فراز

„(ainsi passa un long temps) pendant lequel l'homme aux serpents était en proie à sa terreur." شد ist als بود verstanden, was nicht angeht; فراز شدن ب ist: hinan kommen zu, nahen: Dhohhak nahte seiner Bedrängniss (durch Feridun).

V. 116—124 sind ohne Zweifel unächte Verse. In V. 125 ist فریدون rhetorische Wiederholung von فریدون in 115, und nur so, durch Zusammenschluss beider Verse, hat der letzte eine Construction, die Hr. M. durch etwas Unmögliches erzwingt, indem er dieses فریدون an der Spitze von V. 125 als Genitiv von جست وجوی am Ende von 124 auffasst. Das Genitivsverband kann nicht von einem Vers in den andern wirken, das i idhafet nicht am Ende des Verses stehn. Jenes جست وجوی ist nicht جست وجویِ -⏑⏑- gust u gû'i, sondern جست وجویْ -⏑- gust u gûj, wie es denn auf گفت وگوی reimt, bei dem doch kein i idhafet zu denken ist:

زمین کرد ضحاک پر گفت وگوی

Dass V. 116—124 unächte Verse sind, ergiebt die Construction, welche V. 115 von 125 auseinanderreisst. Es hat sie einer eingeschoben, dem die folgende Erzählung zu lückenhaft schien; er hat aber nur langweiliges beigebracht, was die Lücke im Grunde doch nicht füllt, eine Lücke, die eben in der Sage selbst ist, nicht in der Rede des Dichters. Nach Auswerfung des Einschiebsels schliessen sich V. 115 und 125 so aneinander, dass Ferîdûn in V. 125 emphatische Wiederholung von Ferîdûn in V. 115 ist, so wie Abtîn in V. 125b eben solche Wiederholung von Abtîn in V. 125a.

Feridun der Herrliche ward geboren,
Da ward der Welt andrer Schick erkoren;
Feridun, des Vater war Abtin,
Abtin, dem eng die Erde schien,

Der floh und müde war gehetzt,
Ins Garn des Leun (Dhohhak) fiel er zuletzt.

V. 132. Ich weiss nicht, auf welche Autorität Hr. M. hier und überall Ferîdûn's Kuh Purmâje schreibt, da Burhan und andre Birmâje, Birmâjûn angeben. Freilich liegt es nahe, bei der herrlich geschmückten Kuh an purmâje, kostbar, zu denken; aber Birmâje könnte doch ein Eigenname seyn wie vîrabhadra, a horse fit for the Aswamêdha sacrifice; a distinguished hero; a fragrant grass etc. Daraus würde entspringen برمایه wie aus pûrṇa-mâtra پُرمایه.

V. 153 b. نیاورد هرگز بدو باد سرد

„et ne poussa jamais un soupir de déplaisir“. Vielmehr: „Er liess nie ein rauhes Lüftchen ihn anwehn“. Vgl. das beinah umgekehrte IV, 132. Dagegen wie hier V, 240. — آوردن wie hier, bringen = zulassen (kommen lassen) VI, 305.

V. 168. Vor diesem Vers hat Calc. einen für den Zusammenhang unentbehrlichen, der aber statt vor, nach 168 zu stellen ist:

بضحاک گفتش ستاره شمر
که روز تو آرد فریدون بسر

V. 171 b. بُرست و بر آورد به ایران دمار ,

besser Calc. زایران z'îrân, aus Iran; auch به ایران müsste man b'îrân zusammenziehen. Aber die Phrase ist دمار برآوردن از کس, nicht بکس oder بر کس. Das seltsame دمار, von dem man nicht weiss ob mans für persisch oder arabisch halten soll (Burhan erklärt es in Einem Athem mit هلاك und mit دم ونفس), ist in der Phrase immer das Leben, das genommen wird, ganz so wie هوش V, 71. 106 u. s. w. Nicht also: den Untergang (arabisch دمار) auf einen bringen برکس oder بکس, sondern den Lebensgeist (persisch دم) von einem hinwegnehmen, tollere; bringen, afferre, wäre auch nicht برآوردن sondern آوردن. Also nicht: „ils portent la désolation dans l'Iran.“ Uebrigens ist ja nichts häufiger und leichter als die Verwechselung der Züge ز und به in Talik.

V. 173 b. نبود هیچ schreibe entweder نبود ایچ oder نبد هیچ; Calc. hat نبد ایچ, auch nicht richtig; denn ایچ ist eben nur der metrische Stellvertreter für هیچ wo dieses nicht stehen kann; obgleich ایچ gegen هیچ das ursprünglichere seyn mag, denn es ist das Neutrum zu یک (eka) wie چه zu که, oder چیز zu

کس. Hieraus ergiebt sich auch der grammatische und lexikalische Unterschied von هیچ und چیز.

V. 175. نگهبان او همای کرده بکش
نشسته بپیش اندرون شاعفش

„Son gardien, (der Hüter der Kuh Birmâje) semblable lui-même à un roi, était assis devant elle dans *une position respectueuse.*"

Sage: Ihr Hüter, die Knie' gestemmt an die Brust,
Sass vor ihr da mit Schabenlust.

V. 190. جز این است آئین پیوند وکین
جهانرا بچشم جوانی مبین

Nicht so ists um Bündniss und Krieg gethan;
Sieh nicht die Welt so jugendlich an!

Nicht so, nämlich wie du dirs in deiner Unerfahrenheit vorstellst, als würden alle, oder doch alle Guten, deine Bundesgenossen seyn im Kriege gegen den mächtigen Tyrannen. — „Le parti que tu veux prendre n'est pas conforme aux usages de ta famille, ni propre à satisfaire ton désir de vengeance. Ne regarde pas le monde avec les yeux de la jeunesse."

V. 206. مهتران : جداستان, ân : ân ist zwar ein genügender Reim, aber nur wo nicht beide ân Ableitungssylben sind, sondern wenigstens das eine wurzelhaft. Das ist nun hier nicht der Fall; deshalb ist die Lesart Calc. راستان : جداستان ohne Zweifel vorzuziehen, zumal sie einen besseren Nachdruck, einen Anflug von schicklicher Ironie hat:

Aus Furcht vorm Fürsten die ehrlichen Leut'
Erklärten sich alle dazu bereit.

V. 209 b. ستم دیدهرا die schon gerügte falsche Schreibung für ستم دیده را.

V. 216 a. هژده, übersetzt dix-sept, also هفده; doch auf einen mehr kommts nicht an. Aber der ganze Vers fehlt in Calc., und durch seine Einfügung gewinnt diese ganze Partie unendlich an Bedeutung. Die ganze Tiefe des Gefühls geht erst dadurch auf, womit hier Kawe der Schmidt den Dhohhak verklagt, den Mörder nicht seines einen Sohnes, wie es ohne diesen Vers lautete, sondern nacheinander seiner 17 oder 18 Söhne. Im einzelnen haben die Verse nur wenig Aenderungen, da schon allein die Anwesenheit dieses Verses alles von selbst ändert, z. B. in V. 215 فرزند aus einem Sohn zu Söhnen macht, desgleichen V. 221. 229. (فرزندان mit den drei Längen hätte der Dichter in seinem Versmasse gar nicht brauchen können). Nur V. 214 b steht زنی statt Calc. زند und V. 217 a.

ببخشاى بر من يكى را نگر

„verschone mir nur den einen! o sieh —" statt des ziemlich leeren (Calc.)

ببخشاى در من يكى در نگر

„verschone! blick einmal her auf mich!" Doch V. 228b. gebe ich dem Calc. Texte:

كه نوبت بفرزندِ من چون رسيد

den Vorzug vor dem Hrn. Mohls:

كه نوبت زگيتى بمن چون رسيد

was er übersetzt: „quel a été mon sort sur la terre." Ich denke aber (nach Calc.): „warum gerade meine Söhne an die Reihe mussten!" Endlich V. 229 kann den Worten nach nicht heissen: „et qu'il a fallu donner à tes serpents les cervelles de tous mes fils"; sondern nur: „warum ich deinen Schlangen das Hirn meiner Söhne geben soll für alles (übrige) Volk." Uebrigens ist gerade diese ganze so tief gefühlvolle Rede besonders meisterhaft übersetzt, und aus den französischen Worten spricht gleichsam des Uebersetzers deutsches Gemüth.

V. 220a. مرا روزگارى چنين كوژ كرد

richtig Calc. مرا روزگار اينچنين

Die Einheitform روزگارى, hat hier keinen Sinn; sie könnte nur sagen: eine Zeit, und: eine ganze Zeit = die ganze Zeit; wie z. B. جهانى (wo es unit. ê, nicht adj. î ist) sagt: eine ganze Welt = die ganze Welt. Hier ist aber einfach: die Zeit hat mich so gekrümmt und zwar اينچنين so wie dies = wie du hier siehst. Dagegen in *b* hat es seine Richtigkeit mit unit. دلى und سرى: ein ganzes, das ganze Herz, den ganzen Kopf (voll Schmerz).

V. 241b. Die Lesart Calc. بسَود سرخ روى (warum soll der Schmidt vor dir, o König, wie einer deines gleichen) sich stolz geberden? passt besser zur Constr. des nächsten Verses, als Hrn. Mohl's كنى سرخ روى (warum) lässest du ihn sich stolz geberden? Auch müsste mit diesem كنى streng genommen پيشِ خود, nicht پيشِ تو stehen.

V. 244a. نديديم ازين كار ما زشتتر

ist ziemlich ungefüg. Calc.

نديديم ما كار ازين صعب تر

das rechte wird wohl seyn:

نديديم ما كار ازين زشتتر

V. 246 a. زدرگاه پدید unmetrisch statt زدرگه پدید.

V. 250 b. بــرو انجمن گشت بــازارگــاه

warum: „la foule s'assembla autour de lui *à l'heure du marché*"? statt: um ihn versammelte sich der Markt, d. i. alle Leute auf dem Marktplatz. Zur Zeit des Marktes könnte nur گــاهِ بازار seyn. Auch kann in انجمن شد das انجمن nicht Subject seyn, la foule, sondern nur Prädicat, mit شد = s'assembla. (Eben so ist weiterhin V. 418 بیار انجمن کن nicht, wie Hr. M. es fasst: bringe sie, und mach eine Versammlung, انجمن als Object, sondern: auf! versammle sie (die V. 417 bezeichneten).

V. 253 giebt ein sehr bemerkbares Beispiel zu der oben V. 21 angeführten Construction der relativen Frage statt der einfachen Relation:

ازان چرم کآهنگران پشتِ پــای
بپــوشند هنگامِ زخــمِ درای
همان کــاوه آن بــر ســرِ نیزه کــرد

Wörtlich: mit welchem Felle die Schmidte das Obertheil des Fusses hüllen zur Zeit des Schlags des Hammers, das (آن) machte nun eben der Kawe auf die Spitze einer Lanze = das Fell, womit die Schmidte die Füsse beim Schmieden bedecken, machte er —.

V. 264 a. بزد بر سرِ خویش چون گردِ ماه

kann nicht heissen: „il *le* couronna d'une boule semblable à la lune;" sondern nur: Er zuckte (es, das Kawijani-Panier) über sein (suum, nicht ejus) Haupt wie einen Mondkreis. Der Vers ist aber vielleicht unächt, in *b* wiederholt sich *b* von V. 262. Jedenfalls, wenn man den Vers nicht ganz auswerfen will, muss man ihn nach V. 265 setzen, dessen unmittelbaren Zusammenhang mit 263 er unterbricht.

Die 3 Verse 263—265 sind demnach so zu stellen:

263 Er schmückt' es mit griechischem Stoff im Rund,
Gebild von Juwelen, von Gold der Grund,
265 Mit roth, gelb, blauer Troddeln Zier,
Und nannt' es das Kawijani Panier,
264 Hob's über sein Haupt wie ein Sternenbild,
Das für ein Zeichen des Glückes gilt.

V. 302 a. تیرهتر die schon bemerkte falsche Schreibung für تیره تــر.

V. 305 b. نــهانی بیامــوختش افسونگری

verstösst gegen die Prosodie, بیاموختش ist als ⏑ – – ⏑ scandirt, da es nur ⏑ - - - ⏑ ⏓ seyn kann: bi-jâ-mû-ch'-tesh. Es wäre freilich tachfîf بیامُختش bi-jâ-much-tesh möglich; doch müsste das erst als wirklich gebräuchlich nachgewiesen werden. Calc. hat versrichtig

نهانش بیاموخت افسونگری

vgl. zu III, 85 a. IV, 157.

V. 310 a. چو شد نوش خورده شتاب آمدش

„lorsqu' il eut achevé de boire, il se hâta *de se coucher.*" Dieser Ellipse bedarf es nicht; شتاب آمدش, es ward ihm jach, bedeutet häufigst: er ward ungeduldig, der Sache überdrüssig, dessen satt.

V. 311. چو آن ایزدی رفتن و کار او

oder besser Calc. بدیدند

چو آن ایزدی رفتنِ کارِ او

kann, auch nach des Herausgebers Lesart, ohne Zwang nicht besagen: „ayant vu le départ de l'homme de Dieu," sondern nur: als sie den göttlichen Gang seiner Angelegenheiten sahen, die göttliche Lenkung seines Geschickes, worunter allerdings auch der ایزدی, der göttliche Bote der vorhergehenden Verse mitbegriffen ist; nur persönlich ist er nicht in diesem ایزدی رفتن zu finden.

V. 314 a. که war doch hier als كُه zu bezeichnen.

V. 314 b. Hier schreibt Hr. M. wie Calc. شب دیریاز, sonst دیرباز. Ich getraue mir nicht zu entscheiden, ob dieses دیریاز, das in den Wörterbüchern fehlt, im Firdosi aber so häufig abwechselnd mit دیرباز vorkommt, nur ein Schreibfehler des letztern sei.

V. 316 b. بدان تا بکوبند سرش بی درنگ, worin wieder bikûbend als ⏑ - - statt als ⏑ - - ⏑ scandirt ist; Calc. metrisch regelrecht: بدان تا بکوبد خ

Vor diesem fehlt hier der schöne Vers von Calc.

زخارا بکندند سنگی گران
ندیدند مر کارِ بد را کران

d. i. ihre Bosheit kannte keine Grenzen. Den Vers fordert der Zusammenhang, auf ihn stützt sich V. 316 a

چو ایشان ازان کوه کندند سنگ;

wo سنگ der Stein gesagt ist, nicht سنگی ein Stein. Hr. M hilft sich damit, dass er diesen Stein schon in V. 313 a findet:

یکی کوه بود از برِ برزِ کوه

was er übersetzt: „sur une haute montagne s'élevait un rocher." Aber nur wenn von schon bekannter Sache die Rede ist, kann man einen Felsen Berg nennen, nicht wo die Sache erst bezeichnet werden soll. Calc. liest

یکی کوه بود از برش برز کوه

was heissen kann: „es war ein Berg, darüber ein Berggipfel." Aber auch: „es war ein Berg über ihm (dem schlafenden Feridun), ein hoher Berg." Beides gleich gut für den Zusammenhang.

V. 317 a. Die Gliederung der Sätze ist viel einfacher und natürlicher bei der Lesart von Calc. از آن, als bei Hrn. Mohl's وزان.

V. 317 b ; wieder خفتهرا statt خفته را.

V. 320 b. نه از راه بیکار ودست بدیست

„et que le plan du méchant et les bras du pervers y étaient impuissants." Der Sinn der dunklen Rede ist wohl getroffen, doch denke ich, dass پیکار Kampf für das mir unverständliche بیکار zu lesen ist. In Calc. fehlt der Vers; er sieht aus wie eine Wiederholung von V. 307, und sollte das auch vielleicht ursprünglich seyn, so dass hier die zweite Zeile ganz wie dort zu lesen wäre:

نه آهرمنی و نه کارِ بدیست

V. 322 b. بر افراز راند او ازآن جایگاه

„il s'éloigna rapidement de ce lieu". Da fehlt die Hauptsache بر افراز: von dort zog er bergauf, oder über die Berge. — Dadurch ist einigermassen, freilich sehr im Flug, der Marsch Feridun's angegeben. Sein erstes منزل, das hier nicht Nachtrast nach einem Tagmarsch, sondern einen weiteren Abstand bezeichnet, war V. 300 dort am Fusse des Berges, wo das Wunder geschah. Von da zieht er über die Berge, und kommt V. 325 an den Tigris, wo sein zweites منزل ist: Calc. hat unpassend سوم منزل drittes Standquartier.

V. 329 ein in Calc. fehlender Vers, der sehr ungeschickt ist, und dem Hr. M. durch ein Einschiebsel (encore une fois) aufhelfen muss. — In V. 328 u. 330 sind hier این und آن höchst verwirrend verwechselt, die in Calc. deutlich und richtig stehen, nämlich V. 328 b M. بران روی آب, C. بدین روی آب; V. 330 b M. بدین سو C. بدان سو. Besonders in dieser letzten Zeile ist es, abgesehen von der verkehrten Bezeichnung von diesseits und jenseits, gar seltsam gesagt: lass von *diesen* Leuten keinen auf *jener* Seite des Flusses zurück!

V. 340 b. تار خيال „des têtes de spectres.“ Ich ziehe vor Calc.: بازى خيال Spiel, Spuk einer Erscheinung. Dabei ist das i des Idhafet in das auslautende î verschlungen: bâzî chajâl statt bâziji chajâl; wie öfter der Fall ist, und nicht bloss bei Firdosi. In *a* ist Mohl's Lesart:

زآب اندرون تن برآورد و يال

„du milieu du fleuve ils *levèrent* leurs corps et leurs bras“ ganz unorganisch gegen die treffliche Calc.

بآب اندرون تن برآورده يال

indem ihr (der Rosse) Leib unterm Wasser war, und sie nur ihre Nacken darüber erhoben.

V. 344. Auch hier sind die Zeilenanfänge von Calc. چو از und ازين gefüger als Mohl's از آن und wieder ازآن.

V. 349 b. برآورد چنين der öfter bemerkte Verstoss gegen das Metrum. Calc.

برآرد چنين

der erhebt, d. i. kann erheben (solche Paläste). Nicht etwa = erhob, praes. hist. s. III, 23.

V. 354. Ein unnützer Erklärervers, durch den das grossartige Gemälde von Feridun's Einritt in Dhohhak's Schloss nur verunstaltet wird. Man höre:

349 Sprach zu den Seinen: Wer hier aus dem Grund
Solch einen Bau zu erheben verstund,
350 Ich fürchte, dass einen heimlichen Rath
Mit ihm die Welt im stillen hat.
351 Doch besser ist, wo es gilt einen Gang,
Dass wir eilen, als zaudern lang.
352 Sprachs, und die wuchtige Keule schwang,
Und setzte sein stürmendes Ross in Gang.
353 Es war als ob eine Flamme flugs
Empor vor den Wächtern des Schlosses wuchs:
355 Einritt er zu Ross in den hohen Palast,
Der die Welt nicht aufgebende junge Gast;
356 Keiner der Wächter hielt Stand am Thor;
Feridun rief zu Gott empor.

Wer vermisste hier etwas zwischen V. 353 und 355, oder wüsste sich etwas Schickliches dazwischen zu denken? Gewiss nur störend und schwächend ist V. 354: „il détacha sa lourde massue de la selle (die er V. 352 schon schwingt); tu aurais dit qu'il repliait la terre sous lui“ (auch dieses schwach gegen V. 353). —

In V. 355 b hab' ich mir جهان نا سپرده gedacht, als negativen Ausdruck für das gewöhnliche جهانجوى; Hr. M. übersetzt „(le jeune homme) sans expérience" also جهان نا سپرده; wogegen auch nichts einzuwenden ist.

V. 357 b. سرش را بآسمان فرازید بود

Der Vers hinkt, oder بآسمان ist be'asmân ⏑‒‒‒ scandirt. Calc. hat rechtläufig

سرش باسمان بر فرازیده بود

wo باسمان bâsumân ist. — Man sollte sich vereinigen über eine unterscheidende Bezeichnung von بآسمان, زآسمان und all dergl., für die beiden metrischen Geltungen beâsumân, ziâsumân ⏑‒⏑‒, und bâsumân, zâsumân ‒⏑‒. Im letzten Fall das Medd ohne weiteres wegzulassen, ist zwar im Prinzip richtig, aber für den Anblick oft zu undeutlich. Mir scheint das zweckmässigste بآسمان, زآسمان = beàzumân, ziàsumàn, und بَاسمان, زَاسمان = bàzumàn, zàsumân.

V. 368 b. زنرگس گل سرخ دادند نم

eine ungefügere Constr. als Calc.

زنرگس گل سرخ را داده نم

Zwar kann دادن als Phrasenverbum, z. B. بوسه دادن, auch mit Accus. statt Dativ construirt werden, doch hier ist dazu keine Nöthigung, da das Particip noch glätter sich der Constr. fügt.

V. 371. که ایدون ببالین شیر آمدی
ستمکاره مردِ دلیر آمدی

„Tu t'es assis sur la couche du lion, tu es venu bravement, ô homme de coeur!" Die missverstandene Constr. hat den Frevler ستمکاره zu einem Braven gemacht. Es heisst aber wörtlich: „(Wer bist du, o Held) dass du zum Lager des Leuen herkamst, (zum Lager) der Frevlers, des verwegnen Mannes herkamst!" — Im zweiten Hemistich ist öfter eine Präpos. oder ein Casusverhältniss aus dem ersten zu ergänzen, zumal bei überflüssigem ردف, wie hier.

V. 374 b بدآنجایگه. Calc. richtiger بدینجایگه; es ist hier, nicht dort.

V. 375 b. وگر آرزو جاهِ او آمدی

das sagt nur: wenn auch Lust nach dessen Würde käme; es fehlt, wem denn die Lust danach käme. Richtig Calc.

وگرش آرزو جاه او آمدی

wenn auch ihm die Lust nach dessen Würde ankäme. وگرش ist metrisch wegerſh, wie jedes ش, ت u. dgl. an den vokallosen Cons. angeschlossen werden kann.

V. 394b. که پردختگی گردد از تو زمین

eine seltsame Form, das Abst. پردختگی statt des Particips پردخته; aus Versnoth? und ginge doch so leicht

که پردخته گردد زتو این زمین

Ich denke, dieses seltsame پردختگی ist nur aus Missverstand erwachsen. Calc. liest

که پردخته ماند زتو این زمین

Etwa hatte ein Abschreiber statt dieses ماند ein hier gleichgeltendes, doch weniger nachdrückliches گردد geschrieben, dann ماند corrigirt oder corrigiren wollen, und گردد ausgestrichen, aber nicht ganz; das گر blieb und ward گی von پردخته.

V. 395a. که آید که گیرد; denn kommen wird (einer) der nimmt, ist etwas undeutlich, und ich weiss nicht, ob überhaupt statthaft; deutlicher wäre کس آید که گیرد, aber Calc. hat wohl das richtige فریدون بگیرد; denn überall ist nicht ein namenloser, sondern namentlich Feridun dem Dhohhak als Rächer prophezeit.

V. 395b. همیدون فر وپژمرد بخت تو

wohl nur Druckfehler statt فرو پژمرد wird abwelken.

V. 396a. دلش زان زده فالش هر آتشست

wohl nur Druckf. statt زده فال; denn das ش gebt grammatisch kaum, metrisch gar nicht.

V. 401b. که جای نباشد فراز آمدنش

füllt so den Vers nicht, und giebt keinen Sinn. Denn „car il ne pourra demeurer dans aucun lieu" kann es doch nicht heissen. Man könnte جائی d. i. جائیْ unit. lesen: möge für sein Herkommen kein Ort, keine Möglichkeit seyn! möge sein Herkommen nicht Statt haben! Aber dieser Sinn fordert eigentlich die Construction: که جایْ فراز آمدنش نباشد, und es könnte hier der seltne Fall sich finden, dass ein Idhafet durch ein zwischentretendes Wort, hier durch نباشد getrennt sei, folglich zu bezeichnen جایْ.

V. 403b. ماهيور, die schon oft gerügte falsche Schreibung des vokalisch auslautenden he als eines Consonanten erzeugt hier ein wahres Ungeheuer, das man gar nicht erkennt für das was es seyn soll مايهور mâjewer = مايهدار tüchtig, derb, trefflich, oder wie hier schicklich übersetzt ist: „un homme de confiance."

V. 404b. شگفتی بدلسوزکی کدخدای „car son maître admirait son vif attachement." Die Constr. ist: wunderbar in treuer Sorge für seinen Herrn (bewahrte er Thron, Schatz und Gemach, wie *a* sagt); das کی ist hier wie oft metrisch gî zusammengezogen aus idhafet gii, so dass es nun das unflectirte gî zu seyn, und das Genitivszeichen zu fehlen scheint.

V. 410. کندرو schreibt Hr. M. kenderev. Es ist ohne Zweifel hier als Name dasselbe Wort, das adjectivisch IV, 200 steht

چو جمشید را بخت شد کندرو

was Hr. M. dort übersetzt: „la fortune abandonna Djemschid." Wörtlich: als das Glück dem Dſhemſhid stumpfgangig (lahm) ward; das Glück als Ross gedacht. Ein ganz ähnlicher Vers kommt weiter hinten IX, 48

بشد بخت ایرانیان کندرو

Es ist also jedenfalls کُنْدْرَو; ob aber das kund'rew mit k richtig ist, oder es nicht vielmehr gund'rew heissen muss, fragt sich. Burhan giebt für کُنْد zuerst als gewöhnliche Bedeutung: tapfer, stark, derb; wie das Wort besonders in کنداور vorkommt; dann die Bedeutung: stumpf, das Gegentheil von scharf (نقیض تیز), setzt aber hinzu: in dieser Bedeutung schreibe man auch gund mit g, und das sei das richtigere واصح آنست. Vielleicht ists aber doch nur eine gesuchte Unterscheidung beider Bedeutungen: tapfer und stumpf. Doch diese vermitteln sich leicht durch: derb, dick; und sanskr. kuṇṭha mit k ist indolent, lazy, slow; stupid; kuṇṭhaka fat, corpulent; der Wohlbeleibte ist bald der Starke, der Held, bald der Träge, der Tölpel. Gleich angepasst dem بخت کندرو und hier dem Eigennamen des biederben spasshaften Hausvogtes, wäre etwa derbgangig oder sachtgangig. Der zweite Halbvers sagt nun zur Erklärung des Namens: بکندی زدی پیش بیداد گام, was gewiss nicht heisst: „il marchait d'un pas fier devant l'impur Zohak." Wie könnte بیداد für بیدادگر stehen, zumal da ضحاک selbst für بیداد im Verse stehen könnte? Es könnte heissen: Er trat der Unbill entgegen derb. Aber dem Dſhemſhid (der freilich nicht die Unbill ist) tritt er gar nicht derb entgegen. Vielleicht also: „er ging sachte an Unbilliges". Was dann ziemlich nahe an Hrn. Mohl's Umschreibung ginge.

V. 414. 15. „Feridoun lui ordonna de s'avancer et *de lui dire tous ses secrets*, il lui ordonna de préparer" etc. Die Construction ist vielmehr:

Feridun hiess ihn treten heran,
Seine heimlichen Wünsche sagt' er (Feridun) ihm an,
Der herzhafte Schah befahl: geh hinaus,
Mach Anstalt zu einem Königsschmaus.

V. 420b. باگهر مهتران nicht: „des grands ornés de pierreries," sondern: „Grosse von Adel".

V. 422a. چو شد بامداد آن روان کندرو

Das آن hat keinen Sinn, es ist zusammenzufügen بامدادان, die adverbialische, auch als Prädicat wie eben hier, nie aber als Subject gebrauchte Form, mit der scheinbaren Pluralendung, die in der That gleich dem arabischen acc. adv. an ist, بامدادان = صباحا. Eben so häufig, wie dieses بامدادان ist بهاران im Lenz, und (es ward) Lenz, dann auch ناگاه = ناگهان; lauter Zeitbegriffe.

V. 434. بدو گفت ضحاک شاید بدن
که مهمان بود شاد باید بدن

Schönheit der Construction und des Reimes fordert, dass beides ſhâjed buden und bâjed buden ganz gleich absolut stehe, und das zwischen beiden schwebende ki mihmân buwed ſhâd beliebig als Prädicat zu jedem von beiden bezogen werde: es kann seyn — dass der Gast fröhlich sei — das soll seyn. Und das ist auch dem Fortschritt und der Steigerung der Rede angemessener als: „il paraît que c'est un hôte, il faut s'en réjouir." Denn Dhohhak, wie er hier den Dſhemſhid humoristisch einen *fröhlichen Gast* nennt, als ihm berichtet worden, wie dieser in seinem Palaste hause, so bei fortschreitendem Bericht nennt er ihn einen *dreisten Gast* V. 438.

V. 435b. که مهمان kann nicht heissen: „quel hôte est celui qui". Es ist das که der Redeeinführung. Die Constr. geht damit richtig, aber der rechte Nachdruck der Rede ist gebrochen durch die Weglassung des Verses in Calc.

بمهمانت آید تو زو کن حذر
گذشت او ز مهمان نگهدار سر

(Ein Gast mit der Stierhauptkeule) kommt er dir zu Gast, hüte dich vor ihm! Er (was er thut) ist über den Gast hinaus; wahre deinen Kopf!

V. 437 a. بـآئین خـویـش آورد ناسپاس kann unmöglich seyn: „il attire ton peuple ingrat à sa propre religion"; sondern (er kratzt deinen Namen aus Gürtel und Krone, und) macht sie sich selber zurecht ohne Dank d. i. dir zum Trotz; ناسپاس recht das französische malgré.

V. 452 b. که هرگزت نیامد statt ⏑–⏑⏑–⏑⏑–, es ginge که هرگزت نامد ki hergizt' nâmed; doch Calc. hat ungezwungener که هرگز نیامد ohne das entbehrliche ت dir.

V. 453 b. بجوش آمد lässt sich wohl hören, nur wäre es nicht „irrité de cette dispute", sondern angeregt dadurch zur That. Deutlicher Calc. بهوش آمد er kam durch die Rede zur Besinnung, da er zuvor leidenschaftlich getobt. Auch in der letzten Hälfte der Halbzeile و زود بنهاد روی hat Calc. besser تیز für زود; nicht sowohl: „il prépara son retour en toute hâte", als: er sah schnell (und scharf) zu (was nun zu thun sei), machte schnell Anstalt.

V. 474—479. Dieser ganze Auftritt ist trotz der klaren französischen Sätze etwas dunkel dadurch geworden, dass der Uebersetzer übersah, oder nicht hervorhob, welchen Gebrauch hier Dhohhak von der Wurfschnur macht. Er bedient sich ihrer als Strickleiter (wie Sal Zer VII, 660) um zum کاخ d. i. zu den Zinnen oder dem offnen Dache des Palastes hinaufzusteigen. Von dort sieht er ins Innere, den Saal, ایوان, hinab, sieht die Schehernaz bei Feridun, und steigt an derselben hinab geworfenen Leiter hinab. — Das Hinaufsteigen an der Wurfschnur wird deutlicher, wenn man in V. 474 die beiden Halbzeilen gegeneinander umsetzt:

بدست اندرون شست بازی کمند
بـرآمـد یکایـک بـکـاخ بـلـنـد

Sowohl کاخ als ایوان ist in der Uebersetzung „palais" geworden. کاخ ist oben so wie hier der äussere hohe Mauerrand in der Scene von Sal Zer und Rudabe (VII, 664), und ایوان ist überall der Saal, der Wohnraum, das Innere.

V. 487 a. نیآسود, Calc. metrisch ناسود. Wenn Hr. Mohl die Zusammenziehung dem Leser überlassen wollte, musste er نه آسود schreiben; نیآسود kann man nicht n'âsûd lesen.

V. 491 b. Hier wäre der oben (IV, 75) angedeutete Fall, dass eine Verbalendung îd durch Tachfîf id würde; denn جوئید suchet! wäre hier dshû'id statt dshû'îd' zu scandiren, dann aber auch eben جوئد zu schreiben. Calc. hat diesen Anstoss vermieden, aber durch eine den Sinn zerstörende, sichtlich unächte Lesart. — Dasselbe Tachfîf VI, 27 b دید Calc. شد.

V. 492 a. Die falsche Schreibung پیشهور für پیشهور oder پیشور.

V. 502 b. بفال اختر و بوم تان روشنست

schön: „le sort veut que votre étoile brille et que votre pays soit heureux"; doch ist das Zeugma اختر و بوم تان ungeschickt, und gewiss zu lesen اخترِ بوم تان; Calc. liest richtig ohne dieses falsche و, aber schlechter بخت für بوم.

V. 509 b. خروشان بر آن روز کوتاه بسر

„avec des clameurs contre cet homme dont la vie devait être courte". Ich dächte doch: „Klagend über die kurze Dauer" (des Aufenthaltes Feridun's in ihrer Mitte). Das folgende

V. 510 a. کِه تا ist = bis dass = darauf, und آوریِد (آوردن = آوریدن): er (Feridun) brachte (den Drachen) heraus. Wenn es Imperativ Plural wäre, wie es Hr. M. zu fassen scheint, könnte in *b* nicht سزید stehen, sondern nur سزد. Gleichwohl zweifle ich an der Richtigkeit des Verses, besonders des کِه تا.

V. 511 b. وزان شهر نا یافته هیچ بهر

„de cette ville longtemps si malheureuse". Vielmehr (das Heer räumte die Stadt) und zwar ohne an dieser Stadt einen Antheil (von Beute, oder auch von Genuss durch längere Rast) bekommen zu haben. Das *und* von وزان ist hier: und zwar; das blosse und hätte keinen Sinn. Hr. M. hats übergangen, doch ohne ازان für وزان zu schreiben. نا یافته بهر aber ist nicht das positive „malheureux", sondern nur „untheilhaftig", wovon ein از wessen untheilhaftig? nicht fehlen kann; dieses ist nun eben das ازان شهر.

V. 517 a. چهانگاه metrisch چهانگه zu schreiben.

V. 518 a. بستهرا die falsche Schreibung statt بسته را.

V. 521 b. نبود از بدِ بخت مانیده چیز

„il ne resta plus aucune trace des maux de la fortune." Vielmehr: „alles Unglück war auf ihn (Dhohhak) vollständig, ohne dass etwas daran fehlte, gekommen". مانیدن stellt das Causativ zu ماندن vor, gleichsam statt مانانیدن, und bedeutet also: bleiben machen = übrig lassen.

V. 525 b. بجاى Versmass und Constr. fordert بجائى.

VI. Feridun.

V. 15 ein unächter Vers, den man eingeschoben, um V. 14 und 16 zu trennen, was aber gerade nicht seyn soll.

V. 28 b. بزرین عذار Calc. hat das bessere weil persische فسار. Uebrigens halte ich V. 26—29 für unächt, wie alle dergleichen oft wiederkehrende verworrene Häufung in Aufzählung prächtiger Geschenke, ähnlich den Kleiderprunkversen in den Nibelungen.

V. 34 b. زویت سپاس ist nicht eigentlich: „que sa (Gottes) grâce soit sur toi," sondern: „ihm hast du zu danken"; die schon bemerkte Constr. von سپاس = منّت; wie so oft: سپاس از خدا Gott sei gedankt. Vgl. IV, 24 b.

V. 35 b. چنین روز روزت فزون باد بخت

nicht eigentlich: „que ta vie soit heureuse comme ce jour! que ton bonheur croisse!" sondern bloss: „so Tag für Tag wachse dein Glück!"

V. 40 b. همی خواندندی بنیکی گمان

treffliche Lesart gegen Calc., aber nicht „ils prononcèrent des voeux pour son bonheur" als sei گمان voeux und نیکی bonheur; sondern: „sie riefen wohlmeinend". نیکی گمان als adj. bahuvr. steht V. 36 b und ist dort clément übersetzt, eigentl. wohlmeinend; hier wird es nun durch das vorgesetzte be zum Adverb.

V. 53 a. پدر بود ناکرده از ناز نام

besser Calc. پدر نوز خ d. i. هنوز; nur so in der Participialfügung ohne بود ist das نا an seiner Stelle, mit بود würde es کرده نبود heissen. Die seltne, aber wohl bewährte Form نوز kann keine Afterbesserung oder Missverstand seyn, wohl aber بود. Auch fordert die Construction von *b* einen Participialsatz in *a*, und ein هنوز. Das نوز für هنوز steht bei Hrn. M. selbst V. 97 a; und obiges بود ist eben nur ein Lesefehler.

V. 54 b. زبیای Druckf. für زیبای.

V. 68 a. از ایران بپرمایه کسرا ندید

Der Vers hinkt, wenn man nicht das ân von îrân als -⏑ nimmt, oder nach ân eine Kürze im Metrum fehlen lässt. Eine solche fehlende Kürze nun gebe ich nicht zu, wohl aber ân' als -⏑, s. Note zu Einleitung V. 215. Doch steht ein solches ân' -⏑ immer nur im Inlaut, nicht, wie es hier wäre, im Auslaut. Ich halte daher die Calc. Lesart für die richtige:

زدهقان پرمایه کسرا ندید

wobei دهقان in seiner vollen Kraft Landherrn bedeutet. Wie sollte ein Afterbesserer dazu gekommen seyn, dieses Wort einzuschieben, dessen rechte Bedeutung er gar nicht verstand, da diese erst Hr. Mohl in der Einleitung so gründlich aufgewiesen hat? eher wird ein solcher ein solches Wort hinweggebessert haben.

V. 76. خرم بدی —

همیشه زتــو دور دستِ بدی

Calc. ebenso. Das erste بدی erregt Bedenken. Wäre es ein überkühnes Tachfif von بادی, der seltenen (eigentlich unorganischen) zweiten Person zu باد Optativ, welche z. B. VI, 36 steht; oder nach arabischer Art das Präteritum als Optativ gebraucht بُدی = بودی? Vielleicht stand ursprünglich بزی lebe! Denn Firdosi reimt nicht gar selten ز und د das im Inlaute ذ lautet; so I, 44 باده رنگ: پیروزه رنگ; IV, 214 برکشادی بدوی: نازی بدوی. Diese vermuthete Reimlicenz د: ز hängt ohne Zweifel zusammen mit einem durchgreifenden Reimgesetz, das aber nur bei Firdosi's Nachfolgern zu beobachten ist, nicht bei ihm selbst, weil es sich auf ein Verhältniss des persischen zum arabischen د bezieht, das bei dem strengen Purismus Firdosi's keine Anwendung findet. Nämlich persisch د im In- und Auslaut, nach unmittelbar vorhergehendem Vocal, reimt nicht auf arabisch د, sondern ursprünglich auf arabisch ذ, so lange dieses dh gesprochen ward, wie das persische د im angegebenen Falle, wo es auch alte Handschriften, besonders des Schahname, ذ schreiben. Um sich davon zu überzeugen, dass persisch د und ذ nicht auf arabisch د reimt, braucht man nur Hafidh im Buchstaben د nachzuschlagen, und man wird finden, dass in einem Gazel der Reim z. B. lauter arabische ûd enthält, ohne Zulassung eines einzigen persischen ûd d. i. ûdh, und umgekehrt ein anderes lauter persische ûd d. i. ûdh, ohne Zulassung eines einzigen arabischen ûd. Dieses Gesetz in seiner ganzen Strenge finde ich aber, in späterer Zeit, nur noch beobachtet von den Dichtern aus dem eigentlichen Persien, Pârs, insbesondere denen von Schiraz; wogegen die nördlichen oder östlichen, wie Enweri und Dfhami, unbedenklich persisches d, welches dh seyn sollte, auf arabisches d reimen. Aber Nithami thut es noch nicht. Diejenigen nun von der strengern oder ältern Observanz, welche nicht persisch d (dh) auf arabisch d reimen, sollten billig dafür dieses persische d (dh) auf wirkliches arabisches ذ reimen dürfen. Und so reimt wirklich noch Saadi in seinen Kasiden لذیذ: نبیذ und anderes dergleichen arabisches. Hafidh aber thut das nicht mehr; ihm war also wohl die Aussprache des arabischen ذ als ز schon von der Aussprache des persischen د als ذ abgewichen. Bei ihm, wie bei allen insgemein, finden sich nur einige besonders eingebürgerte arabische Wörter, die dem persischen Reime zu Gefallen ihr ذ in د verwandeln, wie نبيذ, das als نبيد nun auf ديد u. s. w. reimt. Doch vielleicht ist dieses نبيد gar ursprünglich persisch; wenigstens giebt skr. piḍ „drücken" die schickliche Etymologie „ausgepresster Saft". Bei Firdosi nun, der alles Arabische *grundsätzlich* vermeidet (denn die Sprache seiner Zeitgenossen ist schon überschwemmt davon, und er selbst vergisst sich hin und wieder) kommt das nachgewiesene Reimgesetz nicht in Anwendung. Doch kann man schliessen, in den vielen Gedichten auf Sultan Mahmud würde er irgend einmal auch auf diesen Namen gereimt haben, wie er sonst überall mit Vorliebe auf Namen reimt, wenn ihm ein persisches ûd d. i. ûdh auf das arabische ûd gereimt hätte. Nur نبيذ als نبيد reimt auch er auf ديد u. s. w. Von diesem persischen ذ=د haben sich in der späteren Schrift nur solche Ueberreste erhalten wie گنبذ, كاغذ, in denen die Bezeichnung ذ ganz unnütz ist, und überall unterlassen werden sollte, wie man sie doch da unterlassen muss, wo solche Wörter auf بد u. s. w. reimen. Eine eigne Bewandtniss hat es nur mit dem an andern Stellen besprochenen آذين, besser آزين, und گذر, گذشتن, welches eigentlich گزر seyn sollte. Dazu gesellt sich گذاف, besser گزاف von vi-ćap. Dem alten آذر mag man auch seine Abzeichnung lassen; dem تذرو hat Hr. Mohl mit Recht, wie dem گنبذ, das unnütze Tüpfelchen genommen.

V. 81 b. پراگنده رنج و پراگنده گنج

Das erste پر ist vielleicht nur Druckfehler statt پراگنده (dem Gegensatze von پراگنده) wie Calc. hat. Oder hält Hr. M. پر und پراگندن für eins? Das könnten sie gar wohl seyn: *zerstreuen*, ausbreiten, häufen, *sammeln*, zumal da das einfache آگندن voll, dicht machen bedeutet (آگين=ghana), und Burhan پراگندن gar nicht aufführt. Doch gebraucht dieses letztere Hr. M. sonst, wie I, 65. IV, 102, wo noch dazu das gewöhnliche پراگندن zureichte, ja gar besser passte. Es ist ein Zweifelsknoten wie mit بسيج und پسيج, بسند und پسند, oder auch بديد und پديد, بگاه und پگاه, nur dass beide letztere Paare sicherer geschieden sind. Endlich könnte پراگندن auch = parâ-han seyn, obgleich han sonst زدن, زن wird. Aber ghana gehört eben selbst zu han. —

Es ist zweckmässig beides so zu unterscheiden, dass بر im guten, بر im üblen Sinne mit آگندن verbunden sei.

V. 83 a. Wenn Hrn. M.'s Lesart gelten soll, so muss vor چیز ein و eingeschoben werden:

که شیرینتر از جان و فرزند و چیز

„angenehmer als Leben, Kinder und Güter," wozu *b* dann richtig construirt

همانا که چیزی نباشد بنیز

„giebt es nichts anderes weiter, wie mir scheint". So verträgt sich das erste چیز „Etwas", d. i. Güter, mit dem zweiten, das mit der Negation „nichts" sagt. Ohne das *und* in *a* zwischen فرزند und چیز, wäre dieses چیز selbst schon mit der folgenden Negation =„nichts", und könnte kein zweites چیز zulassen. Der Sinn aber wird durch die Zugabe der Güter zu dem Leben und den Kindern nicht gefährdet, die Färbung nur noch humoristischer. Calc. hat eine matte Besserung.

V. 90. چو خرّم بمردم بود روزگار

نه نیکو بود بی سپه شهریار

sagt gewiss nicht: „Quand même l'homme jouirait de la vie la plus douce, un roi ne pourrait être heureux sans une armée"; sondern entweder:

Wenn es den Menschen soll wohl ergehn — oder:
Wie ohne Menschen die Welt nicht kann gehn,
Kann ein Fürst ohne Heer nicht bestehn.

V. 91 b. هما schreib همان.

V. 93 a. زهر کام و هر خواسته بی نیاز

gewiss nicht: „ils sont au-dessus de toute envie et de tout besoin"; sondern: unbedürftig, d. i. vollauf gewährt, jedes Wunsches und jedes Gutes.

V. 98. „Car moi aussi, comme de raison, je n'ai pas donné de noms à mes glorieux fils." Ich denke umgekehrt: denn auch ich habe meinen Söhnen noch keinen Namen, wie es schicklich ist, gegeben.

V. 105. „Je raconterai mon secret à mes filles; elles seront mes confidentes en toute chose." Das ergeben allerdings die persischen Worte, nach Mohl's Lesart, und wenn man êſhân, sie, auf die vorhergenannten Töchter bezieht. Aber dieser Sinn widerspricht dem Verlauf der Sache; denn der Schah von Jemen, der diese Worte sagt, zieht darauf keineswegs seine Töchter ins Geheimniss, sondern seine einberufenen Edlen. Daher ist die Lesart Calc. zu hören, nach welcher der geforderte Sinn sich ergiebt, wenn man das êſhân = ânân (wie so oft ô = ân) als Correlativ auf den folgenden Satz als Relativsatz bezieht: Ich will mein Geheimniss ihnen d. i. denjenigen anvertrauen, die, wie Calc. liest,

بهر نیک و بد بوده انباز من

in allen guten und bösen Lagen meine Gesellen gewesen sind. Die einzige Schwierigkeit dabei ist, dass der Relativsatz hier in einen Participialsatz verwandelt ist. Diese Schwierigkeit wird vollständig gehoben dadurch, dass man diesen Vers nach dem folgenden stellt: „il ne faut pas que je me presse de répondre, car j'ai à délibérer avec mes conseillers."

V. 107ª. فرستادهرا d. i. را فرستاده.

V. 111. „Par la faveur du sort et par l'union que j'ai contractée, j'ai devant mes yeux trois astres brillants." Es heisst nur: Ich habe von der Welt und meinem (Welt-) Verband nur drei Kerzen, hell vor meinen Augen (meine drei Töchter). Dem gewöhnlichen زگیتی (oder زجهان) in solchen Sätzen, wie: niemand, alles, das einzige, das schönste von der Welt, ist hier nur das پیوند beigegeben in seiner vagsten Bedeutung: Verbindung, Verkehr, Freundschaft, Verwandtschaft; kurz: Weltverband. Immerhin ist die Zugabe etwas befremdlich, und die Lesart Calc.: زپیوند für وپیوند sagt einfacher: von aller Welt hab' ich in meiner Familie u. s. w.

V. 115b. Calc. دروغ ایچ نندرخورد با شهی

ist gewiss älter und besser als Hrn. Mohl's

دروغ آن نه اندرخورد با شهی

Die beiden Formen ایچ für هیچ und نندر für نه اندر verbürgen Alter und Ursprünglichkeit. Dazu kommt noch: In solchen Conditionalsätzen liebt der Dichter, als Nachsatz das Allgemeine für das Besondere zu setzen, wobei das Besondere als Ellipse voran zu denken ist. Statt „ce serait un mensonge indigne d'un roi," sagt er: (das wäre eine Lüge, und) eine Lüge geziemt der Fürstlichkeit nicht.

V. 128b. بترسی ازین پادشاهی همی

„si tu crains ce roi puissant". Wie käme neben این das î (ê) unit. an پادشاه? Nur آن kann ê nach sich haben, wenn correlativ zu folgendem که, z. B. آن شاهی که ein solcher oder derjenige Schah, welcher. Unsere europäischen Perser müssen sichs abgewöhnen dieses ê, das ihnen gleich î gilt, für eine müssige Zuthat zu halten. Der Reim خواهی همی zeigt, dass es nicht pâdiſhâhê ein Fürst, sondern pâdiſhâhî Fürstenmacht ist. Eben so ists kurz vorher V. 116:

دروغ آن نه اندرخورد با شهی

„ce serait un mensonge indigne d'un roi". Der Reim: تهی tibî zeigt dass es shahî, Schahthum, ist: „Lüge ziemt nicht der Fürstlichkeit." Ueber î und ê s. IV, 6.

V. 134. „Les fils du roi lui sont chers, et il a l'espoir qu'ils seront l'ornement de son trône." Dabei sind zwei Partikeln übergangen, die hier eine besondere Kraft haben und den Satz zur Sentenz stempeln, nämlich خود selbst, gar, hier = ja wohl, und بویژه insonderheit.

> Ja, Söhne sind werth in des Herrschers Augen,
> Insonderheit wenn sie zur Herrschaft taugen.

خود ganz wie hier = γε, VI, 272. Das häufige بویژه = خاصّه, insonderheit, pflegt die französische Uebersetzung entweder zu übergeben oder misszuverstehen.

V. 137. مرا خوارتر زان که فرزندِ خویش
نبینم بهنگامِ بایست پیش

nicht: „je les aurais moins regrettés que mes trois enfans, *que je suis destiné à ne plus revoir*"; sondern: „das gälte mir geringer, als dass ich meine Kinder nicht, so oft ichs wünsche, vor mir sehen sollte". — Die Lesart Calc. خوارتر چون سه ist wohl die vorzuziehende, weil sie erstens das zum Affect der Rede unentbehrliche „drei" giebt, das Hr. M. auch in die Uebersetzung nimmt, zweitens die schwerere Construction hat: خوارتر که = خوارتر چون = خوارتر ازان که.

V. 143. 144. Diese Stellung der Verse ist ohne Zweifel besser als die umgekehrte bei Calc., nur ist nach Calc. V. 144 a چو بینم statt نبینم zu setzen, so dass V. 144 a bedingender Nachtrag zu 143 wird, *b* aber verstärkende Wiederholung des Hauptsatzes 143. Dann ist alles vollkommen abgerundet, was jetzt bei نبینم zerstückelt ist.

V. 145. گر آید بدیدارِ ایشان نیاز

sagt nicht: „et quand j'en verrai le désir *dans leurs yeux* (je les renverrai promptement auprès du roi)"; sondern: „wenn (dir) das Verlangen nach *ihrem Anblick* kommt, sende ich sie schnell dir wieder zu".

V. 157 a. باچربی corr. باچرّبی.

V. 169 b. که از مه ندانند باز اندکی

„telles qu'on aurait peine à les distinguer *de la lune*." Es ist nicht ki und mah, sondern kih und mih: „die jüngere von der älteren kennt man nicht im geringsten (so ganz gleich sind sie)." Eine solche Stelle, mit manchen ähnlichen, zeugt am besten für Hrn.

Mohl's Gewissenhaftigkeit und Verlässigkeit in der Textaufstellung; er hat hier, auch unverstanden, das echte eingesetzt statt des unechten in Calc. که از سه, das nur die Afterbesserung eines weniger bescheidenen Kritikers für das unverstandene که از مه ist.

V. 177 a. گرانمایه و پاک هر سه پسر

ist etwas frostig, besser klingt Calc. هر سه گهر —

V. 189 b. چو شب روز شد könnte freilich den Worten nach heissen: „la nuit ayant remplacé le jour," aber nur eben so gezwungen wie die französischen Worte bedeuten könnten: „als die Nacht dem Tage *Platz gemacht hatte.*" Die persischen sagen hier wirklich: als die Nacht zum Tage ward; und ich bezweifle, ob sie je anderswo das umgekehrte sagen. In demselben Sinn wird gesagt: شب بروز آوردن und شب روز کردن. In der That lässt auch die Situation hier nichts anderes zu. Der Schah von Jemen hat die Söhne Feridun's in dem für sie errichteten Palast gesiedelt oder geherbergt فرود آوریدن = انزل, worin die Nachtrast schon gegeben ist. Dann چو شب روز شد کرد گستاخ شان als es Tag ward, machte er sie hochgemuth, ehrte sie mit dem Feste, wobei seine Töchter erschienen.

V. 192 b. که گفتست فریدون بگردنکشان

verstösst gegen Metrum und Sinn zugleich; es soll nicht heissen: wie Feridun *gesagt hat*, sondern: wie er gesagt, oder wie er (früher) sagte. Also گفته oder گفت; letzteres mit dem Vers und Relation füllenden ش hat Calc. گفتش.

V. 197 b نیامد statt des zusammengezogenen نامد.

V. 201 a. پر ناز و شرم scheint mir weniger richtig als Calc. با ناز و شرم. Das persische pur, wie häufig es auch gebraucht wird, ist doch weniger abstract geworden als unser voll oder das französische plein; liebevoll kann schwerlich pur mihr gegeben werden, und eben so wenig schamvoll pur sherm. Auch V. 200 b fragt es sich, ob nicht das unserm Geschmack mehr zusagende پر از خون von den Wangen des sich schämenden, weniger ächt persisch ist als Calc. پر از خوی; und ebenso V. 201 b پر از خون, Calc. پر از رنگ.

V. 203 a. برامش بیاراست و بکشاد لب

unmetrisch, Calc. richtig بیاراست بکشاد ἀσυνδέτως ohne das و, das nach der Doppelüberlänge bi'ârâ-st ⏑––⏑ nicht stehen kann ohne bi'ârâ-s-tu ⏑––⏑– zu geben. S. III, 85 a.

V. 203 b. نیرهتر die fehlerhafte Schreibung statt تیره تر.

V. 204 b. نخورند می جز همه یاد او

„ne burent tous les trois que lorsqu'il les y invitait". Wie kommt das aus den persischen Worten heraus? An unzähligen Stellen wird Wein بر یادِ کس getrunken: aufs Gedenken, den Namen von einem, ihm zu Ehren, seine Gesundheit. Das muss auch hier stehen; Calc. hat wirklich:

بخوردند می هر سه بر یاد او

aber die Mohlsche Lesart ist noch besser als die Calc., man darf nur همه streichen, und بر, als berí gemessen, dafür einsetzen. Doch auch so wie die Lesart liegt, mit همه und ohne بر, kann sie nichts anderes sagen, und یاد او (sie tranken) sein Angedenken, ist nur kühner als بر یاد او, auf sein Angedenken; oder auch vulgärer, wie: (sie tranken) seine Gesundheit = auf seine Gesundheit.

V. 211 a. بفسرد ist hier nicht activ, sondern neutropassiv.

V. 219 a. آزادهرا die falsche Schreibung für آزاده را oder آزادرا.

V. 220 a. که افسون, metrisch k'efsûn. Calc. lässt که aus weil man weder کافسون noch کفسون schreiben wollte. Wir sollten کافسون mit Wesla schreiben, und so in allen ähnlichen Fällen die ziemlich häufig sind. Es bedürfte nicht der vollen Bezeichnung کاْفسون.

V. 221 a. نشستنگهی ساخت nicht eigentlich: „il orna *sa salle* d'audience", sondern: „er machte einen Sitzort," d. i. *eine* مقامة, eine Assemblée.

V. 226. — — — هرگز مبادم نشان

که ماده شد از تخمِ نرّه کیان

„puissé - je ne jamais apprendre qu'une fille soit née de la race de ces mâles princes!" Wörtlich: nie sei von mir ein Zeichen d. i. spurlos, ruhmlos müsse ich vergehen, weil Weiber geworden sind aus dem Stamme der mannhaften Könige d. i. weil ich, vom Stamme mannhafter Könige, nur Töchter statt Söhne erzeugt habe. Deutlicher Calc. که ماده شد این نرّه تخمِ کیان weil zu Weibern geworden ist dieser (mein) männlicher Königsstamm.

V. 232 a. خروشید nicht: „il le dit à haute voix"; sondern wörtlich: er schrie auf (vor Gemüthsbewegung); wir begnügen uns zu sagen: er seufzte.

V. 232b. ابـر برز شرزه هیونان بیست ist ohne Reim; denn *a* endet: عروسان بیست, und die beiden Pluralendungen ân können keinen Reim abgeben. Calc. hat

ابـر پشتِ شرزه هیونانِ مست

Hier ist der Reim: مست: بیست; und so ists recht, denn die Wiederholung des بیست als ردف, ist hier ganz unnütz. Nur ist برز dem پشتِ vorzuziehen, das nur dessen Interpretament ist.

V. 233a. گشته Calc. construirt richtiger als گشت M.

V. 235. An dieser Stelle steht in Calc. ein nichtsnutziger zusammengestümperter Vers. Der bei Hrn. M. hier taugt aber noch weniger, da er bloss V. 232 ungeschickt wiederholt. Er ist auszuwerfen. Mit ihm fällt aber auch der nächstfolgende, der nur eine Aufstutzung des vorbezeichneten Verses von Calc. ist. Die rasch dem Ende zueilende Erzählung mochte lückenhaft scheinen, und man füllte die vermeintliche Lücke mit Flickwerk.

V. 237b. Calc. بیدار دل راه جوی ist logisch richtiger als M. بینا دل و راه جوی, denn das eine ist Eigenschaft, das andere Zustand, beide können daher nicht durch *und* verbunden werden. Es ist nicht: die verständigen und reiselustigen Jünglinge, sondern: die verständigen Jünglinge, die jetzt reisefertig waren.

V. 242b. بگرد اندرون کوه تاریک دید

„il les vit à travers la poussière comme de noires montagnes". Das hier völlig unpassende der Vergleichung drängt dazu, گرد nicht gerd, Staub, sondern gird, Umkreis, zu lesen: er sah rings umher finsteres Gebirge; das finstere تاریک bezeichnet hier das enge تنگ, wie beide Wörter so oft verbunden sind.

V. 245. روی جنگ نسازد ist keine richtige Phrase, die richtige ist Calc. روی جنگ نبیند, er findet den Kampf nicht räthlich (oder nicht thunlich, wie VI, 129).

V. 250b. Calc. hat richtiger پلنگی für نهنگی. Nur vom Leoparden, nicht vom Krokodil, wird gesagt, dass er sich mit dem Löwen nicht messen könne. نهنگ ist wohl missverständlich aus V. 268 hierher gebracht. Dort ist es = Ungeheuer überhaupt.

V. 251b. با ما Calc. ziehe ich beiweitem dem überflüssigen هرگز vor; es ist nothwendige Stütze des folgenden Verses: mit uns; denn wir sind u. s. w.

V. 253a. راه بیراه, nicht „cette voie perverse", sondern der Engweg zwischen den Bergen (V. 242) den der Drache versperrt. Eben so راه بیراه und bloss بیراه V, 466. 57.

V. 253b. بد روی d. i. wie der Reim zeigt: bad rewî, Uebelgang, giebt, für Deutsche wenigstens, die ganz verständliche Phrase: ich werde dir den Kranz des Uebelergehens aufsetzen = dich übel zurichten („je poserai sur ta tête la couronne de *l'inimitié*"), doch scheint mir بد رو so verstanden eben nur ein Germanismus, und ich ziehe vor Calc. بد خوی: den Kranz des Uebelbefindens; بدخو von üblem Humor, betrübt, ist sehr gewöhnlich, und gilt wohl auch vom leiblichen Uebelbefinden, übler Constitution, wie ich es Einleitung V. 148 ff. „zur Ehrenrettung Dakiki's" verstehe. Metrum und Reim fordert bad chuwî statt des vollen bad chû'î; solche vor dem î verkürzte û sind sehr häufig im Reim auf شوی shewî oder بوی buwî.

V. 263a. Hier steht inconsequent بود für بد d. i. بُد, das Hr. M. sonst überall giebt, wo das Metrum wie hier es fordert.

V. 275 giebt einen *leidlichen* Sinn, aber خوشی und دلیری kann unmöglich reimen (s. V. 232b). Calc. reimt richtig دلیری نمود : شیری نمود, der Sinn ist aber nicht einmal *leidlich*. Der entbehrliche Vers ist zu streichen, wenn man nicht دیری statt خوشی oder شیری emendiren will, was dann aber vollkommen passt: dêrî = dhairya, bedächtiges Zaudern und Standhalten; es reimt so oft auf shêrî Löwenhaftigkeit, von dem es denn hier wäre verdrängt worden.

V. 283a. بود ist unpassend statt Calc. جُست, parallel mit V. 285a نگاه کرد.

V. 289. Der etwas vage Vers

به اندیشهٔ پور روشن روان
نبد جز به اندیشهٔ بدگمان

scheint mir nicht zu bedeuten: „(Feridoun vit que le ciel était défavorable à Iredj et ne se comportait point envers lui avec amour) et que ses pensées, à l'égard de cet enfant d'une âme si brillante, n'étaient que des pensées de malveillance;" sondern: „(Feridun) in Sorge um den erlauchten Sohn war nur in Sorgen um Feinde"; oder vielleicht auch: „bei dem Gedanken an den Sohn war er nur in Böses ahnenden Gedanken." Der genit. pass. اندیشهٔ پور kann nicht bedeuten (feindliche) Gedanken (Gesinnung) des Himmels gegen ihn, wohl aber Sorge des Vaters um ihn, oder Gedanken des Vaters an ihn, denn diese Sorge und dieser Gedanke ist etwas vom Gegenstande derselben im Sorgenden und Denkenden Angeregtes, weshalb der Gegenstand als Actor erscheinen kann, was eben der Begriff eines genit. pass. ist. Die

Sorge des Vaters um den Sohn ist in ihm die Sorge des Sohns, ebenso sein Gedanke an den Sohn, nicht so der feindliche Gedanke des Himmels gegen diesen Sohn.

V. 291 b. سوم دشتِ گردان ایران زمین

„la dernière (partie) le pays des héros de l'Iran". Es muss ohne Zweifel „und" zwischen دشتِ گردان und ایران زمین eingeschoben werden: die Wüste der (lanzenschwingenden) Helden = Arabien, wie dieses sonst vom Dichter bezeichnet wird (IV, 86. VI, 109) und das Land Iran. Wie könnte man sagen: die Wüste der Helden des Landes Iran? Auch sind vorher für die beiden ersten Antheile je zwei genannt: Rum und Chawer, Tschin und Turk. Aber allen Zweifel hebt V. 300, wo derselbe Antheil des Iredsch heisst

هم ایران و هم دشتِ نیزه‌وران

und V. 321 چو ایران و دشتِ یلان و یمن

V. 298. جهان پاک توران شهش خواندند

„et le pays saint du Touran le reconnut pour roi". Wie kommt das unheilige oder unreine Turan dazu heiliges oder reines Land zu heissen? und wie sollte جهان „Welt", ein Land, ein besonderes Land bezeichnen? Das Versmass lehrt aber, dass nicht dshihâni pâk reine Welt (heiliges Land) zu lesen ist, sondern dshihân pâk die Welt rein d. i. pur, all oder ganz, nannte ihn Turanschah; pâk im Sinne von heme, steht wie dieses ohne Idhafet nach.

V. 312. Hr. M. hat hier von zwei schlechten und deplacirten Versen in Calc. einen ausgeworfen, und den andern (diesen hier) an eine etwas bessere Stelle gebracht, er hätte aber auch diesen auswerfen sollen.

V. 314 b. هنرمند و روشن دل و به گزین

ein matter Vers, der auch zwischen sich und dem folgenden eine Lücke im Sinne lässt; diese Lücke füllt Calc.

گسسته دلِ روشن از به گزین

„dessen erlauchtes Herz auf die Bestwahl verzichtet!" Worauf folgt: „wir begnügen uns von (dem Antheil an) der Welt mit dem Schaden." Das ist die rechte aufstachelnde Anrede des Selm an Tur, des einen an den andern Bruder, die beide sich verkürzt fühlen durch die Bestwahl des bevorzugten Bruders Iredsch.

V. 317 b. یکی کهتر از ما به آمد بهتخت

es muss مه grösser, statt به besser heissen, im Gegensatz zu کهتر der kleinere (jüngere).

V. 318 b. زمانه بمهر من اندر خورد

„c'était à moi que la fortune devait accorder *sa faveur.*" Es ist nicht mihr, Liebe (faveur), sondern muhr, Siegel (der Herrschaft), zu lesen: „die Zeit (Welt) gehört meinem Siegel an."

V. 324 a. هیونی فرستاد چون بادپای

lautet recht gut französisch: „(Selm) envoya un dromadaire aux pieds de vent." Aber die persischen Worte sagen: „wie einen Windfuss" d. i. schnelles Ross oder eben wieder Dromedar. Es ist eins wie das andere: ein Dromedar wie ein schnelles Ross, und ein Dromedar wie ein schneller Dromedar. Es ist aber hier gar kein Dromedar, sondern Dromedarreiter, hejûnî, der Besitzer, Reiter von hejûn, Dromedar, nicht hejûnê, ein Dromedar. Der Dichter hat schon vorher V. 312 gesagt: Selm schickt *einen* Gesandten firistâde'ê râ; nun kann er nicht eben davon wieder sagen: ein Dromedar, sondern den Dromedarreiter, d. i. den Eilboten, eben den Gesandten, sendete er ab wie ein schnelles Ross, d. i. aufs schnellste. In hejûnî, Eilbote, ist der Dromedar vergessen, und er kann ohne Anstoss mit einem schnellen Rosse verglichen werden. Doch schicklicher hat Calc.

هیونی فرستاد و بگذارد پای

er sendete den Eilboten ab, und dieser regte die Füsse, setzte sich oder sein Reitthier in Gang (und gelangte hin zum Turanschah; was unmittelbar drauf folgt). — In diesem هیونی den hejûnî, den Dromedarreiter, von hejûnê, einem Dromedar, zu unterscheiden, ist in den unzähligen Stellen wo das Wort vorkommt, nicht immer ganz leicht, weil auch der Dromedar hejûn selbst statt des Dromedarreiters stehen kann, also hejûnê statt eines Dromedars auch einen Dromedarreiter bezeichnen kann. So ist es sogleich V. 331 b wo

هیونی بر افگند نزدیک شاه

(بنزدیک wie Hr. M. hat, ist ein ganz unnöthiger Verstoss gegen das Metrum) bedeuten kann: Er (Tur) entliess den Eilboten, hejûnî, oder auch: er sendete selbst auch einen Eilboten, hejûnê. Letzteres wählt Hr. M. „il expédia un dromadaire", ich ziehe ersteres vor, wenn der Vers überhaupt statt haben soll. Er ist aber nach meiner Ueberzeugung sammt den zwei nächsten 332. 333 auszuwerfen. In diesen ist wirklich von einem eignen Gesandten Tur's die Rede, und zwar an den Weltschah شاه جهان, was gleichwohl nicht Feridun, sondern eben nur Selm seyn kann, aber ungeschickt und verwirrend genug gesagt ist. Die Worte dieser angeblich eignen Botschaft V. 334. 335 enthalten nichts, was nicht vortrefflich dem Auftrag des rückkehrenden Boten angefügt werden kann, was aber bei aller Trefflichkeit der Verse nicht zum Inhalt einer eignen Botschaft hinreicht. Zum Ueberfluss ist dann auch V. 336 von diesem Boten gesagt: er brachte die Antwort *zurück;* das passt nur zum zurückgehenden Boten Selm's, nicht zu einem eignen Boten Tur's an Selm. Dieser muss folglich mit den 3 Versen ausfallen.

V. 335b. خام von Calc. ist viel schöner als خوار.

V. 336b. برهنه ازو گشت پوشیده راز

„(lorsque l'envoyé eut rapporté la réponse) et mis au grand jour le secret voilé.“ *Von ihm*, ez ô, ward nackt = durch ihn ward enthüllt, ist gar nicht recht persisch; der so gewonnene Sinn aber ist unpassend; der rückkehrende Bote enthüllt kein Geheimniss, er bringt nur die Zustimmung des Besendeten. Die Zeile ist Nachsatz, und lautet organisch in Calc.

برهنه شد آن روی پوشیده راز

„Da ward das gesichtverhüllte Geheimniss entblösst“ d. i. die heimliche Meuterei brach aus, nämlich wie der folgende Vers sagt: die beiden Brüder traten nun persönlich zusammen, und verhandelten ihren verbrecherischen Anschlag.

V. 338. Auch dieser Vers ist auszuwerfen. Das پس verräth ihn als Duplette des vorhergehenden; aber Hr. M. lässts in der Uebersetzung aus.

V. 342a. فرستادهرا statt فرستاده را.

V. 351b. بزرگ آمده نیز پیدا زخرد

„(tu avais trois fils) qui étaient devenus grands, de petits qu'*ils* avaient été“. Vielmehr: unter welchen der grosse auch vom kleinen gar wohl zu unterscheiden war.

V. 353a. یکی را دمِ اژدها ساختی

kann den Worten nach nicht heissen: „tu as accablé l'un de ton haleine de dragon.“ Es könnte aber doch ähnlichen Sinn haben, die Misshandlung Feridun's an einem Sohn, im Gegensatz zur Bevorzugung des andern, zu bezeichnen; dann wäre es etwa: du hast ihn zum Schweife (dum) des Drachen gemacht. Aber nicht Ein Sohn klagt über Zurücksetzung, sondern zwei ältere gegen den dritten jüngsten. Da nun in diesen Versen dreimal *Einer* steht, und die beiden letzten Male die Bevorzugung dieses Einen beschreiben, so wird das auch beim erstenmal der Fall seyn und obiges heissen: du hast ihn zum Athem oder Rachen des Drachen, d. i. furchtbar, mächtig gemacht.

V. 358 fasst Hr. M. als Antwortsatz zu dem Bedingsatz V. 357; es ist aber eigentlich Fortsetzung dieses Bedingsatzes, und die Antwort fehlt ganz, wie gewöhnlich, wo auf ein solches „wenn“ ein „wenn nicht“ folgt, welches hier V. 359 steht. Wenn du das und das thust (V. 357. 358) (supplire: so ist es gut;) wo nicht, so —

V. 360 a. Hier ist ein unwidersprechliches Beispiel vom Tachfîf im aus îm der prima plur. verb.

فراز آوریم لشکرِ گرز دار

schreib آورم âwerim -⏑- statt âwerîm -⏑⏑⏑ denn der Sing. اورم âwerem ist hier ganz unstatthaft, da zwei Personen sprechen. Calc. hat آورم, ich weiss nicht ob als âverim = âwerîm gemeint, oder ob nur âwerem aus Rücksicht aufs Metrum ohne Rücksicht auf die Grammatik. Ebenso in *b* برآریم d. i. berârim, Calc. برآرم. S. Note zu V, 491.

V. 362. برآنسان بزین اندر آورد پای
که از باد آتش بجنبد زجای

„il monta en selle et se mit à chevaucher, de sorte que les étincelles *jaillissaient* du vent“. Wie schön und wie falsch! Sage: so schwang er sich in den Sattel, wie vom Winde das Feuer sich *bewegt*. Ich habe schon früher bemerkt, dass die epische Sprache Firdosi's kein praes. histor. zulässt.

V. 372 b. همه دیده و دل پر از شاه دید

„(lorsque le regard du messager tomba sur le roi) il vit que tous les yeux et tous les coeurs étaient remplis de lui.“ Ich denke: sah (fühlte) er all sein Aug' und Herz voll des Schahs.

V. 373. ببالای سرو و چو خورشید روی
چو کافور موی و چو گل سرخ روی

alle Uebelstände dieses Verses vermeidet glücklich Calc.

ببالا چو سرو و چو خورشید روی
چو کافور گرد گل سرخ موی

könnte aber gleichwohl nur eine Correctur seyn.

V. 374 a. دو رخ پر زشرم „ses deux joues pleines de *couleur*.“ Dem königlichen Greise Feridun kann freilich weder Scham noch Schamhaftigkeit in unserm Sinn beigelegt werden; aber ſherm, wie sonst âzerm, ist, ziemlich wie αἰδώς, zugleich Ehrerbietung und Würde, Menschenfreundlichkeit und Hoheit, kurz ein Inbegriff alles Edlen in der Erscheinung und Persönlichkeit. VI, 765 steht in ganz ähnlichem Verse آزرم, dort von Hrn. M. schicklich modestie übersetzt.

V. 376 a. نشاندش همانگه فریدون زپای

nicht: „Feridoun lui permit de se lever,“ sondern: „Feridun hiess ihn sitzen;“ زپای bedeutet in solchen Phrasen immer: aus der stehenden Stellung, aus dem Stehen auf den Füssen (zum Sitzen oder zum Fallen bringen).

V. 377 b. Ich glaube doch, dass دین درست nur eine Verderbung, vielleicht aus frommer Grille, von تندرست ist, wie Calc. hat.

V. 380 a. زهر کس که پرسی بکام تو اند

„tout ce que tu as demandé sur tes fils est selon tes désirs.“ Wie könnte هرکس که tout ce que heissen, statt tous ceux que? Sage: alle, nach welchen du fragst, befinden sich (dir zu dienen) wohl. Es ist die schon bemerkte Constr. der relativen Frage (V, 21. 253), wörtlich: Nach wem so du fragst, sie sind wohl auf, nach deinem Wunsch oder Befehl.

V. 384 a. شاه, metrisch شه zu schreiben.

V. 388. پالودهرا: بیهودهرا mit falscher Schreibung des vokalischen he als consonantischen.

V. 389 b. درود از شما خود بدینسان سزید

„Est-ce là le salut que je devais attendre de vous?“ richtiger ironisch ohne die Frage: Ja, von *euch* ziemte sich ein solcher Gruss! = von euch durfte ich nichts besseres erwarten. خود = *yl*, wie auch V. 385 b; s. Note zu V. 134. Eben so ist in beiden folgenden Versen, deren Lesarten hier weit besser als in Calc. sind, die Bitterkeit des Unmuthes in der Rede des gekränkten Vaters nicht recht ausgedrückt durch „si vous avez rejeté de vos cerveaux mes conseils, vous n'avez pas appris non plus ce que c'est que la sagesse. Vous avez ni crainte ni honte devant Dieu, et sans doute vous n'avez point d'autres desseins que ceux que vous m'annoncez.“ Ich construire: Wenn ihr meine guten Lehren vergessen hattet, (wenn) auch kein Fünkchen Vernunft in euch war, (wenn) ihr euch vor Gott nicht fürchtet noch schämt; dann ja wohl musstet ihr thun wie ihr thut!

V. 394. Bei der trefflichen Lesart چماند, gegen die missverständliche in Calc. خماند, ist das Causativ übersehen: „la vie marche devant vous gracieusement, mais il n'en sera pas toujours de même“. Sage: Auch euch gängelt nun die Zeit, doch wird sie euch nicht immer so gängeln.

V. 398 a. بسی روزگار آن شدست الدراین

schreibe zusammen روزگاران, Plural oder Amplificativ, Verstärkungsform von روزگار; das آن hat keinen Platz in der Constr.

V. 398 b. Hr. Mohl übersetzt nach der Lesart Calc. که کردیم, die allerdings richtiger ist als die von ihm aufgenommene بکردیم.

V. 399 a u. 400 b îm = im wie V. 360; doch ist hier der Plural nicht nothwendig, also der Sing. em vorzuziehen, wie denn V. 402 من folgt.

V. 401 a. چو آباد دارند گیتی بمن

دارند ist ein Fehler; es muss, wie Calc. hat, دادند heissen: da man mir die Welt in gutem Zustand übergeben hat, wollte ich sie auch nicht zerstören, sondern gedachte sie eben so meinen Söhnen zu überliefern.

V. 403 a. از دل و رای من

ist sehr ungefüg, und gewiss ursprünglich nur Schreibfehler für از دل از رای من wofür Calc. گرخ hat.

V. 405 b. همانا که hat hier keinen Sinn, es muss همان بر که heissen, wie Calc. hat: Dieselbe *Frucht*, die ihr säet, werdet ihr ernten. همانا = هم مانا von مانستن, gleichsam, es sieht ganz aus als ob, bedeutet freilich oft „allerdings", das lässt sich aber hier nicht construiren. Es hat nichts gemein mit همان = هم آن, eben der.

V. 422. Nicht: „puis ils ont reçu pour lors deux pays *qui sont frappés de stérilité*." sondern: wo die Wildheit درشتی zu Hause ist, d. i. bewohnt von rauhen Völkern, oder wo durchs rauhe Klima auch das menschliche Gemüth rauh wird. So schliesst sich V. 422 richtig an 425, der nicht sagt: „Si ton goût se porte vers la glaive, ta tête sera étourdie par les dissensions"; sondern: Wenn du nun dem Schwerte (jener im rauhen Lande verwilderten Brüder) Liebe entgegen setzen willst, wirst du von (ihrer) Gewaltthätigkeit zu Schaden kommen. Die beiden dazwischen liegenden Verse 423. 424 sind ein schlechter Gemeinplatz am unrechten Orte, höchstens erträglich wenn nach V. 425 gestellt.

V. 427. Nicht: „si ton *penchant* est pour la guerre, prépare la guerre;" sondern: drum, wenn du *den Kopf auf dem rechten Flecke* hast, so rüste dich! گرت سر بکارست nicht = گر ترا سرِ کار گر سرِ کارزار داری = است. Dazu dann

V. 428 „étends la main vers la coupe au repas du matin; sinon ils feront le repas du soir en triomphe sur toi;" richtig, aber schwer zu verstehen. Leichter ist: Wenn du aber beim Frühmahl mit der Hand nach dem Becher (statt dem Schwerte) langest, so werden sie schnell, o Sohn, deinen Tag zum Abend machen. So wenn man in *b* nach Calc. liest:

کنند ای پسر زود روزِ تو شام

Nach der schwierigern gewiss ursprünglichen Lesart Mohl's:

وگر نه خورند ای پسر بر تو شام

ist die Constr.: Wenn du nun zum Frühstück nach dem Becher langst (d. i. nach dem Schwerte, ihnen in ihren Planen zuvor kommst — nun gut!) — wo nicht, so werden sie dir den Abend (den Nachttrunk) zutrinken (oder: über dir den Abendtrunk trinken). — Dies als eine Probe, wie die Abschreiber unverstandenes Treffliches sich zu recht zu machen wussten.

V. 438b. که آن, ich halte für richtiger und ursprünglicher از آن partitiv, des.

V. 439a. چو دستور با شد مرا شهریار

oder was völlig dasselbe sagt, nach Calc.

چو دستور یابم من از شهریار

bedeutet nichts weiter als: Erlauben eure Majestät! und hat nicht die prägnante Bedeutung: „puisque le roi sera mon modèle." In der besseren Phrase unseres Textes ist دستور persönlich: auctor, und dieses zugleich = auctoritas; in der schlechteren von Calc. ist es geradezu Erlaubniss, Urlaub. Die Etymologie: destûr aus destwer, handbar, ergiebt ebenso gut das persönliche als sachliche. Der Destur vorzugsweise, der Handlanger oder Handhaber, ist der Rath oder Minister. Als Handhabung bedeutet es gewöhnlich Handlungsweise, Verfahren.

V. 442a. بگیتی مدارید چندان امید

noch inniger lautet Calc.

بگیتی چه دارید چندین امید؟

und es ist dies zugleich eine gute Gelegenheit über den feinen Unterschied von چندان und چندین nachzudenken; ân und în in allen seinen Zusammensetzungen ist im Persischen aufs Trefflichste unterschieden, gerade wie *οὗτος* und *ὅδε* im *früheren* Atticismus. Auch Homer, wenn er die romantische Phrase kennte, würde dort sagen: *μὴ δ' ἐλπίδα βόσκε τοσαύτην* nicht *τοσήνδε*: dagegen hier: *τοσήνδε τί ἐλπίδα βόσκεις*; nicht: *τί τοσαύτην ἐλπίδα βόσκεις*;

V. 444b. نماند او همان تاج و تخت و کمر

„ni le trône, ni la couronne, ni la ceinture ne lui restèrent." Hr. M. übersetzt die Lesart Calc. نماندش. Seine Lesart نماند او hat hier keinen Sinn, wenn man sie mit dem Zubehör verbindet: er liess nicht übrig Krone, Thron und Gurt; wohl aber einen sehr guten, wenn man abtrennt: er blieb nicht übrig, desgleichen Krone, Thron und Gurt (blieb nicht übrig).

V. 446a. کبنهور statt کینه ور. Vor diesem Vers ist eine fühlbare Lücke; diese füllt vollkommen Calc.

بباشیم با یکدگر شادمان
شویم ایمن از دشمن بدگمان

Wollen wir lieber fröhlich mit einander leben, und so vor übelwollenden Feinden sicher seyn! — Nur muss man dann zur vollen Befriedigung statt des epigrammatischen Schlusses V. 446b

سزاوارتر زآن چه کین آورم

„(Je ramenerai à la foi leur coeur plein de vengeance;) comment pourrais-je m'en venger plus dignement?"
einfacher, dem Charakter des Iredsch angemessener, mit Calc. lesen

سزاوارتر زآن که کین آورم

(so will ich ihr streitsüchtiges Herz versöhnen), das ist würdiger als dass ich mit ihnen streite.

V. 451a. بیش muss پیش heissen wie Calc. hat: چه پیش آیدش جز was wird ihm begegnen, zu Theil werden ausser? Wollte man بیش mehr, übersetzen: was wird ihm mehr (zu Theil) werden, als? so dürfte nicht جز ausser, sondern nur از als folgen.

V. 445b. نویشم ist wohl nur Druckfehler statt نویسم.

V. 460—463 ein locus desperatus. Diese Verse bilden den Eingang des Schreibens Feridun's an seinen meuterischen Sohn, und heben an mit: (Gruss) von einem, der — das folgende geht nun so durcheinander, dass man nicht weiss, ob es sagen soll: Gruss von mir, dem Könige, oder Gruss von Gott. Einige Abschreiber haben alles leidlich für Gott, andere für den König zugestutzt. In Calc. passt alles auf Gott, nur der letzte Vers auf den König. Hr. M. hat alles dem König beigelegt, der aber dann so Ueberschwengliches von sich aussagt, dass die Uebersetzung überall mildern und nachhelfen musste, um nur nicht gar zu Unvernünftiges übrig zu lassen. Die kürzeste Heilung dieser heillosen Partie ist V. 461. 462 wegzuschneiden, womit der eigentliche Unsinn wegfällt, und V. 463 von selbst vernünftig wird, nur muss man in *a*, wie auch Hr. M. übersetzt, بدوی mit Calc. statt ازوی lesen; und für *b* würde ich dann der Calc. Lesart:

بدو خلق گیتی درآورده روی

der von M.:

بدو روشنی اندرآورده روی

vielleicht den Vorzug geben. Von den beiden weggeschnittenen Versen aber braucht man nur den einen ganz wegzuwerfen, V. 462

نماینده‌ٔ شب بروزِ سفید
کشاینده‌ٔ گنج بیم و امید

Dagegen V. 461 vor 460 gesetzt, giebt eine ganz schickliche Erweiterung der Titel der beiden angeredeten Könige:

گراینده‌ٔ تیغ و گرزِ گران
فروزنده‌ٔ نامدار افسران

Ja auch jener einzige wegfallende V. 462 wäre noch unterzubringen nach 457 als Beiwort Gottes in V. 456.

V. 470 b ist besser als Nachsatz zu fassen.

V. 471 b. چو پرورده ام تن روان پرورید

ist ohne Sinn. Hr. M. um einen, gleichwohl wenig passenden Sinn zu gewinnen, denkt sich اورا ihm, hinzu: „formez son âme comme j'ai formé son corps." Calc.

چو پرورده شد زو روان پرورید

sagt vielleicht, doch mit ebenso ungeschickter Ellipse, das rechte: Wie er (bisher von mir) gepflegt worden, so pflegt ihn nun auch. Vielleicht lässt sich aus einer Verschmelzung beider Wendungen eine bessere gewinnen:

چو پرورده ام زو روان پرورید

pflegt sein Leben wie ich selbst es gepflegt.

V. 473 b. از ایوانش ایرج گزین کرد راه

aus seiner (Feridun's) Halle erkor Iredsch den Weg, die Reise; ist freilich etwas besser als Calc.

بأیوان بر ایرج گزین کرد راه

In der Halle erkor er die Reise. Oder, da بایوان بر doch gar zu ungeschickt ist, und wenigstens درایوان beissen sollte, soll es vielleicht bedeuten: Er (Feridun) erkor für Iredsch die Reise (بر als Präpos. zu ایرج, nicht als Postp. zu بأیوان). Aber ich vermuthe dass in ایوان gar ایران zu suchen ist, Iran, das mit Iredsch, dessen Namen es trägt, öfter verbunden wird, was besonders hier sehr schicklich wäre, wo Iredsch Iran verlässt, um nie wiederzukehren. Wie wäre aber dann der Vers zu lesen?

از ایران ایرج گزین کرد راه

füllt den Vers nicht, wenn man nicht irân als îrân' ⏑-⏑ fasst, oder, was auf dasselbe hinausläuft, eine fehlende Kürze statuirt. S. zu Einleitung V. 215 und VI, 68. In der letzten Stelle steht eben auch îrân statt --⏑.

V. 478 a. پرخاشجویا ist wohl ein Missverständniss statt

Calc. پرخاشجو با; die Constr. kann dieses با nicht entbehren, und die Form â bildet ein selbständiges Participial, das nicht zur Composition verwendet wird, wozu die kürzere der Wurzel selbst gleiche Form dient. Man sagt بینا, گویا, پذیرا, شکیبا, aber دوربین, سخنگوی, دلپذیر, ناشکیب.

V. 478 b. گرفتند پرسش نه بر آرزوی

„ils se mirent à le questionner d'une manière qui ne répondait pas à *ses* désirs.“ Die Phrase sagt: sie begrüssten ihn widerwillig, nicht von Herzen, sondern weil's nicht anders seyn konnte.

V. 481. دل از مهر و دو دیده از چهر اوی

sagt etwas Widersinniges, denn so kann دل از مهر nur die verstärkende Wiederholung des vorhergehenden دل شان seyn, von welchem gesagt ist, es sey بی آرام از مهر اوی; dadurch wird denn auch دو دیده از چهر اوی zu: ihre Augen wurden ruhlos von seinem Gesicht; was an und für sich nicht ganz uneben wäre, dieses aber wird durch die Anfügung an: ihr Herz ward ruhlos von seiner Liebe (Liebe zu ihm). Es ist daher mit Calc. zu lesen:

دل از مهر و دیده پر از چهر اوی

ihr Herz von Liebe, ihr Auge von seinem Anblick voll. Und so übersetzt auch wirklich Hr. Mohl; wie wir denn schon öfter bemerkt haben, dass er nicht nach den aufgenommenen, sondern nach den verworfenen Lesarten übersetzt.

V. 483 a. که اینرا سزاوار شاهنشهی

ein unzweifelhafter Fehler, statt Calc. که اینت خ siehe das ist ein der Herrschaft Würdiger! اینت = en tibi; הִנְּךָ, إِنَّهُ = en illum. Dieses اینت unterscheidet sich genau von اینک = hier nimm! da hast du! So V. 540. Dieses hält man für ein Deminutiv, es ist aber wohl formell = en ce d. i. ecce, arab. هَاكَ, wie hi-c, verdoppelt hicce = ذاك, ذلك.

V. 490 a. چندان کجا nicht „tous ceux qui,“ sondern: so lange als, während all der Zeit dass.

V. 491 ein schöner Vers, der aber nicht in den Mund des hier Redenden passt, sondern als Glosse von anderswoher gekommen seyn muss, wo er erzählungsweise stand; das kann aber nach allen Umständen nur eben in der vorhergehenden Erzählung selbst gewesen seyn; und wirklich wird der hier auszuweisende Vers vortrefflich nach V. 481 stehen. Dagegen hat Calc. hier zwei Verse mehr, die zwar nicht nothwendig, aber passend genug sich einfügen:

هم از چاره تدبیر گردش بسی
بدان تا بدو بنگرد هرکسی
ببینند این فرّ و اورندِ او
بدل برگزینند پیوندِ او

Er hat es auch listig genug so zu schicken gewusst, dass jeder ihn ansähe, dass sie diese seine Herrlichkeit und Hoheit sähen, und im Herzen ihm huldigten.

V. 496 a. „Le rideau qui cachait le soleil s'étant levé." Die Constr. ist: als die Sonne vor sich den Vorhang hinweg hob.

V. 497—98 „les deux insensés brûlèrent — —. Ils marchèrent." Die Constr. ist: brûlant —, marchèrent.

V. 516 a. مهتری statt مهترِ mihterí (Idhafet).

V. 512 b. هیچ, besser Calc. نیز.

V. 519. کرسی ist nicht der Thronsitz (تخت, عرش), sondern der Fussschemel desselben, ihn wirft Tur dem Iredsch an den Kopf. Daher es auch vorher V. 118 heisst: er erhob die *Füsse* vom Kursî (indem er vom Thronsitz aufsprang).

V. 520 b. خسرو, schöner Calc. ایرج.

V. 522 b. بپیچاند از خونِ من کردگار

ziemlich ungeschlacht für Calc.

بگیرد بخونِ منت روزگار

diese sinngemässe Phrase mag einer so ungeschickt verändert haben, um das ihm anstössige überflüssige ت, dich, wegzuschaffen, das allerdings schon in der Zeile vorher steht.

V. 523. 524. Die rührenden Worte, womit Iredsch seinen Bruder Tur anfleht, ihn nicht zu ermorden, sind zum Theil missverstanden: „Ne te fais pas assassin, car, de ce jour, tu ne verras plus trace de moi. *Approuves-tu donc, et peux-tu concilier ces deux choses, que tu aies reçu la vie, et que tu l'enlèves à un autre!*" Ich denke: Mache dich nicht selbst zu einem Mörder! Denn künftig sollst du mich nicht mehr sehen; *bist du's zufrieden und einverstanden damit, mir das Leben zu schenken und zugleich zu nehmen, so* (dazu geben dann V. 525. 526 den Nachsatz, des Inhalts: so bring mich nicht ums Leben, sondern bring mich irgend in einen verborgenen Winkel, wo ich in Dunkelheit und Dürftigkeit lebend von meiner Hände Arbeit mich ernähren will). — Das ist nun aber sehr affectvoll so ausgedrückt:) *zertritt nicht eine schwache körnchentragende Ameise, die ein Leben hat, und das Leben ist süss! Ich will mich von dieser Welt mit einem Winkel begnügen, und dort mit Arbeit einen Unterhalt erwerben.* — Der Vers von der Ameise 525 steht in Calc. nach 526; ich weiss nicht ob schicklicher. Dann bezieht sich die körncheneintragende Ameise näher auf den mühseligen Lebensunterhalt. — Den Anlass zum Missverstehen von V. 524 hat gegeben die Getrenntschreibung einer Zusammensetzung: جان داری „tu as reçu la vie" statt جانداری oder wenigstens zusammengerückt جان‌داری Lebenserhaltung; dasselbe Wort bedeutet sonst auch, z. B. bei Hafidh, Leibwache. Dieses Beispiel macht einleuchten wie räthlich und förderlich für sicheres Verständniss das Zusammenschreiben oder Zusammenrücken von Compositen ist, das dieser Prachtdruck durchaus verschmäht, nachdem selbst einige englische Herausgeber, die doch nicht leicht kühne Neuerer sind, mehr oder minder consequent dieses Verfahren bereits angewendet haben.

V. 529. دلش بود پر از خشم ist fürs Metrum entweder دلش بُد پر از خشم oder دلش بود پر خشم zu schreiben.

V. 542a. در Druckfehler für دو. تاز آن desgleichen für تازان eilend, oder باز آن.

V. 544b. کی eben so Calc. Ich vermuthe کم.

V. 547b. Hr. M. schreibt آذین, Calc. آزین. Der Etymologie nach ist das ز richtiger, denn es ist Skr. ci, cin, چین چیدن, dessen چ im Inlaut zu ز wird, wie in گزیدن vi-ci. Doch ist das ذ nicht schlechthin verwerflich, auch sonst noch in einigen verdunkelten Ableitungen erscheint es als Stellvertreter des ز, z. B. گذر aus vi-car zum einfachen چار und چریدن. Hier hat sich gar گذر und گزر in der Bedeutung, doch nur schwankend, geschieden. Ich bemerke noch, dass dieses alte im Schahname häufige آزین später verschwindet, und dafür das gleichbedeutende arabische تزیین bei den Historikern eintritt, das mir nur eine Arabisirung des persischen Wortes scheint, woraus dann eine unächte arabische Wurzel زین entsprungen ist. Das Arabische hat nicht wenige solche Pseudowurzeln, z. B. رواج r. روج aus pers. روا, وزیر r. وزر aus گزیر vi-car, رزق aus روزی u. s. w. Hr. M. übersetzt hier und überall dieses آزین oder آذین durch fêtes, es ist aber hier wie überall „festliche Ausschmückung der Häuser und Strassen," wie bei uns Ehrenpforten, Aushängen von Teppichen, Blumenstreuen, Illumination.

V. 549 b. نشستی ist ein grammatischer Fehler statt نشسته, indem er sass, wie Calc. richtig hat.

V. 555 a. بیافتاد ist eine sehr verwirrende Schreibung für بیفتاد d. i. بیُفْتاد. Dasselbe gilt von allen Fällen wo ein anlautendes Elif durch Präfix in den Inlaut kommt; man sollte es dann überall entweder auswerfen oder doch mit Wesla bezeichnen, (بیآفتاد) damit es nicht â gelte.

V. 556 b. „Car ils avaient espéré voir autre chose." Diese Uebersetzung kommt der Calc. Lesart näher:

که دیدن دگرگونه بودش امید

„denn man hatte gehofft ihn anders (als so, todt) wiederzusehen". Hrn. Mohl's Lesart aber sagt vielleicht noch schöner

که دیدن دگرگونه بود از امید

denn das Wiedersehen war ganz anders als die Hoffnung (als sie's gehofft hatten).

V. 569 b. Die Lesart von Calc.

سرِ شاه‌را نه از درِ تاج دید

wobei نه از zu نَزْ zusammenzuziehen, ist bei weitem der Hrn. Mohl's vorzuziehen:

سرِ شاه‌را نیز بی تاج دید

und dieses نیز ist nichts als Verderbniss von obigem نز. „Feridun sah seines Sohnes (abgeschnittenes) Haupt nicht tauglich für die Krone", hat an der Stelle, wo dieses gesagt wird, im Thron- und Festsaal, wohin er so eben mit dem abgeschnittenen Haupte eintritt und dessen Prunkgeräth er betrachtet, ganz andere Innigkeit als: il regarda la tête sans couronne de son fils.

V. 571 b. گیوان für کیوان hat, soviel ich sehe, keinen Grund, mag es nun گ g oder ك ka bedeuten, was, wie schon bemerkt, in diesem Prachtdruck nicht unterschieden werden kann. Statt dieses Verses:

بر افشاند بر تخت خاکِ سیاه

بکیوان برآمد فغانِ سپاه

dessen letzte Halbzeile sehr nichtssagend ist und durch das Subject „Herr" die vorher und nachher das Subject „Schah" habende Rede ungeschickt unterbricht, hat Calc. zwei verwüstete:

تهی دید از آزادگان جشنگاه
بکیوان برآورده دودِ سیاه
برافشاند بر تخت خاکِ سیاه
بنفرید بر جانِ بدخواهِ شاه

Aus diesen beiden und dem Mohl'schen Verse, der gleichsam einen Auszug der beiden, aber einen unpassenden enthält, lässt sich dieser vollkommen passende gewinnen:

تهی دید از آزادگان جشنگاه
بر افشاند بر تختِ خاکِ سیاه

Er (Feridun) sah den Festsaal leer von den edlen Gästen (statt: leer von seinem Sohne), und streute Staub auf den Thron (worauf sein Sohn nicht mehr sass).

Desto vorzüglicher sind die Lesarten des nächstfolgenden Verses gegen die Calc. Doch alle dergleichen Fälle, die bei weitem zahlreicheren, übergebe ich, als sich von selbst verstehend, mit Stillschweigen.

V. 597 a. چهرهرا die falsche Schreibung für چهره را od. چهر را, بچه = بچّه; Hr. M. setzt sonst überall Teschdid.

V. 615 a. زبس که ist ein Fehler statt زبس که, dessen gewöhnliche Constr. auch hier ist: vom viel dass er a hat, erlangte er b = er hat a so viel, so sehr, dass er b erlangte. Hr. M. hat zwar dem زبس که den schicklichen Sinn dès que abgewonnen, aber deswegen kann doch زبس که nicht = پس از آنکه seyn. — Vor diesem Vers muss ein anderer ausgefallen seyn, der mit demselben زبس که anfing und den Inhalt hatte: Feridun hatte so sehr geweint, dass seine Augen blind geworden waren. — Man erlaube mir einen solchen Vers zu stümpern:

زبس گریها کو برآن راد سور
همی کرد چشمش شده بود کور

woran sich nun anschliesst:

زبس کو جهان آفرین کرد یاد
ببخشود و دیده بدو باز داد

V. 618 b. مناچهر را داد منوچهر نام

Die Ueberlänge داد -- ist als blosse Länge gebraucht, also wäre das freilich sehr kühne Tachfif دَد dad anzunehmen. Calc. hat den Anstoss, wie gewöhnlich, vermieden, dadurch aber auch dem Verse seine Eigenthümlichkeit genommen:

مــر اورا نهادش منوچهر نام

Hier ist das wunderbare مناچهر, das den Namen منوچهر etymologisirt, verschwunden. منا ist nach Burhan:

بلغت ژند و پاژند کشاده و فراخ

also eine alte Glosse aus dem sogenannten ژند و پاژند, woraus B. so manches verwunderliche und ganz unbrauchbar scheinende beibringt; hier wäre doch einmal eine kostbare Perle. Den offen (hell) antlitzigen, manâtſhibr, nannte er Minôtſhibr. Ich denke aber, der Vers ist ohne das bedenkliche Tachfîf dad und ohne Verlust für die Etymologie, mit noch näherem Anschluss an das vorhergehende so zu stellen:

مناچهر دادش منوچهر نام

Er liess bringen (sagt die Zeile vorher) leuchtenden Wein und kostbaren Becher, der hellantlitzige (von Wein und Freude glänzende) manâtſhibr, gab ihm den Namen Minôtſhibr.

V. 621 a. پرستنده macht Hr. M. zu einem Sklaven, es ist aber schicklicher eine Sklavin (Amme), auch bezeichnet das Wort, wo es absolut wie hier steht, immer das weibliche, nicht das männliche Dienstwesen, letzteres dagegen رهی, oder ریدک, auch arab. غلام. So z. B. in der Awentüre wo Keichosro aus Turan nach Iran über den Dschihun geht:

پرستار یا ریدک همچو ماه

und ebend.

غلام و پرستنده و چارپای

desgl.

ستور و غلام و پرستار نیز

und hundert andere Stellen; s. besonders Rudabe's Mägde, die in den Ueberschriften کنیزکان, im Texte immer پرستنده heissen, VII, von V. 456 bis 624, wozwischen Zalzer's Sklave, der mit ihnen verkehrt, ریدک V. 523 ff. — So ist denn auch nicht zu schreiben

پرستنده کش ببرداشتی

„qui le portait", sondern ببرداشتی die ihn an der Brust trug. Es ist mir sehr zweifelhaft, ob vor zusammengesetzte Verba wie برداشتن, deren Präpos. eine selbständig ablösbare ist (در, بر, فرا, باز oder وا), nicht eine verdunkelte unablösbare (wie â, an, per, pei, gu), das temporelle ب treten könne; wie ja auch unser ge nicht vor die so zusammengesetzten tritt. Hier wenigstens wird es nicht anzunehmen seyn.

V. 630b. کشاینده مر بندهارا گره, sehr sinnreich: („les cottes de mailles) qui pouvaient se déboutonner." Es heisst aber doch wohl nur figürlich: gute Dienste im Kriege thuend; denn sie können nicht in sinnlicher Bedeutung گره کشاینده Knoten lösend, activisch, genannt werden.

V. 637a. بجشن نوآئین „à cette fête nouvelle"; vielmehr: beim Feste (zu Ehren) des neugekrönten, des erwählten Thronfolgers. So fragen nachher die Brüder Tur und Selm ihren zurückgekehrten Gesandten nach dem jungen Thronfolger:

زشاه نوآئین خبر خواستند

In späterer Zeit wird dieses نوآئین in نوئین zusammengezogen. Dieser schöne Vers ist entweder zu viel oder zu wenig, sollte eine weitere Ausführung haben, oder ganz weg seyn. Wie er jetzt steht, unterbricht er nur den Zusammenhang. Das thut aber auch schon V. 636. Diese beiden Verse hier weggenommen und ans Ende des Capitels nach V. 641 gestellt, runden alles aufs schönste ab.

V. 638b. statt چو شیروی شیر ژیان, was sehr schlecht, oder eigentlich gar nicht auf کاوگان reimt, weil diese beiden an die gleiche Ableitungssylbe sind, hat Calc. چو شیروی و چون آوگان, mit vortrefflichem Reim und einem Heldennamen mehr. Wer aber dieser Held Awegan ist, und ob er überhaupt etwas ist, weiss ich nicht zu sagen. Derselbe Name erscheint noch einmal in Calc. reimend auf denselben Kâren Kâwegan, in dem Verse der bei Mohl dem 773sten entspricht, wo er bei Mohl wieder durch Beiwörter des Kâren Kâwegan verdrängt ist. Aber dieses Kâwegan selbst ist dort Kâwejan geschrieben, und so findet sich unverhofft der rechte Reim auf ژیان in unserer Stelle. Denn کاوگان und کاویان ist gleich gut, beides vom Schmidte کاوه, dessen Plural mit oder ohne g, also eigentlich Karen von den Kawen, vom Geschlechte Kawe's, d. i. Karen Kawe's Sohn. Gleichwohl vermuthe ich, dass die Calc. Lesart das ursprüngliche enthält, und der Held Âwegan dort nur aus einem Lesefehler entsprungen ist. Nämlich شیروی, der hier bei Mohl das Beiwort شیر ژیان hat, hatte dort das Beiwort شیر اوگان, shêr-ewgân, Löwen niederschlagend. Dieses اوگان weiss ich zwar nicht irgendwo wirklich gebraucht nachzuweisen, es ergiebt sich aber etymologisch mit Sicherheit. han giebt زن زدن, aber im Inlaut bleibt der Guttural in افگندن = apa-han oder ghan, dessen ältere Form اوگندن = ava-han; von افگندن kommt افگانه abortus, eigentlich abjectio, und so ist also افگان oder اوگان das Participiale zu افگندن oder اوگندن, mit derselben Wriddhi wie گذار = گذر zu گذشتن oder گار = گر zu

کردن. So ist also شیراوکان die gleichbedeutende ältere Form des gewöhnlichen شیراوژن oder شیراوزن, Löwenerleger. Und der Vers ist nun nach Calc. zu lesen

سپهکش چو شیروی شیر اوکان

immer freilich nur unter der Voraussetzung, dass im Schahname-verse die Kürze fehlen könne: ſhêrewgân --- statt --⏑-. Siehe zu V. 473.

V. 648 b. بگفتند بالا بسیار گرم

trenne:

بگفتند با لابه بسیار گرم

Dadurch fällt die dem vermeintlichen بالا gewaltsam abgewonnene Bedeutung: „ils donnèrent avec grande chaleur *leurs ordres hautains,*" was der ausgesprochenen Absicht „de faire leurs excuses" sehr widerspricht. Vielmehr heisst es nun: sie sprechen flehentlich sehr warm.

V. 651 b. statt des zweiten, den Vers zerstörenden چه ist و zu setzen, wie es in Calc. steht.

V. 653. 654. Hier ist der Zusammenhang ganz zerrissen. „Chacun de ceux qui se trouvaient à la cour *des rois, leur* envoya un présent; et lorsque leur coeur fut satisfait des dons préparés, le messager se présenta *devant eux, prêt pour le voyage.*" Sage: (Die Gesandtschaft von Tur und Selm mit reichen Geschenken beladen kam nach Iran zum Hofe Feridun's). Einem jeden von denen die am Thor des Schahes waren (Thorhüter und Hofleute) wurde einzeln ein Geschenk mitgebracht. Als ihr Herz durch die Kostbarkeiten befriedigt war (dass sie dem Gesandten Einlass gäben), kam der Gesandte in Galla (und überbrachte dem Feridun den Gruss, wie der nächste Vers sagt). — So ist, nach meiner Ueberzeugung, die Stelle für sich zu fassen. Aber so ist sie in grellem Widerspruch mit dem Anfang des nächsten Abschnittes V. 677 ff., wo der Gesandte erst wirklich vor Feridun erscheint und das vorbringt, was im vorhergehenden seine Sender ihm aufgetragen haben. Dort geht nun alles in Richtigkeit vor sich, und ist an keine Verderbniss zu denken. Diese Verderbniss ist hier zu suchen, die ganze Partie V. 649—654 ist eingeschoben von einem der schon hier glaubte alle den Prunk beschreiben zu müssen, mit welchem der Gesandte zur Reise ausgerüstet wird, was der Dichter hernach bei dessen Ankunft kurz abthut mit V. 677:

ابا پیل و با گنج و با خواسته

بدرگاه شاه آمد آراسته

Das hat jener prunklustige Stümper für ein eben so prunklustiges Publicum vorher in den 3 Versen 649—651 ausgekramt, und hat es dann sogleich, als könnte er die Zeit nicht erwarten, auf die Reise an den Ort seiner Bestimmung abgeben lassen V. 652—54, vorgreifend dem wirklichen Hergang beim Dichter. Man kann sich für die Interpolation auch eine andere Entstehungsart ausdenken, aber ihr Daseyn ist zuzugeben. Diese 6 schlauderigen Verse (649—54) ausgeworfen, und alles geht ordentlich vorwärts. V. 648: die beiden Könige sprechen angelegentlich mit dem Manne dem sie die schwierige Botschaft auftragen; 655: sie geben ihm an Feridun wörtlich diesen Gruss: V. 656—676. Darauf 677 geht der Gesandte bedenklich ab und kommt zu Feridun. — Ich bemerke nur noch, dass die meisten und gröbsten Interpolationen im Schahname grade solche Prunkbeschreibungen sind, ganz ähnlich dem Kleiderprunkwesen in unsern Nibelungen.

V. 659 a. بدان كه dazu dass, oder weil. Es ist aber بدان كه wisse dass, anzunehmen, um eine gute Construction zu gewinnen.

V. 660 b. راه بپایند, das richtigere hat Calc. راه بجویند. Das بپایند hängt wohl mit der falschen Auffassung von بدان كه des vorigen Verses zusammen.

V. 662 a. چه گفتند دانندگان خرد „ceux qui connaissent la sagesse ont dit". Aber diese sonst (nur mit besserer Wendung, z. B. چه گفت آن خردمند با هوش وراى was hat jener Weise gesagt?) gewöhnliche Einführung eines Gemeinspruches passt hier wenig, da die redenden im folgenden in ihrem eignen Namen reden (V. 663 b چو ما مانده ایم; V. 664 a نوشته چنین بود مان از بوش). Es ist eine noch mit obigem Missverstand (659. 660) zusammenhängende Verderbniss, und das richtigere hat Calc.

چه گفتند گفتند کای پر خرد

(deswegen, obschon sie hofften, dass ihre Worte bei jemand Gehör fänden) haben sie gesagt, was sie gesagt haben (= haben sie doch auf gut Glück dieses gesagt): O Verständiger!

V. 666 a. بی پاك statt نا پاك wird sich nicht beweisen lassen; wer kann „ohne rein" für unrein sagen? Nur umgekehrt kann نا für بی eintreten, so z. B. نا باك statt بی باك V. 706. Es soll hier بی باك, ohne Scheu, stehen: فرمان بی باك دیو, wofür Calc. نا پاك بی باك دیو hat. Aus diesem نا پاك بی باك ist das falsche بی پاك entstanden. Dagegen in V. 669 b hat Hr. M. das bessere بی دانشی gegen Calc. نا دانشی; denn hier setzt das i abstracti ein Adj. بی دانش ohne Einsicht, das geläufiger ist als

نا دانش, nicht Einsicht habend, was gleichwohl auch geht, wie das eben angemerkte نا باک nicht Scheu habend.

V. 671. Dieser Vers ist zu streichen, als Duplette des vorhergehenden, mit dem er sogar gleichen Reim hat. Durch seine Einschiebung ist die Aufzählung der Entschuldigungsgründe verwirrt. Dieses hier soll der dritte Grund seyn: سوم, es geben aber zwei دیگر vorher V. 666 und 670, d. i. zweitens und drittens. Hr. M. hat das in der Uebersetzung dadurch etwas vertuscht, dass er das erste دیگر als „puis“ nicht mitzählen lässt. Aber dieses dritte hier, سوم, das in der That das vierte wäre, ist im Inhalt nur eine schlechte Wiederholung des zweiten (V. 666, des „puis“ von Hrn. M.).

V. 672 b. Calc. lässt das u, und, aus, das Hr. M. setzt, und macht dadurch zum Nachsatz, was Hr. M. dem Vordersatz anschliesst. Das giebt einen einfacheren Sinn, der keine Lücke hat, die Hr. M. in der Uebersetzung durch ein Einschiebsel füllen muss: s'il *veut croire* à la pureté de notre foi; statt: so soll sich ihm unsere gute Gesinnung klar zeigen: روشن شود دین ما. Ueber ein solches zu setzendes oder nicht zu setzendes u, und, können alle Handschriften nicht entscheiden, sondern nur der Sinn. Denn dieses für uns oft so wichtige „und“ ist den persischen Abschreibern etwas sehr gleichgültiges, weil eben nur die flüchtige Vokalbewegung des auslautenden Consonanten, oft wohl in der Aussprache kaum von der Vokallosigkeit unterschieden.

V. 695 b. فرستاده پیشش بگسترد مهر

„le messager étendit devant lui les joyaux qu'il avait apportés.“ Wie kann مهر das sagen? Es sagt: er breitete Liebes und Gutes vor ihm aus d. i. suchte vor ihm die schlechte Sache seiner Sender bestens zu beschönigen, wie V. 697 b sagt: همه راستیها نهفتن گرفت; oder auch: die liebevolle Gesinnung seiner Sender breitete er vor ihm aus. Also مهر گستردن ganz ähnlich wie das häufige آفرین گستردن.

V. 725 b. چه گفت آن جهاندار نا بردبار

„L'implacable maître du monde a dit“, allerdings passend zum Inhalt des Ausspruches, dass wer Böses pflanzt, keinen guten Tag auf Erden noch im Himmel sehen werde; gleichwohl wird die Phrase hier und in der Fassung von Calc.

چه گفت آن جهانجوی با بردبار

eines und dasselbe sagen: Was hat jener Held gesagt? Die gewöhnliche Einführungsweise eines Gemeinspruches. Was hat Gott gesagt, und zwar آن جهاندار jener Weltherr = Gott, klingt zu befremdlich; man darf aber die Frage nicht unterdrücken, wie die französische Uebersetzung hier und an andern solchen Stellen thut, als sei چه nicht Fragwort, sondern müssige Partikel. An einigen Stellen könnte man sie wohl als „denn, da" auffassen, hier aber unmöglich, wegen des harten Anschlusses an das unmittelbar Vorhergehende: „Ich habe all eure unstatthafte Entschuldigung gehört." Darauf folgt trefflich: *Was* sagt jener Held? nicht aber: *denn* Gott sagt: — Ob Hrn. M.'s نا بردبار Wie sprach jener Weltherrscher, der nicht geduldig (Unrecht) ertragende, besser sei, oder Calc. بنا بردبار: wie sprach jener Welt suchende Held zum duldmuthigen? lässt sich wieder nicht aus Handschriften entscheiden, aus denen man nur sieht, wie jeder Schreiber die Phrase verstand, nicht aber ob ein ursprüngliches ٮا ohne Vocalpunkt نا oder با vorgestellt habe. Mir klingt am besten: چه گفت آن جهانجوی نابردبار.

V. 727 a. گر آمرزش آمد زیزدان پاک

„s'il est vrai que Dieu le saint vous ait pardonné (pourquoi le sang de votre frère vous inspire-t-il de la crainte?)" Das kann Feridun seinen Söhnen nicht sagen, die sich dessen nicht rühmten, dass Gott ihnen die Schuld verziehen habe, vielmehr sich als schuldig bei Feridun bekannten. Es ist mit Calc. آید statt آمد zu lesen, was herb ironisch sagt: Wenn Gott euch verzeihen wird, was braucht ihr zu fürchten (dass ihr flehend zu mir kommt)?

V. 728. هر آنکس که دارد روانش خرد

گناه آن سگالد که پوزش برد ․

„Tout homme qui a de l'intelligence, tient pour coupable d'un crime celui qui fait valoir des excuses." Ein verständlicher Gemeinplatz, aber گناه Sünde, kann nicht Sünder (coupable d'un crime) bedeuten. Es wird also heissen müssen: Jeder dessen Seele Vernunft hat wird das für Sünde halten (und unterlassen) was (hinterher) Busse bringen wird (nöthigen wird reuig um Gnade zu flehen). Qui fait valoir des excuses, wer Entschuldigungen vorbringt, würde پوزش همی آرد heissen müssen, statt پوزش بَرَد; peccator est, qui excusationes profert, nicht fert. Doch wird statt آوردن gewöhnlich نمودن gesagt.

V. 735 a. که گویند که „on dirait que" das که als nam übergangen. Aber der Vers erträgt nur was Calc. hat که گوید که: wer soll sagen dürfen? was weit ausdrucksvoller ist.

V. 737 a. پیر سر wie auch Calc. hat, sollte پیره سر heissen: denn پیر ist bloss persönlich, nicht sachlich oder eigenschaftlich, letzteres ist das abgeleitete پیرانه oder پیره. Das Persische, wie das Arabische, unterscheidet dieses mit einer uns pedantisch vorkommenden Strenge. مست ist der trunkene; man kann nun zwar auch das Auge trunken, d. i. einen Trunkenen nennen, das ist Personification; aber man kann nicht sagen مست سر ein trunkener Kopf, oder einen solchen habend, sondern nur مستانه سر, oder aber سر مست im Kopfe ein trunkener seiend; سرِ مست ist zwar in der Sache eben so viel als trunkener Kopf, aber grammatisch nur = Kopf eines Betrunkenen.

V. 740 b. چانگاه metrisch چانگه zu schreiben.

V. 742. که با تور و با سلم گردان سپهر

نه بس دیر چین اندر آرد بچهر

„qu'avant peu la rotation du ciel amènerait des rides sur la face de Tour et de Selm.“ Vielmehr: dass gegen Tur und Selm die kreisende Sphäre in kurzem die Stirn runzeln (zürnen) werde.

V. 746 b. ستاره زده جای پرداخته ich weiss nicht, was das heissen soll: „(c'était une tente de soie) qu'on avait dressée et qui remplissait l'espace.“ Die Lesart Calc. ستاده رده جای پرداخته giebt den passenden Sinn: (ein Seidenzelt war aufgeschlagen,) in Reihen stehende (Krieger davor) hatten den Ort gesäubert, oder eher der Constr. angemessen: Reihen waren gestellt, der Ort war gesäubert, d. i. jedermann war hinausgewiesen, weil die beiden Könige im Zelt sich heimlich unterredeten, wie der nächste Vers sagt. Aber die Mohl'sche Lesart ستاره زده ist deswegen doch wohl die ächte und sagt ungefähr dasselbe: es war ein Stern gezogen d. i. ein Kreis von Wachen geschlossen; nur wäre zu wünschen, dass der muthmassliche Kriegskunstausdruck „einen Stern schlagen oder ziehen“ sonst irgendwo nachzuweisen wäre. Aber ستار oder ستاره (von strî, wovon die Compos. گستر und پستر) ist nach Burhan ein aufgespanntes Fliegennetz, ein Schirm, und der genügt hier auch.

V. 747 b. بیامد müsste metrisch بامد zusammengezogen werden, doch warum dann nicht lieber آمد? Aber das که darf hier nicht fehlen, und Calc. hat richtig کامد k'àmed = که آمد. Dieses کامد konnte leicht als بیامد verlesen werden. Ohne dieses که entsteht: Les deux rois assis en consultation secrète, se dirent: „Voilà notre messager qui revient!“ Le chef de la garde se présenta et conduisit l'envoyé devant les rois. Das wäre aber sehr schlecht erzählt und Firdosi's ganz unwürdig. Mit jenem که ergiebt es sich so: die beiden Schahe sassen in geheimer Unterredung und sprachen: Ist wohl der Gesandte zurück? Da trat im selben Augenblick der oberste Kämmerer herein und führte den Gesandten vor die Herrscher.

V. 754. فرستاد گفت آنکه روشن بهار
ببیند نبیند در شهریار

Wie muss man das construiren um heraus zu bringen: „quiconque voit le beau printemps, ne voit rien de comparable à la cour du roi"? Die Lesart Calc.

ندید او ببیند در شهریار

giebt einen deutlichen Sinn: wer den glänzenden Frühling nicht sah, der sehe den Hof des Schahes (da sieht er den Frühling). Aber die Worte sind nicht fliessend genug, ich lese lieber:

نبیند ببیند در شهریار

Wer den glänzenden Frühling nicht sieht (oder sehen kann), sieht (oder sehe) den Hof des Schahs!

V. 793 b. زپهلو بهامون کشد ارد سپاه

(„Feridoun ordonna que Minoutchehr) s'avançât avec son armée de la frontière dans le désert." Also پهلو als frontière. So nach der Erklärung die Hr. Mohl in der Einleitung von پهلوان giebt, als ursprünglichem Markgrafen. Aber hier und in unzähligen Stellen wo پهلو vorkommt, passt nicht Grenze. Hier befindet sich weder Feridun noch Minotschihr an der Grenze, wir haben beide eben erst in der Residenz thronen sehen. Und ich schliesse aus einer Vergleichung vieler Stellen, dass پهلو Stadt, Wohnort, Residenz bedeute. Von der Residenz des Schahes ist es gebraucht, wo von Zalzer gesagt wird, dass er زپهلو heimkehre, denn er kehrt heim vom Hof in Istachr. Oft heisst es: der Schah geht زپهلو auf die Jagd, oder in den Krieg. Auch von Afrasiab's Sitz oder Hauptstadt wird پهلو gesagt. Von einzelnen Städten, Orten, vielleicht Landschaften, scheint es zu gelten in der Phrase: زپهلو بپهلو پذیره شدند, wenn einem Herannahenden feierlich weit in die Ferne zur Einholung entgegen gezogen wird. Das Wort ist vielleicht ursprünglich gar kein besonderes پَهْلُو verschieden von پَهْلُو Seite, Nähe; doch unterscheidet es Burhan davon als پهلَو indem er sagt: بفتح لام شهر را گویند مطلقا چه پهلَوی بمعنی شهری (Städter) باشد و نواحی اصفهان را نیز گفته اند. Ob dadurch

پهلوى und پهلوان seine Erklärung als Stadtsprache und Stadt- und Landesherr findet, kann hier nicht weiter erörtert werden. هامون aber ist überall Thal im Gegensatz zu Berg, eigentlich Ebene (zu هم sama, هموار ,همال u. s. w.), insbesondere Blachfeld, Schlachtfeld. Die Zeile sagt also: das Heer aus der Stadt ins Feld zu führen.

V. 794—798. Als Feridun seinen Urenkel Minotschihr in den Krieg der Blutrache gegen Tur und Selm, die Mörder des Iredsch, sendet, richtet er an ihn eine kurze Anrede in Spruchform, die bei Hrn. M. so lautet: „Le vieux roi lui fit une allocution en ces termes: Quand un jeune homme est destiné à une haute fortune, le mouton sauvage que suit le tigre, et devant lequel se tient le chasseur, tombe inopinément dans ses piéges; et avec de la patience, avec de la prudence, de la ruse et de l'intelligence il amène le lion terrible dans ses filets. D'ailleurs, si les méchants se remuaient vers la fin du jour, je me hâterais de punir, je ferais briller un fer rouge." Und hiermit ists aus; gewiss ist diese Rede sehr unbefriedigend, ohne rechten Zusammenhang und im letzten Verse unverständlich. Ich versuche eine andere möglichst wörtliche Uebersetzung: „Der welterfahrne König sprach eine Gleichnissrede: dem jungen Wolf, wenn er gut auf den Beinen ist, wird ihm unversehens das Schaf ins Garn gehn, mag hinter ihm der Tiger und vor ihm der Jäger seyn. Ruhig, besonnen, mit Sinn und Vernunft, bringt man den wilden Leuen ins Band. Und ferner so wird dem bösen Böses thuenden am Ende ein Tag den Leib krümmen. Mit der Windfache eilt man alsdann, wann das erhitzte Eisen glüht." — Hier wird man wenigstens dunkel eine hindurchgehende Intention und Abrundung der Rede empfinden, wenn auch nicht alles Einzelne ohne Erklärung deutlich ist. Wie der junge Wolf, wenn er sich nur tüchtig rührt, seine Beute davon trägt aus der Mitte von Jäger und Tiger, die sie ihm streitig machen, so wirst du die Beute des Sieges von den beiden Blutmenschen davon tragen; mit Ruhe und Besonnenheit wirst du deine grimmigen Feinde besiegen. Die Uebelthäter wird ihr Unglückstag ereilen. Schmiede das Eisen, weil es warm ist! Oder auch: kühl' ihnen den heissen Muth ab! —

In V. 794 b hab' ich aus dem jungen Manne etwas kühn einen jungen Wolf gemacht. Nur dieser, nicht der Mann, scheint mir der Parabel (und eine solche soll es seyn) angemessen. Dergleichen Thierparabeln, überall داستان dâs'tân genannt, sind häufig im Schahname, und vertreten hier einigermassen die Stelle der Thiergleichnisse in der Iliade. Der Wolf گرگ scheint mir zuerst als گرد Held verschrieben, sodann in das synonyme und ähnliche مرد Mann verwandelt worden zu seyn. Zur Einführung des Mannes statt des Wolfes kann auch der bildliche Ausdruck „ins Garn geben" d. i. zur Beute, zu Theil werden, Anlass gegeben haben. Doch ich will nicht hartnäckig auf den Wolf bestehen, es geht mit dem Manne auch leidlich, wie Hrn. M.'s Uebersetzung zeigt. Anders verhält sichs mit deren letztem Satz: D'ailleurs u. s. w., worin zwei ganze Distichen zusammen gedrängt sind, die ich herschreiben muss:

ودیگر کجا مردم بدکنش
بفرجام روزی بپیچد تنش
ببادافراهی شتابیدمی
و تفسیده آهن بتابیدمی

Die beiden ersten Zeilen also sollen heissen: „D'ailleurs, si les méchants se remuent vers la fin du jour." فرجام روزی Ende eines Tages, will mir gar nicht persisch klingen; فرجام ist immer wie عاقبت Ausgang, Erfolg einer Sache. Noch weniger kann بپیچد تنش bedeuten: il se remue, wörtlich: er biegt seinen Leib. سر پیچیدن den Kopf biegen, ist wohl soviel als سر کشیدن den Kopf (in die Höhe oder aus dem Joche) ziehen = sich auflehnen, trotzen; aber auch das unpassende تن Leib für سر Kopf zugegeben, so könnte doch die Phrase nur تن پیچیدن lauten, nicht تنِ خود پیچیدن. Das Persische erlaubt noch weniger als das Lateinische ein solches überflüssiges suus vom Gebrauche der Gliedmassen. Der Mensch thut nicht seine Augen, seine Ohren auf, sondern die Augen, die Ohren. ودیگر کجا, ist gefasst als zwei Partikeln d'ailleurs, si; das wäre recht, wenn dabei etwas herauskäme, aber es kann auch statt Einer Partikel stehen, nämlich کجا für که, für das es im Schahname in allen Beziehungen eintritt, also ودیگر کجا = ودیگر که, die gewöhnliche Phrase, die man nach Belieben pleonastisch oder elliptisch nennen kann: und zweitens (ist dieses) dass = und zweitens: Calc. liest auch wirklich mit که, und schicklicher, auch sonst gewöhnlicher Verstärkung des بدکنش durch vortretendes بد

ودیگر که بد مردمِ بدکنش

Endlich der letzte Vers. Hr. M. hat بادافراه das seltsame Wort, in der Bedeutung „Vergeltung" genommen, und, wie die Worte in seinem Texte liegen, auch nicht anders gekonnt; aber die Richtigkeit dieses Textes bewährt wenigstens der gewonnene Sinn nicht. Auch steht am Anfang der zweiten Zeile ein وِ, und, was nicht seyn kann, wie ich zu IV, 37a auseinander gesetzt habe. Calc. liest

بباذفره آنکه شتابد همی
که تفسیده آهن بتابد همی

باذفره, باذفراه, بادافراه und noch mehr Formen, haben bei Burhan ausser der Bedeutung: Vergeltung, eine andere, anderes Ursprungs: ein Knabenspiel, Kreisel, und Windfache, arabisch مروحة, ein in Bewegung gesetzter Vorhang um die heisse Luft im Hause zu kühlen. Alles dieses deutlich von باد und vielleicht von فرفر oder فرفرک Kreisel, Kreisendes, was Burhan selbst zur Erklärung dieses Wortes gebraucht oder auch zu فراخ amplus, und فره amplus im geistigen Sinn, mit dem Zubehör فر, فرخنده, فرخ u. s. w. Als wirklicher Kreisel auf dem Boden hinschnurrend wird es nicht zu denken seyn, eher als eine Art von fliegendem Drachen, wie ihn unsere Knaben steigen lassen. Der Windfache liegt ganz nahe der Blasebalg, den man in dieser Stelle anwenden könnte, so dass der Sinn wäre: Wenn das Eisen zu glühen anfängt, gebraucht man den Blasebalg, um es vollends in Gluth und Fluss zu bringen; eine andere Wendung von: das Eisen schmiedet man, wann es warm ist. Aber auch die Windfache als Abkühlungsmittel ergiebt genügenden Sinn. Es bleibt nur noch die etwas missliche Annahme eines zu supplirenden „man"-der unbestimmten Person. Ich habe von diesem Gebrauch keine sicheren Belege aus Schahname. Einige Stellen der Art in Calc. erledigen sich bei Hrn. Mohl durch andere Lesart (z. B. بینی für بینند VII, 577) oder durch Ausfall des ganzen Verses. Wer diese Constr. nicht will gelten lassen, wiederhole als Subject aus dem vorhergehenden Verse روز: der Unglückstag kühlt sie ab. Auch liesse sich vermuthen:

بباذفره آنکس شتابد همی
که تفسیده آهن بیابد همی

Mit der Windfache eilt, wer das Eisen glühend findet. Oder gar: Zur Vergeltung eilt (seiner Strafe eilt entgegen) wer glühendes Eisen findet (und anrührt). Und wie viel liesse sich noch an dem räthselhaften Verse herumrathen!

V. 814b. زپهلو بدشت hier wie زپهلو بهامون V. 793 a. — Auch دشت ist hier nur Feld, nicht Wüste; دشت نبرد oder دشت آوردگاه wie V. 803 steht.

V. 822a. هردو سپاه sehr verwirrend statt Calc. یکسر سپاه, da gar nicht von beiden Heeren die Rede ist, sondern von dem einen. Oder es war nicht zu übersetzen: „les deux armées se mirent en ligne"; sondern: beide (vorhergenannte, Karen auf dem rechten Flügel, Gerschasp auf dem linken) stellten die Heeresreihen auf.

V. 834a. آری که آرم پیام, Calc. آری گزارم پیام. Ich weiss nicht, ob man sonst آریْ, ja, mit überflüssigem که findet, sicher aber ist پیام گزاردن den Gruss bestellen, hinbringen, richtiger als آوردن eigentlich herbringen.

V. 836a. بدانی که کاریْست از اندازه بیش

Das Metrum fordert, wie Calc. hat, زاندازه بیش d. i. زَآندازه z'endâze. Denn die Doppelüberlänge kârĕst = kâ-rê-st' - - ⏑ erträgt keinen antretenden Vocal, weil kârêstez - - ⏑ - kâ-rê-s-tez gäbe, s. III, 85. IV, 157. VI, 203.

V. 840. Nach diesem Verse vermisst man ungern den an sich trefflichen und die Lücke der Erzählung trefflich füllenden

چو بشنید گفتارِ فرّخ قباد
دژم گشت و برگشت و پاسخ نداد

V. 850b. Ich vermuthe, dass افگنده „da geworfen war," statt افگند „er warf," zu lesen sei, so dass V. 850. 851 einen participialen Vordersatz bilden, und 852 den Hauptsatz dazu.

V. 870a. چپ و راست و قلب و جناح سپاه

Das و nach راست ist zu streichen, vgl. V. 836b.

V. 872a. بزد مهره بر کوههٔ ژنده پیل

„Le roi fit sonner des trompettes sur les dos des éléphants de guerre." Ich zweifle, ob damit der Sinn der Phrase getroffen ist. Diese Phrase ist eine sehr häufig wiederkehrende, meist aber mit dem Zusatz von در جام zu مهره زدن. Immer ist es der Schah, der dieses thut; oft hat er auf dem Elephanten auch nur جام ohne مهره زدن. Ich führe nur einige Stellen an: Turn. Macan II. S. 560.

همیزد میانِ سپه پیل گام
ابا زنگِ زرّین و زرّین ستام
یکیْ مهره در جام در دستِ شاه
بکیوان رسیده خروشِ سپاه

dann ebend. S. 490

بزد مهره بـر پشتِ پیلان بجام

oder S. 809

چو بر پشتِ پیل آن شهِ نامور

زدی مهره بـر جام و بستی کمر

wo بر statt درجام steht, vielleicht fehlerhaft. Desgleichen S. 909

که فیروز کیخسرو از پشتِ پیل

بزد مهره و گشت کشور چو نیل

Aus Hrn. Mohl's Texte selbst kann ich anführen VII, 756

بزد مهره بر جام و برخاست غو

wo Hr. M. gar übersetzt: „on apprêta une fête, les voix resonnèrent, obgleich Zalzer mit dem Knaben Rostem dem Grossvater Sam entgegen reitet. Hier ist beim مهره در جام weder ein Schah noch ein Elefant, der erst weiter hinten als Reitthier des Knaben Rostem kommt. — X, 138 hier ist es wieder Zalzer, der aus Freude darüber dass sein eben wehrhaft gemachter Sohn Rostem den Rachsch gefunden hat, auf Elephantenrücken Wirbel oder Kügelchen (مهره) im Becher schlägt:

بزد مهره در جام بر پشتِ پیل

وزو بـرشد آواز بـر چند میـل

Diesmal übersetzt Hr. M.: „Il jeta les caillous dans le vase *à sept couleurs* et poussa un cri qui se fit entendre à plusieurs milles.“ Das letzte gewiss nicht richtig; nicht er schreit so gewaltig, sondern die Kugeln (oder was es sonst seyn mag) im Becher dröhnen so, wie in der nächstvorhergehenden Stelle auch. Aber der rechte Sinn von مهره در جام زدن ist nun doch getroffen. Der Zusatz in der Uebersetzung „(dans le vase) à sept couleurs“ deutet an, dass Hr. Mohl hier eine persische Autorität vor Augen hatte. Denn Burhan unter مهره در جام انداختن sagt, es sei dies ein Brauch in alten Schah-Zeiten gewesen, dass man an die Seite des Elefanten einen Becher aus sieben Metallen gegossen (از هفت جوش) befestigt, und, wann der Schah aufgestiegen, Kugeln (oder was sonst مهره ist, denn es kann auch ein Hammer [sanskr. mudgara] seyn) gleichfalls aus sieben Metallen darein geworfen (oder gestossen, wenn es etwa ein Hammer war), wodurch ein grosser Schall entstanden, den dann die Leute vernahmen und zu Pferde stiegen.“ — Also das eigentliche Zeichen zum Aufbruch der Mannschaft, das der Schah auf dem Kriegselefanten giebt. So ist es am deutlichsten in der letzten Stelle: da bricht wirklich

Zalzer, sobald Rostem den Rachsh hat, aus Zabulistan gegen Afrasiab auf, und giebt das Aufbruchszeichen, das man auf viele Meilen hört. Zalzer erscheint dadurch als Regierender wie der Schah selbst, und das ist wirklich seine und später seines Sohnes Rostem Stellung. — Auch hier in unserer Stelle also giebt der junge Schah so das Zeichen zum Aufbruch. Aber die umgebenden Verse sind, wie meistens in dergleichen Beschreibungen, durcheinander geworfen. Hr. M. hat in dieser ganzen Partie schon sehr aufgeräumt und zurecht gerückt in Vergleich mit der Verwirrung und Ueberladung in Calc. Ich würde nun auch bei ihm selbst die Verse 866—872 so umstellen: 866. 867. 870. 872. 868. 869. 871, wodurch das Signal zum Aufbruch an den rechten Ort kommt. Die nächstvorhergehenden Verse aber, 859—865, würde ich gar auswerfen, wie der Herausgeber mit noch weit mehreren gethan hat; aber freilich thut er dergleichen auf Autorität, und ich nur auf Vermuthung.

V. 879b. ورخشنده muss درخشنده heissen, wie Calc. hat, s. IV, 37a.

V. 881b. بـراه شبیخون نهادند کـوش

Es fragt sich, ob nicht گـوش, Ohr, richtiger ist. Zu کـوش = کوشش passt نهادن nicht recht, es sollte etwa نمودن stehen, wozu aber wieder der Weg راه nicht recht passt. Die Phrase گوش بچیز نهادن ist selbst in Prosa häufig: auf etwas horchen = merken, warten, so dass das Ohr die ganze Aufmerksamkeit des Geistes bezeichnet. Deshalb wohl steht im Meninski unter گوش auris auch adspectus, intuitus, desiderium futuri. Und vielleicht erklärt sich so unser seltsames „aufhören" auch als ein Zuwarten, nur ein unthätiges.

V. 884b. راه انداختن scheint ungefüg, und رای Calc. das richtige.

V. 902. 903. Zwei schlechte Verse für einen desgleichen bei Calc. Die doppelte Fassung verräth die Interpolation. Die beiden hier, wie dort der eine, sind auszuwerfen. Dadurch treffen denn zwei gleichreimende Verse aufeinander, 901 und 904, was eben die Interpolation vermeiden wollte (dasselbe ist öfter der Fall), was aber gerade hier wie Schlag auf Schlag fällt und die schnelle Entscheidung malt.

V. 917. رسیدیم = رسیدم, resîdim ⏑--, s. V. 360. Doch genügt رسیدم, resîdem, die beiden folgenden Plurale im vertragen sich hier wohl mit dem vorangehenden Sing. Uebrigens ist dem بخروی weit vorzuziehen Calc. بفرّت, auspiciis tuis.

V. 932 a. هرچند که das ک ist zu streichen; هرچند allein sagt dasselbe quamvis ohne das den Vers zerstörende که.

V. 933. گنه بس گران بود و پوزش نبرد

sagt nicht „(ses crimes avaient été grands) il n'en avait point demandé pardon", da müsste پوزش نیاورد stehen; aber der Sinn ist dawider, denn er hat ja wirklich sehr angelegentlich um Verzeihung gefleht. Es heisst: (sein Vergehen war gar schwer) es liess keine Verzeihung zu; بردن ganz wie ferre, gegen آوردن afferre, proferre.

V. 934 a. بیامد فرستادهٔ شوخ روی

„Le messager arriva le deuil sur le front". Das scheint freilich der Zusammenhang zu fordern, aber die Worte ergeben das Gegentheil: der Bote trat ein keckantlitzig. Und so erweist sichs, genauer besehen, auch für den Zusammenhang einzig richtig: der Bote, der von Minotschihr, dem Bluträcher, Tur's abgeschnittenen Kopf an Feridun überbringen soll, trägt billig Scheu, mit dieser blutigen Gabe, dem Kopfe seines Sohnes, vor den alten Fürsten zu treten; denn, wie sehr auch ein Sohn gefrevelt habe, einem Vater wird doch sein Tod das Herz brennen. Aber — das Vergehen war gar zu gross und nicht zu verzeihen; dazu hat die Rache ein junger Held geübt. Hiermit sich beruhigend, tritt der Bote muthig ein und legt den Kopf vor dem Schah nieder. Dazu nun der kurze Schluss: Feridun der Schah rief über Minotſhihr Heil von Gott. Ein Meisterstück von Darstellung.

V. 939 b. که گر سلم پیچد روی از نبرد

◡-- ◡--(◡)--◡- mit einer fehlenden Kürze, wovon zu V. 473 geredet ist. Ist leicht auszugleichen durch بپیچید statt پیچد, da das Präteritum hier eben so richtig stehen kann. Calc. vermeidet die Klippe durch andere Wendung:

که برگاردش سلم روی از نبرد

wo die alterthümliche Form برگارد = برگرداند kaum an eine spätere Besserung denken lässt. Aber es steht برگارد ohne گر, und so ists schöner erzählt, aber dazu gehört dann der bei Hrn. Mohl fehlende Vers von Calc.

همین هم سخن قارن اندیشه کرد

که گر سلم پیچد زدشت نبرد

Dadurch sind die Rollen zwischen dem jungen Helden Minotſhihr und dem erprobten Kriegsmeister Karen schicklich vertheilt. Jener sagt: Selm weicht dem Kampf mit uns aus (Schade! wo sollen wir ihn erwischen?). Dieser: wenn Selm sich zurückzieht, so — (V. 940) wird er sich in die Alanenburg ziehen; dahin müssen wir ihm den Weg verlegen. — Das hat schwerlich ein Glossator erdacht, leicht aber hat ein Abschreiber von den beiden gleichreimigen Versen (die auch hier ihren besonderen Nachdruck haben) den einen wegschneiden zu müssen geglaubt oder auch aus Nachlässigkeit weggelassen. Ich habe über diesen Anlass sowohl zu Einschiebungen als Weglassungen weiter vorne gesprochen. — Dann müssen aber die beiden schlechten Verse 945. 946 wegfallen, die bloss dazu da sind, um das Wort endlich an Karen zu bringen, nachdem seine Rede durch Weglassung des obigen Verses dem Minotſhihr zugefallen war. Die beiden Verse sind ganz nichtswürdig, und dem zweiten Hemistich des ersten

کجا بود آن رازها در نهفت

hat Hr. M. sich genöthigt gesehen gewaltsam eine einigermassen schickliche Wendung aufzudringen: „(Après y avoir réfléchi, il en parla à Karen) à qui l'on pouvait confier de tels secrets." Die Worte sagen aber: Wie sind diese Geheimnisse verborgen gewesen? d. h. wie erfahren wir jetzt erst etwas von dieser wunderbar festen Alanenburg? Worauf dann Karen's Antwort wieder gar nicht passt, weder bei der von Hrn. M.'s Uebersetzung beliebten Wendung, noch bei dem wirklichen Wortsinn der Frage. Die eingeflickten Verse weggeworfen, und Karen's Rede von obigem bei Hrn. M. fehlenden Vers an bis 947 ff. hat ihren natürlichen Verlauf.

V. 948a. در بارهٔ او بگیرم بدست

ist sehr nichtssagend, und widerspricht dem Verlauf der Begebenheit, denn die Burg soll gar nicht mit Gewalt, sondern mit einer Kriegslist erobert werden. Es ist also die Calc. Lesart einzusetzen:

در چارهٔ او بگیرم بدست

„Ich will mich des Thors seiner Zuflucht (Schutzwehr oder Rettung) bemächtigen." Diese schöne, schwere, aber durch den Zusammenhang klare Phrase hat einer nicht verstanden, und باره aus چاره gemacht.

V. 949b. انگشتر hat, so viel ich weiss, keine Beglaubigung, es wird wohl nur ein metrisches Missverständniss für انگشتری seyn, wie Calc. hat. Enguſhteri'i wird zu enguſhterî zusammengezogen, wie ich über solches auslautendes î im Zusammentreffen mit i idhafet schon früher angemerkt habe.

V. 951a. شوم من و گرشاسپ بدین تیره شب

ist ein ganz heilloser Vers, dem zu Liebe man gerſhâsp nicht blos zu gerſhasp, sondern zu gerſhas in der Aussprache verstümmeln müsste. Auch ist das بدین تیره شب nichts weniger als schön, und با تیره شب, das den Vers zurecht stellt, wäre an sich viel schicklicher. Aber Calc. hat die emphatische Wendung

من و گرد گرشاسپ واین تیره شب

gegen die freilich nichts einzuwenden ist. „Ich und Held Gerfhasp und diese dunkle Nacht!“ denke hinzu: so wird das Listwerk gelingen. — Diese Wendung hat kein Abschreiber erdacht; eher hat einer بدین aus واین oder وین gemacht, und dann das übrige Benöthigte dazu gethan.

V. 958. دمید:نهید reimt sich nicht, oder doch ganz schlecht, der Reim bestände nur in der Personendung îd, als wollte ein Franzose: aimait:pensait reimen. Auch hat دمید keinen schicklichen Sinn. کشید ودهید wie Calc. hat, wo der Reim hîd:bîd ist (wie aimait:semait, oder pensait:disait), sagt: Macht کشاکش und دهاده, Kriegsgetümmel und Kampfgeschrei, oder ohne Annahme des kühnen verbi denominativi: ziehet (vom Leder, oder packt und schleppt den Gegner) und gebet (Streiche)! So an anderen Stellen:

دهید ار بگرز ار بزوبین دهید

und:

همه جان شیرین بکف بر نهید

بکینه خروشید و خنجر دهید

Man wende gegen diese strengen Anforderungen an den Reim nicht ein, dass z. B. sogleich V. 960 بدید:رسید reimt. Hier sind nicht zwei Personendungen îd, sondern eine îd und eine d, von dî-den, nicht d-îden wie res-îden.

V. 965a. باز دارید ist dem Zusammenhang weniger angemessen als Calc. یار باشید.

V. 968b. که راز دل آن دید کو دل نهفت

schwerlich: „Celui qui cache le secret de son coeur, voit les secrets des autres;“ so richtig auch die psychologische Maxime ist. Es sagt wohl nichts weiter als: Nur Gott sieht ins Verborgene des Herzens. Wörtlich: das Geheimniss des Herzens hat (nur) der gesehen, der das Herz an den verborgenen Ort gesetzt hat. دل نهفت ist so allerdings etwas elliptisch gesagt, aber besser persisch jedenfalls als in der Bedeutung: cacher le secret de son coeur. Auch scheint Calc. so wie ich zu verstehen, wenn sie, übrigens schlecht genug, liest: کو در نهفت der im Verborgenen (ist, nämlich Gott). Auch schliesst sich dieser Sinn natürlicher als der von Hrn. M. aufgestellte dem nächstfolgenden an: „Que ma profession et la tienne soient l'obéissance à Dieu, et que nous y joignions la réflexion!“ Doch sagt dieser schöne Vers:

مرا و ترا بندگی پیشه باد
ابا پیشه مان نیز اندیشه باد

vielleicht nicht bloss was Hr. M. ihn sagen lässt, sondern:

Unser Geschäft sei Gott zu gehorchen,
Und achtsam unser Geschäft zu besorgen;

mit einer witzigen Doppelbeziehung von „Geschäft“. Entschieden missverstanden aber ist der diese sinnige Reflexion abschliessende

V. 970. بنیک و ببد هرچه شاید بدن
بباید همی داستانها زدن

„Il faut nous consulter entre nous sur tout ce qu'il y aura à faire dans le bonheur et dans le malheur.“ Sage: Was Gutes und Böses geschehen mag, wir müssen es eben (nach) erzählen. Womit der Dichter aufs naivste sein Gewissen verwahrt gegen den moralisch zweideutigen Charakter der That, die er zu erzählen hat. Das ist eben sein Geschäft, das er achtsam zu besorgen hat, unbeschadet seines Gehorsams gegen Gott. — Gegen diese herrlichen Verse stechen sehr ab die beiden nächsten

V. 971. 972 von allerschlechtester Construction, die Hr. M, wie gewöhnlich, in die allerschönste französische umzusetzen weiss; aber das hilft dem Texte nicht, dem nur zu helfen ist, wenn man V. 972 wegwirft und 971 b nach Calc. liest:

یکایک بروی اندر آورد روی

was sich dann mit allem vor und nach so construirt: weil der Burgwart mit Karen dem Krieger auf einmal so vertraut ward, den Fremden als Freund behandelte, verscherzte er Leben und Burg. — Der auszuwerfende Vers nennt einen Einfaltspinsel den Burgvogt, der V. 988 ein scharfsinniger Mann heisst.

V. 976 b. بویژه heisst insonderheit, maxime.

V. 978 a. نگر تا schief: rappelle-toi, statt: sieh wie hier —

V. 982 a. درفشی fehlerhafte Schreibung für درفش diraffhí; s. V, 63.

V. 1025. چو خورشید بر چرخ گردان بگشت
از اندازه آویزش اندر گذشت
دل شاه بر جنگ بر گشت تنگ

Nicht: „A mesure que le soleil descendait vers l'horizon, et qu'il s'abaissait par degrés, le roi sentait s'accroître son angoisse“; sondern: „Als die Sonne über die Himmelswölbung (die Mittagshöhe) ging, überschritt der Kampf alle Grenzen. Das Herz des Schahes ward eng auf den Kampf, d. i. raffte sich zusammen, strengte alle Kräfte an.“ Worauf er dann den Gegner übermannt. — Hr. M. hat doch sonst آویختن, eigentlich pendêre, d. i. in der Schwebe der Entscheidung seyn, richtig mit kämpfen übersetzt; hier scheint ihn آویزش, als آویزش gelesen, geirrt zu haben. Beengt durch etwas wäre از, nicht بر, geschweige ein doppeltes بر Präp. und Postpos. wie hier.

V. 1053 a. بنند Druckfehler für نبند. — کینهکه falsche Schreibung für کینه گه oder کینگه.

V. 1061 b. هم آن کو ره اهرمن و بدیست

verstösst gegen das Gesetz, dass ., und, die Bewegung des auslautenden Consonanten sei (IV, 37); denn so giebt اهرمن و -⏑⏑-, statt des geforderten --⏑-, weil dieses auslautende n nicht verdoppelt werden kann. Calc. hat metrisch richtig

همه راه اهریمن است و بدی

wobei nur besser آهرمن âhermen statt اهریمن ahrîmen zu schreiben wäre. Das richtige wird aber seyn:

همه از راه آهرمنی و بدیست

— âhermenî u = ijju mit metrischer Verdopplung, die bei jedem auslautenden î statt haben kann.

V. 1062 b. بدی را تن دیو رنجور باد

hat weniger Schick und Nachdruck als Calc. مزدور باد —

V. 1063 b. دوستاربد halte ich für weniger gut geschrieben als دوسداربد, Tachfîf von دوست دارید; denn es ist kein dô-set vorhanden, das sich mit dâr zu dôsettâr assimiliren und dann zu dôsetâr erleichtern könnte (obgleich dann auch nur dôseddâr, dôsedâr entspringen könnte, wie شب پره ſheb pere zu شپّره ſheppere, und dieses zu شپره ſhepere wird, oder bedter zu better, und dieses zu beter, wobei überall der Auslaut sich dem Anlaute assimilirt, nicht umgekehrt); vorhanden ist vielmehr ein dô-s't' mit Doppelüberlänge (III, 85), das, um sich mit dâr zu vereinigen, sein überhängendes t' nur wegwerfen kann: dô-s'-dâr.

V. 1064 b. Calc. گنه گار شد رسته با بیگناه

als Nachsatz zu *a* verstanden, giebt passenderen Sinn und bessere Construction als Hrn. Mohl's گنه کار پیدا شد از بیگناه. — گنه کار ist hier wahrscheinlich nur Druckverseben für گنه گار, besser گنهگار; denn es ist das گار oder گر, das als Ableitungssylbe betrachtet, im Inlaut das ursprüngliche k von kerden zu g schwächt.

V. 1068 a. افسون کنید eine auffallende Phrase, die hier gewiss nicht bedeutet: faites vos incantations. Etwa: treibt friedliche Künste! im Gegensatz zum folgenden: legt die Kriegswaffen ab! Fast eben so ist افسون II, 43, von Hofheng's friedlichem Kunstfleiss gesagt, wo Hrn. Mohl's „à l'aide d'enchantements" gleich wenig passt. Vgl. Burhan: افسای افسونگر و رام کننده را گویند و افسائیدن رام کردن است also: zähmen, wilde Thiere und wilde Gemüther, was besonders auf Hofheng's Culturanstalten trefflich passt. Die Etymologie widerstrebt nicht; denn was kann سودن سا, reiben, nicht alles bezeichnen! Heisst doch افسانه Posse, Scherz, Gespräch, Gekose, eine friedliche Reiberei und formell so wenig verschieden von افسون wie نمونه von نما.

V. 1068 a. بجای که schreib بجائی که d. i. بجائی که an demjenigen Ort wo.

V. 1069. Die beiden Hemistiche stehen in Calc. besser umgestellt.

V. 1070 b. بـرآن نـامـور مهتر راستین

„au roi illustre, plein de justice." Ich bezweifle dass راستین dieses sage. Es bedeutet véritable, dieser Herrscher, der in der That ein solcher ist. Doch ist vielleicht راست بین hier das ursprüngliche, das (nach dem Princip wovon zu V. 1063 geredet ist) راسبین geschrieben worden. — Der kaum entbehrliche Vers fehlt in Calc.

V. 1080 b. دگـر باره کـرد ist völlig ungeschickt gegen das richtige دگر یاد کرد Calc.

V. 1081 b. کزو بست نیروی ازو بست هنر

der Vers geht richtig, wenn man هنر = انـر nimmt, wie هیچ wirklich in solchem Fall ایچ geschrieben wird.

V. 1087 a. بربدیم = بربدیم; s. VI, 917.

V. 1090 b. نگه کن چه باید همان کن برای

„(il lui ordonna d'examiner le butin) d'en avoir soin, et de faire avec prudence ce qu'il fallait." So wären die persischen Worte sehr ungeschickt. Ich denke برای کن ist hier ungefähr = بیارای (Untersuche die Güter, die sich in der eroberten Veste vorfinden) siehe zu, was davon taugt, dasselbe wähle aus, und (wie der nächste Vers sagt) bring es auf Elefanten geladen an den Hof des Schahes. — Zwar kann ich diesen Gebrauch von برای کردن nicht belegen, doch die wörtliche Bedeutung „zu Rathe machen", wie unser „zu Rathe halten" ergiebt leicht den hier geforderten Sinn.

V. 1093 b. زهامون ist etwas leer gegen Calc. زچین دژ.

V. 1095 a. زدژ wenig passend, besser Calc. در; vom Hofe Feridun's, در absol. der Schahhof wie VII, 226. Aber von hier an ist lauter Confusion im Text; das von Norden siegreich zurückkehrende Heer Minotſhihr's und das ihm zum Empfang entgegenziehende Feridun's laufen wild durcheinander. Ich nehme als eingeschoben an V. 1096—1099 und 1102—1105; dann geht alles ordentlich. Doch kann nach 1105 von den wegfallenden der V. 1199, der einzige der einen Inhalt hat, schicklich eingereiht werden.

V. 1110 b. زود آی و پس „komm schnell, und dann", hat keinen Sinn; es ist و پس „und damit gut, ohne weiteres" oder, wie Hr. M. es schicklich giebt (de venir) sur-le-champ. Oder nach Calc. ohne و: komm ganz schnell!

V. 1111—1113. Drei abgeschmackte Verse, die ein Liebhaber von Motivirungen eingeflickt hat.

V. 1115 a. بدید müsste metrisch بدِد bidid seyn, wie چِد = چید sich findet (s. V, 491). Calc.

چو اورا بدیدش جهان شهریار

V. 1116 b. بیکخو Druckfehler für نیکخو. Uebrigens ist die Lesart Calc.

که من رفتنی گشته ام زین سرا

wozu dann in *a* der Reim ترا statt بتو gehört, weit vorzuziehen der M.'schen

که من رفتنی گشتم ای نیکخو

worin auch گشتم, ich ward, weniger richtig ist als گشته ام ich bin geworden.

V. 1131 b. با نامور شهریار ist völlig unpassend. Dieses spricht Feridun durchaus nicht zu Minotſhihr, sondern er selbst zu sich in der Einsamkeit. Calc. hat durchaus richtig آن نامور شهریار. Hier und in vielen ähnlichen Fällen kann nur zwischen Vernunft und Unvernunft der Rede, nicht unter Autoritäten der Ueberlieferung die Wahl seyn.

V. 1133 b. بکین و بکام بداندیش من

ist unlogisch: durch Rache und Wunsch meiner Feinde; statt, wie Calc. hat, بکینه بکام خ durch Rache, nach dem Wunsche meiner Feinde; wie auch Hr. Mohl übersetzt.

V. 1134. 1135 sind gewiss nur eingeflickt.

V. 1138. همه نیکنامی بدو راستی
که کرد ای پسر سود از کاستی

Hr. M. scheint بدو als bedô, ihm, verstanden zu haben, wenn er übersetzt: „sa bonne renommée lui est demeurée entière, o mon fils, car il a tiré profit du malheur.“ Aber راستی, rectitude kann doch nicht entière seyn, noch auch est demeurée. Ich lese bud u, war und, und übersetze: Nur Name und Rechtschaffenheit war alles, was er gewann aus dem Verlust (des Lebens) = was ihm im Tode geblieben ist.

V. 1139 a. بنهاد „Ménoutchehr se mit sur la tête la couronne des Keianides.“ Ich denke umgekehrt: er legte die Krone ab, um die Todtenfeier Feridun's zu begeben. نهادن heisst an und für sich: niederlegen, ni-dhâ, nihita, nidhâna نهان u. s. w.; nur durch einen Zusatz بر سر und dergleichen, kann es aufsetzen und dergl. bedeuten. Erst VII, 2 nach der Trauer einer Woche, am achten Tage setzt Feridun die Krone wieder auf:

بسر بر نهاد آن کیانی کلاه

(Fortsetzung folgt.)

Ueber
die zweite Art der achämenidischen Keilschrift.

Von

Prof. A. Holtzmann.

Fortsetzung (s. Bd. VI. S. 35 ff.)

IV.

Wenn ich jetzt, nachdem der medische Text von Bagistan endlich erschienen ist, meine Untersuchungen wieder aufnehme, wird es mir gestattet sein, mit einem Rückblick auf die früheren Artikel in dieser Zeitschrift V, 145 ff. und VI, 35 ff. zu beginnen. Es war ein sehr gewagtes Unternehmen, Vermuthungen, zu deren Begründung fast alle Mittel fehlten, laut werden zu lassen, und zwar gerade in der Zeit, als man das Buch des Herrn Norris erwartete, welches möglicher Weise meine ganze Arbeit vernichten und meine Kühnheit aufs empfindlichste bestrafen konnte. Ich muss daran erinnern, dass ich die Unsicherheit meiner Versuche nicht verhehlte, und mir das Recht bewahrte, irren zu dürfen. Jetzt aber zeigt es sich zu meiner Genugthuung, dass ich von diesem Recht doch nur einen mässigen Gebrauch gemacht habe; nur wenige meiner frühern Vermuthungen müssen jetzt zurückgenommen werden, weitaus die meisten haben Bestätigung gefunden, z. B. meine Bestimmung der Negation 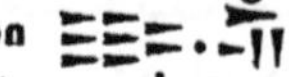, die mit dem damaligen Material gewiss nicht leicht zu erkennen war (V, 169), hat sich vollkommen bewährt. Es ist aber unnöthig, im Einzelnen anzuführen, wo ich glücklich war, und wo ich fehlte; es wird sich im Verlauf unserer neuen Forschung Gelegenheit finden, die nöthigen Berichtigungen anzubringen.

Aber auch noch für diesen neuen Gang muss ich um dieselbe Nachsicht bitten, die ich für die frühern Arbeiten in Anspruch nehmen durfte. Unser Material ist zwar beträchtlich grösser geworden, aber immer noch nicht gross genug, um uns mit sicherm Schritt von Wahrheit zu Wahrheit vordringen zu lassen. Wir können noch nicht eine systematische Erkenntniss des Ganzen geben, sondern müssen hie und da das Einzelne aufzuhellen suchen; wir lesen noch zerstreute Aehren, wir können noch nicht volle Garben binden. Wir müssen noch oft im Finstern tastend unsern Weg suchen, und dürfen froh sein, wenn an einigen Stellen ein Schein des Morgens den nahenden Tag verkündet. Auch jetzt noch muss ich, wie früher, daran erinnern, dass hier ohne Muth und ohne Glück nicht viel auszurichten ist; und dass daher ein Missgriff, ein Fehltritt nicht zur Schande gereichen kann.

Dieser Eingang wird wohl Manchem wunderlich klingen. Es liegt ja jetzt, wird man sagen, nicht nur ein ziemlich grosser Text vor, sondern auch eine fast vollständige Entzifferung der Schrift, eine Uebersetzung, ein Wörterbuch und eine Grammatik! Jetzt also muss die Zeit des unsichern Herumtastens, die Zeit der Versuche vorüber sein! Jetzt muss es möglich sein, vor allem die Sprache dieser Denkmäler in einen der bekannten Sprachstämme einzureihen, und ein genügendes Bild derselben zu entwerfen. Aber das ist eben das Wunderliche: die Entzifferung ist ziemlich weit gediehen, der Sinn der Worte und der Sätze kann meistens nicht zweifelhaft sein, sogar eine Grammatik der unbekannten Sprache könnte ausgeführt werden — und dennoch ist die Sprache noch eine unbekannte, dennoch wird es möglich sein, dass über die Familie, der sie angehört, ganz verschiedene Ansichten begründet werden. Zwar Herr Norris ist in dieser Beziehung von einer beneidenswerthen Glaubensfestigkeit und seine glückliche Seele kennt die Qualen des Zweifels nicht. Er beginnt mit der Behauptung, die Sprache der Inschriften sei die Scythische, oder eine scythische, d. h. sie gehöre dem tatarisch-finnischen Sprachstamme an; und er schliesst mit der zuversichtlichen Erwartung, dass nur Kenner des Tatarischen sein Buch beurtheilen, und also mit diesen Inschriften sich beschäftigen werden. Dennoch zweifle ich, ob seine Grammatik und sein Wörterbuch seine Ueberzeugung verbreiten werden, und eigentlich gesteht er ja selbst schon auf der zweiten Seite, dass dieser sein unerschütterlicher Glaube erst durch die künftigen Forschungen gelehrterer Kenner des Scythischen begründet werden solle. Schon so, wie das Buch vorliegt, wird es schwerlich geeignet sein, die Ansicht des Herrn Norris zu beweisen. Es kommt aber noch dazu, dass schon bei der Lautbestimmung, wie bei der Trennung der Worte, die Rücksicht auf zu gewinnende mordwinische und syrjänische, ungrische und mongolische Analogieen vorwaltend war. Wir wollen an einigen Beispielen zeigen, wie höchst vorsichtig diese allerdings zuweilen sehr auffallenden Analogieen aufgenommen werden müssen. Wir lesen I, 6 in Herrn Norris' Umschreibung *saśsata karata turi*, d. i. alt, Zeit, von, also: von alter Zeit; damit wird im Wörterbuch aus der Bibel der Mordwinen verglichen *pokci-tyrys*, von Kindheit an; und *lesten-tyrys*, seit der Schöpfung. Was ist nun deutlicher, als dass *turi* der Inschriften dasselbe Wort ist wie mordwinisch *tyrys?* Aber ist denn 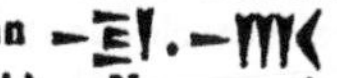 wirklich *turi* zu lesen? Als Beweis werden die beiden Namen *sindus* und *katpaduka* angeführt, in welchen, wie Herr Norris behauptet, das Zeichen 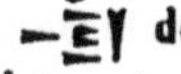 deutlich stehe an der Stelle der Sylbe *du*. Allein diess ist entschieden unwahr; vielmehr versichert Westergaard ausdrücklich, dass in beiden Wörtern der Buchstabe verletzt sei, und dass er ihn nur gesetzt habe, weil er aus einem andern Wort vermuthet habe, dass er hieher passe. Ich habe schon V, 175 vorgeschlagen, nicht 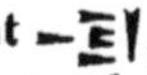, sondern  zu ergänzen und wirklich wird durch die grosse Inschrift meine Conjectur bestätigt [1]). Es ist also nicht der mindeste Grund vorhanden, jenes Wort turi zu lesen, und somit fällt diese schöne mordwinische Analogie.

Ein Kennzeichen der finnisch-tatarischen Sprachen ist das Relativ, das am Ende des Relativsatzes steht. Dieselbe Eigenthümlichkeit findet Norris in den Inschriften, indem er sich S. 76 ausdrückt wie folgt: „the true Tartar relative particle is *pi*, which I believe to have been sufficient, as in Mongol and Turkish, and in the Dekkan languages, to distinguish a relative sentence without the addition of any other pronoun, though it is rarily so found in the inscription; it is always terminal, and the following examples shew its use: *Hu-nì-na innì tirivan pi*, „which is not called mine," etc. Liest man diese Worte, so scheint die Sache entschieden, das Relativ ist dasselbe und wird auf dieselbe Weise gebraucht, wie in den tatarischen Sprachen, es kann also nichts deutlicher sein, als dass die Sprache der Inschriften zum tatarischen Sprachstamm gehört. Die Sache verhält sich aber ganz anders, wenn man näher zusieht. Einmal ist das Relativ der

---

1) Ich habe ferner V, 177 dem Zeichen 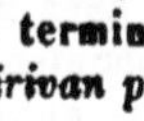 den Werth *wa* gegeben, und auch hierin scheint mich, wie wir sehen werden, das neue Material zu rechtfertigen.

tatarischen Sprachen nicht pi, sondern ki; sodann ist das pi der Inschriften ohne Zweifel keine Relativpartikel. Jeder Relativsatz beginnt ohne Ausnahme mit dem Relativpronomen  oder ; das letzte findet sich auch zu Anfang des von Norris angeführten Satzes, vor einem andern Wort, ganz genau wie im persischen Text: entweder dieses Relativ bezieht sich auch noch auf diesen Satz, oder es ist kein Relativsatz im medischen ebenso wie im persischen Text. Das pi oder bi aber am Ende gehört zum Verbum ebenso wie in *tarnampi* I, 39. In dem Satz, welchen Norris schreibt „appo pafatifapi, welche sich empörten," soll das Relativ zweimal ausgedrückt sein, zu Anfang und zu Ende. Das persische „hamitrijâ abava, sie empörten sich," wird übersetzt mit 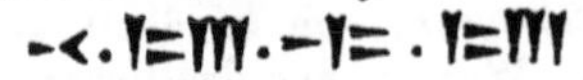 z. B. II, 11, oder mit 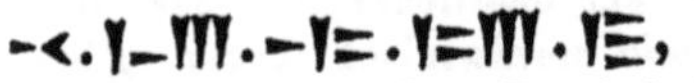, II, 79, oder 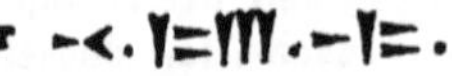 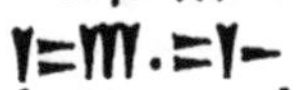 III, 61. Es sind diess nicht drei verschiedene Wortformen, sondern dasselbe Wort in drei verschiedenen Weisen geschrieben. Am Schluss steht entweder  ba, oder 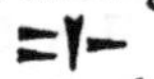 bi, wie auch sonst am Schluss der Wörter ka und ki, na und ni wechseln, oder keines von beiden, weil schon im vorhergehenden Zeichen der Labial hinreichend angedeutet ist. So wenig *ba* eine Relativpartikel ist, ebenso wenig ist es *bi*, und es ist nur zufällig, dass das Wort gerade in Relativsätzen mit *bi* schliesst. Eine ähnliche Bewandtniss wird es mit dem Wort haben, welches Norris „yupofapi" schreibt, und welches ebenfalls am Ende eines Relativsatzes steht. Auch in N. R. 34 scheint ein Relativsatz mit *pi* oder *bi* zu schliessen: dagegen III, 78 ist die Sylbe pi von Norris schwerlich richtig ergänzt. Es ist also nur ein Zufall, dass einige Relativsätze mit bi schliessen; und bi ist keine Relativpartikel; die Analogie in diesem wichtigen Punct mit dem Bau der tatarischen Sprachen ist also nicht vorhanden.

Diese Beispiele zeigen, dass Herr Norris durch seinen festen Glauben, dass die Sprache scythisch sei, sich verleiten liess, die Dinge anders zu sehen, aufzufassen und darzustellen, als sie wirklich sind. Wenn aber noch keineswegs erwiesen ist, dass die Sprache der sogenannten medischen Inschriften dem finnisch-tatarischen Sprachstamm angehört, so ist doch diese Ansicht auch noch nicht widerlegt. Es ist allerdings richtig, dass sich in einzelnen Wörtern, und auch in einigen syntactischen Erscheinungen eine auffallende Aehnlichkeit mit tatarischen Sprachen nachweisen lässt; z. B. Mein Vater und des Mannes Vater scheint auf folgende Weise ausgedrückt zu werden: Ich Vater mein; Mann, Vater sein; wie ganz ähnlich im Türkischen [1]). Eine

---

1) Auch im Laut hat medisch attari (sein Vater) grosse Aehnlichkeit mit türkisch atasi, tscheremissisch atjase, lappisch atzjas.

merkwürdige Uebereinstimmung mit dem Mongolischen, die Norris nicht bemerkt hat, will ich hier hervorheben. Eben sowohl in den tatarischen, als in den indogermanischen und semitischen Sprachen kann man statt eines blossen Personennamens den Begriff der Person mit dem Namen im Genitiv setzen, also statt Cajus sagen: die Person, die Seele, der Körper, die Kraft u. s. w. des Cajus. Auf diese Weise brauchen die Mongolen das Wort *über*, welches eigentlich Busen bedeutet, die Türken das Wort uz, welches vielleicht mit dem Uebergang vor r in z aus uber verkürzt ist. Ganz ebenso, und auf dieselbe Weise construirt, findet sich in den Inschriften ein Wort, welches Norris yufri liest, welches aber richtiger ufari oder ubari zu lesen ist, und also auch im Laut mit dem mongolischen Wort fast identisch ist. Aber man darf solche einzelne Uebereinstimmungen und Analogieen nicht überschätzen; theils können Entlehnungen Statt gefunden haben, theils spielt oft der Zufall wunderlich; theils ist vielleicht in den drei Sprachstämmen, die hier in Betracht kommen, wirklich ein Vorrath gemeinsamer urverwandter Wörter, und endlich bringen die gleichen Ursachen an verschiedenen Orten die gleichen Erscheinungen hervor; und es wird daher kaum zwei Sprachen geben, in welchen nicht einzelne Wörter und Formen verglichen werden könnten. Wir müssen daher ohne alle vorgefasste Meinung an die Betrachtung der Sprache gehen, um nicht in sie hineinzulegen, was wir zu finden wünschen und erwarten; und von einzelnen Analogien dürfen wir nicht zu rasch Schlüsse ziehen. Es ist vor allen Dingen nothwendig die Urkunden aus ihnen selbst zu erklären, und richtig zu lesen; nach Analogien in anderen Sprachen dürfen wir uns fortwährend umsehen; aber erst wenn sie nicht mehr vereinzelt stehen, berechtigen sie uns der Sprache unserer Denkmäler ihre Stelle anzuweisen.

Ich befolge also auch jetzt noch dieselbe Methode, wie in den frühern Artikeln. Ich betrachte und erwäge ohne bestimmte Ordnung einzelne herausgegriffene Puncte, bald suche ich einen Lautwerth zu bestimmen, bald untersuche ich ein Wort oder eine Wortform. Wenn so das Einzelne möglichst sorgfältig erforscht ist, wird es endlich gelingen, allgemeinere Ergebnisse zu gewinnen.

Ich beginne mit dem Wörtchen 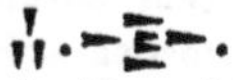. Aus den wenigen Stellen, in welchen es schon früher in H. und N. R. vorkam, habe ich VI, 41 richtig erkannt, dass es nichts ist als eine Interpunction. Diese Ansicht wird durch die grosse Inschrift, in welcher es sehr häufig vorkommt, vollkommen bestätigt. Zwar meint Herr Norris, das Wörtchen müsse überall übersetzt werden, allein wer mit einiger Aufmerksamkeit betrachtet, wie es gebraucht wird, der wird schwerlich den mindesten Zweifel bewahren, dass es nicht ausgesprochen und also übersetzt werden soll, sondern nur die Bestimmung hat das Ende der Sätze bemerklich zu machen, dass es also durchaus nichts ist, als eine Interpunction. Beispiele anzuführen, ist überflüssig; denn nicht einzelne Stellen sind hier beweisend, sondern die durchgeführte Anwendung. Jedoch nicht blos das Ende des Satzes hebt es hervor, sondern wo es nöthig ist, auch das Ende der Wörter. In dem Verzeichniss der Länder und Völker I, 10 steht es nach jedem Namen, nur nicht nach dem letzten. Zwar zeigte schon der Keil, der jedem Namen vorhergeht, den Anfang eines neuen Namens an, und die Interpunction ist deshalb auch in dem Verzeichniss in N. R. unterlassen; da aber, wie ich schon V, 162 an 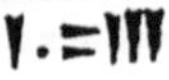 neben 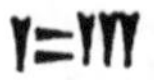 gezeigt habe, wozu jetzt noch  neben 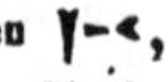, und 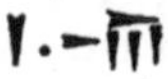 neben  kommt, der senkrechte Keil als Merkzeichen nicht vor Missverständniss sicherte, so war es zu grösserer Deutlichkeit zweckmässig, zwischen die Namen die Interpunction zu setzen. Ohne dieses Auskunftsmittel hätte man bei einer Reihenfolge von nicht sehr bekannten Eigennamen oft nicht wissen können, wo der eine aufhöre, und der andere anfange. Ganz auf dieselbe Weise wird, wie mir scheint, in den assyrischen Inschriften die Interpunction zur Trennung der Sätze und der aufeinanderfolgenden Eigennamen angewandt; und es ist mit eine Ursache des geringen Erfolgs der bisherigen Entzifferungsversuche, dass man diese Interpunctionswörtchen nicht als das, was sie sind, erkannte, sondern sie als Theile der Sätze behandelte und sie übersetzen wollte.

Von hier gehe ich zu einem Wörtchen über, das mir eine ganz ähnliche Rolle zu spielen scheint; das Wörtchen 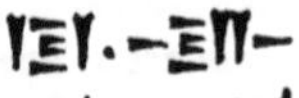 *vara* oder *mara*. Herr Norris will es mit sum übersetzen; und bei oberflächlicher Betrachtung scheint es wirklich an den meisten Stellen so übersetzt werden zu können. Allein es muss doch auffallen, dass meistens der Satz vollständig gegeben wäre, wenn auch das Wörtchen fehlte. So in allen den zahlreichen Fällen, in welchen ego rex sum durch die Worte, welche Norris Hu kovas yutta vara schreibt, übersetzt wird. Der Sinn ist hier vollständig durch *hu kovas yutta*, oder *kovas hu yutta* ausgedrückt ohne *vara*, und so steht wirklich I, 7; 8, 10 u. s. w. Unmöglich kann aber gesagt worden sein: ego rex sum sum, eine solche Wiederholung wäre eine ganz unerhörte Eigenheit der medischen Sprache. Nun giebt es aber freilich nicht wenig Fälle, in welchen sum gar nicht ausgedrückt ist, wenn nicht durch vara. Aber muss denn überall sum ausgedrückt sein? Wenn gesagt wird: *Ego Imanes rex Susae* (II, 6), ist es dann unumgänglich nothwendig, dass noch sum folgt? Ist der Satz nicht vielmehr vollkommen verständlich auch ohne sum? Ganz gewiss hielten diejenigen, welche die Sprache unserer Inschriften redeten, dieses sum für überflüssig: denn I, 65 steht Ego Nebucadnezar, ohne dass yutta, oder vara oder sonst ein Wort, das sum bedeuten könnte, folgt. Ebenso fehlt sum in III, 2: Ego Bardes, filius Cyri; ebenso III, 9, 20; ebenso ego Nebucadnezar, filius Nabonidi III, 37 u. s. w. Es ist also deutlich, dass vara, wenn es sum bedeutet, theils entbehrlich ist, theils unbegreifliche Wiederholung. Es wird also wohl nicht sum bedeuten. Dazu kommt nun eine Stelle III, 23, in welcher es unmöglich sum bedeuten kann; die Stelle lautet: Veisdates illis dixit: ite, Vibanum occidite, et populos qui Dario regi obediunt *vara;* hier lässt Norris das Wort unübersetzt. Wenn nun gewiss ist, dass es nicht sum heissen kann, was kann es sonst bedeuten? Es findet sich immer am Ende einer angeführten Stelle; es ist also nichts als das Anführungszeichen, ganz wie sanskrit. *iti.* Es giebt den Punct an, wo die Worte eines andern aufhören, und die gewöhnliche Erzählung wieder aufgenommen wird. Es versteht sich wohl von selbst, dass ebenso wie die Interpunction nicht überall gesetzt werden musste, wo sie hätte gesetzt werden können, so auch dieses Anführungszeichen zuweilen wegbleiben konnte, wo die angeführten Worte sich schon von selbst deutlich abhoben. Es musste in dem Gebrauch dieser Wörtchen freie Abwechslung gestattet sein.

Ganz gleichbedeutend mit *vara* scheint mir das Wörtchen ⊨.⊨Y, welches von Norris nicht ins Wörterbuch aufgenommen ist, weil es in der Grammatik S. 86 als eine Endung des Imperativs aufgeführt ist. Es ist aber bestimmt keine Verbalendung, denn es steht nach der 2. Person des Imperativs Sing. und Plur., die beide öfter ohne diesen Beisatz vorkommen, und in einem merkwürdigen Fall, von dem wir bald sprechen werden, II, 82 nach der dritten Person Sing. des Imperativs. Das Wörtchen steht ganz ebenso wie *vara* immer nur am Ende einer angeführten Rede, und einmal steht *vara* fast hinter dem nämlichen Satz, der gewöhnlich mit ⊨.⊨Y schliesst III, 23. Doch scheinen die beiden Wörtchen nicht von ganz gleichem Gebrauch zu sein. Wo Darius die Worte eines Andern anführt, setzt er immer *vara;* wenn er aber seine eigenen Worte anführt, sind diese durch ⊨.⊨Y hervorgehoben. Wenn Darius einen seiner Feldherrn abschickt, so schliesst der Befehl immer mit ⊨.⊨Y; wenn aber ein falscher Smerdis ganz mit denselben Worten einen Feldherrn aussendet, so schliesst der Befehl mit *vara*

Da Norris das Wort vara mit sum übersetzen wollte, so wollen wir hier gleich noch einiges über das verbum substantivum bemerken. Nichts ist geeigneter, die Stelle einer Sprache erkennen zu lassen, als das Verbum esse; aber nirgends muss man auch vorsichtiger sein, als bei Betrachtung des Verbums, da es in allen Sprachen auf sehr verschiedene Weise ausgedrückt wird. Die Wurzel as ist allen indogermanischen Sprachen gemeinschaftlich, aber die Conjugation derselben ist in allen verschieden, und in verschiedener Weise mangelhaft, und andere Wurzeln treten in die entstandenen Lücken ein. Wenn wir also in der Sprache der Inschriften in der Art, wie esse ausgedrückt wird, Eigenheiten finden, die auf den ersten Anblick ganz fremdartig sind, so müssen wir uns hüten, dass wir nicht vorschnell daraus den Schluss ziehen, dass diese Sprache dem indogermanischen Stamm nicht angehören könne.

Eine solche wunderliche Eigenthümlichkeit der medischen Sprache scheint es zu sein, dass das Verbum, welches facere bedeutet, zugleich das Verbum substantivum ist. 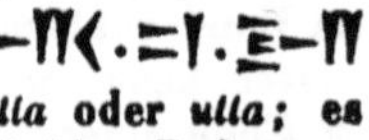 liest Norris nicht ganz richtig yutta; es ist *malta* oder *utta;* es heisst feci, und soll auch sum bedeuten, und in beiden Bedeutungen kommt es sehr häufig vor, so dass Stellen anzuführen unnöthig ist. Ebenso in der dritten Person 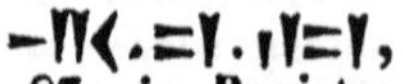, heisst fecit und erat. Zwar meint Norris S. 87, in Bagistan heisse dies nur erat, nicht fecit, und er übersetzt deshalb III, 21 dux erat; aber der persische Text zeigt deutlich, dass die Stelle zu übersetzen ist: ducem fecit; zudem ist in den anderen Inschriften die Bedeutung gesichert. Wie ist es nun möglich, dass dasselbe Wort feci und sum, und fecit und erat hiess? Norris versucht S. 81 hier eine Ungrische und Ostjäkische Analogie aufzufinden. Allein die Sache ist viel einfacher; das Verbum heisst immer nur facere, und niemals esse. Aber statt zu sagen, ich bin König, oder ich war, ich wurde König, sagte man medisch, ich machte Königschaft; statt: er war Satrap, hiess es medisch: er machte Satrapenschaft. Es kommt daher dieses vermeintliche sum und erat nie vor als in Begleitung eines solchen abstracten Substantivs. Es ist hier wieder unmöglich eine Stelle anzuführen, da man, um sich zu überzeugen, alle ohne Ausnahme betrachten muss. Damit fällt nun zugleich eine andere tatarische Analogie, auf die Norris grosses Gewicht legt, und die er, auch im Laut übereinstimmend, das Vergnügen hat, im Tscheremissischen, Syrjänischen und Mordwinischen nachzuweisen; nämlich S. 65 der casus praedicativus und factivus. Ein solcher Casus ist im Medischen nicht zu finden; und alle die Fälle, in welchen Norris ihn findet, sind solche abstracte Substantive beim Verbum machen. Der sogenannte factive Casus von rex ist nichts als das Substantivum regnum, das auch in andern Verbindungen nicht selten vorkommt. Die Sache ist ganz deutlich, und nicht im mindesten zweifelhaft, und es ist nur Schade um die verschwendete schöne tscheremissische Gelehrsamkeit des Herrn Norris.

Hier also, so wenig als in jenem vara, ist das medische verbum substantivum nicht zu finden; und es ist für unsere Untersuchung zu bedauern, dass die Meder (wie wir sie vorläufig noch nennen) in gewöhnlichen Sätzen das persische âmij, sum, gar nicht auszudrücken beliebten. Aber es wird doch auch Fälle geben, in denen sie das Verb. subst. nicht umgehen konnten. Ein solcher ist III, 79 (gleich pers. IV, 63). Darius sagt: Auramazda half mir, weil ich nicht gottlos war. Hier ist ganz deutlich eram ausgedrückt durch 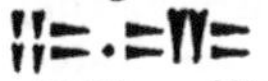 d. i. *am*, mit dem vorhergehenden Adjectiv  arikka am, ich war gottlos. Derselbe Satz findet sich in der dritten Person, er war gottlos I, 25 gleich pers. I, 33: 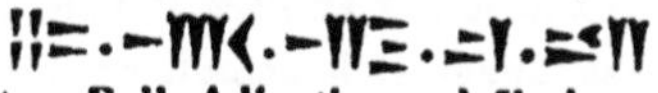 arikkas. Man sieht, dass im letzten Fall Adjectiv und Verbum in ein Wort verbunden sind; das Verbum allein müsste 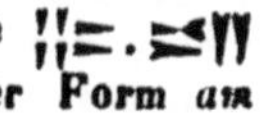 *as* lauten. So haben wir also eram und erat in der Form *am* und *as*. Diess ist aber ganz deutlich indogermanisch, zunächst entsprechend dem griechischen ἦν und ἦς (dorisch). Im Sanskrit heisst eram âsam, und erat âsît, welches aber eigentlich âs lauten sollte. Nun behauptet zwar Norris, jenes *am* sei nur das persische âham als Fremdwort aufgenommen. Aber was für eine wunderliche Sprache müsste das gewesen sein, welche nicht nur einzelne Wörter, sondern sogar halbe Sätze aus einer grundverschiedenen Sprache unverändert aufnahm! Jenes medische am ist allerdings dasselbe Wort, wie persisch âham, aber es ist nicht entlehnt, sondern die Sprachen sind verwandt. Um aber die Sache ganz deutlich zu machen, betrachten wir noch eine andere Form des Verb. subst. In Pers. IV, 39 ist ein Sätzchen, das zwar in allen Worten deutlich ist, dessen wahren Sinn aber, wie mir scheint, auch die neuern Erklärer nicht aufgefasst haben. Awathâ, so, bezieht sich nicht auf das vorhergehende, sondern auf das folgende, und der im folgenden Sätzchen redende ist nicht Darius, sondern der angeredete Nachfolger; sei gerecht, ruft ihm Darius zu, strafe streng, wenn du willst, dass dein Land unversehrt bleibe; wenn du denkst „möchte mein Land unversehrt sein". Ich habe diess ausführlich erörtert, Heidelberg. Jahrbücher 1849 S. 809 ff. Hier nun wird *duruçâ âhatij* in medisch III, 65 übersetzt:  d. i. *tarvastu*, oder besser tarva astu; tarva heisst vollständig, integer, plenus. So steht es in H, 16, wie ich richtig Bd. VI, 45 vermuthete, und dazu gehören 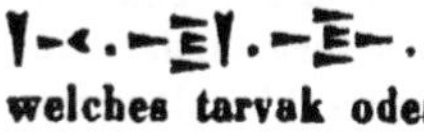 H, 17, und 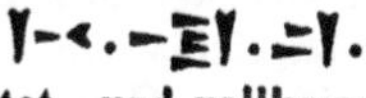 I, 18 u. s. w., welches tarvak oder tarvaka lautet, und vollkommen, vollständig, bedeutet. Es bleibt also für âhatij nichts übrig als 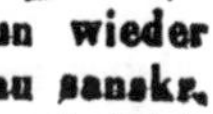 welches ganz sicher zu lesen ist *astu*. Diess ist nun wieder eine ganz deutlich arische Form der Wurzel as, genau sanskr. astu. Man könnte auch griechisch ἴσθω vergleichen, obgleich diess nicht identisch ist mit sanskr. astu. Wenn wir nun drei so deutliche arische Formen der Wurzel as haben, wie âm (eram), âs (erat), astu (esto), die sich gegenseitig bestätigen, so kann es kaum noch zweifelhaft scheinen, dass wir hier eine Sprache vor uns haben, deren Grund und Wesen, wie ich schon im ersten Artikel vermuthete, arisch ist.

Ich übergehe hier einige andere Formen des Verb. subst. und wende mich sogleich zu einer Erscheinung, die mit der eben ausgesprochenen Vermuthung über die Natur dieser Sprache im schroffsten Widerspruch zu stehen scheint, und so auffallend ist, dass sie beim ersten Blick bemerkt werden muss. Nämlich das Pronomen der zweiten Person lautet hier *ni* 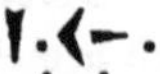. Dieses Zeichen findet sich überall an der Stelle des persischen tuwam; und da es ohne Zweifel ni auszusprechen ist, so scheint es ganz sicher, dass tu medisch ni heisst. Aber ni als Pronomen der zweiten Person ist in allen indogermanischen Sprachen unerhört und geradezu unmöglich; und man kann kühn behaupten, eine Sprache, in welcher tu ni heisst, ist keine indogermanische; und so wären wir schnell zu einer Ansicht getrieben, die derjenigen, die uns so eben erwiesen schien, gerade entgegengesetzt ist. Oder sollte vielleicht in die arische Sprache ein fremdes Pronomen ni aufgenommen worden sein? und woher? Nach unserer frühern Vermuthung, dass die medische Sprache arisch sei mit semitischer Beimischung, müssten wir in den semitischen Sprachen nachsuchen; aber ich glaube nicht, dass es möglich ist, ein semitisches Pronomen ni für tu nachzuweisen, oder auch nur für denkbar zu halten. Also ist es doch wohl sicher, dass die Sprache nicht dem arischen und nicht dem semitischen, sondern, wie Rawlinson und Norris so zuversichtlich behaupten, dem scythischen, finnisch-tatarischen Sprachstamm angehört? Aber auch in diesen Sprachen, obgleich man von Lappland bis nach Peking suchen kann, ist ein Pronomen ni für tu nicht zu finden; wenigstens weiss Herr Norris kein solches beizubringen; denn von dem Possessivsuffix, von dem wir noch sprechen werden, ist hier nicht die Rede. Wie also nun? Wollen wir in Afrika oder Amerika unserem ni nachjagen? Vielleicht ist das Räthsel einfacher zu lösen. Zu allen Zeiten und bei den verschiedensten Völkern richtete sich die Anrede nach dem Rang des Angeredeten. Schon im Sanskrit wird bei höflicher Anrede das einfache Du gemieden; und nirgends wird die gebührende Rücksicht auf den Rang ängstlicher in der Anrede beobachtet als bei uns Deutschen. Nur die Studenten von Jena und die östreichischen Offiziere haben untereinander die römische Einfachheit zur Geltung gebracht; sonst überall wird ein Er oder ein Du für ein Sie eine bedenkliche Sache sein. Könnte nun nicht etwas ähnliches schon bei den Persern in Uebung gewesen sein? Zwar in den Inschriften der ersten Art ist davon nichts zu merken; dort gilt überall das einfache Pronomen Du. Aber in der zweiten Art wird wirklich in der Anrede ein Unterschied gemacht. Den Armenier Dadarsis in II, 23, und den Perser Vomises II, 30, die er beide nur seine Unterthanen nennt, redet Darius einfach in der zweiten Person Sing. an, wobei aber leider das Pronomen, weil er im Imperativ spricht, nicht vorkommt. Zwar den Perser Hydarnes II, 14, und den Meder Tachmaspates II, 62, die beide ebenfalls nur einfache Unterthanen waren, redet er in der zweiten Pluralis an, aber hier gilt die Anrede nicht nur den Feldherren, sondern auch dem Heere. Ebenso braucht der Rebell Weisdates die zweite Pluralis, III, 22, wenn er sein Heer und ihren Anführer anredet. Dagegen wenn Darius nicht zu einem gewöhnlichen General spricht, sondern zu dem Perser Dadarses, welcher Satrap von Baktrien war, II, 81, da braucht er zwar im persischen Text ebenfalls nur die zweite Person Singularis, aber im medischen Text drückt er sich höflicher aus und braucht die dritte Person Sing. Er hat nämlich  II, 82 diejenige Endung der dritten Person Sing. Imp., von welcher ich schon Bd. VI, 36 gehandelt habe. Herr Norris hat in vielen Fällen diese Endung verkannt, wiederum, um eine türkische Analogie zu gewinnen; er macht das 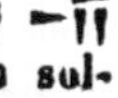 zu einem pronominalen Suffix der zweiten Person, weil ein solches ni im türkischen vorkommt. In allen Imperativen ist ganz gewiss dieses 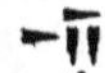 kein Pronomen, sondern gehört zur Endung; denn die Imperative, welche Norris S. 69 anführt, können unmöglich anders betrachtet werden, als die ganz ähnlichen, die ich Bd. VI, 36 anführe. Wenn in den Worten, welche Norris schreibt *Hun nisgasnī*, er schütze mich, ni unmöglich dich oder dir bedeuten kann, so kann diess auch nicht in den Worten der Fall sein, welche Norris *afpisni, atsasni* und *rifapisni* liest, welche alle ebenso Imperative der dritten Person sind und einen Accusativ, den sie regieren, bei sich haben. Norris behandelt hier wieder die Sprache aufs gewaltsamste, um ihr eine türkische Analogie aufzuzwingen. Ob aber in dem Worte, welches Norris *nivansni* liest, und deine Familie übersetzt, das ni dein bedeuten könne, ist wenigstens höchst zweifelhaft; zwar heisst allerdings schon *nivans* allein Familie, und *nivansmi* meine Familie; aber es kann sehr wohl zwei Wörter gegeben haben nivans, Familie, gens, und nivansni, Familie, progenies; und es wäre sehr wunderlich, wenn Darius statt: du sollst Nachkommenschaft haben, gesagt hätte: du sollst deine Nachkommenschaft haben. Doch wie dem auch sei, jedenfalls ist unser *afpisnī* in II, 82 ein Imperativ der dritten Person. Mit dem Satrapen spricht also Darius nicht wie mit einem gewöhnlichen General; zu diesem sagt er: schlage meinen Feind; zu jenem aber: schlage Er meinen Feind. Derselbe Unterschied zeigt sich auch in dem Verbum geben; dort sagt Darius: gebe, vita, hier aber: gebe Er, vitkini. Doch ist die Form *vitkini* nicht deutlich, und es könnte in kini noch ein weiteres Wort enthalten sein. Wenn nun schon einen Satrapen Darius so rücksichtsvoll anredet, so wird er noch weniger einem König aus seinem Geschlecht gegenüber ohne Umstände das Pronomen Du gebraucht haben. Eine solche ehrfurchtsvolle Anrede ist also jenes *ni*, das keineswegs tu ist. Was es aber eigentlich ist, kann schwerlich mit Sicherheit ermittelt werden. Es lautet im Nominativ ni, im Accusativ nin. Gerade so unterscheiden sich *appi* hi, und *appin* hos. Es scheint also der Declination der Pronomina zu folgen, und ein Plural zu sein. Da nun ein Demonstrativum na, ana, wozu lateinisch nam, num, nunc, in den indogermanischen Sprachen vorhanden ist, und gerade in den persischen Sprachen besonders hervortritt, so vermuthe ich in unserem ni einen Nominativ Plural eines Demonstrativs, der zur ehrfurchtsvollen Anrede gebraucht wird, gerade wie unser Sie. Also zu einem König sagt Darius Sie, zu einem Satrapen Er, zu einem General Du. Das könnte ein Scherz scheinen, aber es ist ganz ernsthaft gemeint. Sehen wir nun, wie in der Anrede an den König das Verbum gesetzt wird. In III, 64 haben wir in dem Worte, das ich vorläufig mit Norris *nisgas* schreibe, deutlich einen Imperativ in der zweiten Person Sing. Nisgas verhält sich zu nisgasni, wie afpis zu afpisni, wobei ich bemerke, dass ich hier der Kürze wegen die Schreibung von Norris beibehalte, ohne ihm damit in allen Puncten beizutreten. Es folgt also hier sicher eine zweite Person Sing. auf jenes Pronomen der dritten Person Plur. Aber man beachte folgendes, der Satz heisst: hüte dich völlig. Das Wort völlig ist in  ausgedrückt, das Wort beschütze, hüte in nisgas. Was soll nun das dazwischen liegende 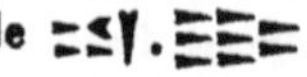 Es kann diess kaum etwas anderes sein, als das zur zweiten Person Sing. gehörige Pronomen. Es lautet *tuin* oder *tun*; und hier hätten wir also das gesuchte Pronomen, und zwar hat es vollkommen die erwartete Gestalt, ganz ähnlich dem tuvam, tvam u. s. w. Wahrscheinlich ist es aber nicht der Nominativ, sondern der Accusativ: der Satz ist nämlich persisch IV, 37: hacâ daraugâ darsam patipayuwâ: hüte dich völlig vor Lüge. Das Reflexivum ist im Persischen durch die Medialform ausgedrückt; hier aber im Medischen muss es besonders gesetzt werden [1]). In diesem Fall mag ausnahmsweise die natürliche Weise der Anrede gebraucht worden sein, nachdem durch ein vorhergehendes Sie der Höflichkeit Genüge geleistet war, weil hier die Durchführung der dritten Person Pluralis umständlich und wohl auch unverständlich gewesen wäre. Dagegen in andern Fällen ist wirklich die dritte Person Pluralis durchgeführt, und Darius sagt zu seinem Nachfolger gerade wie wir: Sie geben, statt: Du giebst. Durch diese Einsicht erhalten wir nun plötzlich Licht über einen Punct, der bisher alle Erklärungsversuche vereiteln musste; nämlich die Endung der zweiten Person. Diese

1) Bedenklich ist bei dieser Erklärung nur das Eine, dass das Pronomen den auszeichnenden senkrechten Keil nicht vor sich hat.

ist *nti, inti, anti.* Eine arische Sprache konnte es nicht sein, die eine solche Endung der zweiten Person Sing. Präsentis zeigte, aber ebenso wenig eine scythische. Das Conjugationssystem der medischen Sprache erschien als ein ganz seltsames, das in keiner bekannten Sprache Analogien hatte. Jetzt ist, wie ich glaube, das Räthsel gelöst. Alle jene vermeintlichen zweiten Personen finden sich nur in den Worten, die Darius an seinen Nachfolger richtet, es sind nicht zweite Personen, sondern die dritte Pluralis; und diese erscheint uns in der wohlbekannten Gestalt, wie sie allen indogermanischen Sprachen gemein ist. Niemand wird läugnen, dass folgende Wörter, die bisher ganz unbegreiflich waren, jetzt ein ganz natürliches Ansehen gewinnen.

chiyainti III, 84; 85, sie mögen sehen, dritte Plur. Präs. Conj. dazu dritte Sing. Imperf. Indic. *chiyas*, er sah. Wurzel chi gleich neupersisch dî.

kuktainta, sie mögen erhalten, III, 86, und *kukarti* III, 88 statt *kukanti* mit einem öfters vorkommenden Uebergang des n in r; Wurzel guh sanskr.; die erste Form, wie es scheint, mit dem verstärkenden t, das auch im griechischen Präsens, τυπτω u. s. w. noch nicht genügend erklärt ist.

matarti III, 87, sie machen, für matanti, von mat, und mâ; Norris yntirti.

kitinti, sie mögen bekommen, III, 89; Wurzel nicht sicher.

tarnainti, sie mögen erkennen; neben *tarnas*, er kannte; ich möchte an die Wurzel jnâ denken, das n des Classencharacters ist erhalten, das der Wurzel in r übergegangen.

Alle diese dritten Personen Pluralis finden sich in der Anrede. Darius sagt also wörtlich zu seinem Nachfolger: Wenn Sie diese Tafeln sehen und diese Figuren, und sie nicht zerstören sondern erhalten, so soll Ormuzd dieselben beschützen und Sie sollen Nachkommenschaft erhalten u. s. w. Wenn Sie aber diese Bilder zerstören, und nicht erhalten, so soll Ormuzd Dieselben vernichten u. s. w. Man sieht nun, dass auch die kleine Inschrift am Ende der Grabschrift, welche beginnt: O Mensch! nicht im allgemeinen an die Menschen gerichtet ist, sondern dass Darius nur an seinen Nachfolger denkt; denn auch hier findet sich die dritte Pluralis für die zweite Singularis. Doch lässt sich die Sache auch anders auffassen. *Yosirra*, wie ich vorläufig mit Norris schreibe, kann der Nominativ Pluralis sein; da das Pronomen der zweiten Person, das im persischen Text steht, hier fehlt, so ist hier vielleicht keine Anrede, sondern die Stelle kann vielleicht übersetzt werden: die Menschen nach dem Gesetz des Ormuzd sollen nicht —; während im persischen Text steht: Mensch, du sollst nicht —. Jedoch gestehe ich, dass sich das Zwischensätzchen „quae Ormazdis lex haec" mit dieser Auslassung weniger zu vertragen scheint, als mit der ersten. Sonst wäre uns die Stelle wichtig als Beweis, dass wirklich diejenigen Formen, die zur Anrede gebraucht werden, als dritte Personen Pluralis vorkommen. Diess zu erweisen, fehlt es uns an Mitteln, da in allen unsern Texten keine dritte Pluralis des Präsens vorkommt.

Gegen diese Ansicht, dass Darius die dritte Person Pluralis in der Anrede an einen König gebraucht habe, wird vielleicht eingewendet werden, dass diese Sitte im Orient in ältern Zeiten nicht nachgewiesen werden könne. Es ist wenigstens richtig, dass die Sitte jetzt in Persien üblich ist. Man sagt اگر فرمایند si jubent statt si jubes. Ich muss aber andern überlassen zu untersuchen, ob diese Form der Anrede bei den Persern neu eingeführt ist, oder ob sie vielleicht von hohem Alter, vielleicht von den Zeiten des Darius herab geerbt ist.

Wenn unsere Erklärung dieser Flexionen, die bisher völlig unbegreiflich waren, richtig ist, so wird man kaum noch zweifeln können, dass unsere frühere Vermuthung über die Sprache der Inschriften sich bewährt hat. Die Sprache der Inschriften ist eine arische.

Wir haben aber früher ferner vermuthet, dass diese arische Sprache semitische Bestandtheile aufgenommen habe. Es fragt sich, ob wir jetzt, da unsere Hülfsmittel grösser sind, in unsern Inschriften semitische Wörter deutlich nachweisen können.

Wir finden in den neu eröffneten Quellen ein neues Wort für Sohn 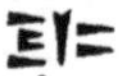. Der Laut dieses Zeichens kann nicht zweifelhaft sein, da es in mehreren Eigennamen vorkommt; er ist ungefähr *dar*, *tar*, *zar*. Wo giebt es nun ein solches Wort für filius? Norris zieht mordwinisch *tsür* herbei; und allerdings, wenn einmal zugegeben wird, dass die arische Sprache den Inschriften fremde Wörter beigemischt hat, so mag man auch mordwinische Wörter herbeiziehen, wenn nur nicht behauptet werden soll, die Sprache selbst sei eine scythische. Allein liegt nicht näher semitisch זֶרַע? Ich meine, der Uebergang des ז in einen D-laut sollte kein Hinderniss sein; ob das Verschwinden des ע die Vergleichung unmöglich macht, mögen Andere entscheiden. Das Merkwürdige an diesem Wort ist aber, dass es ebenso in den Inschriften der dritten Art und in den viel ältern babylonischen und assyrischen Inschriften vorkommt. Zwar hat das Zeichen häufig eine etwas abweichende Gestalt, z. B. , vergleicht man aber, wie es an verschiedenen Stellen aussieht, so kann man nicht zweifeln, dass das altassyrische Wort für Sohn mit demselben Zeichen geschrieben wurde, wie das medische. Z. B. in Persepolis D, 8, ferner N, R 6, K 13 und in der kleinen Inschrift von Bagistan N. 1. hat es die Gestalt , und diess ist doch unverkennbar dasselbe wie medisch 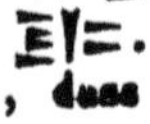. Damit ist nun eine sehr wichtige Erkenntniss gewonnen, dass nämlich das fremde Element, das wir in der arischen Sprache der Inschriften der zweiten Art finden, das assyrische ist. Es leuchtet von selbst ein, wie sehr unter diesen Umständen die Wichtigkeit dieser Inschriften in unsern Augen wachsen muss. Dass sie uns ein Hülfsmittel an die Hand geben würden, die babylonischen und assyrischen Denkmäler zu entziffern, hatte ich früher aus der Schrift geschlossen, die in beiden im Wesentlichen gleich ist. Jetzt aber zeigt sich, dass sie auch assyrische Wörter enthalten, und also auch unmittelbar zum Verständniss der assyrischen Sprache beitragen können. Man sieht nun, mit wie gutem Grunde ich darauf drang, dass vor allen weitern Versuchen, die auch ziemlich fruchtlos geblieben sind, zuerst die medischen Inschriften bearbeitet werden sollten.

Gleich das Wort, das wir betrachten, giebt uns richtige Aufschlüsse. Man hatte bis jetzt dem assyrischen Wort für Sohn den Laut *bar* gegeben, weil diess dem chald. בַּר filius entsprach und weil es in zwei Namen vorkommt, die man, bar und pal für identisch haltend, Nabopalassar und Sardanapal lesen wollte. Sicher ist nun, dass das assyrische Wort für filius nicht bar, sondern dar oder ähnlich lautete. Es wird daher wieder höchst zweifelhaft, ob jene Namen Sardanapal und Nabopalassar richtig gelesen sind, und sogar die schon als ganz gesichert geltende Ansicht, dass der König, der auf allen Backsteinen von Babylon genannt ist, der historisch bekannte Nebukadnezar, der Sohn Nabopalassar's sei, wird sehr erschüttert.

Ich muss hier, durch äussere Umstände genöthigt, früher als ich wollte, die Feder niederlegen, und muss manches, was ich jetzt noch auszuführen gedachte, für einen spätern fünften Artikel aufsparen, wenn nicht, wie ich wünsche und hoffe, ein fünfter Artikel dadurch unnöthig wird, dass jetzt einer unserer grossen Kenner der persischen oder arischen und semitischen Sprachen die Arbeit aufnimmt und zu Ende führt. Nur noch die allgemeine Ansicht, die ich von der Sprache unserer Inschriften gewonnen habe, erlaube ich mir zum Schluss auszusprechen. Ich halte diese Sprache nicht für die medische, sondern für diejenige, welche am Hofe der persischen Könige in Susa die wirkliche Umgangssprache war; also für die persische der Achämeniden. Dafür spricht, dass die Griechen die persischen Namen so aussprechen hörten, wie sie in dieser zweiten Art lauten. Z. B. der Name des Tissaphernes würde in der Sprache der ersten Art lauten ćitraparna, aber in der zweiten wirklich tissaparna;

Es ist ćitra bunt, und parna der gefiederte Theil des Pfeils; ćitraparna derjenige, welcher an seinen Pfeilen bunte Federn hat. Zwar giebt Wilson dem Sanskritwort parṇa diese Bedeutung nicht: aber im Zend erezifyoparena als Beiwort zu îsavas (V. S. 452) muss es einen ähnlichen Sinn haben

wie z. B. kankapatrin, das im Mahâbhârata ein gewöhnliches Beiwort von Pfeil ist [1]). Nun ist patra das Blatt soviel wie parna; es wird also auch parna für die Pfeilschwinge gebraucht werden können, wie patra. Mit dem nämlichen Wort ist der Name *Intaphernes* gebildet, wie er bei Herodot lautet. In der ersten Art lautet er Vidafrana, in der zweiten Vintaparna, also wieder der griechischen Gestalt näher. Ebenso steht Kambućiya der zweiten Art dem griechischen näher als Kabujia der ersten. Ebenso finden wir den Nasal in den geographischen Namen Gandara, Saranga, Indus wie im Griechischen, wo er in der ersten Art verschwindet. Dagegen stehen allerdings andere Namen der griechischen Form ebenso fern wie in der ersten Art, wie der Name des Smerdis, der in beiden Arten Bardiya lautet. Die zweite Art entfernt sich sogar weiter vom Griechischen als die erste in dem Namen des Landes Baktrien, welches Baksis heisst, aber einmal auch Baktarris. Merkwürdig ist die Gestalt des Wortes Satrap. Sie ist in der ersten Art kshatrapâvâ, in der zweiten 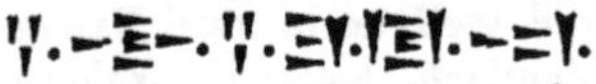 was nicht wohl anders als saksabavana gelesen werden kann [2]); hier ergiebt nicht nur die Etymologie, dass die Form der ersten Art die bessere ist, sondern diese liegt auch den Umschreibungen der Hebräer und Griechen zu Grunde. Es ist aber möglich, dass die Griechen als gewöhnliche Umgangssprache der vornehmen Perser die zweite Art kennen lernten, nichtsdestoweniger aber einzelne Wörter in der ersten Art aussprechen hörten; und es ist möglich, dass in der persischen Umgangssprache einzelne Wörter, z. B. für höhere Aemter, aus der ersten Art genommen, und obgleich diess eine nah verwandte Sprache war, doch nicht ohne Entstellung entlehnt wurden.

Wenn aber die zweite Art die eigentliche persische Umgangssprache am Hofe zu Susa war, was soll dann die erste Art gewesen sein? Diese scheint mir nicht die Sprache des wirklichen Lebens, nicht die wirkliche Volkssprache gewesen zu sein, sondern eine auf gelehrtem Weg erlernte heilige Sprache, die Sprache der Religion, der Magier. Diess scheint mir daraus hervorzugehen, dass die Inschrift des Artaxerxes III. in dieser Sprache so sehr fehlerhaft ist. Man hat behauptet, es zeige sich in dieser Inschrift die natürliche Verändrung, welche die Sprache durch Fortentwicklung und Abschleifung erleide. Allein diess ist hier durchaus nicht der Fall. Wir sehen hier durchaus nicht eine Sprache, die sich auf natürlichem Wege aus der Sprache der ältern Denkmäler entwickelt hat, so wie etwa die lateinischen Denkmäler sind, in welchen sich schon der Beginn der romanischen Sprachen bemerklich macht, sondern diess ist eine Inschrift

---

1) Z. B. Salyap. 775.

2) Obgleich ksassabavana oder sassabavana erwartet wird.

in einer Sprache, die der Schreiber nicht versteht, und in der er aus Mangel an Kenntniss die gröbsten Fehler macht. Es konnte daher diese Sprache unmöglich eine lebende sein; eine lebende Sprache kann von dem, der sie spricht, unorthographisch geschrieben werden, aber nie mit so groben grammatischen Fehlern. Wenn in einer lebenden Sprache ego ich heisst, und me mich, so könnte nur ein Fremder, nie ein Einheimischer me für ego setzen, wie es hier geschehen ist. Es ist also diese Sprache eine erlernte; und das Denkmal des Artaxerxes beweist, nicht dass die persische Volkssprache seit der Zeit des Darius die unbegreiflichsten Entstellungen erlitten habe, sondern dass die Magier schon zur Zeit des Artaxerxes die Kenntniss ihrer heiligen Sprache fast verloren hatten, und nicht mehr im Stand waren, in derselben einige Zeilen ohne die gröbsten Fehler zu schreiben. In solchen Fällen wird gewöhnlich zu merken sein, welche Sprache der Schreiber spricht. Die Fehler, die er in der gelehrten Sprache macht, werden an die Grammatik der gesprochenen Sprache erinnern. Und so erinnern hier die Fehler der Inschrift an die Sprache der zweiten Art, welche also auch auf diesem Weg als die eigentliche Umgangssprache erwiesen wird. Wie in der zweiten Art wird hier in der ersten der Genitiv dem Nominativ gleichgesetzt, und der Accusativ des Pronomens dem Nominativ.

Wenn aber die erste Art, die man gewöhnlich die altpersische Sprache nennt, nicht eine lebende, sondern eine gelehrte und heilige Sprache war, die Sprache der Magier, wie verhält sie sich denn zu der Zendsprache? An dieser haben wir ja schon eine heilige Sprache derselben Religion, die in den Inschriften bekannt wird; und dieselbe Religion kann doch nicht wohl zwei Sprachen haben. Hier bin ich an einem Punct angelangt, wo ich die Antwort schuldig bleiben muss. Die Verwandtschaft der beiden Sprachen ist sehr gross; der Unterschied ist zum Theil durch die Verschiedenheit der Schrift herbeigeführt. Offenbar besitzen wir die Zendbücher in einer Schrift, die nicht von sehr hohem Alter ist; sollte nicht zur Zeit, als sie in diese Schrift umgeschrieben wurden, auch die Sprache verändert worden sein? Freilich müssten dann die Abweichungen eine jüngere Zeit verrathen; und diess thun sie auch zum Theil ganz entschieden. Daneben aber hat das Zend Formen, die alterthümlicher sind als die der achämenidischen Inschriften der ersten Art. Aber auch diess liesse sich erklären. Die heilige Sprache mochte in den ältesten Religionsurkunden Archaismen zeigen, die zur Zeit der Abfassung der Inschriften nicht mehr angewandt wurden. Doch ich wollte ja die Antwort schuldig bleiben; und gewiss ist es gerathen, in diesen Dingen immer noch Berichtigung vorzubehalten.

Michael Meschâka's Cultur-Statistik von Damaskus.

Aus dem Arabischen übersetzt von **Prof. Fleischer** [1]).

Die Stadt Damaskus hatte in frühern Zeiten viele Gelehrtenschulen (madâris) für verschiedene Wissenschaften, und betrachten wir das, was die moslemischen Gelehrten über die grosse Anzahl derselben sagen, so kommt es uns fast unglaublich vor. So behaupten sie, bloss in der Şâliḥijja, einem Stadtviertel (maḥalla) von Damaskus [2]), habe es — ohne die in den übrigen Stadtvierteln liegenden Gelehrtenschulen — 360 solcher Anstalten gegeben; woraus vergleichungsweise folgen würde, dass ganz Damaskus mehr als 2000 Gelehrtenschulen enthalten hätte. Wenn wir nun aber den Anbau der Kurden (ʿamâïr al-Akrâd), welcher in dem östlichen Theile der Şâliḥijja auf einem früher augenscheinlich nicht angebauten Boden später entstanden ist, von der Şâliḥijja abziehen und nur den ursprünglichen Bestand dieser letztern so wie die auf ihrem Boden noch sichtbaren Bauüberreste in's Auge fassen, so ergiebt sich dass sie allein die angeblich in ihr enthaltenen Gelehrtenschulen kaum gefasst haben kann, — wo sollte also das Volk gewohnt haben?

Vor nun acht Jahren ersuchte mich ein Freund, die moslemischen Moscheen und Gelehrtenschulen von Damaskus für ihn zusammenzustellen. Durch angestrengte Nachforschungen gelangte ich zu folgendem Ergebniss: Gesammtzahl der Moscheen und Gelehrtenschulen 248; darunter Hauptmoscheen (ǵawâmiʿ), in welchen das Kirchengebet (ḫuṭba) gesprochen wird und die mit Minarets versehen sind, 71; Kapellen und Schulen bloss zur Verrichtung der kanonischen Gebete (zawâjâ wa-madâris li-ḳijâm aṣ-ṣalât faḳaṭ) 177. Muthmasslich waren 100 der letztern ursprünglich wirkliche Gelehrtenschulen. Gegen 100 von diesen Gelehrtenschulen sind eingegangen, andere zu gewöhnlichen Wohnhäusern geworden. — Neuerdings nun habe ich bei einem unserer gelehrten Freunde ein Buch gefunden, aus dem man sich über den vorliegenden Gegenstand vollständig belehren kann. Ich habe daher besonders zu diesem Zweck eine [weiter unten folgende]

1) S. Ztschr. III, 123, d. letzte Briefauszug.

2) Nach den Marâṣid, II, 144, ist aṣ-Şâliḥijja ein grosser Flecken mit Marktplätzen und einer Hauptmoschee am Fusse des bei Damaskus liegenden Berges Ḳâsiûn.

kurz gefasste Tabelle ausgezogen, welche Jedem, der sie einsieht, genügende Auskunft über das Betreffende geben wird.

Die Hauptursache des Verfalls dieser Gelehrtenschulen ist das Eingehen der Stiftungen, aus welchen die Kosten derselben bestritten wurden. Diess hat wiederum mehrere Ursachen: 1) Veruntreuung von Seiten der Intendanten welche die Stiftungen zu verwalten hatten, von denen manche in Folge längerer Administration diese und jene Grundstücke und Gebäude an sich zogen und sie für Privateigenthum ausgaben. 2) Andere wurden durch weitschichtige Contracte an mächtige Personen verpachtet, später aber gerieth das wahre Sachverhältniss in halbe oder ganze Vergessenheit. 3) Ein dritter Theil wurde auf verschiedene andere Weise verpachtet und vermiethet [1]), worauf dann die resp. In-

---

1) Der Text: ومنها ما دخل تحت الحكر او المرصد او الكردار بـه او الكاديك او العيمة. Ueber diese der Rechts- und Geschäftssprache angehörenden Ausdrücke hat mir Herr Mešâka selbst auf geschehene Anfrage folgende Auskunft ertheilt: الحكر بالتحريك ما أُحْتُكِر اى أُحْتُبس انتظارا لغلائه والاستبداد بالشيء اى الانتفاع به على وجه الخصوص وشرعًا هو اجارة الارض عقودا معلومة باجرة معلومة هى اجرة مثلها ليبنى او يغرس فيها بشرط استبقاء العمارة والغرس للمستاجر باجرة المثل بعد انقضاء مدّة الاجارة فيثبت له حقّ القرار حيث لا ضرر على الوقف وحينئذ ليس للمتولى تملّكه لجهة الوقف الّا برضاه وكذا ليس له تكليفه القلع المرصد هو عبارة عن المال الذى يصرفه مستاجر حانوت الوقف على مرمته وعمارته باذن المتولى ليكون القدر المذكور مرصدا له على الحانوت الكردار بالكسر هو عبارة عن ما يملكه المستاجر لارض الوقف مثل البناء والشجر اذا بناه او غرسه باذن المتولى بشرط الاستبقاء على ملكه بعد انقضاء مدّة الاجارة ومثل هذا كبس التراب اذا نقله لارض الوقف من مكان كان يملكه الكدك (so hier) والخلو بينهما عموم وخصوص مطلقًا فالكدك اعمّ من الخلو لان الخلو يصدق بما اتّصل بالارض اتّصال قرار كالبناء بالارض المحتكرة ويصدق بالدراهم التى تدفع بمقابلة التمكّن من استبقاء المنفعة مثلا السلطان الغورى لما بنى حوانيت الجملون اسكنها للتجار (so) بالخلو وجعل لكل حانوت قدرا اخذه منهم وهذا

haber sich darin so festgesetzt haben, dass man sie nicht mehr daraus verdrängen kann; und sie zahlen nun an die Verwalter

---

صريح فى ان الخلو فى حادثة السلطان المذكور عبارة عن المنفعة المقابلة للقدر الماخوذ من التجار فالخلو اسم لما يملكه دافع الدراهم من المنفعة التى دفع الدراهم بمقابلتها وعلى هذا فلا يكون الخلو خاصّا بالمتّصل بالعين اتّصال قرار بل يصدق به وبغيره وكذا الكدك المتعارف فى الحوانيت المملوكة ونحوها كالقهاوى تارة يتعلّق بما له حقّ القرار كالبناء بالحانوت وتارة يتعلّق بما هو اعمّ من ذلك والذى يظهر انه كالخلو فى الحكم وانه لا فرق بينهما لجامع وجود العرف فى كلّ منهما والمراد بالمتّصل اتّصال قرار ما وضع لا ينفصل كالبناء ولا فرق فى صدق كلّ من الخلو والكدك به وبالمتّصل لا على وجه القرار كالخشب الذى يركب بالحانوت لاجل وضع عدّة الحلّاق مثلا فان الاتصال وجد لكنه لا على وجه القرار وكذا يصدقان بمجرّد المنفعة المقابلة للدراهم لكن ينفرد الكدك بالعين الغير متّصلة اصلا كالبكارج والفناجين بالنسبة للقهوة وبهذا الاعتبار يكون الكدك اعمّ ‾القيمة‾ هى عبارة عن ثمنية شىء وضعه المستاجر بارض الوقف باذن المتولى كالعمارة اى السواد وغير ذلك من المعانى التى تزداد الارض بها قوّة

, Ḥakar mit doppeltem Fatḥa ist 1) was man iḥtakara, d. h. [nicht sofort verkauft, sondern] zurückhält in der Hoffnung, dass es im Preise steigen werde. 2) Dasselbe was istibdâd, d. h. die ausschliessliche Nutzung einer Sache; in der Rechtssprache: die Pachtung eines Grundstückes unter gewissen Bedingungen für einen gewissen, dem Grundstücke, wie es [ursprünglich] ist, entsprechenden Zins, um darauf zu bauen oder zu pflanzen, mit der Bestimmung dass das Gebaute und Gepflanzte nach Ablauf der Pachtzeit für jenen dem ursprünglichen Bestande des Grundstückes entsprechenden Zins dem Pachter fortwährend verbleibt und er dann [für das von ihm Gebaute und Gepflanzte] das Recht der Unverrückbarkeit geniesst, wofern daraus kein Nachtheil für die Stiftung entspringt, unter welcher Voraussetzung auch der Stiftungsverwalter das Gebaute und Gepflanzte, ausser mit Zustimmung des Pachters, nicht in Beschlag nehmen, auch ihn nicht nöthigen darf, es nieder- und auszureissen. Murṣad ist ein Ausdruck für das Geld, welches der Miether eines zu einer Stiftung gehörenden Gewerbslocals mit Erlaubniss des Stiftungsverwalters auf Ausbesserung und Instandhaltung desselben verwendet, so dass ihm die bezügliche Summe auf jenes Local versichert [zu ihrer Wiedererlangung auf dasselbe rechtskräftig angewiesen] bleibt. Kirdâr mit Kasra [des ersten Buchstaben] ist ein Ausdruck für dasjenige, was der Pachter eines Stiftungsgrundstückes zu diesem hinzuerwirbt, z. B. Gebäude und Bäume, wenn er sie mit Erlaubniss des Verwalters [auf dem Grundstücke] errichtet und pflanzt, mit einen Zins, der zwar nicht für die Zeit, wo der Vertrag ursprünglich geschlossen wurde, wohl aber nach dem heutigen

---

der Bestimmung dass ihm nach Ablauf der Pachtzeit das Eigenthumsrecht daran fortwährend verbleibt. Ebenso ist es mit Dammerde, vorausgesetzt dass er sie von einem Orte, den er [bei deren Wegnahme] eigenthümlich besass, auf das Stiftungsgrundstück geschafft hat. Kedik [mit arab. Dehnung Kâdik] und Ḫilw [das letztere die arab. Uebersetzung des ersteren, d. h. des türk. gedük, gedik, Riss, Spalte; Lücke, leerer Raum; vacante Stelle, vacantes Lehen] stehen im Allgemeinen zu einander im Verhältniss des Allgemeinen und Besondern, so dass kedik allgemeiner ist als ḫilw. Dieses letztere wird nämlich eigentlich von dem gebraucht, was unverrückbar an dem Boden haftet, wie ein Gebäude an dem Boden eines gepachteten Grundstücks; ebenso aber auch von der Geldsumme, die man für die Berechtigung zur beständigen Nutzung einer Sache erlegt. Als z. B. der Sulṭân Al-Ġaurî [der letzte čerkessische Mamluken-Sulṭân von Aegypten, gefallen gegen Selim I. im J. Chr. 1516] die Buden der Basilika gebaut hatte, räumte er sie den Kaufleuten zum ḫilw ein und bestimmte für jede Bude eine Summe, die er von ihnen dafür bezog. Diess zeigt deutlich, dass ḫilw in dem hier von diesem Sulṭân Erzählten die Nutzung ausdrückt, welche gegen die von den Kaufleuten bezogene Summe gewährt wurde. Ḫilw wäre demnach eine Benennung für das Nutzgut, welches Jemand gegen die Erlegung einer Summe Geldes erwirbt. Diess vorausgesetzt, ist ḫilw nicht auf das beschränkt, was unverrückbar an einem äussern Gegenstande haftet, sondern kann sowohl hiervon als von anderem gebraucht werden. Ebenso bezieht sich das von Läden und ähnlichen Gewerbslocalen, deren Besitz Jemand erwirbt, z. B. von Kaffeeschenken, gebräuchliche kedik bald auf Dinge, welche das Recht der Unverrückbarkeit haben, z. B. das, was in und an einem Laden gebaut wird, bald auf einen weitern Kreis von Gegenständen. Und da jedes der beiden Wörter im Sprachgebrauche dem andern gleich steht, so ist es am wahrscheinlichsten, dass kedik denselben Begriff ausdrückt wie ḫilw und zwischen beiden kein Unterschied stattfindet. Mit den Worten: „was unverrückbar — haftet" ist dasjenige gemeint, was so eingerichtet ist, dass es sich nicht von seinem Platze rücken lässt, wie z. B. ein Gebäude. Es werden aber beide Wörter, ḫilw und kedik, ohne Unterschied gleich richtig sowohl von solchen Dingen, als von denen gebraucht, welche nicht unverrückbar an ihrem Platze haften, wie z. B. das Holzwerk, welches in einer Bude angebracht wird, um das Barbierzeug darauf zu legen; denn hier findet zwar ein Haften am Orte statt, aber nicht auf unverrückbare Weise. Und so werden sie auch gleich richtig gebraucht von jeder einer erlegten Geldsumme entsprechenden Nutzung schlechthin. Jedoch bezieht sich kedik ursprünglich bloss auf nicht an einem Orte haftende Gegenstände, wie Kaffeekannen und Tassen im Verhältniss zu der Kaffeeschenke [welcher sie angehören], und in dieser Hinsicht ist kedik [wie oben gesagt wurde] allgemeiner. [*Bianchi's* türk.-franz. WB. giebt als letzte Bedeutung von كدك: „espèce de contrat d'arrentement perpétuel d'une maison, d'une boutique, d'un magazin ou de tout autre immeuble, moyennant lequel contrat celui qui a arrenté le dit bien, et payé une fois le prix du contrat, ne peut plus être dépossédé, ni lui ni ses héritiers, et n'est tenu qu'à acquitter, chaque année, une certaine redevance fixée par le même contrat; il peut même céder son droit de jouissance en faisant passer cet acte sur le nouvel acquéreur, avec le consentement du propriétaire du bien."] Ḳima ist ein Ausdruck für den Preis einer Sache, die der Abmiether mit Erlaubniss des Verwalters in dem Grund und Boden der Stiftung anbringt, wie 'imâra [Anbau], d. h. Dünger und andere Dinge durch welche die Erde grössere Ertragsfähigkeit gewinnt."

Geldwerthe ein sehr geringer ist. 4) Giebt es viele zu Stiftungen gehörende Dörfer, über welche die Regierung in frühern Zeiten keine Gewalt in der Weise ausübte, dass sie regelmässige Abgaben (amwâl sulṭânijja, Herrschaftsgelder) von ihnen eingetrieben hätte, — nur manchmal legte sie ihnen unbedeutende Steuern auf; in den letzten Jahrhunderten aber, wo die Wezire unumschränkt herrschten ohne dass Jemand sich ihrem Willen hätte widersetzen können, besonders da sie ihre Statthalterschaften als Staatspächter (ʿalâ wağh aḍ-ḍamân) verwalteten, belegten sie demgemäss jene Dörfer mit schweren Steuern, welche die Bewohner aufzubringen nicht vermochten, wenn ihnen noch so viel übrig bleiben sollte, als der von ihnen an die betreffenden Stiftungen abzuführende Zins betrug. Da war nun der Stiftungsverwalter zufrieden, wenn sie nur eine Kleinigkeit gaben, damit sie ihre Dörfer nicht etwa ganz verfallen lassen und andere Leute sich in den Besitz und Anbau der dazu gehörigen Ländereien eindrängen möchten. Jene von der Regierung aufgelegten Steuern wurden aber fortwährend von Jahr zu Jahr drückender und die Stiftungen kamen von Tag zu Tag mehr herunter, besonders die alten; denn je älter eine Stiftung ist, desto mehr verfallen ihre Rechtsansprüche. Daher haben sich nur noch folgende fünf Gelehrtenschulen erhalten, — nach meiner Meinung desswegen, weil sie jünger als andere sind —: 1) die Sulaimânijja, erbaut von Sulaimân Paśa al-ʿAẓam, 2) die von ʿAbdallâh Paśa al-ʿAẓam, 3) die Murâdijja, 4) die Madrasat al-ḫajjâṭîn (die Schneider-Schule), 5) die Sumaisâṭijja (die Samosatenische). Diese Gelehrtenschulen haben so viel Einkünfte, dass ihre Schüler davon leben können. Das stärkste Einkommen hat die von ʿAbdallâh Paśa, denn in fruchtbaren Jahren kommen auf jeden ihrer Schüler 1300 bis 1500 Piaster Jahresrente; andere bleiben hinter dieser Summe zurück. Die Alumnen dieser Anstalten sind die von den übrigen getrennt in den Schulgebäuden selbst lebenden Schüler. Man findet darin keine einzige Wohnung die nicht einen Schüler beherbergte. In einigen Hauptmoscheen wird ebenfalls Unterricht ertheilt, jedoch ohne dass die Schüler etwas zu ihrem Lebensunterhalte erhielten, wie z. B. im Ǵâmiʿ al-ward [oder al-wirdî] auf dem Sûḳ Sârûǵa; dort trägt Munlâ Bakr der Kurde die Geometrie und ihre Zweigwissenschaften vor. Im Ǵâmiʿ at-tauba und Ǵâmiʿ al-umawî [der Hauptmoschee von Damaskus] werden über das Trivium (al-âlât, die Organa, Instrumentalwissenschaften; s. unten S. 352, Z. 13) und die Religionswissenschaften Vorlesungen gehalten. Es giebt aber auch Gelehrte, welche ihre Schüler unentgeltlich in ihren Wohnungen unterrichten. Die Wissenschaften, welche in Damaskus von Gelehrten vorgetragen werden, sind: 1) Lexilogie (luǵa), 2) Koranerklärung (tafsîr), 3) Aussprüche des Propheten (ḥadîṯ), 4) Rechtskunde (fiḳh), 5) Erbrecht (farâïḍ), 6)

Lehre von Gottes Einheit (tauḥîd), 7) Syntax (naḥw), 8) Flexionslehre (ṣarf), 9) Grundlehren der Religion (uṣûl), 10) Terminologie (muṣṭalaḥ), 11) Metrik (ʿarûḍ), 12) Metapherlehre (istaʿârât), 13) Satzlehre (maʿânî, erster Theil der Rhetorik), 14) Elocutionslehre (bajân, zweiter Theil der Rhetorik), 15) Tropenlehre (badîʿ, dritter Theil der Rhetorik), 16) Astronomie (haiʾa), 17) Disputirkunst (âdâb, sc. al-baḥt), 18) Onomatopoeie (waḍʿ, die Lehre von der ursprünglichen Verbindung zwischen dem Wortlaute und der Bedeutung), 19) Logik (manṭiḳ), 20) Geometrie (handasa), 21) Algebra (ǵabr wa-muḳâbala), 22) Arithmetik (ḥisâb), 23) Musik (mûsîḳâ), 24) Sphärenkunde (falak), 25) Gnosis (ḥaḳîḳa), 26) Koranlesekunst (ḳirâat al-ḳurʾân), 27) Türkische, französische, italienische, altgriechische (jûnânî) und persische Sprache.

Weiter giebt es besondere Locale für die Angehörigen der religiösen Orten (arbâb aṭ-ṭarâïḳ ad-dînijja). Dazu gehören 1) die Maulawijja; sie haben ein besonderes Kloster (takijja), wo die Derwische zusammenkommen, die Vorschriften ihres Ordens ausüben und unter ihrem Oberhaupte, welches durch die von Munlâ Ḫunkâr [1]) von Ḳonia [Ǵalâladdin ar-Rûmî] überkommene Autorität die Oberaufsicht über sie führt, den Maṯnawî (Mesnewi) studiren. 2) Die zur Zeit Scheich Ḫâlid's des Kurden neu constituirten Naḳśbendijja. Der Scheich starb im J. d. H. 1243 (Chr. 1827/8) in der Ṣâliḥijja, und unter der Statthalterschaft des Neǵîb Paśa wurde ihm ein Grabmal errichtet zugleich mit mehrern Wohnungen für seine Derwische. Sie beziehen zu ihrem Lebensunterhalt bestimmte Summen von der Regierung, welche auch die Kosten der Errichtung jener Gebäude getragen hat. Gegenwärtig haben sie ein Oberhaupt mit Namen Scheich Firâḳî, von welchem sie in der Lehre dieses Ordens unterrichtet werden. Eben so ist es 3) mit dem Kloster des Sulṭâns Selîm in der Marǵa (der Aue bei Damaskus): das Einkommen von dem Ertrage seiner Stiftungen fliesst in die Regierungskasse, und einen Theil davon giebt die Regierung gewissen Beamten, welche an ihre Stellen geknüpfte, durch landesherrliche Fermane stets erneuerte Ansprüche darauf haben. Vor nun fünf Jahren wiess die Regierung jenes Kloster dem Scheich Maḥmûd Efendi aṣ-Ṣâḥib, dem Bruder des vorerwähnten Scheich Ḫâlid, mit seinen Schülern zum Wohnsitz an, und zu ihrer Erhaltung wurde dem Scheich eine von dem Schatze zu beziehende monatliche Subvention von 6500 Piastern ausgesetzt. Ebenso wohnt 4) Scheich Aḥmad an-Naḳśbendî mit seinen Schülern, den [alten] Naḳśbendijja, in dem Ǵamiʿ as-sûḳijja (der Hauptmoschee der Handelsleute am Maidân, aber er bezieht nichts zu

---

1) خنكار, s. *Quatremère*, Hist. des Sult. Maml., 1, 1, S. 66 ff. in d. Anm.

seinem Unterhalt aus dem Schatze. Von ihm empfingen der Serʿasker Nâmiḳ Paša und der Oberstatthalter (mušîr al-ijâla) Ṣafweti jene Ordenslehre und er war ihr Privat-Scheich. — Ausserdem giebt es in Damaskus noch mehrere andere Orden mit Scheichen an der Spitze, welche den Aspiranten (murîdîn) ihre Lehre mittheilen, z. B. die Ḳâdirijja, die Rifâʿijja, die Šâdilijja; aber die Scheiche dieser Orden haben keine Pensionen von der Regierung zu beanspruchen und ihre Schüler gehen zu ihnen in ihre Privatwohnungen.

Am meisten studiren die Moslems die Religionswissenschaften und deren Hülfsdoctrinen, die Flexionslehre, die Syntax, die Elocutionslehre und andere dergleichen. Desswegen nennen sie auch diese letztern Wissenschaften die âlât (Organa). Nur selten trifft man unter ihnen Leute an, welche nicht auf die Religion bezügliche Wissenschaften treiben.

Unter den Christen und Juden findet man gar nichts von Wissenschaft und beide sind beinahe im Naturzustande, nur dass die Juden den Talmud, aber auch nur diesen, studiren. Die Griechen haben sich während der letzten Jahre in gewisser Beziehung dadurch über die andern Nationen erhoben, dass ihr Patriarch Methodius ihnen Schulen gebaut hat, welche theils zum Unterrichte einer Anzahl ihrer Priester und Seminaristen in der Flexionslehre und Syntax, im Altgriechischen, Italienischen und Türkischen, so wie in den Grundsätzen der Religion, theils zum Unterrichte der Kinder im Lesen bestimmt sind. Dieser ganze Unterricht ist unentgeltlich. Die katholischen [unirten] Griechen waren in der ersten Zeit der ägyptischen Herrschaft daran gegangen, eine Schule zum Unterrichte in der Syntax zu errichten, und hatten einen Redemtoristen-Mönch (min ar-ruhbân al-muḫalliṣijjîn) als Lehrer an dieselbe berufen; aber ihr Patriarch Maximus trat ihnen hierin entgegen und verbot den Unterricht, unter dem Vorgeben dass er selbst dafür sorgen werde. So blieb es bis vor sechs Jahren: da eröffneten ihre Redemtoristen eine Schule zum Sprachunterricht in Anṭûš und stellten als Lehrer an derselben einen aus ihrer Mitte, einen gebornen Damascener, an; aber auch daran verhinderte sie der vorgenannte Patriarch, indem er behauptete, die Schule müsse unter seiner Oberhoheit stehen, und ihnen einen Lehrer aus Konstantinopel zu schicken versprach. Und so geschah es auch: vor drei Jahren schickte er ihnen als Lehrer einen gebornen Griechen mit der Anweisung auf einen hohen, ihm aus der Gemeindekasse zu zahlenden Gehalt. Es dauerte jedoch nicht lange, so entstanden durch die Unverträglichkeit dieses Mannes Zerwürfnisse zwischen ihm und den Gemeindegliedern; die Schule ging ein, der Lehrer nach Konstantinopel zurück, und die Kinder blieben ohne Unterricht. Einige von ihnen traten nun in die Schule der Lazaristen über. Diese halten nämlich eine Schule zum Unterricht im Französischen, eine Knaben- und eine Mädchenschule zum Unterricht im Arabischlesen, endlich noch eine Nähschule für Mädchen. Sie unterrichten die Bekenner aller Religionen, Christen, Moslems und Juden, unentgeltlich. — Die Mönche vom heiligen Lande (Ruhbân terra-santa, رهبان تيرا سانطا) haben eine Schule, wo unentgeltlich Unterricht im Arabischlesen ertheilt wird; sie nehmen Schüler von jeder Nation an. Die amerikanischen Missionare (al-mursalûn min ṭaraf al-Amîrikânijjîn) haben in der Nähe des Judenviertels eine Kinderschule, in welcher sie christlichen und jüdischen Kindern unentgeltlich arabisch lesen lehren. Bei alle dem ist das Streben der Christen besonders darauf gerichtet, ihre Kinder das Arabische nach Principien lernen zu lassen; dazu haben einige ihre Kinder in eine der oben genannten Gelehrtenschulen gethan, andere halten ihnen besondere Lehrer.

Die verschiedenen Zweige der Heilkunde sind in einem sehr traurigen Zustande [1]). Denn von Orten zur Unterbringung und Heilung der Kranken giebt es nur 1) das Màristân (Irrenhaus), dessen Stiftungen meistentheils eingegangen sind und welches nur noch einige arme Wahnsinnige enthält, die an Ketten und Halseisen angeschlossen in engen Zimmern auf dem blossen Boden liegen, im Sommer Hitze und im Winter Kälte ertragen müssen, und ihre Nahrung von den Almosen der sie Besuchenden oder von den Gelübden barmherziger Menschen erhalten. 2) Zwei Gemeindehäuser für Aussätzige (maǵḏûmîn). Das eine, den Christen aller Nationen angehörig, liegt innerhalb der Stadt und heisst Ḥaḍîra (حضيرة Gehöft, statt حظيرة Ḥaẓîra, eig. ein mit Zäunen oder Mauern eingeschlossener Platz); das andere ausserhalb der Stadt gehört den Moslems. Die christlichen Aussätzigen leben von Almosen und vom Transport todter Körper; ausserdem geniessen sie noch einige wenige Stiftungen. Die moslemischen Aussätzigen besitzen zu ihrem Unterhalt mehrere alte Stiftungen und Dörfer, von welchen sie den Zehnten beziehen. Wie es scheint, fällt die Errichtung des Màristân, obgleich sich arabische Inschriften darauf befinden, in die vorislamische Zeit; denn das Thor desselben ist in römischem Style erbaut (binâ bâbi-hi ʿalâ hai'at binâ ar-Rûmânijjîn); dagegen sind die beiden für die Aussätzigen bestimmten Gehöfte neuere Gebäude aus der Zeit des Islâm. — Die Aerzte erlernen ihre Kunst durch Ueberlieferung von Geschlecht zu Geschlecht (ḫalafan ʿan salafin). Es sind ihrer ungefähr sechzig, Moslems, Christen und Juden, die in drei Klassen zerfallen. Die erste, aus etwa vier Personen bestehend, verfährt nach den neuern Grundsätzen, welche sie den Zöglingen der ägyptischen

---

1) S. Ztschr. IV, S. 128, Z. 9 ff.

medicinischen Schule entlehnt hat. Die zweite, ungefähr sechs Mann stark, hält sich an die alten Principien und empfiehlt die entsprechende Heilmethode als die allein richtige. Die Uebrigen gehören zu der dritten Klasse, den Pfuschern (al-mutaṭaffilîn ʿala 'ṣ-ṣinâʿa), — an und für sich ganz gemeine Leute, von denen viele nicht einmal lesen können. Die meisten davon sind Juden, und nur weil die Regierung keine Untersuchung über sie verhängt, geht ihnen ihr Quacksalbern voll aus. Aber dieses Gewerbe lässt nun einmal Lug und Trug zu, und seine Fehler bedeckt die Erde. — Die Wundarzneikunst wird von unwissenden Barbieren betrieben. Ihrer sind ungefähr vierzig, deren Oberältester nicht einmal lesen kann, vielweniger wissenschaftliche Bildung besitzt; aber durch empirische Ueberlieferung von seinen Vorgängern versteht er sich ganz gut auf die Praxis. — Die Augenärzte (al-kaḥḥâlûn), etwa zwanzig an der Zahl, sind meistens Drusen. Vier von ihnen haben die alten Kunstprincipien inne; die übrigen aber sind Ignoranten, die nichts davon verstehen, und die meisten, welche sich von ihnen behandeln lassen, werden blind. — Dann giebt es aber auch noch einige europäische und türkische Aerzte, die zum Theil wirklich etwas wissen, zum Theil aber noch unwissender sind als die Araber selbst. Einige von ihnen sind Militärärzte, Andere zur unentgeltlichen Behandlung der Armen angestellt; aber sie helfen der städtischen Bevölkerung nicht viel. Wenn die Erstern (die Militärärzte) zur Behandlung eines Stadtbewohners herbeigeholt werden, so verlangen sie ein für die Armuth der Leute unerschwingliches Honorar; und dann verschreiben sie meistens Medicin von dem Apotheker, der sich gewöhnlich den zehnfachen Betrag ihres wirklichen Werthes und noch mehr dafür bezahlen lässt. Die Andern (die Armenärzte) curiren allerdings unentgeltlich, aber sie empfangen die Kranken nur zu bestimmten Tagen und Stunden; wenn daher ein Kranker genöthigt ist, etwa eine Stunde vor der festgesetzten Zeit zu kommen, so findet er zum Verweilen keinen andern Ort als die offene Strasse [1]), wo er bis zum

---

1) Der Text قارعة الطريق. Diesen Ausdruck fand ich zuerst in der T. u. E. Nacht, Bresl. Ausg., I, S. 94, Z. 10, wiewohl dort falsch فارغة الطريق steht; aber die im Besitze des Prof. *Caussin* befindliche Abschrift der T. u. E. Nacht von Mich. Ṣabbâġ hat richtig قارعة الطريق (die Mss. von Galland und Maillet in Paris gleichbedeutend راس الطريق), was mir der Aegypter ʿ*Âïde* so erklärte: „route praticable sur un grand chemin“ und Prof. *Caussin*: „la même chose que السكّة, le chemin battu“. Letzterer fügte hinzu, in Syrien bedeute قارعة überhaupt jeden von Gebäuden, Mauern und andern hervorragenden Gegenständen freien Platz (lat.

Ablauf jener Frist Hitze und Kälte ertragen muss, was sein Uebel nur noch verschlimmert; und ist er nun dadurch erst recht krank geworden, so muss er in seiner Wohnung das Bett hüten und einen der städtischen Aerzte holen lassen, der nicht weiss, wie jene Krankheit früher behandelt worden ist, was ihn dann zur Anwendung falscher Mittel verleitet; — zu geschweigen des noch schlimmern Falles, dass der Kranke während der Dienstferien des Armenarztes (ʿaṭâlat aṭ-ṭabîb, s. Ztschr. Bd. II, S. 493—4) ohne Behandlung bleibt, was nicht selten seinen Tod zur Folge hat. — Wir sehen es vor Augen, dass durch ungeschickte und fehlerhafte ärztliche Behandlung mehr Leute umkommen als durch blutige Schlachten und Gefechte. Desswegen sollte die Regierung auf diesen wichtigen Gegenstand ganz besonders aufmerksam seyn, weil Sorge für die Gesundheit der Unterthanen die Hauptbedingung der Blüthe eines Landes ist, insofern dadurch seine Bevölkerung vermehrt wird und die Eltern für die Erziehung ihrer Kinder erhalten werden. Denn das Verwaistseyn ist eine der vorzüglichsten Ursachen des Hinsterbens der Kinder; bleiben junge Waisen aber auch am Leben, so ist doch Niemand da, der sie heranbildete und ihnen das lehrte, was nöthig ist um sie zur Erwerbung irdischer und himmlischer Seligkeit fähig zu machen. Darum bitten wir Gott um gnädige Gewährung der Mittel zur Erlangung wahren Glückes. Geschrieben zu Damaskus am 5. Febr. 1848.

Kurzgefasste Tabelle theils eingegangener, theils noch bestehender öffentlicher Gebäude in der Stadt Damaskus, aṣ-Ṣâliḥijja und der Umgegend.

I. Die Koranschulen (Duwur al-ḳur'ân).

J. d. Stift.	Name	Name des Stifters u. s. w.
878	الخيضرية	Der Oberrichter Ḳuṭb-ad-dîn al-Ḫaiḍarî.
Unbek.	الجزرية	Muḥammad Bin Muḥammad al-Ǵazarî, geb. 751, gest. zu Damaskus 833.

---

area). Diese Bedeutung des Wortes wurzelt in قَرِعَ vacuus fuit, خلا (s. bei Freytag die 2. und 3. Bedeutung), vom Kopfe calvus fuit (vgl. hiermit den Gebrauch des Wortes area von der Glatze). Daher auch schon bei Golius: „قارعة atrium, impluvium domus“ (ebenfalls area). Vollkommen übereinstimmend mit dem bisher Gesagten sind die Erklärungen des Ausdruckes قارعة الطريق in Zamaḫšarî's Muḳaddima, ed. *Wetzstein*, S. 11, Z. 12: راه چهارسوی oder راه چارسوی, im Allgemeinen platea (nicht „quadrivium; compitum“ Index S. 193), راه سر, das oben erwähnte arab. راس الطريق, und راه كفته (st. كوفته) *Caussin's* „chemin battu“. Vgl. hiermit *Wright* zu Ibn Ǵubair's Reisen, S. 29, Z. 5 ff. Marâṣid, I, S. 462, Z. 3; II, S. 191, Z. 9.

J. d. Stift.	Name	Name des Stifters u. s. w.
847	الدلامية	Aḥmad Bin Zain-ad-dîn Dulâma Bin ʿIzz-ad-dîn Naṣr-Allâh al-Baṣrî.
400	الرشأية	Raśa' Bin Naẓîf ad-Dimaśḳî. Die Schule ging ein, wurde aber später neu hergestellt von Śams-ad-dîn al-Aḫna'î (الاخناى).
735	السنجارية	ʿAlî Bin Ismâʿîl Bin Maḥmûd as-Singârî.
863	الصابونية	Śihâb-ad-dîn Aḥmad Bin ʿAlam-ad-dîn Sulaimân aṣ-Ṣabbân.
Unbek.	الوجيهية	Wagîh-ad-dîn Salîl al-Imâm ad-Dimaśḳî, Scheich der Ḥanbaliten, geb. 630, gest. 701.
		(Summe: 7.)

II. Die Traditionsschulen (Duwur al-ḥadîṯ).

628	اشرفية دمشق	Al-Malik al-Aśraf Mûsâ Bin al-ʿÂdil.
635	اشرفية الصالحية	Derselbe, gest. in dem angegebenen Jahre vor Vollendung der Schule.
Unbek.	البهآئية	War das Wohnhaus des Bahâ-ad-dîn al-Ḳâsim Bin Badr-ad-dîn al-Muẓaffar.
—	الحمصية	Unbekannt.
—	الدواداريه	War eine Halle (riwâḳ) des Emîr ʿAlam-ad-dîn Sangar ad-Dawâdâr (des Dintenfassträgers) 1) al-Muḥaddiṯ (des Traditionsgelehrten), gest. 699.
—	(sic) السلمورية	War das Wohnhaus von aṣ-Ṣadr al-kabîr (dem Oberpräsidenten) Saif-ad-dîn Aḥmad al-Bagdâdî as-Sâmirî (السامرى), gest. 696.
—	السكرية	Das Amt eines Scheichs (maśjaḫa) dieser Schule bekleidete Śihâb-ad-dîn Bin Taimijja 2), Vater des Scheich Taḳî-ad-dîn.
—	الشقشقية	War das Wohnhaus von Nagîb-ad-dîn Naṣr-Allâh aś-Śaibânî, der es zu einer Stiftung erhob (auḳafa-hâ).
·	العروية	Errichtet von Śaraf-ad-dîn Bin ʿUrwa, gest. 620, östlich von der umajjadischen Hauptmoschee.

1) Ueber dieses Hofamt s. *Quatremère*, Hist. des Sult. Maml., I, 1, S. 118, Anm. 2.

2) Ueber die Entstehung und Bedeutung dieses Namens s. Ibn Challikan ed. *Wüstenf.* Nr. ٦٦٨ zu Ende.

J. d. Stift.	Name	Name des Stifters u. s. w.
Unbek.	الفاضلية	Bei der Kallâsa [1]), in der Nachbarschaft der umajjadischen Hauptmoschee [2]), gebaut von al-Ḳâḍî al-Baisânî (dem Richter aus Baisân), geb. 529.
—	القلانسية	ʿIzz-ad-dîn Ibn al-Ḳalânisî (der Sohn des Mützenmachers), geb. 649, gest. 679.
—	الكروسية	Muḥammad Bin ʿAḳîl Bin Karawwas (كروس), gest. 641.
—	النورية	Nûr-ad-dîn Maḥmûd Bin Zengî, gest. 599.
—	النفيسية	An-Nafîs Bin Muḥammad al-Ḥarrânî ad-Dimaśḳî, gest. 686 im Alter von 80 Jahren.
—	التنكزية	Der Sultanats-Verweser (Nâïb as-salṭana) Tunguz, gest. 740.
—	الناصرية	An-Nâṣir Ṣalâḥ-ad-dîn Jûsuf.
—	الصبابية	Der Kaufmann Śams-ad-dîn Bin Taḳî-ad-dîn aṣ-Ṣabbâb.
.	المعيدية	Der Emir ʿAlâ-ad-dîn Bin Muʿîd al-Baʿlabekkî; jedoch sind die Angaben hierüber verschieden.
		(Summe: 18.)

III. Die Gelehrtenschulen der Śâfiʿiten (Madâris aś-Śâfiʿijja).

Unbek.	الاتابكية	Die Tochter Nûr-ad-dîn Bin Atâbek's, gest. 740 in der Nacht nach der Stiftung.
—	الاسعردية	Ibrâhîm Bin Mubârak-Śâh as-Siʿirtî [3]), gest. 826.
—	الاسدية	Asad-ad-dîn Schîrkûh.
—	الاصفهانية	Ein Kaufmann aus Ispahan.

---

1) S. الكلاسة, S. 360.

2) جيرة الاموى, d. h. جيرة, nach neuerem Sprachgebrauche als determinirter Ortsaccusativ.

3) Der Name der entsprechenden Stadt erscheint theils als سعرد, أسعرد, theils als سعرت, أسعرت, s. Abulf. Geogr. S. ٢٨٨, Ztschr. I, S. 57, drittl. Z. Die Syrer schreiben ܣܥܪܬ, Ztschr. I, S. 58, Z. 7, der Ḳâmûs إِسْعِرْد. Hiernach ist das ت nur eine durch das vocallose ر verursachte Verhärtung, dagegen das ذ bei Abulf. a. a. O. eine unberechtigte Erweichung des د.

J. d. Stift.	Name	Name des Stifters u. s. w.
Unbek.	الاقبالية	Ǵamâl-ad-daula Iḳbâl خادم الملك.
—	الاكزية	Öküz, Minister (Ṣâḥib) Nûr-ad-dîn Maḥmûd's.
—	الامجدية	Al-Malik al-Muẓaffar Ibn al-Malik al-Amǵad, getödtet 626.
—	الامينية	Amîn-ad-dîn كمشتكين, Atâbek der Truppen (Atâbek al-ʿasâkir) [1]), gest. 541.
·	الباذارية	Naǵm-ad-dîn al-Bâḏarî al-Baǵdâdî, geb. 655.
·	البهنسية	Maǵd-ad-dîn, Wezir von al-Malik al-ʿÂdil Mûsâ al-Ajjûbî.
·	التقوية	Al-Malik al-Muẓaffar Taḳî-ad-dîn Bin ʿUmar-Šâh Bin Ajjûb.
—	الجاروخية	Der Turkmane Ǵârûḫ.
—	الحمصية	Unbekannt. In ihr wohnte al-ʿAǵmâwî al-Miṣrî, der Lehrer des Koranlesens (al-Muḳrî).
·	الحلبية	Unbekannt. In ihr wurde Freitagsgottesdienst gehalten im J. 813.
—	الخبيصية	War im Besitze von Badr-ad-dîn Ibn Ḳâḍî Aḏraʿât (dem Sohne des Richters von Aḏraʿât).
638	الدباغية	ʿÂïša, Grossmutter von Fâris-ad-dîn Ibn ad-Dabbâǵ (dem Sohne des Gerbers).
Unbek.	الدولعية	Ǵamâl-ad-dîn Muḥammad Jazîd (sic) ad-Daulaʿî ad-Dimašḳî, geb. 555.
—	الركنية	Rukn-ad-dîn منكورس [2]).
—	الرواحية	Der Kaufmann Zakî-ad-dîn Bin Rawâḥa, gest. 622.
—	الخضراء	Unbekannt. An ihr lehrte ʿImâd-ad-dîn, später Ǵamâl-ad-dîn al-Ḥamawî.
·	الشامية	Die Fürstin von Syrien (Sajjidat aš-Šâm), Tochter von Naǵm-ad-dîn Ajjûb, gest. 616.
—	الشامية الجوانية	Dieselbe; die Schule war früher ein Wohnhaus von ihr.
	الشاهينية	Der Emir Šâhîn as-Saǵâʿî (السجاعى), der im J. 816 die abgebrannte Hauptmoschee der Bekehrung (Ǵâmiʿ at-tauba) wiederherstellte.

1) Ueber dieses Amt s. *Quatremère*, Hist. des Sult. Maml., I, 1, S. 2, Anm. 5.

2) So hier, hingegen منكورش in الركنية البرانية unter den Gelehrtenschulen der Ḥanafiten, S. 362.

J. d. Stift.	Name	Name des Stifters u. s. w.
Unbek.	الشومانية	Ḫalkûn Ḫâtûn (خلقون خاتون)[1], Tochter von Zahr-ad-dîn Śûmân[2].
—	الشريفية	Unbekannt. An ihr lehrte Naǵm-ad-dîn ad-Dimaśkî.
—	الصالحية	Die Grabkapelle der Umm Ṣâliḥ (Mutter Ṣâliḥ's), gestiftet von aṣ-Ṣâliḥ Ismâʿîl Bin al-ʿÂdil.
—	الصارمية	Ṣârim-ad-dîn, Mamluk von Ḳaimâz (مملوك قيماز) an-Naǵmî[3].
—	الصلاحية	Nûr-ad-dîn Maḥmûd Zengî; ihren Namen aber hat sie von dem Sultan Ṣalâḥ-ad-dîn Kâfûr, geb. 511.
—	الطبرية	An ihr lehrte Śaraf-ad-dîn Bin Hibat-Allâh al-Iṣfahânî.
—	الطيبة (sic)	An ihr lehrte Abu 'l-ʿAbbâs al-ʿAzâsî.
—	الظاهرية	Al-Malik aẓ-Ẓâhir Bin an-Nâṣir Ṣalâḥ-ad-dîn.
—	الظاهرية الجوانية	Angekauft von Ajjûb, dem Vater Ṣalâḥ-ad-dîn's, ausgebaut von aẓ-Ẓâhir, der 676 in ihr begraben wurde.
·	الظبيانية	An ihr lehrte al-Ḥâfiẓ Śihâb-ad-dîn Bin Ḥamî (حمى).
—	العادلية الكبرى	Ihr Bau (ʿimâr-hâ) wurde angefangen von Nûr-ad-dîn, fortgesetzt von al-ʿÂdil, und vollendet von dessen Sohne al-Malik al-Muʿaẓẓam.
—	العادلية الصغرى	Zahra Ḫâtûn (زهرة خاتون), Tochter von al-ʿÂdil Abû Bakr Bin Ajjûb.
—	العذراوية	ʿAḏrâ, Tochter von Ṣalâḥ-ad-dîn Jûsuf, die 593 in ihr begraben wurde.
—	العزيزية	Begründet von al-Malik al-Afḍal, vollendet von al-ʿAzîz.

1) Ich habe das türkische Ḫâtûn überall unübersetzt gelassen, da es zwar, als Femininum von Ḫân, ursprünglich Fürstin oder Prinzessin bedeutet, nachher aber auch jeder Frau höheren Standes als Ehrentitel beigelegt wird, wogegen uns im Deutschen ein so allgemeines Wort fehlt.

2) Nach der Annahme, dass بن زهر الدين شومان verschrieben ist statt بنت الخ; vgl. unten العادلية الصغرى, wo nach زهرة خاتون wirklich بنت steht.

3) Mein Text hat قيمار statt قيماز; aber s. *Quatremère*, Hist. des Sult. Maml., I, 1, S. 27, Anm. 26, und hier die Anm. zu القجماسية unter den Gelehrtenschulen der Ḥanafiten, S. 363.

J. d. Stift.	Name	Name des Stifters u. s. w.
Unbek.	العصرونية	Der Oberrichter Śaraf-ad-dîn Salîl Bin Abî ʿUṣrûn [1]).
—	العمادية	ʿImâd-ad-dîn Bin Nûr-ad-dîn.
—	الغزالية	Hat ihren Namen von Abû Ḥâmid al-Ġazâlî und liegt innerhalb (ضمن) der umajjadischen Hauptmoschee.
808	الفارسية	Saif-ad-dîn Fâris ad-Dawâdâr.
Unbek.	الفتحية	Al-Malik Fatḥ-ad-dîn, Herr von Mâridîn, der auch in dieser Schule begraben ist.
·	الفلكية	Falak-ad-dîn, al-ʿÂdil's Brudersohn, gest. 599 und in ihr begraben.
821	الفخرية	Al-Ustâḏ (der Meister) [2]) Faḫr-ad-dîn.
Unbek.	القليجية	Muǵâhid-ad-dîn Bin Ḳalîḥ.
—	القواسية	Der Emir ʿIzz-ad-dîn Ibrâhîm Bin ʿAbd-ar-Raḥmân.
—	القوصية	Unbekannt. An ihr lehrte Śihâb-ad-dîn al-Ḳûṣî. Sie liegt bei der umajjadischen Hauptmoschee.
·	القيمرية [3])	Der Emir Nâṣir-ad-dîn, welcher Syrien an al-Malik aẓ-Ẓâhir überlieferte, gest. 665.
—	القيمرية الصغرى	Unbekannt. In ihr nahm Ǵamâl-ad-dîn al-Bâʿûnî Quartier im J. 992.
—	الكروسية	Muḥammad Bin Karawwas (كروس).
—	الكلاسة	Nûr-ad-dîn der Märtyrer [4]). Der Name (al-Kallâsa, der Kalkhof) kommt davon her, dass dort im J. 570 der Kalk zum Bau der Hauptmoschee bereitet wurde. Sie liegt in der Nähe der umajjadischen Hauptmoschee.

1) Anders Ibn Challikan ed. *Wüstenf.* Nr. ٣٣٤, und nach ihm *Wüstenfeld*, die Akad. d. Arab. Nr. 212, wo aber Ibn Challikan's داخل البلد, im Innern der Stadt (von der Lage der Schule), irrig mit „am Eingange der Stadt" übersetzt ist.

2) Hier wahrscheinlich Ehrentitel eines Eunuchen; s. *Quatremère*, Hist. des Sult. Maml., I, 1, S. 25, Anm. 25.

3) Von der kurdischen Familie der Ḳaimurî, s. *Quatremère*, Hist. des Sult. Maml., I, 1, S. 24, Anm. 23. Ueber den Flecken Ḳaimur, von welchem die Familie ihren Namen hat, s. Lubb-al-lubâb unter القيمرى und Marâṣid al-iṭṭilâʿ unter قيمر.

4) S. Ztschr. V, S. 52, Z. 4 u. 3 v. u.

J. d. Stift.	Name	Name des Stifters u. s. w.
Unbek.	المجاهدية	Mugâhid-ad-dîn Abu 'l-fawâris, in ihr begraben im J. 555.
—	مجاهدية باب الفراديس	Derselbe.
—	المسرورية	Der Eunuch [1]) Masrûr, oder, wie Andere sagen, Masrûr der Dienstmann von al-Malik an-Nâṣir al-ʿÂdil (مسرور الملك الناصر العادل).
—	المنكلانية	Unbekannt.
—	الناصرية	Al-Malik an-Nâṣir Jûsuf Bin Ṣalâḥ-ad-dîn.
—	المجنونية	Śaraf-ad-dîn, gewöhnlich genannt as-Sabʿ Maǵânîn (die sieben Wahnsinnigen, d. h. der gleichsam sieben Wahnsinnige in sich Vereinigende).
—	النجيبية	An-Naǵîbî Ǵamâl-ad-dîn Aḳûś aṣ-Ṣâliḥî, gest. 665.
		(Summe: 58.)

IV. Die Gelehrtenschulen der Ḥanafiten (Madâris al-Ḥanafijja).

·	الاسدية	An ihr lehrte Tâǵ-ad-dîn Ibn-al-Wazzân (der Sohn des Wagenmeisters).
—	الاقبالية	An ihr lehrte ʿAbbâs Fattâḥ-ad-dîn Ḳizilbâś.
—	الامدية	Unbekannt.
—	البدرية	Badr-ad-dîn Bilâl Ibn-ad-Dâja (der Sohn der Kinderwärterin), einer der Emire Nûr-ad-dîn Zengî's.
525	البلخية	Keler (türk. Eidechse) az-Zaḳḳâḳî (الزقاق). An ihr lehrte Burhân-ad-dîn al-Balḫî.
Unbek.	التاجية	An ihr lehrte Tâǵ-ad-dîn al-Kindî.
—	الناشقية (sic)	Nâśiḳ (sic) ad-Daḳânî.
·	الجلالية	Ǵalâl-ad-dîn Aḥmad Bin Ḥusâm-ad-dîn ar-Râzî, dessen Grabkapelle (Turba) sich daselbst befindet.
—	الجمالية	Ǵamâl-ad-dîn Jûsuf.

1) Im Texte الطواشي; s. *Quatremère*, Hist. des Sult. Maml., I, 2, S. 132, Anm. 163.

J. d. Stift.	Name	Name des Stifters u. s. w.
681	الجقمقية	Angefangen von Sangar al-Hilâlî, vollendet von al-Malik an-Nâṣir, oder, wie Andere sagen, von Saif-ad-dîn Ǵakmak im J. 823.
Unbek.	الجركسية	Ǵerkes Faḫr-ad-dîn aṣ-Ṣalâḥî, der darin begraben ist.
.	الجوهرية	Aṣ-Ṣadr Naǵm-ad-dîn Bin ʿAjjâś at-Tamîmî, gest. 694.
	الحاجبية	Der Emir Nâṣir-ad-dîn Muḥammad Bin Mubârak al-Ḥâǵib (der Kämmerer), gest. 878.
—	الخاتونية البرانية	Zumurrud Ḫâtûn, die Mutter Śams-al-mulûk's. Sie heirathete den Atâbek Zengî und starb 557.
—	الخاتونية الجوانية	Ḫâtûn, Tochter Muʿîn-ad-dîn's, Gemahlin Nûr-ad-dîn's des Märtyrers, gest. 581.
631	الركنية البرانية	Rukn-ad-dîn منكورش, Page (Ǵulâm) Falak-ad-dîn's, Bruders von al-Malik al-ʿÂdil.
565	الريحانية	Der Herr (al-Ḫuwâǵâ) Raiḥân der Eunuch, Hofbedienter (Ḫâdim) Nûr-ad-dîn Maḥmûd Zengî's.
Unbek.	الزنجلرية	ʿUṯmân Bin ʿIzz-ad-dîn az-Zanǵabîlî, Herr von Südarabien (Ṣâḥib al-Jaman).
—	السفينة بجامع دمشق	Unbekannt. An ihr lehrte Rukn-ad-dîn Bin Sulṭân.
915	السيباوية	Der Statthalter von Syrien (Nâïb aś-Śâm) Sibâi, Ober-Silâḥdâr (Amîr as-silâḥ) in Aegypten [1]).
Unbek.	الشبلية البرانية	Śibl-ad-daula Kâfûr al-Ḥusâmî ar-Rûmî, gest. 623.
—	الشبلية الجوانية	Derselbe.
491	الصادرية	Śuǵâ-ad-daula Ṣâdir Bin ʿAbd-Allâh. Diess soll die erste Gelehrtenschule in Damaskus gewesen seyn.
Unbek.	الطرخانية	Nâṣir-ad-daula Ṭarḫân, einer der Grossemire in Damaskus, gest. 520.
—	الطومانية	Ṭûmân an-Nûrî.
—	الظاهرية البيبرسية	An ihr lehrte Ṣadr-ad-dîn al-Aḏraʿî.

---

1) Ueber dieses Hofamt s. *Quatremère*, Hist. des Sult. Maml., I, 1, S. 159, Anm. 36.

J. d. Stift.	Name	Name des Stifters u. s. w.
Unbek.	العذراوية	An ihr lehrte ʿIzz-ad-dîn as-Singârî.
—	العزيزية	Al-Malik al-ʿAzîz ʿUṯmân Bin al-ʿÂdil, gest. 630.
626	العزيزية البرانية	Der Emir ʿIzz-ad-dîn Ustâḏ-dâr al-Muʿaẓẓami [1]), in ihr begraben im J. 646.
Unbek.	العزيزية الجوانية	Derselbe.
—	العزيزية بجامع دمشق	Derselbe.
628	العلمية	Der Emir Sangar ʿAlam-ad-dîn al-Muʿaẓẓamî.
Unbek.	الفتحية	Al-Malik Fatḥ-ad-dîn, Herr von Bârîn, Blutsverwandter (Nasîb) des Herrn von Ḥamât.
—	الفرحشاهية	ʿIzz-ad-dîn Faraḥ-Šâh [2]).
—	القاجماسية	Der Čerkesse Ḳagmâs [3]), Statthalter von Syrien.
592	القصاعية	حظلبشاه بنت ككجا.
Unbek.	الظاهرية (sic) في الصالحية	Unbekannt.
645	القلجية	Saif-ad-dîn Ḳiliǵ an-Nûrî.
Unbek.	القيمازية	Ṣârim-ad-dîn Ḳaimâz, gest. 596.
546	المرشدية	Ḫadîga, Tochter von al-Malik al-Muʿaẓẓam Bin al-ʿÂdil.
Unbek.	المعظمية	Al-Malik al-Muʿaẓẓam ʿÎsâ Bin al-ʿÂdil al-Ḥanafî, geb. 621.
—	المعينية	Muʿîn-ad-dîn, Atartâbek (sic: اترتابك) von Muḥibb-ad-dîn, dem Sohne des Herrn von Damaskus, gest. 544.
610	الماردينية	ʿIzz-ad-dîn Aḫšâ Ḫâtûn (عز الدين اخشا خاتون), Tochter von al-Malik Ḳuṭb-ad-dîn, Herrn von Mâridîn.

1) Ueber das Hofamt des Ustâḏdâr s. *Quatremère*, Hist. des Sult. Maml. I, 1, S. 25, Anm. 25. Hier aber vertritt das Wort offenbar die Stelle eines Eigennamens, ebenso wie im Art. التنبكمية unter den Grabkapellen die syncopirte Form Ustâdâr.

2) Mein Text hat sowohl hier als in d. Art. النجمية unter den Grabkapellen überall فرح mit ح, nicht, wie man erwarten sollte, فرخ (das pers. فرخ) mit خ.

3) Kaćmas, osttürk. für Kaćmaz, قاچماز, nicht fliehend; vgl. das ähnliche Korkmas neben Korkmaz, nicht fürchtend, Ztschr. V, S. 491, Z. 6, m. d. Anm., und das in einem der nächstfolgenden Artikel vorkommende Kaimaz, nicht ausgleitend.

J. d. Stift.	Name	Name des Stifters u. s. w.
Unbek.	المقدمية الجوانية	Der Emir Śams-ad-din Muḥammad Bin al-Muḳaddam, getödtet 582.
—	المقدمية البرانية	Faḫr-ad-din, Sohn des Vorgenannten.
776	المنجكية	Der Emir Saif-ad-din Menǵek.
629	الميطورية (sic)	Fâṭima Ḫâtûn, Tochter Sallâr's.
Unbek.	المقصورة لحنفية	Der Ober-Staatssecretär (Kâtib al-mamâlik) Faḫr-ad-din.
563	النورية الكبرى	Der Märtyrer Nûr-ad-din der Gerechte.
Unbek.	النورية الصغرى	Derselbe.
—	اليغمورية	Ǵamâl-ad-din Bin Jaǵmûr al-Bârûmi.
		(Summe: 51.)

V. Die Gelehrtenschulen der Mâlikiten (Madâris al-Mâlikijja).

—	الزاوية غربي الاموى	Der Sultan Ṣalâḥ-ad-din.
·	الشرابيشية	Śihâb-ad-din, Enkel von Muḥâsin aś-Śarâbiśi, gest. 734.
—	الصمصامية	Unbekannt.
—	الصلاحية	Der Sultan Ṣalâḥ-ad-din.
		(Summe: 4.)

VI. Die Gelehrtenschulen der Ḥanbaliten (Madâris al-Ḥanbalijja).

—	الجوزية	Muḥi-ad-din Bin Ǵamâl-ad-din Ibn al-Ǵauzi.
·	الجاموسية	Unbekannt.
·	الشرفية	Śaraf-al-islâm ʿAbd-al-Wahhâb, Scheich der Ḥanbaliten zu Damaskus, gest. 536.
—	الصاحبية	Rabiʿa Ḫâtûn, Tochter von Naǵm-ad-din Bin Ajjûb, gest. 643.
·	الصدرية	Ṣadr-ad-din Asʿad Bin ʿUṯmân at-Tanûḫi, geb. 657.
643	الضيائية	Ḍijâ-ad-din Muḥammad Bin ʿAbd-al-Wâḥid al-Makdisi, geb. 567.
Unbek.	العمرية	Der Scheich Abû ʿUmar al-Kabir, Vater des Oberrichters Śams-ad-din, gest. 528.
—	العالمية دار الحديث	Die gelehrte Scheichin (aś-Śaiḫa al-ʿÂlima) Umm al-Laṭif, gest. 653.
—	المسمارية	Der Scheich Mismâr al-Hilâli al-Ḥaurâni, gest. 546.

J. d. Stift.	Name	Name des Stifters u. s. w.
Unbek.	المنجاوية	Ibn al-Mungâ (ابن المنجى) Zain-ad-dîn at-Tanûḫi. (Summe: 10.)

VII. Die medicinischen Schulen (Madâris aṭ-ṭibb).

621	الداخورية	Muhaddab-ad-dîn ʿAbd-al-Munʿim ad-Dâḫûr, geb. 565, gest. 688.
Unbek.	الربيعية	ʿImâd-ad-dîn Muḥammad Bin ʿAbbâs ar-Rabiʿi, gest. 682.
664	اللبودية	Nagm-ad-dîn Jaḥjâ Ibn al-Lubûdi (der Sohn des Filzdeckenhändlers). (Summe: 3.)

VIII. Die Klöster (al-Ḫawânik).

Unbek.	الخانقاه الاسدية	Asad-ad-dîn Ibn al-Ḳuraśijja (der Sohn der Ḳuraischitin).
—	الاسكافية	Śaraf-ad-dîn Ibn al-Iskâf (der Sohn des Schuhmachers).
—	الاندلسية	Unbekannt.
823	الباسطية	Der Heeres-Intendant (Nâẓir al-ǵujûś) Zain-ad-dîn ʿAbd-al-Bâsiṭ.
Unbek.	الحسامية الشبلية	Umm Ḥusâm-ad-dîn.
—	الخاتونية	Ḫâtûn, Tochter Muʿîn-ad-dîn's.
—	الدويرية	Muḥammad Bin ʿAbd-Allâh ad-Dimaśḳi, den man im J. 401 mit seiner Gattin und einem Kinde aus seiner Verwandtschaft ermordet fand.
—	الزونهارية	Der Scheich Abu'l-Ḥasan الزونهارى.
—	الشميصاتية (sic)	الشميصاتى ʿAli Bin Muḥammad السلمى al-Ḥabaśi, gest. 453.
—	الشهابية	Der Emir Jadkur, Sohn des Emir ʿAlâ-ad-dîn Ibn-aś-Śihâbi, gest. 688.
—	الشبلية	Śibl-ad-daula Kâfûr.
—	الشنباشية	ʿAbd-Allâh الشنباشى.
—	الشريفية	Der Sajjid (Abkömmling Muḥammad's) Śihâb-ad-dîn Aḥmad Bin Śams-ad-dîn al-Fuḳḳâʿi (der Fuḳḳâʿ-Verkäufer) [1].
—	خانقاه الطاحون	Nûr-ad-dîn der Märtyrer.
—	الطواويسية	Al-Malik Doḳâḳ [2].

1) S. *de Sacy*, Chrestom. ar., 2. Ausg., I, S. 149 ff.

2) S. Ibn Challikan ed. *Wüstenf.* Nr. ۱۳۱, S. ۱۸ u. ۱۹.

J. d. Stift.	Name	Name des Stifters u. s. w.
Unbek.	العزية	ʿIzz-ad-din Eidemir az-Ẓâhiri, Statthalter von Syrien, gest. 700.
.	خانقاه القصر	Śams-al-mulûk.
.	القصاعية	Fâṭima Ḫâtûn.
—	الككجافية	Ibrâhim الككجلى.
—	المجاهدية	Muǵâhid-ad-din Ibrâhim, Schatzmeister (Ḫaznadâr) von al-Malik aṣ-Ṣâliḥ, gest. 656.
—	النجيبية	Ǵamâl-ad-din Aḳûś.
—	النجمية	Naǵm-ad-din, der Vater Ṣalâḥ-ad-din's, gest. 568.
.	الناصرية	An-Nâṣir Ṣalâḥ-ad-din Jûsuf Ibn al-Malik al-ʿAziz.
—	الناصرية ايضًا	An-Nâṣir Ṣalâḥ-ad-din Jûsuf Bin Ajjûb Bin Śâdi.
—	النهرية	Bekannt unter dem Namen: das Kloster ʿUmar-Śâh's (خانقاه عمر شاه).
.	اليونسية	Der Emir Jûnus, Dawâdâr von al-Malik aẓ-Ẓâhir Barḳûḳ.
		(Summe: 26.)

IX. Die Hospize (ar-Ribâṭât).

—	رباط ابى البيان	Abu 'l-Bajân Muḥammad Bin Maḥfûẓ al-Ḳaraśi, gest. 551.
—	التكريتية	Waǵih-ad-din Muḥammad Bin ʿAli Bin Suwaid at-Takriti, gest. 670.
—	الصفية	Ṣafijja, Tochter des Oberrichters ʿAbd-Allâh Bin ʿAṭâ-Allâh al-Ḥanafi.
—	رباط زهرة	Unbekannt.
—	رباط طومان	Der selǵukische Emir Ṭûmân.
—	رباط جاروخ	Der Turkmane Ǵârûḫ.
—	الغرسية	Ǵars-ad-din Ḫalil, welcher Polizei-Hauptmann (Wâli) [1]) in Damaskus war.
—	المهراني	Unbekannt.
—	البخارى	—
—	الفلكى البقلاطونى	—
—	رباط سلار	—
—	رباط عذراء خاتون	—
—	رباط بدر الدين	—

1) S. *Quatremère*, Hist. des Sult. Maml., I, 1, S. 109, Anm. 140.

J. d. Stift.	Name	Name des Stifters u. s. w.
Unbek.	رباط الحبشة	Unbekannt.
—	رباط اسد الدين شيركوه	—
—	القصاعى	—
—	رباط بنت عز الدين مسعود	—
—	رباط بنت الدقين	—
—	رباط الدواداري	—
—	رباط الفقاعى	—
—	رباط الوزّان	—

(Summe: 21.)

X. Die Kapellen (az-Zawâjâ).

—	الارموية	ʿAbd-Allâh Bin Jûnus Al-Urmawî, gest. 631.
.	الرومية	Śaraf-ad-dîn Bin ʿUtmân Bin ʿAlî ar-Rûmî, gest. 684.
—	الحريرية	Der in Ḥaurân wohlbekannte Scheich ʿAlî al-Ḥarîrî.
—	الحريرية الاعنفية	Der Scheich al-Aʿnaf al-Ḥarîrî Bin Ḥâmid at-Tanûḫî, geb. 644, gest. 763 (sic).
—	الدهينانية	Der Scheich Ibrâhîm الدهيناني, der 154 Jahre lebte.
—	الحصنية	Der Scheich Taḳî-ad-dîn al-Ḥiṣnî.
—	الدينورية	Der Scheich ʿUmar Bin ʿAbd-al-Malik ad-Dînawarî [nach Andern ad-Dainawarî].
—	الدينورية ايضا	Der Scheich Abû Bakr ad-Dînawarî.
-	اليوسفية	Naǵm-ad-dîn Bin ʿÎsâ بن شاه ارمن ar-Rûmî, gest. 629.
—	الداودية	Zain-ad-dîn Bin Dâûd al-Ḳâdirî aṣ-Ṣûfî, geb. 783, gest. 857.
—	السرّاجية	Ibn Sarrâǵ.
—	الشريفية	Der Sajjid (Abkömmling Muḥammad's) Muḥammad al-Ḥusainî.
—	الطالبية الرفاعية	Der Scheich Ṭâlib ar-Rûmî.
802	الوطية	Der Ra'is ʿAlâ-ad-dîn بن بطية.
Unbek.	الطائية	Der Scheich Ṭajj [oder Ṭajjî'] al-Miṣrî.
—	العمادية	Aḥmad Bin al-ʿImâd al-Maḳdisî.

J. d. Stift.	Name	Name des Stifters u. s. w.
Unbek.	الغسولية	Muḥammad Bin Abi 'z-Zahr al-Ġiswallî [1]), gest. 737.
.	الفقاعية	Der Scheich Jûsuf al-Fuḳḳâ'î, gest. 679.
—	الفوثنية	'Alî الفوثنى, gest. 621.
—	القوامية	In ihr ist begraben der Scheich Abû Bakr Bin قوام, geb. 584, gest. 658.
—	القلندرية	Heisst auch الدركزية; gebaut für die die Anhänger von Muḥammad Bin Jûnus, Scheich der Ḳalandarî-Derwische.
655	القلندرية الحيدرية	Gebaut für die Ḥaidarî-Derwische.
Unbek.	اليونسية	Gebaut für die Anhänger von Jûnus Bin Jûsuf, Scheich der Jûnusî-Derwische, gest. 619.
—	التيمية	Nâṣir-ad-dîn, Tochtersohn (Sibṭ) al-Mauṣilî's, eines Abkömmlings von Ṣalâḥ-ad-dîn [2]).
.	الزاوية الاولى	Ihre Stiftung wird dem Ibn Ḳâḍî Śubbâ [3]) (dem Sohne des Richters von Śubbâ) zugeschrieben.
		(Summe: 25.)

XI. Die Grabkapellen (at-Turab).

Name		Name des Erbauers u. s. w.
التربة الاسدية		Am Berge (bi 'l-ǵabal, nämlich Ḳâsiûn). Von 'Alî Bin 'Abd-ar-Raḥmân al-Ḳuraśî al-Asadî, gest. 618.
الافريدونية	—	Errichtet von dem persischen Kaufmann Afrîdûn, gest. 749.
الايدمرية	—	Die Grabkapelle von 'Izz-ad-dîn Eidemir, einem der Grossemire, gest. 667.
العزية	—	Von dem Emir 'Izz-ad-dîn aẓ-Ẓâhirî, gest. 700.
الاكزية	—	Errichtet von dem Emir Saif-ad-dîn Öküz al-Faḫrî, Statthalter von Ṭarâbulus, gest. 833.
الاسدبارية	—	Errichtet von dem Emir Śams-ad-dîn Bin اسدبار, gest. und darin begraben 628.

---

1) S. *Weijers* zu Lubb-al-lubâb, S. ١٨٧.

2) Wenn nicht vielleicht Sibṭ als Eigenname zu fassen ist: Naṣir-ad-dîn Sibṭ al-Mauṣilî, ein Abkömmling u. s. w.

3) So im Texte: شهبا, was die Schreibart bei *Robinson* (s. Ztschr. V, S. 52, Anm. 1) bestätigt.

Name	Name des Erbauers u. s. w.
الجيعانية	Errichtet von dem Emir Saif-ad-dîn Bin al-Ǵaiʿân, gest. und darin begraben 754.
البزورية	Am Fusse des Berges (bi's-safḥ). Errichtet von Abû Bakr Bin Maʿtûḳ al-Baġdâdî al-Buzûrî (dem Sämereienhändler), darin begraben 662.
البهادرية	Errichtet von dem Emir Saif-ad-dîn Bahâdir al-Manṣûrî, darin begraben 703.
البليانية	Von dem Emir بليان al-Maḥmûdî, darin begraben 836.
البلبانية	Unbekannt.
البصية	Von dem Scheich Amîn Bin البص, darin begraben 731.
البدرية	Von dem Emir Badr-ad-dîn Muḥammad Ibn-al-Wazîr (dem Sohne des Wezirs), darin begraben 716.
البدرية ايضا	Von dem Emir Badr-ad-dîn Ḥasan, der sie 814 baute und 824 darin begraben wurde.
البهنسية	Errichtet von Maǵd-ad-dîn al-Bahnasî, dem Wezire al-Ašraf's, darin begraben 628.
البرسباوية	Errichtet von dem Oberkammerherrn (al-Ḥâǵib al-kabîr) in Damaskus, Barsibâï an-Nâṣirî, darin begraben 852.
الشهابية (sic)	Errichtet von Maḥmûd Bin Sulaimân al-Ḥalabî, gest. 725.
التكريتية	Von dem Scheich Taḳî-ad-dîn Bin aṣ-Ṣâḥib at-Takritî [1]), darin begraben 698.
التنكزية	Errichtet von dem Emir Tunguz, Statthalter von Syrien, getödtet 744.
الثقورمشية (sic)	Von Dâûd Ǵaḳmaḳ, Statthalter von Syrien, getödtet in der Festung von Ḥalab 824.
التوروزية	Von dem Emir Ǵars-ad-dîn التوروزى, im J. 825.
التنبكميقية (sic)	Von dem Emir der Mekkapilger Ustâdâr al-ʿUṯmânî, im J. 826; darin wurde 836 begraben der Sultanats-Verweser (Nâïb as-salṭana) تنبك.
الجمالية	Von ʿAbd-ar-Raḥîm al-Asnawî.
الجمالية المصرية	War ein Wohnhaus des Richters Ǵamâl-ad-dîn al-Miṣrî, der unter dem Salon (ḳâʿa) desselben begraben wurde.

1) Unter Voraussetzung der Richtigkeit des بن ist aṣ-Ṣâḥib hier Eigenname; wäre es Gattungsname (Sohn des Ministers), so müsste Ibn ابن stehen.

Name	Name des Erbauers u. s. w.
الجوكندارية	Von dem Emir Ṣârim-ad-dîn al-Ǵaukandâr [1]), darin begraben 724.
الحافظية	Von الحافظية ارغون, die 648 darin begraben wurde.
الخطابية	Von dem Emir ʿIzz-ad-dîn Ḫaṭṭâb (so: خطّاب), darin begraben 725.
الخاتونية	Errichtet von ʿIṣmat-ad-dîn Ḫâtûn im J. 709.
الدوباجية	Von dem Sultan Ǵîlân (للسلطان جيلان) Śams-ad-dîn Dûbâǵ, gest. 714.
الرحبية بالمزة	Errichtet von Naǵm-ad-dîn ar-Raḍî (الرضى), gest. 735, mit einer Moschee nebenan (وبها مسجد).
الزويزانية	Von Ḫalîl Bin زويزان, darin begraben 628.
الزاهرية	Von al-Malik aẓ-Ẓâhir Dâûd Bin Śîrkûh.
السنقرية الصلاحية	Errichtet von Śibl-ad-daula für den Emir Sonḳor aṣ-Ṣalâḥî, gest. 620.
السلامية	Von Ḳuṭb-ad-dîn Mûsâ, Sohn des Scheich Salâma, darin begraben 732.
السنبلية العثمانية	Von dem Eunuchen Sunbul-ad-dîn Bin ʿAbd-Allâh.
السودونية	Von Sûdûn انثورزى, dem Emir der Turkmanen, darin begraben 848.
الشهيدية	Darin wurde begraben Ibn aś-Śahîd Barḳûḳ, als er 815 getödtet worden war.
الشهابية بالصالحية	Unbekannt.
الشرابيشية	Von Nûr-ad-dîn ʿAlî aś-Śarâbîśî, dessen Sohn Aḥmad 734 darin begraben wurde.
الصرصرية	Am Fusse des Berges; darin wurde begraben al-Ḥâfiẓ Abu 'l-mawâhib Ibn-aṣ-Ṣarṣarî.
الصوابية	Errichtet von Badr al-Ḥabaśî aṣ-Ṣawâbî, darin begraben 698.
الصارمية	Von Ṣârim-ad-dîn برغش, Gouverneur (Nâïb) der Festung von Damaskus, darin begr. 668.
الطوغانية	Von Ṭôġân (türk. Falke) an-Nâṣirî, dem Emir von Ṣafad, darin begraben 845.
العربية (sic)	Von ʿAbd-al-ʿAzîz Bin Manṣûr al-Ḥalabî, gest. in Ḳâhira 666.
العلوية	Errichtet von dem Emir ʿAlî, Statthalter von Syrien, gest. in Aegypten 831.
العزية الايبكية	Von dem Emir ʿIzz-ad-dîn Eibek al-Ḥamawî, gest. 703.

1) Ueber diese Würde s. *Quatremère*, Hist. des Sult. Maml., I, 1, S. 121 ff., Anm. 4.

Name	Name des Erbauers u. s. w.
العديمية	Von dem Richter Magd-ad-dîn Ibn-al-ʿAdîm, darin begraben 677.
العمادية	Errichtet von al-ʿImâd. Diess ist die erste in aṣ-Ṣâliḥijja gebaute Grabkapelle.
العزبية	Von Ḥamza Bin Mûsâ Salil (sic), dem Scheich von as-Salâmijja, darin begraben 767.
العادلية البرانية	Von al-Malik al-ʿÂdil, gest. 703.
العادلية الجوانية	Von al-Malik Abû Bakr, dem Bruder Ṣalâḥ-ad-din's, gest. 615 zu Ba'aḳlîn auf dem Sûf-Gebirge [1]).
العزلية	Von al-Malik Saif-ad-dîn, darin begraben 719.
القيمرية	Am Fusse des Berges, von Saif-ad-dîn al-Ḳaimurî, darin begraben 653.
القطلوبكية	Von dem Emir Ḳutlu-Beg [2]) ar-Rûmî.
القطنية	Von Sihâb-ad-din Aḥmad Bin al-Ḳaṭanijja, gest. 743.
القمارية	Die Grabkapelle von قمارى خاتون.
القايتباوية	Die Grabkapelle des Jûnus (تربة يونس), gebaut von Ḳaitbeih [3]) al-Bahlawân (der Athlet, pers.-türk. pehliwan), der 851 in ihr begraben wurde.
الكركية	Gebaut von Faḫr-ad-dîn Ijâs al-Karakî, der 834 in ihr begraben wurde.
الكوكماوية	Von خوندة [4]), Tochter des Grossemirs كوكباى, in ihr begraben 730.
الكندية	Die Grabkapelle des hochgelahrten Tâǵ-ad-dîn al-Kindî.
الكاملية	Am Fusse des Berges. Unbekannt.
الكاملية الجوانية	Gebaut von al-Kâmil Nâṣir-ad-dîn al-Ajjûbî, gest. 635.
المختارية	Von Zahr-ad-dîn Muḫtâr, der auch in ihr begraben ist.
المويدية الشيخية	Unbekannt. Darin wurde 820 begraben die Adoptivtochter (mustaulada) des Sultan al-Mu'ajjad

1) S. *Robinson*, Palästina, III, S. 946, Sp. 2, Z. 6.

2) Das alt-türk. قطلو kutlu, glücklich, sonst قتلو, قوتلو, Gegentheil von قوتسز kutsuz, unglücklich, wird bei uns in Eigennamen oft falsch katlu ausgesprochen.

3) Zu dieser Erweichung des بيبك, بك, in بيه s. Ztschr. V, S. 498, Z. 6, m. d. Anm.

4) Ein nach arab. Weise gebildetes Femininum von خوند, s. *Quatremère*, Hist. des Sult. Maml., I, 1, S. 65, Anm. 96.

Name	Name des Erbauers u. s. w.
المويدية الصوفية	Darin wurde 549 begraben Mu'ajjad-ad-daula aṣ-Ṣûfî.
المراعية (sic)	Darin wurde 764 begraben Bahâ-ad-din.
المنكباوية	Errichtet von dem Emir Saif-ad-dîn منكباى, der 863 darin begraben wurde.
المزلقية	Von dem Ḫuwâǵâ Śams-ad-dîn بن المزلق, gest. 848.
الملكية الاشرفية	Bei der Kallâsa. Von al-Malik al-Aśraf Mûsâ, darin begraben 635.
المحمدية الامينية	Errichtet von Amîn-ad-dîn Bin Abi 'l-ʿAiś, gest. 734.
النجمية	Darin ist begraben Śâh, der Vater des Faraḥ-Śâh.
النشابية	Am Fusse des Berges. Darin wurde 699 begraben ʿImâd-ad-dîn Ibn-an-Nuśśâbî.
اليونسية	Errichtet von dem Emir Jûnus, Schatzmeister (Ḫaznadâr) des Malik-al-Umarâ Sûdûn.
اليونسية الدوادارية	Darin sind mehrere Emire begraben.
	(Summe: 74.)

XII. Die Hauptmoscheen (al-Ǵawâmiʿ).

الجامع الاموى	Al-Walîd Bin ʿAbd-al-Malik Bin Marwân; er fing ihren Um- und Ausbau (ʿimâr) im J. 87 an, nachdem er die frühere Kirche den Christen abgenommen hatte.
الجامع الكريمى	Der Richter Karîm-ad-dîn ʿAbd-al-Karîm Ibn-al-Muʿallim Hibat-Allâh المسلمانى, im J. 718.
المصلّى	Al-ʿÂdil Saif-ad-dîn Abû Bakr Bin Ajjûb, im J. 660.
جامع جرّاح	Ǵarrâḥ المصحّى, später neu hergestellt von al-Malik al-Aśraf Mûsâ im J. 630.
جامع الملّاح	Aṣ-Ṣâḥib Śams-ad-dîn المسلمانى, im J. 701.
جامع خيلخان	Naǵm-ad-dîn خيلخان, im J. 736.
جامع المزّاز	As-Sajjid Taḳî-ad-dîn الزيتى, im J. 813.
جامع يلبغا	Der Emir Saif-ad-dîn يلبغا, im J. 848.
جامع تنكز	Malik-al-Umarâ Tunguz, im J. 717.
جامع التوبة	Al-Malik al-ʿÂdil al-Aśraf Mûsâ, im J. 632.
جامع الجوزة	Der Richter Badr-ad-dîn المسلمانى, im J. 630.
مسجد القصب	Der Emir Muḥammad Bin Menǵek, im J. 811.

Name	Name des Erbauers u. s. w.
جامع السقيفة	Ḫalîl aṭ-Ṭôġânî, im J. 814.
جامع داريا	Nûr-ad-dîn Maḥmûd Bin Zengî, im J. 565.
جامع المزة	Der Emir Ṣafi-ad-dîn Bin سكر, im J. 622.
جامع الافرم بالصالحية	Der Sultanats-Verweser Emir Ǵamâl-ad-dîn al-Afram, im J. 760.
جامع الجبل	Angefangen von dem Scheich Muḥammad al-Maḳdisî, vollendet von al-Malik al-Muʿaẓẓam im J. 598.
جامع النيرب	Amîn-ad-dîn Muḥammad Bin Abi 'l-ʿAiś, im J. 734.
جامع العنبرى	ʿAlâ-ad-dîn Ibn al-ʿAnbarî.
جامع الحاجبة	Unbekannt.
جامع القلعة	Nûr-ad-dîn der Märtyrer.
جامع النابتية	Śams-ad-dîn Muḥammad الجرخى (oder الجوخى, der Tuchmacher, Tuchhändler?), gest. 815.
جامع منجك	Der Emir Ibrâhîm, Sohn des Emir Saif-ad-dîn Bin Menǵek.
جامع تكية المرجة	Der osmanische Sultan Sulaimân, im J. 966.
جامع التكية السليمانية	Derselbe, im J. 974.
جامع السنانية	Sinân, Hauptmann der Janitscharen (ريس الانكجارية) zu Damaskus.
جامع محيى الدين بالصالحية	Der Sultan Selîm.
جامع البيمارستان القيمرى	Der Emir Saif-ad-dîn Bin Ḥasan Bin موسك (sic) al-Ḳaimurî, im J. 653.
	(Summe: 28.)

Recapitulation der vorstehend verzeichneten Gebäude:

I. Koranschulen	7
II. Traditionsschulen	18
III. Gelehrtenschulen der Śâfiʿiten .	58
IV. Gelehrtenschulen der Ḥanafiten .	51
V. Gelehrtenschulen der Mâlikiten .	4
VI. Gelehrtenschulen der Ḥanbaliten	10
VII. Medicinische Schulen . .	3
VIII. Klöster	26
IX. Hospize	21
X. Kapellen	25
XI. Grabkapellen	74
XII. Hauptmoscheen	28
Gesammtzahl	325.

Schliesslich bemerke ich, dass Damaskus jetzt mehr Hauptmoscheen besitzt als obiges Verzeichniss enthält. Es sind nämlich einige theils erst nach Abschluss der hier behandelten Periode entstanden, theils aus Gelehrtenschulen, Grabkapellen und Anderem, was sie ursprünglich waren, in neuerer Zeit zu Moscheen geworden, dagegen aber auch etliche der hier aufgezählten theils mit, theils ohne Hinterlassung von Ueberresten eingegangen, von denen man jedoch noch sichere geschichtliche Nachrichten hat. Eben so giebt es andere Gebäude, wie z. B. das Kloster der Maulawî-Derwische, die man wegen ihrer spätern Entstehung hier nicht mit aufgezählt findet. Welche von allen diesen Gebäuden nun noch dieselben, welche in andere übergegangen, und welche ganz verschwunden sind, diess genau und im Einzelnen zu erkunden ist eine sehr schwere Aufgabe, weil dazu übersichtliche Unterlagen fehlen, aus denen man mit Leichtigkeit Folgerungen ziehen könnte. In der Hauptsache indessen wird, meine ich, das Obige genügen. Geschrieben am 7. Febr. 1848.

Notizen, Correspondenzen und Vermischtes.

Mirza Alexander Kazem-Beg.

Der Name Kazem-Beg's ist in der orientalischen Literatur auch ausserhalb Russlands Gränzen schon lange berühmt, aber seine ungewöhnlichen, interessanten Lebensumstände, sowie der Umfang seiner literarischen Thätigkeit, sind wohl bis jetzt in dem übrigen Europa unbekannt geblieben; einige Worte über diesen Mann finden daher einen passenden Platz in einer Zeitschrift, deren Zweck ist, die Orientalisten aller Zonen in nähere Verbindung mit einander zu bringen und ihre Arbeiten möglichst allgemein bekannt zu machen.

Kazem-Beg wurde geboren in Resht, der Hauptstadt der Provinz Gilân, den 3. August 1803. Sein Vater war Sohn des Nâzir Muhammed Khân-Beg, ersten Ministers von Fat'h-Ali-Khân; er wohnte in Derbend, wanderte aber am Ende des vorigen Jahrhunderts, während des Kriegs zwischen Russland und Persien, nach letzterem Lande aus. Er lebte dort längere Zeit, machte eine mehrjährige Reise in Arabien, besuchte Mekka und widmete sich dem Studium des mohammedanischen Rechts. Nach der Herstellung des Friedens und der daraus erfolgten Einverleibung Daghestân's in das Russische Reich kehrte er im Jahre 1809 in seine Heimath zurück. Die Regierung sah seine Rückkehr nach Daghestân gern und gab ihm die Rechte und die Würde eines Scheich-ul-Islâm in diesem Lande. Nachdem so der Vater Kazem-Beg's eine feste Stellung in seiner Heimath gefunden hatte, kam auch der Sohn mit seiner Mutter im Jahre 1811 nach Derbend.

Kazem-Beg wurde dem Range seiner Familie gemäss erzogen und erhielt einen Unterricht, der ihn berechtigen konnte, künftig der Nachfolger seines Vaters im Amte zu werden. In dem Alter von 18 Jahren hatte er, als ein vollendeter Kenner der Arabischen, Persischen und Türkischen Sprache, seinen Studiencursus vollendet; die Jurisprudenz war dabei jedoch der Hauptgegenstand seines Fleisses.

Im Jahre 1819 wurde der Vater Kazem-Beg's nach Astrachan versetzt, und der Sohn besuchte ihn dort im Jahre 1821. Dabei kam Kazem-Beg in Berührung mit den dort lebenden Englischen Missionaren, wurde von diesen mit Europäischer Wissenschaft und mit der christlichen Religion bekannt gemacht, und gab ihnen dagegen Unterricht in den Sprachen des Orients. Die Wahrheiten der christlichen Religion machten auf den jungen, lebhaften Mann einen tiefen Eindruck, und er fing an dieselben mit der Lehre des Islâm zu vergleichen. Das Resultat davon war die Veröffentlichung einer Schrift in Arabischer Sprache über den Vorzug der christlichen Religion vor allen übrigen, nebst einer anderen in Persischer Sprache zur Vertheidigung der ersten gegen eine Kritik von Hadshi Mulla Riza, und schliesslich im Jahre

1822 die Annahme des Christenthums durch seinen Uebertritt zur Anglicanischen Kirche. Statt seines muhammedanischen Namens Mirza Muhammed-Ali-Beg bekam er bei der Taufe den Namen Alexander, wozu er den Namen seines Vaters Kazem-Beg als Familiennamen hinzufügte. Eine geschichtliche Skizze seines Uebertritts zum Christenthum zugleich mit seinem Bildniss findet sich im „Christian Keepsake" für 1836. Er wurde 1825 von der Russischen Regierung zum Lehrer und Dolmetscher der Tatarischen Sprachen in Omsk (in Sibirien) ernannt, sah sich aber auf der Reise dorthin durch eine Krankheit genöthigt in Kazan zu bleiben, wurde 1826 zum Lector, 1829 zum Adjunct, 1837 zum ausserordentlichen Professor und 1838 zum ordentlichen Professor der Orientalischen Sprachen an der dortigen Universität ernannt. Im Jahre 1849 wurde er als Professor der Persischen Sprache an die Universität in St. Petersburg versetzt. Ausser seiner amtlichen Thätigkeit werden seine Kenntnisse der Sprachen und der Sitten des Orients von der Regierung auch in mancher anderen Beziehung in Anspruch genommen. Es hat ihm nicht an zahlreichen Gnadenbeweisen von Seiten der Russischen Regierung gefehlt; auch mehrere ausländische gelehrte Vereine haben ihm durch Ernennung zum Ehren- und correspondirenden Mitgliede ihre Anerkennung gezollt. Sein geistvoller, lebhafter Vortrag, seine von Kindheit an erworbene Vertrautheit mit den Sprachen des Orients, und seine umfassende Belesenheit in allen Zweigen der Orientalischen Literatur machen ihn zu einem der ausgezeichnetsten Lehrer in diesem Gebiete, und sein Vorzug in dieser Beziehung ist um so grösser, da er einer der wenigen eingebornen Orientalen ist, welche sich die Wissenschaft und die wissenschaftliche Anschauungsweise des Occidents neben der des Orients haben aneignen können.

Die literarische Thätigkeit Mirza Kazem-Beg's ist aus folgendem Verzeichniss seiner theils gedruckten, theils noch handschriftlichen Werke zu ersehen:

1) Ein Versuch über die Literatur der Araber, in Persischer Sprache. Kazan, 1832.

2) السبع السيّار فى اخبار ملوك تاتار „die sieben Wandelsterne über die Geschichte der Tatarischen Fürsten". Die Geschichte der Chane der Krim von Mengli-Girei Chân I. bis Mengli-Girei Chân II., von Seyid Muhammed Riza Türkisch mit einer Russischen Vorrede. Kazan, 1832. 4.

Eine Abschrift dieses, in einem sehr eleganten Türkisch geschriebenen Buches, das für die Geschichte Russlands von grosser Wichtigkeit ist, aber bis dahin in Europa unbekannt war, kam 1829 durch einen Bucharischen Kaufmann in die Hände Kazem-Beg's. Der Herausgeber hatte bei der Ausarbeitung des Textes nur diese einzige Abschrift, wodurch die Arbeit sehr erschwert wurde.

3) Anweisung zu der richtigen Methode des Unterrichts in den orientalischen Sprachen an dem ersten Gymnasium in Kazan. Russisch. Kazan, 1836.

4) Wegweiser für junge Reisende im Orient, veröffentlicht bei Gelegenheit der Reise der Herren Dittel und Berezin nach dem Orient. Russisch. Kazan, 1841.

5) Grammatik der Türkisch-Tatarischen Sprache. Russisch. Kazan, 1839. Die zweite umgearbeitete und vermehrte Auflage erschien ebendaselbst 1846.

6) مختصر الوقایه „Compendium der Wikâje“, ein bei der Secte der Hanefiten in grossem Ansehen stehendes Werk über muhammedanische Jurisprudenz, mit Noten und den Commentaren mehrerer berühmter Schriftsteller. Mit einer Russischen Einleitung. Kazan, 1844.

7) محمدیه, ein umfangreiches Werk in Versen, von Jazidshi-Zade Muhammed Effendi; mit Noten und Anmerkungen. Dieses Buch ist eines von den besten Denkmälern der Türkischen Literatur des 15. Jahrhunderts und wird von den Muhammedanern jedes Alters verehrt, besonders von denen, welche zu den Orden der Sufis gehören, unter welchen überhaupt die tiefere religiöse Literatur des Orients von den ältesten Zeiten her eine Zuflucht und Schutz gegen den muhammedanischen Fanatismus gefunden hat. Eine Auflage von 3000 Exx. wurde in wenigen Jahren verkauft, obgleich das Buch nie in den eigentlichen Buchhandel kam. Kazan, 1845.

8) ثبات العاجزین „Die Stütze der Schwachen“. Ein Gedicht in Dshaghatai-Sprache, mit Noten und Anmerkungen. Kazan, 1841.

9) Derbend-Name oder Geschichte von Derbend und Daghestân, ins Englische übersetzt und mit Noten und Anmerkungen versehen. St. Petersburg, 1852.

Mirza Kazem-Beg hat noch mehrere kleinere Aufsätze philologischen, historischen und kritischen Inhalts theils im Journal Asiatique, theils in Russischen Zeitschriften veröffentlicht. Von grösserer Bedeutung sind: im *Journal Asiatique:* Geschichte der Erhaltung des Koran's (1843); Kritische Bemerkung zu einer Stelle der Geschichte des Türkischen Reichs von Baron Hammer-Purgstall (1835); Bemerkungen über den Gang und die Fortschritte der Muselmanischen Jurisprudenz (1850); — in der Russischen Zeitschrift *Sovremennik* (der Zeitgenosse): Bemerkungen über die Wirksamkeit der Russischen Missionare in Peking (Mai u. Juli 1853); eine kritische Bemerkung zu Dorn's Katalog der orient. Mscr. und Xylogr. der Petersb. Bibl. (Apr. 1852); im *Journal des Ministeriums der Volksaufklärung* (Russisch): Untersuchungen über die Uiguren (1841); ebend. Vergleichung der Angaben des Seyid Muhammed Riza und der russischen Chronisten hinsichtlich der Geschichte der Chane der Krim (1835); — in der Zeitschrift *Otetshestvennie sapiski* (Vaterländische Notizen) 1852: Zwei kritische Bemerkungen über Hyacinth's Geschichte der unabhängigen Tatarei; und eine Bemerkung zu Dorn's Katalog. — Ferner in den Abhh. der Universität Kazan für 1835: Ueber die Einnahme Astrachan's im Jahre 1666 (Russisch); — und in den Abhh. der Petersb. Akademie 1852: eine Kritik von Tornauw's Werk über muhammedanische Jurisprudenz (Russisch).

Ausserdem hat er noch folgende Arbeiten im Manuscript fertig:

Eine Russische Uebersetzung des Gulistân von Saadi.

Eine vollständige Chrestomathie der Türkisch-Tatarischen Dialekte, mit (Russischen) Noten und Anmerkungen.

Eine ausführliche, vollständige Concordanz zum Koran, in welcher nicht allein die Stellen der betreffenden Wörter angeführt, sondern die ganzen Stellen mit aufgenommen sind.

Ein literargeschichtliches Werk, die Biographien und die Verzeichnisse der Werke von zwölftausend in dem muhammedanischen Osten bekannten Männern enthaltend, drei starke Bände. Arabisch.

In Russischer Sprache eine Uebersicht der Geschichte der Türken vor der Mongolischen Dynastie.

Unter der Presse befindet sich: ein Verzeichniss der aus den Orientalischen Sprachen in die Russischen Volksdialekte aufgenommenen Wörter, nebst Erklärung. Die Russischen Wörter sind aus dem neulich von der Petersburger Akademie veröffentlichten Lexikon der in den Volksdialekten vorkommenden, aber in die Schriftsprache nicht aufgenommenen Russischen Wörter genommen. H. K.

Zur arabischen Literatur.

Anfragen und Bemerkungen

von

Dr. M. Steinschneider.

Ich beabsichtige und hoffe vermittelst Anfragen auf diesem Wege während der Zeit, deren ich noch zur Ausarbeitung meines Catalogs der hebräischen Handschriften in Oxford bedarf, allmälig durch die theilnehmende Gefälligkeit derjenigen Orientalisten, welche mir unzugängliche oder unbekannte handschriftliche oder gedruckte Quellen kennen, solche Auskunft zu erhalten, durch welche die Ergebnisse meiner Nachforschungen im Gebiete der hebräischen Uebersetzungsliteratur gesichert oder berichtigt werden, und bitte diejenigen, welche vielleicht eine Antwort auf Privatwege vorziehen, mir dieselbe nach Berlin (Landsberger Strasse 88), welches ich wohl vor dem Sommer 1855 nicht auf längere Zeit verlassen werde, gef. zukommen zu lassen. Die gelegentlich eingestreuten Bemerkungen und Berichtigungen dürften wohl manchem arabischen Bibliographen willkommen sein, und beginne ich gleich mit einer solchen, auf welche mich meine nächste Aufgabe nur zufällig hinführte.

1) Ein Werk des Ibn el-Talmid ist von Uri (zu Nr. DCXI, Cod. Marsh. 537) gänzlich übergangen, von Nicoll und Pusey nicht nachgetragen worden. Das dort befindliche Werk des Râzi, welches ich mit den hebräischen Uebersetzungen zu vergleichen hatte, enthält nämlich nur 25 Blätter; das Uebrige nimmt ein Werk ein, dessen Anfang schon durch das بسم الله sich kund giebt. Es folgt aber auch eine vollständige Ueberschrift, nämlich:

بسم الله الرحمن الرحيم الحمد لله رب العالمين والصلوة على حى [1]) خلقه الخ

هذا الاقراباذين منتزع من عدة اقراباذينات تلخيص الشيخ الاجل

---

1) l. خير.

F1.

امين الدولة ابو العلا صاعد بن هبة الله بن ابراهيم المعروف بابن التلميد للبيمارستان العضدى [1]) رحمة الله عليه ✿. Es folgt dann das Register der 20 Pforten des Buches (فهرست ابواب الكتاب); die erste: فى الاقراصات, die letzte: فى ما يدرّ العرق. Die erste Pforte beginnt: صفة قرص الطباشير. Die Handschrift geht aber nur bis zu Anfang der 17. Pforte. Offenbar ist dieses Werk das von Wüstenfeld erwähnte Antidotarium, wovon ihm keine Handschrift bekannt war. Ich habe auch den arabischen Codex Marsh. 71, 2 (unter Codd. turc. Uri 49, vgl. Nicoll) flüchtig verglichen, welchen Wüstenfeld als einen „Auszug" des Antidotarii bezeichnet. Das dortige Werk enthält nur 10 Pforten, wovon die erste: فيما يجب على الطبيب ان يحفض (st. يحفظ) من الوصية, die letzte: فى علاج الامراض الواقعة بظاهر البدن; weitere Untersuchungen muss ich denjenigen überlassen, welche ein näheres Interesse an jenen Werken nehmen.

---

2) Das Werk des Zarkâli, welches Casiri (I, p. 393, Cod. 957) beschreibt, scheint sowohl die Tafeln (زيج, Hagi Chalfa, III, p. 568, Nr. 6969) als auch die beschreibende und anweisende Epistel (رسالة, زرقالة, Hagi Chalfa Nr. 6165. 6847) zu enthalten, deren letztere allein hebräisch übersetzt und lateinisch gedruckt zu sein scheint. (Vergl. De Castro I, p. 143.) Vielleicht ist auch das von Isak Israeli (IV, 15, f. 29, Ausg. v. 1848) erwähnte ספר השמש identisch (wenn man שַׁמָּשׁ punktirt), worin eine Beobachtung vom J. 465 der Higra [2]). Casiri erwähnt 100 Probleme und theilt 51 mit, lässt aber den Forscher sonst ziemlich im Dunkeln. Höchst unvollständig sind die 4 hebräischen Handschriften beschrieben, deren Existenz mir bis jetzt bekannt geworden, und bei Wolf figurirt der Autor unter verschiedenen Entstellungen. Uri hat stillschweigend die von Casiri gebrauchten Worte „in qua (bei Casiri: quibus) instrumenti cujusdam ad singulorum siderum motus observandos accommodati, quod ab inventoris nomine" etc. wiederholt. Er giebt auch die Anzahl der Capitel (60) an. Nach der Mittheilung Gagnier's bei Wolf (IV, p. 1038) lautet das Ende: נשלם פי׳ האצטרלב „Ende der Erklärung des Astrolabs". Dies ist aber das Ende des letzten Werkes in diesem Codex, worüber in der nachfolgenden Anfrage (Nr. 3). Die erste der 60 Pforten handelt בשמות הרשמים המונחים בלוח המשותף (vgl. die Lamina universal bei De Castro, I, p. 134, und رسالة الصفيحة الجامعة, Codex Lugd. Bat. 1221

---

1) Hiernach ist Wüstenfeld S. 97. § 174 zu ergänzen, wo des Hospitals nicht Erwähnung geschieht.

2) Jakob ben Machir in der Einleitung zu seinen astronomischen Tafeln (A. 1300) nennt ebenfalls Zarkâli als Verfasser astronomischer Tabellen, die er kritisirt; aber in der Zeitbestimmung scheint er ungenauer als sein jüngerer Zeitgenosse Isak Israeli, worauf ich hier nicht weiter eingehen mag. Ich bemerke nur, dass jene Tabellen, über welche allerlei Irrthümer zu berichtigen wären, identisch sind mit dem lateinischen Calendarium des „Prophatius".

mit Uri 970), die 60. Pforte handelt vom mittäglichen Schatten u. s. w. — Ich kann mir nicht denken, dass die Leydener Handschr. 1221, welche im alten Catalog als رسالة على الصفيحة الرزقالية bezeichnet ist, etwas anderes enthalte als die obenerwähnte رسالة, obwohl die Verfasser des Catalogs „Razkal" gelesen haben, und da der Catalog der Leydener Handschriften noch nicht bis zu der Abtheilung Mathematik veröffentlicht ist, so darf hiermit wohl die Hoffnung auf eine genauere Auskunft, mit Rücksicht auf die obigen Hülfsquellen, ausgesprochen werden.

---

3) Ein arabisches Werk über das Astrolab ist von Jakob ben Machir, also gegen Ende des 13. Jahrh., hebräisch übersetzt worden. In den 7 hebräischen Handschriften, die mir bekannt geworden, ist der arabische Autor nicht genannt; ich habe aber das *arabische Original selbst* in der hebr. Handschrift Hunt. 582 aufgefunden, wo Uri (CDLIII), wie überall, die Vergleichung vernachlässigt hat. Die Ueberschrift lautet hier באב פי לכר אלאתאל (!) אלאצטרלב ואלסמאוואת אלואקעא (!) עלידהא, so dass man fast vermuthen möchte, diese Abhandlung bilde einen Theil eines grössern astronomischen Werkes. Die hebräische Uebersetzung hat überall 40 Capitel, während die der Urschrift nicht numerirt sind, und geht obige Handschrift nur bis Ende des 38sten — ראנע סחר ואן נקץ (وان نقص فهو راجع) — indem die letzten Worte באב פי den Anfang des 39sten bilden sollten. Der Anfang des 1. Cap. lautet אול דלך אלחלקה ותסמי אלעלאקא (!) והי אלתי תעלק אלאצטרלב בהא (اول ذلك الحلقة وتسمّى العلاقة وهى التى تعلق الاصطرلب بها). Hierdurch dürfte es vielleicht einem oder dem andern Orientalisten gelingen, den arabischen Autor aufzufinden. Ob unser Werk eine einleitende Abhandlung zu der nachfolgenden Einleitung von el-Khabîṣî ist, wie ich früher (Jüdische Literatur, S. 438, A. 39a) vermuthungsweise ausgesprochen, lasse ich nunmehr dahingestellt.

Woher Delitzsch (Catal. p. 304, Index p. XLIII) den Titel الدستور الرجيح لقواعد التسطيح „methodus praestans in principiis planimetriae" hergenommen, ist mir nicht bekannt. — Der Autoren, welche arabisch über das Astrolab geschrieben, ist eine grosse Zahl; der erste soll Ibrâhim b. Ḥabib el-Ferâri gewesen sein (Herbelot, Ketab alasthorlab, III, 35 der deutschen Ausgabe. De Rossi, Diz. storico degli autori arabi p. 105), also noch vor Ǵâbir ben Ḥajjân (Wüstenf. §. 25, 6). Ohne diese Autoren über das Astrolab erschöpfen zu wollen oder zu können, erlaube ich mir doch hier gelegentlich eine kleine Zusammenstellung nach Numern, wobei die beiden ebengenannten als 1 und 2 angenommen und die Namen bekannterer Autoren ganz kurz angegeben sind.

3) Der Jude Mâschallâh (A. 770—863?), s. Casiri I. p. 435.

4) El-Kindî (st. 873), s. Casiri I. p. 354.

5) Weiǵân b. Wastam (Dostam?) Abû Sahl el-Kûhî (الكوهى), nach Casiri I. p. 442, der p. 405, 406 u. 410 دستم liest, was Wenrich (de auct. graec. p. 187) unbeachtet lässt.

6) Maslama el-Meǵriti (st. 1007), s. Wüstenfeld §. 122, 6; ob er der bei Uri (Codex 433) erwähnte Annotator משלמה (so in der Hdschr.) sei, lasse ich dahin gestellt.

7) Ibn el-Ṣaffâr (الصفّار), Schüler des Vorigen, s. Wüstenf. §. 123, 2, bei welchem Codex Escurial. 959 (bei Casiri), in 35 Capiteln, nachzutragen ist.

8) Ibn el-Semǵ (st. 1035), ein andrer Schüler des Meǵriti, unter welchem Wüstenfeld (§. 127, 5. 6) eine Institutio ad modum astrolabii tractandi in 2 Abhandlungen und De usu Astrolabii in 130 Capp. angiebt. Aus Herbelot (a. a. O.) erfahren wir, dass das Werk des „Abul-Cassem Asba u. s. w." — also unseres Ibn el-Semǵ — im 2. Theile von dem Gebrauche des Astrolabs in 26 Capiteln handele; es dürfte demnach der Escurial-Codex 967, 1 (p. 399 bei Casiri), enthaltend eine anonyme (تذكرة في معرفة اجزاء الاصطرلب الشمالي [1], vielleicht unserem Ibn el-Semǵ zuzuschreiben sein, um so eher, als derselbe Codex auch die beiden Theile des Werkes von el-Meǵriti enthält [2]).

9) Muḥammed b. Naṣir b. Said, ein Spanier, schrieb A. 1117 eine Abhandlung in 25 Capiteln, Cod. Escurial. 956, 4, bei Casiri.

10) Abu'l-Ṣalt Omajja [3]) (st. 1134), dessen Abhandlung 90 Capp. enthält. Wüstenfeld §. 162, 3.

11) Fachr-el-dîn Abû 'Omar, Cod. Vatican. 317, 4; vielleicht identisch mit Muḥammed ben 'Omar Fachr-el-din el-Râzi (st. 1210, s. Wüstenfeld S. 113, vgl. Schmölders, Essai p. 137), der auch verschiedene Werke im Gebiet der Mathematik verfasste. — (Ich bemerke gelegentlich, dass die bei Wüstenfeld S. 114 unter Nr. 10. 11 aufgeführten Werke Theile von Nr. 13 zu sein scheinen, vgl. die Fragen und Antworten über Ibn Sinâ's Logik, Physik und Metaphysik in Leyden (alt. Catalog) Nr. 846, 851, vielleicht auch 860?)

12) Abû 'Ali Ḥasan b. Aḥmed Ibn Mâṣ (ماص) aus Medina Celi, schrieb A. 1274 über das Astrolabium universale in 156 Capiteln; Cod. Escurial. 956, 7, bei Casiri.

13) Ismâ'il b. Hibetallâh aus Emessa, schrieb im J. 1295 ein Werk in 6 Capiteln, Cod. Escurial. 956, 1, bei Casiri.

---

1) Ueber das Astrolabium „septemtrionale" vgl. auch Casiri zu Codex 956.

2) Von diesem Arzte Ibn el-Semǵ führt Wüstenfeld übrigens nur mathematisch-astronomische Schriften an, — und auch hier nennt Herbelot (Ketab III, 85) ausser dem كتاب الهندسة الكبير (bei Wüstenf. Nr. 4) noch ein كتاب في اعمال الهندسة in 13 Capp.; — aber wenn Ibn „Semgiun" bei Herbelot IV, 234, der unsre ist, so wäre er auch Verfasser eines medicinischen Werkes: الادوية المفردة. Vgl. auch weiter unten Nr. 4 dieser Anfragen.

3) אבו צלת בן אמירך lautet der Name, offenbar verderbt, in einer bisher unbekannten hebräischen Uebersetzung seines Buches de simplicibus (arabisch u. a. Cod. Bodl. 578, 3) in 20 Capiteln von Jehuda b. Salomo Natan (Mitte d. 14. Jahrh.), die ich im vorigen Jahre in Venedig gekauft.

14) Ibn el-Schâṭir (شاطر) 'Alâ-el-dîn Abu'l-Ḥasan 'Alî b. Ibrâhîm el-Miṣrî (st. 1379, s. Nicoll p. 246 u. 250), der erste [?] welcher das Ptolemäische System in Misscredit brachte, nach Ḥaǵi Chalfa bei Nicoll p. 251 Note. Sein Werk enthält Codex Vatic. 318, 6.

15) Bedr-el-dîn Sibṭ el-Mâredînî, über dessen Zeit ich nicht zu entscheiden wage. Nicoll p. 545 giebt nach Ḥaǵi Chalfa das Todesjahr 934 H. an, und erwähnt auch der Schrift über das Astrolab nach Catal. Bibl. Medic. p. 404 (den ich nicht zur Hand habe) und Casiri zu Codex 926, 6, wo ein Commentar des 'Abd-el-Raḥmân el-Taǵurî el-Ḥalebî vom Jahre 1537 vorangeht (Codex 926, Werk 1); es befindet sich aber auch nicht bloss in Codex Vatic. 318, 3, wo das Jahr 1475 angegeben ist, sondern auch in Codex Escurial. 964 (bei Casiri), welcher im Jahre 1418 geschrieben sein soll.

Das Zeitalter der folgenden Autoren bin ich nicht im Stande anzugeben, und muss die Ergänzung Andern überlassen.

16) 'Alî b. 'Îsâ el-Ischbîlî, dessen Schrift in 25 Capiteln enthält Codex Escurial. 972, 3, bei Casiri.

17) Muḥammed b. 'Omar Ibn el-Farḥân (فرحان) Abû Bekr Faḍl, nach el-Ḳifṭî bei Casiri I. p. 431.

18) Muḥammed b. 'Îsâ b. Abî 'Abbâd Abu'l-Ḥasan, aus derselben Quelle wie 17, p. 432.

19) Scheref-el-dîn Muẓaffar (مظفر) el-Ṭûsî, Cod. Lugd. Bat. 1135.

20) Abû Naṣir ben Zerîr (ابو نصير بن زرير), Cod. Lugd. Bat. 1136.

21) 'Oṯmân Ibn el-Casseh (?), Codex Vatic. 317, 4.

22) „Ghores“ (Ġars ?) el-dîn Aḥmed b. Schihâb-el-dîn el-Naḳîb (ein Scherif), Cod. Vatic. 318, 1.

Ich wiederhole schliesslich die Bitte um Berücksichtigung der an der Spitze dieser Notiz gegebenen Auskunft zur Ermittlung des Verfassers.

---

4) Ibn el-Samâḥ (אבן אלסמאח) gehört zu den Hunderten von Namen oder Titeln, welche in Uri's Catalog zu ergänzen sind. Die hebräische Handschrift 433 (Hunt. 96) enthält nämlich zuletzt 2 Werke, deren vorletztes, in der That von Thâbit ben Ḳorra verfasst, im Index (unter „Tabet“) ganz weggeblieben, an dessen Stelle aber nur das letzte angeführt wird, welches gar nicht dem Thâbit angehört. Zunächst haben wir aber auch bei Wüstenfeld S. 35, Nr. 6, einen, dem Index zu Nicoll u. Pusey's Catalog (p. 712) entnommenen kleinen Irrthum zu berichtigen. Das Werk des Thâbit في شكل المقطع, de figura secante, befindet sich nämlich nicht in Codex B. II, 279, 5, sondern ist nur daselbst auf dem 213. (letzten) Blatte dem Titel nach mit andern Titeln der „mittleren“ mathematischen Werke angegeben, wie aus Nicolls Beschreibung selbst (p. 260) hervorgeht. Der Bearbeiter des Index hat diess aber nicht beachtet und sämmtliche dort angeführte Titel unter den entsprechenden Autoren als die Werke selbst aufgeführt. Hingegen giebt uns die andere von Wüstenf a. a. O. genannte Handschr. (Escurial. 967, 2), deren Anfang glücklicher Weise von Casiri

mitgetheilt ist, die sichere Bürgschaft, dass die hebr. Uebersetzung, unter dem entsprechenden Titel: ספר התמונה החתוכית, nicht mit Unrecht dem Thâbit zugeschrieben wird. Indess enthält diese Uebersetzung, vor dem bei Casiri gegebenen und auch hier befindlichen und zwar vollständigern Anfang (אמר תאבת בן קרה הבינותי יצליחך הבורא, wonach bei Casiri zu Anfang بيّنت oder dergleichen fehlt) der eigentlichen Abhandlung, noch eine kleine Einleitung, die nicht dem Uebersetzer anzugehören scheint. Auch letzterer ist von Uri übergangen worden, der wahrscheinlich den schmalen spanischen Schriftzug dieser Handschrift nicht lesen konnte. Es ist kein anderer als der berühmte Kalonymos Ibn Kalonymos, welcher die Uebersetzung am 9. Kislew 74 (Ende des Jahrs 1313) beendete. Es ist unser und das zu besprechende Werk in der Liste der Arbeiten des Kalonymos bei Zunz (Geiger's Zeitschr. II, 318) nachzutragen, jenes bei Wüstenfeld S. 35 zu Nr. 6 zu suppliren, hingegen Nr. 8 gänzlich zu streichen. Denn die dort (wie oben erklärt worden) aufgenommene Abhandlung „De Cylindris et Conis" beginnt mit folgenden Worten: אמר מצאתי בכתב המעולה אבן אלסמאח אלו השאלות מקובצות וכבר הניח בינידם חלק אני חושב שכתבם בחבורו. המושכלות. גדר הכדורים והאצטוונות והמחודדים. גדר הכדור הוא מה שיחודש מחצי עגולה... „Es spricht [wer?]: Ich fand in der (einer?) Schrift des geehrten Ibn el-Samâḥ folgende Fragen (Quaestiones, Untersuchungen) gesammelt, er nahm aber einige darunter auf [הניח בינידם חלק entspricht dem arab. اثبت بينها بعضا], welche er, wie ich glaube, in seinem Werke המושכלות (vielleicht المعقولات, Intelligibilia) geschrieben (eingeschaltet). Definition von Kugel, Cylinder und Kegel. Definition der Kugel: sie ist das was entsteht aus einem Halbkreise" u. s. w. Das Ende lautet, nach der Schlussformel quod erat demonstrandum (וזה מה שרצינו לבאר = וזמש״ל): „bis hieher fand ich Kalonymos im Arabischen, und soweit habe ich übersetzt und beendet am 25 Tebet 72" (Ende des Jahres 1311). Hieraus geht hervor, dass die um 2 Jahre früher übersetzte Abhandlung nicht einmal in einem äussern Zusammenhang mit der vorangehenden, durch Unterschrift u. s. w. förmlich abschliessenden Abhandlung des Thâbit stehen kann.

Wer ist aber und wann lebte Ibn el-Samâḥ? Hier suche ich die Hülfe der Herrn Arabisten, will aber auch das Wenige nicht zurückhalten, was ich in der kurzen Zeit seit der Besichtigung jenes Codex vorläufig selbst notirt habe. Einen أبن السمح nennt nämlich el-Ḳifṭi bei Casiri I. p. 244 (246) als Commentator [1]) der Physik des Themistius, der merkwürdiger Weise bei Wenrich unter Themistius (p. 287) fehlt, indem W. ausdrücklich sagt, dass ihm ausser Ḥonein (über die Categorien) kein Commentator des Th. bekannt sei. Dass hier السمح nicht etwa aus السمج corrumpirt und der oben unter Nr. 3 als Autor 8 erwähnte Ibn el-Semǵ gemeint ist, dürfte das alte Zeugniss des hebräischen Uebersetzers genugsam beweisen.

(Wird fortgesetzt.)

---

1) شرح كالجوامع; „Commentarii in epitomen contracti" (Casiri f.

Aus einem Briefe des Hrn. Gesandtschafts-Attaché O. Blau.

Constantinopel, 15. September 1853.

— — Und um Ihnen wenigstens ein Pfand der Theilnahme und des Grusses von hier zu geben, thue ich einen Griff recht mitten in die orientalische Frage hinein und sende Ihnen, was ich gerade fasse, beiliegende Pröbchen neuester osmanischer Poesie.

Das erste, Unterschrift einer des Kladderadatsch würdigen Caricatur, welche die Situation in Costüm und Farben darstellt, lautet in deutscher Uebertragung etwa folgendermassen:

Der Britt' und Franzmann kamen
den Moskov zu bekriegen;
Es ankerten die Schiffe
hier in der Bai der Wiegen;
Doch Schlummerzauber lässt,
gleich Kindern, beide liegen
In Schlaf; die Bonne „Russe"
sie lullt jetzt bei den Wiegen.

Hierzu brauche ich kaum zu bemerken, dass der türk. Name der Beschika-Bai Beschikler (Wiegen) ist. Den Text verdanke ich der Freundlichkeit und den weitreichenden Connexionen meines gelehrten Freundes, des Preuss. Gesandtschafts-Kanzlers C. Testa.

انکلزلر هم فرانسز مسقو ایله جنک ایچون
کلدیلر کشتیلر یاتدیلر بشکلره [1])

بنک نیرنکی اویوتدی طفل آسا ایکیسین
دایه روس نی چاغرر شمدیجک بشکلره

Das zweite, veranlasst durch die neuliche Erscheinung des Cometen und einen ihn betreffenden Aufsatz eines hier lebenden Astronomen Dr. Peters in einer türk. Zeitung, übersetze ich etwa so:

Erschienen ist der Stern des Heils,
gleich einem doppelschneid'gen Schwert.
Wer ihn gesehen, glaubt und sagt:
es ist ein Haarstern, dieses Schwert [2]).
Der Himmel selber hat gewetzt
sein flammensprühend Zornesschwert,
Und zeiget in des Mars Gestalt [3])
dem Feindesvolk ein Sägeschwert.

---

1) Das Versmaass verlangt کشتیلرنده, in ihren Schiffen. Fl.

2) Die Gelehrten, und noch mehr die Ungelehrten, sind darüber uneinig, wie das دهره hier zu deuten: als Dativ von دهر ist es zu matt und nahezu falsch statt دهرده; es ist vielleicht im Parallelismus mit آره als Nominativ zu fassen; دهره heisst ein spitzes, scharfes Instrument.

3) Der Vergleich mit dem Mars bezieht sich darauf, dass in jenem Aufsatze des Dr. Peters die Grösse des Kernes des Cometen mit der des genannten Planeten verglichen war.

Der Stern, der alle vierzig Jahr,
geschwänzt, nur einmal wiederkehrt,
Ist Glaubenskampfs- und Sieges-Pfand:
Das, Moslemin, sei Euch gelehrt!

كورندى اختر دولت بو دوره ذو الفقار آسا
كورنلر ظن ايدوب بر نجم كيسودار در دهره
فلكده چرخه چكدى تيغ خشمن صاچدى آتشلر
عدويه كوسترر مريخيد مانندہ بر ارّه
جهاد ونصرته فرصه ديو بيلك مسلمانلر
بو بر قوبرقلو يلدزدر طوغمر قرق يلده بركرّه

Zu meinem zweiten Streifzug (Ztschr. VII, S 576 ff.) eine nachträgliche Anfrage! Dass das dort besprochene Werk von Ibn-el-Ǵauzî ist, steht fest; aber ist es vielleicht der erste Band der صفوة الصفوة? (Ḥ. Ch. Nr. ٧٦١٥, Ztschr. V, S. 281, Nr. 24 u. 25). Gegen meine frühere Meinung nimmt mich jetzt besonders der Umstand ein, dass ich eine Nachahmung des Ibn-Ḳuteiba (Ztschr. VII, S. 577, Z. 4) nicht herausfinden kann. Meinen Dank im Voraus demjenigen, der diese Frage durch Vergleichung einer andern Handschrift erledigt.

Blau.

Literarisches aus Russland.

Herr *Gottwaldt* arbeitet an einem Catalog der orientalischen Handschriften der kasanischen Universitätsbibliothek, wobei ihn Herr *Wassilief* und Herr *Kowalewsky* unterstützen, von denen ersterer die Beschreibung der chinesischen, letzterer die der mongolischen Handschriften übernommen hat. — Herr Prof. *Beresin* hat den Druck seiner Persischen Grammatik vollendet, desgleichen einer Abhandlung über die Ruinen von Bulgar, unter dem Titel „Boulgar de Wolga“. Derselbe hat kürzlich den zweiten Theil seiner Recherches sur les dialectes musulmans herausgegeben, unter dem Titel „Recherches sur les dialectes persans“. Herr Beresin hatte auf seinen Reisen in Persien Gelegenheit die verschiedenen Volksdialekte kennen zu lernen, benutzte aber bei der Ausarbeitung seines Werkes auch die Beobachtungen Chodzko's, Gmelin's und Eichwald's. Die Dialecte, deren grammatische Eigenthümlichkeiten Herr Beresin in seiner Abhandlung entwickelt und von denen er einige Proben, Gespräche, Sprüchwörter, Lieder und Wörterverzeichnisse, so wie auch einige längere Stücke in Prosa mittheilt, sind das Gilek, Tati, Talyschi, Mazanderani, Gebri und das Kurdische von Chorasan und Mosul. — Herr *Sablukoff* lässt jetzt seine Uebersetzung des Abulghasi drucken. Die erste Hälfte ist bereits erschienen und bildet den dritten Band von Beresin's Bibliothek orientalischer Geschichtsschreiber (Библіотека восточныхъ историковъ). — Der Fürst *Kostrof* hat in der kasanischen Zeitung eine Abhandlung über die Kizil-Tataren veröffentlicht, in welcher er einige Volkslieder derselben mittheilt. — Herr *Wakhabof*, Lehrer an der Schule für Soldatenkinder in Kasan, hat ein tatarisch-russisches Elementarbuch herausgegeben, welches unter andern auch Gespräche und Lieder im Dialekte der kasanischen Tataren, mit russischer Uebersetzung enthält. Ein ähnliches Werkchen im Dialekte der krimischen Tataren, mit Sprüchwörtern, Dialogen, Fabeln u. s. w. hat Herr *Krym-Khowadja*, Lehrer in Simpheropol, in Kasan drucken lassen. — In Kasan lebt gegenwärtig ein gelehrter Tschuwasche, Herr *Spiridon Michailof*, der in der kasanischen Zeitung, unter der Redaction des Prof. Beresin, mehrere tschuwaschische Texte, Sprüchwörter, Lieder, Dialoge u. s. w. mitgetheilt hat, die einen werthvollen Beitrag zur Beurtheilung dieser bisher noch wenig bekannten Sprache bilden.

Ein Nachtrag zu Schnurrer's Bibliotheca Arabica aus den Schätzen der Kaiserlichen öffentl. Bibliothek zu St. Petersburg.

Die Kaiserliche öffentliche Bibliothek zu St. Petersburg bewahrt einen solchen Reichthum an literarischen Schätzen und bibliographischen Merkwürdigkeiten und Seltenheiten, dass sie in dieser Hinsicht gewiss kaum einer der grösseren Bibliotheken Europas nachstehen dürfte. Seitdem der jetzige Herr Director, Reichsrath und Staatssecretär Baron *von Korff* der Anstalt seine volle Aufmerksamkeit geschenkt hat, und sie in Folge derselben sich eines neuen, vielseitigen, lebensfrischen Aufschwungs erfreut, ist dieser Reichthum schon vielfach ausgebeutet und ans Licht gefördert worden; die Zeitschriften Russlands sprechen jetzt eben so häufig, wie früher selten, von neuen wichtigen Erwerbungen und bibliographischen Merkwürdigkeiten der Bibliothek. Zu diesen letzteren gehört auch das Buch, welches zu diesen Zeilen Anlass gegeben hat, und welches selbst den Bibliographen, bei welchen man es erwähnt zu finden hoffen konnte, unbekannt geblieben zu sein scheint; wenigstens führen es weder Assemani, noch Schnurrer oder Zenker in ihren Werken auf. Es ist die auf Kosten des Kleinrussischen Kosaken-Hetmans, *Joh. Masepa*, im J. 1708 zu Aleppo gedruckte arabische Uebersetzung der vier Evangelien, der Bibliothek im J. 1818 von dem damaligen Collegien-Assessor (jetzigen wirkl. Staatsrathe) Christophor Lasarev als Geschenk dargebracht. Zwar hat die *Nordische Biene* (1853, Nr. 178) schon eine Beschreibung dieses seltenen Buches mitgetheilt; da dieselbe aber nur wenigen Gelehrten des Auslandes zugänglich sein dürfte, so wird sich hoffentlich diese Nachricht nicht nur von Seiten der Bibliographen, sondern auch der Geschichtsforscher einer wohlwollenden Aufnahme zu erfreuen haben, sofern sie sogar einen kleinen Beitrag zur Geschichte und Characteristik des bekannten Kosakenhäuptlings zu liefern geeignet ist. Es wäre jedenfalls interessant zu erfahren, welchem Umstande diese Ausgabe ihr Entstehen verdankt, ob dem früher von Masepa für das Wohl der griechisch-orthodoxen Kirche bewiesenen, wohl nur eigennützigen und scheinbaren Eifer [1]), dessen auch *Makarij Bulkakov* in seiner im J. 1843 auf Anordnung des Erzbischofes Innokentij verfassten Geschichte der Kiev'schen geistlichen Akademie (Исторія Кіевской Академіи. Соч. Макарія Булкакова. С. Пб. 1843) unter dem Jahre 1695 anerkennend erwähnt. Dieser Eifer wurde wahrscheinlich von dem ehemaligen Patriarchen von Antiochien, Athanasius, in Anspruch genommen, der auch den Woiwoden der Wallachei, Jo. Const. Brancowan, durch seine Bitten vermocht hatte, zur Herausgabe mehrerer arabischer christlicher Werke die Druckkosten herzugeben. S. *Schnurrer* Nr. 268. Diese Ansprache mag der vorzüglichste Grund von Masepa's Geldspende gewesen sein. Oder sollte sie eine Sühne sein für den an seinem rechtmässigen Herrn schon damals beabsichtigten Verrath, und seinen Namen vor verdienter Brandmarkung schützen? Das Buch selbst besteht aus 122 Blättern in folio ohne Seitenzahlen, aber unten mit Verweisungswörtern (Custoden) und einer einfachen schwarzen Einfassung versehen, während die verschiedenen Ueberschriften roth gedruckt sind. Jede Seite enthält 25 Zeilen.

Auf der ersten Seite finden wir den Titel: كتاب الانجيل الشريف
الطاهر والمصباح المنير الزاهر المنسوب الى الاربع رسل الانجيليين اللاهيين
وهم متى ومرقص البشيران ولوقا ويوحنا النخبيران (sic) قد طبع الان
حديثاً بمصرف السيد الامجد يوانى مازابه الهتمان طلباً للاجر والثواب
وذلك فى سنة الف وسبعمايه وثمانيه مسيحيه فى شهر كانون الثانى
Das Buch des heiligen reinen Evangeliums und der erhellenden glänzenden Leuchte nach den vier göttlichen Apostel-Evangelisten, nämlich Matthäus und Marcus, den Verkündigern der frohen Kunde, und Lucas und Johannes, den Glaubensboten, jetzt von Neuem gedruckt auf Kosten des erlauchten Herrn, Johann Masepa (*Masaba*), *des Hetmans, aus Verlangen nach* (Gottes) *Lohn und Vergeltung, im Monat Kanun II.* (Januar) 1708 *nach Christo*; auf der letzten die Angabe: ١٧٠٨
طبع حديثا بمحروسة حلب المحمية سنة مسيحية
Von Neuem gedruckt in der wohlbewahrten, geschützten (Stadt) *Haleb* (Aleppo) *im J. Chr.* 1708.

Seite 2 enthält Masepa's Wappen mit dem Kreuz des Andreas-Ordens inmitten einer Verzierung aus Laubwerk, Waffen u. s. w., um welche herum folgende Kirchen-Slavische Buchstaben zu lesen sind [2]):

---

1) Vgl. *Engel's* Geschichte der Ukraine, Halle 1796, S. 303: „*Masepa* war ursprünglich *katholischer Religion*, spielte aber in seinem Alter den Eiferer für den angenommenen Griechischen Glauben.“

2) Eine ganz ähnliche Verwendung der Vorblätter findet in dem auf Kosten des oben erwähnten Woiwoden der Wallachei im J. 1701 herausgegebenen griechisch-arabischen Missale Statt; da stehen um das Wappen des Woiwoden herum in derselben Weise wie hier folgende griechische Buchstaben: *I. K. B. B. A. H. Π. OT.* d. i. wie unten ausgeschrieben ist: *Ἰωάννης Κονσταντῖνος Βασαράβας Βοεβόνδας Αὐθέντης Ἡγεμὼν Πάσης*

Г. I. М. В.
Е. Ц.
П. В.
З. Σ.
Ч. С.
А. А.
К.

Diese Buchstaben liest der Verfasser der erwähnten russischen Beschreibung: Гетманъ Іоаннъ Мазепа. Войска Его Царскаго Пресвятлаго Величества Запорожскаго Славнаго чина Святаго Апостола Андрея Кавалеръ *Johann Masepa, Hetman des Saporogischen Heeres Seiner Zarischen Majestät, des berühmten Ordens des heiligen Apostels Andreas Ritter.*

Oberhalb der Buchstaben Г. I. М. В. die Worte: *Ἐλέῳ Θεοῦ Ἰωάννης Μαζέπας Γετμάνος τῶν τῆς βασιλικῆς Γαληνοτάτης μεγαλειότητος Ζαποϱογικῶν στρατευμάτων*; unterhalb: *καὶ τοῦ Ἐνδόξου τάγματος τοῦ Ἁγίου Ἀποστόλου* (sic) *Ἀνδρέου τοῦ πρωτοκλήτου καβαλέρος.*

S. 3 enthält zwei in elegischem Versmasse verfasste griechische Lobgedichte (*Ἐπίγραμμα ἡρωελεγεῖον*) an Masepa (*Πρὸς τὸν Εὐσεβέστατον* u. s. w. *Μαζέπαν*), in welchen die christlichen Bewohner von Arabien beider Stände, d. i. sowohl Geistliche als Laien (*οἱ ἐν Ἀραβίᾳ εὐσεβεῖς ἀμφοτέρων τῶν τάξεων*) ihren Dank für diese Ausgabe der Evangelien in arabischer Sprache auf seine Kosten aussprechen. Seite 4 nehmen drei Gedichte in arabischer Sprache ein, welche nichts anderes sind als eine freie Uebersetzung der eben erwähnten zwei griechischen; der Scheich Tantawy findet sie sehr mittelmässig. Als Probe mag das erste (kürzere) Gedicht dienen.

Εὐσεβέεσσιν Ἰωάννη παρὰ πᾶσιν Ἄραψι
Κοίρανε τῶν Ῥώσων, Μαζέπα κῦδος ἔχεις.
Πίστιος ὥσπερ ἐπεὶ τελέθεις στύλος εὐαγέος σὺ
Ἱρὰ ἔπη Κυρίου, σαῖς δαπάνῃσι δίδως.

يا ايها السيد السامى فوق علّا * يوحنا مازابه ضابط جنـ الارس
لقد حوبت مديحاً من بنى عرب * قد جل ايمانهم عن قادح هاجس
ولكون جاهك عمدٌ قد تحقق لك * ايمان ذى الطهر والتبريم والقدس
تهب لهم من لدن علياك عن نعم * نص الاله بانجيل ذكى النفس

Auch die arabische Unterschrift: الداعيون لجنابكم العالى طغمة الكهنة والعوام المستقيمى الراى قاطنى البلاد العربية stimmt ganz mit der griechischen oben zum Theil angeführten überein.

Fol. 5—8 enthalten ein Sendschreiben an Masepa, in welchem ihm die

---

Οὐγκροβλαχίας. Oben aber fehlt auch *Ἐλέῳ Θεοῦ* nicht. S. Schnurrer l. c. p. 271.

ungemessensten Lobsprüche im Allgemeinen und wegen der in Rede stehenden Ausgabe der Evangelien insbesondere ertheilt werden. Das Schreiben ist gezeichnet: اثناسيوس برحمة الله تعالى البطريرك الانطاكى سابقاً الداعى لجنابكم العالى دايماً *Der immerdar für Eure Hoheit betende vormalige Patriarch von Antiochien, Athanasius.* — Vgl. über diesen letzteren *Schnurrer* Nr. 266. 309. 340. 341. Hierauf folgen die in die Pericopen der griechischen Kirche eingetheilten Evangelien selbst, und zwar St. Matthäus fol. 5—34, St. Marcus fol. 34—52, St. Lucas fol. 53—83, St. Johannes fol. 84—106.

Von fol. 107—113 steht das *Verzeichniss der evangelischen Abschnitte für alle Tage des Jahres* ابتدا فهرسة فصول الانجيل الخ; den Beschluss (fol. 113—122) macht ein zweites *Verzeichniss der Gedenktage der Heiligen und übrigen Feste des Jahres je nach den einzelnen Monaten* (von Eilul = September bis Ab = August) nebst Angabe der an denselben zu lesenden Abschnitte نبتدى بفهرسة الفصول التى تقرى فى الاثنى عشر شهر التذكارات القديسين والاعياد السيديه وباقى مدار السنة

Es ist kaum zu vermuthen, dass das hier besprochene Exemplar das einzige nach Europa gekommene sein sollte; in welchen öffentlichen oder Privatbibliotheken mögen sich wohl noch Exemplare dieser merkwürdigen Druckschrift bergen?

Zur Frage über die Wanderung der Germanen aus ihren Ursitzen.

von

Dr. A. Weber.

H. Leo hat kürzlich in einer sinnreichen und eben darum gefährlichen Abhandlung „über den Zusammenhang des germanischen Heidenthums mit dem der indischen Arier" in *J. W. Wolf's* Zeitschrift für deutsche Mythologie und Sittenkunde I, 51 ff. die eigenthümliche Ansicht aufgestellt, dass die Germanen sich später als die Perser von den Indern getrennt hätten, und zwar sogar erst nach deren Ansiedelung in Indien selbst „in der späteren Vedenzeit, wo der Rudradienst allmälig in den Çivadienst sich umbildete." Von seinen eignen Gründen dafür — die Perfektbildung giba gêbum gegenüber den indischen Perfekten wie yemus, bhejire „während in der Vedensprache noch zum Theil wirklich reduplicirende Formen stehen": — budhna, angeblich ein Name Çiva's (offenbar eine Verwechselung mit dem ahi budhnya, der höchstens etwa mit dem griechischen Python verglichen werden könnte) = Wuotan: — Çiva, resp. Çaiva (!), = dem altnord. Hâvi: — Pṛiçni = Frigg: — entbehren die drei letzten jeglichen Haltes und auch die erste ist nur ein scheinbarer, insofern ja die lateinischen Perfekte lĕgo lēgi, frango frēgi ganz analog dem yemus bhejire dastehen: es mussten also auch die lateinischen Pelasger „erst in der späteren Vedenzeit" von den Indern sich getrennt haben! Das Hauptgewicht von *Leo's* Beweisführungs ruht aber darauf, dass er *Roth's* Untersuchungen über die höchsten Götter der arischen Völker in dieser Ztschr. VI, 67 ff. so auffasst, als ob *Roth* die *Priorität* des mehr sittlichen Götterkreises der Âditya vor dem der sinnlichen Götter, des Indra, Rudra etc. in der Weise habe darthun wollen, resp. dargethan habe, dass der Cultus der letzteren zur Zeit der Einheit der Arier noch kaum existirt habe, vielmehr die ganze sinnliche Götterwelt der Inder grösstentheils erst aus der Zeit nach ihrer Trennung von den Iranern datire: da nun die germanischen Gottheiten nur mit diesen letzteren in Verbindung stünden, so müssten folgerichtig die Germanen noch nach der Trennung jener beiden Stämme mit den Indern zusammengeblieben sein. Hier liegt nun ein entschiedenes Missverständniss zu Grunde. Die natursymbolischen Götter sind nämlich, wie überall, so auch bei den Indern die Vorstufe, die mehr ethischen Götter erst das spätere Erzeugniss gewesen, und *Roth's* Absicht geht in jenem Artikel eben offenbar auch nur dahin, nachzuweisen, dass bei den *Ariern* zur Zeit ihrer Einheit *neben* die rein natursymbolischen Götter *bereits auch schon* ethische, übersinnliche Elemente getreten waren, dass ferner die Scheidung des arischen Volkes in Inder und Iraner wesentlich aus dem *Uebergewicht* hervorgegangen zu sein scheint, welches der eine Theil, die späteren Iraner, diesen ethischen Elementen zuerkannte, dass endlich diese letzteren dafür ihrerseits bei dem rückbleibenden Theile, den Indern, in Folge jener Abtrennung immer mehr in den Hintergrund getreten sind, und den sinnlichen Göttern das Feld geräumt haben, die nunmehr wieder, und zwar zum Theil wohl unter anderen Namen und Gestalten, in ihre ursprüngliche Alleingeltung zurücktraten. Dass die iranische Religion eine von direktem Zwist und Kampf begleitete Neuerung war, dass ihre Anhänger einen gewissen Fanatismus hegten, hat man schon lange aus der Stellung geschlossen, welche die von ihnen verworfenen ihrer früheren Götter bei ihnen erhalten haben, indem sie dieselben zu bösen Dämonen umschufen, in gewisser Beziehung ganz analog der Art und Weise, in welcher durch die bekehrten Deutschen ihre alten Götter in Teufel, Hexen u. s. w. umgetauft worden sind: vielleicht lässt sich in diesem Umstande eine Andeutung dafür finden, dass diese Umgestaltung der bisherigen allgemeinen, sinnliche wie sittliche Götter umfassenden arischen Gottesverehrung zu dem die ersteren ausschliessenden, mehr *positiven* iranischen Religions*systeme* wirklich, wie die iranischen Religionsbücher es behaupten, zunächst Werk einer einzigen *Persönlichkeit*, des Zarathustra war, der als Prophet mit ihm vermeintlich von Ahuramazda selbst geoffenbarter Weisheit auftretend die sinnlichen Götter mit frischem und ungeduldigem Glaubenseifer verdammte, und seine Lehre, seine Gesetze als die allein gültigen und wahren proklamirte. Bei den Indern ist von dergl. Feindseligkeit nicht die Rede: sie waren eben gewiss die grössere Masse, und das Ausscheiden ihrer nur die ethischen Elemente verehren wollenden bisherigen Genossen hatte nicht etwa zur Folge, dass diese Elemente dadurch dem Hass verfielen, wovon sich vor der Hand (ausser etwa dem Worte *asura*) keine Spur findet, sondern nur dass bei der verringerten Zahl ihrer Bekenner ihre Stellung allmälig immer mehr verblasste, ihre

Attribute und Wirksamkeit zum Theil auf die mehr kurrenten, natursymbolischen Götter übergingen, und diese somit ihrerseits einen gesteigerten geistigen Inhalt erhielten.

Also nicht für die indogermanische Urzeit, nur für die arische Vorzeit, resp. was dasselbe zu sein scheint, auch noch für die Zeit der älteren vedischen Lieder, ist das Bestehen eines ethischen Götterkreises bis jetzt nachweisbar. Der einzige Varuṇa, identisch mit *Οὐρανός*, ist aus demselben in der ersteren bereits vorhanden gewesen, aber eben sein Name schon zeigt, dass auch in ihm der sinnliche Begriff das prius war, während das ethische Element erst später, und zwar jedenfalls wohl erst nach erfolgter Abtrennung der Griechen, hineingetragen ist. Alle die übrigen jetzt schon vorliegenden Berührungspunkte der sogen. klassischen und der indogermanischen Mythologie sind sämmtlich natursymbolischen Inhalts: die Namen freilich haben vielfach gewechselt, von den Hauptgöttern führt kaum ein einziger denselben Namen und nur ihr Wesen und ihre Attribute finden sich gemeinsam, bei untergeordneten, weniger kurrenten Gottheiten ist indess sogar auch mehrfach Namensübereinstimmung nachweisbar. Es folgt hieraus von selbst der Schluss, dass die Abtrennung auch der Germanen aus ihren Ursitzen zu einer Zeit stattgefunden haben muss, wo der indogermanische Stamm sich zu ethischen Göttergestalten noch gar nicht emporgeschwungen hatte, was eben erst in der arischen Periode geschah, ein Schluss, der vollständig zu den Resultaten stimmt, welche die vergleichende Grammatik errungen hat, und die in klarer Uebersichtlichkeit jüngst von *Schleicher* ausgesprochen worden sind (in der Kieler Allgem. Monatsschrift für Wiss. und Lit. Sept. 1853. S. 786—87), dass nämlich die Germanen sich schon lange vor der arischen Periode aus den bis dahin gemeinsamen Sitzen losgerissen hatten. Nur darin hat mich *Schleicher's* Darstellung überrascht, dass er die Wanderung der Slavo-Germanen früher als die der Pelasger (Graeco-Latiner) ansetzt, wozu er wohl durch die Griechen und Indern gemeinsamen Namen *Οὐρανός*, *Ἑρμείας*, *Κέρβερος* und andere dergl. mythologische, wie sprachliche Gründe veranlasst sein mag. Bisher hat man stets die Ansicht gehegt — und ich muss gestehen, dass es mir schwer wird dieselbe so gleich aufzugeben —, dass die Slavo-Germanen noch lange Zeit nach Abtrennung der Pelasger mit den späteren Ariern zusammengewohnt haben, was auch schon die geographischen Verhältnisse zu erheischen scheinen. Es wäre deshalb wünschenswerth, dass *Schleicher* sich etwas näher und ausführlicher über diesen so höchst interessanten Punkt aussprechen möchte.

Berlin den 18. October 1853.

Bibliographische Anzeigen.

Sanskrit-Wörterbuch, herausgegeben von der Kaiserlichen Akademie der Wissenschaften, bearbeitet von Otto Böhtlingk und Rudolph Roth. Bogen 1—10. a—adhyushṭra. St. Petersburg, Buchdruckerei der kaiserlichen Akademie der Wissenschaften 1853. 160 SS. fol. 1 ℛ

Noch keine einzige der semitischen Sprachen mit Ausnahme der hebräischen hat es zu einem mit Stellen belegten grossen Lexikon gebracht, obwohl die semitischen Studien doch schon seit mehr als drei Jahrhunderten emsig und fleissig betrieben worden sind: auch für das Persische fehlte bisher ein solches und wird erst jetzt durch *Vullers* ein Anfang dieser Art gemacht: den Sanskritstudien dagegen wird durch obiges Werk schon nach siebenzigjährigem Bestehen ein so bedeutendes Hülfsmittel ihres Gedeihens zu Theil, ein Dienst, welcher der hohen Akademie, durch die er ins Leben tritt, und den beiden Gelehrten, von denen er ausgeht, die lebhafteste Anerkennung und den wärmsten Dank der Mit- und Nachwelt zusichert Es ist in der That ein wahrer Thesaurus der Sanskritsprache damit begonnen worden, denn wenn auch bei der so geringen Zahl brauchbarer Vorarbeiten einerseits und andrerseits bei dem ungeheuern Umfange einer Literatur, die sich durch drei Jahrtausende hinzieht und über fast alle Zweige menschlichen Wissens erstreckt, an eine direkte Vollständigkeit auch nur annähernd nicht gedacht werden kann, so ist doch die Hauptmasse des Sprachgutes im grossen Ganzen wirklich als darin geborgen anzusehen, wie denn insbesondere die bedeutendsten Schriften der vedischen Periode erschöpfend verarbeitet sind, desgl. die lexikalisch-grammatischen Werke der späteren Zeit und ein grosser Theil der juristischen und schönen Literatur: und wenn sich auch dagegen in einzelnen Zweigen grosse Lücken finden, deren Ausfüllung sehr wünschenswerth sein würde, so ist doch eben nur zu rühmen, dass die Verfasser mit maassvoller Beschränkung das Erreichbare dem Wünschenswerthen vorgezogen haben. Nur in einem Falle möchte ich in dieser Beziehung eine Erweiterung mir vorzuschlagen erlauben. Wenn nämlich keine Wortform, keine Wortbedeutung aufgenommen worden ist, die nicht zugleich mit einer indischen Auktorität belegt worden wäre, so sind die Verfasser doch wohl darin etwas zu rigoros zu Werke gegangen, dass sie *Wilson's* Sanskrit Dictionary nicht auch als eine solche betrachtet haben, worauf es doch seiner Entstehung nach in der That ziemlich gegründete Ansprüche hat: es werden dadurch dem Werke eine grosse Zahl von wichtigen Bedeutungen sowohl als ganzen Wörtern, technischer u. a. Art, deren Richtigkeit und Existenz eine ganz unbestreitbare sein wird, entgehen; so fehlen z. B. gleich bei aṅça die Bedeutungen fraction und degree, sodann die Wörter aṅçabhâj, aṅçahârin, aṅçâṅça, aṅçâṅçi, ebenso aṅçujâla, aṅçubhartṛi, aṅçuvâṇa: sollte auch *Wilson* wirklich hie und da sich direkte Versehen haben zu Schulden kommen lassen, was seltner der Fall sein wird, als es vielleicht manchmal den ersten Anschein nat, so würde doch die beigefügte Chiffre seines Werkes dafür vollständig ausreichen.

Die angeführten Stellen folgen stets, so weit möglich, in literargeschichtlicher Reihenfolge: die Accente sind, wo durch Stellen sicher, beigefügt: der Entwicklung der Bedeutungen aus einander ist grosse Sorgfalt gewidmet, nicht minder der Etymologie, bei welcher hie und da auch die verwandten Sprachen zur Vergleichung herangezogen werden. Ich erlaube mir, hier ein ganz besonderes interessantes Beispiel hievon herauszugreifen und einige eigene Bemerkungen hinzuzufügen, das Wort aṇgiras nämlich: bei demselben heisst es: „aṇgiras, m. plur. ein Geschlecht höherer Wesen, das zwischen Göttern und Menschen steht: ihr Name, für welchen eine sichere Ableitung noch fehlt, stimmt am nächsten mit *ἄγγελος* (vielleicht auch mit *ἄγγαρος*):“ diese Vergleichung scheint mir besonders des persischen *ἄγγαρος* [1]) wegen eine überaus glückliche, und ist dazu natürlich auch das hebr. pers. אגרת bei Nehemia und Esther, syr. ܐܓܪܬܐ, talmud. אנגריא heranzuziehen. Die Wurzel scheint aṇg „sich bewegen“ zu sein [2]). Auch der Name des medischen Sängers *Angares* (*Ἀγγάρης*) bei Athenaeus, XIV, p. 633, ist vielleicht in Betracht zu ziehen. *Ἄγγελο*, welchem ein indisches aṇgara, aṇgira entsprechen würde, bedeutet sonach zunächst rasch, eilig, dann den Boten: die Wortform aṇgiras mit Affix iras (ras) ist indess ungewöhnlich und letzteres bis jetzt noch nicht nachgewiesen. Wenn nun also das Wort ursprünglich eine appellative Bedeutung hat, in der es sich bei Griechen und Persern erhielt, so ist es doch von den Indern, und zwar nur von diesen [3]), nicht nur auf die zwischen Himmel und Erde wandelnd gedachten Boten, resp. wohl die den Himmel mit der Erde in Rapport setzenden Naturkräfte, sondern auch auf ihre eignen vorväterlichen (indopersischen) Ahnen angewendet worden, deren Verkehr mit den Göttern in späterer Zeit als ein überaus inniger, leibhaftiger gedacht ward (s. z. B. Çâtap. Br. III, 6, 2, 26): gewisse Erinnerungen, die sich von diesen erhalten hatten, wurden nunmehr von den Aṇgiras erzählt, so dass den Sagen von den letzteren sonach allerdings eine gewisse Geschichtlichkeit beiwohnt; *Roth*, dem der erste Theil des Artikels Angiras offenbar angehört, scheint hierüber anderer Ansicht zu sein.

Die Vertheilung der Arbeit hat in der Weise stattgefunden, dass *Roth*

---

1) Das parsische (und neupersische) Verbum angârdan (Spiegel, Pârsigramm. p. 133. 191) ist wohl ein Denominativum davon (also entsprechend dem *ἀγγέλλειν*): die Bedeutung ist aber dann sehr abgeschwächt und modificirt.

2) Von derselben Wurzel aṇg haben wir auch noch einen andern Rest in der Partikel aṇga, die, entsprechend dem griechischen *ἄγε*, eigentlich nur eine 2. pers. sing. Imperat. ist, ähnlich wie hanta, vata (aus avata, helft?) ebenfalls reine Partikeln geworden sind.

3) Erst viel später, in biblischen Schriften, haben auch die Griechen, und zwar natürlich ganz selbstständig, zufällig dasselbe Wort speciell auf die Boten Gottes, die Engel, angewendet: diese *ἄγγελοι* haben aber mit den indischen aṇgiras selbstverständlich direkt nicht das Geringste zu thun, ob auch ihre Bedeutung theilweise ziemlich identisch scheint.

ausser dem medicinischen Lehrbuch des Suçruta das gesammte vedische, *Böhtlingk* alles übrige Material und die Anordnung des Ganzen übernommen hat. Sehr wichtige Beiträge, insbesondere ein vollständiger Index zu Manu, sind ihnen von *Stenzler* geworden, sodann auch von *Whitney*, *Aufrecht*, *Kuhn*. Auch ich selbst habe einiges beigesteuert. Fernere Beiträge werden auch von andern Gelehrten dankbar angenommen werden. — Möge dies grossartige Unternehmen einen günstigen und ungestörten Fortgang haben! Die jahrelange Ausdauer und unsägliche Mühe, die es erfordert, wird den Verfassern durch das Bewusstsein, der Wissenschaft einen ganz unschätzbaren Dienst geleistet zu haben, reichlich gelohnt werden. A. W.

The Journal of the Royal Asiatic Society of Great Britain. Vol. XV. Part I. London 1853. Enthält:

Memoir on the Scythic Version of the Behistun Inscription, by Mr. E. Norris. [1])

Endlich erhalten wir den seit Jahren sehnlich erwarteten medischen oder scythischen Text der grossen Inschrift von Bagistan. Es war ziemlich nutzlos, die schon sehr beträchtliche Anzahl von gedruckten assyrischen oder babylonischen Keilinschriften durch neuherausgegebene zu vergrössern, so lange der Schlüssel zur Entzifferung und zum Verständniss derselben vorenthalten wurde. Jetzt endlich, da wir die schriftlichen Denkmäler der Achämeniden in den drei Sprachen, so weit sie erhalten sind, vollständig besitzen, müssen wir versuchen, die immer noch äusserst schwierige Aufgabe zu lösen, und können auf weitere Hülfsmittel nicht mehr warten. Doch sei hier sogleich bemerkt, dass immer noch ein Hülfsmittel von nicht geringer Wichtigkeit uns entzogen ist; nämlich die Abschrift des babylonischen Textes von Nakschi Rustam, welche Rawlinson durch den jungen Tasker erhalten hat. Die Abschrift Westergaard's, die wir besitzen, lässt vieles zweifelhaft und unsicher; Tasker, der sich von oben an einem Strick zu dem Grabmal des Darius herabliess, und die Inschrift in der Luft schwebend copierte, aber auch ein Opfer seines Eifers wurde, konnte eine viel vollständigere und zuverlässigere Abschrift gewinnen, und diese ist es, die Rawlinson benutzt, aber bis jetzt nicht mitgetheilt hat. Es scheint zwar die Absicht Rawlinson's zu sein, dieses Hülfsmittel, das durch die grosse Lückenhaftigkeit des babylonischen Textes der grossen Inschrift an Werth gewinnt, in seinem Memoir on the babylonian and assyrian inscriptions als Anhang zu veröffentlichen, denn er sagt S. 5: „N. R. attached to the present Memoir"; aber bis jetzt hat er von Nakschi Rustam nur die kleinen von Tasker entdeckten Inschriften gegeben, welche sich hinter den Figuren finden. Von diesen, zwar sehr kurzen, aber durchaus nicht unwichtigen Inschriften ist nur der persische und der babylonische Text veröffentlicht; es fehlt also noch der medische. Gewiss bedarf es nur der Bemerkung, dass die Mittheilungen noch nicht vollständig sind, um die asiatische Gesellschaft in London zu veranlassen, dass sie nachträglich für den Druck 1) der Taskerschen Ab-

1) Vgl. S. 329 ff.

schrift des babylonischen Textes von Nakschi Rustam, 2) des medischen Textes der kleinen Inschriften von ebenda ohne Verzug Sorge trägt. Damit würde sich erwünscht die vollständige Veröffentlichung der neuentdeckten trilingues Inschriften von Susa verbinden lassen.

Ueberschauen wir nun, was uns in dem vorliegenden Hefte mitgetheilt wird. Wir erhalten hier acht Tafeln medischer Texte. Die grosse Inschrift füllt die 6 ersten und die Hälfte der siebenten Tafel. Leider sehen wir, dass von den drei Columnen derselben nur die zweite vollständig erhalten ist; die erste und unglücklicher Weise noch mehr die wichtige dritte haben grossen Schaden gelitten; doch geht aus den Anmerkungen hervor, dass man von den künftigen Besuchern des Felsens die Ausfüllung mancher in den Papierabdrücken entstandenen Lücken erwarten darf. Es sei hier gleich angefügt, dass auf der achten Tafel noch drei Zeilen einer Inschrift mitgetheilt werden, welche sich als Bruchstücke einer Wiederholung des nämlichen Textes zu erkennen geben. Wahrscheinlich ist diess eine leserliche Stelle aus den auf Rawlinson's Plan mit 6, 7, 8 u. 9 gezählten und als gänzlich unleserlich bezeichneten Felsenflächen. Es geht daraus hervor, dass Darius nicht nur den nämlichen Inhalt in drei Sprachen schreiben liess, sondern auch die Uebersetzung in derselben Sprache zweimal unverändert an verschiedenen Stellen des Felsens anbrachte, gerade so wie es am See Van eine ganz gewöhnliche Erscheinung ist, dass die nämliche Inschrift ohne alle Veränderung dreimal nebeneinander oder untereinander eingehauen steht. Es sollte auf diese Weise dafür gesorgt werden, dass das Denkmal, wenn es an einer Stelle durch Verwitterung des Felsens oder durch Menschenhand zerstört oder verletzt würde, doch aus den Wiederholungen hergestellt oder ergänzt werden könnte. Welch eine erstaunliche Sorgfalt des Darius und jener dennoch unbekannten Könige ihre Namen der fernsten Nachwelt zu erhalten!

Auf der 7. Tafel stehen noch zwei neugefundene Inschriften von Susa, Denkmäler des Artaxerxes Mnemon, welche wir dem Herrn Loftus verdanken. Die erste derselben, die von ziemlicher Ausdehnung und für die Mythologie nicht ohne Interesse ist, wird auch S. 159 im persischen Text mitgetheilt; die babylonischen Texte entbehren wir noch.

Die achte Tafel giebt die kleinern Inschriften von Bagistan; darunter ist besonders die zehnzeilige L von Wichtigkeit, als die einzige, die nicht von persischem und babylonischem Text begleitet ist, also die einzige, deren Inhalt nicht schon bekannt ist. Ausserdem giebt Norris noch Westergaard's B und O nach neuen Abschriften. Diess ist das neu gewonnene Material. Dazu kommt nun die Abhandlung des Herrn Norris, welche alles umfasst, was nur gewünscht werden kann, nämlich: 1) Feststellung des Alphabets, 2) eine Grammatik, 3) Uebersetzung und Erläuterung aller Inschriften, auch derjenigen, welche früher schon bekannt waren, und endlich 4) ein vollständiges Wörterbuch. Die ganze Schrift hat 213 Seiten ohne die Tafeln.

Wir begnügen uns vorerst, den Inhalt dieser höchst wichtigen Schrift anzuzeigen; auf eine Beurtheilung der Abhandlung einzugehen, ist bei einer so schwierigen Materie ohne längere Studien nicht wohl möglich. Nur eine Bemerkung sei jetzt schon erlaubt. Herr Norris nennt die Sprache der Inschriften scythisch, und er versteht darunter den sogenannten finnischen oder tatarischen Sprachstamm. Zunächst verwandt sei die Sprache der Wolgafinnen, also der Mordwinen, Syrjänen, Tscheremissen, Wotjäken und anderer ziemlich unbekannter Völker. Gegen diese Ansicht habe ich in einigen Aufsätzen in dieser Zeitschrift eine andere durchzuführen gesucht, die Sprache dieser Inschriften sei ein arisch-persischer Dialekt mit Einmischung semitischer Wörter. So lange das Material so sehr beschränkt war, konnte die Sache nicht zum Abschluss gebracht werden. Jetzt aber, sollte man denken, kann ein Zweifel nicht mehr möglich sein. Und Herr Norris zweifelt auch nicht im geringsten. Er meint zwar, seine Arbeit sei sehr mangelhaft; aber er ist überzeugt, dass nur eine gründlichere Kenntniss des Tscheremissischen und Wotjäkischen dazu gehört, um das noch fehlende zu ergänzen; er zweifelt gar nicht daran, dass fortan nur Kenner des Finnischen sich mit der Aufgabe befassen werden; und es ist ihm undenkbar, dass ein anderer als ein „Tartar scholar", also ein Schott oder Gabelentz sein Buch beurtheilen werde. Die Sache scheint also völlig entschieden zu sein. Dennoch muss ich gestehen, dass ich bis jetzt noch nicht bekehrt bin. Wenn ich sehe, wie hier aus den verschiedensten Dialecten, und auch aus Sprachen, die wir bisher nicht zu den finnischen zu zählen gewohnt waren, wie die tamilische, nothwendige Analogien herbeigezogen werden, und doch alle Augenblicke etwas aufstösst, das dem tatarischen Gebrauch zuwider sei, wenn ich sehe, wie wenig Wörter im Finnischen und wie gezwungen wiedererkannt werden können, wenn ich z. B. S. 66 lese, die abgeleiteten Substantive würden in der Keilsprache ebenso wie in den finnisch-tatarischen Sprachen durch ein Suffix vas, mas, ös gebildet, und dazu die Beispiele finde Keilsprache kovas Königthum von ko König, tscheremissisch idrâmas, Frau von idyr Mädchen, und syrjänisch portös die Scheide von purt das Schwert, also ganz heterogene Wörter, so kann ich nicht verhehlen, dass mir die Sache noch ziemlich dunkel scheint. Dagegen sehe ich gleich auf den ersten Blick manches, was meine Ansicht zu bestätigen, ja völlig zur Gewissheit zu erheben scheint, daneben aber freilich nicht weniges, was mich stutzig macht. So mögen denn vor Allen die Kenner der finnisch-tatarischen Sprachen der Aufforderung des Herrn Norris entsprechen, und sich mit diesen Inschriften beschäftigen; mir aber, obgleich ich durchaus mich nicht rühmen kann, im Ostjäkischen und Wotjäkischen bewandert zu sein, möge der Herr Herausgeber gestatten, von seinem Buch ebenfalls Gebrauch zu machen, und jetzt mit reicherem Material darzulegen, was für meine Ansicht gesagt werden kann. Das soll in der Fortsetzung meiner Artikel über die medischen Inschriften geschehen. Jedenfalls müssen wir nun bald wissen, woran wir sind, und ich meinerseits werde nicht eigensinnig auf einem Irrthum bestehen, wenn die entgegenstehende Ansicht oder eine dritte sich als die wahre erweisen sollte.

Heidelberg d. 13. Sept. 1853. A. Holtzmann.

The third part of the Ecclesiastical History of John, Bishop of Ephesus. Now first edited by **William Cureton**, *M. A. F. R. S., Chaplain in ordinary to the Queen and Canon of Westminster.* Oxford, at the University Press, 1853. 4. VIII SS. Vorr. u. 418 SS. Syr. Text.

Durch die Bekanntmachung dieses Werkes hat sich der gelehrte Canonicus Cureton in London ein neues Verdienst um die Bereicherung der Syrischen Litteratur erworben, das wir dankbar anerkennen und welches durch die verheissene Uebersetzung, welche den Inhalt des Werkes auch den Nichtkennern der Syr. Sprache zugänglich und nützlich machen wird, noch bedeutend erhöht werden dürfte.

Johann, Bischof von Ephesus, wie der Verfasser des Buches hier genannt wird, ist derselbe, welchen wir unter dem Namen Johann, Bischof von Asien (Kleinasien), aus der Chronik des Dionysius (Assem. Bibl. Or. II, 83 ff.) und der des Bar-Hebr. (Assem. a. a. O. 313. 329) kennen, und heisst Bischof von Ephesus, weil er, ein Monophysit, aus Amida in Mesopotamien gebürtig, in der zweiten Hälfte des 6. Jahrh. Bischof der Monophysiten in Kleinasien war und seinen Sitz in der Hauptstadt Ephesus hatte. Aus seinem, für die Kirchengeschichte des Orients besonders wichtigen Geschichtswerke hat Dionysius aus Telmahar 200 Jahre später geschöpft und Auszüge gemacht (Assem. a. a. O. S. 83 ff.), und zur Zeit des Bar-Hebr. gehörte es zu den Seltenheiten. Ein vollständiges Exemplar dieses Werkes ist bisher nicht aufgefunden worden und erst in der neuesten Zeit das Britische Museum in London in den Besitz dieses dritten, jedoch unvollständigen Theiles gekommen, der sich, zum Theil in einzelnen losen Blättern, unter den Handschriften befunden, welche das genannte Museum 1843 und 1847 aus dem Syr. Marienkloster im Thale der Natron-Seen in Aegypten erworben hat.

Die beiden ersten Theile haben aus 12 Büchern (wahrscheinlich jeder aus 6) bestanden und sich von Julius Caesar bis zum 6ten Regierungsjahre Justin's des Jüng., also bis 571 Chr., erstreckt, und dieser 3. Theil umfasst einen Zeitraum von 14—15 Jahren, von 571 bis wenigstens 585, was sich darum nicht genau angeben lässt, weil die letzten 12 Capp. des 6. Buches in der Hdschr. fehlen.

Wie jeder der beiden ersten Theile aus 6 Büchern bestanden zu haben scheint, so zerfällt auch der vorliegende 3te in 6 Bücher, wovon jedoch nur das 2te und 5te Buch vollständig vorhanden sind. Jenes enthält 52, dieses 23 Capp. Von dem 1sten, aus 42 Capp. bestehenden Buche fehlen die beiden ersten, das 6., 7. und 8. Capitel ganz, sodann ein Theil des 3., 5. und 9. Capitels. Von dem 3., 56 Capp. enthaltenden Buche sind die 42 ersten und ein Theil des 43. Cap. vorhanden. Das 4. Buch bestand aus 61 Capp., von welchen die 4 ersten, das 23—29. Cap. und ein Theil des 5., 22. und 30. Cap. verloren sind. Von dem in 49 Capp. zerfallenden 6. Buche endlich sind die ersten 36 und ein Theil des 37. Cap. erhalten.

Bei aller Unvollständigkeit der Handschrift sind wir dem Hrn. Cureton für die Bekanntmachung derselben, der einzigen, in welcher uns ein Theil jenes Werkes aufbewahrt ist, den wärmsten Dank schuldig, und es ist nur zu wünschen, dass derselbe bald die nöthige Musse finden möge, die in Aussicht gestellte Uebersetzung, wobei auch die sich etwa vorfindenden Druckversehen angemerkt werden sollen, in möglichst kurzer Zeit nachfolgen zu lassen.

Die Handschrift ist mit der bekannten Alt-Syrischen Schrift, wie Hr. C. vermuthet gegen das Ende des 7. christl. Jahrh., geschrieben, und mit ebenderselben Schrift ist auch das Buch gedruckt worden, indem der Vorstand der Universitäts-Druckerei in Oxford, welchem bedeutende Mittel zu Gebote stehen, die Kosten der Herstellung dieser schön ausgeführten Typen und des Druckes getragen hat, was dankbar erwähnt zu werden verdient. H. Bernstein.

J. A. Vullers, *Lexicon Persico-Latinum etymologicum, cum linguis maxime cognatis Sanscrita et Zendica et Pehlevica comparatum, omnes voces, quae in lexicis persice scriptis Borhâni Qâtiu et Haft Qulzum reperiuntur, complectens, adhibitis etiam Castelli, Meninski, Richardson et aliorum operibus et auctoritate scriptorum Persicorum adauctum. Accedit appendix vocum dialecti antiquioris, Zend et Pazend dictae. Fasciculus I.* Bonnae ad Rhenum, impensis Adolphi Marci. 1853. gr. 8.

Mit grosser Freude begrüssen wir das Erscheinen dieses Werkes, welches einem längst gefühlten dringenden Bedürfniss endlich Abhülfe verspricht; denn ein Haupthinderniss für das Studium der persischen Sprache war bisher der Mangel an einem Lexicon. Castel, Meninski und Richardson sind, ausserdem dass sie nicht das Persische allein, sondern auch noch andere Sprachen erklären, vielfach unvollständig und unzuverlässig, und zugleich für Solche die weder in der Nähe einer grossen Bibliothek wohnen noch mit Glücksgütern reich gesegnet sind, schwer zugänglich. Die guten in neuerer Zeit in Indien erschienenen und das Persische in persischer Sprache erklärenden Wörterbücher können, abgesehen von ihrem hohen Preise, nur von solchen benutzt werden, die in der Kenntniss der Sprache selbst schon weiter vorgeschritten sind. So blieb für Anfänger neuerdings als einzige Aushülfe Bianchi's Dictionnaire turc-français, welches auch die von türkischen Schriftstellern gebrauchten persischen Wörter und somit einen grossen Theil des persischen Sprachschatzes enthält, aber schon seinem Zwecke nach natürlich sehr lückenhaft ist und namentlich die zusammengesetzten Ausdrücke, einen der wichtigsten Theile der persischen Lexicographie, ganz bei Seite lässt; was kann es aber helfen, wenn z. B. angegeben wird, dass آب das Wasser und سر der Kopf heisst, während weder die abgeleiteten und bildlichen Bedeutungen dieser Wörter, noch die zahlreichen damit zusammengesetzten Ausdrücke, deren Bedeutung im Sprachgebrauch sich aus dem einfachen Worte nicht errathen lässt, erklärt werden? Diesem Punkt hat mit Recht H. Vullers seine besondere Aufmerksamkeit zugewendet und seine Quellen dazu möglichst genau und vollständig ausgebeutet. Als solche hat er die drei als die besten und vollständigsten geltenden persischen Wörterbücher benutzt, nämlich das 1818 in Calcutta (1834 in 3. Ausg.) erschienene برهان قاطع, das dieses erstere vervollständigende und durch noch genauere Angabe der Aussprache sich auszeichnende, von dem König von Oude in

Lucknow 1822 herausgegebene هفت قلزم, endlich das ältere in Constantinopel 1742 erschienene und schon bei der zweiten Ausgabe des Meninski benutzte persisch-türkische فرهنگ شعوری, welches zu den einzelnen Ausdrücken Belege aus persischen Dichtern beibringt. Diese Originallexica haben überall eine genaue Bezeichnung der Aussprache möglich gemacht. Daneben hat H. V. auch fleissig die persischen Schriftsteller selbst, so weit sie ihm in Druckwerken zu Gebote standen, benutzt; der Kreis derselben ist allerdings nur ein kleiner, und es ist zu erwarten, dass aus dem fortgesetzten und erweiterten Studium der persischen Literatur in der Folge, nachdem einmal ein fester Grund gelegt ist, noch manche lexicalische Bereicherung und Berichtigung hervorgehen wird. Was die Anordnung betrifft, so hat der Verf. die rein alphabetische der etymologischen vorgezogen, theils weil diese letztere das Aufsuchen sehr erschwert haben würde, theils auch weil bei manchen Wörtern die Ableitung noch unbekannt oder unsicher ist; das „etymologicum" des Titels bezieht sich darauf, dass für einzelne Wörter die Etymologie mit Berücksichtigung der verwandten Sprachen angegeben wird. Da es aber auch wieder unbequem und unzweckmässig ist, wenn man wie im Borhâni Qâti درآمدن unter در und ازپای درآمدن unter از suchen muss, so sind die Zusammensetzungen der Verba mit Präpositionen oder auch mit Substantiven gleich unter dem einfachen Verbum angegeben; warum dasselbe aber nicht auch für die übrigen Zusammensetzungen beobachtet ist, warum z. B. آب روی erst hinter آباد und آبار oder آهن دل hinter آهنجیدن vorkommt, statt dass auch solche zusammengesetzte Ausdrücke gleich unter dem einfachen Worte zusammengestellt wären, ist nicht wohl abzusehen. Der Gebrauch arabischer Wörter ist bei persischen Schriftstellern je nach dem Zeitalter, dem sie angehören, ein mehr oder weniger umfassender, überhaupt aber ein unbeschränkter, und wollte H. V. nicht den ganzen arabischen Sprachschatz mit aufnehmen, so musste er, was er auch gethan hat, sich begnügen dafür auf die arabischen Lexica zu verweisen und, wiewohl eine ganz strenge Grenze hier nicht zu ziehen ist, nur die Wörter anführen, welche im persischen Sprachgebrauch eine abweichende oder eigenthümliche Bedeutung angenommen haben oder in besondern persischen Zusammensetzungen vorkommen; zu diesen letztern sind aber die mit Hülfe von کردن in persische Verba verwandelten arabischen nomina actionis mit Recht nicht gerechnet, da sonst die halbe arabische Sprache durch dieses Hinterpförtchen wieder in das Lexicon hereingekommen wäre. — Das vorliegende erste Heft enthält auf 208 Seiten die Wörter bis بم; das Ganze soll sechs solche Hefte zu dem Subscriptionspreis von 3 Rthlr. umfassen. Da der Verfasser die beruhigende Versicherung giebt, dass das Werk im Manuscript vollendet ist, so wünschen wir dem Druck einen raschen Fortgang, und hoffen dass jeder Freund orientalischer Studien der Bitte des Verfassers und des Verlegers, durch Subscription zur Deckung der Druckkosten beizutragen, gern willfahren wird.

K. H. Graf.

Nachrichten über Angelegenheiten der D. M. Gesellschaft.

Als ordentliche Mitglieder sind der Gesellschaft beigetreten:

Für 1853:

377. Hr. Dr. Wilh. Gollmann, practicirender Arzt in Wien.
378. „ Edw. B. Eastwick, F. R. S. M. R. A. S., Professor der orient. Sprachen u. Bibliothekar des East-India College zu Haileybury.
379. „ R. H. Th. Friederich, Adjunkt-Bibliothekar der Batavia'schen Gesellschaft für Künste u. Wissenschaften zu Batavia.

Für 1854:

380. „ Dr. Siegfried Freund, Privatdocent an d. Univ. zu Breslau.
381. „ Albin Vetzera, } Attachés der k. k. österr. Internunciatur zu Constantinopel.
382. „ Heinrich Ritter von Haymerle, }
383. „ Otto Freiherr von Walterskirchen, }
384. „ Ernst Mayer, }
385. „ Emil Sperling, Kanzler der Hanseat. Gesandtschaft zu Constantinopel.
386. „ J. A. Vullers, ordentl. Prof. der morgenl. Sprachen an d. Univ. zu Giessen.
387. „ Dr. Wilhelm Lagus aus Helsingfors in Finnland.

Hr. Bibliothekar Tybaldos (*Γεωργιος Κ. Τυπαλδος, Ἔφορος τῆς Δημοσίου καὶ Πανεπιστημιακῆς Βιβλιοθήκης*) in Athen ist vom Gesammtvorstande zum correspondirenden Mitgliede ernannt worden. — Die HH. Layard und Rawlinson haben für ihre Ernennung zu correspondirenden Mitgliedern Dankschreiben an die Gesellschaft gerichtet und Letzterer versprochen, bald einen kurzen Bericht über die Fortschritte der Assyrischen und Babylonischen Entdeckungen zu geben.

Den Austritt aus der Gesellschaft haben erklärt die Herren: Bötticher (285), Lücke (153), Schönborn (143) u. Wolterstorff (358).

In Herrn Schulrath Dr. G. F. Grotefend (starb d. 15. Dec. 1853) hat unsere Zeitschrift einen ihrer thätigsten Mitarbeiter verloren.

Durch den zu Anfang Octobers erfolgten Weggang des Dr. Haarbrücker von Halle nach Berlin wurde die Stelle des einen Geschäftsführers und Bibliothekars der Gesellschaft erledigt, und es trat bei Besetzung derselben eine Schwierigkeit dadurch ein, dass bei dem Ausfalle der Altenburger Versammlung kein neues Vorstandsmitglied in Halle gewählt werden konnte und das noch hier befindliche, Prof. Hupfeld, erklärte, die Führung der Bibliothek nicht wieder übernehmen zu können. Nach mehrfacher Berathung der Leipziger und Halleschen Geschäftsführer und Vorstandsglieder ist die Angelegenheit dahin geordnet, dass provisorisch bis zu nächster Generalversammlung Prof. Hupfeld als Mitglied des geschäftsleitenden Vorstandes in Halle eintritt, der jetzige Sekretär Dr. Arnold aber die Verwaltung der Bibliothek mit übernimmt, gestützt auf die Berliner Zusatzbestimmung zu §. 7. der Statuten, in welcher es heisst: „Alles was die Geschäftsführung im Einzelnen betrifft, und die Vertheilung der Arbeiten unter die einzelnen Mitglieder des geschäftsleitenden Vorstandes ist Sache letzterer".

Die 100 *Rt.* Unterstützung der Königl. Sächsischen Regierung sind für 1853 gezahlt worden.

Von der mit Unterstützung der D. M. G. erscheinenden *Dillmann'schen* Ausgabe des äthiopischen Octateuchs (s. Zeitschr. VII. S. 457) ist Fasc. I. herausgekommen (s. unten S. 409. Nr. 1335), wobei zu bemerken ist, dass nach dem von den Geschäftsführern mit der Verlagshandlung (Fr. Chr. W. Vogel in Leipzig), abgeschlossenen Vertrag die Mitglieder der D. M. G., welche sich unmittelbar an den Verleger wenden, das Werk mit dem den Buchhändlern gewährten Rabatt erhalten.

Ferner sind nach Beschluss der Gesammtvorstandes *Wüstenfeld's* Reductionstabellen der muhammedanischen Zeitrechnung auf die christliche auf Kosten der D. M. G. gedruckt worden. Auch dieses Werk erhalten die Mitglieder der Gesellschaft, die sich unmittelbar an die Commissionshandlung (F. A. Brockhaus in Leipzig) wenden, um den Buchhändlerpreis.

Desgleichen ist *Mehren's* Rhetorik der Araber, unter Autorität der D. M. G. in der k. k. Hof- und Staatsdruckerei zu Wien gedruckt (s. unten S. 411. Nr. 1370), erschienen.

Besonders reiche Schenkungen sind der Bibliothek der D. M. G. durch Hrn. Geh. Rath *von der Gabelentz* (s. unten S. 410. Nr. 1348—61), durch Hrn. Dr. *Mordtmann* (s. S. 407 f. Nr. 1295—1318), durch die Mechitharisten-Congregation in Wien (s. S. 408 f. Nr. 1322—30) und durch die Smithsonian Institution zu Washington (s. S. 407. Nr. 20; S. 409. Nr. 1339—1347) zugekommen.

Durch Hrn. Adjunkt-Bibliothekar *R. H. Th. Friederich* in Batavia ist die Zusendung der Theile der Verhandelingen van het Bataviaasch Genootschap etc., wovon Exemplare verschickbar sind, sowie der neuen in Batavia erscheinenden Tydschrift voor land- taal- en volkenkunde zugesichert worden.

Beförderungen, Veränderungen des Wohnortes u. s. w.:

Hr. *Behrnauer:* dritter Amanuensis an der k. k. Hofbibliothek in Wien.

„ *Ch. T. Beke:* jetzt resident partner of the commercial house of Blyth Brothers and Co. auf Mauritius.

„ *Cipariu* hat das Prädikat eines Professors der orient. Sprachen erhalten.

„ *C. L. Grotefend:* Archiv-Secretär und Conservator des Königl. Münzcabinets zu Hannover.

„ *Haarbrücker:* Docent in Berlin.

„ *Larsow* ist aus London nach Berlin zurückgekehrt.

„ *Magnus:* Privatdocent an d. Univ. zu Breslau.

„ *Schwarzlose:* jetzt in Berlin.

Extract

aus der Rechnung über Einnahme und Ausgabe bei der Casse der Deutschen Morgenländischen Gesellschaft auf das Jahr 1852.

Einnahmen.

2147 Rt.	13 ngr.	2 ₰.	Cassenbestand vom Jahre 1851.
4 »	— »	— »	Beiträge der Mitglieder vom 1. Jul. 1846 bis 30. Jun. 1847.
24 »	13 »	7 »	dergl. vom 1. Jul. 1847 — 31. Dec. 1848.
35 »	9 »	2 »	dergl. auf das Jahr 1849.
120 »	10 »	3 »	dergl. auf das Jahr 1850.
279 »	9 »	1 »	dergl. auf das Jahr 1851.
709 »	16 »	1 »	dergl. auf das Jahr 1852.
14 »	1 »	5 »	dergl. vorläufig auf das Jahr 1853.
2 »	— »	— »	Eintrittsgelder.
13 »	10 »	— »	für frühere Jahrgänge der Zeitschrift.
45 »	— »	— »	Zinsen von hypothek. angelegten Geldern.
42 »	16 »	— »	zurückerstattete Vorschüsse und Auslagen.
350 »	— »	— »	Unterstützungen, als: 200 Rt. von der Kön. Preuss. Regierung. 100 » von der Kön. Sächs. Regierung. 50 » von Sr. Kön. Hoheit dem Kronprinzen von Schweden u. Norwegen.
45 »	26 »	5 »	Saldo aus der Rechnung des Hrn. Brockhaus pr. 1852.
3833 Rt.	5 ngr.	6 ₰.	Summa. Hiervon
1368 »	15 »	3 »	Summa der Ausgaben, verbleiben
2464 Rt.	20 ngr.	3 ₰.	Bestand.

Ausgaben.

641 Rt.	12 ngr.	9 ₰.	für Druck, Lithographien etc.
100 »	— »	— »	Unterstützung orient. Druckwerke.
273 »	7 »	7 »	Honorare für die Zeitschrift, incl. für Cassenführung.
78 »	20 »	— »	Reisekosten zur General-Versammlung incl. 25 Rt. Rest für das Jahr 1851.
60 »	20 »	7 »	Buchbinderarbeit.
3 »	20 »	— »	für Bücher.
57 »	1 »	5 »	Porti etc.
25 »	— »	— »	Vorschüsse.
8 »	15 »	— »	für Druck und Ausfertigung von Diplomen.
79 »	26 »	— »	für Inventarienstücke in das Bibliothek-Zimmer in Halle.
40 »	11 »	5 »	Insgemein.
1368 Rt.	15 ngr.	3 ₰.	Summa.

Harzmann,
d. Z. Cassirer der D. M. G.

Zur Erwiderung.

Herr Dr. *Paul Bötticher* behauptet bei Ankündigung seiner anecdota syriaca im vorigen Bande dieser Zeitschrift (VII, 614), dass ich in meiner Uebersetzung von des Mor Yaqûb Gedicht über Alexander den Grossen den Fehler gemacht habe, den *nahro Deqlat* durch „Fluss von Kalaḥ“ zu übersetzen. Der *Knoes'sche*, nach einer durch *Silvestre de Sacy* besorgten Abschrift eines Pariser Codex konstituirte Text, der mir bei jener Uebersetzung einzig vorlag, hat an den betreffenden Stellen nichts von *nahro Deqlat* (nahro steht übrigens auch gewöhnlich nach), sondern das eine Mal S. 79, 6: ܟܠܟܠܚ ܢܗܪܐ, das zweite Mal S. 91, 12: ܟܠܚ ܢܗܪܐ. Haben also Herrn Dr. *P. B.'s* Handschriften *nahro Deqlat*, so konnte er dies einfach bemerken, er durfte mir aber nicht, so lange er den mir vorgelegenen Text nicht kannte, einen Fehler Schuld geben, der gar nicht gemacht worden war, sondern hatte seine Ungeduld, mir Fehler nachzuweisen, so lange zu zügeln, bis er seine Handschriften mit dem *Knoes'schen* Text vergleichen konnte.

Was die angebliche Autorschaft des Jacob von Batanea und die Handschrift aus dem neunten Jahrhundert anbetrifft, so wird Herr Dr. *P. B.* hoffentlich nicht verfehlen, seine Gründe für Beides anzugeben: bis dahin wird Sprache und Inhalt des Gedichtes als allein maassgebend für die Bestimmung der Abfassungszeit zu gelten haben. *Knoes* z. B. sagt vom Verfasser einfach: Jacobi cuiusdam (carmen).

Schliesslich gestatte ich mir die Befürchtung auszusprechen, dass Herr Dr. *P. B.* für den unveränderten Abdruck seiner Abschriften wahrscheinlich doch noch mehr „Undank“ ernten möchte, als wenn er eine kritische Ausgabe derselben besorgen würde, selbst wenn er auch bei dieser „lectionis varietatem eam quae critici usus foret“ nur wenigstens *ebenso* „integram“ mittheilen wollte, wie er dies anderswo gethan zu haben scheint: zu einem blossen Abdruck der Handschriften geben rein mechanische Mittel jedenfalls das zweckmässigste und sicherste Verfahren an die Hand, und ist dazu jeder Schreiber, der durchzeichnen kann, befähigt; Gelehrte aber haben bisher, auch auf Gefahr des „Undankes“ hin, bei Ineditis wenigstens, *wo es irgend möglich* und der Text nicht zu verzweifelt war, es verschmäht, bloss die Stelle von Lithographen annähernd zu ersetzen, vielmehr in ihren Ausgaben zugleich auch ein Verständniss des Textes zu zeigen gesucht, sei es indem sie ihre Conjekturen in den Text setzten und die Lesarten der Mss. anderweitig vermerkten, oder indem sie das umgekehrte Verfahren beobachteten. Ein Verzichtleisten auf diese löbliche Sitte sieht einem Verzichtleisten auf das Verständniss des Textes in der That so ähnlich, dass es nur einem bewährten und anerkannten Meister zusteht. Die bisherigen Leistungen des Herrn Dr. *P. B.* haben nun zwar allerdings eine grosse Vielseitigkeit, um nicht zu sagen Versatilität, dargethan, schwerlich aber zu seiner *Akribie* das unumschränkte Vertrauen erwecken können, welches allein ein derartiges Vorgehen zu empfehlen oder auch nur zu rechtfertigen vermag. Der Umstand allein, dass man sich selbst etwas zutraut, ist nicht allemal auch schon ein Bürge der Befähigung dazu. Der Anonymus A. W.

Palestine Archaeological Association.

Archaeological Research in the East having now attained such important results, in the discovery and acquisition of splendid monuments, both Egyptian and Assyrian; — and a great archaeological chain of inquiry having been thus established, from Egyptian Thebes to the site of Nineveh, it has been suggested that Palestine presents itself the middle link in this chain, as being full of rich promise to researches and inquiries of a similar character.

If Egypt and Assyria have afforded so many valuable monuments to the truth of history and tradition, it may reasonably be expected that Palestine would yield as rich a harvest. Why should not the sites of the ancient cities and towns of the Hebrews, and of the aboriginal inhabitants of Canaan, be explored? And why might not the localities of important monuments — especially of the Hebrews — be sought for, under the guidance of tradition and scriptural authority; — as, for instance, the Egyptian coffins of the patriarchs at Hebron and Sychem; — the twelve stones set up by Joshua, at Gilgal and in the Jordan; — the monumental record of the Law in the Stone of Sychem; — the Sacred Ark, supposed to have been concealed by the prophet Jeremiah in some recess; — with many others, which will suggest themselves to the Biblical reader?

The discovery, if not also the recovery of these precious relics of Hebrew Antiquity, might be accompanied or followed by the acquisition of various objects of historical importance; as coins, vessels, implements, sculpture, inscriptions, manuscripts, and other documents, all illustrative of the most interesting periods of remotest antiquity; and that in the Holy Land, the land of the Bible: such a treasure of archaeological knowledge would possess a high degree of importance, as corroborative of the Sacred Writings, and would doubtless be so esteemed, as well by the learned, as by the religious world.

Plan.

I. „The Palestine Archaeological Association" has, for its object, the exploring of the ancient and modern cities and towns, or other places of historical importance in Palestine and the adjacent Countries, with a view to the discovery of monuments and other objects of antiquity, by means of researches on the spot.

II. The Members will be admitted by recommendation to the Council, and will be expected to subscribe the sum of *Five Shillings per Annum*, payable in advance.

III. The foreign operations of the Association are to be carried on by means of a Fund, raised by Donations, in aid of the Subscriptions.

IV. The Officers of the Society shall consist of a Treasurer, three or more Secretaries, a Council of Twelve, and Foreign Corresponding Members.

V. The results of the Researches of this Association will be communicated, as they occur, to the Members, and also to „the Syro-Egyptian Society of London," wherein the Palestine Association originated; and a Yearly Meeting of this Association shall be held, when a General Report shall be read, the Accounts submitted, and the Officers and Council chosen for the ensuing year.

Treasurer: ***William Henry Black.*** (Mill-Yard, Goodman's-Fields.)
Secretaries: Dr. ***Abraham Benisch***, Ph. D. (11, Camomile-street, City.)
Rev. ***Joseph Turnbull,*** Ph. D. (17, Red Lion-square, Holborn.)
William Francis Ainsworth, F. S. A., cet. (Thames Villa, Hammersmith.)

To whom communications may be addressed.

London, 28 Sept. 1853.

Herr ***W. H. Black*** ist gegenwärtig assistent keeper of the public records, ***London***, Mitglied und Beamter verschiedener gelehrten Gesellschaften und Verfasser verschiedener Schriften über Diplomatie u. dgl. Er besitzt selbst eine ausgezeichnete Sammlung von Drucksachen und Handschriften, unter letztern auch über 60 hebräische, deren beabsichtetem Catalog wir nur eine schnelle Ausführung wünschen können, auch einige arabische. Der gelehrte Sammler stellt nicht bloss seine literarischen Schätze mit grosser Bereitwilligkeit denjenigen zur Disposition, von welchen er einen für die Wissenschaft förderlichen Gebrauch voraussetzt, sondern er beabsichtet, dieselben in eine öffentliche Bibliothek zu verwandeln und zunächst dem Versammlungs- und Andachtshause der Anhänger der. ***Sabbat***feier als eine Art Medrese einzuverleiben; die hebräischen Handschrr. tragen bereits auf ihrem Rücken die Inschrift: גנזי מיליארד (Schätze von Mill-Yard). — Dr. ***A. Benisch***, ein geborner Böhme, gegenwärtig an der Redaction des seit diesem Jahr erscheinenden Hebrew Observer betheiligt, hat sich in seiner frühern Jugend durch einen hebräischen Commentar über Ezechiel (in Landaus rabb. Bibel 1836) und in letzterer Zeit durch eine von ihm allein unternommene und bereits theilweise ausgeführte ***englische Bibelübersetzung*** bekannt gemacht.

Steinschneider.

Berichtigungen.

Bd. VII. S. 412, Z. 8 v. u. „***Sprengen***" l. ***Sprenger***.
„ „ „ 476, „ 28 „'Ukkâz" l. 'Ukâẓ.
„ „ „ 482, „ 4 v. u. „ٱلْأَلَافَة" l. ٱلْأَلَافَة.
„ „ „ 505, „ 5 „in der" l. die in der.
„ „ „ 577, „ 8 v. u. „ضبطت هذا لترتيب" l. ضبطت هذا الترتيب.
„ „ „ 590, „ 10 „كنم" l. كند.
Bd. VIII. S. 18, Z. 9 „Georgr." l. Geogr.
„ „ „ 30, „ 11 „an" l. au.
„ „ „ „ „ 7 v. u. „pous" l. pour.
„ „ „ 351, „ 4 „ista'ârât" l. isti'ârât.
„ „ „ „ l. Z. „Handelsleute" l. Handelsleute)

Verzeichniss der bis zum 31. Dec. 1853 für die Bibliothek der D. M. Gesellschaft eingegangenen Schriften u. s. w.[1]).

(Vgl. Bd. VII. S. 615—619.)

I. Fortsetzungen.

Von der K. K. Akad. der Wissenschaften zu St. Petersburg:

1. Zu Nr. 9. Bulletin de la classe des sciences histor., philol. et polit. de l'Académie Impériale des sciences de St.-Pétersbourg. Nr. 244—249. Tome XI. No. 4—9.

Von der K. K. Akademie der Wissenschaften zu Wien:

2. Zu Nr. 10. Fontes rerum Austriacarum. Oesterreichische Geschichtsquellen. Herausgeg. v. d. histor. Commission der kaiserl. Akad. der Wissenschaften in Wien. Zweite Abtheilung. Diplomataria et Acta. VI. Band. Summa de literis missilibus Petri de Hallis und das Stiftungsbuch des Klosters St. Bernhard. Auch unt. d. Tit.: I. Summa de literis missilibus. Ein Formelbuch aus Petri de Hallis kaiserlichen Notars processus judiciarius. Herausgeg. von *Friedr. Firnhaber*. II. Das Stiftungsbuch des Klosters St. Bernhard. Herausgeg. v. Dr. *H. J. Zeibig*. Mit zwei lithographirten Beilagen. Wien 1853. 8. — VII. Band. Copey-Buch der Gemainen Stat Wienn. Auch unt. d. Tit.: Copey-Buch der Gemainen Stat Wienn. 1454—1464. Herausgeg, v. Dr. *H. J. Zeibig*. Wien 1853. 8.

Von der Redaction:

3. Zu Nr. 151. Zeitschrift d. D. M. G. Bd. VII. Heft 4. Leipz. 1853. Bd. VIII. Heft 1. Leipz. 1854. 2 Hefte. 8.

Von der Société Asiatique:

4. Zu Nr. 202. Journal Asiatique. Cinquième série. Tome I. Paris 1853. 8.

Von der American Oriental Society:

5. Zu Nr. 203 (217). Journal of the American Oriental Society. Third volume. Number II. New York 1853. 8. (Doubl. zu Bd. VII. S. 613. Nr. 3.)

Von der Kön. Gesellsch. der Wissenschaften zu Göttingen:

6. Zu Nr. 239. Erste Säcularfeier der Königl. Gesellschaft der Wissenschaften zu Göttingen am 29. November 1851. I. Zur Erinnerung an Albrecht von Haller und zur Geschichte der Societäten der Wissenschaften. Festrede gehalten von *Rudolph Wagner*. II. Ein Blick auf die äussere Geschichte der Königl. Gesellsch. der Wissenschaften zu Göttingen in ihrem ersten Jahrhundert. Vorgelesen von *Joh. Friedr. Ludw. Hausmann*. Aus dem 5. Bde. der Abhh. der K. Ges. d. Wiss. zu Göttingen. Gött. 1852. 4.

Von der K. K. Akad. der Wissenschaften zu Wien:

7. Zu Nr. 294. Sitzungsberichte der kaiserl. Akademie der Wissenschaften. Philos.-histor. Classe. Bd. IX. Jahrg. 1852. III—V. Heft (Heft IV mit 10, Heft V mit 2 Tafeln). Bd. X. Jahrg. 1853. I—IV. Heft (Heft I mit 9, Heft IV mit 4 Tafeln), 7 Hefte. 8.

8. Zu Nr. 295. Archiv für Kunde österr. Geschichtsquellen. Herausgeg. von der zur Pflege vaterländischer Geschichte aufgestellten Commission der kaiserl. Akad. d. Wissensch. Neunter Band. I. II. Zehnter Band. I. Wien 1853. 3 Hefte. 8.

---

1) Die geehrten Zusender, soweit sie Mitglieder der D. M. G. sind, werden ersucht, die Aufführung ihrer Geschenke in diesem fortlaufenden Verzeichnisse zugleich als den von der Bibliothek ausgestellten Empfangsschein zu betrachten. Die Bibliotheksverwaltung der D. M. G.
Dr. Arnold. Dr. Anger.

Vom Curatorium der Universität zu Leyden:

9. Zu Nr. 548. Lexicon geographicum, cui titulus est, مراصد الاطلاع etc. e duobus Codd. Mss. Arabice editum. Sextum fasciculum, exhibentem literas ع ad ک, edidit *T. G. J. Juynboll*. Leyden 1853. 8.

Von der Asiatic Society of Bengal:

10. Zu Nr. 593 u. 594. Puráṇa Sangraha or a Collection of the Puráṇas in the original Sanscrit with an English translation. Edited by *K. M. Banerjea*. No. I. Márkaṇḍeya Puráṇa. Calcutta 1851. 8. [Aus der Biblioth. Indica.]

Von der Soc. orient. de France:

11. Zu Nr. 608. Revue de l'Orient, de l'Algérie et des colonies. Onzième année. Sept. — Décembre 1853. 4 Hefte. 8.

Von der Kön. Akademie der Wissenschaften zu Berlin:

12. Zu Nr. 641. Philologische und historische Abhandlungen der Königlichen Akademie der Wissenschaften zu Berlin. Aus dem J. 1852. Berlin 1853. 4.

13. Zu Nr. 642. Monatsbericht der Kön. Preussischen Akademie der Wissenschaften zu Berlin. November u. December 1852. Januar bis Juli 1853. 9 Hefte. 8.

Vom Herausgeber:

14. Zu Nr. 646. Codices orientales bibliothecae Regiae universitatis Lundensis. Supplementa. Recensuit *Car. Joh. Tornberg*. Lund 1853. 4.

Vom Uebersetzer:

15. Zu Nr. 842. Ibn-el-Athirs Chrönika. Elfte delen ifrån Arabiskan öfversatt af *Carl Johan Tornberg*. Häftet II. Lund 1853. 8.

Von d. Bombay Branch of the R. Asiatic Society:

16. Zu Nr. 937. The Journal of the Bombay Branch of the Royal Asiatic Society. January 1853. Bombay 1853. 8.

Von der Asiatic Society of Bengal:

17. Zu Nr. 1044. Journal of the Asiatic Society of Bengal. No. CCXXXII — CCXXXV. 1853. Nr. I—IV. Calcutta 1853. 4 Hefte. 8.

Vom Herausgeber:

18. Zu Nr. 1077. Zendavesta or the religious books of the Zoroastrians edited and interpreted by N. L. Westergaard. Vol. I. The Zend Texts. Part III. The Yashts XII—XXIV, Nyáish, 'Áfrígáns, Gáhs, miscellaneous fragments, Sírozah. Copenhagen 1853. 4.

Vom Verfasser:

19. Zu Nr. 1086. Strenna Israelitica — — da *Isaaco Reggio*. Anno II. Görz 1853. 8.

Von der Smithsonian Institution:

20. Zu Nr. 1101. Sixth annual report of the Board of Regents of the Smithsonian Institution, for the year 1851. Washington 1852. 8.

Vom Verfasser:

21. Zu Nr. 1228. *Joannis Augusti Vullers* lexicon persico-latinum etymologicum etc. Fasc. II. Bonn 1853. 4.

II. Andere Werke.

Von Herrn Dr. Mordtmann in Constantinopel:

(Die Titelangaben in englischer Sprache beruhen auf handschriftlichen Notizen in den der D. M. G. geschenkten Exemplaren.)

1295. Geschichte Josephs (des Sohns Jakobs). Smyrna 1847. 12. Neuarmen.

1296. Die Psalmen Davids. Smyrna 1843. 12. Neuarmenisch.

1297. Ararat version of the N. T. in ancient and modern Armenian. Constantinopel 1850. 8.

1298. N. T. in modern Armenian with references. Smyrna 1849. 8.

1299. Dairyman's daughter Smyrna 1841. 8. Neuarmenisch.
1300. *Saludett's* natural theology. Smyrna 1843. 8. Neuarmenisch.
1301. *Abercrombie* on mental discipline. Smyrna 1844. 12. Neuarmenisch.
1302. *Sayson's* thoughts. Smyrna 1844. 12. Neuarmenisch.
1303. Die christliche Lehre in Frage und Antwort. Smyrna 1846. 8. Neuarmen.
1304. Evangelische Predigten. Smyrna 1846. 8. Neuarmenisch.
1305. *Jay's* daily meditations for every day in the year, revised and prepared by Rev. *Dwight*. Constantinopel 1847. 12. Neuarmenisch.
1306. Light of the soul. Smyrna 1849. 12. Neuarmenisch.
1307. Treatise on the work of the Holy Spirit. By Rev. *Eli Smith*. Smyrna 1850. 8. Neuarmenisch.
1308. Village upon the mountains. Smyrna 1851. 8. Neuarmenisch.
1309. Night and toil. A narrative of the entrance of the Gospel at Tahiti. Smyrna 1852. 12. Neuarmenisch. (2 Exemplare.)
1310. Tract primer. Smyrna 1852. 8. Neuarmenisch.
1311. Old Testament from the Hebrew in two vols. By Rev. *Will. Goodell*. Smyrna 1851. 8. (Erster Band.) Armen.-türkisch.
1312. *Abbot's* young Christian. Smyrna 1844. 8. Armen.-türkisch.
1313. Ueber den Nutzen der polemischen Schriften der Theologen. Smyrna 1844 16. Armen.-türkisch.
1314. Ein Geschenk für die ganze Welt. Smyrna 1844. 16. Armen.-türkisch.
1315. Evangelical sermons. Smyrna 1847. 8. Armen.-türkisch.
1316. *Bogues* evidences of Christianity. Smyrna 1847. 8. Armen.-türkisch.
1317. *Jones'* Catechism. Smyrna 1848. 8. Armen.-türkisch.
1318. Daily meditations. Smyrna 1850. 12. Armen.-türkisch.

Von Prof. Anger:

1319. Capita Theologiae Judaeorum dogmaticae e Flavii Josephi scriptis collecta. — — Auctore *Car. Gottlieb Bretschneider*. Lips. 1812. 8.

Von den Verfassern:

1320. Institut National de France. Premier mémoire sur le Sânkhya, par M. *Barthélemy Saint-Hilaire*. (Extrait du tome VIII des mémoires de l'académie des sciences morales et politiques.) Paris 1852. 4.
1321. Andeutungen über Erhaltung und Herstellung alter Burgen und Schlösser. Von dem Ausschussmitgliede des historischen Vereins für Steiermark, *Josef Scheiger*. Gratz 1853. 8.

Von der Mechitharisten-Congregation zu Wien:

1322. Europa. (Zeitschrift in armen. Sprache.) Jahrgang 1851—1853. Fol.
1323. Nouveau guide de conversation français-anglais-arménien-turc-allemand-italien, à l'usage de tous les hommes d'affaires contenant un vocabulaire des termes usuels, des conjugaisons appliquées, des phrases élémentaires, des dialogues sur tous les objets et des tables comparatives des monnaies, rédigé par le P. *Philippe Giamgy*, Méchitbariste. Vienne 1848. 12.
1324. Französisch-armenisches Wörterbuch. Wien. 1853. 12.
1325. Nuovo dizionario italiano-francese-armeno-turco, compilato sui migliori vocabularii di queste quattro lingue dai Padri della Congregazione Mechitaristica. Vienna 1846. Lex.-8.
1326. Auswahl aus den Diwanen des grössten mystischen Dichters Persiens Mewlana Dschelaleddin Rumi. Aus dem Persischen mit beigefügtem Original-Texte und erläuternden Anmerkungen von *Vincenz von Rosenzweig*. Wien 1838. gr. 4.

1327. Biographische Notizen über Mewlana Abdurrahman Dschami nebst Uebersetzungsproben aus seinen Diwanen von *Vinzenz Edlem von Rosenzweig*. Wien 1840. 4.

1328. Drei allegorische Gedichte Molla Dschami's, aus dem Persischen von *Vinzenz Edlem von Rosenzweig*. Wien 1840. 8.

1329. Armenische Uebersetzung von Bossuet: discours. Wien 1841. 4.

1330. Geschichte der 7 ersten ökumenischen Concilien. Wien 1847. 8. Armen.

Vom Verfasser:

1331. נחל קדומים נחלת יעקב — כל הדברים האלה אספתי וספחתי אני יהודה המכונה ליב דוקעס איש פרעסבורג. Heft 1 u. 2. Hannover חרי״ג לפ״ק (1853). 8.

Von Herrn Missionar Bühler:

1332. Das Evangelium Lucae in der Badaga-Sprache. 8.

Von der K. K. Akademie der Wissenschaften in Wien:

1333. Monumenta Habsburgica. Sammlung von Actenstücken und Briefen zur Geschichte des Hauses Habsburg in dem Zeitraume von 1473 bis 1576. — — Zweite Abtheilung: Kaiser Karl V. und König Philipp II. Erster Band. Auch unt. d. Tit.: Actenstücke und Briefe zur Geschichte Kaiser Karl V. Aus dem K. K. Haus-, Hof- und Staatsarchive zu Wien mitgetheilt von Dr. *Karl Lanz*. Wien 1853. 8.

Vom Verfasser:

1334. Le Nilomètre (ancien). Unterzeichnet: Porrentruy, le 20 septembre 1855 [sic]. *H. Parrat*. 1 Blatt in gr. Fol. Lithogr. u. Typendruck.

Von der Vogelschen Verlagshandlung:

1335. Biblia Veteris Testamenti Aethiopica, in quinque tomos distributa, ad librorum manuscriptorum fidem edidit et apparatu critico instruxit Dr. *Augustus Dillmann*. — Auch unter dem Titel: Veteris Testamenti Aethiopici Tomus primus, sive Octateuchus Aethiopicus. Ad libror. mss. fid. ed. etc. Dr. *Augustus Dillmann*. Fascic. primus, qui continet Genesin, Exodum, Leviticum cum apparatu critico. Impensarum partem suppeditante Societate Germanorum orientali. Lips. 1853. 4.

Vom Verfasser:

1336. Quae, qualia, quanta! Eine Bestätigung des Quousque tandem? der Champollionischen Schule von Dr. *Max Uhlemann*. Berlin 1852. 8.

1337. Philologus Aegyptiacus sive explicatio vocum Aegyptiacarum e scriptoribus Graecis Romanisque collectarum. Scripsit *Maximilianus Adolphus Uhlemann*. Lips. 1853. 8.

1338. Inscriptionis Rosettanae hieroglyphicae decretum sacerdotale. Accuratissime recognovit, latine vertit, explicavit, cum versione Graeca aliisque ejusdem temporis monumentis hieroglyphicis contulit atque composuit, glossario instruxit *Max. Adolphus Uhlemann*. Lips. 1853. 4.

Von der Smithsonian Institution:

1339. Aboriginal monuments of the state of New-York. Comprising the results of original surveys and explorations; with an illustrative appendix, by *E. G. Squier*, A. M. Accepted for publication by the Smithsonian Institution, October 20th, 1849. Hoch 4.

1340. Description of ancient works in Ohio. By *Charles Whittlesey*. Washington city: published by the Smithsonian Institution. June, 1852. Hoch 4.

1341. Portraits of North American Indians, with sketches of scenery, etc., painted by *J. M. Stanley*. Deposited with the Smithsonian Institution. Washington, Smithsonian Institution. December, 1852. 8.

1342. Official report of the United States Expedition to explore the Dead

Sea and the River Jordan, by Lieut. *W. F. Lynch*, U. S. N. Baltimore 1852. gr. 4.

1343. Explanations and sailing directions to accompany the wind and current charts, approved by Commodore Charles Morris — and published by authority of Hon. William A. Graham —. By Lieut. *M. F. Maury*, U. S. N. Fourth edition. Washington 1852. gr. 4.

1344. A series of charts, with sailing directions, embracing the surveys of the Farallones — — State of California. By *Cadwalader Ringgold.* Fourth edition, with additions. Washington 1852. 4.

1345. *Norton's* Literary Register and Book Buyer's Almanac for 1853. New-York 1853. 8.

1346. Grammar and Dictionary of the Dakota Language. Collected by the members of the Dakota Mission. Edited by Rev. *S. R. Riggs*, A. M. Under the patronage of the historical society of Minnesota. Washington city: publ. by the Smithsonian Institution. June, 1852. Hoch 4.

1347. Wicoicage Wowapi, qa odowan wakan — — The book of Genesis, and a part of the Psalms in the Dakota Language; translated from the Original Hebrew, by the Missionaries of the A. B. C. F. M., and Mr. *Joseph Renville*, Sr.; Cincinnati 1842. 8. Mit S. 161 beginnt: Wootanin woxte Luka qa Jan — — The gospels of Luke and John, in the Dakota Language; translated by Mr. *G. H. Pond* and Mr. *Joseph Renville*, Sr.; Cincinnati 1843. 8. Angebunden: Jesus ohnihde wicaye cin oranyanpi qon: qa Palos wowapi kage ciqon; nakun Jan woyake ciqon dena cepi. — — The Acts of the Apostles; and the Epistles of Paul; with the Revelation of John; in the Dakota Language; translated from the Greek by *Stephen R. Riggs*, A. M. Cincinnati 1843. 8.

Von Herrn Geh. Rath von der Gabelentz:

1348. Eskimo-Gesangbuch. Budissin 1830. 8.

1349. The three epistles of the Apostle John. Translated into Delaware Indian, by *C. F. Dencke*. New-York 1818. 12.

1350. Li' nete tsa bokereste, ka mo ro rotiloeng ki Bibele. Cape town 1845. 8. (Uebersetzung des Tractates der Pariser Tractatgesellschaft: „Doctrines Chrétiennes dans le langage des Saintes Écritures" in der Basuto-Sprache.)

1351. Isitunywa Sennyanga. Ein Zeitungsblatt in Caffrischer Sprache, vom J. 1850. Fol.

1352. Nene karighwiyoston tsinihorighhoten ne Saint John. The Gospel according to Saint John [in the Mohawk language]. London, s. a. 8. Am Schlusse handschriftlich das Vater Unser in obiger Sprache.

1353. The New Testament of our Lord and Saviour Jesus Christ, translated into the Choctaw language. — — New-York 1848. 8.

1354. Die Apostelgeschichte hindustanisch, übersetzt von *Benj. Schultz*. Halle 1749. 8.

1355. انجيل مقدس etc. Das N. T. in der Orenburg-tatarischen Sprache und arabisch-tatar. Schrift. Astrachan 1810. 8.

1356. Minnajimouin au St. Matthiu. The Gospel according to Matthew in the Ojibwa Language. Boston 1839. 8.

1357. Ritual Rimski istomaceen slovinski etc. Zweiter Titel: Rituale Romanum Urbani VIII. Pont. Max. jussu editum Illyrica lingua. Romae 1640 kl. 4.

1358. Philologisch-kritische Zugabe zu den zwei mongolischen Originalbriefen der Könige von Persien Argun und Öldshäitu. St. Petersburg 1824. 8.

1359. Elementa Grammatices Tscheremissae conscripsit Dr *M. A. Castrén*. Kuopio 1845. 8.

1360. Die Evangelien des Matthäus und Johannes und die Apostelgeschichte kalmückisch. S. l. et a. Schmal Fol.

1361. Die heilige Priestersprache der alten Aegyptier, als ein dem semitischen Sprachstamme nahverwandter Dialekt aus historischen Monumenten erwiesen. Vierter Theil. Fortsetzung der in den Jahren 1822, 1824 und 1826 erschienenen Programme. Von Dr. *F. C. L. Sickler.* Hildburghausen [1826]. 4.

Von Herrn Dr. Steinschneider:

1362. Arabische Uebersetzung der von Prinz Albert bei der Gewerbe-Ausstellung zu London im J. 1851 gehaltenen Rede. S. l. et a. 1 Bl. Fol.

Von den Verfassern:

1363. Principes d'étymologie naturelle basés sur les origines des langues sémitico-sanscrites par *H. J. F. Parrat.* Paris 1851. 4.

1364. De rebus die resurrectionis eventuris. Fragmentum ex libro cosmographico „Margarita mirabilium" Sein ed dini Ibn al-Vardi. E codd. mss. bibl. Vratislav. et Lugd. Batav. praemissis de auctoris vita, scribendi ingenio etc. etc. primum editum latine versum notisque illustratum. Dissertatio, quam scripsit — — *Siegfriedus Freund.* Vratislaviae 1853. 8.

Aus Washington von unbekannter Hand:

1365. National Intelligencer. Washington, Thursday, November 10, 1853. Gross Fol. (Enthält 2 Aufsätze über Siam.)

Von Herrn Lotze:

1366. Dr. Wilhelm Schott's vorgebliche Uebersetzung der Werke des Confucius aus der Ursprache, eine literarische Betrügerei; dargestellt von *Wilhelm Lauterbach.* Mit fünf lithographirten Tafeln Chinesischer Texte. Leipzig und Paris 1828. 8.

Vom Verleger, Herrn A. W. Unzer in Königsberg:

1367. Form und Geist der biblisch-hebräischen Poesie. Von Dr. *Jos. L. Saalschütz.* Königsberg 1853. 8.

Von den Verfassern und Herausgebern:

1368. Erläuterung einer Inschrift des letzten assyrisch-babylonischen Königs aus Nimrud mit drei andern Zugaben und einer Steindrucktafel vom Schulrathe Dr. *Georg Friedrich Grotefend.* Hannover 1853. 4.

1369. Notice sur la structure et la constitution des hiéroglyphes égyptiens. 8. Unterzeichnet: Porrentruy, 20 juin 1853. *Parrat.*

1370. Die Rhetorik der Araber nach den wichtigsten Quellen dargestellt und mit angefügten Textauszügen nebst einem literatur-geschichtlichen Anhange versehen von Dr. *A. F. Mehren.* Unter der Autorität der Deutschen morgenländischen Gesellschaft gedruckt. Kopenhagen. Wien, aus der K. K. Hof- und Staatsdruckerei 1853. 8.

1371. True description of three voyages by the north-east towards Cathay and China, undertaken by the Dutch in the years 1594, 1595, and 1596, by *Gerrit de Veer.* Published at Amsterdam in the year 1598, and in 1609 translated into English by William Phillip. Edited by *Charles T. Beke.* London 1853. 8.

Aus Calcutta von unbekannter Hand:

1372. The aborigines and early commerce of Arabia. [Extracted from the Calcutta Review No. XXXVIII.] Calcutta 1853. 8.

Von Herrn Dr. Shaw:

1373. Address to the Royal Geographical Society of London; delivered at the anniversary meeting on the 23rd May, 1853. Preceded by observations on presenting the Royal medals of the year. By Sir *R. J. Murchison,* — — President. London 1853. 8.

Von den Verfassern:

1374. On the Veda and Zend-Avesta. By *Max Müller*, M. A. (Oxford 1853.) 8.

1375. Dr. *Paul Bötticher*, on the classification of Semitic roots.

Von Herrn Dr. L. C. Grotefend in Hannover:

1376. Hannoversche Zeitung 1853. Nr. 297. (Enthaltend den Nekrolog des Schulraths Dr. Georg Friedrich Grotefend.)

III. Handschriften, Münzen u. s. w.

Von Herrn Consul Dr. Rosen in Jerusalem:

(Die mit * bezeichneten Münzen sind von Hrn. Prof. Stickel, jedoch — ausser bei Nr. 187 — vorbehaltlich genauerer Untersuchung, die übrigen von Hrn. Dr. Rosen selbst bestimmt.

181. Ein Darikus von Silber, bei Sardes gefunden.

182. Eine Arsacidenmünze von Silber, nach dem Bilde des Adv. zu urtheilen von dem 20sten Fürsten dieser Dynastie, Bardanes.

183—186. Sasanidenmünzen von Silber, und zwar:

183. Münze von Sapor II.

184:* über dem Feueraltar erscheint ein Kopf in der Flamme, wie auf dem Exemplar bei Mordtmann (Erklärung der Münzen mit Pehlvi-Legenden) Nr. 82, mit dem sie auch im Uebrigen Aehnlichkeit zeigt; daher wohl Schapur II. oder III. zugehörend. Die Schrift ist sehr verwischt, doch schimmert auf dem Schaft des Altares das ראסם *rast* noch durch.

185:* der vorigen sehr ähnlich, die Schrift besser erhalten als dort; in der Legende vor dem Kopfe des Königs scheint die zweite Hälfte des (שחסו)חרי erkennbar.

186. Münze von Chosroes II. Jahr 16, geprägt in Chuzistan (s. Mordtmann a. a. O. Nr. 538).

187.* Eine Silbermünze aus der Dynastie der Seadiden; die (sehr abgeriebene) Legende: I.: يا صاحب الزمان O Herr der Zeit! II.: ضرب شماخى Münze von Schamachi. Jahrzahl: ١٣١= (der Einer verwischt, vielleicht ٢).

188.* Eine Silbermünze mit arab. Legende. I.: in einer 8bogigen Umschliessung, um welche sich dann ein einfacher, über ihm noch ein punktirter Kreis zieht, steht das sunnitische Symbolum so, dass die obere Zeile, welche das لا اله الا الله darstellen soll, nur 8 aufwärts gerichtete, unten verbundene Striche darstellt, das محمد in einer Art Lapidarschrift, wie auf manchen Stücken der Dschutschiden, in der 2ten Zeile erscheint, die 3te das رسول الله enthält, das letzte Wort jedoch auch gekürzt. II.: eine 6bogige Umschliessung, gleichfalls umfasst von einem einfachen und einem punktirten Kreis, bietet eben so rohe verzerrte Charaktere in 3 Linien, die in der 2ten mit dem Anfang des Namens Usbek auf den Dschutschiden Aehnlichkeit haben. „Ich wage," fügt Hr. Prof. Stickel hinzu, „das Stück nicht zu classificiren; es macht den Eindruck einer Nachbildung von unkundiger Hand auf mich."

189. u. 190. Zwei mit Rost stark bedeckte Patriarchatsbullen von Constantinopel.

Vom Hrn. Geh. Legationsrath Soret in Bern:

191. Eine Kupfermünze des Ortokiden Kotb-eddin el-Ghazy. Diarbekr.

192. u. 193. Zwei Piaster von 'Abdu'l-Medschid, vom J. d. H. 1255.

Von Hrn. Isaak Reggio in Görz:

194. Eine messingne Denkmünze des Fürsten Michael Casimir Radzivill.

Von Hrn. E. Netscher in Batavia:

195. Fünf Diplome einer chinesischen geheimen Gesellschaft, auf rothes Tuch gedruckt, kl. 4., aufgefunden in Riouw.

Sprachen aus Afrika's Innerem und Westen.

Von

Prof. A. F. Pott.

1. *Grammar of the Bornu or Kanuri-Language;* with Dialogues, Translations and Vocabulary. Lond. 1853. 101 SS. 8.
2. *Dialogues, and a small Portion of the New Testament in the English, Arabic, Haussa, and Bornu Languages.* (Lithogr.) Lond. 1853. 116 SS. Quer-fol.
3. *Elemente des Akwapim-Dialects der Odschi-Sprache,* enthaltend grammatische Grundzüge und Wörtersammlung nebst einer Sammlung von Sprüchwörtern der Eingebornen, von *H. N. Riis.* Basel, Bahnmeier's Buchhandlung (C. Detloff) 1853. XVIII u. 322 SS. 8.
4. *A Vocabulary of the Yoruba language,* compiled by the Rev. *Samuel Crowther,* Native Missionary of the Church Missionary Society. Together with Introductory Remarks, by the Rev. *O. E. Vidal,* M. A. Bishop designate of Sierra Leone. Seeleys, Fleet street, Lond. 1852. V, 38 u. 291 SS. 8.

1. 2. Die beiden ersten Nummern, ein Geschenk des Grafen *von Clarendon,* Kön. Grossbritann. Ministers der auswärtigen Angelegenheiten, an unsere Gesellschaft, sind von Hrn. *Edwin Norris,* the Translator in the Foreign Office in London, und zwar under the Sanction of the Secretary of State bearbeitet und herausgegeben. Von diesen enthält das zweite Werk lithographirte Facsimile's hauptsächlich von Dialogen aus dem Manuel du Voyageur der Mad. de Genlis (eine Ehre, von welcher diese Dame sich wohl nichts träumen lassen) und von den Kapiteln 2., 3. und zum Theil 4. des Ev. Matthäus, die, mit Arabischen Charakteren zu Tripolis geschrieben, durch den verstorbenen Hrn. James Richardson nach England gesandt worden. Die erwähnten mehrsprachigen Uebersetzungen interessiren uns begreiflicher Weise zumeist als Quelle für die Kenntniss der beiden Afrikanischen Idiome, *Haussa* und *Bornu.* Ein ungleich grösseres Interesse jedoch knüpft sich an letzteres, das recht eigentlich im Innern von Afrika zu Hause, aus dem Grunde, weil uns ersteres durch Schön's Vocabulary of the Haussa language schon etwas zugänglicher geworden; obwohl von selbst erhellet, dass auch aus der Gegenüberstellung von „Bornouese, Soudanese and Arabic" der Forscher noch besondern Nutzen ziehen mag. Ge-

dachter Umstand denn hat auch wohl Hrn. Norris veranlasst, den Bornu-Text von Nr. 2., und zwar nur diesen, aus der oft schwer entzifferbaren arabischen Schrift in Römische umzusetzen; und diese Transcription zusammt Englischer Uebertragung, noch hinzugenommen „Agreement intended to be entered with the Petty kings and chiefs of the Interior of Africa“, füllt die Hälfte von Nr. 1. aus. Nur p. 49—74. nimmt die von Norris herrührende Grammatical Sketch of the Bornu language und den Rest ein Vocabulary von derselben Sprache ein.

So scheint denn allmälig auch in England den linguistischen Studien mehr Heil zu erblühen. Das war (und bei seiner unermesslichen Gelegenheit dazu gereicht ihm dies zu keiner besondern Ehre) noch unlängst anders. Wenigstens hat sich, um vor dem Untergange geschützt zu sein, des obigen, doch schon damals dem Engländer durch sein verdienstliches: Outline of a Vocabulary of a few of the principal languages of Western and Central Africa compiled for the use of the Niger expedition. Lond. 1841. und als Assistent Secretary to the Royal Asiatic Society of London (Pref. of the Outl. p. VII.) bekannten Sprachgelehrten „Abriss der *Neuseeländischen* Grammatik“ in eine Deutsche Zeitschrift (die von Höfer Bd. I. 1846. S. 187 ff.) geflüchtet, weil dessen Vf. „in seinem Vaterlande an der Veröffentlichung solcher Arbeiten verzweifeln musste!“

Für jene Umkehr glaube ich noch ein anderes erfreuliches Zeugniss beibringen zu dürfen. Indem ich mich nämlich zu gegenwärtiger Anzeige rüste, siehe da! tritt der unseren Lesern aus Ztschr. IV. 509 f. in der Erinnerung lebende Hr. *Kölle* aus Würtemberg, seit 5 Jahren Missionar in Sierra Leone, der beste, auch Hrn. Norris nicht unbekannte Kenner des Bornu selber als eben so unerwarteter wie gelegener Gast in meine Stube. Noch mehr, er meldet mit sich zugleich mehrere nicht ganz schmächtige Folianten an theils voll des herrlichsten classischen Bornu, theils die von ihm durch langes und tiefes Studium eben genannten Negeridoms gewonnenen grammatischen und lexikalischen Ergebnisse enthaltend. Wohin aber mit diesem Reichthum? Wie von demselben Vf. sich bereits „*A Grammar of the Vei-language* [1])

---

1) Ein Buch, wofür sich, als mit derselben Sprache beschäftigt, namentlich Hr. Dr. Steinthal lebhaft interessiren muss. S. darüber auch nützliche Notizen von Norris in: (Forbes) Despatch communicating the discovery of a Native written character at Bohmar 1849. (aus den Schriften der Geogr. Soc.) mit Benutzung eines Vokabulars von 60—70 Wörtern in *Silliman's* Journ. Vol. 38. Norris berührt zerstreut einige grammatische Aehnlichkeiten des Vei mit dem Mandingo, sowie er Wörterähnlichkeiten mit Mandingo und Bambarra p. 22—23. aufführt. Es wird von ihm aber weiter hinzugefügt: It would be easy to extend this list of similar words to many times its length; but a false idea of the resemblance of the languages would be conveyed without the statement that the number of words in Vei having no apparent connection with the Mandingo dialects is *larger* [!] than that of the words which are

together with a Vei-English *Vocabulary*" und „*Polyglotta Africana* or 300 words in more than 100 African languages" in England unter der Presse befinden, so wird auch die Londoner Missionsgesellschaft zum mindesten seine, wie ich mich durch den Augenschein überzeugt habe, höchst gründliche und ausführliche *Grammatik* der Bornu-Sprache in Druck geben, obschon diese, für den Linguisten freilich theoretisch ungemein wichtige Arbeit voraussichtlich nicht schon in allernächster Zukunft mag von grossem praktischen Erfolge im unmittelbaren Dienste der Missionssache begleitet sein.

Hr. Kölle befand sich durch seine Station zu Freetown in Sierra Leone (vgl. Heeren, Hdb. der Gesch. des Europ. Staatensystems 1819. S. 508. 811.) in einer überaus günstigen Lage zum Studium Afrikanischer Sprachen. Indem nämlich die durch Englische Kreuzer den Sklavenschiffen abgenommenen Neger dorthin gebracht zu werden pflegen, fliesst an diesem Orte eine nicht geringe Zahl von Schwarzen zusammen aus den verschiedensten Gegenden Afrikas und somit von den mannichfaltigsten Stämmen und Zungen. Wie er nun diese Gelegenheit zu einer Polyglotta Africana (gls. als Analogon zu Klaproth's Asiatischer Polyglotte, und Nachweis auch für Afrika von Sprachtypen in staunenswerthester Fülle der Entwickelung) benutzte, — das Vei erlernte er im Vei-Lande selbst, — so vertiefte er sich, mit

---

alike. Wenn das arithmetische Verhältniss lexikalischer Aehnlichkeiten zwischen Sprachen nicht das allein Entscheidende für oder gegen deren Verwandtschaft sein kann, so bleibt weiterer Forschung vorbehalten, zwischen Vei und Mandingo ihren etwaigen genealogischen Nexus festzustellen. Auffallen wenigstens muss es, wenn in dem, viele wichtige Notizen über Afrikanische Idiome einschliessenden Vol. 1. Nr. IV. von Journ. of the American Oriental Society. New Haven 1849. 8. der namentlich um Erforschung von Mpongwe am Gabunflusse und Grebo (s. p. 340.) äusserst verdiente Rev. *John Leighton Wilson,* Missionary of the American board on the Gabun, sich p. 344. dahin erklärt: The dialects which constitute what may be called the *Mandingo* family, are the proper Mandingo, the Bambara, the Susu, the Jalof, and the Fulah. To the family of the *Grebo* belong, besides the proper Grebo, the Vey [!] spoken at Grand Cape Mount, the Dey spoken by the former inhabitants of Cape Mesurado, the Basa spoken at Basa, the Kru, and the dialects of Drewin and St. Andrew's. Ein Urtheil nicht ohne Bedeutung, da Herr Wilson auch eine Comparison between the Mandingo, Grebo and Mpongwe dialects publicirte Andover, in the Bibl. Sacra for Nov., 1847. Vgl. noch Mithr. III. 1. 180. In den Zahlen zeigt sich Uebereinstimmung des Vei und Mendi (Outline p. 206. Der Name *Mendi* eig. Herren? s. Mithr. III. 1. 181. 182.), sowie des Kossa und Pessa (p. 200.) mit dem Mandingo, nur dass im letzteren das Quinarsystem bloss in 7. *worongwula,* doch wohl *woro* (6, als *Ueberschuss* von 1 über 5 gedacht) mit 2. *fula,* eine Spur zurückliess. Macbrair Gramm. p. 8. Indess weichen gerade die Grebo-Zahlen, die im amerikanischen Journ. Tab. 9. stehen, so gut wie gänzlich vom Vei ab. Das *Grebo* from Grand Cape Mount on the North to St. Andrew's on the Ivory coast. p. 345. Dagegen nach Forbes im Despatch p. 13.: The *Vahie* or *Vei* language extends over the following countries: — Cape Mount, Soungrie, Marma, and Gallinas, on the sea coast, and several interior countries.

Hülfe von Bornuesen, speziell und zwar bis auf den Grund in die nicht leichte Kanuri- oder Bornu-Sprache, von der Hr. Kölle bemerkt, dass, so weit unsere gegenwärtige Sprachkenntniss schliessen lasse, it does not appear that Bornu has a very close affinity with a great number of African languages or that it belongs to a very numerous family.

Das Bessere, pflegt man zu sagen, ist ein Feind des Guten. Wenn nun Hrn. Norris' mühevolle und an sich höchst dankenswerthe Arbeit durch unseres Landsmannes demnächstige Publikation in den Fall kommen muss, von dieser mehr als Einzelberichtigungen zu erfahren: so wird sich jener kenntnissreiche Englische Gelehrte doch ein solches Ueberholen nicht verdriessen lassen. Tragen doch die Umstände, als z. B. schon der Arabische Schriftcharakter wegen Vernachlässigung feinerer Vokalunterschiede, nicht Er, davon die Schuld. In der That hat er aus dem ihm vorliegenden Bornu-Materiale so ziemlich Alles gemacht, was daraus zu machen war; und, selbst nach Veröffentlichung des reichen Kölle'schen Apparats, bleibt seiner, von anderer Seite kommenden Arbeit noch immer für den Forscher, schon um der Vergleichung willen, ein eigenthümlicher Werth gesichert.

Zwar hatte Unterzeichneter das Glück, nicht nur des wackeren Kölle handschriftliche Schätze rasch durchlaufen, sondern auch über einige Hauptpunkte der Bornu-Grammatik von ihm mündliche Aufklärung erhalten zu haben. Es wäre aber nach der nur flüchtigen Bekanntschaft von ein paar Tagen mit diesem Neger-Idiome nicht nur anmassend von mir, sondern geradezu ein Missbrauch fremden Eigenthumes, hielte ich mich etwa nun über Hrn. Norris zu Gericht zu sitzen durch jenen Umstand berechtigt. Besser thue ich, für jetzt unter blossem Hinweis auf das Erscheinen der Kölle'schen Grammatik, auf, mir vom Vf. gestattete Mittheilung einiger, die Sache berührender Nachrichten mich zu beschränken.

Voraus darf ich mir aber wohl noch eine, für manchen Laien vielleicht nicht überflüssige Bemerkung erlauben. Ohne Anti-Abolitionist zu sein, welcher in seinem irdischen Interesse der Sklaverei gleichsam den Mantel göttlichen Willens umhängen mag, weil nämlich die Bibel selber Hams Nachkommen am tiefsten stelle in der noachischen Stammes-Dreiheit (was in der Genesis allerdings geschieht, obschon den Hamiten dort nicht das Kainszeichen der Verworfenheit auf die Stirn gedrückt wird oder gleichsam von der Vorsehung vorher angeordneter Knechtschaft); — ohne ein solches eigensüchtiges noch sonstwie prinzipielles Vorurtheil lässt sich doch vielleicht Mancher, dem nie die Grammatik einer Negersprache vor Augen kam, zu dem irrigen Glauben verleiten, als stehe der schwarze Mensch mit seiner geistigen Begabung weit unter dem gewöhnlichen Maasse der Menschheit und seiner Bestimmung nach wirklich dem Lastthiere nahe, dessen Arme und Knochen der Weisse, und zwar unbedingt, in seine Dienste zu nehmen und verwerthen kein sonderliches Unrecht habe. Ein solches Vorurtheil zu zerstreuen, wird die Linguistik sich, ohne einer Mrs. Beecher Stowe an Wärme und Lebhaftigkeit der Darstellung nachkommen zu können, kein zu unterschätzendes Verdienst erwerben durch Aufzeigen der Vernunft und allgemein menschlicher Gefühle auch in des heissen Afrika's Idiomen, die vielleicht der Unkundige beinahe der Menschlichkeit baar und nur in wirrem thierischem Geschrei bestehend sich fälschlich einbilden mag. Wir wollen nicht gerade sagen, unter dem Wolltoupet eines Negers [1]) stecke immer etwa der Schädel eines Aristoteles oder als schlummerten darunter dereinstigem Erwachen entgegen Ideen gleich Plato's: noch auch, unter dessen naturelschwarzem Costüme schlage ein eben so zartbesaitetes Herz wie unterm schwarzgefärbten Frack eines feinen Europäischen Salonmenschen. Aber ihr irrt, irrt gewaltig, wenn ihr vermeint, irgend einer, und wäre es die verkommenste unter den Völkerschaften der Erde, und so auch diesem freilich unter der scheitelrecht sengenden Sonne vielfach anders, als wir, gearteten Afrikaner wohne nur der Charakter der Thierheit bei. Wer überdem hätte denn die Grenze der unterm „schwarzen Elfenbein“ verborgenen geistigen Fähigkeiten je ausgemessen und zwischen dem unterschieden, was hemmende Folge der Naturanlage, was widriger Umstände wie des erschlaffenden Klimas; oder wer, zumal ohne den Besitz des Hauptschlüssels, welcher des Menschen *Inneres*, d. h. erst sein wahres Wesen, erschliesst, nämlich der Sprache, hier der mannichfachen, dem Schwarzen angeborenen und von *seiner* Seele durchweheten und zu ihr den Zugang öffnenden Sprachen, wer dürfte sich erkühnen, es, wenigstens schon jetzt, mit einiger Sicherheit zu können? Schon aber, was wir gegenwärtig von Afrikanischen Zungen wissen (und der Umkreis hiervon, wie eng auch noch immer, wird von Jahr zu Jahr ein ausgedehnterer), predigt mächtig genug, wie der Schwarze, ob auch schwarzhäutig, doch gleich uns ein Mensch ist und moralisch wie intellectuell wenigstens bildungsfähig. Vielleicht selbst mitunter (d. h. nicht im unnatürlichen Stande der Unfreiheit und ausser seiner Heimath), man darf vielmehr sagen, ganz gewiss träte er uns bei näherer und vorurtheilsfreier Betrachtung entgegen als ein — *wider* und *über* unser durch unachtsamen Leichtsinn oder durch Unkenntniss, z. B. namentlich auch des höchst nöthigen Mediums der Sprache, unterhaltenes Erwarten — als ein der äussersten Roheit schon in nichts weniger als gleichförmiger Abstufung enthobener Mensch.

Von wenigen Negeridiomen aber erst, streng genommen, wohl

---

1) Ob *A. de Gobineau* in seinem zweibändigen Werke: Sur l'inégalité des Races humaines sich auch auf die *psychische* Ungleichheit einlasse, und wie über dies so überaus schwierige Thema urtheile, ist mir unbekannt.

noch von keinem sind wir in dem Maasse unterrichtet, dass wir uns ein in den Hauptbeziehungen abschliessendes Urtheil darüber, und namentlich auch in der Rücksicht gestatten dürften, welche Stelle sie etwa (obschon schwerlich alle gerade die unterste) auf der Leiter mehr oder minder vollkommener Sprachklassen einnehmen. Wenn aber, wie wir nicht bloss im bevorzugten Interesse der Linguistik, sondern im weiteren der Menschheit überhaupt hoffen, Hr. Kölle seine nicht leichten Kaufs davon getragenen Errungenschaften in der Bornu-Sprache möglichst vollständig zu öffentlichem Gemeingute machen will: dann würden wir, und zwar aus dem Herzen Afrika's heraus, im Spiegel der Sprache ein Stück Menschheit mit einer Klarheit kennen lernen, wie bisher nur selten mit Idiomen dieses Welttheils, ja auch entfernt nicht mit allen in anderen Erdstrichen der Fall ist. Sowohl *lexikalisch* als *grammatisch*. Aber auch dieses Beides zusammengenommen ist immer nur ein mehr oder weniger todtes, einem verwelkten Herbare vergleichbares Abstractum, nicht schon, wie zwischen Wissen und Anwendung eine Kluft liegt, die ganze *lebenvolle Sprache* selbst, die, weil in ihr so Manches der Phantasie und intuitiven Empfindung anheim fällt, des vom Verstande Ungreifbaren und Undarstellbaren gar Vieles als gleichsam irrationalen Rest zurückbehält, welcher, nur dem ganz in sie von Kindesbeinen an oder auf künstlichem späterem Wege Eingelebten fühlbar, jedem Anderen mehr oder weniger unzugänglich bleibt. Um desswillen bilden Sprachtexte, wenn das Werk Fremder und zumal wenn als Uebersetzung an ein Fremdes, insbesondere das schwere Religiöse angezwängt (und so sind doch die meisten Bibelübersetzungen beschaffen, deren nur wenige auf eine so kraftvolle und zu gleicher Zeit so fügsame und geschmeidige Sprache treffen als die Deutsche oder auf einen so sprachgewaltigen Uebersetzer wie Luther) in der Regel für den Sprachforscher nur sehr ungenügende Surrogate in Ermangelung von Besserem. Dieser wird sich daher überaus glücklich preisen, wo ihm in wahrhafter Lebendigkeit pulsirendes Blut einer Sprache entgegenrinnt in freien, ureigenst dem Busen Eingeborener entströmten Schöpfungen; — was beim Fehlen von Literatur lediglich dem Munde von Volksindividuen abzuhorchen begreiflicher Weise keine Kleinigkeit ist.

Auch in diesem Betracht wäre uns rücksichtlich des Bornu geholfen, bleiben nicht Hrn. Kölle's desfalsige, ihm von seinen schwarzen Lehrmeistern dictirte Erzählungen gar mannichfaltiger Art, was wir höchst ungern sähen, ungedruckt im Pulte liegen. Auf mein Bitten hat er die Güte gehabt, mir eine der kürzeren von diesen Erzählungen, mit getreuer Interlinear-Version versehen, zu überlassen; und, täusche ich mich nicht, wird man ihr gern hier ein Plätzchen gönnen.

Erzählung des Ali Eisami über ein südlich von Bornu wohnendes Volk, genannt *Márgi*.

Kámuntsāyē bèrāgè, kōangántsāye bèrāgè. Kásugurō
Ihre Weiber nackt, ihre Männer nackt. Auf den Markt

lètsóiya, níba nyētsa, kandágèn dítsa, tígintsa
wenn sie gehen, Farbholz sie reiben, mit Schmalz sie (es) vermengen, ihre Haut

n'gásō sámtsa, dúgō kásugurō létsei. Kásugurō
ganze sie beschmieren, ehe nach dem Markt sie gehen. Nach dem Markte

lètsóiyu, nā sunuríberō létsa; súuwi
sie gegangen seyend, Platz des Fleischers zu sie gehen; der Fleischer

pē debádura, Márgī būté — kúmō gótsè —
eine Kuh geschlachtet habend, der M. das Blut — e. Kalabasse nimmt —

tsurórè, tsátè, n'gérō táptsè, ñgáp'ō kāsúgubēn
er schöpft heraus, trägt, in einen Topf füllt, das Hintere des Marktes in

kánu p'útsè, būté káyētsè, āmāntsè ngásō bébōtsè,
ein Feuer er zündet an, das Blut er kocht, seine Leute alle er ruft;

nāntsárō tsóiya, būté kúramtsè, kúmurō
zu seinem Platze sie gekommen seyend, das Blut er nimmt heraus, in e. Kalabasse

táptsè, āmāntsūa tsábui, kíruskō.
er (es) füllt, (er) mit seinem Volke sie (es) essen, ich habe (es) gesehen.

Kúrū kémiltè nāntsān kíruskō. Árgèm gótsa,
Wiederum Bier in ihrem Platze ich habe gesehen. Hirse sie nehmen,

n'kírō pítsaga, kābū yásgurō tsúrō n'kíbēn dégéiyu,
in Wasser sie werfen, Tage 3 Mitte des Wassers in wenn es gewesen ist,

tsātúlugu tsúrō n'kíbēn. Āmāntsa bébōtsa, kúru
sie nehmen (sie) heraus die Mitte des Wasser in. Ihre Leute sie rufen, Mörser

tságūtè, árgèmtè gōtsa, kúrurō pítsaga, tsábā.
sie bringen, die Hirse sie nehmen, in die Mörser sie werfend, sie zerstossen.

Ngásō dādgla, p'óktsa, búdgilan pítséiya,
Alles gethan seyend, sie häufen zusammen, auf e. Matte sie geworfen habend

létsa, gúbam kúra gótsa, tságūtè, p'úgō
sie gehen, einen Kessel grossen sie nehmen, sie bringen, 3 Steine

kóktsa, gúbam gótsa, kalá p'úgōbēn
sie rammen ein, den Kessel sie nehmen, das Haupt des Dreifusses auf

gunātsa, rúa'gō argémbē tsabánātè, búdgilan
sie setzen nieder, das Mehl der Hirse das sie gestossen hatten, auf der Matte

tsórōrè, gúbammō pítsaga, ákí pítsaga, kánnu
sie nehmen, in den Kessel sie schütten, Wasser sie schütten, e. Feuer

p'útsaga, gásgā tságūtè, kánnurō ngúburō tsáptsāga, kánnu
sie zünden an, Holz sie bringen, dem Feuer reichlich sie legen zu, Feuer

tsádè n'kíturō; bā'bía, tsasāgè, tsédin
sie geben dem Wasser; es gesotten habend, sie nehmen (es) hinweg, auf d. Boden

ganátsa; ámdṣīa, n'gé gánagana tságūtè,
sie stellen hinab; es erkaltet seyend, Töpfe kleine kleine sie bringen,

n̈kítè táptsa, dṣī n̈gēbē tsáktsa,
das Wasser sie giessen hinein, den Mund der Töpfe sie bedecken,

tsásātè, tsúrō némbēn ganátsa; kábū yásgè
sie tragen sie hinweg, Mitte des Hauses in sie stellen nieder; Tage 3

tsèttía, létsa, n'gétè gótsa, dégārō tsatúlugu,
es erreicht habend, sie gehen, die Töpfe sie nehmen, in's Freie sie bringen hinaus,

dṣī n'gébē pérèmtsa; tsáruiya, kémillō wóldṣi.
den Mund der Töpfe sie öffnen; sie gesehen habend, zu Bier es ist geworden.

Sándi gótsa, kásugurō tsasátè, délamtsa
Sie (es) nehmen, auf den Markt sie (es) bringen, ihre kleinen Kalabassen

wúlī píndīwa ganágata, ndúyāyé kémil tsèrágènāté,
Kupferstücke 20 geltend hingestellt seyend, jedermann Bier liebend ist welcher,

létsè, nántsān dṣí'bū, tséiya, ganá
er geht, in ihrem Platz er kauft, er getrunken habend, e. wenig

tuṣía, kémil kálāntsúrō tsèbéi, ágō tsédin,
er gewartet haben werdend, das Bier in seinen Kopf es steigt, e. Sache er thut,

nōtsèní. Átèmā ágō Margíye tsádin bèlántsān,
er weiss nicht. Diess (ist) eine Sache die Margis sie thun in ihren Städten,

ándi Bornúbē ruíyenāté.
wir von Bornu wir gesehen habend welches.

Kóan'gāntsásō krígurō letséiya, pérntsa sérdè bágō,
Alle ihre Männer in den Krieg wenn sie gehen, ihre Pferde Sättel sind nicht,

bárēde. Sandíye kálugū tsámuiya, yán'gē bágō, kátigi
nackt. Sie e. Oberkleid angezogen habend, Beinkleider sind nicht, Haut

kánibē tsáṣirtè, ndṣírirō tsádè, átèmā n̈gólōntsárō tseregérin.
der Ziegen sie ziehen ab, zu Leder sie machen, diess an ihre Lenden sie binden.

Kátigītè, sándi tsúntsè „p'únō“ bóbōtsei. Kátigīntsa
Diese Häute, sie ihr Name „Phuno“ sie (ihn) nennen. Ihre Häute

tsaregérēa, átèma yán'gēntságō. Pérntsa tsáta,
sie gebunden habend, diess sind ihre Beinkleider. Ihre Pferde sie fangen,

tsábā, krígurō létsei. Sándi krígurō lētséiya, Bornúrō
besteigen, in den Krieg sie gehen. Sie in den Krieg wenn sie gehen, nach Bornu

pérntsa tsasákin bágo, mei Bórnumā abántsa. Átèmā
ihre Pferde sie stellen nie, der König der Bornu'sche (ist) ihr Vater. Diess (ist)

ágō béla Margíbēn tsádin. Ámdē wúrāye gúltsei,
e. Sache Stadt von Margi in sie thun. Unsere Leute grossen sagten (es),

pányentè.	**Andímā**	**angalndéwārō**
dass wir's hörten.	Wir selbst	zu unseren Verstand habenden
wóllennātè,	**ṣímdē tsúrui.**	**Átè dádṣi.**
wenn wir geworden waren,	unser Auge sah.	Diess ist beendigt.

Uebersetzung.

„Ihre Weiber sind nackt, ihre Männer sind nackt. Wenn sie auf den Markt gehen, so zerreiben sie Farbholz, vermengen es mit Schmalz und beschmieren ihren ganzen Körper damit, ehe sie auf den Markt gehen. Wenn sie auf den Markt gehen, so gehen sie zu dem Fleischer, und wenn der Fleischer eine Kuh geschlachtet hat, so nimmt der Margi eine Kalabasse, schöpft das Blut heraus, trägts davon, thut es in einen Topf, zündet ein Feuer an hinter dem Marktplatz, kocht das Blut und ruft alle seine Leute. Wenn sie zu ihm gekommen sind, so nimmt er das Blut heraus, thut es in eine Kalabasse, und er und seine Leute essen es: — ich hab' es gesehen.

Wiederum habe ich das Bier bei ihnen gesehen. Hirse nehmen sie, werfen sie in's Wasser, und wenn sie 3 Tage im Wasser gewesen ist, so nehmen sie dieselbe aus dem Wasser heraus. Sie rufen ihre Leute, bringen einen Mörser, nehmen die Hirse, werfen sie in den Mörser und zerstossen sie. Wenn Alles gethan ist, so thun sie's auf einen Haufen, und wenn sie's auf eine Matte geworfen haben, so gehen sie, holen einen grossen Kessel, machen einen Dreifuss fest, nehmen den Kessel, setzen ihn auf den Dreifuss, nehmen das Hirsenmehl, das sie gestossen hatten, von der Matte, schütten es in den Kessel, schütten Wasser daran, zünden ein Feuer an, bringen Holz, legen dem Feuer reichlich zu, und geben dem Wasser Feuer. Wenn es gesotten hat, so nehmen sie es hinweg und stellen es auf den Boden nieder. Wenn es erkaltet ist, so bringen sie ganz kleine Töpfe, giessen das Wasser hinein, decken die Töpfe zu, tragen sie hinweg und stellen sie in dem Hause nieder. Nach 3 Tagen gehen sie, nehmen die Töpfe, bringen sie aus dem Hause heraus, und decken sie auf. Wenn sie wieder darnach sehen, so ist es zu Bier geworden. Dann nehmen sie es, bringen es auf den Markt, und wenn es in ihren kleinen Kalabassen dasteht, jedes zu einem Werthe von 20 Kupferstücken, so geht jedermann der Bier mag, kauft von ihnen, und wenn er getrunken und ein wenig gewartet hat, so steigt das Bier in seinen Kopf, und er weiss nicht mehr was er thut. Diess ist etwas das die Margis in ihren Städten thun, und das wir, die von Bornu sind, gesehen haben.

Wenn sie in den Krieg gehen, so haben alle ihre Männer keine Sättel für ihre Pferde, sondern lassen diese nackt. Wenn sie selbst das Oberkleid angezogen haben, so tragen sie weiter keine Beinkleider, sondern ziehen den Ziegen die Haut ab, machen sie zu Leder, und binden dann diess an ihre Lenden. Dieser Häute Namen nennen sie „Phúnō". Wenn sie ihre Häute festgebunden haben, so sind diess ihre Beinkleider. Ihre Pferde fangen sie, besteigen sie und gehen in den Krieg. Wenn sie in den Krieg gehen, so richten sie ihre Pferde niemals nach Bornu; denn der Bornu'sche König ist ihr Vater. Diess ist etwas das man in den Städten der Margis thut. Unsere grossen Leute sagten es, dass wir's hörten; aber als wir selbst Verstand bekommen hatten, so sah unser eigenes Auge. Diess ist beendigt."

Es sei mir gestattet, ausserdem noch von einigen solcher Erzählungen wenigstens die Ueberschriften zu nennen. Diese bestehen häufig in dem Worte mana mit einem Genitive. *Mána* s. 1. Word, speech, narration, story, tale. — 2. Desire, wish, thought. e. gr. *Mána kărgèbē* Heart's desire. *Mána tsúrŏntsibē gúldsia* He having said the thought of his heart. Inneres und äusseres Wort: λόγος (ratio et oratio), eig. ein Zusammengelegtes (Ueberlegtes: intellectus; vgl. auch: sich, geistig, sammeln), Zusammengelesenes (lat. legere, bei Herodot ἐπιλέγομαι βιβλίον, vom Lesen des schriftlich Fixirten, d. h. Sammeln und Wieder-Zusammenfassen des in Schriftcharaktere Auseinandergelegten). Das φράζεσθαι θυμῷ gls. mit sich sprechen, bei sich erwägen. *Sándi mánāntsa nā tilórō tsasákĕ* They agreed, were of one mind. Vgl. einmüthig, concordia, einstimmig, uno ore. — 3. Language. *Nányo mána kámāntsibē pāndsin* Every one hears the language of the other. *Komānde mánānde gadĕrō tsèdi* God has divided our languages. *Mánāma* s. A speaker, esp. one who is talkative. Vgl. bei Seetzen *mana Birniby* [im Genitiv], die Sprache der Stadt Bornu. Mithr. III. 1. 232.

Also z. B. 1. *Mána kădibē* Narration of serpents, von *kădi* s. Serpent, snake. *Kădima* s. A serpent-tamer, a charmer of serpents. For this purpose chiefly the serpents: *gángū* and *ābĕr* are taken. (Ein Kapitel über die verschiedenen Schlangen in Bornu von unzweifelhaft naturgeschichtlichem Interesse.) — 2. *Mána dúlímā* (of a leper) *sóbāntsúābē* (and his friend). — 3. *Mána dúlimawā meiramwā kóā gălibhun yăsguābē* Story of a leper, a princess and a rich man (von *yasku* Three). — 4. *Mána kóā lemánwābē* Story of a rich man. — 5. *Mána kăphibē* Locust-story. — 6. *Mána dăgèlbē* Story of monkeys. — 7. *Mána kènyériwa búltuābē* Story of a weasel and a hyena. — 8. *Mána keāri Phulátābē* Story of an old Phulata. — 9. *Mána kāmū zóngu bāgoābē* Story of an impertinent woman. — 10. *Mána pérō kŭyángā kătugumābē* Narrative of a spurious virgin. — 11. *Mána kóangā kām* [person] *dī* [two] *burgoābē* Story of two cunning men. — 12. *Kárabū kandíra kān di bābhūnābē* Tale of two done hunters. — 13. *Kárabū keám dúniārō dsʿúlugunābē* Story of how milk came into the world.

Zum Schlusse setze ich noch über die Grenzen des Reiches Bornu eine Notiz her, die freilich als von Hrn. Kölle dem Munde von Negern entnommen, welche schon im ersten Zehend unseres Jahrhunderts ihrer Heimath als Sklaven entrissen wurden, bei den oft sehr gewaltsamen politischen Umwälzungen in Afrika's Innerem, gegenwärtig nicht mehr recht zutreffen mag.

The *Kánūrī*- or *Bòrnū*-country proper consists of a number of *tsédi* or *lárdè* i. e. countries or large districts, the largest of which is *Gázir*. Gázir alone is so large, that the saying has become proverbial: „*Kām bèlantse Gázir tsènía, bèlantsè gèrātè tsèrāgō*" i. e. If one says his native-place is Gazir, he wants to conceal his native-place. — The following are the names of those principalities which Ali and Manikólō remembered [vgl. Mithr. a. a. O.]: *Dèbishāgè* (next to Gazir in seize), *Máphōni* (as large as Dèbishāgè), *Ngumáti*, *Múlgū*, *Hába*, *Abèlam* [das Anfangs-a lang und accentuirt], *Deíā*, *Gúdu*, *Túro*, *Bídzèr*, *Kórēram*, *Māndshimdshim*, *Girgāseī*, *Kábūtilōa*, *Dádengérī*, *Márma*, *Láluk*, *Túlīwa*, *Tawólo*, *Deíma*, *Dábīra*, *Dábūgu*, *Gámbōram*, *Kásāwa*, *Kárawawáru*, *Mágī Bèrrèm*, *Dásu*, *Keíāwa*, *Búdūma* (not to be mistaken with Buduma of the Tsáde), *Kádīwa*, *Kèbdī*, *Ngígīwa*, *Máphā*, *Ngúdóa*, *Legárwa*, *Bámma*, *Dshérāwá*, *Gámadshó*, *Kangálwa*, *Tsúntsèmá*, *Gubuío*, *Bórgō* or *Bárgō*, *Méléram*, *Bánōa* etc. etc. In all these districts, upon the whole, the same language is spoken, with, of course, more or less important differences and this by a population entirely Muhammedan. In countries subjected to Bornu, or surrounding it many Individuals have likewise learnt the Kanuri-language. Countries subject or tributary to Bornu are (of course, about 1808): In the W. *Núphe*, *Aphuno* [ā], i. e. Hausa, *Bódē*, *Kareíkareī*, *Gèzèrē*; in the S. *Píka*, *Kóáma*; in the SE. and E. *Mándara*, *Ngála*, *Músaugū*, *Gámargū*, *Márgī*, *Bábèr*. In the N. they have nothing.

Jetzt zu Nr. 3. oder der *Odschi*-Grammatik, dem Werke eines anderen Missionars, des Hrn. *Riis.* Von diesem Idiome waren, ebenfalls in Basel gedruckt, bereits 2 kleine Schriften vorhanden, nämlich *Ojikassa Kannehuma* (Lesebuch in der Odschi-Sprache, s. Riis v. *kañ* S. 252.) 14 S. 8. 1845. und *Ojikassa Kannehuma. Yankupong Asem* (Biblische Geschichte, aus *asem*, Geschichte, Riis S. 204. mit *Nyánkupong*, Gott, — ein interessanter Artikel S. 270 f.) 159 SS. 8. 1846., die inzwischen für den Sprachforscher bis jetzt so ziemlich ein todter Schatz blieben, zu dessen Hebung ihm die Handhaben sammt Zauberwort fehlten. Nichts desto weniger suchte ich, gelegentlich einer Anzeige von Wilson's *Mpongwe* Grammar, in A. L. Z. 1848. Aug. Nr. 187., schon die Aufmerksamkeit darauf zu lenken, indem zugleich auf Mittheilungen hingewiesen wurde, die Hr. Riis im Mag. der Baseler Miss.-Ges. 32. Jahresber. 1847. S. 140. und bes. S. 236 ff. Beil. D. über das Odschi gegeben hatte. Später gelangte an unsere Gesellschaft die Riis'sche Grammatik in der Handschrift und, ausser Hrn. v. d. Gabelentz, nahm auch gegenwärtiger Schreiber in sie Einsicht. Unser Beider Wunsch, das Werk zum Druck zu bringen, wurde um so freudiger zurückgestellt, als Hr. Riis selber eine Umarbeitung vorzunehmen und diese, wie nun geschehen, zu veröffentlichen Gelegenheit fand. Verleger wie Verfasser haben sich hiedurch den Anspruch auch auf der Linguisten Dank in nicht geringem Maasse erworben. Denn, ob auch S. X. vom Vf. gesagt wird, wie sein Zweck nicht der wissenschaftliche allgemeiner Sprachkunde sei, wofür er übrigens die grösste Achtung und Liebe hege, sondern der Zweck der Mission, „welcher ein so viel höherer ist, dass er mit jenem gar nicht gemessen werden kann," so muss er doch selbst gestehen, dass letzterer nicht füglich ohne Mitberücksichtigung des ersteren erreicht werde. „Nur indem er [der Europäische Missionar], heisst es demgemäss S. XI., einerseits sich hingebend in sie [die fremde Sprache] versenkt in ihrer lebendigen Verwachsung mit dem Volksleben, auf dem sie ruht und dessen geistiger Reflex sie ist, andererseits mit klarem Bewusstsein allen ihren Inhalt und ihre Formen durchdringt und erfasst, und von dem höheren Standpunkte seiner eigenen Sprache aus [es wird auch nicht schaden, füge ich hinzu, wenn zugleich von dem der allgemeinen Sprachwissenschaft überhaupt] in ihr sich orientirt und sie sich unterwirft, — nur so darf er hoffen, durch lange und geduldige Mühen ein williges Organ sich aus ihr zu bilden. Darum ist eine gründliche grammatische, lexikalische, phraseologische Bearbeitung der Sprache eine der allerersten Aufgaben der Mission, in ihrem Vorbereitungs- und bahnbrechenden Wirken die Hauptarbeit. *Uebersetzungen und Ausarbeitung von Büchern in der Sprache, so lange nicht jene Grundlage gegeben ist, sind unreife Früchte, und werden sich bald als ungeniessbar ausweisen.*" Wir Sprachforscher müssen wünschen, dass sich von der Wahrheit dieser Worte nicht bloss in unserem

Interesse, sondern auch in demjenigen ihrer besonderen Aufgabe Missions- und Bibelgesellschaften recht bald durchdrungen fühlen, und, wie nun im Sinne dieser Wahrheit von ihnen allerdings schon recht dankenswerthe Anfänge gemacht worden, demgemäss fernerhin mit noch mehr Umsicht und Thatkraft verfahren mögen. Um so freudiger der Unterzeichnete stets Gelegenheit genommen, der christlichen Sendboten, abgesehen von ihrem nächsten Berufe, unendliche und im Zusammenhange noch zu wenig gewürdigte Verdienste um *Erd-, Völker- und Sprachkunde* gebührend zu rühmen und hervorzuheben: je offener und bestimmter glaubt er auch seine Ueberzeugung dahin aussprechen zu dürfen, wie ihm eine engere Verbündung der Missionssache mit der Linguistik als nach beiden Seiten hin zu wechselweis gesteigertem Gewinn ausschlagen müssend erscheine. Ohne Herbeischaffung immer neuer und neuer Sprachmittel und ohne den fortwährend berichtigenden Einfluss von Seite dessen, welcher der *Einzelnheit* mächtig ist, kein Gedeihen *generellerer* Sprachforschung; aber auch die dem Missionar als Erstes vorgeschriebene praktische Versenkung zunächst in Ein Idiom wird nicht leicht vor bornirender Einseitigkeit gewahrt ohne Erhöhung seines Standorts.

Es ist ein zu gewöhnlicher doppelter Irrwahn, vor dem er sich hüten muss. Entweder: beim Hinantreten zu einem bisher vom Lernenden noch ungekannten Idiome in diesem nur Fremdes und den schon als erlernt mithinzugebrachten Ungewohntes zu erblicken. Oder umgekehrt: unter Abwesenheit oder Verdunkelung des Sinnes für Auffassung individueller Verschiedenheit an die, in den (meist zu engen) Gesichtskreis kommenden fremden Sprachen statt, wie man muss, den *eigenen, ihnen inwohnenden* Massstab, vielmehr einen, ihnen äusserlichen anzulegen. Dabei bleibt es sich ziemlich gleich, wird der so von fremdher angelegte Massstab etwa der jedesmaligen wirklichen oder gleichsam zweiten *Muttersprache*, jetzt etwa dem *Englischen* entnommen, oder, was man noch viel öfter, insbesondere in den älteren Sprachwerken, schmerzlich empfindet, dem *Latein* [1]); oder zuletzt etwa, geht er von vorgefassten *philosophischen*, richtiger gesagt, unphilosophischen Meinungen aus, welche den unbefangenen Blick des Beobachters trüben, wo nicht ganz blenden. Es ist ja eine grundfalsche Voraussetzung, als könnte z. B. das uns von der Schule her eingeprägte Latein für wildfremde Sprachen mass-

---

1) „— und sollte daher der wesentlichste Unterschied zwischen jenen früheren Grammatiken [der grönländischen Sprache] und der gegenwärtigen darin bestehen, dass der Ausgangspunkt bei jenen europäisch, bei dieser *grönländisch* ist" ist in dieser Hinsicht ein sehr weises Wort von Hrn. *Kleinschmidt*, Grönl. Gramm. Berl. 1851. S. V., das nur zu einem allgemeinen Grundsatze erhoben zu werden braucht, in dem Sinne, dass man bei grammatischer Darstellung irgendwelcher Sprache lediglich diese Sprache in unbeeinflusster Ruhe walten und sich selber zur Darstellung bringen lässt.

gebend genug sein, nach ihm letztere in Schemen zu zwängen, in welche sie nicht von Natur, also nur in Folge gewaltthätiger Verzerrung ihrer inneren Wahrheit abseiten des grammatischen Darstellers passen. — Vor beiderlei Irrthum wird den besten Schutz verleihen eine, über erlernte oder erst zu erlernende Idiome hinausgreifende Forschung, deren Thätigkeit auf Sichtung, Vereinfachen, Zurechtstellung, Einordnung des ihr im Einzelnen zugeführten unermesslichen Sprachmaterials gerichtet ist, während bei stets wachem Streben nach *rationellem* Begreifen der hundert und aber hundert heterogenen Sprachgenien, die auf der Erde verstreut sind, unterm Lichte *vergleichender* allgemeiner Ueberblicke in die Tiefe der Erscheinung auch möglichst im Besonderen eingedrungen wird.

Hieran sei noch eine andere Bemerkung geknüpft. Wenn die älteren, d. h. (eingerechnet nicht wenige Jesuiten) vorzüglich *katholische* Missionare vergleichsweise nur eine grosse Minderzahl von *Lehr-* oder *Erbauungsbüchern* (Uebersetzungen von Bibelstücken, gemäss der Satzung der Kirche, wohl kaum), dagegen eine beträchtliche Menge meist selten [1]) gewordener *Grammatiken* und *Vocabulare* von aussereuropäischen Idiomen (man sehe das durch *Jülg* erneute Buch von *Vater*), und zwar hauptsächlich in Spanisch [2]) oder Latein, jedoch auch in Französisch, Portugiesisch, Italienisch u. s. w. hinterliessen: so stellt sich bei den neueren *protestantischen* Missionen, für welche, in Folge Grossbritannischer und Nordamerikanischer Missions- und Bibelgesellschaften, so ziemlich das Englische ihr allgemeines Medium ist, zu Gunsten der ersten Bücherclasse das Verhältniss mit so unglaublichem Zahlenabstande um, dass die an sich nicht geringe Menge von Sprachwerken unter der Fluth kleiner und kleinster Lehr- und Erbauungsschriften und ganzer oder getheilter Bibelübersetzungen wie verschwindet. Man glaubt wahrscheinlich so doppelte Erfolge in der Heidenbekehrung zu erzielen, wenn diese nicht bloss mündlich ins Werk gesetzt wird und gleichsam in unmittelbarer Berührung von den Missionaren ausgeht, sondern wenn auch unter den bisherigen Heiden selbst mittelst jenes *schriftlichen* Weges in Folge Lesens, das einzelnen Individuen in Heidenländern eingeimpft worden, zugleich auf, von Einen auf den Anderen übertragbare Fortpflanzung des Christenthums ge-

1) Es ist daher schon ein alter Wunsch von mir, dass davon in geeigneter Weise billige Wiederabdrücke besorgt werden möchten. Sollten sich dazu nicht, wenn es Akademieen unmöglich fiele, Missions-Gesellschaften entschliessen?

2) Noch neuerdings: Essayo Grametical del Idioma de la raza Africana de *Naño*, por otro nombre *Crumanos*, por Don *Geronimo Usera y Alarcon*. Madrid 1845. 8. Vgl. über die Kru-Neger, *Ginnikuschépo*, *Kroo-man* Herm. Köler (Bonny S. 56 ff.), der daselbst S. 60. ihre Sprache (wenigstens von Seiten des Lautes) als höchst schwierig bezeichnet.

rechnet wird, die man, übrigens ohne Arg, einer in die Ferne wirkenden Ansteckung vergleichen möchte. Ohne dass ich nun den grossen Nutzen solcher Schriften irgend in Zweifel stellen will, obschon doch manche mit unterlaufen mögen, die zwar den Buchstaben, aber nicht den Geist [1]) der fremden Sprache erfasst haben und desshalb, als den Einheimischen ziemlich unverständlich, auch nur wenig Wirkung auf sie auszuüben befähigt wären: so gebe ich doch, mit gestützt auf des Hrn. Riis obige Eingeständnisse, zu bedenken, ob es nicht die Sache in etwas beim Hinter- statt beim Kopf-Ende anfassen heisse, wenn man es versäumt, den Missionaren selbst ihr Amt durch Herausgabe gründlicher Sprachlehren und Wörterbücher von denjenigen Idiomen zu erleichtern, in denen sie künftig lehren sollen. Dann können sie ja doch schon daheim sich einigermassen mit der Sprachweise vertraut machen, die von ihrem künftigen Berufe in anderen Welttheilen unzertrennlich sein wird; statt dass sie jetzt erst oft auf ihrer Station mit der Erlernung der Sprache aus ungebildetem Munde kämpfen und mit solcherlei Vorbereitung, was zumal in heissen ungesunden Klimaten schlimm ist, eine Menge Zeit verlieren müssen. Und zwar erneut sich dieser Kampf bei jedem neuen Glaubensboten, der für dasselbe Volk bestimmt ist. Dass übrigens in der Regel [2]) nur an Ort und Stelle lebende Missionare selbst Verfasser derartiger Werke sein können, liegt in den Umständen. Es kann aber nicht zweifelhaft sein, dass zu Abfassung von Grammatiken und Wörterbüchern nicht schlechthin gerade diejenigen unter ihnen die geeignetsten sein werden, welche mit der Sprache praktisch am vertrautesten geworden, son-

---

1) Ein solches Schicksal hat, um ein Beispiel zu wählen, das keinen Lebenden mehr verletzt, die vom Herzog Albrecht veranstalteten Katechismen in der *altpreussischen* Landessprache betroffen. „Die beiden ersten Ausgaben (in ein und demselben J. 1545 erschienen) konnten ihrer fehlerhaften Fassung und ihres geringen Umfanges wegen, sagt Nesselmann, die Sprache der alten Preussen S. XVIII., ihrem Zwecke, den Pfarrern die Abhaltung des Gottesdienstes und die Vollziehung der Pfarrfunctionen in Preussischer Sprache möglich zu machen, wenig entsprechen.“ Aber selbst von der dritten (1561, gedruckt) ist nur zu wahr Nesselmann's Wort: „*Will* hat zwar Preussische Vocabeln, aber nicht den Geist der Sprache gekannt, daher glaubt er seine Aufgabe zu lösen, wenn er Wort für Wort, man möchte sagen, Buchstab für Buchstab seines Originals überträgt.“ S. XIX. — Also auch für tiefere Erforschung der Preussischen Sprache eine sehr trübe Quelle! Selbst, ob nicht die *Gothische* Bibelübersetzung in Folge zu sclavischen Anschmiegens an das Griechische je zuweilen dem Gothischen Zwang anthue, ist eine kaum ganz zu verneinende Frage.

2) Eine seltene Ausnahme hievon macht z. B. „das Studium afrikanischer Zustände und Sprachen ferne von Afrika, inmitten Deutschlands“, welches durch die Gebrüder *Tutschek* in Baiern an 4 vom Herzog Maximilian nach München von seiner Reise in den Orient mitgebrachten Schwarzen mit grossem Erfolg angestellt worden. S. Vorrede zum Lexikon der *Galla*-Sprache. München 1844. Ueber die *Tumale*-Sprache vgl. Münchener Gel. Anz. der Akad. 1848. Nr. 91—93., im Bülletin der Akad. 1828. Nr. 29 ff.

dern welche mit der Praxis das Talent *theoretischer* Auffassung einer Sprache und ihrer oft von den unsrigen so abweichenden Eigenthümlichkeit in sich vereinigen, oder sich doch die Anforderungen wissenschaftlicher Sprachforschung überhaupt klar gemacht haben, die gegen nicht wenige gewohnte Schulbegriffe verneinend sich aufzulehnen gezwungen ist.

In Hrn. *Riis* aber lernen wir einen forschungseifrigen und denkenden Mann kennen, welcher nicht mit der bloss empirischen Aufzeigung der Erscheinung in ihrer Aeusserlichkeit sich zufrieden giebt, sondern dem von ihm beobachteten Idiome auch die causae abzulauschen und es selbst als Begriffenes hinzustellen durchweg aufs emsigste bemüht ist. Das gelingt ihm auch meist sehr wohl, nur dass ihm vielleicht etwas zu viel, indess immer doch mit selbständigem Geschicke der Anwendung hineingezogenes Beckerisiren vorgeworfen werden darf. Natürlich üben Einsicht und Fähigkeit des betrachtenden Subjects keinen geringen Einfluss auch auf die Art des Sehens bei einem erfahrungsmässig gegebenen Objecte. Trotz seiner Anlehnung jedoch an Becker's abstracte Methode, welche, oft im Widerspruch mit einem nur etwas erweiterten Kreise der Erfahrung, auch den von Becker ungekannten vielen Sprachen gern vorschriebe, was in ihnen nothwendig, was nicht nothwendig, oder doch was üblich, — kann man doch eigentlich nicht sagen, Hr. Riis habe sich nicht den Blick offen und frei erhalten für die Gewalt der Thatsachen oder diese in Folge brillenmässigen Sehens häufig aus der natürlichen Lage gerückt.

Den Umfang und die Grenze des Gebiets der am richtigsten *Tji* oder *Otji* (Riis S. 287.) geheissenen *Odschi*-Sprache mit statistischer Genauigkeit anzugeben, erklärt Hr. R. sich ausser Stande. „Der Name, sagt er, würde vielleicht einen bekannteren Klang haben, wenn wir *Asánte*-Stamm [so, und zwar mit dem Tone auf der Mittelsylbe, werde genauer als Englisch Ashantee gesprochen] statt Odschi-Stamm sagten, und von einer Asante-Sprache statt von Odschi-Sprache redeten. Allein die Eingebornen selbst unterscheiden bestimmt zwischen der Gesammtheit ihres Stammes, nach seiner ethnologischen Zusammengehörigkeit, und den verschiedenen politisch gesonderten Völkerschaften, die demselben angehören, und ersteren sowie seine Sprache bezeichnen sie nie anders als durch den Ausdruck Odschi. — Erst der langwierige Krieg mit den Engländern, der erst 1826. durch die Niederlage der Asanteer bei Duduma und den darauf geschlossenen Frieden den Eroberungen dieses Volkes ein Ziel setzte, hat das Asante-Reich vollständig in den Bereich europäischer Kenntniss gebracht, und die in Folge desselben in Kumasi verweilenden Englischen Gesandtschaften (Bowdich, Hutchinson, Dupuis) haben zuerst zuverlässigere und ausführlichere Nachrichten über die kriegerische Macht, die Sitten und Einrichtungen des despotischen Reiches geliefert. — Eine zweite einst mächtigere, aber noch immer nächst den Asanteern zahlreichste der Völkerschaften, von denen die Odschi-Sprache geredet wird, sind die, südlich von den Asante längs der Goldküste wohnenden *Fante* [vgl. eine Notiz: On the Fanti dialect, in Journ. of the Amer. Or. Soc. Vol. I. nr. IV. p. 347. 378. nebst den Tabellen]; und dazu kommen dann ausserdem die Bewohner der drei kleinen Ländchen *Akim*, *Akwapim* und *Akwam*". Vgl. hierüber mancherlei schon Mithr. III. 1. S. 184—194., sowie über die fälschlich davon abgesonderten *Assianthen* [1]) und *Aquapim* S. 228 ff. Auch, ausser Wörtern, vom Ashanti Gespräche in (Norris) Outline p. 210—212. — Die Kyerepong-Sprache (*Kyerepóñ*), von der Hr. Riis S. VI. nicht zu wissen angiebt, wie weit sie mit dem Odschi verwandt sein möge, ist wohl das seit Oldendorp (vgl. Mithr. III. 1. 186.) unter dem Namen *Akripon* (vorn mit dem Vorschlage *a*, wie er in Odschi-Compositen üblich? Riis §. 53. 3.) in unseren Büchern umlaufende Idiom. Wenigstens dürfte das Dorf Akropóñ S. VI. nicht gemeint sein, obschon alle diese Wörter hinten poñ haben, das nach S. 42. den mit ihm verbundenen Begriffen den Sinn des „Hohen, Vornehmen" zu verleihen scheint.

„*Akwapim* [2]), das wir aus eigner Anschauung näher kennen gelernt haben," bemerkt Hr. Riis weiter, „ist ein mit dichtem

1) S. 229.: „Die *Kassianter* wohnen neben Assianthe, und, wenn sich Römer recht erinnerte, nach Südost. Nach Oldendorp heissen diese *Kassenti*, wie er sie schreibt, eigentlich *Tjemba*, so dass jener Name bedeute: ich verstehe euch nicht, welches sie ausrufen, wenn sie unter die Amina kommen, daher diese ihnen jenen Namen gegeben." Es ist jedoch bemerkenswerth, dass sich die obige Erklärung vielleicht aus dem Odschi rechtfertigen liesse, indem hier nicht nur *kásá*: Sprache bedeutet, sondern auch der Negativ von *te* (vernehmen, hören, verstehen) in erster Person sing.: *mi-nte* ich verstehe *nicht* (Riis S. 65. 285.), lautet. Im Ashanti: *Eti Haussa, Fulah, Ashanti, kassa?* Do you speak Haussa, Fulah, Ashanti? Norris Outl. p. 210. 212.

2) Dagegen Mithr. III. 1. S. 229. aus Isert: „Aquapim soll zuerst von einer höher im Lande liegenden Nation bevölkert worden sein, und diess dadurch wahrscheinlich werden, dass der Name selbst von *aqua*, Sklave, und *pim*, tausend, soviel als 1000 Sklaven bedeute. Die Sprache seiner Bewohner sei gänzlich verschieden [!] von der Akkräischen, habe aber eine grosse Gleichheit mit der Sprache der Assianthen, und sei von dieser nur durch den Dialekt unterschieden". Allerdings bedeutet tausend im Odschi *apím*, im As-hanti *appim* Norris Outl. p. 205., und steht auch das Zahlwort *hinter* dem Substantive Riis §. 199. Indess *akoa* (*akúa* Outl. p. 153.), Pl. *ñkoa* Sklave, passte dem Laute nach nur als Sing., mit dem aber das Odschi nicht, wie sonst freilich viele Sprachen thun, das Zahlwort zu construiren pflegt. Kann man daher in: Aquapim das anlautende a nicht etwa als ein Compositen präfigirtes betrachten (s. oben Akripon), so muss die Erklärung des Namens falsch sein. — Uebrigens zeigt sich Vater im Mithr. III. 1. 184. nicht abgeneigt, den Volksnamen *Quaqua* als Ausruf: Sklaven! zu deuten. Eine Meinung, die man ausser durch Issinesisch *akaka*, Sklaven, das er selbst herbeizieht, noch durch *oskaka* (slave) im Mpongwe unterstützen könnte. Hiergegen streitet jedoch die Angabe (Journ. of the Amer.

Wald und Gebüsch bewachsenes Bergland, das gegen W. an Akim grenzt. Gegen NO. streckt es sich gegen Akwam hin, im O. und S. ist es vom Volta-Thal und der damit zusammenhängenden mehrere Meilen breiten Küstenebene begränzt, die von dem *Accra*-(Eñkrañ), oder, nach der eigenen Benennung des Volkes, *Ga*-Stamm bewohnt ist, dessen Sprache zum Odschi etwa in demselben Verwandtschafts-Verhältniss stehen mag, wie die skandinavischen Sprachen zu der deutschen." Riis im Baseler Missions-Mag. 1847. S. 238.: „Auf der Goldküste in der Gegend des dänischen Forts Christiansborg und in geringer östlichen Entfernung davon des kleinen Forts Prövestenen oder auch schlechtweg die Redoute genannt und zwischen beiden das Negerdorf Ussu — wird dieser Theil der Küste von dem nicht sehr zahlreichen *Accra*- oder *Adampe*-Stamme bewohnt, der jedoch, wie seine Sprache bekundet, verwandt ist mit dem nordwestlich wohnenden grossen und weit sich ausdehnenden *Odschi*-Stamme." Die Frage, ob zwischen der Akra- und Odschi-Sprache (was nach Mithr. III, 1. 195. noch controvers) und zwar welcherlei Verwandtschaft bestehe, wäre einer näheren Untersuchung werth, die sich von dem leicht müsste entscheiden [1]) lassen, welcher im Besitze auch nur der schon vorhandenen Hülfsmittel ist. Dänen haben sich wie

---

Or. Soc. Vol. I. nr. IV. p. 346.): „The *Avĕkwŏms*, or to adopt an appellation given by the Europeans, the *Kwakwas*, reside between St. Andrew's and Dick's Cove on the Ivory Coast. The largest and most important tribe of the family is to be found at Cape Lahu, very nearly equidistant between these two points. Their location is an advantageous one for commerce, and accordingly they have trafficked extensively in ivory, gold-dust and palm-oil. A river called the *Kwakwa* [also daher unstreitig obige Benennung!] opens to them an easy communication with the inland tribes living on the western side of the Kong mountains." — Dana p. 344: „The *Avĕkwŏm* family comprehends, with the proper Avĕkwŏm, the dialects of Frisco on the west, and of Basam, Asini, and Apollonia on the east; and there may be some affinity between these and the dialects spoken northward of Ashanti. The dialects of the *Fanti* family are the proper Fanti, the dialect of Dick's Cove, that of Akra, and possibly that of Popo. *But the affinity of the Akra with the Fanti is not very close.* To the family with the *Yebu* [vgl. unsere Nr. 4.] is already known to belong the *Ako* or *Eyo*" etc.

1) Es stimmen z. B. die *Zahlen* im Akra von 1—5 (mit Ausschluss von 4) recht gut zu denen z. B. im Odschi. Ueber sonderbare Vorschläge an Zahlwörtern der verwandten Sprachstämme (s. meine Zählmeth. S. 38.) erhält man erst jetzt durch Riis §. 126. einiges Licht. — Die *Stellung* der Adjective (Riis §. 199.) und sog. Präpositionen (§. 186.) wäre im Odschi, Fante und Akra (s. Mithr.) die gleiche, nämlich hinter ihrem Substantiv. Auch erklärte sich die Abwesenheit aller Präposition im Akra-Vaterunser *ngboi kä sipong* (Himmel und Erde), falls sie wirklich gegründet ist, aus analogen Ellipsen im Odschi Riis §. 187. 1. — Die Bildung des *Futurs* durch Einschieben von *wa* zwischen Pronomen und Verbal-Laut mag mit dem Verfahren des Odschi übereinkommen, welches ein *be* zwischenschiebt (z. B. *mi-be-ko* Ich werde gehen), das Riis §. 73. richtig, glaube ich (vgl. das Wort: Zukunft, aus Kommen, selbst), aus *ba*, kommen (auch in der 3. Bitte des Akra-VU.), deutet.

durch vielfältige Bemühungen um das Missionswesen, so auch durch erste Abschaffung des Sklavenhandels noch vor England ein grosses Verdienst erworben. Der Sprachforscher ist ihnen, theils für linguistische Werke überhaupt, dann im besondern für die ersten Nachrichten über das Akra Dank schuldig. Ausser der Dänisch geschriebenen Grammatischen Anleitung zum Fante und Akra durch *Chr. Protten.* Kiobenh. 1805. hat nämlich selbst der berühmte Rask 1828. eine Schrift über die Akra-Sprache erscheinen lassen. Dazu kommen jetzt noch Characteristics of the Lang. of *Ghagh* or *Accra* (Western Africa), by Prof. *J. W. Gibbs* from *Silliman's* Journ. [doch wohl dessen American Journ. of Science and Arts] Vol. 39. 8vo, von dem in genanntem Journal A *Gissi* or *Kissi* Vocab. gleichfalls herrührt.

Das Odschi gehört zu denjenigen Sprachen, welchen das l mangelt (Bindseil, Abhandlungen S. 318 ff. vgl. meine Familiennamen S. 580.), indem es in Fremdwörtern diesen Laut zu Anfange in *d*, sonst aber in *r*, welches im Odschi nie zu Anfange geduldet wird (Riis S. 7.), verwandelt (Riis S. 3.). Hierin zum mindesten aber steht das Akra mit ihm in Widerspruch, indem schon der Mithridates mehrere, mit *l*, sogar im Anlaute, wenigstens geschriebene Wörter aufweist. Z. B. *lofino* (Odschi *anumá*) Vogel. *Abullo* Brot, Mithr. III. 1. 201. neben Assianthe *abodo* und Odschi *abódo* (also auch in der Mitte *d*) und mit *r*: Wolof *bourou* 158., *mburu*, Fulah *buru* (bread, loaf) Norris Outline p. 33. 111. S. noch deutsch-morgenl. Ztschr. II. 15. Anscheinend also ein Lehnwort, wenn auch nicht, wie das bei Norris unter Bread, biscuit (Schiffszwieback?) als Fanti angegebene *panu*, europäisch. Ob Krepee *apohae* und Bullom *uboh* dazu? — Auch in den Ashanti-Dialogen hinten bei Norris kommt kein l vor, ausser in dem Volksnamen *Fulah* und in: *Fa pilloi* Take these pills, mithin in Lehnwörtern. Aus dem Englischen hell, seal, glass unter der Rubrik Fanti, Ashanti bei Norris: *hel*, *sel*, *glasi*, Odschi *girdse.* Fanti *siriki*, Odschi *seriki* Seide, doch wohl Engl. *silk* und nicht das übrigens letzterem gleiche Port. *serico* (de soie), wie Ako *séda* aus Port. und Span. *seda*, Mlat. *seta*, woher: Seide und Franz. *soie.* *Pretyi* Amer. Journ., *pretch* Plate. Trotzdem sogar l st. r: *Beyel*, beer. *Hamel*, *lantel* und *plassel* st. *hammer*, *lantern*, *plaster* (cement). Norris p. IV. 47. Erborgt doch auch wohl *asupachil* (vgl. auch Horse-shoe), im Amer. Journ. *asparyíri*, Odschi *aspátere* Schuh, vielleicht mit *samato* im Mandingo und *sabara* shoe, sandals, aus Span. *zabato*, Frz. *savate*, alter Schuh. Auch Ako *bátta* Schuh, viell. doch aus Frz. *botte* Stiefel. — Viell. auch *tedel* Tailor, und *dachil* Doctor, vgl. Outl. p. 212. — Darf ich auf meine Quellen (Mithr.; Norris Outl.; American Journ.) einen Schluss bauen, so ist auch im Ashanti, Fanti und den ihnen näher stehenden Sprachen *nirgend im Anlaute ein l vorhanden.* Desgleichen finde ich keine derlei Wörter *mit beginnendem r* (auch nicht im Akra); denn das einzige *rudo* To deny Outl. p. 61. scheint, als doch wohl mit *atorro* (Lüge) im Odschi identisch, vorn aus Versehen mit r st. t geschrieben. Alle mir in den erwähnten Sprachen aufstossenden Beispiele von l aber haben, mit geringen Ausnahmen, diesen Buchstaben ganz am *Ende*, äusserst selten noch mit nachschlagendem Vokale, wie *kawili* Gnat; *akumelu* Terrify. *Obellima* Mann, im Akkim Mithr. S. 193. ist Odschi *barrima*, Ashanti *berima* Man, *barima* Brave; *buronpou* [schreib hinten *n*, wie Odschi *berempoñ*]; *berema* Gentleman. In dem Kilham'schen Verz. hinter Norris Outl. p. 195.: Ash. *obarumba*, Fanti *berimba* Man. — Gleichfalls selten findet sich l (was sich bei r anders verhält) *mit Consonanten* zusammengruppirt. Ja die Beispiele mögen selbst nur auf Ueberhören eines Vokales bei Auffassung nach dem Gehöre beruhen. So *yalba* Plague (pest), aber *yariba; yarawa* (A) Sickness, *yarri* (A) Fever, *yari* Disease, *yari* Sick, ill. In den Dialogen Outl. p. 212.: *Mi yari* (I am sick). *Ne yara?* Are you feverish? Bei der Kilham Outl. p. 197.: Ash. *osuiari*, Fanti *oial* Sick, erklärlich aus Odschi *yarre* (*oyarre*) der Kranke, von *yarre*, krank sein; *miyarre* Ich bin krank; *oyarre atirredi* Er hat Fieber. Es ist dies eine verlängerte Form von *yaw* Schmerz Riis S. 25., *eyau* Pain; *e-yóu; yea* (A) Ache, *esing-yau* Tooth-ache (von *esing* Tooth); *eniya* (A) Ophthalmia, doch wohl von *ani* (Eye). *Eku-yau* Torture. — *Asolfi; yamifi* (A) Chapel, beides aus Odschi *fi* Haus. Jenes eig. Bethaus von *sol; son* (A) To pray, wie Odschi *asorredáñ* (aus *sorre* und *dañ*) Kirche. Letzteres eig. Gotteshaus von O. *Nyamẹ́* Gott. Vgl. *yami boku* [Engl. *book*] Bible. *Yami smafu* Angel, von O. *sómafo* Bote. — *Pulki* Bug (Sp. pulga, Floh?). — *Ki-milki* To milk, und daher wie aus dem Englischen entnommen. Dasselbe bedeutet *kinufu* aus *nufu*, *enúfú* Breast, nipple, woher Odschi *nufusú* Milch (eig. Brustwasser, wie desgleichen im Bonny *úndo minggi* Köler S. 20. und anderwärts). — *Buchilmsi* Guess, etwa aus *tchil* Head und *mu* In? — *Tikleybo* Fledge, aus *tekiri* Quill, *tákara* Feather, O. *entakará* Feder.

Wechsel zwischen Nasal und l, r. Das Elfenbein *asumẽl* (auch im Fanti Ivory, Amer. Journ. Tab. 3.) heisst im Odschi *asomẹñ*, eig. Elephanten-Horn, wie öfters gesagt wird (s. meinen Aufsatz: Ueber die Namen des Elephanten, in Höfer's Ztschr. II. z. B. S. 47.). Dies Wort stammt aus *amel, aben* (A), O. *abẹñ* Horn, mit Fanti *esun* Norris Outl. p. 71. 192., O. *sónno* Elephant. Das Thier hat aber seinen Namen von O. *soñ* gross sein, im Fanti *osu*, Ash. *osun* (Large) p. 194., wie auch der Strauss *an amasung* Ostrich, als „avis magna" bezeichnet wird. Vergleicht man übrigens Outl. p. 102. Ivory mit Elephant p. 70. 192. und Tooth p. 174., so ergeben sich für das Elfenbein auch viele Benennungen als: *Zähne* des Elephanten. Zuweilen mit dem Thiernamen, im Genitiv gedacht, voraus; z. B. selbst Ashanti *asunsi* mit *essie* Zahn. Ferner Mandingo *samma-nyingo*, Bambarra *kafi-*

ny aus M. *nying, gi*, B. *nyi* Zahn, mit *sammo; kafeli*. Fulah *nyige* Elfenbein, *niye; niérre* Zahn, *nyiwa* (etwa als bezahntes Thier?); *giova* E. Nach Weise des semitischen Status constructus dagegen mit umgedreheter Stellung der Glieder (vorn Zahn, dahinter Elephant): Wolof *boigne u nyey;* Ibu *ez-engye;* Yarriba *ey-eri, ei-ajinaku*. Im Haussa *akwori n-giwa*, or *hakkora ngiwa* lit. Elephant's teeth, bei Schön. — Auf Afrika's Ostküste bei Beke p. 101. *inirkui* aus *árkui* Tooth und *eni* Elephant p. 103. im Wáng Agau or Hhámara. Also das Regierte vorn, wie auch im Kaffa: *dángasa-gásho*, Gonga *dángasi-kallo* aus K. *gásho*, G. *gasso* Tooth, *dángaso* E. Im Tigre *hármaz* (E.) *sinni* Tooth. Im Shánkala of Agaumider *kúsdjana* Ivory, doch wohl aus *kússa* Tooth, vgl. Falascha *djáni* Elephant. Galla of Gudéru: *ílka* Ivory, aus *ílkan* Tooth. Gafat *ya-zehuntársih* Ivory, vgl. *zohánish* Elephant, mit dem, in vielen Wörtern vorfindlichen *-ish?* — *Ful* Gut, *iful* Glutton, ist unstreitig mit *yafun* Belly, *yafun; yeafrum* (A) Stomach, O. *yefunnu*, Bauch, in etwas einverstanden. *Funama; fruma* (A) Navel, O. *funnumá*. — *Semina; semira* Soap, O. *sémmina*. — *Sinaman; seraman* (A) Lightning, O. *sramáñ* Blitz. — *Ahoal* Brain, O. *hoñ* (*eh-*) Mark, Hirnsubstanz. — *Hul; hu* [auch Blow, O. *hu* blasen] Ferment, O. *huñ* schwellen, woher redupl. *honhon* Dropsy. *Bul* Swim, b st. h verdruckt? *Hul* sonst auch Wash, das, wenn als Ueberschwemmung gemeint, trefflich passte. Im Outl. p. 199. nämlich Wash im Ash. *kojari*, Fanti *gura;* Bath *guari; jari*, im O. *gwarre* sich waschen; schwimmen. Viell. gleicher Wurzel *huru* Leap, spring, jum, skip. — *Esuchin, esutin* River, torrent Outl. p. 141. 196., *esuchil* Fountain. Deutlich ist darin Odschi *ensú*, *asú* Wasser (vgl. Fanti *isunam*, O. *ensunám* Fisch). Beim zweiten Theile rathe ich am liebsten auf *inchin, intin* Vein, O. *entenni* Ader, vielleicht zu *tenteñ*, lang, aus *tiẽ* ausstrecken Riis S. 25., wie *asubontéñ* Fluss (eig. Wasserstrasse). *Chin; tini* (A) To stretch, *taw-ching; tintin* Straight (Adj.), *chin-chin; tintin* (A) mit regelrechtem Wechsel von *chi* im Fanti st. *ti* im Ash. (Outl. p. IV.) und *kwantintin* (eig. via longa) Distance. An aquae caput, wie im Lat. von den Quellen der Flüsse, oder radix, siehe später, ist schwerlich zu denken. —

Sehr häufig stellt sich l im Fanti einem r mit nachtönendem Schluss-Vokale im Ashanti mundartlich gegenüber. Für Kopf: *Ityil*, pl. *etyie* Amer. Journ., *tchil; eti* (A), in Outl. p. 194. Fanti *mitshi*, Ash. *miti*, wie Akkim *metih*, Akripon *nuntji*, Aminа *útieri*, Fetu *etyr*, Goldküste (zufolge Arthus) *eteri* Mithr. S. 193. (Akra *ithu*, *oitju* S. 201.), Odschi *ti* (*eti*, pl. *ati*), auch *tiri* oder *tirri*. Daher auch Schulter: *abechil* Outl., *abetyil* Amer. Journ., und zwar noch etymologisch durchsichtiger als *meti* (eig. Kopf des Armes, aus *me*=*ba*=*basa* und *ti*) im Odschi nach Riis. *Abuchil* Head-band, doch verm. dasselbe als *ebotri* (A) Band (stripe). Vgl. *Abaukunmu* Neck-band, von *ekwan* Neck, O. *koñ* Hals. etwa mit *mu*, freilich eig. das Innere an etwas (Inside). — *Ebul; abobro* Dove, Odschi *abruburú*, *abromá* und, wie Lat. turtur, onomatopoëtisch gedoppelt: *moromoromé*, *atrukukú* wilde Taube. — Anders also *abul* Bosom, O. *bo* Brust, woher *bo-fu* zornig werden, *ebufu*, *bofu* Anger, passion, rage, to vex. Von *to bo ase* (eig. die Brust niederlegen) Geduld haben, verm. *abutal* Patience. — Ziemlich analog: *Enidal* To hope, O. *ẹni-da so* Riis S. 295. Hierin liegt nämlich *ẹni* Auge, wesswegen auch gewiss *initol*; *aniko* (A) One-eyed, dazu gehören, wie O. *ẹnifirai* Blindheit. Erstes viell. mit *to* schlagen, auch verlieren (z. B. den Weg), das zweite mit *ẹkó* eins, das zufällig wie Sanskr. *ékó* (aus: ekas) aussieht. — *Akul* Single, one, *enkulu* [enkulu?] Other, *nanku* Alone, *ekol* One, Amer. Journ. Tab. 9., Odschi *eñkú*, *ẹkó*. Dazu *yekul* Alliance, wie Verein aus dem ersten Zahlworte? Vgl. O. *yoñku* Freund, Gefährte. — *E-yil; a-yerh* (A) Wife, O. *yirre* Gattin, Weib. —

Awil; awiri (A) Sugar-cane, allein Outl. p. 41: *ahuil; ashiri* (A), dagegen *awiri; demiri* Cane (not sugar), O. *ahwọrów* Zuckerrohr, *demérre* Rohr, *indembil* Reeds. *Sikari* (suggar) durch Europäer eingeführt. Desshalb auch der raffinirte Zukker im Yoruba *Iyo* [salt]-*Oyibo* bei Crowther, und im Haussa *Gishiri mbaturi* lit. White man's salt (Sugar-cane *Takanta*) heisst. *Zuma* (suggar) als Haussa in Outl. ist eher Honey: *zuma; tumar*, wofür freilich Schön auch wieder einen verschiedenen Ausdruck, nämlich *moï-n-suma* lit. Oil of bees hat. Viele eingeführte Gegenstände (vgl. Riis S. 41. 193. 212.), z. B. selbst, was für die Culturgeschichte nicht ohne Wichtigkeit, *abrobẹ́* (eig. europäische, oder doch ausländische Palme) Ananas, und *abrobetém*, *abrodomá* (der zweite Theil dunkel), *bródua* (wörtlich: europ. Pflanze) Mais, haben von den Europäern (*bro-nni*, *obronni*, Pl. *abrofo* §. 37. 89., aus dem Namen Portugal verderbt, meint man; der Wortgestalt nach nicht sehr glaublich). Vgl. in unserer Ztschr. II. 13 ff. andere Benennungen von Europäern und Dingen, die sie nach Afrika hinbrachten. Z. B. *Manputo*, Portugal u. s. w., was noch eher an den europäischen Landesnamen erinnert. — Im *Sherbro' Vocabulary* (Written in the year 1839. 40 pagg. 8. ohne Druckort) p. 1: *Ah* s. Nation, as, *Ahmempa* The Sherbros [wie mich *Kölle* versichert, aus sea und bar verunstaltet]; *Ahputo* The Europeans. In dem, wie ich durch Vergleichung mich überzeugt habe, wesentlich damit identischen Bullom (Nyländer Gramm. 1814. p. 129. 140. 158.) *Pootono* European, white man, hinten mit *no* A person p. 99. Aber p. 103., ich weiss nicht ob davon verschieden: *pootona* [so hinten mit a] *dinteh* A person of white clay, und dicht dabei *pool*, wie p. 125. *pooto* White clay, p. 129. *pool* White earth, und *dintch* White p. 82. 158. Im Mandingo *potto* Clay, mit nur zufälligem Anklange? Daher nun p. 116. 150.: *Wom pooto* A white man's vessel, ship, aber *wom Bullom* A canoe. The Bulloms are said to be the inventors of the canoe. Hence the Sussoos call it *Bullama kunky;* and the Timanees call it *Bill o Bullom,* the Bullom vessel. *Tant* A chair; *tanto pooto* A white man's chair p. 106. *Gbankang pooto* An umbrella. p. 86. — In der Sprache von Bonny (Köler S. 27.): *ápo* Mensch, Mann, Sklave. *Ginnikuschúpo* Kru-Neger, Engl. Crooman, Crooboy. *Krukrápo* schwarzer Mensch, Neger. *Pinnapinápo* weisser Mensch, Weisser, Europäer. Albino, Kakerlake. *Akio* Weisser; wird nicht in der allgemeinen Bedeutung von *pinna-pina,* im Gegensatz zum Neger gebraucht, sondern ist gewissermassen ein Schmeichelname, drückt Freude und Verwunderung über die weisse Hautfarbe aus. — In Norris Outl. p. 184. White man im Fulah: *gurko* [man] *danéjo.* Ibu *docha,* worin wenigstens *cha* White deutlich, und als fraglich *Oibo.* Im Haussa *túrawa; baturi.* Schön im Vokabular v. English: *Mu na fitto gare Turawa* We come from white man's country. *Fari* „to fade". The Haussa people consider white people as faded. The Bulloms and Sherbros call Europeans *Ahpokan* [Bullom *po,* or *pokan, pòk* Man, husband, u. s. ob.] *Putu* „People of white clay". *Turantshi, Batureh* Englishman, or European. Doch nicht etwa von *turami* Master, und in Outl. p. 114. *butrai* Master, indem man damit die Meisterschaft der Europäer über sich anerkennt? Im Yarriba *Oibó, Webó.* Bei Crowther *Oibo, Oyibo* s. One who comes from the country beyond the sea. S. auch v. *okiki.* Ueberdem *Enia dudu* Black people (Outl. p. 120. *Onio didu*), und *Enia funfun* White people aus *enia* A person; somebody; people; mankind, mit den, wie in mehreren Sprachen reduplicirten Farbenbenennungen. *Funfun, fufun* Adj. White von *fun* To be white. Ash. *fufu* White, und im Odschi (Riis 239.) *fufú* weiss; auch, doch wenig gebräuchlich: *ofufu* der Weisse, Europäer. — Noch im Outl. p. 142.: *mai beke* Rum, erklärt durch White man's drink. *Mai* Liquor; *mainebwi* Drunk. Da nun auch *ikbochi beke* Smallpox, so wäre hieraus vielleicht nicht minder eine Bezeichnung für das Ausländische zu entnehmen. Auch im Odschi *morosa* Rum, d. i. europäischer (*moro* st. *brō* Riis S. 41.) Branntewein.

Edul Physic; poison; paint. *Edul; edro* (A) Medicine, vgl. Outl. p. 212. Auch p. 101.: Indigo: *Edul; bebri* (A) aus *bibri* Green, *biri,* bei Riis *bibiri* dunkel, bes. dunkelblau. Uebrigens nur scheinbar verwandt mit dem von Europäern angenommenen Odschi *brū* = Engl. *blue* Riis S. 3. Der Neger heisst nämlich *Bibi-ni,* pl. *abibi-fo* von dem Stamme *bibi,* dunkel, noch einfach *birri* dunkel, schwarz sein. Im Outl. *donkor; donkorni* (A) Negro, womit holl. *donker* (dunkel, finster) nichts als den Klang gemein hat. „Nach den *Guineos,* welches so viel bedeute, als Schwarze [etwa jenes *bibini,* oder Mandingo *fing* Black Outl. p. 27.?], haben die Portugiesen dem Lande den Namen *Guinea* gegeben" behauptet eine von Schmeller in den Abh. der Baierischen Akademie 1847. S. 55. besprochene Portugiesische Handschrift. Im Odschi *adru* (doch nicht etwa aus Frz. *drogue?*) Arznei; Farbe; Pulver. Z. B. Schiesspulver (vgl. ehemals Zündkraut, als gewissermassen eine Apothekerwaare) *atodru*, Fanti *etudul*, im Amer. Journ. Tab. 4. *etutudĕl* Powder; *atudul; etuduo* (A) Gunpowder. *Itul; etuo* (A) Gun, musket, Odschi *túo* Flinte von *tō* schiessen. —

Idul Heavy, *dudul* Thick, Odschi *dru*, redupl. *drudru* schwer. — *Ahal* Light (in weight), O. *harre*, *harre harre* Riis S. 79. leicht; aber auch *ha-ha* Swift; *ha-hal* Nimble, als etwa leicht auf den Füssen u. s. w.? — *Fuful; fufru* (A) New, *fofro* Fresh, O. *fóforo*, neu. — *Hing-ya; heanil* (A) Poor, O. *hienni* der Arme, *hiá* Armuth Riis S. 75. — *Fil* Clean, Odschi Perf. *afí*, rein (eig. wohl ausgegangen, vom Schmutze) sein, aus *fi* hervorkommen, herauskommen, wozu auch wohl *find*, *fil* Amer. Journ. und Outl. Leave, *firi* To absolve gehört. Daher *virre-fi* (eig. die Haut lässt heraus Riis S. 37.; vgl. unser: etwas ausschwitzen, und Frz. *par coeur*, gls. im Herzen, im Kopfe) vergessen; *wirefil; awrifi* (A), im Amer. Journ. Tab. 7. *wirefiri* Forget. *Fifiri* od. *fifri* (v. *fifi*: das vielfach hervorkommende) Schweiss, Fanti *fifil; fifri* (A) Sweat. — *Afidi; efri* (A) Snare, *efiri* Trap, O. *afiri* Schlinge. — *Telel; tere* (A) Broad, capacious, wide, O. *teterē*, breit. — *Tafil* To lick, O. *taforó*. — *Gul;* und, etwa als Perfect, *ago* (A) To play, O. *górro* spielen. — *Inkanal* Rust, O. *eñkanarre* Rost. — *Kel* Last (endure), O. *kye* dauern; allein *kye* (mit 2 Puncten unter *e*) vergeben, vgl. Akra im VU. *keh* Mithr. III. 1. 198. — *Kikil* To bind, fasten, tie, O. *kekyirre*. Aber auch hieher *kikil* Reef? — *Aki* After; *inkiri; akiri* (A) Afterwards; *ekiri* Backward; *ekil* Back, behind; *ekin kasé* (A) Back-bone. Odschi mit unten punktirtem e: *eki*, *ekirri* hinten, von *eki* Rücken. Auch *ekirri*, zuweilen verdoppelt und verdreifacht: fern, wie *ekil*; *wal* (A) Far. Das zweite Wort unstreitig O. *varre* lang sein, z. B. von einem Wege. *Nekil* Outside, etwa: sein (*ne*) Rücken? — *Ikul; ekro* (A) Sore, *akro* Wound, wie O. *kru* Ort, Stelle, Dorf; aber auch wunde Stelle am Körper. *Kro* Country, *ikuro; krome* Town, *ekroba* [etwa mit *ba*, Kind, in Dem., vgl. Riis §. 38.], *kroasi* [vgl. *ce ase* den Grund, z. B. zum Hause, legen?] Village. *Kurano* Gate of a town, mit O. *ãno*, Oeffnung, Mund (vgl. os, ostium).

Esal Outl. p. 79., aber Ash. *sirun*, Fanti *iserum* Field. O. *asãse* das Land, die Erde. — Im Odschi *sorre* aufstehen; *sorro* (*os-*) die Höhe, der Himmel; Adv. oben, in der Höhe, hinauf. Z. B. *Nyañkupoñ te sorro* Gott wohnt in der Höhe. *Sori* (A) Rise. *'Kor esul; kor suru* (A) Go up. *Asúl; asúru* (A) Aloft, above; *esul; sorú* (A) High, up, on. Heaven, sky. *Esol-iwim* Cloud, im Amer. Journ. Tab. 2. — Wohl aus *a-wi-ya*, O. *aivụa* Sonne: *Iwi-tobil we afi* (A) Sun-set, im O. *aivuató* Sonnenuntergang, aber *aivụa fi* die Sonne geht auf. Vgl. *yankum-tobil* Rainy season. *Yankungton*, O. *nyañkuntóñ* Regenbogen. Eigentlich, und zwar in sinnig schöner Weise, Gottes oder des Himmels Braue (*inton* Eye-brow); eine Vorstellung, die man den anderen, vom Regenbogen in Kuhn's Ztschr. durch mich gesammelten beifüge. — *Inwibil; inwinbiri* (A) Afternoon. *Inwibil; inumbri* (A), wie Amer. Journ. *inwibiri* Evening, und *ewiabĭrĭ* Noon, wofür bei Norris *ewiabil*. Also wohl zu *birri* dunkel sein (werden?). — *Idu-yal; duah* (A), Outl. p. 199. *eina* (etwa = Odschi Pl. *nnua* Bäume?) Wood, aber *idu-ya; dua* (A), Outl. p. 198. *iduia, undua* Tree; *duya; dua* (A) Timber, woher *dua che fo* (A) Carpenter. *Idu-ya* Pole. *Duyaba; duaku* (A) Stem, stalk, stick (rod). Odschi *dúa* Baum, Holz, Stiel u. s. w. Auch *dúa* Schwanz; *duya* Tail. *Akwi-duya* Nut-tree, *abi-dúya; abedua* (A) Palm-tree. *Duam* (Prison), O. *Oda duam* Er ist verhaftet, auf den Klotz geschlagen. *Duabása* (eig. Baum-Arm) Ast, Zweig, *duabasa* Branch (aus Lat. brachium), aber *dubata* Bough, wenn nicht Druckfehler (t st. s), unstreitig mit *atá* Zwillingskind, in Compp. „doppelt“, *inta* Pair, vgl. Hamburg. *twehl* (ein Zwilling-Schoss) Richey Idiot. S. 318. und bei Heyse Zwiesel (aus: zwei). *Duyaba* enthält wohl kaum *ba* als eine in Compp. gebrauchte kürzere Form für *basa*, sondern O. *abā* Gerte, Stecken zum Schlagen. Man darf es wenigstens nicht mit *aduawa* u. s. w. Fruit, im Odschi *duabá* Baumfrucht, Obst, verwechseln, das Riis zu *abá* der Kern, Same von Pflanzen; auch die Frucht, bringt, worin ich aber ein aus *ba* (Kind) gebildetes Deminutiv (Riis §. 38.) erblicke, indem die Frucht oft als Kind (Erzeugniss) der Pflanze dargestellt wird. Familiennamen S. 585. *Ing-gu; doagin* (A) Root, O. *eñhiñ* s. u. — *Adaka* Box, chest, aber Outl. p. 190. Fanti *alaka* Box, O. *adaká* Kiste. — Mir noch undeutlich und bis jetzt durch keine Parallelen im Odschi nachweisbar bleiben allein die folgenden: *Uil* Coach. *Emil* Time. *Kwil* Lean (thin). *Akwel* Frog, toad; vgl. Ako *okuoló*. *Nokwal* (A) Constant, right, *nukwa* Honest, *nokwa* (A) Candour. *Ongwal* Low. *Ahumál* Active. *Niadagil* Busy (mit O. *adé* Ding, Sache?). *Ajosenchil* Cause, wahrsch. aus O. *asé* Ende, und fig. der Grund, die Wurzel, Quelle von etwas. Etwa mit *entini* oder *eñhiñ* Wurzel s. oben. *Komel* Man, kaum doch etwa als (braver, beherzter) Mann zu O. *akumá* Herz. Eher zu *kuman* (A) Young, allein auch *kumabá; koma* (A) Less, *kumébi* Few, mit *ibi*; *ebi* some, sort. Im O. *kumā* klein; wenig, und *bi* ein, einige, etwas. — *Seretel* (slate) etwa aus dem Engl. mit r st. l.

Diese Beispiele mögen zugleich zum Beweise dienen von der sehr engen verwandtschaftlichen Beziehung, welche in der That zwischen Ashanti, Fanti und Odschi besteht.

Es bleibt uns zuletzt noch Nr. 4. oder das Yoruba-Vocabular zu besprechen übrig. Die Welt weiss von schwarzen *Kaisern* und *Königen* in einem ausser-afrikanischen Negerstaate (auf Hayti). Einen dunkelfarbigen afrikanischen *Mimen* (*Aldrich*, den Darsteller von Onkel Tom, Othello und Macbeth) hat man auf vielen Bühnen, z. B. in Deutschland, gesehen und bewundert. Wie für das Tschiroki in Nordamerika durch einen Einheimischen, mit englischem Namen *Guess*, eine besondere Sylbenschrift erfunden wurde, so besitzt ferner auch das Vei-Volk ein aus etwa 100 Charakteren bestehendes *Syllabar* (vgl. z. B. Berl. Lit. Zeit. 1849. Nr. 18. S. 318.) von eigner Erfindung, so dass recht wohl aus seinem Schoosse einmal Schriftsteller hervorgehen könnten, gleich *Garcilasso de la Vega* aus dem der Inkas. Vielleicht nur wenigen aber ist es bekannt, dass, wie ein Mexikaner Indianischen Geblüts, Namens *Emmanuel Naxera*, Philadelphia 1835. 4. eine Dissertation De lingua Othomitorum veröffentlichte, so es auch einen schwarzen Eingebornen von der Negerrasse giebt, welcher nicht nur als *Grammatiker* und *Lexikograph* die Sprache seines Volkes dem Europäer zugänglich machte, sondern auch mehrere Uebersetzungen von Bibeltexten in sein Mutteridiom verfasst hat, welche die Church Missionary Society drucken liess. Das ist *Samuel Crowther*, von dem auf Betrieb derselben Gesellschaft die erste Auflage seines: Vocabulary of the Yoruba language. To which are prefixed the grammatical elements of the Yoruba lang. Lond. 1843. 8. ans Licht trat. Das Werk nun, von welchem wir hier reden, bildet die *zweite* Auflage des so eben erwähnten Vokabulars, wogegen die im April 1852. noch unter der Presse befindliche neue verbesserte Auflage des *grammatischen* Theils vielleicht noch nicht erschienen ist.

Im Advertisement heisst es: „The *Yoruba* [1]) Country lying between the 2° and 6° W. long. and 6° and 10° N. lat., and

1) Unter den Namen *Ako*, *Eyo*, *Yabu*, or *Yarriba* Wörter in (Norris) Outline p. V. u. s. w., und p. 207 ff die Zahlen, deren höchst auffallendes System ich A. L. Z. 1847. Oct. erläutere. Vgl. *D'Avezac*, Notice sur le pays et peuple des *Yebous* en Afrique. 1845. Nicht in den Buchhandel gekommen, s. Ztschr. II. 488. Doch in den Mém. de la Soc. Ethnologique Vol. II. und daraus im Journ. of the Amer. Orient. Soc. Vol. I. nr. IV. p. 379. eine kurze Notiz. — In den Introductory remarks der ersten Ausgabe des Vocabulary, ausser einer Art Fluthsage und über Könige von Yoruba, folgende Angabe: The kingdom of Yoruba formerly extended from Katanga to Ijebbu [obiges *Yabu*, auf Charten *Jaboo?*], a district on the bank Lagos, about forty miles distant from the sea. One language is still spoken by the inhabitants of this large country though it is distinguished by several dialects. The *Kakanda* language [s. Jülg S. 501. 528. Die zum Theil wohl ungenau aufgefassten Zahlwörter aus dem Verz. der Hannah Kilham in Outl. p. 206. von mir erklärt A. L. Z. Oct. 1847. S. 695.] may safely be called a daughter of the Yoruba. The name Katanga is generally put down in charts; though the Yorubas themselves call it Oyoh'. European Travellers obtained the name Katanga from Haussa people. Yarriba, or Yaruba, is likewise the Haussa pronunciation: *Yoruba* would be more correct. — Bei Crowther p. VII.: Attiba, the present king of Yoruba, removed the seat of government from *Oyoh* to *Aygoh Ojjah.* Erklären sich daraus die obigen Namen *Eyo* und *Ako?* — In der Gramm. p. 1. werden 3 Aussprachen, die um den Vorzug streiten, genannt: The Capital (or *Oyoh'*) pronunciation; and the Provincial (or *Ibakpah'* and the *Ibolloh'*).

due north of the Bight of Benin, has been, for more than a quarter of a century, the chief seat of the African slave-trade. Many negroes, and amongst them, Mr. *Crowther*, now Clergyman of the Church of England, the compiler of the following work, were re-captured from Brazilian slavers by the cruisers of the British squadron, and landed at Sierra Leone, where they received a Christian education in the School of the Church Missionary Society.“ — Vom neuen Vokabulare wird gesagt: „And it is hoped that the present work, containing near 3000 vocables, may do much toward settling a rich and euphonious language, spoken, probably, by 3,000,000 of the African race, but till within the last ten years never reduced to writing. — The *proverbial* and *idiomatical* sayings interspersed throughout the book were taken down by him in the course of common conversation. They are here introduced to illustrate the genius of the language; but they are no less valuable ethnologically, as elucidating many of the characteristics of the national mind of this very interesting people.“

Die allerdings sehr lesenswerthe Einleitung des für Sierra Leone designirten Bischofs, Hrn. *Vidal*, sucht in genealogischer Rücksicht der Yoruba-Sprache unter ihren afrikanischen Genossinnen zunächst durch die negative Methode der Ausschliessung *fremdartiger* Landsmänninnen einen Platz aus. Zu dem Ende hebt er dann, bei Umgehung aller lexikalischen Vergleichung, einige bezeichnendere grammatische Züge des Yoruba hervor und stellt sie mit andersgearteten Afrikanischen Sprachtypen in Gegensatz. Solcher Eigenthümlichkeiten werden vier aufgezählt.

Nämlich 1) The complete and regular system of prefixes by which substantives are formed (p. 2 ff.). Zwar finde eine solche Bildung von Substantiven durch Präfixe, statt durch Suffixe, auch in anderen Afrikanischen Sprachen, allein nirgends in so schöner Vollständigkeit und vollkommener Regelmässigkeit statt. (Scheint mir eher eine dürftige Eintönigkeit.) Indess das dem südafrikanischen Idiom eigne, der Genus-Bezeichnung analoge Classificationssystem mittels Präfixen gehe dem Yoruba ab. Wenn Hr. V. übrigens the *Temneh* (with its two cognates, the *Sherbro* and the *Bullom*) als einen Zweig des Kongo-Kafferstammes entdeckt haben will, so nehme ich an Richtigkeit dieser ganz nackt hingestellten Behauptung noch gerechten Anstand. Er kann doch wohl nichts anderes als das sonst Timmani geheissene Idiom (Zählmeth. S. 37.) meinen. Vgl. das schon früher angezogene Portugiesische MS., welches sagt: „In der Sierra Lioa (span. Sierra Leone) herrschen zwei Sprachen, die der *Bolões* [Bullom] an der Küste und der *Temynis* im Innern. Von den Portugiesen ist das Gebirge dicht am Meere Sierra lioa [Löwin, wohl appositioneller, nicht in genitiver Abhängigkeit gedachter Zusatz!] genannt, weil es mehr noch als die Serra von Cintra ein steiles Gebirge (serra brava) ist."

2) The curious euphonic system which regulates the concord of the verb and pronoun (p. 8.). Demgemäss hat das Pronomen drei dem Vokale nach verschiedene Formen. Die erste von einer Art allgemeiner Form hat die ursprüngliche und volle Gestalt des Fürworts. Der Gebrauch der anderen beiden wird gänzlich durch den Vokal des Verbums geregelt, so dass gemäss dem *geschlossenen* (o, e, i, ĭ, u, ŏ) und *offenen* Laute (a und die unten mit einem Punkt unterschiedenen a, o, e) des Vokals in dem betheiligten Verbum das Pronomen geschlossenes oder offenes o bekommt. (Wie man sieht, in einiger Analogie mit der Vokalharmonie in den tatarischen Sprachen.)

3) The total absence of conjugation in the verb (p. 12.). Auch Conjugationen im Sinne der Semitischen Grammatik, obgleich in anderen Afrikanischen Sprachen zu Hause, sind im Yoruba nicht vorhanden. (Conjugation, will ich hinzufügen, fehlt mehreren Sprachen auch in anderen Welttheilen.)

4) Dazu wird dann noch S. 15. eine auffallende Verwendung von *Adverbien* im Yoruba gerechnet, nämlich in der Weise, dass man ganz spezielle Ausdrücke hat, z. B. will ich sagen: „der Baum ist *sehr* (*fiofio*) hoch"; „der Vogel fliegt *sehr* (*tiantian*) hoch"; „dies Kleid ist *sehr* (*rokiroki*) gelb"; „der Scharlach ist *sehr* (*roro*) roth"; das Glas ist *sehr* (*maranmaran*) blendend (dazzling)".

Es ist klar, dass durch solche, an sich hübsche Bemerkungen doch allein nicht die Affiliation der Sprachen zu ermitteln steht.

Den Rest nehmen Betrachtungen über *Sprüchwörter* und *Sentenzen* ein, deren Crowther viele seinem Werke einverleibte. Auch Riis hat einen Schatz von Odschi-Sprüchwörtern, der Zahl nach 268, S. 170—190. mit Erläuterungen ihres Sinnes [1]). So wird denn durch vielerlei derartige Sammlungen von bereits nicht wenigen Völkern immer mehr der Weg gebahnt zu einer vergleichenden Prüfung ihres Nationalcharakters auf dem lydischen Steine ihrer *Spruchweisheit*, der, einmal eingeschlagen, auf anziehende und lehrreiche Ergebnisse wird führen können. Man nehme, ausser jenen Proben aus *Afrika*, nur z. B. die Sprüche Salomonis aus *Asien*; die *Griechischen* Parömiographen; Sancho Pansa's nie leer werdendes Füllhorn, und die auch *Spanien* entstammenden Sprüchwörter der *Basken* (Oihenart, Proverbes Basques. Seconde édition. Bordeaux 1847.); oder die *Esthnischen* (in Hupel's Gramm. 1818. S. 149—169.) sammt denen der benachbarten *Letten* (Stender Gramm. Ausg. 1. S. 178—198.) u. s. w.

Wo nichts Weiteres, so würden schon allein die von uns

1) Kabylische in Hodgson, Notes p. 17.

angezeigten oder auch nur gelegentlich citirten Sprachbücher genugsam bekunden, mit welchem Eifer unser Jahrhundert von Seiten der Weissen dem Lande der Schwarzen, trotz des unglaublichen Widerstandes, den dieses seiner rumpfartigen Gliederlosigkeit wegen, sowie durch so viele andere widrige Umstände den fremden Eindringlingen leistet, von allen Umrandungen aus in kaufmännischer, christlicher, erd-, volk- und sprachkundlicher Rücksicht beizukommen und diesen ungethümen Welttheil bis in sein inneres Mark hinein zu durchdringen und allmälig zu bewältigen unablässig bestrebt ist. Und welche Nationen europäischen Stammes nehmen daran nicht Theil? Denn so muss man beinahe fragen, indem es, um bei den Sprachwerken stehen zu bleiben, wenige giebt, die nicht das eine oder andere geliefert hätten. Portugiesen (Cannecattim über das Idiom von Angola); Spanier; Engländer; Franzosen; Dänen (das Zulu von Schreuder, in Christiania gedruckt); Deutsche (Seetzen; Krapf und Isenberg) u. a. Endlich Amerikaner [1]).

Mit solchen Mitteln wird es bald gelingen, wenn auch noch nicht erträgliche Sprachkarten von Afrika zu entwerfen, doch in Bezug auf diesen Welttheil ein umfassenderes Sprachwerk hinzustellen, das etwa mit dem Humboldtschen über die Sprachen *Malayischen* und *Polynesischen* Stammes ohne zu grossen Nachtheil für sich den Vergleich aushielte. Jedenfalls findet die weltumspannende Linguistik auch jetzt schon, wenn sie will, an Afrika eine reiche Nahrung vom Norden bis zum Süden hinab, und eine Mannichfaltigkeit sprachlicher Entwickelung, die leicht mit der in Amerika z. B. zwischen Grönland (s. Kleinschmidt) und Peru (das unübertreffliche Werk *v. Tschudi's* über die Kechua-Sprache) mag in die Schranke treten dürfen.

---

1) Ich will in die Note noch einige Titel verweisen, die, weil man selten nur auf sie, wie viel weniger auf ihren körperlichen Gehalt stösst (welchen man doch um der Wissenschaft willen häufiger an europäische Gelehrte und Bibliotheken sollte gelangen lassen), den Platz nicht unnützer Weise einnehmen. *Afrika* selbst hat schon Manches produzirt. Z. B. auf Cape Palmas vom Missionar *Wilson:* A brief grammatical Analysis of the *Grebo* lang. 12mo. 1838. A Dict. of the *Grebo* lang. 8vo. 1839. — Zu Edina, Liberia 18mo. 1844., Baptist Mission Press, von dem verstorbenen Rev. *W. G. Crocker* 1) Mathew's Gospel in the *Basa* lang., und 2) Gramm. Obss. on the *Basa* lang. — Ferner in der (mir, falls nicht darunter ein anders genanntes Idiom versteckt ist, ganz unbekannten) *Isubu*-Sprache: *Ekwali ya bwam.* Mathew's Gospel. Bitubia, Western Africa. 1846. 12mo. Hymns in the Isubu tongue. Brinbia, Western Africa. 1846. 18mo. The first class book in the Isubu tongue. Fernando Po. 18mo. A Dict. (ich weiss nicht ob vollendet). — In Amerika z. B. A Vocab. of the *Souhilé Lang.*, on the Eastern Coast of Africa, by *S. K. Masury.* 1845. 4. Cambridge (Massach.).

Ueber den „Zweigehörnten“ des Koran.

Von

K. H. Graf.

In dem ذو القرنين der Koranstelle Sur. XVIII. Vers 82—98, finden bekanntlich viele Commentatoren und arabische Geschichtschreiber eine Bezeichnung Alexander's des Grossen, während Andere die Identität Beider in Abrede stellen. Neuerdings ist bei uns wieder von zwei Seiten her diese Identität — ich kann nicht sagen bestritten, sondern ohne Angabe von Gründen für ganz und gar unstatthaft erklärt worden. H. v. *Hammer-Purgstall* in seinen Auszügen aus Saâlebi, bemerkt bei dem Artikel von Sulkarnein [1]): „Dieser wird insgemein für den macedonischen Alexander gehalten, ist aber einer der alten Könige Jemen's“, während Saâlebi selbst nach Erörterung der verschiedenen Meinungen sich für Alexander den Grossen entscheidet; und *Spiegel* in seiner Abhandlung über die Alexandersage bei den Orientalen (S. 59) sagt: „Für Europäer wird es wohl keiner weitern Beweisführung bedürfen, dass Dsulkarnein und Alexander zwei gänzlich verschiedene Personen sind.“ Mir scheint aber diese Behauptung im Gegentheil nicht nur des Beweises sehr zu bedürfen, sondern sogar allen Grundes zu entbehren. *Spiegel* bemerkt, die Ausleger des Koran seien darüber zweifelhaft, wer dieser Dsulkarnein sei; aus der Stelle des Koran selbst gehe keinesfalls hervor, dass es der griechische Iskender gewesen sein müsse, Beidhawi führe dies daher nur als eine der verschiedenen Meinungen an. Diese drei Angaben sind unrichtig; die wichtigsten und angesehensten Ausleger des Koran, wie Zamaḫśarî und Beiḍâwî, erkennen im Ḏulḳarnein keinen Anderen als Alexander; Beiḍâwî namentlich sagt ganz einfach: ويسالونك عن ذى القرنين يعنى اسكندر الرومى ملك فارس والروم. Die verschiedenen Meinungen die er anführt beziehen sich nicht auf die Persönlichkeit, sondern bloss auf die Deutung des Namens. Und hier den Alexander zu finden, darauf wurden die Ausleger durch den Inhalt der Stelle nothwendig geführt, da sie nichts Anderes enthält, als was die fabelhafte im Orient wie im Occident vielfach verbreitete und bearbeitete Geschichte Alexander's des Grossen von diesem, und nur von diesem, erzählt.

Betrachten wir die Stelle genauer! Sie lautet:

1) Diese Zeitschr. Bd. VI, S. 506.

„**Sie werden dich fragen über Dulkarnein** (den Zweigehörnten). **Sprich: Ich will euch eine Geschichte von ihm erzählen. Wir gaben ihm Macht auf der Erde und verliehen ihm Mittel Alles zu erlangen. Da verfolgte er einen Weg, bis dass er, dahin gelangt wo die Sonne untergeht, sie in einem schlammigen Quell untergehen sah und bei diesem eine Art Menschen fand. O Dulkarnein, sprachen wir, entweder magst du sie züchtigen, oder ihnen Güte erweisen. Da sprach er: Wer Unrecht thut, den werden wir züchtigen, dann wird er zu seinem Herrn zurückgebracht** (in der andern Welt), **welcher ihn mit einer argen Strafe züchtigen wird; wer aber glaubt und recht thut, der erlangt zur Vergeltung das höchste Gut und wir werden ihm nur Leichtes gebieten. Dann verfolgte er einen andern Weg, bis dass er, dahin gelangt wo die Sonne aufgeht, sie über Menschen aufgehen sah, denen wir keinen Schutz vor ihr gegeben hatten. So war es; wir aber kannten vollkommen was er vermochte. Dann verfolgte er einen andern Weg, bis dass er, zwischen die beiden Dämme gelangt, bei ihnen Menschen fand, welche beinahe kein Wort verstanden. O Dulkarnein, sprachen sie, Jâǵûǵ und Mâǵûǵ richten Unheil im Lande an; sollen wir dir also eine Steuer erlegen, dass du dafür zwischen uns und ihnen einen Damm errichtest? Da sprach er: Das, worüber mir mein Herr Macht gegeben hat, ist besser; steht mir also kräftig bei, so will ich zwischen euch und ihnen einen Wall errichten. Bringt mir Eisenklumpen! — Als er endlich den Raum zwischen den beiden Bergwänden ausgeebnet hatte, sprach er: Macht ein Gebläse! — Als er endlich das Ganze in eine Feuermasse verwandelt hatte, sprach er: Bringt mir geschmolzenes Erz, dass ich's darauf giesse! — So vermochten sie weder den Wall zu ersteigen, noch vermochten sie ihn zu durchgraben. Dies ist, sprach er, eine Gnade von meinem Herrn; wann aber die Verheissung meines Herrn eintrifft, wird er ihn zermalmen. Und die Verheissung meines Herrn ist wahrhaftig.**"

Wir finden hier, abgesehen von dem eingeflochtenen Paränetischen, in zum Theil unklarem Ausdrucke, eine Andeutung dessen, was in dem griechischen sogenannten Callisthenes, der gemeinsamen Quelle für die Alexandersagen des Firdausi und Nizâmi wie der Dichter unseres Mittelalters, in ausführlicher Erzählung dargestellt ist, die Hinundherzüge Alexander's auf der ganzen Erde mit Ueberwindung aller auch der unerhörtesten und wunderbarsten Hindernisse, seinen Zug zuerst bis in den äussersten Westen, dann bis in den fernsten Osten, endlich zu den Völkern des Nordens. Auf den zur Abwehr der Einfälle von Gog und Magog errichteten Wall wird dabei das meiste Gewicht gelegt.

Der Pseudo-Callisthenes ist zum ersten Mal im J. 1846 nach drei Pariser Handschriften von K. Müller herausgegeben worden [1]. Diese drei Codices enthalten verschiedene Recensionen derselben Geschichte, und sie zeigen deutlich, wie diese fabelhaften Erzählungen im Verlauf der Jahrhunderte durch fortwährende Zusätze erweitert worden sind. Nach den Untersuchungen des Herausgebers stammen diese Mährchen aus Aegypten [2]; der Grund dazu wurde schon in der Ptolemäerzeit gelegt, und in den ersten Jahrhunderten nach Christi Geburt erhielten sie die Gestalt, in welcher sie in der dem Anfange des fünften Jahrhunderts angehörenden armenischen Bearbeitung, in der lateinischen Bearbeitung des Julius Valerius und in dem vom Herausgeber benutzten Codex A erscheinen. Die beiden andern Codices B und C, deren ziemlich gleichzeitige Abfassung der Herausgeber etwa in das achte Jahrhundert setzt, zeigen den Einfluss christlicher Vorstellungen; die Recension ist im Grunde in beiden dieselbe, nur ist C viel ausführlicher als B, die Darstellung weicht in Einzelnheiten ab, die Reihenfolge der Begebenheiten ist zum Theil eine andere, aus verschiedenen Quellen ist allerlei eingeschoben. Daraus geht hervor, dass der Inhalt dieser zu der Recension des Codex A hinzugekommenen Erzählungen auch schon viel älter als das achte Jahrhundert ist, da er sich schon in verschiedener Fassung dargestellt findet, dass also diese ganze Geschichte, wie sie uns der Pseudo-Callisthenes darbietet, vor Mohammed's Zeit schon vorhanden und verbreitet war, und dass demnach das darin Erzählte nicht erst aus dem Koran — was doch jedenfalls erst nach längerer Zeit hätte geschehen können — hineingeflossen ist. Nun wird im Cod. C erzählt, wie Alexander nach dem Kampfe gegen Eurymithres, König *τῶν Βελσυρῶν*, an zwei hohe Berge kommt, welche man *Μαζοὺς τοῦ Βοῤῥᾶ* nennt; bis hierher verfolgt er die Feinde, und fleht dann zu dem einigen unsichtbaren Gott, Schöpfer Himmels und der Erde, dass er diese Berge zusammengeben lasse, damit sie nicht wieder heraus können, *καὶ παραχρῆμα συνῆλθον τὰ ὄρη ἀλλήλοις*. Alexander preist die Gottheit, und errichtet eherne Thore, um den Engpass zwischen den zwei Bergen zu sichern, und bestreicht die Thore mit *ἀσίκητον*, welcher unbekannte Stoff die Eigenschaft hat, dass er weder vom Feuer verbrannt noch vom Eisen versehrt werden

---

1) Arriani Anabasis et Indica ed. *Dübner*, Scriptorum de rebus Alexandri Magni fragmenta collegit, Pseudo-Callisthenis historiam fabulosam ed. etc. *Carolus Müller*. Paris., Didot, 1846.

2) Vgl. *Droysen*, Gesch. des Hellenismus. Th. II, S. 638 ff.

kann; dann gräbt er noch einen Graben davor. Dadurch schliesst er 22 Könige mit ihren Völkern im äussersten Norden, ἐν τοῖς πέρασι τοῦ βοῤῥᾶ, von der übrigen Welt ab, und nennt die Thore die Kaspischen. Die beiden ersten der (16) genannten Völker sind Γὼθ und Μαγὼθ. Er schliesst sie ab διὰ τὴν τούτων ἀκαθαρσίαν, weil sie unreine Speisen genossen und auch ihre Todten assen [1]). Ausführlicher noch berichtet Cod. B dasselbe an einer andern Stelle; hier erzählt Alexander selbst in einem Briefe an seine Mutter Olympias, wie er Völker getroffen, welche Leichname und unreine Speisen genossen hätten, und wie er mit Hülfe τῆς ἄνω προνοίας viele derselben getödtet oder unterjocht; zwei und zwanzig Könige derselben fliehen und er verfolgt sie, bis sie zwischen die beiden grossen Berge hineinkommen, welche οἱ Μαζοὶ τοῦ Βοῤῥᾶ genannt werden; es giebt keinen andern Ein- und Ausgang für jenes grosse Gebirge, welches sich bis über die Wolken erhebt und sich wie zwei Mauern rechts und links bis an das grosse Meer erstreckt. Er bittet τὴν ἄνω πρόνοιαν dass die Berge sich einander nähern, und in dem Zwischenraum errichtet er mächtige eherne Thore, die er von innen und aussen ἀσοκίτῳ bestreicht, so dass nichts im Stande ist sie zu überwältigen, weil das Feuer daran auslöscht und das Eisen stumpf wird. Ausserhalb dieser furchtbaren Thore setzt er einen andern Bau aus ungeheuern Felsstücken, die er mit Zinn und Blei übergiesst und dann τῷ ἀσικυτίνῳ (das räthselhafte Wort ist jedes Mal anders geschrieben) bestreicht, so dass nichts im Stande ist diese Thore zu überwältigen, die er die Kaspischen Thore nennt. Die zwei und zwanzig Könige werden dort eingeschlossen; unter den (12) Namen ihrer Völker, welche von den oben vorkommenden vielfach verschieden sind, ist das erste Μάγωγ [2]).

Die letztere dieser beiden Darstellungen nähert sich der des Koran am meisten. Was Moḥammed von Alexander erzählt, ist in jeder Beziehung dem ähnlich was er von Moses, David, Salomo, von Jesus und Maria berichtet: es sind Tropfen aus dem damals im oströmischen Reiche überall reichlich sprudelnden Quell phantastischer Sage, deren Ueberreste wir im Talmud, in den apokryphischen Evangelien, im Pseudo-Callisthenes besitzen. Welchen Grund können wir nun haben, dem Augenschein zuwider in dem Ḏulḳarnein einen andern König sehen zu wollen als Alexander? Nach einigen arabischen Geschichtschreibern soll Ḏulḳarnein welcher die Mauer gegen Gog und Magog erbaut, ein viel älterer Monarch sein, und zwar Feridûn oder gar Ḍaḥḥâk oder ʿAbdallâh der Sohn Ḍaḥḥâk's; Andere, nach einem auch bei europäischen Historikern und Harmonistikern oft beliebten Auskunftsmittel, unterscheiden zwei Ḏulḳarnein, einen ältern, Zeitgenossen Abraham's, und einen jüngern, Alexander den Grossen;

1) S. 138. 2) S. 142.

noch Andere erkennen in ihm einen der Tobba' von Jemen. Schon dieses unsichere Herumtasten zeigt, wie wenig hier die Geschichtschreiber auf einer bestimmten historischen Sage fussen; noch den meisten Anspruch auf Geschichtlichkeit hat die Ansicht, für welche sich Abulfeda bestimmt ausspricht, Ḍulḳarnein sei der ḥimjaritische König Eṣ-Ṣa'b, der Sohn des ersten Tobba' El-Ḥârit Er-Râïš, wobei er sich auf einen angeblichen Ausspruch des Ibn 'Abbâs, des Gefährten Moḥammed's, beruft, nach welchem Ḍulḳarnein ein Ḥimjarite gewesen sei [1]). Demnach hätte dieser König, den Moḥammed ausser der Königin von Saba allein unter allen ḥimjaritischen Königen im Koran einer Erwähnung würdigte, schon lange vor ihm eine so grosse Berühmtheit gehabt, dass die von ihm erzählten grossen Thaten sogar auf den schon so reichlich ausgestatteten Alexander übertragen worden wären; wenn man nicht zu der unmöglichen Annahme seine Zuflucht nehmen will, durch einen sonderbaren Zufall sei von beiden Herrschern gerade dasselbe erzählt worden, oder zu der eben so unstatthaften Annahme, das einem unbekannten Dritten Angehörende habe man auf beide zugleich übertragen. Von einem so grossen Eroberer und wunderthätigen Könige müsste doch die Geschichte sonst noch mehr zu erzählen wissen; statt dessen schweigt sie aber, wenn man von dem aus dem Koran Geschöpften absieht, ganz und gar von ihm; ja noch mehr, sein Name kommt nicht einmal in den Verzeichnissen ḥimjaritischer Könige bei Ḥamza und Nowairi vor (Caussin, Essai sur l'hist. des Arabes, T. I, p. 66). Seine ganze Persönlichkeit verdankt also ihren Ursprung offenbar nur dem Bestreben, durch welches auch Alexander in der alexandrinischen Sage zu einem Aegypter, bei Firdausi und Nizâmi zu einem Perser gemacht wird: dem patriotischen Bestreben arabischer Historiker, den im Koran so hochgestellten Ḍulḳarnein zu einem Araber zu machen, und auf diesen das von Alexander Erzählte überzutragen. Alexander, d. h. Ḍulḳarnein, sollte nun nach einem andern Berichte, wie den Tempel in Jerusalem, so die Ka'ba in Mekka besucht haben, was weiter zu der Sage führte, er sei dort mit Abraham zusammengekommen; da man nun, um Alexander den Grossen mit Abraham zusammenzubringen, die Chronologie weit mehr hätte über den Haufen werfen müssen, als bei der Identificirung der Königin Bilḳîs mit Salomo's Königin von Saba, so blieb den Historikern, welche diese Sage für Geschichte nahmen, nichts anderes übrig als noch einen ältern Ḍulḳarnein zu statuiren, in welchem man dann beliebig irgend einen alten König erkennen konnte. Dass sich die moḥammedanischen Geschichtschreiber dagegen sträuben mussten, den Griechen Alexander, den Ungläubigen, den Byzantiner, im Koran unter den Propheten zu finden, und daher bestrebt waren

1) Abulfeda, Hist. Anteislamica, ed. Fleischer, S. 78. 116.

ihn auszumerzen, ist leicht erklärlich, wiewohl ihnen in diesem Streben nicht einmal die Koranerklärer zu Hülfe kamen, die sich um Chronologie und historischen Zusammenhang nicht zu kümmern brauchten. Unterstützt wurden sie durch die Verschiedenheit des Namens; denn اسكندر war ja nicht genannt, sondern statt dessen fand sich ein Beiname, der — worauf sich Abulfeda besonders beruft — mit den sonstigen Beinamen ḥimjaritischer Könige, wie Ḏû-Ǵadan, Ḏû Kelâ', Ḏû Nowâs, Ḏû Śenâtir, so grosse Analogie hat. Allein dies beweist doch nur, dass dergleichen Beinamen in der Zeit vor Moḥammed in Arabien sehr gebräuchlich waren, und erklärt warum auch Alexander bei den Arabern in jener Zeit leicht zu einem solchen kommen konnte. Es fragt sich also nur noch: woher gerade die Bezeichnung ذو القرنين „der mit den beiden Hörnern, der Zweigehörnte" für Alexander den Grossen?

Die Commentatoren haben alle möglichen bildlichen Beziehungen, welche in dem Worte قرن liegen können, erschöpft, um den Ausdruck zu erklären: Alexander soll so genannt worden sein wegen seiner Macht, oder weil er den Orient und den Occident erobert, oder weil er an die beiden Enden der Welt gezogen, u. dergl. mehr [1]). Am nächsten liegt aber wohl die einfachste, physische Bedeutung, da ja auch sonst dergleichen Beinamen historischer Personen meist aus Aeusserlichkeiten und Zufälligkeiten entstanden sind. Leicht denkbar ist es, dass Alexander als Sohn des Jupiter Ammon mit den Attributen dieser Gottheit bildlich dargestellt wurde, wie es ja schon damals bei den Regenten Sitte war und später mehr und mehr gebräuchlich wurde, sich in Göttergestalt abbilden zu lassen. Dass dies in dem Lande wo der Gott Ammon verehrt wurde, wo Alexander begraben und gewissermassen in den Wohnsitz der Götter hinaufgestiegen war, in dem Lande mit welchem die Araber am meisten in Berührung kamen, in Aegypten, vorzugsweise geschehen musste, ist eben so natürlich. Doch wir sind nicht auf blosse Muthmassungen hingewiesen, wir haben dafür bestimmte historische Zeugnisse. In einer von Athenaeus aufbewahrten Stelle aus Ephippus dem Olynthier, einem Zeitgenossen Alexander's, wird berichtet, dass Alexander bei den Zusammenkünften mit seinen Freunden in der Kleidung verschiedener Götter, als Herkules, als Merkur, als Artemis sogar, oft auch als Ammon mit den Hörnern

---

1) Auf eine solche bildliche Erklärung spielt auch Sa'di in einer seiner Ḳaṣiden an (ed. Calcutt. fol. 239, l. 13):

فرمان بسر خدا ونگهبان خلق باش

این هر دو قرن اگر بگرفتی سکندری

wie sie der Gott trug, erschienen sei [1]). Clemens Alexandrinus in seinem *Λόγος προτρεπτικός* klagt darüber, dass Alexander habe als Sohn des Ammon erscheinen wollen und sich von den Bildhauern als Hörnerträger habe darstellen lassen, so beflissen die schöne Menschengestalt durch Hörner zu schänden [2]). Manche spätere macedonische Herrscher liessen sich nach Alexander's Vorbilde mit Widderhörnern darstellen, während andere, wie Demetrius Poliorketes und Seleucus I. mit Stierhörnern abgebildet wurden [3]). Wir besitzen auch jetzt noch Münzen auf welchen Alexander mit Widderhörnern, oder vielmehr, als im Profil, mit einem Horne erscheint [4]), und viele ägyptische Münzen aus der Ptolemäerzeit zeigen statt des Bildnisses des Königs den Kopf des Jupiter Ammon [5]). Kein Wunder wenn die Araber in den Jahrhunderten vor Moḥammed, denen Alexander's Name und Geschichte wenig bekannt war, ihn nach dem an einem Menschenkopfe höchst auffälligen Schmucke benannten, mit welchem er sich ihnen auf Bildwerken und besonders auf Münzen darstellte, wobei sie vielleicht auch die Abbildung des Ammon selbst mit ihm verwechselten.

Noch bleibt eine Schwierigkeit: Wie konnte Moḥammed den Heiden Alexander als einen besondern Günstling Gottes, als einen im Auftrage Gottes die Zwecke des rechten Glaubens fördernden Herrscher darstellen? Beiḍâwi bemerkt, in Bezug auf das Prophetenthum Alexander's sei bei den Auslegern Streit, aber *in* Bezug auf seinen Glauben und seine Tugend stimmten sie alle überein. Jedoch wird er von den Meisten den Propheten beigezählt, und offenbar steht er im Koran auf derselben Linie wie David und Salomo. Ueber diesen Punkt giebt uns die Alexandersage in der Gestalt, in welcher sie im Cod. B und C des Pseudo-Callisthenes erscheint, vollkommenen Aufschluss. Nachdem Alexander in das Land der Juden eingedrungen, erscheint vor ihm eine Gesandtschaft von Priestern in priesterlichem Gewande; von ihrem Anblick betroffen fragt er einen von ihnen, welchem Gotte

---

1) *Ἔφιππος δέ φησιν ὡς Ἀλέξανδρος καὶ τὰς ἱερὰς ἐσθῆτας ἐφόρει ἐν τοῖς δείπνοις· ὁτὲ μὲν τὴν τοῦ Ἄμμωνος πορφυρίδα καὶ περισχιδεῖς καὶ κέρατα καθάπερ ὁ θεός, ὁτὲ δὲ καὶ τῆς Ἀρτέμιδος.* Athenaeus XII. p. 537 E., s. Müller's Fragmenta S. 126.

2) *Ἐβούλετο δὲ καὶ Ἀλέξανδρος Ἄμμωνος υἱὸς εἶναι δοκεῖν, καὶ κερασφόρος διαπλάττεσθαι πρὸς τῶν ἀγαλματοποιῶν, τὸ καλὸν ἀνθρώπου ὑβρίσαι σπεύδων κέρατι.* Clementis Alex. Opp. ed. Sylburg p. 36.

3) O. Müller, Archäologie der Kunst S. 156.

4) Vgl. oben bei Clemens *κέρατι.* S. Eckhel Doctr. Num. Vet. Vol. II. p. 108. Vol. VIII. p. 289, 7.

5) Eckhel Vol. IV. p. 14. 19. 24. 34. — Alexander's Bild wurde selbst als Amulet viel getragen, und in Dessau befindet sich eine Kapsel mit dem Alexanderkopf mit Widderhörnern und Diadem. Kunstblatt, Jg. 1830. Nr. 37. O. Müller, Archäol. d. Kunst S. 673.

sie dienen, und als dieser antwortet, sie dienten dem einen Gotte, welcher Himmel und Erde gemacht, erklärt er: „Gehet hin in Frieden, als Diener des wahren Gottes; euer Gott wird mein Gott sein, und ich werde in Frieden mit euch bleiben, da ihr dem wahren Gotte dient". Er nimmt das ihm dargebrachte Gold und Silber nicht an, sondern bestimmt es, nebst dem zu bezahlenden Tribut, für den Dienst Gottes [1]). Nachdem er Aegypten erobert, gründet er daselbst eine grosse Stadt, hebt den Dienst aller Götter des Landes auf, und verkündet „den Einen, wahren Gott, den unsichtbaren, unerforschlichen, der auf den Seraphim einherfährt und mit dem dreimal Heilig gepriesen wird" [2]). Als er zu Gott fleht, dass er die beiden Berge zur Absperrung von Gog und Magog zusammengehen lasse, betet er auf folgende Weise: „Gott der Götter und Herr der ganzen Schöpfung, der du durch dein Wort alles geschaffen hast, den Himmel und die Erde und das Meer! Nichts ist dir unmöglich, denn deinem Gebote ist alles unterthan; denn du sprachst und es ward geschaffen, du gebotst und es stand da; du bist der einige, ewige, unsichtbare Gott, und kein anderer ist ausser dir; in deinem Namen und Willen habe ich gethan was du wolltest, und du hast die ganze Welt in meine Hand gegeben" [3]). Bei einem solchen Glaubensbekenntnisse konnte doch wohl Mohammed, der von dem wahren Zusammenhang der Geschichte keinen Begriff hatte, sondern nur bruchstückweise ihm mitgetheilte Sagen kannte und benutzte, nicht anstehen, den Alexander unter die frommen Könige der Vorwelt aufzunehmen und neben Moses und Salomo zu stellen, und wir können noch weniger Grund haben, in dem „Zweigehörnten" irgend einen Andern erkennen zu wollen als eben den rechtgläubigen Alexander den Macedonier; ja seine Erwähnung im Koran dient als neuer Beweis, dass die Alexandersage schon vor dem siebenten Jahrhundert die Gestalt angenommen hatte, in der sie in den späteren Recensionen erscheint.

---

1) S. 83. 2) S. 85. 3) S. 138.

Einige Bemerkungen über die Götternamen auf den indoscythischen Münzen.

Von

Theodor Benfey.

Trotz der höchst anerkennungswerthen Behandlung, welche von vielen Seiten, vor allen von Lassen, den indoscythischen Münzen, die wir mit Recht zu den bedeutendsten Entdeckungen auf dem Gebiete der alten Geschichte rechnen dürfen, zu Theil geworden ist, ist doch die Fülle der Betrachtungen, zu denen sie Stoff und Veranlassung geben, noch keineswegs für erschöpft zu erachten. Nicht am wenigsten scheint mir diess der Fall mit den Götterbildern, welche auf ihnen dargestellt sind; sowohl bezüglich des Charakters, der eigenthümlichen Auffassung der göttlichen Wesen, des Zusammenhangs oder der Abhängigkeit dieser Darstellungen von einerseits altpersischen, selbst assyrischen, und andrerseits griechischen, indischen und scythischen Einflüssen, als der Stellung des Cultus, dem sie angehören, zwischen Iran und Indien, des Verhältnisses der hier erscheinenden Auffassung zu der in den heiligen Schriften der Perser, ihrer Bedeutung für die Entwickelung des religiösen Lebens in Indien selbst u. s. w. scheinen sie mir noch zu vielen keinesweges unfruchtbaren Erwägungen Anregung und Mittel an die Hand zu geben. Auch in Betracht der ihnen beigeschriebenen Namen scheinen mir manche von Lassen noch in seiner jüngsten Behandlung dieser Münzen aufgestellte Deutungen keinesweges befriedigend; und ich erlaube mir daher einige derselben im Folgenden von neuem zur Sprache zu bringen.

Im Namen *ΑΡΔΟΧΡΟ* neben *ΟΚΡΟ* erscheint *ΑΡΔ* als vorderes Compositionsglied; ähnlich zeigt sich auf Münzen eines andern älteren Königs *Κωδου* *ΡΔΗΘΡΟΥ* — welches Prinsep zu *ΑΡΔΗΘΡΟΥ* ergänzt hat, während Chandoir auf seinen Münzen *ΟΡΔΗΘΡΟΥ* liest (Wilson Ar. 346) — neben auf Münzen andrer Könige erscheinendem *ΑΘΡΟ*. Gewiss ist der Anlaut des letzteren, mag er nun *ΑΡΔ*, *ΟΡΔ* oder nur *ΡΔ* zu lesen sein, mit Recht mit jenem *ΑΡΔ* zusammengestellt. Da dieselben Münzen im Königsnamen *Κωδου* sowohl als im Gottesnamen (*Α*)*ϱδηϑϱου* den iranischen Auslaut des Nominativs ô auf eine andre Weise ausdrücken, als die spätern, welche mit inniger Uebereinstimmung *o* zeigen, so ist auch recht gut möglich, dass sie auch den mit r verbundenen Vokal noch anders hörten und — zumal in der fremden, griechischen Schrift — wiedergaben. Bedenklicher schon wird man, ob auch das *ΟΡΔ* (Wilson Ariana XII, 3 hat jedoch *OPA*) in *OPΔAΓNO* (wenn es nicht *OPAAΓNO* zu lesen ist) mit jenem vorderen Compositionsglied mit Recht identificirt ist; einmal, weil nicht, wie in jenen Fällen das hintere Compositionsglied *OKPO* und *AΘPO*, so auch hier *AΓNO* allein vorkommt, was jedoch wenig entscheidend wäre, da eine Münze mit dieser Inschrift vielleicht nur durch Zufall bis jetzt nicht gefunden, oder jene Verbindung hier gebräuchlicher geworden sein könnte; zweitens aber weil *OPΔAΓNO* (oder *OPAAΓNO*) sowohl als *ΔPΔOXPO* beide auf Münzen eines und desselben Königs, des Kanerki, erscheinen und doch nicht wahrscheinlich ist, dass die Anfangslaute, wenn sie in beiden dasselbe Wort bezeichnen sollten, zu einer und derselben Zeit auf verschiedne Weise geschrieben wären; ich verkenne zwar nicht, dass auch dieser Grund keineswegs ganz entscheidend ist — denn eine Zusammensetzung kann bekanntlich in der That so einheitlich werden, dass die Identität ihrer Glieder mit denen eines andern Wortes aus dem Sprachbewusstsein verschwindet — allein beide Gründe vereint scheinen es doch zu rechtfertigen, wenn ich die Identität dieses *OPΔ* (oder *OPA*) mit *APΔ* bedenklich finde und aus diesen und weiterhin hervortretenden Gründen eine andere Deutung versuche.

In *APΔ* selbst sieht Lassen (Indische Alterth. II, 831 n.) einen Reflex des sanskr. ardha „halb, Hälfte", welches auch im Zend in der Gestalt aredha erscheint und daselbst in der Bedeutung „Mitte" (aus „Hälfte") mehrfach (Vend. Sp. 41, 11 = Ueb. V, 57; 57, 14 = VI, 89; 104, 8. Yt. XVII, 62; XVIII, 8 u. sonst) in der Bed. „Hälfte" Yt. X, 100; 126 vorkömmt. Was die Bedeutung in dieser Zusammensetzung betrifft, so soll sie nach Lassen „mannweiblich" sein. Hierbei bemerkt er nun selbst, dass weder bei (*A*)*PΔHΘPOY* noch *OPΔAΓNO* (*OPAAΓNO*) sich Merkmale eines mannweiblichen Charakters finden. Aber selbst, wenn wir diesen Mangel nicht urgiren wollten, scheint es doch völlig unmöglich, dass ardha oder dessen Reflex diese Bedeutung hätte verleihen können. Denn als vorderes Glied einer Zusammensetzung kann es immer nur ausdrücken, dass diese die Hälfte von d e m oder d a s j e n i g e halb ist, was deren hinteres Glied bezeichnet; in diesem Sinn könnte (a)rdethrou nur einen „halben Athrou" ardochro nur einen „halben Ochro", ordagno nur einen „halben agno" bezeichnen, grade wie im sanskr. Namen des Çiva, ardhanâriça, ardhanârî „halbe Frau" bezeichnet, sanskr. ardhagañgâ „halbe Ganga" ardhagucchа „die Hälfte eines (vollständigen) Halsbands" ardhacandra „Halbmond" u. s. w. Die Annahme, dass der zum Verständniss einer derartigen Composition so nothwendige Begriff „Weib" hätte unbezeichnet gelassen werden können, war, um irgend wahrscheinlich gemacht zu werden, durch bestimmte Analogieen zu belegen, welche Lassen, so viel mir bekannt, nicht beigebracht hat und auch ich nicht beizubringen vermag; so lange diess nicht geschehn ist, also z. B. gewissermaassen nachgewiesen ist, dass Çiva in demselben Sinn, in welchem er ardhanârîça (wörtlich „der Gebieter welcher halb Weib ist") heisst, auch durch blosses ardheça („halber Gebieter") hätte bezeichnet werden können, so lange ist jene Erklärung nichts weniger als wahrscheinlich.

Ich glaube daher, dass wir zu der Erklärung zurückkehren müssen, welche schon von Prinsep vorgeschlagen ist, aber ohne genauere Begründung nicht auf Beifall rechnen durfte. Er sieht nämlich mit Recht in ard den Reflex des neupersischen ard, altpers. arta. Schon in der Form *MIIPO*, welche auf den indoscythischen Münzen neben *MIΘPO* als Bezeichnung des Ized Mithra erscheint, giebt sich die sogenannte pazendische Form des zendischen mithra, nämlich *mihira*, kund, welche fast ganz mit der neupersischen meher stimmt (vgl. Benfey-Stern Monatsnamen 57). Ja ganz mit der neupersischen Form übereinstimmend, erscheint der Name im Nomen proprium Meherdates, neben Mithridates u. s. w. (*Pott* E. F. I, XLVII) in einer Zeit die ungefähr mit der der indoscythischen Münzen zusammenfällt. Auch der Name Tiridates (*Pott* E. F. I, XLIII), in welchem Tiri ganz der pazendischen und neupersischen Form des zendischen Tistrja entspricht, so wie die Namen Tiri und Tirix, welche im cappadocischen Calender der Reflex desselben zendischen Namens sind (die angef. Monatsnamen 94) beweisen, wie früh — schon vor der indoscythischen Herrschaft — die neupersischen Formen sich eingebürgert hatten. Dasselbe lässt sich auch noch durch andre Erscheinungen darthun; und weiterhin werden wir selbst noch ein Beispiel in dem Götternamen *ONIP* erkennen. Hiernach ist es zunächst ganz unbedenklich auch in *APΔ* das neupersische ard wiederzuerkennen. Dieses entspricht aber dem sogenannten pazendischen arda, und dieses selbst ist der Reflex von zendisch asha, wie sich am klarsten aus den Formen ergiebt, welche der Name des Ized asha vahista angenommen hat, nämlich pazend. arda bihist neupers. ardbehesht (Monatsn. 44). Dass dieses pazend. arda ferner in der That eine Erweichung des altpersischen arta ist, zeigt das Verhältniss des neupersischen ardeshir zu dem artachshetr der Pehlewi Münzen (Mordtmann in dieser Ztschr. VIII, 29) und dem altpersischen artakhshatra der Keilinschriften. Was die Entstehung dieses mehrfach sich wiederholenden Reflexes von zend. sh durch persisch rt rd betrifft, so ist hier das Letztere der organischen Gestalt treuer geblieben als das Zend. In diesem ist organischeres ĕrĕt oder ṛt nicht selten zu sh geworden z. B. sanskr. amṛta neben ameretа zu amesha, sanskr. martja zu mashja; sanskr. ṛtâvan, welches im altpers. Namen Artabanos so wie in ἀρταῖοι bei Steph. B. s. v. Ἀρταία noch deutlich erscheint, zu ashavan (Monatsn. 47) und viele andre. So wie hier in ashavan asha dem altpersischen arta sanskr. ṛta entspricht, so auch in dem asha in asha vahista. Das sanskr. ṙta ist in den Veden ein eben so solenner Ausdruck wie asha und insbesondere ashavan im Zend; es hat noch im gewöhnlichen Sanskrit die Bedeutung „wahr, Wahrheit"; dieselbe wird ihm auch vorwaltend in den Veden beigelegt; und sie ergiebt sich auch durch seine etymologische Identität mit lateinisch ra-tu (vgl. ir-ri-tu sanskr. an-ṙta „falsch" griech. ἀλιτέω u. s. w. Denominative aus *ἀλιτο für ἀν-λιτο u. aa.); durch den hohen Werth, welcher sowohl in den Veden, als bei den Persern auf „Wahrheit" gelegt wird, ist es daher wahrscheinlich, dass die persischen und der zendische Reflex arta ard asha ebenfalls ursprünglich in der Bed. „wahr, wahrhaftig" gefasst wurden (vgl. auch P. Bötticher Arica S. 13, 15). Danach und da wir ηϑρον unzweifelhaft mit *Αϑρο* identificiren dürfen, würde (*Α*)ρδηϑρον ursprünglich „wahrhaftiger Athrou, Athro, d. i. Gott des Feuers" sein; *Αρδοχρο* „wahrhaftiger *Οχρο*". —

In *Αρδοχρο* identificirt Lassen *Οχρο*, welches ohne jenen Vorsatz *OKPO* geschrieben wird, mit sanskr. ugra eig. „schrecklich" und sieht darin, da ugra auch ein Name des Çiva ist, eine Bezeichnung dieses Gottes. Ist aber die oben vertheidigte Erklärung von ard richtig, so wird diese Auffassung schon dadurch sehr unwahrscheinlich. Denn die Bezeichnung des Çiva durch ein so ganz nur dem persischen Götterkreis angehöriges Epitheton, wie ard für zend. asha — dessen sanskr. Reflex ṙta ausser den Veden gar keine Bedeutung für den indischen Cultus hat — würde — zumal in einer hibriden Zusammensetzung, wie sie hier vorläge — eine so bunte Vermischung indischer und persischer Cultuswörter voraussetzen, wie man sie wenigstens ohne die zwingendste Nöthigung anzunehmen schwerlich geneigt sein möchte. Liegt aber eine solche Nöthigung hier vor? Ist *OXPO*, *OKPO* dem sanskr. ugra so ganz lautgleich, dass man bei dieser Zusammenstellung nothwendig verharren müsste? Ich glaube kaum, dass das von irgend jemand behauptet werden wird. Ist aber in der Darstellung der mit *Αρδοχρο* und *Οχρο* bezeichneten Götterbilder ein Çiva unabweislich anzuerkennen? Ich verkenne nicht dass man manche Einzelnheiten derselben auf Çiva deuten kann; allein eine Nöthigung nur einen Çiva zu erkennen, finde ich nicht. In der That hat das Götterbild mehrfach vier Arme und auf einer, jedoch schon sehr späten Münze (vgl. Lassen IA. II, 846. n. 2 und 865. n. 4), sogar drei Köpfe; allein vier Arme zeigt auch das Bild des Manaobago, in welchem trotz dem und mit Recht Lassen eine arische Gottheit anerkannt hat; die Dreiköpfigkeit ist aber einerseits nicht wesentlich, sondern nur graduell von der Vierarmigkeit unterschieden — indem letztre ja gewissermaassen zwei Köpfe voraussetzt — zeigt sich auch auf einem Götterbild auf einer Münze des Agathokles (Wilson Ar. VI, 3) und liegt religiösen Anschauungen überhaupt nicht so fern, dass sie nicht in verschiednen Götterkreisen erscheinen könnte. Die Schlinge, welche diese Götter mehrfach halten, erscheint eben so gestaltet in den Händen des unzweifelhaft iranischen *Αϑρο* (Wils. XII, 6. 7. 16). Der Dreizack ganz eben so auf den Münzen des Azes (Wils. VI, 14. VII, 5. VIII, 10) und ist auf jeden Fall eher aus griechischem als indischem Einfluss entstanden. Der Buckelochs schon auf Münzen des Philoxenes, Apollodotus und Azes und seine Verbindung mit dem Gott mag eine Repetition der Darstellungen auf den Kadphises-Münzen sein, wo wir einmal (bei Wils. X, 13) den Gott auch noch ohne den Buckelochsen sehn. Im Allgemeinen stimmt die Darstellung des Ardochro und *OKPO* mit der Art, wie die iranischen Götter aufgefasst sind. Dabei ist Einfluss der griechischen Götterbilder nicht zu verkennen, wie z. B. das Füllhorn des Ardochro in Verbindung mit dem der Demeter auf Antimachos und Philoxenes Münzen steht, und eben so mögen auch indische Anschauungen nicht ohne Einfluss gewesen sein. Diess nöthigt aber nicht den Gott überhaupt für einen brahmanischen zu erklären. Liegt aber eine solche Nöthigung nicht vor, so halte ich mich für berechtigt, ja für verpflichtet, wie ard so auch das damit zusammengesetzte *OXPO* und das mit diesem identische *OKPO* aus dem iranischen Sprach- und Götterkreis zu deuten. Hier bietet sich nun für letztre beide der Name des höchsten Gottes dar, dessen Bild, wenn es nicht auf den mit diesen Namen bezeichneten Münzen erscheint, ganz fehlen würde, was in einem iranischen Götterkreis nicht nur auffallend, sondern, zumal bei der Masse der indoscythischen Münzen, geradezu unerklärlich sein würde; um so mehr, da grade dieser auf altpersischen Darstellungen am häufigsten abgebildet ist. Denn die Vergleichung von Lajard Introduction à l'étude du culte public et des mystères de Mithra Pl. X, 14 zunächst mit II, 16 und weiter mit I. II. III überhaupt, zeigt, dass alle Figuren auf diesen drei Tafeln, welche Lajard theilweis als Emblêmes des Mithra bezeichnet, Abbildungen des höchsten Gottes sind, welcher X, 14 mit seinem persischen Namen genannt wird. Ich erkenne also auch in *APΔOXPO* oder *OKPO* eine Darstellung dieses höchsten Gottes. Dieser wird im Zend bekanntlich durch zwei Wörter benannt, deren erstes, nämlich *ahura* eigentlich „lebendig" bedeutend — gleichwie auch sein altpersischer Reflex aura — nicht selten auch ohne das zweite, mazdô, zur Bezeichnung des Gottes verwandt wird. Diesem ahura nun entspricht *OXPO*, nicht aber in dieser zendischen Form, sondern — aber hier auch Laut für Laut — in der persischen, wie sie in Pehlevischrift auf der erwähnten Gemme bei Lajard X, 14 und in dem mit ahura mazdô gleichen Königsnamen Hormuzd auf den Münzen der so heissenden Könige (Mordtmann in dieser Zeitschrift VIII, 37) erscheint. Hier wird sie auchra geschrieben und zwar mit demselben au, welches auch zum Ausdruck des arabischen Anlauts in Omer (Mordtmann a. a. O. 163) dient und mit demselben ch, welches auch im Namen Chusrui erscheint und in dessen griechischem Reflex *Χοσρόης* durch *X* wieder gegeben wird (ebend. 64). Von diesem auchra weicht also *OXPO* nur bezüglich des Auslauts ab und dieser ist nicht in beiden grammatisch gleich; denn in auchra liegt das zendische Thema (ahura), in *οχρο* dagegen dessen Nominativ Singularis (zend. ahurô) zu Grunde. *Αρδοχρο* ist demnach persisch *ardauchrô und entspricht altpersischem *arta aura zendischem *asha-ahurô im Sinne von *ashava-ahurô; die etymologische Bedeutung ist „der wahrhaftige, lebendige". Wie es gekommen sei, dass das ch der Pehlevischrift, welches in der zusammengesetzten Form *Αρδοχρο* ganz treu stets, so viel mir bekannt, durch *χ* ausgedrückt wird, in der unzusammengesetzten *OKPO* dagegen, aber ebenfalls stets, so viel ich weiss, als *κ* erscheint, kann ich nicht mit Sicherheit erklären; allein bei Wörtern, welche mit einem ihnen fremden Alphabet — hier dem griechischen — unter Einfluss eines Volkes, dessen Muttersprache sie nicht angehören, geschrieben werden, hat diese Erscheinung kaum etwas auffallendes. — Schwieriger ist der Umstand dass der höchste Gott, obgleich durch einen Namen männlichen Geschlechts bezeichnet, vorwaltend als „Weib" dargestellt wird. Allein diese Schwierigkeit wird durch die Auffassung als Çiva keineswegs geringer, sondern wie mir scheint, sogar grösser. Denn es ist hier zunächst zu beachten, dass Çiva im Cultus als „mannweiblich" d. h. beide Geschlechter zugleich — mit einander verbunden — in sich vereinigend erscheint; daraus aber folgt noch keineswegs, dass er, obgleich als Mann gefasst und durch seinen Namen bezeichnet, doch als Frau dargestellt werden konnte. Eine solche Möglichkeit erklärt sich nur durch die Annahme, dass ein Gott zugleich vollständig männlich und vollständig weiblich aufgefasst ward, die weibliche Auffassung aber so sehr in den Hintergrund trat, gewissermaassen in dem Gott immanent blieb, dass sie unter der männlichen Auffassung, so zu sagen, miteinbegriffen werden konnte. Eine solche männliche und weibliche Auffassung der Gottheiten aber mit Zurücktreten der letzteren scheint in der That in den indogermanischen Religionen einst Statt gefunden zu haben. Ich erkenne eine Spur derselben noch in der indischen Anschauung, wonach die Macht, sanskr. çakti, eines jeden Gottes als dessen Frau aufgefasst wird; eine andre, welche zugleich zeigt, dass diese Auffassung eine uralte war, in der Bildung der Frauennamen der Götter. Diese werden nämlich im Sanskrit mehrfach aus Themen auf a durch Hinzutritt von ânî gebildet z. B. indra indrâṇî, aus bhava bhavânî. Diese Bildungen sind dem Wesen nach identisch mit der Bildung der Frauennamen brahmâṇî aus brahman, agnâjî aus agni, manâvî aus manu, das heisst das Element der Femininalbildung ist bloss das hinzugetretene î, das alte Femininum des Pronomen i. Trennen wir dieses von Bildungen wie indrânî ab, so bleibt uns blosses indrâṇ; in diesem steht aber das lange â wesentlich auf derselben Stufe wie das â in brahmâṇi von brahman; in letztrem nun ist die Dehnung wesentlich eben so anzusehn, wie die in den starken Casus der Themen auf an überhaupt, z. B. Sing. Acc. von brahman: brahmâṇam; mit andern Worten die Femininalendung î ist, wie in manâv-î agnâj-î an die stärkste, so in diesem Thema auf an an die starke Form getreten. Wie nun in brahman neben brahmâṇî noch die Form mit n erscheint, so haben wir für Bildungen wie bhavânî indrâṇî eine Zeit vorauszusetzen, in welcher die Themen auf a, welche allsammt aus alten auf ant und weiter deren Abstumpfungen auf an entstanden sind, wie schon Sanskr. Gr. S. 142. §. 381 ausgesprochen ist, entweder noch auf an auslauteten, oder gleichbedeutende Formen auf an noch neben sich hatten (vgl. sanskr. dharman neben dharma, ǵhambhan neben ǵambha in der Zusammensetzung bewahrt Sanskr. Gr. §. 670), oder im Sprachbewusstsein die Erinnerung an ihre Entstehung aus Themen auf an noch wirksam war. Auf dieser Entstehung der Themen auf a aus Themen auf an beruhen auch viele Femininalbildungen der verwandten Sprachen z. B. λύκο fem. λύκαινα aus λυκαν-ἰ mit dem im Griechischen als Femininalcharakter zur Geltung gekommenen α und in Analogie mit dem Zend in die vorhergehende Sylbe assimilirend hinüberwirkenden dann aber an seiner ursprünglichen Stelle eingebüssten ι (λυκαν-ἰ-α λυκαιν(i)α); λυκαν-ἰ weicht von jenen Bildungen nur darin ab, dass die Form nicht verstärkt ist. In der Mitte zwischen beiden stehen diejenigen Feminina auf οι wie Λητοι, welche nur im Nominat. Sing. die verstärkte Form haben Λητώ für organischeres, von Ahrens nachgewiesenes (in Kuhn Ztschr. f. vergl. Sprachforsch. III, 81 ff.) Λητῴ; in diesen im Ganzen seltnen Formen ist ν zwischen den Vokalen eingebüsst, grade wie in mehreren Casus der Declination der Comparative und sonst (vgl. z. B. Λητόος für organisches Λητονιος mit μείζω aus organischerem μειζοα für μείζονα, Nom. Sing. Λητῴ für Λητωνι mit Ἀπόλλω Ποσειδῶ für Ἀπόλλωνα Ποσειδῶνα). Deren Bildung aus ursprünglichen Formen auf ν zeigen Nebenformen wie Πυθώ (für Πυθῴ) Πυθών (für Πυθωνι), in welchen das dem griechischen Sprachbewusstsein entschwundene Femininsuffix ι spurlos eingebüsst ist, dagegen, wie im Sanskrit die starke Form sich durchweg geltend gemacht hat (vgl. auch lateinisch Latona aus Λητώ mit vermittelndem aeolischen Λάτων). — In den indogermanischen Religionen nun, in welchen sich der Drang nach polytheistischer Individualisirung früh geltend machte, wie in der griechischen und indischen, musste auch früh eine Trennung solcher männlichen und weiblichen Auffassung und in Folge davon eine Selbstständigkeit der letzteren eintreten. Diese finden wir aber nun grade sehr stark in Çiva's Gemahlin ausgeprägt; so stark, dass sich nicht vermuthen lässt, dass sie unter dem unveränderten Namen ihres Mannes hätte dargestellt werden können. Sie erscheint vielmehr grösstentheils unter Namen die mit denen ihres Mannes nicht zusammenhängen, z. B. Gaurî, Durgâ, Pârvatî, Câmundâ. Jene alte Femininalbildung durch ânî tritt nur an alte Götternamen, welche erst, als der Çivacultus immer mächtiger geworden war, auf diesen Gott übertragen zu sein scheinen, z. B. Rudrâṇî aus Rudra, Mṛḍânî aus Mṛḍa, Çarvâṇî aus Çarva, Bhavânî aus Bhava. Aus dem eigentlichen Cultusnamen Çiva wird nach jüngerer Analogie das fem. Çivâ gebildet, scheint aber eben so wenig wie jene auf âni ein hervorragender Cultusnamen der Gattin des Çiva geworden zu sein. Von ugra dagegen welches Lassen in *ΟΚΡΟ*, *ΑΡΔΟΧΡΟ* erkennen zu dürfen glaubte erscheint weder ein Femininum ugrâ noch ugrâṇî als Namen von Çiva's Frau. — Im Zend dagegen finden wir zunächst ahurâni wirklich vor; Ysn. LXVIII, 6 heisst es thwãm ahurânim jazamaidê „dich die Ahurani verehren wir". Schon nach der Analogie der entsprechenden Sanskritform auf ânî (vgl. Sanskr. Gr. §. 701) dürften wir sie als „ursprüngliche Gattin des Ahura" auffassen; ihr inniger Zusammenhang mit diesem tritt aber auch entschieden in den Zendschriften hervor. Ysn. LXVIII, 9. 10 heisst es:

çrunujâo nô jaçnem ahurânê (V. L. ahurâni welches ganz dem sanskr. Vokativ *asurâṇi entsprechen würde; allein auch in den Veden schwanken die Themen auf î in die Deklination der aus ihnen grösstentheils entstandenen auf i hinüber vgl. z. B. Sanskr. Gr. §. 741, IV) ahurahê. khshnujâo nô jaçnem ahurânê (V. L. wie eben) ahurahê. upa nô jaçnem âhisha âca nô ğamjâo as-jêstica hujêstica hufraberetica zaothranãm. jô vô âpô vaṅuhîs jazâitê ahurânîs ahurahê vahistâbjô zaothrâbjô u. s. w.

übersetzt: Mögest du hören unsern Preisgesang, o Ahurani des Ahura (Gattin); mögest du zufrieden sein mit unserm Preisgesang, o Ahurani des Ahura; mögest du dich niederlassen bei unserm Preisgesang und herankommen vermittelst der grossen Verehrung der schönen Verehrung und der schönen Darbringung von Opfern. Wer euch, gute Wasser, die Ahurani's des Ahura ehrt mit besten Opfern" u. s. w. Dann folgen in II. 12. 13 die Segnungen, die sie bringen.

Ob ich upa âhisha ganz richtig übersetzt habe, ist mir zweifelhaft; es ist wohl ein halbtechnischer Ausdruck; es entspricht sanskr. âsîthâs, Potential von âs, da im Zend bekanntlich, wie im Griechischen, nicht die Personalendung thâs sondern statt ihrer ein Reflex von sanskr. *sa erscheint, welches — nach Analogie von ta aus te, anta aus ante und e aus i griech. *μαι* aus *μι* — aus se hervorging; nach dem Potential kukhshnîsha (aus kukhshnvisha, denn das spätere Zend büsst oft ein v ein) in Fragm. VII, 2 möchte man versucht sein, das organisch richtige âhîsha hier herzustellen; allein Yt. X, 119 erscheint ebenfalls mit unorganischer Verkürzung des i framrvisha. Durch den am Ende der Stelle vorkommenden Plural von ahurâni und die Auffassung desselben als „Wasser“ wird man schwerlich über die eigentliche und ursprüngliche Bedeutung von ahurâni als Gattin des ahura“ bedenklich werden. Denn das heilige Wasser ist eben die Macht, die çakti des höchsten durch dasselbe segenspendenden Gottes und grade desshalb als des ahura ahurâni im Plural aufgefasst, wie diess noch deutlicher Fragm. VII, 1 zeigt, wo es heisst apaçca mazdadhâtajâo tava ahurânê ahurahê khshnaothra u. s. w. „Gebete zu deinem von Mazda geschaffnen Wasser, o Ahurani des Ahura“ (vgl. über die Verbindung des Regens mit dem höchsten Gott Spiegel *Ueber den neunzehnten Fargard* S. 40). Ausser den angeführten Stellen wird ahurâni nur noch im 2. §. des zuletzt erwähnten Fragments genannt, und tritt also so sehr in den Hintergrund, dass man fast von ihr sagen kann: sie sei aus ahura nicht abgelöst, wie diess auch in der spät erst sich zu polytheistischer Individualisirung neigenden zoroastrischen Religion an und für sich vorausgesetzt werden könnte. — Aber wie wir ahurâni aus ahura gebildet sehn, so erscheinen, jedoch noch viel seltner, noch zwei Bildungen der Art, nämlich aus tistrja tistrjêni und aus paoirja paoirjêni; beide Formen kommen jedoch nur im Plural vor und zwar letztre nur einmal mit der erstren zusammen Yt. VIII, 12; diese noch einmal Ny. I, 8. Jene Stelle lautet tistrîmca jazamaidê tistrjênjaçca jazamaidê. upa paoirîmca jazamaidê paoirjênjaçca jazamaidê „wir verehren den Tistrja und die Tistrjeni's; den Paoirja verehren wir und die Paoirjeni's“. Haben wir mit Recht den Plur. ahurânîs nicht vom Singular ahurâni getrennt und in diesem die ursprüngliche Bezeichnung der Frau des ahura gesehn, so werden wir auch bei diesen Pluralen einen Singular tistrjêni paoirjêni mit gleicher Bedeutung zu Grunde legen. Wie der Plur. ahurânîs als Beisatz der Wasser in denen sich Ahura's Segen bethätigt, erschien, so mögen auch die tistrjêni's und paoirjêni's die Gegenstände bezeichnen, in denen sich tistrja's und paoirja's Macht und Segen bethätigt. — Sehn wir aber nun wie selten diese aus ahura tistrja und paoirja gebildeten Frauennamen in den Zendschriften erscheinen, wie leicht es hätte geschehn können, dass die Paar Stellen, in denen ahurâni tistrjêni, die eine in welcher paoirjêni erscheinen, wie so vieles aus der persischen Litteratur, hätten verloren gehn können, dann liegt die Vermuthung nah, dass die weibliche Auffassung der heiligen Wesen in der altpersischen Religion viel weiter um sich griff, und dass vielleicht auch noch neben manchem andern Ized seine aus seinem Namen durch âni gebildete Frau bestand. Im Allgemeinen spricht für diese Vermuthung die in den Zendschriften so häufige Verehrung der ghenâ's, der Frauen, welche augenscheinlich mit den in den Veden vorkommenden gnâ's identisch sind; diese wiederum werden im Rig Veda IV, 2, 28, 5 (im Sâma V. Gl. 91, s. v. gnâ angeführt) „Götterfrauen“ (devapatnîs) genannt und speciell grade durch Namen, welche aus Mannesnamen gebildet sind, bezeichnet, nämlich Indrâṇi Varuṇânî Agnâjî und Açvinî; an einer Stelle im Zend-Avesta andrerseits heissen sie „die Frauen des Ahura Mazda" (Visper. III, 4 jâoçca tê ghenâo ahura mazda wörtlich „und welche deine Frauen sind, o Ahura Mazda"). Insbesondere aber erkläre ich mir daraus, dass Herodot, dieser so sorgfältige Beobachter, den Mithra als persischen Reflex der Aphrodite Urania bezeichnet (I, 131). Dieses hätte schwerlich der Fall sein können, wenn nicht im Cultus desselben eine weibliche Auffassung stark vorwaltend hervortrat. Ueberwog aber diese im Mithracult zu Herodot's Zeit so sehr, dass diesem gar nicht bekannt geworden zu sein scheint, dass Mithra, wie es ein männlicher Name ist, so auch eine männliche Gottheit sei, während ihn die auf uns gekommenen heiligen Schriften der persischen Religion nur in letzterem Charakter kennen und auch keine mithrâni aufweisen, so ist es nach allem obigen nicht gewagt anzunehmen, dass auch die weibliche Auffassung des ahura, welche die ahurâni der Zendschriften entschieden bekundet, zur Zeit der indoscythischen Münzen sich geltend gemacht hatte, aber, weil sie von dem Gott nicht durch starke Individualisirung getrennt, sondern in ihm gleichsam immanent geblieben war, unter dessen männlichen Namen subsumirt ward, grade wie auch die weibliche Auffassung des Mithra in den Nachrichten, welche Herodot empfing und wiedergab, dessen männlichen Namen nicht verändert hat; denn wenn auch Herodot persönlich den Accusativ *Μίθραν*, in Folge seiner Identification mit der Aphrodite Urania, für ein Femininum halten mochte, so ist doch keinem Zweifel zu unterwerfen, dass er in Wirklichkeit zu dem zendischen Masculinarthema mithra gehört; das Femininum davon würde nach Analogie von ahurânî u. s. w. sicherlich mithrâni gelautet haben.

Ich glaube somit, dass wir unbedenklich *OKPO* für persisch auchro = zendisch ahurô und ardochro für persisch ardauchro = zend. asha ahurô nehmen dürfen und wende mich jetzt zu *OPΔAΓNO* oder *OPΔAΓNO*. Lassen (a. a. O. 843) sieht hier in dem letzten Theil des Namens agno einen Reflex des sanskr. agni „Feuer und Gott des Feuers"; in dem ersten, welchen er unbedenklich ord liest, wiederum und zwar hier das sanskr. ardha. Die Gottheit betrachtet er als dem brahmanischen Kreis angehörig, bemerkt aber selbst „dass diess eine Gottheit sei, deren Dasein ganz unbekannt geblieben wäre, wenn sie nicht auf einer Münze des Kanerki abgebildet und mit ihrem Namen genannt wäre." Ich gestehe dass grade dieser Umstand gegen die Annahme einer brahmanischen Gottheit dieses Namens schon sehr bedenklich hätte machen sollen; denn das indische Pantheon ist uns fast nicht minder bekannt, als der griechische Olymp und daher wenigstens für die Zeit von etwa 600 vor Chr. bis 1200 n. Chr. schwerlich eine indische Gottheit anzuerkennen, welche nicht aus buddhistischen oder brahmanischen Schriften ihre Legitimation nachweisen kann. Zu diesem Mangel kömmt ferner die — an und für sich in der That wenig entscheidende aber im Zusammentreffen mit andern Momenten doch ebenfalls etwas wiegende — Abweichung des Nominativ agno von dem zu erwartenden agnis; ferner die vollständige Verschiedenheit des Bildes von der indischen Darstellung des Agni, welches beides Lassen ebenfalls bemerkt. Ganz im Gegentheil ist wie er mit Recht hervorhebt, das Bild eine augenfällige Nachahmung der iranischen Göttergestalten, worin dann, meiner Ansicht nach, die entschiedene Aufforderung liegt, ihm im iranischen Kreis eine Stelle und seinem Namen von da aus eine Deutung zu verschaffen. Wenn übrigens Lassen diese Gottheit eine Uebersiedelung des (*Α*)*ρδηθρου* nennt und angiebt dass beide Darstellungen im Wesentlichen übereinstimmen, so beruht jene Bezeichnung nur auf seiner Erklärung des (*Α*)*ρδ* in jenem und *ΟΡΔ* in diesem durch zend. aredha sanskr. ardha und auf der Annahme dass agno die sanskr. Uebersetzung des aus dem Persischen stammenden *ηθρο* sei; ist aber die oben ausgeführte Erklärung von *αρδ* richtig, so fällt diese Basis weg und eine hibride Zusammensetzung aus zend. ard, hier dann in der Form *ορδ*, und sanskr. agno werden wir hier für eben so unwahrscheinlich halten, wie oben in *Αρδοχρο*. Was aber die Gleichheit der Bilder des (*Α*)*ρδηθρου* und *ΟΡΔΑΓΝΟ* (oder *ΟΡΛΑΓΝΟ*) betrifft, so überschreitet sie nicht das Allgemeinste der iranischen Götterdarstellungen; im Gegentheil treten speciell nicht unwesentliche Unterschiede ein; so zeigt (*Α*)*ΡΔΗΘΡΟΥ* aber nicht *Ορδαγνο* an den Schultern die aufrechtstehenden viertelkreisförmigen Gestalten, welche sich auch an *ΟΚΡΟ* (Wilson XII, 8) und insbesondre an *ΜΑΟ*, *ΜΑΝΑΟ ΒΑΓΟ* finden, auf einer Darstellung des Athro (Wils. XII, 6) fast die Gestalt sphärischer Dreiecke annehmen, und ebend. XIV, 7 fast flammenartig aussehn; vergleicht man die Darstellungen bei Lajard in der angeführten Introduction à l'étude — de Mithra LXXXIV, 6; XXXVI, 1; LIV, 3; LIV, C, 5; LV; LVI, 4. 6. LVII, 7. 8. LVIII, 1; LXI, 8. 9. LXVII, 4. 5, so glaube ich wird man mit mir darin übereinkommen, dass sie die auf ausgeführteren Darstellungen aus dem Gebiete des altpersischen, assyrischen und babylonischen Cultus erscheinenden kürzeren oberen Flügel repräsentiren und zwar, worüber man vielleicht eher bedenklich sein könnte, wahrscheinlich selbst auf den Bildern des Mào d. i. des Mondes. *ΟΡΔΑΓΝΟ* (od. *ΟΡΛΑΓΝΟ*) dagegen hat auf dem Kopf einen Vogel, von welchem sich wiederum bei Ardethrou keine Spur zeigt.

Ich habe schon vor zwölf Jahren (Griechisches Wurzel-Lexikon II, 276) *Ορδαγνο* mit dem zendischen verethraghnô, Nominativ von verethraghna, einem Nebenthema von verethragna identificirt. Letztres entspricht dem sanskr. vṛtrahan, welches in den Veden Beiwort insbesondre des Indra, im spätren Sanskrit ein Name desselben ist; es bezeichnet ihn als den siegreichen Vernichter des bösen Dämons Vṛtra, welcher die Welt in Sonne und Regen hemmende Nebel hüllt. Im Zend ist das Eigenschaftswort, wie so viele andre, zu dem Eigennamen eines im Cultus sehr hervorragenden Ized geworden, einer männlichen Victoria gewissermaassen, im Neupersischen Behrâm genannt, aus der in der Pehlevischrift erscheinenden Form Varahran (Mordtmann VIII, 39), welche aus dem Genitiv Plurals des schon im Zend in der Bedeutung „Sieg" erscheinenden vorderen Gliedes in verethraghna, nämlich verethranãm, später verethranân, durch den gewöhnlichen Uebergang von r in h (vgl. mihira für eigentliches mihra aus zend. mithra) entstanden ist und den auf diese Weise entstandenen neupersischen Plural auf ân repräsentirt. — Durch diese Identification wird *ΟΡΔ*, wenn es die richtige Leseweise ist, von *ΑΡΔ* in *Αρδοχρο*, welches damit, wie oben bemerkt, nicht gut identisch sein kann, getrennt und der Gott dem iranischen Kreis zugewiesen, dem er seiner ganzen Darstellung nach angehört. Was das lautliche Verhältniss von *ΟΡΔΑΓΝΟ* oder *ΟΡΛΑΓΝΟ* zu verethraghnô betrifft, so ist es vorweg, abgesehn von dem in griechischen Lettern nicht wieder zu gebenden Anlaut v, unvergleichlich treuer als die im Persischen selbst daraus entstandenen Formen. Man könnte höchstens *ΟΡΔΡΑΓΝΟ* erwarten; in einer solchen Form konnte aber schon durch die in allen Sprachen sich geltend machende Dissimilation das eine *Ρ* eingebüsst werden; wahrscheinlicher aber ist mir, dass der schon in den Veden und noch mehr im spätern Sanskrit sich geltend machende Einfluss des Prakrits, welches unzweifelhaft, wie die indogriechischen und andre indoscythische Münzen zeigen, zur Zeit der indoscythischen Herrschaft in seinen Hauptzügen sich schon entwickelt hatte, auch hier anzuerkennen ist. Im Prakrit wird aber dr zu dd (Lassen Instit. l. Pracr. 251), deren eines d hinter einem Consonanten schon nach einer im Sanskrit gewöhnlichen Schreibweise (Sanskr.-Gr. §. 21. Bem.) wieder eingebüsst ward, so dass diesem nach *ΟΡΔΡΑΓΝΟ* zu *ΟΡΔΑΓΝΟ* werden müsste. Ist aber die Schreibweise *ΟΡΛΑΓΝΟ* richtig, so erklärt sie sich aus der ebenfalls schon in den Veden und im spätren Sanskrit und am stärksten im Prakrit hervortretenden Neigung zur Cerebralisation, welche schon sonst mehrfach aus dem Einfluss der Sprachen der indischen Urbevölkerung auf das Sanskrit erklärt ist; das dentale d wird in Folge derselben häufig cerebral (Lassen 198. 204) und für das cerebrale ḍ tritt l ein (ebend. 423 und vgl. die schon vedische Erscheinung in Sanskr.-Gr. §. 52).

Für diese Identification mit verethraghnô sehe ich nun ferner eine Bestätigung in Yt. XIV, 19. So wie der Gott auf dem Bilde einen Vogel auf dem Kopf trägt, so heisst es an dieser Stelle: ahmâi baptathô âçuçaṭ vazemnô verethraghnô ahuradhâtô mereghahê kehrpa vârethraghnahê (so lese ich mit der V. L. hier und

XIX, 53, obgleich ich nicht verkenne, dass auch die von Westergaard aufgenommene Lesart vâraghnahê, selbst wenn man sie nicht für eine blosse phonetische Entstellung von jener halten will, eine Erklärung zulässt) urvatô adhara-naêmâṭ pishatô upara-naêmâṭ jô vajãm açti âçistô reñǵistô fravazemnanãm. Ich übersetze, theils jedoch unsicher: „Zu ihm kam als siebenter der von Ahura geschaffene Verethraghna, getragen auf dem Leibe eines siegreichen Vogels, eines mit dem unteren Theil drauf losfahrenden (? mit den Krallen packenden), mit dem oberen Theil zermalmenden (? mit dem Schnabel hackenden), welcher der Vögel schnellster ist, der sich vorwärts bewegenden raschester". urvatô so wie pishatô sind Genitive eines Part. Päs.; urva betrachte ich als Präsensthema nach Analogie von haurva = lateinisch servo dem Präsensthema von har (vgl. Ysn. LVII, 15. 16 u. sonst); es vergleicht sich zunächst mit sanskr. urv, einer Nebenform von arv, welche beide aus der gleichbedeutenden W. ṛ nach der 5. Cl. ṛṇu entstanden sind und sich, abgesehen von dem ins generelle Verbalthema gedrungenen Präsenscharakter, eben so dazu verhalten, wie das Präsensthema von kṛ, stark karu schwach kuru, zu dem vedischen Präsensthema stark kṛno schwach kṛṇu. Wie dieses, welches, nach Analogie von Sanskr.-Gr. §. 804 vgl. mit griech. δειχ-νυ aus δειχ, unzweifelhaft einst auch kar-no kar-ṇu bilden konnte, durch Assimilation des n und dann eintretende Einbusse eines r stark karo, durch Assimilation des a an u schwach kuru ward, so konnte einst auch statt ṛnu arṇu (= griech. ὀρνυ) gebildet werden, welches analog aru und uru ward, und diese wurden durch Hinzutritt des sich im Präsensthema so vielfach eindrängenden a der sanskr. ersten Conjugation (Sanskr.-Gr. §. 801 ff.), vor welchem u liquidirt werden müsste, zu arv urv. Obgleich sowohl ṛ nach der 5. Cl. als arv. urv. die Bed. „verletzen, tödten" haben, so ist doch keinem Zweifel zu unterwerfen, dass dieses ṛ mit dem ṛ dessen Grundbed. „gehn" ist, ursprünglich identisch ist. Seine Bed. hat sich aus der „in feindlicher Absicht angreifen" specialisirt; diese hat bekanntlich schon das sanskr. ṛ und sie ist am stärksten in dem dazu gehörigen latein. ad-or-ior ausgeprägt. Ich hätte dem zend. Präsensth. urva dieselbe Bed. geben können, welche das skr. urv hat; des Gegensatzes wegen zog ich die des ebenfalls wesentlich gleichen griech. ὀρού-ω vor, natürlich ohne damit einer genaueren Interpretation präjudiciren zu können; pishatô ziehe ich natürlich zu sanskr. pish „zerreiben u. s. w."; reñǵista endlich ist das sanskr. raṅhishṭha. — Darin, dass hier Verethraghna auf dem Vogel fährt, während er ihn im Bilde auf dem Kopf hat, wird niemand einen Anstoss finden; so wie er ganz menschlich aufgefasst ist, fast ein treues Abbild des auf der vorderen Seite der Münze erscheinenden Königs, seines Verehrers, so mag er den siegreichen Vogel als siegreicher Gott in demselben Sinn auf dem Haupte tragen, wie ihn bei Wilson

Ar. XIV, 17 Berooro (?) und die Sâsaniden mehrfach auf dem Helm führen (s. Lajard Introduction au culte de Mithra Pl. LXVI, 4. 5. 6. 10. 11).

Wenden wir uns jetzt zu *MANAOBAΓO*. Dass Lassen (S. 840) ihn zu den arischen Göttern zählt, und dass ich ihm darin beistimme, ist schon beiläufig bemerkt; abweichen dagegen muss ich von ihm in der speciellen Erklärung des Namens; er identificirt ihn mit den zendischen Wörtern mâoṅhô bagô; von diesen giebt er zwar keine Uebersetzung, allein nach der Anmerkung auf der erwähnten Seite scheint er sie im Sinn von „Gott des Mondes" aufzufassen. Diess wäre zunächst wesentlich identisch mit *MAO* „Mond" selbst, und dann auffallend, wie auf Münzen desselben Königs (vgl. Wils. XIV, 9 mit 6) zwei so sehr verschiedne und verschieden benannte Darstellungen derselben Gottheit — des Mondes — sich vorfinden sollten. Ferner scheint baga sowohl im Zend als im Altpersischen und selbst in den Veden, wie alle Substantive in den indogermanischen Sprachen ursprünglich, noch Adjectiv zu sein und seiner Etymologie gemäss „der, die, zutheilende, spendende, segnende" zu bedeuten; so erscheint es entschieden als Adjectiv neben der übrigens auch ursprünglich adjectivisch gefassten asha vahista Yt. III, 14 eig. „die segensreiche wahre beste" aber gemäss der Individualisirung der beiden letzten Adjective „die segensreiche Ardbehesht"; eben so neben dem Substantiv mâo Yt. VII, 51 „der segensreiche Mond"; ich nehme es daher auch da als Adjectiv, wo es entweder allein stehend wie Ysn. LXII, 1 den höchsten Gott als „den segensreichen" bezeichnet, oder neben einem individualisirten Adjectiv, wie Ysn. X, 10 neben hvâpâo vorkommt, welches aber sowohl hier als Ysn. XLIV, 5 den Ormuzd als „den Schöpfer der guten Dinge" bedeutet, oder endlich im Plural, was in den Handschriften so viel mir bekannt, nur einmal (Yt, X, 141), öfters aber in den Keilinschriften (s. meine Ausg. derselben Gl. baga) der Fall ist, die himmlischen Heerschaaren des Ormuzd als die segnenden hervorhebt. Nirgends dagegen erscheint baga, wie das hier angenommen zu sein scheint, in der entschieden substant. Bed. „Gott", verbunden mit der durch den Genitiv ausgedrückten Sphäre einer Gottheit. Eine Ausnahme möchte vielleicht auf den ersten Anblick baga (fem.) in Verbindung mit ahunahê vairjêhê scheinen; dass auch diess anders zu fassen sei, glaube ich an einem andern Ort nachweisen zu können, will aber desswegen auf diesen Einwand kein entscheidendes Gewicht legen. Dagegen darf ich aber ferner hervorheben, dass wenn man den Lautumwandlungen, welche durch den Uebergang in eine fremde Sprache und durch die Bezeichnung mit einer fremden Schrift herbeigeführt werden, einen auch noch so grossen Spielraum einräumt, doch die Verwandlung von mâoṅhô in *MANAO* schwerlich wahrscheinlich zu machen ist. Denn das a vor dem o findet absolut keine Erklärung und dass das nasalirte âo durch *AN* habe wiedergegeben werden können, ist höchst zweifelhaft. Eine Nöthigung endlich eine Mondgottheit in dieser Figur zu sehn, liegt in der Darstellung nicht; denn wenn ich die sichelartigen Figuren an der Schulter mit Recht oben für Flügel genommen habe — und wer die angeführten Darstellungen bei Lajard vergleicht, wird schwerlich andrer Meinung sein — zeigt wenigstens die Abbildung bei Wilson (Ar. XIV, 9) nichts was entschieden auf eine Mondgottheit deutet. Ist in einer der kleinen Figuren ein Mond zu sehn, so ist auf jeden Fall in dem Kreis die Sonne anzuerkennen; dadurch werden dann alle Schlüsse auf eine Mondgottheit paralysirt und wir erhalten nur Attribute des höchsten oder eines hohen himmlischen Segenspenders, Schöpfers von Sonne und Mond, grade wie Sonne und Mond auch neben den Darstellungen des höchsten Gottes (z. B. bei Lajard Pl. II, 22) erscheinen. Beiläufig bemerke ich, dass auch die eigenthümliche Kopfbedeckung des *MANAO BAΓO* an die des assyrischen Vorbildes des Ormuzd bei Lajard Pl. XXX, 7 erinnert. — Unter diesen Umständen kann ich nur an der Identification von bago festhalten, glaube dagegen für *MANAO* eine andre vorschlagen zu müssen. Ueberaus häufig erscheint als Bezeichnung idealer Wesen das von mainju abgeleitete Adjectiv mainjava „geistig"; sie sind entweder çpentô-mainjava (z. B. Ysn. I, 11) d. h. von çpentô-mainju dem „heiligen Geist" geschaffne, oder añrô-mainjava (Vend. Sp. 17, 17) „vom bösen Geist geschaffene"; jene heissen bisweilen jazata mainjava „verehrungswürdige geistige" (z. B. Ysn. III, 4; VII, 4 im Gegensatz der jazata gaêthja „der mit weltlicher Existenz begabten, der irdischen"), diese daeva mainjava „geistige Devs" gleichsam „böse Geister". Nicht selten werden sie an die Spitze der Classen der Wesen gesetzt z. B. Visp. I, 1; II, 2 u. sonst. Die Form mainjava ist aus einer organischeren, einem sanskr. manjava gleichen, nur durch die in die vorhergehende Sylbe hinüberwirkende assimilirende Kraft des j entstanden; schon Bopp hat (Vgl. Gr. S. 40) angedeutet, dass diese Assimilation nicht immer statt findet; und so erscheint z. B. selten ainja sondern fast immer anja = skr. anja; wie sich schon hier beide Formen nebeneinander, wenn auch nicht in gleichem Verhältniss, finden, so findet sich auch in einer andern Ableitung von mainju nämlich durch vaṭ, wobei das u in ju von dem v in vat absorbirt (vgl. hvañthva aus hu-vañthva) und das j dann zu i wird, sowohl die Leseart mainivaṭ, welcher Burnouf den Vorzug gegeben hat, als manivaṭ welche Westergaard aufgenommen hat; eben so finden sich auch sonst manche VV. LL. in Bezug auf solche durch blosse Assimilation entstandene i. Es ist daher nichts weniger als gewagt anzunehmen, dass neben mainjava auch eine Form manjava existirt habe; deren Nominativ Singul. würde manjavô sein und da im griechischen Alphabet weder j noch v ausgedrückt werden konnte, so entspricht ihm *MANAO* vollständig. Danach ist *MANAO BAΓO* wörtlich „geistiger Segenspender". Allein, wenn wir berücksichtigen, dass mainjava in den Zendschriften oft den Gegensatz gegen gaêthja „weltlich", oder „irdisch" bilden, und die Mächte des guten Geistes nach dem zoroastrischen Glauben in der besten Welt, dem Paradies, dem Himmel ihren Wohnsitz haben, so möchte es eben so sehr erlaubt sein, diese Worte durch „himmlischer Segenspender" zu übersetzen. Welchem Gott der Zendschriften Manao bago speciell entspricht, wage ich nicht mit vollständiger Sicherheit zu entscheiden; am meisten neige ich mich dazu eine Personification der himmlischen Izeds überhaupt darin anzusehn, grade wie wir sogleich eine Personification „der anfangslosen ungeschaffnen Lichter" kennen lernen werden. Dafür spricht einerseits dass baga in der schon citirten Stelle Yt. X, 41 wo Mithra „der wahrhaft stärkste der bagas" genannt wird, entweder, da Mithra ein Ized ist, mit jazata identisch erscheint, oder diesen Begriff mit umfasst, andrerseits dass in den Keilinschriften die jazatas gar nicht vorkommen, wohl aber bagas im Plural, in denen man hier ein Synonym der jazata der Zendschriften wohl unbedenklich erblicken darf. Da übrigens, wie schon bemerkt, baga in den Zendschriften oft den Ormuzd bezeichnet, so halte ich es für fast eben so wahrscheinlich, dass diese Darstellung den höchsten Gott repräsentirt, wofür die schon erwähnten Uebereinstimmungen mit den Bildern desselben bei Lajard Pl. II, 22 und XXX, 7 geltend gemacht werden können. Der Einwand, dass wir alsdann auf indoscythischen Münzen demselben Gott unter drei Namen — nämlich ausser dem eben besprochenen noch als *OKPO* und *APΔOXPO* — begegnen, würde bei einem so hohen Gott wenig verfangen, um so weniger, wenn wir bedenken dass für die so viel tiefer stehende Arduisur aus den Adjectiven, durch welche sie bezeichnet wird, nämlich ardvî çûra „hohe starke", anâhita „weisse", und aurvaț in aurvaț-açpa „schnelle Rosse habende" drei Cultusnamen hervorgegangen sind, nämlich Arduisur, Anahit und Ἀνάνδατος (vgl. Monatsnamen 213).

Eine Münze endlich trägt die Inschrift *ONIP* (Wils. XII, 11). Ich brauche wohl nur zu bemerken dass darin der Ized, dessen persischer Name Aniran (Anquetil du Perron I, 2, 132) ist, von mir erkannt wird. Dieser persische Name ist ein Plural und eine phonetische Umwandlung des zendischen Plurals anaghranãm. Das Thema anaghra wird nämlich im Plural mit den Pluralen von raocaḩ und qâdhâta verbunden und bezeichnet „die anfangslosen selbstgeschaffnen Lichter", welche in den Zendschriften z. B. Yan. I, 16 mit Andacht angerufen werden. Daraus hat sich zur Zeit als das Streben nach polytheïstischer Individualisirung der heiligen Gegenstände in der zoroastrischen Religion sich geltend machte, ein Ized gestaltet, welcher durch das erste Adjectiv bezeichnet ward. Beachtenswerth ist dass dieses, wie schon bemerkt, so früh schon sich zu der neupersischen Form corrumpirt hat.

Bezüglich *ΦΑΡΟ* bemerke ich, dass wenn, meiner Erklärung zufolge, in *ΟΡΔΑΓΝΟ* und *ΜΑΝΑΟ* das persische V in der griechischen Schrift spurlos eingebüsst ist, die übrigens von Lassen selbst nur zweifelnd hingestellte Identification mit zend. vâra noch unwahrscheinlicher wird. Etwas sicheres kann auch ich nicht geben; doch scheint mir noch immer (vgl. Indien 85 n. 83) die Zusammenstellung mit dem im Zend so häufig in Verbindung mit heiligen Wesen vorkommenden Part. frâdhaṭ „schaffend, geschaffen habend" auf das Richtige leiten zu können. Nach Analogie des Sanskrit würde nämlich auch im Zend ein Nomen agens von demselben Verbum, frâdha lautend, existiren können; dass dieses Yas. XXXIV, 14; XLVI, 12 erscheint, will ich, da ich diese Stellen nicht hinlänglich verstehe, nicht mit Entschiedenheit behaupten; allein seine Existenz im Persischen wird durch den altpersischen Eigennamen Frâda (Keilinschr. Gl. s. v.) sehr wahrscheinlich. Im sogenannten Pazend würde es nach bekannten Analogieen (vgl. Monatsnamen 35) frâha geworden sein; nun finden wir dass schon im Zend anlautendes fr oft durch ein e gespalten wird (s. Brockh. Vendidad-Sade Index); so würde ferâha im Nomin. ferahô entstehn; dass auch auf diese Weise entstandenes h ausfiel, zeigen die a. a. O. angeführten Beispiele; so würde feraô entstanden sein, welches wohl zu *Φαρο* werden konnte. Es wäre alsdann eine Darstellung des „Schöpfers". Erlaubt man sich jedoch anzunehmen, dass wie bisweilen im Neupersischen, zendisches p auch ohne Einfluss eines unmittelbar folgenden r oder andern aspirirenden Lauts, schon zur Zeit der indoscythischen Münzen f werden konnte, dann bieten sich mehrere Erklärungen dar; am passendsten vielleicht eine Identification mit dem in mehreren Stellen, z. B. in der oben angeführten Yt. VIII, 12, in sehr solenner Bedeutung erscheinenden paoirja Nomin. paoirjô „der erste, alte". Auch hier ist das i vor r nur durch Assimilation wie in mainjava entstanden; konnte es also auch fehlen, so würde paorjô, da j nicht mit griechischen Buchstaben wiedergegeben werden konnte, mit *ΦΑΡΟ* fast ganz stimmen. Da paorja in Verbindung mit Mithra erscheint (vgl. Yt. X, 13, 90. 101) und das Bild des *ΦΑΡΟ* mit dem des Mithra fast ganz identisch ist (vgl. Wilson XIV, 3 mit 2), so könnte man vielleicht darin eine Individualisirung eines Beisatzes von Mithra, also gewissermaassen eine Nebenform desselben, eine Auffassung desselben als „ersten Wesens" (vgl. die devâḥ pûrvê „die alten Götter" Yajur-V. 17, 29) sehn; mir schiene jedoch, im Fall die Zusammenstellung zu billigen, besser in dem Bild die Darstellung eines paoirjô-ṭkaêsha zu erblicken, d. h. eines von denen die „die erste (die alte) Lehre empfangen haben" (vgl. Burn. Y. 565), also gewissermaassen „eines Patriarchen".

Das was ich über einige andre Namen zu bemerken hätte, ist noch minder sicher, als das über *ΦΑΡΟ* gesagte. Ich lasse sie daher für jetzt unberührt. Sollten sich mir aber entscheidende Momente für die eine oder die andre meiner Vermuthungen später ergeben, so werde ich sie zu einer andern Zeit mittheilen, und zugleich einiges über die Bilder selbst daran schliessen.

Die Todtenbestattung im indischen Alterthum.

Von

Dr. Roth.

Im Folgenden habe ich nicht die Absicht eine erschöpfende Darstellung des Gegenstandes zu geben, welcher nicht in dieser Weise vereinzelt betrachtet werden dürfte, sondern sich in die Gesammtheit der Vorstellungen über den Tod, das Jenseits und über Leichenritual einreihen müsste, wofür mir allerdings ein ziemlich reiches Material in den drei wedischen Sammlungen Rik, Jagus und Atharwan und in den Sutren des Açwalâjana und Kauçika zur Hand ist. Ich mache vielmehr hier an einem Beispiele den Versuch das Verhältniss etwas aufzuklären, in welchem das Wedalied zum Rituale steht.

Für die Erklärung des Weda ist es von einiger Wichtigkeit, dass man darüber vollkommen klar sei, welche Bedeutung derjenigen Auffassung dieser Texte, welche in den religiösen Gebräuchen sich darbietet, beizulegen sei; dass man wisse, ob man einen gewissen Sinn schon darum in einem Vers oder Lied des Weda zu suchen habe, weil dieser Sinn vom Ritus hineingelegt oder vorausgesetzt wird; oder anders betrachtet, ob die wedischen Texte in Ritual oder Liturgie richtig, ihrem wirklichen Verständniss angemessen verwendet werden.

Ausserdem wünschte ich zugleich eine Probe zu geben, wie nach meiner Ansicht der Weda aus sich selbst erklärt und übersetzt werden muss. Sâjana's Commentar ist mir für das übersetzte Lied gar nicht zugänglich gewesen.

Zu diesem Ende wähle ich ein Lied aus, welches ursprünglich bei der Bestattung eines Todten, eines verheiratheten Mannes gedient hat und im zehnten Buch des Rigweda unter den andern, welche sich auf Todtenopfer und Verwandtes beziehen (X, 18), aufbewahrt ist. Dass dasselbe unversehrt auf uns gekommen ist, ergiebt sich aus der Geschlossenheit seines Zusammenhangs und lässt sich auch äusserlich an der Vollständigkeit der strophischen Anordnung erkennen. Es besteht aus vier Strophen von je drei Versen (Tṛica nach dem technischen Ausdruck); eine jede derselben ist von einem Fortschritte der Handlung begleitet; den

Schluss aber bildet ein weiterer einzelner Vers, welcher als letzter Segenswunsch zu betrachten ist [1]).

Die Verwandten und Freunde des Todten sind um die in die Nähe des Grabes gebrachte Leiche versammelt. In der Mitte ihres Kreises sitzt die Wittwe an der Seite des Todten und bei ihnen an dem dort errichteten Opferheerde, auf welchem das Feuer lodert, steht der Liturg, welcher in der Eingangsstrophe den Tod beschwört, die Versammelten zur Andacht auffordert und das frohe Gefühl der Lebenden ausspricht, dass das Todesloos nicht auf sie selbst gefallen sei.

1. Hebe dich weg o Tod! auf deine Strasse,
   die geschieden ist von dem Götterpfade!
   Du siehst, kannst hören was zu dir ich rede:
   verletz uns nicht die Kinder, nicht die Männer!
2. Ihr die ihr kamt des Todes Schritt entronnen [2])
   und fernerhin des Lebens Kraft geniessend,
   Zunehmend an Besitz und Kindersegen:
   ihr Gläubigen, euer Sinn sei rein und lauter!
3. Wer lebt hier ist geschieden von den Todten.
   Froh suchte heute unser Ruf die Götter;
   Gern sind wir gekommen zu Tanz und Scherzen [3]),
   auch fernerhin des Lebens Kraft geniessend.

Es folgt nun eine sinnbildliche Handlung. Der Liturg legt einen Stein zwischen die Reihe der Versammelten auf der einen und den Todten oder das bereitgehaltene Grab auf der anderen Seite. Das ist die Gränzscheide der beiden Reiche des Todes und des Lebens. Der Tod, welcher jene Leiche allerdings in seiner Gewalt hat, darf diesen Markstein nicht überschreiten. Daran knüpft sich der Wunsch, welchen der Liturg ausspricht, dass keiner der Ueberlebenden vor der Zeit weggenommen werde und dass der Gott Tvashṭar, der Bildner, welcher den Nachwuchs der Geschlechter bildet, also über junges und frisches Leben gebietet, wesshalb auch bei Schlachtung eines Thieres die Bitte um Nachwuchs sich an ihn richtet, ihnen Lebenskraft verleihen möge.

4. Die Scheidewand setz ich für die so leben,
   dass Niemand mehr zu jenem Ziele eile.
   Sie sollen hundert lange Herbste leben,
   den Tod mit diesem Felsenstück bedecken.

---

1) Da der Text selbst in M. Müller's Ausgabe schwerlich so bald erscheinen wird, so dürfte es nicht überflüssig sein denselben hier abzudrucken (siehe Beilage p. I—IV).

2) Buchstäblich: des Todes Fuss hemmend.

3) Ist wohl nur als Schilderung der Stimmung zu betrachten, da sich nirgends eine Spur davon findet, dass den Leichencerimonien eine festliche Aeusserung der Freude gefolgt wäre.

5. Wie Tag auf Tag in einer Folge aufgeht,
   und wie des Jahres Zeiten richtig wandeln,
   Dass die so folgt der frühern nicht entstehet:
   so mach, o Schöpfer, ihre Lebenszeiten!

6. Kommt hoch in Jahre, frei von Altersschwachheit
   je nach der Reihe euren Lauf vollendend.
   Der Bildner, der Geburten gibt, erscheine
   und schenke lange Dauer eurem Leben!

Es wird nun zum Opfer geschritten. Die Freundinnen der Wittwe, Eheweiber, bei welchen das Verhältniss noch nicht gestört ist, welches hier der Tod zerrissen hat, werden vom Liturgen aufgefordert in festlichem Schmuck und ohne Zeichen der Trauer in die heilige Umgränzung des Altars zu treten und ihre Gabe ins Feuer zu giessen. Ihrem Vorgang hat wohl die Wittwe selbst zu folgen, an welche das Wort ergeht, sich jetzt von der Leiche zu trennen, da das Band zwischen ihr und dem Gatten gelöst sei. Mit dieser Handlung tritt sie heraus aus dem Kreise des Todten und wieder ein in die „Welt des Lebens" am Feuerheerde, wo der leuchtende Gott alle Lebendigen um sich sammelt. Der Liturg selbst aber nimmt aus der Hand des Todten den Bogen, zum Zeichen, dass das was jener im Leben gegolten und gekonnt hat, nicht verloren gehen, sondern bei der Gemeinschaft der Ueberlebenden zurückbleiben soll.

7. Die Weiber hier, Nichtwittwen, froh des Gatten,
   sie treten ein mit Opferfett und Butter,
   Und ohne Thräne, munter, schön geschmücket
   ersteigen sie zuerst des Altars Stufen.

8. Erheb dich nun, o Weib, zur Welt des Lebens;
   dess Odem ist entflohn, bei dem du sitzest;
   Der deine Hand einst fasste, dich begehrte,
   mit ihm ist deine Ehe jetzt vollendet.

9. Den Bogen nahm ich aus der Hand des Todten
   für uns der Herrschaft, Ehre, Stärke Zeichen.
   Du dort, wir hier in voller Kraft der Mannheit,
   wir wollen schlagen jeden Feind und Angriff.

Jetzt erst nachdem das Eheband gelöst und die Tüchtigkeit des Lebendigen auch symbolisch von dem Todten genommen ist, senken sie ihn in das Grab mit Wünschen, dass die Erde ihn freundlich empfangen und dieses „Haus von Erde" (mṛnmajo gṛhas, Rv. 7, 89, 1) ihm eine gute Wohnstatt sein möge.

10. So nahe dich zur mütterlichen Erde,
    sie öffnet sich zu gütigem Empfange,
    Umfasst den Frommen zart wie eine Jungfrau.
    Sie schütze fortan dich vor dem Verderben.

11. Du Erde, thu dich auf, sei ihm nicht enge,
damit er leicht eingeh, an dich sich schmiege;
Bedeck ihn wie die Mutter, die
den Sohn in ihr Gewand verhüllt.

12. Geräumig sei und fest die Erdenwohnung,
von tausend Pfeilern sei sie wohl getragen.
Von nun an hast du hier dein Haus und Wohlstand,
dir bleibe allezeit die sichre Stätte.

Nun ruht der Todte im Grabe und es wird vorsichtig geschlossen, dass nicht die Last des Bodens auf ihn drücke. Die Väter, die vorangegangenen Frommen mögen ihm seine Kammer offen halten. Zugleich wünscht der Liturg, dass das was er hier an einem Todten thut, ihm selbst keinen Nachtheil bringe. Es lässt sich aber nicht mit Sicherheit sagen, was das Wort, das im Folgenden mit „Platte" übersetzt ist, bedeute. Am wahrscheinlichsten hat man an eine Platte oder auch Diele zu denken, welche über die Höhle des Grabes gelegt wird, um das Auffallen der Erdschollen auf den Leichnam selbst zu verhindern, der in keinen Verschlag eingeschlossen ist. Stellen in den Todtenliedern des Atharwa-Weda reden allerdings von einem Sarge, von einem „Baume", wie unser eigenes Alterthum die Todtenbäume hat, aber in dem vorliegenden Liede ist davon keine Spur zu finden. Der letzte Wunsch aber, der dem Todten nachgerufen wird, weist zum Himmel hinauf. Hier wird dem Leibe eine Ruhestatt bereitet, dort aber möge der Herrscher der Seligen, Jama, dem entflohenen Geist einen himmlischen Sitz verschaffen.

13. Auf steiffe ich rings um dich her den Boden.
Mir schade nicht, dass ich die Platte lege.
Die Väter mögen dir die Säule halten,
Dort aber Jama einen Sitzen verschaffen!

So findet die ganze Handlung einen schönen Schluss. Und der letzte Vers wird als ein bei der Redaction des Weda hinzugekommenes Anhängsel betrachtet werden müssen, wenn er gleich nach Inhalt und Form unzweifelhaft alt ist. Solche Zuthaten am Ende der Lieder sind im Rigweda überaus häufig, und hier verräth sich eine solche auch noch durch das abweichende Versmaass. Der Vers besagt:

14. Es kommt der Tag, wo man mich selbst wie Federn aus dem Pfeile reisst,
Von hinten einer die Stimme fasst, wie man das Ross mit Zügeln hemmt.

Die Stimme oder Rede steht hier als die vorzüglichste Aeusserung des Lebens und Denkens zugleich, welche mit einem Mal wie von hinten gefasst stille steht und ihren Dienst versagt.

Gegen die hier versuchte Herstellung der Handlung aus den dieselbe begleitenden Worten wird sich nicht leicht ein Zweifel erheben können, da sie im Liede deutlich gezeichnet ist, ganz einfach und natürlich sich entwickelt. Mit ihr setzen wir nun in Vergleichung, was nach den *Vorschriften des späteren Rituals* bei denselben Worten gehandelt und angeschaut wird, was — um einen kurzen Ausdruck aus den griechischen Mysterien zu gebrauchen — später die δρωμενα zu denselben λεγομενα sind.

Das Ritual nun, welches sich selbst dafür ausgiebt dasjenige des Rigweda zu sein, d. h. sich im Wortlaute des Gesprochenen vorzugsweise an diejenige Form der Verse und Lieder anzuschliessen, welche im Rigweda erscheint, ist aufgezeichnet in den *Sutren des Açvalâjana.* An diese sind wir demnach zunächst gewiesen; und finden dort wirklich sämmtliche Verse unseres Liedes mit Ausnahme des angehängten 14. als liturgische Sprüche bei Leichencerimonien verwendet.

Eine Grundverschiedenheit muss hier gleich von vorn herein in Anschlag gebracht werden. Es ist in der Zeit, welcher das vollendete brahmanische Ritual also auch Açvalâjana's Buch angehört, nicht mehr Sitte die Todten zu begraben, sondern die Leichname werden verbrannt, und nur ganz jung verstorbene Kinder, für welche man vielleicht die Weitläufigkeit dieses Verfahrens vermeiden wollte, finden ihre Ruhestatt in der Erde. Diese Sitte ist übrigens keine Neuerung, sondern wird schon von dem Alterthum neben dem Begraben geübt; sie hat allmälig die andere Art der Bestattung verdrängt, und es bleibt dann als Begräbniss nur die Beisetzung der Asche und Gebeine übrig.

Nach diesem Rituale zerfällt die ganze Leichencerimonie in drei Abschnitte und Zeiten: das Verbrennen des Leichnams, das Sammeln der Asche, die Sühne. Durch alle drei Abschnitte finden wir die einzelnen Verse unseres Liedes zerstreut, doch die meisten in dem letzten derselben. (Âçv. grh. Sû. IV, 1 ff.)

Auf dem für die *Verbrennung* bestimmten und vorher zubereiteten Platze ist der als Altar dienende Erdaufwurf errichtet, auf welchen die drei heiligen Feuer nordwestlich, südwestlich und südöstlich gesetzt werden. In dem freigebliebenen vierten Raume wird der Holzstoss geschichtet und die Leiche daraufgelegt, so dass ihr Gesicht nach Norden sieht; zu den Füssen derselben sitzt die Gattin. Verwandte und Freunde bilden die Trauerversammlung. Die Handlung beginnt damit, dass der Bruder des Verstorbenen, welcher von nun an die Stelle des letzteren zu vertreten hat, oder wenn ein solcher nicht da ist ein Nachbar, oder endlich ein alter Diener, die Wittwe an der Hand fasst und aufstehen, sofort wahrscheinlich zu den übrigen Versammelten treten lässt, während der Liturg die Worte spricht: „Erheb dich nun, Weib, zur Welt des Lebens“ u. s. w. V. 8. Bei einem Verstorbenen aus den drei edeln Kasten folgt auch die

Aufnahme des Bogens mit den entsprechenden Worten V. 9. Bei einem Çudra dagegen wird der Bogen mit der Sehne bezogen zerbrochen und auf den Scheiterhaufen geworfen.

Hier ist also dieselbe Form und Symbolik, welche das Weda-lied an die Hand giebt, beibehalten, vermehrt durch die den späteren Verhältnissen angepasste Bestimmung, dass die Waffe des unedeln Mannes mit ihm verbrannt wird: er ist in der Gesellschaft nur geduldet und diese hat keinen Anlass eine Fortdauer seiner Wirksamkeit zu wünschen. Alles was er war und hatte soll mit ihm verschwinden.

Nachdem das Feuer den Leichnam verzehrt hat, trennt sich die Trauerversammlung von dem Orte, indem sie einzeln an dem Scheiterhaufen so vorüberschreiten, dass sie demselben die linke Seite zuwenden. Das geschieht, indem der Liturg die Worte spricht: „Wer lebt hier ist geschieden von den Todten" u. s. w. V. 3. Sie dürfen im Weggehen sich nicht umsehen und müssen sofort gewisse Lustrationen vornehmen. Zu dieser Handlung hat der angezogene Vers nicht nur ursprünglich nicht gehört, sondern er passt überhaupt nicht; und es ist nur das Wort „geschieden", welches ihn an diese Stelle gebracht hat.

Das *Sammeln der Asche* und Gebeine hat einige Zeit nach der Verbrennung zu geschehen. Dabei ist vorgeschrieben, dass jedes Bein einzeln und sorgfältig mit Daumen und vorletztem Finger aufgenommen und alle zusammen in einem Siebe geschwungen werden, damit sie sich von Asche und Staub reinigen. Die Gebeine werden nun in eine Grube gebracht, zu welcher kein Wasser Zugang haben darf, und zwar geschieht das unter den Worten: „So nahe dich zur mütterlichen Erde" u. s. w. V. 10. Sodann wird mit Recitation des folgenden Verses (11): „Du Erde thu dich auf" u. s. w. Staub oder lose Erde auf dieselben gestreut; nachdem das geschehen ist folgt V. 12, und endlich wird der Schädel obenauf gelegt mit den Worten: „Auf steiffe ich rings um dich her den Boden" u. s. w. V. 13. Und sie haben wiederum ohne Umschauen wegzugehen und sich zu reinigen.

So nahe in der Hauptsache die Handlung mit der ursprünglichen zusammentrifft, so wenig will die zärtliche Sorgfalt für die irdischen Reste, welche in den Worten des Liedes ausgedrückt ist, auf die vom Feuer geschwärzten Gebeine, die zerstörten spärlichen Ueberbleibsel der Leiche passen; und am wenigsten kann der auf die Gebeine gelegte Schädel mit der Bedeckung verglichen werden, welche auf das wohlausgearbeitete festgeschlagene Grab gebracht wird, damit es offener gleichsam wohnlicher Raum bleibe. Die Uebertragung der Worte ist eine gezwungene; ihr Grundgedanke passt nicht mehr zu dieser Handlung.

Wiederum nach Verlauf einer gewissen Frist begeht man *die Sühne*, durch welche die Einflüsse des Todes, der in die Familie und Gemeinde hereingegriffen hat, vollends beseitigt werden sollen.

Das ist eine nächtliche Feier; die Trauernden versammeln sich zur Zeit der Dämmerung, wo man Feuer anzuzünden pflegt, und tauschen Gespräche und Erzählungen über die Entschlafenen oder wie sie sonst für die Stunde passen. Wenn über diesem Zeitvertreib draussen aller Lärm verstummt ist und die Leute sich in ihre Häuser zurückgezogen haben — denn diese Cerimonie findet im Dorfe in der Regel wohl im Hause des Verstorbenen statt — so beginnt der Liturg, der Hauspriester der Familie, damit, dass er aus der südlichen Thüre des Hauses tritt und während er bis zur nördlichen schreitet, einen ununterbrochenen Wasserguss aus einem Gefässe fliessen lässt, wobei er die Worte: „Ein Gewebe spannend“ s. u. w. (aus Rv. 10, 53, 6) spricht. Damit deutet er an, dass das reine heilkräftige Wasser einen schützenden Kreis um die Wohnung ziehe. Nun wird das Feuer auf den Heerd gesetzt, eine Stierhaut hinter demselben gebreitet, auf welche er eine Angehörige des Verstorbenen (es ist nicht wohl möglich, dass dieses Wort, *amâtjâ*, auf die Wittwe selbst bezogen werde) treten lässt, sprechend: „Kommt hoch in Jahre frei von Altersschwachheit“ u. s. w. V. 6. Dann legt er eine Umfassung (*paridhi*) um das Feuer d. h. grössere Holzstücke, in der Regel wohl auf vier Seiten, welche die Flamme in bestimmte Gränzen einschliessen und zugleich den nachgelegten Brennstoff stützen können, mit den Worten: „Die Scheidewand setz ich für die, so leben, dass Niemand mehr zu jenem Ziele eile. Sie sollen hundert lange Herbste leben.“ V. 4. Und mit den schliessenden Worten: „(sie sollen) den Tod mit diesem Felsenstück bedecken,“ setzt er einen Stein nördlich vom Feuerheerd auf den Boden.

Man hat in diesen Cerimonien einen lehrreichen Beleg dafür, wie diese im Ritus so fruchtbaren Jahrhunderte der blühenden Brahmanenherrschaft ungeeignet waren das Alterthum ihres eigenen Volkes zu verstehen. Die Aeusserlichkeiten der religiösen Sitte — und welches Gebiet des Lebens gäbe es dort, das nicht von ihr beherrscht gewesen wäre? — waren so wichtig gemacht worden, erschienen als etwas so Unabänderliches und von jeher Dagewesenes, dass der ächte Brahmane für die Vermuthung, die heiligen Texte könnten vielleicht Anderes lehren, ganz unzugänglich sein musste. In dieser Zeit bezeichnete man die oben beschriebene Umfassung des Feuers, die zuweilen auch in einem künstlich gearbeiteten Rande oder Ringe bestehen mochte, mit dem Worte *paridhi* d. h. περίθεμα. Desshalb war es für den Liturgiker unmöglich bei demselben Worte in V. 4 unseres Liedes (von mir oben mit „Scheidewand“ wiedergegeben, eigentlich: Zaun) an etwas Anderes zu denken. Die Handlung, welche jenen Vers begleitet, wird darum eine doppelte, das Legen des Ringes und das Legen des Steines, während sie ursprünglich eine einfache war, das Steinsetzen. Die neue Cerimonie, welche dadurch hereingebracht wird, ist noch überdiess sinnlos, da es einer Abschliessung nur gegen den Tod, nicht aber gegen das heilige Altarfeuer bedarf.

Neu, aber nicht bedeutungslos, ist das Betreten der Stierhaut während der Liturg den Wunsch für Lebenskraft V. 6 spricht; der Stier ist das Symbol der Kraftfülle. Es läuft überdiess hier noch ein Wortspiel mitunter, welches ich übrigens für den vorliegenden Zweck nicht weiter zu verfolgen habe.

Auf diese Vorgänge folgt das Opfer, wahrscheinlich Zugiessen von Fett ins Feuer, auffallender Weise unter Aufsagung der vier ersten Verse unseres Liedes, welche für diese Anwendung in der That nicht die mindeste Handhabe bieten, und damit völlig aus ihrer ursprünglichen Bedeutung gerückt sind. Den fünften Vers: „Wie Tag auf Tag in einer Folge aufgeht" u. s. w. spricht der Liturg, indem er sein Auge auf die Umstehenden gerichtet hält; das ist also ein einfaches Gebet für die Erhaltung ihres Lebens. Dagegen hängt sich nun eine weitere Handlung an, von welcher man kaum sieht, wie sie in den Zusammenhang passen soll. Die anwesenden jungen Frauen tauchen Sprossen von Kuça-Gras, welche sie zwischen Daumen und vorletztem Finger halten — eine Geberde, welche wir schon oben beim Sammeln der Gebeine gefunden haben — in Butter und bestreichen sich damit die Augen. Dazu spricht der Liturg die Worte: „Die Weiber hier, Nichtwittwen" u. s. w. V. 7. einen Vers, welcher nur darin zu der Handlung passt, dass er an junge Weiber gerichtet ist und dass von Fett gesprochen wird. Freilich wird dieses nach der Anweisung des Liedes in die Flamme gegossen, hier an die Augen gestrichen; also gerade die Hauptsache ist verfehlt.

Die Erklärung der auffallenden Vertauschung ist nicht schwer zu finden. Das im Liede gebrauchte Wort *angana*, welches ich mit Opferfett ausgedrückt habe, bedeutet in der späteren Zeit vorzugsweise die Augensalbe, welche den Weibern als Schmuck dient. Aus dem Opfern wird also ein Schmücken; im Verse ist ja noch überdiess von frohen und geschmückten Frauen die Rede! Hier wie oben bei dem Worte *paridhi* finden wir also die Cerimonie auf ein greifbares Missverständniss der Ausdrücke gegründet.

Hiemit sind alle Theile des wedischen Begräbnissliedes als Bestandtheile des späteren Leichenrituals aufgefunden. Eine in jeder Hinsicht passende Verwendung war schon dadurch unmöglich gemacht, dass das Begraben der Todten ausser Gebrauch gekommen, die Todtenfeierlichkeit in mehrere Abschnitte zerlegt war. Aber auch unter diesen veränderten Umständen wäre immer noch eine annähernd zweckmässige Wiedergebung des gesprochenen Wortes durch die Handlung thunlich gewesen z. B. für den eben erwähnten siebenten Vers. Dass diese nicht erreicht wird beruht auf mangelhaftem Verständniss der Texte, welche falsch gedeutet Ritualvorschriften hervorriefen, welche mit den ursprünglich die Worte begleitenden Handlungen nicht zusammentreffen.

Man muss also dem Wedenerklärer, so wichtig ihm die Benutzung der Liturgie ist, durch welche Manches richtig aufgefasst ist, was die Commentatoren verfehlen, dennoch für einzelne Fälle freie Hand lassen. Denn die Ordner der Liturgie haben keineswegs durchgängig die wedischen Texte richtig beherrscht. Sie stehen schon weit ab nicht nur von der alten Einfachheit der Bräuche, sondern auch von der Sprache und dem ganzen Vorstellungskreis jener Lieder. Wir gelangen also auf diesem Wege zu derselben Erkenntniss, die uns überall entgegentritt, von welcher Seite immer wir den Gegenstand erfassen, dass die gesammte Erklärungsliteratur zum Weda für uns zwar ein sehr werthvolles Vermächtniss der indischen Gelehrsamkeit ist, dass aber ihre Aussprüche niemals eine Schranke sein dürfen, welche uns hindern könnte nach den allgemeinen Gesetzen der Exegese zu verfahren.

Soll ich schliesslich der vorangehenden Ausführung auch noch eine praktische Wendung geben, so weise ich darauf hin, wie die Berufung der Brahmanen auf ihr Gesetz zur Rechtfertigung der *Wittwenverbrennung* mit nichts deutlicher widerlegt werden können als mit diesen Stellen aus dem Weda und aus dem Ritual, indem hier die Wittwe ausdrücklich aufgefordert wird von dem Todten, *welchem sie nicht mehr angehöre*, sich zu trennen und in die „Welt der Lebenden" wieder einzutreten [1]).

Zur Geschichte Syriens.

Vom

Vice-Kanzler **O. Blau.**

I. Geschichte des Fürstenhauses der Benû Maʿn.

Nach *J. Catafago.*

Herr *Johann Catafago,* den Lesern dieser Zeitschrift bereits als ein eifriger wissenschaftlicher Forscher bekannt, hat sich ein neues Verdienst um die Kunde von Syrien und dem Libanon erworben, indem er die Geschichte der Maʿniden aus dem Arabischen übersetzte und veröffentlichte. Nur ist dazu das Journal de Constantinople (8. année nr. 429. 430 vom 19. und 24. Februar 1853), — ein Blatt von dem höchstens ein paar Dutzend Numern nach

1) In meiner Anzeige von Weber's akad. Vorlesungen, Zeitschr. Bd. 7 findet sich S. 605 Z. 21 der Fehler: Verhältniss für *Verständniss*; S. 606 Z. 9 lies *musste* (st. müsste); S. 607 Z. 16 lies: *zwischen beiden*

Europa und da kaum in die Hände derer gelangen, welche für die Personalgeschichte der syrischen Fürstenhäuser Interesse haben, — kein glücklich gewählter Ort. Vielmehr gehört dieser Gegenstand recht eigentlich vor den Leserkreis der Zeitschrift der D. M. G., welche in ihren letzten Jahrgängen der Geschichte dieser Häuser eine besondere Aufmerksamkeit gewidmet hat. Ich habe es daher umsomehr für Pflicht erachtet, *Catafago's* Arbeit einem grösseren Publicum zugänglich zu machen, als einerseits die Artikel von *Fleischer* (Ztschr. V, 46 ff.) und *Tornberg* (V, 483 ff.) sich hauptsächlich mit den Śihâbiden beschäftigt haben, andrerseits die vorliegende Geschichte der Ma'niden eine so reiche Anzahl interessanter und neuer Details enthält, dass sie als selbstständiges Nebenstück zu jenen Mittheilungen und als Ergänzung derselben wohl bestehen kann.

Catafago's Quelle ist, wenn mich nicht alles täuscht, — jedoch unbeschadet der Möglichkeit, dass ihm zu Beirût auch anderweitige Hülfsmittel zu Gebote standen, — die im Original zu Beirût befindliche Handschrift aus deren Wildenbruch'scher Copie (s. Ztschr. III, S. 122) *Tornberg's* Auszüge (Ztschr. V, S. 483—500) entnommen sind. *Catafago* scheint daraus die auf die Ma'niden bezüglichen Data excerpirt zu haben.

Ich gebe seine Zusammenstellung so treu als möglich und nöthig wieder, darf aber als eine über die blosse Uebersetzerarbeit hinausgehende Verselbstständigung derselben das bezeichnen, dass ich die Unzahl der theils durch Nachlässigkeit des ersten Uebersetzers, theils durch den unverantwortlich schlechten Druck des Journal de Constantinople veranlassten Fehler, namentlich in der Orthographie der Eigennamen, nach Kräften ausgemerzt habe, da mich deren Menge eine beinahe gänzliche Unbrauchbarkeit jener Journalartikel für die Wissenschaft befürchten liess.

Von historischer Kritik habe ich mich fern gehalten, auch die Jahresangaben nach christlicher Zeitrechnung unangetastet gelassen. Was ich zur Erläuterung von weniger bekannten Beziehungen nöthig erachtete, fand seinen Platz in den Anmerkungen unter dem Text. Den vorkommenden Śihâbiden habe ich zur leichtern Vergleichung die von Hrn. Prof. *Fleischer* eingeführten Numern beigesetzt.

Geschichte der Ma'nidenfürsten welche von 1119 bis 1699 im Libanon herrschten.

Im Jahre 1119, auf der Rückkehr von einem Zuge gegen die Kreuzfahrer, welche in das Gebiet von Ḥaleb eingefallen waren, befahl Toġtikîn, der Statthalter von Damaskus, dem Emîr Ma'n aus dem Stamm der Ajjûbiden, der ihn auf seinem Zuge begleitet hatte, aus der Ebene Biḳâc aufzubrechen, sich auf die das Mittelmeer beherrschenden Höhen des Libanon zu ziehen und sich du festzusetzen, um die Streitkräfte der Kreuzfahrer, welche ihre

Herrschaft über die ganze Küste ausgedehnt hatten, in Schach zu halten. Der Statthalter von Damaskus versprach dem Emîr Maʿn ansehnliche Unterstützung und dieser schlug seinen Sitz auf den Höhen von Bʿaḳlîn [1]) auf, im District eś-Śûf, einer damals wüsten und unbewohnten Gegend. Der Emîr Maʿn beeilte sich nun, freundschaftliche Beziehungen mit dem Fürstenhause Tenûḫ anzuknüpfen, welches den an Beirût grenzenden District Ġarb als Lehen besass. Der Emîr Boḫtor, Haupt des Hauses Tenûḫ, fasste Freundschaft für den Emîr Maʿn und schloss mit ihm ein Schutz- und Trutzbündniss gegen die Kreuzfahrer; auch sandte er ihm Baumeister und Arbeiter, um ihm Häuser zu bauen. Von da an begann der Emîr Maʿn in Häusern zu wohnen, er zog sie den Zelten vor und gab diese auf. Die Seinigen folgten seinem Beispiele und die Wüste von Bʿaḳlîn wurde unter dem Schutze des Emîr Maʿn in kurzer Zeit eine ebenso sichere als liebliche Gegend. Bald zog der Ruf des Emîr Maʿn die Missvergnügten der von den Waffen der Kreuzfahrer eroberten Landstriche dahin. Massenweise strömten sie aus dem Ḥaurân, den Königreichen Damaskus und Ḥaleb und andern Nachbarländern des Libanon zu ihm. Binnen kurzem war das Land bevölkert und erreichte eine immer höhere Stufe von Wohlstand. — Gegen Ende der Regierung des Emîr Maʿn hatten die Emîre des Hauses Śihâb unter Anführung des Emîr Munḳiḏ (20), ihres Oberhauptes, die Kreuzfahrer nach einer blutigen Schlacht aus dem Wâdî-et-Teim vertrieben. Der Emîr Maʿn beeilte sich bei dieser Gelegenheit dem Śihâbiden-Fürsten Munḳiḏ seinen Glückwunsch darzubringen und sich mit ihm in freundnachbarliche Beziehung zu setzen. Das gute Einvernehmen zwischen beiden Familien dauerte, und wuchs in der Folge zwischen ihren Nachkommen. — Der Emîr Maʿn, der Stammvater des Hauses seines Namens, starb im J. 1149 und hinterliess seinen Sohn Jûnus als Nachfolger.

Im Jahr 1175 lud Emîr Jûnus der Maʿnide den Śihâbiden-Emîr Munḳiḏ zu sich. Dieser, begleitet von seinem Sohne Emîr Muḥammed, fand den Emîr Jûnus zu Nabʿ el-Bârûk [2]). Die drei Emîre verweilten dort drei Tage. Dann führte Jûnus seine Gäste nach Bʿaḳlîn, bewirthete sie ausgezeichnet und sparte nichts, um ihren einmonatlichen Aufenthalt daselbst so angenehm als möglich zu machen. Die Eigenschaften des Emîr Muḥammed nahmen Jûnus für ihn ein. Als der junge Muḥammed gelegentlich die Tochter des Jûnus, Namens Ṭajjiba, sah, machte die grosse

---

1) Im District eś-Śûf es-Suweiġânî, südlich von Deir-el-Ḳamar, s. *Robinson*, Pal. III, S. 946.

2) Von *Robinson* nicht verzeichnet, wahrscheinlich aber identisch mit dem Dorfe el-Bârûk (*Rob.* Pal. III, S. 946; *Berggren*, Guide franç. arabe p. 458. 479) am gleichnamigen Flusse, der aus „Quellen anderthalb Stunden jenseit des Dorfes el-Bârûk" entspringt. *Rob.* Pal. III, S. 710.

Schönheit dieser Fürstin einen so tiefen Eindruck auf ihn, dass er sich in sie verliebte; jedoch gab er seine Gefühle Niemandem kund. Eines Tages, als die drei Emîre sich in einem blumenreichen und von mehreren Bächen durchschnittenen Garten befanden, rief der Emîr Munkiḏ aus: „Wie lieblich ist dieses Wasser!" Sein Sohn, der Emîr Muḥammed, fuhr fort: „Wie gut (ṭajjib) ist dieses Land!" Der Emîr Jûnus antwortete ihm mit der Schmeichelei: „Du bist noch besser (aṭjab), o Muḥammed!" Muḥammed erwiederte auf der Stelle mit Anführung des Ḳorânwortes: „Aṭ-ṭajjibâtu li 'ṭ-ṭajjibîna" (Die Guten [Femin.] sind für die Guten [Masc.]; Sur. 24, 26). Der Emîr Jûnus verstand aber nicht, dass Muḥammed mit dieser Anführung seinen Wunsch, die Fürstin Ṭajjiba zu heirathen, ausdrücken wollte. — Bald darauf bot sich eine andre Gelegenheit: Die drei Emîre sassen bei Tafel. Da bot der Emîr Jûnus dem Muḥammed ein Stück Hammelkeule an. Dieser dankte ihm und sagte, er nehme sie um so lieber an, da sie ihm gut (ṭajjiba) scheine. Auch diesmal war er nicht glücklicher. Denn Jûnus verstand ihn nicht oder that als ob er ihn nicht verstände. Nach Tische plauderte Jûnus mit dem Muḥammed, als der letztere wegen der unverständigen Reden, die ihm bei Tische entfallen seien, sich zu entschuldigen begann. Der Emîr Jûnus beruhigte ihn, indem er sagte, dass er durchaus nichts Unverständiges bei Tische geäussert, im Gegentheil seine Unterhaltung sehr verständig sei, wie dies auch bei einem Manne von seinem Geiste und Eigenschaften nicht anders sein könne. Muḥammed dankte ihm für seine Freundlichkeit und fragte ihn wie er jenen Spruch des Ḳorân: „Die Guten sind für die Guten" erkläre? Da lächelte jener und sprach: Ich will dir diesen Spruch durch einen andern des heiligen Buches erklären, wo es heisst: „Zawwagnâkahâ" (Wir vermählen sie dir, o Muḥammed, Sur. 33, 37). Erfreut über diese Antwort dankte der Emîr Muḥammed dem Emîr Jûnus und versicherte ihn, dass diese Erklärung ihm ausnehmend wohlgefalle, dass sie seine ehrgeizigsten Wünsche befriedige, dass sie allein ihn glücklich mache. Alle Umstehenden begriffen aus diesem Gespräch, dass die Verheirathung des Emîr Muḥammed mit der Fürstin Ṭajjiba eine abgemachte Sache und die ganze Angelegenheit durch jene Wort- und Sinnspiele zum Ziele geführt worden sei. Der Emîr Munkiḏ empfand darüber die lebhafteste Freude, dankte dem Jûnus und beglückwünschte seinen Sohn Muḥammed. Der Emîr Jûnus fragte hierauf den Muḥammed, ob er Schwestern habe. „Ja", antwortete sein Vater Munkiḏ, „er hat eine, und die ist jünger als er; sie heisst Saʿda. Ich verspreche sie von heut an deinem Sohne Jûsuf". Das wurde angenommen und zwischen beiden Theilen abgemacht. Die Verlobung der beiden Emîre mit den beiden Fürstinnen wurde an einem und demselben Tage in Gegenwart von Zeugen gefeiert, und bald darauf feierte man auch ihre Hochzeit an einem Tage. Der ganze Libanon nahm durch Freudenbezeigungen und Feste, welche 21 Tage hindurch dauerten, an diesem glücklichen Ereignisse Theil.

Der Emîr Jûnus ibn Ma'n starb kurz darauf und sein Sohn Jûsuf folgte ihm nach. Diesem folgte sein Sohn Seifeddîn, und auf diesen sein Sohn 'Abdallâh, welcher den Śihâbiden-Fürsten Aḥmed in der Schlacht von Wâdî-et-Teim [1]) gegen die Kreuzfahrer unterstützte. Der Emîr 'Abdallâh hatte zum Nachfolger seinen Sohn 'Alî, welcher die Tochter des Śihâbiden 'Âmir (31) heirathete. — Im Jahre 1287, als die Mongolen in Wâdî-et-Teim eingefallen waren, ergriffen die Fürsten des Hauses Śihâb die Flucht und retteten sich in den Libanon. Der Emîr Beśîr, der Sohn des Emîr 'Alî, kam ihnen in der Nähe des Flusses Nahr eṣ-Ṣafâ [2]) entgegen, bot ihnen die Lebensmittel an, welche er bei sich hatte, und lud sie ein, sich im Libanon niederzulassen. — Dem Emîr 'Alî folgte sein Sohn, der Emîr Beśîr; auf ihn folgte der Emîr Muḥammed, auf diesen sein Sohn Sa'deddîn, und auf diesen wiederum sein Sohn 'Otmân, welcher die Tochter des Śihâbiden-Fürsten Abûbekr [3]) (36) heirathete. — 'Otmân hatte zum Nachfolger seinen Sohn Aḥmed. Als kurze Zeit hierauf der Čerkessen-Fürst Melik Dâûd in das Gebirge eś-Śûf eingerückt war, um die Franken zu bekriegen, welche an den Ufern des Dâmûr lagerten, ging der Emîr Aḥmed, Sohn des 'Otmân, ihm entgegen, führte ihm eine reiche Menge Lebensmittel zu und begleitete ihn auf diesem Zuge gegen die Franken, über welche sie einen grossen Sieg davontrugen. Bei seiner Rückkehr von Wâdî-el-Fereidîs [4]) bestätigte Melik Dâûd den Emîr Aḥmed in der Herrschaft über den Libanon und machte ihm grosse Geschenke. — Nach dem Tode des Emîr Aḥmed folgte ihm sein Sohn Melḥam, und diesem sein Sohn Jûsuf [5]) im Jahr 1470.

---

1) Derselbe Feldzug wird auch Ztschr. V, S. 490 erwähnt, wo indess, in Uebereinstimmung mit Ztschr. V, S. 54, der gleichzeitige Śihâbiden-Fürst 'Âmir genannt ist. Da ein Aḥmed aus dieser Zeit nirgends genannt wird, so liegt unserer Angabe wohl ein Irrthum zu Grunde, vielleicht nur ein Druckfehler. Setzen wir statt Aḥmed 'Âmir (31), so stimmt alles chronologisch zusammen.

2) Fast gleichlautend ist der Text Ztschr. V, S. 493 unten. Der dort (Zeile 8 v. u.) und hier erwähnte Nahr eṣ-Ṣafâ, den *Catafago* in Parenthese durch Dâmûr erklärt, ist wohl einer der kleinen Nebenflüsse des Dâmûr; doch kann ich im Augenblick den Namen nicht weiter nachweisen.

3) *Catafago* schreibt Baker, vgl. jedoch Ztschr. V, S. 495.

4) Vgl. الفريديس (vulgäre Aussprache für die Diminutivform) bei *Robinson* Pal. III, S. 946; von *Berggren* a. a. O. S. 479 nebe bei el-Bârûk gesetzt.

5) Ztschr. V, S. 496, wird derselbe Jûnus genannt. Da *Catafago* in

Dem Emîr Jûsuf II. folgte sein Neffe Faḫreddîn, welcher der berühmteste unter den Fürsten des Hauses Ma'n wurde. Unter ihm erlosch der Glanz des Hauses Tenûḫ und erstrahlte an seiner Statt der des Hauses Ma'n. Faḫreddîn und der Šihâbiden-Emîr Manṣûr (42) schlossen ein Bündniss mit einander und schwuren fortan nur eine Familie zu bilden. Kurz darauf fiel Faḫreddîn mit Ġazâlî, dem Statthalter von Damaskus, vom Melik el-Ġaurî ab [1]), und wohnte der Schlacht von Merǵ Dâbiḳ [2]) bei, welche vom Sulṭân Selîm dem Čerkessen Melik Kansû el-Ġaurî, der in dieser Schlacht fiel, geliefert wurde. Faḫreddîn und Ġazâlî gingen in dieser Schlacht zum Sulṭân Selîm über. Nachdem dieser Sulṭân Damaskus erobert hatte, ging der Emîr Faḫreddîn, welcher sehr beredt war, zu ihm und hielt ihm eine sehr schöne Lobrede. Der Sulṭân bezeugte ihm seine Zufriedenheit darüber, indem er ihn zum Befehlshaber des Libanon ernannte und mit der Ueberwachung der Verwaltung Syriens beauftragte.

Faḫreddîn starb im J. 1544 und hinterliess seinen Sohn, den Emîr Korkmaz, als Nachfolger. Dieser starb im J. 1585 in einer Höhle nahe bei Ǵezzîn [3]), wo er sich verborgen hatte um den Verfolgungen des Ibrâhîm Paša von Ḳâhira zu entgehen, welcher sich auf Befehl des Sulṭâns nach Syrien begeben hatte, um die Emîre des Libanon zu züchtigen, welche beschuldigt wurden, den kaiserlichen Schatz auf der grossen Strasse nach Ǵûn 'Akkâr [4]) gewaltsam entführt zu haben. Als Ibrâhîm Paša sich des Todes des Korkmaz versichert hatte, begab er sich an der Spitze seiner Armee nach 'Ain Ṣofâr [5]) (Catafago: à Aïn Sofar). Dort

---

der folgenden Zeile den Namen Jûsuf ausdrücklich wiederholt, so wage ich hier nicht, den Irrthum ihm zur Last zu legen.

1) *Catafago* übersetzt etwas undeutlich, aber, wie mir scheint, sehr wörtlich nach dem Arabischen: „F. accompagna le Gazali Viceroi de Damas de la part de Melek el Gauri." Das „de la part" etwa auf Ġazâlî's Einsetzung als Viçekönig von Damaskus seitens des Königs von Aegypten und Syrien zu beziehen, geht desshalb nicht an, weil Ġazâlî vor der Schlacht nur „einer der ersten Bege des Heeres", Statthalter von Damaskus aber Sibai war (*v. Hammer,* Gesch. d. osman. R. erste Ausg. II, S. 473) und Ġ. erst zum Dank „für seine Verrätherei mit der Statthalterschaft von Syrien belohnt worden war" (*v. Hammer* a. a. O. III, S. 9). In diesen Verrath war Faḫreddîn, dessen Ahn Aḥmed ja Verbündeter der Čerkessen gewesen war, mit verwickelt; und so habe ich auch die folgenden Worte *Catafago's*: „F. et G. passèrent alors du côté du S. S." im Sinne der arab. Urschrift zu fassen geglaubt, wenn ich sie darauf bezöge.

2) S. *v. Hammer,* Gesch. II, S. 474 ff., wozu ich kaum zu bemerken brauche, dass der Name des drusischen Stammherrn „Moinogli" (a. a. O. S. 481 u. 655) ein turcisirtes Ibn Ma'n ist.

3) S. *Robinson* a. a. O. III, S. 945. 607. 612. Ztschr. V, S. 500. VI, S. 105.

4) S. *Robinson* a. a. O. III, S. 939.

5) Auf Kieperts Karte zu Robinson an der Hauptstrasse, die von Beirût nach Osten ins Gebirge führt, richtig verzeichnet.

kamen die Vornehmen und Grossen des Landes zu ihm und brachten ihm grosse Geschenke; er aber, treu seiner Pflicht, nahm nichts an, sondern liess sie gefangen setzen. Auch die Emire nahm er fest und führte sie mit sich nach Constantinopel. Aber in der Hauptstadt angekommen, wurden sie durch gnädigen Befehl des Grossherrn in Freiheit gesetzt und kehrten in Folge davon in den Libanon zurück.

Der Emîr Korkmaz hinterliess zwei Söhne im Kindesalter: den Emîr Faḫreddîn und Jûnus. Ihr mütterlicher Oheim, Sa'deddîn ibn Tenûḫ [1]), übernahm ihre Erziehung, und unter seiner Vormundschaft beherrschten sie das Gebirge eś-Śûf. — Im J. 1613 kam Aḥmed Paśa el Ḥâfiẓ, Paśa von Damaskus, nach Wâdî-et-Teim, um den Emîr 'Alî ibn Śihâb (43) zu züchtigen, welcher seine Hülfe gegen den Emîr Jûnus (ibn) el Ḥarfûś verweigert hatte. Der Emîr Faḫreddîn sandte seinem Verbündeten Emir 'Alî Hülfstruppen; glücklicher Weise aber wurde die Sache auf gütlichem Wege beigelegt, so dass die Schrecken des Krieges verhütet wurden. — Im J. 1614 [2]) wurde das gute Einvernehmen zwischen Faḫreddîn und Aḥmed Paśa el-Ḥâfiẓ von Damaskus unterbrochen, und zwar in Folge der Einfälle, welche Faḫreddîn mehrfach in das Gebiet von Ḥaurân, 'Aǵlûn, und die andern Districte des Paśaliks Damaskus gemacht hatte. Der Vezir beschwerte sich beim Sulṭân über den Emîr. Der Sulṭân gab diesen Klagen Gehör und entsandte 14 Paśa's von zwei Rossschweifen an der Spitze eines grossen Heeres, um die Ma'niden-Fürsten wieder zu unterwerfen. Der Oberbefehl über das Heer wurde dem Aḥmed Paśa el-Ḥâfiẓ selbst anvertraut. Der Śihâbiden-Emîr Aḥmed (44) kam von Râśejjâ an der Spitze eines grossen Haufens Bergbewohner und vereinte seine Streitkräfte mit denen des Paśa von Damaskus, welcher ihn gut empfing und ihm grosse Versprechungen machte. Sein Bruder, der Śihâbide 'Alî, hingegen verhielt sich ganz neutral, indem er weder die Partei der Ma'niden noch die des Paśa von Damaskus ergriff. Der Śihâbide Aḥmed [3]) schrieb an den Emîr Jûnus el-Ḥarfûś, er solle nach Damaskus kommen und sich mit dem Paśa vereinigen. Er bemerkte ihm, dass die ottomanische Armee sehr stark und alle Massregeln getroffen seien, um die Fürsten aus dem Hause Ma'n zu vernichten. Dieser liess sich auch bereitwillig finden, kam an der Spitze der Seinen nach Damaskus und stellte sich dem Paśa zur Verfügung. In allem was der Paśa that, fragte er den Śihâbiden Aḥmed um Rath, und dieser stellte ihm die Unternehmung als sehr leicht dar

---

1) Journal de Constantinople: Saï-eddin (Saïd-eddin?), vgl. jedoch Ztschr. V, S. 498.

2) Journal de Const.: 1616, augenscheinlicher Druckfehler.

3) Wie in Ztschr V. 499, steht dieser Aḥmed an der Stelle des Ḥusein (44). Vgl. unten Anm. 26.

und rieth ihm gegen den Feind zu marschiren. Der Paśa, begleitet von den zwei Emîren und an der Spitze einer tapfern Armee, verliess Damaskus, wandte sich gegen den Libanon und schlug sein Lager beim Dorfe Saʿsaʿ [1]) auf. Faḥreddîn, von den Absichten des Paśa unterrichtet, beeilte sich sein Gebiet zu befestigen. Ausserdem entsandte er eine Besatzung, um die Brücke el-Maǵâmiʿ [2]) zu bewachen. Dann schlug er den Weg der Unterhandlung ein. Zu diesem Zwecke schickte er ein unterwürfiges Schreiben an den Paśa und versprach ihm eine grosse Summe Geldes. Da aber der Paśa alle Anerbietungen des Emîrs zurückwies, so fasste dieser den Entschluss zu den Arabern der Wüste zu entfliehen, musste indess diesen Plan aufgeben, als er erfuhr, dass der Emîr Aḥmed sich in den Besitz der Brücke el-Maǵâmiʿ gesetzt und ihm den Ausweg abgeschnitten hatte. So blieb ihm nur die Wahl, sich zu ergeben oder sich zu vertheidigen; und er berief deshalb seinen Bruder, den Emîr Jûnus, und die Emîre Mandar und Nâṣireddîn (Catafago: Naser-eddin) aus dem Hause Tenûḫ sammt den übrigen Grossen des Libanon, welche sich denn auch an den Ufern des Dâmûr zusammenfanden. Der Emîr forderte sie auf die Waffen zu ergreifen; indess schien keiner zum Kampfe geneigt, und so verliess sie der Emîr und begab sich in Begleitung seines Bruders, dem er die Zügel der Regierung überliess und den Rath gab, sich zu Deir-el-Ḳamar zu verschanzen, nach Ṣaidâ. Seit dieser Zeit wurde der Sitz der Regierung des Libanon von Bʿaḳlîn nach Deir-el-Ḳamar verlegt. — Nachdem Faḥreddîn diese Anordnungen getroffen hatte, frachtete er europäische Schiffe und begab sich nach Italien an den Hof des Grossherzogs (sic) von Toscana aus dem Hause Medici. Der Emîr Jûnus, begleitet von denen die seinem Bruder treu geblieben waren, verliess Ṣaidâ und wandte sich nach Deir-el-Ḳamar, wo er seinen Wohnsitz aufschlug. — Als der Paśa von Damaskus Faḥreddîn's Flucht erfuhr, brach er von Saʿsaʿ [3]) auf und begab

1) S. unten Anm. 3.

2) S. *Robinson* a. a. O. III, S. 916.

3) Dieses سعسع, wohl zu unterscheiden von dem bei *Robins.* a. a. O. III, S. 585. 600. 638 f. 647. 884. Ztschr. III, S. 52 im N. W. von Ṣafed genannten, ist S. W.-wärts von Damaskus gelegen. Für das Verständniss des Zuges des Paśa ist nichts instructiver als das Itinerar XV bei *Berggren* a. a. O. S. 492 f., welches von Damaskus über „Sa'asa'a, le village Qaneythra", am „lac el'Hoûlè" vorbei auch nach „Saffat" صفد führt und die auch auf Kieperts Karte zu Robinson verzeichnete Hauptstrasse verfolgt. Um so mehr muss ich aber bezweifeln, dass das Ḥûlânia (wie *Catafago* zweimal schreibt, und auch der Text Ztschr. V, S. 489 hat, wo es gegensätzlich zu Bilâd eś-Śaḳîf steht) mit *Fleischer* (Anm. 2) in Ǵaulânia = Gaulonitis zu ändern sei. Abgesehen davon, dass der District nicht Ǵaulânia, sondern Ǵaulân heisst (*Robinson* III, S. 916. *Berggren* S. 735 u. a.), würde hier nicht abzusehen sein, wie der Feldherr, wenn er von Ḳoneiṭira nach Ṣafed

sich nach dem Dorfe Ḳoneiṭira, sammt allen Feinden der Ma'niden. Von da zog er nach Ḥûlânia, dann weiter nach Merǵ 'Ajûn und fiel von da in das Gebiet der Ma'niden ein. Er bemächtigte sich zuerst Ṣafed's und Ṣaidâ's, welche er unter die Verwaltung zweier ottomanischer Gouverneurs stellte. Ferner nahm er Besitz von Beirût und Kesrawân, über welche er den Jûsuf Paśa ibn Sifâ [1]) setzte. Dann schlug er den Weg nach Śaḳîf-Arnûn [2]) ein und belagerte diese Festung; desgleichen belagerte er auch die Festung Ẓahira [3]). Kurz er nahm Besitz von allem Land das den Ma'niden gehörte, liess die Waldungen fällen, und verwüstete es mit Feuer und Schwert. Ferner sandte er Truppen unter Anführung des Ḥusein Paśa Ibn Sifâ gegen den Dâmûr zu; von der andern Seite schickte er den Mûmin Paśa nebst dem Śeiḫ Muẓaffer el-Jamanî mit einem andern Corps ottomanischer Truppen gegen Ṣaidâ und gab ihm Befehl das Gebiet der Ma'niden von allen Seiten einzuschliessen. Als der Emîr Jûnus in Folge dieser Operation alle Hoffnung auf Entsatz und Rettung verloren hatte, berief er eine allgemeine Versammlung der durch Geist ausgezeichnetsten seiner Freunde und der Grossen des Landes, setzte ihnen seine traurige Lage auseinander und erbat sich ihren Rath. Die einen riethen ihm sich dem Paśa zu unterwerfen und seine Huld um jeden Preis zu erkaufen; der Emîr, sagten sie, würde wohl thun, zu diesem Behuf eine Deputation an den Paśa zu senden und an deren Spitze seine alte Mutter zu stellen. Jûnus folgte ihrem Rath und sandte an den Paśa 30 der ausgezeichnetsten Männer des Landes, an ihrer Spitze seine Mutter, mit dem Auftrag, dem Paśa die Summe von 50,000 Piastern,

---

und dem noch nördlicheren Merǵ 'Ajûn, überhaupt nach den Sitzen der Ma'niden wollte, einen ganz zwecklosen, ja zweckwidrigen Abstecher nach Gaulonitis hätte machen sollen. Ich glaube vielmehr, dass Ḥûlânia Bezeichnung des Beckens von el-Ḥûle, des Sees Merom ist, und finde auch nur dann die unten S. 25 folgende Zusammenstellung mit Merǵ 'Ajûn erklärlich; vgl. *Robinson* Pal. III, S. 886.

Sehr dankbar für die mich völlig überzeugende Beweisführung, nehme ich meine Vermuthung hiermit zurück. Fleischer.

1) *Catafago* schreibt immer Pacha Seifa; ich bin *Tornberg* a. a. O. S. 499 gefolgt.

2) Choukif Arnaud und weiter unten Arnau bei *Catafago* ist Śaḳîf-Arnûn, mit welchem Beinamen die arabischen Geographen die von den Kreuzfahrern Belfort genannte Feste (s. *Rob.* a. a. O. III, S. 652 Anm.) zum Unterschiede von der in unserer Chronik weiter unten vorkommenden, von *Catafago* Tyron genannten Śaḳîf-Toron bezeichnen. Ueber letztere verweise ich auf *Rob.* III, S. 649, wo nunmehr nur die Behauptung, „dass arabische Schriftsteller sie nur unter dem Namen Tibnin kannten", zu modificiren sein dürfte. Ueber beide vgl. auch Ztschr. VII, S. 40. 41.

3) Mit z drückt Catafago das ظ und ض aus; Zahira könnte demnach leicht der rothe Berggipfel ظهر الأحمر im obern Wâdi-et-Teim (s. Ztschr. V, S. 53. 488) sein.

nebst vielen kostbaren Geschenken und zwei edlen arabischen Rossen zu überbringen. Der Paśa belagerte gerade die Festung Arnûn, als die Mutter des Jûnus mit jener Deputation ankam. Sie erlangte Zutritt zu ihm und verwendete sich zu Gunsten ihres Sohnes. Der Paśa empfing sie ehrenvoll und bewilligte ihr alles um was sie bat. Er bestätigte ihren Sohn in der Herrschaft über den Libanon und gewährte ihm Pardon unter der Bedingung, dass er dem kaiserlichen Schatze 300,000 Piaster zahle. Die Mutter verpflichtete sich schriftlich zur Zahlung dieser Summe und der Paśa ordnete augenblicklich die Einstellung der Feindseligkeiten an. An den Emîr aber liess er einige seiner höchsten Officiere abgehen, um ihm das Ende der Feindseligkeiten und den gewährten Pardon zu verkünden, ingleichen die Zahlung der vereinbarten Summe zu verlangen. Bald darauf zog der Paśa seine Truppen zurück und kehrte nach Damaskus heim, wohin er den Emîr Jûnus und seine Mutter als Geiseln für die Bezahlung jener Summe mitnahm. Zu Deir-el-Ḳamar liess er Officiere, welche das Geld in Empfang nehmen sollten. Nachdem der Emîr Jûnus sich genöthigt gesehen hatte, die Flucht zu ergreifen und sich in die Festung Niḥâ zu flüchten, kehrte derselbe in seine Hauptstadt zurück [1]. — Das war das Ende dieses Krieges, des unseligsten den der Libanon unter den Maʿniden erlitten hat.

Im Jahr 1615 zog der Paśa von Damaskus aufs neue gegen das Gebirge, um die Maʿniden zu bekriegen. Er lagerte 20 Tage im Dorfe Ḳubb Eliâs [2]), um da die Ankunft der Hülfstruppen des Landes abzuwarten. Der Emîr der Śihâbiden Aḥmed, dem der Paśa die Statthalterschaft von Ḥâṣbejjâ und vom ganzen Wâdî-et-Teim zugesagt hatte, machte sich eiligst auf und stiess zuerst zum Paśa. Seinem Bruder ʿAlî flösste diese Zurüstung Furcht ein; er sammelte die Seinen und vereinigte sich mit Jûnus. Der Śeiḫ Muẓaffer ʿAlameddin erklärte sich für den Paśa, führte ihm eine grosse Zahl Mannschaften aus Ġarb, Ġurd und Metn zu und bot ihm seine Hülfe an. Der Paśa stellte ein Corps ottomanischer Truppen unter seine Befehle und liess ihn das Gebirge eś-Śûf angreifen. Beim Flusse Bârûk traf Śeiḫ Muẓaffer auf eine Abtheilung von Bergbewohnern von der Partei des Emîr Jûnus. Alsbald entspann sich der Kampf zwischen beiden Theilen. Der Emîr Jûnus beeilte sich, sobald er Kunde hiervon erhielt, gegen den Feind zu marschiren, und brach unverweilt mit dem Śihâbiden-Emîr ʿAlî von Deir-el-Ḳamar auf. Im Augenblick des hitzigsten Gefechts kommt er am Bârûk an. Er und ʿAlî werfen sich

---

1) Ohne, wie es scheint, die Summe bezahlt zu haben. Aus *Catafago*'s Uebersetzung wird die Situation nicht recht deutlich. — Ḳalʿat Niḥâ ist auf Kiepert's Karte nahe bei dem Dorfe Niḥâ (s. auch S. 485, Anm. 2) im District eś Śûf el-Ḥaiṭî (*Rob.* a. a. O. III, S. 946. Ztschr. VI, S. 104) zu finden.

2) In der Ebene Biḳâʿ. *Rob.* III, S. 894.

auf den Feind. Da inzwischen aber auch Muẓaffer Verstärkung erhalten hat, wird das Handgemenge sehr ernst und der Kampf dauert bis in die Nacht. Mit einbrechender Dunkelheit sind die Truppen Muẓaffer's geworfen und zerstreuen sich in die Berge. Die Maʿnidischen Truppen richteten ein grosses Blutbad unter ihnen an, und ohne die Dunkelheit der Nacht würde keiner ihren Streichen entgangen sein. Jûnus lagerte sich nun an den Ufern des Bârûk und traf Anordnungen, die Offensive gegen den Feind zu ergreifen. Nach einiger Ueberlegung hielt er es indessen für gerathener davon abzustehen, um so mehr als die Landbewohner schon anfingen Sympathien für die Armee des Paśa zu zeigen, welcher nach der Niederlage des Śeiḫ Muẓaffer von Ḳubb Eliâs aus Emissäre an sie gesandt hatte, durch die er unter dem Versprechen grosser Summen sie auffordern liess, zu den Waffen zu greifen und in sein Lager zu kommen. Dadurch hatte sich ein Theil der Bevölkerung verführen lassen. Desshalb nun verliessen Jûnus und ʿAlî die Ufer des Bârûk und begaben sich nach Bâniâs. Dort fand der Emîr Jûnus seinen Neffen ʿAlî, den Sohn des Faḫreddîn. Die drei Emîre vereinigten ihre Kräfte und beschlossen sich in der Festung von Bâniâs [1]) zu verschanzen.

Der Paśa von Damaskus hingegen marschirte von Ḳubb Eliâs nach dem Bârûk, griff Deir-el-Ḳamar an, erstürmte es und überlieferte alle den Maʿniden angehörigen Häuser den Flammen. Von da wandte er sich nach Merǵ Besre [2]), wo eine Abtheilung Maʿnidischer Truppen stand. Sogleich entspann sich der Kampf zwischen beiden Theilen und dauerte den ganzen Tag; aber mit herannahender Nacht nahm der kleine Haufe, zu längerem Widerstande unfähig, seinen Rückzug auf Wâdi-et-Teim. Tags darauf fiel der Feind ins Land ein und verheerte plündernd und sengend alle Dörfer. Hierauf schlug der Paśa die Richtung nach dem Dorfe Nîḥâ ein und zog von da nach Śaḳîf-Toron. Da aber die Festung dieses Namens, welche von den Truppen des Emîr Jûnus besetzt war, uneinnehmbar schien, kehrte er nach Verheerung des Landes auf demselben Wage nach Ḳubb Eliâs zurück und ging von da nach Damaskus. Nach Abzug des Paśa kehrte auch der Emîr Jûnus nach Deir-el-Ḳamar heim und schlug da seine Residenz auf.

Im Jahr 1617 feierte der Śihâbiden-Fürst ʿAlî die Verlobung

---

1) Ḳalʿat Bâniâs im Osten der Stadt. S. *Rob.* III, S. 608. Zeitschr. VII, S. 66.

2) *Berggren* a. a. O. S. 459: „La vallée très pittoresque, par où cette rivière [Naher el Baroûk] court, s'appelle Merdj Besri, مرج بسرى, et est remarquable dans les annales de la montagne à cause des batailles qui s'y sont livrées." — Der weitere Zug des Paśa geht dann aus dem Bârûk-Thale südwärts, wie aus der folgenden Nennung des Dorfes Nîḥâ und der Feste Toron erhellt.

seiner Tochter mit dem Maʿniden ʿAlî, Sohn des Faḫreddîn, der sich um dieser Heirath willen von Bâniâs nach Ṣaidâ begeben hatte. Der Emir Jûnus übergab ihm hier die Regierung des Landes, und der Śihâbiden-Emîr ʿAlî kam auf die Nachricht davon nach Ṣaidâ, um seinem Schwiegersohn seinen Glückwunsch darzubringen.

Während dieser Zeit (1617) dauerten ununterbrochen die Bürgerkriege zwischen den Ḳaisiden und Jamaniden. Die Maʿniden-Emîre standen an der Spitze der Ḳaisiden; die Familie Sîfâ, die des ʿAlameddîn, bildete die Partei der Jamaniden. Der Hass zwischen beiden Parteien war so gross, dass man sich alle Tage an drei oder vier verschiedenen Punkten schlug. ʿAlî, der Śihâbiden-Fürst, konnte nicht müssiger Zuschauer dieser Vorgänge bleiben. Er verbündete sich mit den Ḳaisiden und spielte eine sehr thätige Rolle in diesem innern Kriege, der zum Vortheil der Ḳaisiden ausschlug, während die Jamaniden grosse Verluste zu beklagen hatten. Der Maʿnide ʿAlî bezeugte seinem Schwiegervater seine Erkenntlichkeit dafür, indem er den Besitzungen der Śihâbiden die beiden Districte von Merǵ ʿAjûn und Ḥûlânia einverleibte.

Am 19. Sept. des Jahres 1619 kehrte der Emîr Faḫreddîn nach einer Abwesenheit von 5 Jahren und 2 Monaten aus Italien zurück. Er berührte zuerst ʿAkkâ und stieg dann zu Ṣaidâ ans Land. Dort empfing ihn sein Sohn ʿAlî und berichtete ihm alles, was sich während seiner Abwesenheit zugetragen und wie und mit welchem Eifer der Śihâbiden-Emîr ʿAlî ihm unablässig gegen den Feind beigestanden hatte. Auch der Śihâbide ʿAlî begab sich auf die Nachricht von der Ankunft Faḫreddin's von Ḥâsbejjâ nach Ṣaidâ, um ihm seinen Gruss zu bringen, und mit ihm seine zwei Söhne Muḥammed [1]) und Ḳâsim (58). Vor Ṣaidâ kamen ihm die Maʿnidischen Emîre bis auf eine gewisse Entfernung von der Stadt entgegen und bereiteten ihm einen ausgezeichneten Empfang. Namentlich erwies der Emîr Faḫreddîn seinem Freunde Emir ʿAlî grosse Ehre und drückte ihm seinen Dank für die seinem Bruder und Sohne geleistete Hülfe in den schmeichelhaftesten Worten aus. Ausserdem beschenkte er ihn mit mehreren werthvollen Gegenständen, die er aus Europa mitgebracht hatte. Als dagegen einige Zeit darauf der Śihâbide Aḥmed und der Emîr Jûnus el-Ḥarfûś nach Ṣaidâ kamen, um dem Faḫreddîn ihre Huldigung darzubringen, empfing er sie kalt und tadelte ihr Benehmen gegen seinen Bruder und Sohn. — Im Jahr 1620 erklärte Faḫreddîn der Familie Sîfâ den Krieg und bat dazu den Śihâbiden ʿAlî um sei-

1) Dieser Muḥammed ist in der Śihâbiden-Genealogie Ztschr. V, S. 55. 56. nicht erwähnt. Hier erscheint weiter unten ein Ḥusein als Bruder des Ḳâsim, Sohn des ʿAlî, vielleicht derselbe Ḥusein (44), welcher in jener Stelle (S. 55 f.) als Bruder des ʿAlî genannt ist.

nen Beistand. Dieser begab sich mit ihm von der Festung Ḥiṣn el-Akrâd [1]) aus nach ʿAkkâr [2]) und wohnte allen Schlachten bei, die Faḫreddîn dem Feinde lieferte und welche ebensoviel glänzende Siege waren. Der Emîr verwüstete das ganze Gebiet der Sîfâiden mit Feuer und Schwert und kehrte als Sieger heim. — Im Jahre 1621 waren die Šihâbiden ʿAlî und Aḥmed in Streit gerathen und der letztere von seinem Bruder besiegt und zur Flucht genöthigt worden. Faḫreddîn schlug sich ins Mittel und begab sich von Beirût nach der Ebene el-Biḳâʿ, um die beiden Emîre zu versöhnen. Es gelang ihm sie zu beschwichtigen, indem er das Gebiet von Wâdî-et-Teim, den Gegenstand des Streites, unter sie theilte [3]). So machte er sich beide zu eifrigen Verbündeten für seine Kämpfe gegen die Sîfâiden von Tripolis und gegen die Kansûiden, die Herren von ʿAǵlûn. — Im Jahre 1628 wohnte Faḫreddîn und die andern Emîre dem Begräbniss des Šihâbiden ʿAlî zu Ḥâṣbejja bei. Dessen Tod war ein grosser Verlust für Faḫreddîn und er war darüber untröstlich. — Im Jahre 1633 schickte der Paša von Damaskus Truppen gegen die Maʿniden zu Felde. Diese Expedition hatte der Grossvezir Ḫalîl Paša anbefohlen, bei dem der Emîr Faḫreddîn verklagt worden war, weil er sich des grössten Theils der Ortschaften des Pašaliks bemächtigt hatte. Die von Damaskus ausgesandte Armee lagerte sich in der Ebene von Ḫân-Ḥâṣbejjâ [4]). Von da aus fiel sie in das Gebiet von Wâdî-et-Teim ein. Sobald dies dem ʿAlî, Sohn des Faḫreddîn, zu Ohren kam, setzte er sich an die Spitze von einigen Hundert auserlesener Leute, brach in der Stille aus dem Gebiet von Ṣafed auf und überfiel das feindliche Heer mit dem Schwert in der Hand. Kurz darauf kamen die beiden Emîre Ḳâsim und Ḥusein, die Söhne des Šihâbiden ʿAlî, dazu, richteten ein schreckliches Blutbad unter den Feinden an und verfolgten sie zwei Stunden weit. Auf das Schlachtfeld zurückgekehrt, fanden sie den Maʿniden-Fürsten ʿAlî todt auf der Erde liegend und von seinen ihn beweinenden Leuten umgeben. Die beiden Emîre stiegen von ihren Rossen, umarmten den Leichnam ihres Waffengefährten, brachen in Thränen aus und fragten, wie das Unglück sich begeben habe. Man antwortete ihnen, dass man es nicht wisse. Sie liessen hierauf die Leiche des Emîr waschen und begruben sie an derselben Stelle. Sodann zogen sie nach Ḥâṣbejjâ. Für den Emîr Faḫreddîn war ʿAlî's Tod ein harter Schlag. — Da die Klagen über Faḫreddîn beim Sulṭân nicht aufhörten, so erliess dieser nach dem Rathe des Šeiḫ-el-Islâm einen Fermân,

---

1) Jetzt el-Ḥuṣn. *Rob.* Pal. III, S. 937, Anm. 1.

2) *Robinson*, ebend. S. 939 f. Ztschr. VII, S. 76.

3) S. Ztschr. V, S. 499.

4) Von *Robinson* nicht erwähnt, findet sich aber in *de Forest's* Bericht im Journal of the American Oriental Society Vol. II, S. 239.

des Inhalts, dass die Maʿniden vernichtet und ausgerottet werden sollten. In Folge davon ging der Kapudânpaša Ǵaʿfar mit der kaiserlichen Flotte nach Tripolis ab, und von da nach Beirût. Hier schiffte er sich aus und schlug sein Lager ausserhalb der Stadt auf. Die Häuser Šîfâ und ʿAlameddîn stiessen zu ihm und stellten sich zu seiner Verfügung. Von der andern Seite rückte der Paša von Damaskus auf Befehl des damals gerade zu Ḥaleb anwesenden Grossvezir Ḥalîl Paša nach Ṣaidâ. Die Maʿniden, ausser Stande einer so gewaltigen Macht die Stirn zu bieten, räumten Ṣaidâ und Beirût und ergriffen die Flucht. Der Emîr Ḥusein, ein Sohn Faḫreddîn's, flüchtete sich in die Feste Markab [1]), der Emîr Melḥam, Sohn des Jûnus, zu den Arabern in das Gebiet von ʿAǵlûn, Faḫreddîn in die Feste Šaḳîf, und Jûnus blieb in Deir-el-Ḳamar. Auf die Nachricht von dieser Flucht der Emîre, welche sich schnell überall verbreitet hatte, entsandte Ǵaʿfar Paša zunächst Truppen gegen den Emîr Ḥusein, welcher sich ergab und nach Ḥaleb zum Grossvezir geschickt wurde, der ihn mit sich nach Constantinopel nahm. Der Grossherr aber in seiner Gnade setzte ihn in Freiheit, liess ihn nach kurzer Zeit in seinen Dienst treten und ertheilte ihm die Würde eines Kapiǵibaši (*Cataf.* Chambellan) [2]). Den Jûnus in Deir-el-Ḳamar forderte Aḥmed Paša von Ṣaidâ aus schriftlich auf, sich zu ergeben, und versprach ihm Pardon. Der Emîr begab sich nach Ṣaidâ; aber kaum war er angekommen, als der Paša ihm den Kopf abschlagen liess. Dieser brach hierauf an der Spitze seines Heeres nach dem Gebirge auf und verheerte es mit Feuer und Schwert. Dann belagerte er die Feste Šaḳîf-Toron, deren Wasser er ungeniessbar machte. Der Emîr Faḫreddîn musste bei Nacht fliehen und sich mit den Seinen in die Höhle von Ǵezzîn [3]) zurückziehen. Tags darauf nahm der Paša die Festung in Besitz und folgte der Spur des Faḫreddîn bis zur Höhle. Diese Höhle war eigentlich uneinnehmbar, allein der Paša ermöglichte durch Miniren einen Aufgang für seine Soldaten und nahm alle Emîre gefangen, die sich darin befanden. Nur die Frauen setzte er in Freiheit, ohne ihnen irgend eine Unbill zuzufügen. Den Emîr Faḫreddîn und dessen zwei Söhne nahm er mit sich nach Damaskus, von wo sie nach Constantinopel geschickt wurden. Der Grossherr empfing sie freundlich, setzte sie auf freien Fuss und würdigte sie sogar der Ehre in seinen Dienst zu treten. Der Emîr

---

1) S. *Rob.* Pal. III, S. 629, Anm. 2.

2) S. Ztschr. V, S. 57.

3) Wenn in Ztschr. V, S. 57, Anm. 1 eine Identification von Ḳalʿat ibn Maʿn und den Höhlen, in denen Faḫreddîn sich verbarg, vorgeschlagen sein soll, so spricht dagegen unsere Autorität; denn Ḳalʿat ibn Maʿn liegt um vieles südlicher als Ǵezzîn, und auch *v. Hammer* nennt in der von *Fleischer* citirten Stelle ausdrücklich die „Höhlen von Schuf".

ʿAlî ʿAlameddîn wurde zum Befehlshaber des Gebirges an Faḫreddîn's Stelle ernannt.

So war in Syrien von den Maʿniden nur noch Jûnus' Sohn Melḥam übrig, der sich zu den Tarabî-Arabern [1]) geflüchtet hatte. Aḥmed verlangte seine Auslieferung, und schon war er dessen Leuten übergeben um nach Damaskus gebracht zu werden, als es ihm gelang unterwegs bei nächtlicher Weile zu entspringen, worauf er sich im Dorfe ʿArnî [2]) am Fusse des Antilibanon verbarg. Der Häuptling dieses Dorfes, obwohl ein Jamanide, erklärte sich sammt den Bewohnern des Dorfes für die Ḳaisiden zu Ehren des Emîr, welcher denn auch nicht zögerte sich mit der Partei der Ḳaisiden in Verbindung zu setzen. Eine grosse Zahl seiner Anhänger begab sich nach ʿArnî und begleitete ihn in den Libanon. Sobald die Nachricht von Melḥam's Ankunft sich verbreitete, sammelten sich alle Ḳaisiden um ihn. Der Emîr benutzte diese Gelegenheit um sich an dem Emîr ʿAlî ʿAlameddîn zu rächen, welcher seinerseits, von den Plänen seines Feindes unterrichtet, ihm zuvorzukommen suchte. Es dauerte nicht lange, so fand ein Treffen bei Meǵdel Maʿûś [3]) statt und Melḥam trug den Sieg davon. ʿAlî verlor alle seine Leute und floh nach Damaskus. Dieser Schlag, verderblich für die Jamaniden, befestigte die Macht des Melḥam. — Aḥmed, der Paśa von Damaskus, führte beim Sulṭân aufs neue Klage über den Emîr Melḥam, und der Grossherr erliess durch den Śeiḫ-el-Islâm ein Fetwâ, welches alle zu Constantinopel befindlichen Maʿniden zum Tode verurtheilte: ein Befehl, der in voller Strenge ausgeführt wurde. Sonach war von den Maʿniden nur noch der Emîr Melḥam am Leben, welcher fortwährend Herr des Gebirges blieb. Die beiden Śihâbiden-Emîre Ḳâsim und Ḥusein, von denen der letztere Melḥam's Schwiegersohn war, unterstützten ihn fortwährend in seinen Kämpfen gegen die Jamaniden. — Im J. 1653 ward ʿAlî ʿAlameddîn von Beśîr, dem Paśa von Damaskus, zum Befehlshaber des Gebirges ernannt. ʿAlî begab sich nach Wâdî-et-Teim und Melḥam zog ihm, begleitet von seinen Bundesgenossen, den Śihâbiden Ḳâsim und Ḥusein, entgegen. Die Schlacht, welche in einem

---

1) *v. Hammer*, Gesch. d. osman. R. III, S. 655 (Anm. zu S. 481) sagt: die Benu Mehdi heissen auch Tarabije. — *Berggren* a. a. O. S. 58. 61 setzt die ترابين im S. O. des todten Meeres an, wozu die obige Angabe, dass Melḥam in den District ʿAǵlûn floh, genau stimmt. *Catafago* schreibt „Arabes de Tarbeý".

2) *Catafago:* Arna. Aber die Lage entspricht so genau dem ʿArny عرني im Aḳlîm el-Bellân bei *Rob.* a. a. O. III, S. 890, dass ich nicht angestanden habe, dies in den Text aufzunehmen.

3) Mejdel Maouch (*Cataf.*) = مجدل معوش b. *Rob.* III, S. 948 im District el-Ǵurd; *Berggren's* Medjelmoûsch au delà de Naher el Qadhi (a. a. O. S. 479).

Thal des Wâdî-et-Teim geliefert wurde, dauerte drei Stunden und der Sieg entschied sich aufs neue für Melḥam. Die Truppen des Emîr ʿAlî wurden völlig geschlagen und bis an die Thore von Damaskus verfolgt. ʿAlî selbst, gefährlich verwundet, rettete sich durch die Flucht und kam zu Beśîr Paśa, der ihn aber der Verrätherei beschuldigte und in der Veste von Damaskus gefangen setzte, wo er bis zum Abgang dieses Paśa von Damaskus verblieb. — In das Jahr 1661 fällt der Tod des Melḥam. Er erlag einem bösartigen Fieber, von dem er zu ʿAkkâ ergriffen wurde. Seine Gebeine wurden nach Ṣaidâ gebracht und dort in der Familiengruft der Maʿniden beigesetzt. Seine zwei Söhne Aḥmed und Korkmaz waren noch im Kindesalter als sie ihren Vater verloren.

Im Jahre 1663 schrieb Aḥmed Paśa Köprili [1]), der Paśa von Damaskus, von Ḳubb Eliâs aus an die Maʿniden-Emîre Aḥmed und Korkmaz: sie sollten ihm die Śihâbiden ausliefern. Die beiden Emîre antworteten, dass die Śihâbiden nicht in ihrer Gewalt seien. Der Paśa schrieb ihnen abermals und verlangte von ihnen eine bestimmte Summe Geldes. Die beiden Emîre verpflichteten sich, 100,000 Piaster innerhalb vier Monaten zu zahlen, und gaben ihm als Geisel den Emîr Ḳâsim Raslân von Śuweifât [2]). Der Paśa kehrte hierauf nach Damaskus zurück. Nach seinem Weggang hielten die Emîre nicht Wort, obwohl sie sich zur Zahlung der genannten Summe in aller Form verpflichtet hatten. Der Paśa rückte hierauf mit einer bedeutenden Streitmacht gegen das Gebirge. Die beiden Emîre mussten sich verbergen. Der Paśa aber ernannte, nachdem er das Land verwüstet hatte, den Śeiḫ Serhal Ollmad (?) zum Statthalter von eś-Śûf, und die Emîre Muḥammed und ʿAlameddîn zu Statthaltern der Districte Metn, Ǵurd und Ǵarb. Auch ernannte er einen Statthalter für Kesrawân und den Defterdâr ʿAlî Paśa zum Statthalter von Ṣaidâ. Seit jener Zeit ist Ṣaidâ ein Paśalik geworden.

Im Jahre 1665 wurde der Emîr Korkmaz zu ʿAin-Mezbûd [3]) ermordet, sein Bruder Aḥmed aber sehr schwer verwundet, und ohne den Muth seiner Leute, die ihn retteten, würde auch er den Streichen der Mörder erlegen sein. Korkmaz hinterliess keine Kinder. — Im Jahre 1681 starb der Emîr Melḥam, der einzige Sohn des Aḥmed, in einem Alter von 12 Jahren. — In demselben Jahre kam der Śihâbide Mûsâ (63) von Ḥâṣbejjâ zum Maʿniden-

1) S. über ihn *v. Hammer,* Gesch. d. osm. R. VI, S. 91 ff. — Falsch ist *Catafago's* Aussprache Küperly.

2) Eś-Śuweifât bei *Rob.* III, S. 948 im unteren Ǵarb, welchen District das Haus Raslân (s. Ztschr. V, S. 99 u. 391) noch jetzt inne hat. — *Berggren's* (a. a. O. S. 479) Mar ʿHanna el Schoeyfât, ¼ St. S. O. vom Ausfluss des Ghadiri, ist wohl aus Verknüpfung zweier Ortsnamen entstanden.

3) Ich stelle es zusammen mit dem Mezbûd im Aḳlîm el-Ḫarrûb, bei *Rob.* Pal. III, S. 944.

Fürsten Aḥmed und heirathete dessen Tochter. Zwei Jahre darauf gebar sie ihm den Emîr Ḥaidar (92). Das war der Nachfolger des Emîr Aḥmed. Im Jahre 1699 nämlich starb der Emîr Aḥmed ohne männliche Nachkommen zu hinterlassen, die ihm hätten nachfolgen können; daher wählten die Grossen des Landes den Sohn seiner Tochter und des Śihâbiden Mûsâ, den Emîr Ḥaidar, obwohl er noch jung war [1]).

So erlosch das Haus der Maʿniden, nachdem es das Gebirge 580 Jahre lang beherrscht hatte. In dieser Herrschaft wurde es durch das Haus der Śihâbiden ersetzt, über welches wir nicht ermangeln werden einige Worte zu sagen.

II. Geschichte der Śihâbiden.

Herr *Catafago* hat seine Beiträge zur Geschichte des Libanon aus arabischen Quellen fortgesetzt und im Journal de Constantinople, Jahrg. 1853, Nr 485 vom 4. Decbr., einen Abriss der Geschichte des Hauses Śihâb gegeben, der zu viel interessante anderwärts vergeblich zu suchende Details enthält, als dass nicht sein Bekanntwerden in weiteren Kreisen auf den Dank der Geschichtsforscher rechnen dürfte. Man kann mit mir vielleicht darüber rechten, dass ich, ohne Prüfung der arabischen Quelle, nur nach *Catafago's* Uebersetzung arbeite. Eine bezügliche Nachfrage in Beirût blieb leider erfolglos; aber ich kann für mich anführen, dass Hr. *Catafago*, wenn ihm auch an realistischen Vorstudien für historische Partien manches abgeht, sich mir durchaus als ein vortrefflicher Kenner des Arabischen und als ein zuverlässiger Uebersetzer bewährt hat. Eine Ueberzeugung davon zu gewinnen, fand ich noch kürzlich Anlass, als ich in Hrn. Obersten von Wildenbruchs Handschriftensammlung eine Abschrift des Buches der Feste der Noṣairier entdeckte, aus welchem Hr. *Catafago* im Februarheft des Journal asiatique von 1848 Auszüge gab, und von welchem auch in dieser Zeitschrift, I, S. 353, II, S. 388, und im Jahresbericht f. 1846, S. 130, die Rede gewesen ist. In der Absicht mich mit diesem höchst interessanten Msc. weiter zu beschäftigen, habe ich die von Hrn. *C.* übersetzten Stellen verglichen, und muss ebenso der Treue als der Gewandtheit seiner Uebersetzung vollen Beifall zollen. — Zudem ist ein Stoff, aus dem so leichte und durchsichtige Stücke, wie die folgenden Auszüge, gewoben werden, ungleich weniger dem Verderb durch sprachliche Missverständnisse ausgesetzt, als theologische und philosophische Abhandlungen.

---

1) So geht dieser Bericht Hand in Hand mit den Mittheilungen in Ztschr. V, S. 57, gegen Ztschr. VI, S. 99, woselbst die Anm. 3 zu vergleichen.

Dass die Quelle *Catafago's* diesmal die bekannte zweite Wildenbruch'sche Handschrift ist, zeigt die Vergleichung dieser Auszüge mit dem, was *Tornberg* (Ztschr. V, S. 501 ff.) aus jener mitgetheilt hat. Ich gebe mich der Hoffnung hin, dass neben jenen Blättern meine diesmalige Arbeit nicht ganz überflüssig erscheinen, dass sie vielmehr zu der Kette geschichtlichen Gewebes, die *Fleischer* Ztschr. V, S. 46 ff. gespannt, das gewünschte Stückchen Einschlag liefern werde. — Schade nur, dass *Catafago* — darin bleiben sich die Orientalen nun einmal immer gleich — gegen Ende hin gar zu kurz und gedrängt wird.

Abriss der Geschichte der Fürstenfamilie Śihâb vom J. 1697—1841.

(Auszug aus einer arabischen Geschichte des Libanon.)

Nachdem im J. 1697 [1]) der Emîr Aḥmed, der letzte Spross des Hauses Maʿn, gestorben war, ohne männliche Nachkommen zu hinterlassen, versammelten sich die Emîre des Libanon, um ein neues Oberhaupt zu wählen, und mit Einstimmigkeit ward Emîr Beśîr (45) [2]), Sohn des Ḥasan (44) [3]) aus dem Hause Śihâb, Herr von Râśejjâ [4]) und Grossneffe des Aḥmed el-Maʿnî, zum Fürsten des Libanon ausgerufen. Die Vornehmsten des Landes begaben sich nach Râśejjâ und verkündeten dem Emîr Beśîr seine Wahl: dieser nahm die Würde an, übergab seine Besitzungen zu Râśejjâ seinem Neffen (?) Manṣûr (46) und eilte nach Deir-el-Ḳamar, wo er mit dem grössten Pompe empfangen wurde und öffentliche Festlichkeiten den Tag verherrlichten, wo er die Zügel der Herrschaft des Libanon in die Hand nahm. — In demselben Jahre rief die Pforte den Paśa von Ṣaidâ, Ḥusein [5]), ab und ersetzte ihn durch Arslân Paśa, während gleichzeitig der Śeiḫ Muśref, Herr von Bilâd Beśârah, von der Partei der Jamaniden und seines Glaubens Mutawâli, einen Aufruhr anzettelte. Diesen zu dämpfen beauftragte Arslân Paśa den Emîr Beśîr, welcher hierauf an der Spitze von 8000 Mann gegen den Rebellen zog. Er traf ihn bei dem Dorfe Mazarea [6]), griff ihn an, hieb

---

1) Genauer 1698. S. Ztschr. V, S. 57.

2) Die Zahlen hinter den Namen verweisen auch hier auf die Numerirung in *Fleischer's* Aufsatz Ztschr. V, S. 46 ff.

3) Nach Ztschr. a. a. O. S. 55 Ḥusein, vgl. ebend. S. 499.

4) Hauptsitz des einen Zweiges der Śihâbiden. S. *Robinson* Pal. III, S. 888, u. Ztschr. V, S. 499.

5) Hier wie bei *v. Hammer*, Gesch. d. osm. Reiches, 1. Ausg. Bd. VI, S. 767, Ḥusein (*v. H.* Firari Huseinpascha); Ztschr. V, S. 57, aber Ḥasan. — Nach der Wildenbruch'schen Handschrift in Lund, Ztschr. V, S. 501, wäre zur Zeit der Wahl des Beśîr ein Muṣṭafâ Paśa von Ṣaidâ gewesen.

6) So *Catafago*. Das bekannte Mezraʿah (*Robins.* Pal. III, S. 417. 657. *Berggren*, Guide, p. 468) liegt zu nördlich um von dieser Expedition berührt worden zu sein. Der Name kehrt aber mit verschiedenen Zusätzen im Süden

die Seinigen zusammen, machte ihn zum Gefangenen und schickte ihn zu Arslân Paśa, der ihn hinrichten liess. Um die guten Dienste des Emîr Beśîr zu vergelten, schlug Arslân Paśa alle Besitzungen der Metâwile vom Libanon an bis einschliesslich Ṣafed zum Gebiete des Libanon. Der Emîr Beśîr übertrug die Verwaltung von Ṣafed seinem Neffen Manṣûr, unter dem Beistande des ʿOmar ibn Abî Zeidân, des Vaters des berühmten Ẓâhir el-ʿAmr, der einige Zeit hindurch das Paśalik von ʿAkkâ [1]) inne hatte. — Von der andern Seite hatte inzwischen Koblan [2]) Paśa von Tripoli, Bruder des Arslân Paśa von Ṣaidâ, die Metâwile von Ǵubeil und Batrûn angegriffen, weil sie sich geweigert hatten die Abgaben zu zahlen. Schwach und ohnmächtig wie sie waren, wandten sich dieselben an die Vermittlung des Emîr Beśîr, der einen Vergleich zwischen beiden zu Stande brachte, indem er sich für die Zahlung der Abgaben im Belaufe von 250,000 Piastern verbürgte und sich dafür die Districte von Ǵubeil und Batrûn abtreten liess. Seit dieser Zeit haben die Śihâbiden das Recht, diese beiden Districte in Pacht zu geben [3]).

Im J. 1703 starb der Emîr Manṣûr [4]), Neffe des E. Beśîr, zu Ṣafed, und sein Amtsgenosse, Śeiḫ ʿOmar el-Zeidân, folgte ihm unter der Oberherrlichkeit des Emîr Beśîr.

1705. Als der Emîr Beśîr bei Gelegenheit eines Zuges nach Bilâd Beśârah, um Abgaben einzutreiben, Ḥâṣbejjâ passirte und dort einer Einladung seines Verwandten Emîr N e ǵ m (66) gefolgt war, wurde er von Emîr Ḥ a i d a r (92), seinem Vetter und Nebenbuhler, vergiftet. Er verliess Ḥâṣbejjâ und starb, kaum angekommen, zu Ṣafed im Alter von 50 Jahren nach neunjähriger Regierung. Seine sterblichen Reste wurden nach Ṣaidâ gebracht

---

wieder. Hier möchte ich mich für Mezraʿat eś-Śûf, südlich von Deir el-Ḳamar in der Richtung über Bʿaklin (Karte zu *Robinson's* Pal.) entscheiden. Auf *Zimmermann's* Karte zu *Ritter's* Erdkunde steht fälschlich Hezraat es-Schûf in einer Gegend, die überhaupt von Schreibfehlern wimmelt. Gleich daneben steht Sumeijany für Suweijany, und Sschabim, wo ein S genügt hätte.

1) Vgl. über ihn auch *v. Hammer*, Gesch. d. osm. Reiches, Bd. VIII, S. 292 f. — *Catafago* schreibt immer Daher el-Omar, den ersten Namen nach der gewöhnlichen platten Aussprache des ظ (*Smith* in *Rob.* Pal. III, S. 840), letztern falsch statt ʿAmr.

2) Statt dieser Schreibung *Catafago's* möchte ich vorschlagen Kaplan (Tiger), da das nicht allein ein sonst bekannter türkischer Name ist, sondern auch allein eine Etymologie zulässt.

3) Siehe über diese beiden Dependenzen Ztschr. VI, S. 102.

4) Das Verwandtschaftsverhältniss des Mansûr zu Beśir geben die verschiedenen Quellen verschieden an. Mit seiner Bezeichnung als Neffen stimmt die gleich folgende Angabe, dass Beśir kinderlos starb, welche auch durch den sehr gut unterrichteten Verfasser des in Ztschr. VI, 96 ff. übersetzten Artikels bestätigt und nur von der Chronik, V, S. 55, bestritten wird, wo er als Sohn des Beśir erscheint.

und da in der Gruft der Maʿnidenfürsten beigesetzt. Er [1]) hinterliess keine Kinder, die ihm hätten nachfolgen können. Die Emîre des Libanon versammelten sich daher zu Ḥâṣbejjâ und wählten zu ihrem Oberhaupt eben jenen Emîr Ḥaidar, Sohn des Emîr Mûsâ (63) und Enkel des Maʿniden Aḥmed. Alter Sitte gemäss begab sich dieser nach Deir el-Ḳamar und nahm Besitz von der Verwaltung des Landes.

Inzwischen hatte die Pforte den Arslân Paśa vom Paśalik Ṣaidâ abberufen und ihn durch seinen Bruder Beśîr Paśa ersetzt, der damit begann, dass er die von seinem Bruder Arslân dem Libanon einverleibten Districte wieder davon trennte, was die Häupter der Metâwile veranlasste, Feindseligkeiten an der Gränze des Gebietes des Emîr Ḥaidar anzufangen. Diese Feindseligkeiten der Metâwile zwangen den Emîr Ḥaidar sich von Beśîr Paśa die Erlaubniss zu erbitten, sie zu bekriegen: der Paśa war damit einverstanden und belehnte ihn mit der Verwaltung jener Gegenden. Der Emîr führte einen glücklichen Krieg gegen die Metâwile, trug über sie einen namhaften Sieg bei dem Dorfe Nabaṭijje [2]) davon und nahm das ganze Land wieder ein, dessen Administration er einem Drusen, Namens Maḥmûd Abû Harmûś [3]), übertrug.

1711. Indess zogen die Bedrückungen, die Maḥmûd Abû Harmûś sich erlaubte, ihm den Hass des Ḥaidar zu, und dieser beabsichtigte ihn dafür zu züchtigen. Abû Harmûś aber floh zu Beśîr Paśa und hielt bei diesem um Verleihung der Herrschaft des Libanon an. Er erreichte seinen Zweck und erhielt ausserdem von der Pforte den Titel eines Paśa von zwei Rossschweifen, liess sich als Paśa des Libanon unter dem Namen Maḥmûd ausrufen und marschirte an der Spitze zahlreicher Truppen und unterstützt von allen Jamaniden gegen Deir el-Ḳamar. Der Emîr Ḥaidar, nicht im Stande seinem Feinde Widerstand zu leisten, ergriff, verfolgt von Maḥmûd Paśa, die Flucht. — So ward die Partei der Ḳaisiden unterdrückt und die Jamaniden bekamen die Oberhand. Maḥmûd Paśa brachte indess durch seine Bedrückungen die Ḳaisiden zur Verzweiflung: sie riefen den Emîr Ḥaidar, versammelten sich in dem Theile des Libanon, der Metn heisst, und zogen gegen Deir el-Ḳamar. Abû Harmûś seinerseits, von

1) Nur irrthümlich schreibt *Catafago* hier: L'Emir Haydar ne laissa point d'enfants pour lui succéder.

2) Die Metâwile ziehen nördlich gegen Deir el-Ḳamar. Nabaṭijje ist ohne Zweifel das neuerdings von *Robinson* (Ztschr. VII, S. 40) besuchte Nabatiyah, auf *Zimmermann's* Karte Nabathea, auf der Nordseite des Lîtânî, im Bilâd eś-Śaḳîf.

3) Der Stammvater der auf dem Libanon angesessenen Śeiḫfamilie Benû Abî Harmûś (هرموش), Ztschr. VI, S. 102; verschieden von dem Hause Ḥarfûś (حرفوش), Ztschr. V, S. 500, *Rob.* Pal. III, S. 895.

ihren Plänen unterrichtet, zog ihnen entgegen, während er sich gleichzeitig an die Pašas von Ṣaidâ und Damaskḳ um Hülfe wandte. Ehe aber diese noch zu ihm stiessen, kam es bei ʿAin-Dârah [1]) zu einer Schlacht, in der Abû Harmûš gefangen und die Jamaniden so zusammengehauen wurden, dass keiner dem Blutbad entging. Die beiden Pašas kehrten hierauf unverrichteter Dinge um. Die Macht des Emîr Ḥaidar aber wuchs durch die Vernichtung der Jamaniden ungemein.

1729. Nach mehreren Jahren einer glücklichen Regierung dankte der Emîr Ḥaidar freiwillig ab und trat seine Würde an seinen Sohn Emîr **Melḥam** (93) ab, welcher zum Fürsten des Libanon ausgerufen wurde.

Zwei Jahre darauf (1731) starb Emîr Ḥaidar 50 Jahr alt zu Deir el-Ḳamar, allgemein bedauert wegen seiner Gerechtigkeit und Güte, seines Edelmuthes und Kriegsglückes. Man verdankt ihm mehrere brauchbare Werke [2]). Sein Tod verursachte den Häuptlingen der Metâwile grosse Freude. Sie verriethen diese durch einige Demonstrationen und zogen sich dadurch den Hass des Emîr Melḥam zu, der beim Paša von Ṣaidâ, Asad, um die Erlaubniss sie dafür zu bekriegen anhielt. Der Paša verweigerte diese nicht, und der Emîr besiegte sie in mehreren Treffen und brach ihre Macht (1732). Diese Erfolge verleiteten die Bewohner des Libanon zu Einfällen in die Ebene Biḳâʿ, wodurch der Paša von Damaskḳ Suleimân el-ʿAẓim sich beeinträchtigt sah, sich an die Spitze einer grossen Truppenmacht stellte, gegen den Libanon marschirte und sich in der Ebene Biḳâʿ lagerte. Der Emîr beeilte sich ihn zu beschwichtigen und bot ihm eine Entschädigungssumme von 50,000 Piastern. Der Paša nahm sie an und zog sich nach Damaskḳ zurück.

Im J. 1741 gab Emîr Melḥam dem Paša von Damaskḳ Asad el-ʿAẓim Ursache zu Beschwerden. Dieser erklärte ihm den Krieg und zog gegen den Libanon. Der Emîr rückte ihm entgegen; die beiden Heere stiessen in der Ebene Biḳâʿ zusammen; die Schlacht entbrannte, und der Sieg entschied sich für Melḥam, der den Feind bis an die Thore von Damaskḳ verfolgte.

1743. Die Metâwile von Bilâd Bešârah empörten sich gegen Saʿduddîn, Paša von Ṣaidâ, und verweigerten die Steuern. Der Paša beauftragte den Emîr Melḥam, sie zum Gehorsam zu bringen. Dieser zog mit grosser Heeresmacht von Deir el-Ḳamar aus, die erschreckten Metâwile aber wussten durch reiche Ge-

---

1) In dieser Schreibung entlehnt aus der W.'schen Handschrift (Ztschr. V, S. 501, mit *Fleischer's* Note); doch auch VI, S. 103, ebenso S. 390.

2) Wenn diese Angabe wörtlich aus der Wildenbruch'schen Handschrift stammt (was Hr. Prof. *Tornberg* vielleicht die Güte hat zu untersuchen), so scheint sie wenig für die Verfasserschaft des Ḥaidar zu sprechen, dem in Ztschr. III, S. 121, u. V, S. 483, die Abfassung der Sihâbiden-Chronik zugeschrieben wird.

schenke und das Versprechen unbeschränkter Ergebenheit den Paśa von Ṣaidâ zu gewinnen, so dass er dem Emîr Melḥam sogar einen Gegenbefehl zugeben liess. Nichtsdestoweniger rückte Melḥam weiter vor, schlug sie an zwei Orten, richtete grosses Blutvergiessen an, machte viel Gefangene und kehrte dann in sein Land zurück. Der Paśa belohnte ihn dafür, indem er ihm die Kosten des Feldzuges ersetzte.

1748. Es waren Misshelligkeiten zwischen Asad Paśa von Damasḳ und seinem Bruder Saʿduddîn, Paśa von Ṣaidâ, eingetreten. Emîr Melḥam erklärte sich für den Paśa von Ṣaidâ, begab sich zu ihm und bot ihm seine Hülfe an, was ihm einen unversöhnlichen Hass seitens des Paśa von Damasḳ zuzog. Der Paśa von Ṣaidâ ward dem Melḥam sehr befreundet, zog ihn überall zu Rathe und bediente sich seiner um die in fortwährenden Aufständen begriffenen Metâwile von Bilâd Baśârah niederzuhalten.

1750. Der Emîr Melḥam erhielt vom Paśa von Ṣaidâ wegen seiner treuen Dienste die Stadt Beirût der Herrschaft des Libanon einverleibt. Die Śihâbiden siedelten sich dort an und die Stadt blieb bis zur Zeit des Aḥmed Paśa el-Ǵezzâr, der sie im J. 1773 ihnen wieder abnahm, unter ihrer Gerichtsbarkeit.

1756. Emîr Melḥam dankte zu Gunsten seines Bruders Aḥmed (94) und Manṣûr (96) ab und zog sich nach Beirût zurück, wo er ein stilles und frommes Leben führte. — In demselben Jahre traten die Śihâbidenfürsten ʿAlî und Ḳâsim [1]) zum Christenthum über, ein Glaubenswechsel, der viele andere zur Folge hatte.

1757. Die Seeräuber von Malta nahmen ein muselmännisches Schiff von Beirût. Die muselmännischen Bewohner dieser Stadt überfielen dafür das Kloster der Kapuziner und tödteten dieselben. Emîr Melḥam liess die Schuldigen ergreifen, zwei der Rädelsführer hängen und gab dem Kloster die geraubten Gegenstände zurück.

1760. Emîr Melḥam starb nach einer 30jährigen Regierung in einem Alter von 60 Jahren. Sein Leichnam wurde in der Moschee des Emîr Munzir (Munḳiḏ?) et-Tenûḫî zu Beirût beigesetzt. Sein Tod wurde von allen Bewohnern des Landes beklagt und 40 Tage lang betrauert. Er ist der ausgezeichnetste Emîr unter den Śihâbiden. — Unter seiner Regierung hat sich der Libanon in die zwei Parteien der Jûzbekijje [2]) und Ǵonbe-

1) Ich habe nicht gewagt, diese beiden in der numerirten Liste der Śihâbiden unterzubringen, da ungefähr gleichzeitig in beiden Linien mehrere gleichnamige Fürsten verzeichnet sind.

2) Uebereinstimmend mit Ztschr. VI, S. 390, von wo ich auch die Aussprache Jûzbekijje entnehme; denn *Catafago* schreibt durchaus Jasbaki und *Berggren* Yèzbeki (Guide ar.-fr. col. 339).

lâṭijje [1]) getheilt, welche an die Stelle der Ḳaisiden und Jamaniden traten. — Bei seinem Tode wurden übrigens seine beiden Brüder Aḥmed und Manṣûr in der Herrschaft des Libanon bestätigt.

1762. Die Brüder Aḥmed und Manṣûr veruneinigten sich und traten je an die Spitze der neugebildeten Parteien der Jûzbekijje und Ǵonbelâṭijje. Manṣûr liess sich zu Beirût nieder, Aḥmed zu Deir el-Ḳamar. Ein Bürgerkrieg begann das Land zu entzweien. Emîr Manṣûr, unterstützt von Muḥammad Paśa el-ʿAẓim von Ṣaidâ und der Partei Ǵonbelâṭijje, gewann die Oberhand: sein Bruder Aḥmed, verlassen von seiner Partei, den Jûzbekijje, ergriff die Flucht und starb einige Jahre darauf. Emîr Manṣûr war nun eine Zeitlang im alleinigen Besitze der Herrschaft, aber in Folge seiner Grausamkeiten wählten die Unterdrückten bald darauf den Śihâbiden **Jûsuf** (103) [2]), Sohn des Melḥam, zu ihrem Oberhaupte, obschon er erst 16 Jahr alt war. Dieser Emîr wandte sich nach Ǵubeil und gewann bald die Freundschaft sämmtlicher Bewohner des Libanon. Sein Oheim Manṣûr, der durch seinen Geiz sich ohnehin dem Adel des Landes verhasst gemacht hatte, gerieth dadurch so in Furcht, dass er im J. 1770 zu Gunsten jenes seines Neffen abdankte. Nach seiner Entsagung liess Manṣûr sich zu Beirût nieder, wo er bis zu seinem Tode im J. 1774 ein zurückgezogenes Leben führte.

Die Verwaltung des Emîr Jûsuf, fährt Catafago in Parenthese [3]) fort, dauerte von 1769—1790, wo er von Aḥmed el-Ǵezzâr, Paśa von ʿAkkâ, erdrosselt wurde. Die hauptsächlichsten Ereignisse dieser Periode sind: die Kriege Emîr Jûsuf's mit den Metâwile in Ǵubeil im J. 1769. — Expedition Meḥmed Bey's, Generals des ʿAlî Bey von Aegypten, nach Syrien und sein Bündniss mit Ẓâhir el-ʿAmr, um Damasḳ zu erobern, 1769. — Niederlage des ʿOṯmân Paśa von Damasḳ und Einnahme von Damasḳ. — Emîr Jûsuf bietet dem ʿOṯmân Paśa seine Hülfe gegen den ägyptischen General nachträglich an. — Entsagung des Emir Manṣûr 1770. — Kriege des Jûsuf gegen die Metâwile von Bilâd Beśârah 1771. — Die Vermittelung des Ẓâhir el-ʿAmr zu Gunsten der

---

1) Dem „Ǵambelâṭ" nach *Volney* (Ztschr. V, S. 499, Anm. 1) darf ich die Aussprache *Catafago's* und *Berggren's* (a. a. O.) und namentlich das mit Bestimmtheit entgegensetzen, dass eingeborne Syrer jetzt durchaus Ǵoumbelâṭ sprechen, wie ich noch jüngst aus dem Munde der liebenswürdigen jungen Prinzessin Maḥbûba aus dem Hause Śihâb, die seit einiger Zeit hier in Constantinopel vermählt ist, deutlich vernahm.

2) Da sonach alle Quellen über den Verwandtschaftsgrad des Jûsuf einig sind, so bin ich geneigt bei *Tornberg* a. a. O. S. 501 ein Versehen anzunehmen (s. das. Note 2).

3) Zu den Daten dieser Parenthese ist im Allgemeinen zu vergleichen v. *Hammer*, Gesch. d. osm. R. Bd. VIII, S. 418 f., und im Einzelnen Ztschr. V, S. 502 f.

Metâwile von Emîr Jûsuf zurückgewiesen. — Ẓâhir ergreift thätlich Partei für die Metâwile. Niederlage des Jûsuf durch Ẓâhir und seine Verbündeten. — Einverleibung von Ṣaidâ in sein Gebiet; Märsche der Metâwile gegen den Libanon. — Seezug der Hohen Pforte gegen Ẓâhir 1772. — Ankunft ʿAlî Bey's von Aegypten bei Ẓâhir. — Ẓâhir und ʿAlî Bey rufen Russland zu Hülfe. Ankunft eines russischen Geschwaders zur Unterstützung Ẓâhirs. — Bombardement und Einnahme Beirûts durch das russische Geschwader. — Auftreten des Aḥmed Paśa el-Ǵezzâr: er bemächtigt sich Beirûts. — Friede zwischen Ẓâhir und Emîr Jûsuf durch Vermittelung des Emîr Manṣûr (109). — Das russische Geschwader treibt den Ǵezzâr aus Beirût. — Zweiter Zug des Meḥmed Bey nach Syrien, diesmal gegen Ẓâhir. Einnahme von Jâfâ. Plötzlicher Tod Meḥmed Bey's 1774. — Seezug der Pforte gegen Ẓâhir 1775. — Niederlage Ẓâhirs durch Verrath der Seinen, 1775. — El-Ǵezzâr zu Beirût eingesetzt; seine Erfolge. — Er wird Paśa von ʿAkkâ. — Seine Politik im Libanon: er sucht innere Zwistigkeiten herbeizuführen. — Abdankung des Emîr Jûsuf, Regierungsantritt des Emîr Beśîr (118), Sohnes des Emîr Ḳâsim (116) aus dem Hause Śihâb. — Bürgerkriege. — El-Ǵezzâr ernennt den Emîr Jûsuf aufs neue 1791. — El-Ǵezzâr hält die Regierung des Libanon für den Meistbietenden feil. — Emîr Jûsuf von el-Ǵezzâr „faute d'argent" erdrosselt. —

Hier beginnt die Regierung des Emîr Beśîr, des letzten Fürsten aus dem Hause der Śihâbiden; und von hier an nahm das Ansehen der Herren vom Libanon, in Folge der von el-Ǵezzâr und seinen Nachfolgern erregten Bürgerkriege, immer mehr ab. Dies dauerte bis zur Zeit Ibrâhîm Paśas (1832). Von da an war der Libanon ruhig bis auf die englische Expedition im J. 1840. — Zu dieser Zeit musste der Emîr sich nach Malta einschiffen und ward von da nach Constantinopel gebracht, wo er im Jahr 1851 starb.

Seit 1843 wird der Libanon von einem christlichen Ḳâïmmaḳâm für die Christen und einem druzischen für die Druzen verwaltet.

Zum Schluss verspricht Hr. *Catafago* die Geschichte der Regierung des Emîr Beśîr besonders zu geben und eine Schilderung der Maroniten- und Druzen-Kämpfe in den Jahren 1841 und 1845 hinzuzufügen.

Auszüge aus Saalebi's Buche der Stützen des sich Beziehenden und dessen worauf es sich bezieht.

Von

Freiherr v. Hammer-Purgstall.

Fortsetzung (s. Bd. VII. S. 542 ff.).

XXXIII. Hauptstück. Von dem was sich auf Schlangen und Scorpionen bezieht. 648) *Die Schlange des Thals*, von einem Unzugänglichen. 649) *Der Satan von Hamatha* ist schon oben (Nr. 580) vorgekommen. Satan ist eine Art von Schlange, und Hamatha der Name eines Brunnens, an welchem sich dieselbe aufhält. 650) *Die Schlange der Schlangen*, von einem Hochstehenden, Unzugänglichen, oder auch von grossem Unglück. 651) *Die Tochter des Berges*, eine nur in hartem Gesteine lebende Schlange, derenthalben man sich dem Berge nicht naht. 652) *Die Schlangen von Ghaber*, — ein Quell bei dem sie sich aufhalten, — von grossem Unglück [1]), das auch *die Töchter der Schildkröte* heisst. 653) *Die Schlangen des Bauchs*, metonymisch für Hunger [2]). 654) *Die Schlangen von Sedschistan*, ungemein grosse und böse Drachen. Sedschistan ist das eigentliche Schlangenland, bei dessen Eroberung durch die Araber viele derselben durch Schlangenbiss umkamen. Schebib Ibn Scheibet sagt von denselben Schlangen, die grossen von ihnen seyen Todesengel, die kleinen aber Schwerter. Dschahif sagt, dass die Schlangenfänger ursprünglich von Sistan kommen, wo es ohne die Igel, welche die Schlangen fressen, gar nicht auszuhalten wäre. 655) *Die Drachen Aegyptens*, eine diesem Lande eigene Art von Schlangen, deren Ursprung von der Legende auf Moses zurückgeführt wird. 656) *Die Grausamkeit* und *Ungerechtigkeit der Schlange*, weil dieselbe keine eigene Wohnung hat, aus dem Hause aber, in welches sie einzieht, die Bewohner verjagt [3]). 657) *Die Nacktheit der Schlange*, sprichwörtlich; man sagt: Nackter als die Schlange [4]), und: Bekleideter als die Kaaba, welcher alljährlich ein Festkleid angezogen wird. 658) *Der Fuss der Schlange*, für Etwas das nicht existirt, indem die Schlange nicht auf Füssen,

1) Arabb. provv. I, p. 66, prov. 175. Fl.

2) *Hoefer's* Ztschr. f. d. Wiss. d. Sprache, Bd. III, Heft 1 u. 2, S. 6. Anm. Vgl. unten Nr. 663 zu Ende. Fl.

3) Arabb. provv. II, p. 65, prov. 20. Fl.

4) Arabb. provv. II, p. 160, prov. 262. Fl.

sondern auf dem Bauche geht. 659) *Die Bezauberung der Schlange,* d. i. die Formeln, womit man Schlangen bezaubert, wird in zweierlei Bedeutung gebraucht: für unendliches Geschwätz und für süsse Rede, welche streitende Parteien versöhnt. So sagt Ebu Temmam in der Beschreibung einer Kafsidet:

Nimm sie von mir: die Reime hat gelehrt der Herr
Als Gnaden, denen jeder dankbar ist,
Wie Perlen und Korallen angereihet
Mit Gold um frischer Mädchen schlanken Hals;
Vergleichbar einem Stück gestreiften Stoffes
Aus Mehre oder aus dem Land Jefid's,
Und Zauberformeln gegen bunte Schlangen,
Durch welche aller Groll gebannet wird.

In ersterem Sinne gebraucht diese Redensart Ali Ibn-ol-Dschahin von den diplomatischen Ausfertigungen (Tewkiaat) des Wefirs Mohammed B. Abd-il-Melik ef-Seijat: „Gott fluche den Diplomen den ellenlangen, — den endlosen wie die Zauberformeln wider die Schlangen". — 660) *Die Zunge der Schlange* wird in der Beschreibung arabischer Schönheit als Bild sowohl der Zähne als auch der Füsse gebraucht. So sagt ein Rhetor von einem schönen Weibe: „Ihre Locken Scorpionen, ihr Hals eine Silberkanne, ihr Nabel eine Salbenbüchse aus Elfenbein, ihr Fuss eine Schlangenzunge." 661) *Die Windungen der Schlangen,* sprichwörtlich: Gewundener als die Windungen der Schlange. 662) *Das Kleid der Schlange,* ihre Haut, für zartes schönes Kleid. So sagt Ebu Temmam in der Beschreibung des Ehrenkleides, das ihm Hasan B. Wehb gesendet hatte:

Er hat beschenket uns mit einem Sommerkleide,
Gewoben als ein Tuch aus feiner weisser Seide,
So zart wie feine Haut, womit das Ei umfangen,
So zart und fein als wäre es ein Kleid der Schlangen.

Mit den Schuppen derselben werden die Panzer verglichen. 663) *Das Lachen der Schlangen,* von fürchterlichem Unglück [1]). In diesem Sinne sagen die Bewohner von Bagdad: Er lacht wie die Nuss zwischen zwei Steinen [2]).

Aus Mangel an Synonymen für die Schlange musste im Deutschen, den Drachen abgerechnet, nur das Wort Schlange gebraucht werden, während im Arabischen Haijet das Gattungswort, dann aber Efaa, Schudschaa, Ssamma, Ssill, Scheithan, Sooban eben so viele Benennungen verschiedener Arten, wie denn die eingebildeten, welche im Bauche den Hunger verursachen, Ssafar heissen (Nr. 653).

1) Arabb. provv. II, p. 23, prov. 70. **Burckhardt's** arab. Sprüchwörter. deutsch von Kirmss, Nr. 393. Fl.
2) Arabb. provv. II, p. 22, prov. 64. Fl.

664) *Die Scorpionen von Schehrfor* — der Hauptstadt Kurdistans — als die bösartigsten und giftigsten; so auch die von Ahwaf, Nesibin und Kaschan. So nennt Ibn-or-Rumi die Sängerin Schinfaf einen Scorpion von Schehrfor. Scorpionen wurden von Dichtern als Bild der über die Schläfe herunterhangenden Locken gebraucht, aber auch von den Augen:

Mich sticht dein Aug' mit Scorpioneneigenschaft,
Allein dein Speichel hat des Theriak's Heilungskraft.

665) *Die Niederträchtigkeit des Scorpions*, indem derselbe auch den angreift, der ihm nichts thut, was bei der Schlange nicht der Fall. Mohammed, den ein Scorpion gestochen hatte, sprach: „Gott verfluche den Scorpion wegen seiner niederträchtigen Bosheit, weil er Gläubige wie Götzendiener und Propheten wie Ungläubige sticht.“ 666) *Die Nacht des Scorpions*, für eine lange, weil dieselbe dem, der einen Scorpion im Bette fürchtet, lang wird. Ein Spruch nennt als drei lange Nächte: die des Scorpions, des Liebenden und die der Heriset, einer beliebten Mehlspeise. Koschadschim sagt in seinem Buche, welches „die Nothdurft des guten Gesellschafters“ betitelt ist:

Wie lang die Nacht des Liebenden, wenn er getrennt,
Die dessen, den der Stich von Scorpionen brennt,
Des Hungrigen nach dem, was man Heriset nennt.

667) *Die Bezauberungsformel wider Scorpionen*, in demselben guten und bösen Sinne wie die Bezauberungsformel wider Schlangen (Nr. 659); in letzterem sagt Ibn-or-Rumi, um die Gedichte Bohtori's zu schmähen:

Mich überläuft, so oft er singt die Verse her,
Ein Schauer, wie das Fieberfrösteln von Chaiber [1]);
Auf Kälte Hitze folgt, auf Hitze wieder Frost,
Und Staub und Thränenguss und Leid und wieder Trost,
Wie Scorpionenstich und wie das blökende Geplärr
Der Schafe, wenn sie ziehn auf Bergeshöhen her.

668) *Das Kriechen des Scorpions*, für sykophantisches Benehmen.

XXXIV. Hauptstück. Von dem was sich auf Spinnen und andere Insecten bezieht. 669) *Das Haus der Spinne*, von Allem was schwach und veräehtlich, nach dem im Koran (Sur. 29, V. 40) vorkommenden Gleichnisse, in welchem dasselbe als das schwächste und veräehtlichste der Häuser erscheint. Ahnef el-Aabkari sagt:

Die Spinne baut ein Haus das sehr verächtlich,
Worin sie wohnt, doch mir kein solches ward;
Der Scarabäus wohnet bei den Seinen,
Ich habe keine Wohnung dieser Art.

1) Arabb. provv. I, p. 161, prov. 36; p. 180, prov. 108. Fl.

670) *Das Gewebe der Spinne*, von etwas Schwachem, Verächtlichem. So sagt Hamdun von dem Thailesan (dem Umschlagetuch) Ibn Harb's (Bd. VI, S. 53, Z. 5 u. 4 v. u.):

O Sohn des Harb! das Tuch, das du mir zugetheilt,
Hat mit der Zeit, wie mir es scheint, gar lang verweilt;
Und stell' ich zum Geweb der Spinn' es auf die Schau,
Ist dieses im Vergleich mit jenem fester Bau.

671) *Der Essigwurm*, von Einem der in schlechtem Zustande lebt, ohne davon eine Ahnung zu haben. So heisst es in der Ueberlieferung: „Sie leben in ihrem Zustande fort wie der Essigwurm". 672) *Der Seidenwurm*, Bild dessen, der zu seinem Schaden für Andere arbeitet [1]). 673) *Der Holzwurm*, Metonymie für Betriebsamkeit und Kunstfleiss [2]). Die Araber sagen, dass der Mensch von dem Holzwurm auf den Gedanken gebracht worden sey, sich sein Grab in Felsen zu höhlen; so habe er die Klystiere einem Strausse, der sich damit Entleerung verschafft, abgelernt, das Schwert vom Schwertfisch, das Schild von der Schildkröte hergenommen. 674) *Das Hin- und Wiederlaufen der Scarabäen*, welche, wenn sie ihren Vorrath eintragen, geschäftig hin- und wiederlaufen. 675) *Das Ameisenthal*, von einem volkreichen Orte. Es ist dem Koran (Sur. 27, V. 18) entlehnt, dem zufolge Salomon auf einem seiner Züge dahin kam. 676) *Das Ameisendorf*, ebenfalls von einem starkbevölkerten Orte. So sagt Ebu Temmam in einer Beschreibung des Weins:

Ich trank den Becher, der geformt wie Bienenhaus,
Und mit demselben trank ich die Vernunft mir aus.
Es meint der Mann alsdann, wenn er das Herz fühlt pochen,
Es sey ein Ameisdorf ihm in das Herz gekrochen.

Die Ameisen werden auch für Damascenersäbel gebraucht, indem das Liniengekräusel auf denselben kriechenden Ameisen verglichen wird; diess nach einem Verse von Amrolkais, den spätere Dichter nachgeahmt. So sagt Ebu Firas von dem Gefieder eines Falken: „wie Spuren des Ameisenganges in Asche". 677) *Die Füsse der Ameise*, in demselben Sinne wie die Zehen des Katha, der Trappe (s. Nr. 636). So schrieb Ibn-el-Aamid an Ebû 'l-Hosein B. Faris: „Das Schreiben ist angekommen, kürzer als die Füsse der Ameise". 678) *Der Biss der Ameise*, von dem worauf nicht zu achten, weil es nicht viel bedeutet, wie das Gebell der Hunde gegen die Wolken [3]). 679) *Die Flügel der Ameise*, von einem Wahrzeichen des Verderbens, weil eine Art von Ameisen unmittelbar, ehe sie stirbt, Flügel bekommt [4]). So sagt der Emir Ebu 'l-Fadhl B. Harun:

---

1) Arabb. provv. II. p. 358, prov. 129. Fl.
2) Arabb. provv. I, p. 740, prov. 87. Fl.
3) Arabb. provv. II, p. 893, prov. 163. Fl.
4) Arabb. provv. I, p. 137, prov. 431. Fl.

Sey mit dem, was dir beschieden,
Sey es noch so klein, zufrieden;
Wenn die Ameis' wird geflügelt,
Ist ihr Untergang besiegelt.

680) *Der Erwerb der Ameise*, als ein Bild der Aemsigkeit und des rastlosen Ansammelns. 681) *Die Stärke der Ameise*, indem sie im Stande einen Dattelkern fortzuschleppen [1]). Einer formulirte sein Compliment für einen König folgendermassen: „Gott gebe dir die Kühnheit der Fliege [2]), die Stärke der Ameise, die List des Weibes". Der König sagte erzürnt: „„Ich bedanke mich schönstens dafür! Die Kühnheit der Fliegen besteht darin, dass sie sich auf die Nase von Königen setzen, die Kraft der Ameise in unmässiger Anstrengung, der man das Doppelte aufbürdet, und die List der Weiber bewirkt das Verderben der Männer."" 682) *Die Besitznahme der Ameise*, die trotz ihrer Schwäche und Leichtigkeit von viel grösseren Gegenständen, als sie selbst, Besitz ergreift und sich darin behauptet. So sagt man, dass Ameisen sich verstümmelter Heuschrecken, denen ein Fuss ausgerissen ist, bemächtigen und sie mit sich fortschleppen, indem eine ganze Reihe derselben mit vereinten Kräften daran arbeitet; dies bezeichnet die Sprache durch die Redensart 683) *der Verein der Ameisen;* Dschahiſ macht in seiner Schilderung der Ameise darauf besonders aufmerksam. Schon Lokman sagt in den Ermahnungen an seinen Sohn: „O mein Sohn! die Ameise sei nicht ämsiger als du, sie, die im Sommer für den Winter einsammelt". In der Ueberlieferung wird erzählt: Amr B. Maadi Kerib, von Omer B. el-Chattbab um Saad B. Ebi Wakkaſs gefragt, habe ihn so geschildert: „Ein Löwe in der Schlacht, ein Beduine in seiner Tracht, ein Nabathäer in der Art wie er sein Kleid um die Füsse zusammennimmt." Saalebi bemerkt hierüber, dass hier die Sitte, das Kleid um die Füsse zusammenzunehmen (Ihtiba), nicht als eine nabathäische bezeichnet werden solle, indem diese Sitte eine ausschliesslich arabische; der Sinn sey: er ist eben so stark im Zusammennehmen der Kleider um die Füsse als die Nabathäer in ihren Künsten, nämlich im Feldbau und in der Steuererhebung. Soheil el-Dschehmi sagt:

Du wirst mich wiedersehn im Winter in der Stadt,
Wann Ameis' frisst was sie gesammelt hat.

So sagt Komeit in der Beschreibung grosser Dürre und Hungersnoth:

Es reichet aus was in der Vorrathskammer
Die Ameis' hat gesammelt für den Sommer.

Ein Anderer sagt:

---

1) Arabb. provv. II, p. 290, prov. 122. Fl.
2) Arabb. provv. I. p. 322, prov. 149. Fl.

Er sammelt für die Erben Hab' und Gut,
Wie Ameisen in ihren Dörfern sammeln.

Omer Abd-ol-aafif verwünschte den Sijad, indem er sagte:

Gott tödte den Sijad, der wie die Ameis' sammelt.

684) *Das Mark der Ameise*, von einem Dinge, das sehr schwer oder unmöglich zu finden und zu erhalten ist, wie Hundewolle und Vogelmilch (Nr. 550 u. 602). 685) *Das Gewicht der Ameise*, von sehr Leichtem und Geringem; die Redensart ist auf den Korantext (Sur. 99, V. 7 u. 8) gegründet: „Wer nur soviel, als eine Ameise wiegt, Gutes thut, wird es (am Tage des Gerichts) wiederfinden, und wer nur soviel, als eine Ameise wiegt, Böses thut, wird es gleichfalls wiederfinden." 686) *Die Wissenschaft des Hokl.* Hokl ist der Name eines sehr kleinen Insectes, welches ohne alles Geräusch geht, frisst und arbeitet. Rubet sagt:

Und wenn du mich die Wissenschaft des Hokl lehrtest,
Die Kunst, wie Salomon die Ameis' zu verstehn [1]).

XXXV. Hauptstück. Von dem was sich auf den Strauss bezieht. 687) *Das Ei des Strausses*, von vernachlässigten Dingen, an deren Stelle andere gesetzt werden, weil der Strauss statt seiner Eier fremde ausbrütet [2]). Aber wegen seiner blendenden Weisse dient es auch zum Vergleichungsgegenstande für die weibliche Hautfarbe, wie Feresdak von Frauen sagt, sie seyen weisser als das Ei des Strausses. 688) *Die Feindschaft des Strausses*, eine starke, grollende. 689) *Die flüchtigen Strausse.* Der Strauss, wiewohl halb einem Kameele und halb einem Vogel ähnlich, flieht doch die Gesellschaft sowohl von jenem als von diesem. So sagt Imran B. Hitthan von el-Haddschadsch:

Ein Leu, doch in der Schlacht ein Strauss,
Der, wenn er pfeifen hört, entflieht.

690) *Der Schatten des Strausses*, von allem sehr Langen. So sagt Dscherir in der Satyre auf Schebbet B. Okal:

Die Kanzeln schändend, wenn er auf denselben steht,
Des Strausses Schatten, Schebbet Ben Okal.

691) *Die beiden Flügel des Strausses.* Man sagt von dem, der sich eifrig zur Vollbringung einer Sache rüstet, er reite auf den beiden Flügeln des Strausses [3]). So sagt Schemmach in seiner Todtenklage auf Omer Ibn-ol-Chattbab:

---

1) Arabb. provv. II, p. 341, l. 7. Das Wort ist hier von unsicherer Bedeutung; nach dem türk. Ḳâmûs ist es ein Name Salomo's, der durch das folgende سليمان erklärt wird. Fl.

2) Arabb. provv. I, p. 164, prov. 46; p. 515, prov. 61. Fl.

3) Arabb. provv. I, p. 544, prov. 63. Fl.

Wer wird nun auf des Strausses Flügeln reiten,
Um zu erspähn was gestern sich begeben?

692) *Die beiden Füsse des Strausses*, wie die beiden Kniee des Kameels (Nr. 512), von zwei Personen oder Dingen, deren keines des andern entbehren kann, indem der Strauss, wenn er einen seiner beiden Füsse bricht, verloren ist. Man sagt von einem Pferde, dass es einen Straussenfuss habe, wenn es kurzschenklig, weil die Schenkel des Strausses kurz sind. 693) *Der Geruch des Strausses*, für einen sehr feinen, indem derselbe in grosser Entfernung Menschen und Thiere wittert [1]). Ebu Amr esch-Scheibani fragte einen Beduinen, ob der Strauss höre? „Nein," war die Antwort, „aber seine Nase vertritt die Stelle des Ohrs." Der Dichter Beihes hatte den Beinamen des Strausses von seiner starken Taubheit. 694) *Thörichter als der Strauss*, der seine Eier verlässt, um die eines anderen auszubrüten [2]). 695) *Die Gesundheit des Strausses* ist sprichwörtlich, wie im Deutschen: Gesund wie der Fisch im Wasser [3]).

XXXVI. Hauptstück. Von dem was sich auf Vögel bezieht. 696) *Der Freie der Vögel*, von Einem der jagt und nicht gejagt wird, der besitzt und nicht besessen wird. Die Freien der Vögel heissen die, mit denen gejagt wird, nämlich Falken und Habichte, auch Adler. Moawije redete den Saafsaa: „o Rother!" an. Er antwortete: „„Das Gold ist roth"". Dann redete er ihn: „o Blauer!" an. Saafsaa antwortete: „„Die Falken sind blau, die Fürsten der Vögel"". 697) *Das niedere Gevögel* heissen alle Vögel, die keine Klauen haben, im Gegensatze zu den Freien der Vögel. 698) *Die Wegziehenden der Vögel* (Kawathii) heissen die Zugvögel, welche im Winter ihren Aufenthaltsort in einem Lande verlassen und im Sommer wieder dahin zurückkommen, während die Winter und Sommer an einem Orte Nistenden Ewabid, d. i. die Bleibenden, heissen. 699) *Die Redner der Vögel* sind die Waldtauben, Turteltauben, Nachtigallen und die Singvögel überhaupt. Der erste Dichter, welcher diese Metapher gebrauchte, war Ebu 'l-Ola es-Seradi in seinen Versen:

Siehst du wie die Bäume sich bekleiden
Und der Taube Blut dem Trinker winkt,
Wie der Vogel nun als Kanzelredner
Auf der Ros' und Myrt' als Kanzeln spricht?

700) *Die Milch des Vogels*, von etwas Unmöglichem, wie die Wolle des Hundes (Nr. 684). 701) *Der Gesang der Vögel.* Saalebi sagt, das Schönste, was er über den Gesang der Vögel gehört, sey das Folgende, was Dschahif aus dem Munde des Ibrahim es-Soda

---

1) Arabb. provv. I, p. 698, prov. 130; p. 706, prov. 168. Fl.
2) Arabb. provv. I, p. 405, prov. 182; II, p. 711, prov. 418. Fl.
3) Arabb. provv. I, p. 748, prov. 114. Fl.

B. Schahik erzählt. „Während meiner Statthalterschaft zu Kufa sprach ich zu einem Menschen, der in beständiger Unruhe und beschäftigt war, Anderen Vergnügen zu verschaffen: „Sag' mir doch was dich in diese beständige Thätigkeit versetzt?" Er antwortete mir: „„Bei Gott! Ich höre den Gesang der Vögel Morgens auf den Bäumen, und den Schall der Lauten und Zithern, wann sie von Wohllaut zittern; aber Alles dieses macht mir nicht so viel Vergnügen als der Preis guter Handlung in dem Munde dessen dem man Gutes gethan"". 702) *Der Zufluchtsort der Vögel* hiess Sewr B. Schahme el-Anberi, ein edler Herr, der nicht zugab, dass auf seinem Gebiete Vögel gejagt würden. 703) *Die Klauen des Vogels*, von einem Orte, wo man sich nicht ruhig fühlt. So sagt ein Dichter:

Mein Herz ist in des Vogels Klauen,
Die mich ergreifen wann ich dein gedenke.

704) *Das Schlürfen des Vogels*, von etwas sehr Leichtem [1]). So sagt man: Leichter (geringer) als das Schlürfen des Vogels, wie man sagt: Leichter als das Leuchten des Blitzes. 705) *Die Flügel des Vogels*, von etwas Unruhigem und Bewegtem. In diesem Sinne sagt man auch: Unruhig als ob er auf dem Horne der Gaselle [2]), auf der Klaue des Thabthab (des Ballschlägels) [3]) sässe. Als Metapher der Schnelligkeit sind die Flügel des Adlers üblich. Man sagt die Flügel des Mannes von seinen Bundesgenossen, die Flügel des Hauses, die Flügel des Weges, die Flügel der Rettung. Ibn-ol-Mootef sagt sehr schön:

Wir trinken mit Grossen und Kleinen,
Nicht achtend Gefahren der Zeit;
Wir tanzen auf Fäden der Spiele,
Wir fliegen auf Flügeln der Lust.

706) *Die Schwungfedern der Flügel*, von dem Vortrefflichsten seiner Art. In diesem Sinne sagt man: das Antlitz des Throns, die Perle der Krone, das Mittelstück des Halsbandes; so sagt Ibn Hermet zu Abd-ol-Wahid B. Suleiman B. Abdolmelik in einer Kafsidet:

Ich diene dem Wahid, dem Vielgelobten,
Mir dienet zum Versteck die freie Haide;
Ich flüchtete mich unter deine Flügel,
Dein Vater ist Schwungfeder in dem Flügel.

707) *Die seltsame Anka* (Anka moghrib), von allem ungemein Seltenen, wovon wohl gesprochen wird, das man aber nie zu Gesicht bekommt, wie die Anka. Man sieht dieselbe höchstens auf den Wänden der Königsgemächer abgebildet; auf persisch heisst

---

1) *Dieterici*, Mutanabbi u. Seifuddaula, S. 220. Vgl. Arabb. provv. II, p. 654, prov. 238. Fl.
2) Arabb. provv. I, p. 383, prov. 129. Fl.
3) Arabb. provv. I, p. 261, prov. 178. Fl.

dieselbe Simurgh, weil sie so gross als dreissig Vögel. Die Araber sagen von Einem der eine höchst gefährliche Sache unternimmt: Er befindet sich im Schoosse der Anka. Mootadhid-billah sagte: Der Wunder der Welt sind drei, wovon zwei unsichtbar und nur eines sichtbar: die unsichtbaren die Anka und der rothe Schwefel, d. i. die Goldtinctur; das sichtbare Hafshafs, d. i. Ebu Abdallah el-Hosein B. Ahmed el-Hafshafs der Juwelier. Er hiess der Karun (Crösus) seines Volkes wegen seines grossen Reichthums, und war der unwissendste der Menschen, die Edelsteinkunde ausgenommen. Bei der Empörung, welche dem Moktedir Leben und Thron kostete, ging auch sein ungeheuerer Reichthum zu Grunde, der auf sechs Millionen Dukaten geschätzt ward. 708) *Der Vogel des Feuers*, d. i. der Salamander, der in demselben lebt. Nach Anderen ist dies der Phönix, der, wenn er alt wird, sich selbst ins Feuer stürzt und verjüngt aus demselben wieder hervortritt. Dschahif beschreibt den Salamander als einen im Feuer unverwüstlichen Vogel; er erzählt dabei eine Anekdote von einem Christen, der ein hölzernes Kreuz am Halse getragen, welches er für ein Stückchen des Kreuzes, an welchem Jesus starb, und für unverbrennlich ausgab und damit viel Geld gewann. 709) *Der Vogel der Schenkelsehnen* [1]) ist der Grünspecht, welcher immer das Kameel begleitet und sich auf die Schenkel desselben setzt; sonst heisst derselbe Schikrak und Achjel [2]). Die Araber halten denselben für eine übele Vorbedeutung vom Aufreiben des Rückens der Lastthiere, weil dieser Vogel sich nur auf den Rücken setzt; sie sagen sprichwörtlich: Ich bin einem Vogel der Schenkelsehnen begegnet. Das Wort Arakib, welches die Schenkelsehnen bedeutet, wird auch überhaupt in dem Sinne eines wichtigen und gefährlichen Geschäftes gebraucht.

XXXVII. Hauptstück. Von dem was sich auf die freien oder edeln Vögel (die Jagd- und Raubvögel) bezieht. 710) *Der Adler des Aethers*, ein Hoher, Unzugänglicher. Als Kafsir B. Saad den Amr B. Aadi seines Oheims Dschedhime Tod an der Mörderin Sebba (Zenobia's Schwester) zu rächen aufforderte, sagte dieser: „Wie kann ich ihr beikommen, da sie ein Adler der Höhe ist?“ Seitdem blieb dieser Ausdruck sprichwörtlich [3]). 711) *Der Adler der Haide.* Einige sagen, dass Melaa, ملاع, einen gedehnten Hügel (Hadhbet), Andere, dass es ein Feld, eine Haide (Saahra) bedeute. Die Adler der Haide sind schneller und scharfsichtiger als die des Gebirgs; daher sagt Amrolkais:

Ein Adler der Haide, kein Adler der Berge.

1) Arabb. provv. I, p. 694, prov. 126. Fl.
2) Arabb. provv. I, p. 694, prov. 127. Fl.
3) S. diese Ztschr. Bd. I, S. 182. Arabb. provv. I, p. 711, prov. 416. Fl.

712) *Die Entfernung des Adlers*, die Höhe, zu der er sich in der Luft emporschwingt [1]). Ibn-or-Rumi sagt:

Ein Volk, dess' Leichtsinn fliegt so hoch,
Dass es des Adlers Flug erreicht.

713) *Die Mahle des Adlers*, von sehr grosser Entfernung, indem der Adler Morgens in Irak, Abends in Jemen speisst. 714) *Das Junge des Adlers*, indem der Adler, so lang er jung und schwach, grosser Schonung bedarf. Mesrur, der Freigelassene Hafssaweih's, sagt in der an den Secretär von Merw gerichteten Kafsidet, worin er den Tod Nafsr's, des Sohnes desselben, beklagt:

O ödes Haus der Haide, das verwüstet!
O Station, worin die Bestie nistet!
O wehe dir, in deinem Umfang haben
Den Nafsr sie im Erdenschooss begraben!
Gleich ind'scher Wassermaus und gleich den Grillen,
Gleich jungen Adlern, die sich in die Erde wühlen.

So lange nämlich der junge Adler noch nicht stark genug ist, sich gegen seine Feinde zu vertheidigen, wühlt er sich in die Erde und bleibt bewegungslos wie todt liegen. 715) *Die inneren Federn des Adlerfittigs*, von grosser Schnelligkeit. Ebu Mohammed el-Chafin von Isfahan sagt:

Wenn vernünftig ich gewesen wäre,
Hätte ich erreichet hohe Ehre,
Wär' gelangt zu Höhen sondergleichen,
Die sonst Adlerschwingen nur erreichen.

716) *Der Habicht der Wüste*, wie der Adler der Haide, von einem stark gefiederten Habicht. 717) *Ein Habicht der Einsicht*, ein Kundiger, Verständiger. 718) *Die Brust des Habichts*, Alles was anmuthig und ungemein, wie der Nacken der Gafelle, der Hals der Taube, der Schweif des Pfaues (s. unten Nr. 770 in den Versen) [2]). 719) *Der Gestank des Ssakr* (*Würgfalken*), eben so sprichwörtlich wie der des Löwen (Nr. 574). So sagt ein Dichter:

Er hat des Leu'n Gestank, gemischt mit dem des Ssakr.

So sagt Bedi-of-feman el-Hamadani in einer seiner Makamen: „Bei Gott! ich fand in seinem Munde nur den Ssakr, und in seiner Hand nur die Ssahra (die Wüste).“

---

1) Das hier gebrauchte Wort Kab ist aus dem Koran, Sur. 53, V. 9, bekannt genug, von der Entfernung zweier Bogenweiten, in welcher der Prophet auf seiner nächtlichen Reise durch die sieben Himmel vom Throne Gottes entfernt stand.

2) Das hier von Saalebi angeführte Dutzend von Distichen ist im Falknerklee S. 99 u. 100 übersetzt worden. — [Vgl. auch *Dieterici*, Mutanabbi u. Seifuddaula, S. 109. Fl.]

XXXVIII. Hauptstück. Von dem was sich auf den Raben bezieht. 720) *Der Rabe des fruchtbaren Landes*, wo der Rabe bleibt, ohne es je zu verlassen; von Einem der da bleibt, wo es ihm gut geht. 721) *Der Rabe der Trennung* [1], wird sowohl von den schwachen und kleinen Raben als von den unglückbringenden gesagt; den Namen hat er davon, dass Raben nur in verlassenen Stäten, deren Bewohner von einander getrennt sind, nisten. Im Arabischen ist Gharabe, die Wurzel von Ghorab (Rabe), dieselbe, von welcher auch die Befremdung, istighrab, und die Fremde, ghurbet, stammt. Bedi-os-seman el-Hamadani giebt an einer Stelle eine rhetorische Beschreibung aller übeln Eigenschaften des Raben. Bei den Dichtern kommt der Rabe der Trennung häufig vor. Ebu Osman el-Choldi sagt von einem Fische:

Ein Fisch, der weiss wie reines Silbers Blick,
Mit schwarzem Schlamm bedeckt bis in's Genick,
Der Farbe nach Confect, das Moschus färbt,
Ein Rabe, der durch Trennung stets verderbt.

722) *Der Rabe der Nacht*, von einem die Menschen Fliehenden, der sich in die Einsamkeit zurückzieht. 723) *Der Rabe der Jugend*, metaphorisch für die schwarzen Haare, wie man *die Kühle der Jugend*, *das Kleid der Jugend* sagt. Hamsa von Isfahan richtete an Ibn-ol-Mootes folgende Verse, welche Saalebi in den irakischen Exemplaren von dessen Diwan nicht fand:

Das Haar auf meinem Kopf ist Schwarz gemischt mit Weiss,
Ein Heer, worin mit Negern Griechen sind gemischt;
Das Leben zehn um zehn vollendet seinen Kreis,
Von meinem Kopfe ist der Jugendrab' entwischt.

724) *Der Schnabel des Raben*, für die tiefste Schwärze. 725) *Das Auge des Raben*, von einem klaren Blick [2]). So sagt Ebu 'th-Thamahan:

Wann der Hirte trocknem Lande Wasser giebt,
Rein wie Rabenaug', das nie getrübt.

Man heisst den Raben auch den Einäugigen, weil er gewöhnlich eines seiner Augen schliesst oder nur zusammenzieht, um so schärfer zu sehen. So sagt ein Dichter:

Sie nennen geizig mich, weil hart bedrängt mein Geist;
So wird der Rabe auch Einäugiger genennt;
Ich bin das Gegentheil von dem, was man mich heisst,
Wie man die finstre Nacht zuweilen Kampfer nennt.

726) *Der stolze Gang des Raben*, sprichwörtlich von seinem Gange [3]). 727) *Die Gesundheit des Raben*, sprichwörtlich wie

1) Arabb. provv. I, p. 695, prov. 128. Fl.
2) Arabb. provv. I, p. 747, prov. 108. Fl.
3) Arabb. provv. I, p. 464, prov. 128. Fl.

die des Strausses (Nr. 695). 728) *Das Ergrauen des Raben*, von dem was nimmer geschieht. So sagt man: Diess wird nicht eher geschehen als bis der Rabe grau, die Maus weiss, ein Kabeltau durch ein Nadelöhr gezogen wird [1]). So sagt Saadet B. Haumet:

Eh' wird der Rabe grau, als lacht dein finstres Herz.

729) *Das frühe Aufstehn des Raben* [2]), eben so sprichwörtlich wie seine Vorsicht und Behutsamkeit. So sagt el-Chuaresmi in einer Kasside:

Sie stürzen in die Nacht, die rabenschwarz gekleidet,
Stehn früh auf zum Geschäft, vom Raben fast beneidet.

730) *Die Vorsicht des Raben*, sprichwörtlich. Der alte Rabe sagte zu seinem Söhnchen: „Wenn man auf dich schiesst, sieh' dich wohl rechts und links um!" „„Väterchen"", antwortete der junge Rabe, „„ich sehe mich rechts und links um, ehe auf mich geschossen wird"" [3]). 731) *Die Dattel des Raben*, die beste, weil der Rabe, der sich in Palmenhainen aufhält, die besten Datteln aussucht. Der Emir Ebulfadhl nennt sein Werk, welches den Titel des wohlverwahrten Buches führt: „den Hauptheil des Palmenhains und die Dattel des Raben, die Leuchte der Herzen und das beste Ei des Huhns". 732) *Der Falkenträger des Raben*, von einem Grossmüthigen, der mehr thut und giebt als in seinen Kräften steht. Ibn-ol-Mootef sagt in der Beschreibung schwarzen d. i. dunkelrothen Weines:

Getränk, das mehr zu loben als Duschab [4]),
Getränk, schwarz wie das Schwarz der Jugendgaben,
Als hielt ich in der Hand ein Glas Duschab,
Als wär' ich Falkenträger von dem Raben.

XXXIX. Hauptstück. Von den Tauben und dem was sich auf sie bezieht. 733) *Die Taube des Noah*, welche er auf Botschaft aussandte und die ihm den Oelzweig brachte. 734) *Die Taube des Harems*, von Ruhe und Sicherheit, weil die Tauben, die in der Frauenwohnung nisten, von keinem Manne gestört werden. Metonymisch heisst so das eingefriedete Thal von Mekka [5]) (s. Bd. VII, S. 554, Nr. 625); Koseijir sagt:

Gott fluch' den Feinden Ali's und Hosein's!
Für Tauben und Gasellen sind hier sich're Stäten,
Nur keine Sicherheit für Kinder des Propheten.

735) *Das Halsband der Taube*, von etwas Unzertrennlichem, wo-

---

1) Beidâwi, I, S. ۲۲۵, Z. 9 u. 10. Fl.

2) Arabb. provv. I, p. 202, prov. 176. Fl.

3) Arabb. provv. I, p. 407, prov. 187. Fl.

4) Duschab dasselbe wie Khoschab, eine Art von Sorbet, aus Korinthen bereitet.

5) Arabb. provv. I, p. 134, prov. 417—419. Fl.

von man sich nicht losmachen kann [1]). Die Legende sagt: Als Noah die Taube aus der Arche entsandte, wartete sie nicht bis Noah sie von dem Halsbande, mit dem sie angebunden war, losgemacht hatte, sondern flog sogleich davon, um seinen Auftrag desto schneller zu vollziehen. Zur Belohnung dafür blieb ihr das Halsband als Schmuck (der Ringeltaube); auch ihre Füsse sind von der Erde, die damals an ihnen haftete, noch jetzt roth gefärbt. Omeijet Ben Ebi 'ſs-Ssalt sagt:

Ich sandte eine Taube aus,
Die nie erschrocken vor Gefahren,
Und als sie tanzend kam nach Haus,
Die Füsse roth von Lehmen waren.
Als man das Zeichen untersucht,
An ihr ein Halsband ward gefunden,
Das wurde ihr auf ihrer Flucht
Wie Perlenschnüre umgebunden;
Wenn sie einst stirbt, so kann's von ihr
Wohl der Propheten einer erben,
Und tödtet man sie im Revier,
Kann man durch Raub es nicht verderben.

Eine der schönsten Beschreibungen, in welcher dieses Halsband vorkommt, ist die von Dschehm dem Sohne Chalef's:

Mein Herz zerreisst der Laut der Turteltaube,
Die girrt und gurrt, so früh als spät, im Laube,
Mit Halsband ausgeschmücket, das erfleht
Als Botenlohn für sie durch Nuh's Gebet.

Saalebi giebt noch mehrere solche Stellen aus den Gedichten Ferefdak's, Ibn-Hermet's, Babili's und Motenebbi's. 736) *Die Verlegenheit* und *Ungeschicklichkeit der Taube*, welche oft ihr Futter verfehlt und ihre Eier verliert [2]). Daher sagt Obeid Ibn-ol-Ebrals:

Verlierender, was sie besorgen sollten,
Als Tauben, die verlieren ihre Eier.

737) *Der Tonfall der Taube.* Die Araber haben drei Wörter für das Girren und Gurren der Taube, je nachdem dieselbe singt, oder seufzt, oder schwatzt. Ibn-ol-Kasani sagt vom Gesange der Taube:

O Nacht von dem Verein   Mit ihr und Wein,
Im Gartenparadies,   Wo sie verhiess,
Wo Turteltaube sang   Den Ast entlang,
Mit Halsband ausgeschmückt,   Das uns nicht drückt.

Ebu Firas sagt von der Klage der Taube:

---

1) Arabb. provv. I, p. 250, prov. 131. Fl.
2) Arabb. provv. I, p. 458, prov. 116. Fl.

Die Turteltaube seufzt in uns'rer Näh':
O Nachbar, uns're Lage du versteh'!

738) *Die Leitung der Taube* [1]. Die Brieftauben, welche sich in den weitesten Entfernungen zurecht finden, sind bekannt. Mittels derselben verständigten sich die Bewohner von Rakka, Mossul, Bagdad, Wasith, Basra und Kufa unter einander binnen vier und zwanzig Stunden.

XL. Hauptstück. Von den anderen Vögeln und dem was sich auf sie bezieht. 739) *Der Hahn des Himmels* [2]. Nach der Ueberlieferung sagte der Prophet: Gott hat einen Hahn erschaffen, dessen Kamm an den höchsten Himmel reicht, dessen Sporen unter der Erde und dessen Flügel in der Luft. Wenn zwei Drittel der Nacht vergangen und nur eins übrig, schlägt er mit seinen Flügeln und kräht: „Preiset den König den Heiligen, den zu Preisenden, den Herrn der Engel und Geister!" Da schlagen alle Hähne auf der Erde mit ihren Flügeln und krähen das Lob Gottes. 740) *Der Hahn Mesid's*, als Anlass von Glück und Wohlstand. Mesid, ein armer Mann, hatte einen einzigen Hahn, den er am Opferfeste schlachten wollte. Seine Frau, die er damit beauftragt, verfolgte denselben von Haus zu Haus, bis sie auf einen Topf fiel und denselben zerbrach. Die Nachbarn erkundigten sich nach der Ursache des Lärmens, und darüber verständigt, beeilte sich jeder dem Mesid etwas zum Feste ins Haus zu schaffen, der eine ein Schaf, der andere eine Ziege, der dritte eine Kuh; so dass Mesid bei seiner Rückkehr ganz erstaunt war über solchen Ueberfluss, den er seinem Hahne dankte. 741) *Die Schönheit des Hahns*, sprichwörtlich wie die des Pfaues (Nr. 750), und ihr noch vorgezogen, weil sie nicht durch die Hässlichkeit der Füsse geschmälert wird [3]. 742) *Die Begattung des Hahns*, eine häufige [4]. 743) *Die Freigebigkeit des Hahns*, welcher das Korn, das er gefunden, in den Schnabel nimmt, aber nicht behält, sondern der Henne giebt. Andere gebrauchen dafür statt des Hahns die Taube, welche das Korn aus dem Schnabel giebt, um damit ihre Jungen zu füttern; noch Andere das Meer, welches Perlen auswirft. 744) *Das Auge des Hahns*, als Metapher für Reinheit [5], und daher für reinen Wein. So sagt Achthal:

Der Wein wie Aug' des Hahns, so rein und leicht
Wie Spinnenspeichel, der in Lüften fleucht [6].

---

1) Arabb. provv. II, p. 896, prov. 171. Fl.
2) Quarante questions etc. publ. par *Zenker*, die 6ste Frage, S. 10 u. 11. Vgl. den Parôdars des Avesta, in *Spiegel's* Uebers., Bd. 1, S. 232, V. 51 u. 52, m. d. Anm. Fl.
3) Arabb. provv. I, p. 411, prov. 206. Fl.
4) Arabb. provv. I, p. 645, prov. 144. Fl.
5) Arabb. provv. I, p. 747, prov. 108. S. unten Nr. 770 in den Versen. Fl.
6) Bd. V, S. 186, Nr. 81. Fl.

745) *Das Huhn Hilal's*, in demselben Sinne wie der Hahn Mesid's (Nr. 740), von dem was seinem Besitzer Heil und Segen bringt. Hilal brachte ein fettes Huhn dem Abdorrahman B. Mohammed B. Eschaas, der eben beim Essen war. Dieser zog einen Brief des tyrannischen Statthalters Haddschadsch hervor, welcher den Kopf Hilal's von ihm verlangte. Hilal erschrack hierüber bis zum Tode. „Besorge nichts", sagte Abdorrahman, „dich hat dein Huhn gerettet". 746) *Das Huhn Ebu Hodheil's*, von Kleinem und Nichtigem, das vergrössert und unverdienterweise gepriesen wird. Das Sprichwort ist von Ebu Hodheil hergenommen, welcher dem Munis B. Imran ein Huhn zum Geschenk brachte und dessen Fettigkeit, Schmackhaftigkeit u. s. w. so sehr erhob, als wenn er eine ganze Tafel voll Speisen gebracht hätte. 747) *Das Repphuhn Hakem's*, gerade das Gegentheil von dem Huhne Hilal's, indem es von einem nichtigen Dinge gesagt wird, das grossen Schaden bringt. Ein Steuereinnehmer Hakem's, des Sohnes Eijub's aus dem Stamme Sakif, brachte demselben, als er einst bei Tische sass, ein Huhn dar, was jener ungnädig aufnahm, weil er dadurch im Essen gestört wurde. So sagt Feresdak:

Bist du genügsam, wird genügen dir die Jagd,
Du wirst nach Hakem's Huhn dann nimmer fragen;
Wer ist, der dann nach magerem Kameele fragt,
Wenn man die fettesten für ihn erschlagen? [1])

748) *Der Geier Lokman's*, sprichwörtlich von langem Leben bei vollkommener Gesundheit. Die darauf bezügliche Sage ist bei Gelegenheit der Lebensgeschichte Lokman's in den Jahrbüchern der Litteratur nach den Sprichwörtern Meidani's gegeben worden [2]). 749) *Der Ort, welchen der Geier im Auge hat*, das höchste Ziel. 750) *Die Schönheit des Pfaues* [3]), vorzüglich die des Pfaues im Paradiese, als des Musterbildes von Schönheit. Bohtori sagt von Ismail en-Nabhas dem Christen, der einen schönen Knaben gekauft:

O sehet wie der Antichrist
Zum Lebensquell gekommen ist,
Und wie des Paradieses Pfau
Dem Trennungsraben dient zur Schau!

Nasr el-Chobserossi sagt:

Ein Schönheitspfau, das schönste von den Anmuthsbildern,
Dess' Anmuth und dess' Schönheit nimmer ganz zu schildern:

---

1) Awaridh heissen Kameele, die man schlachtet, weil sie einen Fehler haben, Awabith gesunde, fehlerlose, ihres Fettes wegen als gute Bissen zum Schlachten ausgesuchte.

2) Arabb. provv. I, p. 438, prov. 47; II, p. 387, prov. 233; *Wüstenfeld's* Ibn Challikân, Nr. 730, S. 111, l. Z. u. ff.; Abulfedae Hist. anteisl. S. 20, Z. 6 u. 7. Fl.

3) Arabb. provv. I, p. 411, prov. 206. Fl.

Was schadt's ihm, dass er nicht umgürtet mit dem Schwert,
Da ja ein Schwert als Blitz aus seinen Augen fährt?
Freu' dich der Rose, die auf Wangen uns entzückt;
Ich seh' die Stunde schon, wo man dieselbe pflückt.

751) *Die Flügel der Pfauen*, von sehr schöner Schrift. Als der gelehrte Wesir Ssahib die schöne Schrift des gelehrten Fürsten Kawus sah, rief er aus: „Diess sind Flügel des Pfaus, oder die Schrift von Kawus!" 752) *Der Fuss des Pfaus*, Alles was die Schönheit entstellt. Synonyme Metaphern sind auch: die Flecken der Sonne und des Monds, die Nase der Gafelle, die Dornen der Rose, der Rauch des Feuers, das Kopfweh vom Weine (nach dem Rausche) [1]. 753) *Das Heer der Pfauen*, das Heer des Abdorrahman B. Mohammed el-Eschaas, der sich wider Haddschadsch empörte, wegen der vielen schönen jungen Leute, aus welchem dasselbe bestand. 754) *Die Schönheit des Repphuhns*, welche von Einigen der Schönheit des Pfaus und des Huhns vorgezogen wird. Der Alide Ebu 'l-Hasan B. Nafsr hat dieselbe beschrieben. 755) *Das Stehlen der Elster*, sprichwörtlich wie im Deutschen: Er stiehlt wie eine Elster (ein Rabe) [2]. Die Elster ist überhaupt in mehrfacher Hinsicht verrufen: als Diebin, als Verschwenderin, — weil sie das Gestohlene sogleich wieder wegwirft, — als sorglose Mutter, — weil sie ihre Eier verliert und um ihre Jungen sich nicht kümmert [3]. 756) *Die Wahrhaftigkeit des Katha*, der durch sein Geschrei: Katha! Katha! seinen eigenen Namen ausruft [4]. Daher sagt man auch: Seines Stammes kundiger als Katha, der Katha! Katha! schreiend seine Ahnen verkündet [5]. 757) *Die Leitung des Katha*, eben so sprichwörtlich wie die der Taube (Nr. 738). Der Katha findet seinen Weg durch unbekannte Wüsten, und besonders den Weg zu Quellen. Thirimmah sagt, um die Beni Temim zu schmähen [6]:

Auf Bahn des Unrechts rechter gehend als Katha,
Doch irre gehend auf dem Pfad der Tugend.

758) *Die Zehen des Katha*, für Etwas das sehr kurz, so wie die Zehen der Trappe (Bd. VII, S. 555, Nr. 636, u. oben Nr. 677) [7]. Der Dichter Dscherir sagt:

Ein Tag, der kürzer als des Katha Zehen.

So heisst es in einem der Sendschreiben des Ssahib: „Kürzer als die Zehen des Katha und als die Finger der Trappe." Und in

1) Ali's hundert Sprüche, 74. Spruch. Fl.
2) Arabb. provv. II, p. 568, prov. 526. Fl.
3) Arabb. provv. I, p. 406, prov. 184. Fl.
4) Arabb. provv. I, p. 741, prov. 90. S. unten Nr. 772 in dem Verse. Fl.
5) Arabb. provv. II, p. 775, prov. 99. Fl.
6) Hariri, 1. Ausg., S. 226, vorl. Z. Fl.
7) Arabb. provv. II, p. 295, prov. 140. Fl.

einem der Sendschreiben Chuarefmi's: „Kürzer als die Nacht der Trunkenen und die Zehen der Trappe." In den Gedichten einiger neueren Dichter findet sich auch der Ausdruck: Kürzer als die Sporen des Sperlings. 759) *Das Drohen der Trappe* (gegen den Saakrfalken), ein schwaches und ohnmächtiges. 760) *Die Waffen der Trappe*, ebenfalls schwache und ohnmächtige. Die Waffen (Siluh) der Trappe sind ihre Excremente (Solah), welche dieselbe aus Furcht von sich giebt, sobald sie vom Saakrfalken bedroht wird, indem sie mit den Flügeln schlägt, worauf dann andere Trappen sich versammeln und dem Saakrfalken so lange die Federn ausraufen, bis er stirbt. Hierauf spielt Motenebbi an, indem er sagt:

Dich verschone der Groll der Nächte, welche gewohnt sind
Mit dem harten Holz weiches zu brechen zusamm.
Feind, den du mit Rache verfolgst, kommt nimmer zu Ehren,
Jagen will der Feind Vögel des Raubs durch die Trapp [1]).

761) *Der Kummer der Trappe*, ein tödtlicher, welcher verursacht, dass die Trappe alle ihre Federn auf einmal abwirft, während andere Vögel sich nach und nach mausern [2]). 762) *Der Flug der Trappe*, ein sehr schneller, wie der Flug des Adlers [3]). 763) *Die Feigheit des Ssifrid* (der Nachtigall?). Ebu Obeide hält diese Metapher für eine von den Neuern gebildete (mowelled) [4]). 764) *Der Wiedehopf Salomons*, von einem Schwachen und Unangesehenen, der einen Grossen und Mächtigen leitet und lenkt. Wie jener Vogel den Abgesandten der Königin von Saba auf der Reise zu Salomon als Führer gedient, ist bekannt (s. Nr. 630). Er sieht das Wasser von weitem und kennt die Entfernung von demselben. Der Wiedehopf Salomons ist eben so sprichwörtlich wie der Rabe Noahs, die Taube der Arche (Nr. 733), der Wolf Obban's (Nr. 580), der Esel des Efdra (Nr. 549). 765) *Die Niederwerfung des Wiedehopfs*, von Einem der sich oft zur Erde niederwirft [5]). So sagt Ibn-ol-Mootef:

Zur Erde wirft der Wiedhopf seine Glieder,
Wie Magier vor ihrem Feuer, nieder.

766) *Die Pein des Wiedehopfs*, nach Sur. 27, V. 21, wo die Rede von einer Strafe, die Salomon über den Wiedehopf verhängen will. 767) *Der Gestank des Wiedehopfs*, welcher schon an und für sich stinkt, nicht blos durch Winde wie die Wüstenratte, oder wie andere Thiere durch ihre Excremente oder wenn sie als Aas faulen. So sagt Ibn-ol-Mootef:

---

1) Motenebbi's deutsche Uebersetzung S. 318.
2) Arabb. provv. II, p. 386, prov. 232. Fl.
3) Arabb. provv. II, p. 48, prov. 63 u. 64. Fl.
4) Arabb. provv. I, p. 327, prov. 159. Fl.
5) Arabb. provv. I, p. 646, prov. 146. Fl.

Stinkender als todter Wiedhopf,
Dessen Ueberzug ein Strumpf.

Hier ist dreifacher Gestank aufeinander gehäuft: der des lebenden Wiedehopfes, der des Aases, und der des Strumpfes [1]). 768) *Das Reden des Papageis*, wenn Jemand von einer Sache spricht ohne etwas davon zu verstehen. Als unter dem Chalifen Mostaïn die beiden Türken Wafsif und Bugha sich der Regierung bemächtigt hatten, spielten die Schöngeister von Bagdad mit dem Namen Bugha's und dem des Papageis (Babagha). Eine der schönsten Beschreibungen des Papageis ist die von Ebu Ishak efs-Ssabi [2]). 769) *Das Kichern der Turteltaube.* Saalebi sagt, er habe diese Metapher nur bei Abdallah B. el-Haddschadsch gefunden, der damit den Gesang einer Sängerin vergleiche. 770) *Der Gesang der Nachtigall* ist allbekannt. So dichtet ein Zeitgenosse Saalebi's:

Der Himmel hell wie Falkenbrust,
Die Erde Pfauenkiel der Lust;
Trink', Ebu Nafsr, trink' vom Wein,
Der wie das Aug' des Hahnes rein,
Und höre wie der Nachtigallen
Gesänge schmetternd wiederhallen!

771) *Der Gang des Repphuhns*, ein schöner Schritt und Gang.

Gar manchen Schritt des Hufs besiegt der Gang des Repphuhns,
Und Gang des Menschen gleicht nicht Schritten der Kameele.

Ein Zeitgenosse Saalebi's:

Dem, der dich trifft, ist sein Begehr gewährt,
Dein Antlitz scheuchet allen Kummer fort.
Vier Dinge sind's, durch die du uns besiegst,
Als zögst du aus der Scheid' der Ketzer Schwert:
Gafellenaug' und Gang des Repphuhns,
Der Tauben Halsband und Fasanenschmuck.

772) *Das Lügen der Ringeltaube.* Man sagt sprichwörtlich: Lügnerischer als die Ringeltaube [3]), welche viel schwatzt, also nach einem anderen Sprichworte auch viel lügt.

Vormals warst du wie der Katha ist [4]),
Lügner bist du nun wie Ringeltaube.

Lügenhafter als die Ringeltaube,
Welche Dattelreife stets verspricht.

773) *Der Traum des Sperlings*, sprichwörtlich für den Traum eines Thoren. So sagt Doreid Ibn-ofs-Ssomma:

---

1) Arabb. provv. II, p. 788, prov. 117. Fl.
2) *Wolff*, Carminum Abulfaragii Babbaghae Spec., p. 26—28. Fl.
3) Arabb. provv. II, p. 383, prov. 218. Fl.
4) d. h. wahrhaft; vgl. Nr. 756. Fl.

O Söhne Scheiban's! was hab' ich mit euch zu schaffen?
Ihr träumt die meisten nur den Traum der Sperlinge.

774) *Die Geilheit des Sperlings* [1]), der desshalb von allen Vögeln das kürzeste Leben hat. Saalebi bemerkt hierbei, dass alle Hausthiere, als Pferde, Maulthiere, Kameele, Kühe, Schafe, Hunde, Katzen, Tauben, Hühner, Schwalben, länger als der Mensch selbst leben (?). 775) *Die üble Einwirkung der Nachteule*, von Allem was Unglück vorbedeutet oder bringt. 776) *Die üble Einwirkung der Gans.* Sie gilt den Arabern für so unglückbringend, dass der Schiffer, der eine auf seiner Fahrt erblickt, nicht an dem Untergange seines Schiffes zweifelt. 777) *Der schnelle Schritt des Kirilla.* Der Kirilla ist ein kleiner Wasservogel, der sehr schnell läuft, mit einem Auge in den Grund des Wassers schaut, um Beute zu erhaschen, und mit dem anderen in die Luft, ob keine Gefahr von einem Raubvogel drohe. Daher auch die beiden Sprichwörter: Gieriger als der Kirilla, und: Vorsichtiger als der Kirilla [2]). So sagt die Tochter des Choss in ihrer gereimten Prosa: „Sey vorsichtig, wie der Kirilla, der, wenn er Gutes sieht, es an sich zieht, und wenn er Böses sieht, demselben entflieht.“ 778) *Das Rauben der Schwalbe*, eben so sprichwörtlich wie das Rauben der Weihe.

XLI. Hauptstück. Von dem was sich auf Eier bezieht. 779) *Das Ei des Anuk* (eines Vogels in der Grösse eines Raben, mit gelbem Kopfe und weissem Bauche, der nur in Ruinen oder auf den Gipfeln der höchsten Berge lebt und daher schwer zu finden und zu fangen ist), Metapher für ein sehr seltenes Ding [3]). Nach Ebu Amr ist Anuk der männliche Geier, der kein Ei legt; daher das Ei des Anuk sprichwörtlich von einem Dinge, das gar nicht zu finden ist. In einem Sendschreiben des gelehrten Wefirs Saahib an Saad B. Ebubekr el-Ismaïli heisst es: „Ist ein Ende abzusehen der langen Papierrollen — und der grossen Blätter der geschmiervollen, — damit er, wie's dir ergeht, erfahre, — und wie's mit deinem Kummer stehe, gewahre? — Was kann man ihm sagen, als dass du strebst das Ei des Anuk zu haben, — vergeblich, wie rothen Schwefel (den Stein der Weisen) und weisse Raben.“ 780) *Das Ei des Semasim*, eines unbekannten Vogels in der Grösse einer Schwalbe, dessen Eier nicht zu finden. 781) *Das Ei des Straussennestes*, bald zum Lobe, bald zum Tadel gesagt [4]); — ein Beispiel des erstern ist das Wort Ali's: „Ich bin das Ei des Straussennestes“ (ein Mann, um den sich Alle schaaren). 782) *Das Ei des Hahns*, von einem

---

1) Arabb. provv. I, p. 645, prov. 144. Fl.
2) Arabb. provv. II, p. 61, prov. 73; I, p. 410, prov. 203. Fl.
3) Arabb. provv. I, p. 183, prov. 146; II, p. 148, prov. 617. Fl.
4) Arabb. provv. I, p. 164, prov. 46; p. 515, prov. 61. Fl.

Dinge das im Leben einmal und nicht wieder vorkommt, weil nach der Meinung der Araber der Hahn einmal in seinem Leben ein Ei legt [1]). 783) *Das Ei der Unfruchtbaren*, in demselben Sinne wie das Ei des Hahns [2]). 784) *Das Ei des Zugemüses* (das Ei auf dem Spinat), nach welchem zuerst zu greifen sich nicht schickt. Hamduni sagt in der Satyre auf einen Schmarozer:

Er greift vor Allen nach dem Ei der Zuspeis.

Man sagt: „Drei Dinge sind der äusserste Beweis von Dummheit: erstens Einem, der im Schatten sitzt, einen Sonnenschirm zu reichen, zweitens vor allen Anderen nach dem Ei des Zugemüses zu greifen, und drittens sich in fremdem Hause schröpfen zu lassen." Dschahif überliefert von el-Harisi, dass er gesagt: „Allein seyn ist besser als schlechte Gesellschaft, ein schlechter Gesellschafter wiederum besser — als ein Gesellschafter der ein Fresser — (nicht alle Gesellschafter sind Fresser, aber alle Fresser sind Gesellschafter); wenn du aber durchaus mit Einem essen musst, so sey's mit Einem — der nicht das Mark stochert aus den Beinen, — der nicht nach dem Ei der Zuspeis greift vor irgend Einem, — der sich nicht aussucht des Huhnes Leber — und das Hirn, das da ist für den Festgeber, — der nicht die Nieren des Bockes (granelli) wählt — und auf die Seitenweiche (hypochondrion) des Widders hält, — nicht auf Kranichs Gekröse zählt — und in dem Kopfe nicht sogleich auf die Augen fällt, — nicht zuerst nach der Brust der Hühner greift — und vor Anderen die jungen Hühner vom Tische streift." — 785) *Das Ei des Islams*, für die Gemeine, die Kirche des Islams; so sagt man auch *das Ei des Stammes* oder *der Familie* für den Inbegriff derselben. 786) *Das goldene Ei*, die byzantinische Goldmünze, deren französischer Name, Besant, den Anfangslaut mit dem arabischen Beidha, ein Ei, gemein hat; aus dieser Lautähnlichkeit des Besant mit Beidha ist die arabische Fabel von dem aus goldenen Eiern bestehenden Tribute entstanden, welchen die Griechen den Persern gezahlt, bis Alexander denselben fortzuzahlen sich geweigert, was dann die Ursache des Krieges mit Darius geworden seyn soll.

XLII. Hauptstück. Von dem was sich auf Fliegen bezieht. 787) *Der Leichtsinn der Fliege*, sprichwörtlich: Leichtsinniger als Fliegen [3]). 788) *Die Keckheit der Fliegen*, die sich ohne Scheu auf den Rachen des Löwen setzen [4]). 789) *Das Getöse des Fliegengezänks*, sprichwörtlich. 790) *Das Getöne der Fliegen* (arabisch Thanin, onomatopöisch wie das lateinische tinnitus). Chuaresmi Ibn Aamir sagt:

---

1) Arabb. provv. II, p. 308, prov. 5. Fl.
2) Arabb. provv. I. p. 162, prov. 39. Fl.
3) Arabb. provv. II, p. 48, prov. 66. Fl.
4) Arabb. provv. I, p. 322, prov. 149. Fl.

Nie hörte auf Geschwätz der Kassideten,
Der Freunde Schmähn, das viele Namengeben,
Bis ich es aufgab, vorzog zu verstummen;
An jedem Ort sind Fliegen, welche summen.

Ibn Aarus sagt:

O du, dess' That Gesumm der Fliegen hindert,
Und dessen Muth Geknarr des Thores mindert.

791) *Die Sicherheit der Fliegen*, von äusserster Verachtung und Geringschätzung. So sagt Ibrahim Ibn-ol-Abbas ess-Ssuli:

Thu' was du willst und sag' was dir beliebt,
Blitz' mit der Rechten, donnre mit der Linken:
Du bist wie Mücken stets des Tadels baar.

792) *Das Zeugungsglied der Fliegen*, von allem Kleinen und Verächtlichen. 793) *Die Mücke der Sümpfe*, von bösartigen Mücken und Gelsen, von denen es in den Sümpfen Basra's wimmelt. Die Mücken dieser Sümpfe sind durch Bösartigkeit eben so sprichwörtlich wie die Scorpionen von Schehrsor (Nr. 664), indem sie schlafende Menschen umbringen. 794) *Die Schwäche der Mücke.* So sagt Ebubekr el-Chuaresmi:

Du bleibest klein, und kommst du auch wie Schwarm von Mücken,
Gelingt es dir doch nicht, Geduld mir zu verrücken;
Denn ist mein Herz von Gram und Kummer unterdrückt,
So ist's weil es von Klau'n der Anka wird zerstückt.

795) *Die Flügel der Gelse*, ebenfalls von etwas Kleinem und Verächtlichem [1]). So heisst es in der Ueberlieferung: „Wenn die Welt bei Gott den Werth eines Gelsenflügels hätte, so würde er dem Gläubigen darin keinen Trunk Wassers gewähren.“ 796) *Das Mark der Gelse*, von einem Dinge das nicht zu finden [2]). Man sagt: Du forderst von mir das Mark der Gelse, d. i. was ich nicht zu leisten im Stande bin. So sagte zuerst der Dichter Ibn Ahmer:

Du fordertest von mir das Mark der Gelse,
Das ich unmöglich dir verheissen konnte.

Nach ihm Ibn Aarus auf den Tod eines Knaben:

O hätt' ich nur gewusst, du würdest vor mir sterben
Als Füllen, eh' es noch der Muttermilch entwöhnt,
Ich hätte, dir zu Liebe, Alles dir gewährt,
Und hättest du das Mark der Mücke auch begehrt.

797) *Der Schmetterling des Feuers*, als Sinnbild von Leichtsinn, Unverstand, Heftigkeit, Flattersinn [3]). So sagt ein Dichter:

---

1) Beidâwi, I, S. ٢٢, drittl. Z. Fl.
2) Arabb. provv. II, p. 163, prov. 271. Fl.
3) Arabb. provv. II, p. 48, prov. 25. Fl.

Tahije's Söhne, die ein Zweig der Solma,
Sind Schmetterlinge, die in Gluth vergehen;
Um diese fliegend fallen sie hinein
Und wissen nicht wie ihnen ist geschehen.

Ein anderer Dichter:

Versiegelt ist mein Herz gen alles Lieben,
Versiegelt wie ein Blatt, das ward geschrieben;
Sie zog mich einen Augenblick nur an, —
So sehnt sich Schmetterling nach dem Vulkan.

Diese gewöhnliche Ansicht vom Schmetterlinge ist das Gegentheil der höheren sufischen, nach welcher der Schmetterling, der so lange um die Flamme fliegt bis er in derselben zu Grunde geht, das Sinnbild treuer sich aufopfernder Liebe ist, — der Gegenstand mehrerer romantischer Gedichte mit dem Titel: die Kerze und der Schmetterling. 798) *Der Unverstand des Schmetterlings*, bezieht sich auch auf das Umkreisen der Flamme, die ihn verzehrt [1]). So sagt Ebu Ishak efs-Ssabi: „Wie Schmetterlinge in Flammen und Fliegen in Wein fallen". 799) *Die Leichtigkeit des Schmetterlings*, welcher, wiewohl grösser als eine grosse Fliege, doch, in die Hand genommen, nicht so viel wiegt [2]). Man sagt von einem leichtsinnigen Menschen: Du bist ein Schmetterling des Paradieses. 800) *Die Besonnenheit des Schmetterlings*, in antiphrastischem Sinne, eben so sprichwörtlich wie die Besonnenheit des Sperlings. 801) *Der Speichel der Bienen*, die gewöhnliche Metapher für Honig. Einige Dichter geben diesen Namen auch der Mandelsulz. 802) *Der Scharfsinn der Biene*. Dschahif sagt zum Lobe der Biene: „Wer kann genug die Biene und ihren Scharfsinn preisen mit dem sie beurtheilt — was ihr zur Nahrung dient wo sie weilt? — Sie speichert auf was sie erworben — auf den Tag wo die Fluren abgestorben; — sie nimmt wahr was kein Anderer, — sie geht zu Rathe wie kein Anderer. — Sieh ihrer Regierung Zier, — ihren Gehorsam gegen den Emir, — die Vertheilung der Geschäfte — nach dem Maasse der Kräfte. — Gebenedeiet sey Gott, der Beste der Erschaffenden!" Ebulferedsch Jakub B. Ibrahim schrieb an seinen Sohn Saad, dem er einen Türken aus Bochara sandte: „Ich sende dir hier einen Knaben, der die Hitze des Feuers mit dem Scharfsinn der Biene vereint, — der, wenn er sich an deine Seite schmiegt, wie der aufgehende Mond scheint." 803) *Der Stachel der Biene*, wie der Dorn der Rose und der Dattel, von den Schwierigkeiten, welche vor dem Genusse eines ersehnten Gegenstandes zu bekämpfen sind. So sagt Ebu Temmam:

Was ich immer mag verlangen,
Werde sicher ich erlangen;

---

1) Arabb. provv. I, p. 332, prov. 178. Fl.
2) Arabb. provv. I, p. 456, prov. 107. Fl.

Hohes wird nur schwer erreicht,
Leichtes ist auf Ebnen leicht.
Glaubst du denn, o Lobjan's Sohn!
Wohlfeil sey der höchste Lohn?
Glaubst du, dass das Süsse frei,
Honig ohne Stachel sey?

804) *Die fette Biene.* Sobeir Ben el-Bekka (البكاء) erzählt mit Belegen dieser Ueberlieferung, dass Mofsaab der Sohn Sobeir's diesen Beinamen geführt ob seiner grossen Freigebigkeit und Huld, indem er einer der tapfersten und zugleich duldsamsten Menschen gewesen sey. Abdolmelik B. Merwan ertheilte ihm das Lob eines tapferen Anführers. Als Abdolmelik B. Amr B. Saad und Mofsaab B. Sobeir getödtet wurden, sagte ein Dichter:

Der Sultan hält es nicht für Schande sie zu strafen, —
Erniedrigung ist nicht die Hut der Stammesehre.
Sultane sind fürwahr Mofsaab und Amru,
Die Zweige von Koreisch, die beide sind mein Muster,
Die Säul' der Söhne Aafs, die hohe Säule,
Und in dem Haus Awwam's genannt die fette Biene.

805) *Die Biene des Zuckers,* weil der Honig die Stelle des Zuckers vertritt. So nennt Ebulfeth el-Bosti einen gerechten dankbaren Mann die Biene des Zuckers [1]), indem seine Gerechtigkeit Zucker, sein Dank Honig sey; und fährt dann so fort:

Verachte nicht den Mann, wenn du, anstatt in Putz,
Bedeckt ihn siehst mit Blut, mit Schwären und mit Schmutz;
So sieht von aussen schwarz, unrein die Biene aus,
Von deren Korb der Mann den Honig zieht heraus.

806) *Die Dünnleibigkeit der Bienen,* Gleichniss für einen schönen Wuchs bei Mädchen und Knaben, wie man bei uns eine Wespentaille preist. So sagt Amr B. Ebi Rebiaa:

Auf meiner Pilgerfahrt begegnet' ich drei Frauen,
Die waren hold und schön, Gafellen gleich zu schauen,
Vollmonde alle drei vor meinen trunknen Blicken,
Mit Hüften die den Leib zu Boden niederdrücken,
Und um die Mitte fein, dünnleibig wie die Bienen,
Dass in der Mitte sie halbieret mir erschienen.

XLIII. Hauptstück. Von der Erde und dem was sich auf dieselbe bezieht. 807) *Die Heimlichkeiten der Erde,* die Saaten, nach einem Worte des Propheten. 808) *Das Fett der*

1) Vermöge einer Paronomasie (welche Figur gerade dieser Dichter sehr häufig anwendet, s. Ibn Challikân ed. *Wüstenf.* Nr. ٣٨١), indem سُكّر Zucker, شُكْر Dank bedeutet.

Erde, erstens Weiden und Datteln, zweitens Schwämme, drittens eine Art kleiner Weissfische, mit welchen die kleinen weissen Finger der Frauen verglichen werden. Der Dichter Surrommet vergleicht dieselben mit Pflanzen überhaupt:

> Finger der herrlichen üppigen Frauen,
> Pflanzen verstecket und wieder zu schauen.

809) *Das Gehör und Gesicht der Erde*, die Wüste, wo man nichts als die Erde hört und sieht. 810) *Das Thier der Erde* ist das Thier der Apokalypse, welches vor dem jüngsten Tage als Zeichen desselben erscheinen wird; im Koran aber der Wurm, welcher den Stab durchfrass, auf den gestützt Salomon noch lange nach seinem Tode in aufrechter Stellung blieb [1]). Saalebi giebt zehn Distichen des Ibn-ol-Mootef, deren Ende auf diesen Wurm anspielt. Einer schmähte vor Abdallah el-Moſeni den Erdwurm, dessen Vertheidigung dieser übernahm, weil der Erdwurm den Achtbrief zerfressen, welchen die Koreisch wider den Propheten an der Kaaba aufgehängt hatten. 811) *Das Paradies der Erde* ist Bagdad und der Zusammenfluss des Euphrat und Tigris (eigentlich Obolla oberhalb Basra), wegen der Schönheit seiner Auen; wie die Ebene von Sogd, das Thal Bewwan in Persien, der Bezirk Gutha um Damaskus. Ebu Ishak es-Seddschadsch erklärte Bagdad für den einzigen cultivirten Ort der Erde, alle anderen Städte für Wildnisse. Ebulferedsch Babagha preist Bagdad als die Stadt des Islams und des Heils. Saalebi giebt das Lobgedicht Ibn Serik's von Kufa und das Prognostikon, welches der Astronom Newbacht bei der Erbauung der Stadt im J. 146 (763) gestellt, dass kein Chalife darin sterben werde. 812) *Die Breite der Erde*, die Ausdehnung derselben nicht nur in die Breite, sondern auch in die Länge, wie im Koran (Sur. 3, V. 127): Das Paradies, dessen Breite die der Himmel und der Erde. 813) *Die Sicherheit der Erde*, welche die ihr anvertrauten Pfänder treu bewahrt. 814) *Die Bedeckung der Erde*. Ibn-ol-Mootes sagt in seinen kurzen Aphorismen (El-fosul el-kissar): „Schmähe nicht den Todten, da die Erde denselben vor dir bedeckt.“ 815) *Die Pfähle der Erde*, die Berge, nach dem Korantexte (Sur. 78, V. 7): Und die Berge als Pfähle. Feresdak sagt zum Lobe Suleiman's des Sohnes Abdolmelik's:

> Verödet war die ganze Erde: da gab ihr andres Ansehn Suleiman;
> Die Berge sind der Erde Pfähle, die Pfähle der Cultur die Ben-Merwan.

816) *Der Schmuck der Erde* hiess zu Basra ein Kreis gebildeter und gelehrter Männer, wie Hammad B. Aadschred, Dewalet B.

---

1) Sur. 34, V. 13, wo jedoch die muhammedanischen Ausleger das Wort الارض als Infinitiv fassen: das Thier des Wurmfrasses, d. h. der Holzwurm.

el-Habab, Mothii B. Ijas, Jahja B. Sijad, Scheraat B. ef-Sendschud (Bd. V, S. 302, Nr. 228; Bd. VI, S. 56, Nr. 287). 817) *Die Pflanzen der Erde*, von Allem was häufig und im Ueberflusse. 818) *Das Leder der Erde*, die Oberfläche derselben. So sagt Aascha:

Die Erde ist das Wehrgehänge, womit sich Gott der Schöpfer angethan:
Er trägt es bald in Bergesknoten, bald in der Ebnen glattem Saffian.

819) *Die Wange der Erde*, die Oberfläche derselben. So sagt Ibn-ol-Mootef:

Die Wolke giesst aus ihren Wimpern Regen
In Tropfen und in Strömen auf die Au,
Sie hört nicht auf mit wiederholten Schlägen,
Bis dass der Erde Wangen grün und blau.

820) *Der Nabel der Erde*, der vierte der sieben Erdgürtel, als der gemässigteste und die Mitte der Erde, wo keine excentrischen Völker, wie Griechen, Slaven, Sendschen, Türken und Chinesen, wohnen. 821) *Der Rücken und Bauch der Erde*, die ganze Oberfläche der Erde. So sagt Ibn-or-Rumi von Ebu Ssakr:

Ich hab' in dir den Spendendsten gefunden
Von Allen welche greifen aus zu Pferde,
Von Allen die langsam zu Fusse gehen,
So auf dem Rücken als dem Bauch der Erde.

822) *Die Pocken der Erde* nannte der Prophet die Schwämme. 823) *Der Gemahl der Erde*, der Regen, weil er dieselbe befruchtet. So Ibn-ol-Mootef:

Es weint die Wolke, welche wetterleuchtet,
Sie weinet Thränen Liebender zur Erde,
Indem sie ihren Leib fruchtbar befeuchtet,
Damit sie vom Gemahle Mutter werde.

824) *Die Höcker der Erde*, die Berge und alle Anhöhen. 825) *Die Schlange der Erde* heisst ein schwer zu behandelnder, unzugänglicher Mensch, wie man die Schlange des Thales und des Bergs sagt, von denen schon oben unter den Schlangen die Rede gewesen (Nr. 648). Sulefsbaa el-Adwani nennt die Beni Adwan die Schlangen der Erde.

XLIV. Hauptstück. Von Häusern, Gebäuden und Wohnplätzen und dem was sich darauf bezieht. 826) *Das Haus der Zusammenkunft*, das Rathhaus zu Mekka, wohin die Koreisch zur Rathsversammlung berufen wurden; von diesem Versammeln (Neda) stammt der Name Dar-on-nedwet [1]). Es war das

1) *Kosegarten's* Ṭabari, III, S. 97; *Juynboll's* Marâṣid, I, S. ٣٨٤, Z. 4 v. u., wo الندرة in الندوة zu verwandeln ist; *Wright's* Ibn Ǵubair, S. ١٠٢ Z. 5 u. 6, S. ١٨٣ vorl. Z.; *Caussin's* Essai, I, S. 237 ff. Fl.

Haus Kofsaj B. Kilab's, in welchem alle Staatshandlungen, wie Kriegserklärungen und Friedensschlüsse, vorgenommen wurden. Von Kofsaj ging es auf Esed Ibn Abd-il-Offa und seine Kinder über. Kein Koreischit durfte dasselbe betreten, der nicht das Alter von vierzig Jahren erreicht hatte. Nach Esed war dessen Besitzer Hakim B. Hifam, von welchem seine Mutter innerhalb der Kaaba entbunden worden war [1]); von Hakim kaufte Moawia das Haus um hunderttausend Dirhem. Hakim war einer der vier Koreischiten, von denen der Prophet gesagt, dass er ihre Bekehrung zum Islam wünsche; die anderen drei: Attab B. Esid [2]), Dschobeir B. Mothim, Soheil Ben Amr. Der Wunsch ging in Erfüllung. Hakim lebte hundert zwanzig Jahre, sechzig vor dem Islam und sechzig in demselben. 827) *Das Haus Ebu Sofjan's*, für Sicherheitsstäte, weil Mohammed bei der Eroberung Mekka's das Haus Ebu Sofjan's dazu erklärte. 828) *Das Melonenhaus zu Mekka*, war der Fruchtmarkt, wo nicht nur Melonen, sondern alle Arten von Früchten verkauft wurden. Dschahif nennt im Buche der Länder als die drei einträglichsten Häuser: das Melonenhaus d. i. die Fruchthalle zu Surremenraa, das Haus Sobeirs zu Basra, und die Baumwollenhalle zu Bagdad. Obeidullah B. Abdallah B. Thahir nannte eines Tages in seiner Gesellschaft die Kasside mit dem Reimbuchstaben Nun, welche Ibn-or-Rumi auf Ebu Saakr gedichtet, eine Fruchthalle; die acht Distichen derselben, welche Saalebi anführt, worin Früchte aller Art als Vergleichungen erscheinen, rechtfertigen dieses Witzwort. Ebu Nasr Sehl Ben el-Mersuban erzählt in seinem, die Geschichte von Ibn-or-Rumi betitelten Buche, dass der Grammatiker Achfesch über diese Kassidet Ibn-or-Rumi's dasselbe Urtheil gefällt, wofür sich der Dichter durch eine Satyre gerächt. 829) *Das Schloss Teima's*, auch el-Hisn el-eblak, d. i. das scheckige, genannt [3]), weil es aus abwechselnden Lagen von schwarzen und weissen Steinen gebaut war; berühmt als der Sitz des Juden Samuel, welcher darin die ihm vom Dichter Amrolkeis bei dessen Reise nach Konstantinopel anvertrauten Panzer treu verwahrte (Bd. V, S. 293, Nr. 163). 830) *Die Kaaba Nedschran's*, die christliche Kirche zu Nedschran, eines der grossen Gebäude, durch welches, wie Ebu Obeide sagt, die Araber mit den Persern wetteiferten, wie der Palast von Ghomdan, die Schlösser Marid und Eblak [4]). 821) *Der Palast*

---

1) *Wüstenfeld's* Nawawi, S. ١٣٥, vorl. Z. Fl.

2) So, أُسَيد, auch nach *Wüstenfeld's* Nawawi, S. ٢٠٥, Z. 6 u. 7, nicht Useid, wie in *Weil's* Mohammed, S. 224, Anm. 354. Fl.

3) *Juynboll's* Marâṣid, I, S. ٢٦, Z. 8 ff., wo Z. 9 مشرق in مشرف zu verwandeln ist.

4) Arabb. provv. I, p. 218, prov. 32. Fl.

Ghomdan zu Ssanaa, die Residenz der himjaritischen Könige [1]). 832) *Der Dom Erdeschir's*, ein grosser Dom aus Steinen, von denen zweitausend Menn zum Baue desselben verwendet wurden, in der Landschaft Fars. 833) *Die Pyramiden Aegyptens*, als Bild der Dauer und Festigkeit. 834) *Der Leuchtthurm Alexanders*, als ein Weltwunder, mit dem aus der arab. Geschichte und Erdbeschreibung bekannten talismanischen Pharus. 835) *Die Kirche Roha's* (Edessa's), eines der vier Weltwunder (die anderen drei: der Leuchtthurm Alexanders, die Moschee der Beni Omeije zu Damaskus und die Brücke von Sendschet), berühmt durch ihre Gemälde, Säulen, Gewölbe und Lampen, deren Dschahiſ besondere Erwähnung thut. 836) *Die Moschee der Beni Omeije*, das Meisterstück arabischer Baukunst [2]). 837) *Die Brücke von Sendschet* [3]) über einen in den Sand sich verlierenden Fluss gleichen Namens zwischen Hiſsn Manſsur und Keisum, im Lande der Beni Modhar, zweihundert Schritte lang, in einem einzigen grossen Bogen aus Quadern, deren jeder zehn Ellen lang und fünf hoch, an den Enden der grossen zwei kleine. Bisher hat kein Reisender von dieser Brücke oder ihren Trümmern das Geringste gemeldet, desto mehr aber alle von den Schönheiten der folgenden Numer. 838) *Der Bezirk Gutha* bei Damaskus, welchen keiner poetischer beschrieben als Lamartine. Chuareſmi, welcher die drei anderen Paradiese Asiens, nämlich die Ebene von Soghd, das Thal Bewwan und die Auen von Obolla gesehen, zieht Gutha allen dreien vor; das Thal Bewwan hat Motenebbi besungen (in den Gedichten an Adhadeddewlet [4])), so auch der Dichter Ebu'l-Hasan Selami, als er den Fürsten Adhadeddewlet dorthin begleitete. Von der Ebene Soghd sagte Koteibe, der Eroberer von Soghd, sie sei grün wie der Himmel, ihre Paläste Sterne, ihr Fluss die Milchstrasse. 839) *Das Thal des Palastes* zu Baſsra, das schönste Thal vor den Thoren der Stadt, ein Paradies für Jäger und Fischer durch den Ueberfluss an Gaſellen und Fischen, besungen von Chalil [5]). 840) *Das Kloster des Heraclius*, für Narrenhaus, weil dort Wahnsinnige eingesperrt waren; ein Bewohner des Klosters des Heraclius so viel als im Französischen un échappé des petites-maisons. Saalebi führt die satyrischen Verse des Dichters Diibil an, in welchen er den Ebu Ibad, den Staatssekretär Mamun's, einen aus dem Kloster des Heraclius Entsprungenen nennt. Ebu Ibad beklagte sich desshalb bei Mamun, der ihm aber rieth dem Diibil

---

1) Ztschr. Bd. VII, S. 472, Z. 10 ff. Fl.

2) Gemäldesaal II. S. 134 der Bau, und V. 216 die ausführliche Beschreibung derselben.

3) *Juynboll's* Marâṣid, II, S. ٥٨, Z. 7 ff. *Jaubert's* Géogr. d'Édrisi, II, S. 139. *Arnold's* Chrest. arab. Gloss. p. 89, u. d. W. سَنْجَة. Fl.

4) *Wüstenfeld's* Ḳazwînî, II, S. ١٣٩ f. Fl.

5) *Dieterici's* Mutan. u. Seifudd. S. 45 f. Fl.

eben so zu verzeihen, wie ihm Mamun die wider ihn selbst gerichteten satyrischen Verse verziehen. 841) *Die beiden Seiten Herscha's* [1]). Herscha ist eine Anhöhe in Tihame, über welche zwei gleich lange und gleich gangbare Wege nach Mekka führen, so dass es gleichgültig, ob man diesen oder jenen wählt. Es wird gesagt wie bonnet blanc et blanc bonnet.

XLV. Hauptstück. Von dem was sich auf Länder, Städte und verschiedene Kenntnisse bezieht. 842) *Die Grundsteuer Aegyptens*, von ungeheuerem Einkommen, indem jene Steuer sich zu damaliger Zeit auf vier Millionen Dukaten belaufen haben soll. 843) *Der Hanf Aegyptens*, durch seine Vortrefflichkeit eben so berühmt wie die Baumwolle Chorasans. 844) *Das Papier Aegyptens*, als das beste, feinste und glätteste. 845) *Die Esel Aegyptens*, als die grössten, stärksten und schönsten. Die Chalifen ritten in ihren Gärten nur ägyptische Esel, und Motewekkil ritt auf einem solchen aus dem Dorfe Meris bis auf die Spitze des Minarets von Surremenraa (von welcher der Marcusthurm vielleicht eine Nachahmung). 846) *Die Aepfel Syriens*, die schönsten und wohlriechendsten. Sie verschmelzen, sagte der Chalif Mamun, das Roth der Wangen mit dem Gelb der Perle, dem Glanze des Goldes und der Weisse des Silbers, und ergötzen die Sinne durch Farbe, Geruch und Geschmack. Von den Districten (Dschond) Syriens wurden an den Chalifen jährlich dreissigtausend Aepfel geliefert. 847) *Das Glas von Damaskus*, in der älteren Zeit im Orient eben so berühmt wie später das von Venedig. 848) *Das Oel Syriens*. Im Koran heisst Jerusalem die Olive und Damaskus die Feige [2]), wie Mekka die Palme. Das Oel Syriens gilt für das vortrefflichste in seiner Art [3]), wie der Weizen von Ahwaf, das Wasser des Euphrat, die Datteln von Hedscher [4]). 849) *Indische Aloe*, die beste in ihrer Art, wie der Moschus von Tibet und der Ambra von Schihr. So sagt Ibn Mathran zum Preise der Freigebigkeit:

Freigebigster von den Geehrten Im ganzen weiten Weltreviere,
Der hohe Geist von deiner Grossmuth Befreit die Wange vom Gefliere;
Du streckst die Hand aus, dass damit Die Welt sich mannigfaltig ziere,
Mit dreier Länder bester Frucht, Von Hind und Turk und von Dschefire.

Hier sind alle drei Metaphern der Freigebigkeit, nämlich die indische Aloe, der Moschus Turkistans und der Ambra von Schihr als die besten ihrer Art, zu Einer verbunden. Kleider mit indischer Aloe durchräuchert behalten den Geruch davon eine Woche lang und leiden kein Ungeziefer. 850) *Indische Schwerter*, als

---

1) Arabb. provv. II, p. 341, prov. 76. Fl.
2) Nach einer Auslegung von Sur. 95, V. 1; s. Beiḍâwi zu d. St. Fl.
3) Beiḍâwi, II, S. ٢f, Z. 2 u. 3. Fl.
4) Arabb. provv. II, p. 350, prov. 100. Fl.

treffliche, wie schon Kaab B. Soheir den Propheten mit einem entblössten indischen Schwerte vergleicht [1]). Dichter und Redner spielen darauf in der Beschreibung von Wimpern an, besonders wenn die Schöne Hind heisst. 851) *Rubinen von Ceylon*, die feurigsten und schönsten, die der ersten Klasse Behremani, die der zweiten Rummani genannt. Ein Rubin der ersten Art, einen halben Miskal schwer, ist fünftausend Dukaten werth. Der berühmte Rubin el-Habl, d. i. das Seil, welcher zwei Miskal wog, wurde von Mansur um vierzigtausend Goldstücke gekauft. Moktedir fragte den Ibn-ol-Dschassas, woran man den edeln Rubin erkenne. Er antwortete: „An dem reinen Feuer für das Auge, an der Schwere in der Hand, an der Kühle auf der Zunge und an der Unverbrennlichkeit im Feuer.“ 852) *Die gestreiften Stoffe Jemen's*, welche Weschi und Aassab heissen, mit denen farbenreiche Gärten und Gedichte verglichen werden; im Handel eben so gesucht und bezahlt wie syrische Riemen, ägyptische Mäntel, persische Kleider, griechische reiche Stoffe, Schmuck von Bahrein, Kopfbinden von Obolla, Halstücher von Damaghan, armenische Hosenbinden und kaschanische Strümpfe. 853) *Jemenische Schwerter*, eben so gepriesen wie indische Klingen, persische Pfeilspitzen und chatthische Speere. Asmaai sagt: „Von vier Dingen ist die Welt voll, die nirgends erzeugt werden als in Jemen: die Pflanze Wers (Memecylon tinctorium), der Weihrauch, der Indigo und der Carneol.“ 854) *Griechische Kleider*, aus schönen farbigen Stoffen, mit denen von Dichtern so oft die Farbenpracht des Frühlings verglichen wird. Von griechischen Waaren standen auf arabischen Märkten besonders folgende hoch im Preise: der Mastix, die Scammonea, die Siegelerde und das feine Linnen (Sindon). 855) *Der Ambra von Schihr*, einem Uferlande zwischen Aden und Oman, von wo derselbe auf die Märkte von Mekka und Medina verführt ward. Mekka gab an den Sultan von Aegypten jährlich achtzig Rothl Ambra, viertausend Kleider und dreihundert Kameelladungen Zibeben. 856) *Die Hühner von Kesker*. Kesker ist ein District der Landschaft Sewad (am Zusammenflusse des Euphrat und des Tigris), wo die Hühner besonders gross und fett; auch die Fische, Schüsseln und Kessel von Kesker haben auf arabischen Märkten guten Klang. 857) *Der Zucker von Ahwas*, eben so berühmt wie der Weizen dieser Landschaft. So sagt Motenebbi:

Kohlen und Eisen kauten die Feinde
Wie sie sonst kauen Zucker aus Ahwas [2]).

---

1) Caabi Ben-Sohair carmen, ed. *Freytag*, v. 51. Fl.

2) In der deutschen Uebersetzung:
Gluth und Eisen kau'n die Feinde
Wie sonst Zuckerrohr die Freunde;
und in der Note: Zuckerrohr aus Ahwas.

Abwaſ liefert jährlich dreissigtausend Rothl Zucker. Die seidenen Stoffe von Tuster und die Rohseide von Sus sind ebenfalls berühmt und werden von Dichtern und Rednern häufig als Bilder für Zartheit gebraucht. 858) *Die Rosen von Dschur*, die schönsten und duftendsten Persiens, von den Gärtnern und Dichtern eben so gepriesen wie die Veilchen von Kufa, die Levkoien von Bagdad, der Safran von Kum, der Lotos von Serwan, die Orangen von Saimeret, die Citronen von Thaberistan, die Narcissen von Dschordschan; ebenso das Rosenwasser von Dschur. Die Abgabe von Fars an den Chalifen betrug jährlich sieben und zwanzig Millionen Dirhem, dreissigtausend Flaschen Rosenwasser von Dschur, zwanzigtausend Rothl Korinthen, hundert fünfzigtausend Stück Granatäpfel und Quitten, fünfzigtausend Rothl sirafischen Thon (zu medicinischem Gebrauch oder vielleicht zum Waschen), tausend Rothl Rosenhonig, und einen Rothl Mumia. 859) *Der Honig Iſsfahan's*. Die jährliche Steuer Iſsfahan's an den Chalifen betrug ein und zwanzig Millionen Dirhem, tausend Rothl Honig und zwanzigtausend Rothl Wachs. Moſsul, dessen Honig mit dem Iſsfahan's auf derselben Linie stand, lieferte jährlich in den Schatz des Chalifen vierzehn Millionen Dirhem und zwanzigtausend Rothl Honig. Iſsfahan war eben so wie durch seinen Honig durch die Menge des dort erzeugten Safrans und seine Augenschminke (Kohol) berühmt. 860) *Armenische Teppiche*. Armenien lieferte, mit der Steuer von dreizehn Millionen, jährlich dreissig einfache und fünfhundert achtzig gestickte Teppiche nebst dreissig Habichten an den Hof des Chalifen. 861) *Die gestreiften Zeuge von Rei* wetteiferten mit denen von Jemen um den Vorzug. Rei war noch berühmt durch seine gefranzten Kleider, seine schneidenden Speere, seine trefflichen Kämme, und die unter dem Namen Hefedsch und Emlas bekannten Granaten. In den Schatz des Chalifen lieferte es jährlich zwölf Millionen Dirhem mit hunderttausend Stück Granaten und tausend Rothl Pfirsichen. 862) *Der Thon Nischabur's*, dessgleichen die Erde nicht weiter hat, wovon der Rothl mit einem Dukaten bezahlt und der weit und breit als Geschenk an Könige verführt wird. Mohammed B. Sobeir schrieb ein besonderes Buch über den Gebrauch desselben. Amr Ibn-ol-Leis pries in einem von Saalebi mitgetheilten Lobgedicht auf Nischabur nebst den Türkisen vorzüglich den Thon desselben. Die Türkise Nischabur's sind weltberühmt, wie die Rubinen Ceylon's, die Perlen Oman's, die Chrysolithe Aegyptens, die Carneole Jemens, die Granaten Balch's. Ferner ist Nischabur berühmt durch leichte Kleider (Bachtedsch, Rachtedsch, Moſsmet). Im Arabischen ward Nischaburi in Sabiri verkürzt, so dass alle die erwähnten Seltenheiten Nischabur's auch Sabirische heissen. 863) *Korallen von Thus*, eine dieser Stadt eigene Art schwarze Korallen. Thus besitzt auch eine besondere Art Stein, aus welchem Töpfe und andere Gefässe verfertigt werden. 864) *Die*

Korinthen Herats, so auch die Zibeben Thaifi, welche von Herat kamen. Die Perser preisen die Korinthen Herats wie die Feigen Holwan's, die Brustbeeren Dschordschan's, die Pflaumen Bost's, die Granatäpfel Rei's, die Aepfel von Kumis, die Quitten Nischabur's, die Datteln Bagdad's. Ebu Thalib el-Mamun sang das Lob des Kischmisch (der körnerlosen Korinthen) in Versen, welche Saalebi mittheilt. 865) *Die Stoffe von Merw.* Die Araber nennen alle feinen Stoffe, die aus Chorasan kommen, merwische, weil Merw die Hauptstadt Chorasan's; sie heissen auch schahdschanische, weil Schahdschan der Beisatz des Namens von Merw. 866) *Die Pfennige von Bochara*, mit denen die Bewohner Bochara's zu kaufen pflegten. 867) *Das Papier Samarkand's*, weil das erste Papier im Islam von China über Samarkand nach Persien und Arabien kam, im Jahre wo Sijad Ben Saalih nach der Schlacht von Athlah die Bewohner von Samarkand gefangen fortgeführt. Da Samarkand erst im J. 56 der Hidschret erobert ward, so wird hierdurch die Epoche der Einfuhr des Papiers, welche Casiri nach einem arabischen Schriftsteller ins 30. Jahr d. H. setzt, um 26 Jahre näher gerückt. Von Samarkand kommen noch Salmiak, die Wefarischen Stoffe, welche Soghd liefert, und das Steinsalz von Kesch, welches röthlich und das beste aller Salze. 868) *Galanteriewaaren China's*, nicht nur Porcellan und Gemälde, sondern Alles was zierlich und schön. Dschahif lobt in seinem Buche, betitelt: die Gewährung der Einsicht in den Handel (Kitab et-tebfsiret bi 't-tidscharet), vorzüglich die chinesischen Tapeten, dann erst die rothen maghrebinischen, hernach die weissen von Thalakan, und giebt unter den Wollzeugen (Ssuf) den ägyptischen vor denen Armeniens, Tekrit's und Rufan's den Vorzug. 869) *Der Moschus von Tibet*, der reinste aus Ofshab; man findet dort den besten Moschus, so wie den schönsten Hermelin bei den Kirgisen, den kostbarsten Zobel bei den Kumuken; überhaupt hat Turkistan das schönste Pelzwerk von schwarzen Füchsen und weissen Hasen, so wie auch die schönsten Falken.

(Schluss folgt.)

Notizen, Correspondenzen und Vermischtes.

Die Vâsavadattâ des Subandhu.

Von

Dr. A. Weber.

Bei Gelegenheit meiner Analyse der Kâdambarî (oben VII, 582) habe ich bereits die Angabe Colebrooke's (As. Res. vol. VII. 1801) angeführt, dass sich Kavirâja, der Verfasser des Râghavapâṇḍavîyam, auf Subandhu den Verfasser der Vâsavadattâ (und Vâṇa, den der Kâdambarî) als Vorgänger in der doppelsinnigen Schreibweise berufe [1]). In derselben Abhandlung hat Colebrooke auch (misc. ess. II, 134—135) den Inhalt dieses Romans des Subandhu kurz und im Wesentlichen richtig dargestellt, und nach ihm hat noch Wilson im Hindu Theatre (1827) denselben beiläufig erwähnt (sec. edit. II, 35 n.). Beide haben auch bereits die Diskrepanz besprochen, welche zwischen diesem Inhalt und zwischen der Darstellung besteht, die wir in zwei anderen Werken von der Geschichte der Vâsavadattâ finden, in Bhavabhûti's Mâlatîmâdhava nämlich, wo es im zweiten Akt (ed. Calc. 1830 p. 38) heisst: „Vâsavadattâ übergab sich, die ihr Vater dem König Saṃjaya zugesagt hatte, dem Udayana,“ und im Kathâsaritsâgara, wo sie ihrem Vater, dem König von Ujjayinî, nach dessen eignem Wunsche durch den in dieser Absicht von ihm gefangen genommenen Udayana, König von Kauçâmbî, geraubt wird, ohne dass dabei irgend eines Nebenbuhlers Erwähnung geschieht: zu letztrer Erzählung stimmt auch die Angabe im Meghadûta (v. 31), dass die Leute in Avanti, d. i. Ujjayinî, der Erzählungen von Udayana kundig seien, was sich eben auf seine Gefangenschaft daselbst und seine Entführung der Königstochter von da beziehen mag. Gegenüber der Darstellung des Kathâsaritsâgara stimmt zwar Subandhu mit Bhavabhûti darin überein, dass sich bei Beiden Vâsavadattâ dem von ihrem Vater erkorenen Bräutigam entzieht und ihrem selbsterwählten Geliebten anvertraut, deren Namen aber sind bei Beiden völlig verschieden. Da nun ferner bei Subandhu mehrfach in Gleichnissen aus der Vorzeit der König Naravâhanadatta genannt wird, welcher im Kathâsaritsâgara als der Sohn der Vâsavadattâ und des Udayana auftritt

---

1) In Çaçadhara's Commentar dazu (Chambers 307) wird der Text nur unvollständig aufgeführt, auch ist das Msc. ziemlich inkorrekt: die betreffende Stelle I, 37 (? die Verszahl ist nicht sicher) lautet hier 9a: sureti | Subandhuḥ Vâsavadattâkartâ, Vâṇabhaṭṭaḥ Kâdambarîkâraç câ, 'sâv eva Râghavapâṇḍavîyakartâ, ete trayaḥ kavayaḥ param (!) vakroktau mârgeçleshâdyuktau (!) kuçalau nipuṇau nânya iti çeshaḥ | caturtho na vidyate naiva tatra kuçala ity arthaḥ | . — Ueber den Namen Vâsavadattâ als Namen des Romans selbst s. schol. zu vârtt. 1 bei Pâṇ. IV, 3, 87, und zu vârtt. 5 ebend. IV, 2, 60.

und dessen Abenteuer den wesentlichen Inhalt der leider noch unpublicirten Theile desselben bilden, da ferner auf diese Abenteuer speciell Bezug genommen, endlich auch Guṇâḍhya, der Verfasser der Vṛihatkathâ, welche die Grundlage des Kathâsaritsâgara bildet, direkt erwähnt wird, so liegt am Tage, dass Subandhu gar nicht die Geschichte *dieser* Vâsavadattâ hat schreiben wollen, sondern dass seine Heldin nur zufällig denselben Namen erhalten hat, gerade wie wir auch den Namen ihres Geliebten, des Kandarpaketu, noch anderweitig (z. B. im zweiten Buch des Hitopadeça fab. 7) antreffen. Auch das theilweise Zusammentreffen seiner Erzählung mit der Darstellung bei Bhavabhûti wird somit wohl nur ein zufälliges sein.

Von dem Leben und der Zeit des Subandhu wissen wir vor der Hand gar nichts bestimmtes, als dass er eben vor Kavirâja [1]) gelebt haben muss: nach einer Angabe A. Cunningham's (s. oben VI, 418), die wohl auf indischer Tradition beruht, war er a Kashmirian Brahman: es stimmt hiezu die mehrfache Bezugnahme auf den Buddhismus, die sich bei ihm vorfindet, denn da er seinem Stil nach jedenfalls wohl eine geraume Zeit später als der Verfasser des Daçakumâra zu setzen ist, so lässt sich eine dgl. Bezugnahme wohl nur in einem Landstrich denken, wo eben der Buddhismus selbst dann noch nicht aufgehört hatte, von Bedeutung zu sein. Leider fehlen in der mir zu Gebote stehenden Handschrift (Chambers 386, geschrieben in Benares, saṃvat 1705) die vier ersten Blätter, und somit auch die etwaige Auskunft, die der Verfasser vielleicht im Eingange über sich gegeben haben mag. Ich vermuthe übrigens, dass er früher als Vâṇabhaṭṭa, der Verfasser der Kâdambarî gelebt hat, theils weil Kavirâja ihn vor diesem nennt, theils weil seine Schreibweise in der That eine Art Mittelstufe zwischen Daçakumâra und Kâdambarî bildet. Die Prolixität beschränkt sich eben noch fast nur auf die Schilderung von Naturerscheinungen, Gegenständen, Persönlichkeiten, die mit massenhaften Epithetis überladen werden, wozu sich der Anfang ja auch im Daçakumâra schon vorfindet, hat sich aber noch nicht auf die Gedanken der handelnden Personen erstreckt, die in der Kâdambarî mit so ermüdender Breite und so widerlicher Weitschweifigkeit aus einander gezerrt werden. Eine ganz besondere Force zeigt Subandhu, weshalb er ja eben von Kavirâja erwähnt wird, in dem Gebrauch doppelsinniger Wörter und Vergleiche, welche letzteren deshalb häufig überaus gesucht, im Allgemeinen aber doch stets treffend sind, übrigens in der That für uns oft ein wirkliches Interesse ha-

---

1) Die Zeit des Kavirâja ist ebenfalls unbestimmt; denn wenn er auch I, 19 die Hoheit seines Patrons, des Königs Kâmadeva, als Herrn der Erde (dhârâpati) über die des Muṃxa, Herrn von Dhârâ (dhârâpati), erhebt, unter welchem wir offenbar den König Muñja (nach Lassen c. 993—1025) zu verstehen haben, so ergiebt sich doch daraus nicht, ob dieser zur Zeit des Dichters noch wirklich am Leben war, oder, ob er nur noch im Ruhme fortlebte: letztere Auffassung scheint jedenfalls zunächst die angemessenste: wenn nämlich der Daçakumâra wirklich nach Stil, Inhalt etc. für älter als Vâsavadattâ und Kâdambarî anzusehen ist, was kaum bezweifelt werden kann, so können deren Verfasser, resp. der ihnen wieder posteriore Kavirâja, selbstverständlich nicht Zeitgenossen des Muñja gewesen sein, insofern ja der Daçakumâra erst in die Zeit des (oder kurz nach) Bhoja (nach Lassen c. 1037—1093) gehört (Wilson, Daçakumâra, introd. p. 2—4).

ben, insofern sie sich nämlich grossentheils auf mythologisch - oder literarhistorisch - wichtige Punkte beziehen: die Gestalten des Mahâbhârata und Râmâyaṇa, viele Sagen aus den Purâṇa, aus der Mährchenwelt spielen in diesen Bildern und Vergleichen eine hervorstechende Rolle: auch die Astrologie, die Planeten und Zodiakalbilder, steuern ihr Contingent dazu bei. Seine höchste Kunst in der Wortspielfeinheit hat Subandhu in einigen bei Gelegenheit einer Schilderung eingestreuten Gesprächen zu entfalten gesucht, wo die Wörter nach der Weise des Nalodaya in steter Homophonie mit einander stehen, aber nur das eine Mal den natürlichen, das andre Mal einen höchst verzwickten, nur durch spitzfindige Zertheilung zu erlangenden Sinn haben: hier ist er das würdige Muster für das Râghavapâṇḍavîyam.

Das von mir benutzte Mscpt. ist sehr sorgfältig geschrieben und durchkorrigirt: es besteht aus 30 Blättern, von denen die vier ersten fehlen. Die Seite hat zehn Zeilen à circa 48 axara. Nach einer ungefähren Berechnung würde das Ganze, inclus. des Fehlenden, 37 Seiten des Calcuttaer Druckes der Kâdambarî füllen, ist also, da dieser 330 Seiten zählt, etwa neunmal so klein als dieses Werk. Die Ränder sind, mit Ausnahme etwa der letzten 6 Blätter, mit Glossen bedeckt, die theils, besonders im Anfange, aus Citaten aus Wörterbüchern u. dgl. (Amara, Vindhyavâsin d. i. Vyâḍi nach Wilson, Çâçvata, Halâyudha, Durga, Vâmana, Xîrasvâmin, viçva [prakâça], uttaratantram, medinî, hârâvalî, utpalinî, saṃsârâvarta, vṛixâyurveda, guṇapatâkâ) theils aus direkten Erläuterungen bestehen: die meisten sind von derselben Hand als der Text, und wohl schon in dem dem Schreiber vorgelegenen Mspt. enthalten gewesen: wenigstens ist einmal (19a) durch ein Versehen desselben eine solche Glosse mit in den Text aufgenommen worden, wo sie indess eingehakt ist, und hat ausserdem auch am Rande (18b) nochmals als wirkliche Glosse ihren Platz gefunden. — An mehreren Stellen werden auch sogar verschiedene Lesarten angeführt, so 7b. mârgadhenuçatam (adhvânaṃ gatvâ) für katipayadhanuḥçatam des Textes: ersteres ist offenbar die doctior lectio und darum wohl auch die ältere: dazu die Glosse: yojanaṃ mârgadhenuḥ syâd ity utpalinî: — 14a. karṇavaṇçâd (avatatâra) für karṇîrathâd des Textes: dazu die Glosse: karṇavaṇço bhaven manca iti hârâvalî: — 18a. citrîveti (viyad açobhata) für çvitrîveti: — 20a. ajnâtataṭasphaṭika (paṭṭasukhanishaṇṇa) für ataṭasphaṭika: — 21a. mahato mahato (= bṛihata utsavât) für hatamohatamo des Textes.

Der Defekt im Eingange ist für das Verständniss des Inhaltes ohne wesentlichen Nachtheil. Der Analogie nach zu schliessen, wird die Erzählung mit der Schilderung der Vaterstadt des Helden, etwa mit den Worten: „asti oder âsît (nun ein sehr langer Schwall von Beiwörtern) .... nâma nagaram" beginnen: der Name dieser Stadt wird im Innern des Werkes nicht erwähnt, Colebrooke (misc. ess. II, 134) nennt sie Kusumapura, das ist aber offenbar ein Irrthum, da dies die Vaterstadt der Vâsavadattâ ist. Es wird dann eine ausführliche Darstellung der guten Eigenschaften des Königs Cintâmaṇi folgen, der Name seiner Gemahlin (der sich aus dem Innern des Werkes nicht ergiebt), und eine lobpreisende Beschreibung ihres Sohnes Kandarpaketu. Das Mspt. beginnt auf Bl. 5 in der Schilderung der wunderherrlichen Schönheit eines jungen, etwa 18jährigen Mädchens, welches diesem

Kandarpaketu im Traume erscheint (diese nur aus Epithetis und deren Beiwörtern bestehende Schilderung reicht bis zur letzten Zeile von 6 a.):

„Von der heftigsten Leidenschaft ergriffen weiss sich Kandarpaketu nach dem Erwachen gar nicht zu fassen und geräth in grösste Schwermuth. Nur mit Mühe erlangt sein Freund Makaranda Eintritt zu ihm: dessen Vorstellungen, wie die Guten sich betrüben, die Bösen freuen würden, womit er sehr mal à propos eine lange Schilderung des Herzens der letztern verbindet, fruchten nicht das Geringste: unbemerkt verlassen Beide die Stadt (7 b, Zeile 6). Nach einem kurzen Marsch erhebt sich vor ihnen das Vindhyagebirge, das von der Revâ bespült wird: des Abends machen sie im Vindhyawalde Halt. Makaranda schafft Früchte und Wurzeln herbei und bereitet ein Lager unter einem Jambû-Baume. In der Nacht hören sie auf dessen Spitze den Streit eines Papageienpaares: das Weibchen (sârikâ) zankt das Männchen (çuka) aus, weshalb er so spät komme: er entschuldigt sich damit, heute eine ganz wunderbare Geschichte gehört und mit angesehen zu haben und erzählt, dazu von ihr aufgefordert, Folgendes (10 a, 5). „In Kusumapura (schol. = Pâṭaliputra) an der Bhâgîrathî wohnt der König Çṛiṅgâraçekhara nebst seiner Gemahlin Anaṅgavatî. Ihre schöne Tochter Vâsavadattâ ist, obwohl in herrlichster Jugendfülle prangend, noch unvermählt: da stellte ihr der König eine Selbstwahl an: keiner aber der von allen Seiten herbeigeströmten Prinzen gewann ihr Herz: in derselben Nacht jedoch sah sie im Traum einen schönen Jüngling und hörte auch seinen Namen, dass er Kandarpaketu, der Sohn des Königs Cintâmaṇi sei. Die brennendste Sehnsucht nach ihm verzehrt seitdem ihr Herz: ihre ernstlich um ihr Leben besorgten Zofen haben nun ihr Papageienweibchen (sârikâ, her confident Colebr.), Tamâlikâ genannt, ausgesandt, um sich nach jenem Kandarpaketu zu erkundigen, und die ist mit mir gekommen und befindet sich dort unter dem Baume.“ Als Makaranda dies hörte, stand er voll Freude auf, und setzte die Tamâlikâ von Allem in Kenntniss: sie aber verneigte sich vor dem Prinzen und überreichte ihm ein Blatt (patrikâm), worauf die Worte standen:

pratyaxadṛishṭabhâvâ 'py asthirahṛidayâ hi kâminî bhavati |
svapnânubhûtabhâvâ draḍhayati na pratyayam yuvatiḥ ||

„Deren Liebe man klar gesehen, die doch oft noch ihr Herz verschloss:
wer kann denn da wohl trau'n der Maid, die er im Traume nur genoss!“

Dieses resignirte Liebesbekenntniss versetzt den Kandarpaketu in ein Meer von Wonne; er steht langsam auf, umarmt die Tamâlikâ (was bei einer sârikâ doch ziemlich schwer halten muss!) und bringt den Rest der Nacht und den ganzen folgenden Tag mit ihr in Fragen und Gesprächen über Vâsavadattâ hin (: weshalb so lange Zeit, ist nicht klar, wohl nur um dem Dichter Gelegenheit zu einer schönen, aber sehr langen Schilderung der Abenddämmerung, des Nachteinbruchs und Mondaufgangs 15 b, 8—20 a, 6 zu geben). In der nächsten Nacht bei strahlendem Mondschein machen sich dann alle drei auf nach der Wohnung der Vâsavadattâ: der Prinz und seine Geliebte fallen bei ihrem gegenseitigen Anblick vor Entzücken in Ohnmacht: durch die Bemühungen des Makaranda und der Zofen wieder zu sich gebracht, setzen sie sich auf *einen* Sitz, und Kalâvatî, die Freundin der Vâsavadattâ, erklärt dem Kandarpaketu, dass deren Vater beschlossen habe, sie am nächsten Morgen dem Pushpaketu, Sohne des Vidyâdharakönigs Vijayaketu, zum Weibe zu geben: Vâsavadattâ sei aber entschieden gewesen, wenn Tamâlikâ ohne ihn zurückkomme, sich in das Feuer zu stürzen: er möge nun anordnen, was jetzt zu thun sei. Ohne langes Zögern nimmt hierauf Kandarpaketu die Princessin mit sich auf das Ross Manojava, lässt den Makaranda als Kundschafter zurück, und entflieht mit ihr aus der Stadt in den Vindhyawald, wo sie die Nacht wachend zubringen, und am Morgen erst entschlummern. Von den grossen Anstrengungen, die er durchgemacht, ermattet, wacht K. erst um Mittag auf, findet die Laube leer, sich von seiner Geliebt verlassen, und bricht nach vergeblichem Suchen in die heftigsten Klagen aus. Nach Süden gewendet irrt er dann wehklagend im Walde umher und gelangt nach einiger Zeit an das Gestade des Meeres: er beschliesst aus Verzweiflung sich im Wasser den Tod zu geben. Als er sich eben dazu anschickt, ertönt aus der Luft eine Stimme, die ihm zu leben gebietet und Wiedervereinigung mit seiner Vâsavadattâ verheisst. Er lebt nun im Walde, von Früchten und Wurzeln sich nährend: nach einigen Monaten kam die Regenzeit heran, und am Beginn des Herbstes (çarad) traf er einstmals bei seinem Herumstreifen auf eine Statue von Stein (çilamayim putrikâm), die er in seinem Liebesgram der Aehnlichkeit mit der Geliebten wegen mit der Hand berührte; der Stein verschwand auch alsbald und Vâsavadattâ stand in lebendigem Liebreiz vor ihm: nach langer Umarmung erzählt sie ihm unter schweren Seufzern die Geschichte ihrer Verwandlung: sie war an jenem Morgen aufgestanden, um für ihn Früchte und Wurzeln zu sammeln, und war nach einigen Schritten auf eine lagernde, bewaffnete Carawane getroffen, deren Führer sich ihrer zu bemächtigen eilte: aber auch ein Kirâtafürst, der auf der Jagd begriffen war, eilte herbei. In der Ueberzeugung, dass K., weil allein, unfehlbar getödtet werden würde, sei sie nun nicht gegangen, ihn zu wecken, sondern selbst zu sterben entschlossen gewesen. Der Kampf zwischen beiden Parteien habe indessen mit ihrer gegenseitigen Vernichtung geendet, und sie selbst sei dann von dem Einsiedler, dessen Einsiedelei durch diesen Kampf zerstört wurde, verflucht worden, zu Stein zu werden, bis zu der Zeit, wo ihr Gemahl sie finden und berühren würde.

Kandarpaketu kehrte hierauf mit dem mittlerweile auch herbei gekommenen Makaranda und mit seiner Vâsavadattâ in seine eigne Stadt zurück, fortab aller Freude geniessend, die sein Herz nur begehren mochte."

Ich gehe nunmehr zu einer ungefähren Zusammenstellung derjenigen für die Zeit der Abfassung wie überhaupt bedeutungsvollen Data über, die sich im Innern des Werkchens, und zwar hauptsächlich in den fast stets doppelsinnig zu fussenden Gleichnissen, vorfinden.

Auf den **Buddhismus** beziehen sich folgende Stellen. Von der Finsterniss (timiram) wird 17b gesagt, dass sie „**bauddha**siddhântam (das neutrum in Analogie zu timiram) iva *pratyaxadravyam* apahnuvânam ajṛimbhata." Die Vâsavadattâ selbst sieht K. bei ihrem ersten wirklichen Anblick (22a) „**bauddha**saṃhatim iv*âlaṃkâra*prasâdhitâm", wo alaṃkâra theils Schmuck bedeutet theils einer Glosse nach (buddhistisch-) technischer Ausdruck für bhâshya ist. Von der Abenddämmerung heisst es (17a), dass sie „bhixukiva **târâ**nurâgaraktâ*mbaradhâriṇî* samadṛiçyata", wo unter Târâ der

Glosse nach „buddhadevatâ“ (resp. ausserdem auch die Sterne) verstanden ist. Die eben aufgehende Sonne (bâlâtapa) erscheint nach 24 a: kâshâyapaṭa iva sa(!)çâkyâçramamaṭhikâsu. Der Vindhyaberg verschliesst den Anblick der Himmelsgegenden (8 b) „mîmânsânyâya iva pihita*digambaradarçanaḥ*“: die nächtliche Finsterniss (çârvaram andhakâram) in gleicher Weise (18 a) „çrutivacanam iva xata*digambaradarçanam*-ajṛimbhata“, und auch vom Staube heisst es (30 a), dass durch ihn „mîmâṇsakeneva tiraskṛita-*digambaradarçanena* — — (raṇajena rajasâ) vijijṛimbhe.“ Man könnte hier unter digambara auch die Jaina verstehen, eine andre Stelle aber 13 a „Jaiminimatânusâriṇa iva *tathâgata*matadhvaṇsinaḥ“ führt mit Sicherheit darauf hin, dass wirklich die Buddhisten damit gemeint sind.

In Beziehung auf den Cultus ist von Bedeutung, dass es vom Vindhyaberge heisst (8 a), er sei mit mallikâ-Blumen und arjuna-Bäumen (oder -Gräsern) bedeckt „Çrîparvata iva saṃnihita*mallikârjunaḥ*“, wie Çrîparvata, auf dem Mallikârjuna, der Glosse nach etannâmâ çivaḥ, wohnt: es ist dies einer der 12 dem Çiva heiligen Tempel, which were in high repute about the time of the Mohammedan invasion (Wilson, Daçak. introd. p. 11.): s. Catalog der Berl. Sanskr. H. p. 347. Von andern Namen des Çiva werden noch genannt paçupati und virûpâxa 8 a, mahânaṭa 10 b u. a. Bei Kusumapura wird nach 10 b die Kâtyâyanî (Durgâ) als Vetâlâ verehrt „yatra surâsuramukuṭamaṇimâlâlâlitacaraṇâravindâ Çumbha-Niçumbha-valamahâvanadâvajvâlâ Mahishamahâsuragirivaravajradhârâ praṇayapraṇatagaṅgâdharajaṭâjûṭaskhalitajâhnavîjaladhârâdhautapâdapadmâ bhagavatî Kâtyâyanî *Vetâlâ*bhidhâ svayaṃ vasati“. — Von Vishṇu's Namen ist mir Nârâyaṇa aufgestossen 23 a (bis), Hari u. dgl.

Die Erwähnungen der Helden des Mahâbhârata und Râmâyaṇa sind überaus häufig. Bemerkenswerth ist, dass Duryodhana hier Suyodhana genannt wird (5 b. 30 a). Çaṃtanu 27 a, bhâratasamara 9 a. 17 a. 23 b. 24 a, Kuruxetra 24 b, Kurusenâ 23 a. b, Kauravasainikâs 14 a, Dhârtarâshṭrâs 13 a. 23 b, Bhishma und Karṇa 8 a. 30 a, Droṇa 14 a. 17 a. 23 b, Ulûka und Çakuni 23 b, Pâṇḍavâs und Pâṇḍuputrâs 13 a, Yudhishṭhira 27 a, Arjuna 13 b. 23 a (bis), Bhîma 8 b, Kṛishṇâguru (=Drupada) 13 a, Dhṛishṭadyumna 17 a, Çikhaṇḍin 8 a — gehören der Mahâbhâratasage; Sagarasutâs 12 a. 26 a, Ajâpâla 10 a, Daçaratha 27 a, Râma 10 a. 14 a. 18 b. 23 a. 27 a, Vaidehî 23 a, Bharata 10 a, Laxmaṇa 18 b, Sugrîva 5 b. 18 b. 20 b, Târâ 18 b, Sugrîvasenâ 8 a. 10 a. 23 a, Aṅgada 5 b. 14 a, Ṛixa, Gavaya, Çarabha und Kesari 8 a, Gavâxa 10 a, Kumuda 8 a. 23 a, Panasa, Candana und Nala 23 a, Vâlin 14 a, Râmasetu 26 b, Laṅkâ 23 a, Râvaṇa 12 a. b, Kumbhakarṇa 8 a. 20 b. — der des Râmâyaṇa an. Auch das Bhâratam und Râmâyaṇam selbst werden 22 a, und Vâlmîki 23 a, erwähnt: desgl. auch harivaṇçâḥ 8 b, Janârdana 8 a, Kṛishṇa als Feind des Kaṇsa 14 a, Kaṇsâri 28 b. Dem epischen Sagenkreise, resp. dem der Purâṇa, gehören ferner an die Viçvâmitra-Söhne Ambhoja, Câmara und Matsya 28 a, Purûravas, Nahusha, Yayâti, Sudyumna, Somaka und Jantu, Purukutsa, Kuvalayâçva, Nṛiga, Kârtavîrya 27 a, Damayantî und Nala, Indumatî und Aja, Çakuntalâ und Duḥshanta 14 a, Puloman 23 a, Pulomatanayâ 12 a, Indrâṇî 10 b. 12 b. 23 a, Jayanta 14 a, Bṛihaspati und Târâ, Brahmadattamahishî, Açvatara (=nâgarâja)-kanyâ 22 a, Kalâṅkura und Nagaramaṇḍanâ 13 a, Hiraṇyakaçipu 8a, Vali 10a, Kîca 8b, Andhâsura 10b, Kumbhînasî 26b, Mahisha, Çumbha, Niçumbha 10b. Der Mährchenliteratur endlich gehören an Naravâhanadatta und Madanamañjarikâ 14b, derselbe und Priyañguçyâmâ 8a. 22a, ebenso wohl auch Nalakûvara (Wils. s. v. Nalakûvera) und Rambhâ 9b. 14b, Dhûmorṇâ und Dharmarâja 14b.

Ausser den im bisherigen bereits aufgezählten Autoren oder Werken finden sich noch erwähnt: Guṇâḍhya als Verfasser der bṛihatkathâ 13a (letztere auch noch 10a), Mallanâga (nach der Glosse = Vâtsyâyana) als Verfasser eines kâmasûtra 8a, chandoviciti, naxatravidyâ, nyâyoddyota (= nyâyabhâshyam), upanishad 22a, vyâkaraṇam 22a. 26b, die 64 kalâs 13a. Die grosse Bedeutung der Astrologie ergiebt sich aus der häufigen Erwähnung der Planeten und Zodiakalbilder in Vergleichen etc., so 6a. 8b (bis). 10b. 11b. 17a. 25a.

Folgende Beispiele werden am Besten die Art und Weise dieser Erwähnungen darstellen, und enthalten zugleich das Meiste, was darunter von besonderer Bedeutung ist oder noch werden kann: die doppelsinnigen Worte sind wie bisher cursiv gesetzt.

Der Vindhya-Berg erschien dem Kandarpaketu 8a: Sugrîva iva *ṛixa-*[1]) *gavaya-çarabha-kesari-kumuda* (diggaja Glosse)-sevyamânapâ*da*chhâyaḥ, paçupatir iva *nâga*niçvâsasamutxipta*bhûtir*, janârdana iva *vicitravana*mâlaḥ, subasrakiraṇa iva *saptapatrasyandana*peto, virûpâxa iva saṃnihita*guhaḥ çivâ*nugataçca, —, Çriparvata iva saṃnihita*mallikârjuno*, Naravâhanadatta iva *priyañguçyâmâ*sanâthaḥ, — — Karṇa ivânubhûtaç*atakoṭi*dâno, Bhîshma iva *çikhaṇḍi*muktair *ardhacandrair* âcitaḥ, kâmasûtravinyâsa iva *mallanâga*ghaṭitaḥ *kântâraṣâ*numoditaçca, Hiraṇyakaçipur iva *çambara*kulâçrayo, — Kumbhakarṇa iva *dantâ*ntarâlagatavânaravyûhaḥ, — Bhîmo 'pi *kîcavançanâ*subṛit, — yaç ca — mîmâṇsânyâya iva pihita*digambaradarçanaḥ*, yaç ca *harivançair* iva *pushkara*prâdurbhâvaramaṇîyai, râçibhir iva *mînamithunakulîra*saṃgataiḥ, karaṇair iva *çakuni-nâga-bhadravâla-vakula*opetair devakhâtakair upaçobhitopântaḥ. —

Der Vindhyawald erhält 9b die Beinamen: Uttaragograhabhûmyeva vijṛimbhita*bṛihannalayâ*, Marudeçaṭakkayeva (?) *ghanasârasârthavâhinyâ*, Nalakûvaracittavṛittyeva satatadhṛita*rambhayâ*, — Virâṭalaxmyevânanditakîcakaçatayâ (Vindhyâṭavyâ).

Kusumapura wird 10a. b. also beschrieben: asti praçasta*sudhâ*dhavalair, vṛihatkathârambhair iva *çâlabhañjik*opaçobhitair (çâlabhañjî vidyâdharî dârupatrikâ Gl.), vṛittair iva *samânavakakrîḍitaiḥ*, kariyûthair iva *samattavâraṇaiḥ*, Sugrîvasainyair iva *sagavâxair*, Valibhavanair iva *sutalasaṃniveçair* veçmabhir udbhâsitam, — — mahânaṭabâhuvaneneva vṛiddhabṛihad*bhujangena* (veçyâpatir bhujangaḥ Gl.), garuḍeneva *vilâsi* (sarpa Gl.) -hṛidayatâpakareṇa, Andhâsureṇeva [2]) *çûlânâm* (paṇyayoshit Gl.) upari gatena veçyâjanenâdhishṭhitaṃ K. nâma nagaram |

---

1) Die Regeln des saṃdhi sind zum Behufe der Deutlichkeit überaus häufig im Mspt. vernachlässigt: dasselbe findet ja auch im Calc. Druck der Kâdambarî statt.

2) Dazu die Glosse: Andhâsuro Bhairavamûrtidhâriṇâ Çivena triçûle bhittvâ ûrdhva uttâlita iti purâṇavârttâ |

Bei der Selbstwahl (13b) Arjunasamaram iva *nandighosha*mukharitadigantam maṇcam âruroha Vâsavadattâ | yatra kecit kalâṇkurâ iva *nâgaramaṇḍanâḥ* [1]), apare Pâṇḍavâ iva *divyacaxuḥkṛishṇâguru*parimalitâḥ, — — kecij Jaiminimatânusâriṇa iva *tathâgata*matadhvaṇsinaḥ, — — kecid dhârtarâshtrâ iva *viçvarûpâ*lokanajanitendrajâlâdbhutapratyayâḥ, — — kecit Pâṇḍuputrâ ivâxabṛidayâjnânabṛitaxamâḥ, kecid *vṛihatkathâ*nubandhino *guṇâdhyâḥ* [2]), — kecit Kauravasainikâ iva *droṇâçâ*sûcakâḥ — sthitâ râjaputrâḥ |

Den Kandarpaketu sieht Vâsavadattâ im Traum (14a): Vâlinam iv*âṇgado*paçobhitam, kubômukham iva *hârikaṇṭham* (hârayukta), kanakamṛigam iva *râmâ*karshaṇanipuṇam, Jayantam iva vacanâmṛitâmandita*vṛiddhaçravasam*, Kṛishṇam iva Kaṇsabarsham na kurvantam — —.

Aus dem Traume erwacht ruft sie, entzückt über die Schönheit des darin gesehenen Jünglings (14a. b): vṛithaiva Nala-Damayanti Nalakṛite vanavâsavairâgyam (? râsam Cod. duḥkham Gl.) avâpa, mugdhaivendumati mahishy apy Ajânurâgiṇi babhûva, aphalam eva Duḥshantasya kṛite Çakuntalâ Durvâsasaḥ çâpam anubabhûva, nirarthakam eva Madanamaṇjarikâ Naravâhanadattam cakame, niḥkaraṇam evorugarimanirjitarambhâ Rambhâ Nalakûvaram acikamat | viphalam eva Dhûmorṇâ svayamvarârthâgatadevagaṇagandharvasahasreshu dharmarâjam acakâṇxat.

Als Kandarpaketu die Vâsavadattâ wirklich zum ersten Male erblickt, sieht er sie 22a: vyâkareṇeneva *samraktapâdena* bhârateneva *suparvaṇâ* râmâyaṇeneva *sundarakâṇḍa*câruṇâ jaṇghâyugena virâjamânâm, chandovicitim iva bhrâjamâna*tanumadhyâm*, naxatravidyâm iva *gaṇanîyahastaçravaṇâm*, nyâyasthitim iv*oddyota*(=bhâshya)*kara*svarûpâm, bauddhasamhatim iv*âlamkâra*(=bhâshya)prasâdhitâm, upanishadam iv*ânandam* anekam uddyotayantîm, dvijakulasthitim iva câru*caraṇâm* (=çâkhâ), vindhyagiriçriyam iva *sunitambâm*, Târâm iva *gurukalatra*tayâ çobhitâm, çatakoṭiyashṭim iva mushṭigrâhya*madhyâm*, *Priyaṇguçyâmâ*sakhim iva *priyadarçanâm*, Brahmadattamahishim iva *somaprabhâm*, diggajakareṇukâm iv*ânupamâm*, tamâlapatraprasâdhitâm *velâm* iva, Açvatara(=nâgarâja)kanyâm iva *madâlasâm*.

Die Finsterniss (timiram) wird genannt (17a): daityabalam iva prakaṭa*târakam*, bhâratasamaram iva vardhamân*olûka*kalakalam, Dhṛishṭadyumnavîryam iva kuṇṭhita*droṇa*prabhâvam, nandanavanam iva samcarat*kauçikam*, kṛishṇavartmânam (! Nomin.) ivâ 'khila*kâshṭhâ*pahârakam, — — suhṛid iva kalikâlasya, — bauddhasiddhântam iva *pratyaxadravyam* apahnuvânam.

Den Vindhyawald betreten die beiden Flüchtigen (23a): pralayakâlavelâm iva samudit*ârka*sahasrâm, nâgarâjasthitim ivânanta*mûlâm*, sudharmâm iva svachandasthita*kauçikâm*, bhâratasamarabhûmim iva dûraprarûḍh*ârju*-

---

1) Glosse: Karṇiputro Mûlabhadro Mûladevaḥ Kalâṇkura iti hârâvali | Pâṭaliputre nagare Mûladevena Nâgaramaṇḍanâ nâma veçyâ buddhiprakarsheṇa jiteti vârttâ.

2) Glosse: vṛibatkathâ varâhakathâ Guṇâḍhyena bhâshâkavinâ nibaddhâ maheçvaramukhâd upaçrutyeti vârttâ | bhûtabhâshâkavivṛishâ Guṇâdhyaç câpi kirtitaḥ ity *uttara*tantram.

nâm, Pulomakulasthitim iva *sahasranetro*[1])cit*endrâṇikâm*, çûlâpâlacittavṛittim iva phalita*gaṇikârikâm*, -- kvacid Râghavacittavṛittim iva vaidehîmayim (pippali Gl.), kvacit xîrasamudramanthanavelâm ivojjṛimbhamâṇâ*mṛitâm* (gaḍûci Gl.), kvacin nârâyaṇaçaktim iva svachand*âparâjitâm*, kvacid Vâlmikisarasvatim iva darçi*texvâkuvançâm*, Laṇkâm iva bahu*palâça*sevitâm, Kurusenâm iv*ârjunaçara*nikaraparivâritâm, Nârâyanamûrtim ivâ 'tibahurûpâm, Sugrivasenâm iva *panasa-candana-nala-kumuda*sevitâm, — Kurusenâm iv*olûka-droṇa-çakuni*sanâthâṃ *dhârtarâshṭrâ*nvitâṃ ca.

Als Kandarpaketu sich das Leben nehmen will, hält er (26b) folgenden Monolog (wozu Daçakum. p. 64 ed. Wilson zu vgl.): yad apy anâturasya me dehaparityâgo na vihitas, tathâ'pi kâryaḥ | na khalu sarvah sarvaṃ kâryam akâryaṃ vâ karoti | asâre saṃsâre kena kiṃ nâma na kṛitaṃ | tathâ hi | gurudâragrahaṇam dvijarâjâ 'karot | Purûravâ brâhmaṇadhanatṛishṇayâ vinanâça | Nahushaḥ parakalatradohadi mahâbhujaṇga âsit | Yayâtir âhitabrâhmaṇipâṇigrahaṇaḥ papâta | Sudyumnaḥ strimaya ivâbhût | Somakasya prakhyâtâ jagati Jantuvadhanirghṛiṇatâ | Purukutsaḥ kutsita ivâsit | Kuvalayâçvo 'çvasurakanyâm (?) apijagrâha | Nṛigaḥ kṛikalâsatâm agât | Daçaratha ishṭarâmaviyogotsâdena mṛityum avâpa | Kârtavîryo gobrâhmaṇapiḍayâ pañcatvam ayâsit | Yudhishṭhiraḥ samaraçirasi satyam utsasarja | Çaṃtanur ativyasanâd vipine vilalâpa | itthaṃ nâ'sty akalaṇkaḥ ko'pi | tad aham api dehaṃ tyajâmi.

Von geographischen Daten ist fast gar nichts zu bemerken. Karatoyâ und Narmadâ fliessen in das Meer 28a. Die Vindhya-Gegend ist von Çavara 8a, Kirâta 9a. 29a, Pulinda 8b. 20a bewohnt: die mâtaṇga-Mädchen (aspṛiçyajâti Gl.) scheinen Seiltänzerei zu üben, denn der Regenbogen wird 28a mâtaṇgakanyânartanaratnarajjur iva genannt. Der Malaya-Wind kömmt (13a) zum Vindhya von Karṇâta, Kuntala, Kerala, Mâlava (!), Ândhra her. Von Interesse ist die Vorstellung 20a, dass das Wohnen in Çvetadvîpa eine wahre Lust sei: anantaraṃ dugdhârṇavapravishṭam iva, sphaṭikagṛihanivishṭam iva, çvetadvîpanivâsasukham anubhavad ivendunâ jagad âmumude.

Zum Schlusse füge ich noch eine Zusammenstellung der 14b. 15a. 21a.b erwähnten Zofennamen bei: Anaṇgalekhâ, Avantisenâ, Karpûrikâ, Kalahâ, Kalikâ, Kâñcanikâ, Kântimatî, Kiçorakâ, Kuntalikâ, Koraṇgikâ, Ketakikâ, Keralikâ, Citralikhâ, Tamâlikâ, Taraṇgavatî, Taralikâ, Nigaḍitâ, Pallavikâ, Pravâlikâ, Bhâvavatî, Madanamañjarî, Madanamâlinî, Madanalekhâ, Malayâ, Mâtaṇgikâ, Mṛiṇâlikâ, Râgalekhâ, Lavaṇgikâ, Vasantasenâ, Vilâsavatî, Çakunikâ, Çaçilekhâ, Çṛiṇgâramañjarî. Saṃjivanikâ, Saralâ Sahakârimañjarî, Surekhâ. —

---

1) mûla, Glosse.

Neue Inschriften in Keilschrift der ersten und zweiten Art.

Von

Prof. A. Holtzmann.

Durch einen Zufall kam mir ein wunderbares Buch in die Hand. Der Titel ist: *Lecture littéraire des Hiéroglyphes et des Cunéiformes par l'auteur de la Dactylologie.* Paris, 1853 Mars. Dem Titel gegenüber steht: se trouve à Paris chez Didot Frères, Tilliard, rue Serpente 20; Didron, rue Hautefeuille 13; dahin also mögen sich die Liebhaber wenden. Der Verfasser giebt sich zu erkennen als den Verfasser der Dactylologie et Langage primitif restitués d'après les Monuments, Paris 1850, und Éléments carlovingiens 1846. Diese frühern Werke sind mir bis jetzt noch unbekannt geblieben. Aus dem Text der vorliegenden Schrift ersehe ich, dass die Weisheit des unbekannten Verfassers nicht mit dem gewöhnlichen Massstab des Verstandes gemessen und beurtheilt werden kann. Wir können nur staunend anhören, was er uns mittheilen will. Wir waren bisher, wenn wir von der Fingersprache der römischen Damen zur Zeit Augusts, oder der türkischen Damen im Harem lasen, leicht geneigt, den Bewegungen der schönen Finger hinter dem Rücken des Herrn und Gemahls einen wenig erbaulichen Sinn zuzutrauen. Wie Unrecht haben wir wieder einmal den Frauen gethan; diese engelreinen Wesen unterhielten sich heimlich über die Wahrheiten der offenbarten Religion, die sie mit dem Munde nicht bekennen durften. Denn Jehova selbst ist der Erfinder der Dactylologie, und sprach mit den Menschen in der Fingersprache, was deutlich gesagt ist Deuter. XI, 18: suspendite verba mea in manibus vestris. Mit den Fingern drückten die Israeliten ihre Gedanken aus; daher heisst es 1 Reg. XVIII, 8: iratus est autem Saul nimis et displicuit i n o c u l i s ejus sermo. Das Christenthum war hauptsächlich eine Wiederherstellung der verlorenen Kunst der Dactylologie; der Apostel Petrus brachte sie mit dem Evangelium nach Rom. Als man aber anfing zu schreiben und gar zu drucken, da fiel man auch von den Traditionen der Kirche ab, und die Philosophen, von denen schon Cicero so schön sagt, dass sie das absurdeste Zeug vorbringen, begannen die Welt zu verderben. Es scheint, dass der Verfasser nichts geringeres beabsichtigt, als die Welt zu der einfachen Wahrheit der Urreligion zurückzuführen, was sehr leicht zu bewerkstelligen ist, wenn man statt der Schrift und des Drucks sich wieder der Dactylologie bedienen will. Aber werden meine Leser fragen, was hat diess Alles mit den Keilschriften zu thun? Die Keilschriften sind, wie der Verfasser zu entdecken das Glück hatte, nichts anderes als eine abgebildete Daktylologie; die Keile sind deutlich nichts als abgezeichnete Finger, senkrecht und horizontal ausgestreckte, und gebogene. Wer daher die Daktylologie versteht, kann die Keilschriften mit der grössten Leichtigkeit lesen. Es kommt aber dazu, dass jeder Buchstabe ein ganzes Wort bedeutet, und zwar in der Ursprache des Menschengeschlechts, welche glücklicher Weise keine andre ist, als die griechische, natürlich noch nicht an die Erfindung eines spätern ausgearteten Geschlechts, die Grammatik, gebunden, sondern in naiver Regellosigkeit sich der schönsten Freiheit erfreuend. Da nun der Verfasser sowohl die Ursprache als auch die Daktylologie versteht, so konnte er die Denkmäler übersetzen; und sowohl um uns zu überzeugen von der Wahrheit seiner Lehre, als auch um uns die erhabenen Gedanken einer urweltlichen Weisheit nicht vorzuenthalten, legt er uns eine Auswahl von Keilinschriften mit seiner Uebersetzung vor.

Diese mitgetheilten Inschriften nun sind, mit Ausnahme einer einzigen, alle Denkmälern entnommen, die bisher ganz unbekannt waren. Von einigen derselben sagt der Verfasser, dass er sie in seinem Museum besitze; von andern giebt er uns nicht den geringsten Wink, wo sie zu finden sind. Das Buch schliesst mit folgendem Satz: la reconnaissance nous oblige de déclarer que si nous avons osé entreprendre la lecture des cunéiformes, nous le devons aux honorables encouragements accordés par Rome à nos travaux. Aujourd'hui nos efforts sont couronnés de succès: puisse la gloire en revenir à la ville éternelle! Wahrscheinlich also in den Cabineten Roms müssen wir diese höchst merkwürdigen Denkmäler suchen.

Denn wenn man in Deutschland bei solchen Dingen sogleich geneigt ist, an Mystification zu denken, so stehe ich nicht an, zu bekennen, dass ich an der Aechtheit der mitgetheilten Inschriften und der abgebildeten Denkmäler nicht im geringsten zweifle. So wenig als der Verfasser die Inschriften des Obelisken von Luxor, die er ebenfalls übersetzt, erfunden hat, ebenso wenig hat er diese achämenidischen Denkmäler selbst gemacht. Der heilige Ernst, der das ganze Buch durchweht, erlaubt keinen Gedanken an Betrug; und der erhabene Standpunkt, den der Verfasser hoch über aller gewöhnlichen Gelehrsamkeit einnimmt, ist eine Bürgschaft für die Aufrichtigkeit desselben.

Wir wollen uns also unterfangen, diese Denkmäler von unserm niedern Standpunct aus zu betrachten. Der Verfasser hat wohl Recht, wenn er S. 75 prophezeit, dass trotz seiner unwiderleglichen Schrift, trotz der zahlreichsten und unerschütterlichsten Beweise seiner Lehre, der Eigensinn doch fortfahren werde, in seiner unfruchtbaren Bahn sich lächerlich zu machen mit Täuschungen, die jetzt durch die Wirklichkeit aufgehoben sind; denn schon Fontenelle habe ja bemerkt, dass die Menschen sehr lange brauchen, um zum einfach Vernünftigen zu gelangen. Da es nun einmal so ist, so lasse uns der Verfasser noch einige Zeit bei unserm lächerlichen Eigensinn verharren; es kann ja ihm nichts schaden, wenn wir uns lächerlich machen.

Die ersten Keilschriften begegnen uns auf der 7. Tafel. Sie ist überschrieben: Alphabet d'après une pierre trouvée dans les ruines de Babylone. Im Text heisst dieser Stein S. 51: le monument babylonien que nous possédons; und S. 53: la précieuse pierre assyrienne renferme l'explication du système cunéiforme et la valeur des signes qui le composent. Dies ist alles, was wir über den Stein erfahren. Die Abbildung zeigt auf der linken Seite einen Hund, welcher durch einen schiefen Strich von der Inschrift getrennt ist. Auf der Rückseite des Steins finden sich ebenfalls noch einige Keile, welche im Text S. 51 abgebildet sind. Wir freuen uns nun, gleich im Beginn unserer Betrachtungen mit dem Verfasser einverstanden sein zu können. Ja, diese Inschrift ist wirklich nichts anderes als ein Alphabet; nur entziffern wir es ganz anders. Es ist ein Alphabet der ersten Art der Keilschrift: ich setze es her:

Dass diess ein Alphabet ist, und zwar ein systematisch geordnetes, sieht jeder; kein Zeichen kommt zweimal vor. Vergleichen wir es nun mit dem Alphabet (so fern bei den Keilschriften von einem Alphabet die Rede sein kann), welches wir aus den Denkmälern gewonnen haben. Die zwei senkrechten Keile, womit die erste Zeile beginnt, ist kein Buchstabe, sondern wahrscheinlich die Zahl 2; wie die dritte Zeile mit der Zahl 3 beginnt. Das Alphabet war, wie es scheint, in zwei Ordnungen getheilt; die erste umfasste diejenigen Buchstaben, welche keine Winkel hatten und ein oder zwei senkrechte Keile; die zweite Ordnung bestand aus denjenigen Buchstaben, welche drei senkrechte Keile und diejenige welche Winkel hatten. Die erste Ordnung beginnt mit dem Zeichen, welches das Ende des Wortes anzeigt ; es folgt , das in unsern Texten nirgends vorkommt, dann k; hierauf . vielleicht zwei Formen desselben Zeichens; vielleicht aber auch zwei verschiedene, von denen uns nur das letzte ç bekannt ist. Es kommt b; hierauf . , das letzte r, das erste vielleicht nur eine andre Form desselben; dann v vor u; diese erste Zeile enthält also die Buchstaben ohne Winkel mit Einem senkrechten Keil, und die Anordnung nach der Zahl und Stellung der horizontalen Keile ist ganz deutlich. Die zweite Zeile enthält die Buchstaben ohne Winkel mit zwei senkrechten Keilen: d; i; tr; p; für v vor i; c; ist unbekannt; wahrscheinlich gleich z; und endlich d vor i. In der dritten Zeile folgen nach der Zahl 3 zuerst die Buchstaben ohne Winkel mit drei senkrechten Keilen; a; t vor u; m; t; jetzt beginnen die Zeichen mit Winkeln: k vor u; th; y; j (dsch); m vor i; unbekannt; n; j vor i; m vor u; d vor u; g; u; a; unbekannt; f; r vor u; h; kh.

Ich bemerke dass über dem letzten Zeichen ein ungehöriges — steht; ich habe diess zu dem gerade darüberstehenden gesetzt, und also geschrieben; was vielleicht unrichtig ist.

Es fehlen in diesem Alphabet von den bekannten Zeichen nur drei; g vor u; n? und ; das letzte kommt nur in einem Wort und nicht in den ältern Inschriften vor; das mittlere nur in zwei Namen in Bagistan; beide haben vielleicht im ältesten Alphabet gefehlt; auffallend aber ist der Mangel des ersten; aber auch dieses, da es das einzige ist, in welchem zwei kürzere horizontale Keile über einem langen stehen, scheint dem ursprünglichen Alphabet nicht anzugehören.

Dagegen hat die Tafel sechs Zeichen, die uns neu sind; zwar eines derselben in Zeile 4 findet sich schon bei Niebuhr, aber in einem Worte I, 20, avathâ, das sonst immer mit geschrieben wird, also unrichtig. Es sind folgende: . . . . und oder ; den Lautwerth dieser Zeichen anzugeben, sind wir ohne alle Mittel; zwei davon sind vielleicht nur verschiedene Zeichnung bekannter Buchstaben.

Der Zweck dieses Steins kann kaum ein anderer gewesen sein, als zum Unterricht zu dienen. Seine Aechtheit zu bezweifeln, sehe ich nicht den mindesten Grund.

Die Tafeln 8 und 9 übergehen wir, da sie kein neues Denkmal sondern nur eine neue Uebersetzung einer schon bekannten Inschrift enthalten. Taf. 10 ist überschrieben: Pierre Babylonienne, dernières supplications. Darauf bezüglich ist S. 60: nous croyons faire plaisir à nos lecteurs en ajoutant la traduction d'une inscription babylonienne que nous avons eu la bonne fortune de nous procurer. Cette planche porte le NX; elle est de même grandeur que la pierre originale en granit gris assyrien, les groupes sigliques ne sont séparés par aucun point. Die vier abgebildeten Figuren könnten Stoff zu langen archäologischen Betrachtungen geben; wir haben es hier nur mit der Inschrift zu thun, die auf demselben Steine eingegraben ist. Man sieht sogleich, dass es ganz dieselben zwei Zeilen der ersten Schriftart sind, die sich in Murghab finden, und bedeuten: Ego Cyrus rex Achaemenius. Nur das n in der zweiten Zeile, welches sein sollte, ist hier ; ist diess vielleicht verzeichnet? In der dritten Art hat bekanntlich den Laut ni; es könnte also richtig sein, und vielleicht dem vorletzten Zeichen der 5ten Zeile des obenmitgetheilten Alphabets, welches ich in ändern wollte, zur Bestätigung dienen. Jedenfalls besitzt unser Unbekannter an diesem babylonischen Stein mit 4 Figuren und der Inschrift des Cyrus ein äusserst kostbares Kleinod. Dürfen wir es aber wagen, die Uebersetzung der Inschrift, die durch die Dactylologie gewonnen wird, mitzutheilen? Es soll nur an diesem einen Beispiele geschehen, um dem Leser, der das Buch nicht besitzt, doch eine Ahnung zu geben von der tiefen Weisheit des Verfassers. Die Uebersetzung lautet: Elle demande un jugement expiatoire, provoquant l'absolution, désirant recevoir la récompense de sa piété constatée; se réjouissant de la divine demeure et d'y briller envoyant sa lumière avec respect à Dieu, assis resplendissant dans son palais suspendu; jugeant dans sa balance les malheureux et les absous, récompensant, punissant avec clémence. ! —

Die sehr interessante Tafel XI, welche eine Inschrift der zweiten Art bringt, behalten wir uns vor später zu erläutern. Tafel XII ist überschrieben: Acte de mariage assyrien, scel en pierre dure et conique, gravée pour empreintes, même grandeur. Das schöne Siegel hat neben einer Schlange in grossen deutlichen Buchstaben der ersten Art die Namen des Xerxes und des Darius und ein p, welches ohne Zweifel putra, Sohn, bedeutet. Aber die Ordnung ist wunderlich; die Schrift ist in 5 Reihen vertheilt. In der untersten steht nun das p; .; in der zweiten von unten  dâryava; in der dritten  us.khs; in der zweiten von oben 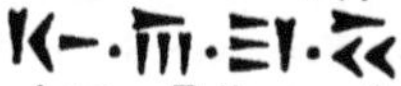 yârs; in der obersten 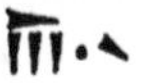 â. Es ist wohl mit der vorletzten Zeile anzufangen, und von der obersten auf die unterste überzugehen; so erhalten wir Darius, Xerxis f; wobei auffällt dass Xerxes nicht im Genitiv steht. Das Wort König fehlt. Es ist vielleicht das Siegel jenes Darius, welchen sein Bruder Artaxerxes I. auf Anstiften des Artaban ermorden liess.

Wir übergehen vorerst Tafel XIII, und betrachten Tafel XIV, mit der Ueberschrift: Inscription gravée sur un Autel Babylonien, destiné aux Sacrifices humains. Der Altar ist abgebildet, und S. 64 beschrieben: un lugubre autel babylonien en pierre de touche (carré de 45 centimètres) et d'un travail délicat nous apprend par les figures hiéroglyphiques et l'inscription cunéiforme qu'il porte, son homicide destination. Les bas-reliefs reproduisent des têtes barbues et annelées, vues de face, rappelant la figure de nos druides, des lotus, des têtes de chevaux et de lions. Die Inschrift, die in 5 Zeilen gegeben wird, ist der zweiten Art; im Abdruck aber in solche Unordnung gerathen und so unrichtig gezeichnet, dass es kaum möglich war sie zu entziffern. Der Anfang ist in der vierten Zeile nach den ersten Zeichen und sollte geschrieben sein  nun folgt die dritte Zeile, welche sein sollte:

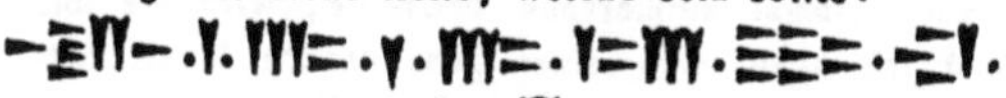 Hierauf folgt der Anfang der vierten Zeile 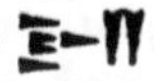 und dann das letzte der ersten und dann die zweite 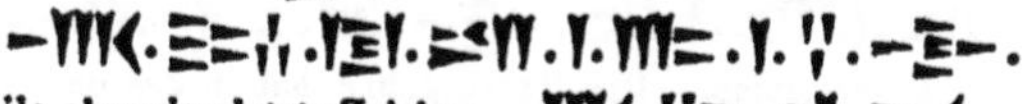 und dann die erste Zeile ohne das letzte Zeichen 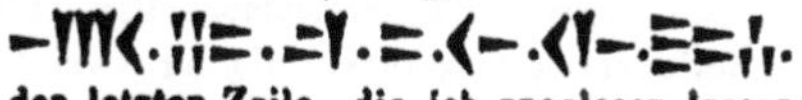 So ist alles gelesen mit Ausnahme der letzten Zeile, die ich ungelesen lassen muss. Das Gelesene heisst: Xerxes, rex magnus, rex regum, Darii regis filius, Achaemenius; ganz so wie in Westergaard's S; nur ist Achaemenius nicht mit dem doppelten k geschrieben, was auch sonst vorkommt z. B. Bag 1, 2 und im Namen des Darius fehlt das u vor dem s.

Von den drei übrigen Tafeln enthalten noch zwei Keilschriften; besonders die 15te ist sehr merkwürdig. Ich denke sie später zu behandeln.

Der Verfasser verspricht am Schlusse eine baldige Fortsetzung: la suite à quelque temps. Wenn er uns noch weitere unbekannte Denkmäler eröffnen will, so kann er auf unsere lebhafteste Dankbarkeit rechnen; und sollten ihm diese Zeilen zu Gesicht kommen, woran wir sehr zweifeln, da er neuere Schriften nicht zu lesen scheint, so möchten wir uns unterstehen, ihn um die grösste Genauigkeit in der Abbildung and Beschreibung der Denkmäler und besonders der Inschriften zu bitten. Denn auf dem daktylologischen Standpunct mag vielleicht eine Verzeichnung und eine kleine Verwirrung nicht störend sein, aber für uns ist jeder kleine Strich von der grössten Wichtigkeit.

Aus dem übrigen reichen Inhalt der Schrift, die nur 80 Seiten Text hat, erlaube ich mir noch eine Stelle auszuheben, die zwar zunächst für die Leser dieser Zeitschrift nicht von Interesse ist, aber doch hier vielleicht von manchem Germanisten bemerkt wird, der sie sonst übersehen hätte: S. 6 ist zu lesen: Nous apprenons qu'on vient de découvrir le texte en prose rhythmique théotisque et original de la loi salique (lex aulica). Was ist damit gemeint? In meiner Schrift über die Malberger Glosse habe ich die Ansicht, dass der lex salica ein deutsches geschriebenes Gesetzbuch zu Grunde liege, wieder zu Ehren zu bringen gesucht. Sollte sich nun wirklich ein solcher deutscher Text gefunden haben? Wer könnte darüber Auskunft geben, oder auf welche Entdeckung bezieht sich hier der unbekannte Weise?

Hier wollte ich schliessen, und die vier noch übrigen Inschriften für ein längeres Studium zurückbehalten. Da ich nun aber voraussichtlich längere Zeit nicht mehr zu solchen Arbeiten zurückkommen kann, so will ich lieber sogleich noch hinzufügen, was ich jetzt schon über diese Denkmäler sagen zu können meine; vielleicht wird durch meine sehr unsicheren Vermuthungen ein Anderer zu sorgfältigerer Untersuchung veranlasst.

Tafel XI ist überschrieben: Sacrifice volontaire d'une femme immolée à Babylone. Leider ist nirgends gesagt, wo das Denkmal sich befindet, und ob es von Stein oder Metall und von welcher Grösse es ist. Die Abbildung lässt einen Stein in Gestalt einer vierseitigen Pyramide vermuthen, auf dessen Seitenflächen gegen die Spitze zu zwei Siegel angebracht sind, und auf dessen Grundfläche drei Zeilen Inschrift stehen. Diese gehört der zweiten Art an; und indem ich sie jetzt noch einmal aufmerksam betrachte, wird sie mir plötzlich deutlich, während ich oben noch einen ganz andern Inhalt vermuthete. Sie ist von unten zu lesen, und ergiebt ohne alle Veränderung:

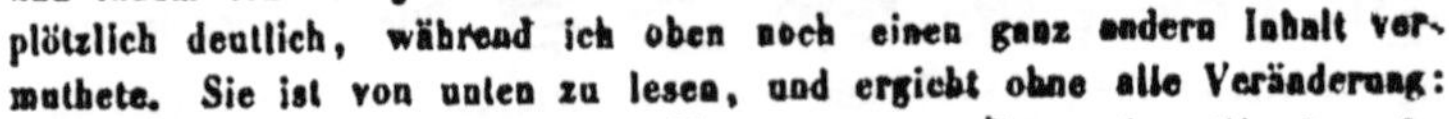

d. i. ego Cyrus rex Achaemenius. Der Herausgeber hat in der untern Zeile die Keile zusammengerückt, die zu zwei Buchstaben gehören, und die desselben Buchstabens auseinander geschoben: daher waren die Gruppen nicht leicht zu erkennen. Dazu kommt aber noch etwas sehr Auffallendes. Das Königszeichen  ist hier in zwei Zeilen getrennt;  steht in der untersten am Ende, und 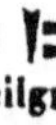 in der mittleren am Anfang. Es ist unerhört, dass mitten in einer Keilgruppe abgebrochen werde; und es könnte dieser Umstand Verdacht gegen die Aechtheit aller dieser Denkmäler wecken. Aber sind wir denn sicher, dass  nur eine Keilgruppe ist? Dann müsste je doch auch in andern Wörtern vorkommen. Sie ist aber nie Bestandtheil eines andern Worts, sondern bildet für sich das Wort rex. Nun ist  ein Buchstabe, und  ist die Zahl 2; möglich ist, dass wir uns das Wort für König aus diesen beiden Elementen zusammengesetzt zu denken haben; und dann kann allerdings nach dem ersten Element abgebrochen werden. Der schwache Verdacht, den dieser Umstand erweckt, muss verschwinden neben den deutlichsten Zeichen der Aechtheit.

Auf Tafel XIII ist ein Stein abgebildet, der ein Rechteck bildet, welches fast in der Diagonale in zwei Hälften geschieden ist; auf der rechten Seite sehen wir vier Figuren, die wohl Hieroglyphen sind; links stehen fünf Reihen Keilschrift, die der Herausgeber wieder für ein Alphabet erklärt. Ich weiss mit denselben bis jetzt durchaus nichts anzufangen, und gehe also weiter.

Auf den ersten Blick giebt sich die Tafel XV als die schönste und wichtigste zu erkennen. Sie ist überschrieben Roi Pasteur, monument syrien en basalte, remontant vers le temps d'Abraham. Es ist ein runder, wie es scheint, schwarzer Stein; in einem Ring zeigt sie die Figur eines Königs, der einen Löwen mit dem linken Arm erdrückt, während er mit der Rechten Pfeile schleudert nach sechs ihn umgebenden Ungeheuern, von denen drei schon getroffen sind. Die archäologische Beschreibung und Erörterung des höchst merkwürdigen Denkmals überlasse ich andern, und suche die ausserhalb des Rings stehende Inschrift zu erklären.

Ich muss annehmen, dass die Puncte, welche die Keilgruppen trennen, vom Herausgeber herrühren, und nicht auf dem Denkmal selbst zu finden sind; und ebenso muss ich mir die Erlaubniss nehmen, die Keile und Winkel, ohne sie zu ändern, in anderer Weise zu verbinden, als es der Herausgeber seinem daktylologischen Alphabet zu Liebe gethan hat. Da wir in andern Inschriften ganz deutlich gesehen haben, dass der Herausgeber in dieser Beziehung die Inschriften nicht ganz treu abgebildet hat, so halte ich mich zu solchen Aenderungen für hinlänglich berechtigt. Ueber dem Kopf des Königs steht ausserhalb des Rings ein Halbmond. Hier beginne ich zu lesen. Rechts steht: 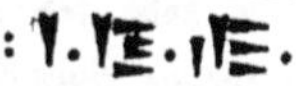 Diess kann nicht gelesen werden. Schreibe ich dafür  so ist diess in der zweiten Art der Name des Cyrus. Möglich dass der dritte horizontale Keil im letzten Zeichen wirklich steht, denn es kommt bei einigen Zeichen vor, dass die Zahl der Querkeile zwischen zwei und drei, oder drei und vier schwankt. Es folgt 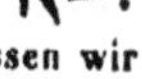 Diess ist in der ersten Art y; bleiben wir aber in der zweiten, so müssen wir theilen  Es beginnt also ein neuer Name. Nun folgt 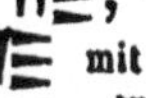; diess ist kein bekanntes Zeichen. Schreiben wir aber statt 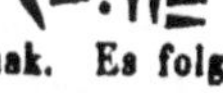 mit geringer Verschiebung 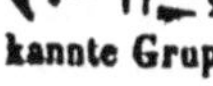, so ist dies uak oder kuak. Es folgt 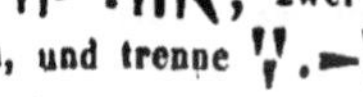, zwei unbekannte Gruppen. Setze ich nur einen kleinen Keil zu, und trenne 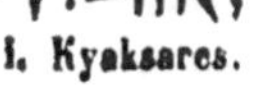, so ist diess sari, und der ganze Name lautet uaksari, d. i. Kyaksares. Nun folgt  Mache ich daraus 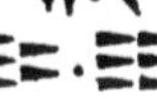 so ist das zau; und der Anfang des so häufigen Wortes , gratiâ. Wirklich folgt nun , und wenn man den nächsten senkrechten Keil weglässt, sogar . Es ist also wahrscheinlich, dass hier diess Wort gratiâ steht, und dann muss der Name eines Gottes folgen. Ich bin aber ausser Stand, den nächsten Zeichen etwas abzugewinnen: sie sind mit Einschluss des Wortes, welches gratiâ bedeuten könnte: 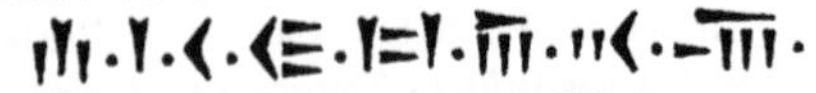 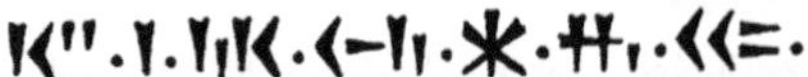. Wollte man eine Mischung von Zeichen der ersten und zweiten Art gestatten, so liesse sich allerdings nach gratiâ der Anfang des Namens des Ormuzd lesen: nämlich  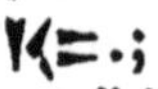 a.u.r.mi; aber ich müsste, um diess zu erreichen, die zwei kleinen Keile von  weglassen, und denen von  eine andere Stellung geben. Zudem könnte das folgende nicht ohne noch grössere Gewalt lesbar gemacht werden. Eine Mischung der verschiedenen Arten von Keilschrift findet sich zwar auf den Denkmälern der letzten Achämeniden, aber für die ältesten dürfen wir sie schwerlich zugeben. Angenommen aber es liesse sich in den weitern Gruppen bis 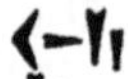 der Schluss des Namens Ormuzd finden, so erinnert das folgende  an das babylonische  und  deus. In  könnte man, freilich nicht ohne gewaltsame Aenderung, 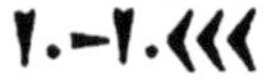 finden, Parsa; dann folgt , was leicht zu  rex ergänzt werden kann, wobei aber der Auszeichnungsstrich fehlt. Hinter dem nächsten Winkel  steht 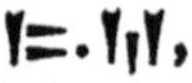, woraus sich sehr leicht 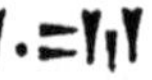 ego ergiebt. Der Winkel könnte dann nur den Schluss der Inschrift vor ego anzeigen; und die ganze Inschrift müsste übersetzt werden: Ego Cyrus Cyaxaris, gratiâ Oromazdis Dei, Persarum rex. Davon ist aber nur Ego Cyrus Cyaxaris, wie mir scheint, einiger Massen sicher; alles übrige soll nur auf gezwungene Weise dem Bedürfniss einen Sinn zu gewinnen genügen, und hat sogar die Wahrscheinlichkeit fast eher gegen sich als für sich. Gerade aber der sichere Theil ist jedenfalls der wichtigere; und ich komme hier deshalb noch einmal darauf zurück. Im Namen Cyaxares habe ich eine kleine Aenderung vorgenommen, indem ich aus  mit Hinzufügung eines Keils  machte. Diese Aenderung ist aber vielleicht nicht nöthig. Wir haben oben gefunden, dass das Wort König wahrscheinlich aus zwei Elementen besteht . und 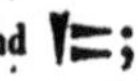; danach ist also  nicht nur Zahlwort, sondern auch Lautzeichen. Nun finden wir den Namen Cyaxares in der zweiten Art Bag. 11, 10 u. s. w. geschrieben 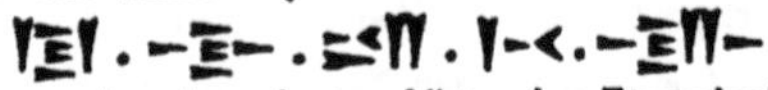 d. i. wakstarra oder waksatra. Es wurde also ein t gehört, der Etymologie des Wortes entsprechend. Wir werden also geneigt sein, dem Zeichen  den Laut schat oder ähnlich zu geben und zu lesen uakshatri. Nun aber konnte das Zahlwort 2 in der assyrischen Sprache sehr wohl schat sein, denn wir haben hebräisch שְׁתַּיִם. Nun erhalten wir auch Auskunft über die Aussprache des Worts  rex, welches also mit der Sylbe schat beginnt, und daher sehr wahrscheinlich zu kshaita, khshâyathiya u. s. w. ge-

hört, vielleicht auch zu kshatra. Wir erhalten also ohne alle Aenderung
 u.ak.shat.ri, Cyaxares.

Es ist also wohl nicht zu bezweifeln, dass hier die Namen Cyrus und Cyaxares neben einander stehen. Dass Cyrus der Sohn des Cyaxares gewesen sei, widerspricht allen Zeugnissen. Wohl aber giebt Xenophon, und er allein, die Nachricht, dass Cyrus der Schwiegersohn und Nachfolger des Cyaxares II. gewesen sei. Es scheint also, dass Xenophon hier eine ganz unerwartete Bestätigung erhält; denn wenn das Verhältniss wirklich so war, wie er es darstellt, so konnte sich Cyrus wohl den Sohn des Cyaxares nennen.

Ich habe nun nur noch einige Worte über die letzte Tafel zu sagen; das Denkmal, das hier abgebildet ist, muss mit heiliger Ehrfurcht betrachtet werden, denn man höre, was unser Unbekannter S. 46 im höchsten Grad des Entzückens und der Verzückung ausruft: nous possédons, grâce à Dieu, le monument le plus vénérable et le plus imposant qui existe à la surface de la terre, le Décalogue tel qu'il a été proclamé par Jéhovah: il est gravé en caractères cunéiformes, en langue prohellénique universelle, sur les facettes d'un cristal de roche prismatique naturel, exhumé des ruines de Ninivé en 1851. Le faux savoir peut éloigner de l'orthodoxie, la véritable science y ramène.

Soll die profane Wissenschaft es wagen, das ehrwürdigste aller Denkmäler mit ihrem Hauch zu berühren? Wir schweigen, und überlassen den Lesern, ihre Bibeln nach diesem authentischen Text der 10 Gebote zu emendiren. Die Keilschrift ist der dritten Art, und also vorerst noch ausser unserer Betrachtung.

Heidelberg im October 1853.

Zur arabischen Literatur.

Anfragen und Bemerkungen

von

Dr. M. Steinschneider.

(Fortsetzung von S. 378—383.)

Zunächst sei mir ein kleiner Nachtrag zu Nr. 3 (S. 380) gestattet. Ich habe daselbst eine Angabe vergessen, die zwar aus einer notorisch unzuverlässigen Quelle fliesst, aber doch zu dem naheliegenden Urquell und vielleicht am allerehesten zu einem befriedigenden Aufschluss leitet. In München befinden sich nämlich mehre hebr. Handschriften über das Astrolab, nach dem von *Lilienthal* in der Allg. Ztg. des Jud. 1838—39 veröffentlichten Verzeichnisse, — dessen Verfasser freilich nicht arabisch verstand, so dass er zum Beispiel zu Nr. 254, 1 ein medicinisches Werk in arabischer Sprache von „Talif ben Masusi" (offenbar תאליף בן מאסויה: d. h. Werk des Ibn Maseweih) angiebt. — Ich entnehme jenem Verzeichnisse folgende Angaben: Cod. hebr. 246: ביאור על [כלי?] האצטרלב „Erklärung des

Astrolabiums und ausführliche Anweisung den jährlichen Kalender zu machen, von R. Jakob b. Machir Ibn Tibbon". Ob diese Anweisung u. s. w. nicht die oben (S. 379, Anm. 2) erwähnten Tafeln (oder Calendarium des Prophatius) enthalte, die Einige mit der Uebersetzung des Werkes von Ibn el-Heiṭam (هيثم) verwechseln (de Rossi bei Wüstenfeld §. 130, 5), dürfte vielleicht gelegentlich aus der Vergleichung mit dem angeblichen נבוב לוחות (lies סבוב oder נתיב?) von Jakob b. Machir (München 343, 8) zu entnehmen sein. Cod. 249, 5: פירוש האיצטרלוב „eine Abhandlung über den Gebrauch des Astrolabs. Aus dem Arab. ins Hebr. übersetzt von Jakob b. Machir." Cod. 249, 6: ביאור מעשה כלי של(?) האיצטרלוב „Anweisung ein Astrol. zu verfertigen, aus dem Arabischen übersetzt von Jakob b. Machir"! (Sollte hier wirklich dasselbe Werk in demselben Codex zweimal geschrieben sein?) Cod. 256, 1: ס' האיצטרלוב „von Abuchamed b. Alzephir (sic). Eine Abhandlung über die Construction und den Gebrauch des Astrolabs; aus dem Arab. ins Hebr. von Jakob b Machir übersetzt." Cod. 289, 5: „Anweisung zur Verfertigung und zum Gebrauch des Astrol. von Abuchamed b. Alzaphar (sic), aus dem Arab. ins Hebr. übersetzt von Jakob b. Isak Alkarsani." So weit die wörtlichen Angaben, welche uns einen arabischen Autor, aber auch einen andern Uebersetzer darbieten. Abuchamed „Alzephir" oder „Alzaphar" führt zunächst auf احمد بن الصفّار (oben S. 381, Anm. 7), aber Lilienthal schreibt unter Nr. 272 „Abi Zepher ben Altaphil" für אבו ג'עפר בן אלטפיל oder זעפר (wenn das ج wirklich durch ז ausgedrückt sein sollte, wie die Venetianer z für ǵ sprechen und schreiben). Ueber Jakob Alkarsani oder Karschi (?) haben wir nur noch wenige und unbefriedigende Nachrichten, die ich im Artikel Jüdische Literatur (Ersch. II. Bd. XXVII. S. 440) zusammengestellt, und wäre selbst über die hebr. Orthographie des Namens eine Auskunft sehr erwünscht.

Sollte einer unserer geehrten Collegen sich bewogen finden, die Münchner Hdschrr. einzusehen oder untersuchen zu lassen, so bitte ich zu beachten, dass zu den Numern Lilienthals wahrscheinlich 1 zu addiren ist, um die Numern der Codices selbst zu finden. Auf eine spanische Bearbeitung des Werkes über das Astrolab angeblich in 41 Capp. in der Wiener Bibliothek (Jüd. Lit. 438 A. 39 a.) hoffe ich durch Hrn. M. Sänger daselbst noch Auskunft zu erhalten.

---

1) Faraǵ b. Selâm (Farragul). Schon im Artikel Jüd. Lit. (S. 445) vermuthete ich, dass der Name Farragul oder Farragus des angeblichen lat. Uebersetzers von Ibn Ǵezla's تقويم البلدان 1) aus فرج verdorben sei.

---

1) Die Quellen, die mir zu Gebote standen, sind secundäre, nämlich Wolf, Bibl. hebr. I, no. 1818 = III, no. 1845 b. Jourdain, Recherches p. 79, und Sprengel, Gesch. d. Med. II, 364. Die Urquelle ist mir unbekannt, ein Aufschluss über dieselbe wäre sehr willkommen. Reiske zu Abulf. Ann. musl. III, S. 713, spricht nur von „ejus (Caroli Andegavensis) medicus, Judaeus quidam", welcher jene Uebersetzung gemacht habe.

Die lateinische Ausgabe f. Argentorati 1532 nennt den Uebersetzer nicht, der auch bei Wüstenfeld §. 145 fehlt, vielleicht mit Recht. Es unterliegt aber keinem Zweifel, dass dieser Farragul derselbe ist mit Farag b. Selâm aus Girgenti, der auf Befehl Carls von Anjou al-Râzi's الحاوى lateinisch übersetzte (Cod. Ms. Lat. Colbert. jetzt Nr. 6912) nach Amari's interessanter Notiz in seiner neuesten Ausgabe der Gesch. der sicilianischen Vesper. Amari sagt uns nicht, ob die HS. mit dem gedruckten lat. Alhawi identisch, und scheint ihm jener „Farragul" unbekannt. Im J. 1303 lebte ein Jude Farag zu Palermo (Zunz, Z. G. 516). Da ich im Catalog der hebr. Drucksachen auch die jüdischen Autoren aufnehme, deren Werke in anderen Sprachen gedruckt sind, so wäre es mir sehr erwünscht, wenn ich noch vor Abdruck des Buchstaben F (der in kurzer Zeit erfolgen wird) darüber Aufschluss erhalten könnte, ob Farag wirklich als Uebersetzer des „Tacuini" und des gedruckten Alhawi anzusehn sei. Für Letzteres würde eine flüchtige Ansicht der Colb. HS. ausreichen.

---

6) Honein's Apophthegmata. Dass dieselben in hebr. Uebersetzung des Jehuda Alcharizi gedruckt sind, ist den jüdischen Bibliographen erst in neuester Zeit bekannt geworden, indem daselbst חנכיה הוצרי für הנוצרי (der Christ) gedruckt ist. Ich habe bereits im J. 1847 in meinem Schriftchen „Manna" darauf hingewiesen, dass das Original wahrscheinlich in Cod. Leyden. 994, sicher in Cod. Escurial. 756 (آداب الفلاسفة = מוסרי הפלוסופים der hebr. Uebersetzung) enthalten sei und daselbst mit der 2. Pforte der hebr. Uebersetzung schliesse, während letztere noch eine Art — vielleicht selbstständiger — Historia Alexandri enthalte [1]). Auch wies ich darauf hin, dass II. Cap. 20 unter dem Namen מקררגים vielleicht Anspielungen auf Honein selbst enthalte, wie denn die Namen der Philosophen im Hebr. überhaupt sehr verderbt sind. Auch hier würde ich eine gefällige Mittheilung, welcher Art immer, dankbar an- und aufnehmen.

---

7) Zu كليلة ودمنة. Auf eine schon früher (Bd. V, S. 91) gegebene Andeutung komme ich mit wenigen, theilweise berichtigenden Worten zurück. Aus der Vorrede des Abr. Ibn Esra (st. im J. 1168) zu seiner Uebersetzung des Werkes von Albatani über die Tafeln des Khowarezmi giebt de Rossi (zu Codex 212) eine lateinische Uebersetzung des wesentlichen, gewiss alle Orientalisten interessirenden Inhalts, deren Text in einer Abschrift aus Parma zu erhalten ich mich seit Jahren vergeblich bemühe. Noch als im vorigen Jahre der hiesige Buchhändler A. Asher (im September zu Venedig gestorben) Italien bereiste, berichtete er, auf mein dringliches Ersuchen, dass es in Parma Niemand gebe, der einige Seiten Hebräisch abzuschreiben vermöchte! Indem ich hiermit neuerdings diejenigen auffordere, die vielleicht jene Stadt selbst bereisen, oder auch eine Durchzeich-

---

1) Spiegel's betreffende Abhandlung habe ich leider noch nicht befragen können.

nung sonstwie bewirken könnten, hebe ich einige der dort berührten Punkte hervor.

Der König „Altzaphac", berichtet Ibn Esra, habe durch einen des Indischen und Arabischen kundigen Juden den 1. Abschnitt von Kalila we Dimna übersetzen lassen, „librum aestimatissimum, ubi consilia continebantur de regni administratione, per aenigmata vel parabolas ex *Indorum christianorum* ore et sententia compositum." Dadurch angeregt habe dieser König denselben (ipsum) Juden nach den Gegenden des Aequators geschickt, „accersitque Indorum sapientum nomine *Chanacha* (sic), qui Turcas [wohl richtiger Ismaelitas] docuit arithmeticae fundamenta, et ex cujus ore per eundem Judaeum, qui appellabatur Jacob filius Schearà (?), versus est lib. astronomicus Tabularum" etc. Dieser Jakob soll unter den Arabern sich sehr berühmt gemacht haben, und „progressum illum medium restituit ad computum יזדייר Jazdeir [lies Jezdeǵer] ultimi regis Persiae" etc. Der erwähnte Chanacha wird später nochmals „Chanucha" genannt, und ich habe früher (Jüd. Lit. S. 440) auf „Schanak" (bei Wüstenfeld §. 4) hingewiesen, während richtiger auf كنكة oder كنكة (Wüstenfeld §. 1, auch كيكة bei Sprenger, de orig. med. p. 13) hinzuweisen war. In der That erwähnt el-Ḳifṭî (bei Casiri I, p. 426—7) unter كنكة des Buches كليلة ودمنة neben dem حساب العدد des Khowarezmî. De Rossi, der auf Casiri p. 428 verweist, hätte also nur eine Seite zurücklesen dürfen, um auch die Parallele von Kalila zu finden. — Wer ist aber der „berühmte" Jacob ben Schearà? Aus jüdischen Quellen ist mir nichts von einem solchen Namen bekannt.

Gelegentlich gebe ich hier eine auf das Buch Kalila bezügliche Stelle aus dem (von mir entdeckten) arabischen Pentateuch-Comm. des Jehuda Ibn Balam (Ende des 11. Jahrh.) [1]). Derselbe bemerkt zu Deuteron. XXVIII, 30:

ויכתב ישכבנה ישגלנה והו לא שך מן והשלג (!) יושבת אצלו אי תתכד
שלג וללאולין פי והשלג בלכתא (sic) ואדכל רבינו האיי ז״ל פי
אלחאוי אן אבן אוי באלפארסיה שגל וג׳ד דלך פי כתאב כלילה
ודמנה באללסאן אלפארסי ואן (l. אבן) אוי פי מא יקאל חיואן ברי
ישבה אלסנור (l. אלסנור) ויעדי כתירא עלי אלטאיר

„Es wir ישכבנה geschrieben ישגלנה, welches ohne Zweifel von והשגל (Nehem. II, 6) herkommt und bedeutet zur שגל nehmen. Die Alten [2]) haben für שגל: מלכתא (Königin). R. Hai gesegneten Andenkens führt in الحاوى an [3]), dass ابن اوى im Persischen Schagal (شغال) sei; er fand diess im Buche Kalila we-Dimna in persischer Sprache. Ibn Awa aber ist, wie man sagt, ein wildes katzenähnliches Thier, welches häufig die Vögel anfällt." — Es hat demnach Hai Gaon (st. 1037) die persische Bearbeitung gekannt.

---

1) s. die Notiz darüber in dem 2. Bande des החלוץ, Lemberg 1853, S. 60.

2) Talmud Roschhaschana 4, 1.

3) Vgl. über dieses Buch Bd. VI. S. 415.

8) Isḥâḳ b. Jasos und Isḥâḳ b. Ḳasṭâr. In dem arabischen Werke über Poetik von Moses b. Esra (um 1139), welches durch einige Mittheilungen Munk's in seiner Notiz über Abu 'l-walid ein allgemeineres Interesse auf sich gezogen [1]), findet sich (f. 74 Cod. Uri h. 499) folgende Stelle:

אמא תרי אן פי אעלאם אלאסלאם מתל אבן אלמקפע אלכטיב ועבד אלחמיד אלכאתב ואלאצמעי ואלגאחט וגירהם והם עמד אלבלאגה ואסתאדי (am Rande אסנאר) אלכטאבה ומא וקע בטבע אחדהם נטֿם כלמתין ופי מלתנא באלאנדלס אבו אלוליד אבן גנאח ואבו אסחק בן סקטאר אלמנבוז באן [באבן oder בן] ישוש נ״ע [=נוחם עדן] והמא שיכא אלעבראניה באלאטלאק לם יסמע (l. נסמע) להמא ביתא מנטֿומא

„Du siehst ja, dass es unter den Koryphäen des Islâm Männer giebt wie Ibn el-Moḳaffa' el-Chaṭib, 'Abd el-Ḥamîd el-Kâtib, el-Aṣma'î, el-Ǵâḥiẓ, und andre, welche die Säulen der Beredtsamkeit und die Stützen der Redekunst sind; aber doch ist es keinem von ihnen eingefallen, auch nur zwei Worte in gebundener Rede zu schreiben. Und unter unserer Confession in Spanien Abu 'l-Walîd Ibn Ǵannâḥ und Abû Isḥâḳ ben Saḳṭâr, genannt Ibn Jasos, gesegneten Andenkens, unbedingt die beiden Altmeister des Hebräischen: wir haben von ihnen keinen einzigen Vers in gebundener Rede vernommen. Doch erwähnt Abu 'l-Walîd in seinem grösseren Werke (תאליפה אלאכבר), dass man einige seiner Einzelverse (מקטעאת שער) dem Dichter Ibn Chalfon beigelegt habe" [2]). Die Benennung Abû Isḥâḳ scheint, wie nicht selten in solchen Fällen, ungenau. Ibn Jasos wird schon von Jehuda b. Balam unter dem Namen Isḥâḳ angeführt [3]), und heisst bei Abu'l-Walid selbst richtiger Abû Ibrâhîm [4]), die natürliche Kunje von Isḥâḳ. Der Name Saḳṭâr aber ist bisher ganz unbekannt, und ich vermuthe, es sei Ibn Jasos kein anderer als اسحق بن قسطار, der spanische Arzt, der bei Ibn Abî Oṣeibi'a unmittelbar auf Abu'l-Walid folgt (Cap. XIII. nr. 49 bei Wüstenfeld, S. 140 bei Nicoll p. 135). Zur Umstellung der Con-

---

1) Es ist zu bedauern, dass die ihm von Oxford aus mitgetheilten Auszüge nicht durchaus correct, namentlich manche für seine Arbeit interessante Stellen darin nicht berücksichtigt sind, weil sein Correspondent kein Arabisch verstand. Einige wichtige Berichtigungen habe ich anderswo (Artikel „Josef" in Ersch's Encykl.) gegeben. Die Handschrift ist nur zum Theil collationirt, hat auch einige Lücken und schadhafte Stellen. Ich selbst bin im Besitze einer genauen Durchzeichnung, die ich mit der HS. collationirt, und beabsichtige eine vollständige Herausgabe.

2) Vgl. hiermit Munk a. a. O. p. 78 des Sonderabdrucks. In meinem Katalog habe ich unter Chalfon die Vermuthung ausgesprochen, dass der hier und sonst erwähnte Dichter Isak Sohn des Arztes sei, welcher von Ibn Ǵezla im زاد المسافر angeführt wird, indem Dugat خلفين für خلفون gelesen, und bei Daremberg *ὀζιὰ υἱὸς χαλφου* offenbar ein griech. Genitiv oder Schreibfehler für *χαλφον* ist.

3) s. Dukes, Literaturbl. des Orients 1848, S. 509. Bei Munk a. a. O. p. 42 ist Jehuda offenbar ein Schreibfehler, und wäre vom Autor gewiss corrigirt worden, wenn er selbst die Correctur hätte besorgen können.

4) s. Dukes, נחל קדומים, Hannover 1853, p. 11.

sonanten bieten sich Analogien dar: bei Ibn Abi Oṣeibi'a, in dem unmittelbar folgenden Chasdai Ibn بشروط, bei den Juden شبروط (s. Filosseno Luzzatto's Monographie), eine andere bei Moses Ibn Esra, wo der bekannte Josef Ibn Abitur בן שנטאש heisst, sonst gewöhnlich שטנאש (also Satanas aus Santas!). Eine Mittheilung des Artikels Isḥâḳ b. Ḳasṭâr aus Ibn Abi Oṣeibi'a wäre daher sehr zu wünschen.

---

9) Vor zwei Jahren versprach ich (Bd. VI, S. 295) auf die damals angekündigte Abhandlung von Dorn, „Prinz und Derwisch" (Barlaam und Josaphat) einzugehen. Durch die gütige Vermittlung des Hrn. Prof. Fleischer erhielt ich bald darauf einen Separatabzug aus dem Bull. histor. philol. (T. IX, No. 20. 21), worin der Verfasser über die von mir zunächst hervorgehobene hebr. Bearbeitung sich folgendermassen äussert:

„Die hebräische Nachbildung von Ibn Chisdai, welche auch von Meisel neuerdings ins Deutsche übertragen worden ist, giebt die arabische Bearbeitung — denn aus ihr ist sie entnommen — nur in allgemeinen Zügen wieder, sofern das ächt christliche Grundwerk ein allgemein philosophisches Gepräge erhalten hat; Josaphat ist da Prinz (Königssohn), Barlaam der Geweihte (Derwisch) הנזיר genannt. Wenn daher Herr Steinschneider (Ztschr. d. D. M. G. V, 93) von einer arabischen Bearbeitung des Prinzen und Derwisch spricht, so meint er damit wohl nur das in der hebräischen Umbildung so genannte Grundwerk; denn dass von der letzteren wiederum eine arabische Bearbeitung da sein sollte, ist eben so unnachweislich als unwahrscheinlich [1]). Oder sollte es wirklich noch eine andere Bearbeitung (nicht Uebersetzung) des griechischen Textes gegeben haben, welche von einem Muhammedaner verfasst, die Grundlage der hebr. Bearbeitung gebildet hätte? Dass die in der Rede stehenden Handschrift befindliche arabische Bearbeitung von einem Christen herrühre — daran kann man nicht im Geringsten zweifeln."

Hiermit schien mir aber auch die Veranlassung zu weiterem Eingehen abgeschnitten. Es schien mir, als ob die arabische Uebersetzung in Petersburg, die mit dem Text bei Boissonade genau übereinstimmt (S. 9), jünger sein dürfte als die hebräische (Anfg. XIII. Jahrh.), jedenfalls hielt ich jene nicht für das Original oder die Quelle dieser, wie ich dies Hrn. Prof. Fleischer damals schrieb und auch vor neun Monaten in meinem Catalog unter Abraham Ibn Chisdai (S. 674) bemerkte.

Nicht ganz so verhält es sich mit dem von Hrn. Blau nunmehr aufgefundenen مختصر ... (Bd. VII, S. 400), dessen Titel einen indischen Autor angiebt, wie denn auch Prof. Fleischer (S. 402) zu einer Parabel — die sich freilich gerade bei Ibn Chisdai nicht findet — auf Bidpai hinweist. Es ist hier, wie noch sonst, für unsere Kenntniss der alten Literatur charakteristisch genug, dass wir uns heute in Bezug auf ein arabisches Werk, nach dessen Existenz vor drei Jahren gefragt wurde, bereits in einem

---

1) Ich kann aber auch in meiner Notiz durchaus keine Hindeutung auf eine solche, ganz richtig bezeichnete Hypothese finden.

embarras de richesse befinden! Indessen erlaube ich mir diessmal einige Bemerkungen, welche ich bei weiteren Nachforschungen in den Bibliotheken zu beachten bitte. Das arabische Original der hebr. Bearbeitung muss, wenn die Vorrede oder Einleitung vorhanden ist, ausdrücklich sich selbst als Bearbeitung aus dem *Griechischen* bezeichnen und ein Inhaltsregister von 35 Pforten (Capp.) als hinzugefügt angeben. Hiernach erscheint die Constantinopler Handschr. in der That als „Auszug", in welchem wahrscheinlich nur der rhetorisch-poetische Theil des Buches aufgenommen wurde (s. weiter unten). Zunächst ist zu bemerken, dass die von Hrn. Blau angegebenen Bestandtheile in folgender Weise dem Hebr. entsprechen. Die „erste Parabel" (diese Bezeichnung ist für den Auszug charakteristisch) vom König und seinen Freunden entspricht Cap. 8 des Ibn Chisdai; die vier Kisten ebendaselbst; Parabel vom Säemann Cap. 10, — der Elephant und der Mann ist, wie bemerkt, im Hebr. nicht zu finden. Leider hat Hr. Blau gerade diese Parabel mitgetheilt, welche im Arabischen nicht die Reimprosa darbietet, welche man nach der hebräischen Bearbeitung erwarten sollte. Ich richte daher an denselben die Bitte, aus der Constant. HS. eine der zwei Parabeln mitzutheilen, welche sich dort und zugleich in „Manna" ziemlich getreu aus dem Hebr. wiedergegeben finden, nämlich die drei Freunde (hebr. Cap. 11) oder den Sperling und den Jäger (hebr. Cap. 21). — Die im Arab. folgende vom fremden König ist nicht bloss hebr. bei Ibn Chisdai (Cap. 13), sondern schon arabisch in der ums Ende des XI. Jahrh. verfassten bekannten Ethik des Bechai b. Josef, deren Handschriften in Oxford und Paris mit der etwa noch mitzutheilenden Probe aus dem مختصر verglichen werden könnten. Die Vergleichung der Propheten mit dem Vogel אלקרס (oder القرش, wie ich vermuthet [1])), ist im Hebr. Cap. 19, die Sonne des Herzens und der Augen Cap. 15, der König (משכיל anstatt المغتبط) und der Wezir Cap. 16; den Schwimmer und seinen Genossen habe ich im Hebr. wieder nicht gefunden; der Sperling u. s. w. ist, wie bemerkt, Cap. 21, aber erst im 29. Cap. ist von der Trennung die Rede; Cap. 32 beginnt damit, dass der Prinz den nicht zurückzuhaltenden Derwisch „beim Zipfel des Mantels" fasst; die letzten Capitel sind prosaisch und enthalten mystische Lehren, nichts vom Zurücklassen eines zauberkräftigen Kleides.

Aus dieser oberflächlichen Vergleichung geht hervor, dass der Auszug und die hebräische Bearbeitung aus einer anderen, noch immer nicht aufgefundenen Quelle geschöpft haben. Wenn aber in kurzer Zeit zwei arabische Bearbeitungen des beliebten Buches ans Licht gezogen worden, warum sollten wird nicht hoffen dürfen, auch das Original des Ibn Chisdai noch erhalten zu sehen? Das Interesse an diesem Funde wird durch die vorangegangenen gewiss nicht vermindert, eher erhöht.

---

1) Vgl. Meisel S. 191; s. auch Notices et Extr. X, 2, p. 17.

Streifzüge durch Constantinopolitanische Handschriften.

Vom

Vice-Kanzler **Blau.**

(s. Ztschr. VII, S. 576 ff.)

Constantinopel, d. 26. Jan. 1854.

3. *Die Biographien des Ibn el-Ǵauzî.*

Heute kann ich Ihnen den Beweis für die Richtigkeit meiner in Ztschr. VIII, S. 385, ausgesprochenen Vermuthung liefern. Wenn ich, durch zwei falsche Titel geneckt, den richtigen nicht gleich entdeckt habe, so war doch wenigstens das ein sicherer Fund, dass Ibn el-Ǵauzî der Verfasser dieses Werkes ist. Doch zur Sache!

Ḥâǵi Chalfa bespricht unter Nr. 4624, Bd. III, S. 110, die حلية الاولياء des Abû Nu'aim und stimmt im Allgemeinen in das Lob ein, das auch *Ibn* Challikân diesem Schriftsteller ertheilt; er tadelt ihn aber, dass er seine Gewährsmänner zu weitläufig aufführe, viele Erzählungen wiederhole und andere unzweckmässige Dinge anbringe. „Desshalb", fährt er fort, „machte der Scheich Abulfaraǵ 'Abderraḥmân ibn 'Alî Ibn el-Ǵauzî einen guten Auszug aus ihm unter dem Titel Ṣafwet eṣ-ṣafwet, und kritisirte ihn in zehn Punkten" — denn so sind die Worte وانتقد عليه بعشرة اشياء zu verstehen [1]). Unter dem Artikel Ṣafwet eṣ-ṣafwet Nr. 7765, Bd. IV, S. 105, gedenkt er, wenn auch kurz, eben dieses Auszuges. (Nur ist da als Todesjahr des Ibn el-Ǵauzî in Text und Uebersetzung aus Versehen 997 d. H. angegeben, während an vielen anderen Stellen richtig 597 d. H. steht, auch z. B. unter Nr. 9895, Bd. V, S. 50, wo aber ein anderer Fehler: Abû 'Alî el-Faraǵ statt Abu'l-faraǵ, unterläuft.) Dieses Werk ist nun wohl unzweifelhaft identisch mit dem كتاب صفة الصفوة, von welchem die Berliner Bibliothek aus Dr. *Wetzstein's* Sammlung den 3. und 5. Band besitzt. Die Worte Wetzstein's (Ztschr. V, S. 281, Nr. 24) und die Inhaltsangabe der Ḥiljet el-Aulijâ bei Ḥ. Ch. stimmen zu dem in dem zweiten Streifzuge (Ztschr. VII, S. 577) gegebenen Inhalte der Cayol'schen Hdschr. noch genauer als das was wir von dem Telḳîḥ el-fuhûm wissen. — Schon dadurch wurde mein Glaube an die Wahrheit meiner ersten Ansicht erschüttert; noch mehr dadurch dass die Harmonie mit Ibn Ḳuteiba's Kitâb el-ma'ârif, welche bei dem Telḳîḥ el-fuhûm doch in die Augen springen müsste, sich bei näherer Vergleichung durchaus nicht bemerkbar machte. Dazu kam, dass ich auf dem verblichenen vordersten Blatte noch Spuren der an den Titel Ṣafwet eṣ-ṣafwet erinnernden Worte صفوة لله بشر (sic) fand. Ob nun dieser nach Ḥ. Ch. von mir beibehaltene, oder der von Wetzstein angegebene Titel صفة الصفوة der richtige ist, wage ich nicht zu entscheiden. Für letzteren spricht vielleicht der Umstand, dass der Verf. in einer Reihe von Artikeln mit einer gewissen Vorliebe

---

1) S. über diese Bedeutung von انتقد *Mehren,* die Rhetorik der Araber, S. 202, Anm. Fl.

die صفة des Betreffenden abgesondert behandelt. — Hiernach erschien mir auch der Anfang der Vorrede des Buches in einem andern Lichte. Ich hatte ihn weniger beachtet, ja er war mir zum Theil unverständlich geblieben, weil da fortwährend von einem Jemand die Rede ist, dessen nähere Bezeichnung mit dem ersten Blatte der Handschrift verloren gegangen war. An die Stelle des Ibn Ḳuteiba, den ich dahinter vermuthete, tritt nun aber Abû Nu'aim, und diese Vorrede enthält in zehn Punkten eine Kritik der Ḥiljet el-Aulijâ — ganz übereinstimmend mit Ḥâǵî Chalfa's Angabe. In Folgendem gebe ich Ihnen, soweit die sehr verblassten Worte zu entziffern sind, einen Auszug aus dieser Kritik, erstens als Hauptbeweis dafür, dass dies wirklich die von Ḥ. Ch. erwähnte Bearbeitung ist; zweitens um zu zeigen, dass die oben gegen *Flügel* gegebene Uebersetzung der Worte انتقد عليه بعشرة اشياء die richtige ist; drittens als Beitrag zur Charakteristik des Werkes von Abû Nu'aim.

Worauf der erste jener zehn Punkte sich bezogen hat, weiss ich nicht zu sagen; die Hdschr. beginnt mit dem Ende des zweiten, wo, wie ich aus einem وليس هذا موضع هذه الاشياء und هل يليق بالكتاب vermuthe, die Einmischung fremdartiger Dinge getadelt worden sein mag. Dann folgt:

Drittens. Dass er viele Notizen wiederholt انه اعاد اخبارا كثيرة; was er z. B. unter dem Artikel Abû Suleimân ed-Dârânî von dessen Aussprüchen beibringt, wiederholt er unter d. A. Aḥmed ibn Abi 'l-Chuwârî, wo er den Abû Suleimân als Gewährsmann nennt. — Viertens. Dass er zu weitläufig die von einem einzigen Individuum angeblich aus dem Munde des Propheten überlieferten Aussprüche desselben aufführt انه اطال بذكر الاحاديث المرفوعة التى يرويها الشخص الواحد, indem er vergisst, dass seine Aufgabe die Sitten- und Charakter-Schilderung eben dieses Individuums ist بيان آدابه واخلاقه; z. B. in den Artikeln Sa'id, Sufjân, Mâlik, 'Abderraḥmân ibn el-Mehdî und Aḥmed ibn Ḥanbal. — Fünftens. Dass er in seinem Buche viele untergeschobene Ueberlieferungen beibringt انه ذكر فى كتابه احاديث كثيرة موضوعة, um von dem Umfange seiner Traditionskunde eine desto grössere Vorstellung zu geben. — Sechstens. التشاجيع الوارد فى التراجم التى لا تكاد تحتوى على معنى صحيح خصوصا فى ذكر حدود التصوف 1). — Siebentens. Dass er die grossen Männer wie Abû-bekr, 'Omar, 'Oṯmân, 'Alî, Ḥasan, Śureiḥ, Sufjân, Śo'ba, Mâlik, eś-Śâfi'î und

1) Ein Erklärungsversuch des Herrn Einsenders war durch ein beigesetztes Fragezeichen von ihm selbst als zweifelhaft bezeichnet. In der That giebt jenes التشاجيع keinen zulässigen Sinn. Es ist zu lesen التساجيع: „die Anwendung rhetorischer Reimprosa in den kaum irgend einen vernünftigen Gedanken enthaltenden Artikeln, besonders da wo von den ṣufischen Graden die Rede ist." Ueber حدود s. Ztschr. V, S. 64 u 65 Anm. 1, u. S. 77—79 d. Nachschrift. Fl.

Aḥmed, als Anhänger des Ṣufismus darstellt, der ihnen durchaus fremd war. Jene Männer besassen das was man زهد Sittenstrenge nennt; der Ṣufismus ist nur eine gewisse hiermit in Verbindung stehende Richtung, besteht aber nicht ausschliesslich in dieser Sittenstrenge لا يقتصر فيه, oder ist ein zu ihr erst hinzutretendes Etwas, das man jenen Männern nur mit um so grösserem Unrechte beilegen kann, als Abû Nu'aim selbst in dem Artikel über eś-Śâfi'i dessen Ausspruch anführt: „Der Ṣufismus ist auf Trägheit gegründet; und gesetzt, es wird einer bei Tagesanbruch Ṣufi, so ist er dumm noch ehe der Mittag herankommt" فانه قد روى ابو نعيم فى ترجمة الشافعى رحمه الله عليه انه قال التصوّف مبنىّ على الكسل ولو تصوّف رجل اوّل النهار لم يأت الظهر الّا وهو احمق. Uebrigens, sagt Ibn el-Ǵauzi, habe ich von dem Ṣufismus in meinem Buche Telbis Iblis ausführlicher gehandelt. — Achtens. Dass er von mehreren der oben erwähnten Männer weitläufig Aussprüche ohne erheblichen Werth und Nutzen ما لا طائل فيه beibringt. Das ist ein Mangel in der Kunst schriftstellerischer Composition; ein Schriftsteller muss sorgfältige Auswahl treffen und sich vor Fehlgriffen in Acht nehmen, nicht sein wie einer der bei Nacht Holz sammelt [1]), noch sein Absehen auf die Menge des Stoffes richten وهذا خلل فى صناعة التصنيف وانّما ينبغى للمصنّف ان ينتقى ويتوقّى ولا يكون كحاطب ليل ولا ينظر الى الكثرة. — Neuntens. Dass er von Ṣufis Dinge erzählt, die zu thun unerlaubt ist انه ذكر اشياء عن الصوفيّة لا يجوز فعلها. So soll der Ṣufi Abû Ḥamza, als er in einen Brunnen gefallen war und dieser von zwei Männern verschüttet wurde, aus Gottvertrauen sich ganz still gehalten haben und dann auch wirklich auf wunderbare Weise gerettet worden sein; eś-Śibli aber soll Kleidungsstücke, Nahrungsmittel und andere zum Leben nöthige und nützliche Dinge absichtlich zerrissen und verbrannt haben, indem er sich dafür auf Sur. 38, V. 32 berief, u. dgl. mehr. Dagegen beweist nun Ibn el-Ǵauzi durch Handlungen und Aussprüche des Propheten, dass ein solches faules, ausschweifendes Gottvertrauen mit Verschmähung und sogar Vernichtung der dem Menschen von Gott verliehenen natürlichen Kräfte und Hülfsmittel nicht in den Himmel, sondern in die Hölle führe, dass jene Koranstelle nicht nothwendig von einem Niederstechen der Pferde zu verstehen sei, und, selbst diess angenommen, Salomo als ein unsündhafter Prophet nur ihm Erlaubtes gethan haben könne, er auch dann das Fleisch der gefällten Thiere dem Volke zur Nahrung überlassen haben werde, da der Genuss von Pferdefleisch erlaubt sei, u. s. w. — Zehntens. Dass er die Artikel sehr unter einander gewirrt, Nachzustellendes vor-, und Vorzustellendes nachgestellt hat. Man bemerkt weder eine Stufenfolge nach der Bedeutung der Individuen, noch eine chronologische Ordnung, sondern nur bis-

1) S. *de Sacy's* Ḥariri, 1. Ausg., S. ٦, Z. 3, m. d. Anm. Fl.

weilen eine geographische Zusammenstellung, so dass man beim Nachschlagen keinen festen Anhalt hat.

Nach dieser Rüge der Begehungssünden seines Vorgängers führt Ibn el-Ǵauzî noch ein paar Streiche gegen dessen Unterlassungssünden und tadelt ihn bitter, dass er 1) den Propheten, 2) viele berühmte Männer, 3) alle Frauen unberücksichtigt gelassen habe. — Durch dieses Alles werden Sie nun, glaube ich, eben so überzeugt sein, wie ich es bin, dass obige Kritik dem Abû Nu'aim gilt und somit die Vorrede zu Ibn el-Ǵauzî's Ṣafwet eṣ-ṣafwet bildet. Ist das aber richtig, so gewinnt die Hdschr. noch mehr Interesse und Werth, denn die Ṣafwet eṣ-ṣafwet ist anerkanntermassen ein noch bedeutenderes Werk als das Telḳîḥ el-fuhûm.

Schreiben des Staatsrathes Dr. von Erdmann
an Prof. Fleischer.

Gross-Nowgorod, d. 6/18. Oct. 1853.

Sie fordern in der Ztschr. d. D. M. G., Bd. VII, S. 414, Anm. 2, unbetheiligte Fachgenossen auf, ihr Urtheil über die von Hrn. Dr. Sprenger angeregte Frage abzugeben, ob der Mönch Boḥeirâ mit Muḥammed von Boṣrâ nach Mekkah gereist sey und sich dann an letzterem Orte aufgehalten habe. Obgleich nicht im Besitze der ebendaselbst erwähnten Schrift: *Muhammads Journey to Syria and Prof. Fleischer's Opinion thereon, by Dr. A. Sprenger,* und auf das in der Zeitschrift Vorliegende beschränkt, glaube ich es doch der guten Sache schuldig zu seyn, Ihnen aus hochangesehenen persischen Geschichtschreibern nach den mir zugehörigen Handschriften einige Beiträge zur Beantwortung jener Frage für die Ztschr. mitzutheilen.

In dem Leben Muḥammed's erscheinen vier mit seiner Sendung in Verbindung stehende Mönche. Der erste, welcher, ein Feind des Götzendienstes, den Glauben Abraham's schon vor Muḥammed's Auftreten wieder herstellen wollte und deswegen verschiedene Reisen unternahm, um von Juden und gelehrten Christen Auskunft über jenen Glauben zu erhalten, aber während dieser seiner Bemühungen durch ein Traumgesicht belehrt wurde, dass der Propheten letzter unter den Nachkommen Hischâm's auftreten werde, und deshalb von seinem Vorhaben abstand, hiess Abû 'Âmir, ابو عامر [1]).

Der zweite, welcher mit Muḥammed in Syrien zusammentraf und ihm seine künftige Grösse vorhersagte, hiess nach Raschiduddin Boḥeirâ, بُحَيْرا,

---

1) Mirchond's روضة الصفاء Tom. II, fol. ۴۴ verso.
[Abû 'Âmir, ein Araber aus der Familie Ḍubai'a bin Zaid, bekam den Beinamen ar-Râhib, der Mönch, bloss von seiner den christlichen Mönchen nachgeahmten strengen Lebensweise. Später trat er als Feind des Islâm auf. S. Baiḍâwi zu Sur. 9, V. 108; *Weil*, Moh. d. Proph., S. 267 u. 268, S. 428; *Caussin*, Essai, III, S. 92 u. 100. Fleischer.]

denn er schreibt [1]: بعد از مدّتی ابو طالب باسم تجارت عزم شام کرد
ابو طالب را برو شفقت ورحم آمد اورا با خود ببرد چون بزمین بصری
رسید که از بلاد شام است ونزدیک شهر فرود آمدند آنجا صومعه
رهبانی بود نام او بُحَیْرا وکُتُب بسیار خوانده بود وصفت پیغامبر
یافته بود راهب از بالاء تَیْر می نکریست مشاهده کرد که اَبْری چون
سپری بزرک بیآمد وپیغامبر را از میان آن قوم سایه کرد وچون در سایهٔ
درختی فرو آمدند درخت را دیدند برکهاء سبز بر آورده تا بر مصطفی
سایه اندازد وچون آفتاب میل میکرد شاخ درخت نیز میل میکرد تا
سایه بر قرار بر مصطفی باشد در حال بر خلاف عادت طعامی ساخت
وابو طالب وقریشیان را که با او بودند بمهمانی طلب کرد ومی خواست
که هیچکس تخلّف نکند ایشان همه رفتند چون مصطفی کودک بود
بمحافظت رختها اورا کذاشتند بُحَیرا چون آن امارت که می خواست
در ایشان نمی دید کفت کسی از شما تخلّف کرده است یا نه کفتند
بلی یک کودک پیش رختها چون بسال کهتر بود کذاشتیم التماس کرد
که اورا نیز حاضر کنید مصطفی علیه الصلوة والسلام بیامد چون از
طعام فارغ شدند بحیرا آنچه میطلبید در پیغامبر دید وصفاتی که
بران واقف شده بود معاینه ومشاهده کرد ومصطفی را سوکند داد بحق
لات وعُزّی که آنچه از تو پُرسم راست بکوی مصطفی صلوات الله علیه
فرمود که مرا بلات وعزّی سوکند مده که من در جهان هیچ دشمن تر
ازینها ندارم بُحَیّرا بخدا تعالی سوکند داد واحوال خواب وبیداری ونوم
ویقظه او پرسید آنچه مصطفی تقریر میکرد مطابق آنچه بُحَیّرا در
کتب دیده بود می یافت وخاتم نبوّة را که در میان دو شانهء پیغامبر
بود بدید بعد ازان از ابو طالب پرسید که این پسر از تو چیست
کفت فرزند منست بحیرا کفت باید که پدر او در حال حیوت نباشد
واو یتیم بود ابو طالب کفت برادرزادهٔ منست ومادر بوی حامله بود که

1) Raschidaddin's جامع التواریخ T. II, Abth. 1, fol. ٥ recto.

پدرش وفات یافت بحیرا تصدیق کرد وکفت باید که اورا بشام نبری
واز جهودان وترسیان اورا نیکو نکاه داری تا اورا تعرّضی نرسانند که
او مرتبهٔ عظیم خواهد یافت ابو طالب اورا باز بمکه فرستاد وبروایتی
کویند ابو طالب آن سفر تمام نکرد از آنجا باز کشت

„Einige Zeit darauf (nach dem Tode 'Abdulmuṭṭalib's) reiste Abû Ṭâlib des Handels wegen nach Syrien und nahm ihn (Muḥammed) aus zärtlicher Fürsorge mit sich. Als sie auf dem Gebiete der syrischen Stadt Boṣrâ angelangt waren und bei derselben Halt machten, blickte Boḥeirâ, ein viel belesener und die Eigenschaften des [erwarteten] Propheten kennender Mönch, dessen Kloster dort auf einer Anhöhe lag, von demselben herab und gewahrte, dass eine Wolke, wie ein grosser Schild, heranzog und den Propheten inmitten jener Reisenden überschattete. Als sie dann unter einen Baum kamen, sahen sie, dass derselbe grüne Blätter getrieben hatte, um Muḥammed zu beschatten, und dass, so wie die Sonne sich wendete, auch die Zweige des Baumes sich wendeten, damit der Schatten fortwährend über ihm bliebe. Sogleich bereitete Boḥeirâ gegen seine Gewohnheit ein Mahl und lud Abû Ṭâlib und die Koreischiten in dessen Begleitung zu Gaste, mit dem Wunsche, es möchte niemand zurückbleiben. Sie machten sich alle auf, Muḥammed aber liessen sie, da er noch ein Knabe war, zur Bewachung des Gepäcks zurück. Da Boḥeirâ die gewünschte erhabene Persönlichkeit nicht unter ihnen erblickte, so fragte er: „Ist jemand von euch zurückgeblieben, oder nicht?" „„Ja"" antworteten sie, „„einen Knaben haben wir, da er noch zu jung war, bei dem Gepäck zurückgelassen."" Darauf bat er, auch ihn herbeizuholen, und Muḥammed erschien. Nach vollendetem Mahle entdeckte Boḥeirâ in dem Propheten das, was er suchte, und gewahrte an ihm die Eigenschaften, welche er [in den prophetischen Schriften] angegeben gefunden hatte. Da sprach er zu ihm: „Bei Lât und 'Uzzâ beschwöre ich dich, mir die Wahrheit zu sagen über das, warum ich dich befragen werde." Muḥammed erwiederte: „„Beschwöre mich nicht bei Lât und 'Uzzâ, denn mir ist in der Welt nichts verhasster, als diese."" Boḥeirâ beschwor ihn nun bei Gott dem Allerhöchsten und fragte ihn ausführlich nach den Umständen seines Schlafens und Wachens [1]), fand Muḥammed's Aussagen mit dem von ihm Gelesenen übereinstimmend, und sah auch das Siegel der Prophetie zwischen den beiden Schulterblättern des Propheten. Hierauf fragte er den Abû Ṭâlib: „In welchem Verhältnisse steht dieser Knabe zu dir?" Er antwortete: „„Es ist mein Kind."" Boḥeirâ sprach dann: „Sein Vater kann nicht mehr am Leben und er selbst muss eine Waise seyn." Abû Ṭâlib erwiederte: „„Er ist meines Bruders Sohn, und seine Mutter war mit ihm schwanger, als sein Vater starb."" Boḥeirâ bestätigte diess und sprach: „Du darfst ihn nicht

---

1) Diese in dem Texte auf arabisch wiederholten Worte bedeuten, nach einem in den morgenländischen Sprachen gewöhnlichen Merismus, die gesammte Lebensweise. Vgl. Ahmedis Arabsiadae Hist. Timuri, ed. Manger, T. I, p. 334.

nach Syrien bringen und musst ihn vor Juden und Christen wohl in Acht nehmen, dass sie ihm nichts zu Leide thun; denn er ist zu hoher Würde bestimmt." Daher schickte ihn Abû Ṭâlib nach Mekkah zurück. Nach einer andern Ueberlieferung soll Abû Ṭâlib selbst diese Reise nicht vollendet haben und von dort zurückgekehrt seyn."

Mirchond [1]) nennt denselben Mönch, welcher bei Raschiduddin Boḥeirâ heisst, Nestor, نسطور. Um Raschiduddin's Erzählung, mit welcher Mirchond mehr oder minder übereinstimmt, nicht unnöthigerweise zu wiederholen, gebe ich nur den Zusatz, in dem Nestor bei Mirchond die künftige Grösse Muḥammed's vorausverkündet: این شخص بر جمیع دیار وبلاد غلبه کند وبر مجموع عباد ظفر یابد وهیچکس باوی مقاومت نتواند وغایت بزرکی او نداند „Diese Person wird alle Länder überwältigen und alle Menschen besiegen; niemand wird ihr zu widerstehen, niemand ihre überschwängliche Grösse zu ergründen vermögen"; und den Schluss: چون مهمّ تجارت بحسب دلخواه باتمام رسید ازان سفر مراجعت نمودند وبعد از قطع منازل وطی مراحل در کرمای روز بمکه رسیدند „Nach erwünschter Beendigung des Handelsgeschäfts kehrten sie von dieser Reise zurück und langten nach Durchziehung der Stationen und Zurücklegung der Tagereisen während der Mittagshitze in Mekkah an."

Der dritte, Waraḳah ben Naufel, ورقه بن نوفل, ein Verwandter der Chadiǵah, der Sohn ihres Oheims 'Amr ben Asad, früher ein Götzendiener, später ein Christ, hatte dem Muḥammed die Hand der Chadiǵah angetragen, die sich oft der Worte Nestors (Boḥeirâ's) erinnerte, und ist derjenige, welcher von ihr über die Erscheinung des Engels Gabriel befragt wurde. Nach Voraussendung der bekannten Erzählung, der zufolge Gabriel dem Muḥammed zweimal erschien, ihm erklärte, er sey der Gesandte Gottes, ihm zu lesen befahl, was Muḥammed nicht zu können erklärte, worauf der Engel ihn packte, kräftig schüttelte und dem Ohnmächtigen mit den Worten der 96. Sure von neuem zu lesen befahl, — bemerkt Raschiduddin [2]), es habe Muḥammed diese in seinem Hause, بخانهٔ او, vorgefallene Erscheinung der Chadiǵah mitgetheilt, und diese — پیش پسر عمّ خود ورقه بن نوفل رفت وحال باوی بکفت چه او خدای پرست بودی وعالم بود وکُتُب بسیار خوانده وتجارب ایام منقلب دانسته وبر توریت وانجیل واقف وبدین ترسایی در آمده ورقه کفت قدوس قدوس لقد جاءه الناموس الاکبر الذی کان یاتی موسی علیه السلام وانّه لنبیّ هذه الأمّة یعنی ناموس

1) a. a. O. Tom. II, fol. ٨, verso.

2) a. a. O. fol. ٧ verso.

اکبرست که بموسی علیه السلام آمدی وپیغامبر این امت خواهد بود که در کتابها ذکر او آمده است واکر من بعهد او برسم متابعت او کنم واورا مساعد ومعاون باشم „ging zu ihrem Vetter Waraḳah ben Naufel und stattete ihm Bericht ab, da er ein Gottesverehrer und gelehrter, vielbelesener Mann war, die Begebenheiten der vergangenen Zeit kannte, die Torah und das Evangelium studirt und die christliche Religion angenommen hatte. Waraḳah sprach: „Heilig! Heilig! Offenbar ist der zu ihm Gekommene der höchste Vertraute Gottes, welcher auch zu Moses kam. Gewiss, er wird der Prophet dieses Volkes seyn, von dem in den Schriften die Rede ist. Wenn ich sein Auftreten erlebe, so werde ich ihm anhängen und ihm Beistand und Hülfe leisten.“ Nach Mirchond befragte Chadîǵah wegen Gabriels anfangs ihren gelehrten Vetter, den Mönch Waraḳah ben Naufel, der sie aber absichtlich mit einer ihr nicht genügenden Antwort entliess. Sie erholte sich daher Rathes bei dem (vierten) Mönche 'Adâs, einem hochbejahrten Greise, راهب عداس که پیری سالخورده بود. Dieser wollte ihr, obgleich er sie sehr achtete, anfangs eben so wenig Auskunft über Gabriel ertheilen, brach aber, als sie ihm sagte, dass er dem Muḥammed, nach dessen eigener Aussage, erschienen sey, in die Worte aus: جبرئیل ناموس اکبر است که وحی بموسی وعیسی علیهما السلام آورده است اکر درین منزل نزول کند خیر وبرکتی عظیم درین دیار ظاهر کردد ولیکن ای خدیجه شاید که از مسّ شیطان آسیبی وجنونی بروی عارض شده باشد این کتاب مرا نزد او ببر تا زیارت کند واز آفات شیطان سالم ماند واکر امر رحمانی باشد از زیارت کتاب هیچ مضرتی بوی نرسد [1]) „Gabriel ist der höchste Vertraute Gottes, welcher die Offenbarungen zu Moses und Jesus gebracht hat. Wenn er wirklich in dieses Haus herabsteigt, wird grosses Glück und Heil sich in diesem Lande aufthun. Aber, Chadîǵah, es wäre möglich, dass ihn (Muḥammed) durch Teufels Antastung eine Geisteskrankheit und Verrücktheit befallen hätte; darum bring ihm dieses von mir Geschriebene, dass er es oft zur Hand nehme und dadurch vor den Anfechtungen des Teufels gesichert sey. Ist die Sache von Gott, so wird ihm aus dem Gebrauche dieser Schrift kein Schade entstehen.“ Chadîǵah trug die Schrift zu Muḥammed, der unter Anleitung Gabriels gerade V. 1 u. 2 der 68. Sure: والقلم وما يسطرون ما انت بنعمة ربك بمجنون recitirte. Chadîǵah, über diese Worte entzückt, sprach zu ihm: „Steh auf und lass uns zu 'Adâs gehen!“ Sie begaben sich beide wirklich zu dem Mönche, der, als er „das Siegel der Propheten“ bei sich sah, ihm sofort das Gewand von den Schultern streifte, beim Anblicke „des Siegels der Prophetie“ sich niederwarf

1) a. a. O. Tom. II, fol. ٩. verso.

und mit erhobenem Haupte ausrief: قدوس قدوس ای محمّد واللّه که تو آن پیغمبری که موسی وعیسی ببعثت تو بشارت داده اند واللّه که اکر در ان زمان که دعوت خلایق کنی من زنده باشم در پیش تو شمشیر زنم الخ[1] „Heilig! Heilig! O Muḥammed! bei Gott, du bist der Prophet, dessen Sendung Moses und Jesus angekündigt haben. Bin ich dann, wenn du die Menschen zum Glauben rufen wirst, noch am Leben, so werde ich, bei Gott, dein Vorkämpfer" u. s. w. Als sich aber die Erscheinungen Gabriels wiederholten und die schon oben erwähnte Scene vorfiel, welche Muḥammed der Chadiǵah gleichfalls mittheilte, so nahm diese von neuem ihre Zuflucht zu Waraḳah ben Naufel: آنکاه خدیجه رضی اللّه عنها پیغمبررا صلّی اللّه علیه وآله وسلّم در خانه کذاشته نزد ورقه بن نوفل رفت که بمدّتی پیش ازان تاریخ از دین قریش اعراض نموده نصرانی شده بود وانجیل را نیکو میدانست کفت ای پسر عمّ مرا از جبرئیل علیه السلام خبری کوی ورقه کفت قدوس قدوس در شهری که خدای عز وجل نپرستند ذکر جبرئیل چیست خدیجه رضی اللّه عنها کفت محمّد بن عبد اللّه میکوید که جبرئیل بر من ظاهر شده است ورقه کفت اکر جبرئیل درین زمین فرود آید خیر وبرکتی عظیم ظاهر کردد واو ناموس اکبر است که بر موسی وعیسی علیهما السلام فرود آمده است ووحی الّهی سبحانه میرسانید الخ[2] „Darauf ging Chadiǵah, den Propheten zu Hause zurücklassend, zu Waraḳah ben Naufel, welcher einige Zeit vorher die Religion der Koreischiten verlassen hatte, ein Christ geworden war, und das Evangelium gut kannte. Zu diesem sprach sie: „Lieber Vetter, gieb mir über den Gabriel Auskunft!" Waraḳah erwiederte: „„Heilig! Heilig! Was bedeutet die Aussprechung dieses Namens in einer Stadt, wo man Gott nicht anbetet?"" Chadiǵah antwortete: „Muḥammed ben 'Abdullâh sagt, es sey ihm Gabriel erschienen." Da sprach Waraḳah: „„Wenn Gabriel wirklich in dieses Land herabkommt, so wird grosses Glück und Heil sich aufthun. Er ist der höchste Vertraute Gottes, welcher zu Moses und Jesus herabkam und die göttlichen Offenbarungen überbrachte.""

Diese Stellen liefern Belege für folgende Sätze: 1) dass der Mönch Nestor-Boḥeirâ, — das erste wahrscheinlich Kloster-, das zweite Familien-Name — in Syrien, nahe bei Boṣrâ wohnte; 2) dass ihm die

---

1) a. a. O. Tom. II, fol. ۹۱ recto.

2) a. a. O. Tom. II. fol. ۹۴ verso.

Zusammenkunft mit der Chadîğah, welche über den Engel Gabriel belehrt zu werden wünschte, fälschlich zugeschrieben wird; 3) dass Waraḳah ben Naufel, dessen Klostername vielleicht Sergius war, und 'Adâs, welche die Erklärung über den Gabriel gaben, in Mekkah wohnten; 4) dass die oben angeführte Meinungsverschiedenheit auf einem aus der nicht gekannten oder nicht beachteten Namensverschiedenheit der beiden Mönche Nestor-Boḥeirâ und Waraḳah ben Naufel hervorgegangenen Missverständnisse beruht; endlich 5) dass auch Muḥammed für die von ihm eingeführte Religionsreform unter seinen eigenen Landsleuten Vorläufer hatte.

Schreiben des Missionar Dr. Krapf an Prof. Rödiger.

Dagersheim, 16. Jan. 1854.

— Obwohl Sie aus andern Quellen von meiner Ankunft in Europa mögen gehört haben — so nehme ich mir doch die Freiheit, Ihnen eigenhändig die Kunde mitzutheilen.

Mein Rückzug aus Ostafrika wurde veranlasst durch ein chronisches Unterleibsleiden, das sich bei mir festsetzte bald nach meiner Rückkehr von einer Reise an den Dana-Fluss, wo, wie Sie wissen, ich in Folge eines räuberischen Ueberfalls 180 Stunden von Mombas, beinahe des Lebens beraubt und unsäglichen Mühseligkeiten und Entbehrungen ausgesetzt war.

Da Sie die Resultate jener Reise in dem Englischen Blatte „Church-Missionary-Intelligencer", welches meine Journale immer aufnimmt, werden gelesen haben, so halte ich es für überflüssig, Ihnen etwas darüber mitzutheilen. Eine andere Entdeckung aber, die ich nach jener Periode gemacht habe, darf ich Ihnen nicht vorenthalten.

Ich habe nämlich Gelegenheit gefunden mich mit der Sprache der wilden Wakuafi (die sich selbst El-loikob nennen und zwischen den schwarzen Völkern im Westen und den braunen Nationen im Osten die Aequator-Regionen im Besitze haben) bekannt zu machen und im Verlauf meiner Studien auf das merkwürdige Resultat zu stossen, dass diese Sprache mit der Arabischen und Aethiopischen auffallende lexicographische (nicht grammatische) Verwandtschaft hat, somit nicht zu dem grossen süd-afrikanischen Sprachstamm gehört, welcher unsere Philologen seit mehreren Jahren ernstlich beschäftigt hat. Die Wakuafi-Nation, welche in viele Stämme getheilt ist, hat hauptsächlich diejenigen Breiten- und Längengrade im Besitz, in denen die wahren Nilquellen zu suchen sind. Die Wakuafi behaupten, ihre Urväter haben auf und um den Ol-doinio elbŏr (Weissberg) herum gewohnt, ein Berg, den ich im Jahre 1849 zuerst entdeckt und unter dem Namen Kénia bekannt gemacht habe. Die Wakamba heissen ihn Kénia, während die Bewohner von Kikuyu, in deren Gebiet er liegt, ihn Kirenia or Ndurkenia, die Wakuafi aber Ol-doinio eibor heissen (Ol-doinio der Berg, eibor er glänzt, ist weiss = Weissberg, Montblanc, Libanon).

Nach der Tradition der Wakuáfi (so heissen die El-loikob an der Suahili-Küste — die Wakamba heissen sie Akábi) soll einst auf dem Ol-doinio eibŏr ein Wesen mit Namen Neuterkob existirt haben, das weder ganz Mensch noch ganz Gott war. Von diesem Wesen habe ein Mann, genannt Njémăsi Enauner, gehört, als dieser mit seinem Weibe Sámbŭ auf dem Berge Sambŭ wohnte. (Ich bemerke im Vorbeigehen, dass der Berg Sambu zwar hoch sein, aber die Höhe des Kenia nicht erreichen und keinen Schnee haben soll. Er liegt im Lande der wilden Masai, welche zwar Sprach- und Stammgenossen der Wakuafi sind, aber mit diesen in fortgesetzter grosser Feindschaft stehen, — ein Umstand, welcher die gänzliche Aufreibung mehrerer Wakuafi-Stämme in der Nähe von Jagga zur Folge gehabt hat. So sehr wir auf der einen Seite diesen Bruderzwist beklagen müssen, so ist er doch auf der andern ein Glück für die Ackerbau treibenden Stämme Ostafrika's gewesen, indem er die Ausbreitung der Wakuafi gegen die Meeresküste bis gehemmt und somit den Verkehr mit dem Innern in gewissen Regionen wieder hergestellt hat.) Neuterkob nun, sagt die Tradition weiter, lehrte den Njémăsi Enauner die Zähmung wilder Kühe, und dies führte zu dem nomadischen Leben, dem die Wakuafi bis heute so sehr ergeben sind, dass sie Ackerbau und Handel verachten, in der Meinung, diese Dinge seien blos geeignet den Menschen zu ermüden, während für sie (die Wakuafi) ihre Speise, die in der Milch und dem Fleisch der Kühe, Schaafe und Ziegen besteht, jeden Augenblick bereit liege. Die Wakuafi wandern theils den innerafrikanischen Flüssen entlang, theils ziehen sie in den ungeheueren Ebenen von Innerafrika herum, jedermann hassend und gehasst von allen Andern, besonders von den Ackerbau treibenden Stämmen, denen sie, wie die Galla, beständig ein Schrecken sind. Die reifere Jugend der Wakuafi steht stets schlagfertig bereit entweder zum Schutz ihrer Familien und Heerden, oder zum Kampf gegen auswärtige Feinde, während die Alten (Elkijáro oder elkimírisho) die Jüngern (el-mŏrăn oder elkeitěau) durch ihre Weisheit leitend im Zaume halten. An der Spitze der ganzen Republik steht der Oleibon oder Olkibroni, welcher durch Zauberei, Tapferkeit und Weisheit sich auszeichnet und die Pläne für Frieden und Krieg aus der Beobachtung der Eingeweide von geschlachteten Thieren entwirft.

Nach der Vorstellung der Wakuafi ist Neuterkob der Vermittler zwischen dem Engai (Himmel), dem höchsten Wesen, und zwischen den Menschen, welche daher ihre Gebete und Opfer stets zuerst an den Neuterkob richten, um durch ihn und seine Vermittlung von dem Engai Regen und andere irdische Wohlthaten zu erlangen. Die Wakuafi kommen desshalb aus weiter Ferne, um am Ol-doinio zu beten und zu opfern — denn diese Gegend wird für den Ursitz der Nation gehalten. Dort werden Kriege und andere wichtige Unternehmungen projectirt durch die Leibonok oder Staats-Zauberer.

Da ich jedoch eine kurze Beschreibung der Wakuafi nebst einem Vocabularium ihrer Sprache veröffentlichen werde, wenn meine Gesellschaft in England die Erlaubniss dazu giebt, so will ich mich weiterer Bemerkungen über dieses interessante Volk enthalten. Nur einige Eigenthümlichkeiten rücksichtlich der Sprache will ich noch hervorheben. 1) Es ist merkwürdig, dass fast alle Wörter der Kikuafi-Sprache mit Consonanten enden. Hierdurch unterscheiden sie sich wesentlich von der Sprache der Orphano-

Hamitischen oder der braunen süd-afrikanischen Völker, welche stets mit Vocalen endet.

2) Ist es auffallend, dass die meisten Zeitwörter einsylbige Wurzeln haben, z. B. tŏn sitzen, shŭm stellen, shŏm hinausgehen, sham lieben, kĕn zählen, pŏn hinzufügen, pedj rösten, mŏr verachten, mĭn irre gehen, gŏl mächtig sein, băl vermeiden, lassen, gnŏr versuchen, mĭr verbannen, dŭgn hauen, răgn tanzen, shŭl vermischen, shŏb kleiden, sho geben, bŏt rufen, măt trinken, tăm essen.

3) Dass sich bei den meisten Substantiven ein Artikel für den Singular und Plural nachweisen lässt, und dass die Formation des Plurals an semitische Endungen unwillkürlich erinnert. Ol-kŭrŭm anus pl. ol-kurum; oljágnito Thier pl. eljagnit; oldugnáni Mensch pl. eldugnágnak; olbenne Sack pl. el benniak; oljonni Haut pl. eljonnin oder eljonnito; olpĭrĭ Schelle pl. elpirin; oláshe Kalb pl. eláshon; oldúrŭei ein Thor pl. eldúrŭan; olbai Rede pl. elbáan; ékări Brod pl. ékărim; óldĭa Hund pl. eldiein; oldóme Elephant pl. eldómian; olkibroni ein Grosser pl. elkíbŏrŏk; olálem Messer pl. lalem oder láleman; oluwáru Löwe pl. eluwárak; olmórŭo Herr pl. elmórŭak; olkípiei Lunge pl. elkípian; osíkĭrĭa Esel pl. esíkirian; oloikobani ein Mkuafi (von der Nation der Wakuafi) pl. elloikob; oljóre Freund oder Rathgeber pl. eljóren; olkéju Bach pl. elkéjek; olaláshe Bruder pl. laláshen. Beispiele von Substantiven, die mit en oder em anfangen: endáa Speise pl. endáan; engeina Hand pl. engeik oder engeinak; endóki Geschäft, Sache pl. endókitin; engíteng eine Kuh pl. éngishu, aber olkiteng pl. elkitengni heisst Ochse; engáji Haus pl. engajíjik; éngima Feuer pl. engiman; éngerai Kind pl. éngera; engéju Fuss pl. engéjek; endángile Weib pl. endángilen; éndito Mädchen pl. endoiak; aber oleioni ein grosser Knabe pl. leiok; embórowei Pfeil pl. embórowan; émbĕrĕ Lanze pl. embérĕan.

4) Dass die Wandelung der Verben sich bereits zu der Sprache der Orphno-afrikanischen Stämme hinneigt, z. B. rĕm zerstören, Praesens: nánu árĕm ich zerstöre; íe irĕm du zerstörest, elle érem er zerstört, iok kirem wir zerstören, endai kirem ihr zerstöret, kullo érem sie (diese) zerstören. Praeteritum: nanu atárĕmo ich zerstörte; nanu áshăm ich liebe; nanu atáshăma ich liebte; nanu aidipa atáshămă ich hatte geliebt, eig. ich habe geendet zu lieben, also bereits geliebt. Imperativ: táshama liebe du, endásham liebet ihr. Futur: nanu alásham ich werde lieben, eig. ich gehe zu lieben (allo und asham); masham ich liebe nicht; misham du liebst nicht; mesham er liebt nicht; nanu ituásham ich habe nicht geliebt; malásham ich werde nicht lieben; misham liebe du nicht. Weiter: Ich wünsche oder begehre zu lieben nanu ayau nasham; du wünschest zu lieben ie iyau nisham; er wünscht zu lieben elle eyau nesham. — Passiv: ashămi ich werde geliebt; atashámaki ich wurde geliebt; mashami ich werde nicht geliebt; ituashámăki ich wurde nicht geliebt.

5) Dass die Adjective meist von Verben abgeleitet sind und dass sie mit ihrem Substantiv im Numerus harmoniren müssen, z. B. oldoinio eibŏr der weisse Berg, eig. der Berg - er ist weiss; oldoinio eirŏk der schwarze Berge; oldugnáni kitok ein grosser Mann, pl. eldugnágnak kitoa grosse Leute; oldugnáni tórŏnŏ ein böser Mann, pl. eldugnágnak torok; enanga narok ein schwarzes Kleid.

6) Die Pronomina possessiva werden affigirt wie in anderen Sprachen, z. B. papa lai mein Vater, papa lino dein Vater, papa lénie sein Vater, papa lang unser Vater, papa ligni euer Vater, papa legniena ihr Vater; arába lai mein Freund, arába lino dein Freund, u. s. w., arában lainei meine Freunde, arában linóno deine Freunde, oldau lai oder osessin lai ich selbst, eig. mein Herz oder mein Körper.

Diese kurzen Bemerkungen dürften vielleicht einstweilen genügen, um einen schnellen Ueberblick dieser Sprache zu gewinnen.

Ich erlaube mir zu einem andern Gegenstande überzugehen, den ich einmal in einem Schreiben nach Amerika berührt habe. Ich habe nämlich die Vermuthung ausgesprochen, dass der geographische Name „*Manuthiae*" bei Ptolemaeus sich auf die Insel Sansibar (nicht Zanguebar, wie auf den Karten steht) beziehen könne, da die der Insel gegenüber liegenden Bewohner des Festlandes sie Úngŭziă nennen. In Kisuáhili heisst sie Úngŭdsha. Das arabische Wort Sansibar bezeichnet wohl nicht allein „Land der Schwarzen", sondern vielmehr „Land der Sendsh" oder „Dshensh," ein süd-afrikanischer Stamm, der sich noch am Lufiji-Fluss findet, und der wahrscheinlich früher den Küstenstrich zwischen jenem Fluss und der Insel Sansibar eingenommen hatte. Ich weiss wohl, dass man unter dem alten Manuthiae die Insel Kiloa (Quiloa) zu verstehen pflegt; allein es dünkt mich wahrscheinlicher, dass man darunter die bedeutende Insel Sansibar zu verstehen hat, theils weil in dem Manuthiae das jetzige Unguzia [1]) unverkennbar hervortritt (das Präfix ma ist die in vielen südafrikanischen Dialekten bekannte Pluralform für wa, wenn das Concretum ausgedrückt werden soll, also: die Leute von Unguzia, die Unguzianer), theils und hauptsächlich, weil in der That von der Küste aus, die Sansibar gegenüber liegt, die wahren Nilquellen zu finden sind, wenn man nur einmal die Wakuafi am Kenia und in dem von diesem Berge westlich gelegenen Morastland der Wamáo erreicht hätte. Aus diesen beiden Quellen, nämlich einerseits aus dem Schneewasser des Kenia, und andererseits aus dem eine Menge Elephanten u. s. w. bergenden Sumpf- und Waldland der Wamáo-Stämme (die Vasallen oder Sklaven der Wakuafi sind), scheint sich der weisse Fluss zwischen dem 2ten und 3ten Grade südl. vom Aequator zu constituiren. Indessen will ich obige Ableitung oder Beziehung des Nomen proprium von Manuthiae mehr nur als Conjectur zur Prüfung mitgetheilt betrachten.

---

1) Ob das Wort Unguzia mit dem Kikamba-Verb „ngazia verbrennen" zusammenzustellen ist, wage ich nicht zu behaupten. Wenn man es thut, so möchte der Begriff „Verbranntes, oder Verbrennung," hauptsächlich in Folge von Sonnenhitze sich ergeben. Ich habe jedoch eine grosse Abneigung gegen das Etymologisiren von Eigennamen.

Mit diesem Schreiben erhalten Sie zugleich zwei Manuscripte für die Bibliothek der D. M. G. Beide sind, wie Sie sehen, mit arabischen Buchstaben, aber in der Kisuahili-Sprache geschrieben. Das eine Manuscript betitelt „júo ja Herkal" enthält Kriegsereignisse, welche sich zutrugen in den Kämpfen, welche Muhammed und sein arabisches Heer mit Askaf, einem Gouverneur des griechischen Kaisers (Heraclius) in Syrien, zu bestehen hatte. Das andere Manuscript, genannt júo ja utenti, enthält eine Art von Gedichten in Kisuahili. Beide Schriften scheinen mir Uebersetzungen aus dem Arabischen zu sein, obwohl die Suahilis behaupten, die Gedichte oder sententiösen Reime seien von ihren Stammgenossen verfasst worden. Für mich ist die Sprache dieser Schriften wichtiger als ihr Inhalt, insofern darin ein älteres Kisuahili, und zwar im Dialekt der Inseln Patta und Lamŭ (die als Ursitze des Kisuahili betrachtet werden) vorkommt. Diese Manuscripte mögen dazu dienen, das Kisuahili aus eingebornen Quellen kennen zu lernen, nur muss man nicht vergessen, dass dieses Kisuahili aus einer ältern Zeit ist und mehr den nördlichen Stämmen des Suahili-Volkes angehört.

Schliesslich möge es mir bei dieser Gelegenheit vergönnt sein, einer ungeziemenden Beschuldigung der ostafrikanischen Mission, deren Gründung und Leitung seit 1844 hauptsächlich in meinen Händen lag, abweisend zu erwähnen. Herr Gumprecht in seinen Untersuchungen über die geographischen Verhältnisse von Afrika (aus dem VI. und VII. Bande der Monatsberichte der Berliner geograph. Gesellschaft) S. 74 hat die Vermuthung ausgesprochen, dass die Missionarien von niederer Handelssucht geleitet wahrscheinlich den Dr. Bialloblotzky werden verhindert haben, von der Ostküste Afrika's aus die Binnenländer zu erforschen. Der verehrte Herr Verfasser nennt zwar meinen und meiner Mitarbeiter Namen nicht — und er wollte wohl gewiss keinen Tadel auf unsere Mission in Ostafrika bringen — allein so wie er die Sache in seinem Berichte hinstellt, kann sie nur gegen unsere Mission Vorurtheile erwecken, die ich hiermit durch die Darstellung der Thatsachen zu entkräften beabsichtige. Herr Dr. Bialloblotzky wurde im Jahre 1849 von Dr. Beke und einigen andern edlen Männern in England ermuthigt und unterstützt, eine Untersuchungsreise nach Ostafrika zu machen. Besonders sollte die Auffindung des *Caput Nili* Aufgabe der Unternehmung sein. Dr. Beke, der mich im Jahre 1841 in Shoa kennen lernte, und dessen Verdienste um die ostafrikanische Geographie rühmlichst bekannt sind, versah Dr. Bialloblotzky mit einem Empfehlungsschreiben an mich und meine Mitarbeiter. Allein Bialloblotzky, anstatt direct nach Mombas und unserer Missionsstation in Rabbai Mpia zu gehen, segelte auf einem arabischen Boote an der Insel Mombas vorüber und nahm seinen Weg gerade zu nach der Insel Sansibar, wo der Imam von Mascat, der die ganze Suahili-Küste beherrscht, residirt. Wahrscheinlich stand es nicht in der Macht des Doctors, in Mombas direct einzulaufen, da die arabischen Capitaine es nicht wagen, einen Fremden in Suáhel abzusetzen, ehe sie ihn dem Herrscher der Küste in Sansibar vorgestellt und seine Erlaubniss hiezu ausgewirkt haben. In Sansibar fand der Imam und eben so der Englische Consul es bedenklich, unter den damaligen Umständen (wie sich der Consul ausdrückte) dem Herrn Doctor zu erlauben, ins Innere von Afrika vorzudringen. Man schien auch in Sansibar der Ansicht zu sein, der Herr Doctor sei bereits zu alt, um solche ungewöhnliche Strapatzen bestehen zu können. Auch schien die Besorgniss unter den europäischen Residenten in Sansibar obzuwalten, dass die finanziellen Mittel des Reisenden nicht ausreichen würden zur Ausführung seines grossen Unternehmens.

Sobald ich von der Ankunft Bialloblotzky's hörte, reiste ich selbst nach Sansibar, um mich beim Englischen Consul für ihn zu verwenden, und als ich des Consuls Abneigung, den Doctor von Mombas aus eindringen zu lassen, wahrnahm, bat ich ihn dringend, dem Reisenden wenigstens zu gestatten und zu helfen, dass er von Barawa aus (nördlich vom Aequator) die Binnenländer bereisen könnte, weil auf jener Route noch gar kein Europäer vorgedrungen sei, und weil in der That von dort aus ein Weg sich finden müsse zu den Nilquellen und zu den südlich von Abessinien gelegenen Ländern, die noch nicht erforscht seien. Der Consul jedoch beharrte auf seiner Aversion, und sagte in bestimmten Worten zu mir: „Wenn Sie sich in die Sache des Doctors mischen und ihn nach Mombas mitnehmen wollen, so erhalten Sie selbst kein Boot zur Rückreise nach Ihrer Station.“ Ich verstand sogleich diesen scharfen Wink und erkannte, dass ich nichts weiter für den Herrn Doctor thun könnte, ohne meine persönliche Stellung in Ostafrika zu gefährden. Ich wusste aus vielfacher Erfahrung, dass man in diesen Ländern nicht vorwärts kommen kann, wenn die Strömung der Mächtigen gegen den Reisenden ist. Mir wäre es eine Freude gewesen, dem verehrten Herrn Doctor, dessen Eifer um die Beförderung des geographischen Wissens, und dessen Gründlichkeit im Forschen mir sehr wohlgefiel, mit Rath und That dienen zu können, wenn er nach Mombas mit der Gestattung der Behörden hätte gelangen können. Ich habe in Abessinien jedem Reisenden, der zu mir kam, auf alle Weise nützlich zu sein mich bestrebt selbst auf den Fall hin, dass die Nachrichten, die ich demselben gab, nicht auf meinen Credit geschrieben werden dürften. Ich theilte mit, was ich wusste, im Interesse der Wissenschaft, unbekümmert um meinen Ruhm vor dem geographischen Publicum, und um den pecuniären Gewinn, der einem andern zufallen könnte. Dies werden alle Reisende, welche mich in Abessinien kennen lernten, bezeugen müssen.

Aus dieser einfachen Darstellung der Thatsachen wird es klar sein, dass nicht niedrige Handelssucht der Missionarien, wie Herr Gumprecht vermuthet, dem Reisenden Bialloblotzky hemmend in den Weg getreten ist. Zudem habe weder ich, noch irgend Einer meiner Mitarbeiter je mit Handelssachen zu thun gehabt. Unsere Gesellschaft (die Englisch-bischöfliche in England) würde im Augenblick einen Missionar entlassen, der sich mit Handel abzugeben wagte. Sie sorgt hinreichend und mit seltener Freigebigkeit für die Bedürfnisse ihrer Sendboten, so dass diese nicht nöthig haben, sich durch commercielle Bestrebungen selbst zu versorgen.

Ich kann am Schlusse dieser Mittheilung nicht unterlassen zu bemerken, dass manchmal Reisende ex professo ungeziemende Beschuldigungen auf Missionarien wälzen, entweder weil sie eine principielle Abneigung gegen die Missionssache hegen, oder weil sie sich in ihrem unmoralischen Verhalten gegen die Eingebornen durch die Missionarien gestraft und gehemmt fühlen — oder weil sie im Blick auf die vielen und grossen Schwierigkeiten, Gefahren

u. s. w. den Muth verloren haben, dies aber nicht eingestehen wollen in der Heimath, wo sie vielleicht vor ihrer Abreise grosse Erwartungen erregt und Heldenthaten versprochen haben. Da muss dann die Schuld des verfehlten Unternehmens den Missionarien in die Zähne geworfen werden, weil sie in der weiten Ferne sich nicht vertheidigen können und oft nicht einmal wissen und erfahren, dass der Reisende etwelche Anklagen gegen sie vorgebracht hat.

Im allgemeinen werde ich im Namen aller protestantischen Missionarien getrost behaupten dürfen, dass wissenschaftlich gebildete und moralisch rechtschaffene Reisende den Missionarien sehr erwünscht sind — weil diesen die wissenschaftliche Erforschung der Länder, in denen sie wohnen, selbst am Herzen liegt und es sie nur freuen kann, wenn tüchtige Männer zu diesem Zwecke sie besuchen, und durch ihren belehrenden Umgang sie auf manche Dinge aufmerksam machen, die ihnen sonst entgangen wären. So sind mir zum Beispiel meine Unterhaltungen mit Herrn Dr. Beke sehr lehrreich geworden in Shoa, und ich hielt es desshalb für meine Pflicht, durch Gegendienste demselben nützlich zu werden so gut ich konnte. Gegen Reisende freilich, die nur zur Befriedigung ihrer abenteuerlichen und unmoralischen Gelüste reisen, musste eine strenge Neutralität und Zurückhaltung geübt werden, weil ihr Charakter die Europäer bei den Eingebornen in Schatten stellt und Vorurtheile gegen das Christenthum erweckt, sodann aber auch weil ich oft gefunden habe, dass der Reisende, welcher moralisch gewissenlos ist, auch kein rechtes wissenschaftliches Gewissen hat, somit der Wissenschaft nichts oder wenig nützt, weil er sich oft nicht schämt, um des Ruhmes willen geographische Unwahrheiten absichtlich in die Welt hinaus zu posaunen. Ein Beispiel dieser Art habe ich in der Person eines Reisenden erlebt, der in seinem Buche behauptet die Quellen des Hawasch-Flusses im Galla-Lande bei Shoa entdeckt zu haben, während ich doch selbst bei jener Expedition gegenwärtig war und es feierlich bezeugen kann, dass weder ich noch er so weit vorgedrungen sind, um die Quellen persönlich in Augenschein zu nehmen. Wir reisten beide mit der Armee des Königs von Shoa; so dass keiner weiter kommen konnte als der Andere. Der Reisende aber behauptete in Europa, dass er die Quellen des Flusses gesehen, gemessen und gezählt habe, während doch alles nicht wahr ist. Ueberhaupt thut eine Reformation der Reisenden sehr noth, wenn lautere, ungeschmückte geographische Wahrheit nach Europa verkündet werden soll. Die blosse Wissenschaft bei aller Solidität, wenn sie abgetrennt ist vom moralischen Charakter des Reisenden, ist keine ganze Bürgschaft für die Leser in Europa, dass sie sich auf die geographischen Entdeckungen des Berichterstatters verlassen können. Ich weiss wohl, dass man diese Ansicht bestreiten kann, allein eine siebenjährige Erfahrung im Orient lässt sich nicht so leicht einschüchtern oder irre machen.

Dagersheim, 3. Febr. 1854.

— Auf Ihre Anfrage erwiedere ich, dass meine im J. 1850 bei Fues in Tübingen gedruckten Schriften (Vocabulary of six East-Africa languages, Outline of the elements of the Kisuáheli language, und The Gospel according to St. Mark, transl. into the Kikamba language) nur aus dem Depot der

Church Missionary Society (unter der Adresse: Rev. Henry Venn, Secretary of the Church Missionary Society, 14 Salisbury Square, Fleet-Street, London) bezogen werden können. — Ich werde nun einige Zeit in Tübingen verweilen, um mein Kikuafi-Vocabulary und wo möglich auch ein ausführliches Suahili-Wörterbuch drucken zu lassen. Im Frühjahr denke ich nach England zu gehen und gegen das Ende dieses Jahres nach Afrika zurückzukehren, zunächst um die grosse Reise in die Wakuafi-Länder in der Nähe der Nilquellen zu versuchen und von dort im Norden des Aequator bei Barawa herauszukommen.

Aus einem Briefe des Dr. E. Röer an Prof. Brockhaus.

Calcutta, 5. Febr. 1854.

— — Die asiatische Gesellschaft ist auf Ihren Vorschlag, einen der Siddhânta drucken zu lassen, eingegangen. Prof. *Hall* in Benares wird den Sûrya-Siddhânta mit einem Commentar herausgeben, und nach einer kürzlich von ihm erhaltenen Mittheilung werden wir das erste Heft des Werkes bald erwarten dürfen. — Ich setze allerdings die Uebersetzung des Bṛihad-Âraṇyaka fort, aber vom zweiten Capitel an habe ich Çankara's Commentar fortgelassen und nur Auszüge daraus gegeben in derselben Weise, wie ich es für die kleineren Upanishat gethan habe. Ich fürchtete den Leser mit Çankara's Commentar zu langweilen, und glaubte, dass die gegebene Uebersetzung hinreichend wäre, Çankara's Weise als Commentator darzulegen und seine Terminologie kennen zu lernen, so dass ich die viele Zeit, welche die Uebersetzung des ganzen Commentars gekostet haben würde, lieber zu einer nützlichern Arbeit anwenden wollte. — Meine Ausgabe des Uttara-Naishadha ist beinahe vollendet, und mit dem Drucke der Brahma-Sûtra mit Çankara's Commentar und Govinda Ânanda's Glosse schreite ich rüstig fort. Nebenbei vergleiche ich meine Manuscripte der Taittarîya-Sanhitâ mit Sâyana's Commentar, und werde hoffentlich nächsten Monat anfangen können drucken zu lassen. Der Librarian der Asiatischen Gesellschaft, *Rajender Lall Mitter*, wird das Brâhmaṇa dazu herausgeben, und hat mit dem Drucke schon angefangen. — Der Sarva-Darçana-Sangraha ist mit dem zweiten Hefte vollendet; es ist eine sehr wichtige Schrift und giebt über die verschiedenen indischen Systeme grossen Aufschluss. — Die neueren Abschriften sanskritischer Werke, vorzüglich die in Bengalen gemachten, sind fast immer sehr schlecht. Es sind nicht mehr eigentliche Pandit, welche sich mit dem Abschreiben befassen, sondern Copisten, welche mit dem Sanskrit nur unvollkommen bekannt sind, ja meist nicht einmal mit der Devanâgarî-Schrift vertraut sind. Die Abschriften aus Benares sind dagegen ungleich besser. Das Abschreiben geschieht da durch die Frauen, welche deshalb den alten Ruf der indischen Frauen, sich durch Gelehrsamkeit und feinere Bildung auszuzeichnen, behaupten, während die Frauen der Bengalen in der rohesten Unwissenheit aufwachsen. Die Abschriften selbst sind sehr zierlich und dabei so treu und sorgfältig, dass sie die Schrift des Originals ganz wie sie ist, mit allen ihren Zufälligkeiten von überflüssigen Linien, Punkten, ausgestrichenen Buchstaben u. s. w. wiedergeben. — Der Nestor der hiesigen Orientalisten, *Blacquiere*, ein Freund von Sir William Jones, ist hier vor kurzem gestorben. Seine reiche und sehr werthvolle Handschriftensammlung ist durch die Unwissenheit des sogenannten Pandit, der mit der Anfertigung des Katalogs beauftragt war, und weil er das Devanagari nicht lesen konnte, alle Handschriften in dieser Schrift unverzeichnet liess, leider rettungslos verschleudert worden. Durch einen Zufall kaufte ich ein bengalisches Buch aus der Sammlung, und wie gross war mein Erstaunen, als ich nachher fand, dass ich 5 Sanskrit-Manuscripte als eine Zugabe gekauft hatte, worunter sich die Purusha-parîkshâ befand, deren Existenz ich früher nur in einer bengalischen Uebersetzung gekannt hatte. — Wir haben hier einen fast unersetzlichen Verlust durch den Tod von *Thomason* und *H. Elliot* erlitten. Mr. *Thomason*, lieutenant-governor of the northwestern provinces, war ein nicht unbedeutender Orientalist und ein eifriger Beförderer wissenschaftlicher Bestrebungen. Was ihn aber vor allem ausgezeichnet und wodurch er sich ein unvergängliches Denkmal unter den Indiern errichtet hat, ist die Einführung von vernacular-schools für die unteren Klassen nach europäischem Plane. In den höheren Schulen der Regierung wird der Unterricht in englischer Sprache ertheilt, während jene Schulen denselben in bengalischer oder hindostanischer Sprache ertheilen. Seine Bemühungen sind mit dem vollständigsten Erfolge gekrönt worden, und wahrscheinlich wird die bengalische Regierung nach seinem Vorbilde weiter verfahren. Sir *H. Elliot* war ebenso bedeutend als Staatsmann wie als Gelehrter; er starb in der Blüthe seines Alters und seines geistigen Wirkens, und ich fürchte, er hat sein Leben durch die zu grosse Anstrengung bei seinen literarischen Arbeiten neben seinen grossen officiellen Arbeiten verkürzt. — Dr. *Sprenger* verlässt uns auf zwei Jahre, indem er zur Herstellung seiner Gesundheit nach Syrien u. s. w. geht; sein Hauptquartier wird er wahrscheinlich in Bagdad aufschlagen.

Ueber das Gewicht der Sasaniden-Münzen.

Von

Prof. Mommsen.

Die von Mordtmann mitgetheilten Wägungen zahlreicher Pehlwi-Münzen wurden mir Veranlassung dieselben zu prüfen auf das Verhältniss dieser und der gleichzeitigen römischen Münzen. Das Ergebniss war im Ganzen negativ, verdient indess doch vielleicht die Mittheilung, zumal da wenige Worte genügen.

Von zweien der ältesten noch der Uebergangsepoche angehörenden Silbermünzen ist es ziemlich klar, dass sie auf römischen Fuss geprägt sind.

1) Mordtmann Nr. 1 von 60 As = 54 franz. Gran; wahrscheinlich ein

schlecht geprägtes und wohl auch abgenutztes Stück nach Denarfuss; der vollwichtige Denar dieser Zeit wiegt etwa 64 Gran.

2) Mordtmann Nr. 4 von 255 As (auch leichter) = 231 Gran; offenbar das Gewicht der Tetradrachmen, wie die letzten Arsakiden sie schlugen (Mionnet poids p. 199 giebt Stücke von Vologeses III. von 254 und 246 Gran) und im Römerreich Antiochia (Mionnet poids p. 187. Nr. 279, geschlagen unter Elagabalus, dem Zeitgenossen Ardeschir's, wiegt 224 Gran).

Aber hier hört der Zusammenhang auch auf. Die Goldmünzen sind durchaus abweichend vom römischen Gewicht und ebenso ist es die Masse der silbernen; übrigens classificiren sie sich leicht nach der Zusammenstellung bei Mordtmann S. 143 ff.:

Gold	Ganze	Ardeschir I. (226—238)	176.6 As.
		Schapur II. (308—380)	175.5 „
	Halbe	Schapur III. (383—388)	89 „
		Chusrew I. (531—579)	85 „
Silber		durchstehend	84

wozu $1\frac{1}{3}$, $\frac{1}{3}$ und $\frac{1}{6}$ Stücke kommen.

Anomal sind einzig die von Schapur I. (238—269) und in der ersten Zeit Schapur's II. (308—380) geschlagenen Goldstücke von 153—149 As, für die sich vorläufig nichts besseres darbietet als eine Reduction des grossen Goldstückes darin zu erkennen, welche man später wieder verliess und von leichten Ganzen zu vollwichtigen Halben überging.

Fragen wir, was die Münze sei, so ist es zunächst klar, dass Gold und Silber auf dieselbe Einheit gemünzt ward; ferner aber, dass diess eine Drachme ist, da sie in Sechstel getheilt wird. Diesen Namen finden wir denn auch bei Kosmas Indikopleustes unter Justinian, der eine Anekdote erzählt (l. XI. p. 338 bei Montfaucon nova coll. patr. II), wie in Taprobane ein römischer und ein persischer Kaufmann dem König der Insel die Macht ihrer respectiven Heimath an den Münzen derselben zu demonstriren versuchten. Das Goldstück des Persers heisst hier δραχμὴ τουτέστι τὸ μιλιαρίσιον; welcher letztere Ausdruck in dieser Zeit bei den Römern jedes etwas grössere Silberstück bezeichnet (s. mein Verfall des röm. Münzw. S. 273).

Aber woher das Gewicht? Die Antwort liegt sehr fern und doch auch wieder sehr nah; es ist das altnationale Gewicht der Gegend, die persische Golddrachme von 78 Gran oder 86 As, die hier zu Grunde liegt. Seit Alexander war sie im Orient verdrängt, wenigstens im Gold, durch die attische; es ist bezeichnend, dass die Sasaniden nicht bloss die Goldprägung selbst wieder aufnahmen — diese war kaiserliches Reservatrecht und den abhängigen Staaten nicht gestattet, auch von den Arsakiden unterlassen worden — sondern auch die alte Goldwährung des Ostens. Wie sollten sie nicht? Knüpfen doch ihre Gebetbücher an den Darius an und ignoriren den Hellenismus; sie waren auch hier bloss consequent und nicht bloss der Feueraltar, auch das Gewicht dieser Stücke ist ein Stück dieser merkwürdigen Restauration.

Die Refaïya.

Von

Prof. Fleischer.

Im J. d. H. 1188 (Chr. 1774) war eine vor mehrern Jahrhunderten gegründete Sammlung arabischer Handschriften in Damaskus von einem Angehörigen des Geschlechtes der Refâ'î zum erblichen Familienvermächtniss (waḳf) erhoben worden. Nach Angabe des letzten Verwalters und nachherigen Eigenthümers der Bibliothek, 'Omar Efendi er-Refâ'î el-Ḥamawî, bestand sie ursprünglich aus 400 Bänden; mit der Zeit kamen Numern davon, andere dazu. Beim Tode seines Vaters fanden sich 425 Bände vor; das Uebrige (s. folg. S.) ist neuerer Zuwachs [1]). Vor einigen Jahren sah Herr Pr., ein englischer Orientalist, in Begleitung des griechisch-katholischen Priesters und Antiquitätenhändlers Anton Bulad diese stattliche Sammlung und liess letzterem den Auftrag zurück, sie wo möglich für ihn zu erwerben. Die darauf zielenden Versuche des Unterhändlers erzeugten und nährten in 'Omar Efendi den Gedanken, das Familienvermächtniss durch Tausch in sein Privateigenthum zu verwandeln, um dann frei darüber verfügen zu können. Mit Genehmigung der Behörden setzte er auch wirklich an die Stelle der Handschriften einen für 32,000 Piaster gekauften Baumgarten und suchte jene nun mit Vortheil zu verwerthen. Bulad's letztes Gebot, 630 £., kam seiner eigenen Forderung, 70,000 Piaster (=4375 Rt.), schon sehr nahe; aber einen solchen Schatz moslemischer Bücher, wenn auch nur vorübergehend, in die Hände eines „ḳasîs" (christlichen Geistlichen) gerathen zu lassen, dazu konnte er sich nicht entschliessen. Desto bereitwilliger war er zu Unterhandlungen mit Consul Dr. *Wetzstein*, der die ihm seit Jahren durch Hörensagen bekannte Sammlung nun selbst in Augenschein nahm und, sobald er von dem Besitzer das Versprechen erhalten hatte, bis zum Ablauf der nächsten zehn Wochen keinen weitern Schritt in der Sache zu thun, mir brieflich eine allgemeine Charakteristik der Bibliothek gab und mich aufforderte, eine deutsche Regierung zum Ankaufe derselben zu bewegen; in diesem Falle wolle er selbst einen Specialkatalog aufsetzen, der dem Kaufe sicher zu Grunde gelegt werden könne, indem das arabische Originalverzeichniss dazu untauglich sey. Da die kön. preussische Regierung erst vor kurzem seine eigene Handschriftensammlung angekauft (s. Ztschr. VI, S. 417) und bald darauf, nicht ohne sein Zuthun, den Prof. Petermann zu wissenschaftlichen Untersuchungen in das Morgenland gesendet habe, so scheue er

1) Es ist diess eine für den letzten Verwalter sehr ehrenvolle Ausnahme von der Regel. „Die Verwaltung der hiesigen Stiftungsbibliotheken", schrieb mir Consul Dr. Wetzstein am 22. Sept. 1853 in Beziehung darauf, „ist im Allgemeinen äusserst gewissenlos. Ich habe Kataloge von Moscheen-Bibliotheken gesehen, die Tausende von Bänden zählten, während in der Wirklichkeit nur noch Dutzende vorhanden waren. Die Omawi-Moschee hatte gegen 15,000 Bände: jetzt sind davon noch 364 übrig. Der Staat hat sich bloss die Verwaltung der Wakf-Grundstücke angeeignet, wovon er zeither 10% der Einkünfte für seine Mühwaltung nahm. Seit zwei Jahren aber wird von diesen Einkünften gar nichts mehr ausgezahlt." Vgl. oben S. 347 ff.

sich, derselben schon wieder ein Opfer für denselben Wissenszweig anzusinnen. Durch zufällige Verspätigung traf dieser am 20. März 1853 geschriebene Brief erst am 17. Juni, also nach Ablauf jener zehnwöchentlichen Frist, bei mir ein. Um so erfreulicher war die rasche Wirkung einer bezüglichen Eingabe bei dem kön. sächsischen Ministerium des Cultus und öffentlichen Unterrichts: schon am 28. Juni beehrte mich Se. Excellenz, Herr Staatsminister *von Falkenstein*, mit dem Auftrage, zum Zwecke des Ankaufs der Bibliothek für die sächsische Regierung Unterhandlungen anzuknüpfen. Bei dem thatkräftigen Eifer des geschäftskundigen Consuls war die Angelegenheit, trotz der weiten Entfernung und einiger hemmenden Zwischenfälle, bald zum Ziele gefördert. Der Kauf wurde zwischen Dr. Wetzstein und 'Omar Efendi für die obengenannte Summe abgeschlossen; die Bestätigung seiten des königlichen Ministeriums erfolgte auf Grund des versprochnermaassen eingesendeten Katalogs, dessen höchst zweckmässige Einrichtung um so grössere Anerkennung verdiente, da er inmitten einer durch die Vorboten des russisch-türkischen Kriegs aufgeregten Bevölkerung bei dadurch verdoppelten Amtsgeschäften ausgearbeitet worden war. Die mit der wachsenden Gewissheit des Kampfes immer bedrohlicher werdende Volksstimmung hatte den Consul auch endlich genöthigt, unerwartet des Eingehens jener Bestätigung, die Bibliothek persönlich nach Beirut in Sicherheit zu bringen und sofort auf einem Lloyddampfer zu verschiffen. Am 21. Dec. ging sie wohlbehalten in Leipzig ein, und noch vor Jahres Ende war sie, wie es der Verkäufer sich erbeten und das kön. Ministerium angeordnet hatte, unter ihrem ursprünglichen Namen „Refaïya" in einem besondern Schranke der Universitäts-Bibliothek aufgestellt. Zur Zeit enthält sie thatsächlich 465 Numern, darunter 35 Bruchstücke mit besonderer Numerirung und etwa 60 Collectaneenbücher und Bände mit zwei und mehreren Werken. Zu diesen 465 werden aber noch 22 hinzukommen, die theils aus Versehen zurückgeblieben, theils als vertragsmässiger Ersatz für 38 ausrangirte Handschriften, oder als nachträglich annehmbar befundene Ausschussnumern von dem Verkäufer nachzuliefern sind. Die schliessliche Gesammtzahl stellt sich demnach auf 487 Numern.

Der deutsche Orientalismus kann der erleuchteten Liberalität der kön. sächsischen Regierung für diese bedeutende Vermehrung seiner Hülfsquellen und Arbeitsmittel nicht dankbar genug seyn. Ausser der Seetzen'schen Sammlung in Gotha ist meines Wissens keine an Zahl und Gehalt gleich grosse arabische Handschriftsammlung als Ganzes nach Norddeutschland gekommen. Sie besteht grösstentheils aus sorgfältig geschriebenen, zum Theil ein- und mehrmal verglichenen, gut gebundenen und gehaltenen Exemplaren, von denen mehrere durch besondere Schönheit der Schrift und der Verzierungen den Namen von Prachtexemplaren verdienen; darunter wenigstens 12 Autographe und 4 von den Autographen genommene Abschriften. Das älteste Manuscript (33.), die Diwane der alten Dichter Abû Ṭâlib 'Abd-Manâf, Abû Aswad ad-Duali und Suḥaim enthaltend, ist vom J. d. H. 380 (Chr. 990); aus dem folgenden Jahrhundert ist ein Commentar des Grammatikers as-Sikkît über die Poesien des vorislamischen Dichters 'Urwa (354, Bl. 11—35.). Ueberhaupt sind aus dem 5. Jahrh. d. H. ausdrücklicher Angabe zufolge 6, ebenso aus dem 6. und 7. Jahrh. beziehungsweise 7 und 11 Handschriften, schon ungleich mehr aus dem 8. und eine noch grössere Zahl aus dem 9. Jahrh. Die meisten mögen 3—400 Jahr alt seyn; verhältnissmässig wenige, stammen aus neuerer Zeit. Alle Numern und Theile der Sammlung sind arabisch, nur mit folgenden Ausnahmen: 254. ein schiïtisches Gebetbuch mit persischer Interlinear-Uebersetzung einer grossen Anzahl Gebete; 337. 'Unwâni dîn, ein Lehrgebäude des schiïtischen Islâm, persisch; 11. der Bruchstücke, eine türkische und eine persische Abhandlung. — Hinsichtlich ihres innern Charakters unterscheidet sich die Refaïya von den gewöhnlichen Bibliotheken der Moscheen und Gelehrtenschulen vortheilhaft schon dadurch, dass die in den letztern sich gewöhnlich so breit machende Koran- und Religionswissenschaft mit ihren vielfachen Unterordnungen, Ausläufern und Auswüchsen, wie auch die divinatorische, astrologische, alchymistische und andere Geheimnisskrämerei, in angemessenen Schranken gehalten sind. Man kann nicht wohl anders als annehmen, dass die Sammler in der Fernhaltung des Andranges sowohl wie in der Zulassung einer Auswahl derartiger Werke planmässig zu Werke gegangen sind.

Da ich mich anheischig gemacht habe, einen ausführlichen Katalog der Refaïya für den Druck auszuarbeiten, so gebe ich in Nachstehendem, um sie schon jetzt so viel als möglich gemeinnützig zu machen, nur eine nach den Fächern geordnete Uebersicht ihres hauptsächlichen Inhaltes mit Beifügung der Bibliotheksnumern.

1. *Wissenschaftskunde und Encyclopädie.* Ibn Ḥuǵǵa's Tamarât al-aurâk, 100. Zusammenstellung aus den Schriften des Ibn 'Abd-rabbihi: der 2. Theil des Kitâb al-'Ikd, der 1. und 2. Theil des Kitâb al-Marǵâna fî muḥâṭabat al-mulûk, der 1. u. 2. Theil des Kitâb al-Jâkûta fi 'l-'ilm wa 'l-adab, 168. Der 1. Theil von des Ajjûbiden as-Sulṭân al-Malik al-manṣûr Nâṣiraddîn Muḥammad bin 'Umar's Durar al-âdâb wa-maḥâsin ḏawi 'l-albâb, 225. 'Abdarraḥmân bin Raǵab's Abhandlung über die Eintheilung der Wissenschaften, 285, Bl. 1—19. Muḥammad al-Anṣârî's Irsâd al-kâṣid ilâ asna 'l-makâṣid (s. Ztschr. VII, S. 413 unten), 407. Zakarijjâ al-Anṣârî's al-Lûlû an-naẓîm, 428, Bl. 37—52.

2. *Lexicographie.* Ibn Fûrak's Muškil al-ḥadîṯ wa-ġarîbuhu, 50. Râzî's Muḥtaṣar (bei Ḥ. Ch. Muḥtâr) aṣ-Ṣiḥâḥ, 68. Der 2. Theil von Harawî's Kitâb al-ġarîbain fi 'l-kur'ân wa 'l-ḥadîṯ, 69. Des Ibn Iljâs ad-Durr al-lakîṭ fî aġlâṭ al-Kâmûs al-muḥîṭ (Autograph), 70. 'Abdalkarîm bin Muḥammad's Ṭilbat aṭ-ṭalaba fî luġat al-fikh, 71. Fairûzâbâdî's (des Vfs. des Kâmûs) Išârât ilâ mâ waka'a fì kutub al-fikh min al-asmâ wa 'l-amâkin wa 'l-luġât, 260. Nawawî's Išârât ilâ bajân al-asmâ al-mubhamât (fi 'l-ḥadîṯ), 261, Bl. 1—50. Ibn al-Aṯîr's al-Muraṣṣa', 35. Bruchstück.

3. *Grammatik.* Abu 'l-bakâ Ḫalîl bin Aḥmad's Commentar zu Zamaḫšarî's al-Mufaṣṣal, 72. Ardabîlî's Commentar zu Zamaḫšarî's al-Unmûḏaǵ, 73 u. 207. Wardî's Commentar zu seiner Tuḥfat al-Wardijja, 74. Ibn al-Ḫalâwî's Commentar zur Aǵurrûmijja, 75. Zamaḫšarî's al-Mufaṣṣal, 204. Astarâbâdî's al-Wâfija fî šarḥ al-Kâfija (al-Mutawassiṭ), 205. Muṣliḥaddîn bin Zakarijjâ al-Karamânî's Ḍau' al-Miṣbâḥ, 271. Ǵâmî's al-Fawâïd aḍ-ḍijâïjja zur Kâfija, 272. At-Taudîḥ fî muṣṭalaḥ al-'arabijja, 333. Ibn 'Uṣfûr's Com-

mentar zu Ġurǵânî's al-Ġumal fi 'n-naḥw, 334. Muḥammad bin Ṣâliḥ's al-Muḳnî fi 'n-naḥw, 354, Bl. 59—89.

4. *Metrik. Reimlehre. Poetik.* Die Ḫazraǵijja und der Commentar dazu von as-Sajjid al-Ġarnâṭî (bei Ḥ. Ch. aš-Šarîf al-Andalusî), 244, Bl. 1—87. Der Text allein, 357, Bl. 56—65. Ḫalîl bin Walî's Commentar zur gereimten Metrik des Šihâbaddîn Aḥmad bin 'Abbâd al-Ḳanaî (بن عباد القناى; s. dagegen Ḥ. Ch. Nr. 9721), 245. Drei gereimte Abhandlungen über Poetik und Versbau, 246, Bl. 1—29; 'Uṯmân bin 'Umar al-Mâliki's al-Ḳaṣd al-ǵalîl fi 'ilm al-Ḫalîl, und Jaḥjâ bin Mu'ṭî al-Maǵribî's al-Badî fi ṣinâ'at aš-ši'r, beide in Versen, Bl. 30—85. Šihâbaddîn Aḥmad bin Faḍlallâh al-'Amrî's (oder al-'Umarî's) an-Nabḏa al-kâfija fi ma'rifat al-kitâba wa 'l-ḳâfija, 247. Abu 'l-'alâ Ḥasan bin Rašîḳ al-Ḳairawânî's al-'Umda fi maḥâsin aš-ši'r wa-âdâbihi wa-ṣinâ'atihi, 328.

5. *Rhetorik.* Ismâ'îl bin Abî Bakr ibn al-Muḳrî's Commentar zu seiner Badî'ijja, 126. Jaḥjâ al-Anṣârî's Commentar zu seinem Aḳṣa 'l-amânî fi 'ilm al-bajân wa 'l-ma'ânî, 127. Commentar zu den Dichtercitaten in Ġalâladdîn Muḥammad al-Ḳazwînî's al-Îḍâḥ, 128. Abhandlung über Rhetorik, 432, Bl. 1—40.

6. *Epistolographik.* Munšaât Abi 'l-Faḍl al-Hamadânî, 238. Rasâïl Aḥmad bin 'Abdallâh at-Tanûḫî aḍ-Ḍarîrî, 24. Bruchstück.

7. *Gnomik.* Zamaḫšarî's Nawâbiǵ al-kalim, 283, Bl. 37—47, u. 356, Bl 65—72. 'Ain al-amṯâl (1000 Sprüchwörter), 350, Bl. 1—40.

8. *Anthologik.* Der 1. Band von Ismâ'îl bin 'Abdarraḥmân al-Anṣârî's Zawâhir al-ǵawâhir, 360 Abû Aḥmad Muḥammad bin Ḳâsim's Rauḍ al-aḫjâr, Auszug aus Zamaḫšarî's Rabî' al-abrâr, 419.

9. *Poesie.* a) Diwane: von 'Abdalǵanî an-Nâbulusî, 21, 'Uṣfûrî, 22, al-Amîr al-ǵâzî al-Isfahsalâr Saifaddîn 'Alî al-Mušidd, 29, Ṣafîaddîn al-Ḥillî, 30, Abû Ṭâlib 'Abd-Manâf, Abû Aswad ad-Duali und Suḥaim, 33, Šamsaddîn Muḥammad al-Bakrî, 34, Dâûd al-Ḳaiṣarî, 107, 'Abdalḳâdir al-Gîlânî, 111, 'Abdalwahhâb al-Jânînî, 286, Abû Isḥâḳ Ibrâhîm, gew. Ibn Zuḳâ'a, 322, Abû Firâs (unvollständig), 323, Bl. 11—32, Faḫraddîn 'Uṯmân bin Ibrâhîm bin 'Abdarraḥmân, 327. Ṣalâḥaddîn aṣ-Ṣafadî's Alḥân as-sawâǵî bain al-bâdî wa 'l-murâǵî, 23. Ibn ar-Rûmî's Bahǵat al-'uššâḳ wa-rauḍat al-muštâḳ, 27. Ibn al-Mu'tazz' Tabâšîr as-surûr, 35. Der 2. Theil von Ṭailûnî's Ḳuṭb as-surûr, 36. Derwiš Efendi aṭ-Ṭâlûnî's Sâniḥât dumâ 'l-ḳaṣr fi muṭâraḥât banî 'l 'aṣr, 114. Šihâbaddîn Aḥmad al-Ḥiǵâzî's at-Taḏkira, 240. Ibn Jâsir al-Andalusî's 'Unwân al murḳiṣât wa 'l-muṭribât, 241, Bl. 1—43 (zwei Hefte davon auch in 355, Bl. 10—27), und Ibn Ḫâḳân's Maṭmaḥ al-anfus, Bl. 44—92 (ganz die von *Dozy* in Scriptorum arabum loci de Abbadidis beschriebene Petersburger Redaction). Ṣalâḥaddîn aṣ-Ṣafadî's Diwân Lau'at aš-šâkî wa-dam'at al-bâkî, 242. Ibn al-Habbârijja's aṣ-Ṣâdiḥ wa 'l-Bâǵim, 243. Faḫraddîn Abû Zaid 'Abdarraḥmân bin Mukânis' Kitâb al-laṭâïm wa 'l-ašnâf, eine ethisch-didaktische Urǵûza, 281, Bl. 1—23. Niṣf al-'aiš, jambisches Gedicht von Sibṭ al-ḳâḍî Šamsaddîn bin al-Wahîd, 320. Ibrâhîm bin 'Abdallâh's ad-Durr al-maṯḳûb fi musâmarat al-muḥibb wa 'l-maḥbûb, 324. Abû Muḥammad Ḥasan bin Abî 'l-Ḳâsim bin Ḥabîb's Nasîm aṣ-ṣabâ, 422.

b) Commentare: zu Ibn al-Fâriḍ's Diwan von Bûrînî, 24, 'Unwân al-Ḥamawî, 1. Hälfte (Autograph), 25, Muḥammad bin Takîaddin az-Zubairî (Autograph), 222; von Ibn al 'Arabî zu seinem Tarǵomân al-aśwâḳ, 26; von Abû Muḥammad al-Ḳâsim al-Anbârî zu den Mufaḍḍalijjât (Bruchstück) 221; von Tabrîzî zu Abu 'l-'alâ al-Ma'arrî's Siḳṭ az-zand, 223; zu den Poesien des vorislamischen Dichters 'Urwa bin al-Ward al-'Absî von as-Sikkît, 354, Bl. 11—35. Commentare zu einzelnen berühmten Ḳaṣîden: zu Ibn al-Fâriḍ's grösserer Tâïyya von Muḥammad al-'Ilmî (oder 'Alamî), 28, Dâûd al-Ḳaiṣarî, 103, und Ǵâmî, 16. Bruchst.; zu desselben Mîmijja (Ḥamrijja) von Muḥammad bin Muḥammad al-'Amrî (oder 'Umarî), 325; zu aś-Śanfarâ's Lâmijjat al-'Arab von Zamaḫśarî, 32; zu Ka'b bin Zubair's Bânat Su'âd von Aḥmad bin Ḥuǵr al Haiṭamî, 104, und Ǵalâladdîn al-Maḥallî, 17. Bruchst.; zu Bûṣîrî's Hamzijja von demselben, 108, zu dessen Burda von Ibn aṣ-ṣâïǵ und Muḥammad al-Anṣârî, 112 u. 113; zu Abu 'l-fatḥ al-Bustî's Ḳaṣîde zwei Commentare, 109 u. 110; zur 'Abdûnijja von Ibn Badrûn, 318; zur Munfariǵa von Zakarijjâ al-Anṣârî, 319, 356, Bl. 1—25, u. 358, Bl. 1—21; zu Ibn al-Wardî's Lâmijja von 'Abdalwahhâb al-Ǵamrî, 321; zu Abu 'l-'alâ al-Ma'arrî's Lâmijja von Ibn al-'Azm, 326; zu Bad'al-amâlî (Jaḳûlu 'l-'abdu) zwei Commentare, 356, Bl. 26—49, u. 427, Bl. 1—28; zu Ṣafadî's Tâïjja von 'Umar bin Abî Bakr al-'Ulwânî, 423.

10. *Geschichte.* a) Allgemeine. Der 2. Theil von Muḥammad bin Aḥmad az-Zamlakânî's Târîḫ az-zamân (Autograph vom J. 836), 8. b) Specielle. Lebensbeschreibung u. Literargeschichte. Ibn Śiḥna's ad-Durr al-muntaḫab fî târîḫ Ḥalab, 13. Geschichte der Mongolen von Timurkur bis Timurlenk, 15. Der 1. Theil eines Auszugs aus Makkarî's spanischer Geschichte, 134. Diplomatische Actenstücke zur Geschichte der ägyptischen Dynastie aus der Mitte des 9. Jahrh. d. H. (Autograph), 212. Kitâb at-ta'rîf bi 'l-muṣṭalaḥ aś-śarîf, Codex diplomaticus von Aegypten für die 1. Hälfte des 8. Jahrh. d. H., 213. Briefe an einen Sulṭân und hohe Staatsbeamte, zur Geschichte des Anfanges des 7. Jahrh. d. H. (vom J. 617), 224. I'lâm an-nâs fî ḥikâjât wa-laṭâïf banî 'l-'Abbâs, von Muḥammad الاتليدى, 228. Ibn Ḳudâma's Minhâǵ al-ḳâṣidîn fî faḍl al-ḫulafâ ar-râśidîn, 239. Zur Geschichte Südarabiens, 308. Ibrâhîm Bin Waṣîf-Śâh's Ǵawâhir al-buḥûr wa-waḳâï' al-umûr fî aḫbâr ad-dijâr al-miṣrijja, 312. Der erste Theil von Ḥasan bin 'Umar bin Ḥabîb's Durrat al-aslâk fî duwal al-Atrâk (Geschichte der türkischen Dynastien Vorderasiens bis 714 d. H.), 363. Sujûṭî's Wasâïl ilâ ma'rifat al-awâïl, 374. Geschichte der Umajjaden-Chalîfen, 1. Bruchst. Zur Geschichte des 1. Jahrh. d. H., 2. Bruchst. Zur Geschichte der Ajjubiden-Sultane Nûraddîn, Ṣalâḥaddîn und seiner Söhne, 5. Bruchst. Zur ägyptischen Geschichte des 7. u. 8. Jahrh. d. H., 6. Bruchst. — Ibn Hiśâm's Geschichte Muḥammads, 6. u. 7. 'Alî al-Ḥalabî's Insân al-'ujûn fî sîrat al-amîn al-ma'mûn, Zusammenstellung aller geschichtlichen Nachrichten über Muḥammad und seine Zeit, 129—131, und ein einzelner Band davon, 210. Zur Geschichte Muḥammads, Bruchstück aus einem sehr grossen Werke dieser Art, 132. Auszug aus der Geschichte Muḥammads von Faḍl bin Ǵa'far, 133. Der 2. Theil von Abu'l-Ḳâsim al-Ǵaṯ'amî's ar-Rauḍ

al-ausf wa 'l-masra' ar-rawi, Erklärung der auf die Geschichte Muhammads bezüglichen Ueberlieferungen, 226. Ibn al-Ǵauzi's 'Ujûn al-ḥikâjât fî sîrat sajjid al-barijjât, 227. 'Abdarraḥîm al-'Irâḳî's gereimte Geschichte Muḥammad's, 261, Bl. 51—85. Der Feldzug von Ḥunain, die Hiǵra und Muḥammad's Tod, 315. Der Feldzug von Uḥud, 316. Geschichte Muḥammad's, 365. Aḥmad al-Maǵribî's Fatḥ al-muta'âlî, über Muḥammad's Schuhe, 402. Abhandlung über die Geschichte Muḥammad's, 431, Bl. 21—51. — Sujûṭî's al-Iṣâba fî târîḫ aṣ-ṣaḥâba, 10. Šamsaddîn as-Saḫâwî's Irtiḳâ al-ġuraf, zum Lobe der Abkömmlinge Muḥammad's, 67. Die Märtyrer von Badr und Uḥud, 138. Aḥmad al-Maǵribî's Ǵiwâr al-aḫjâr fî dâr al-ḳarâr, Geschichte des 'Uḳba bin 'Âmir, eines Gefährten Muḥammad's, 376. Tuḥfat aṭ-ṭâlib bi-ma'rifat man jantasib ilâ 'Alî bin Abî Ṭâlib, 378. — 'Alî al-Laḫmî's Bahǵa fî manâḳib 'Abdalḳâdir al-Ǵîlî, 11. Tašköprizâde's aš-Šaḳâïḳ an-nu'mânijja, mit angehängten Notizen über die von Maḳrîzî erwähnten ḥanifitischen Gelehrten in alphabetischer Ordnung, von Ḳâsim bin Ḳaṭlûbuġâ, 12. Burhânaddîn Ibrâhîm al-Ǵa'barî's Kitâb al mašjaḫa aš-šâmijja, 14. Iskandarî's Laṭâïf al-minan fî manâḳib Abi 'l-'Abbâs (al-Anṣârî) wa-Abi 'l-Ḥasan (aš-Šâḏilî), 17. 'Abdalwahhâb aš-Ša'rânî's Lawâmi' al-anwâr fî ṭabaḳât al-aḫjâr, 18 u. 19. Der 2. Theil von Ḥusain aš-Šahrazûrî's Manâḳib al-abrâr wa-maḥâsin al-aḫjâr, 20. Manǵ 'Alî bin Bâlî's ad-Durr al-manẓûm fî ḏikr afâḍil ar-Rûm, Fortsetzung von Tašköprizâde's Šaḳâïḳ, 135. 'Abdalḳâdir an-Na'îmî's al-'Unwân fî ḍabṭ mawâlîd wa-wafajât ahl az-zamân (wahrsch. Brouillon des Vfs.), 139. Manâḳib aš-Šaiḫ al-Jûnînî (Autograph), 140. 'Abdarraûf al-Munâwî's al-Kawâkib ad-durrijja wa-tarâǵim as-sâda aṣ-ṣûfijja, 141. Ǵamâladdîn al-Asnawî's Ṭabaḳât aš-Šâfi'ijja, 142. Leben und Reisen des Šâfi'î, Auszug aus Abû Nu'aim's Ḥiljat al-aulijâ, 143. Der 3. Theil von Saḫâwî's aḍ-Ḍau' al-lâmi', 209. Bahǵat Aḥmad al-Badawî, Geschichte des Šaiḫ Aḥmad al-Badawî, 230. Abû Isḥâḳ Ibrâhîm aš-Šîrâzî's Ṭabaḳât al-fuḳahâ, 231. Ḥamza Bin Aḥmad al-Ḥusainî's al-Muntahâ fî wafajât uli 'n-nuhâ (Autograph), 232. Zakarijjâ al-Anṣârî's Commentar zu Ḳušairî's Risâla über die frühsten Ṣûfî's, 233. 'Alî bin Ǵânim al-Biḳâ'î's Ṭabaḳât al abrâr wa-manâḳib al-aïmma al-aḫjâr, 234—237. Ueber Leben, Thaten und Aussprüche Abû Jazîd al-Bisṭâmî's, 259, Bl. 42—82. Kitâb aš-šu'ûr bi 'l-'ûr, Geschichte berühmter Einäugiger, 309. Abû Isḥâḳ Ibrâhîm ar-Raḳḳî's Aḥâsin al-maḥâsin, Auszug aus Ibn al-Ǵauzî's Ṣifat aṣ-ṣafwa, 310. Maǵma' al-aḥbâb wa-taḏkirat uli 'l-albâb, Geschichte berühmter Männer und Frauen, 311. Muḥammad bin Ḥajjân al-Bustî's Kitâb mašâhîr 'ulamâ al-amṣâr, 313. Ein Band von Nawawî's Tahḏîb al-asmâ, 314. Aṣ-ṣubḥ al-munabbî 'an ḥaiṯijjat al-Mutanabbî (wichtig für die Geschichte des Lebens und der Dichtungen Mutanabbî's), 357, Bl. 68—89. Tarǵamat mašâïḫ Aḥmad bin Muḥammad aš-Šâhir bi 'n-Nachlî al-Makkî, 366. Taḳîaddîn Abû Bakr al-Ḥuṣainî's Sijar as-sâlikât al-mûminât al-ḫajjirât, 368. Muḥibbî's Fortsetzung von Ibn Ḫallikân's Lebensbeschreibungen (Brouillon), 369 u. 370. Ǵa'far bin Ḥasan al-Barzanǵî's al-Ǵanâ ad-dânî fî nabḏa min manâḳib 'Abdalḳâdir al-Ǵîlânî, 371. Bahǵat ar-Rifâ'î, Geschichte des Šaiḫ Aḥmad ar-Rifâ'î, 372. Abu 'l-faraǵ 'Abdarraḥmân al-Baǵdâdî's Ṭabaḳât al-Ḥanâbila, 375. Der 1. Theil von Ṣafadî's al-Wâfî bi 'l-wafajât, 3. Bruchst. — Die Aṯbât und Iǵâzât mehrerer Gelehrten und Ṣûfî's, theils einzeln, theils in Sammlungen, 164, 165, 166 416, 417.

11. *Legende. Roman. Erzählung.* Jâfi'î's Rauḍ ar-rajâḥîn fî ḥikâjât aṣ-ṣâliḥîn, 89—97. Ḳût al-ḳulûb ad-dâll 'alâ ṭarîḳ al-maḥbûb, 98. Sîrat al-malik Saif bin Ḏi 'l-Jazan, 99. Ibn Sûdûn's Nuzhat an-nafûs fî maḍḥik al-'abûs, 101 u. 102. Die Legende von Adam, den Patriarchen und Propheten, nach dem Chalifen al-Muttaḳî li-amr-Allâh, 153. Al-Kisâî's Bad' ad-dunjâ wa-ḳaṣaṣ al-anbijâ, 154. Das Leben Muḥammad's, legendenartig ausgeführt, 156—160. Legenden von des Drusenheiligen Sulaimân al-Fârisî's Bekehrung zum Islâm, von dem Prinzen Balûkâ, der auszog den Propheten zu suchen, u. s. w. 161. Der Krieg mit den christlichen Beduinenstämmen bei der Eroberung Syriens und die Einnahme der Veste Bahasnâ, 162. Legende von Hiob, 163. Safînat al-abrâr, 220. Lubb al-albâb wa-nuzhat al-aṣḥâb, 287—292. Ġazwat Muḥâriḳ râs al-ġûl, 293 u. 294 (ein Theil davon 18. Bruchst.). Der Roman vom Könige Badrnâr, 295—306 (zwei einzelne Bändchen davon 19. u. 20. Bruchst.). Ein Band Erzählungen, 420. Munâġât Mûsâ und Ḳiṣṣat Iblîs, 426, Bl. 122—137.

12. *Erd-, Länder-, Völker-, Städte- und Reisebeschreibung.* Ḳazwînî's Âṯâr al-bilâd, 1. Tagebuch einer Pilgerreise von Ḳâhira nach Makka (zu Lande) und zurück, 3. Des Abû 'Abdallâh, gew. Ṭib nur Allâh, Pilgerreise von Fâs nach Makka und zurück im J. 1139, 4. Aḥmad bin Muḥammad al-Maḳdisî's Muṯîr al-ġarâm ilâ zijârat al-Ḳuds wa' š-Šâm, Beschreibung von Jerusalem und Damaskus mit geschichtlichen Excursen, 5. Muḥammad bin 'Abdalbâḳî's aṭ-Ṭirâz al-manḳûš fî maḥâsin al-Ḥubûš, 65. Aḥmad aš-Šâḏilî al-Anṣârî's ad-Dalâïl an-nabawijja fî šaraf al-mamlaka al-jamanijja, 66, Bl. 1—43. 'Abdalġanî an-Nâbulusî's Reise nach Ba'lbak und al-Biḳâ' im J. 1100 d. H. 144. Ismâ'îl al-'Aġlûnî al-Ġarrâḥî's Reise nach Tripolis in Syrien (Autograph), 145, Bl. 1—54. Šamsaddîn Muḥammad ibn az-Zajjât's al-Kawâkib as-sajjâra fî tartîb 'ulûm az-zijâra, Topographie von Aegypten, 146. 'Abdarraḥmân al-'Ammârî's ar-Rauḍa ar-rajjâ fî zijârat man dufina bi-Dârajjâ, 147 (ein Theil davon auch 359, Bl. 1—9). Muntaḫab faḍâïl Bait al-muḳaddas, nach Ibn 'Asâkir, 211. Topographie von Madîna und Umgebung, 307. Sujûṭî's Išârât ilâ amâkin az-zijârât (um Damaskus), 317, Bl. 1—20. 'Abdalġanî an-Nâbulusî's Kitâb al-ḥaḳîḳa wa'l-maġâz fî riḥlat bilâd aš-Šâm wa-Miṣr wa'l-Ḥiġâz, 362. Zur Geographie Vorderasiens und Nordafrikas, 12. Bruchst.

13. *Arithmetik.* Zain-al-'âbidîn ad-Durrî's Commentar zum Lam', 121. 'Umar bin 'Alî's Talḫîṣ al-albâb fî tanḳîḥ ṭuruḳ al-ilbâb, 122. Bilbîsî's az-Zahra al-ġalîla fî ḥall alfâẓ al-Wasîla, Commentar zu Ibn al-Hâïm's Wasîla fî 'l-ḥisâb, 270. Šamsaddîn Muḥammad Sibṭ al-Mâridînî's Iršâd aṭ-ṭullâb ilâ Wasîlat al-ḥisâb, Commentar zu derselben, 424.

14. *Astronomie. Astronomische Chronologie. Astrologie.* Jaḥjâ bin Muḥammad bin Abî Šukr al-Maġribî's al-Ḥukm 'ala taḥâwîl (bei H. Ch. Aḥkâm taḥâwîl) sini 'l-'âlam, 53. Astronomische Tabellen Verschiedener, 54, 55, 57, 120, 269, 22. Bruchst. Zwei Abhandlungen über Astronomie und mathematische Geographie, 56. Ḳâḍîzâde's Commentar zu Ćaġmînî's al-Mulaḫḫiṣ fî 'l-hai'a, 115. Suhail bin Bišr al-Isrâîlî's al-Aḥkâm 'ala 'n-nisba al-falakijja, Astrologie, 116. Abû Aḥmad ibn 'Îsâ ar-Ramjâwî's Lisân al-falak, Astrologie, 117.

Drei Abhandlungen von Muḥammad bin Maḥmûd al-Mâridînî und 'Abdarraḥmân bin 'Abdallâh at-Ṭâǵûrî über den Quadranten (rub' al-muḳanṭarât und ar-rub' aś-śamâlî), 329. Das Buch des Hermes Trismegistus (Harmis al-Harâmisa) über die Astrologie, 330. Zwei astronomische Abhandlungen, 429, Bl. 1—30. Ein Verzeichniss der Sternbilder; ein meteorologischer und landwirthschaftlicher syrischer Kalender, 21. Bruchst.

15. *Natur- und Heilkunde.* Ḳazwînî's 'Aǵâïb al-maḫlûḳât, 2. Muḥammad bin 'Alî as-Samarḳandî's Kitâb al-asbâb wa'l-'alâmât, 58. Nafîs bin 'Auḍ al-Kirmânî's Commentar zum vorhergehenden Werke, 59. Ǵazâlî's Kitâb ar-raḥma fî 'ilm aṭ-ṭibb wa'l-ḥikma, 60. (Ein gleichnamiges Werk von al-Imâm al-Kaljûnî, 273.) Muḥammad ibn al-Ḥasan aś-Śâṭirî's alphabetisches Verzeichniss der Heilpflanzen und der aus ihnen bereiteten Extracte, 61. Ibn Ḥasan al-Ḫâzin's Abhandlung fî ma'rifat aǵnâs aṭ-ṭib, und Jûḥanna bin Mâsawaih's Abhandlung fî ǵawâhir aṭ-ṭib, 62. Aḥmad bin Muḥammad al-Maǵribî's Ḳaṭf al-azhâr fî ḫaṣâïṣ al-ma'âdin wa'l-aḥǵâr, 63. Muḥammad al-Maidânî's Auszug aus Sujûṭî's Dîwân al-ḥaiwân (Autograph), 64. 'Alî bin 'Îsâ's Durrat al-ǵawwâṣ 'ala 'l-manâfi' wa'l-ḫawaṣṣ min al-waḥś wa'ṭ-ṭair, 194. Badraddin al-Ḳûṣûnî's Abhandlung über die Anwendung des animalischen Bezoar, 195. Zur Naturphilosophie (alte maǵrebinische Schrift; vielleicht Uebersetzung aus dem Griechischen), 196. Kitâb Balînûs al-ḥakîm fi 'l-'ilal, 197. Madjan bin 'Abdarraḥmân's al-Miṣbâḥ al-munîr 'ala 'l-ḳânûn aṣ-ṣaǵîr fi 'ṭ-ṭibb, Auszug aus Maḥmûd al-Ǵurmînî's Kanon der Medicin (Autograph), 198. Ibn al-Ǵauzî's Laḳṭ al-manâfi' fi 'ṭ-ṭibb, 199. Maḥmûd bin 'Alî an-Naisâbûrî's Commentar zu Îlâḳî's Muḫtaṣar über die Heilkunde, 200. 'Abdarraḥmân bin Naṣr aś-Śîrâzî's Medicinischer Rathgeber für beide Geschlechter (Bl. 1—27 die Geheimnisse der Weiber, Bl. 28—44 die der Männer), 201. As-Samwâlî bin 'Âwî's Nuzhat al-aṣḥâb fî mu'âśarat al-aḥbâb, 202. Sujûṭî's Nawâḍir al-aik fî nawâdir an-naik, 203. Kitâb aṭ-ṭibb al-ǵadîd al-kîmijâwî, die neue alchymistische Medicin, von Theophrastus Paracelsus (براكلسوس الجرماني), 274. Des Abû 'Abdallâh Muḥammad bin Ajjûb, gew. Ibn Ḳajjim al-Ǵauzijja, Kitâb al-maudûd fî aḥkâm al-maulûd, über das neugeborne Kind, seine Pflege und sein Horoscop, 275. Auszug aus Damîrî's Zoologie, 425.

16. *Alchymie.* 'Izzaddîn al-Ǵaldakî's Ǵâjat as-surûr fî śarḥ aś-Śuḏûr, Commentar zu Burhânaddîn 'Alî bin Arfa'-râs' Śuḏûr aḏ-ḏahab, 193. Risâla fi 'ilm al-kîmijâ, 426, Bl. 109—121.

17. *Divination.* Abû 'Abdallâh Muḥammad bin Abî Ṭâlib's as-Sijâsa fî 'ilm al-firâsa, 276. Muḥammad aṭ-Ṭûlûnî's al-Ibtihâǵ fî aḥkâm al-iḫtilâǵ, 278. Ḥaidar al-Kûrânî's 'Arf al-'abîr fî 'irf at-ta'bîr, 279. Ibn al-'Arabî's Ǵafr al-Imâm 'Alî bin Abî Ṭâlib, 361.

18. *Mimik.* Sujûṭî's Śaḳâïḳ al-utrunǵ fî daḳâïḳ al-ǵunǵ, über das Glieder- und Geberdenspiel der Weiber, 277.

19. *Jagdliteratur.* Muḥiaddîn bin Taḳiaddîn Abû Bakr as-Salṭî's Îḍâḥ al-marâmî, Commentar zu Śihâbaddîn Abu 'l-'Abbâs Aḥmad bin Burhânaddîn Ibrâhîm Sibṭ's Hidâjat ar-râmî, mit Berücksichtigung eines andern Werkes über die Jagd, des Muḳtariḥ von Muḥammad bin al-Baḳḳâl, 280. Zwei Abhandlungen über die Raubvögel: die erste über die Arten und Eigenschaften

der Raubvögel; die zweite über die Krankheiten und die Heilung der Vögel überhaupt und der zur Jagd verwendeten Raubvögel insbesondere, 282, Bl. 31—118.

20. *Logik.* Taḥrîr al-ḳawâ'id al-manṭiḳijja fî śarḥ risâlat aś-Śamsijja, 123. Glossen zu den Glossen Ǵurǵânî's zur Śamsijja, 124. Commentar zu derselben, 125. Aḥmad al-Abîwardî's Commentar zu derselben, 208.

21. *Dialektik.* Mas'ûd's Commentar zu Samarḳandî's Âdâb al-baḥṯ, 76. Tâǵ as-Sa'îdî's Glossen zu diesem Commentar, 77. Fünf Abhandlungen über Dialektik, 335.

22. *Koran. Koranwissenschaft.* Ein Koran in Miniaturformat, mit kreisrunder Schrift, in Lederfutteral, als Amulett am Halse zu tragen, 52. Ein Koranbruchstück, maǵrebinische Schrift auf Gasellenhaut mit Goldverzierung und blauen, grünen und rothen Lesezeichen, 28 Bl. 4., 169. Ein Koranbruchstück, prächtige alte Ṯulṯischrift auf Papier, 42 Bl. 4., 338. — Die Śâṭibijja, 170. Abû Bekr al-Maǵribî's Commentar dazu, 248. Al-Jâḳût al-jamân fî faḍâïl al-ḳur'ân, 249. Nawawî's at-Tibjân fî âdâb al-ḳur'ân, 250. Zwei Commentare zur Ǵazarijja, der erste von Ḫâlid bin 'Abdallâh al-Azharî, 251 u. 252. Kitâb asnâd al-ḳur'ân, 253. Zamaḫśarî's Kaśśâf, 390—396. Abû 'Abdallâh 'Abdalḫâliḳ's Kitâb an-nâsiḫ wa'l-mansûḫ, 400. Sujûṭî's at-Taḥbîr fî 'ulûm at-tafsîr, 401. Muḥammad al-Maidânî's Kitâb fî 'ilm at-taǵwîd, 426, Bl. 142—145.

23. *Ueberlieferungskunde.* Der 1. Bd. von Ibn Hubairâ's al-Ifṣâḥ 'an al-ma'âni aṣ-ṣiḥâḥ, Commentar zu Buḫârî und Muslim, 48. Muḥammad ad-Dulfî al-Maḳdisî's Kitâb al-ḥadîṯ az-zuhdî, 51, Bl. 50—132 (Autograph). Nawawî's at-Taḳrîb wa't-taisîr fî 'ulûm al-ḥadîṯ, 189. Ibn Ḥuǵr al-'Askalânî's Commentar zu seiner Nuḫbat al-fikar fî muṣṭalaḥ ahl al-aṯar; darauf der Text der Nuḫba, und Raḍiaddîn Abu'l-Faḍl Muḥammad al-Ǵazzî's Versification dieses Textes, 342. (Der Text noch einmal 430, Bl. 80—83.) Zarkaśî's Tanḳîḥ alfâẓ al-ǵâmi' aṣ-ṣaḥîḥ, Commentar zu Buḫârî, 343. Buḫârî's Ṣaḥîḥ, 379—386. Muslim's Ṣaḥîḥ, 387 u. 388. Nawawî's Arba'în, 389. Nawawî's (unvollendeter) Commentar zu Buḫârî, 26. Bruchst. Der 2. Theil von Ibn Ḥuǵr's Commentar zu Buḫârî, 27. Bruchst. Schluss des 1. Theiles eines Commentars zu Muslim, 28. Bruchst.

24. *Glaubenslehre.* Abû Bakr al-Mauṣilî's al-Maśrab al-aṣfâ al-ahnâ fî śarḥ al-asmâ al-ḥusnâ, 167, Bl. 96—170. Des Abu'l-ḳâsim Hibat-Allâh aṭ-Ṭabarî, gew. al-Lâlakî, Ḥuǵaǵ uṣûl i'tiḳâd ahl as-sunna wa'l-ǵamâ'a, 174, Bl. 1—259. Śa'rânî's Mîzân al-'aḳâïd, 183. Baiḍâwî's Ṭawâli' al-anwâr min maṭâli' al-anẓâr, 405. Nasafî's 'Aḳâïd, 406. Taftâzânî's Commentar dazu, 428, Bl. 1—22. Glaubensbekenntnisse mehrerer Gelehrten, 399.

25. *Gesetz- und Rechtslehre.* 'Alâaddîn 'Alî al-Mardâwî al-Maḳdisî's Taḥrîr al-manḳûl wa-tamhîd 'ilm al-uṣûl (ḥanbalitisch), 37. Des Aḥmad al-Aḳfahsî, gew. Ibn al-'Imâdî, Kaśf al-asrâr 'ammâ ḫafija min ǵawâmiḍ al-afkâr (śâfiitisch), 38 (dasselbe, 426, Bl. 1—85). Sirâǵaddîn al-Bulḳainî's Tadrîb fi'l-fiḳh (śâfiitisch), 39. Nasafî's Kanz ad-daḳâïḳ (ḥanîfitisch), 40. Ibn Sulṭân's Kaśf al-ḥaḳâïḳ 'an Kanz ad-daḳâïḳ, Commentar dazu, 41. 'Alâaddîn aṭ-Ṭâûsî's Commentar zu Naǵmaddîn 'Abdalǵaffâr al-Ḳazwînî's al-Ḥâwî aṣ-ṣaǵîr (śâfiitisch), 42. Ibn al-ḥâǵib's (des Vfs. der Kâfija) Uṣûl

al-fiḳh (ḥanifitisch), 43. Suhaili's Werk über die Verschiedenheiten des ḥanifitischen und des šâfi'itischen Rechts, 44. Sâmirî's Kitâb al-furûḳ, Unterscheidung der ähnlichen, aber wesentlich verschiedenen Rechtsfragen, 45. Ibn al-'Imâdî's Kitâb ad-darî'a ilâ ma'rifat al-a'dâd al-wârida fi' š-šarî'a, über die Zahlen im Gesetz, 46. (Eine Abhandlung Sujûṭî's ebendarüber: Tašnîf as-sam' bi-ta'dîd as-sab', 357, Bl. 100—110.) Der 3. und letzte Theil von Ǵâmi' al-muḍmarât wa 'l-muškilât fî šarḥ al-Ḳudûrî, 47. Die gesetzlichen Bestimmungen über den Religionskrieg, nach dem Dictat des 'Abdallâh bin al-Mubârak geschrieben von Muḥammad ad-Dulfî al-Maḳdisî (Autograph), 51, Bl. 1—50. Nasafî's Manẓûma fi 'l-maḏâhib al-arba'a, 171. Die zwischen den sieben ḥanifitischen Hauptlehrern streitigen Punkte, 172. Abu 'l-Ḥasan 'Alî al-Ba'lî's Taǵrîd al-'inâja fî taḥrîr aḥkâm an-Nihâja (ḥanbalitisch), 173. Commentar zu Biǵjat al-bâḥiṯ fî 'ilm al-mawâriṯ wa 'l-farâïḍ, 176. Faḫraddîn ar-Râzî's Ma'âlim fi uṣûl al-fiḳh, 262. Des Vicerichters in Alexandrien, Ḫalîl, gew. Ibn al-ḥarijja, Taḥrîr fî anwâ' at-ta'zîr, disciplinarisches Strafrecht, 263. 'Abdallâh bin Mas'ûd bin Tâǵ-aš-šarî'a's at-Tauḍîḥ fî ḥall ǵawâmiḍ at-Tanḳîḥ, 336. Der 1. Theil von Ǵamâladdîn al-Asnawî's al-Muhimmât fî 'l-furû', 340. Ta'rîf al-anâm bi 'l-ḥaǵǵ ila 'l-bait al-ḥarâm wa-zijârat ḳabr an-nabî 'alaihi 's-salâm, 398. Ibn al-Maǵdî's Commentar zur Manẓûma al-Ǵa'barijja über das Erbrecht, 403 Ḥazraǵî's Ǵâmi' al-ǵawâmi', über die Rechtsgrundsätze, 404. — Biḍâ'at al-ḳâḍî, 350, Bl. 41—80. — Šamsaddîn Ibrâhîm al-Bârizî's Taisîr al-fatâwî min taḥrîr al-Ḥâwî, 415.

26. *Erbauungsschriften.* Schiïtisches Gebetbuch, 254. Ǵuzûlî's Dalâïl al-chairât, 255. 'Abdarraḥmân bin Muḥammad al-Fâsî's Anmerkungen (ḥâšija) zu dem vorhergehenden Werke, 256, Bl. 1—70.

27. *Polemik und Apologetik.* Muḥammad ad-Dâmûnî's aš-Šihâb al-ḳabasî fî raddi man radda 'ala 'Abdilǵanî an-Nâbulusî, Vertheidigung 'Abdalǵanî's gegen die Behauptung eines Gegners, dass er sich durch das Erlaubterklären von Musik und Gesang versündigt habe, 148. Ibn al-'Asâkir's Tabjîn kiḏb al-muftarî fîmâ nusiba ila 'l-imâm Abi 'l-Ḥasan al-Aš'arî, Leben und Lehren des Aš'arî, als Vertheidigung desselben gegen falsche Beschuldigungen, 149. Die Disputation des Bišr bin Ǵijâṯ mit 'Abdal'azîz al-Kinânî vor dem Chalifen Mâmûn über Geschaffen- oder Nichtgeschaffenseyn des Koran, 150. Abu 'l-Ḥasan 'Alî bin Maimûn al-Maǵribî's Bajân ǵurbat al-islâm bi-wâsiṭat ṣinfai 'l-mutafaḳḳiha wa 'l-mutafaḳḳira min ahl Miṣr wa' š-Šâm wa-mâ jalîhimâ min bilâd al-A'ǵâm, Streitschrift gegen Religionsneuerer in Aegypten, Syrien u. s. w. 151. Muḥammad al-'Imâdî al-Kurdî's Vertheidigung des Abû Ḥanîfa gegen die Angriffe Ǵazâlî's, 152. Al-I'lâm bimâ jaḳṭa' al-islâm, Šihâbaddîn Aḥmad bin Ḥuǵr al-Haiṯamî aš-Šâfi'î's Selbstvertheidigung gegen die Behauptung, dass ein von ihm zu Mekka im J. d. H. 942 erlassenes Fetwa Spuren des Unglaubens an sich trage, 284, Bl. 25—101.

28. *Politik.* Ibn Ḳajjim al-Ǵauzijja's as-Sijâsa, 87. Badraddîn Abû 'Abdallâh Muḥammad al-Kinânî's Taḥrîr al-aḥkâm fî tadbîr ahl al-islâm, 88. 'Abdarraḥmân bin Naṣr bin 'Abdallâh's Nihâjat ar-rutba fi ṭalab al-ḥisba, über Markt- und Gewerbe-Beaufsichtigung, 214. Naṣîḥat al-mulûk, 215. Maḥmûd bin Ismâ'îl al-Ǵîzî's ad-Durra al-ǵarrâ fi naṣîḥat as-salâṭîn wa 'l-

ḳuḍât wa'l-umarâ, 264, Bl. 1—65. Ibn Hišâm's Naṯr ad-durr, über Familie und Staat, 265. Abhandlung über Staatsregierung, 283, Bl. 1—20.

29. *Ethik. Ascetik. Paraenese.* Nawawî's Aḏkâr, 78 u. 268. 'Abdallâh bin al-Mubârak's Kitâb az-zuhd, 79 u. 80. Abu 'l-Laiṯ Naṣr as-Samarḳandî's Tanbîh al-ġâfilîn, 81. Abû Ṭâlib al-Makkî's Ḳût al-ḳulûb, 82. Abû Bakr al-Mauṣilî's ad-Durra al-muḍijja fî 'l-waṣâjâ al-ḥikamijja, 167, Bl. 1—52. Muḥammad bin 'Abdalḳâdir ar-Râzî's Ḥadâïḳ al-ḥaḳâïḳ, 178. Ġazâlî's ad-Durra al-fâḫira fî kašf 'ulûm al-âḫira, 179. Fünf Bücher von Ġazâlî's Iḥjâ 'ulûm ad-dîn: 1) Bekehrung, 2) Geduld und Dankbarkeit, 3) Furcht und Hoffnung, 4) Gottesbedürftigkeit und Sittenstrenge, 5) Einheitsbekenntniss und Gottvertrauen, 180. 'Abdalwahhâb aš-Ša'rânî's Tanbîh al-muġtarrîn fî awâïl al-ḳarn al-'âšir 'ala mâ ḫâlafû fîhi salafahum aṭ-ṭâhir, 181. Desselben al-Baḥr al-maurûd fî 'l-miṯâḳ wa 'l-'uhûd, 182. Abû 'Abdalḳâsim bin Salâm's Mawâ'iẓ, 216. Ibn al-Ġauzî's al-Maġâlis fî 'l-wa'ẓ, 217 u. 218. Desselben an-Nuṭḳ al-mafhûm fî ahl aṣ-ṣamt al-ma'lûm, 219. Ibn Ẓafar's Sulwân al-muṭâ' fî 'udwân al-atbâ', 266 u. 267. 'Abdalḳâdir at-Tabrîzî's Tuḥfat al-ḫuṭabâ 'alâ ḥurûf al-hiġâ, 341. 'Alî al-Miṣrî's Tuḥfat al-akjâs fî ḥusn aẓ-ẓann bi 'n-nâs, 347. Nâṣiraddîn Muḥammad bin al-Malîfî's Hâdî 'l-ḳulûb ilâ liḳâ al-maḥbûb, 348. Faḫraddîn ar-Râzî's Uns al-ḥâḍir wa-zâd al-musâfir, 349. Risâlat al-ḥuḍû' wa-isbâl ad-dumû', 357, Bl. 89—99. Abû 'Abdallâh Muḥammad al-Bilâlî's Muḫtaṣar 'ulûm ad-dîn, 408. Ḍijâaddîn ad-Damîrî's Ṭahârat al-ḳulûb wa 'l-ḫuḍû' li-'allâm al-ġujûb, 409. Der 2. Bd. von al-Ḥuraifîš' ar-Rauḍ al-fâïḳ fî 'l-mawâ'iẓ wa 'r-raḳâïḳ, 418. Ġazâlî's Ajjuha 'l-walad, 427, Bl. 55—70.

30. *Philosophie.* Abû Isḥâḳ Ibrâhîm bin 'Alî al-Fairûzâbâdî's Kitâb al-lam', über die philosophischen Rechtsprincipien, 192. Sullamî's Âdâb aṣ-ṣuḥba wa-ḥusn al-'išra, 430, Bl. 1—50. Abhandlung fî mâhijjat al-'aḳl, 431, Bl. 1—30. Aḥmad ad-Daulatî's Risâla fî bajân ḥaḳîḳat al-insân, 25. Bruchst.

31. *Mystik. Derwišorden.* Kitâb al-isfâr, 83. Ibn al-'Arabî's Kitâb al-isrâr wa 'l-iḫtiṣâr fî tartîb ar-riḥla min al-'âlam al-kaunî ila 'l-mauḳif al-a'lâ, und desselben Tuḥfat as-safara ilâ ḥaḍrat al-barara, 84. Ṣadraddîn Muḥammad bin Isḥâḳ al-Ḳûnawî's an-Nafaḥât al-ilâhijja, 85. Ibn al-'Arabî's Risâlat al-anwâr, und desselben Risâlat al-amr al-muḥkam, 86. 'Abdalwahhâb aš-Ša'rânî's Mîzân al-Ḫiḍrijja al-mûḍiḥa li-ġamî' al-firaḳ al-islâmijja, 184, Bl. 1—10. Muṣṭafâ al-Bakrî's al-Ḥikam al-ilâhijja wa 'l-mawârid al-bahijja, Bl. 100—130. al-Waṣijja al-ġalîla li 's-sâlikîn ṭarîḳ al-Ḫalwatijja, Bl. 190—200. Der Theil über die Mönchskutten aus Abu 'l-fatḥ Muḥammad bin Muḥammad al-Iskandarî's Ibtiġâ al-ḳurba bi 'l-libâs wa 'ṣ-ṣuḥba, 185. 'Izzaddîn 'Abdassalâm bin Ġânim al-Maḳdisî's ar-Rumûz wa-mafâtîḥ al-kunûz, 186. Ġazâlî's Minhâġ al-'âbidîn, 187. Muḥjiddîn Aḥmad al-Ḳurašî's Kaifijjat ar-rijâḍijjât wa-asrârhâ, 188. 'Abdalkarîm al-Ġîlî's Kitâb al-miftâḥ, 190. Ibn Taimijja's Commentar zu einigen Aussprüchen des 'Abdalḳâdir al-Ġîlî, 191. Zain-al-'âbidîn al-Anṣârî's al-Minaḥ ar-rabbânijja bi-šarḥ al-futûḥât al-ilâhijja, 257. Muḥammad bin Sulaimân al-Kâmiḫ's Mi'râġ aṭ-ṭabaḳât und Mudrak al-aḥkâm, zwei Abhandlungen über sufische Terminologie, 258. Suhrawardî's Ṣafwat aṣ-ṣûfijja fî âdâb al-murîdîn, 259, Bl. 1—31. Muḥjiddîn Aḥmad al-Ḳurašî's Hidâjat al-ḳâṣidîn wa-nihâjat al-wâṣilîn, Bl. 82—105. Taḳiaddîn

Abû Bakr Dâûd al-Ḥanbalî's Adâb al-murîd wa'l-murâd, 345. Ṣufische Terminologie, und Regel der Naḳśbandijja, 356, Bl. 50—65. 'Ulwân bin 'Aṭijja al-Ḥamawî's Nuzhat al-asrâr fî muḥâwarat al-lail wa'n-nahâr, 357, Bl. 8—18. Desselben Commentar zu Śaiḫ Raslân's Risâla tauḥîdijja, 358, Bl. 44—61. (Ein anderer Commentar zu derselben von Ḥasan al-Kûrânî, 412; der Text, 31. Bruchst.) Maṭâlî' al-anwâr wa-maẓâhir al-asrâr min kalâm Abi'l-Ḥasan 'Alî aś-Śâḏilî, 397. 'Abdalḳâdir al-Ǵîlî's Futûḥ al-ġaib, 410. 'Abdalwahhâb aś-Śa'rânî's an-Nafaḥât al-ḳudsijja fî ḳawâ'id aṣ-ṣûfijja, 411. Ibn al-'Arabî's at-Taǵallijât al-ilâhijja, 413. 'Uṯmân bin Ja'ḳûb al-Kumâḫî's Kitâb al-aḫjâr wa-barakât al-abrâr, 414. Muṣṭafâ al-Bakrî's al-Maurid al-'aḏb li-ḏi 'l-wurûd fî kaśf ma'nâ waḥdat al-wuǵûd, über den Sinn von 'Abdalġanî an-Nâbulusî's Waḥdat al-wuǵûd, 32. Bruchst. Ṣafwat at-taṣawwuf, 33. Bruchst.

Beschreibung der von Prof. Dr. Tischendorf im J. 1853 aus dem Morgenlande zurückgebrachten christlich-arabischen Handschriften [1]).

Von

Prof. Fleischer.

I.

Neun Hefte (karârîs) — das erste unvollständig — einer mir noch nicht bekannten *Uebersetzung des neuen Testaments*, 75 Pergamentblätter kl. fol.

---

1) S. dazu die beigegebenen Facsimile. Sie enthalten folgende Stellen: I. 2. Tim. 2, 25—3, 1: يرزقهم توبه ويعلمون الحق ويعرفون انفسهم ويتنحون من فخ الشيطان الذى اصطادهم به لفعل هواه واعلم هذه الحلة فى اخر الايام. — II. Matth. 14, 31—35: ومكانه يسوع مد يده فاخذه وقال له يا قليل الامانه فى ماذا شككت، فلما صعد الى السفينه هدت الريح، وان الذين كانوا فى السفينه اتوا فسجدوا له وقالوا حقا انت بن الله، سبت حدا عشر فلما عبروا جوا الى ارض جنسارط فعرفوهم رجال. — III. Aus der Angabe des Inhalts des 6. und 7. Capitels des Marcus-Evangeliums: [وحيث مشا يسوع على] الما فى البحر وحيث يقول ان الافعال الخارجه من الانسان هى التى تنجس الانسان، الباب السابع اذا برا الله المراه السيرافنيه من الجن، واشفا الاصم والابكم، وقال لاحدهما افتح، واشبع اربعه الاف رجل من سبع خبزات، وحذر من خميره الفريسيين، وفتح عينى الاعما بريقه، وانتهر بطرس بعد اعترافه. — IV. Der Tod spricht zu dem Teufel: ثم ارسل جنود شياطينك الاشرار الى ريسا

ن ويعرفون

الشيطان

لفعل هواه ٥

اخر الايام

وقال له يا جليل الامانه

صعد الى السفينه

خذ السفينه اتوا

سبت حدا عشر ❁

فعرفوهم رجال

I.

لو رزقهم توبه ويعلمون الا

انفسهم وينجون عن فـ

الذين اصطادهم يا

واعلم هذه الخله فـ

II.

ومكانه يسوى مدينه فاخذه

في ماذا اشكيكت ه فلما

هدت الذبح ه وان الذين كانوا في

فسجدوا لله وقالوا حقا انت من الله

فلما عبروا احوا الى ارض حسار

Lith. Anst. v. J. G. Bach Leipzig

ر

ا

؛

بصر

سوا

ضيه

لعنو

Die Schrift, wahrscheinlich aus dem 8., spätestens 9. Jahrh. n. Chr., ist ein dem Kûfî noch sehr nahe stehendes Jâkûtî mit äusserst wenigen diakritischen Punkten von der Hand des Abschreibers; ein Anderer hat die meisten derselben mit rother Dinte, aber nicht selten falsch hinzugefügt, wie auch der Abschreiber in den Consonanten hier und da Fehler begangen hat. Der neutestamentliche Text ist getheilt: I) in grössere überschriebene und numerirte Abschnitte, in der Einzahl اصحاح (syr. ܨܚܚܐ): 1) Abschn. 23. = 2 Cor. 4, 16 ff. 2) Abschn. 24. = 2 Cor. 7, 1 ff. 3) Abschn. 44. = 1 Tim. 3, 11 ff. 4) Abschn. 45. = 1 Tim. 5, 22 ff. 5) Abschn. 46. = 2 Tim. 1, 14 ff. 6) Abschn. 47. = 2 Tim. 4, 1 ff. 7) Abschn. 48. = Tit. 2, 9 ff. [1]). 8) Abschn. 50. = Hebr. 3, 14 ff. 9) Abschn. 51. = Hebr. 6, 9 ff. II) in Verse, die durch schwarze Ringe, in deren Mitte der Rubricator einen rothen Punkt gesetzt hat, von einander getrennt sind.

Heft 1. (unvollständig) 2 Blätter: 1. Bl. Röm. 6, 14—6, 19; 2. Bl. Röm. 8, 35—9, 3.
Heft 2. 10 Blätter: 2 Cor. 2, 16—8, 19.
Heft 3. 12 Blätter: 1 Tim. 1, 2—5, 17.
Heft 4. 6 Blätter: 1 Tim. 5, 17—2 Tim. 1, 3.
Heft 5. 8 Blätter: 2 Tim. 1, 3—3, 5.
Heft 6. 10 Blätter: 2 Tim. 3, 5—Tit. 2, 9.
Heft 7. 10 Blätter: Tit. 2, 9—Hebr. 2, 18. (mit Einschl. des Br. an Philemon).
Heft 8. 7 Blätter: Hebr. 2, 18—6, 8.
Heft 9. 10 Blätter: Hebr. 6, 8—9, 15.
} in ununterbrochener Reihe fortlaufend und auch innerlich vollständig. (Heft 4–9)

Auffallend ist der Gebrauch der koranischen Surenüberschrift بسم الله الرحمن الرحيم im Anfange von 2 Tim., Tit., Philem. und Hebr.

II.

Bruchstück eines neutestamentlichen Lectionariums, 2 Pergamentblätter kl. Quart. Die Schrift, etwa aus dem 9. Jahrh. n. Chr., ist ein sich erst aus dem Kûfî herausbildendes steifes Neschî, mit der mir sonst noch nirgends vorgekommenen Eigenthümlichkeit, dass, während der Punkt des ف, wie

---

(روسا .st) الكهنه والكتبه ليسجسوا كل امتهم حتى يمحلون به عند الاراكنه والقضاه فيقضا عليه قضيه الموت فاذا هو مات وصار في يدى اغلقت عليه في اسفل سافلى الجحيم „Dann sende die Heere deiner bösen Satane zu den Obersten der Priester und Schriftgelehrten, dass sie all ihr Volk aufwiegeln, ihn falsch anzuklagen bei den Archonten und Richtern, damit das Todesurtheil über ihn gefällt werde. Ist er dann todt und in meinen Händen, so schliesse ich ihn in der tiefsten Tiefe der Hölle ein." — Die erste und vierte dieser Handschriften sind jetzt in London und werden höchst wahrscheinlich von dem britischen Museum angekauft werden; die zweite und dritte hat Prof. Tischendorf an die Leipziger Universitätsbibliothek abgegeben.

1) Abschn. 49. ist nicht bezeichnet.

bei den Asiaten und Aegyptern, über dem Buchstaben steht, das ق durch einen Punkt unter dem Buchstaben bezeichnet wird, also die Gestalt des magrebinischen f hat. Die hier vorliegende Uebersetzung ist mir ebenfalls noch unbekannt, die Sprache sehr vulgär. Bl. 1. Matth. 10, 19 — 11, 4; Bl. 2. Matth. 14, 13 — 15, 2.

III.

Bruchstück einer Art von *Einleitung in die Evangelien*, 2 Pergamentblätter kl. Quart, nach dem neuern Schriftcharakter — einem schon fast ganz ausgebildeten Neschi — jünger als das vorige, wiewohl die äusserst sparsame, zum Theil noch nicht richtig unterscheidende Setzung der diakritischen Punkte zu der neuern Gestalt der Consonantenfiguren gewissermassen ein Gegengewicht bildet. Bei den übrigens ganz asiatischen Schriftzügen ist der durchgängige Gebrauch des magrebinischen ڢ statt ف, und ڧ statt ق eine bemerkenswerthe Erscheinung. Nur einmal, in dem Worte اشفقا, auf der dritten Zeile des Facsimile, hat das f die bei uns gewöhnliche Form. Die beiden Blätter enthalten einen vorn und hinten abgerissenen, in sich aber zusammenhängenden Text: 1) *Summarische Inhaltsangabe der letzten Capitel*, ابواب, *des Matthäus-Evangeliums.* Diese Capitel stimmen indessen nur der Zahl, nicht ganz dem Umfange und Inhalte nach mit den unsrigen überein.

Cap.	22	beginnt	mit	unserem	Cap.	21, 33.
„	23	„	„	„	„	22, 15.
„	24	„	„	„	„	23, 1.
„	25	„	„	„	„	24, 1.
„	26	„	„	„	„	26, 1.
„	27	„	„	„	„	26, 30.
„	28	„	„	„	„	26, 57 (?)

2) Unter der Ueberschrift بسم الله الرحمن الرحيم (s. oben Nr. I. zu Ende) *Notiz über die Person und das Evangelium des Marcus*, mit manchem Unächten. So soll Marcus ein geborner Levit und Abkömmling Arons gewesen seyn, sich nach seinem Uebertritt zum Christenthum den rechten Daumen abgeschnitten haben, um zum jüdischen Tempeldienste untüchtig zu werden, u. dgl.; ebenso ist in die Charakteristik seines Evangeliums die Johanneïsche Logos-Lehre hereingezogen. 3) *Summarische Inhaltsangabe der ersten Capitel des Marcus-Evangeliums:*

Cap.	1	beginnt	mit	unserem	Cap.	1, 1.
„	2	„	„	„	„	1, 29.
„	3	„	„	„	„	2, 23.
„	4	„	„	„	„	3, 31.
„	5	„	„	„	„	5, 21.
„	6	„	„	„	„	6, 30.
„	7	„	„	„	„	7, 24.

IV.

Sechs Pergamentblätter kl. Quart. Der Schriftcharakter entspricht vollkommen dem des an hiesige Universitäts-Bibliothek übergegangenen Cod. Tischendorf. rescr., welchen ich in dieser Ztschr. I, S. 148—160, mit Beigabe eines Facsimile am Ende des Bandes, beschrieben habe. Nach der Unterschrift in rothen Buchstaben, Bl. 5 v., ist das erste Stück im J. 272 der Araber (885—6 Chr.) von انبا (sprich Amba, d. h. Abba, Pater [1])) Antonius aus Bagdâd, mit seinem gewöhnlichen Namen Dâûd Bin Sinâ, in der Laura (Zellengallerie) des heil. Saba für den Pater Isaak im Sinaï-Kloster geschrieben worden. Bei der vollkommenen Uebereinstimmung der Schrift dieses Bruchstückes mit der des oben genannten Cod. Tischendorf. rechtfertigt diese durch einen glücklichen Zufall erhaltene Zeitbestimmung mehr als genügend meine a. a. O., S. 159, ausgesprochene Geneigtheit, die arabische Schrift des letzteren spätestens in das 10. Jahrh. n. Chr. zu setzen. 1) Bl. 1 r. — 5 v. *Schluss einer Legende vom Siege Christi über Tod und Teufel,* in welcher manche Einzelheiten, namentlich der triumphirende Einzug Christi in die Unterwelt, mit den bezüglichen Theilen des apokryphischen Nikodemus-Evangeliums (Evangelia apocrypha ed. *Tischendorf*, p. 304—8) übereinstimmen, nur dass die arabische Erzählung ausführlicher ist. 2) Bl. 6 r. unter einer grösstentheils ausgerissenen und verwischten Ueberschrift mit rothen Buchstaben, von derselben Hand wie Nr. 1 geschrieben: *Anfang einer Erzählung von dem Streite, den einige Mitglieder der Christengemeinde von Sebastia* (in Cilicien, jetzt Siwas) *zur Zeit des heil. Basilius des Grossen gegen ihren Bischof Petrus erhoben, weil er — wenn auch nur in jungfräulicher Ehe — verheirathet war.*

Eine türkische Inschrift in Galizien.

von

Prof. Fleischer.

Am 14. Febr. 1853 erhielt ich von Herrn Rittmeister Freiherrn von Biedermann, ord. Mitgliede der D. M. G., die Copie einer türkischen Inschrift, welche während des J. 1852 im Dorfe Dwori bei dem galizischen Städtchen Cswiecim in der Mauer einer Brennerei auf einem weissen, 4 Fuss langen, 2½ Fuss hohen und 4 Zoll dicken Marmor, in gutem Zustande und durchaus nicht verwittert aufgefunden worden war. Der General Graf Wonsowicz auf Zator hatte dann den Marmor geschenkt erhalten und sein Schwiegersohn, Baron von Hoffmann, die Inschrift abgezeichnet. Für die Genauigkeit dieser Copie bürgte der Umstand, dass sie, obgleich von einem Nichtkenner morgenländischer Sprache und Schrift gefertigt, doch fast durchaus mit Sicherheit gelesen werden konnte und nur drei bis vier Einzelheiten längere Be-

1) S. *Schnurrer*, Biblioth. arab. p. 292, adn. *Wüstenfeld*, Macrizi's Geschichte der Copten. Vorr. S. 6.

trachtung und Erwägung verlangten. Am 20. u. 21. März 1853 gab ich dem Herrn Einsender eine Erklärung, welche hier mit seiner und des Herrn Baron von Hoffmann Zustimmung veröffentlicht wird.

„Der Marmor ist jedenfalls durch die Türkenkriege des vorigen Jahrhunderts nach Galizien gekommen, — von welchem Orte des türkischen Reiches? darüber ist keine Andeutung vorhanden; doch lag derselbe gewiss in den nördlichen Grenzbezirken, dem Schauplatze jener Kriege. Die Inschrift, in türkischen Versen abgefasst, zeigt dass der Marmor ursprünglich zu einer Moschee gehörte, welche 'Alî Paša, Schwiegersohn Ahmed's III. (reg. 1702—1730) und von 1713 bis 1716 Grosswezir, erbaut hatte. Das Chronostichon im letzten Halbverse ergiebt, wenn man alle wirklich dastehenden Buchstaben als Zahlzeichen zusammenrechnet, die Gesammtzahl 1129, unter den Versen aber steht ausdrücklich ١١٢٨ سنه d. h. Jahr 1128, und in der That kann die erstere Zahl nicht richtig seyn, da 'Alî Paša noch im Laufe des J. d. H. 1128 als Oberbefehlshaber des türkischen Heeres in der Schlacht bei Peterwardein (13. Aug. 1716) fiel. Es ist aber sehr leicht, jenes 1129 auf 1128 zurückzuführen, indem man annimmt, dass in dem Worte يابدى, *er baute,* das nur den Vocal a ausdrückende Elif vom Steinmetz willkürlich hinzugefügt worden ist, wie denn die Türken beim Schreiben ihrer eigenen (nicht arabischer oder persischer) Wörter dergleichen Vocalbuchstaben in der Wortmitte theils setzen, theils weglassen. — Das Versmaass ist Hezeǵ in der bei Persern und Türken gewöhnlichen Verdoppelung, d. h. der Epitritus primus, ⏑–––, in jedem Halbverse viermal wiederholt. — Der Text der Inschrift, aus dem Nesta'lik des Originals in gewöhnliches Neschi umgeschrieben, ist folgender [1]):

مشيد بو مبارك صدركاه كامل فاضل

على پاشاى دانادل وزير احكم واكرم

كرين داماد احمد خان غازيكم زمانندە

حضور قلبيلە آسودەتر در سرتسر عالم

بو زيبا بيجسد جاى ايدوب انشا حسبةً لله

تدارك ايلدى زاد معادين رحلەدن اقدم

زهى جامع سنمار خرد رسمندە حيراندر

كه نازك ايلمش استادى هم غايتدە مستحكم

دوشرسە بويلە تاريخ مصنع بو دوشر شايد

بو زيبا معبدى يابدى جناب آصف افخم

1) Die Länge der Verszeilen hat es nöthig gemacht, die in der Urschrift neben einander stehenden Vershälften unter einander zu setzen.

Uebersetzung:

(1) *Jener erhabene, gottgesegnete, vollkommene, hochgebildete Reichsraths-Präsident, der einsichtsvolle 'Alî Pasa, der sehr weise und edle Wezir,* (2) *der auserkorne Eidam Aḥmed Chân's, des Glaubenshelden durch dessen Herzensruhe die Welt von einem Ende zum andern ruhiger geworden ist,* (3) *hat diesen schönen, nie vom Neide scheel anzublickenden Bau in der Hoffnung auf Gottes Lohn errichtet und sich hierdurch vor seinem Hingange die Zehrung für das andere Leben zubereitet.* (4) *Welch herrliche Hauptmoschee! Der Sinimmâr des Verstandes ist über ihre Architektur erstaunt; denn ihr Baumeister hat sie zierlich und zugleich äusserst fest gebaut.* (5) *Ist so ein künstliches Chronostichon hier am Orte, so mag es folgendes seyn: Diesen schönen Anbetungsort baute Se. Excellenz der ruhmvolle Asaf.*

Sinimmâr (4) ist der sprüchwörtlich gewordene Baumeister des Palastes Ḥawarnaḳ (Abulf. Hist. anteisl. S. 127, Z. 7 ff., m. d. Anm. S. 227), Asaf (5) der bekannte Gesangmeister des Königs David, den aber die muhammedanische Legende zum Staatssecretär Salomo's und zum Muster aller Wezire gemacht hat.

Von den über und unter den Verszeilen angebrachten Verzierungen haben wenigstens zwei, wie es scheint, eine sinnbildliche Beziehung auf die Worte bei denen sie stehen: 1) die Rose zum 4. Halbverse über قلبى, *seines Herzens*, als Andeutung davon, dass das Herz des Sultans einem Rosengarten gleiche, 2) das Pentagramm (der Drudenfuss) zum 8. Halbverse unter dem Worte مستحكم, *fest*, als Symbol der Festigkeit, da diese Figur in der Zauberkunst als Mittel gilt, das von ihr Umschlossene festzubannen. Hingegen die gerade unter einander stehenden drei Rosetten oder Sterne zum 5., 7. und 9. Halbverse, bei den Worte حسبةً لله, *in der Hoffnung auf Gottes Lohn*, حيرانقدر, *ist erstaunt*, und دوشر, *ist am Orte*, dienen wohl, wie die arabeskenartige Randeinfassung und die Mittelscheide zwischen den Halbversen, lediglich zur Verzierung; höchstens mögen sie die bezüglichen Worte stärker hervorheben."

Ueber die richtige Aussprache des Namens امرء القيس und der Monatsnamen جمادى الاولى und جمادى الثانية.

Von

Dr. Zenker.

Der berühmte Dichter einer Moallaka und Verfasser eines Diwans hat das eigenthümliche Missgeschick, dass sein Name von allen seinen Herausgebern und Uebersetzern auf verschiedene Weise geschrieben und ausgesprochen wird. Obwohl über die richtige Aussprache, sobald man die Zusammensetzung des Namens und die Regeln über den Gebrauch des Waṣl und die Declination der zusammengesetzten Nomina kennt, kein Zweifel obwalten kann, so halten wir doch einige Bemerkungen nicht für unnöthig, die vielleicht dazu beitragen können in einem streitigen Punkte zur Einigung zu führen. Die verschiedenen Formen, welche die europäischen Orientalisten dem Namen gegeben haben, sind folgende: Amralkeis (Lette), Amralkais (Hartmann), Amralkais (Vullers und Hengstenberg), Amrolkais (Slane), Amrilkais (Arnold u. Rückert), Amriolkais (Jones), Amrialkaïs (de Sacy), Imroulcays (Caussin), Imriolkais (Hammer-Purgstall).

Der Name ist zusammengesetzt aus مَرْءٌ Mann, und قَيْس, dem Namen einer alt-arabischen Gottheit, und bedeutet „Mann des Kais“ (vgl. Ztschr. Bd. VII. S. 465). Das Wort مَرْءٌ (mar'un, mit dem Artikel اَلْمَرْءُ) wird auch ausgesprochen مُرْءٌ (mur'un) oder مِرْءٌ (mir'un), und hat den Dualis مَرْآنِ (mur'ân) und den Pluralis مَرْءُونَ oder مَرْؤُونَ (mar'ûn), wofür aber gewöhnlich رِجَال (riǵâl) gebraucht wird. Das Femininum dieses Wortes, oder das *Weib*, heisst مَرْأَةٌ oder مَرْءَةٌ (mar'atun) auch مَرَةٌ (maratun). Wenn vorn das Alif der Verbindung (أَلِفُ الْوَصْلِ) antritt, so entsteht für das Masculinum die Form اِمْرُؤٌ ('mru'un), für das Femininum die Form اِمْرَأَةٌ ('mra'atun). Das Alif der Verbindung aber hat keinen Vocal (und wird daher ganz richtig von Freytag nicht vocalisirt), sondern erhält in der Aussprache den Vocal mit welchem das vorhergehende Wort endigt; z. B. هُوَ اِمْرُؤٌ (hu amru'un) „er ist ein Mann“, بِنْتُ اِمْرِئٍ (bint umri'in) „die Tochter eines Mannes“. Der Vocal *i* (kesra) des Buchstabens ر in letzterem Beispiele beweist aber keineswegs dass der Nominativ des Wortes *imri* heisse (oder amri oder umri), sondern er ist nichts anderes als der Vocal des Genitivs; denn das Wort اِمْرُؤٌ hat, wie schon de Sacy (Gramm. ar. I. pag. 398, ed. 2) richtig bemerkt, eine doppelte Declination, oder ist, wie sich die arabischen Grammatiker ausdrücken, مُعْرَبٌ مِنْ مَكَانَيْنِ, d. h. es wird an zwei Stellen flectirt, indem der letzte und vorletzte Vocal umgeändert werden, aber nur der letzte das Tanwin erhält. Das Wort wird aber auch noch auf zwei andere Arten declinirt, wie sowohl das Ṣiḥâḥ als der Ḳamûs angeben, und ebenfalls schon de Sacy richtig bemerkt hat (Chrestom. arabe Tom. II. S. 532 ed. 2), indem man nämlich dem Buchstaben ر durch alle Casus den Vocal *a* (Fatḥ) giebt, oder ebenfalls durch alle Casus den Vocal *u* (Ḍamma). Unglücklicherweise steht in der zuletzt angeführten Stelle bei de Sacy Kesra anstatt Ḍamma, und dieser Druckfehler hat vielleicht zu dem Irrthum Anlass gegeben, dass der Nominativ Imri heisse. Die vollständige Declination des Wortes ist also folgende.

	I.	II.	II.
Nomin.	امرو 'mru'un	امرو 'mra'un	امرو 'mru'un
Genit.	امرِي 'mri'in	امرَي 'mra'in	امرُي mru'in
Accus.	امرأ 'mra'an	امرأ 'mra'an	امرأ 'mru'an

Zum Ueberflusse geben wir hier noch die Worte des Ṣiḥâḥ und des türkischen Ḳamûs. Ersteres hat unter dem Stamme مرء folgendes:

والمَرْءُ الرَّجُلُ تقول هذا مَـرْءٌ صالح ومررت بِمَرْءٍ صالح ورأيت مَـرْأً صالحا وضمّ الميم لغة فيه وهُما مَرْآنِ صالحان ولا يُجْمَع على لفظه وبعضهم يقول المَرْؤُونَ [وجاء فى الحديث أيّها المرؤُون am Rande] وهذه مَرْأَةٌ صالحة ومَرَةٌ ايضا بترك الهمزة وتحريك [وفتح im Muḫtâr uṣ-ṣiḥâḥ] الراء بحركتها فان جئت بالف الوصل كان فيه ثلاث لغات فتح الرّاء على كل حال حكاها الفرّآء وضمّها على كل حال واعرابها على كل حال تقول هذا آمْرُؤٌ ورايتُ آمْرَأً ومررت بِآمْرِئٍ معربا من مكانين ولا جمع له من لفظه وهذه آمْرَأَةٌ مفتوحة الرّآء على كل حال.

Ganz mit Ǵauhari übereinstimmend hat der türkische Ḳamus: المرء ميمك حركات ثلاثى ورانك سكونيله مطلقا انسان معناسنه در كه آدم ديمك اولور على قول ار كشى يه دينور رجل ومرد معناسنه بونك لفظندن جمعى يوقدر بلكى جمعى رجال در بعضلردن جمعى مرؤون كلديكى منقولدر مُونّثنده مرأة دينور هايله كه خاتون ديمكدر فارسيده زن مرالحيدر وتخفيف قياسيله تخفيف اولنوب مَرَة دخى ديرلر ترك همزه وفتح رايله واوّلنه همزهٔ وصل ادخاليله امرأة دخى دينور وهمزهٔ وصله مقرون اوّلنه حرف تعريف ادخاليله الأمرأة دخى محكيدر كذلك مرء لفظنك اوّلنه همزهٔ وصل ادخاليله امرء دخى دينور وبونده اوج لغت واردر برى دائما يعنى رفع ونصب وجرّ حالتلرنده رانك مفتوح اولمسيدر ثانى على كل حال رانك مضموميدر ثالث على كل حالى معرب اولمقدر يعنى راء حرف اخير اولان همزه يه تبعيّتله حالت رفعده مرفوع وحالت نصبده منصوب وحالت جرده مجرور اولمقدر وتقول هذا آمرؤ ومر بالرفع ورأيت

آمرأ وامرأ بالنصب ومررت بأمرء وبمرء معربا من مكانين يوراله مرء لفظى اتباعا ذكر اولنمشدر،

Nach dem oben gesagten also ist die erste Hälfte des Dichternamens 'mru auszusprechen, mit dem Vocale *a*, *i*, *u* vor dem *m*, je nachdem das vorhergehende Wort auf *a*, *i*, oder *u* endigt. Wenn aber das Alif der Verbindung am Anfange eines Satzes steht, also ohne Verbindung, so ist es nach der Regel mit Kesra zu sprechen, als dem leichtesten Vocale, wie z. B. in ابن (ibn). Wir erhalten also für das Wort, wenn es nach vorn ohne Verbindung steht, die Aussprache إمرؤ imru'un.

Wir müssen nun noch den Vocal des ر und die Aussprache des beide Wörter verbindenden Artikels betrachten. Hinsichtlich letzterer verweisen wir wieder auf de Sacy's Grammatik, der in dem Capitel über das Waṣl (Tom. I. pag. 64 ff. ed. 2) das Nöthige darüber sagt. Nach der allgemeinen Regel nun wird das Alif des Artikels — als الف الوصل — mit dem Vocale der vorhergehenden Sylbe gesprochen, also in unserem Namen:

Nominativ امرؤ ٱلقيس 'mru'ul-ḳaisi oder امرء ٱلقيس 'mra'ulkaisi

Genitiv امرئ ٱلقيس 'mri'ilk ... امرئ القيس oder امرء القيس 'mra'ilk. oder 'mru'ilkaisi

Accusativ امرء ٱلقيس 'mra'alk.... امرء ٱلقيس 'mru'alkaisi.

Sonach heisst der Nominativ ....'mru'ulkaisi oder ...'mra'ulkaisi (resp. imru'ulkaisi oder imra'ulkaisi), was in ...'mru-l-ḳais oder 'mra-l-ḳais verkürzt werden kann, indem der letzte Vocal wegfällt, nicht aber imrīolkaīs.

Als Beweis für die Richtigkeit der letzteren Aussprache hat man die Monatsnamen Dschemafiolewwel und Dschemafiossani angeführt. Allein die beiden Monate heissen جُمَادَى ٱلأُولَى (spr. Dschumâda-l-ûlâ) und جمادى ٱلآخِرَة oder جُمَادَى ٱلثَّانِيَة (spr. Dschumâda-s-sânie). In dem Werke تحريفات العوام (Wortverunstaltungen der Ungebildeten) des Ibn-ul-Kemâl findet sich folgende Stelle: جُمَادَى ٱلأُولَى والاخرة هى فُعَالَى كحُبَارَى والدال مهملة والعوام يستعملونهما بالذال المعجمة ويَصفونهما بالاول والآخر فيكون فيهما ثلثة تحريفات قلب المهملة معجمة والفتحة كسرة والتانيث تذكيرا وجمادى الآخرة يقولون جمادى الآخر بلا تاء والصحيح الآخرة بالتاء اوالاخيرة، d. h. „Ǵumâda-l-ûlâ und Ǵumâda-lâḫirat ist Femininum nach der Form fuʿlâ, wie ḥubârâ, und wird mit dâl ohne Punkt (د) geschrieben. Die Ungebildeten sprechen in beiden Fällen das Wort mit zâl mit dem Punkte (ذ), und setzen in beiden Fällen das Adjectiv auwal und âḫir im Masculinum hinzu, so dass hier drei Verunstaltungen stattfinden; erstens die Verwandlung des د in ذ, zweitens die Verwandlung des Fatḥ in Kesra [indem sie sprechen Dschumâfi] und drittens die des Femininum in das Masculinum; und anstatt Ǵumâda-l-aḫirat sagen sie Ǵumâzi-l-âḫir ohne die Femininendung ة; das Richtige aber ist al-âḫirat, oder auch al-aḫirat."

Die schlimmste Verstümmelung also, welche das Wort im Munde der Ungebildeten erleidet, ist Ǵumâzi-'l-auwal; ganz unmöglich aber und sowohl der arabischen Grammatik als den Regeln der türkischen Lautlehre widersprechend, ist die Form Dschemafiolewwel oder Dschemafiossani, denn i und o, oder i und u, können im Türkischen nie in einem Worte nebeneinander vorkommen, und nach den Regeln der arabischen Grammatik geht der Vocal der letzten Sylbe, sobald diese kein Tanwin hat, auf den Artikel des folgenden Wortes über; also wenigstens Dschemafilewwel und Dschemafissani. Die verschiedenen Aussprachen des Dichternamens, selbst Amrilkais, als Genitiv aufgefasst, lassen sich also fast alle rechtfertigen, falsch sind nur Amriolkais, Amrialkais und Imriolkais, am richtigsten aber wird man den Namen schreiben Imrulkais.

Aus Briefen des Dr. Julius Oppert an den Oberbibliothekar Prof. Olshausen in Königsberg und an Prof. Spiegel in Erlangen.

Babylon (Hillath el-Feibâ), d. 23. Nov. 1853.

— — Wir sind abberufen [1]); man will kein Geld mehr bewilligen. Ich beschäftige mich gerade mit einer Karte von Babylon, deren ich mehrere entworfen habe, und zwar nach trigonometrischer Aufnahme. Meine Untersuchungen über die Längenmaasse der Chaldäer und der Perser haben mich zu interessanten Ergebnissen geführt; sie waren nothwendig für die Bestimmung des einstigen Umfangs von Babylon. Zu meiner grossen Befriedigung hat mir die Inschrift der ostindischen Compagnie später, als ich sie lesen konnte, ganz übereinstimmende Resultate geliefert. Ich gebe diese, ohne die Beweise jetzt mittheilen zu können.

Herodot, der Babylon noch in seiner Grösse gesehen, giebt bekanntlich den Umkreis der Stadt auf 480 Stadien an, d. h. auf 120 Stadien für jede Seite. Was für Stadien er gemeint, war mir unklar. Gewiss hat er die Feldmesserkette nicht um Babylon gezogen; er nahm eine griechische Maassbestimmung, die mit der einheimischen am meisten übereinstimmte.

Seine Angabe beruht auf der chaldäischen Berechnung, dass Babylon 480 ammatgagar in Umkreis hatte; er nahm das ammatgagar zu einem

---

1) Die französische Expedition nämlich. Olsh.

Stadium an und machte nur einen Fehler von ungefähr 12 Fuss. S. East India House Inscr. col. VIII.

Ich habe aus Messungen der Ziegel und andrer Bausteine geschlossen, dass die babylonische Elle, wie die ägyptische, 525 Millimeter hielt; der Fuss, der nicht $\frac{2}{3}$, sondern $\frac{3}{5}$ der Elle war, wie in Aegypten, hielt also 315 Millimeter, welches die mittlere Länge der Ziegel ist.

Das Ammatgagar war ein Maass von 360 Ellen (amma). Gagari ist das hebr. gilgal [1]), grade wie Babel das hebr. bilbel, und bezeichnet den Kreis, den bekanntlich die Chaldäer in 360 Theile getheilt. 360 Ellen geben genau 600 Fuss, und dieses ist die Länge, die das Stadium in allen Systemen des Alterthums hat.

Jede Seite des Quadrates hatte also 43200 Ellen oder 72000 Fuss; der Umfang betrug 172800 Ellen oder 288000 Fuss. In französischem Maasse hatte jede Seite 22680 Meter; der Umfang betrug 90720 Meter, d. i. 12¼ geogr. Meilen. Der Flächenraum Babylon's war also =514 Quadrat-Kilometer, d. i. ungefähr 9 Quadratmeilen. — Da der babylonische Fuss beinahe mit dem rheinischen identisch ist, so können Sie immerhin die Werthe in Fuss als in rheinischem Maasse gegeben betrachten.

Nebuchadnezzar giebt für die Tiefe des Grabens 50 Ellen und für die Breite 200 Fuss an. Die Mauern waren in Relief, was die Gräben in Vertiefung. Wirklich giebt Herodot 50 Ellen für die Breite und 200 Ellen für die Höhe der Mauern an. Letztere Höhe ist enorm und ich glaube, dass der Vater der Geschichte διηκοσίων πηχέων irrthümlich statt διηκοσίων ποδῶν geschrieben hat.

Die Hauptkarte ist im Maasstabe von 1 : 100000, d. i. beinahe 3 Zoll für die geogr. Meile; doch ist dieses Maass zu klein für gewisse bedeutende Ruinen und so liefere ich eine Specialkarte, die $\frac{1}{10000}$ der Dimension haben wird. Eine andere Karte wird Deo favente bald fertig sein und in $\frac{1}{100000}$ der Ausdehnungen bis Bagdad, Akarkuf und Ktesiphon gehn.

Meine genauere Kenntniss des Terrains hat mich zu der Ueberzeugung gebracht, dass in dem Nilcanal (شط النيل) die Nordgrenze Babylon's erhalten ist. El-Oheimir (الأُحَيْمِر) bildet die Nordostecke; der Birs-Nimrud ist nahe der Südwestspitze. Borsippa fiel innerhalb der Stadt, doch ausserhalb der innern Stadtmauer, die der Chaldäerkönig bauen liess um die innere Stadt (kirip sa in Babil, hebr. הקרב שבבבל) einzuschliessen.

Ausserdem hatte ich vermuthet, dass der Quai, den Nabonidus bauen liess, noch zum Theil erhalten sein müsse. Diese Vermuthung hat sich bestätigt. Der ungewöhnlich niedrige Wasserstand des Euphrat hat ein ungeheures Mauerwerk trocken gelegt, das einzige, dessen Ziegel den Namen Nabonid's tragen.

Den Namen des Königs Neriglissor habe ich entdeckt und entziffert. Das Athenaeum sagte, der Colonel Rawlinson habe Ziegel mit diesem Königs

---

1) Nicht vielmehr das hebr. כִּכָּר? Olsh.

namen gefunden; er erhielt diese von mir. Das Zeichen für den Gott Nergal wurde erst durch diesen Königsnamen entdeckt, und diese Entdeckung war die Folge, nicht die Ursache meiner Entzifferung.

Den Gottesnamen Nergal habe ich in einer von Rich veröffentlichten Inschrift phonetisch ausgedrückt gefunden; er ist dort Narikul geschrieben. Sonderbarer Weise findet sich für das babylonische kul im Hebräischen immer gal; so regel, babyl. rakalti. Der babyl. Name Narikulusarruṣur entspricht dem *Νηρικαλόσσορος* des Ptolemaeus, dem hebr. נרגלשראצר.

Dieser Name Nergal war, wie aus jener Inschrift hervorgeht, nur ein anderer Name für Merodach, für den die Inschrift *g* bei Ker Porter Maridukh bietet; nur dort habe ich bis jetzt den Namen phonetisch ausgedrückt gefunden, in dem Mannesnamen Maridukhai, in dem Sie ohne Mühe einen alten Bekannten erkennen werden [1]). Diese Identität erklärt, warum der Planet Mars von den Arabern مرّيخ und von den Sabäern Nirig genannt wird.

Auch bin ich so glücklich gewesen, den Namen Babylon's, der längst bekannt war, zuerst zu erklären. Die Stadt wird phonetisch durch Ba bîlu bezeichnet. In der hieratischen (und Cursiv-) Schrift bedeutet das erste Zeichen „Thor", wie aus einer persepolitanischen Inschrift hervorgeht, also sicher Bab; das zweite ist das Zeichen für Gott, also ilu; das letzte ist ein lautloses Zeichen, das eine Stadt bedeutet, namentlich eine im Thale liegende. Doch was ist das dritte Zeichen, das hunderte von Malen ra bedeutet?

Meine, wie ich glaube, einleuchtende Erklärung ist diese. In seltenen Fällen findet man das dritte [2]) Zeichen unterdrückt; in andern ebenso seltenen ist es [3]) mit dem Zeichen  vertauscht. Das [4]) Zeichen 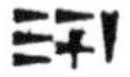 ist, wie ich meine, ganz einfach der Name eines Gottes, der den Namen „Gott" vorzugsweise führte. Man hatte also in den Namen Babylon's fälschlich das zweite, lautlose, Determinativzeichen phonetisch gelesen, so dass man mit dem dritten, das wirklich auszusprechen war, nichts mehr anzufangen wusste. Das Zeichen ra ist mit dem Determinativ für „Gottheit" dasjenige für den Planeten Saturn. Sie wissen aus Sanchuniathon, dass *Κρόνος* bei den Phöniciern *Ἰλ* hiess, und aus Diodor, dass die Babylonier den Saturn besonders verehrten und ihn *Ἥλος* nannten, wie man mit Recht für *ἥλιος* substituirt hat. Er war Herr des siebenten Himmels und verdient hier in diesen Gegenden, wie ich mich jetzt allnächtlich davon überzeuge, den Namen eines *ἐπιφανέστατον ἄστρον*, den man bei Diodor auffallend fand.

Babylon heisst also: Thor Saturn's. Diese Erklärung schliesst die biblische nicht aus; derselbe Laute bedeutete zweierlei.

---

1) Nämlich den biblischen Namen Mordechaj. Ich bin jedoch zur Zeit noch mehr geneigt, diesen Namen aus dem Aramäischen zu erklären und halte ihn für = מר דכי, d. i. reine Myrrhe. Olsh.

2) hieratische. Olsh.

3) In der Cursivschrift, wie es scheint. Olsh.

4) Dritte hieratische. Olsh.

Babylon, 16. Januar 1854.

— — Ich habe jetzt meine Karte vollendet und auch mannigfache Restitutionen versucht. Meine Entdeckung der chaldäischen Maasse, die, wie ich Ihnen schrieb, sich an den Monumenten selbst bestätigte, hat auch manchen meiner früheren Irrthümer berichtigt. So bin ich jetzt namentlich zu der Ueberzeugung gekommen, dass die hängenden Gärten Nebuchadnezzar's in dem heutigen Amranhügel zu suchen sind. Ich habe dort alle Maasse wiedergefunden und aus einer Untersuchung der Classiker geht hervor, dass die Gärten, der *παράδεισος*, nicht in der Königsburg selbst gewesen. — Der Oheimir lag ebenfalls noch innerhalb der Stadt. Ich bin jetzt über die Lage der alten Babylon vollkommen im Reinen und glaube ihre Gränzen mathematisch bestimmen zu können.

Die frühere Identificirung von Sippara und Niffar wird berichtigt werden müssen. Sippara findet sich in den Inschriften als Sippar, die Sonnenstadt; Niffar dagegen ist, wie es der Talmud will, Chalne, Calanu, und als solches identisch mit *Τελάνη*, Tel Anu, Hügel Anu's oder Oannes, und Hipparenum, Ippar Anu, Land Anu's.

Ihren sehr rationellen Zweifel über die Möglichkeit mehrfach lautender Zeichen denke ich baldigst durch eine Erklärung der sechs- und achtzeiligen Cursivinschriften von Nebuchadnezzar zu heben. Ich habe in einem Briefe an Hrn. Prof. Spiegel (s. S. 598) meine Ansichten über die Entstehung der assyrisch-babylonischen Begriffs- wie Sylbenschrift dargelegt; letztere entwickelte sich aus der ersteren. Das Factum der Polyphonie ist indessen selbst aus der Inschrift von Bisitun klar. Ich will einige Beispiele anführen. Das Zeichen  heisst sicher *i*, wie man längst wusste; in der babylonischen Uebersetzung findet sich nun der Name Nabunaïd's so geschrieben . Dieses würde man Anpaï lesen müssen, und doch ist Nabu statt pa, und naït statt *i* zu lesen. Der Name Nebuchadnezzar's ist nicht Anpaschaduakh, sondern Nabiukudurriuṣur auszusprechen, wie er sich auch phonetisch neben der bisitunischen Schreibweise findet. In Ninive hat man Thontafeln gefunden, die in zwei Spalten neben einander die Monogramme und die Aussprache geben. Homophonie besteht nicht. Manche Zeichen können sich in einem Werthe begegnen, ohne dass deshalb alle Werthe identisch sind. A und B können denselben Werth ausdrücken, B und C ebenfalls, wie C und D; deshalb sind aber A B C und D nicht homophon.

Ich will Ihnen als Probe zwei Inschriften aus Nimrud mit einer Uebersetzung hersetzen [1]).

Bit.	rab.	Assar dana pallu.	—.	Assar.	ni lak.	Bel.	u.
Domus	magna	Sardanapali		adoratoris	Assaris	associae	Belis et

Sanda.	na ra m.	A nu.	u. Da kan.	ka schu sch.	elut.	rabut.	
Heraclis	adoratoris	Oannis	et Dagonis	servi	deorum	magnorum	

sarru.	danu.	sarru?	sarru.	Aschur.	pallu.	Tukulti Sanda.	sarru.
regis	potentis	regis?	regis	Assyriae	filii	Tiglat-sandanis	regis

1) Auf die Mittheilung der Originalschrift muss hier leider verzichtet werden.

rabi. sarru. dani. sarru? sarru. Aschur. pallu. Ilu la k. sarru?
magni regis potentis regis? regis Assyriae filii Ilulaci regis?
sarru. Aschur.
regis Assyriae.

Eine Inschrift des Rawlinson'schen Divanubar, den ich bis jetzt noch Schalmanubar, später vielleicht, wenn ich Beweise habe, Schalmanussur lese [1]), lautet so:

Schal na nu bar. sarru. rab u. sarru. da nu. sarru? sarru.
Salmanabar rex magnus rex potens rex? rex
Aschur. pallu. Assar dana pallu. sarru. rab u. sarru. da nu.
Assyriae filius Sardanapali regis magni regis potentis
sarru? sarru. Aschur. pallu. Tukulti Sanda. sarru? sarru. —.
regis? regis Assyriae filii Tiglat-sandanis regis? regis ?
mu a scha schi. bit. —. scha. —. Kal ḫi [2]).
fundator domus ? urbis Calah.

Die Erklärung des Monogramms 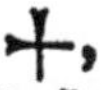, das gewöhnlich bar, ram und masch bedeutet, durch Sanda gehört Rawlinson an [3]). In dem Schalmanubar, dem Obeliskenkönige, glaube ich den Schalman des Hosea zu erkennen. Diese und mehrere andere Inschriften erheben die Identität von Nimrud und Calach über allen Zweifel.

Das Zeichen , gewöhnlich ku lautend, ist sicher Tukulti; man findet statt desselben auch die Gruppe 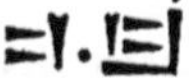, und das  bedeutet, dass das folgende Zeichen nicht ku, sondern monogrammatisch zu lesen sei. Diese Bemerkung, die ich Rawlinson verdanke, beweist sich aus seinen Tafeln, wo allen zu erklärenden Wörtern dieses Zeichen vorgesetzt wird. In der ostind. Inschrift finde ich ganz phonetisch geschrieben: tu ku l ti, und in unsrer sechszeiligen Nebuchadnezzar-Inschrift: tu kul ti.

Die Erbauer der grossen Paläste von Khorsabad und Koyundjuk sind, wie Sie wissen, sicher ermittelt. Ersteren erbaute Sargon, letzteren und den Palast von Nebi Yunes Sanherib. Dass die hier vorkommenden beiden Königsnamen wirklich den Gegner des Hiskia bezeichnen, erhellt aus der Erwähnung der Namen Khazakiah, Jahuda und Urschalimma. Doch habe ich mich häufig gefragt, wie man aus jenen Namen eigentlich den Sanherib herauszulesen habe. Die Zeichen sind folgende:

Sanaḫi ir ba
rim

und: 

Sanaḫi irba

Die fünf ersten Zeichen der ersten Form sind, wie ich glaube, sämmtlich ideographisch: Gott — Herr — erhaben — dann ein unbekanntes Zeichen und das Zeichen des Plurals. Die zweite Form enthält: Gott —

1) Die Lesart Schalmanu — wird jetzt auch von Rawlinson anerkannt. Rawlinson's Divanukha ist sicher Schalmanussur.
2) Vgl. Layard, Ninive, Bd. II. p. 194.
3) Vielleicht ist es pallussur zu lesen: Herakles = Sohn Assur's.

das Zeichen für 30 und i s c h — d a n a — und ebenfalls das Pluralzeichen, worauf das Zeichen für h o c h folgt.

Den hebr. סנחריב und dem griech. Σαναχήριβος zu Liebe hat man nun einen Gott S a n erfunden; ich fürchte sehr, dass dieser nie existirt hat. Ich habe freilich keine Inschriften hier, um meine Ansicht gehörig prüfen zu können: es scheint mir aber, dass vielmehr eine Mehrheit von Göttern vorliegt, die unter dem Namen S a n a ḫ i zusammengefasst werden; das Pluralzeichen erscheint sonst ganz unklärlich. Welche Gottheiten gemeint seien, wissen wir freilich nicht; vielleicht ist es eine Beziehung auf die 30 Theile der Thierkreiszeichen.

Der Gründer des Palastes von Calah ist E s a r h a d d o n, der gewöhnlich A s s a r h a d d a n geschrieben wird. Von diesem Könige haben wir hier in Babylon mehrere Inschriften gefunden; in einer derselben nennt er sich König von K i d i r, worin ich das K e d a r der Schrift zu erkennen glaube. Sein Sohn ist wieder ein S a r d a n a p a l, und in dem Namen seines Enkels K i v a n d a n i l i meine ich K i n i l a d a n wiederzufinden.

Nur von fünf, vielleicht sechs, babylonischen Königsnamen kennt man die Orthographie mit Sicherheit; es sind folgende: 1. N a b u p a l l u u ṣ u r oder N a b u p a l l u ṣ u r; 2. N a b u k u d u u r r u ṣ u u r; 3. I r b a m a r i d u k h (Evilmerodach?); 4. N i r a k u l s a r r u ṣ u r; 5. N a b i u n a h i t; 6. M a r i d u k h p a l l u d a n n a.

Ich will hier noch eine unsrer Nabunid-Inschriften in hieratischer Schrift mittheilen:

N a b i u n a h i t. s a r r u. B a b i l u. m u t a k h i i s c h.
Nabonidus rex Babylonis possessoris?

B i t. A s s u r. g a d u. u. B i t z i d a. —. N a b u d i i r b a. i k b i.
domus (Akarkuf? Besechane?) et Betzida [1]) filius Nabudirbae? nomine

r u b u. i m g a.
principis magorum?

Man hat in Abu Schahrein in Niederchaldaea Cylinder von Nabonid entdeckt, worauf seines ältesten Sohnes und Mitregenten B e l s a r u s s u r gedacht wird. Dieser wurde in Babylon getödtet; es ist der B e l s a z z a r der Schrift.

Babylon d. 16. Jan. 1854.

Ich werde nächstens, nach meiner glücklichen Rückkehr in Europa, so Gott will! meine Entzifferungen der assyrischen Keilschriften bekannt machen. Eine genaue, vorurtheilsfreie Untersuchung hat mich zu dem Resultate geführt, dass die Rawlinson'schen Prinzipien der Polyphonie vollkommen und allein richtig sind. Ich möchte sie kurz so formuliren:

1) Die assyrischen Schriftarten (deren ich zehn aufzählen kann) sind aus einer alten Hieroglyphenschrift entstanden, aus denen sich dann die hieratischen und Cursivschriftarten entwickelt haben.

2) Diese Schrift war ursprünglich, höchst wahrscheinlich, reine Begriffsschrift. Es ist sogar anzunehmen, dass für die Verben bestimmte besondere Zeichen gebraucht worden.

---

1) Bagadatae? In der Stadt Bagdad selbst sind sicher babylonische Constructionen.

3) Aus dieser Begriffsbezeichnung entwickelte sich dann später, nach einem unbekannten Principe, eine Sylbenschrift, denn einzelne Buchstabenzeichen existiren nicht in der assyrischen Schreibung.

4) Die Begriffszeichen waren entweder rein determinative Gattungszeichen (z. B. Land, Metallart, Steinart, Götze u. s. w.) oder drückten einen bestimmten Ortbegriff aus (z. B. Babel, Geld, Marmor, Nebo). Dasselbe Ortbegriffszeichen aber konnte, wie es im Chinesischen auch der Fall sein soll, diese oder jene Sache ausdrücken, nachdem das Gattungszeichen ein anderes war. So ist dasselbe Zeichen nach dem für Metall „Silber", nach dem für Gott „Sonne" zu lesen. — So entstanden die sogenannten zusammengesetzten Monogramme, die erweislich ganz anders lauten, als wenn man die beiden phonetischen Elemente zusammenläse.

5) Häufig liess man das lautliche Determinativzeichen aus, und so musste der Leser es ergänzen. Als aber die Sylbenschrift schon Eingang gefunden, erfand man ein besonderes Zeichen (=Y phonetisch iz), welches nur anzeigte dass das Folgende nicht phonetisch, sondern monogrammatisch zu lesen sei. (So ist iz + mi zilli Schutz, iz + ku im Namen Tiglatpileser's t u k u l t i auszusprechen.)

6) Aus diesen besondern Eigenthümlichkeiten entstand die jetzt ohne allen Zweifel sich herausstellende Polyphonie der assyrisch-babylonischen Zeichen. Das Princip der Homophonie genügt nicht und führt auf mathematischem Wege zu der Gleichsetzung fast aller Zeichen.

7) Die jetzt sich vorfindende Sylbenschrift ist nicht semitisch, sondern entweder scythisch oder arisch. Die Sprache ist indess rein semitisch in den babylonischen, wahrscheinlich scythisch-tatarisch in den elymaischen, und arisch in den armenischen Inschriften.

Aus Briefen an Prof. Fleischer.

Von Dr. E. O s i a n d e r.

Oxford, d. 31. Jul. 1853.

— Von London [1]) ging ich auf ein paar Tage nach C a m b r i d g e, um die dortigen orientalischen Handschriften kennen zu lernen. Durch die Gefälligkeit einiger Gelehrten, besonders des Herrn Hort, Fellow am Trinity College, ist mir diess auch zum Theil gelungen. Ich erfuhr zuerst, dass die Universitätsbibliothek eine ziemliche Anzahl orientalischer Mss., besonders die Sammlung von Burckhardt, besitzt; dass ferner eine zweite, von einem Gentleman aus Indien gestiftete Sammlung zur einen Hälfte in Kings College, zur andern in dem bei Windsor gelegenen Eton College aufbewahrt wird. In Kings College, wohin ich zuerst geführt wurde, konnte ich leider nichts sehen, da der Bibliothekar abwesend war. Dagegen erfreute mich der Universitäts-Bibliothekar, Herr *Power*, durch die Eröffnung, dass er den eben vollendeten Katalog der Burckhardt'schen Sammlung sogleich für mich aus

---

1) S. Ztschr. VII, S. 573—575. Fl.

der Druckerei holen lassen werde. Nachdem ich in der Zwischenzeit die Merkwürdigkeiten der Bibliothek, namentlich ein schönes (persisches) Exemplar der عجايب المخلوقات mit hübsch gemalten Abbildungen sämmtlicher Wunderdinge, betrachtet hatte, kam der Katalog an. Der Titel desselben lautet: Catalogus Bibliothecae Burckhardtianae, cum appendice librorum aliorum orientalium in bibliotheca academ. Cantabrig. asservatorum, jussu Syndic. preli academici confecit *Th. Preston*, collegii St. Trinitatis socius. Cantabrig. 1853. Es sind etwa 300 Numern. Die Kürze der Artikel, — meist nur der Titel, hier und da mit Verweisung auf eine etwaige Ausgabe, — lässt wünschen, dass der Verfasser, bekannt durch seine annotirte Uebersetzung von 20 Maḳâmen des Ḥarîrî (Ztschr. Bd. V, S. 271—274), wenigstens das Wichtigere später ausführlicher behandeln möge. Die Sammlung selbst ist in ihrer Art vortrefflich. Besonders hervor tritt der historische Theil; er betrifft theils allgemeine (Mas'ûdî), theils Special-Geschichte, namentlich die von Mekkah (Al-Fâsî, Al-Azraḳî) und Aegypten. Unter den naturgeschichtlichen Werken ist ein Ḳazwînî und ein Damîrî, unter den geographischen ein Ex. der Marâṣid, ein Al-Bakrî, Idrîsî u. s. w. Die dichterischen Sachen betreffend, fand ich eine Ḥamâsah, dann Tabrîzî zu den Mu'allaḳât (auch Zauzanî, vulgo Zuzeni, ist da) und zu Abu 'l-'Alâ, einen Vers-Index und Commentar zu dem Kaššâf. Von philologischen Werken nenne ich Ihnen den Kâmil des Mubarrad. Mich interessirten besonders einzelne historische Werke, z. B. zwei vorislamische Geschichten (von Maḥmûd al Badrî al-'Ainî und von 'Abd-al-Malik) und dann die Geschichten von Mekkah. Das Geschichtswerk Azraḳî's, von dem, wie ich höre, auch in Leyden und Gotha Exx. sind, ist meines Wissens das älteste; ich benutzte die wenige Zeit, die ich hatte, zu einer flüchtigen Durchsicht des sehr hübschen Manuscripts und fand auch in der That mehrere grössere Abschnitte über die vorislamische Religion. Aber ich wollte doch auch noch sehen, was sonst Handschriftliches in der Bibliothek vorhanden wäre; zu diesem Behuf erhielt ich den geschriebenen Katalog aller Manuscripte, notirte mir über Nacht die Numern der „codices orientales non descripti", und setzte am folgenden Tage meine Untersuchungen fort. Da fand ich nun neben mannigfachen, besonders grammatischen Adiaphoris doch auch manches Bedeutende, z. B. einen Ǵauharî, einen sehr schönen Ḳâmûs, einst im Besitze von Erpenius, und einen Ṭabarî, so dass ich im Ganzen sehr befriedigt von meinem Ausflug zurückkehrte. Noch habe ich etwas nachzutragen. Herr *Preston* besitzt ein sehr gutes Ex. von Zamaḫšari's Kaššâf, das er in Damaskus für 10 £. gekauft hat und, da er es selbst nicht braucht, gern wieder verkaufen möchte; er bat mich, die deutschen Orientalisten darauf aufmerksam zu machen, was ich hiermit gethan haben will. — Auf der Bodlejana habe ich es nun hauptsächlich mit dem Mu'ǵam al-buldân zu thun. Die hiesige Hdschr. ist eine ziemlich gute, d. h. nicht so leicht zu lesen wie die Londoner, aber ungleich correcter, so dass aus beiden zusammen in den meisten Fällen das Richtige hergestellt werden kann; nur Schade, dass der erste Theil, d. h. die Vorrede, die vier ersten einleitenden Abschnitte und von den einzelnen Artikeln das Alif bis أو (ausschliesslich), fehlt. Besonders gut geschrieben sind die Verse, zum Theil vocalisirt. Ich beschränke mich aber nicht darauf, das im Londoner Exemplar Fehlende nachzutragen und das aus ihm Abgeschriebene zu vergleichen, sondern ich sehe mich auch noch weiter in dem Buche um, und finde je länger desto mehr Stoff. Die wichtigern Punkte von Arabien habe ich nun beinahe alle zusammen. In den letzten Tagen fand ich in dem Artikel عَرَبِيَّة mir noch unbekannte Notizen über die Sprachen Arabiens. Es werden sechs Sprachen unterschieden: 1) die der ersten Ǵurhamiden und der andern Urvölker = المسند; 2) die der spätern Ǵurhamiden, deren Sprache الزقوقة und deren Schrift الزبور genannt wird; 3) die der Ḳaḥṭâniden = الزقزقة; 4) die der Madjaniden (Midianiter), von denen ich auch sonst manche Spuren gefunden habe = الحويل; 5) die der باقش (?) = الرسق (?); 6) die der Ismaëliden = المبين. Interessant war mir vor Allem der Schluss des Artikels: وهو (المبين) كلام العرب اليوم والمسند كلام حمير اليوم والزبور كلام بعض اهل اليمن وحضرموت والرسق كلام اهل عدن والجَنَد والحويل كلام مهرة والزقزقة كلام الاشعرون (sic) والمبين كلام معد بن عدنان

Von Missionar J. Perkins.

Oramia, d. 12—17. Oct. 1853.

— So eben habe ich ein Exemplar unsers alt- und neusyrischen A. T.[1]) zur Absendung an die D. M. G. zurecht gemacht. — Vor einigen Tagen erhielt ich die traurige Nachricht von dem Tode des Herrn *Raffaële*. Die Cholera raffte den noch jungen Mann in Teheran nach einem Krankenlager von wenigen Stunden hin. Er war erst kürzlich als Dolmetscher in den Dienst des Schahs getreten. Sein Verlust wird von Allen, die ihn kannten, tief betrauert. Ich werde keine Zeit verlieren, um über das, was man hinsichtlich seines französisch-persischen Wörterbuches zu erwarten hat, Erkundigungen für Sie einzuziehen. — Sie erinnern sich vielleicht der mit Keilschrift bedeckten Säule von Kallia-Schin, auf dem höchsten Punkte eines Bergrückens, westlich von der Ebene in welcher die Stadt Uschnu liegt, gegen 65 (engl.) Meilen südwestlich von Oramia. Diese Säule wurde vor etwa 15 Jahren von Oberst Rawlinson besucht und zum Theil copirt. Herr Chanykoff machte voriges Jahr von den Inschriften einen vollständigen Gypsabdruck, der aber auf dem Transport verunglückte. Als er vergangenen Sommer wieder in Nordpersien war, erhielt er durch dorthin abgeschickte Leute einen sehr guten Papierabdruck derselben Inschriften. Leider sind sie mehrfach beschädigt und werden daher nicht durchgängig zu entziffern

1) S. darüber, so wie über mehrere andere Punkte dieses Briefes, Ztschr. VII, S. 572—573. Fl.

seyn. Eine in jeder Hinsicht ähnliche Säule entdeckte vor einem Vierteljahre der Arzt der amerikanischen Mission, Dr. Henry Lobdell, bei Gelegenheit einer Besuchsreise zu uns zwischen Uschnu und der berühmten kurdischen Stadt Ravenduz, etwa 5 (engl.) Meilen vor letzterer, nicht weit von dem nestorianischen Dorfe Sadikân. Sie steht ganz nah an der Strasse unter einer Baumgruppe bei einem Begräbnissplatze. Man hat vermuthet, die Säule von Kallia-Schin bezeichne den Weg, welchen Alexander bei der Verfolgung des Darius einschlug; Andere hielten sie für eine Gränzsäule zwischen Medien und Assyrien. Die Auffindung jener zweiten Säule in einer für die Gränze eines Reiches durchaus unpassenden Lage, einige 30 (engl.) Meilen abwärts von der Bergkette, auf deren Spitze die erstere steht, scheint wenigstens gegen die letzterwähnte Annahme zu streiten. — Sie fragen nach Pehlewi-Münzen; — ich kann Ihnen nur antworten, dass ich von solchen, die in unserer Nachbarschaft gefunden worden wären, nie etwas gehört habe. — Die von Herrn *Stoddard* ausgearbeitete Grammatik des Neusyrischen ist vor etwas länger als einem Vierteljahr zum Druck an die amerikanische morgenländische Gesellschaft gesendet worden. — Ich weiss nicht, ob ich Ihnen schon etwas von den astronomischen Beobachtungen gesagt habe, welche mein ebengenannter verehrter College mit besonderer Lust und Ausdauer anstellt. Es kann in der That keine dazu geeignetere Atmosphäre geben als die des nördlichen Persiens: sie ist so wundervoll rein und klar, dass man von uns aus mit blossen Augen auf eine Entfernung von 200 (engl.) Meilen ganz deutlich den schneebedeckten Gipfel des Ararat, und Herr Stoddard oft die Trabanten des Jupiter und den Ring des Saturn sieht. — Auch in Orumia ist die Cholera neuerdings wieder erschienen. In unserem Gebirgs-Asyl, 6 (engl.) Meilen weit von und 1000 Fuss über der Stadt, fühlen wir uns nach menschlichem Ermessen ziemlich sicher, aber tief betrüben uns die Nachrichten von den Verheerungen welche die schreckliche Krankheit in der Stadt und Ebene anrichtet.

Von Adjunct-Bibliothekar Friederich in Batavia [1]).

Batavia, d. 24 Nov. 1853.

— Man hat mich zur Herausgabe eines Katalogs der arabischen Handschriften der hiesigen Gesellschaft der Künste und Wissenschaften verpflichtet [2]). Diese Handschriften gehörten ehemals den Sultanen von Bantĕn (nicht Bantam). Es finden sich darunter 18

---

1) S. Ztschr. V, S. 231. In Bezug auf die unsichere Orthographie seines Namens im Journal of the Indian Archipelago bemerkt unser hochgeehrtes neues Mitglied scherzhafter Weise: „*Freiderich* u. s. w. heisse ich nicht bei den Göttern, sondern nur in Singhapura".

2) „Codicum mss. arab. in bibliotheca Societatis artium et literarum, quae Bataviae floret, asservatorum Catalogi pars prima. Confecit *Rudolphus Friederich* Confluentinus, bibliothecae orientalis custos" ist mit einem spätern Briefe des Vfs. v. 21—24. Dec. 1853 richtig bei mir eingegangen. Ich werde darüber Bericht erstatten. Fl.

Bände mit grammatischen Sachen und 12 Korane, von dieses mehrere mit javanischen Uebersetzungen und dem Commentar der beiden Ǵalâluddîn, einer mit malaiischer Uebersetzung. Auch an Tafsîr's fehlt es nicht, und überhaupt ist die Theologie am stärksten vertreten. Daneben stehen einige juristische, logische und astronomische (?) Werke; sicher Historisches und Geographisches aber habe ich bis jetzt noch nicht entdeckt. Während der Anfertigung des Katalogs habe ich die Herausgabe einer sehr schönen Handschrift des مُراح الارواح (so in unserem Mscr., übereinstimmend mit Ihrer Angabe im Catal. Lips. p. 335, Nr. VII) eingeleitet, zunächst für die Javanen, die zur Erlernung des Arabischen beinahe kein Hülfsmittel in den Händen haben und daher selbst nach siebenjährigen Studien häufig noch ziemlich unwissend sind. Dieses Mscr. ist mit allen Lesezeichen versehen und hat einen sehr ausführlichen arabischen Commentar, der, wiewohl unpunctirt, besonders für die Geisteskräfte der Javanen berechnet zu sein scheint. Das Ganze ist offenbar von einem nicht ungebildeten Araber geschrieben. In einem Theile des Werkes hat die Tinte das Papier angegriffen und sind dadurch manche Buchstaben nur noch theilweise vorhanden. Meistens giebt nun zwar die erhaltene Punctation und der Commentar die Wiederherstellung des Fehlenden an die Hand, jedoch sind mir ein paar Worte bis jetzt undeutlich geblieben. Da diese Arbeit erst in den 26. Theil der „Verhandelingen" aufgenommen werden soll (während die vier ersten Bogen des Katalogs in dem noch vor Jahresende erscheinenden 25. Theile ihren Platz finden werden), so habe ich Zeit, mit Hülfe der Constantinopeler oder Bulaker Ausgabe des Marâḥu'l-arwâḥ, die ich mir zu verschaffen suchen werde, die wenigen übrig bleibenden Zweifel zu heben [1]). — Die ersten sieben Monate dieses Jahres war ich in Bandong (Prianger Regentschaft), wo ich mich mit den äusserst interessanten Kavi-Handschriften, die sich dort gefunden haben, beschäftigte. Dieselben geben uns die erste Einsicht in das Verhältniss des Siwaismus und Buddhismus auf Java in prosaischer, freilich skelettartiger Darstellung. Es gehört dazu offenbar die mündliche Erläuterung der Pandita's. „Die buddhistischen Himmel stehen über den brahmanischen" (wenigstens in der Zeit und in der Gegend, wo diese handschriftlichen Werke verfasst wurden). Ein Mscr. ist vom J. 1256 (i Śaka) und enthält den Ardjuna-Wiwâho in Kavi, wovon ich den Text nach einem balinesischen Ms. vom J. Chr. 1847 in den „Verhandelingen", Th. XXIII, gegeben habe. (Die Druck- und andern Fehler in diesem Texte werde ich später berichtigen.) Die beiden um mehr als 500 Jahre auseinander liegenden Hdschrr. stimmen wörtlich überein: ein Beweis mehr für die Vorzüglichkeit der balinesischen Ueberlieferung. Sechs Mss. enthalten ein religiöses Werk Mani batangan (der Edelstein der Erklärung, oder nach sanskritischer Weise die Edelsteinerklärung; denn Sanskrit-Composita, auch aus polynesischen und Sanskrit-Wörtern gebildet, sind im Kavi häufig); zwei Mss. ein Werk zur Erziehung der Śiaj'a's durch den Guru, genannt Śiksa guru oder Śiksa sang Pandita.

1) Von dieser Ausgabe des Marâḥu'l-arwâḥ hat mir Herr Friederich die ersten zwei Bogen zugeschickt, und werde ich seiner Zeit auch hiervon eine Anzeige geben. Fl.

In der neuen „Tydschrift voor Indische taal-land- en volkenkunde", I, 5 u. 6, finden Sie etwas mehr hierüber. (Ich sende die Tydschr. mit den noch disponibeln Theilen der Verhandelingen.) Auch werden Sie da meine Erklärung der Inschrift von Buitenzorg finden. Sowohl diese und andere Inschriften, als auch die Kavi-Mss. von Bandong und vom Berge Merbabu kann niemand auf Java lesen. Die letztgenannten, über 300 an der Zahl, sind in der Bibliothek unserer Genootschap. Das Alphabet habe ich aufgestellt; der äussere Zustand der Inschriften aber ist sehr traurig. Auch sie sind aus vormuhammedanischer Zeit und nebst denen von Bandong unsere besten Quellen für die ältern Verhältnisse Java's. — Acht von den Bandonger Mss. sind aller Wahrscheinlichkeit nach nicht lange vor und nach dem J. 1445 (von Saka) geschrieben. Diese Jahreszahl findet sich in Ms. I; sie beweist dass auch noch nach dem Fall von Majapahit der buddhistisch-sivaïtische Cultus im Innern Java's fortgedauert hat. Wie lange? — Die älteste Schriftart im Archipel findet sich auf dem Steine von Kedah (Journ. As. Soc. Bengal. 1849 March). An dieselbe schliesst sich die der Steine von Buitenzorg, Kevali (Raffl. plates; ich habe sie grösstentheils gelesen), verschiedener Steine von Kadu, von denen ich nur schlechte Abschriften besitze, von Tjilatjap, und einige in unserem Museum. Auch die Ueberreste der Inschrift von Singhapura gehören hierher. Eine zweite Periode stellen die theils mehr abgerundeten, theils quadratischen Inschriften an der Nordküste Java's und von Menangkärbo (dem alten Reiche der Mitte auf Sumatra) dar. Die letzten hoffe ich nach Erlangung einer bessern Copie zu lesen. (Die Sprache ist überall im Ganzen dieselbe die wir, wiewohl uneigentlich, Kavi nennen.) Diese Schrift findet sich mit einigen Nüancen in den meisten Bandonger Mss. und einigen (früher vielen) vom Merbabu, geschrieben oder gezeichnet; die übrigen sind in einer Currentschrift auf Lontar-Blättern eingeschnitten, zum Theil sehr eckig (nach Weise der drei sumatranischen Schriftarten), und aus dieser Schrift ist dann endlich die neu-javanisch-balinesische entstanden, deren Beginn wir schon in Majapahit zu suchen haben. In der Ausgabe des Mani batangan will ich diese Alphabete zusammenstellen.

Nachträge zu Gildemeister's Bibliotheca Sanscrita.

Von

Dr. Rost.

Die nachverzeichneten Sanskrit-Werke sind sämmtlich mit bengalischen Lettern gedruckt.

1. Bhagavadgîtâ || mûlasaṁskṛita, o çrîdharasvâmir ṭîkâ, evaṁ ai ṭîkâr abhiprâyânusâre çrîgauriçankaratarkavâgîçer kṛita bangadeçîya sâdhubhâshây mûler anuvâda | kalikâtâ corabâgâne jñânânveshaṇa yantrâlaye mudrita haïla | sana 1242 [=1835] sâl | târikha 25 çrâvaṇa | yâhâr vâsanâïya ai yantrâlaye athavâ çrîyuta bâbu râjakṛishṇa siṁher bâgâne sandhâna karile pâïven.

1 Seite bengal. Vorrede; dann folgen auf gegenüberstehenden Seiten links der Text, rechts die bengal. Uebersetzung, und unter beiden der Com-

mentar des Çrîdharasvâmin. Mein Exemplar enthält blos die erste Hälfte und schliesst auf S. 112 mit dem 9. Capitel.

2. Çrîçrîhariçaraṇaṁ || çrîbhagavadgitâ | namo bhagavate vâsudevâya | çrîbhagavadgîtâ ashṭâdaço 'dhyâya saṁskṛita mûlagrantha evaṁ padyaracita bhâshâ-arthasangraha | âhiriṭolâ nivâsi çrîmâdhavacandradhara o çrîmadhusûdanadatta koṁ kalikâtâ. Jñânâñjanayantre yantrita | eï grantha yâhâr prayojana haïveka çobhâ-bâjârer baṭatalây naṁ 142 bhavane pâïven — sana 1248 [= 1841] sâl tâṁ 21 vaiçâkha. — 176 Seiten. Auf jeden Vers folgt die gereimte bengalische Paraphrase.

3. Çrîçrîhariḥ | çrîçrîmahâbhâratokta çrivishṇusahasranâma | kalikâtâ sanskṛitayantre mudritobhût. Sana 1229 sâl (= 1822). 19 Seiten. No. 1—3 sind in 8.

4. Çrîçrîhariḥ çaraṇaṁ | râsapañcâdhyâya çrîçukadevapraṇîta saṁskṛitamûlagrantha evaṁ bhâshây artha | moḥ kalikâtây chàpâ haïla. Sana 1227 sâl (= 1820). — 12. — 2 Seiten bengal. Vorrede und 83 Seiten Text; jedem Verse folgt eine gereimte bengalische Paraphrase. Enthält Bhagav. Pur. X, cap. 29—33. (Nach der Bombayer Ausgabe Bch. 10, fol. 71 v. — fol. 84 v.).

5. Çrîçivanâradasamvâdo — çrîçrîdurgâmâhâtmya — mahâbhâgavatokta bhagavatî gîtâ — pârvatîhimâlayakathopakathana || çakâbdâ 1746 | bângalâ sana 1231 sâl (= 1824). — 69 Seiten in 8. in 5 Capiteln, angeblich aus dem Bhâgavatapurâṇa; jedem Verse folgt die gereimte bengalische Paraphrase.

6. Englischer Titel: Srubboo goo ganmoongoree (d. h., wie aus der Vorrede erhellt, Sarvvajña jñânamañjari), by Nundowcoomar dutto. Dann folgt auf bengalisch: arthât hanumân caritra o kâkacaritra evaṁ sivajñâna o spandanacaritra — kamalasaṁskâre idâniṁ prakâsita çrinandakumâradatta. Sana 1230 bâṁ, 1824 iṁ. Astrologie und Zeichendeuterei. 4 Seiten çûcîpatra, S. 2 u. 3 Vorrede, S. 4—143 Text mit bengalischem Commentar. 8.

7. Jyotiçcandrikâ. Auf dem Titelblatte stehen 6 bengalische Doppelverse, worin der Name des Buchs prastasâracandrikâ angegeben wird. Dann folgt: Kâlikâtâ âḍapuli çrîyut baracandrarâyer dvârây châpâhaïla sana 1231 sâl, iṁ sana 1824. 2 Seiten çûcîpatra, ein Holzschnitt und 80 Seiten Text mit bengal. Commentar. 8.

8. The Sulpsamoodrick punchanggosoondurry and zoutis sumiskirto and bhassah (,) with one plate. Dann der bengal. Titel: Salpasâmûdrika pañcângasundarîḥ grantha, evaṁ jyotisha samiskṛitta evaṁ tâhâr bhâsâ artha — Çrîbna kṛishṇa-mohanadâçena prakâçitaḥ. — Calcutta, printed by Kistnomohun Doss, at the press of S. H. O. M. Number 122 Mirzapoor at Pototollah. — 6 Seiten Liste der Subscribenten, 152 Seiten Text mit bengalischem Commentar, 4 Seiten çûcîpatra. kl. 4.

9. Çrîçrîdurgâçaraṇaṁ. Dâyabhâga o çuddhitatva o çrâddhatatva o prâyaçcittatatva o udvâhatatva saṁskṛita tadbhâshâkartṛika çrîrâmeçvara vandopâdhyâya aḥ — Gopâlapura sana 1232 bâr çata batriça sâl (= 1825) kârttikaçya 25 pañca biṁçati divase samâpta — 600 chayaçata pustaka mâtra. Enthält blos den Dâyabhâga nach einer von der gewöhnlichen (Gildem. 135.

No. 490. 491.) verschiedenen Recension. 2 Seiten Index, 128 Seiten Text mit bengal. Uebersetzung. 8. Ist wahrscheinlich einerlei mit Gildem. No. 492.

10. Dravyaguṇagrantha, von Crinârâyaṇadâsakavirâja. Sana 1233 sâl (= 1826). 20 Seiten alphabet. Register, und 138 Seiten Text und bengal. Uebersetzung. 8. — Das Werk ist ganz ähnlichen Inhalts wie No. 953 in Weber's Catalog.

11. Çaucapâñcâli, von Çrîvaidyanâthadevaçarmma. 79 Seiten in 8. und 3 Seiten Druckfehlerverzeichniss; ohne Titelblatt.

12. Kâmollâsaḥ, 32 Seiten in 8. u. 1 Seite Verzeichniss der Druckfehler; ebenfalls ohne Titelblatt. In 7 Capitel (paṭala) eingetheilt, die mit den Worten schliessen: Iti çrîbrahmatantre kâmollase prathamaḥ etc. paṭalaḥ. — Von No. 11 u. 12 besitze ich auch eine bengalische Uebersetzung.

13. Çrîçrîdurgâ jayati | mahâmuni parâsarakṛita çritir anugato jâtimâlâ granthaḥ | çrîdurgâdâsa vidyâlankâra kṛita saṁskṛitaḥ bhâshây racita haïyâ, idânîṁ çrîmadhusûdana neyogîr anumatyânusâre sîmûlyâr || — Çrîgangâdhara neyogîr diṁ bhava sindhu yantre yantrita haïla | eï pustaka yâhâr darakâra haïveka tini ukta yantrâlaye pâïven | sana 1240 sâl (= 1833). 14 Seiten in 8. Jedem Verse folgt ein bengalischer Commentar. Handelt über die Mischkasten.

14. Çrîvilvamangalakṛita krishṇavishayakaçlokâḥ. 52 Seiten in 8. ohne Titelblatt; 109 Sloken mit gereimter bengal. Version. Nach dem letzten Verse folgt: Iti villamangalagosvâmikṛita çrikṛishṇa stotraṁ samâptaṁ || avasati madhucaṭṭaçreshṭavaṁçâvataṁso hṛidayadhṛitamaheço dhârmmikaḥ çrîmaheçaḥ | tad anumatim upetya çrîlagopâlaçarmmâ vyatanuta haribhaktigranthabhâshâṁ sphuṭârthâṁ || kalikâtâte châpâ haïla || 1224 (= 1817).

15. Jñâna rasa taraṅgiṇî. 76 Seiten in 8., wovon die beiden ersten die bengal. Vorrede, die letzte das Inhaltsverzeichniss enthalten. Ohne Tittelblatt; 272 Sloken mit bengal. Uebersetzung. Am Ende: çakâbdâ 1750 (= 1828). Auszug aus dem Kriyâyogasâraḥ.

16. Çrîçrîdurgâçaraṇaṁ | Çânticataka, çringâratilaka, âdirasa | evaṁ samaskṛita kavitâ o bhâshâte tâhâr artha | bângâli preshe châpâhaïla | moḥ kalikâtâ sana 1224 sâl (= 1817). 98 Seiten in kl. 8. mit bengal. metrischer Paraphrase.

17. Cânakya çlokâḥ, 38 Seiten in kl. 8., ohne Titel, wahrscheinlich aus demselben Jahre wie No. 16; jeder Vers ist von einer gereimten bengal. Uebersetzung begleitet. Ausserdem finden sich noch in demselben Bande folgende bengalische Schriften: Prahlâda caritra; p. 37—70, in Versen; patradikhivâr dhârâ, p. 71—82, in Versen; pañjikâprakaraṇaṁ, p. 83—91, und nâmatâ (Multiplicationstabelle), p. 93—99.

18. Çrîçrîdurgâ jayati || civâvatare çrîçankarâcaryyanijakṛitâ Ânandalaharî | çrîvâmacandra vidyâlankârakṛitas tadîyârthasâdhubbâshâ sangrahaḥ || Kalikâtâr kaluṭolâr samâcâracandrikâyantre mudrita haïla | sana 1231 sâl (= 1824). — 102 Seiten in 8. mit bengalischem Commentar. Gildem. B. S. No. 286.

19. Çrîçrîçivaḥ || mahimnaḥstava || çrîpushpadantakṛita 35 çlokaḥ | çrîyuta gangâdhara bhaṭṭâcâryyakṛita tadîya gauḍabhâshârthaḥ || kalikâtâ kaluṭolây samâcâracandrikâyantre mudrânkita haïla || çakâbdâḥ 1745, sana 1230 sâl

(= 1823). 22 Seiten in 8., mit gereimter bengal. Uebersetzung. Gildem. B. S. No. 289.

20. Çrîçrîrâdhâmâdhavaḥ çaraṇaṁ | îçvara jayadeva gosvâmir kṛita çrigîtagovinda mûlagrantha evaṁ îçvara rasamayadâsakṛita aï granther çloka o sâdhubhâshâ payâre çuddhakariyâ | kalikâtây châpâ haïla çana 1233 çâl (=1826) || ihâr pusbpa mûlya 3 tin ṭâkâ mâtra. — 2 Seiten Inhaltsverzeichniss und 160 Seiten in 8. Text und gereimte bengalische Paraphrase.

21. Das Lustspiel Hâsyârṇava (hier Hâsyannava gedruckt), bengalisch, die Verse (90) auch in Sanskrit; ohne Titelblatt; in Bezug auf Format und Druck wie No. 16 u 17. 116 Seiten. Vgl. Wilson Hindu Theatre III, App. S. 100. Der Verfasser wird in der Einleitung Jagadîçvara genannt.

22. Çrîçrîhariḥ | çrîâdipurushâya namaḥ | utpattisthiti laya, jagater yâya haya, punar janma hare yâra jñâna, anâdi ananta çânta, yâramâyâya jagad bhrânta, smari seï purusha pradhâna || granthanâma âtmatatva kaumudî || çrîçrîkṛishṇa miçra kṛita prabodhacandrodaya nâṭaka, çrîkâçînâtha tarkkapancânana çrîgangâdhara nyâya ratna çrîrâma kinkara çiromaṇi krita sâdhubhâshâ racita tadiyârthasangraha || granther sankhyâ chaya anka, prathamânker nâma vivekodyama, dvitîyânker nâma mahâmohodyoga, tṛitîyânker nâma pâshaṇḍaviḍambana, caturthânger nâma vivekodyoga, pañcamânger nâma vairâgyotpatti, shashṭânger nâma prabodhotpatti, eï granther nâṭyaçastrokta sañjñâçabder artha evaṁ mohavivekâdir laxaṇa tattat çabdârther nirghaṇṭapatre akârâdikrame dṛishṭikayirâ avagata haïvâ | pustaker mûlya 4 mudrâ catushṭaya mâtra | mahendralâl preshe mudrânkita haïla | sana 1229 sâl (=1822). — 189 Seiten in gr. 8. und 5 Seiten çabdârther nirghaṇṭa patra, alphabetisch geordnet. Die Verse in dieser bengalischen Uebersetzung des Prabodhacandrodaya sind auch im Sanskrit mitgetheilt, keine im Prakrit (dasselbe gilt auch von No. 21), und sie folgen derselben Recension wie die calcuttaer Ausgabe.

23. The Wujra Soochi or refutation of the arguments upon which the Brahmanical institution of Caste is founded, by the learned Boodhist Ashwa Ghoshu — also the Tunku, by Soobajee Bapoo, being a reply to the Wujra Soochi. 1839. 8. — Seite 2—4 Vorrede des Herausgebers L. Wilkinson, politischen Agenten zu Bhopaul; S. 5—13 B. H. Hodgson's Uebersetzung der Vajrasûcî. Dann folgt der sehr schön lithographirte Sanskrit-Text, und zwar S. 1—13 die Vajrasûcî und S. 14—60 der Tanka, auch Laghutanka genannt („from its being an abbreviation of a longer work"). Eine neue und genauere Uebersetzung der Vajrasûcî, englisch und bengalisch, von dem Missionär W. Morton erschien zu Calcutta in 8., im J. 1843, und eine tamulische Uebersetzung (mit der gegenüberstehenden englischen von Morton), besorgt von dem Missionär Perceval, Jaffna 1851. 41 Seiten in 8.

24) Viswaguna darsana, or mirror of mundane qualities. Translated from the Sanscrit of Venkatachari into English, with appendixes and explanatory notes. By Caveli Venkata Ramasswami, Pundit. Calcutta, 1825. 4. S. 3—7 Dedication, Vorrede, Index; S. 1—153 Uebersetzung, und S. 1—35 Appendix. Das Werk ist modernen Ursprungs, im Dekhan entstanden und soll dort in besonderem Ansehen stehen.

25. The history of Krishna, translated from the original Samscrita;

tenth part of Shree Bhaugbuth, compiled with a fine plate. Part I. Contains the wonderful exploit of Krishno during his infancy and youth, till the death of Cungsho, the tyrant king of Mothoorah. Calcutta 1821. II und 46 Seiten in 8.

26. Çrîçrîdurgâ çaraṇaṁ || Çâtâtapiya karmmavipâka || arthât çâtâtapa muni kartrika saṁgraha || mahâpâpa evaṁ atipâpa o sâmânyapâpa kâri manushyerdiger janmântare tatpâpacihna ye sakala roga udbhava haya tâhar prâyaçcitta vivaraṇa || tadbhâshârtha || çriyuta râmacandratarkâlaṅkârer dvârâ saṁgraha haïyâ || çripitâmbar sena diṁ sindhuyantre mudrâṅkita haïla || 1236 sâl (=1829). — kl. 8. 8 Seiten Idex und 98 Seiten Text und bengal. Uebersetzung. Der Text bietet viele Lesarten dar, welche von der Ausgabe des Bhavânîcaraṇa abweichen.

27. In einer bengalischen Fibel (çiçubodhak), verfasst von Çrî viçvanâtha tarkavâgîça, (Calc. 1237 sâl, = 1830. kl. 8.) finden sich S. 49—88 die Cânakya çlokâḥ, Sanskrit mit gereimter bengalischer Uebersetzung. Der Text weicht unbedeutend von der Ausgabe No. 17 ab, die Uebersetzung ist dieselbe.

No. 26 und 27 gehören der hiesigen Missionsbibliothek an.

Canterbury, September 1853.

Literarische Notizen.

Hr. Dr. Sprenger schreibt aus Calcutta: „Ich habe hier ein höchst wichtiges persisches Gedicht entdeckt. Es enthält den Roman von Ways und Râmyn, ويس ورامين, welcher eine alte persische Sage zu sein scheint. Die Sprache ist der des Scháhnámah sehr ähnlich, aber der Styl ist weit geschmückter. Daulatscháh schreibt das Gedicht dem Nizámy zu, es erhellt aber aus dem Gedichte selbst und aus Mohammad Awfy's Nachricht darüber, dass es von Fachraddyn As'ad Gorgány ist. Wichtig ist, dass es ausser allem Zweifel eine Uebersetzung aus dem Pahlawy ist und dass sich das Original geschrieben vorfand. — Der Dichter sagt, dass es so obsolet geworden sey, dass es die Leute nicht mehr verstehen könnten und dass er es daher in die neuere Sprache eingekleidet habe.“ [1])

---

1) Ḥâǵi Ḥalfa u. d. Art. ويس ورامن — dem letzten seines encyklopädisch-bibliographischen Wörterbuchs nach Flügel's Ausgabe — sagt: „Weis und Râmin. Ihre Geschichte ereignete sich in der Zeit der Asǵanier (Arsaciden). In Verse ist sie gebracht worden 1) von Faḫr-ad-din As'ad al-Astarâbâdî (Faḫrî al-Gorgânî), gest. im J. ..., d. h. Faḫraddin al-Gorgânî, dem Zeitgenossen und Obergesandtschafter (Seferbeg) des Selǵukiden Togrul, zu dessen stylistischen Kunstwerken nach dem Guzide Weis und Râmin [so hier: رامين] gehört; 2) von Niẓâmi al-'Arûḍî as-Samarḳandî, d. h. Niẓâm-ad-din Aḥmad bin 'Alî, gest. im J. ... Eine türkische Uebersetzung davon lieferte Maḥmûd bin 'Uṯmân, gewöhnlich Lâmi'i genannt, gest. im J. d. H. 938." — S. *Hammer-Purgstall*, Gesch. d. schönen Redekünste Persiens, S. 42, Nr. 42, wo indessen unter Dschordschani nur dessen Bearbeitung der Liebesgeschichte von Wamik und Afra erwähnt wird, und S. 104, Nr. 31:

Aus Russland. Von Böhtlingk's Sanskrit-Wörterbuch wird bald das 3. Heft ausgegeben werden, welches bis ava geht. — Als Supplement zu Castrèn's finnischer Mythologie erschien Böcler's Beschreibung der heidnischen Gebräuche der Esthen, verfasst 1641. — Der zweite Theil von Castrèn's Reisen wird im Sommer erscheinen, und gegen Ende des Jahres seine Ethnographischen Vorlesungen; von seiner Samojedischen Grammatik sind bereits 16 Bogen gedruckt. Eine Biographie Castrèn's bearbeitet Sjögrèn. — Von den finnischen Sagen erscheint im Sommer der 2te Theil. — Dr. Borg, Verfasser eines sehr brauchbaren schwedisch-finnischen Wörterbuchs, ist zum ausserordentl. Lector der finnischen Sprache und Dr. Topelius, durch eine Sammlung finnischer Runen bekannt, zum auss. Prof. der finnischen Geschichte an der Universität Helsingfors ernannt worden.

„[Nifami] Arufi besang die Geschichte von Weisse und Ramin, die heute ebensowohl als die noch ältere Anssari's und Dschordschani's, Wamik und Afra, verloren zu seyn scheint.“ Von Wamik und Afra [وامق وعذرا] heisst es unter Anssari ebendaselbst, S. 46: „Während dieser (Firdusi) am Schahname arbeitete, — besang dieser (Anssari) die Liebesgeschichte Wamik und Afra's, das älteste persische romantische Gedicht, das schon früher noch unter den Sassaniden in Pehlewi erschienen war, das aber seitdem verloren gegangen“ u. s. w. Später gab Hammer-Purgstall nach Lâmi'i's türkischer Bearbeitung von Wamik und Afra heraus: „Wamik und Afra, d. i. der Glühende und die Blühende. Das älteste persische romantische Gedicht, im Fünftelsaft abgezogen von Jos. v. Hammer. Wien, 1833.“ In der Vorrede heisst es, dass es dem Ritter v. Raab gelungen sei, die türkische Bearbeitung Lamii's, so wie dessen sechs andere romantische Gedichte: Weise u. Ramin, Absal u. Selman, der Schmetterling u. die Kerze, der Schlägel u. der Ball, das Buch Ferhad's und die sieben Schönheiten, aufzufinden, welche alle sich nun auf der Wiener Hofbibliothek vereint befinden. — In der Geschichte der osmanischen Dichtkunst, 2. Bd., S. 21, unter Lamii: „Diesem Dutzend prosaischer Werke schliesst sich ein Dutzend poetischer an, nämlich vier grosse romantische Gedichte: Wamik und Afra, Weise und Ramin, dann Absal und Selman, und Ferhadname, alle vier Stoffe der ältesten persischen oder vielleicht indischen Romanenwelt, denn der Name Wamik [arab. وامق, Liebender] scheint nur eine Verstümmelung des indischen grossen Dichters Valmiki, so wie Weise eine Verstümmelung des weisen Vyasa zu seyn“ u. s. w. Fl.

Bibliographische Anzeigen.

H. Kellgren: *Om Affix-Pronomen i Arabiskan, Persiskan och Turkiskan; samt Ibn-Måliks Låmiya med text-kritik och anmärkningar.* Helsingfors, 1854. 8. III. 76 u. 74 SS.

Herr Dr. Kellgren hat bereits früher durch gelungene Uebersetzungen und kleinere Abhandlungen seine gründlichen Kenntnisse des Altindischen bewährt; hier begegnen wir ihm zum erstenmale auf einem neuen Felde: es sind die Hauptsprachen Vorderasiens, die der gelehrte Verfasser in den Kreis seiner Forschungen gezogen hat. Die vorliegende Schrift zerfällt in zwei ganz von einander getrennte Abhandlungen. Die erste beleuchtet die Pronomina affixa in der arabischen, persischen und türkischen Sprache. In dem ersten Abschnitte, der die affigirten Pronomina im Arabischen behandelt, hat Hr. K. das reiche Material, das Sacy und Ewald in ihren Grammatiken ihm lieferten, lichtvoll geordnet und mit klarem Geiste den Stoff durchdringend dargestellt. Die tüchtigen Vorarbeiten aber und die Einfachheit des Gegenstandes geben gerade hier natürlicherweise keine reiche Ausbeute des Neuen. Dagegen bietet der Abschnitt über das Türkische eine Fülle der feinsten Bemerkungen über den eigenthümlichen Gebrauch dieses Redetheils. Dem Verf. kam hierbei sehr zu Statten, dass er selbst als Finnländer von Jugend auf gewöhnt ist, einer Sprache sich zu bedienen, in der die Pronomina suffixa einen so wesentlichen Theil des grammatisch-richtigen Ausdrucks bilden, und dass er ferner in Petersburg lebend den Vortheil hatte, Tataren aus allen Gegenden in denen das weit verbreitete Idiom des Türkischen mit mannigfachen dialektischen Abweichungen gesprochen wird, persönlich um Rath fragen zu können. Dadurch ist hier überall eine Sicherheit der Beispiele und ihrer genauen Auffassung geboten, die eine wesentliche Bereicherung der Syntax des Türkischen zu nennen ist. Hr. K. benutzte dabei auch die Grammatik des Fuad Effendi, die erste von einem Türken in türkischer Sprache verfasste Grammatik des Türkischen, die nach den im Anhange mitgetheilten Proben zu schliessen eine sehr verständige Arbeit zu sein scheint. Wie wir hören, beabsichtigt Hr. K. eine vollständige deutsche Uebersetzung dieser Grammatik zu publiciren.

In dem Abschnitte über die Pronomina suffixa des Persischen hat der Verf. den Stoff ebenfalls klar zusammengestellt, und einzelne Bemerkungen (p. 31 u. 34) über das syntaktische Verhältniss dieser Pronominalformen sind entschieden als Berichtigungen der Grammatik zu betrachten. Doch bin ich hier mit dem Verf. im Ganzen am wenigsten einverstanden. Der beschränkte Raum erlaubt mir keine ausführlichere Widerlegung der aufgestellten Theorieen, ich will nur mit wenigen Worten meine der allgemein geltenden Ansicht entgegenstehende hier mittheilen. Hr. K. selbst fühlt richtig das Ungenügende und Schwankende in der bisherigen Auffassung dieses Redetheils, er weist es mit Recht als etwas dem Indogermanischen Sprachstamme Fremdartiges zurück, er ist ganz nahe daran das Richtig zu finden (p. 31 u. 37), weicht aber immer wieder vor seinen eigenen Consequenzen zurück. Seine Ansicht resumirt er in folgenden Worten (p. 72): „im Persischen sind die Pronomina suffixa weder ursprünglich, noch unentbehrlich, sie haben sich nach dem Muster der Semitischen Sprachen als eine kürzere Art die Casus obliqui der freistehenden Pronomina auszudrücken ausgebildet. Sie bilden im Persischen eine bloss zufällige Formation in der Sprache." Und an einer andern Stelle (p. 30) wird behauptet, „dass sich diese Formen der Pronomina suffixa erst nach der Bekanntschaft mit dem Semitismus gebildet hätten." Dieser Behauptung kann ich mich nicht anschliessen. Denn erstens finden wir diese sogenannten Pronomina suffixa bereits im Zend und im Altpersischen der Keilinschriften (vgl. mein Glossar zum Vendidâd-sâde s. v. azem, tûm und ha, und die dort verzeichneten Formen im Index, und Benfey's Persische Keilinschriften, Glossar s. v. adam, thuwam und sha), und zweitens treffen wir sie in einem der iranischen Sprachfamilie sehr nahestehenden Idiome, nämlich dem Armenischen, in welchem diese Pronomina suffixa in sehr eigenthümlicher Weise angewendet werden. Beide Fälle schliessen durch Zeit und Raum semitischen Einfluss aus.

Wir sind von dem Studium des Arabischen zum Persischen übergegangen; die scheinbare syntaktische und die gänzliche orthographische Uebereinstimmung der sogenannten Pronomina suffixa im Persischen mit denen des Arabischen hat die Grammatiker verleitet, beide Spracherscheinungen zu identificiren, sie sind aber historisch und syntaktisch betrachtet total verschieden. Mit Einem Worte, es giebt im Persischen gar keine Pronomina suffixa im Sinne der Semitischen und Ural-Altaischen Sprachen, sondern was wir so in der Grammatik nennen sind nichts weiter als abgekürzte Formen der vollen Pronomina, die sich als tonlose Wörter enklitisch an die vorhergehenden Wörter anlehnen, gerade wie dies im Sanskrit der Fall ist in den Formen mâ, tvâ, mê, tê, nas, vas, nau, vâm, asya u. s. w., und ebenso im Zend mê, tê, schê, und im Altpersischen maiy, taiy, schaiy. Ob man diese enklitischen Formen von den Wörtern, an die sie sich anlehnen, getrennt schreibt, wie dies regelmässig im Sanskrit in den Pada-Handschriften (z. B. mê u. s. w.) geschieht, und auch im Zend vorherrscht, oder ob man sie mit dem Worte zusammenschreibt, wie meistens im Altpersischen und fast durchgehends im Neupersischen, ändert an dem innern Wesen dieser Wörter nichts. Neben den vollen Formen der Pronomina gehen im Neupersischen die enklitischen gleichberechtigt nebenher, und zwischen پدر من und پدرم ist jetzt wohl kein Unterschied mehr herauszufühlen, ursprünglich aber bezeichnete die erstere Form gewiss das possessive Verhältniss noch energischer als die zweite: „der Vater welcher mein (ist)", und „mein Vater". Da diese enklitischen Wörter aber ebenso selbständig sind, wie die vollen Formen, so erklärt sich auch dadurch ihre freie Stellung im Satze, die vom semitischen Standpunkte aus betrachtet ganz unmöglich wäre, und in dieser freieren Stellung stimmen wieder die drei älteren Sprachen, Sanskrit, Zend und Altpersisch, mit dem Neupersischen überein. — Aber auch formell fallen die Neupersischen Pronomina enclitica, wenigstens im Singular, ganz mit den alten Formen der nächstverwandten Sprachen zusammen. In Prosa kennt man freilich nur die Form دِلَم دِلَت دِلَش, in der Poesie findet man aber auch دِلْم دِلْت دِلْش; diese Formen müssen wir aussprechen: dil-mĕ, dil-tĕ, dil-schĕ (ich glaube nämlich man bezeichnet den sogenannten metrischen Hülfsvocal am besten durch ein flüchtiges ĕ, da es kein reines i ist). Hier haben wir entschieden die alten Formen des Zend mê, tê, schê, und des Altpersischen maiy, taiy, schaiy, nur in abgeblasster Gestalt. Das metrische ĕ ist im Allgemeinen für die persische Formenlehre noch zu wenig berücksichtigt worden, es ist oft der letzte verklingende Ueberrest ursprünglich voller Vocalendungen. — Die Plurale dieser Pronomina enclitica sind nach den Gesetzen der neupersischen Sprache in regelmässigster Weise aus dem Singular gebildet, und werden bekanntlich entweder unmittelbar an die Wörter angefügt, z. B. دِلْمان u. s. w. oder vermittelst eines Bindevocals. Gewöhnlich nimmt man als Bindevocal i an, also دِلِمان u. s. w., doch hat Hr. K. ganz Recht, wenn er behauptet (p. 29), dass dies kein i isâfet sei. Man darf diese Formen also nicht auflösen dil-i mân, sondern dil-ĭmân. Dass dies i eben nur ein Bindevocal von etwas unbestimmtem Klange sei, sagt Kazem Beg ausdrücklich (l. l.), und damit stimmt auch Sûdi in seinem Commentare zum Hâfis überein (Bd. I. p. 13), welcher lehrt, dass man diese Pluralformen mit Fatḥa an das vorhergehende Wort anschliessen, also دِلَمان schreiben müsse. Nimmt man diese Schreibweise als richtig an, so ist die Uebereinstimmung zwischen dem Singular und Plural der enklitischen Pronomina noch grösser ام und امان, ات und اتان, اش und اشان.

Nur noch eine Behauptung des Hrn. K. giebt uns Stoff zu einer Bemerkung. Hr. Vullers giebt in seiner Grammatik (§. 169) die Regel an, dass اش auch bisweilen als Subject des Satzes statt des gewöhnlicheren او [1]) gebraucht werde. Hr. K. bestreitet dies, aber trotz der gewichtigen Auctorität des Hrn. Kazem Beg, die er für sich anführt, und der es geradezu für unmöglich erklärt, dass es je so gebraucht worden sei und gebraucht werden könne, muss ich der Ansicht des Hrn. Vullers doch beistimmen. Der Grund ist der folgende. In dem Neupersischen اش sind die Trümmer von zwei ganz verschiedenen älteren Pronominalformen erhalten. Zuerst ist اش eine Enclitica für die obliquen Casus des Pronomen demonstrativum, die im Sanskrit asya, im Zend schê, im Altpersischen schaiy lautet, und ebenfalls enklitisch gebraucht wird. Zweitens ist اش aber auch die verflüchtigte Aussprache des Nominativs des Pronomen demonstrativum, das mit dem Sanskrit êscha, dem Zend aêscha (d. i. êscha) identisch ist, und im Altpersischen in der verwandten Form aita (d. i. êta) sich findet. In den drei von Hrn.

---

1) Dieses Pronomen, mit dessen Etymologie Hr. K. sich p. 26 beschäftigt, ist sicher das Altpersische huwa oder hû (vgl. Benfey l. l. s. v. hawa).

Vullers angeführten Beispielen sucht Hr. K. (p. 34 ff.) das اَشْ überall als Casus obliquus zu erklären, doch halte ich diese Erklärungen für sehr gezwungen.

Was schliesslich über das Pronomen relativum كه gesagt wird, ist sehr treffend, nur müssen wir auch hier den von Hrn. K. angenommenen Einfluss des Arabischen zurückweisen. Diese Spracherscheinung erklärt sich einfach aus der Nothwendigkeit, nachdem die Neupersische Sprache die vollen bestimmten grammatischen Formen eingebüsst hatte, die Deutlichkeit der Rede durch allerlei Hülfsmittel zu unterstützen. Diese zu dem indeclinabel gewordenen Pronomen relativum hinzugefügten Pronomina enclitica sind gewissermassen Fingerzeige, um sich auf dem Wege des Verständnisses nicht zu verirren. Zu ebendemselben Zwecke dient z. B. auch را. Das Neupersische hat nämlich im Gegensatze zu den meisten analytischen Sprachen eine grosse Freiheit in der Wortstellung sich bewahrt; während z. B. das Französische den durch keine Endung charakterisirten Accusativ nur durch die bestimmte unwandelbare Stellung im Satze als solchen erkennen lässt, bewahrt die Neupersische Sprache dem Accusativ seine frühere freiere Stellung, muss aber deshalb zu einer Partikel, Postposition, oder wie man das verdunkelte را im Neupersischen nennen will, greifen, um den logischen Werth des Wortes im Satze über jede Unsicherheit zu erheben.

Die zweite Abhandlung ist eine sehr sorgfältige, mit Anmerkungen versehene Uebersetzung von Ibn Mâlik's Lâmiyat al-afʿâl, einem Lehrgedichte über die Formen der arabischen Verba und der davon abgeleiteten Nomina, dem Seitenstück zu desselben Grammatikers Alfiya. Der sel. Professor Wallin hatte im J. 1851 den arabischen Text dieses Gedichtes mit einem Commentare von Badraddîn, dem Sohne des Verfassers, zunächst für seine Vorlesungen an der Universität Helsingfors autographirt herausgegeben; aber auf ein, und noch dazu nicht eben gutes Manuscript beschränkt, war er, trotz seiner Vertrautheit mit der Sprache, doch an nicht wenigen Stellen gescheitert. Diese Anstösse hat nun Dr. Kellgren in seinen Anmerkungen, grösstentheils nach einer ungleich bessern Handschrift im Besitze des Scheich Tantawy, vollständig beseitigt, und wir freuen uns ankündigen zu können, dass das auf diese Weise Gewonnene, mit weitern Zusätzen vermehrt, in eine neue Textausgabe der Lâmiya mit deutscher Uebersetzung und Anmerkungen von Dr. Kellgren übergeben wird.

Brockhaus.

Das arabische hohe Lied der Liebe, d. i. *Ibnol Fáridh's Táïyet in Text und Uebersetzung zum ersten Male zur ersten Säcular-Feier der k. k. orientalischen Akademie herausgegeben von Hammer-Purgstall.* Wien. Aus der k. k. Hof- u. Staatsdruckerei, 1854. ٥٣, XXIV und 70 SS. gr. 4. (n. 5 Rthlr.)

Die grössere der beiden auf t gereimten Kasiden Ibn al-Fâriḍ's, — eine Schilderung der sufischen Gedanken- und Gefühlswelt in esoterischer, mit Wort- und Sinnfiguren reich verzierter Kunstsprache, — verdiente, als die nach Ausdehnung und Inhalt grösste mystische Dichtung der Araber, die prachtvolle Ausstattung in welcher sie hier erscheint. Angekündigt durch zwei arabische Titel in Gold- und Farbendruck und überragt von einem gleichartigen Frontispiz, entfaltet der Text in Goldrahmen auf milchweissem Cartonpapier die ganze schwunghafte Zierlichkeit einer neuen Ta'likschrift, der bis jetzt weder Osten noch Westen eine gleich vollkommene an die Seite zu stellen haben. Ohne Zweifel wird es auch noch gelingen, durch erweiterte Anwendung von Verbindungslinien die zur Herstellung regelrechter morgenländischer Verscolumnen nöthige Gleichheit der Zeilen ohne Nachtheil für die Correctheit und Schönheit der Schrift zu erreichen. Der Text mit seinen Vocalen ist unmittelbar einer dem Herausgeber angehörigen Handschrift von Dâûd al-Ḳaiṣari's Commentare zur Tâïya entnommen und bedarf nur noch einiger Nachhülfe. Ausserdem sind mehrere Wiener und eine Leydener Handschrift benutzt, ferner der im J. d. H. 1257 (1841) zu Haleb lithographirte Diwan des Dichters. Die Vorrede bespricht, nach einer Ueberschau der Gipfelpunkte der islamischen Mystik, Gehalt, Literatur und Gedankengang der Tâïya. Die Uebersetzung giebt jeden der 761 Doppelverse des Gedichtes durch zwei mit einander theils männlich theils weiblich gereimte jambische Senarien wieder; ihr folgen numerirte Wort- und Sachanmerkungen, grösstentheils nach den Commentaren Dâûd al-Ḳaiṣari's und al-Ḳâšâni's. Wir sehen in dieser annotirten Uebersetzung allerdings nur eine erste Morgenröthe, eben hinreichend, die allgemeinen Umrisse und grössern Massen des räthselvollen mystischen Doms zu unterscheiden, während gar vieles Einzelne in schwankender Dämmerung oder völligem Dunkel bleibt; doch wem der Himmel noch im neunten Jahrzehend eines ruhmgekrönten Lebens die Kraft verleiht, wie ein jugendlicher Alexander in das „Land der Finsterniss" nach der „Lebensquelle" vorzudringen, dem gebührt für sein bahnbrechendes Wagniss, unbeschadet der Rechte der Wissenschaft, achtungsvolle Anerkennung, wenn ihn auch Chiḍr nicht zum Ziele geleitet haben sollte.

Mit demselben Ta'liḳ wird nun auf Kosten der österreichischen Akademie der Wissenschaften, neben der längst vorbereiteten Uebersetzung Hammer-Purgstall's, seine Textausgabe der Geschichte Waṣṣâf's gedruckt, — vor der Hand zwar nur der erste von den fünf Theilen des Werkes, aber Regierungen, gelehrte Körperschaften, grössere Bibliotheken und wohlhabende Freunde der Wissenschaft werden die Akademie — das hoffen wir zuversichtlich — in den Stand setzen, ihren neuerdings darüber gefassten Beschluss weiterhin auf die folgenden Theile auszudehnen und das begonnene grosse Werk zu vollenden. Die hohe Wichtigkeit dieses redegewaltigen Geschichtschreibers der iranischen Ćingischaniden ist nicht nur durch das einstimmige Urtheil des Morgenlandes selbst bezeugt, sondern auch durch die Notizen und Auszüge, welche die Geschichte der schönen Redekünste Persiens, die des osmanischen Reichs und der Ilchane, so wie die Vorrede zu der Länderverwaltung unter dem Chalifate von und aus ihm geliefert haben, längst vollständig bewiesen.

Fleischer.

Die Rhetorik der Araber nach den wichtigsten Quellen dargestellt und mit angefügten Textauszügen nebst einem literaturgeschichtlichen Anhange versehen von Dr. A. F. Mehren, Lector [nun ordentl. Prof.] ***der semitischen Sprachen an der Universität zu Kopenhagen. Unter der Autorität der D. M. G. gedruckt.*** Kopenhagen, O. Schwarz. — Wien. Aus der k. k. Hof- u. Staatsdruckerei. 1853. ١٤., VIII und 303 SS. gr. 8. (n. 4⅔ Rt)

Der arabische Theil giebt die Einleitung (maḳaddima), die Darstellungs- und Tropenlehre (ʿilm al-bajân und ʿilm al-badîʿ) und die Schlussabhandlung (ḫâtima) von Ǵalâladdîn Muḥammad al-Ḳazwînî's Talḫîṣ al-miftâḥ, mit untergelegten Anmerkungen aus dem Muṭawwal und Muḫtaṣar; dazu die entsprechenden Stücke aus Sujûṭî's ʿUḳûd al-ǵumân, einer mit Zusätzen versehenen Versification des Talḫîṣ. Der deutsche Theil enthält: 1) Eine Einleitung über die Entstehung und Ausbildung, die wichtigsten Quellenwerke und die bisherigen europäischen Bearbeitungen der arabischen Rhetorik. Zu den letzten ist in neuerer Zeit hinzugekommen: Prof. *Freytag's* Darstellung der Tropenlehre nach dem Muḫtaṣar, als Anhang des 2. Th. seiner Ausgabe von Ibn ʿArabšâh's Fâkihat al-ḫulafâ, Bonn 1852, S. 150—169. 2) a. Begriff und Eintheilung der Rhetorik bei den Arabern. b. Darstellungslehre. c. Tropenlehre; darin auch der Inhalt der vorerwähnten ḫâtima über Plagiate, Entlehnungen und Aehnliches, ferner über die Verschönerungsformen des Eingangs, des Uebergangs und des Schlusses. 3) Erläuternde Anmerkungen zu den arabischen Textauszügen. Angehängt sind: ein nach dem Reimbuchstaben geordnetes Verzeichniss der citirten Verse, ein alphabetisches Wort- und Sachregister, ein Namenregister der erwähnten Dichter und andern Personen mit biographischen und literargeschichtlichen Notizen; endlich Nachträge und Verbesserungen. — Die Lehre von der Correctheit und Angemessenheit des Ausdrucks, welche unter dem Namen ʿilm al-maʿânî den ersten Theil der Rhetorik bildet, hat der Vf. für jetzt nur im Vorbeigehn berührt; eine Nachlieferung derselben lässt er hoffen, wenn er von Fachgenossen dazu aufgemuntert werde und der Absatz des vorliegenden Werkes die Herstellungskosten decke. Das Verhältniss, in welches mich ein ehrendes Vertrauen zu diesem Buche gebracht hat, verhindert mich zwar nicht, befähigt mich vielmehr vorzugsweise, die darin noch zurückgebliebenen Mängel einzusehen und anzuerkennen; aber das Ganze ist von Haus aus tüchtig und gewissenhaft gearbeitet und bringt uns um ein Bedeutendes weiter; insofern in dieser aus voller Ueberzeugung gegebenen Erklärung eine den Absatz fördernde Empfehlung des Buches und eine Aufmunterung des Vfs. zur Vollendung seiner Aufgabe liegen kann, will ich beides, Empfehlung und Aufmunterung, hiermit auf das bestimmteste ausgesprochen haben. Fleischer.

Libri arabici فاكهة الخلفاء ومفاكهة الظرفاء *s. Fructus imperatorum et jocatio ingeniosorum auctore Ahmede filio Mohammedis cognominato Ebn-Arabschah primum e codd. editi et adnott. crit. instructi a G. G. Freytag pars posterior, continens locorum difficiliorum explicationem. indices latinos arabicosque nec non de ornamentis orationis adnotata.* Bonnae, typis regiis arabicis. 1852. II u. 183 SS. gr. 4. (n. n. 2 Rthlr. 26⅔ ngr.)

Als Hr. Prof. Dr. Freytag im J. 1832 den Text von Ibn 'Arabšâh's Fâkihat al-ḫulafâ mit einer reichhaltigen Vorrede, kritischen Anmerkungen und Berichtigungen als pars prior herausgab, hatte er für die pars posterior eine lateinische Uebersetzung mit Wort- und Sachanmerkungen u. s. w. bestimmt. Der ungenügende Absatz des ersten Theils und die Vereitelung der Hoffnung auf anderweitige materielle Unterstützung bewogen ihn aber, den Inhalt des zweiten Theiles im Wesentlichen auf die von S. 1 bis 149 fortlaufenden erläuternden und berichtigenden Anmerkungen zu beschränken. Diesen sind jedoch beigegeben: ein Abriss der Tropenlehre nach Ḳazwînî's Talḫîṣ al-miftâḥ mit Beispielen aus der Fâkihat al-ḫulafâ; weitere Berichtigungen des arab. Textes mit einigen andern Bemerkungen dazu; ein lat. Index der in dem Texte und den Anmerkungen vorkommenden Orte, Personen und Realien; ein arab. Index der in den Anmerkungen behandelten Wörter. Wir wünschen mit dem Vf. von ganzem Herzen, dass die hier gebotene Erleichterung des Verständnisses dem höchst lehrreichen und anziehenden Buche mehr Käufer und Leser zuführen möge. Mit virtuosenartiger Gewandtheit bewegt sich die Reimprosa dieses Königsspiegels in dem Musivstyle der Spätern, gleich weit entfernt von der classischen Sprachreinheit und Formenstrenge eines Ḥarîrî, wie von der kunstlos nüchternen Erzählungsweise in Kalîla wa-Dimna oder dem nachlässig anmuthigen Fabuliren Scheherzâde's. Es ist als ob die Polytropie und Polyglottie des Schriftstellers, dem ein wechselvolles Leben neben seiner Muttersprache die *persische*, mogolische und türkische bis zur Meisterschaft angebildet hatte, sich in der Fülle und Mannigfaltigkeit seines Gedanken- und Redeflusses abspiegelten. Dabei gebraucht er unbedenklich die aus den genannten Sprachen entlehnten Wörter des Arabischen seiner Zeit (erste Hälfte des 15. Jahrh. n. Chr.), und einige derselben gehören zu den ungelöst gebliebenen Schwierigkeiten, welche Hr. Prof. Freytag nach der Vorrede „aut doctioribus, aut quibus ad libros facilior aditus est, aut iis quos casus quidam ad librorum locos rebus explicandis inservientes ducet" zur Erklärung überlässt. Er gesteht auch an nicht wenigen einzelnen Stellen, dass er das und jenes nicht wisse, nicht verstehe, hingestellt seyn lasse u. dgl. So achtungs- und nachahmungswerth nun auch diese Aufrichtigkeit ist, so bedauern wir doch der Sache wegen, dass der gelehrte Vf., jenen Schwierigkeiten gegenüber, sich etwas zu sehr auf seine eigenen Kräfte und die ihm unmittelbar zugänglichen Hülfsmittel beschränkt, besonders zur Erklärung der neuern und Fremdwörter die Werke *Quatremère's*, namentlich die Histoire des Mongols und Histoire des Sultans Mamlouks, nicht benutzt hat. Ausser Bestätigung und tieferer Begründung einiger eigenen Angaben würde er dort noch mehr Antworten auf ungelöste Fragen und Berichtigungen aufgestellter Erklärungen gefunden haben, z. B. in Bezug auf حَرْفُوش, Pl. حَرَافِيش S. 34 d. Anm., Proletarier, Mensch von der niedrigsten Volksklasse, Hist. des S. M. I, 2, S. 195—197; طُلْب, Pl. أَطْلَاب S. 101, Bataillon, ebend. I. 1, S. 34 u. 35, I, 2, S. 271 u. 272;

حامل القبّة والطير S. 126, Träger des Sonnenschirms mit dem goldenen Vogel (des Zeichens der höchsten Gewalt), ebend. I. 1, S. 134 u. 135; موقّع الدراج S. 127, Ausfertiger der Rollen, öffentlichen Register, ebend. I, 1, S. 176, I, 2, S. 55, II, 2, S. 221; جُوك S. 141, Kniebeugung als Zeichen der Verehrung, Hist. des Mongols, S. 322 u. 323, Hist. des S. M. I, 2, S. 109 (vgl. das türk. چوكمك; danach ist auch der betreffende Artikel in des Vfs. arab. Wb. ganz umzuarbeiten). Die wahre Bedeutung von تعديل الاركان S. 135, die rechte Haltung der Haupttheile des Körpers beim kanonischen Gebet, hätte er aus Caspari's Enchir. Stud. S. ٣٥, Z. 14 m. d. Anm., die von حِرْش, Pl. حُرُوش S. 3, Wald, Gehölz, aus Bocthor's Dict. franç.-arabe unter Bois und Forêt, schöpfen können. Die rein persisch-arabischen Worte بزرقك وسالوسك وطامّتك وناموسك S. 57, „cum caecitate et salute tua, judicio extremo et lege tua" (سالوس soll „sine dubio" das lat. *salus* seyn), bedeuten: mit deiner Heuchelei und Betrügerei, deiner Arglist (wie sonst داهية) und Verschlagenheit. Und so Mehreres. Auch in grammatischer Hinsicht genügt uns das Gegebene nicht ganz; wir stossen auf Erklärungen, die wir mit unsern Begriffen von syntaktischer Möglichkeit durchaus nicht zu vereinigen wissen. In Hinsicht auf Prosodie ist die nun wohl endlich erwiesene Wahrheit, dass das Verbindungs-Alif auch nach dem Artikel in der Regel bleibt was es ist, hier immer noch nicht anerkannt: in den ganz richtig gemessenen Versen S. ٦٤ Z. 7 und S. ٢٣٧ Z. 10 sollen صابونُ الاستغفار und بالاستسقاء nur durch eine metrische Licenz bĭ-listiskâï und ṣâbûnŭ-listiġfâri scandirt werden; zu dem letzteren Verse ist sogar bemerkt: „metrum mancum est, ut, quomodo versus legatur, difficile dictu sit" [1]). Auch eine Nachlese von Textberichtigungen liesse sich noch halten.

---

1) Herr Dr. *Arnold* erhebt in der Vorrede seiner arab. Chrestomathie, S. XXVIII Anm. **), unnöthigerweise einen neuen Zweifel gegen das übrigens von ihm selbst anerkannte أَلاِسْمُ ă-lismu u. dgl. Dass die spätere Sprache das Verbindungs-Alif der frühern verhärtet hat und diese Verderbniss auch in Handschriften und Drucke (so noch in die letzte Bulaker Ausgabe des Ḥarîrî) übergegangen ist, leugnet ja niemand. Das بِئْسَ ٱلْاِسْمُ unserer Koranausgaben, Sur. 49 V. 11, hätte Hr. Dr. A. auch aus dem Kasaner Koran von 1809 u. s. w. nachweisen können, ohne dass die Sache dadurch um ein Haar anders würde. Das Richtige bleibt bi'să-lismu, und diese Aussprache drückt der im J. d. H. 1258 zu Teheran lithographirte Koran und ein mir angehöriges Ms. durch das in meinen Baiḍâwî aufgenommene بِئْسَ لِاسْمُ

Doch wir verlieren uns in Einzelheiten und weichen dadurch von unserer eigenen Regel ab. Wir würden uns auch diese Ausnahme nicht gestattet haben, hätten wir es über uns gewinnen können, das oben ausgesprochene Urtheil einem Manne wie Hr. Prof. Freytag gegenüber ganz unbelegt und die dabei gegebene Veranlassung zu nachdrücklicher Empfehlung des Studiums von Quatremère's Meisterwerken unbenutzt zu lassen. Fleischer.

كتاب فى الجبر والمقابلة وهو المعروف بالفخرى للشيخ العلامة ابى بكر محمد بن الحسن الكرخى

Extrait du Fakhri, traité d'algèbre par Aboû Bekr Mohammed ben Alhaçan Alkarkhi, précédé d'un mémoire sur l'algèbre indéterminée chez les Arabes, par F. Woepcke. Paris. Imprimé à l'imprimerie impériale. 1853. VIII u. 152 SS. Lex.-8.

Der durch die Bearbeitung der Algebra des Omar Alkhayyâmi (Ztschr. Bd. VI, S. 299) rühmlichst bekannte Verfasser liefert uns in diesem Werke bereits eine neue Frucht seiner Studien über die Algebra der Araber. Wir können uns zu dieser neuen Arbeit um so mehr Glück wünschen, da sie

---

oder, wie ich mit Waṣla geschrieben habe, بِئْسَ لِٱسْمُ aus, — also kein Druckfehler, wie Hr. Dr. A. meint. Ob man übrigens zwei, ein oder kein Waṣla setzt, ist an und für sich gleichgültig, und jedenfalls die von Hrn. Dr. A. aufgestellte Regel, nur آلْاِمْرَأَةُ, nicht أَلِامْرَأَةُ zu schreiben, eine willkürliche Abstraction. So steht z. B. in der trefflichen Leydener Hdschr. von Ibn Duraid's Kitâb aliśtiḳâḳ (Cod. 362) S. 3 Z. 19 gross und deutlich: هَذَا أَوَّلُ كِتَابِ آلِاشْتِقَاقِ. — Eine mit dieser Materie zusammenhängende prosodische Eigenthümlichkeit ist, so viel ich weiss, bisher noch nicht hervorgehoben und in das rechte Licht gestellt worden Dass der lange Ausgangsvocal eines Wortes, wenn er durch Synaloephe mit dem *'l* des folgenden Artikels eine zusammengesetzte Sylbe bildet, in der Schrift bleibt, in der Aussprache aber verkürzt wird, so wie sich ein Diphthong in demselben Falle in zwei kurze Vocale auflöst, bedarf keines Nachweises mehr. Aber jene Verkürzung des an und für sich langen Endvocals behauptet sich auch da, wo das *'l* des Artikels vor einem zweiten Verbindungs-Alif nicht mehr die vorhergehende Sylbe schliesst, sondern die folgende anfängt, so dass also hier, gegen den alten Kanon, die Ursache — die zusammengesetzte Sylbe —, nicht aber zugleich die Wirkung — die Verkürzung des Vocals — wegfällt. So sind فِى und فَا in den Versen 179, 350, 414, 428, 747 u. 974 der Alfijja nach de Sacy's Ausgabe bei solchem Sylbenverhältnisse als فِ und فَ gemessen. De Sacy freilich schreibt in der Anmerkung zu V. 974 diese Verkürzung auf Rechnung einer „licence remarquable", aber eben nur in Folge jenes Grundirrthums, wonach das *'l* des Artikels die Zauberkraft haben soll, ein darauf folgendes Verbindungs-Alif in ein Trennungs-Alif zu verwandeln.

Gegenstände aus der mathematischen Literatur der Araber behandelt, die, wie der Verfasser nachweist, vor ihm von den Orientalisten kaum erörtert, geschweige denn erschöpft worden sind. Die Natur dieser Fragen lassen wir den Verfasser selbst darstellen, der, nachdem er die neuesten Leistungen der Orientalisten im Gebiete der mathematischen Wissenschaften der Araber aufgezählt hat, S. 2 folgendermassen fortfährt: „Cependant, il restait une lacune importante à remplir; on manquait absolument de données authentiques sur l'algèbre indéterminée des Arabes, au point qu'il paraissait douteux qu'ils se fussent jamais occupés de cette branche de la science“. Herr W. erwähnt alsdann, dass es ihm gelungen sei auf der kaiserlichen Bibliothek zu Paris ein im Ganzen ziemlich correct geschriebenes arabisches Manuscript, enthaltend ein algebraisches Werk genannt الفخرى, aufzufinden und dass er, zur Ausfüllung der oben erwähnten Lücke, sich entschlossen habe in der vorliegenden Arbeit uns einen vollständigen Auszug aus jener Schrift mitzutheilen.

Der erste Theil der Arbeit des Herrn W., betitelt Notice sur le Fakhri, pag. 1—45, enthält eine mit ungemeiner Gelehrsamkeit geschriebene Abhandlung, deren Zweck es ist, folgende fünf von Hrn. W. aufgestellte Sätze zu beweisen: 1) Que les Arabes connaissaient l'algèbre indéterminée; 2) Que leurs travaux sur ce sujet sont basés sur l'ouvrage de Diophante; 3) Qu'ils ont ajouté à l'algèbre de Diophante, tant en inventant de nouveaux procédés, qu'en se proposant des problèmes de degrés plus élevés; 4) Que jusqu'à la fin du Xe siècle ils ont ignoré les méthodes d'analyse indéterminée qu'on trouve chez les Indiens; 5) Que les travaux de Fibonacci n'ont pas le degré d'originalité qu'on a été tenté de leur attribuer; mais qu'ils sont en grande partie empruntés aux Arabes, et particulièrement à Alkarkhî. — Darauf folgt der zweite Theil, genannt Extrait du Fakhrî, p. 45—148. Dieser zerfällt wieder in zwei Abtheilungen: 1) Partie théorique, p. 45—74, wo auch Text und Uebersetzung der Vorrede zum الفخرى mitgetheilt ist. 2) Recueil de problèmes, p. 75—148. — P. 149—152 enthalten einige Noten und Zusätze.

Herr W. hat, soweit wir die Sache zu beurtheilen im Stande sind, die sich gestellte Aufgabe vollständig gelöst, und können wir im Interesse der Wissenschaft nur wünschen, durch ihn auch ferner eben so neue und wichtige Aufschlüsse im Gebiete einer Wissenschaft zu erlangen, welche die glänzende Begabung der Araber in so hohem Masse beurkundet und in welcher die Gelehrsamkeit und der wissenschaftliche Eifer des Herrn W. sich aufs Neue bewährt hat. Der Druck und die Ausstattung des Buches lassen nichts zu wünschen übrig. Bemerken möchten wir noch, dass wir den Anfang der Vorrede S. 45: انى وجدت الحساب موضوعا لاخراج المجهولات من المعلومات فى جميع انواعه والفيت اوضح الابواب اليه وادل الاسباب عليه صناعة الجبر والمقابلة nicht mit Herrn W. übersetzen möchten: J'ai trouvé que le calcul a pour objet toutes les espèces de détermination des inconnues au moyen des connues et j'ai remarqué que u. s. w. Denn abgesehen davon, dass, wenn man das toutes les espèces urgiren will, sich manches gegen diese Erklärung des حساب einwenden lässt, muss auch der in der Uebersetzung durch nichts vermittelte Uebergang vom حساب zum جبر auffallen. Herr W. scheint uns das في جميع انواعه falsch bezogen zu haben. Wir möchten übersetzen: Ich habe gefunden dass der حساب in allen seinen Arten die Bestimmung u. s. w. zum Gegenstande hat, und habe bemerkt, dass die Algebra wiederum u. s. w. C. Ralfs.

Revue archéologique. IXe année. Paris 1852—53. 8.
(Vgl. oben Bd. VII, S. 127 f.)

In dem vorliegenden Jahrgange der Revue archéologique ist nur Weniges enthalten, was den Orient angeht. Zuerst einige polemische Niederschläge des in der Pariser Akademie geführten, für die Wissenschaft nicht sehr ersprieslichen Streites über die sogen. Königsgräber bei Jerusalem und die Schätze, die sie geborgen haben sollen. *De Saulcy* hatte in der Akademie behauptet, dass diese Gräber den alten jüdäischen Königen angehört haben müssten, obwohl diese nach der Bibel auf dem Zion begraben wurden. Gegen ihn erklärt sich Herr *Raoul-Rochette* S. 22—37 und *E. Quatremère* S. 92—113. 157—169, und beiden antwortet *De Saulcy* S. 229—240 und 398—407. In der Hauptfrage hat der letztere wohl Unrecht, aber wie er sich manche Blösse giebt, so mangelt es auch bei den Gegnern nicht an Fehlgriffen verschiedener Art. — Aegypten betreffen zwei Aufsätze von *de Rougé*. Der eine S. 385—397 legt den Inhalt eines Papyrus dar mit hieratischer Schrift, der nach Schlussangabe und graphischem Charakter offenbar in dieselbe Reihe gehört wie die Papyrus der Sallier'schen und Anastasy'schen Sammlung im britischen Museum (s. Facsimile auf Taf. 196). Der Inhalt ist nach *R.'s* theilweiser Uebersetzung eine echt orientalische Erzählung mit all dem naiven Wunderglauben, den redenden Thieren, Verzauberungen und Verwandlungen, wie wir sie noch im neueren Morgenlande finden. Der Anfang gleicht der Geschichte von Joseph und dem Weibe Potiphar's fast wie eine Copie dem Original, und das Ganze zeigt uns, wenn *R.'s* Deutung nicht völlig aus der Luft gegriffen ist, dass die altägyptische Schriftstellerei ein weiteres Feld hatte als wir ahnen konnten. Das Schriftstück ist, wie der Schluss kund giebt, aus demselben Collegium oder der Schule von Schriftkundigen zur Zeit des grossen Ramses und seiner nächsten Nachfolger hervorgegangen, wie die vorhin bezeichneten verwandten Papyrus, — von Schriftkundigen ungefähr derselben Zeit, wo Moses in der Weisheit der Aegypter unterrichtet wurde. Der zweite in der Pariser Akademie gelesene Aufsatz *de Rougé's „sur quelques phénomènes célestes rapportés sur les monuments égyptiens avec leur date de jour dans l'année vague"* S. 653—691 gilt der Ermittelung fester Data in den Monumenten, an welche sich die Chronologie anlehnen kann. Es werden fünf solche Data besprochen, die sich meist auf Sothis-Beobachtungen beziehn. — *Henri Lavoix* stellt S. 257—575 die Münzen der Beni Hafṣ von Tunis (13. bis 16. Jahrh.) zusammen mit zwei Tafeln Abbildungen und den nöthigen geschichtlichen Erläuterungen. Sonst ist noch *Maury's „essai historique sur la religion des Aryas pour servir à éclairer les origines des religions hellénique, latine, gauloise, germaine et slave"* zu erwähnen, bis jetzt zwei Artikel S. 589—613 und 717—735, desgleichen ein neuer Artikel desselben Gelehrten über den mythologischen Inhalt der von Miller edirten Philosophumena S. 144—156, und endlich die kurze Beschreibung eines Besuchs der Ruinen Karthago's von *Aimé Rochas* S. 87—91.

E. R.

Albanesische Studien von Dr. jur. Johann Georg Hahn, k. k. Consul für das östliche Griechenland. Nebst einer Karte und andern artistischen Beilagen. Wien k. k. Hof- u. Staatsdruckerei. 1853. — Drei Hefte von 347, 169 u. 242 SS. gross 4. enger Druck.

Dies Werk tritt von zwei Seiten her in der Kreis der Orientalisten. Einmal schon als leibhaftiges Kind des Orients, im Orient empfangen, geboren und ausgewachsen. Nur wer an sich selbst erfahren hat, wie unsäglich mühevoll die Ausarbeitung von gelehrten, weitschichtigen, Vorstudien und Hülfsmittel benöthigten Arbeiten auf einem Amtsposten im Orient ist, wird die ganze Grösse des Verdienstes würdigen können, das der Verf. sich errungen hat, indem er die Musse sowohl seiner frühern Consularstellung im vereinsamten Jánnina, als seiner gegenwärtigen auf dem litterarisch wüsten Syra zu dieser Schöpfung benutzte, in welcher er uns in liebenswürdigster Weise das Ergebniss vierjähriger Studien bietet.

Und dann: als willkommener Führer in einen bisher noch wenig erschlossenen District des Morgenlandes, das denn doch einmal in Europas Gemarkungen wenigstens so weit übergreift, als die vorgeschobensten Posten des Einflusses türkischer Herrschaft, türkischer Sprache und türkischen Glaubens reichen —: willkommen zumal, wenn wir an seiner kundigen Hand unvermerkt in den eigentlichen Osten zurückgeleitet werden.

Die D. M. G. hat die Grenzen ihrer Zeitschrift noch nicht zu enge gesteckt: sie durchfliegt den Erdkreis von Südost-Afrika bis zum Jakutenlande und von China bis nach Mexico. — Da wird ja für die Albanesen auch ein Plätzchen sein.

Die *albanesischen Studien* des Herrn von Hahn umfassen in Heft I:

Abschn. 1, *eine geographisch-ethnographische Uebersicht* des gegenwärtigen Albaniens: allen unsern Geographen namentlich auch für die sonst unglaublich vernachlässigte Orthographie der Namen sehr zu empfehlen. Der Darstellung des Landes in seiner natürlichen Abgeschlossenheit folgen Forschungen über die Nationalität seiner Bewohner, die Verbreitung des albanischen Stammes ausserhalb und die Einmischung heterogener Bevölkerung innerhalb Albaniens.

Die reichhaltigen Noten zu diesem und allen folgenden Abschnitten, denen sie sehr zweckmässig jedesmal hinten gestellt sind, legen für die Gelehrsamkeit des Verf. ein sehr ehrendes Zeugniss ab.

Abschn. 2. *Reiseskizzen* nicht eines Touristen, sondern eines allseitig unterrichteten Consuls, der sein Gebiet bereist und sich von den bürgerlichen Verhältnissen der Bewohner, von ihrer Industrie und ihrem Handel, von der Cultur und Culturfähigkeit des Bodens, von den Specialinteressen und der Localgeschichte eines jeden Ortes, kurz von allem, was in seinen

Bereich gehört, aus den besten Quellen informirt. Hier ist Hr. v. Hahn recht eigentlich in seinem Fache und hat Musterhaftes geleistet. Die Hauptorte und Gegenden, die er auf seinen Ausflügen besuchte, sind in Südalbanien: das Thal von Argyrokastron, Palaeo-Episkopi, Ziza, Delwinaki, die Stadt Argyrokastron, Gardiki, Awlona, Kanina; in Mittelalbanien Musakjà, Durazzo, Kawaja, See von Terbùff, Pekin, Ubassán, St. John, Gerabe-Pass, Tyranna, Pertreila, Kroja, Küstenebene von Schjak; in Nordalbanien Alessio, Skodra, das nördliche Seebecken. — Auch für den Archäologen ist einige Beute vorhanden, wie das Ende dieses Abschnittes mit einer Beilage Inschriften bezeugt.

Ein sehr dankenswerthes Vademecum zum Verständniss dieser zwei ersten Abschnitte ist die beigegebene Karte.

Im Anfange steht ein schon im Jahre 1849 geschriebener Aufsatz über türkisches Geldwesen, viel Wahres enthaltend, wenn auch durch die neuesten Krisen bereits überholt.

Als Reisefrüchte des Vfs. dürfen wir auch wohl den folgenden Abschn. 3 *Sittenschilderungen* ansehen, in welchem er ein reiches Bild von den Sitten und Gebräuchen der albanesischen Stämme entrollt, dessen Stoff er mit geübtem Auge gewählt hat. Man muss diesen Abschnitt in seiner ganzen Fülle von Fragmenten lesen, um seine Bedeutsamkeit für die Kunde dieses Volkes nachzufühlen [1]). — Die drei Schlussparagraphen dieses Abschnittes geben Notizen über die Verfassung einiger Stämme und mehrere Stammessagen; letztere ziemlich jungen Ursprungs.

Damit ist der Beschreibung des Landes und Volkes, wie es *jetzt ist*, Genüge gethan und das erste Tableau vollendet.

Nun aber kommt Hr. v. Hahn auch noch als Alterthumsforscher, Philolog und Mytholog, und zwar für ein ganz besonderes Publicum. — Die Frage: „*Sind die Albanesen Autochthonen?*" ist allerdings nur Ueberschrift des 4. Abschnittes; doch umfasst deren Beantwortung auch den 5ten und einen Theil des 6. Abschnittes. Der 5., *das albanesische Alphabet*, bringt in zweiter und verbesserter Auflage den den Gelehrten bereits bekannten Aufsatz, der im J. 1850 in den Sitzungsberichten der Wiener Akademie gedruckt erschien [2]); er hätte der Sache nach eigentlich ins II. Heft der Studien gehört oder hätte hier wenigstens nur als untergeordnetes Resumé zu figuriren. — Vom 6. Abschnitt, *Historisches*, gehört mindestens der erste Theil „alte Zeit" näher zu Abschn. 4.

Die Thesis des Vers. für diese Partie ist die folgende:

Die heutigen Tosken stammen von den alten Epiroten, die heutigen Gegen von den alten Südillyriern, — wie nun jetzt die beiden albanesischen

---

1) Ganz beiläufig greife ich hier eine Einzelnheit heraus, deren Beziehung Hrn. v. H. entgangen ist. S. 155 in den Notizen zum Kalender der Riça heisst es, dass der 12. März den „dunkeln" Namen νεβρούς führe. Ich kann nicht anders glauben, als dass dies ein Rest des alten Festes des Frühlingsäquinoctium, persisch نوروز ist. — Türkischer Einfluss ist hierbei kaum im Spiele.

2) S. Ztschr. d. D. M. G. Bd. V, S. 444.

Stämme ein Volk bilden, so war dies auch ehedem mit ihren Ahnen, den Epiroten und Südillyriern, der Fall; — beide gehörten zu dem pelasgischen Völkerstamme und daher: albanesisch = epiroto-illyrisch = pelasgisch.

Die Gliederung seiner Beweisführung gestaltet sich etwa so:

1) Die Parallelen zwischen der heutigen albanesischen und der urrömischen und hellenischen Sitte sind so zahlreich und schlagend, dass die heutigen Albanesen dieselbe nur von Zeitgenossen der Urrömer und Hellenen überkommen haben können.

2) Viele alte geographische Namen des von den Albanesen bewohnten Landes ergeben sich als Gemeinwörter der heutigen albanesischen Sprache.

3) Dasselbe gilt von verschiedenen Namen des hellenischen und römischen Götterkreises und zwar so, dass die denselben entsprechenden albanesischen Gemeinwörter die Natur der mit ihnen benannten Götter bezeichnet, und dass eine Reihe von Namen verwandter Gottheiten auch innige sprachliche Verwandtschaft zeigt: — ein ebenso geistvoller als,, trotz der vielen Fragezeichen, beherzigenswerther Artikel.

4) Das in Albanien erhaltene Alphabet ergiebt sich als eine Schwester des urhellenischen (und Tochter des Phönicischen).

5) Die ethnographischen Zustände des heutigen Albaniens sind noch dieselben wie zu Strabo's Zeiten, bedingt durch den geographischen Zuschnitt des Landes. Die örtliche Verbreitung der Dialecte führt auf die Gleichung:

Tosken: Gegen = Epiroten (Macedonier): Südillyrier. Zu dem allen genommen

6) die historische Vergangenheit des Landes, aus der uns keine in Betracht kommende Einwanderung bekannt ist, lässt schliessen

Tosken: Epiroten = Gegen: Illyrier und da Epiroten = Pelasger
folglich: albanesisch = epiroto-illyrisch = pelasgisch.

Wenn nun der Vf. im Laufe dieser Untersuchung jeweilig sowohl die westliche Ader dieses Völkerknotens, als auch die Spur des östlichen Nervs mitzuverfolgen beginnt, so verzichtet er doch selbst auf das Recht eines Eintritts in diese Gebiete und überlässt es andern, seinen Winken nachzugehen. In Einem aber hat er, nach dem Gefühle des Ref., vor andern pelasgersüchtigen einen grossen Vorsprung, darin nämlich, dass seine Pelasger nicht ein verstorbenes verschollenes und versprengtes Geschlecht sind, sondern noch in Fleisch und Bein leben, und, Dank dem vollen Schatz des von ihm gebotenen Materials, jedem ferneren Forscher zugänglich sind.

Sei ihm wie ihm wolle: dass die Albanesen in jeder Beziehung noch einer grössern Beachtung werth sind und in einem bedeutsameren Lichte erscheinen, als bisherige berufene Schriftsteller (von denen einer der neuesten, Desprez in seinem 1850 zu Paris erschienenen Werke: Les peuples de l'Autriche et de la Turquie, ihrer kaum mit einem Worte gedenkt) einräumten und glaubten, das thut Hrn. v. Hahn's Werk sattsam dar — auch in den letzten Capiteln des 6. Abschnittes, die Albaniens Geschichte im Mittelalter bis auf die Neuzeit in lebendigen Zügen schildern.

Im fernern Verlauf der „Studien" giebt der Verf. uns eine neue Gelegenheit seinem unermüdlichen Fleisse sowohl als seiner feinen Kennerschaft unsre Hochachtung zu zollen. Grammatik, Sprachproben und Wörterbuch nebst completem Index für ein Idiom zu bearbeiten, dessen Verständniss selbst erst wieder durch das Medium einer fremden Sprache, des Neugriechischen, dem geistigen und leiblichen Ohr des Sammlers zugeführt wurde, wobei er alle Erscheinungen der Formen- und Satzlehre sich ganz selbstständig zu abstrahiren hatte, ist eine Arbeit, die dem Vf. einen würdigen Platz im Kreise deutscher Sprachforscher sichert.

Des IIten Heftes 1. Abtheilung nämlich enthält *Beiträge zu einer Grammatik des toskischen Dialects*, welche späteren Forschungen eine sichere von systematischer Verarbeitung gestützte Unterlage unterbreitet, deren nicht geringstes Verdienst die sorgfältige und zweckmässige Transscriptionsmethode ist.

Einen lebendigen Commentar zu dieser Grammatik giebt die 2. Abth. in einer Sammlung von *Sprachproben*, nämlich I. Toskischen Volkspoesien (mit metrischer Uebersetzung von O. L. B. Wolff), II. Gegischen Poesien, III. Toskischen Sprichwörtern, Redensarten und Sentenzen, IV. Räthseln, V. Tosk. Volksmärchen — alles gleichzeitig erwünschte Belege zu Heft I, Abschn. 3.

Das III. Heft befasst die lexicalischen Arbeiten des Vfs.: Abth. 1. *albanesisch-deutsches Lexicon*, Abth. 2. *deutsch-albanesisches Verzeichniss* der in Abth. 1 enthaltenen Wörter. — Der Verf. selbst hat hier schon einen Anfang gemacht die Elemente der Sprache in ihrer Bedeutung für die vergleichende Sprachforschung zu besehen und zu sichten, überlässt aber mit Recht die weitere desfallsige Durchforschung den Männern von Fach. Eine Durchführung dieser Vergleichung erheischt ein allseitiges Bewandertsein in den Gebieten des germanischen, romanischen, slavischen und gewiss auch türkischen Wortschatzes: denn dass der Einfluss des letzteren noch bedeutender ist, als der Vf. zugesteht, davon hat Referent Gelegenheit gehabt sich zu überzeugen.

Wie billig überhebt Ref. sich hier der Wagniss, denen, die zur Feststellung des Verhältnisses des Albanesischen zu andern Sprachfamilien berufener sind, vorzugreifen. Er adoptirt aber mit bestem Gewissen zwei Sätze seines gelehrten Freundes: erstens, dass eine genaue und erschöpfende Darstellung des Verhältnisses der albanesischen Sprache zur neugriechischen von höchstem Interesse wäre, dass sich aus vielfachen Anzeichen vermuthen lässt, dass beide Sprachen im ganzen nach denselben Gesetzen sich entwickelt haben oder genauer, verkommen sind, was wohl zu wichtigen Rückschlüssen auf die frühere Gestalt des Albanesischen führen könnte (II, S. VI): zweitens, dass eine gründliche Untersuchung des Wlachen und seiner Sprache, die nur erst bruchstückweise bearbeitet ist, voraussichtlich zu den wichtigsten Resultaten für Ethnographie und Linguistik führen muss, wenn man bedenkt, dass die Wlachen mehr als doppelt so zahlreich sind, als Neugriechen und Albanesen zusammen genommen und dass sie wohl mit beiden Völkern gleiche Autochthonenrechte haben (I, S. 227. 228).

Ref. ist schliesslich der Ueberzeugung, dass das Werk des Hrn. v. Hahn in allen betheiligten Kreisen nicht allein wegen der Reichhaltigkeit seines Stoffes und der anregenden Darstellungsweise, sondern auch wegen der Gewissenhaftigkeit und Liebe, mit der es gearbeitet ist, sich bald die Anerkennung erwerben wird, die es verdient.

Constantinopel, d. 15. December 1853.

O. Blau.

Memorias de la Real Academia de la Historia. Tomo VIII. Madrid 1852. gr. 4.

Memorial histórico español. Coleccion de documentos opúsculos y antiguedades que publica la Real Academia de la Historia. Tom. I—V. VI, erste Hälfte, oder Heft 1—22. Madrid 1851—1853. 8.

Die königl. spanische Academie der Geschichte hat in den letzten Jahren wieder eine sehr erfreuliche und anerkennenswerthe Thätigkeit entwickelt, nachdem sie seit dem J. 1832, wo der VII. Band ihrer *Memorias* erschien, der Oeffentlichkeit gegenüber geschwiegen hatte.

Sie erfuhr im Jahr 1847 eine Reform ihrer Statuten, die vielleicht besonders geeignet war, ihre Kräfte zu beleben und zu schöpferischen Kundgebungen zu treiben. — Ihr Hauptgegenstand ist die allseitige Erforschung der vaterländischen Geschichte. Den weiten Bereich dieses Gebietes hat sie in vier Sectionen getheilt: eine für Alterthümer, Geographie, Chronologie und Paläographie; eine zweite für politische, Civil-, Kirchen- und Militär-Geschichte; eine dritte für Geschichte der Wissenschaft, Litteratur und Kunst; und die vierte für historisch-orientalische Studien in Bezug auf Spanien. Die für die Oeffentlichkeit geeigneten Arbeiten dieser Sectionen wird sie künftighin durch drei verschiedene periodische Schriften publiciren: 1) die *Memorias* (selbstständige Abhandlungen der Akademiker). 2) Die *Memorias premiadas* (gekrönte Preisschriften eines jährlichen Concurses, bei welchem die Mitglieder der Akademie ausgeschlossen sind). 3) Das *Memorial histórico español* (eine Sammlung von Documenten, ältern Monographien und Monumenten).

Wie weit die zweite dieser Sammlungen schon ins Leben getreten sei, ist dem Referenten unbekannt: er entledigt sich einstweilen der angenehmen Pflicht, über die in den beiden andern enthaltenen Artikel, soweit sie für die Wissenschaft des Orients von Werth sind, Bericht zu erstatten.

Unter den Arbeiten, deren Stoff aus der mittelalterlichen Geschichte Spaniens entlehnt ist und in denen daher Berührungen mit dem orientalischen Element unvermeidlich sind, heben wir aus dem VIII. Bd. der Memorias als specieller wichtig hervor: ein von D. Antonio Benavides verfasstes *Memoire über den Krieg mit Granada unter Ferdinand dem Katholischen und Isabella,* mit einem Anhange von 7 authentischen Actenstücken, die im J. 1845 als diese Abhandlung der Academie vorgelegt wurde, allerdings unedirt waren, deren Publication aber inzwischen von Lafuente Alcántara in seiner „Historia de Granada" und Martinez de la Rosa im Anhange seiner „Doña Isabel de Solís" vorweggenommen wurde — zum warnenden Beispiel, wie leicht die Academie ihre Arbeiten durch lange Verzögerung der Herausgabe entwerthen könne.

Der orientalischen Wissenschaft noch näher tritt eine Abhandlung die D. Pascual de Gayangos bei Gelegenheit seiner Ernennung zum Mitglied der

Academie las: „Ueber die Aechtheit der sogenannten Chronik des Mauren Rasis.“

Diese Chronik, bereits im VII. Bd. der Memoiren einmal Gegenstand der Kritik eines Don Diego Clemencin, genoss unter ältern spanischen Historikern eines gewissen Ansehens als echt und glaubwürdig: von Neueren wurde sie für untergeschoben gehalten.

Sie besteht aus 3 Theilen: 1) einer topographischen Beschreibung des arabischen Spaniens in der letzten Zeit der Umajjaden-Herrschaft; 2) einer kurzen Geschichte der früheren Bevölkerung des Landes, Phönicier, Carthager, Römer, Gothen. 3) Geschichte der Araber in Spanien von der Eroberung an bis 366 d. H. — Gayangos, dem zur Kritik ein reicheres Material, namentlich aus arabischen Historikern, zu Gebote stand, als irgend einem seiner Vorgänger, kommt zu dem Resultat:

Der „Moro Rasis“ ist Aḥmed b. Muhammed b. Musa el-Razi Abu Bekr Andalusi Cortobi, der um 325 d. H. schrieb und Verfasser mehrerer Werke über spanische Topographie und Geschichte ist. Aus einem dieser Werke oder aus mehreren zusammen ist diese Chronik übersetzt. Die Fortsetzung des lezten Theiles bis zum J. 366 d. H. ist seinem Sohn 'Isa el-Razi zuzuschreiben.

Der unumstösslichste Beweis dafür liegt darin, dass einige Citate des Aḥmed el-Razi bei al-Makkari den Text zu jener Uebersetzung wörtlich enthalten. Für ein Stück des letzten Theiles glaubt Herr Gayangos das arabische Original oder einen Auszug desselben in einem pariser fragmentarischen Anonymus betitelt: اخبار مجموعة فى فتح الاندلس gefunden zu haben. Den ersten Theil der Chronik giebt Hr. G. in einem Anhange ganz heraus: aus dem dritten ausführliche Auszüge, alles durch gelehrte Anmerkungen erläutert. Ueber den mittleren Theil erhalten wir eine kurze Inhaltsangabe. Ref. möchte hier den Wunsch aussprechen, dass die in arabischen Quellen so reichen Notizen zur vorarabischen Geschichte Spaniens nicht so ganz unbeachtet blieben. Für Parthien, wo uns sonstige Hülfsmittel zu Gebote stehen, wie für die römische Geschichte, ist vielleicht gar nichts Neues daraus zu lernen: für andere ist oft ein vom arabischen Fremdling der Sage und Erinnerung des Volkes entnommener Moment, und wäre es ein blosser Name, ein willkommener Fingerzeig. Ref. bemerkt in der Inhaltsangabe des II. Theils einen solchen Namen. Dort heisst „Alion“ der letzte König Spaniens vor Ankunft der Griechen. Gayangos erklärt den Namen durch ein parenthetisches Geryon. Ref. denkt an עליון.

Aus der letzten Abhandlung dieses Bandes: *Inscripciones y antigüedades del Reino de Valencia*, welcher 69 Kupfertafeln beigegeben sind, zeichnen wir aus, dass die Nrn. 12. 13. 15. 107. 117—121. 208 sog. celtiberische, Nrn. 192—195 hebräische, 203. 226. 227 Fragmente kufischer Inschriften sind: deren Erklärung jedoch unterlassen ist.

Wir schliessen hier an, dass im „*Memorial histórico*“ Bd. II, S. 393 ff. und Bd. III, S. 411 ff. vier historisch interessante *kufische Inschriften* aus dem 5. Jahrh. d. H., drei aus Sevilla, eine aus Almeria mitgetheilt und von Gayangos erläutert sind. — In Bd. VI, S. 111 ff. wird ein *arabisches Do-*

cument aus d. J. 614 d. H. in Facsimile, Uebersetzung und Commentar mitgetheilt: ein Sicherheitsbrief, der den Mönchen des Klosters Poblet, wo die Urkunde noch jetzt aufbewahrt wird, ertheilt wurde.

Das maurische Spanien ausschliesslich betreffen noch folgende Artikel des Memorial:

Bd. V, S. 1—449 füllen zwei *Tratados de legislacion musulmana.* No. 1 u. d. T.: *Leyes de Moros* ist ein civilgesetzlicher Auszug in 308 Capiteln aus der Sunna mit sorgfältiger Ausschälung aller auf den Glauben bezüglichen Satzungen: augenscheinlich für die christlichen Mauren berechnet, die nach ihrem Glaubenswechsel ihre weltlichen Sitten und Gebräuche beibehielten. — Das Gegentheil dazu No. 2 eine *Summe der vorzüglichsten Gebote und Verbote des Islam* ist i. J. 1462 von D. Isa de Gebir, Mufti der Aljama von Segovia, nach arabischen Quellen ins Spanische übertragene Folge von 60 Capiteln, die in gewöhnlicher Ordnung von den Hauptstücken des muslimischen Glaubens und Ceremoniels handeln.

Aus beiden erfährt man nicht viel Neues: aber dankenswerth ist die Zugabe eines Glossars, welches eine lange Reihe von arabischen Wörtern, die ins Spanische, mehr oder weniger verstümmelt, übergegangen, auf ihre arabische Schreibung zurückführt, und somit reiche Beiträge zur Geschichte der „Aljamia“ (اللغة العاجمية) liefert. Ein ähnliches obwohl unbedeutenderes Glossar steht Bd. II, S. 499—506.

Sehr interessant ist eine Urkundensammlung, die Bd. III, S. 1—166 füllt. Es ist dies ein vollständiger diplomatischer Apparat zur Geschichte der Morisken-Kriege unter Philipp II. in den sechsziger und siebziger Jahren des XVI. Jahrhunderts, enthaltend die sämmtlichen zwischen beiden Parteien ausgewechselten Schriftstücke, Instructionen, Armeebefehle, Correspondenzen mit den Verbündeten u. s. w., welche der „Romançador del Santo Officio de la Inquisicion“, D. Alonso del Castillo, derselbe der aus Hottinger's Promptuarium als gelehrter Orientalist bekannt ist, von Amtswegen aus dem Arabischen oder ins Arabische übersetzte und später in diesem „Cartulario“ zusammenstellte. Castillo's Zeitgenosse und Freund, Luis de Marmol, hat einen Theil der Castillo'schen Arbeit in seiner Historia del Rebelion y castigo de los Moriscos (Málaga 1600) ausgebeutet: hier erscheint dies Cartulario zum erstenmal vollständig und mit schätzbaren Erläuterungen versehen.

Nennenswerth wegen einzeln darin zerstreuter brauchbarer Notizen sind noch folgende Urkundensammlungen: Bd. I, S. 1—346 u. Bd. II, S. 1—136: *Documentos de la época de D. Alfonso (X) el Sabio.* — Bd. III, S. 423—468: *Documentos de la época de D. Sancho (IV) el Bravo.* Bd. II, S. 249—393 *Documente* betreffend die im J. 1351 von D. Pedro IV. von Aragonien gegen die Genueser ausgerüstete Armada mit einem Bericht über die Seeschlacht bei Constantinopel am 13. Februar 1352.

Endlich mag noch darauf hingewiesen werden, dass die den einzelnen Bänden vorausgehenden Einleitungen fortlaufende Nachrichten über die neuen Münzerwerbungen des Cabinetes der Academie enthalten, das sich sowohl durch seine Reichhaltigkeit als den Werth vieler Stücke vortheilhaft aus zeichnet. In Bd. I sind sechszehn, in Bd. IV zehn der kostbareren Stücke in lithographischen Abbildungen mit Beschreibung durch den Akademiker Antonio Delgado bekannt gemacht.

Die Ausstattung der Werke der Academie beweisst, dass Spanien auch in industrieller und technischer Beziehung sich auf die Höhe der Zeit emporzuringen bemüht ist. O. Blau.

Philosophie und Kabbala. Erstes Heft: enthält *Abraham Abulafia's Sendschreiben über Philosophie und Kabbala. Thomas von Aquino's Abhandlung „de animae facultatibus". Nach Handschriften der k. Bibliothek in Paris und der Stadtbibliothek zu Hamburg nebst Erläuterungen und historischen Untersuchungen herausgegeben von Adolph Jellinek.* Leipzig, 1854. Heinrich Hunger. XVI u. 48 SS. 8.

Der auf dem Felde der mittelalterlich-jüdischen, namentlich der kabbalistischen Litteratur unermüdet thätige Vf. bereichert in dem vorliegenden Hefte unsere Kenntniss dieser Litteratur, zunächst der philosophischen und kabbalistischen, durch die mit mehrfachen lehrreichen Notizen ausgestattete Herausgabe von zwei handschriftlichen unter sich allerdings in keinem weiteren Zusammenhang stehenden Abhandlungen aus dem genannten Gebiete: 1. *Abulafia's* Sendschreiben über Philosophie und Kabbala. Von den zahlreichen Schriften dieses für die Geschichte der Kabbala wichtigen Mannes (vgl. *Jellinek,* Auswahl kabbalistischer Mystik, Leipz. 1853. S. 16 ff.) war bisher nur eine einzige, ein Sendschreiben an einen Spanier, R. Juda genannt Salmon, und zwar gleichfalls von Hrn. Jellinek (a. a. O. Nr. III), veröffentlicht. Die hier gedruckte Abhandlung, eine von A.'s späteren Arbeiten, ist entlehnt aus einer Handschrift der kaiserl. Bibliothek zu Paris (fonds de l'Oratoire Nr. 24), für Hrn. J. von Hrn. Goldberg copirt, und hat dort gar keine Ueberschrift. Sie war veranlasst durch einen von einem gewissen R. Abraham an Abulafia gerichteten Brief, worin derselbe den Vorzug der Philosophie vor der Kabbala behauptet, und einen ungenannten Rabbiner, einen Anhänger von Abulafia's prophetischer Kabbala — beruhend auf einer durch Buchstaben- und Zahlencombination vermittelten Kenntniss des Gottesnamens — geschmäht hatte. Gegen diesen vertheidigt er, unter Voranstellung eines kleinen Vorwortes über sieben Interpretationsmethoden der h. Schrift (ähnlich — worauf Hr. J. aufmerksam macht — wie sein Zeitgenosse Bonaventura „von den sieben Graden der Contemplation" schrieb), seine Kabbala als die höchste Potenz menschlicher Geisteserhebung, wiewohl er nichts dagegen habe, wenn die von ihm gleichfalls hochgeschätzte Philosophie als Hülfswissenschaft gepflegt werde, und sucht dieselbe durch Berufung auf den Talmud, der schon Buchstaben-Permutationen und -Combinationen enthalte, sowie auf überraschende Resultate seiner Methode, ja sogar in rationeller Weise zu begründen. In den Prolegomenen giebt Hr. J. ausser Bemerkungen „zur Charakteristik A.'s" und einer Inhaltsübersicht des Sendschreibens eine werthvolle Zusammenstellung der Schriften jenes Kabbalisten, soweit sie ihm bekannt geworden: d. i. 25 Numern, während A. selbst 26 ספרים und 22 ספרי נבואה verfasst zu haben versichert. In Bezug auf das Verhältniss A.'s zum Sohar (als dessen Verfasser ihn bekanntlich *Landauer* ansah, während Hr. *J.* gewichtige Argumente für Mose de Leon aufgestellt hat) macht er hierbei gelegentlich (S. XII f.) auf Mehreres aufmerksam, was für die Abfassung der תקוני הזהר durch A. von Bedeutung ist. Noch ist hervorzuheben, dass die den Prolegomenen beigegebenen und mehr noch die am Schlusse des Ganzen angefügten Anmerkungen eine Anzahl mehr oder minder umfänglicher Stellen aus ungedruckten Schriften Abulaſa's enthalten, entlehnt aus Handschriften, die theils im Besitze Hrn. *J.'s* selbst, theils von Andern ihm mitgetheilt oder für ihn abgeschrieben worden sind. — Im Anschluss an seine Schrift: „Thomas von Aquino in der jüd. Literatur, 1853" (s. diese Zeitschr. Bd. VII. S. 267) giebt Hr. *J.* 2. den Abdruck einer hebräischen Uebersetzung von *Thomas' de Aquino* Tractat de animae facultatibus (nach cod. h. 266 der Hamburger Stadtbibliothek), wahrscheinlich von *'Ali ben Josef Xabillo* (spr. Chabiljo), sowie (Einl. S. XIII ff.) biographische und litterarische Nachrichten über *Mose Ibn Chabib* aus Lissabon (15. Jahrh.), der obige Uebersetzung benutzt hat, über mehrere andere Versionen von Stücken aus den Werken des Thomas u. A. durch Xabillo, über *Abr. Ibn Naamias* zu Ocaña in Neu-Castilien, 15. Jahrh.), den Uebersetzer von Thomas' Commentar zur aristotelischen Metaphysik und (nach einer Mittheilung von Zunz) von des Albertus M. Abriss der Naturphilosophie; endlich über *Jakob Zahalon* (aus Rom, Arzt und Rabb. zu Ferrara, 17. Jahrh.), welcher des Aquinaten Summa als Compendium hebräisch bearbeitet hat.

Anger.

Śakuntalâ, a Sanskrit Drama: the Devanâgarî recension of the text. Edited by Monier Williams, M. A. professor at the East India College, Haileybury. 1853. Hertford. St. Austin. XVI. 316.

Diese, dem nicht genug zu preisenden, „in all parts of the world" hochverehrten Hrn. *H. Wilson* gewidmete Ausgabe begrüssen wir mit der grössten Freude. Herr *M. Williams*, der sich bisher hauptsächlich durch fast ausschliesslich für den Gebrauch des East India College bestimmte Elementarschriften (eine Elementargrammatik, ein Wörterbuch englisch-Sanskrit, eine Ausgabe der Urvaçî) um das Erlernen des Sanskrit zu praktischen Zwecken höchst verdient gemacht hat, betritt hier mit einer äusserst sorgfältigen Bearbeitung der von *Böhtlingk* herausgegebenen Recension der Çakuntalâ die Arena der engeren Wissenschaft. Zwar weist die ganze höchst praktische Einrichtung des Buches — die Noten und die Uebersetzung der poetischen Stellen stehen unter dem Text, das Prâkṛit ist stets von seiner Sanskrit-Uebertragung gefolgt — darauf hin, dass es eben auch zunächst für den praktischen Gebrauch bei Vorlesungen oder beim Selbststudium bestimmt ist, in Folge der genauen Vergleichung der Handschriften aber, des Textes sowohl als der Commentare, von welchen *Böhtlingk* nicht selbst angefertigte, und wenn auch sehr genaue, doch immer nur Abschriften zu seiner Disposition hatte, wohnt dem hier gegebenen Text und den Noten, die auch im Uebrigen höchst zweckmässig eingerichtet und mit grossem Fleiss und gesundem Urtheil gearbeitet sind, ein selbstständiger Werth für die Wissenschaft bei, ob auch daneben die *Böhtlingk*'sche Ausgabe wegen der reichen Mittheilung des kritischen und Scholien-Materials ihren bleibenden Werth behält, und nicht im Geringsten in ihrer Bedeutung geschmälert wird.

Der Name Devanâgarî-Recension ist übrigens kein sehr glücklich gewählter, da sich ja auch Handschriften der bengalischen Recension in Devanâgarî vorfinden, und umgekehrt gewiss auch, besonders in Südindien, Handschriften jener in andrer Schrift als Devanâgarî. Die Schrift ist es aber nicht, die den Unterschied macht. Dagegen ist der Ausdruck: bengalische Recension, jedenfalls ganz passend, zwar nicht der Schrift wegen, wohl aber, weil sie offenbar den bengalischen Paṇḍits ihren Ursprung verdankt. Ein höchst interessantes Ms. derselben in Devanâgarî, das sich im Allgemeinen an sie anschliesst, in sehr vielen Einzelnheiten aber ganz selbstständige Lesarten (z. B. auch statt des Namens Caturikâ den Titel Lipiṃkarî) zeigt, die als gleich gut, häufig als besser erscheinen, befindet sich auf der hiesigen Bibliothek, vgl. darüber die Angaben *Whitney's* im Catalog der Berl. S. H. p. 161—162, der übrigens den Werth des Ms.'s wohl etwas zu gering anschlägt.

Am Schlusse seiner Vorrede wiederholt Herr *Williams* die bisherige angebliche Tradition, dass Kâlidâsa — wie ist der Name wohl eigentlich zu schreiben, ob so oder Kalidâsa oder Kâlidâsa? Kâlidâsa könnte nur Patronymikum der zweiten Form sein — in Ujjayinî, der Hauptstadt des Vikramâditya „who flourished 56 years B. C.“ gelebt habe, wie man dies Alles aus dem einzigen Verse, der da bekundet, dass Kâlidâsa eine der neun Perlen am Hofe des Vikrama gewesen sei, zu schliessen bisher gewohnt gewesen ist. Irgend welche andere Auctorität hiefür ist aber vor der Hand nicht vorhanden. Indem ich mich auf meine Auseinandersetzungen hierüber in den Akad. Vorles. p. 188 ff. und Ind. Studien II, 415 ff. berufe, wiederhole ich hier nur das Resumé derselben in folgenden beiden Fragen: 1. wer sagt uns denn, bei der grossen Zahl verschiedener Vikramas, dass unter dem Vikrama dieses Verses der Aerenstifter Vikramâditya, König von Ujjayinî, zu verstehen sei? (das Gedicht bei *Haeberlin* S. Anth. p. 483 sagt im Gegentheil ausdrücklich, ob mit Recht? ist eine Sache für sich, dass Kâlidâsa am Hofe des Bhojarâja gelebt habe: jener Vers zudem scheint ja sogar aus dem Bhojaprabandha selbst entlehnt zu sein, über welches Werk uns leider noch immer authentische Auskunft fehlt); 2. welchen Beweis, welche Auctorität haben wir für die Annahme, dass dieser Aerenstifter Vikramâditya wirklich zur Zeit des Beginns seiner Aera lebte, resp. dass diese von einem Siege desselben über die Çaka datirt?

Die Ausstattung des Werkes ist sehr splendid, aber der für das Prâkṛit gewählte rothe Druck ist den Augen sehr empfindlich und bei den scenischen Bemerkungen der Mangel kleinerer Typen (die z. B. um den rothen Druck zu vermeiden auch für die Sanskritübersetzung des Prâkṛit gebraucht werden konnten) störend genug: wir möchten deshalb Herrn *Austin*, der so viel Geschmack und Sorgfalt bei Herstellung seiner Verlagsartikel zeigt, dringend anempfehlen, entweder sich noch einen Satz kleinerer Schrift zu besorgen, oder neben der hier gebrauchten die grössere Oxforder in Anwendung zu bringen, damit dieselbe in der That in dieser Beziehung, worauf sie ja im Uebrigen alle Ansprüche haben, als ab omni parte absoluta erscheinen können.

Berlin April 1854. A. W.

Berichtigungen.

Bd. VII, S. 574, Z. 3 v. u. „الكلبى“ l. ابن حَبيب.

Band VIII.

S. 299. Z. 25 „la glaive“ l. le glaive.
„ 328. „ 4 „زدر؛“ l. زدر.
„ 335. „ 4 v. u. „des Verbums“ l. dieses Verbums.
„ 339. „ 12 „Er hat“ l. Es hat.
„ 341. „ 30 „dieselben“ l. Ormuzd Dieselben.
„ 343. „ 14 „richtige“ l. wichtige.
„ 351. „ 16 „Orden“ l. Orten.
„ 371. „ 10 „Ba'aḳlin l. Ba'aḳlin.
„ 387. „ 1 „Bulkakov“ l. Bulgakov.
„ — „ 4 „Ђулкакова“ l. Ђулгакова.
„ 395. „ 30 „Loflus“ l. Loftus.
„ 396. „ 20 „nothwendige“ l. nothdürftige.
„ 401. „ 24 und S. 407. Z. 8 v. u. war nicht Hr. Dr. *Mordtmann*, sondern Hr. Missionar *Schauffler* in Constantinopel als Schenker der Bücher Nr. 1295—1318 zu nennen.
„ 508. „ 22 „vernünftig“ l. vernünft'ger.
„ 551. „ 13 „Aṣama'ï“ l. Aṣma'ï.
„ 575. „ 2 tilge das Komma nach wenige.
„ 592. „ 7 v. u. „جِمادَى“ l. جُمَادَى.
„ 611. „ 30 zu *schaiy* füge hinzu (d. i. *me* u. s. w.). Die Worte, Z. 32, (z. B. *mé* u. s. w.) sind zu streichen.

Nachrichten über Angelegenheiten der D. M. Gesellschaft.

Als ordentliche Mitglieder sind der Gesellschaft beigetreten:

388. Hr. Dr. Petr, Prof. der Alttestamentl. Exegese in Prag.
389. „ Theremin, Pastor in Genf.
390. „ Dr. Carl Graul, Director der Evang.-Luther. Mission in Leipzig.
391. „ Richard Hänichen, Stud. philol. in Leipzig.
392. „ Carl Schier, Privatgelehrter in Dresden.
393. „ P. Th. Stolpe, Lector an der Kaiserl. Alexanders-Universität in Helsingfors.
394. „ Dr. Adam Martinet, Professor der Exegese und der orient. Sprachen an dem kön. Lyceum zu Bamberg.

Durch den Tod verlor die Gesellschaft das Ehrenmitglied Sir Henry Elliot (st. in der Capstadt am 20. Dec. 1853 in seinem 45. Jahre [1]), und das ordentliche Mitglied Filosseno Luzzatto (st. am 25. Jan. 1854 in Padua [2]).

Die 200 *Rthlr.* Unterstützung der Kön. Preuss. Regierung sind für 1854 ausgezahlt worden.

Beförderungen, Veränderungen des Wohnortes u. s. w.:

Hr. *O. Blau:* jetzt Vice-Kanzler der Kön. Preuss. Gesandtschaft in Constantinopel.
„ *Bodenstedt:* jetzt in München.
„ *Brugsch* ist aus Aegypten zurückgekehrt.
„ *Karow:* jetzt in Bunzlau in Niederschlesien.
„ *Mehren:* ordentl. Professor der semit. Sprachen in Copenhagen.
„ *Osiander:* jetzt Repetent am evang.-theologischen Seminar in Maulbronn.
„ *Schinas:* k. griech. Gesandter für Oesterreich, Preussen und Bayern, zu Wien.
„ *Sprenger:* jetzt in Syrien.
„ *Wichelhaus:* ausserordentl. Professor d. Theologie zu Halle.

---

1) Details über das Leben dieses verdienstvollen Staatsmannes giebt Dr. Sprenger in der Vorrede zum 1. Bande seines Katalogs der Bibliotheken von Lucknow. Vgl. oben S. 571.

2) Hr. Luzzatto ist der Verfasser folgender Werke: 1) L'Asia antica, occidentale e media. Mailand 1847. 8. 2) Mémoire sur l'inscription cunéiforme de Behistan. Mailand 1848. 8. 3) Le sanscritisme de la langue Assyrienne. Padua 1849. 8. 4) Études sur les Inscriptions Assyriennes de Persépolis, Hamadan, Van et Khorsabad. Padua 1850. 8. 5) Ueber die persischen Wörter in der Bibel, abgedruckt im Literaturblatt des Orients 1851. 6) Notice sur Abou-Jousouf Hasdaï Ibn-Schaprout, médecin juif du dixième siècle. Paris 1852. 8. 7) Notice sur quelques Inscriptions Hébraïques du XIII. siècle. Paris 1853. 8. — In der letzten Zeit seines Lebens war er mit einer Untersuchung über die Falaschas sowie über die äthiopische Bibel beschäftigt.

Verzeichniss der bis zum 14. Mai 1853 für die Bibliothek der D. M. Gesellschaft eingegangenen Schriften u. s. w.[1]).

(S. oben S. 406—412.)

I. Fortsetzungen.

Von der Kaiserl. Akademie d. Wissenschaften zu St. Petersburg:

1. Zu Nr. 9. Bulletin de la classe des sciences histor., philol. et polit. de l'Académie Impériale des sciences de St.-Pétersbourg. Nr. 250—261. Tome XI. No. 10—21. 4.

Von der Redaction:

2. Zu Nr. 155. Zeitschrift d. D. M. G. Bd. VIII. Heft 2. Leipz. 1854. 8.

Von F. W.:

Zeitschrift der D. M. G. Bd. III. Heft 4. Leipz. 1849. 8.

Von der Société Asiatique:

3. Zu Nr. 202. Journal Asiatique. IVe série. Tome XX. Paris 1852. 8.

Von der k. Gesellschaft d. Wissenschaften in Göttingen:

4. Zu Nr. 239. Göttingische gelehrte Anzeigen - - auf das Jahr 1853. Bd. 1—3. Göttingen. 3 Bde. 8.

Nachrichten von der Georg-Augusts-Universität und der Königl. Gesellschaft der Wissensch. zu Göttingen. Vom Jahre 1853. Nr. 1—17. Göttingen. 8.

Von der K. K. Akad. der Wissenschaften zu Wien:

5. Zu Nr. 294. Sitzungsberichte der kaiserl. Akademie der Wissenschaften. Philos.-histor. Classe. Bd. X. Jahrg. 1853. V. Heft. Bd. XI. Jahrg. 1853. I—III. Heft (das II. Heft mit 9, das III. Heft mit 4 Tafeln). Wien 1853. 4 Hefte. 8.

6. Zu Nr. 295. Archiv für Kunde österreichischer Geschichtsquellen. - - Zehnter Band. II. Eilfter Band. I. u. II. Wien 1853. 3 Hefte. 8.

Notizenblatt. Beilage zum Archiv für Kunde österreich. Geschichtsquellen. 1853. Nr. 1—20. 8.

Von der Société Impériale d'archéologie de St. Pétersbourg:

7. Zu Nr. 339. Mémoires de la Société Impériale d'archéologie de St. Pétersbourg. Publiés sous les auspices de la Société par *B. de Koehne*. XVIII. (Vol. VI. No. 3.) Avec Pl. XVI à XIX, XXI et XXII. St. Pétersbourg 1852. 8.

Vom Curatorium der Universität zu Leyden:

8. Zu Nr. 548. Lexicon geographicum, cui titulus est, مراصد الاطلاع etc. e duobus Codd. Mss. Arabice editum. Septimum fasciculum, exhibentem literas ل ad ن (نائين), edidit *T. G. J. Juynboll*. Lugd. Bat. 1853. 8.

Von der Asiatic Society of Bengal:

9. Zu Nr. 593. Bibliotheca Indica. No. 58. Calcutta 1853. 4. No. 59—61. 63. Calc. 1853. No. 64. 66. Calc. 1854. 8., zusammen 7 Hefte.

Von der Soc. orient. de France:

10. Zu Nr. 608. Revue de l'Orient, de l'Algérie et des colonies. Douzième année. Janvier—Avril 1854. Paris 1854. 4 Hefte. 8.

---

1) Die geehrten Zusender, soweit sie Mitglieder der D. M. G. sind, werden ersucht, die Aufführung ihrer Geschenke in diesem fortlaufenden Verzeichnisse zugleich als den von der Bibliothek ausgestellten Empfangsschein zu betrachten.

Die Bibliotheksverwaltung der D. M. G.
Dr. Arnold. Dr. Anger.

Vom Verfasser:

11. Zu Nr. 926. Literaturgeschichte der Araber u. s. w. Von *Hammer-Purgstall.* Zweite Abtheilung. Fünfter Band. Von der Regierung des zweiundzwanzigsten Chalifen Mostekfi-billah bis ins eilfte Jahr der Regierung des sechsundzwanzigsten Chalifen Káimbiemrillah, d. i. vom Jahre der Hidschret 333 (944) bis 433 (1041). Wien 1854. 4.

Von d. Bombay Branch of the R. Asiatic Society:

12. Zu Nr. 937. The Journal of the Bombay Branch of the Royal Asiatic Society. July 1853. Bombay 1853. 8.

Von der Asiatic Society of Bengal:

13. Zu Nr. 1044. Journal of the Asiatic Society of Bengal. No. CCXXXVI. CCXXXVII. Nr. V. VI. — 1853. (Mit 10 Tafeln.) 8.

Von der Mechitharistencongregation in Wien:

14. Zu Nr. 1322. Europa (armen. Zeitschrift). Jahrgang 1854. Nr. 1—17. 15 Blatt fol.

II. Andere Werke.

Von den Verfassern, Herausgebern oder Uebersetzern:

1377. Amrilkaisi carmen (quartum) e Codd. Mss. primus edidit - - Dr. *Fr. Aug. Arnold.* Hal. 1836. 4.

1378. Libri Aethiopici Fetha Negest Cap. XLIV. ed. Dr. *Fr. Aug. Arnold.* (Schulprogramm der lateinischen Hauptschule.) Hal. 1841. 4.

1379. M. Alexander Castrén's Vorlesungen über die finnische Mythologie. Im Auftrage der Kaiserl. Akademie der Wissenschaften aus dem Schwedischen übertragen und mit Anmerkungen begleitet von *A. Schiefner.* St. Petersburg 1853. 8.

1380. Ueber das Werk: Histoire de la vie de Hiouen-thsang et de ses voyages dans l'Inde ... traduite du Chinois par *Stanislas Julien.* Paris 1853. Von *Anton Schiefner.* (Aus den Mélanges Asiatiques T. II. 1853.) 8.

1381. Das arabische Hohe Lied der Liebe aus Ibnol Fáridh's Tâïjet in Text und Uebersetzung zum ersten Male zur ersten Säcular-Feier der K. K. orientalischen Akademie herausgegeben von *Hammer-Purgstall.* Wien 1854. 4.

1382. Geschichte des Heidenthums von Dr. *Adolf Wuttke.* Zweiter Theil. Das Geistesleben der Chinesen, Japaner und Indier. Breslau 1853. 8.

1383. The third part of the ecclesiastical history of John bishop of Ephesus. Now first edited by *William Cureton,* M. A. F. R. S. Oxford 1853. gr. 4.

Syr. Titel:

ܦܠܓܘܬܐ ܕܬܠܬ ܕܐܟܠܣܝܣܛܝܩܝ ܕܝܘܚܢܢ ܡܢ ܐܣܝܐ

ܐܦܣܩܘܦܐ ܕܐܦܣܘܣ ܡܬܝܕܥܐ

1384. Philosophie und Kabbala. Erstes Heft: enthält Abraham Abulafia's Sendschreiben über Philosophie und Kabbala. Thomas von Aquino's Abhandlung „de animae facultatibus" [hebräisch]. Nach Handschriften der k. Bibliothek in Paris und der Stadtbibliothek zu Hamburg nebst Erläuterungen und historischen Untersuchungen herausgegeben von *Adolph Jellinek.* Leipzig 1854. 8.

1385. Berichte der Kön. Sächs. Gesellschaft der Wissenschaften philologisch-historische Classe. 3. Dec. 1853. (Ueber Somadeva's Bearbeitung der Vetâla-pancaviṅçati von Prof. *Brockhaus.*) 8.

1386. Berichte der Kön. Sächs. Gesellschaft der Wissenschaften philologisch-historische Classe. 25. Februar 1854. („Ueber Thaalibi's arabische

Synonymik mit einem Vorwort „über arabische Lexikographie" von Prof. *Fleischer.*) 8.

1387. Mittelsyrien und Damascus. Geschichtliche, ethnografische und geografische Studien während eines Aufenthaltes daselbst in den Jahren 1849, 1850 und 1851. Von *Alfred von Kremer.* Wien 1853. 8.

1388. Norsk og Keltisk. Om det norske og de keltiske sprogs indbyrdes laan af *C. A. Holmboe.* Christiania 1854. 4.

1389. Histoire de la littérature hindoui et hindoustani par M. *Garcin de Tassy.* Tome I. Biographie et bibliographie. Paris 1839. Tome II. Extraits et analyses. Paris 1847. 2 Bde. 8.

1390. Flavius Josephus der Führer und Irreführer der Pilger im alten und neuen Jerusalem. Mit einer Beilage Jerusalem des Itinerarium Burdigalense enthaltend. Herausgegeben von *Jakob Berggren.* Leipzig 1854. 8.

Von F. W.:

1391. Bogen 5 und 6 aus Gersdorf's Repertorium der Literatur, 1854, unt. a. enthaltend Recensionen von *Arnold's* Chrestomathia arabica und von *Juynboll's* Specimen e literis orientalibus exhibens historiam Kalifatus àl-Walîdi et Solaimâni etc. 8.

Von der D. M. G.:

1392. Vergleichungs-Tabellen der Muhammedanischen und Christlichen Zeitrechnung, nach dem ersten Tage jedes Muhammedanischen Monats berechnet und im Auftrage und auf Kosten der D. M. G. herausgegeben von Dr. *Ferdinand Wüstenfeld.* Leipzig 1854. 4.

Von Herrn Dr. Paul Boetticher:

1393. Djungui Chehâdet le cantique du martyre, ou le recueil des drames religieux que les Persans du rite Cheia font annuellement représenter dans le mois de Moharrem, publié pour la première fois, par *Alexandre Chodzko.* Paris 1852. 8.

Vom Verleger, Herrn Stephen Austin in Hertford:

1394. Śakuntalá; or Śakuntalá recognized by the ring, a Sanskṛit Drama, in seven acts, by Kálidása; the Devanágarí recension of the text, now for the first time edited in England, with literal English translations of all the metrical passages, schemes of metres, and notes, critical and explanatory. By *Monier Williams,* M. A. Hertford 1853. 8.

1395. The Prákṛita-Prakáśa: or, the Prákrit grammar of Vararuchi, with the commentary (manoramá) of Bhámaha. The first complete edition of the original text, with various readings from a collation of six MSS. in the Bodleian library at Oxford, and the libraries of the Royal Asiatic Society and the East India House. With copious notes, an English translation, an index of Prákrit words; to which is prefixed an easy introduction to Prákṛit grammar. By *Edward Byles Cowell.* Hertford 1854. 8.

Vom Verleger (Herrn G. E. Vollmann in Kassel):

1396. Beiträge zur Kunde China's und Ostasiens, in besonderer Beziehung auf die Missionssache. Herausgegeben von *K. L. Biernatzki.* Erster Band. 1. Heft. Mit 2 Holzschnitten. Kassel 1853. 8.

Von Herrn George W. Pratt in New York:

1397. The East: sketches of travel in Egypt and the holy land. By the Rev. *J. A. Spencer.* Elegantly illustrated from original drawings. New York 1850.

1398. Narrative of the United States' expedition to the river Jordan and the dead sea, by *W. F. Lynch,* U. S. N. Commander of the expedition, with maps and numerous illustrations. Ninth edition, revised. Philadelphia 1853. 8. (Vgl. oben S. 409. Nr. 1342.)

Von den Verfassern:

1399. Wegweiser zum Verständniss der türkischen Sprache. Eine deutsch türkische Chrestomathie von *Moritz Wickerhauser.* Wien 1853. 8.

1400. Die Pehlewi-Münzen des asiatischen Museums der Kaiserl. Akademie der Wissenschaften. III. Die Münzen der Ispehbede, Chalifen und deren Statthalter. (Extrait [aus den Mélanges asiatiques T. II].) Von *B. Dorn.* (Lu le 9 décembre 1853.) 8.

III. Handschriften, Münzen u. s. w.

Von Herrn Missionar Dr. Krapf:

196. Dshúo dsha Herkal, Handschr. in Kisuahili-Sprache (arab. Schrift), nach Dr. Krapf's Angabe enthaltend die Erzählung von Kriegsereignissen, die sich zutrugen in den Kämpfen, welche Muhammed und sein Heer mit Askaf, einem Gouverneur des griechischen Kaisers (Heraclius) in Syrien zu bestehen hatte: in gereimten Versen, 73 Seiten Text (die letzte Seite doppelt). 4.

197. Dshúo dsha utensi, Handschr. in Kisuahili-Sprache (arab. Schrift), enthaltend Gedichte oder sententiöse Reime: 94 Seiten Text. 4. [1]

Von Herrn Legationsrath Soret in Basel:

198—202: 5 Ortokidenmünzen von Kupfer (von Hrn. Leg.-R. Soret bestimmt), und zwar:

198. Münze von Nedschm-eddin Alpy. Diarbekr.

199. Münze von Il-Ghazy. Diarbekr.

200. Münze von Juluk Arslan. (Mit dem Prädicat الملك العادل.) Diarbekr. 598 H. (1193 n. Chr.)

201. Münze von Ortok Arslan. Mardin. 606 H. (1209 n. Chr.)

202. Münze von Ortok Arslan. Diarbekr. 611 H. (1214 n. Chr.) [Vgl. *Pietraszewski* numi Mohammedani No. 270.]

---

1) Ueber diese beiden Handschriften vgl. oben S. 567.

Wissenschaftlicher Jahresbericht über die Jahre 1851 und 1852.

Von

Dr. E. Rödiger.

Nachdem ich im fünften Bande dieser Zeitschrift den Jahresbericht für 1850 geliefert, war ich zweimal durch häusliches Ungemach und eigene Krankheit verhindert, der Generalversammlung der D. M. Gesellschaft beizuwohnen, so dass sich für meinen jetzigen Bericht der Stoff von vollen zwei Jahren angehäuft hat. Dadurch ist Vieles von dem, was ich, um möglichste Vollständigkeit zu erreichen, als der Erwähnung Werthes notirt hatte, für die meisten meiner Fachgenossen veraltet; Anderes, was als fliegende Neuigkeit mit in Rechnung gekommen wäre, ist als unbedeutende Kleinigkeit längst beseitigt oder hat wenigstens sein Tagesinteresse verloren. Um so mehr glaube ich mich berechtigt, ja verpflichtet, nach solchen Seiten hin mein Maass zu beschränken und zu kürzen, da ohnedies Material genug übrig bleibt, um Ermüdung des Lesers befürchten zu lassen.

Mein letzter Bericht, welcher nach einem geographischen Gesichtspunkte geordnet einer litterarischen Wanderung glich von den Säulen des Herkules durch das nördliche Afrika und durch Asien bis hinter nach China und Japan, wurde mit der Erwähnung einiger Bücher beschlossen, deren Inhalt die wissenschaftliche Verbindung des Morgen- und Abendlandes aufzeigte oder irgendwelche Seite oder Gruppe des Orients überhaupt betraf. Ich möchte dergleichen und einiges Andere allgemeiner Art diesmal vorwegnehmen, um dann wieder von Land zu Land und von Volk zu Volk wandernd das Gebiet unsrer Litteratur zu durchschreiten.

Unsere Verbindung mit dem Orient wird allmählig immer leichter, sichrer, regelmässiger und rascher. In England namentlich denkt man fortwährend auf neue und kürzere Communicationswege durch Dampfschiffahrt und Eisenbahnen, und wenn auch manche dort auftauchende Pläne und Vorschläge zu colossal, ja zu abenteuerlich erscheinen, als dass man zur Zeit an eine Verwirklichung derselben denken könnte, — wie man z. B. in der vorjährigen Versammlung der British Association for the Advancement of Science nicht nur vorgeschlagen hat, zu dem Wege um das Cap zurückzukehren und diesen vermittelst kräftiger Dampfer zu verkürzen, oder eine Eisenbahn durch Ungarn nach Constantinopel zu führen und weiter von Skanderun bis nach Indien Schienen zu legen oder doch bis nach Bir am Euphrat, oder nach dem kühnen Gedanken des Capt. *W. Allen* Canäle zu graben von der syrischen Küste nach dem oberen Jordan und vom Südende des todten Meeres nach ʿAkaba, unter der Voraussetzung, dass sich dann das tiefe Jordanbett nebst dem todten Meere bis zu gleicher Höhe mit dem Spiegel des Mittelmeeres füllen und so einen bequemen Meeresarm für Dampfer bilden würde [1]), — so hat man doch in Indien selbst schon angefangen, Eisenbahnen zu bauen [2]), und die geordneten Dampffahrten des österreichischen Lloyd und der Engländer auf dem Mittelmeer und in den arabisch-indischen Gewässern fördern unsre Correspondenzen und, wenn wir wollen, uns selbst in kürzester Frist nach den wichtigsten Küstenpunkten der Türkei, Aegyptens, Syriens und Indiens.

Schon zeigen sich auch die der Wissenschaft förderlichen Folgen der erleichterten Verbindung, die Reisen der Europäer nach dem Orient mehren sich zusehends, und wenn nicht jede Reise der Wissenschaft ihren Tribut bringt, so steigert sich doch die wissenschaftliche Ausbeute von Jahr zu Jahr, wozu freilich das viel beiträgt, dass wir es jetzt erlangt haben, am Tigris und Euphrat unbehindert nach Schätzen des Alterthums zu graben. Die Gunst unsrer Regierungen wendet sich mehr und mehr der Hebung der orientalischen Forschungen zu. Um beispielsweise die königl. preussische Regierung anzuführen, so lässt dieselbe unsrer Gesellschaft auch nach Verlauf der vorläufigen fünf Jahre die bisherige namhafte Unterstützung zukommen. Während die kostspielige Herausgabe der ägyptischen Denkmäler durch *Lepsius* noch nicht vollendet ist, reist *Brugsch* in Aegypten, *Bötticher* und *Larsow* arbeiteten in den handschriftlichen syrischen Schätzen des britischen Museums, jene Regierung unterstützte diese Arbeiten, nachdem sie kurz zuvor auch der königlichen Bibliothek zu Berlin durch den Ankauf der Wetzstein'schen Handschriften eine neue Zierde geschaffen hatte. Die französische Regierung sandte *Saulcy* nach Syrien, *Oppert* und *Fresnel* nach Mesopotamien, *Victor Langlois* nach Kleinarmenien, ihren Consul *La Place* lässt sie Botta's Ausgrabungen fortsetzen, und neben der Erforschung Algeriens setzt sie einen Preis aus für ein arabisch-französisches und französisch-arabisches Lexicon [3]). Sogar die englische Regierung hat, was sie selten thut, sich her-

---

1) S. Lond. Athenaeum 1852. Sept. S. 1017.

2) Vgl. auch: A Map of the proposed grand Trunk Railway in India, with its Branches and alternative Lines as laid down in the Report of the Railway Commissioners. Lond. 1851.

3) S. Zeitschr. Bd. VII. S. 269.

beigelassen, für *Rawlinson's* Bestrebungen eine Summe auszusetzen, während sie auch die afrikanische Expedition, welche jetzt nach Richardson's und Overweg's Tode *Barth* allein ausführt, wesentlich fördert [4]). Anderer Thatsachen zu geschweigen, erinnere ich nur noch an die vorbereitete amerikanische Expedition zur Eröffnung des seit lange verschlossenen Japan für den Handelsverkehr, welche, wenn sie zu Stande kommt, zugleich eine Eroberung für die Wissenschaft seyn wird [5]). Auch die Anstrengungen der orientalischen Gesellschaften mehren und steigern sich wetteifernd, um ihren Studien neue Mittel, grössere Verbreitung und tiefere Begründung zu schaffen. In Calcutta sind jetzt hauptsächlich *Roër* und *Sprenger* die Treiber und Förderer; ersterer hat die Bibliotheca Indica ins Leben gerufen, letzterer ist unablässig mit der Veröffentlichung persischer und arabischer Texte beschäftigt. In Bombay vertreten *J. Wilson* und *Isenberg* unsere Interessen. In der Thätigkeit der Londoner asiatischen Gesellschaft bildet die Bekanntmachung der Arbeiten *Rawlinson's* einen Glanzpunkt. Die dortige geographische Gesellschaft unterstützte *Wallin's* Reise in Arabien, und war bereit, in Verbindung mit der russischen Regierung für eine zweite Unternehmung dieses zweiten Burckhardt neue Opfer zu bringen, als er leider plötzlich durch den Tod abgerufen wurde. Die asiatische Gesellschaft zu Paris hat den glücklichen Gedanken gefasst, eine Sammlung orientalischer Classiker mit französischer Uebersetzung in möglichst wohlfeilen Ausgaben zu besorgen, und sind dafür zunächst einige Werke der arabischen Litteratur, Ibn Batûta's Reise, Masʿûdî's goldene Wiesen und Ibn Hišâm's Biographie Muhammad's in Vorschlag gebracht worden. Auch unsre eigene Gesellschaft ist fortwährend bemüht, neben der Zeitschrift, soweit ihre Mittel reichen, orientalische Druckwerke zu unterstützen, welche unten näher bezeichnet werden sollen. Recht eigentlich geht Orient und Occident zusammen in der Beiruter Gesellschaft, welche nun das erste Heft ihrer Verhandlungen bekannt gemacht hat, enthaltend, ausser Statuten, Mitgliederverzeichniss u. dgl., Vorträge und Abhandlungen verschiedener Art und verschiedenen Werthes theils von eingebornen Orientalen, theils von abendländischen Mitgliedern der Gesellschaft, alles in

4) Dr. *Vogel*, der neuerlich zu Barth stossen sollte, hat denselben noch nicht erreicht. *Barth* ist Anf. 1854 in Timbuktu angekommen.

5) Unsere Bibliothek erhielt durch Hrn. A. H. Palmer ein Zeitungsblatt (The National Era. Washington 18. Sept. 1851) mit Berichten und Artikeln über diese Expedition aus der Zeit, wo der Gedanke zuerst eine officielle Bedeutung gewann. Die Ausrüstung, wie sie in späteren Zeitungen beschrieben wurde, deutete auf die Absicht, das Gelingen womöglich auf friedlichem Wege zu erreichen oder doch sofort zu friedlichen Zwecken zu benutzen. Neuere Nachrichten stellen die Hoffnung auf glänzende Erfolge sehr in Schatten.

arabischer Sprache [6]). Etwas näher dem Westen hat sich ein neuer Grenzverein gebildet, eine *Société orientale de Constantinople*, welche eine fruchtbare Vermittlerin des Orientalismus für uns zu werden verspricht [7]). Von den Akademien hat die Wiener die syrische Reise *von Kremer's* veranlasst, dessen Reisebericht in naher Aussicht steht, während wir unten schon manche Einzelergebnisse seiner Bemühungen werden anführen können. Von den durch die Petersburger Akademie geförderten Arbeiten erregt meine Erwartung vorzüglich das Werk *Chwohlson's* über die Sabäer, nachdem ich eine vorläufige nähere Einsicht in diese weitgreifende und folgerungsschwere Untersuchung durch des Akademikers *Kunik* Analyse derselben erhalten habe [8]). Die Berliner Akademie hat ihre chinesischen Typen mobil gemacht, um sie zunächst für den Druck einer chinesischen Grammatik und einer Geschichte der chinesischen Litteratur von *Schott* zu verwenden. Unterdessen ist die neue syrische Schrift in Leipzig fertig geworden [9]), und in Paris druckt man jetzt mit arabisch-mauritanischen Lettern [10]). Endlich ist für die Catalogirung orientalischer Handschriften in den letzten Jahren gar viel geschehen, und dadurch mancher werthvolle Schatz sichtbar geworden, dessen Vorhandensein früher nur Wenigen kund war. Von dem Copenhagener Catalog ist der die hebräischen und arabischen Codices enthaltende zweite Band erschienen, jene waren von *Hohlenberg*, diese von *Olshausen* beschrieben, die Herausgabe wurde von letzterem begonnen, von *Mehren* zu Ende gebracht [11]). *Cureton* gab, von *Rieu* unterstützt, die zweite Hälfte der arabischen Handschriften des britischen Museums [12]), so dass nur noch Prolegomena und Indices zum Abschluss fehlen. Daneben ist ein Oxforder Catalog zu erwähnen [13]).

---

6) الجزء الاول من اعمال الجمعية السورية, gedruckt in Beirut (Presse der amerikan. Mission) 1852. 15 und 99 S. gr. 8.

7) S. Zeitschr. Bd. VII. S. 273 ff. Der Kriegszustand des letzten Jahres ist dem freilich entgegen.

8) Mélanges asiatiques tirés du Bulletin etc. I. S. 497—542 u. 611—687.

9) Als erste Probe ist 1853 das Evangelium Johannis nach der Harklensischen Uebersetzung von *Bernstein* herausgegeben u. d. T.: Das H. Evangelium des Johannes. Syrisch in Harklensischer Uebersetzung mit Vocalen und den Punkten Kuschoi und Rucoch nach e. Vatic. Hdschr., nebst krit. Anm. von *G. H. Bernstein*. Leipzig 1853. 8. Pr. 2 Rg. 20 ngr.

10) Auch hat die Berliner Akademie neuerlich beschlossen, eine gute syrische Schrift unter Dr. Bötticher's Leitung herzustellen.

11) Codices orientales bibliothecae Regiae Hafniensis iussu et auspiciis regiis enumerati et descripti. Pars altera. Codices hebraicos et arabicos continens. Hafniae 1851. 4.

12) Catalogus codicum manuscriptorum orientalium qui in Museo Britannico asservantur. P. II. codices arabicos amplectens (Continuatio). Londini 1852. p. 159—352. Fol. Pr. 14 s.

13) Catalogus codicum mss. qui in collegiis aulisque Oxoniensibus hodie adservantur. Edidit *H. O. Coxe*. Oxon. 1852. 2 voll. gr. 4. Pr. 14 Rg. 20 ngr.

Ferner haben wir den ersten Band der Handschriften-Verzeichnisse der Berliner königlichen Bibliothek erhalten, worin *A. Weber* die Sanskrit-Handschriften beschreibt [14]). Hier tritt nun der Reichthum dieser Sammlung vorzüglich in der Vedalitteratur (die Gesetzbücher sind von *Stenzler* verzeichnet, ein vorläufiges Verzeichniss war schon früher von *Hoefer* gefertigt worden) recht imponirend vor die Augen, und wird dadurch Uebersicht und Kenntniss dieser Litteratur ausserordentlich gefördert. Möchten nur bald auch die indischen Manuscripte des British Museum, des East India House und der Pariser Bibliothek von so kundiger Hand gemustert und verzeichnet werden! Noch ist auf die beigegebenen Tafeln mit *Gosche's* Erklärung aufmerksam zu machen, von welchen die erste, Miniaturen aus indischen Handschriften darstellend, auch Werth für die Kunstgeschichte hat. Dieses Buch ist durch königliche Munificenz unter Aufsicht und Anordnung des Oberbibliothekars Geh. Rath *Pertz* prachtvoll ausgestattet, obwohl der deshalb gesteigerte Preis die Anschaffung und Nutzung sehr erschwert. Ebendies gilt auch von dem Catalog der orientalischen Handschriften der kaiserlichen öffentlichen Bibliothek zu St. Petersburg [15]), etwa 900 Numern theils wirkliche Handschriften, theils chinesische, tibetische und mongolische Holzdrucke. Verfasser dieser trefflichen Arbeit ist Staatsrath *von Dorn*, nur die Indica hat Dr. *Rost* verzeichnet. Von dem Leydener Catalog hat *Dozy* die ersten beiden Bände geliefert [16]), welche ausser einem Prologus über die Geschichte dieser Sammlung und die vielen immer wieder gestörten Versuche des Catalogirens derselben die Fächer der Encyclopädie und Bibliographie, Grammatik, Lexicologie, Metrik, Rhetorik, Epistolographik, der Gnomen und Sprichwörter, Anthologik und Belletristik, Poesie, Kosmographie und Geschichte umfassen. Abermals ist die Arbeit des Catalogirens wegen veränderter amtlicher Stellung des Prof. Dozy in andere Hände übergegangen. Möge Hr. *Kuenen*, der dem Vernehmen nach die mathematischen und astronomischen Hdschrr. bereits verzeichnet hat, das Werk bald zu Ende bringen! Noch verlautet, dass *Ballantyne* einen Catalog der Sanskrit-Handschriften des Collegiums von Benares unter der Presse hat, und dass die sämmtlichen Handschriften der öffentlichen Bibliotheken Constantinopels auf Befehl des Sultans verzeichnet werden sollen,

---

14) Die Handschriften-Verzeichnisse der Königlichen Bibliothek herausg. von dem k. Oberbibliothekar Geh. Regierungsrath Dr. *Pertz*. *Erster* Band. Verzeichniss der Sanskrit-Handschriften von Hrn. Dr. *Weber*. Mit 6 Schrifttafeln. Berlin 1853. 481 S. gr. 4. Pr. 12 Rthlr.

15) Catalogue des manuscrits et xylographes orientaux de la bibliothèque impériale publique de St. Pétersbourg. St. Pétersb. 1852. 4. Pr. 10 Rthlr.

16) Catalogus codicum orientalium bibliothecae academiae Lugduno-Batavae, auctore *R. P. A. Dozy*. Vol. I. II. Lugduni Batavorum 1851. 8.

was wohl mit der noch nicht sehr constatirten Thätigkeit der dort errichteten Akademie der Wissenschaften zusammenhängt.

Wende ich mich nun zu den allgemeineren Werken, welche den Orient überhaupt angehen oder mehrere Theile des Orients, seiner Geschichte, Gebräuche u. s. w. umfassen, so treten mir, ausser einer Anzahl Bücher geringeren Werthes, sogleich einige bedeutendere historische und geographische Arbeiten entgegen, vor allem der erste Band von *Duncker's* Geschichte des Alterthums, der von den Aegyptern, Babyloniern, Phöniciern, Assyrern und Hebräern handelt [17]). Es sind hier die neuerlich auf orientalischem Boden in so grosser Menge hervorgetretenen bedeutsamen Monumente und tiefgehenden Einzelforschungen zum ersten Male durch einen Historiker von Fach mit scharfsinniger Combination und in ansprechender Darstellung verarbeitet und überall besonders der innere politische und religiöse Entwickelungsgang der orientalischen Völker dargelegt, auch die Chronologie sorgfältig behandelt worden. Wenn nun auch vielleicht manche der angenommenen Deutungen und darauf gebauten Schlüsse durch neu zu Tage kommende Denkmale und durch fortgesetztes Studium derselben wieder fallen sollten, so bleibt dem Verfasser jedenfalls das Verdienst, den neuen Forschungen, wie sie gegenwärtig sich gestaltet haben, in der Gesammtanschauung des Alterthums ihre Stelle bezeichnet zu haben [18]). Neben diese Leistung stelle ich die gleichzeitig erschienene 14te Lieferung von *Spruner's* historisch-geographischem Handatlas, welche zehn Karten zur Geschichte Asiens enthält, voller und correcter als Klaproth's Tableaux historiques de l'Asie. Die letzte Lieferung von 1853 (acht Karten zur Geschichte Afrika's, Amerika's und Australiens) geht uns weniger an. Dagegen gehört Mehreres hieher aus *Lelewel's* Géographie du moyen âge [19]). *Eadie's* Werk über Geschichte des alten Orients ist ein mit Geschick geschriebenes, aber für die Wissenschaft nicht bedeutendes Compendium, eigentlich ein Theil der Cabinet Edition der englischen Encyclopaedia Metropolitana [20]). Die „Ethnographischen Streifzüge ins Alterthum", welche wir in einer Reihe von Artikeln im Cotta'schen

---

17) Geschichte des Alterthums von *Max Duncker.* Bd. 1. Berlin 1852. 8. Pr. 2 Rf.

18) Der geehrte Referent, der über dieses Buch in unsrer Zeitschr. Bd. VI. S. 430 ff. berichtet, hat demselben, wie mich dünkt, seine Anerkennung etwas karg zugemessen. Der 2. Band, welcher durch die Darstellung der Inder, Baktrer, Meder, Perser, Lyder u. a. die Geschichte des Orients in der alten Zeit abschliesst, ist 1853 erschienen.

19) Géographie du moyen âge. Accomp. d'atlas et de cartes. Par *Joachim Lelewel.* 4 vols. Brüssel 1852. 8. Preis mit Atlas 14 Rf. (Das Buch enthält u. a. viel über Kartographie und geographische Systeme der Araber.)

20) Early Oriental History, comprising the Histories of Egypt, Assyria, Persia, Lydia, Phrygia and Phoenicia. Edited by *John Eadie.* London 1851.

Ausland von 1852 gelesen haben, waren meist nach *Vivien de St. Martin's* Aufsätzen in den Nouv. annales des voyages Jahrg. 1848 ff. gearbeitet, und behandelten zum Theil die schwierigsten Fragen der alten Ethnographie mit ungleichem Erfolg. Das orientalische Alterthum ist auch Gegenstand der Schriften von *Wippermann* [21]) und *Ferdinand Hoefer* [22]). Dazu nenne ich hier ein für äusserlichen Zweck bestimmtes Handbuch von *Vaux*, das ein Führer unter den Alterthumsschätzen des britischen Museums seyn soll [23]). Die Religionen des alten Orients betreffen Schriften von *Carové*, diese freilich mangelhaft und unselbständig etwas von ägyptischer, chinesischer, persischer und jüdischer Religion für Laien zusammenraffend [24]) und von *Lutterbeck*, wenigstens das spätere Judenthum (freilich auch das B. Zohar als Vorstufe des Christenthums!), die Samaritaner, das Aegyptisch-Hellenistische in Betracht ziehend [25]). Zum Theil gehören hieher auch die von *Miller* aufgefundenen, vielleicht von Hippolytus, vielleicht von Caius verfassten „Philosophumena", obwohl gerade die uns wichtigsten Abschnitte der für die Geschichte des christlichen Alterthums so reiche Ausbeute gebenden Schrift verloren sind [26]). Sie ist unter den neuen Quellen für das christliche Alterthum, welche *Nève* bespricht [27]), noch nicht aufgeführt. Andere einzelne Gegen-

---

21) Die altorientalischen Religionsstaaten. Von *Eduard Wippermann*. Marburg 1851. 8. (Die Tendenz ist eigentlich politisch und gegen den Stahl'schen Begriff vom christlichen Staat. Die Darstellung ruht zum Theil auf unzureichenden Hülfsmitteln.)

22) Chaldée, Assyrie, Médie, Babylonie, Mésopotamie, Phénicie, Palmyrène, par *Ferd. Hoefer*. Par. 1852. 8. Mit 30 Tafeln, 1 Karte und eingedruckten Holzschnitten. Es bildet einen Theil des Univers pittoresque. Asie. T. IX.

23) Handbook to the Antiquities in the British Museum; being a Description of Greek, Assyrian, Egyptian, and Etruscan Art preserved there. By *W. S. W. Vaux*. Lond. 1851. 8. mit Holzschn. Pr. 7 s. 6 d. — Eine deutsche Uebersetzung von *Theod. Zenker* erschien zu Leipzig 1852. 8.

24) Vorhalle des Christenthums oder die letzten Dinge der alten Welt. Ein weltgeschichtlicher Rückblick auf die vorchristlichen Religionen von *F. W. Carové*. Jena 1851. 8.

25) Die neutestamentlichen Lehrbegriffe oder Untersuchungen über das Zeitalter der Religionswende, die Vorstufen des Christenthums und die erste Gestaltung desselben. Von *J. Ant. Bernh. Lutterbeck*. Bd. 1. Die vorchristliche Entwickelung. Mainz 1852. 8. (Nur dieser 1. Band geht uns hier an.)

26) *Origenis* Philosophumena s. omnium haeresium refutatio. E cod. Paris. nunc primum ed. *Emmanuel Miller*. Oxon. 1851. 8. Vgl. die hierauf bezüglichen Schriften und Abhandlungen von *Bunsen*, *Jacobi* u. A, auch *Maury*, études sur les documents mythologiques, contenus dans les Philosophumena d' Origène, in Revue archéol. VIIIe année 1851. S. 233 ff. 364 ff. 635 ff.

27) Revue des sources nouvelles pour l'étude de l'antiquité chrétienne en Orient, par *Félix Nève*. Louvain 1852. 100 S. 8. („édition revue et augmentée des articles publiés dans la Revue catholique, 3e série, t. III;

stände behandeln *Spiegel* [28]), *d'Eschavannes* [29]), *Sedillot* [30]). Von *Curzon's* „Klöstern der Levante" ist eine deutsche Uebersetzung erschienen [31]). Hervorzuheben wäre die ein ganz neues Interesse weckende Abhandlung des Herzogs *de Luynes* über altkyprische Denkmäler, wenn ich mich darüber nicht schon in unsrer Zeitschrift weiter geäussert hätte [32]). Vielleicht sollte ich noch *Ritter's* akademischen Vortrag über die Verbreitung der Baumwolle erwähnen [33]), und etwas zur orientalischen Kosmetik Gehöriges von *Hille* [34]). *Bland's* Artikel über das Schachspiel [35]) ist eine interessante Ergänzung zu Thomas Hyde's seltenem Büchlein De ludis orientalibus.

Wie schon einige der vorhin genannten Schriften theilweise eine comparative Tendenz haben, so gehört dahin ausgesprochener Maassen die ganze Reihe der zunächst folgenden, die sich theils auf dem Gebiete der vergleichenden Sprachforschung bewegen, theils orientalische Sitte, Kunst, Mythologie u. dgl. im Abendlande aufsuchen. Von *Bopp's* vergleichender Grammatik ist 1852 die 6. Abtheilung erschienen und damit ein Meisterwerk der

---

Nouv. série, t. I. 1851 et 1852, sous le titre de: Quelques souvenirs de l'antiquité chrétienne en Orient.")

28) Die Alexandersage bei den Orientalen. Nach den besten Quellen dargestellt von *F. Spiegel.* Leipz. 1851. 8. Pr. 15 ngr (giebt hauptsächlich eine Sammlung von Stellen aus pers. Dichtern, wie Firdosi, Nizami, und aus einigen arab. und pers. Historikern. Ergänzungen dazu aus dem türk. Tabari von *Weil* s. in den Heidelberg. Jahrbb. 1852. Nr. 13. 14.).

29) Les familles d'Orient. — Histoire de la famille de Lusignan. 1er article par *M. E. d'Eschavannes*: in Revue de l'Orient 1852. Mars p. 136—149. 2e art. Juin p. 363—376. 3e art. Juillet p. 46—60. 4e art. Sept. p. 182—191. Dazu: Les rois de l'Arménie au XIVe siècle, ebend. Nov. p. 315—320. (Es sind die Familien der Hugo, Guido, Peter, Heinriche u. s. w., die als Könige von Cypern und Jerusalem, Grafen von Jaffa etc. figuriren.)

30) Traité du calendrier arabe, extrait de la Chronologie universelle. Par M. *Sédillot.* Paris 1851.

31) Besuche in den Klöstern der Levante. (Reise durch Aegypten, Palästina, Albanien und die Halbinsel Athos.) Von *Rob. Curzon.* Nach d. 3. Aufl. deutsch von *N. N. W. Meissner.* Nebst 12 Tafeln und 2 Musikbeilagen. Leipzig 1851. 8. Pr. 2 Rthl. 24 ngr.

32) Numismatique et inscriptions Cypriotes par *H. de Luynes.* Paris 1852. Fol. Vgl. Ztschr. Bd. VII. S. 124 ff.

33) *C. Ritter*, über die geographische Verbreitung der Baumwolle und ihr Verhältniss zur Industrie der Völker alter und neuer Zeit. 1. Abschn. Antiquarischer Theil: in den Philol. und histor. Abhandlungen der k. Akad. d. Wiss. zu Berlin aus d. J. 1851. Berlin 1852. 4. S. 297—359.

34) Ueber den Gebrauch und die Zusammensetzung der orientalischen Augenschminke (الكُحل). Von Dr. *Hille*: in Ztschr. V. S. 236—242.

35) On the Persian Game of Chess, by *N. Bland*: in Journ. of the R. As. Soc. Vol. XIII. part 1. Lond. 1851. S. 1—70. Vgl. Zeitschr. Bd. VII. S. 251.

vergleichenden Sprachwissenschaft glücklich zu Ende gebracht, dessen Erscheinen im Verlauf von zwanzig Jahren (die erste Abtheilung 1833) das Publicum mit ungetheiltem Interesse verfolgt hat. Neuerlich gab *Rapp* den ersten Band eines Grundrisses der Grammatik des indisch-europäischen Sprachstammes, nach den bekannten physiologischen Grundsätzen des Verfassers gearbeitet, mit fleissiger Berücksichtigung des Slavischen [36]). Weiter gehören hieher, ausser mehreren Abhandlungen in *Hoefer's* Zeitschrift für die Wissenschaft der Sprache (z. B. *Schweizer's* Beiträge zur Syntax, über die Sprache der J'aina's vom Herausgeber) und in der Zeitschrift für vergleichende Sprachforschung von *Aufrecht* und *Kuhn*, welche letztere seit dem Jahr 1851 besteht und bereits Tüchtiges geleistet hat, *Schott's* akademische Vorlesung über mongolische und indisch-europäische Sprachwurzeln [37]), *Lorenz Diefenbach's* vergleichendes Wörterbuch der gothischen Sprache (Frankf. a. M. 1851. 4.), *Böhtlingk's* Beiträge zur russischen Grammatik [38]), auch die Schriften von *Schleicher* [39]) und von *Miklosich* [40]) über slavische Sprachen, sowie *Holmboe's* Wörterbuch der nordischen Sprachen [41]) und *Wilh. Bleek's* Abhandlung über das Genus in den südafrikanischen, der koptischen und den semitischen Sprachen [42]), wozu ein neuerer Aufsatz desselben Verfassers kommt „Ueber afrikanische Sprachenverwandtschaft" [43]). Als ein Specimen extravaganter Sprachmengerei und

---

36) Grundriss der Grammatik des indisch-europäischen Sprachstammes von *Moriz Rapp*. Bd. 1. Stuttgart und Tübingen 1852. 8. (auch u. d. T. Vergleichende Grammatik von *M. R.* Encyclopädische Abtheilung). Vgl. Steinthal in Aufrecht und Kuhn's Ztschr. II, 4. S. 276 ff.

37) Monatsber. der k. Akad. der Wiss. zu Berlin, März 1851, S. 199—208.

38) Bulletin de la cl. des sciences hist. philol. et polit. de l'acad. impér. de St. Pétersb. T. IX. No. 3. 4. 6. 7.

39) Die Formenlehre der kirchenslavischen Sprache, erklärend und vergleichend dargestellt von Dr. *Aug. Schleicher*. Bonn 1852. 8. Pr. 2 *Rt.* 10 *ngr.* (Mit e. Einleitung über das Slavische in seinem Verhältniss zu den andern Familien des indogermanischen Sprachstammes.)

40) Vergleichende Grammatik der slavischen Sprachen, von *Fr. Miklosich*. Bd. 1. Lautlehre Wien 1852. 8. (Von der k. Akad. der Wiss. zu Wien gekrönte Preisschrift.)

41) Det norske Sprog væsentligste Ordforraad, sammenlignet med Sanskrit og andre Sprog af samme Æet. Bidrag til en norsk etymologisk Ordbog af *Chr. Andr. Holmboe*. Wien (k. k. Hof- und Staats-Druck.) 1852. 4. (in Comiss. b. Kummer in Leipzig). Mit Unterstützung der nordischen Gesellschaft der Wissenschaften gedruckt. Vgl. Brockhaus in d. Ztschr. Bd. VII. S. 123 f.

42) De nominum generibus linguarum Africae australis, Copticae, Semiticarum aliarumque sexualium. Scr. *Guil. Bleek*. Bonnae 1851. 60 S. 8. Pr. 12 *ngr.*

43) Monatsber. der geograph. Gesellsch. zu Berlin. Neue Folge, Bd. X. 1853. S. 18—40.

wildphantastischer Vergleichung führe ich in der Note [44]) die uns zugekommenen Blätter über „natürliche Etymologie" von *Parrat* an. Auf Grundsätze verwandter Art stützt sich die Vergleichung bei *E. Pococke* [45]). Vertriebene Buddhisten waren es, die von Indien her Griechenland und Italien, Aegypten und Palästina colonisirten, auch die grossen skandinavischen Völkerfamilien begründeten, „the early Britons inclusive". Griechenland namentlich behält nach Hrn. Pococke's neuer Interpretationsweise nichts Originelles, nicht einmal das athenische Symbol der *Τέττιξ*. Alle Namen von Bergen, Flüssen, Städten u. s. w. der genannten Länder stammen aus Indien, und zwar Rom von Rama, Attika von dem kleinen Orte Attak am Indus, Patavium heisst Buddha's Stadt, Padus Buddha's Fluss, die Hyperboräer sind nach Kheiberpur benannt, u. dgl. mehr. Die mythologischen Vorstellungen von Zeus, Poseidon, Leto, Apollo u. s. w. werden durch die ätzenden Zersetzungen dieser Methode zu reiner Geschichte. Um wie viel besonnener ist dagegen *Brugsch's* Behandlung der Adonisklage [46]), obwohl auch seine Vergleichungen weit, ja bis in die katholische Kirche hinein reichen. Unter der wohlbekannten Chiffre eines berühmten Archäologen (L. R.) lasen wir in der Augsburger Allgem. Zeitung [47]) einen an Dennis' Werk über Etrurien anknüpfenden Artikel, der da zeigte, wie das Orientalische in den etruskischen Bildwerken und Kunstsachen nicht zu verkennen ist, ägyptische und assyrisch-babylonische Motive, wie der Vf. sich ausdrückt, aber nicht national-ägyptisch und assyrisch, sondern „auf der ersten Stufe der Nachbildung", die Spuren „eines mit ägyptischer und assyrisch-babylonischer Kunst bekannten semitischen, jedoch mit andern Elementen vermischten Volksthums". Wenn ich nun die politischen Raisonnements über unsere Beziehungen zum Orient, wovon mir u. a. die „Rückblicke" im Ausland (1851. Nr. 306 u. spätere Artikel) und wieder die „Zeitbetrachtungen" (ebend. 1852. Nr. 258) in gutem Andenken sind, wenn ich die jetzt wirklich zur brennenden gewordene „orientalische Frage" als in einen nur bis Ende 1852 reichenden Bericht nicht gehörig übergehe, so habe ich von allgemeineren Sachen vielleicht nur noch zu berühren, dass die numismatischen Zeitschriften, wie die von *Köhne* herausgegebenen Mémoires der Peters-

---

44) Principes d'étymologie naturelle basés sur les origines des langues sémitico-sanscrites par *H. J. F. Parrat*, ancien professeur. Paris 1851. 63 S. 4. Der Hauptabschnitt führt die Aufschrift: Origine sémitique des langues indo-européennes prouvée par l'analyse du premier chapitre de la Genèse, présentée en tableau synoptique des analogies hébréo-sanscrites.

45) India in Greece; or, Truth in Mythology. By *E. Pococke*. Lond. 1852. 8. Pr. 12 s.

46) Die Adonisklage und das Linoslied. E. Vorlesung von Dr. *H. Brugsch*. Mit e. lith. Tafel. Berlin 1852. 33 S. 8.

47) A. Z. 1852. Beil. zu Nr. 221 u. 222.

burger archäologischen Gesellschaft, und die von *Pinder* und *Friedländer* im J. 1851 begonnenen „Beiträge zur ältern Münzkunde" manches Treffliche und Wichtige für uns enthalten, z. B. letztere *Friedländer's* Artikel über fränkische im Orient geprägte Münzen, *Koner* über lycische Münzen, *Parthey* über die Gaumünzen Aegyptens u. A. [48]), wozu ich noch die Abhandlung von *Torrens* über einen schwierigen Punkt in Sachen der indo-skythischen Münzen füge [49]).

Bei der litterarischen Wanderung durch die einzelnen Reiche und Gebiete des Orients will ich diesmal von Hinterasien beginnen. Ich erwähnte gegen Ende meines vorigen Berichts [50]) des Thronwechsels, der in China stattfand. Der seitdem verstorbene *Gützlaff* veröffentlichte eine Lebens- und Regierungsgeschichte des mit Tode abgegangenen Kaisers Tao-Kuang in englischer Sprache, worauf gleichzeitig zwei deutsche Uebersetzungen folgten [51]). Der neue Kaiser Jetschu, genannt Hien-fong (Fülle des Glücks), bestieg den Thron von Peking am 25. Februar 1850, und nächstdem lasen wir in den Zeitblättern von einer Revolution, die sich in der Provinz Kuangsi erhob, seitdem weiter und weiter um sich griff, und jetzt für die herrschende Dynastie immer gefährlicher geworden ist [52]). Die unausbleiblichen und sicherlich tief greifenden Folgen dieser Revolution des himmlischen Reichs, in Verbindung mit der fortgehenden massenhaften Auswanderung der Chinesen nach Californien und Australien, die Eröffnung Japan's für den Verkehr, wenn sie gelingt, dazu der Krieg

---

48) Vgl. Zeitschr. Bd. VI. S. 425 ff.

49) Translation of some uncertain Greek legends on coins of the Indo-Scythian princes of Cabul. By *H. Torrens*: in Journ. of the As. Soc. of Bengal. 1851. No. 2. S. 137—153.

50) Zeitschr. Bd. V. S. 463.

51) The life of Taou-Quang, late Emperor of China; with Memoirs of the Court of Peking. By the late Rev. *Charles Gutzlaff*. London 1851. 8. Vgl. Athen. 6. März. 1852. S. 274. — Das Leben des Tao-Kuang, verstorbenen Kaisers von China. Nebst Denkwürdigkeiten des Hofes von Peking und einer Skizze der hauptsächlichsten Ereignisse in der Geschichte des chinesischen Reiches während der letzten fünfzig Jahre. Von *Karl Gützlaff*. Aus d. Engl. Leipz. b. Dyk. 1852. 8. Pr. 20 Ngr. — Leben des Kaisers Tao-Kuang. Memoiren des Hofes zu Peking und Beiträge zu der Geschichte China's während der letzten 50 Jahre. Aus dem Engl. v. *Jul. Seybt*. Leipz. b. Lork. 1852. 8. Pr. 1 Rthlr.

52) Man s. u. A. die Artikel von N. (Neumann) in der Allgem. Zeitung 1852, Beilage zu Nr. 84, ferner ebend. Beil. zu Nr. 115 und zu 116, und Beil. zu Nr. 299, auch 1853 Beil. zu Nr. 82, 97, 107, 109, 209. Ferner die Nachrichten katholischer Missionare in den Annalen der Propaganda, in l'Univers, und hiernach in der Allg. Zeit. 1853, Beil. zu Nr. 201 ff., auch die Geschichte des Aufstandes in China von *Callery* und *Yvan* vom J. 1853. Ein Hauptschlag der Rebellen war die Eroberung von Nanking, worauf die von Schanghai folgte. Das nächste Ziel ist Peking selbst. Vgl. auch die von *Brockhaus* mitgetheilten Documente, in d. Zeitschr. der D. M. G. Bd. VII, S. 628 ff.

der Engländer mit den Birmanen und andere Ereignisse, die sich leicht daran knüpfen können, scheinen eine veränderte Gestaltung der Völkerverhältnisse in diesem äussersten Osten für die Zukunft in Aussicht zu stellen. Mag es unbegründet seyn, dass der Aufstand in China das christliche Banner aufgepflanzt, wie vielfach berichtet wurde, so verlautet doch, dass, vielleicht in Folge solcher Gerüchte, die chinesische Bureaukratie sich immer feindseliger gegen die Missionare und das Christenthum stellt, und dass satyrische Gedichte gegen die Bibel und gegen „die Barbaren" geschleudert werden. Jedenfalls wissen wir jetzt, dass die buddhistischen Götzen und Heiligthümer von den Rebellen zerstört werden, und dass die Tendenz der Unternehmung dahin geht, die herrschende Mandschu-Dynastie zu stürzen. Die Erforschung des Landes durch europäische Reisende hat einige Fortschritte gemacht, am meisten durch *Robert Fortune*, der im Auftrag seiner Regierung die Thee-Districte untersuchte und als Chinese verkleidet mit ungewöhnlicher Leichtigkeit Land und Leute beobachtet und recht lebendig geschildert hat [53]). *Lavollée* war bei der französischen Mission, welche den Vertrag von Whampoa abschloss; seine Reise fällt in die Jahre 1843 bis 1846 und berührt auch Java und andere Punkte [54]). In dieselbe Zeit fällt die schon im J. 1850 gedruckte Reise des Dr. *Melchior Yvan* [55]). Mehrere Küstenstädte und Inseln des chinesischen Meeres besuchte *Jurien de la Gravière* [56]). Ueber das Wagniss des Missionar *Venault*, in die Mandschurei einzudringen, lesen wir einen Bericht in der Revue de l'Orient [57]). *J. Francis Davis*, der während des chinesisch-englischen Kriegs Gouverneur in Hongkong war, beschenkte uns mit einer Geschichte dieses Kriegs, worin er manche interessante, zum Theil auch ergötzliche Documente mittheilt, die von der wunderlichen Auffassung der damaligen Ereignisse bei den Chinesen und ihrer Grosssprecherei ein belustigendes Zeugniss geben [58]). Ein Amerikaner

53) A Journey to the Tea Countries of China, including Sung-Lo and the Bohea Hills; with short Notice of the East India Tea Plantations in the Himalaya Mountains. By *Robert Fortune*. Lond. 1852. 8. Mit Karte u. Illustr. S. Athen. 1 Mai 1852, S. 481 ff.

54) Voyage en Chine etc., par M. *C. Lavollée*. Par. 1852. 8. Pr. 6 Fr.

55) La Chine et la presqu'île Malaise. Relation d'un voyage accompli en 1843—1846, par le docteur *Melchior Yvan*. Par. 1850. 8.

56) Seine Berichte stehen in der Revue des deux mondes 1851. 1. Sept. 15 Oct. 1 Dec., 1852. 15. Jan. 15. März u. s. w., und hiernach auch im Ausland 1851. Sept. Nr. 217 ff., 1852 Febr. Nr. 40 ff. u. f. Die späteren Artikel, z. B. Revue d. deux mondes 1853. 1 Jan. beziehen sich auch auf den indischen Archipelagus.

57) Jahrg. 1852. Apr. S. 224—237.

58) China, during the War and since the Peace. By Sir *John Francis Davis*. London 1852. 2 vols. 8.

ferner, Namens *Williams*, war zwölf Jahre lang Buchdrucker der Mission in Canton und Macao, und sammelte dort mit Fleiss das Material zu einer Schilderung China's, die mir nur in der Uebersetzung bekannt geworden ist [59]). Eine Abhandlung von einem andern Amerikaner, Rev. *Samuel R. Brown*, stellt die Bedingungen der so eigenthümlichen chinesischen Bildung in geschickter Weise dar [60]). Von den Transactions of the China Branch of the R. Asiatic Society ist das erste Heft 1851, das zweite 1852 zu Hongkong gedruckt; das letztere enthält, wie mir Prof. Brockhaus mittheilt, eine werthvolle Abhandlung über die chinesischen Münzen von den ältesten Zeiten bis auf das Erlöschen der Ming-Dynastie, mit ungef. 700 Abbildungen. Derselbe Freund giebt mir Notiz von einem in Shang-haï durch *Medhurst* edirten Chinese Miscellany, das beachtenswerthe Beiträge lebender chinesischer Schriftsteller enthalten soll. *Stan. Julien* vollendete die Uebersetzung einer chinesischen Abhandlung über die Fabrication des Porcellans in China mit einer Geschichte derselben: was auch praktisch-industriellen Nutzen bringen mag, wie seine frühere Zusammenstellung der chinesischen Vorschriften über die Erziehung der Seidenwürmer praktisch eingewirkt hat. Derselbe las bereits im J. 1851 in der Pariser Akademie ein Stück seiner Uebersetzung der Lebens- und Reise-Geschichte des chinesischen Buddhisten Hiouen-Thsang, der im 7. Jahrh. nach Indien pilgerte [61]). *Bazin* hat seinen langen Aufsatz über die chinesische Litteratur im Jahrhundert der Youên mit Musterung der dramatischen Werke und einem alphabetischen Verzeichniss der Schriftsteller nebst biographischen Notizen beschlossen [62]). *Pavie* gab den 2. Theil seiner Uebersetzung der Geschichte der drei Reiche, eines historischen Romans, dessen 1. Theil 1845 erschien [63]).

---

59) Das Reich der Mitte. Eine Uebersicht der Geographie, Regierung, Erziehung, des socialen Lebens, der Künste, Religion u. s. w. des chinesischen Reichs und seiner Bewohner von *S. Wells Williams*. Aus d. Engl. übers. von *C. L. Collmann*. Bd. I. Abth. 1: China, die Mandschurei, Mongolei, Cobdo, Kokonor, Ili und Tibet in geograph., statist. und naturhist. Beziehung. Cassel 1852. 8. m. Illustr. u. e. Karte. Pr. 1 *Rb* 15 *ngr*. Abth. 2. (Gesetzgebung und Regierung, Erziehung, Sprache u. Litteratur.) 1853.

60) Chinese Culture: or Remarks on the Causes of Peculiarities of the Chinese, by Rev. *Samuel R. Brown*: im Journ. of the Amer. Or. Soc. vol. VII, S. 169—206.

61) Histoire de la vie d'Hiouen-Thsang et de ses voyages dans l'Inde entre les années 629 et 645 de notre ère. Trad. du chinois. Fragment lu à l'Acad. des inscr. et belles-lettres par M. *Stan. Julien*: in den Nouv. Annales des voyages 1851, auch besonders Paris 1851. 72 S. 8. (Das Ganze ist jetzt 1853 erschienen, s. Ztschr. Bd. VII. S. 437 ff.)

62) Journ. asiat. T. XVII—XIX. 1851 u. 52. Das Ganze ist auch als Sonderdruck erschienen Paris 1850. 8.

63) San-Koué-Tchy, Ilan Kouroun-i-Pithé, histoire des trois royaumes, roman hist., trad. sur les textes chinois et mandchou, par *Théodore Pavie*. T. II. Paris 1851. 8.

Zwei ältere Dichtungen übersetzte *Pfitzmaier* [64]), und über das I-king schrieb *Piper* [65]). Die mühsame Revision der chinesischen Bibelübersetzung wurde im J. 1851 vollendet, und Missionar *Dean* liess die Genesis mit erklärenden Anmerkungen in chinesischer Sprache drucken, ohne Zweifel der erste Versuch dieser Art [66]). Vorschläge zu zweckmässiger Einrichtung eines chinesischen Wörterbuchs machte *Brockhaus* [67]). *Gützlaff* hatte zwanzig Jahre lang für sein chinesisches Wörterbuch gesammelt, er schrieb nicht lange vor seinem Tode aus Honkong, dass er es demnächst zum Druck zu ordnen denke; ich weiss nicht, in welchem Zustande er es hinterlassen hat. In Ningpo will der Missionar *Cobbold* den Versuch machen, ein Lexicon des dortigen Dialects mit lateinischen Lettern drucken zu lassen [68]). Dass wir von *Schott* eine chinesische Grammatik und eine Geschichte der chinesischen Litteratur zu erwarten haben, ist schon oben erwähnt.

Zur Kunde Japan's gehören, ausser einigen neu erschienenen Sectionen des *von Siebold*'schen Nippon, Archiv zur Beschreibung Japan's u. s. w., ein niederländisches Werk von *Levyssohn*, der fünf Jahre lang an der Spitze der holländischen Factorei auf Desima stand [69]), und ein englisches von *Mac Farlane* [70]). Auch *Golownin's* „Japan and the Japanese" ist neu aufgelegt [71]). Ein anderes in London erschienenes Buch [72]) ist nur eine Compilation. Für Erforschung der japanischen Sprache war hauptsächlich *Pfitzmaier* thätig durch den Beginn eines Wörterbuchs [73]). Den Inhalt der von demselben früher herausgegebenen und übersetzten

---

64) Das Li-Sao und die neun Gesänge. Zwei chines. Dichtungen aus d. 3. Jh. vor der christl. Zeitrechnung. Von Dr. *A. Pfitzmaier.* Wien 1852. 32 S. Fol.: aus den Denkschriften der kais. Akad. d. Wiss. zu Wien.

65) Ueber das I-King. Die verschiedenen Bestandtheile des Buches und ihre Verständlichkeit. Von Dr. *Gottf. O. Piper:* in Ztschr. V. S. 195—220.

66) Genesis, with explanatory Notes. By *W. Dean.* Hongkong 1850.

67) Zeitschr. Bd. VI. S. 532 ff.

68) Missionary Register 1852 March, Kitto's Journ. 1852, Apr. S. 264.

69) Bladen over Japan, verzameld door *J. H. Levyssohn.* Gravenhage 1852. 8. Vgl. *N.* [Neumann] in Allg. Zeitung 1853, Beilage zu Nr. 156.

70) Japan: an Account, Geographical and Historical, from the Earliest Period at which the Islands composing this Empire were known to Europeans down to the Present Time. By *Charles Mac Farlane.* With Numerous Illustrations. London 1852. 8.

71) London 1852. 2 vols. 8. Pr. 15 s.

72) The Manners and Customs of the Japanese in the Nineteenth Century. From recent Dutch Travels, especially the Narrative of von Siebold. Lond. 1852. 8. Pr. 6 s.

73) Wörterbuch der japanischen Sprache. Von *August Pfitzmaier.* Erste Lief. Wien, in Comm. b. C. Gerold und Sohn. Gedruckt bei den P. P. Mechitharisten 1851. 80 sich gegenüberstehende Doppelseiten (zur Hälfte [das Chines.] lithogr., zur Hälfte gedruckt) in 4. Vgl Brockhaus in der Ztschr. VI. S. 450 ff.

„Sechs Wandschirme" legte *William W. Turner* dar im Journal der American Oriental Society (Vol. II. 1851. S. 29—54), und in einem Anhange zu diesem Aufsatz finden wir eine Probe der neuesten in Japan gegossenen Typen von dem schon oben genannten Missionsbuchdrucker *Williams* (ebend. S. 55—60). *Hoffmann* in Leyden hat den Druck einer japanischen Grammatik beinahe vollendet. Ueber den Bau der Aino-Sprache, die auf den Inseln Jesso, Sachalin, Iturup und Urup gesprochen und mit der japanischen Sylbenschrift geschrieben wird, gab uns *Pfizmaier* die erste ausführlichere Kunde [74]), wobei er ein in Japan gedrucktes Werk Mo-siwo-gusa, das 3000 Wörter verzeichnet und einige Texte enthält, zu Grunde legte und die Dawidow'sche Wörtersammlung kritisch benutzte [75]).

Was die Inseln des indischen Meeres betrifft, so hat für die Sprachforschung *John Crawfurd's* malaische Grammatik und Lexicon grosse Bedeutung [76]), jetzt ohne Zweifel das beste und vollständigste Hülfsmittel zum Erlernen dieser Sprache. Der Vf., längst bekannt durch seine History of the Indian Archipelago, hat 12 Jahre unter Malaien beobachtet und gesammelt, dann in der Heimath das Material geordnet und verarbeitet; auch unterstützte ihn Marsden mit einem vielfach berichtigten Exemplar seines Lexicons. In der einleitenden Abhandlung entwickelt der Vf. gesunde Grundsätze der Sprachforschung; im Gegensatz zu der gangbaren Meinung völliger Spracheinheit auf den malaischen Inseln sucht er gewisse Scheidungen aufzuzeigen. Einen Abriss der malaischen Annalen giebt *Braddell* auf Grund von Dr. Leyden's Uebersetzung, mit Berichtigungen nach dem in Singapore gedruckten Original [77]). Vom Journal of the Indian Archipelago haben wir lange nichts für unsre Bibliothek erhalten, ich notirte mir eine Abhandlung daraus (Febr. 1852) von *J. R. Logan* „Ethnology of the Indo-Pacific Islands." Ein Arzt, *F. Epp*, der lange auf Java, Sumatra, Banka u. a. Inseln des Archipels lebte, gab seine gesammelten Notizen heraus [78]). Andere Berichte erhielten wir von *Junghuhn* über Java [79]), und über verschiedene Inseln

74) Sitzungsber. der Wiener Akad., Phil. hist. Cl. Bd. VII. 1851. S. 382—490. Auch als Sonderdruck Wien 1851. 8.

75) S. hierüber a. a. O. S. 844 und die Beilage zu Bd. VII der Sitzungsberichte.

76) A Grammar and Dictionary of the Malay Language, with a Preliminary Dissertation. By *John Crawfurd.* London 1852. 2 vols. 8. Pr. 36 s.

77) Abstract of the Sijara Malayu, or Malayan Annals, with notes. By *T. Braddell*: in Journ. of the Indian Archipelago 1851. Febr. — Sept.

78) Schilderungen aus Holländisch-Ostindien von Dr. *F. Epp.* Heidelberg 1852. 8. Pr. 2 Rg. 24 ngr.

79) Terugreis van Java naar Europa, met de zoogenaamde Engelsche Overlandpost, in de maanden Sept. en Oct. 1848, door Dr. *F. Junghuhn.* Zalt-Bommel 1851. gr. 8. m. Abbild. (auch in d. Tijdschrift voor Nederlandsch Indië, 1851). — *Fz. Junghuhn's* Rückreise von Java nach Europa,

von *Fontanier* [80]), *van Heerdt* [81]), *Huberwald* [82]), *Keppel* [83]), auch von *Gerstäcker* [84]), Verschiedenes endlich in der Tijdschrift voor Nederlandsch Indië [85]). In der British Association for the advancement of Science las 1851 *John Crawfurd* einen ausführlichen Aufsatz über die Geographie von Bórnĕo [86]). Eine sehr gerühmte Karte dieser Insel entwarf *A. Petermann* [87]). Von *Schwaner's* Reise durch Borneo ist mir nichts Näheres bekannt geworden [88]). Nach Celĕbes führt uns *Schmidtmüller* „über die Sage von dem göttlichen Ursprunge des Volksstammes der Bantik" [89]), nach Ceylón *Zenker's* Uebersetzung von *Tennent's* im vorigen Bericht erwähntem Buche [90]). Ueber buddhistische Denkmale und Heiligthümer auf Ceylon handelt ein Aufsatz von *Chapman* [91]).

Ehe ich von Indien und Afghanistan handle, will ich jetzt erst das Wenige erwähnen, was **Tibet** und die **Mongolen**

---

mit der sogen. englischen Ueberlandpost im Sept. und Oct. 1848. Aus d. Holländ. übertragen von *J. K. Hasskarl.* Mit 4 Ansichten und 2 Karten. Leipzg. 1852. 8. Pr. 1 Rt. 20 ngr. (fast nur Seereise mit rasch wechselnden Eindrücken, Einiges über Aden, und ein Besuch der Pyramiden.) — Wichtiger besonders in geologischer Hinsicht: Java, seine Gestalt, Pflanzendecke und innere Bauart. Von *Franz Junghuhn.* Nach d. 2. holländ. Aufl. ins Deutsche übertr. von *J. K. Hasskarl.* Mit Karten, Ansichten u. s. w. Lief. 1—3. Leipz. 1852. Pr. à Lief. 1 Rt. 20 ngr. Das Ganze sollte 12 Lief. enthalten und 20 Rt. kosten.

80) Voyage dans l'Archipel Indien, par M. *V. Fontanier*, ancien consul à Singapour. Paris 1852. 8. Pr. 6 Fr. 50 c.

81) Mijne reis met de Landmail van Batavia over Singapore, Ceilon, Aden en Suez, tot Alexandrië in Egypte; door *J. C. F. van Heerdt.* Gravenhage 1851. 8.

82) Skizzen aus dem indischen Archipel. Von Dr. *Huberwald*: im Ausland, 1852. z. B. Nr. 258 ff. über die Inseln Ombay, Dely und die NW.-Küste von Timor.

83) A Visit to the Indian Archipelago in H. M. Ship Maeander. With Portions of the Private Journal of Sir *James Brooke.* By Capt. the Hon. *Henry Keppel.* London 1852. 2 vols. gr. 8. m. Illustr. Pr. 36 s.

84) Javanische Skizzen. Von *Fr. Gerstäcker*: in Augsb. Allg. Zeit. 1852. 12. Jun. u. ff., Beil. zu Nr. 164. 165. 166. 171 f. 181. 184. 192. 206. 222. 223.

85) Vgl. Zeitschr. Bd. VI. S. 421.

86) S. The Athenaeum 1851. S. 755.

87) Map of Borneo, constructed principally from that of Baron Melvill de Carnbee and the unpublished Admiralty Surveys. By *August Petermann.* Lond. 1851.

88) S. Journ. R. Geogr. Soc. of London. Vol XXI. S. LXXXI.

89) Zeitschr. Bd. VI. S. 536—538.

90) Das Christenthum in Ceylon; dessen Einführung und Fortschritt unter den Portugiesen, Holländern, den britischen und amerikanischen Missionen: nebst einer geschichtlichen Uebersicht über den brahmanischen und buddhistischen Aberglauben. Von *J. E. Tennent*, übers. von Dr. *J. Th. Zenker.* Mit Kupfern (d. i. 7 Tafeln in Steindruck). Leipzig 1851. 8. Pr. 1 Rt. 27 ngr.

91) Journ. R. Asiat. Soc. Vol. XIII, 1. Lond. 1851. S. 164—178.

angeht, die noch weiter nördlich gelegenen Gebiete aber unten nachholen. Das englische Buch von *H. Prinsep* über Tibet, die Tatarei und Mongolei 92) ist nichts als eine verkürzte Uebersetzung der Souvenirs von Huc und Gabet mit einigen hinzugefügten Anmerkungen über buddhistische Religion. *Gützlaff* schildert Tibet und Sefan vorzüglich nach chinesischen Berichten 93). *Schiefner* giebt kritische Verbesserungen zu der Schmidt'schen Ausgabe des Dsanglun („der Weise und der Thor"), besonders aus dem Text des Kandjur und nach einer mongolischen Uebersetzung 94). Der dritte und letzte Band des grossen mongolisch-russisch-französischen Wörterbuchs von *Kovalevsky* war bereits 1850 erschienen. *Schott* las im J. 1851 in der Berliner Akademie „über die Sage von Geser-chan", welche von Schmidt in ostmongolischer Sprache edirt ist. Nach Schott erhielten sie die Mongolen von Tibet her, geschichtlich geht sie auf China zurück 95).

Der Krieg der Engländer mit den Birmanen und die bevorstehende Erneuerung des Freibriefs der East India Company hoben das Interesse für indische Angelegenheiten in England nicht wenig, und in nächster Folge hiervon sind mehrere Schriften veranlasst worden, welche theils die Verwaltung Indiens betreffen, wie die von *George Campbell* 96) und *Horace St. John* 97), theils die Erinnerung an den ersten in den Jahren 1824 bis 1826 geführten birmanischen Krieg auffrischen, wie die von *Wilson* 98) und von *Doveton* 99). Neuerlich hat sich auch *Cobden* in seiner Weise

---

92) Tibet, Tartary and Mongolia, their Social and Political Condition; and the Religion of Boodh as there existing. By *Henry Prinsep*. Lond. 1851. 8 Pr. 5 s. Vgl. Athen. 1851. Aug. S. 869.

93) Journ. R. Geogr. Soc. of London. Vol. XX. S. 191—227.

94) Ergänzungen und Berichtigungen zu Schmidt's Ausgabe des Dsanglun von *Anton Schiefner*. St. Petersburg 1852. gr. 4. — Ich erwähne hier noch desselben Gelehrten Abhandlung „Ueber die Verschlechterungsperioden der Menschheit nach buddhistischer Anschauungsweise": in Bulletin de la cl. des sciences hist., philol. et polit. de l'acad. de St. Petersb. T. IX. Nr. 1, eine Parallele zu den Hesiodischen Menschenaltern. Vgl. Spiegel in d. Allg. Monatsschr. f. Wiss. u. Lit. 1852. Juli S. 562 f.

95) Phil. und hist. Abhandl. d. Akad. d. Wiss. zu Berlin aus d. J. 1851. Berlin 1852. S. 263—295.

96) Modern India: a Sketch of the System of Civil Government. By *George Campbell*. Lond. 1852. 8. 2. ed. 1853. 8. Pr. 16 s. — Dazu desselben Verfassers neuere Schrift: India as it may be: an outline of a proposed government and policy etc. London 1853. 8., und andere derartige Schriften aus diesem Jahr von *John W. Kaye*, *H. T. Prinsep*, *John Dickinson*. Vgl. Athenaeum 1853. Juni S. 695 f.

97) History of the British Conquests in India. By *Horace St. John*. Lond. 1852. 2 vols. 8.

98) Narrative of the Burmese War in 1824—26. By *H. H. Wilson*. Lond. 1852. 8. m. Karte. Pr. 9 s. (Enthält nur Auszüge aus einem früher 1827 in Calcutta gedruckten Werke des Vfs mit wenig Zusätzen.)

99) Reminiscences of the Burmese War 1824—26, by Capt. *Doveton*. London 1852. 8. Pr. 7 s. 6 d.

über den birmanischen Krieg ausgesprochen [100]). Das „Anglo-Burmese Hand-Book, or Guide to a practical knowledge of the Burmese language, compiled by *Dormor Augustus Chase* (Maulmein 1852)" kann ich nur seinem Titel nach anführen. Eine Bereicherung der buddhistischen Litteratur aus einem birmanischen Werke eröffnete uns *Bennett* [1]). Aus einer in Bangkok von dem jetzigen König von Siam eingerichteten Druckerei ist im J. 1850 die siamesische Grammatik von *J. Baptist Pallegoix* hervorgegangen [2]). Der Vf., apostolischer Vicar in Siam, verbreitet sich in dem Anhange seines Buchs über den Zustand des Buddhismus in Siam und giebt eine Liste von siamesischen Werken, die unerwartet zahlreich sind, an religiösen Schriften allein über vierthalbtausend. Auch ein Wörterbuch soll noch folgen. Wenn dies eine erfreuliche Erscheinung ist, so hat dagegen die Schrift von *Neale* über Siam fast gar keinen Werth [3]). Der Vf. war vor zwölf Jahren als ganz junger Mann dort und hätte seinen ziemlich leeren Bericht ungedruckt lassen sollen. Auch die Artikel „Siam und die Siamesen", welche das *Ausland* [4]) aus irgend einer fremden Quelle übersetzte, habe ich nur unbedeutend finden können. Zu Assam oder dessen Grenzgegenden gehören *Nathan Brown*'s Proben der Sprache der Naga's, Bewohner der Gebirge an der Ostgrenze [5]), Capt. *E. T. Dalton*'s Notiz über die Mahâpurushyas, eine Secte der Vaishnavas in Assam [6]), und *W. Robinson*'s Bemerkungen über die Dophlas und ihre Sprache an der Nordgrenze von Assam [7]).

Die Erforschung Vorderindiens, seiner geographischen, ethnographischen und statistischen Verhältnisse, seiner Religionsformen und Alterthümer, seiner Sprachen und Litteraturen wird fortwährend rastlos gefördert. Die trigonometrische und topographische Aufnahme des Landes schreitet vor, am Ende des J. 1850 hatte dieselbe bereits 360,000 LS. Kosten gemacht. Von den statistischen Arbeiten in den nordwestlichen Provinzen haben wir seit Kurzem die bezüglichen Berichte auch in unsrer Biblio-

---

100) How Wars are got up in India. — The Origin of the Burmese War. By *Richard Cobden*. London 1853. 8.

1) Life of Gaudama, a translation from the Burmese book entitled *Ma-la-len-ga-ra Wottoo*. By Rev. *Chester Bennet*: im Journ. of the Amer. Or. Soc. Vol. III. Part 1. S. 1—164.

2) Grammatica linguae Thai; auctore D. *J. Bapt. Pallegoix*, Episcopo Mallensi, Vicario Apostolico Siamensi. Ex typographia collegii assumptionis B. M. V. in civitate regia Krung Theph maha nakhon si Ayuthaya vulgo Bangkok. Anno Domini 1850. 246 S. 4. (Lpz. b. Brockh.)

3) Narrative of a Residence in Siam. By *F. A. Neale*. London 1852. 8. („a poor book on a subject of interest." Athen. 1852. Aug. S. 844.)

4) Ausland 1852. Nr. 288 ff.

5) Journ. of the Amer. Orient. Soc. Vol. II. S. 157—165.

6) Journ. of the As. Soc. of Bengal 1851. No. VI.

7) Ebend. 1851. No. II. S. 126—137.

thek [8]). Für die genauere Untersuchung des Himâlaya und seiner Pässe erweist sich die Expedition von Major *Cunningham*, Capt. *Strachey* und *Thomas Thomson* fortwährend als sehr fruchtbringend. Der letztgenannte, ein unterrichteter Militärchirurg, schildert die Reise von Simla aus über den Parang-Pass und durch Kaschmir vornehmlich in Bezug auf physische Geographie [9]). Von *Strachey* liegt uns für jetzt ausser dem schon im vorigen Bericht genannten [10]) wenigstens Ein neuer Aufsatz vor [11]), und andere sind noch in Aussicht. Auch ein Werk von Dr. *Hooker* über den Himâlaya befindet sich unter der Presse*). Mit Hooker reiste *A. Campbell*, der seinen Weg durch Sikkim bis zu den Grenzen von Tibet beschreibt [12]). Die Bemerkungen von *Raikes* über die nordwestlichen Provinzen bestehen aus sieben Aufsätzen von beschränkterem Interesse, welche schon früher im Benares Magazine gedruckt waren [13]). In die geographischen Verhältnisse des nördlichen Afghanistan führt uns die ausführliche Darstellung des Kabul-Beckens und der benachbarten Gebirge von Baron *von Hügel* gründlich ein [14]). Und bei diesem Anlass erwähne ich sogleich auch die sehr vollständige und urkundlich genaue Geschichte des letzten afghanischen Kriegs von *Kaye* [15]). Hr. *von Schönberg* setzt seine einladenden Reisefrüchte unter dem indischen Titel einer Lotus-Partie vor [16]). Ohne wissenschaftliche Ansprüche erzählt *Egerton* [17]). Drei Schriften über Nepal stehen in Ver-

---

8) S. die Accessionen Nr. 1145—48 in Zeitschr. Bd. VII. S. 283.

9) Western Himalaya and Tibet; a Narrative of a Journey through the Mountains of Northern India, during the years 1847 and 1848. By *Thomas Thomson*. Lond. 1852. 8. mit Karten and Lithogr. Pr. 15 s.

10) Zeitschr. Bd. V. S. 456.

11) On the Physical Geography of Kumáon and Garhwál, by Capt. *Rich. Strachey*: Journ. R. Geogr. Soc. of London. XXI, S. 57—85.

*) U. d. T. Himalayan Journals erschienen Lond. 1854. 2 vols. 8.

12) Journ. As. Soc. of Bengal 1852, S. 407 ff. 477 ff. 563 ff.

13) Notes on the North-Western Provinces of India. By *Charles Raikes*. London 1852. 8.

14) Das Kabul-Becken und die Gebirge zwischen dem Hindukosch und dem Sutlej'. Mit drei Erklärungskarten, von Freih. *K. von Hügel*: in den Denkschriften der k. Akad. d. Wiss. zu Wien. Phil.-hist. Cl. Bd. II. Abth. 1. S. 119—190, und Sonderdruck Wien 1851. 4.

15) History of the War in Afghanistan. From the unpublished Letters and Journals of Political and Military Officers employed in Afghanistan throughout the entire period of British connexion with that country. By *John William Kaye*. Lond. 1851. 2 vols. 8. Pr. 36 s.

16) Patmakhanda. Lebens- und Charakterbilder aus Indien und Persien. Von *Erich von Schönberg*. Leipz. 1852. 2 Bde. 8. Pr. 3⅓ Rß. Vgl. dessen „Blick auf die Felsentempel Indiens," Zeitschr. Bd. VII. S. 101 ff.

17) A Winter's Tour in India; with a Visit to Nepaul. By the Hon. Captain *Francis Egerton*. Lond. 1852. 2 vols. 8.

bindung mit der 1850 von dort nach England gekommenen Gesandtschaft. Der Vf. der einen, *Orfeur Cavenagh*, hatte als politischer Resident am Hofe zu Katmandu in Person die Gesandtschaft nach England begleitet [18]; der andere, *Thomas Smith*, war in den Jahren 1841—45 in Nepal angestellt und handelt gleichfalls von jener Gesandtschaft [19]; *Oliphant* endlich giebt eine interessante, wenn auch wohl etwas ausgeschmückte biographische Skizze von dem Gesandten Prinz J'ung Bahadoor [20]. Ueber das Leben in Bombay schrieb eine Dame, der es u. a. gestattet war, uns Manches von der Lebensweise der Parsen-Frauen zu verrathen [21]. Lieut. *Burton* nahm seiner Gesundheit wegen einen Aufenthalt in Utacamand (Ooty) in den blauen Bergen bei Goa und beschrieb die Gegend, besonders auch Goa und die Reise dahin [22]. Derselbe gab zwei Werke über Sindh heraus, das eine mehr in der Form eines amtlichen Berichts [23], das andere für die Unterhaltung des grössern Publicums berechnet [24]. Dies letztere möchte man auch von dem Buche sagen, worin Sir Charles Napier's Thaten in Sindh von dessen Bruder mit brüderlicher Nachsicht geschildert werden [25], wogegen ein „Ex-Political" Anonymus die Dinge, wie sie unter der Agentur von Ross Bell in Kheirpur getrieben wurden, mit strenger Wahrheitsliebe aufdeckt [26]. Letzterer weiss daneben auch seine Reiseabenteuer

18) Rough Notes on the State of Nepaul, its government, army and resources. By Capt. *Orfeur Cavenagh*. Calcutta 1852. 8.

19) The Narrative of a Five Years' Residence at Nepaul. By Capt. *Thomas Smith*. Lond. 1852. 2 vols. 8. Pr. 21 s.

20) A Journey to Katmandu, (Capital of Nepaul,) with the Camp of Jung Bahadoor; including a Sketch of the Nepaulese Ambassador at Home. By *Laurence Oliphant*. Lond. 1852. 8.

21) Life in Bombay and the neighbouring Out-Stations. Lond. 1852. 8

22) *Goa* and the *Blue Mountains*; or, six months of sick leave. By *Richard F. Burton*, Lieut. Bombay Army, author of the Ethnography of Scindh etc. with Illustrations. Lond. 1851. 8. Pr. 10 s. 6 d. Athen. 1851. Apr. S. 423 ff. Magazin f. d. Litt. des Auslandes 1851. Nr. 143 f.

23) Sindh, and the Races that inhabit the Valley of the Indus; with Notices of the Topography and History of the Province. By Lieut. *Richard F. Burton*. Lond. 1851. 8. m. e. Karte. Pr. 12 s.

24) Scinde; or the unhappy valley. By Lieut. *R. F. Burton*, author of Goa and the Blue Mountains etc. Lond. 1851. 2 Bde. 8. Pr. 21 s. 2. ed. 1851.

25) Lieut.-General Sir Charles Napier's Administration of Scinde, including his Campaign in the Hills. By Major-General Sir *William Napier*. Lond. 1851. 8. mit Karten u. Illustr.

26) Dry Leaves from young Egypt. By an Ex-Political. 3. ed. Lond. 1852. 8. mit 13 Tafeln und Karten. Pr. 22 s. Vgl. einen die Verhältnisse von Sindh seit Burnes' Zeit sehr eingehend schildernden Art. im Quarterly Review, Jan. u. Sept. 1852, S. 379 ff. Die Benennung „Young Egypt" beruht auf Vergleichung des Indus mit dem Nil.

in sehr anziehender Weise zu erzählen. Vorwiegend medicinischen Inhalts ist das Buch von *Honigberger* [27]).

Taylor's Geschichte Indiens, ein in England sehr geachtetes Compendium in klarer und zuverlässiger Darstellung, erschien von neuem, bis auf die jüngste Zeit fortgesetzt von *Mackenna* [28]). Einen Aufsatz über vergleichende alte Geographie Indiens enthält das Journal der Asiat. Gesellschaft von Bengalen [29]). Von *Lassen's* indischer Alterthumskunde ist die zweite Hälfte des 2. Bandes erschienen (Bogen 34—75 nebst Nachträgen) und damit dieser Band abgeschlossen worden [30]). Wie weit er die Geschichte herabführt, ist aus dem Titel zu ersehen; die letzterschienene Partie enthält aber auch eine Geschichte des Handels sowie die Geschichte des griechischen Wissens von Indien. *Lassen* gab auch eine Abhandlung über Taprobane [31]). Von *Neumann* lasen wir „Bruchstücke aus einer neueren Geschichte von Britisch-Indien" in Raumer's historischem Taschenbuch und im Magazin für die Litteratur des Auslandes [32]); über dasselbe Thema schrieb *Mac Farlane* [33]). Ueber die Sage von Çunaḥçepa erschien ein zweiter Artikel von *R. Roth* [34]). Als sittliches Motiv derselben ergiebt sich ihm, wenigstens in der nachvedischen Form, das Entgegentreten gegen die Sitte des Menschenopfers, also eine ähnliche Tendenz wie in den Sagen von Phrixus und Iphigenia, auch in Isaak's Opferung. Denselben Gegenstand behandelt *H. H. Wilson* [35]), und über die indische

---

27) Früchte aus dem Morgenlande oder Reise-Erlebnisse, nebst naturhistorisch-medizinischen Erfahrungen, einigen hundert erprobten Arzneimitteln und einer neuen Heilart dem Medial-Systeme, von *Johann Martin Honigberger*, gewesenem Leibarzte der königl. Majestäten: Rendschit-Sing, Karrek-Sing, der Rani Tschendkour Schir-Sing und Dhelib-Sing. Mit 40 lithogr. Tafeln: Porträte, Pflanzenabbildungen, sonstige Natur- und Kunstprodukte, Facsimile, Landkarte u. Ansicht der Citadelle von Lahor; endlich als Anhang ein medizinisches Wörterbuch in mehreren europ. u. orient. Sprachen. Wien 1851. gr. 8.

28) Ancient and Modern India; being a popular history from the earliest period down to the present year. By *W. C. Taylor*. Ed. and continued by *P. J. Mackenna*. Lond. 1851. 8. Pr. 12 s.

29) 1851. No. III und VI.

30) Indische Alterthumskunde von *Chr. Lassen*. Zweiter Band. Geschichte von Buddha bis auf die Ballabhi- und die jüngere Gupta-Dynastie. Mit e. Karte. Bonn 1852. 8.

31) De Taprobane insula veteribus cognita dissertatio. Scr. *Chr. Lassen*. Part. 1. Bonn 1852. 24 S. 4. (10 *Sgl.*)

32) Jahrg. 1852. Nr. 39—102.

33) History of British India. By *Charles Mc Farlane*. Lond. 1852. 8. in 1 Bde.

34) In Webers Ind. Studien Bd. II. S. 112—123. (Der 1. Art. ebend. Bd. I. S. 457 ff., vgl. Zeitschr. Bd. V. S. 459.)

35) On the Sacrifice of Human Beings as an Element of the ancient religion of India, im J. of the R. As. Soc. Vol. XIII. S. 96—107.

Fluthsage gab *Nève* einen neuen Aufsatz [36]). Letzterer hatte früher mit Burnouf semitischen Einfluss auf die indische Fluthsage angenommen, *Weber* vertheidigte die indische Originalität der Sage, da sie sich schon im Yaj'urveda findet (s. d. vor. Bericht S. 459), *N.* will sie auch in dieser ihrer älteren Form auf jenen Einfluss zurückgeführt wissen. *Burnouf* ist leider an der Vollendung seiner Arbeiten über den Buddhismus durch den Tod verhindert worden, jedoch hat er kurz vor seinem Tode noch den Druck eines neuen Bandes beendigt, dessen erste Hälfte die Uebersetzung eines buddhistischen Werkes „Lotus des guten Gesetzes" in Form von Reden und Parabeln des Sakyamuni nebst Commentar enthält, die zweite Hälfte aber aus 22 Abhandlungen Burnouf's über Lehre und Geschichte des Buddhismus besteht [37]). Ueber das Prachtwerk der Mrs. *Belnos*, welches die Gebetsstellungen und Symbole der Brahmanen in schönen Bildern vorführt und erläutert, hat Brockhaus ausführlich in der Zeitschrift gesprochen [38]). Sonst beziehen sich noch auf das Religiöse die Abhandlungen von *Roth* über die vedischen Adityas (die Unvergänglichen, Ewigen, die im himmlischen Lichte wohnen), welche er mit den Amschaspands des Avesta vergleicht, indem er namentlich auch auf die Verbindung von Varuna und Mitra in den Veden gegenüber der von Ahura und Mitra im Avesta aufmerksam macht [39]), und von *Weber* über Krischna, für dessen Identificirung mit Christus er neue Andeutungen in den auf sein Geburtsfest bezüglichen Daten findet [40]). Von Dämonen, Orakeln und Thaumaturgie in Indien handelt ein Artikel des Bombay Quarterly Magazine [41]), und von der Religion der Khonds, eines Gebirgsvolkes in Orissa, giebt Capt. *S. Charters Macpherson* seine an Ort und Stelle gesammelten Nachrichten [42]). Eine genauere Kenntniss

---

36) La tradition indienne du déluge, dans sa forme la plus ancienne, par *Felix Nève*. Par. 1851. 8. (Extr. du tome IIIe des Annales de philosophie chrétienne, Jan. — Apr. 1851.)

37) Le lotus de la bonne loi, traduit du Sanscrit, accompagné d'un commentaire et de vingt et un mémoires relatifs au Buddhisme, par *E. Burnouf*. Paris 1852. 897 S. 4. S. darüber Weber's ind. Stud. Bd. III. H. 1. S. 135 ff.

38) The Sundhya; or the Daily Prayers of the Brahmins. Illustrated in a series of original drawings from nature, demonstrating their attitudes and different signs and figures performed by them during the ceremonies of their Morning Devotions, and likewise their Poojas. Together with a descriptive Text annexed to each plate, and the Prayers from the Sanscrit, translated into English. In 24 plates. By Mrs. *S. C. Belnos*. London 1851. Fol. Vgl. Zeitschr. Bd. VI. S. 550 — 562, auch *Roth* in den Götting. Anz. 1852. St. 19.

39) Zeitschr. Bd. VI. S. 67 — 77.

40) Ebend. S. 92 — 97.

41) No. 1. Oct. 1850. S. 57 — 77.

42) Journ. of the R. As. Soc. Vol. XIII. S. 216 — 274.

der indischen Philosophie sucht jetzt vorzüglich *James Ballantyne* in Benares durch Herausgabe von Texten philosophischer Lehrbücher und Uebersetzung derselben eifrig zu fördern (s. unten die Litteratur), und seine Publicationen veranlassten die den schwierigen Stoff mit kritischem Sinne verarbeitenden „Beiträge zur Kenntniss der indischen Philosophie" von *Max Müller* [43]), welche in diesen Dingen die rechte Bahn zu brechen oder, wie der Vf. selbst sagt, den Wald zu lichten beginnen. Inzwischen ist auch ein ausführliches Memoire über die Sânkhya-Lehre von *Barthélemy Saint-Hilaire*, einem Schüler Burnouf's, erschienen [44]). Die in England gestellte Preisaufgabe einer Widerlegung der philosophischen Systeme der Inder [45]) ist nicht minder geeignet, ein mehrseitiges gründliches Studium derselben anzuregen. *Brockhaus* belehrt uns über Bhâskara's Algebra (Vîj'a ganita), er schildert die Methode des in der Mitte des 12. Jahrh. lebenden Vf.'s, sein Verdienst und das Verhältniss seines Werkes zu denen der Vorgänger, die Brauchbarkeit der Scholien u. s. w., und fügt eine Probe aus dem ersten Abschnitt in umgeschriebenem Text bei mit Uebersetzung und Anmerkungen [46]). Ueber indische Astronomie ist ein Buch von *Guérin* aus dem J. 1850 nachzutragen [47]), und eine interessante Abhandlung *Weber's* zur Geschichte der indischen Astrologie anzuführen [48]). Weber hält es nach J. Bentley, Stuhr, Holtzmann und besonders nach dem, was durch Reinaud aus Bîrûni bekannt geworden, für ausgemacht, dass die Astronomie der Inder als Wissenschaft, wie sie sich durch Annahme des Zodiakus markirt, von den Griechen entlehnt und später durch muhammadanischen Einfluss erweitert ist (Asura Maya nach W. entstanden aus Ptolemaios, welcher Name in der Inschrift von Kapur di Giri *Turamaya* lautet); nur die 28 naxatra (Mondstationen) und die Kenntniss der Planeten sind original-indisch. Den Anlass zu dieser Abhandlung gab eine Berliner Hdschr. astrologischen Inhalts, worin die Benutzung arabischer Quellen evident ist. Vielversprechend ist der Titel eines gar nicht in den Buchhandel gekommenen Buches von *Davidson*, über welches ich indess nichts Näheres zu sagen weiss, da ich eben

---

43) Zeitsch. Bd. VI. S. 1—34. 219—242 und Bd. VII. S. 287—313.

44) Premier Mémoire sur le Sânkhya, par M. *Barthélemy Saint-Hilaire*. (Extrait du Tome VIII des Mémoires de l'acad. des sciences morales et politiques.) Paris 1852. 456 S. 4.

45) S. Zeitschr. Bd. VII. S. 269 ff.

46) Abhandlungen der Leipzig. Gesellsch. d. Wiss. v. 21. Febr. 1852. 46 S. 8.

47) Astronomie indienne d'après la doctrine et les livres anciens et modernes des brames sur l'astronomie, l'astrologie et la chronologie, suivie de l'Examen de l'astronomie des anciens peuples de l'Orient etc., par l'abbé *Guérin*, ancien missionnaire apostolique dans les Indes-Orientales. Par. 1850. 8.

48) Indische Studien Bd. II. S. 236—287.

nur den Titel kenne [49]). Eine Anzahl von kleineren Aufsätzen und Notizen über Indien, welche sich in den Journalen der Gesellschaften von Bengalen, Bombay, London u. a. befinden, muss ich der Kürze wegen übergehen, zumal dieselben meist andern Orts in unsrer Zeitschrift erwähnt worden sind. Inschriften sind mitgetheilt und erklärt besonders in dem Journal of the Bombay Branch of the R. Asiat. Soc. No. XIV. Jan. 1851 Art. 4 u. 5, No. XVI. Jan. 1852 S. 97 ff. 132 ff. [50]), indische Münzen im Journ. As. Soc. of Bengal 1852, S. 392 ff., Sculpturen aus Peschawer abgebildet ebend. S. 606 ff.

Weber hat sich die schwierige Aufgabe gestellt und nach Verhältniss der Sachlage wahrhaftig glücklich genug gelöst, die erste Geschichte der Veda- und Sanskritliteratur zu schreiben [51]). Auch sein schon erwähnter Catalog der Berliner Handschriften bringt vielfach neues Licht in diese Litteratur. Seine inhaltreichen „Indischen Studien“ erscheinen jetzt unter pecuniärer Beihülfe der D. M. Gesellschaft. Derselbe rastlose Gelehrte hat mit dem Erscheinen der 6. und 7. Lieferung den 1. Theil seiner Ausgabe des weissen Yajur-Veda vollendet [52]), worauf nun wieder am 2. Theile gedruckt wird. Von *Müller*'s Rigveda ist der 2. Band im Druck beendigt, aber noch nicht ausgegeben. Von *Langlois*' französischer Uebersetzung desselben ist Tom. IV erschienen und damit diese verdienstliche Arbeit beschlossen [53]). Mit einem 3. Hefte ist auch *Roth's* Ausgabe von Jâska's Nirukta vollendet, Erläuterungen, Register und Nachwort bilden den Schluss [54]). Von der Bibliotheca Indica sind seit meinem letzten Bericht wieder eine ganze Reihe Numern erschienen, von welchen die ersten (Nr. 25 ff.) noch Texte der Upanischads sind, mit Commentar begleitet, einige zugleich mit engli-

---

49) Tara the Suttee, an Indian Drama in 5 acts, with most copious Notes original and selected, most faithfully depicting the existing state of pure native society, the religion of the people, and their opinions of their foreign rulers. London 1851. 8. (To be had only of the author and publisher Lieut. Col. *Chas. Jas. Collie Davidson*, no. 5, Stockwell Park Road, London.)

50) Die bei diesem letzten Art. abgebildeten zwei Pali-Inschriften sind verkehrt lithographirt, und die Zeilen von rechts nach links zu lesen.

51) Akademische Vorlesungen über indische Literaturgeschichte, gehalten im Wintersemester $18\frac{51}{52}$ von Dr. *A. Weber*. Berlin 1852. 8.

52) The White Yajurveda edited by Dr. *Albrecht Weber*. In three Parts etc. Printed under the Patronage of the Hon. Court of Directors of the East-India-Company. — Neben diesem allgem. Titel hat Th. I den besondern: The Vâjasaneyî-Sanhitâ in the Mâdhyandina-and the Kânva-Çâkhâ with the Commentary of Mahîdhara edited by Dr. *Albrecht Weber*. Berlin & London 1852. 4. (124 Bogen Text und 17 Bogen Vorr., Varr. und Anhang.) Pr. 21 Rthlr. 20 Sgr.

53) Rig-Véda, ou livre des hymnes. Traduit du sanscrit par M. *Langlois*. Tom. IV. Par. 1852. 8.

54) Jâska's Nirukta sammt den Nighaṇṭavas herausg. von *Rudolph Roth*. Drittes Heft. Göttingen 1852. 8.

scher Uebersetzung wie Nr. 27; so auch Nr. 32 und 35, enthaltend die Kategorien der Nyâya-Philosophie (Bhâsha Paricćheda) im Text mit Commentar, einer Einleitung, engl. Uebersetzung und Anmerkungen von Dr. *Roër*. Desgleichen ist der Druck der Purana's angefangen (Vol. XIV) mit englischer Uebersetzung. Noch ist Vol. X der Biblioth. Ind. hervorzuheben, enthaltend das in Indien als Hauptwerk der Rhetorik und Poetik sehr geschätzte Sâhitya-Darpana, Text von *Roër*, engl. Uebersetzung von *James Ballantyne* [55]). Auch sonst haben die indischen Pressen gar vieles sowohl an Sanskrit-Texten geliefert als an Werken, die in den heutigen Landessprachen Indiens verfasst sind. Neuerlich wurden, wie H. H. Wilson berichtet [56]), aus den lithographischen Pressen Indiens binnen Jahresfrist nicht weniger als 113 Werke an die Bibliothek des Indischen Hauses in London geschickt, darunter allerdings manche Uebersetzungen aus dem Englischen, aber bei weitem die Mehrzahl Originalwerke aus den Fächern der Grammatik, Logik, Metaphysik, Medicin, Poesie, Rechtskunde und Religionslehre. Die Muhammadaner haben namentlich mehrere theologische Schriften edirt, darunter waren drei Ausgaben des Koran, zwei davon mit Interlinearübersetzung in Urdu. Anzeigen der neuesten Publicationen indischer Pressen in Calcutta, Delhi, Benares u. s. w. in Sanskrit, Bengali und Hindi giebt bisweilen das Journal der asiat. Ges. von Bengalen [57]). In Benares erschienen neue Ausgaben verschiedener Sutras zum Gebrauch des College, in Calcutta eine Ausgabe des Raghuvansa u. a., in Puna ist das Prabodha Chandrodaya lithographirt. Doch von allen diesen Sachen gelangte zu uns kaum eine Notiz, geschweige ein Exemplar. Bei uns hat *Weber* seine Analyse der Upanischad fortgesetzt [58]). Von *Gorresio's* Ramayana ist der 2. Band der Uebersetzung (Bd. 7 des ganzen Werks) fertig geworden und der folgende im Druck bereits weit vorgeschritten. Die von *Parisot* begonnene französische Uebersetzung gehört erst in das Jahr 1853 [59]). Ueber die Abtheilung des Mahabharata in 100 Parvas schrieb *Brockhaus* [60]). Die Episode vom Nalas wurde durch

---

55) Sâhitya-Darpana, or Mirror of Composition, a treatise on literary criticism; by Viśvanâtha Kavirâja. The Text revised from the edition of the Committee of Public Instruction, by Dr. *E. Roer.* Translated into English, by *James R. Ballantyne.* Bis jetzt 4 Hefte Nr. 36. 37. 53 u. 54.

56) Journ. R. As. Soc. Vol. XIII. S. 211.

57) Z. B. 1851. Nr. IV. S. 352 ff. Vgl. auch Journ. of the American Or. Soc. Vol. III. S. 218.

58) Ind. Stud. Bd. II. S. 1—111. 170—236. Vgl. Benfey in Götting. Anz. 1852. St. 12 ff.

59) Le Râmâyana de Valmiki, traduit pour la première fois du sanscrit en français avec des études etc. par *Val. Parisot.* T. I. (1. partie) Paris 1853.

60) Zeitschr. Bd. VI. S. 528 ff.

Kellgren sehr genau ins Schwedische [61]), durch *Schleicher* ins Böhmische übersetzt [62]). Eine Analyse des Raghu-Vansa gab *J. Long* [63]). Sakuntala wurde von *E. Meier* ins Deutsche [64]), Vikramorvasi ins Englische übertragen [65]). Eine englische zum Theil, wie behauptet wird, sehr gelungene Nachbildung verschiedener Stücke indischer Dichtung, wie Vedahymnen, Stücke aus Manu, aus den Epopöen, aus Meghadûta, Gîtagovinda u. a. gab *Griffith* [66]). *Kellgren* übersetzte auch „Epigrammer af Amaru" (8 S. 8.). *Troyer* beendigte mit dem 3. Bande die Chronik von Kaschmir [67]). Ein neueres indisches Geschichtswerk, eine Chronik der Râj'as von Navadvîpa (Nuddea) in Bengalen bis auf Krishnaćandra (reg. 1728—1750), edirte *Pertsch*, ein Schüler Weber's nach zwei Berliner Handschriften mit englischer Uebersetzung [68]). Noch vergass ich eine Abhandlung *Nève's* zu nennen, worin er Ursprung und Werth der Puranas, ihre Stellung in der Sanskritlitteratur u. dgl. bespricht [69]). *Weber* sprach sich über die griechischen Nachrichten (bei Dio Chrysostomus und Aelian) von dem indischen Homer aus [70]); er bezieht dieselben auf ein Epos der Bhârata-Sage, welches hiernach, da jene Nachrichten wahrscheinlich durch Seefahrer zur Zeit des Periplus nach dem Abendlande gekommen, in der 2. Hälfte des 1. christl. Jahrh.'s

---

61) Nala och Damayanti, en Indisk Digt ur Mahabharata från originalet öfversatt och med förklarande noter försedd af *H. Kellgren.* Helsingfors 1852. 8.

62) Nal a Damajantí. Dle Boehtlingovy recensí textu přeložil Dr. *A. Schleicher*. Prag 1852. 8. 70 S. (Aus dem Böhmischen Museum besonders abgedruckt.)

63) Journ. As. Soc. of Bengal 1852, S. 445—472.

64) Die klassischen Dichtungen der Inder. Aus dem Sanskrit übersetzt und erläutert von Prof. *E. Meier.* 2. Th.: Dramatische Poesie. Auch m. d. T.: Sakuntala. Ein indisches Schauspiel von Kalidasa. Stuttgart 1852. 16.

65) Vikramorvasi, an Indian Drama, translated into english prose from the Sanscrit of Kalidasa, by *E. B. Cowell.* Herford 1851. 8. Auch der Text ist dort kürzl. edirt von *Monier Williams.*

66) Specimens of Old Indian Poetry. Translated from the original Sanscrit into English Verse, by *Ralph T. H. Griffith.* Lond. 1852. 8.

67) Radjatarangini, histoire des rois de Kachmir, traduite et commentée par M. *A. Troyer.* T. III. Traduction, éclaircissements historiques et chronologiques relatifs aux septième et huitième livres. Paris 1852. 8.

68) Kshitiçavançâvalîcharitam. A Chronicle of the Family of Râja Krishnachandra of Navadvîpa, Bengal. Edited and translated by *W. Pertsch.* Berlin 1852. XIX. S. Vor. 59 S. Text u. 76 S. Uebers., Anm. und Register, gr. 8.

69) Les Pourânas, études sur les derniers monuments de la littérature sanscrite par *Félix Nève.* Paris 1852. 55 SS. gr. 8.

70) Ind. Stud. Bd. II. S. 161—169. Vgl. auch *Benfey* in Götting. Anz. 1852. Nr. 13—14. S. 127. Ein Product der neuesten Zeit ist die Uebersetzung der ersten Verse der Ilias in Sanskrit-Çlokas, die *Brockhaus* aus einem 1827 zu Madras gedruckten Buche in der Zeitschr. Bd. VI. S. 109 mittheilt.

im südlichen Indien existirte und die Grundlage des nachher bis zu einem so grossen Umfange erweiterten Mahâbhârata bildete. *W.* knüpft daran noch weitere Combinationen von griechischem, auch christlichem Einfluss auf indisches Epos und indische Religion. Hierbei erwähne ich einer Arbeit aus neuester Zeit von *James Muir* in Indien, einer kurzen Darstellung des Lebens und der Lehren Christi in Sanskrit-Çlokas, die mir Brockhaus nachweist [71]. *Friederich's* Untersuchungen über die Kawi-Sprache und über die Sanskrit- und Kawi-Litteratur auf der Insel Bali theilt *Weber* mit [72] nach dem Journal of the Indian Archipelago vom J. 1849. Sie geben ein volleres und richtigeres Bild der Sprachen- und Litteratur-Verhältnisse auf Bali, als Crawfurd und noch Humboldt es zu entwerfen im Stande waren. Die philologischen Hülfsmittel für das Sanskrit sind durch eine Grammatik von *Benfey* bereichert worden [73]. Er giebt das Material der einheimischen Grammatiken vollständig und ergänzt dasselbe durch Beobachtungen über die Sprache der Vedas und Berücksichtigung der epischen Diction, welche dort fehlt. Auch die Accentlehre ist beachtet, die Syntax dagegen ausgeschlossen. In Indien hat *James R. Ballantyne* eine Ausgabe von Pânini's Grammatik mit dem Mahâbhâshya besorgt [74]. Râdhâkânta-Deva's Lexicon (Çabda Kalpadruma) ist mit dem 7. Bande (Calc. 1851) nun wirklich beendigt [75], doch soll ein 8. Band noch Supplemente bringen. Das von *Böhtlingk* und *Roth* gearbeitete grosse Lexicon ist unter der Presse [76], das Wilson's wird mit Zustimmung des Vf.'s in Berlin unter *Goldstücker's* Redaction neu gedruckt. Auch ein umfängliches englisch-sanskrit. Lexicon hat *Monier Williams* zusammengestellt, welchem Unternehmen ein praktischer Nutzen nicht abgesprochen werden kann [77].

---

71) Çri Yesû Khrishṭa mâhâtmyam. The Glory of Jesus Christ. A brief account of our Lord's life and doctrines, in Sanskrit Verse. Second edition, corrected, with additions, and an English summary. (Calcutta: Bishop's College Press, 1849.) Vizagapatam: Printed at the Mission Press. 1851. XVII S. engl. Vorrede und 84 S. Sanskrit-Text (mit Telugu-Schrift) kl. 8. — Eine andere Schrift desselben Vf's, welche eine Prüfung der indischen Sastras enthält (Mirzapore 1852. 8.) s. unter den Zugängen unserer Bibliothek Nr. 1214, Zeitschr. Bd. VI. S. 461.

72) Ind. Stud. Bd. II. S. 124 ff.

73) Vollständige Grammatik der Sanskritsprache. Zum Gebrauch für Vorlesungen und zum Selbststudium. Von *Theodor Benfey*. Leipzig 1852. kl. 4. Auch u. d. T.: Handbuch der Sanskritsprache. Erste Abth. (Die 2. Abth., Chrestomathie mit Glossar, erschien 1853.)

74) S. Zeitschr. Bd. V. S. 519.

75) Vgl. Ebend. S. 460.

76) Erschienen ist Lief. 1: Sanskrit-Wörterbuch. Herausgegeben von d. kais. Akad. d. Wiss., bearbeitet von *Otto Böhtlingk* und *Rudolph Roth*. 1. Lief. St. Petersb. 1853. S. 1—160. Imp. 4. Pr. 1 Rt.

77) A Dictionary, English and Sanskrit, by *Monier Williams*, M. A. Prof. at the East-India College, Haileybury. Published under the Patronage of the Honourable East-India Company. London 1851. 859 S. gr. 4.

Was die neueren und Volks-Sprachen Indiens betrifft, so hat *Prochnow* eine kurze fast nur in Paradigmen bestehende Hindustani-Grammatik herausgegeben [78]. *Forbes* hat eine neue Ausgabe des hindustanischen Tuti Nameh mit vocalisirtem Text und einem Vocabular besorgt [79], und *Eastwick* das Bâgh-o-Babâr übersetzt, eine neuere Nachbildung der persischen Vier Derwische [80], auch *Forbes* seine Uebersetzung dieses Werkes wieder aufgelegt [81]. Ein Stück reinstes Hindi, worin alle und jede Einmischung persischer und arabischer Wörter vermieden ist, edirte *L. Clint* mit englischer Uebersetzung [82], die Geschichte Krischna's nach dem Bhagavat von Lallû Lâl gab *Eastwick* wieder heraus mit Vocabular [83] nach der Ausgabe von 1810 (die von 1831 war sehr fehlerhaft), eine französische Uebersetzung einer ähnlichen Bearbeitung gab *Pavie* [84], *Ed. Lancereau* theilte Stellen mit aus dem Betâl Patschîsî, einer Hindi-Uebersetzung der ursprünglich in Sanskrit geschriebenen „Erzählungen eines Vampyr" [85]. *Hoisington* gab eine Uebersicht des Inhalts von einem der 28 Âgamas oder heiligen Bücher der Saivas im südlichen Indien nach einem tamulischen Texte [86]. Auch die tamulische Bibelübersetzung, von *Peter Percival* revidirt, ist kürzlich in Madras gedruckt; die Psalmen, Proverbien und Koheleth erschienen zu Bangalore in cana-

78) Anfangsgründe einer Grammatik der Hindustanischen Sprache. Von *J. Dettlov Prochnow.* Berlin 1852. 34 S. 8. Pr. 10 Sgl.

79) Tota Kahani; or Tales of a Parrot, in the Hindustani language. Translated from Muhammed Kadiri's Persian Version called Tuti Nama by *Duncan Forbes.* A new edition, with the Vowel Points and a Vocabulary. Lond. 1852. 190 S. gr. 8. Pr. 10 s.

80) Bagh-o-Bahar; or the Garden and the Spring; being the Adventures of King Azad Bakht and the four Darweshes. Literally translated from the Urdu of *Mir Amman*, of Delhi. With copious explanatory Notes and an Introductory Preface by *Edward B. Eastwick.* Hertford 1852. 260 S. gr. 8. Pr. 21 s.

81) Translation of the Bāgh o Bahār; or, Tales of the Four Darwesh, from the Urdú Tongue of Mir Amman of Dihli. By *Lew. Ferd. Smith.* New edit. revised and corrected throughout. By *Duncan Forbes.* Lond. 1851. 294 S. 8. Pr. 10 s.

82) Journ. of the As. Soc. of Bengal 1852 Nr. 1 ff. Der Text wurde Hn. Clint von Sprenger mitgetheilt.

83) The Prem Ságar; or, the Ocean of Love, being a History of Krishn, according to the tenth Chapter of the Bhágavat of Vyásadev, translated into Hindí from the Braj Bhákhá of Chaturbhuj Misr, by Lallú Lál. A new edition with a Vocabulary, by *Edward B. Eastwick.* Hertford (pritned for the Hon. E.-I. Comp.) 1851. 240 S. 4.

84) Krichna et sa doctrine. Bhagavat dasam askand. Dixième livre du Bhagavat Pourana. Traduit sur le manuscrit hindoui de Lalatch Kab, par *Théod. Pavie.* Paris 1852. 8. Pr. 7 fr. 50 c.

85) Journ. asiatique 1851 u. 1852.

86) Syllabus of the Siva-Gnána-Pótham, one of the sacred books of the Hindús, by Rev. *Henry R. Hoisington:* in Journ. of the Amer. Or. Soc. vol. II, S. 137—154.

resischer Sprache; das neue Test. in Canari ist von *Weigle* beendet und das alte Test. angefangen. Bemerkungen über die grammatische Structur der nicht-sanskrit. Sprachen Indiens und den Anfang eines vergleichenden Vocabulars derselben gab *J. Stevenson* [87]). Er glaubt u. a. die indischen Zahlzeichen auf die Figur der Anfangsbuchstaben der entsprechenden Zahlwörter zurückführen zu können und zwar mittelst des Sindh-Alphabetes. Ein ethnologischer Aufsatz von *Briggs* [88]) stellt fleissig zusammen, was bisher über die Aboriginer Indiens geschrieben worden ist, doch wird seine Behauptung, dass alle zu einem einzigen Volke skythischer (tatarischer) Abkunft gehören, schwerlich viel Beistimmung finden.

Nach Persien übergehend habe ich Reisen und Schilderungen des Landes zu erwähnen vom Fürsten *Alexis Soltikoff*, nur Schilderung ohne wissenschaftliche Bedeutung, doch mit guten Abbildungen [89]), Fragmente aus dem Tagebuch eines deutschen Naturforschers in Persien [90]), und einen Artikel des Fürsten *Emanuel Galitzin* über Daghestan [91]). Auch das Reisewerk von *Flandin* und *Coste* ist seiner Vollendung näher gerückt, ich weiss nicht, ob jetzt ganz fertig [92]). Zugleich über Kurdistan und weiter noch dehnt sich das Buch von *Moritz Wagner* aus [93]). *Azariah Smith* legt viel Gewicht auf die kleine Karte, welche er seinen Bemerkungen über Kurdistan beigiebt und welche allerdings mit viel Sorgfalt construirt zu seyn scheint, aber von der von Ainsworth (im Journ. Geogr. Soc. 1841) so sehr abweicht, dass man eine nähere Erörterung dieser Differenzen wünschen muss [94]). Von Interesse ist auch *Perkins*' Reise durch die kurdischen Gebirge [95]), und *Quatremère's* Abhandlung über Ekba-

---

87) Journ. of the Bombay Branch of the R. As. Soc. No. XIV. Jan. 1851. No. XV. 1852. S. 15—20. 117—131, 1853. S. 319—339 (unvoll.).

88) On the Aboriginal Race of India, by Lieut.-General *Briggs*: im Journ. of the R. As. Soc. Vol. XIII. S. 275—309.

89) Voyage en *Perse*, par le prince *Alexis Soltikoff*. Par. 1851. 8.

90) Ausland 1851, durch den ganzen Jahrgang.

91) Nouv. Annales des voyages 1852, Jan., mit einem Anhang über die Lesghier von *Vivien St. Martin*.

92) Voyage en Perse, de MM. *Eugène Flandin*, peintre, et *Pascal Coste*, architecte. Entrepris par ordre de M. le ministre des affaires étrangères, Publié sous les auspices de M. le ministre de l'intérieur. Relation du voyage, par M. *E. Flandin* (T. I. Paris 1851. 8.). Vues pittoresques de la Perse moderne, lithogr. fol. Architecture et sculpture, in fol.

93) Reise nach Persien u. dem Lande der Kurden. Von *Moritz Wagner*. 2 Bde. Mit e. Vorläufer: Denkwürdigkeiten von der Donau u. vom Bosporus. Bd. 1. Leipz. 1852. 8. Pr. 3 ₰. 10 ngr. Bd. 2. Mit e. Anhang: Beiträge zur Völkerkunde u. Naturgeschichte Westasiens.

94) Contribution to the Geography of Central Koordistan, by *Azariah Smith*: in Journ. of the American Or. Soc. vol. II. p. 61—68. mit Karte.

95) Journal of a Tour from Oroomiah to Mosul, through the Koordish Mountains, and a Visit to the Ruins of Nineveh, by Rev. *Justin Perkins*:

tana [95]). Eine die heutigen Parsen schildernde Skizze gab *H. G. Briggs* [97]). Für das Verständniss ihrer Religionsbücher ist jüngst ein neuer Eifer erwacht, der mehr und mehr Früchte trägt, wenn diese auch langsamer zur Reife kommen werden, als wir vielleicht gehofft hatten, ehe wir noch die Schwierigkeit, die es damit hat, recht ermessen konnten. Von *Spiegel's* Textausgabe des Avesta ist die erste Abtheilung erschienen, welche die Hälfte des Vendidad enthält [98]). Mit der andern Hälfte wird der erste Band geschlossen seyn, Bd. 2 soll Yasna und Vispered, Bd. 3 die Yeschts und kleinen Stücke bringen. Daneben soll die Huzvaresch-Uebersetzung erscheinen, und später die Variantensammlung. Der Text wird in der Wiener Hof- und Staatsdruckerei mit neuen dazu geschnittenen Typen gedruckt. Sofort hat *Spiegel* auch den kühnen Versuch gemacht, eine deutsche Uebersetzung zu ediren. Der erste Band derselben giebt den Vendidad mit einer Einleitung über Culturgeschichte des Zendvolks [99]). *Westergaard's* Ausgabe hat mit dem Text des Yasna begonnen, die zweite und dritte Lieferung enthalten Vispered, die Yaschts und einige kleinere Stücke, überall schon mit untergesetzten Varianten [100]). Nach den Zendtexten will er erst Vocabular und Grammatik, und schliesslich die Uebersetzung nebst andern Zugaben liefern. Die von *W.* angewandten Typen sind unter seiner Aufsicht nach dem Muster der besten Handschriften geschnitten. Daneben hat er den Pehlewi-Text des Bundehesch edirt [1]), eigentlich ein lithographirtes Facsimile des einen Copenhagener Codex mit Ergänzung aus einem andern. Die beiden beigegebenen Inschriften dienen als Grundlage der in der Vorrede

---

in Journ. of the American Or. Soc. vol. II. p. 71—119, mit einer Bemerkung von Prof. Edwards über die kurdische Sprache, letztere nach Ztschr. f. d. Kunde des Morgenl. von 1840. Ueber die Reise des Hrn. Perkins s. auch unsre Ztschr. Bd. IV. S. 112.

96) Mémoire sur la ville d'Ecbatane. Par M. *É. Quatremère:* in Mémoires de l'Acad. des inscrr. et belles-lettres, 1851.

97) The Parsis or Modern Zerdusthians: a Sketch. By *Henry George Briggs.* Edinb. 1852. 8. Pr. 4 s.

98) Avesta, die heiligen Schriften der Parsen. Zum ersten Male im Grundtexte sammt der Huzvâresch-Uebersetzung herausg. von Dr. *Friedrich Spiegel.* 1. Abth. Vendidad. Fargard I—X. Lpz. 1851. 8.

99) Avesta, die heiligen Schriften der Parsen. Aus dem Grundtexte übersetzt, mit steter Rücksicht auf die Tradition von Dr. *Friedrich Spiegel. Erster* Band: Der Vendidad. Mit 2 Abbildungen. Leipz. 1852. 8.

100) Zendavesta or the Religious Books of the Zoroastrians edited and interpreted by *N. L. Westergaard.* Vol. I. The Zend Texts. Part. 1. Yasna. Copenhagen 1852. 4. P. 2. Vispered and the Yashts I—XI. 1852. 4. P. 3. The Yashts XII—XXIV, Nyâish, Afrigâns, Gâhs, miscellaneous Fragments, Sirozah. 1853. 4. (Mit P. 4. wird der erste Band geschlossen seyn.)

1) Bundehesh liber Pehlvicus e vetustissimo codice Havniensi descripsit, duas inscriptiones regis Saporis Primi adiecit *N. L. Westergaard.* Havniae 1851. 82 SS. Text des Bund. und 2 SS. Inschr. 4to.

aufgestellten Behauptung, dass die Sprache des Bundehesch von der unter den ersten Sasaniden gesprochenen sehr verschieden sey. *Lassen* endlich hat den Anfang des Vendidad mit Varianten zum Behuf seiner Vorlesungen drucken lassen [2]). Wir begrüssen diese Arbeiten als einen muthigen Anfang genauerer Erforschung des schwierigen Gebiets, und hoffen, dass die Concurrenz bei der Herausgabe sowie die bereits thätige Kritik [3]) die Sache selbst zu desto glücklicherem Gedeihen führen möge. Zur Erklärung des Avesta hat *Spiegel* wieder einige Aufsätze geliefert [4]), auch *Roth* neuerlich [5]). Ein Parse, *Dhanj'ibhai Franj'i*, hat ein Zend-Lexicon mit englischer und Guzerati Erklärung wie auch eine Grammatik dieser Sprache angekündigt [6]). Auch *Burnouf* hat handschriftliche Vorarbeiten zu einem Zend-Wörterbuch hinterlassen, und *Spiegel* eine Grammatik der Parsi-Sprache herausgegeben [7]). Die arischen Glossen der griechischen Schriftsteller sammelte *Bötticher* [8]).

Für die neupersische Sprache und Litteratur ist nicht wenig und manches Erfreuliche gethan. Von den in Teheran und Tebris gedruckten oder lithographirten Büchern, welche theils der arabischen, theils der persischen Litteratur angehören, und deren seit dem Bestehen der dortigen Pressen nun schon eine gute Reihe erschienen sind [9]), muss ich ganz absehen, da mir keines derselben aus den letzten zwei Jahren näher bekannt geworden ist. Es sind darunter auch Producte der neuesten Zeit, namentlich Uebersetzungen aus europäischen Sprachen und Arbeiten von dort lebenden Europäern, wie z. B. eine Geographie in persischer Sprache mit Atlas, auch eine persische Zeitung von Burghess in Teheran herausgegeben. Von letzterer kam uns zuerst nur die

---

2) Vendidadi capita quinque priora. Emendavit *Christ. Lassen*. Bonnae 1852. 8. Pr. 20 *Sgl*.

3) S. *Benfey* in Götting. Anz. 1852, Dec. St. 196 ff., 1853, Jan. St. 6—9, *R. Roth* in Allg. Monatsschrift f. Wiss. u. Litt. 1853, Märzheft S. 242—253.

4) Der 19. Fargard des Vendidad. Von Dr. *Fr. Spiegel*. 2. Abth. München 1851. 58 S. gr. 4. Pr. 18 *Sgl*. (Sonderdruck aus den Abhandlungen der Münchner Akad. Bd. VI. Abth. 2.) — Studien über das Zendavesta. Von *Spiegel*. 3. Die Lehre von der unendlichen Zeit bei den Parsen: in Ztschr. Bd. V. S. 221 ff. (Er nimmt Jos. Müller's Ansicht gegen Schlottmann in Schutz.) — Studien über das Zendavesta. Von *Spiegel*. 4. Ueber den Cultus der Gestirne und die Weltansicht der Parsen in den verschiedenen Epochen ihrer Entwickelung: in Ztschr. Bd. VI. S. 78—86.

5) Etymologisches zum Avesta, von *R. Roth*: in Ztschr. VI, 243—248 (u. a. über zarvan akarana).

6) S. Zeitschr. Bd. VII. S. 104 f.

7) Grammatik der Parsisprache nebst Sprachproben von Dr. *Fr. Spiegel*. Leipzig 1851. 8.

8) Arica scripsit *Paulus Boetticher*. Halae 1851. 8.

9) S. die Liste in d. Zeitschr. Bd. VI. S. 405 ff.

erste Numer zu, ausgegeben Freitag d. 5. des 2ten Rabî' 1267 (Febr. 1851), deren neueste europäische Neuigkeit die Conferenz von Ollmütz (الملطس) war. Seitdem haben wir mehr erhalten [10]. Von Calcuttaer Drucken erhielt ich *Sprenger's* vortreffliche Ausgabe von Sadi's Gulistan [11], sowie das von demselben Gelehrten im Verein mit Aga Mohammed Shûshteri besorgte Khirad-Nâmehi-Iskandarî Nizâmî's [12]. *Eastwick* übersetzte den Gulistan ins Englische [13]. Die Moral des Sadi legte *Graf* dar, indem er eine ethische Blüthenlese aus den Werken des Dichters zusammenstellte [14]. Den Bostan übersetzte *Schlechta* auszugsweise [15], wie auch die Bruchstücke des Emir Mahmûd Ibn Jemîn-ed-dîn Ferjûmendi, welcher Dichter in der ersten Hälfte des 14. Jahrhunderts lebte [16], und ein mystisches Gedicht des Hâtif Isfahânî [17], alles in ansprechender Form und auf Grundlage tüchtiger Sprachkenntniss. Dasselbe lässt sich rühmen von *Adolph Friedrich von Schack's* Heldensagen des Firdosi, einem Theil des Schahnameh in fünffüssigen Jamben mit entsprechendem Reim möglichst wortgetreu übersetzt. Die Einleitung giebt eine treffliche Charakteristik des persischen Epos und würdigt Inhalt, Plan und Composition des Schahnameh in ausführlicher und gründlicher Weise [18]. Eine zweite Sammlung der Heldensagen ist im J. 1853 erschienen [19]. Bei diesem Anlass erwähne ich gleich noch

10) S. Zeitschr. Bd. VII. S. 616. Nr. 10.

11) The Gulistán of Sa'dy, edited in Persian, with punctuation and the necessary vowel-marks, for the use of the College of Fort William. By *A. Sprenger.* Calcutta 1851. 8. Vgl. Graf in Zeitschr. VI. S. 445 f.

12) Bibliotheca Indica Vol. XVI. No. 43 (Fasc. 1). Calc. 1852. 8.

13) The Gulistan; or, Rose-garden, of Shekh Sadi of Shiraz. Translated for the first time into Prose and Verse, by *Edward B. Eastwick.* Hertford 1852. 8. (Das „first time" bezieht sich auf die metrische Uebersetzung der Verse. Die äussere Ausstattung des Buches ist glänzend. Vgl. Zeitschr. Bd. VII, S. 454).

14) Die Moral des persischen Dichters Sadi. Von Dr. *K. H. Graf:* in Beiträge zu den theol. Wiss., in Verbindung mit der theol. Gesellschaft zu Strassburg herausgegeben von Dr. Ed. Reuss und Dr. Ed. Cunitz. 3. Bdchen. Jena 1851, 8. S. 141—194. Auch als besonderer Druck.

15) Der Fruchtgarten von Saadi. Aus dem Persischen auszugsweise übertragen durch *Ottokar Maria Freiherrn von Schlechta-Wssehrd.* Wien 1852. 8.

16) Ibn Jemin's Bruchstücke. Aus dem Persischen von *Ottokar Maria Freiherrn von Schlechta-Wssehrd.* Wien 1852. 8.

17) Zeitschr. Bd. V. S. 80 ff., dies zugleich mit dem Text.

18) Heldensagen von *Firdusi.* Zum ersten Male metrisch aus dem Persischen übersetzt nebst einer Einleitung über das iranische Epos von *Ad. F. von Schack.* Berlin 1851. 8. Daraus auch in Sonderdruck: Bischen und Menische. Eine persische Liebesgeschichte von *Firdusi.* Berlin 1851. 16. — Vgl. Graf in d. Zeitschr. Bd. VI. S. 447 f., Spiegel in Leipz. Repertor. 1851. Bd. III. H. 5. S. 242 ff., Rud. Roth in Götting. Anz. 1852. St. 14 und 15.

19) Epische Dichtungen aus dem Persischen des Firdusi, von *Ad. F. von Schack.* Berlin 1853. 2 Bde. 8.

Spiegel's Artikel über die iranische Heldensage in der allgemeinen Monatsschrift [20]. In Hertford erschien eine schön gedruckte Ausgabe der Anwâri Suheili [21]), *Rückert's* Lese aus Ǵâmî's Liebesliedern bildete wieder einen Artikel unsrer Zeitschrift [22]), *Hammer-Purgstall* gab eine Darlegung des Inhalts von Ǵelâleddîn's Mesnewi nebst Uebersetzung einzelner Stellen, wozu noch ein Bericht über den in Kairo gedruckten ausführlichen türkischen Commentar kommen sollte [23]). *Bland's* Biographien persischer Dichter werden noch immer erwartet, auch wollte derselbe eine Ausgabe des Hâfiz besorgen. Eine dergleichen haben wir von *Bötticher* zu erwarten, und *Daumer* bot uns wieder 152 Lieder in Hâfiz Manier [24]). Baihaki's Geschichte der Ghaznewiden steht von *Morley* zu erwarten. *Chanykov* hat in Tiflis den dritten Theil des Geschichtswerkes des Raschîdeddîn aufgefunden, der die Genealogien der mongolischen Geschlechter, die Geschichte der Juden, Franken, Chinesen und Inder enthält. *Defrémery* gab Auszüge aus Khondemîr [25]). Eine englische Uebersetzung der Akhlâki-Muḥsinî lieferte *Keene* [26]). Hierzu kommt noch eine Grammatik der neupersischen Sprache von *Chodzko* [27]), und eine andere von *Beresin* in drei Bänden ist im Druck vollendet. Letzterer lässt auch Recherches sur les dialectes persans u. A. drukken [28]). *Vullers* hat ein persisches Lexicon angekündigt, das nicht nur das Material der vollständigsten Originallexica vereinen, sondern auch aus den Litteraturwerken viele Belege erhalten soll; die etymologische Anordnung, die der Verfasser ihm zu geben denkt, und die Vergleichung der nächstverwandten Sprachen wer-

---

20) Allg. Monatschr. f. Wiss. und Lit. 1853. Febr. S. 185—194.

21) Anvār-i Suheilī, or Lights of Canopus, being the Persian Version of the Fables of Bīdpāī, by Ḥusain Vāiz Kāshifī. Edited by Lieut.-Col. *J. W. J. Ouseley*, Prof. of Arabic and Persian at the East-India College, Haleybury. Hertford (printed for the Hon. E.-I. Comp.) 1851. 545 S. gr. 4.

22) Zeitschr. Bd. V. S. 308—329.

23) Hammer-Purgstall, Bericht über den zu Cairo i. J. d. H. 1251 (1835) in sechs Foliobänden erschienenen türkischen Commentar des Mesnewi Dschelaleddin Rumi's: in Sitzungsber. der Wiener Akad. Philos.-hist. Cl. Bd. VII. S. 626 f. 641 f. 693 f. 728 f. 762 f. 785 f. 818 f.

24) Hafis. Neue Sammlung von *G. F. Daumer*. Nürnberg 1852. 12. Pr. 2½ Rthlr.

25) Journ. asiat. T. XVII. 1851. S. 105 ff. und 1852 Jan.—März.

26) Akhlâk-i Muhsinî, or the Morals of the Beneficent [sic]. Litterally translated from the Persian of Husain Vāiz Kāshifī, by *H. G. Keene*. Hertford 1851. 8.

27) Grammaire persane, ou principes de l'iranien moderne, accomp. de fac-similés pour servir de modèles d'écriture et de style pour la correspondance diplomatique et familière, par *Alex. Chodzko*. Paris 1852. 8. Pr. 10 fr. (5 Tafeln Facsim.)

28) S. Zeitschr. Bd. VI. S. 545 f.

den den wissenschaftlichen Werth des Buchs noch erhöhen [29]). In England hat Professor Johnson ein persisch-arabisch-englisches Lexicon edirt [30]). Endlich wird gemeldet, dass in Delhi der erste Theil eines grossen persischen Wörterbuchs von *Tek Tschand* erschienen ist u. d. T. مصطلحات بهار عجم, das besonders in Bezug auf das Verständniss der Dichter unschätzbar seyn soll. Der Vf. lebte in der zweiten Hälfte des vorigen Jahrhunderts und widmete sein ganzes Leben dieser Arbeit. Das gute Lexicon Bahâri ʿAǵam ist ein Auszug, den ein Schüler desselben aus dem Original-Manuscript machte, aber es ist nur ein Schatten des Originals [31]).

Ehe ich nun zu den Keilschrift-Monumenten Persiens komme, die mich dann sofort zu den verwandten assyrischen und babylonischen Denkmalen überleiten, gedenke ich auch der Münzen und Gemmen aus der Sasaniden-Zeit, deren Legenden der Gegenstand zweier Aufsätze von *Edward Thomas* [32]), so wie einer ausführlichen Abhandlung von *Mordtmann* ist, welche letztere eben jetzt in einem neuen Hefte unsrer Zeitschrift gedruckt wird und von welcher wir nicht nur die vollständigste Uebersicht der Sasaniden-Münzen, sondern auch eine gründliche und in den Hauptsachen wohl abschliessende Erklärung ihrer Legenden erwarten dürfen [33]). Die persischen Keilschrifttexte der Achämeniden-Denkmale und vorzugsweise die grosse Inschrift des Darius zu Behistun hat *Oppert* einer gründlichen und besonders die sprachliche Erklärung fördernden Revision unterworfen [34]). Ueber die zweite Art der achämenidischen Keilschrift hat *Holtzmann* zwei scharfsinnige Artikel in unsrer Zeitschrift drucken lassen [35]). Derselbe unternahm es die Aechtheit und Integrität der früher von *Grotefend* und noch neuerlich von *Löwenstern* [36]) verdächtigten sogenannten Inschrift von Tarku, welche von dem Kaufmann Flower herrührt,

---

29) S. Conspectus operis quod inscribitur Joannis Augusti Vullers lexicon persico-latinum etymologicum etc. Gissae 8 Febr. 1852. Seitdem sind die beiden ersten Lieferungen erschienen, Bonn 1853.

30) Lond. 1852. 4. Pr. 3 £ 10 s.

31) S. Journ. As. Soc. of Bengal 1853, S. 404.

32) Notes introductory to Sassanian Mint Monograms and Gems, by *Edward Thomas*: in Journ. of the R. As. Soc. Vol. XIII. S. 373—428 mit 3 Tafeln Abbildungen, und: On Sassanian Coins, a letter from *Edw. Thomas*: in Journ. of the As. Soc. of Bengal 1851. S. 525—527.

33) Seitdem erschienen als erstes Heft des VIII. Bandes der Zeitschrift der D. M. G. 1854.

34) *Oppert*, mémoire sur les Inscriptions achéménides, conçues dans l'idiome des anciens Perses: 7 Artt. des Journ. asiat. T. XVII—XIX. 1851. 52.

35) Zeitschr. Bd. V. S. 145—178. Bd. VI. S. 35—47.

36) Revue archéol. VIIe année. 1850—51. S. 455 ff.

zu vertheidigen.[37]). *Norris* hat seine Abhandlung über den sogen. medischen Text der Inschrift von Behistun vollendet: er findet darin einen skythischen Dialect, theilweise übereinstimmend mit den ugrischen Sprachen, einschliesslich das Magyarische, das Ostjakische und das Wolga-Finnische[38]). Obrist *Rawlinson* war fortwährend eifrig bemüht, nicht nur neue Aufgrabungen an verschiedenen Orten im Gebiete von Nineve, in Babylonien namentlich bei Niffar, Senkereh und Warka, in Seleucia, in Susa und Elymais zu veranstalten oder zu veranlassen, zugleich aber auch zur Erklärung und Ausbeutung der Monumente und Inschriften für Geschichte, Geographie und Alterthümer der Völker und Länder, welchen die ausgegrabenen Monumente angehören oder deren in denselben Erwähnung geschieht, unablässig mitgewirkt. Neben ihm war *Layard* noch immerfort thätig. Die von ihm aufgefundenen Monumente und Inschriften sind abgebildet und veröffentlicht worden[39]). Sein früherer Bericht ist in einen populären Auszug gebracht, welcher zu Murray's Sammlung von Werken für Eisenbahnlectüre gehört (Reading for the Rail), und derselbe auch in deutscher Uebersetzung erschienen[40]). Dazu ist ein neuer Bericht gekommen über die späteren Entdeckungen[41]). Desgleichen setzten die bei der türkischen Grenzcommission beschäftigten Engländer *Williams* und *Loftus* ihre Nachgrabungen fort, und ausserdem schickte die französische Regierung eine wissenschaftliche Expedition nach Babylonien, an deren Spitze *Oppert* und *Fresnel* stehen, während der jetzige französische Consul *Victor Place* die vormals von *Botta* begonnenen, aber seit 1845 sistirten Arbeiten in Khorsabad und dessen Umgegend wieder

---

37) Zeitschr. Bd. VI. S. 379—388.

38) S. Athen. 1852, 24 Jul. S. 802 und 1853, 18. Jun. S. 742. Journal of the R. As. Soc. 1853.

39) Inscriptions in the cuneiform character from Assyrian monuments, discovered by *A. H. Layard*. Lond. 1851. 101 S. Fol. Vgl. Ewald in den Gütting. Anz. 1851. Apr. St. 61. 62. — The Monuments of Nineveh, illustrated in 100 plates, from drawings made on the spot by *A. H. Layard*. Lond. 1851. Imper. Fol. Pr. 10 l. 10 s. — The Nineveh Monuments; second series: consisting of Sculptures, Vases, and Bronzes, chiefly illustrative of the wars of Sennacherib. Lond. 1853. Fol. (70 lithogr. Tafeln).

40) A popular Account of Nineveh and its Remains. By *Austin H. Layard*. Abridged and condensed from his larger work. With numerous woodcuts. Lond. 1851. 8. — *Austin Henry Layard's* Populärer Bericht über die Ausgrabungen zu Niniveh. Nebst Beschreibung eines Besuches bei den chaldäischen Christen in Kurdistan und den Jezidi oder Teufelsanbetern. Nach dem grösseren Werke von ihm selbst abgekürzt. Deutsch von Dr. N. N. W. Meissner. Mit den Kupfern [Steindrucken] des grösseren Werkes. Leipz. 1852. 8.

41) Discoveries in the Ruins of Nineveh and Babylon, with Travels in Armenia, Kurdistan, and the Desert; being the Results of a Second Expedition undertaken for the Trustees of the Brit. Museum. By *Austin H. Layard*, M. P. Lond. 1853. 8. Mit fast 400 Illustrationen. Pr. 21 s.

aufgenommen hat. Die dort beschäftigten englischen und französischen Gelehrten stehen im besten Einvernehmen und suchen gegenseitig ihre Arbeiten auf diesem weiten kaum angebrochenen Felde zu fördern. Ja auch die türkische Regierung hat angefangen, Ausgrabungen zu veranstalten. Beispielsweise führe ich an, dass Consul *Place* allmälig den ganzen Hügel von Khorsabad aufgegraben. Er stiess auf Fundamente von Ringmauern und Thoren und fand allerlei Gegenstände aus geschnittenen Steinen, eine Statue (des Sargon) von $4\frac{1}{4}$ Fuss Höhe mit Inschriften bedeckt, auch einen Weinkeller der assyrischen Könige, die Krüge freilich zertrümmert, den Wein ausgelaufen oder bis auf einen unscheinbaren Bodensatz vertrocknet. Die Engländer gruben u. a. einen bronzenen Löwen aus in Nebi Junus, auch Bleche mit s e m i t i s c h e n Inschriften in Abu Schudr, eine Menge Zierrathen, zum Theil aus Gold, Cylinder, Basaltgefässe mit Skulpturen u. dgl. *Rawlinson* meldet den Fund einer Liste der babylonischen Monate, deren Reihe unterdessen *Hincks* in England nach den bekanntgemachten Monumenten übereinstimmend mit jener Liste geordnet hatte; als ein glücklicher Fund kann auch bezeichnet werden die Auffindung der Trümmer der königlichen Bibliothek: Fragmente von Alphabeten, Syllabarien, Erklärung ideographischer Zeichen, geographische, mythologische Aufzeichnungen, Aufsätze über Gewichte und Maasse, Zeittheilung u. a., ein Kalender auf einen Cyclus von zwölf Jahren, Naturgeschichtliches, Astronomisches und Astrologisches, ja vielleicht, wenn Rawlinson's sanguinische Vermuthung zutrifft, wirkliche Grammatiken und Lexica. Aus einem der dazu gehörigen Verzeichnisse geht hervor, dass die Assyrer nach Summen von Sechszig rechneten, nach Art des Sossos, Saros und Neros bei Berosus. Die Zahlwörter, sagt Rawlinson, sind ganz die semitischen. Eine glänzende Entdeckung hat man neuerlich im südlichen Chaldäa bei Abu Schahrein gemacht, eine Ruine voll von Marmorplatten und Skulpturen [42]). In Babylonien fand sich u. a. die Figur eines Löwen aus schwarzem Marmor mit einem Hieroglyphen-Ringe. Die französischen Gelehrten deckten dort gewölbte Gänge auf, Säulengänge, Zimmerräume und Gräber mit allerlei Alterthümern, Cylindern, Ziegeln, Gefässen u. s. w. Sie suchten den Plan von Babylon's Lage genau herzustellen nach den Spuren der Ringmauer. Birs Nimrud, welches sie für Borsippa halten, lag ausserhalb der eigentlichen Ringmauer, gehörte aber zu Babel. Ihre Nachforschungen waren besonders auch im sogen. Kaṣr und bei 'Amrân von Erfolg. Es wurden von ihnen bereits viele aufgefundene Alterthümer, auch photographische Ansichten nach Paris gesandt. Mit dem Jahr 1851 hatte man auch angefangen, den grossen Trümmerhügel nahe dem sogen. Grabe

---

42) S. Athen. 1853. 18. Juni S. 741 f. und 25. Juni S. 774.

Daniel's bei Susa aufzugraben. Die Schrift der dortigen Monumente ist in der assyrisch-babylonischen Art, die Sprache aber nach Rawlinson's Urtheil eine ganz andere.

Was die Ermittelung des historischen Inhalts der ninevitischen Inschriften betrifft, so ist besonders das von Gewicht, dass jetzt *Rawlinson*, wie gleichzeitig, aber unabhängig von ihm, *Hincks* u. A., die in der Bibel vorkommenden assyrischen Königsnamen auf den Monumenten lesen, namentlich Tiglath-Pileser, Salmanasser (= Sargina, Sargon Jes. 20, 1), Sanherib und Esarhaddon. Tiglath-Pileser's Berichte über seine Kriege in Armenien, Kappadocien, Pontus, in Nordsyrien und Cilicien entdeckte Rawlinson auf einem Cylinder in Kif'ah Shergat, zusammen 800 Schriftzeilen, die Schrift auf demselben noch besser, die Sprache glatter und die grammatischen Formen sorgfältiger bezeichnet, wie er sagt, als in den Inschriften der späteren Zeit. Derselbe enthält u. a. eine Genealogie, welche bis zum Anfang dieses Königshauses zurückzugehen scheint. Sargina, der Erbauer des Palastes in Khorsabad (welcher Ort bei Jâkût den Namen Ṣar'ûn führt), unternahm Kriegszüge gegen Syrien, Samarien und Aegypten, er eroberte u. a. auch Asdod (vgl. Jes. Cap. 20) und Jamnai (*Ἰαμνεία*, Jabne). Sanherib ist Erbauer des von Layard aufgedeckten Palastes in Koyunj'ik. Er unterwarf zuerst den Merodach Baladan, dessen Heer die Truppen von Susiane bildeten, plünderte das Schatzhaus seines Palastes nahe bei Babel und führte eine grosse Beute davon, seine Idole, Weiber, Wagen, Pferde u. s. w. Nachdem er dann einen Aufstand in Palästina gedämpft, die Rebellen bei Allakhis (Lachis) und Lubana (Libna), auch die ihnen zu Hülfe gekommenen Aegypter geschlagen, gerieth er in Streit mit Kebazakiyahu (Hiskia) wegen des Tributs. Er nahm 46 seiner festen Städte ein und bedrohte auch Jerusalem. Hiskia kaufte sich los durch 30 Talente Gold und 300 Talente Silber (vgl. 2 Kön. 18, 13 ff.). Von Esarhaddon enthält ein Cylinder des brit. Mus. die Nachricht, dass er Israeliten deportirte und Colonisten in ihr Land verpflanzte (vgl. Esra 4, 2). „Esarhaddon, Eroberer von Mizraim und Kusch" lautet die Inschrift einer Löwenfigur in Bronze, welche die Türken in Nebi Yunus ausgruben. In ältere Zeit, nämlich in die erste Hälfte des 9. Jahrh. vor Chr., führt uns nach Hincks und Rawlinson die Inschrift des Obelisken von Nimrud, da darin wiederholt Jahua (Jehu), König von Israel, und Khazail (Hasael), König von Syrien, vorkommen. Noch höher hinauf, etwa 930, setzt Rawlinson den grossen Sardanapal, Zeitgenossen des Königs Ahab von Israel. Er erhielt u. a. Tribut von Ethbaal, König von Tyrus, dem Vater der Isebel (1 Kön. 16, 31). Die sogenannte grosse Pyramide, eigentlich ein ungeheurer viereckiger Thurm an der Nordwest-Ecke des Hügels von Nimrud, der nur als schuttbedeckte Ruine die Pyramidenform angenommen, heisst bei den Griechen das Grab des Sardanapal. Der Bau führt von dessen Sohne her, dem Divanubara (vielleicht Deleboras bei Macrobius). An ihn schickte Jehu Geschenke. Weiter ist in einer Inschrift von Nimrud (Brit. Mus. Taf. 50) die Rede von einem König, dessen Name jedoch getilgt ist, welcher von Menahem Tribut erhielt, also Phul (2 Kön. 15, 19). Wenn diese Auslegung der Monumente sich als richtig erweist, so haben wir darin allerdings eine erhebliche Bestätigung und Erweiterung der biblischen Berichte [43]). Auch die Inschriften von Van untersuchte Rawlinson, er fand darin die Namen von sechs Königen, deren letzter Argisti mit Sargon Streit hatte [44]). Die sprachliche Entzifferung der assyrischen Inschriften macht nur sehr langsame Fortschritte und beruht zumeist noch auf unsicheren Vermuthungen. Im Journal der Asiat. Gesellschaft zu London [45]) ist endlich der Anfang von Col. *Rawlinson's* Memoir on the Babylonian and Assyrian Inscriptions erschienen. Zuerst auf 17 Tafeln in Querfolio der babylonische Text der grossen Darius-Inschrift von Behistun mit untergesetzter Aussprache und Uebersetzung; darauf die dazu gehörigen neun kleineren Inschriften nebst den drei von Nakschi-Rustam, auch diese mit Aussprache und Uebersetzung; ferner eine Liste der häufigsten babylonischen und assyrischen Charaktere, 246 an der Zahl, mit Angabe ihres Lautwerthes und bezügl. ihrer ideographischen Bedeutung; dazu eine ausführliche Analyse der ersten von den vier Columnen des babylonischen Textes der grossen Inschrift auf 104 Seiten; endlich ein kleiner Anfang des eigentlichen Memoir's auf 16 Seiten, handelnd von den ersten beiden Zeichen des Alphabets. Mit unermüdlichem Fleiss verfolgt *R.* die mühsame Arbeit. Die Resultate der Entzifferung und Deutung gewinnen hie und da einigermassen Gestalt; aber Vieles bleibt zur Zeit noch unerklärt, noch mehr von dem Erklärten unsicher. Ein semitisches Element der Sprache scheint vorzuliegen, aber gewiss wird später das Meiste noch ganz anders angesehen werden müssen. Was *R.* öfter von einzelnen seiner Resultate sagt, z. B. S. LXXIV: „All this is very puzzling, and can only yield to careful and continued research", das wird in sehr vielen Fällen gesagt werden können. Die Sprache der älteren Inschriften des südlichen Persiens aus der Zeit vor Nebukadnezar, einschliesslich

---

43) S. über *Rawlinson's* Deutungen The Athenaeum 1851, Apr. S. 455 f. 456. Aug. S. 902 f. (Magazin f. Litt. des Ausl. 1851, 2 Sept. Nr. 105). 1852, März S. 357, Juli S. 802. 1853, Febr. S. 228, und dessen Outlines of Assyrian History im 29. Jahresbericht der Londoner Asiat. Gesellschaft 1852, S. XV—XLI, dazu *Layard's* Bemerkungen ebend. S. XLII u. XLIII. Desgleichen *Hincks* im Athen. 1851, Sept. S. 977 und Heft v. 27. Dec., auch 1852 v. 3. Jan. S. 26.

44) Athen. 1852, Dec. S. 1362.

45) Vol. XIV. P. 1. Lond. 1851.

die Backsteine und Tafeln, die in Niffar, Senkereh, Warka, Susa und Elymais gefunden wurden, will er als skythische Sprache bezeichnen, freilich in weitester Bedeutung, so dass alle hamitischen Völker, als Kusch, Mizraim, Nimrud und Kenaan, Skythen in diesem Sinne wären, nur dass Kusch und Mizraim sich frühzeitig mit Semiten mischten. Jene Inschriften setzt er in das 8. Jahrh. vor Chr. und meint, dass damals dort überall Skythen und Semiten vermischt gewesen seyen [46]). Die Arbeiten von *Hincks* sind mir leider nur auszugsweise bekannt geworden, und habe ich insoweit darauf oben Rücksicht genommen. Eine seiner Abhandlungen, nämlich die über die Inschriften von Khorsabad, datirt noch aus dem J. 1850. Ebenso eine Abhandlung von *Birch* über Aegyptisches unter den assyrischen Monumenten [47]). Die Unsicherheit von Rawlinson's bisherigen Deutungen haben wir noch immer zu beklagen [48]), wie dies wiederholt auch von Andern ausgesprochen worden ist. Auf seinem eignen Wege schritt *G. F. Grotefend* fort. Er übergab der Göttinger Generalversammlung der D. M. G. im Herbst 1852 eine Schrift, deren Vorrede daran erinnert, wie er gerade vor funfzig Jahren (am 4. Sept. 1802) der Göttinger Gesellschaft der Wissenschaften seine ersten Entzifferungsversuche übergeben hatte [49]). Die Schrift knüpft an die 1840 erschienenen „Neuen Beiträge zur Erläuterung der babylonischen Keilschrift" an. Die Zugaben verbreiten sich hauptsächlich über die Sternkunde der Assyrer und Babylonier. Eine zweite Schrift *Grotefend*'s behandelt die Tributverzeichnisse des Obelisken aus Nimrud und das Verhältniss der verschiedenen Keilschriftarten zu einander [50]). Ausserdem gab er eine Erläuterung der Inschrift aus dem Oberzimmer zu Nimrud (Layard, Inscr. Taf. 70), worin er ganz andere Königsnamen liest als Rawlinson [51]). Endlich erhielten wir von ihm noch eine Abhandlung über Anlage und Zerstörung der Gebäude zu Nimrud nach den Angaben in Layard's Nineveh [52]), auch diese mit einigen Anhän-

46) S. Athen. 1853, Febr. S. 228.

47) Transactions of the R. Society of Literature. Vol. III. Lond. 1850.

48) S. meinen vorigen Bericht in d. Zeitschr. der D. M. G. Bd. V. S. 440.

49) Erläuterung der Keilinschriften babylonischer Backsteine mit einigen andern Zugaben und einer Steindrucktafel vom Schulrathe Dr. *Georg Friedrich Grotefend*. Hannover 1852. 4.

50) Die Tributverzeichnisse des Obelisken aus Nimrud nebst Vorbemerkungen über den verschiedenen Ursprung und Character der persischen und assyrischen Keilschrift, und Zugaben über die babylonische Current- und medische Keilschrift, von *G. F. Grotefend*. Mit 2 lithogr. und 3 gedruckten Tafeln. Göttingen 1852. 4. Pr. 1 Rß. 10 ngℓ. Vgl. Holtzmann in den Heidelberger Jahrbüchern 1853. Nr. 5 u. 6.

51) Zeitschr. der D. M. G. Bd. VII, S. 79—85.

52) Abhandlungen der k. Ges. der Wiss. zu Göttingen Bd. V, auch Sonderdruck, Gött. 1851. 4.

gen, die sich über die Götterlehre der Assyrer und über assyrische und babylonische Königsnamen verbreiten. Vorzugsweise das Architektonische hat auch *Fergusson* ins Auge gefasst in seiner Schilderung der Paläste von Nineveh und Persepolis, doch bespricht er von Anfang her auch Chronologisches, freilich hier wie dort auf sehr kühne Combinationen bauend [53]). So bezieht er z. B. die Inschrift des Obelisken auf das 1 Mos. Cap. 14 Erzählte! Aehnliche Tendenz hat die Beschreibung der alten Baue in Nimrud und Khorsabad von dem Architekten *Bonomi* [54]). Eine Zusammenstellung der (damaligen) Resultate der Ausgrabungen in Nineveh beabsichtigte die kleine Schrift *Weissenborn's* [55]). Von *Vaux's* Nineveh und Persepolis erschien eine deutsche Uebersetzung [56]), während das englische Original im Jahre 1851 in einer dritten vermehrten Auflage herausgegeben wurde. *Gosse's* „Assyria" [57]) geht vorzüglich darauf aus, die assyrischen Monumente zur Erläuterung der Bibel zu nutzen. Das Buch kommt etwas zu früh, da über viele bildliche Darstellungen jener Monumente erst die gesicherte Entzifferung der Inschriften das rechte Licht verbreiten wird, während jetzt vieles noch räthselhaft ist. Obendrein ist die Vergleichung und Identificirung bei dem Verfasser oft viel zu hastig und unbefriedigend. Die dem Buche eingedruckten 157 Holzschnitte sind meist zu klein und undeutlich. Noch erinnere ich hier an *Quatremère's* „Mémoire sur Darius le Mède et Balthasar, rois de Babylone" [58]), und an *Saulcy's* ebendahin gehörige Arbeit [59]).

---

53) The Palaces of *Nineveh* and *Persepolis* restored. An Essay on Ancient Assyrian and Persian Architecture. By *James Fergusson*. Lond. 1851. 8. Pr. 16 s. Mit 45 Holzschn. Vgl. Athen. 1851, März, S. 265 f., Kitto's Journ. 1852. Jan. S. 422 ff.

54) The Palaces of Nineveh and the Buried Cities of the East: a Narrative of Layard's and Botta's Discoveries at Khorsabad and Nimrud. By *Jos. Bonomi*. Lond. 1852. 416 S. 8. m. Illustr. Pr. 6 s. (Auch u. d. T.: Illustrated London Library. Vol. I.)

55) Ninive und sein Gebiet mit Rücksicht auf die neuesten Ausgrabungen im Tigristhale von Dr. *Hermann Joh. Chr. Weissenborn*. Erfurt 1851. 36 SS. 4. mit 2 Tafeln Abbildungen.

56) Niniveh und Persepolis. Eine Geschichte des alten Assyriens und Persiens nebst Bericht über die neuesten Entdeckungen in diesen Ländern, von *W. S. W. Vaux*. Uebersetzt von Dr. J. Th. Zenker. Mit Kupfern und 1 Karte. Leipzig 1852. 8. Pr. 3 Rthlr. 22½ Ngr.

57) Assyria; her Manners and Customs, Arts and Arms: restored from her Monuments. By *Philip Henry Gosse*. London, printed for the Society for Promoting Christian Knowledge. 1852. 8.

58) In den Mémoires de l'Acad. des inscrr. et belles-lettres, 1851.

59) Recherches sur la chronologie des empires de Ninive, de Babylone et d'Ecbatane, embrassant les 209 ans qui se sont écoulés de l'avénement de Nabonassar à la prise de Babylone par Cyrus, et renfermant l'examen critique de tous les passages de la Bible relatifs à ces trois empires, par *de Saulcy*. Par. 1850. 8. (Tiré des Annales de philos. chrét.) Vollständig erschienen in den Mémoires de l'Acad. des inscriptions et belles-lettres. 1851.

Im Bereich der armenischen Litteratur ist von *J. Bapt. Emin*, Professor am orientalischen Institut zu Moskau, eine interessante Untersuchung angeregt worden, welche uns *Dulaurier* durch eine ausführliche Mittheilung und weitere Erörterung näher gebracht hat, die Untersuchung über die von Mose von Khorene benutzten historischen Lieder oder Balladen, ihren Gegenstand, ihre Zeit und ihre Form [60]). Dazu hat ein junger Armenier aus Tiflis es unternommen, die jetzt noch vorhandenen Volkslieder der Armenier zu sammeln und herauszugeben. *Dulaurier* brachte auch Auszüge aus einem armenischen Historiker des 12. Jahrhunderts über die Kreuzzüge [61]). Einige Fragmente aus der armenischen Uebersetzung des Papias und des Irenaeus enthalten die von *Pitra* u. d. T. „Spicilegium Solesmense" herausgegebenen patristischen Anecdota (Tom. I. Paris. 1852. 8. S. 1. 4. 505). Die Psalmen nebst den Proverbien und das Neue Testament wurden im J. 1852 zu Smyrna in neuarmenischer Sprache gedruckt [62]). Ueber die Musik der Armenier schrieb *Petermann* [63]). Eine Uebersicht der Grammatik des Vulgär-Armenischen gab in russischer Sprache *Beroïev* [64]). In Constantinopel erschien ein wissenschaftliches Journal in armenischer Sprache unter dem Titel „Panacer" (d. i. der Philolog), herausgegeben von *J. Hissarian*. Den ersten Jahrgang 1851 besitzt unsere Bibliothek [65]); es scheint seitdem nicht weiter fortgesetzt zu seyn. Zur armenischen Münzkunde gehören einige Aufsätze von *Victor Langlois*. In dem einen erklärt er die arabische Legende einer zweisprachigen Münze von Hethum I. [66]). Der andere handelt von den Münzen der Rupenischen Dynastie [67]). Der Verfasser benutzte bei dieser Monographie ausser dem Münzkabinet der kaiserlichen Bibliothek zu Paris vorzüglich die reiche Sammlung des Marquis De Lagoy in Aix, und war so im Stande, seine Vorgänger, selbst Brosset und Krafft in Vollständigkeit

60) Vêbk Houïn Haiasdani (in armen. Sprache) von *J. Bapt. Emin*. Moskau 1850. 98 S. 8. — Études sur les chants historiques et les traditions populaires de l'ancienne Arménie, d'après une dissertation de M. J. B. Emin, par M. *Éd. Dulaurier*: im Journ. asiat. 1852. Jan. S. 5—58. In populärer Weise behandelt Dulaurier diesen Gegenstand in einem Art. der Revue des deux mondes v. 15. April 1852. S. 224—254. Emin hat früher eine armen. Grammatik (Mosk. 1849. 8.) u. eine armen. Chrestomathie edirt (ebend. 1850. 8.).

61) Récit de la première croisade, extrait de la Chronique de Matthieu d'Édesse, et traduit de l'arménien par *Éd. Dulaurier*. Paris 1850. 4.

62) S. Zeitschr. d. D. M. G. Bd. VII, S. 618. Nr. 1259 u. 1260.

63) In der Zeitschr. der D. M. G. Bd. V, S. 365—372 mit Musiktafeln.

64) Im Bulletin de l'acad. de St. Pétersbourg, T. IX, Nr. 8 u. 9.

65) S. die Zugänge in der Zeitschr. Bd. VI, H. 4, Nr. 1089.

66) Revue archéol. VIIe année 1850—51. S. 220—223.

67) Ebend. S. 262—275. 357—368 und 416—426.

und Genauigkeit zu überflügeln. Endlich noch ein kürzerer Aufsatz zur armenischen Münzkunde [68]).

Ueber den Kaukasus giebt die diesen Namen tragende russische Zeitschrift öfter auch für die Wissenschaft erhebliche Aufsätze, wovon mir nur Auszüge im Cotta'schen Ausland und in dem (Berliner) Magazin für Litteratur des Auslandes zu Gesicht gekommen sind. *Koch* gab als Anhang zu seinen „Wanderungen" noch den Bericht über seine Rückreise [69]) und eine Karte, die ausser dem Kaukasus auch Armenien befasst [70]). Von *Bodenstedt's* 1001 Tag im Orient erschien eine mangelhafte englische Uebersetzung [71]). Die „Lieder des Mirza Schaffy" bilden einen lieblichen Nachklang zu 1001 Tag [72]). Hierbei erwähne ich gleich noch *Bodenstedt's* Beiträge zur Kenntniss des kaukasischen Türkisch, bestehend in drei Gedichten mit Angabe der Aussprache und mit Uebersetzung [73]). Von *Brosset's* „Rapport sur un voyage archéologique dans la Géorgie et l'Arménie" ist die dritte und letzte Lieferung zu Petersburg 1851 erschienen. Zu seiner Geschichte Georgiens gab er noch einen Band Zusätze und Erläuterungen [74]). Ueber georgische Münzen schrieb *Langlois* [75]), sie reichen vom 6. bis zum 14. Jahrh. und wurden bisher noch nicht in so vollständiger Reihe aufgeführt. Uebrigens nistet sich dort jetzt so viel moderne Bildung ein, dass ein in Tiflis errichtetes grusinisches Theater unter den Eingebornen grossen Beifall findet.

Ehe ich weiter nach Westen gehe, hole ich zuvörderst noch den Norden und Nordosten Asiens nach, obwohl ich mich dort

---

68) Ebend. VIIIe année 1851—52. S. 225—232.

69) Die kaukasische Militärstrasse, der Kuban und die Halbinsel Taman. Erinnerungen aus e. Reise von Tiflis nach der Krim. Von Dr. K. Koch. Leipz. 1851. 8. Pr. 1 Rthlr.

70) Karte von dem Kaukasischen Isthmus und von Armenien. Entworfen und gezeichnet von Dr. *K. Koch*. Berlin 1851. 4 lith. Bl. in Imp.-Fol. und 31 S. Text in 4. (Colorirt als polit. oder ethnogr. Karte n. 5 Rthlr. 10 Sgr. als botan. od. geognost. Karte n. 6 Rthlr. Zusammen n. 20 Rthlr.).

71) The Morning-Land; or, a Thousand and One Days in the East. By *Friedrich Bodenstedt*. From the German by *Richard Waddington*. Lond. 1851. 2 vols. Vgl. The Athenaeum 1851. Aug. S. 898.

72) Die Lieder des Mirza Schaffy, mit einem Prolog von *Friedrich Bodenstedt*. Berlin 1851. 12. Zweite, durch e. Anhang verm. Aufl. 1853. 12. Später noch: Neue Lieder des Mirza Schaffy, im Deutschen Museum herausg. von R. Prutz. 1853. Nr. 1. Auch „Ada die Lesghierin" gehört bereits in das J. 1853.

73) In der Zeitschr. der D. M. G. Bd. V. S. 245—249.

74) Additions et éclaircissements à l'histoire de la Géorgie depuis l'antiquité jusqu'en 1469 de J.-C. Par *Brosset*. St. Petersb. 1851. 494 S. gr. 8. Pr. 5 Rthlr. 17 Sgr.

75) Numismatique de la Géorgie au moyen âge, par *Vict. Langlois*. Paris 1852. 4. mit 5 Tafeln. Pr. 5 Fr. (auch in der Revue archéologique, VIIIe année 1851—52. S. 525—542. 605—615 und 653—669).

nicht lange zu verweilen gedenke. Der rastlose Reisende *Castrén* hatte kaum den Wanderstab niedergelegt, um seine Musse für Bearbeitung seiner reichen Sammlungen und Berichte zu benutzen, als ihn der Tod erreichte [76]). Sein Nachlass wird unter dem Schutze der kais. Akademie zu Petersburg herausgegeben. Unter dem allgemeinen Titel „Nordiska Resor och Forskningar" ist der erste Band, die Beschreibung seiner ersten Reise enthaltend, noch von ihm selbst redigirt und bald nach seinem Tode in schwedischer Sprache und auch in deutscher Uebersetzung von *Anton Schiefner* herausgegeben [77]). Der demnächst erschienene dritte Band, Vorlesungen über finnische Mythologie, gehört dem Jahr 1853 an. Unter seinem Nachlass befanden sich namentlich eine umfassende samojedische Grammatik, ebenso eine burjätische, ausserdem Abhandlungen über die ostjakische und die tungusische Sprache, sowie Vorlesungen über die Ethnographie der finnischen Völker, und manches Andere. Das finnische Nationalepos Kalewala ist von *Schiefner* ins Deutsche übersetzt [78]), und der erste Theil eines schwedisch-finnischen Handlexicons von *Carl Gust. Borg* erschienen (1852), während das grosse von *Lönnrot* beabsichtigte finnische Wörterbuch wohl noch eine Zeitlang auf sich warten lassen wird. *Gabelentz* schrieb seinen Artikel „über die samojedische Sprache" [79]) noch auf Grund der wenigen von Vater zusammengetragenen Texte und Sprachproben, ehe ihm etwas von Castrén's neuen Materialien bekannt wurde, um so selbständiger ist die durchdringend klare Behandlung des Verfassers. Auf erweitertem Material ruht *Wiedemann's* Arbeit über die wotjakische Sprache, denn er benutzte ausser dem in Einem Bogen bestehenden bis jetzt einzigen Drucke, der den Anfang des Evang. Matth. enthält, die ganze Uebersetzung der Evangelien und die mündlichen Aussagen eines eingebornen Wotjaken, wodurch die Grammatik ohne das Wörterbuch den Umfang von 300 Octavseiten gewonnen hat [80]). Den tatarischen Nachlass Castrén's hat

---

76) Castrén starb d. 7. Mai 1852 als Professor der finnischen Sprache und Litteratur zu Helsingfors. Berichte über seine Reisen und Arbeiten gaben u. a. das Bulletin der Petersburger Akademie, die finnische Zeitschrift Suomi, die Zeitschr. der D. M. G. Bd. VII, S. 106 f., u. a. Blätter.

77) *M. A. Castréns* Reseminnen från åren 1838—1844. Helsingfors 1852. 8. — *M. A. Castrén's* Reiseerinnerungen aus den Jahren 1838—1844. Im Auftrage der kais. Akad. d. Wiss. herausg. von *A. Schiefner.* St. Petersb. 1853. 8. Eben kommt uns noch die Kunde von einer zweiten Uebersetzung zu: Reisen im Norden. Von *Matthias Alex. Castrén.* Aus dem Schwed. übers. von *Henrik Helms.* Leipz. 1853. 8.

78) Kalewala, das National-Epos der Finnen, nach der 2. Ausgabe in's Deutsche übertragen von *Anton Schiefner.* Helsingfors 1852. 8.

79) Zeitschr. der D. M. G. Bd. V. S. 24—45.

80) Grammatik der wotjakischen Sprache nebst einem kleinen wotjakisch-deutschen und deutsch-wotjakischen Wörterbuche von *F. J. Wiedemann* Reval 1851. 8.

Böhtlingk herauszugeben unternommen, dessen unermüdlicher Thätigkeit auch auf diesem Felde wir das erste grössere Werk über die Sprache der **Jakuten** danken [81]). Middendorff, der im J. 1845 von seiner sibirischen Reise zurückgekehrt war, übergab an Böhtlingk das von ihm über die jakutische Sprache gesammelte Material mit der Aufforderung, dasselbe zu bearbeiten, das vorliegende Werk dankt aber seinen reichen Gehalt und die grössere Genauigkeit vorzüglich dem Umstande, dass B. im J. 1847 mit einem unter den Jakuten gebornen Russen Uwarowsky bekannt wurde, dessen Mittheilungen der gediegenen Arbeit die erwünschte breitere Unterlage gaben. Eine Sammlung tatarischer Jarlyk's mit Uebersetzung hat *Beresin* herausgegeben [82]). Derselbe vollendete den zweiten Theil seiner Bibliothek morgenländischer Geschichtschreiber, welcher den tatarischen Text und die Uebersetzung des Gâmi' et-tawârîkh enthält [83]). Hieher gehört noch das von *Alexander Lehmann* hinterlassene Reisewerk, das jetzt von *G. von Helmersen* dem Publicum übergeben worden ist [84]). Lehman schloss sich als junger Mann der Expedition an, die der Emir von Buchara sich vom Kaiser von Russland zur Erforschung der vermeintlichen Goldminen seines Landes erbeten hatte. Der Bericht ist besonders von Interesse in Bezug auf Samarkand, das seit lange von keinem Europäer beschrieben ist. Lehmann starb auf der Rückreise, 28 J. alt. Von den vielen in Kasan gedruckten tatarischen Schriften, hauptsächlich religiösen und moralischen Inhalts, ist mir in den letzten Jahren nichts zu Gesicht gekommen.

Das **türkische** Reich ist im Verlauf des Jahres 1853 in einen Kriegszustand geworfen worden, dessen Ende und Erfolg in dem Augenblick, wo ich dies schreibe, noch gar nicht abzusehen ist, und es hat daher etwas Unerquickliches, auf gewisse die Türkei betreffende Schriften der beiden vorangehenden Jahre zurückzusehen, die, besonders sofern sie eine politische Tendenz tragen, mehr oder weniger schon veraltet oder vielleicht nahe daran sind, mitsammt ihren Prophezeihungen Lügen gestraft zu

---

81) Ueber die Sprache der Jakuten. Grammatik, Text und Wörterbuch. Von *Otto Böhtlingk*. (Besonderer Abdruck des 3. Bdes von Middendorff's Reise in den äussersten Norden und Osten Sibiriens.) St. Petersburg 1851. gr. 4. LVIII S. Einleit., 300 S. Gramm., 97 S. Text mit Uebers., u. 184 S. Wörterbuch. Pr. 6 Rthlr. Vgl. *Pott* in d. Zeitschr. d. D. M. G. Bd. VIII. S. 395 ff.

82) S. Zeitschr. d. D. M. G. Bd. VI. S. 125.

83) S. ebend. S. 545.

84) *Alex. Lehmann's* Reise nach Buchara und Samarkand in den Jahren 1841 u. 1842. Nach den hinterlassenen Schriften desselben bearb. und mit Anmerk. versehen von *G. v. Helmersen*. Mit e. zoolog. Anhange von *J. F. Brandt*. M. 5 Lithogr. u. 1 Karte. St. Petersb. 1852. 432 S. 8. Pr. 2 Rthlr. 7 Ngr. — (Bildet auch Bd. 17. der Beiträge zur Kenntniss des Russ. Reichs und der angränzenden Länder Asiens, herausg. von K. E. v. Baer und G. von Helmersen.)

werden. Wenn die Briefe von *Ubicini* [85]) wenigstens ein authentisches statistisches Material bieten, so ist die von Paris ausgehende Broschüre von *Skene* schon ganz eine politische Parteischrift, die sich mit dem Protest gegen den gefürchteten Verfall des ottomanischen Reiches abmüht [86]). *Urquhart* hat abermals sein Lieblingsthema in seiner Weise besprochen und sich diesmal, da er in England kein Gehör fand, an die Brüder in den Vereinigten Staaten gewendet, welchen das Buch gewidmet ist [87]). *Edmund Spencer*, der Vf. der „Travels in Circassia", lieferte eine einsichtige Darstellung politischer und socialer Zustände in Bosnien, Serbien, Bulgarien, Macedonien, Thracien, Albanien und Epirus [88]). Sehr belebte und treue Schilderungen giebt auch der Maler *Lear* [89]). *Rigler's* Buch über die Türkei ist hauptsächlich medicinischen und nosologischen Beobachtungen gewidmet, die der Vf. als Arzt in Constantinopel sammelte, doch enthält der erste Theil auch viel über Sitten, häusliche Einrichtungen und Gewohnheiten, über gesellige Formen, Superstitionen u. dgl. [90]). Für türkische Sprache und Litteratur ist manches Dankenswerthe geschehen. Dahin gehört *Behrnauer's* Uebersetzung der Vierzig Vesire mit sachlichen Erläuterungen und einem Vorwort *Fleischer's*, worin das Studium des Türkischen empfohlen wird [91]); *Zenker's* Ausgabe der Kyrk Suâl mit Glossar [92]); *Kazem Beg's* Bearbeitung des Derbend-

---

85) Lettres sur la Turquie par M. *A. Ubicini*. Par. 1851. 8.

86) The Three Eras of Ottoman History: a Political Essay on the late Reforms of Turkey, considered principally as affecting her Position in the event of a War taking place. By *James Henry Skene*. London und Paris 1851. 84 S. gr. 8.

87) The Mystery of the Danube: showing how, through secret diplomacy, that River has been closed, exportation from Turkey arrested, and the reopening of the Isthmus of Suez prevented. By *David Urquhart*. Lond. 1852. 8.

88) Travels in European Turkey, in 1850, through Bosnia, Servia, Bulgaria, Macedonia, Roumelia, Albania and Epirus; with a Visit to Greece etc. By *Edmund Spencer*. London 1850. 2 Bde. 8. M. Karte u. Illustr. Pr. 28 s.

89) The illustrated Journal of a Landscape Painter in Albania and Illyria. By *Edw. Lear*. Lond. 1851. gr. 8. Mit Illustr. Pr. 21 s. Vgl. The Athen. 1851. Mai, S. 471. 499.

90) Die Türkei und deren Bewohner in ihren naturhistorischen und pathologischen Verhältnissen vom Standpunkte Constantinopel's geschildert von Dr. *Lorenz Rigler*, k. k. österr. Prof., derzeit Lehrer der med. Klinik an d. Schule zu Constantinopel. Wien 1852. 2 Bde. 8. Pr. 5 Rß 25 ngr.

91) Die Vierzig Veziere oder weisen Meister. Ein altmorgenländischer Sittenroman zum ersten Male vollständig aus dem Türkischen übertragen und mit Anmerkungen versehen von Dr. *Walter Fr. Ad. Behrnauer*. Leipz. 1851. kl. 8. Pr. 2 Rß

92) Quarante questions adressées par les docteurs juifs au prophète Mahomet. Le texte turc avec un glossaire turc-français publié sous les auspices de la Société orientale d'Allemagne par *J. Th. Zenker*. Vienne, imprimerie de la cour impériale royale et d'état. 1851. 8. Se vend à Leipzig chez Dyk.

Nâmeh [93]); *Fleischer*'s Abhandlung über das Chataï-nâme, einer aus dem Persischen in's Türkische übertragenen Beschreibung China's, seiner Sitten, Gesetze und Einrichtungen [94]); mehrere Constantinopeler Drucke und Lithographien, z. B. die Diwane von Sermed Efendi und von ʿÂṣim Efendi u. a. [95]) Erschienen ist nun auch die durch das türkische Unterrichtsministerium veranlasste Grammatik von *Fuâd Efendi* und *Gewdet Efendi* [96]). Die 2. Ausgabe von *Bianchi*'s und *Kieffer*'s Lexicon habe ich für das Jahr 1850 nachzutragen [97]). Hr. *Cayol* unternahm es, in Constantinopel ein asiatisches Journal zu gründen, wovon mir das erste Monatsheft zu Gesicht gekommen ist [98]). Dieses enthielt u. a. einen Bericht in türkischer Sprache über eine Expedition gegen Bassra um das Ende des 17. Jahrhunderts, einen Artikel aus dem Panacer [99]) über armenische Litteratur, einen Aufsatz *Mordtmann*'s über kleinasiatische Städte, namentlich Σκῆψις und Priapus. Die türkischen, armenischen und griechischen Artikel haben eine französische Uebersetzung zur Seite. Das Journal hatte keinen Fortgang, aber es wurde von der dort neugestifteten Société orientale [100]) adoptirt. — Was Kleinasien betrifft, so hat *W. Hupfeld* eine Untersuchung über die Lydier begonnen [1]),

93) Derbend-Nâmeh. Translated from a select turkish version and published with the texts and with notes, illustrative of the history, geography, antiquities etc. occurring throughout the work, by *Mirza A. Kazem-Beg*: in den Mémoires présentés der Kais. Akad. zu St. Petersburg T. VI. 5. u. 6. livr., und besonders St. Peterb. (Lps., Voss) 1851. XXXVII und 245 S. Imp. 4. Pr. n. 3 Rß 10 Ngr.

94) Berichte über die Verhandlungen der k. sächs. Ges. der Wiss. zu Leipzig. Phil.-hist. Cl. Bd. III. 1851. S. 317—327.

95) S. die Listen von Hammer-Purgstall in den Sitzungsber. der Wiener Akad. Bd. VI. S. 215 ff. und von Schlechta in d. Zeitschr. der D. M. G. Bd. VII. S. 250.

96) U. d. T. قواعد عثمانيه lithogr. Constant. 1851. 141 S. Pr. 12 Piaster. S. Zeitschr. d. D. M. G. Bd. VI. S. 410 f.

97) Dictionnaire turc-français, à l'usage des agents diplomatiques et consulaires, des commerçants, des navigateurs, et autres voyageurs dans le Levant; par *T. X. Bianchi* et *J. D. Kieffer*. 2. éd. Paris 1850. 2 Bde. gr. 8. Pr. 75 Fr.

98) Journal asiatique de Constantinople, recueil mensuel de mémoires et d'extraits relatifs à la philologie, à l'histoire générale, à l'archéologie, à la géographie, aux sciences et aux arts des nations orientales et asiatiques en général, et principalement des nations qui ont habité ou habitent l'empire Ottoman; rédigé par plusieurs savants orientaux et européens orientalistes, dirigé et publié par *Henri Cayol*. T. I. No. 1, Janv. 1852. Constantinople 1852. 8. Vgl. Ztschr. VI. S. 548 f.

99) S. oben S. 677.

100) S. oben S. 640.

1) Exercitationum Herodotearum specimen III. sive Rerum Lydiarum particula I. cum epimetro de Chaldaeis. Scripsit *Guil. Hupfeld*. Marburg 1851. 68 S. 4.

und zwei Reisende haben die sieben Kirchen der Apokalypse besucht [2]).

Ich wende mich zu den vorderen semitischen Gebieten, und zwar zunächst zu Arabien. Der Reise *Wallin's* im nördlichen Arabien habe ich schon oben rühmend gedacht [3]). Der geographischen und geologischen Beschreibung der Südküsten Arabiens gelten zwei ausführliche Aufsätze von *Carter* [4]). Der Vf. war Chirurg auf dem englischen Schiffe Palinurus bei der Vermessung jener Küsten. Seine Arbeit ergänzt Wellsted's Reisen und die Abhandlungen des Capt. Haines im Journal der R. Geogr. Society vol. IX und XV. Der zweite Aufsatz berücksichtigt auch die Somali-Küste von Afrika und mehrere benachbarte Inseln. Für die Geschichte Muhammad's macht *Sprenger's* „Life of Mohammad" Epoche. Der erschienene erste Theil reicht nur erst bis zur Higra 622 n. Ch. in zwei Büchern. In den drei Capp. des 1. Buchs giebt der Vf. die Geschichte Mekka's und der Vorfahren Muhammad's, die Legenden von der Ka'ba, die angeblichen Voraussagungen der Ankunft M.'s und die Musterung der Quellen für die Biographie des Propheten, deren mehrere hier zuerst neu eröffnet werden. Das 2. Buch beginnt die Biographie selbst in drei Capiteln [5]). Unbedeutend ist dagegen, was *Renan* über den Gegenstand geschrieben hat [6]), der deutschen Uebersetzung von *Irving's* Leben Muhammad's gar nicht zu gedenken [7]). Von *Taylor's* Geschichte

---

2) The Shores and Islands of the Mediterranean, including a Visit to the Seven Churches of Asia. By the Rev. *H. Christmas.* With Engravings. Lond. 1851. 3 vols. 8. — The Seven Churches of Asia in 1846, by Capt. *Newbold*: in Journ. R. As. Soc. XIII, 1. S. 81—89.

3) S. oben S. 639 und Bd. VII, S. 449 f. Der Reisebericht steht im Journal of the R. Geogr. Society of London, Vol. XX, S. 293—339.

4) A Geographical Description of certain part of the South-East Coast of Arabia. By *H. J. Carter*: in Journ. of the Bombay Branch of the R. As. Soc. No. XIV. Jan. 1851, Art. 6. S. 224—317. — Memoir on the Geology of the South-East Coast of Arabia. By *H. J. Carter*: ebend. 1852. Jan. S. 21—96.

5) The Life of Mohammad, from original sources. By *A. Sprenger.* (Part I.) Allahabad 1851. 200 S. 8. Vgl. Ztschr. VI. S. 433 ff. — In Bezug darauf steht eine neuere Abhandlung Sprenger's im Journ. of the As. Soc. of Bengal 1852 no. VII, S. 576—592: Mohammad's Journey to Syria and Prof. Fleischer's opinion thereon, by Dr. *A. Sprenger*, vgl. Zeitschr. Bd. VI, S. 458 und Bd. VII, S. 414, sowie zwei frühere Aufsätze: Chronology of Makkah and the Hijáz before Mohammad chiefly founded upon Genealogy, by Dr. *A. Sprenger*: ebend. 1851. No. IV, S. 349—352 in e. Tabelle; und: On the earliest Biography of Mohammed, by Dr. *A. Sprenger* eb. No. V, S. 395 ff.

6) Mahomet et les origines de l'islamisme, par M. *Ernest Renan*: in Revue des deux mondes 1851. 15 Dec. p. 1063—1101 (nach Caussin, Weil und Irving): übers. in Magazin f. d. Litt. des Ausl. 1852. Mz. Nr. 36 ff.

7) Das Leben Mohammed's von *Washington Irving*. Mit dem Portrait (!) Mohammed's. Lpz. 1851. gr. 8. (Historische Hausbibliothek. Herausg. von Dr. F. Bülau. 16. Bd.)

des Muhammadanismus ist eine 3. Auflage erschienen [8]). Die Geschichte und die Lehren Ismâ'îl's, eines Reformators des Islam zu Delhi im zweiten Jahrzehend unsres Jahrhunderts, wird im Journal der Londoner asiat. Gesellschaft mitgetheilt [9]). Zur Sittengeschichte der alten Araber gehört eine Abhandlung von *Kremer* [10]). Eine mühsame, aber für das Studium der arabischen Stammgeschichte sehr nützliche Arbeit lieferte *Wüstenfeld* [11]). *Weil's* Geschichte der Khalifen ist mit dem 3. Bande abgeschlossen, ein verdienstliches Werk, die erste ausführliche Khalifen-Geschichte, die auf eingehender Benutzung der Quellen ruht [12]). Eine Geschichte des Drusen-Fürstenhauses Banû Shihâb giebt *Fleischer* [13]) nach einer von Catafago mitgetheilten arabischen Hdschr., mit Anmerkungen, worin u. a. eine Anzahl Vulgarismen des Textes erläutert wird. Ein Stück unbrauchbare Arbeit lieferte *Viardot's* Buch über die Araber in Spanien; nicht nur dass er kein Arabisch versteht, er benutzt nicht einmal Lembke und Gayangos, sondern stützt sich noch ganz und gar auf den unzuverlässigen Conde [14]). Die spanisch-arabischen Münzen musterte *Longpérier*, seine Erklärung der lateinischen Legenden auf einigen derselben wusste er gegen Lavoix siegend zu vertheidigen [15]). Die unedirten Mün-

---

8) The History of Mohammedanism and its Sects. By *W. Cooke Taylor*. 3. ed. Lond. 1851. 12. Pr. 4 s.

9) Translation of the Takwiyat-ul-Imân, preceded by a Notice of the Author, Maulavi Isma'il Haggi, by *Mir Shahamat Ali*: in Journ. of the R. As. Soc. Vol. XIII. S. 310—372. Das Original ist in Calcutta gedruckt.

10) Beiträge zur Kenntniss der Geschichte und Sitten der Araber vor dem Islâm. Bearbeitet nach der Teskiret Ibn Hamdun, von *Kremer*: in Sitzgsber. der Wien. Akad. Jahrg. 1851. Bd. VI. H. 4. S. 414—449.

11) Genealogische Tabellen der Arabischen Stämme und Familien. In zwei Abtheilungen. Mit histor. und geograph. Bemerkungen in e. alphabet. Register. Aus den Quellen zusammengestellt von Dr. *Ferd. Wüstenfeld*. Göttingen 1852. quer Fol. Pr. 2 Rℓ 20 ngℓ. — Register zu den genealogischen Tabellen der Arabischen Stämme und Familien. Mit historischen und geographischen Bemerkungen. Von Dr. *Ferd. Wüstenfeld*. Göttingen 1852. 53. 8.

12) Geschichte der Chalifen. Nach handschriftlichen, grösstentheils noch unbenutzten Quellen bearbeitet von Dr. *Gustav Weil*. 3. Bd. Von d. Einnahme von Bagdad durch die Bujiden bis zum Untergange des Chalifats v. Bagdad 334—656 d. H. = 945—1258 n. Chr. Mit e. Register zu sämmtlichen drei Bänden. Mannheim 1851. 8. Pr. 6 Rℓ Pr. der 3 Bde n. 16 Rℓ

13) In der Zeitschr. d. D. M. G. Bd. V, S. 46—59.

14) Histoires des Arabes et des Mores d'Espagne, traitant de la constitution du peuple arabe-espagnol, de sa civilisation, de ses moeurs et de son influence sur la civilisation moderne, par *Louis Viardot*. Par. 1851. 2 Bde. 8.

15) Documents numismatiques pour servir à l'histoire des Arabes d'Espagne. Par *A. de Longpérier*. Par. 1851. — *Henri Lavoix*, mémoire sur les dinars à légendes latines frappés en Espagne l'an CXI de l'hégire: in Revue archéol. VIIe année, 2e partie. 1851. S. 671—679. — und Observations sur les dinars arabes à légendes latines et les dinars bilingues, par *Adr. de Longpérier*, ebend. S. 725—729. Vgl. Zeitschr. Bd. V, S. 525.

zen seiner reichen Sammlung besprach *Soret* [16]). *Grigorieff* behandelte acht zu Sarai ausgegrabene Patan-Münzen Indiens aus dem 8. Jahrh. der H. und nahm davon Anlass zu historischen Untersuchungen über den Verkehr der Mongolen des Kiptschak mit Indien und andere Verhältnisse jener Zeit [17]). *Stickel's* eingehende Artikel über einzelne interessante Münzen haben wir in unsrer Zeitschrift gelesen [18]). — Arabische Inschriften aus Derbend, die meist schwer zu entziffern waren, erklärte *Beresin* [19]), drei dgl. aus Erzerum *Bélin* [20]). Um die Bekanntmachung von Inschriften erwirbt sich ein französischer Künstler, Namens *Lottin de Laval*, ein grosses Verdienst. Er hat auf zwei von der französischen Regierung unterstützten Reisen nach Persien, der Sinai-Halbinsel und Aegypten nach einer von ihm erfundenen neuen Methode eine grosse Menge Inschriften abgebildet, darunter besonders viele sinaitische. Ausser einigen Einzelberichten lasen wir eine vorläufige Beschreibung der Reise nach dem Sinai in den Archives des missions scientifiques et littéraires (Ier cahier. Janv. 1851. Par. 1851. 8. S. 1 ff.). Inzwischen hat *Charles Forster*, der schon früher sich durch seine Deutung der himjaritischen Inschriften lächerlich machte, die bisher bekannt gewordenen sinaitischen Inschriften zu erklären versucht [21]). Er schreibt sie den durch die Wüste ziehenden Israeliten zu und liest durch seine verkehrte Brille darin, natürlich mit einem ganz andern Alphabete als dem von Beer aufgestellten, Berichte vom Durchzug durch das rothe Meer, vom Manna, von den Wachteln (oder vielmehr „rothen Gänsen", wie sie die Inschriften nach *F.* bezeichnen!), von der Schlacht bei Rephidim u. a. Daten der biblischen Ge-

---

16) Lettre à S. E. Monsieur le Conseiller d'État actuel de Fraehn sur les exemplaires inédits de la collection des médailles orientales de M. *F. Soret*: in Mémoires de la Société impériale d'archéologie de St. Pétersbourg. Publiés par B. de Koehne. Vol. V. (Petersb. 1851. 8.) S. 41—66. 179—214 u. s. w.

17) On the Patan coins of India, found in the ruins of Sarai, by *W. Grigorieff*: in Mémoires de la Soc. impér. d'archéologie de St. Pétersbourg. Publiés par B. de Koehne. Vol. V, 2 (No. XIV). 1851. S. 215—230.

18) Zeitschr. Bd. VI, S. 115 ff. 285 ff. 398 ff. 521 ff. Vgl. noch *Tornberg* ebend. Bd. VII, S. 110.

19) Mémoires de la Société impér. d'archéol. de St. Pétersb. Publiés par *B. de Koehne*. Vol. V, 1. No. XIII. S. 67—70.

20) Journ. asiat. 1852. Apr. S. 365 ff.

21) The One Primeval Language, traced experimentally, through ancient inscriptions, in alphabetical characters of lost powers from the four Continents: including the voice of Israel from the rocks of Sinai, and the vestiges of Patriarchal Tradition from the monuments of Egypt, Etruria and Southern Arabia. With illustrative Plates, a harmonized Table of Alphabets, Glossaries and Translations. By Rev. *Charles Forster*. Lond. 1851. 8. P. 1. The Voice of Israel from Mount Sinai. 1851. P. 2. The Monuments of Egypt, and their Vestiges of Patriarchal Tradition. Lond. 1852. 8.

schichte. Er findet Mose und Aaron darin erwähnt, Pharao's Pferd ist fliehend abgebildet, der abgeworfene Pharao läuft hinter ihm her, u. s. w. Die Sprache der Inschriften ist der himjaritischen und ägyptischen ähnlich, aber ohne alle Flexion, und jeder Spur von Präpositionen und Conjunctionen entbehrend. Mit Einem Worte, in graphischer und sprachlicher Hinsicht nichts als bodenloser Unsinn! Von Tuch's gediegener Abhandlung hat Hr. *F.* nicht die geringste Notiz genommen. Und solches Gewäsch konnte in Frankreich und England Schonung, ja Zustimmung finden [22])!

Für die arabische Litteratur ist in den beiden Jahren viel Dankenswerthes geschehen durch Bekanntmachung und Bearbeitung von Texten, die wir zum Theil bisher schmerzlich entbehrten. Der Wüstenfeld'schen Ausgabe von Ibn Kutaiba's gedrängtem Handbuch der arabischen Geschichte folgte neuerlich eine zweite von *Sprenger* [23]). Ibn Khaldûn's Geschichte der Berbern von *Slane* ist durch den hinzugekommenen 2. Bd. dem Texte nach vollendet. Demnächst ist auch der erste Band der Uebersetzung erschienen, welche mit Einleitungen und sonstigen Zugaben 4 Bände umfassen wird [24]). Die Einleitung des 1. Bdes enthält das Leben des Verfassers, eine Analyse seines Werks, Stamm- und Dynastien-Verzeichnisse, geographische Register, und Auszüge aus andern Geschichtschreibern. Möchten doch nun auch die übrigen Partien des wichtigen Geschichtswerkes, deren Herausgabe von verschiedenen Seiten her in Aussicht gestellt worden ist, bald veröffentlicht werden! Von *Kosegarten* haben wir im J. 1853 den 3. Bd. des Tabari erhalten [25]). Er schliesst sich an das bisher Edirte an und bezieht sich besonders auf die Treffen bei Ḳâdisijja im J. 14. H. Ein vierter Band wird die Jahre 23—33 H. umfassen nach der Petersburger Handschrift. Aus Ibn

---

22) S. z. B. *Garcin de Tassy* im Journ. asiat. 1851. Jul. S. 88 ff. *Kitto's* Journ. 1852. Jan. S. 339 ff., und deutsche Zeitschriften, wie das Magazin f. d. Litt. des Ausl. 1851. Nr. 139. 140, verpflanzten diese Unkritik auf deutschen Boden. Ein richtigeres Urtheil liess sich endlich in *Kitto's* Journ. 1853. Jul. S. 328 ff. vernehmen. Vgl. auch *Quatremère* im Journ. des Savants 1851. Jul. ff. *Hogg* nach d. Athenaeum 1852. Jun. S. 631.

23) Sie bildet Vol. XII. der Bibliotheca Indica. Sprenger hatte den Druck seiner Ausg. schon begonnen, ehe er von Wüstenfeld's Vorhaben hörte. Er hat übrigens einige sehr gute Hss. benutzt.

24) Histoire des Berbères et des dynasties musulmanes de l'Afrique septentrionale; par Abou Zeid Abd-er-Rahman ibn Mohammed *ibn Khaldoun*. Texte arabe Tome II. Publié par ordre de M. le ministre de la guerre. Collationné sur plusieurs manuscrits, par M. le Baron *de Slane*, interprète principal de l'armée d'Afrique. Alger. 1851. 4. Pr. von Bd. 1 und 2: 60 fr. — Histoire des Berbères . . . traduite de l'arabe par le Baron *de Slane*. Tome I. Alger. 1852. 8.

25) Taberistanensis sive Abu Dschaferi Mohammed ben Dscherir et-Taberi annales regum et legatorum dei ex cod. ms. Berolin. arabice ed. et in lat. transtulit *J. Godofr. Ludov. Kosegarten*. Vol. III. Gryphiswaldiae 1853. 4. Pr. 5 *Rthlr.* 20 *ngr.*

al-Athîr's Chronik ist der 11. Theil, die Jahre 527—583 H. befassend, von *Tornberg* herausgegeben und auch in's Schwedische übersetzt worden [26]). Eine Ausgabe der Annalen des Abû-'l-Mahâsin hat *Juynboll* in Verbindung mit *Matthes* begonnen [27]). Dagegen ist die von *Dozy* veranstaltete Sammlung „Ouvrages arabes" mit dem J. 1851 abgeschlossen. Zu Ibn Badrûn (Leyden 1846) ist nur noch ein zweibändiges Werk über Geschichte der Araber in Afrika und Spanien gekommen von Ibn Adhârî mit Stücken aus einer Chronik von ʿArîb (Cod. Goth. 261, worin De Sacy und Kosegarten ein Bruchstück des grossen Geschichtswerkes des Masʿûdi zu finden glaubten), nebst gehaltreicher Einleitung (107 SS.), Anmerkungen und einem Glossar der Wörter und Bedeutungen, die in den Lexx. fehlen [28]). Eine Zugabe bilden die „Notices sur quelques manuscrits arabes, par *R. P. A. Dozy*" (Leyde 1847—1851. 260 S. 8.), deren grösster Theil (S. 29—260) in Auszügen aus dem biographischen Werke des Ibnu-'l-Abbâr besteht. *Dozy* hat auch den 2. Band zu der früher so betitelten Historia Abbadidarum geliefert, aber den Plan dieses Werkes auf Quellensammlung beschränkt und ihm darum einen andern Titel gegeben [29]). Die Geschichte selbst denkt er später französisch zu schreiben. Die schwierige Aufgabe aber, die er früher sich selbst gestellt hatte, die Reise des Ibn Gubair nach dem einzigen vorhandenen Leydener Codex zu ediren, überliess er einem jungen Arabisten aus Schottland, *William Wright*, der sie in ausgezeichneter Weise gelöst hat [30]). Beide Gelehrte, *Dozy* und *Wright*, haben sich mit *Krehl* und *Dugat* zu gemeinschaftlicher Herausgabe des umfassenden historischen Werkes des Makkari verbunden, welche Ausgabe einschliesslich der Indices auf vier Bände berechnet ist. Ein Stück aus einer neueren arabischen Chronik, das von

---

26) Ibn-el-Athiri Chronicon quod perfectissimum inscribitur. Volumen undecimum, annos H. 527—583 continens. Ad fidem codicis Upsaliensis, collatis passim Parisinis edidit *C. J. Tornberg*. Upsal. 1851. 8. 373 S. arab. Text. (Im J. 1853 erschien: Volumen duodecimum idemque ultimum. 350 S. Text nebst kurzem Vorwort und 5 SS. Errata.) — Ibn-el-Athirs Chrönika. Elfte delen från Arabiskan öfversat af *C. J. Tornberg*. Häftet 1. Lund 1851. 8. (H. 2. 1853.)

27) Abu-'l-Mahasin Ibn Tagri Bardii annales, quibus titulus est النجوم الزاهرة في ملوك مصر والقاهرة e codd. mss. nunc primum arabice editi. Tom. I. p. I. ed. *T. G. J. Juynboll* et *B. F. Matthes*. Lugd. Bat. 1852. 8. Pr. 3 ℛ.

28) Histoire de l'Afrique et de l'Espagne, intitulée Al-Bayano-'l-Mogrib, par Ibn-Adhârî (de Maroc), et fragments de la chronique d'*Arib* (de Cordoue). Le tout publié pour la première fois, précédé d'une introduction et accompagné de notes et d'un glossaire, par *R. P. A. Dozy*. Leyde 1848—1851. 2 vol. 8. Pr. 8 ℛ. 26 ngr.

29) Scriptorum arabum loci de Abbadidis nunc primum editi a *R. P. A. Dozy*. Vol. II. Lugd. Bat. 1852. gr. 4.

30) The Travels of Ibn Jubair. Edited from a Ms. in the University Library of Leyden, by *William Wright*. Leyden 1852. 8.

Murad Bei's Zug gegen Constantine im J. 1712 handelt, giebt *Cherbonneau* (im Journ. asiat. 1851). Zur Reise-Litteratur der Araber gehören, ausser dem erwähnten Ibn Gubair, besonders Ibn Batûta, dessen Berichte über Kleinasien, Nordafrika und Aegypten *Defrémery* und *Cherbonneau* übersetzten [31]), und *Kremer's* Auszug aus der Pilgerreise des ʿAbdu-'l-Ghanî an-Nâbulsi [32]). Der Druck des von *Juynboll* edirten Lexicon geographicum neigt seinem Ende zu [33]). *Kremer* gab eine anonyme geographische Beschreibung Afrikas heraus, verwandt mit der von Quatremère im 12. Bande der Notices et Extraits übersetzten [34]). Aus Ibn Ḥaukal's Werke sind die Abschnitte über Sind, Sistân und Khorâsân von Major *Anderson* übersetzt [35]).

Von der französischen Uebersetzung des Koran von *Kasimirski* ist eine neue verbesserte und durch Noten vermehrte Ausgabe erschienen [36]). Sujûti's Werk (الاتقان) über die Koranwissenschaften wird in Kalkutta gedruckt und sind davon zwei Hefte in der Bibliotheca Indica (Vol. XIII.) erschienen. Herausgeber sind die Maulewi's *Baschîreddîn* und *Nûr-el-ḥakk*; Dr. *Sprenger* begleitet es mit einer Analyse. Baidhâwî's Commentar zum Koran sollte in Delhi gedruckt werden, auch in Kahira erschien eine Ausgabe desselben. *Maulawy Ahmad ʿAlî* hat eine lithographirte Ausgabe des Traditionenwerks Mischkât veranstaltet und eine Ausgabe des Bukhâri angefangen [37]). *Du Caurroy* fuhr fort in seiner ausführlichen Darstellung des hanafitischen Rechts auf Grundlage des Multaḳa [38]); ebenso ist nun *Perron's* Arbeit über das malikitische

---

31) Voyages d'*Ibn Batouta* dans l'Asie mineure. Traduits de l'arabe et accompagnés de notes historiques et géographiques, par M. *Defrémery*. Par. 1850. 6½ Bog. 8. (Sonderdruck aus den Nouv. Annales des voyages. H. XXIV—XXVI. 1850. 51.) — Dazu kam 1853 der erste Bd. der vollständigen Pariser Ausgabe des Ibn Batûta. — Voyage du chéikh Ibn-Batoutah, à travers l'Afrique septentrionale et l'Egypte, au commencement du XIV. siècle, tiré de l'original arabe, traduit et accomp. de notes, par M. *Cherbonneau*. Paris 1852. 8: aus den Nouv. Annales des voyages.

32) Sitzungsber. d. phil. hist. Cl. der k. Akad. zu Wien Bd. VI. 1851. S. 101—139.

33) Tom. I. Lugd. Bat. 1852. Tom. II. 1853. 8. Auch vom letzten Bande ist bereits das erste Heft erschienen 1853.

34) Description de l'Afrique par un géographe arabe anonyme du sixième siècle de l'hégire. Texte arabe publié pour la première fois par M. *Alfred de Kremer*. Vienne 1852. 82 S. 8. Vgl. Zeitschr. Bd VII, S. 121 f.

35) Journ. of the As. Soc. of Bengal 1852, S. 49 ff. und S. 365 ff., 1853, S. 152 ff. Den arabischen Text lieferte *Sprenger*.

36) Le Koran. Traduction nouvelle, faite sur le texte arabe, par M. *Kasimirski*. Nouv. éd., entièrement revue et corrigée, augmentée de notes, de commentaires et d'un index. Par. 1852. gr. 12. Pr. 3 fr. 50 c.

37) S. Journ. As. Soc. of Bengal 1852, S. 429.

38) Art. 4—7: Das Kriegs- und Schutzrecht, im Journ. asiat. T. XVII—XIX. 1851 und 52.

Recht beendigt [39]). *Bélin* übersetzte ein ausführliches Gutachten über die Rechtsverhältnisse der Christen in muhammadanischen Ländern von Ibn Naḳḳâsch im 8. Jahrh. H. und fügte einige Stücke des Textes bei [40]), und eine schöne Ausgabe von Mâwerdi's Staatsrecht von *Enger* ist der Abhandlung dieses Gelehrten über das Leben und die Schriften jenes Autor's gefolgt [41]). Der 2. Theil von Schahrastâni's Religionspartheien und Philosophen-Schulen ist vorzugsweise diesen letzteren gewidmet, und hat sich hier besonders gezeigt, wie sehr Dr. *Haarbrücker* für die schwierige Aufgabe einer Uebersetzung dieser Texte der rechte Mann war [42]). Einige Stücke zur muhammadanischen Sectengeschichte behandelte *Salisbury* [43]), und zwei philosophische Abhandlungen aus Ibn Sîna's Schule edirte *Poper* [44]). Eine arabische Anthologie religiös-ethischer Tendenz ist unter den in Kasan erschienenen Drucken auszuzeichnen [45]). Eine andere ethische Schrift, im 12. Jahrh. von einem Araber in Sicilien verfasst, wurde von *Amari* in's Italienische, und daraus in's Englische übersetzt. Es sind Apologen, Geschichten und Sprüche, mit ausführlicher Einleitung und Anmerkungen von Amari [46]). Auch die Mathematik der Araber hat wieder ein-

---

39) Précis de jurisprudence musulmane, par Khalil ibn Ishak, trad. par M. *Perron*. Vol. IV, V, VI. Paris 1851, 1852, 1853. 8. (T. X—XV der Exploration scientifique de l'Algérie.)

40) Journ. asiat. 1851 und 52.

41) De vita et scriptis Maverdii commentatio. Ad codd. Lugdunenses et Oxonienses scripsit et edidit Dr. *Max. Enger*. Bonnae 1851. 37 S. 8. — Maverdii constitutiones politicae. Ex recensione *Max. Engeri*. Acc. adnotationes et glossarium. Bonnae 1853. 8.

42) Abu-'l-Fath' Muhammad asch-Schahrastâni's Religionspartheien und Philosophen-Schulen. Zum ersten Male vollständig aus dem Arabischen übersetzt und mit erkl. Anm. versehen von Dr. *Theodor Haarbrücker*. Zweiter Theil. Die Sabäer, die Philosophen, die alten Araber und die Inder. Halle 1851. 8.

43) Translation of two unpublished Arabic Documents, relating to the Doctrines of the Ismâ'ilis and other Bâtinian sects, with an Introduction and Notes, by *Edward E. Salisbury*: in Journ. of the Amer. Or. Soc. Vol. II, S. 259—324. — Translation of an unpublished Arabic Risâleh by Khâlid ibn Zeid el-Ju'fy, with Notes, by *E. E. Salisbury*: ebend. Vol. III. S. 167—193.

44) Behmenjâr ben el-Marzubân, der persische Aristoteliker aus Avicenna's Schule. Zwei metaphysische Abhandlungen von ihm, Arabisch u. Deutsch mit Anm. herausg. von Dr. *Salomon Poper*. Leipz. 1851. 28 S. Text und 47 S. Uebers. u. Anm. kl. 8. Vgl. Ztschr. VI. S. 435 f.

45) كتاب خلاصة الخالصة للامام العلامة على بن محمود بن محمد الرائض البدخشانى رحمه الله امين غازان اصدا Kasan 1851. 66 S. 4. in Com. bei Fr. Fleischer in Leipzig. Pr. 1 Rℓ 5 ngr. Herausgeber ist *Gottwaldt*. S. Flügel in d. Zeitschr. Bd. VI, S. 436 f.

46) Solwan el Mota' fi Odwan el Etba. Versione Italiana di *Michele Amari*. Firenze 8. — Solwan; or, Waters of Comfort. By Ibn Zafer, a Sicilian Arab of the Twelfth Century From the Original MS. By *Michele*

mal in Hrn. *Wöpcke* einen Gönner und tüchtigen Bearbeiter gefunden. Er hat ein arabisches Werk über Algebra herausgegeben, welches zeigt, dass die arabischen Mathematiker des 11. Jahrhunderts in der Algebra weit über das von den Griechen Erlernte hinausgingen [47]). Die Einleitung des Herausgebers, auch für solche bestimmt, die nicht Arabisch verstehen, handelt von den Methoden der arabischen Mathematiker und ihren Resultaten. Derselbe hat in einer Pariser Handschrift zwei Abhandlungen des Euklid in arabischer Sprache aufgefunden, die eine über den Hebel, die andere über Theilung der ebenen Figuren; beide hat er übersetzt, von der ersten auch den Text drucken lassen [48]).

Im Bereich der poetischen Litteratur der Araber ist zu erwähnen die Beendigung der Pariser Ausgabe des Harîrî (1853), sowie der Schluss von *Freytag*'s Uebersetzung der Ḥamâsa [49]) und ein zweiter, Anmerkungen und Register enthaltender Band zu der von demselben Gelehrten im J. 1832 edirten Fâkihatu-'l-Khulafâ [50]). Ein Gedicht des Ibnu-'l-Fâridh mit Commentar edirte *Wallin* noch im J. 1850 [51]). — Der 6. Band des *Flügel*'schen Hâgî Khalifa enthält den Schluss des Textes, nebst drei Zugaben, einer Fortsetzung für das nächste Jahrhundert nach H. Kh. von einem Türken, ein Verzeichniss der in Mauritanien gangbaren Bücher und eine Liste der zahlreichen von Sujûti verfassten Werke und Abhandlungen [52]). Der 7. und letzte Band wird noch die Cataloge der Bibliotheken Constantinopels und einiger andrer Städte des Orients, den Commentar und die Register enthalten. Wir wünschen dem Herausgeber Glück zu der nunmehr so nahe bevorstehenden Vollendung einer so umfassenden Arbeit, womit der Wissenschaft so wesentlich Vorschub geleistet wird. Erfreulich ist der rasche Fortgang des grossen Werkes von *Hammer*-

---

Amari, and rendered into English by the Translator of „The Sicilian Vespers.“ Lond. 1851. 2 vols. 8. Pr. 21 s.

47) L'algèbre d'Omar Alkhayyâmî, publiée, traduite et accompagnée d'extraits de mss. inédits, par *F. Woepcke*. Paris 1851. 8. Vgl. Ztschr. VI, 299 f.

48) Journ. asiat. 1851. Sept.-Oct. Neuerlich hat er einen interessanten Commentar zum 10. Buche des Euklid entdeckt.

49) Fasc. IV. erschien 1851.

50) S. Zeitschr. VII, 461. Nr. 1215.

51) Carmen elegiacum Ibnu-l-Faridi cum commentario Abdu-l-Ghanyi e duobus codd. Londinensi et Petropolitano in lucem edidit *Geo. Aug. Wallin*. Helsingfors 1850. 24 S. lith. Text und 22. S. Anm. 8.

52) Lexicon bibliographicum et encyclopaedicum a Mustafa Ben Abdallah Katib Jelebi dicto et nomine Haji Khalfa celebrato compositum. Ad codd. .. fidem primum edidit latine vertit et commentario indicibusque instruxit *Gustavus Fluegel*. Tom. VI. literas Mim (Mofâtehat)-Yá complectens. Accedunt additamenta tria lexici continuandi et supplendi causa adjecta. London: printed for the Oriental Translation Fund of Great Britain and Ireland. 1852. 4.

Purgstall über die Litteraturgeschichte der Araber, wovon nun in den vier ersten Bänden die erste Abtheilung vorliegt, d. h. zwei Fünftel des Ganzen, das auf zehn Bände berechnet ist [53]). Nicht genug dieser Frucht eines langjährigen Fleisses des greisen Verfassers, danken wir ihm auch eine viel Material liefernde Abhandlung über die Namen der Araber [54]), eine dgl. über Bogen und Pfeil, den Gebrauch und die Verfertigung derselben bei den Arabern und Türken [55]), und eine Reihe von Auszügen aus Thaʿâlibî's Werke über die metonymischen Ausdrücke [56]). *Veth* hat seiner Ausgabe von Sujûti's Compendium des Lubâb noch ein Supplementheft folgen lassen [57]). Manche Inedita von arabischen Texten finden sich in den Anthologien und Lesebüchern, deren wir von *Cherbonneau* [58]), *Cadoz* [59]) und *Bresnier* [60]) erhalten haben. Der erste der genannten liess auch eine Erzählung aus 1001 Nacht für Anfänger drucken [61]), der zweite ein kleines Elementarbuch [62]). Von sprachlichen Originalwerken wurden edirt, die Aǵrûmijja von *Perowne* [63]), die Schâfi'a mit Commentar von *Gewdet Efendi* [64]), die Lâmijja des Ibn Mâlik mit dem Commentar des Badru-'d-dîn von *Wallin* [65]). *Dieterici's* Ausgabe der

53) Litteraturgeschichte der Araber. Von ihrem Beginn bis zu Ende des 12. Jahrhunderts der Hidschret. Von *Hammer-Purgstall*. *Erste Abth.* Die Zeit vor Mohammed u. die ersten drei Jahrhunderte der Hidschret. Bd. 1—4. Wien 1850—53. kl. 4.

54) Im 3. Bande der Denkschriften der Wiener Akademie, 1852. Fol.

55) Ebend. Bd. IV.

56) Zeitschr. der D. M. G. Bd. V, S. 179—194. 289—307. Bd. VI, S. 48—66. 505—520. Bd. VII, S. 542—557.

57) Supplementum annotationis in librum as-Sojutii de nominibus relativis, inscriptum لبّ للباب, continens novorum codicum collationem et excerpta ex as-Sam'anii libro الانساب في et Ibno-'l-Athiri libro اللباب. Scripsit *P. J. Veth*. Lugd. Bat. 1851. 4.

58) Leçons de lecture arabe, par M. *Cherbonneau*. Paris 1852. 8.

59) Civilité musulmane, ou Recueil de sentences et de maximes extraites de l'ouvrage du célèbre auteur arabe l'Imam Essiyouti, avec une trad. fr. en regard du texte arabe, par *F. Cadoz*. Paris 1852. 16.

60) Anthologie arabe élémentaire. Choix de maximes et de textes variés, la plupart inédits, accompagné d'un vocabulaire arabe-français, par M. *Bresnier*. Alger. 1852. 16. Pr. 5 fr.

61) Histoire de Chems-Eddine et Nour-Eddine, extraite de Mille et une nuits, ponctuée à la manière française, et accompagnée d'une analyse grammaticale des mots et des formes les plus difficiles; par M. *Cherbonneau*, prof. d'arabe à la chaire de Constantine. Paris 1852. 12.

62) Alphabet arabe, ou Éléments de la lecture et de l'écriture arabes, par *Fr. Cadoz*. Paris 1852. 16.

63) Al Adjrumieh, the Arabic Text, with the Vowels and an English Translation. By the Rev. *J. J. S. Perowne*. Cambridge 1852. 20 S. 8. Pr. 5 s.

64) Lithogr., Constantinopel.

65) Ibn Mâlik's Lehrgedicht Lâmiyat al-af'âl über die Formen der arab.

Alfijja mit Ibn 'Aķîl's Commentar wurde schon im vorigen Bericht erwähnt [66]). Dazu ist seitdem seine deutsche Uebersetzung gekommen [67]). Ein arabisch-persisch-türkisches Wörterbuch von Schewket Efendi erschien 1851 in Constantinopel unter dem Titel اثر شوكت. Ein für Arabisten interessantes lexicographisches Speciale ist die Verhandlung von *Flügel* und *Fleischer* über die Bedeutung der Worte فى حدود سنة [68]). *Sprenger* gab einige Bemerkungen über Physiologie der arabischen Sprache [69]), Scheikh *Tantâwî* Berichtigungen einiger Verse besonders in De Sacy's Grammatik [70]). Ein Wörterbuch der technischen Ausdrücke verschiedener Wissenschaften, enthaltend die Definitionen der besten Autoren, lässt *Sprenger* in Kalkutta drucken [71]). Elementarbücher für das Vulgärarabische lieferten *Gorguos* [72]) und *Pihan* [73]). Das Buch des Letzteren ist zugleich das erste Specimen der neuen Pariser magbribinischen Typen. In gutem Arabisch sind die Verhandlungen der Beiruter Gesellschaft geschrieben [74]). Noch näher treten den alten Mustern die poetischen Producte der neuesten Zeit, wie die Makame des Scheikh *Nâsîf*, die *Fleischer* für unsre Zeitschrift redigirt hat [75]), und die Ķaṣîde des Maroniten *Fâris Schidiak* [76]). Von *Wallin*'s Proben der Beduinen-Poesie hat *Fleischer* wieder einige edirt [77]). Noch sind mit einem Worte die

---

Verba u. Verbalnomina, mit dem Commentare seines Sohnes Bedreddin, autographirt von *G. A. Wallin*. Helsingfors 1851. 8. Pr. 24 ℛ.

66) Zeitschr. Bd. V, S. 437.

67) Ibn 'Akîl's Commentar zur Alfijja des Ibn Mâlik aus dem Arabischen zum ersten Male übersetzt von *F. Dieterici*. Berlin 1852. 8.

68) In der Zeitschr. der D. M. G. Bd. V, S. 60—79.

69) Journ. of the As. Soc. of Bengal. 1851. Nr. 2. S. 115—126.

70) Bulletin de l'acad. de St. Pétersbourg. T. IX. Nr. 9 u. 10.

71) S. Journ. As. Soc. of Bengal 1852, S. 429.

72) Cours d'Arabe vulgaire, par *A. Gorguos*, prof. d'arabe au lycée d'Alger. 2. partie. 1. Versions arabes. 2. Vocabulaire arabe-français. 3. Traduction des versions en français. Paris 1851. 13½ Bogen. gr. 12. Pr. 5 fr.

73) Éléments de la langue algérienne, ou Principes de l'arabe vulgaire usité dans les diverses contrées de l'Algérie, par *A. P. Pihan*. Paris 1851. 183 S. 8.

74) S. oben S. 640.

75) Zeitschr. Bd. V, S. 96—103.

76) Zeitschr. V. S. 249—257. Dieselbe ist auch in Paris edirt von *Dugat*: Poëme arabe en l'honneur du bey de Tunis, par M. *Farès Ecchidiac*, trad. en vers français et accompagné de notes, par M. *Dugat*. Paris 1851. 8.

77) Probe aus einer Anthologie neuarabischer Gesänge, in der Wüste gesammelt von *G. A. Wallin*, in d. Ztschr. V, 1—23. VI, 190—218 und 369—378. In der Revue de l'Orient 1853. Jan. p. 47—50 werden zwei dieser „Chants néo-arabes recueillis au désert" aus dem Deutschen ins Franz. übersetzt, nebst einigen der dazu gehörigen sachlichen Anm., unterschrieben *A. Allain!* Selbst wenn dieser Name aus Wallin corrumpirt ist, bleibt die Entlehnung ohne Angabe der Quelle mir unbegreiflich. Ein mich zunächst betr. Fall ist mir in solcher Weise in Deutschland nur Einmal vorgekommen.

arabischen Bibelübersetzungen zu erwähnen. Die Society for Promoting Christian Knowledge hat den Druck des N. T.'s vollendet (London 1851. 8.), die Uebersetzung soll sehr sorgfältig gearbeitet seyn, der verstorbene *Sam. Lee* hat sie mit Hülfe des gelehrten Syrers Fâris Schidiak besorgt. Eine ausgezeichnete Arbeit dieser Art haben wir aber von *Eli Smith* zu erwarten. Er hat den Pentateuch vollendet, als Probe ist vorläufig die Genesis gedruckt. Jetzt ist er mit dem N. T. beschäftigt.

Die Erforschung des phönikischen Alterthums haben Abhandlungen von *Ewald*, *Vassallo*, *Blau*, *Olshausen* und *Hitzig* zum Gegenstand. Ewald ordnet und erläutert die phönikischen Ansichten von der Weltschöpfung; die beiden Kosmogonien und ein drittes Stück von den Götterkämpfen liegen uns in den Philonischen Bruchstücken zwar bereits in synkretistischer Zusammenordnung vor, aber eine alte, echte Grundlage von historischem Charakter ist nicht zu verkennen [78]). Vassallo bespricht die bisher auf Malta und den umliegenden Inseln ausgegrabenen phönikischen, wohl auch ägyptischen Monumente, und weist auf die Hoffnung neuer Funde hin [79]). Blau behandelt in einem ersten Artikel von Beiträgen zur phönikischen Münzkunde [80]) eine Anzahl der in De Luynes' Essai über die Satrapenmünzen aufgeführten und zum Theil falsch erklärten Münzen, besonders kilikische, in deren Legenden er hin und wieder persische Wörter findet, und Münzen der Satrapie Assyrien mit den Namen Nisibis und Ninive entdeckt. Olshausen endlich stellt eine Reihe phönikischer Ortsnamen ausserhalb des semitischen Sprachgebiets auf, die auf Niederlassungen der Phönicier deuten [81]), wovon Hitzig mehrere nicht gelten lassen will [82]).

Beiträge zur Geographie des nördlichen Syriens erhielten wir von *Kremer* nach arabischen Quellen, hauptsächlich nach Ibn Schiḥnah's Geschichte von Haleb [83]), einen Aufsatz zur Geographie und Statistik des nördlichen Libanon, aus dem Arabischen übersetzt von *Fleischer* [84]). Wie hier von den Drusen viel die Rede ist, so enthält der 3. Band der Reise von *Walpole*

78) Abhandlung über die Phönikischen Ansichten von der Weltschöpfung und den geschichtlichen Werth Sanchuniathon's, von *H. Ewald*. Göttingen 1851. 68 S. 4. Aus d. 5. Bde der Abhdlgen der k. Ges. der Wiss. zu Göttingen.

79) Dei monumenti antichi nel gruppo di Malta, cenni storici del Dr. *Cesare Vassallo*. Periodo Fenicio ed Egizio. Valletta 1851. Vgl. Journ. of the Amer. Or. Soc. Vol. III. part. 1. p. 232 ff.

80) Zeitschr. der D. M. G. Bd. VI, S. 465—490.

81) Rhein. Museum f. Philol. Neue Folge. 8. Jahrg. 3. H. S. 321—340.

82) Ebend. Heft 4.

83) Denkschriften der phil. hist. Cl. der k. Akad. zu Wien Bd. III. Vgl. Sitzungsber. d. Wien. Akad. 1850, Aprilheft.

84) Zeitschr. der D. M. G. Bd. VI, S. 98—106. 388—398. Der Text ist in Arnold's Chrestomathia arabica (Halle 1853. 8.) S. 209 ff. gedruckt.

Interessantes über die Secte der Ansairi's [85]); der erste und zweite Band sind unbedeutend. Wissenschaftlich unbedeutend ist auch die Reise von *Patterson* durch Aegypten, Palästina und Syrien [86]); der Vf. trat sie als Puseyite an und kam als strenger Katholik heim, diese Bekehrungs-Tendenz durchdringt das ganze Buch. *Curtis* giebt wenigstens gute und lebendige Schilderungen [87]), *Saulcy* und *De Forest* einzelne auch für die Wissenschaft ergiebige Notizen [88]). Eine ausführliche Monographie von *Stark* über Gaza und die philistäische Küste stellt die Geschichte und Alterthümer dieser wichtigen Stadt und Gegend in zwei Perioden dar, der alten, rein orientalischen bis auf Alexander den Grossen, und der Periode des Hellenismus bis zur Eroberung durch die Araber [89]). Die Philister sind dem Vf. die eigentlichen Hyksos, die ursprünglich in Unterägypten ihren Sitz gehabt haben sollen, wofür ihm der Beweis nicht recht gelungen ist; gelungener, dünkt mich, ist die Darstellung von dem Zusammengehen der orientalischen und hellenischen Culte in den religiösen Verhältnissen jener Gegend, doch überall in dem Buche ist *fleissige* Forschung nicht zu verkennen. Die östlichen Syrer, die Nestorianer in Mesopotamien und Kurdistan, sowie die Secte der Jezîdî's sind Gegenstand eines umfänglichen und lehrreichen Buches von *Badger* [90]). Die Nestorianer sind wieder einmal für die Ueberreste des jüdischen Zehnstämmereichs erklärt worden von *Wichelhaus* [91]), meist nach den alten unzureichenden Gründen; unter

85) The Ansayrii or Assasins, with Travels in the further East in 1850 and 1851. By Lieut. *Frederik Walpole.* London 1851. 3 Bde 8. m. Illustr. Pr. 2 l. 2 s. Ein neueres Werk über diese Secte ist: The Ansyreeh and Ismaeleeh: a Visit to the Secret Sects of Northern Syria. By the Rev. *S. Lyde.* Lond. 1853. 8. Pr. 10 s. 6 d.

86) Journal of a Tour in Egypt, Palestine, Syria, and Greece: with Notes and an Appendix on Ecclesiastical Subjects. By *James Laird Patterson.* Lond. 1852. 8. Pr. 12 s.

87) The Wanderer in Syria. By *George William Curtis.* Lond. 1852. 8. Pr. 10 s. 6 d.

88) Notes of a Tour in Mount Lebanon, and to the Eastern Side of Lake Hûleh by *Henry A. de Forest:* im Journ. of the Amer. Or. Soc. vol. II, S. 237—247. — Note sur la géographie ancienne de la côte de Syrie, de Beyrouth à Akka, par *F. de Saulcy.* Paris 1852. 8. (Nouv. Annales des voyages, 1852, Juin).

89) Gaza und die philistäische Küste. Eine Monographie von Dr. *K. B. Stark.* Jena 1852. 648 S. 8. Auch u. d. T.: Forschungen zur Geschichte und Alterthumskunde des hellenistischen Orients. Pr. 3 Rℓ.

90) The Nestorians and their Rituals. With the Narrative of a Mission to Mesopotamia and Coordistan in 1842—44, and of a late Visit to these countries in 1850; also Researches into the present condition of the Syrian Jacobites, Papal Syrians, and Chaldeans, and an Inquiry into the Religious Tenets of the Yezeedees. By the Rev. *George Percy Badger.* Lond. 1852. 2 vols. 8. Pr. 2 l.

91) Zeitschr. der DMG. Bd. V, S. 467—482.

den Afghanen sucht sie *Rose* [92]), gleichfalls ohne neue Begründung.

Unter den bisher schon edirten syrischen Autoren hat diesmal besonders Ephraem mehrfache Berücksichtigung gefunden. Eine Anzahl seiner Hymnen ist theils in's Italienische, theils in's Englische übersetzt worden [93]), und die Reden gegen die Ketzer in's Deutsche [94]). Die neueste kleine Schrift von *Alsleben* über das Leben Ephräm's kündigt sich als Vorläufer einer Gesammtausgabe der syrischen Werke mit deutscher Uebersetzung an [95]). *Larsow*'s Uebersetzung der Festbriefe des Athanasius ist mit mehrern Zugaben ausgestattet [96]). Das Gedicht des Mar Jakob auf Alexander den Grossen (in Knös' Chrestom. syr.) ist gleichfalls in's Deutsche übersetzt [97]). Das Verhältniss des syrischen Ignatius zur kürzeren griechischen Recension hat *Uhlhorn* von neuem besprochen [98]). Inedita waren bisher des Barhebräus Scholien zum prophetischen Buch und den Klagliedern des Jeremia, wozu *Tullberg* die handschriftlichen Mittel hergab [99]), des letztern Aus-

---

92) The Afghans, the Ten Tribes, and the Kings of the East etc. by Sir *George Rose*. Lond. 1852. 8. Pr. 2 s. 6 d. Vgl. auch Kitto's Journ. 1852. Jul. S. 530.

93) Inni funebri di S. Efrem Siro, tradotti dal testo siriaco per *Angelo Paggi* e *Fausto Lasinio*. Firenze 1851. — Select Metrical Hymns and Homilies of Ephraim Syrus. Translated from the original Syriac, with an Introduction and Historical and Philological Notes, by the Rev. *H. Burgess*. Lond. 1853. 8. Pr. 10 s.

94) Sämmtliche Werke der Kirchen-Väter. Aus dem Urtexte in das Teutsche übersetzt. Bd. 38. Abth. 1. Kempten 1850. 8. (Der Schluss der 6ten sowie die 7—56ste Rede sind von P. *Pius Zingerle* aus dem Syrischen übersetzt, die ersten von *Waitzmann* nur aus dem Lateinischen.)

95) Das Leben des heiligen Ephräm, des Syrers, aus d. Syrischen übers. u. mit erläuternden Anmerkungen versehen von *J. Alsleben*. Berlin 1853. 8. Ein 2ter Titel fügt hinzu: als Einleitung zu e. deutschen u. syr. Ausg. der Werke Ephräm's. Nebst e. Abhandlung: Untersuchungen über die Chronologie Ephr.'s, und e. Anhange, das Verzeichniss der syr. Werke E's. Vgl. Zeitschr. Bd. VII, S. 455.

96) Die Fest-Briefe des heiligen Athanasius Bischofs von Alexandria. Aus dem Syrischen übersetzt und durch Anmerkungen erläutert von *F. Larsow*. Nebst drei Karten, Aegypten mit seinen Bisthümern und Alexandria mit seinen Kirchen darstellend. Leipzig und Göttingen 1852. 8. (Voran geht eine Abhdlg.: Die Klöster der Nitrischen Wüste in Aegypten, und ein Vorbericht, der besonders das Chronologische betrifft, wobei Prof. Galle in Breslau behülflich war.) Auch eine englische Uebersetzung von *Burgess* ist erschienen. Vgl. Zeitschr. Bd. V, S. 442.

97) Des Mor Yaqûb Gedicht über den gläubigen König Aleksandros und über das Thor, das er machte gegen Ogag und Magag. Ein Beitrag zur Geschichte der Alexandersage im Orient. Berlin 1851. 35 S. 8. (Der Uebersetzer ist der bekannte Sanskritist *A. Weber*.)

98) Zeitschr. für histor. Theol., herausg. von Niedner. 1851. Nr. 1.

99) Gregorii Bar Hebraei scholia in Jeremiam e codd. mss. syriacis edita et annotationibus instructa quae venia Ampliss. Facult. Philos. Upsal. p. p.

gabe des ersten Buchs der alten Chronik des Dionys von Telmahre (st. 845), bis auf Constantin herabreichend [100]), und ein paar Fragmente einer syrischen Uebersetzung des Irenaeus, aus Hss. des Brit. Museum's (im Spicilegium Solesmense, T. I. Par. 1852. 8. S. 3 u. 6). *Cureton* ist fortwährend mit der Herausgabe wichtiger syrischer Texte beschäftigt, er hat ausser den Evangelien [1]) Fragmente des Bardesanes und Melito und den dritten Theil der Chronik des Johannes von Ephesus drucken lassen (1853), auch bereitet er zur Herausgabe vor die syrische Uebersetzung der clementinischen Recognitionen und mehrerer neutestamentlicher Apokryphen, die Homilien Jakob's des Persers und die Acta martyrum Persicorum, die bei Assemani fehlen. Den philosophischen Werken der syrischen Litteratur hat sich *Renan* zugewendet, und auch er schöpft vorzugsweise aus dem grossen Handschriften-Schatze des britischen Museums. Er gab bereits Nachricht über die betreffenden Manuscripte [2]), und ausserdem zwei Abhandlungen über die philosophischen Studien der Syrer [3]). Endlich steht ein ganzer Band syrischer Texte in Aussicht, welchen *Bötticher* zum Druck bringen will [4]). Von *Bernstein*'s Studien ist wieder eine Fortsetzung erschienen, worin er besonders Stellen der Assemani'schen Acta Martyrum, der von Lee herausgegebenen Theophania des Eusebius, der Bertheau'schen Ausgabe von Barhebräus Grammatik und des Athanasius von Cureton berichtigt [5]). Eine buchstäbliche englische Uebersetzung der Peschittho des N. T.'s lieferte *Murdock* [6]). Neusyrische Drucke der Missionspresse in Orumia sind uns kürzlich in beträchtlicher Anzahl zugegangen [7]). Das alte Testament, alt- und neu-syrisch in zwei Columnen nebeneinander, ist noch im J. 1852 fertig geworden [8]). Eine Grammatik dieser neusyrischen Sprache haben die Missionare gleichfalls vollendet, und

---

Gust. Freder. Koraen et *Car. Ericus Wennberg.* P. 1. 2. 3. Upsaliae 1852. 22 S. syr. Text und 14 S. Anm.

100) Dionysii Telmahharensis liber primus. Textum e cod. ms. syriaco Biblioth. Vatic. transscripsit notisque illustravit *Otto Fredericus Tullberg.* Upsaliae 1850. 198 SS. und 40 SS. Vgl. Zeitschr. VI. S. 438 ff.

1) S. den vorigen Bericht, Zeitschr. Bd. V. S. 441.

2) Journ. asiat. 1852. Apr. S. 293—333.

3) De philosophia peripatetica apud Syros commentationem historicam scripsit *E. Renan.* Paris 1852. 74 S. 8. — Averroès et l'Averroisme. Essai historique par *Ernest Renan.* Par. 1852. 367 S. 8. Vgl. H. Ritter in Götting. Anz. 1853. St. 98.

4) S. Zeitschr. der D M.G. Bd. VII, S. 613 f.

5) Ebend. Bd. VI, S. 349—368.

6) The New Testament; or the Book of the Holy Gospel of Our Lord and Our God Jesus the Messiah: a Litteral Translation from the Syriac Peshito Version. By *James Murdock.* New York 1851. 8.

7) Zeitschr. Bd. VII, S. 617 f.

8) Ebend. Bd. VII, S. 542.

wird dieselbe von der American Oriental Society zum Druck gebracht werden.

Geographie und Topographie von Palästina sind durch den 16. Band von *Ritter's* Erdkunde wesentlich gefördert worden [9]). Lieut. *Van de Velde* hat seine Aufnahme Palästina's vollendet, die Resultate sollen ausserordentlich wichtig seyn, und nicht minder Neues und Wichtiges haben wir von den Erfolgen der zweiten *Robinson*'schen Reise im J. 1852 zu erwarten, von welcher vorerst nur ein kurzer Abriss in das Publicum gekommen ist [10]). Robinson nahm zum grossen Theil andere Wege als auf seiner ersten Reise, und hat viele neue Punkte der biblischen Topographie aufgefunden oder fester gestellt. *Saulcy*, der zu Anfang des J. 1851 auf Kosten der französischen Regierung Palästina bereiste und u. a. die Umgebungen des Todten Meeres näher untersuchte, hat nach den vorerst erschienenen vorläufigen Berichten [11]) ebenfalls manches Neue gefunden, angeblich sogar Ruinen von Sodom und Gomorra, sowie ein moabitisches Basrelief. Dass er die jetzt so genannten Gräber der Könige für die Gräber der alten israelitischen Könige nahm [12]), dass er, als er Sebbeh besuchte, nicht wusste, dass schon Andere vor ihm darin Masada erkannt hatten, u. A., zeugt wenigstens von keiner sorgfältigen Vorbereitung zu der Reise. Sein von der Regierung prachtvoll ausgestattetes Reisewerk ist mir noch nicht unter die Augen gekommen. Andere Reiseberichte über Palästina haben noch geliefert *Anderson* [13]), *Grumm* [14]), *van Senden* [15]), *Bel-*

---

9) S. über Bd. 15. den vorigen Bericht, Zeitschr. V, 428.

10) Zeitschr. der D. M. G. Bd. VII, S. 37—78. Bibliotheca Sacra 1853, Jan. S. 115—151.

11) S. Bulletin de la Société géographique. 1851. Juli (Ausland 1851. Nr. 270), Revue de l'Orient 1851. Oct. S. 218—234, Nouv. Annales des voyages. XXVII. 1851. S. 312—334, Revue des deux mondes 1852. 1. Févr. S. 401—420. Ferner: Narrative of a Journey round the Dead Sea and in the Bible Lands from Dec. 1850 to April 1851. By *F. de Saulcy.* Lond. 1853. 2 vols. 8. (mit einer Karte und Illustr.). Auch: Vingt et un jours à la Mer Morte. Par *E. Delessert.* Paris 1851. 8. (Delessert war bei der Expedition, er giebt eine Uebersicht der Resultate.)

12) Ueber diesen Gegenstand entspann sich ein Streit zwischen ihm, *Quatremère* und *Raoul Rochette.* S. Revue archéol. IXe année. Paris 1852—53. S. 22 ff. 92 ff. 157 ff. 229 ff. 398 ff.

13) Pencillings in Palestine: being Scenes descriptive of the Holy Land, and other Countries in the East. By Rev. *J. Anderson.* Lond. 1851. 130 S. Duod. — Wanderings in the Land of Israel and through the Wilderness of Sinai in 1850—51. By the Rev. *John Anderson.* Lond. 1852. 12. Pr. 1 s. 6 d.

14) Ausland 1851. Sept. (Aus der Nordischen Biene.)

15) Das heilige Land oder Mittheilungen aus einer Reise nach dem Morgenlande in den Jahren 1849 und 1850 in Begleitung Ihrer Königl. Hoh. d. Frau Prinzessin Marianne der Niederlande von *G. H. van Senden.* Aus d. Holländ. von P. W. Quack. Erster Th., erste Lief. Stuttgart. 8. (ohne Jahrzahl). Mehr ist mir nicht zu Gesicht gekommen.

dam [16]), *Plitt* [17]), *Andrews* [18]). Diese sind sämmtlich ohne besondere wissenschaftliche Bedeutung. Ebenso hat *Churton* ein für die Wissenschaft unnützes Buch geliefert, das in blasser Darstellung (trotz der eingestreuten Verse) hauptsächlich die Zukunft des gelobten Landes nach der Wiederkunft Christi beschreibt, wo es dann sogar in Bezug auf den Strassenschmutz Jerusalem's besser seyn wird [19]). *Schiferle*'s Reise ist greulich populär und trägt grosse Unwissenheit zur Schau [20]). *Aiton* bereiste ausser Palästina auch Kleinasien, Constantinopel, Griechenland und Italien, auch sein Werk ist von geringem Werth [21]). *Neale* giebt nur leichte und wenig zusammenhängende, doch unterhaltende und auch wohl belehrende Schilderungen, besonders von manchen weniger bekannten Orten Syriens [22]). Die Camden Society hat einen Abdruck der alten Pilgerreise von *Richard Guylforde* veranstaltet nach dem einzigen bekannten Exemplar der Ausgabe vom J. 1511, welches im britischen Museum aufbewahrt wird [23]). Den ziemlich unerquicklichen Bericht über einige Orte Palästina's, den Sinai und Aegypten von dem alten Magister Thetmar gab *Tobler* aus einer Baseler Hdschr. heraus [24]). *Tobler* selbst liess uns wieder einige Früchte seiner fleissigen und genauen Reisestudien geniessen, eine Monographie über Golgatha [25]), eine dgl. über Siloah und den Oelberg [26]), Denkblätter aus Jerusa-

16) Recollections of Scenes and Institutions in Italy and the East. By *Joseph Beldam.* Lond. 1851. 2 vols. 8. Vgl. Kitto's Journ. 1852. Apr. S. 143 ff.

17) Skizzen aus einer Reise nach dem heiligen Land von *Th. Plitt.* Karlsruhe 1853. 8. Pr. 12 ℳ (Jerusalem und Bethlehem).

18) A Four Months Tour in the East. By *J. R. Andrews.* Dublin 1852. 12. Pr. 4 s. 6 d.

19) Thoughts on the Land of the Morning: a Record of two Visits to Palestine 1849—50. By *H. B. Whitaker Churton.* With Illustr. Lond. 1851. 8. Pr. 10 s. 6. Ed. 2. 1852.

20) Reise in das heilige Land, im J. 1851 unternommen und beschrieben von *Joseph Schiferle.* Augsburg 1852. 2 Bde. 8.

21) The Lands of the Messiah, Mahomet, and the Pope, as visited in 1851. By *John Aiton.* Lond. 1852. 8. 2. ed.

22) Eight years in Syria, Palestine and Asia minor, from 1842 to 1850. By *F. A. Neale.* Lond. 1851. 2 vols. 8. m. Illustr. Pr. 21 s.

23) The Pylgrymage of Sir Richard Guylforde to the Holy Land, A. D. 1506. From a Copy printed by Richard Pynsow. Edited by Sir *Henry Ellis.* Printed for the Camden Society. Lond. 1851. 8.

24) Magistri Thetmari Iter ad Terram Sanctam anno 1217. Ex cod. ms. ed. *Titus Tobler.* St. Galli et Bernae 1851. 73 S. 16. — Eine andere Ausgabe erschien in den Mémoires de l'acad. royale de Belgique, T. XXV, wie ich aus Ewald's Jahrb. für bibl. Wiss. 1852. S. 30 sehe.

25) Golgatha. Seine Kirchen und Klöster. Nach Quellen und Anschau von Dr. *Titus Tobler.* Mit Ansichten und Plänen. St. Gallen und Bern 1851. 8. Pr. 3 ℛ 10 ℳ.

26) Die Siloahquelle und der Oelberg. Von *T. Tobler.* Mit e. artist. Beilage. St. Gallen 1852. 8. Pr. 1 ℛ 12 ℳ.

lem [27]), worin er in seiner schlichten anschaulichen Weise die recht eigentlich localen Zustände und Verhältnisse der heiligen Stadt schildert, wie sie dort unmittelbar an das Leben herantreten, das Klima, die Natur, Strassen, Häuser und Hausgeräthe, Kleider, Geschäfte, Sprachen, Sitten, öffentliche Anstalten u. dgl., durchgehends mit fleissiger Benutzung älterer Berichte und mit der Zuthat einer Reihe von eignen Erlebnissen: wozu neuerlich (1853) noch der erste Band einer ausführlichen Topographie Jerusalem's gekommen ist. *Fallmerayer* gab eine Abhandlung über Golgatha und das heilige Grab [28]). Die vorlängst in Jerusalem gedruckte hebräische Schrift des Rabbiner *Joseph Schwarz* hat einen englischen und einen deutschen Uebersetzer gefunden [29]). Von der amerikanischen Jordan-Expedition unter *Lynch* ist endlich der vollständige wissenschaftliche Bericht veröffentlicht worden [30]). Bemerkungen über die physische Geographie Palästina's von Obrist *von Wildenbruch* theilte *A. Petermann* mit [31]). Noch beziehen sich auf Geographie, besonders biblische, die Bücher und Aufsätze von *Bartlett* [32]), *Banister* [33]), von einem Abbé

---

27) Denkblätter aus Jerusalem. Mit Ansichten u. e. Karte. St. Gallen 1852. 8. Pr. 3 Rthlr. 18 ngr.

28) Abhandl. d. histor. Cl. der k. Bayer. Akad. d. Wiss. Bd. VI. 1852.

29) A descriptive Geography and brief historical Sketch of *Palestine*. By Rabbi *Joseph Schwarz*. Translated by *Isaac Leeser*. Philadelphia 1851. 8. Pr. 18 s. (aus dem Hebr. mit Hülfe einer deutschen von Schwarz durchgesehenen Uebersetzung). — Das heilige Land, nach seiner ehemaligen und jetzigen geographischen Beschaffenheit, nebst kritischen Blicken in das Carl v. Raumer'sche „Palästina" von Rabbi *Joseph Schwarz* aus Jerusalem. Deutsch bearbeitet von Dr. *Israel Schwarz*. Mit lithogr. Abbildungen u. einer Karte von Palästina. Frankfurt a. M. 1852. 8. Pr. 2 Rthlr.

30) Abgesehn von dem populären Buche des Lieut. Lynch (s. Zeitschr. Bd. V, S. 427) wurde ein kleiner Theil des officiellen wissenschaftlichen Berichts schon im J. 1849 in 8. für die Regierung der Vereinigten Staaten gedruckt, der aber nicht in's Publicum kam. In der vollständigen Ausgabe ist ein sehr ausführlicher geologischer, ein paläontologischer, ornithologischer und botanischer Bericht, Astronomisches u. A. hinzugekommen: Official Report of the United States' Expedition to explore the Dead Sea and the River Jordan, by Lieut. *W. F. Lynch*. Published at the National Observatory, Lieut. M. F. Maury, superintendent, by authority of the Hon. W. A. Graham, Secretary of the Navy. Baltimore 1852. 235 S. 4. mit e. grossen Karte des Jordanlaufs und des todten Meeres und 16 Tafeln Abbildungen.

31) Journ. of the R. Geogr. Soc. of London. Vol. XX, S. 227—232, mit einer Zugabe *Petermann's*: a Climatological History of the Months in Palestine, ebend. S. 232—235.

32) Scripture Sites and Scenes, from actual Survey in Egypt, Arabia and Palestine. By *W. H. Bartlett*. Lond. 1851. 190 S. 8. — Footsteps of our Lord and his Apostles in Syria, Greece and Italy. A Succession of Visits to the Scenes of New Testament Narrative. By *W. H. Bartlett*. Lond. 1851. gr. 8. mit 23 Stahlstichen u. mehreren Holzschnitten. Pr. 14 s. — Von den andern *Bartlett*'schen Werken sind zum Theil neue Auflagen erschienen.

33) Pictorial Geography of the Holy Land; designed to elucidate the

G. D. [34]), von *J. Wilson* [35]), *Quatremère* [36]). Von den biblischen Pflanzen handelt *Tyas* [37]). Einen biblischen Atlas gab die Religious Tract Society heraus [38]), ein Blatt Jerusalem aus der Vogelschau darstellend lieferte *Eltzner* [39]).

Hier ist der Ort für eine Uebersicht der Arbeiten, welche das Alte Testament angehen, allerdings nur in philologisch-historischer Hinsicht, sofern das Theologische nicht hieher gehört. Es ist bedauerlich zu sehen, wie wenig zur Zeit noch die wissenschaftliche Forschung auf diesem Gebiete Anerkennung findet, und wie in manchen Büchern, zumal in solchen, die für Belehrung des Volks bestimmt sind, oft gar keine Notiz davon genommen wird. So lesen wir in einem „insonderheit für Lehrer in Kirchen und Schulen" bearbeiteten alten Testament, dass die beglaubigte Geschichte Aegyptens erst mit Psammetich ihren Anfang nehme [40]); der eigentlichen tendenziösen Umgangnahme von wissenschaftlichen Wahrheiten und solcher Bücher, wie *Gossler*'s „heilige Schrift in der Ursprache" u. s. w. [41]) nicht zu gedenken. Ein 1852 erschienener neuer Abdruck von *De Wette*'s Einleitung in's A. T. entspricht dem Titel einer 7ten „verbesserten" Auflage wenig oder gar nicht. Als eine flüchtige und oberfläch-

---

Imagery of Scripture and demonstrate the Fulfilment of Prophecy. By Rev. *J. T. Bannister*. Lond. 1851. 376 S. 8.

34) Jérusalem et la Terre-Sainte. Notes de voyages recueillies et mises en ordre par M. l'abbé *G. D.* Paris 1852. 8. mit Abbild. u. Karten. Pr. 20 fr.

35) On the Villages and Towns named Hazar and Hazor in the Scriptures, with the Identification of the Hazor of Kedar. By *John Wilson*: in Journ. of the Bombay Branch of the R. As. Soc. 1852. Nr. 1.

36) Mémoire sur le lieu où les Israélites traversèrent la Mer Rouge. Par M. *E. Quatremère*: in Mémoires de l'Acad. des inscrr. et belles-lettres. Paris 1851.

37) Flowers from the Holy Land: being an Account of the Chief Plants named in Scripture; with Historical, Geographical, and Poetical Illustrations. By *Robert Tyas*. With 12 coloured Groups of Flowers. Lond. 1851. 204 S. 12. Pr. 7 s. 6 d.

38) The New Biblical Atlas, and Scripture Gazetteer, with Descriptive Notices of the Tabernacle and Temple. Lond. (o. J.) (12 Karten und Pläne, darunter eine physikal. Karte von Dr. A. Petermann.)

39) Das biblische Jerusalem aus der Vogelschau. Von *Ad. Eltzner*. Leipz. b. Weber 1852. 1 Folioblatt Holzschnitt. Pr. 10 ngr.

40) Das Alte Testament nach der deutschen Uebersetzung Dr. Martin Luthers. Mit Erklärungen, Einleitungen, Aufsätzen, Registern und Inhaltsverzeichnissen. Zum Gebrauch für alle Freunde des göttlichen Wortes, insonderheit für Lehrer in Kirchen und Schulen, bearbeitet von *F. Gust. Lisco*. 2. A. ohne den Bibeltext. 1. Lief. Bog. 1—15 (Pent. u. Jos.) Berl. 1851. gr. 8. Die angezogene Stelle steht S. 208.

41) Ersten Bandes 2. Heft. 1851. S. Zeitschr. der D. M. G. Bd. V, S. 433.

liche Arbeit wird mir die Schrift von *Giles* bezeichnet [42]. Die Genesis ist, abgesehn von *Sörensen's* verirrter Kritik [43], zweimal commentirt worden, von *Delitzsch* mit seinem die Gelehrsamkeit geschickt handhabenden und selbst die Sophistik nicht verschmähenden halbwegs gezügelten Scharfsinn [44], und von *Knobel* in seiner treufleissigen und geraden Weise [45]. Die allegorische Erklärung der sieben ersten Capitel von *Rendell* [46] ist ohne allen wissenschaftlichen Werth. Die Genesis trifft auch der neue und abermals vergebliche Versuch *Keil's*, den Wechsel der Gottesnamen anders als aus Benutzung verschiedener Quellenschriften zu erklären [47]. Eine Ausgabe des Pentateuchs mit den orientalischen Uebersetzungen hat *Young* begonnen [48], ebenso *Kuenen* eine Ausgabe des samaritanisch-arabischen Pentateuch [49]. Zur Erläuterung der prophetischen Bücher gehören Arbeiten von *Henderson* [50], *Fairbairn* [51], *Hitzig* [52], *Simon* [53], *Caspari* [54],

---

42) Hebrew Records: an Historical Inquiry concerning the Age, Authorship, and Authenticity of the Old Testament. By the Rev. Dr. *Giles*. Lond. 1851. 354 S. 8.

43) Untersuchungen über Inhalt und Alter des alttestam. Pentateuch, v. Dr. *Th. Sörensen*. 1. Th. Hist.-krit. Comm. z. Genesis. Kiel 1851. 8.

44) Die Genesis ausgelegt von Dr. *F. Delitzsch*. Leipz. 1852. 8. Pr. 2 Rthlr. 4 Ngr. 2. umgearb. und erweit. Ausg. 1853. 8. Pr. 3 Rthlr. 10 Ngr.

45) Die Genesis. Erklärt von *A. Knobel*. Leipz. 1852. 8. (11. Lief. des kurzgefassten exeget. Handbuchs zum A. T.)

46) The Antediluvian History and Narrative of the Flood, as set forth in the early portions of the Book of Genesis, critically examined and explained. By the Rev. *E. D. Rendell*. Lond. 1851. 8.

47) Ueber die Gottesnamen im Pentateuche, ein Beitrag zur gründlichen Schriftforschung von Dr. *C. Keil*: in Rudelbach's und Guericke's Zeitschr. für die gesammte luther. Theol. 1851. Heft 2. S. 215—280.

48) The Hexaglot Pentateuch; or the Five Books of Moses in the Original Hebrew, with the corresponding Samaritan, Chaldee, Syriac and Arabic. Edited by *Robert Young*. 1. Lief. Lond. 1852 (enth. Gen. 1—5).

49) Specimen e literis orientalibus, exhibens Librum Geneseos, secundum arabicam Pentateuchi Samaritani versionem, ab Abu-Sa'ido conscriptam, quod auspice viro cl. T. G. J. Juynboll ex tribus codicibus edidit *Abrah. Kuenen*. Lugd. Bat. 1851. 8.

50) The Book of the Prophet Jeremiah and that of the Lamentations. Translated from the Hebrew, with a Commentary, critical, philological, and exegetical. By the Rev. Dr. *E. Henderson*. Lond. 1851. 306 S. 8. Pr. 21 s.

51) Ezekiel and the Book of his Prophecy: an Exposition. By *Patrick Fairbairn*. Edinb. 1851. 8. Pr. 10 s. 6 d. (Der Vf. hat neuere deutsche Arbeiten benutzt, vorzüglich Hävernick, übrigens giebt er viel Populär-Praktisches.)

52) Die zwölf kleinen Propheten erklärt von Dr. *Ferd. Hitzig*. 2. Aufl. Leipzig 1852. 8.

53) Der Prophet Hosea erklärt und übersetzt von Dr. *A. Simson*. Hamburg und Gotha 1851. 8. Pr. 2 Rthlr. 4 Ngr.

54) Ueber Micha den Moreschiten und seine prophetische Schrift. Von

Delitzsch [55]), *Bleek* [56]), *Schröring* [57]) und *Kitto* [58]). Noch mehr Berücksichtigung haben die poetischen Bücher des alten Testaments gefunden durch die Schriften von *Magnus* [59]), *Ewald* [60]), *Schlottmann* [61]), *Olshausen* [62]) und *Spiess* [63]) über das Buch Hiob, *Hengstenberg* [64]), *Alexander* [65]), *Weiss* [66]), *Reuss* [67]) und *Stähelin* [68]) über die Psalmen, *Stuart* [69]) über die Sprüche, derselbe [70])

Dr. *C. P. Caspari*. *Erste* Hälfte. Univ.-Progr. für das 2. Halbjahr 1851. Christiania 1851. und 2. Hälfte (Progr. f. das 1. Halbj. 1852) 1852. 8. (Eine ausführliche Monographie, die besonders in den Anm. öfter weit umgreift.)

55) Wann weissagte Obadja? Von *Fr. Delitzsch*: in Ztschr. f. die gesammte luther. Theol., herausg. v. Rudelbach und Guericke 1851. Hft 1.

56) Ueber das Zeitalter von Sacharja Kap. 9—14. Von *F. Bleek*: in Theol. Studien und Kritiken 1852. Heft 2.

57) Jesajanische Studien von Dr. *F. Schröring*. II. Heft. Schulprogramm für 1852. Wismar 27 S. 4.

58) Daily Bible Illustrations. By *John Kitto*. Evening Series: *Isaiah* and the Prophets. Edinburgh 1852. (Mit diesem Bande ist das A. T. beendet: populär, aber mit guten antiquarischen Erläuterungen.)

59) Philologisch-historischer Commentar zum Buche *Hiob*. Von Dr. *Ed. Isidor Magnus*. 1. Bch. Das echte Gedicht. Halle 1851. 448 S. 8. (Der Vf. verfolgt die Dialectik des Inhalts und wirft danach den überlieferten Text gewaltsam in eine neue Ordnung, zugleich diesem Princip den unbeschränktesten Einfluss auf die Kritik im Einzelnen einräumend.)

60) Ueber die Liedwenden (Strophen) im B. Ijob: in s. Jahrb. d. bibl. Wiss. III, S. 108—115.

61) Das Buch Hiob. Verdeutscht und erläutert von Lic. *Konstantin Schlottmann*. Berlin 1851. 8.

62) Hiob. Erklärt von *Ludw. Hirzel*. 2. Aufl. durchgesehen von Dr. *Justus Olshausen*. Leipz. 1852. 8.

63) Hiob metrisch übersetzt von *Moritz Spiess*. Buchholz und Leipzig 1852. 16.

64) Commentar über die Psalmen von *E. W. Hengstenberg*. 2. Aufl. Berlin 1851. 8.

65) The Psalms, translated and explained, by *J. A. Alexander*, Prof. in the Theol. Seminary at Princeton. 3 vols. 8. Pr. in London 1 l. 4 s.

66) A New Translation, Exposition, and Chronological Arrangement of the Book of Psalms. With Critical Notes on the Hebrew Text. By *Benjamin Weiss*, Missionary to the Jews, Algiers. Edinburgh 1852. 8. (Der Vf. ist Convertit, fast alle Pss. sind ihm davidisch, seine angeblich chronologische Anordnung ist wirre Unkritik.)

67) Der acht und sechzigste Psalm. Ein Denkmal exegetischer Noth und Kunst zu Ehren unsrer ganzen Zunft errichtet von *Eduard Reuss*. Jena 1851. 8. (Sonderdruck aus den Beiträgen zu den theolog. Wissenschaften von Reuss und Cunitz. Bd. 3. S. 1—106.)

68) S. Zeitschr. Bd. VI, S. 107 f.

69) A Commentary on the Book of Proverbs, by *Moses Stuart*. New York 1852. 432 S. 12. Pr. 8 s.

70) Commentary on Ecclesiastes, by *Moses Stuart*. New York 1851. 12. Pr. 6 s. (Er setzt die Abfassung des Buchs zwischen 535 und 455 v. Chr.)

und *Ewald* [71]) über den Prediger, *Lossner* [72]), *Delitzsch* [73]) und *Hahn* [74]) über das Hohelied. Die allgemeinen Gesetze über Rhythmus und Accent erörtert *Hupfeld's* Abhandlung [75]) in Hinsicht auf das hebräische Accentsystem. Einzelnes zur Exegese und Kritik des A. T.'s Gehörige behandelten *Reinke* [76]), *Frankel* [77]), *Gumpach* [78]). *Ewald's* Geschichte des Volkes Israel ist mit der zweiten Hälfte des 3. Bandes geschlossen, und soll dieselbe jetzt den 4. Band der zweiten Auflage bilden, welche für die früheren Bände nöthig geworden war und in vielen Partien eine ganz neue Arbeit ist [79]). Die ältere jüdische Geschichte behan-

---

71) Ueber das Nachwort des Predigers: in s. Jahrb. f. bibl. Wiss. III, S. 121—125.

72) Salomo und Sulamith. Die Blumen des hohen Liedes zu einem Strausse gebunden von *E. W. Lossner*. Mit e. erläut. Vorworte. Radeberg und Leipzig 1851. 8. (Freie Bearbeitung in 7 mal 7 Lieder gefasst.)

73) Das Hohelied untersucht und ausgelegt von *Franz Delitzsch*. Leipzig 1851. 8. (D. verwirft die allegorische Erklärung, er findet in dem HL., wie Hofmann, die Idee der Ehe dargestellt in einem Liebesverhältniss Salomo's mit Sulamith, welches der König selbst schildert und zwar in einem Drama von 6 Acten. Ausserdem statuirt er eine mystische Beziehung auf das Verhältniss Jehova's oder des Messias zur Gemeinde.)

74) Das Hohe Lied von Salomo. Uebersetzt und erklärt von *H. A. Hahn*. Breslau 1851. 12. (Das HL. ist ihm ein dramatisches Lehrgedicht. Seine Erklärung ist allegorisch-politisch: „Das Königthum Israel's ist berufen, im Dienste Gottes das Heidenthum mit den Waffen der Liebe und der Gerechtigkeit endlich zu überwinden und in die Friedensruhe der Liebesgemeinschaft mit ihm und so mit Gott wieder zurückzuführen." S. 7. Dieselbe Tendenz findet *H.* in Ps. 45.

75) Zeitschr. der D. M. G. Bd. VI, S. 153—189.

76) Beiträge zur Erklärung des alten Testaments. Drei Abhandlungen. 1) Die Schwierigkeiten und Widersprüche mancher Zahlangaben in den Büchern des A. T.'s und deren Entstehung und Lösung. 2) Ueber das Recht der Israeliten an Canaan und über die Ursache seiner Eroberung und der Vertilgung seiner Einwohner durch die Israeliten und die verschiedenen Erklärungsversuche darüber. 3) Ueber das Gelübde Jephta's Richt. 11, 30—40. Von *Laur. Reinke*. Münster 1851. 8. Pr. n. 2 *Rthlr.* (Ein zweiter Bd. erschien 1853.)

77) Ueber den Einfluss der palästinischen Exegese auf die alexandrinische Hermeneutik von Dr. *Z. Frankel*. Leipzig 1851. 8. Pr. 1⅓ *Rthlr.* Vgl. Ztschr. VI. S. 443.

78) Alttestamentliche Studien. Von *Johannes v. Gumpach*. Heidelberg 1852. 8. Pr. 1 *Rthlr.* (Ein Commentar zum Debora-Liede nimmt die Hälfte des Buches ein. Dann das Wunder Josua's S. 141—180. Der Sonnenzeiger des Ahas S. 181—200. Elias und die Raben S. 200—205. Ueber die Bedeutung von אָז S. 206 ff. Ueber die Bed. von בֵּין הָעַרְבַּיִם S. 224 f. Ueber die Bed. von אֲשֵׁרָה (Postament) S. 237—269.)

79) Geschichte des Volkes Israel bis Christus. Von *H. Ewald*. Dritten Bdes letzte Hälfte. Göttingen 1852. 8. — Bd. 1. 2. Ausg. 1851. Bd. 2 u. 3. 2. Ausg. 1853. 8.

deln ausserdem *Newman* [80]), *Rouse* [81]) und *Sandford* [82]), letztere beide mühen sich ohne besondern Erfolg mit der Chronologie ab; nur die nachexilische Periode behandelt *Luzzatto* [83]); das babylonische Exil selbst eine anonyme holländische Schrift [84]). Noch fühle ich mich verpflichtet die Abhandlung einer gelehrten Dame, der bekannten Miss *Fanny Corbaux*, über den alten Volksstamm der Rephaim zu nennen [85]). Auch verdient *Traill's* Uebersetzung des jüdischen Kriegs des Josephus Erwähnung schon wegen der von dem Maler *Tipping* an Ort und Stelle gezeichneten vortrefflichen Illustrationen, aber auch wegen der werthvollen Noten [86]): wogegen eine deutsche Uebersetzung von *Martin* keinen Anspruch auf wissenschaftliche Geltung macht [87]). Als eine populäre und sorgfältig ausgestattete Arbeit ist *Kitto's* Geschichte Palästina's zu bezeichnen [88]). Eine eingehende Specialuntersuchung über die hebräischen Feste enthalten zwei Programme *Hupfeld's* [89]). Sonst gehören zur biblischen Alterthumskunde noch Schriften von

---

80) History of the Hebrew Monarchy, from the administration of Samuel to the Babylonish Captivity. By *Francis William Newman.* Lond. 1851. 8. Pr. 10 s. 6 d.

81) Chronology from the Exodus to Solomon. By *N. Rouse*: Art. in Kitto's Journ. 1852. Apr. p. 211—217. (Der Vf. gewinnt 630 Jahre und 7 Monate, indem er alle Zahlen der Bibel voll nimmt: Vom Auszug bis zum Eintritt in Kanaan 40, bis zur Vertheilung 7, bis zum Tode Josua's 18, bis zur Unterjochung durch Cuschtan 40 u. s. w.)

82) An Attempt to illustrate the Chronology of the Old Testament, by a reference to the Year of the Jubilee. By the Rev. *G. B. Sandford.* Lond. 1852. 8. — Dazu: A Chronological Table of the History of the Old Testament. By the Rev. *G. B. Sandford.*

83) Lezioni di storia giudaica, di *S. D. Luzzatto.* Padova 1852. 8.

84) Het tijdvak der Babylonische Ballingschap, chronologisch bepaald, en het nieuwste onderzoek daaromtrent beschouwed en wederlegd. Leyden 1851. 8. Pr. 1 Rt. 7½ ngl. S. Ewald. Jahrb. f. 1851—52.

85) Abgedruckt in Kitto's Journal. New Series No. I. Oct. 1851. S. 151—172, No. II. Jan. 1852. S. 363—394, No. III. Apr. 1852. S. 55—91, No. IV. Jul. 1852. S. 303—340, No. V. Oct. 1852. S. 87—116.

86) The Jewish War of Flavius Josephus: a New Translation, by the late Rev. *Robert Traill.* Edited, with notes, by *Isaac Taylor.* With [75] Pictorial Illustrations. Lond. 1851. 2 vols. gr. 8. Pr. 2 l. 5 s. (Bd. 1 erschien schon 1847.)

87) Die jüdischen Alterthümer des Flavius Josephus. Uebersetzt und mit Anmerkungen versehen von Dr. *K. Martin*, ord. Prof. d. Theol. in Bonn. Bd. 1. Köln 1852. gr. 12.

88) The History of Palestine, from the Patriarchal Age to the Present Time; with Introductory Chapters on the Geography and Natural History of the Country, and on the Customs and Institutions of the Hebrews. By *John Kitto.* Lond. 1852. 8. Mit vortrefflichen Illustr.

89) *Herm. Hupfeldi* commentatio de primitiva et vera festorum apud Hebraeos ratione ex legum Mosaicarum varietate eruenda. P. I. et II. Halis 1851. 1852. 26 u. 24 S. 4. (2 Progrr.)

Kurtz [90]), *Cox* [91]) und *Hakewill* [92]). Die von *Layard* in Babylonien gefundenen Schalen aus Terra cotta mit semitischer Schrift, von welchen eine Zeitlang viel Redens war, gehören jedenfalls der nachbiblischen Zeit an [93]). Lexicalische Arbeiten über das Althebräische lieferten *Maurer* [94]), *Fürst* [95]) und *Böttcher* in Verbindung mit *Fleischer* [96]). Auch erschien eine neue Auflage von *Tregelles'* Uebersetzung des Gesenius'schen Handwörterbuchs [97]). Ebenso von der hebräischen Grammatik [98]). *Schauffler* liess in Smyrna eine Grammatik für spanische Juden drucken [99]). Das „Neue" in *Rabbinowitz*'s Grammatik kann ich nur zu einem ge-

90) Beiträge zur Symbolik des alttest. Cultus. Von *J. H. Kurtz*. Erstes Heft. Cultusstätte. Leipzig 1851. 8. (Abdruck aus d. Zeitschr. f. d. ges. luther. Theol. herausg. v. Rudelbach u. Guericke 1851. H. 1.)

91) Biblical Antiquities, with some collateral subjects, illustrating the Language, History, Geography, and Early History of Palestine. By *F. A. Cox*. With Maps and numerous Engravings. Lond. 1852. 8. (Zur Cabinet Edit. der Encyclop. Metropolitana gehörig, d. h. die betr. Artt. der Encyclop. von T. H. Horne, Molesworth u. A. neu redigirt. S. Kitto's Journ. 1852. Apr. S. 241 f.)

92) The Temple, an Essay on the Forms of the Ark, the Tabernacle, and the Temple of Jerusalem. By *Edward Charles Hakewill*, Architect. Lond. 1851. 8. (Ich entnehme aus der schonenden Rec. im Athen. 1851. 27. Sept. S. 1023 ff., dass *H.* eine künstliche Theorie durchzuführen sucht, wonach die Arche Noah's, die Stiftshütte und der jüd. Tempel, wie auch die ältesten Tempel der Griechen dieselben architektonischen Verhältnisse gehabt haben. Vitruvius war Ingenieur im Heer des Titus, viell. dieselbe Person mit Josephus! Hebräisch versteht der Vf. nicht, den Herodischen Tempel nimmt er für den Salomonischen. Vgl. noch Kitto's Journ. Juli 1852. S. 389 ff.)

93) Sie sind abgebildet und besprochen in *Layard's* Discoveries (s. oben).

94) Kurzgefasstes hebräisches und chaldäisches Handwörterbuch über das alte Testament mit einem deutschen Index von *Franz J. V. D. Maurer*. Stuttgart 1851. Lex.-8. Pr. 2 Rthlr.

95) Hebräisches und chaldäisches Handwörterbuch über das Alte Testament. Mit einer Einleitung eine kurze Geschichte der hebr. Lexicographie enthaltend. Von Dr. *Julius Fürst*. 1. Lief. Leipz. 1851. Lex.-8.

96) Ueber die semitischen Wörterfamilien der Stämme זסר, טפר (طفر, ظفر), סטר, צפר (صفر, ضفر), שפר, v. Dr. *Böttcher* in Dresden, mit Anmerkungen von Professor *Fleischer*: in Höfer's Ztschr. für die Wiss. der Sprache, Bd. III. H. 1—2. 1851. S. 1—31.

97) *Gesenius's* Hebrew and Chaldee Lexicon, by Dr. *Tregelles*, with numerous Additions and Corrections from the Author's latest works, and other sources; with an English-Hebrew Index. 3. ed. London 1851. kl. 4. Pr. 28 s. 6 d.

98) Gesenius's Hebrew Grammar, enlarged and improved by *E. Rödiger*. Translated by *Benj. Davies*, re-edited by *B. Davidson*, with a Hebrew Reading Book prepared by the Translator. Lond. 1852. 4. Pr. 10 s.

99) יסודות דקדוק לשון הקדש או גראמאטיקה די לה לינגואה סאנטה. אזמיר 5612 (Fundamente der hebr. Sprache, im Dialect der spanischen Juden abgefasst. von *Schauffler*. Smyrna 1851. 9 u. 173 S. 8.)

ringen Theile brauchbar finden [100]). Elementarbücher der hebräischen Sprache erschienen mehrere besonders in England [1]).

Eine von *Kaerle* aus den Targumim mit Benutzung einiger Wiener Hss. zusammengestellte Chrestomathie [2]) führt mich noch zu den neueren Juden und auf das Gebiet der rabbinischen Litteratur hinüber, wo ich mich aber noch mehr als bisher zu beschränken habe auf dasjenige, was meinen Studien näher getreten oder sonst mir zu Händen gekommen ist. Die chinesisch-jüdische Gemeinde, welche im J. 1850 von Schanghai aus wieder aufgefunden wurde, 700 engl. M. nordwestlich von dem genannten Orte (s. schon oben Bd. V, S. 465), hat man im J. 1851 von neuem besucht. Sechs Pentateuchrollen hat man ihr entführt, und zwei junge Männer dieser Gemeinde werden jetzt in der hebräischen Sprache unterrichtet [3]). Ein noch erheblicheres Factum ist die Auffindung eines jüdisch-arabischen Stammes etwa 8 Tagereisen von Jerusalem, östlich von Kerak am Wege nach Mekka, genannt „Jehud Chebr" (nach Cheber dem Keniter Richt. 4, 11). Diese Leute — so wird berichtet — sprechen Arabisch, haben aber Bücher in einer andern Sprache, die sie auch verstehen; sie behaupten Araber zu seyn und wollen mit den Juden nichts zu thun haben. *Frankel* begann mit October 1851 eine neue „Monatsschrift für Geschichte und Wissenschaft des Judenthums", die neben ihrem populären Inhalte auch gelehrte Aufsätze ent-

---

100) Hebräische Grammatik nach neuen sehr vereinfachten Regeln und Grundsätzen mit polemischen Anmerkungen; wie auch mit Beispielen zur Uebung versehen. Verfasst von *Israel Michel Rabbinowicz* aus Antipolie im Gouvernement Grodno, zur Zeit Studiosus der Univ. Breslau. Selbstverlag des Vfs. Grünberg (Leipzig b. Brockhaus) 1851. 8. Pr. 1 Rthlr. 15 ngr.

1) The First Hebrew Book. By *Thomas Kerchever Arnold*. Lond. 1851. 263 SS. 12. Pr. 7 s. 6 d. — Hebrew Reading Lessons; consisting of the First Four Chapters of Genesis and the Eighth of Proverbs: printed in hollow and black types, to distinguish the root of each word, with complete grammatical analysis and a literal interlineary translation. London 1851. 8. Pr. 3 s. 6 d. — Heads of Hebrew Grammar. By *S. P. Tregelles*. London 1852. 8. Pr. 4 s. 6 d. — Hebrew Primer. By Dr. *A. Benisch*. Lond. 1852. 12. Pr. 3 s. — הֲלִיכוֹת לְשׁוֹן הַקֹּדֶשׁ Hebräisches Lehr- und Uebungsbuch für Schulen. Von *H. Leeser*. 2. Kursus. Coesfeld 1851. 163 S. 8. Pr. 12½ ngr. — An Analysis and Critical Interpretation of the Hebrew Text of the Book of Genesis. Preceded by a Hebrew Grammar, and dissertation on the genuineness of the Pentateuch and on the Structure of the Hebrew Language. By the Rev. *William Paul*. Edinburgh 1852. 520 S. 8. Pr. 18 s.

2) Chrestomathia targumico-chaldaica, addito Lexico explanata, congesta a *Josepho Kaerle*. Viennae 1852. 8. (Dazu 2 besondere Titel für Chrest. u. Lex.) Die Chrestom. 172 S., das Glossar 127 S. Pr. 2 Rthlr.

3) The Jews at K'hae-fung-foo: being a narrative of a mission of inquiry, to the Jewish synagogue at K'hae-fung-foo, on behalf of the London Society for promoting Christianity among the Jews; with an Indroduction, by the Right Revd. *George Smith*, D. D., Lord Bishop of Victoria. Shanghae 1851. XII und 82 S. 8. Vgl. Journ. of the Amer. Or. Soc. Vol. III, 1. S. 235—240.

halten soll. Ich sah nur die drei ersten Hefte, worin u. a. der Anfang einer Uebersetzung von Josephus' Schutzschrift gegen Apion stand, desgleichen Skizzen zu einer Einleitung in den Talmud, beginnend mit Bemerkungen über das Verhältniss des jerus. und des babylon. Talmud, jüdisch-geschichtliche Studien von *Grätz* u. s. w. Von *Fürst's* bibliographischem Handbuch erschien ein zweiter Theil [4]). Litterarhistorischen Inhalts ist ferner eine von *Goldenthal* edirte Nachbildung des Dante [5]), und eine kleine Schrift von *Senior Sachs* [6]). *Jellinek* gab eine kritische Untersuchung über die Entstehung des Buches Sohar, er weist nach, dass Mose ben Schem Tob aus Leon in der zweiten Hälfte des 13. Jahrh. der Haupturheber der Pseudographie des Sohar gewesen, anfänglich einzelne Abhandlungen, die erst nach und nach zu Einem Codex vereinigt und zuletzt noch mit dem Namen des Simon ben Jochai behängt wurden [7]). In einer andern Schrift weist *Jellinek* eine hebräische Uebersetzung der Quaestiones de anima von Thomas von Aquino nach [8]). Eine fleissige Monographie über Hasdai verfasste *Philox. Luzzatto* [9]). Die seit 1847 von der Wiener Hofbibliothek erworbenen hebräischen Handschriften verzeichnete *Goldenthal*, und gab zugleich Zusätze zu dem

---

4) Bibliotheca judaica. Bibliographisches Handbuch der gesammten jüdischen Literatur mit Einschluss der Schriften über Juden und Judenthum und einer Geschichte der jüdischen Bibliographie. Nach alphabet. Ordnung der Verfasser bearb. von Dr. *Jul. Fürst*. 2. Th. I—M. Leipzig 1851. gr. 8.

5) Il Dante ebreo ossia il picciol santuario, poema didattico in terza rima, contenente la filosofia antica e tutta la storia letteraria giudaica sino all' età sua, dal Rabbi Mosè, medico di Rieti, che fiorì in sul principio del sec. XV., ora per la prima volta secondo un manoscritto rarissimo della biblioteca Palatina in Vienna, confrontato con un altro privato non men raro, pubblicato dal Prof. Dr. *J. Goldenthal*. Vienna 1851. XXXI u. 367 S. gr. 16. Pr. 1 Rthlr. 20 ngr. — Goldenthal, Vortrag: Rieti und Marini oder Dante und Ovid in hebräischer Umkleidung: in den Sitzungsber. d. Wien. Akad. Bd. 7. S. 40—65. (Die hebr. Uebersetzung der Metamorphosen Ovid's ist von Marini in der ersten Hälfte des 18. Jh., drei Bücher davon enthält eine Wiener Hdschr.)

6) התחיה von *Senior Sachs* genannt Keidansky. Berlin 1850. (Sammlung von Ineditis und allerlei Nachweisungen hptsächl. biogr. und litt.-hist. Art.)

7) Moses ben Schem Tob de Leon und sein Verhältniss zum Sohar. Eine historisch-kritische Untersuchung über die Entstehung des Sohar von *A. Jellinek*. Leipz. 1851. 8. Pr. 12 ngr.

8) Thomas von Aquino in der jüdischen Literatur. Von *Ad. Jellinek*. Leipz. 1853. 17 S. kl. 8. Nebst e. hebräischen Zugabe: Die VI. und VII. Frage aus den „Quaestiones disputatae de Anima" von Thomas von Aquino. Nach d. hebr. Uebersetzung des 'Ali ben Joseph Xabillo. Vgl. Zeitschr. Bd. VII. S. 267.

9) Notice sur Abou-Jousouf Hasdaï Ibn Schaprout, Médecin juif du dixième siècle, ministre des Khalifes Omeyyades d'Espagne 'Abd-al-Rahman III e Al-Hakem II, et promoteur de la littérature juive en Europe, par *Philoxène Luzzatto*. Paris 1852. 8.

in jenem Jahre erschienenen Catalog von Krafft und Deutsch [10]). Eine andere aus Brody stammende Sammlung, die seitdem ihren Platz in Oxford neben den Oppenheim'schen und Michael'schen Hss. gefunden, verzeichnete *Zunz* [11]). Eine rabbinische Encyclopädie in hebräischer Sprache und alphabetischer Ordnung wurde von *Rapoport* angefangen, der erste Band von 282 Quartseiten enthält nur den ersten Buchstaben, der eine baldige Fortsetzung wünschen lässt [12]). Mehrere Schriften, welche die jüdische Religion, Ethik, Philosophie und Rechtskunde betreffen, führen wir nur ihrem Titel nach auf [13]). Dazu die Compilation von *Schrö-*

10) Die neuerworbenen handschriftlichen hebräischen Werke der k. k. Hofbibliothek zu Wien, beschrieben sammt Ergänzungen zum Krafft'schen Catalog, von Dr. *J. Goldenthal.* Wien 1851. 4. Pr. 2 *Rf.*

11) Catalog werthvoller hebräischer Handschriften von Dr. *L. Zunz*, mit Anm., enth. einige Untersuchungen über einzelne in den Hdschr. erwähnte Autoren, und Auszüge aus denselben von *Senior Sachs.* Berlin 1850. kl. 8. (Dazu hebr. Titel: 'הפלים וגו.) Vgl. Steinschneider im Serapeum 1851, S. 42 ff. 60 ff.

12) Erech Millin (ערך מלין), opus encyclopaedicum. Alphabetico ordine dispositum, in quo et res et voces ad historiam, geographiam, archaeologiam, dignitates, sectas illustresque homines spectantes, quae in utroque Talmude, Tosefta, Targumicis Midraschicisque libris occurunt [sic], necdum satis explicatae sunt, illustrantur. Condidit *Salomo Jehuda L. Rapoport.* Tom I. Continens totam literam א. Pragae a. m. 5612 (1852). 4. Vgl. Ztschr. VI. S. 443 f.

13) Akedat Jizchak, od. philosophische Abhandlungen über den Pentateuch, mit Bezug auf die jüdische Religionsphilosophie, nebst einer Polemik gegen den Aristotelismus. In 105 Abschnitten dargestellt von *Isaak Arama* aus Zamora in Spanien Zum achten Male abgedruckt, mit Glossar und leichten Commentationen. Presburg (Leipz. b. Brockh. — Commiss.) 1851. 5 Bde. 8. 5 *Rf.* (Daneben ein hebr. Titel.) — ספר חובת הלבבות oder: über die Herzenspflichten, von Rabbi Bechai ben Joseph, ins Hebr. übersetzt von R. Jehuda ibn Tybon und aus d. Hebr. ins Deutsche übers. u. mit e. ausführlichen hebr. Commentar versehen von *R. J. Fürstenthal.* Zweite durchaus verbesserte Auflage 1. Lief. Breslau 1852. 8. — משפטי אל Das mosaisch-rabbinische Civilrecht, bearbeitet nach Anordnung und Eintheilung der neuern Gesetzbücher und erläutert mit Angabe der Quellen von *H. B. Fassel.* Bd. I. Th. 1. Wien 1852. 8. — סדר ויוצרות Das Buch Jozerot oder die religiösen Lieder für alle Sabbate des Jahres in sorgfältig corrigirtem Texte und mit strophischer Anordnung als Chrestomathie des schweren Styles der Pijjutim. Mit e. einleitenden geschichtlichen und sprachlichen Skizze. Jüterbog u. Leipz. 1852. 271 S. kl. 8. — Book of the Precepts; or the Affirmative and Prohibitive Precepts. Compiled by R. Moses Maimonides out of the Books of Moses. With a Life of the Author. Lond. 1852. 8. (enth. auch den Text.) — Philosophie und philosophische Schriftsteller der Juden. Eine historische Skizze. Aus d. Französ. des *S. Munk*, mit erläuternden und ergänzenden Anmerkungen von Dr. *B. Beer.* Leipz. 1852. 8. Pr. 20 *ngl.* Vgl. Ztschr. VI, S. 563. — Das Buch Emunah Ramah oder: der erhabene Glaube, verfasst von *Abraham Ben David Halevi* aus Toledo im J. 4820 nach E. d. W. (1160). Nach e. auf d. k. bairischen Hofbibl. zu München befindlichen Ms. zum ersten Male herausgegeben, mit fortlaufenden hebr. Anm. versehen und in's Deutsche übersetzt von *Simson*

der[14]). **Hervorzuheben ist Charisi's hebräische Uebersetzung des More Nebuchim**[15]) **und der Anfang einer Ausgabe des arabischen Textes dieses Werkes mit französischer Uebersetzung und Anmerkungen von *Munk*, wovon mir eine erste Lieferung vorliegt**[16]). **Die Kabbala behandelten *Jellinek***[17]), ***Luzzatto***[18]) **und *Reggio***[19]). **Neujüdische Poesien bilden den Inhalt einiger andrer Schriften**[20]),

---

Weil. Frankfurt a. M. 1852. 8. (Selbstverlag des Herausgebers.) Daneben e. hebr. Titel. — Midrasch Ele Eskerá. Nach e. Hs. der Hamburger Stadt-Bibliothek (Cod. hebr. CXXXVI) zum ersten Mal nebst Zusätzen herausgegeben von *Ad. Jellinek*. Leipzig 1853. kl. 8. (nebst hebr. Titel.) — Dialog über die Seele von Galenus. Aus dem Arabischen in's Hebräische übersetzt von Jehuda ben Salomo Alcharisi. Mit einer Einleitung und emendirtem Texte herausgegeben von *Adolf Jellinek*. Leipz. 1852. 24 S. 8. (auch m. hebr. Titel: ספר הנפש).

14) Satzungen und Gebräuche des talmud.-rabbinischen Judenthums. Ein Hdbch f. Juristen, Staatsmänner, Theologen und Geschichtsforscher, sowie f. Alle, welche sich über diesen Gegenstand belehren wollen. Von Dr. *J. F. Schröder* (Rector in Hildesheim). Bremen 1851. 8.

15) R. Mosis Maimonidis liber More Nebuchim, sive Doctor Perplexorum: primum ab authore in lingua arabica conscriptus, deinde a R. Jehuda Alcharisi in l. hebr. translatus, nunc vero adnotationibus illustratus a *Simone Scheyero*, e vet. cod. bibl. Nation. Paris. primum ed. *L. Schlosberg*. Lond. 1851. 98 S. 8. Nebst hebr. Titel (ist aber nur der 1. Theil, 75 Cpp.). Jellinek bemerkt im Lbl. des Or. 1851. Nr. 41, dass die Citate in Pugio fidei dieser Uebers. des Charisi angehören, also nicht so ganz ungekannt.

16) Première partie du Guide des égarés. (Extrait de l'édition arabe-française du Guide, publiée par *S. Munk*.) 22 S. Text und 32 S. Uebers. (Paris 1853. 8.)

17) Beiträge zur Geschichte der Kabbala. Von *Adolph Jellinek*. H. 1 und 2. Leipzig. 1852. 8.

18) Dialogues sur la Kabbale et le Zohar et sur l'antiquité de la ponctuation et de l'accentuation dans la langue hébraïque par *S. D. Luzzatto*. Gorice 1852. 137 S. 8. hebr. Text. Vgl. Zeitschr. Bd. VI, S. 564.

19) בחינת הקבלה Examen traditionis duo inedita et poene [sic] incognita Leonis Mutinensis opuscula complectens quae nunc primum edidit, annotationibus illustravit, et examini submisit *Isaacus Reggio*. Goritiae 1852. 8. (nebt hebr. Titel). (Enth. ein paar polemische Schriften von R. J. L. Modena über die jüd. Ueberlieferung nebst Abhandlung darüber v. Reggio, alles in hebr. Sprache.)

20) Divan des Castiliers Abu'l-Hassan Juda ha-Levi. Nebst Biographie und Anmerkungen von *Abr. Geiger*. Breslau 1851. 16. Pr. 25 ngr. — Israelitische Gesänge von *Michael Lebensohn*, dem Uebersetzer des 2ten Buches der Aeneide in's Hebräische. Wilno 1851. 8. Dazu e. hebr. Titel שירי בת ציון (Der jugendliche Vf. führt in diesen von Talent und Gemüth zeugenden Liedern König Salomo vor, erst als die Hauptfigur des HL., dann als Koheleth, ferner Simson als Rächer, Jael und Sisera, Mose wie er nach dem gelobten Lande schaut und zuletzt den Jeremia des 12 Jh. Jehuda hal-Levi.) — Zur rabbinischen Spruchkunde. Eine Sammlung rabbinischer Sentenzen, Sprichwörter und sprichwörtlicher Redensarten. Herausgegeben und erläutert von *Leop. Dukes*. Wien 1851. 8. Vgl. Ztschr. VI, S. 550. — Treasures of Oxford: containing Poetical Compositions by the Ancient Jewish Authors in Spain; and compiled from Mss. in the Bodleian Library, Oxford. By *H. Edelmann* and *Leopold Dukes*. Ed. and rendered into English by *M. H. Bresslau*. Lond. 1852. 8.

und so mögen noch von einer Anzahl verschiedener Bücher und Artikel wenigstens die Titel hier stehen [21]). Unter denselben

---

21) Abraham bar Chyiah the Prince, who flourished in Spain in the 11th century, on the Mathematical and Technical Chronology of the Hebrews, Nazarites, Mahommetans etc., printed for the first time, from two Mss. of Paris and Oxford at the expense of *The Hebrew Antiquarian Society*. Edited and printed by *Herschell Filipowski*. Lond. 1851. 8. Auch mit hebr. Titel: ספר העבור להקדמון איש צדיק וישר רבי אברהם בר חייא הנשיא על ידי הצעיר צבי בן יחזקאל פיליפאווסקי (Erste Probe der Thätigkeit eines in London gegründeten Vereins für Publication neuhebr. Schriften, Hebrew Antiquarian Society. S. Jellinek in Ztschr. V, 530 f. Eine ausführliche Recension des Werkes in Frankel's Ztschr. H. 1. S. 26 ff. H. 2 u. 3. — The Choice of Pearls. Being a Selection of ancient philosophical Proverbs, moral and social Sentences, to be observed in all circumstances of society. Arranged in Chapters, according to subjects, from a MS. in the Hebrew College. With a brief Commentary. To which is added the Book of Antiochus, published for the first time in Aramic, Hebrew, and English. [The original Aramic and the Hebrew being from two MSS. in the British Museum.] By *H. Filipowski*. Lond. 1851. kl. Taschenformat. (Dazu hebr. Titel: הא לך ספר מבחר פנינים und ספר מגלת אנטיוכוס). Das erstere Werkchen Gabirol's S. 1—72, das letztere S. 73—100. — Hajonah (die Taube), Zeitschrift für die Wissenschaft des Judenthums. Unter Mitwirkung der namhaftesten jüdischen Gelehrten herausg. von *Senior Sachs*, gen. Keidansky. Erstes Heft. Berlin 1851. 8. (in hebr. Sprache). S. Jellinek in Zeitschr. Bd. V, S. 531. — Hebreuwsche Lettervruchten, ontworpen en bijeenverzameld door *G. J. Polak*. Amsterdam 1851. 8. XVIII und 64 S. hebr. Text. (hebr. T.: ס' בן גרני). Vgl. Ztschr. VI. S. 550. — Notice historique sur Benjamin de Tudèle, par *E. Carmoly*, nouvelle édition, suivie de l'examen géographique de ses voyages, par *J. Lelewel*. Bruxelles 1852. 8. mit 2 Karten. — Thalmudische Welt- und Lebensweisheit oder Pirke Aboth (Sprüche der Väter) in punctirtem Urtexte, mit e. neuen Uebersetzung und zum ersten Male mit e. ausführl. Erklärung in deutscher Sprache versehen. Bearb. u. herausg. von Dr. *L. Adler*, Distrikts-Rabbiner. Bd. 1. H. 1. Fürth 1851. 72 S. 8. Pr. 8 *gr*. — The Ethics of the Fathers: collected by Nathan the Babylonian, A. D. CC; transl. from the original Text, with an Introduction to the Talmud. Lond. 1852. 8. — Ma'arich. Enthält Erklärung von Fremdwörtern in den Talmuden, den Midraschim und dem Sohar nach alphabet. Ordnung, sowie Erläuterung schwieriger Stellen und Mittheilung von Erzählungen nach Handschriften. Verfasst von *R. Menachem de Lonsano*. Nach der seltenen Venezianer Edition vom J. 1618 herausg. von *Ad. Jellinek*. (Auf Kosten des Hrn. J. Fischl.) Leipzig 1853. kl. 8. (Nebst hebr. Titel.) — Sagen des Morgenlandes. Nach talmudischen und andern hebräischen Quellen bearbeitet u. mit Anm. erläutert von *Julius Kossarski*. Berlin 1852. 8. Pr. 1 *Rt*. — Beiträge zur Sprach- und Alterthumsforschung. Aus jüdischen Quellen. Von Dr. *Michael Sachs*. Erstes Heft. Berlin 1852. 8. Pr. 1 *Rt*. — Ermahnungsschreiben des *Jehuda Ibn Tibbon* an seinen Sohn Samuel, des *Moses Maimonides* an seinen Sohn Abraham, und Sprüche der Weisen. Zu Ehren des 70. Geburtstages seines verehrten Vaters, Hr. Jacob Steinschneider in Prossnitz, aus Bodlejanischen Hdschrr. zum ersten Mal herausg., mit e. deutschen Charakteristik und biographischen Skizze begleitet von Dr. *M. Steinschneider*. Berlin 1852. 22 S. hebr. Text u. XIV S. 8. (Auf wenig Blättern interessante Einblicke in das jüd. Leben des 12. Jahrh. in Spanien, die biographische Skizze über Ibn Tibbon verdienstlich.) — Geschichte der christlichen Kirche während der drei ersten Jahrhunderte, nach talmudischen Quellen bearbeitet. Dem Volke Israel zur Beherzigung gewidmet. (von Dr. *J. H. R. Biesenthal*.)

verdient das erste Heft der Beiträge von *Michael Sachs* hervorgehoben zu werden, sofern es mit rabbinischer Gelehrsamkeit auch ein erfreuliches Maass von classischer Bildung des Verfassers bekundet; es handelt von griechischen Wörtern, griechischen Vorstellungen, Sagen, bildlichen Ausdrucksweisen u. dgl., welche im Talmud und Midrasch vorkommen und hier oft entstellt oder doch mit eigenthümlicher Willkür benutzt sind; auch zeigt es umgekehrt jüdisches Element bei späteren Griechen auf, namentlich bei einigen Byzantinern wie Glycas. Ebenso ist *Carmoly's* Notiz über Benjamin auszuzeichnen wegen der geographischen Zuthaten von *Lelewel*.

Wir treten zum Schluss noch in einen andern Welttheil hinüber, um in Augenschein zu nehmen, was sich hier noch an unsren Orient anreihen lässt. Den nordöstlichen Theil Afrika's sind wir ja längst gewohnt zum Orient zu rechnen, und so beginnen wir mit Aegypten, wozu wir gleich auch die höher liegenden Nilländer fügen wollen. Von den neuerschienenen Schilderungen des Landes gewähren mehrere eine sehr anziehende und immerhin auch belehrende Lectüre, wie die beiden Bücher von *Bayle St. John* [22]), wenn ihnen auch kein besonderer wissenschaftlicher Werth beigemessen werden kann, da sie mehr idealisirende Bilder und Reflexionen geben als wirkliche Landeskunde. Aehnlich steht es um die „Nile Notes", eine Reihe blühend und glühend geschriebener poetischer Gemälde und Gedanken, nur etwa mit dem bekannten „Eothen" zu vergleichen. Sie sind anonym erschienen, aber später ist als Verfasser der Amerikaner *George William Curtis* bekannt geworden, dem wir auch den oben erwähnten „Wanderer in Syria" verdanken [23]). Allerlei Unterhaltendes über Aegypten und Nubien bieten die Bücher von *Melly* [24]) und *Peel* [25]), und die Berichte von *Rafalowitsch* und von *Geitner* [26]). Mehr wissenschaftliches Material sammelte *Werne* [27]). Der südlichste Punkt, bis zu welchem die Nilexpe-

---

Berlin 1851. 151 S. 8. (Zusammenstellung dessen was sich in Mischna und Talmud auf das Christenthum bezieht: aber darum noch keine Geschichte der christl. Kirche.) — Shabbathai Zevi and his Followers. By Rev. *William G. Schauffler*, Miss., in Journ. of the Amer. Or. Soc. Vol. II. 1851. p. 1—26. Vgl. Zeitschr. Bd. VII, S. 257 f.

22) Village Life in Egypt, by Mr. *Bayle St. John*. Lond. 1852. 8. — Isis: an Egyptian Pilgrimage, by Mr. *Bayle St. John*. London 1852. 2 vols. 8.

23) Nile Notes. By a Traveller. Lond. 1851. 8. Pr. 10 s. 6 d.

24) Khartoum and the Blue and White Niles. By *George Melly*. Lond. 1851. 2 vols. 8. Pr. 21 s. mit K. u. Illustr.

25) A Ride trough the Nubian Desert. By Capt. *W. Peel*. Lond. 1852. 8. m. Karte. Pr. 5 s.

26) Letztere beide im Cotta'schen Ausland 1851 und 1852.

27) Feldzug von Sennaar nach Taka, Basa und Beni-Amer, mit besonderem Hinblick auf Bellad-Sudan von *Ferd. Werne*, Verf. und Gefährten der

dition gelangte, an welcher Werne Theil nahm, lag unter 4° 42′ 42″ N. B. *Knoblecher* fuhr im J. 1850 den weissen Nil bis 4° 9′ N. B. hinauf [28]). Eine Uebersicht der neueren Versuche, die Nilquellen zu bestimmen, gab *Beke* [29]), es stellt sich sicher heraus, dass dieselben zwischen 1° S. B. und 4° N. B. zu suchen sind. Später ist *Rollé* noch um einen halben Grad weiter hinauf gekommen [30]). Ueber *Krapf's* zweite Reise nach Ukambani, wo er von Seen am Fusse des Schneebergs Ndur-Kenia (oder Kirenia) hörte, bei welchen er den Ursprung des weissen Nil vermuthet, liegt uns jetzt ein ausführlicher Bericht vor [31]). *Von Müller's* Reisenoten [32]) beziehen sich vornehmlich auf Khartum und die höhere Nilgegend. Vorzügliches leisten für die Anschauung des Landes und seiner Denkmäler die photographischen Ansichten von *Du Camp*. Die meisten Blätter dieses Prachtwerks beziehen sich auf Aegypten und Nubien, daneben sechs auf Palästina, sieben auf Syrien [33]). Die Ausgrabungen *Mariette's* an der Stelle von Memphis haben manches Wichtige zu Tage gefördert, das Serapeum, die Apisgräber u. a. Den glücklichen Fortgang des grossen *Lepsius*'schen Werkes habe ich schon oben berührt, es waren bis 1852 bereits 41 Lieferungen oder 240 Tafeln erschienen. Daneben danken wir seiner gelehrten Thätigkeit eine tiefgehende mythologische Untersuchung [34]), sowie die Sammlung seiner ägyptischen Reisebriefe [35]). Auch las er in der

---

„Expedition zur Entdeckung der Quellen des weissen Nil." Mit 3 Lithogr. und 1 Landkarte. Stuttg. 1851. 8. Pr. 1 Rℓ 18 ngℓ. — Reise durch Sennaar nach Mandera, Nasub, Cheli im Lande zwischen dem blauen Nil und dem Atbara, von *Ferd. Werne*. Mit e. Karte u. 2 Abbildungen. Berlin 1852. 125 S. 8. Pr. 1 Rℓ 6 ſℓ.

28) S. Augsb. Allgem. Zeit., Beilagen v. 20. 25. 28. Dec. 1850 und 11. Jan. 1851. The Athenaeum 1851 Febr. S. 219, und *Beke* ebend. S. 217 und März S. 353.

29) A Summary of recent Nilotic Discovery. By *Charles T. Beke.* Read before the Section of Geography and Ethnology of the Brit. Association for the Advancement of Science at the meeting at Ipswich on the 4th of July 1851. London 1851. 11 S. 8. (abgedr. aus d. Philosophical Magazine, Oct. 1851.)

30) Bulletin de la Soc. de géogr. 1852. Apr.

31) Church Missionary Intelligencer v. 1. Febr. 1852.

32) Journ. of the R. Geogr. Soc. XX, 275—289.

33) Égypte, Nubie, Palestine et Syrie. Dessins photographiques recueillis pendant les années 1849, 1850 et 1851, et accompagnés d'un texte explicatif, par *Maxime Du Camp*. Par. 1852 und 53. fol 25 Lieferungen oder 125 Blätter. Pr. à Lief. 20 fr.

34) Ueber den ersten ägyptischen Götterkreis und seine geschichtlich-mythologische Entstehung. Von *R. Lepsius*. Gelesen in d. K. Akad. d. Wiss. am 26 Juni 1851: in Philol. u. Histor. Abhdlgen d. Berlin. Akad. aus d. J. 1851. Berlin 1852. 4. S. 157—214 (auch bes.: Berlin 1851) mit 4 Taf. Pr. n. 2 Rℓ 20 ngℓ.

35) Briefe aus Aegypten, Aethiopien und der Halbinsel des Sinai geschrieben in den Jahren 1842—1845 während der auf Befehl Sr. Majestät

Berliner Akademie über Ergebnisse der ägyptischen Denkmäler für die Kenntniss der Ptolemäergeschichte [36]). *Leemans* hat die Publication der ägyptischen Monumente des Leidener Museums beendigt [37]). *De Rougé* berichtete über seinen Besuch der bedeutendsten ägyptischen Sammlungen Europas und handelte bei diesem Anlass von Verschiedenheit des Stils in der Sculptur und namentlich in den Schriftzügen, von den auf den Monumenten getilgten Namen von Göttern und Königen, und von einigen der merkwürdigsten Monumente, die er untersuchte [38]). In späteren Abhandlungen gab er die ausführliche Erklärung der Inschrift einer Statuette aus der Zeit des Cambyses und des Darius [39]), sowie eines andern längeren Hieroglyphentextes, einer Grabschrift, worin Ahmes, Admiral der ägyptischen Flotte unter Amosis, dem ersten König der 18ten Dynastie, sein Leben erzählt [40]). Endlich hat er aus einem hieratischen Papyrus eine romanhafte Erzählung von echt orientalischem Stil herausgelesen [41]). Ueber *Champollion*'s Retractation des Turiner Königs-Papyrus [42]) s. unsre Zeitschrift Bd. V, S. 524. *Brugsch* war im J. 1851 auf einer wissenschaftlichen Reise in Turin und Leyden, er berichtet darüber in der Zeitschrift Bd. V, S. 513 ff. und Bd. VI, S. 249 ff. Im December 1852 brach er nach Aegypten auf. An jenen zweiten Bericht schliesst er eine Notiz über die fünf Epagomenen in einem hieratischen Papyrus zu Leyden an. Sonst lieferte er einen Artikel über die medicinischen Kenntnisse der alten Aegypter und über ein altägyptisches medicinisches Manuscript des Berliner Museums [43]), eine Erklärung des Hiero-

---

des Königs Friedrich Wilhelm IV. von Preussen ausgeführten wissenschaftlichen Expedition von *Richard Lepsius*. Berlin 1852. 8.

36) S. Monatsber. der k. Akad. d. Wiss. zu Berlin. 1852. Juli. S. 479—482.

37) Monuments égyptiens du Musée néerlandais à Leide, publiés d'après les ordres du gouvernement, par M. *C. Leemans*. Leide 1852. 8. u. Tafeln in fol. (in 12 Lief. erschienen).

38) Rapport adressé à M. le directeur général des musées nationaux sur l'exploration scientifique des principales collections égyptiennes renfermées dans les divers musées publics de l'Europe, par M. *Emmanuel de Rougé*, Conservateur honoraire des galeries égyptiennes au musée du Louvre. (Extr. du Moniteur universel des 7 et 8 mars 1851.) (Paris) 24 S. 8.

39) S. Zeitschr. der D.M.G. VII, S. 127.

40) Mémoire sur l'inscription du tombeau d'Ahmès, chef des nautoniers, par M. *Emmanuel de Rougé*. Paris 1851. 4. (Extrait des mémoires présentés par divers savants etc.).

41) Notice sur un manuscrit Égyptien en écriture hiératique, écrit sous le règne de Merienphthah, fils du grand Ramsès, vers le XV. siècle avant l'ère chrétienne, par *Emm. de Rougé*: in d. Revue archéol. IXe année, S. 385—397, auch als Sonderdruck. Paris 1852. 8. m. Facsimile.

42) Revue archéol. VIIe année 1850—51.

43) Allgem. Monatsschrift für Wiss. und Litt. 1853. Jan. S. 44—56.

glyphentextes der Rosette-Inschrift [44]) und zwei kleinere Schriften [45]). Einige polemische Broschüren und Aufsätze schrieb *Uhlemann* [46]), später 1853 auch einen Commentar zur Inschrift von Rosette. Zu den bisherigen im Princip so verschiedenen Entzifferungsweisen der Hieroglyphen gesellten sich, damit keinenfalls die Rolle des Clown in der Comödie fehle, drei neue Methoden, deren Erfinder und einzige Vertreter *Forster* [47]), *Odonnelly* [48]) und *Parrat* [49]). Die Architektur der Denkmäler erläutern der verdiente Sir *Gardener Wilkinson* [50]) und *Erbkam*, der bekanntlich bei der Lepsius'schen Expedition war [51]). Die Nutzung der Denkmäler für die historische Forschung tritt schon in mehreren der erwähnten Schriften hervor, ich nenne noch andere. Von *Bunsen*'s Aegypten soll bald ein neuer Band, das vierte Buch enthaltend, die Presse verlassen. Die englische Uebersetzung, wovon der erste Band 1848 erschien und der zweite nun bald nachfolgen wird, ist zugleich eine revidirte und auf die Höhe

---

44) Inscriptio Rosettana Hieroglyphica vel interpretatio decreti Rosettani sacra lingua litterisque sacris veterum Aegyptiorum redactae partis. Accedunt Glossarium Aegyptiaco-Coptico-Latinum atque IX tabb. lith. textum hieroglyphicum atque signa phonetica scripturae hieroglyphicae exhibentes. Auctore Dr. *H. Brugsch*. Berol. 1851. 35 S. gr. 4. Pr. n. 3 Rg.

45) Saï an Sinsin sive Liber metempsychosis veterum Aegyptiorum e duabus papyris funebribus hieraticis signis exaratis nunc primum edidit, latine vertit, notas adiecit *Henricus Brugsch*. Cum una tabula multisque contextui impressis signis. Berolini 1851. 4. — Sammlung demotisch-griechischer Eigennamen ägyptischer Privatleute, aus Inschriften und Papyrusrollen zusammengestellt von *H. Brugsch*. Mit 16 Tafeln. Berlin 1851. 8.

46) Das Quousque tandem? der Champollionischen Schule und die Inschrift von Rosette. Beleuchtet von Dr. *M. Uhlemann*. Berlin 1852. 20 S. 8. — Quae qualia quanta! Eine Bestätigung des Quousque tandem der Champollion. Schule von Dr. *Max Uhlemann*. Berlin 1852. 8. — Zeitschr. d. D.M.G. Bd. VI, S. 111 ff. und 258 ff.

47) S. oben S. 685. Anm. 21.

48) Extrait de la traduction authentique des hiéroglyphes de l'obélisque de Louqsor à Paris, faite en Sept. 1850, par suite de la nouvelle et prodigieuse découverte de la langue originelle et universelle ainsi que la traduction littérale de la première face de l'obélisque, texte dont l'ancienneté remonte à 4000 ans environ; suivie d'un Abrégé de la vie du fondateur et d'aperçus établissant les bases immuables de l'histoire de l'astronomie et de la chronologie; par l'abbé *O'Donnelly*. Paris 1851. 3½ Bogen gr. 12.

49) Inscriptio Rosettana hieroglyphica prima vice chaldaice interpretata. Studio *H. Parrat*. Porrentruy 1852. 2 authograph. Tafeln in Fol., die eine die chald. Umschrift, die andere die lat. Uebers. enthaltend. Dazu: Première traduction française de l'inscription hiéroglyphique de la pierre de Rosette. Par *H. Parrat*. 1 Bogen autograph.

50) The Architecture of Ancient Egypt illustrated and described by Sir *Gardener Wilkinson*. London 1851. 18 Taf. mit erläuterndem Text.

51) Ueber den Gräber- und Tempelbau der alten Aegypter. Ein Vortrag, bearbeitet für die Versammlung deutscher Architekten in Braunschweig im Mai 1852 von *G. Erbkam*. Besonders abgedr. aus d. Zeitschr. für Bauwesen Hft. 7, 8. 1852. Berlin, 8.

der gegenwärtigen Forschung gebrachte neue Ausgabe des Buchs. *Poole* hatte bei seinen chronologischen Untersuchungen nicht nur den Vortheil eigner Anschauung der Monumente, — sein Buch ist eigentlich eine Sammlung und Erweiterung seiner von Aegypten aus für die Literary Gazette geschriebenen Artikel —, er wurde auch durch Mittheilungen vom Herzog von Northumberland (Lord Prudhoe), Wilkinson, Lane und dem Astronom Airy unterstützt; aber die Verarbeitung des guten Materials ist nicht die beste, unbegründete Voraussetzungen und gewagte Schlüsse führen ihn zu unhaltbaren Annahmen [52]). Bemerkungen von *Hincks* über die 6. und 12. Dynastie nach den Turiner Königslisten stehen in den Transactions of the R. Society of Literature (Vol. III. Lond. 1850). Eine kleine Schrift von *Saalschütz* hat Manetho und die Hyksos (die ihm die Israeliten sind) zum Gegenstande [53]). Eine schon im J. 1816 von der Pariser Akademie gekrönte Abhandlung *Letronne*'s über die Fragmente des Hero von Alexandrien und über die ägyptischen Maasse gab *Vincent* mit eignen Anmerkungen heraus [54]). Endlich erwähne ich noch eine deutsche Uebersetzung von *Lane*'s brauchbarem Buche über die heutigen Aegypter [55]).

Im Bereich der *koptischen* Litteratur ist die lange ersehnte Pistis Sophia endlich erschienen [56]), aber die Erwartung ist getäuscht, es ist offenbar nicht das vielgerühmte Werk des Valen-

---

52) Horae Aegyptiacae; or, the Chronology of Ancient Egypt, discovered from Astronomical and Hieroglyphic Records upon its Monuments, including many Dates found in Coeval Inscriptions from the Period of the Building of the Great Pyramid to the Times of the Persians. By *Reginald Stuart Poole*. With Plates. Lond. 1851. 279 S. 8. Pr. 10 s. 6 d.

53) *Jos. L. Saalschütz*, Zur Kritik Manetho's, nebst e. Beilage: Hermapion's Obelisken-Inschrift, und die Manethonischen Hyksos, auch u. d. T.: Forschungen auf dem Gebiete der hebr. ägypt. Archäologie mitgetheilt von Jos. L. S. II. u. III. Zur Kritik Manetho's und die Manethon. Hyksos. Königsberg 1851. 8.

54) Recherches critiques, historiques et géographiques sur les fragments d'Héron d'Alexandrie, ou du système métrique égyptien, considéré dans ses bases, dans ses rapports avec les mesures itinéraires des Grecs et des Romains et dans les modifications qu'il a subi depuis les règnes des Pharaons jusqu'à l'invasion des Arabes. (Ouvrage posthume de M. *Letronne*, couronné en 1816 par l'Acad. des Inscr. et B. L., revu et mis en rapport avec les principales découvertes faites depuis par *A. J. H. Vincent*.) Paris 1851. gr. 4. m. 10 Taf. Pr. 4 Rthlr. 10 ngr. S. Ewald in Gött. Anz. 1852. Juli. St. 117. 118.

55) Sitten und Gebräuche der heutigen Egypter von *E. W. Lane*. Nach der dritten Original-Ausgabe aus d. Engl. übers. von Dr. *J. Th. Zenker*. Mit 64 Tafeln. Leipzig 1852. 3 Bde 8. Pr. 3 Rthlr. 27 ngr.

56) Pistis Sophia. Opus gnosticum Valentino adiudicatum e codice ms. Coptico Londinensi descripsit et latine vertit *M. G. Schwartze*. Edidit *J. H. Petermann*. Berol. 1851. gr. 8. Pr. 6 Rthlr. 20 ngr. Vgl. Zeitschr. VI. 296 f. (Die lat. Uebers. erschien in besonderem Abdruck 1853. 8.)

tinus [57]). Fragmente einer Schrift De concilio Nicaeno stehen in *Pitra's* Spicilegium Solesmense (T. I. Par. 1852. 8. S. 513 ff.). Von der koptischen Bibelübersetzung sind die grossen Propheten durch *Tattam* [58]), das N. T. durch denselben [59]), die Apostelgeschichte und die Briefe des N. T. durch *Bötticher* herausgegeben [60]). Der Letztere hat auch den Versuch gemacht, koptische Wurzeln mit semitischen und indogermanischen zu identificiren [61]).

Einen Theil des oberen *Habessinien* stellte in künstlerisch ausgeführten Bildern *Bernatz* dar, der als Artist die englische Expedition nach Schoa unter Major Harris begleitete, derselbe der mit Schubert in Palästina war [62]). Ausserdem gehört dahin noch eine Rede von *Roth* [63]), ein Aufsatz von *Parkyns* [64]), und ein „Les peuples gallas" überschriebener Artikel [65]), der indess nur eine Geschichte der Verfolgung eines französisch-katholischen Bischofs enthält. *Dillmann's* Ausgabe des äthiopischen Buches Henoch fällt noch in das Jahr 1851 [66]), seine Uebersetzung dieses Buches, der Anfang der von unsrer Gesellschaft unterstützten

---

57) S. schon Schwartze's Urtheil in Bunsen's Hippolytus, d. Ausg. Leipz. 1852, Bd. I. S. 48. Es ist jedenfalls ein unvollständiges oder unfertiges Werk in zerfahrner Darstellung ohne abgerundete Planmässigkeit. Eine ausführliche Darlegung des Inhalts giebt *Köstlin* in Baur u. Zeller's theol. Jahrbb. 1854. S. 1 ff.

58) Prophetae Majores in dialecto linguae Aegyptiacae Memphitica seu Coptica. Ed. c. vers. lat. *Henr. Tattam*. Oxford 1852. 2 vols. 8. Pr. 16 s.

59) Für die Society for Promoting Christian Knowledge, 1852. Die dabei befindliche arab. Uebersetzung ist von *Cureton* revidirt.

60) Acta apostolorum coptice edidit *Paulus Boetticher*. Halae 1852. 8. — Epistulae Novi Testamenti coptice edidit *Paulus Boetticher*. Opus adiuvante Societate orientali Germanica editum. Halae 1852. 8.

61) Wurzelforschungen von *Paul Boetticher*. Halle 1852. 48 S. 8.

62) Scenes in Ethiopia; described and designed by *J. M. Bernatz*. Vol. I. The Lowlands of the Danakil. Vol. II. The Highlands of Shoa. A Series of tinted lithographic drawings, illustrating the features and aspect of the country, its animal and vegetable productions, the manners and customs of the people etc. Lond. 1852. Imper. fol., 50 Taf. nebst Karte, 108 S. Text. Pr. 10 Guinees. (Eine deutsche Ausgabe zu mässigerem Preise ist in Aussicht.)

63) Schilderung der Naturverhältnisse in Süd - Abyssinien. Festrede vorgetragen in d. öffentl. Sitzung der k. Akad. d. Wiss. zu München zur Feier ihres 92sten Stiftungstages am 28. März 1851. von Dr. *J. R. Roth*. München 1851. 4.

64) The Kubbábish Arabs between Dongola and Kordofan, by *Mansfield Parkyns*: in Journ. of the R. Geogr. Soc. of London Vol. XX. S. 254—275. Das längst angekündigte vollständige Werk (s. schon Zeitschr. der D. M. G. Bd. V, S. 422) ist erst 1853 erschienen: Life in Abyssinia: being Notes collected during Three Years' Residence and Travels in that Country. By *Mansfield Parkyns*. 2 vols. Lond. 1853. 8. Mit Karte und Illustr.

65) Revue de l'Orient, 1852. Févr. S. 65 ff.

66) Liber Henoch aethiopice ad quinque codicum fidem editus, cum variis lectionibus. Cura *Aug. Dillmann*. Lips. 1851. 4. Pr. 1 Rg. 27 ngr.

Ausgabe des äthiopischen Octateuch, sowie seine Uebersetzung des christlichen Adambuchs fallen schon in das J. 1853. Ueber Entstehung und Abfassungszeit des B. Henoch lasen wir einen Aufsatz von *Hofmann* [67]), der einen christlichen Ursprung des Buches behauptete, und einen andern von *Ewald* [68]), der die jüdische Abkunft vertheidigte. Gelegentlich verbreitete sich auch *Lücke* über diese Frage [69]). Eine neue Ausgabe des amharischen neuen Testaments hat Missionar *Blumhardt* für die Londoner Bibelgesellschaft besorgt.

Was Nord-Afrika angeht, so enthält die Revue de l'Orient viele geographische und statistische Notizen über Algier, jedoch wenig von grösserem Belang für die Wissenschaft. Ein grösseres Werk der Art von *Daumas* habe ich bei dem Bericht über das Jahr 1850 übersehen [70]). Desselben Buch „Les chevaux du Sahara" (Paris 1851) interessirt wohl Wenige von uns. Ein anderes von *Sleigh* bezieht sich auf Mauritanien [71]). Von *Trémeaux*' Voyage au Soudan etc. erschienen die ersten Lieferungen im J. 1852 [72]). *Karl Zill* lieferte in einer Reihe von Artikeln Beiträge zur Sittenkunde der Nordafrikaner in dem gefälligen Stil seiner früheren Skizzen [73]), er sammelte seine Beobachtungen während eines längeren Aufenthalts unter den Kabylen des obern Sanhaga-Gebiets, dessen Hauptzweck naturhistorische Sammlungen waren. Unser Vorrath an punischen Inschriften ist durch den Abbé *Bourgade* beträchtlich vermehrt worden, er machte 41 Inschriften bekannt, die er in seiner Stellung als Geistlicher bei der Capelle des h. Ludwig in Tunis zu sammeln die Gelegenheit fand [74]). *Bargès* versuchte eine Erklärung derselben [75]),

---

67) Zeitschr. der D.M.G. Bd. VI, S. 87—91.

68) Allgem. Monatsschrift f. Wiss. u. Lit. 1852. Juni, S. 513—524.

69) Versuch e. vollst. Einleitung in die Offenbarung des Johannes. 2. Ausg. Bonn 1852. Bd. 1.

70) Le Sahara Algérien. Études géographiques, statistiques et historiques, sur la région au sud des établissements français en Algérie, par M. le colonel *Daumas*, actuellement général et directeur des affaires de l'Algérie au ministère de la guerre. Par. 1850. 8.

71) Preliminary Treatise on the Resources of Ancient Mauritania, or the Territory of Western Sahara Suz; with Observations on Christianity and the Suppression of Slavery. By Capt. *Adderley W. Sleigh*. Lond. 1851. 8. Pr. 5 s.

72) Voyage au Soudan oriental et dans l'Afrique septentrionale, pendant les années 1847 et 1848, comprenant une exploration dans l'Algérie etc. par P. *Trémeaux*. Paris 1852. fol. (Angekündigt wurden 13 Lieff. jede von 5 Tafeln nebst Text, à 10 fr.)

73) Ausland 1852, Nr. 37 ff.

74) Toison d'or de la langue phénicienne, par M. l'abbé *Bourgade*. Paris 1852. fol. Pr. 34 fr.

75) Mémoire sur trente-neuf nouvelles inscriptions puniques expliquées et commentées par l'abbé *Bargès*. Paris 1852. 4.

die aber alsbald durch *Ewald's* Scharfsinn antiquirt wurde [76]). Noch habe ich eine gründliche und ausführliche Abhandlung *Blau's* über das Numidische Alphabet zu erwähnen [77]) und eine Zusammenstellung der arabischen Münzen der Beni Ḥafṣ von Tunis [78]).

Soll ich zum Schlusse noch etwas weiter in Afrika nach Süd und West vordringen, so sey es mir gestattet, nach flüchtiger Nennung einiger andrer Namen, wie *Freeman* [79]), *Appleyard* [80]), *Perron* [81]) und *Pott* [82]), nur noch der grossen Expedition nach Central-Afrika zu gedenken, welcher jetzt unser *Barth* mit heroischem Muthe vorsteht, nachdem der ursprüngliche Führer derselben *Richardson*, wie auch *Overweg*, dem Uebermaass der Beschwerden unterlegen sind. Kuka am Tschadsee, die Hauptstadt des Reiches Bornu, war der Punkt, wo die drei Reisegefährten, nachdem sie von Zinder aus je einen besondern Weg eingeschlagen hatten, wieder zusammentreffen wollten. Aber Richardson starb d. 4. März 1851, als er noch sechs Tagereisen von Kuka entfernt war. Barth, der schon von Tintellus aus eine Excursion nach Aghades gemacht hatte, traf zuerst in Kuka ein, bald darauf auch Overweg. Letzterer setzte das mitgebrachte Boot zusammen und untersuchte den See genauer. Barth machte unterdess eine 20tägige Reise nach Yola, der Hauptstadt von Adamawa, ungefähr 340 engl. M. von Kuka. Etwa 4 Tage vor seiner Ankunft in Yola passirte er zwei grössere Flüsse, den Bĕnŭĕ und den Faro. Adamawa ist ein schönes fruchtbares Land, besonders reich an Viehweiden. Barth kehrte d. 22. Juli 1851 nach Kuka zurück. Von da wollten die Reisenden Anf. September eine Excursion nach Borgu im N.O. machen. Bis dahin reicht der erste

---

76) *H. Ewald*, Entzifferung der neupunischen Inschriften: in Göttinger gel. Anzeigen Oct. 1852. St. 172—175. Auch besonders gedruckt, Göttingen 1852. kl. 8. Vgl. Zeitschr. Bd. VII. S. 92. Ewald berücksichtigt zugleich die früher schon bekannten.

77) Zeitschr. d. D. M. G. Bd. V, S. 330—364.

78) Revue archéol. IXe année. Paris 1852—53. S. 257—275.

79) A Tour in South Africa, with Notices of Natal, Mauritius, Madagascar, Ceylon, Egypt, and Palestine. By Rev. *J. J. Freeman*. London 1851. 8. mit Karten und Illustr. Pr. 7 s.

80) The *Kafir Language*; comprising a Sketch of its History, and a Grammar. By the Rev. *John W. Appleyard*. Lond. 1851. 8.

81) Voyage au Ouaday; par le cheykh *Mohammed Ibn-Omar el-Tounsy*. Trad. de l'arabe par le docteur *Perron*. Ouvrage accompagné de cartes et de planches, publié par le docteur *Perron* et *M. Jomard*. Paris 1851. gr. 8. Pr. 15 fr. — Voyage du Darfour, ou l'Aiguisement de l'esprit par le voyage au Soudan et parmi les Arabes du centre de l'Afrique; par le cheikh *Mohammed ibn Omar el Tounsy*. Autographié et publié par M. *Perron*. Paris 1850. 316 S. gr. 4. Pr. 12 fr.

82) Ueber die Kihiau-Sprache von *Pott*: Zeitschr. d. D. M. G. Bd. VI, S. 331—348.

Gesammtbericht über die Expedition [83]); er bietet bereits ein reiches Material an Berichten, Reiserouten und Sprachproben, auch hat A. Petermann eine Karte dazu geliefert. Bis eben dahin geht *Gumprecht*'s Bericht [84]), den er an die Berliner geographische Gesellschaft abstattete. Lange Zeit war man nun in England wie in Deutschland ohne Nachricht, schon regten sich Besorgnisse, als nach Verlauf beinahe eines ganzen Jahres wieder Briefe eintrafen. Die Reisenden hatten gegen Ende 1851 einen Heereszug des Sultans von Bornu in die Ostländer begleitet, der aber zurückgeschlagen wurde. Bald darauf gab ihnen eine Razzia gegen den Sultan von Mandara, welcher sie sich gleichfalls anschlossen, Gelegenheit eine Strecke nach Süden vorzudringen. In der Zeit von Ende März bis Ende Mai reiste dann Overweg von Kuka südwestlich bis nach Yakoba, und Barth südöstlich nach dem Reiche Baghirmi (s. Blau, Zeitschr. VI, 326). Aus der Hauptstadt dieses Reiches Mas-eña schrieb er am 14. Juli 1852 einen Brief an Dr. Beke, und am 20. August traf er in bester Gesundheit und frohen Muthes wieder in Kuka ein. Jener Brief bezog sich hauptsächlich auf die Wasserläufe und Wasserscheide der erforschten Gegenden, namentlich auch von Waday, mit Polemik gegen Fresnel's Erkundungen über dieses Land. Overweg starb d. 27. Sept. 1852 zu Maduari am Tschadsee, 10 engl. M. von Kuka. Barth's Briefe mit der Nachricht vom Tode seines Gefährten langten an demselben Tage in London an (d. 19. Febr. 1853), als Dr. Vogel aus Leipzig mit noch zwei Genossen von da abging, um zu Dr. Barth zu stossen. Letzterer war im besten Wohlseyn und entschlossen, auch ganz allein die Zwecke der Mission weiter zu verfolgen. Nach einem Briefe v. 5. März 1853 war er auf einer Reise nach Tombuktu begriffen und wusste noch nicht, dass Vogel ihm nachreiste, der seinerseits im August 1853 in Murzuk angekommen war. Unterdessen sind auch *Richardson*'s Berichte im Druck erschienen [85]).

---

83) Progress of the African Mission, consisting of Messrs. Richardson, Barth and Overweg, to Central Africa: in Journ. of the R. Geogr. Soc. of London. Vol. XXI. 1851. S. 130—221.

84) Barth und Overweg's Untersuchungsreise nach dem Tschad-See und in das innere Afrika. Von Dr. *T. E. Gumprecht.* Fortsetzung. Berlin 1852. 211 S. 8. mit 2 Karten. (Der erste Bericht war 1851 von C. Ritter abgestattet.) Die in unsrer Zeitschrift enthaltenen Nachrichten z. B. noch Bd. VI, S. 123 f. sowie die von Barth eingesandte und von Blau so fleissig bearbeitete Chronik von Bornu ebend. S. 305 ff. werden von G. nicht erwähnt.

85) Narrative of a Mission to Central Africa, performed in the years 1850—51, under the Orders and at the Expense of Her Majesty's Government. By the late *James Richardson.* Lond. 1853. 2 vols. 8.

Die tamulische Bibliothek der evangelisch-lutherischen Missionsanstalt zu Leipzig.

Von

K. Graul.

(Vgl. Bd. VII, S. 558 ff.)

II.

Widerlegung des Buddhistischen Systems vom Standpunkte des Sivaismus [1]).

Einleitung.

1. Indem ich nun die vier [2]) Bauddha's vorführe, die mit der Richtschnur der sittevollen Veda's nicht stimmende Grundsätze lehren, fünf Kategorien aufstellen [3]), den Leib bedecken *und die* mächtige Pippal lieben, rede ich zuerst von dem Sautrântika, nach dessen Meinung ein Kastenunterschied nicht ist.

Sautrântika spricht:

2. Jener Grossbüsser, — der Alles wahrnimmt, dem Tödten und ähnlichem Thun [4]) zürnt, aus fehlloser Huld bei fremder Trauer mittrauert und unter Verehrung und Lobpreisung seitens selbst der Himmlischen die irrthumslosen heiligen Schriften, jene alten Piṭaka's [5]) gesprochen hat, — ist der Herr.

3. Zwei Erkenntnisswege giebts: die sinnliche Wahrnehmung und die Folgerung; die in Betracht gezognen Gegenstände werden mittelst derselben Djnâna (Erkenntniss) und Djnêja (zu Erkennendes), und dann in einem Augenblicke [6]) kommt ihnen Ver-

---

1) Uebersetzt aus dem Manuscripte, das im Catalog mit 70 bezeichnet ist Siehe Bd. VII, S. 563.

2) Siehe Essais sur la Philos. des Hindous, par M. H. T. Colebrooke, traduits par G. Pauthier. S. 222 u. ff. Lassen indische Alterthumskunde II, 456 u. ff.

3) S. in dem eben angeführten Werke v. Coleb. S. 226 u. ff. 1) Rûpa-skandha — Kapitel von der sinnlichen Gestalt (d. i. dem Verhältniss der sinnlichen Dinge zu den wahrnehmenden Sinnen). 2) Vêdanâ-skandha Kapitel von der (unmittelbaren) Empfindung. 3) Vidjnâna-skandha (Kapitel von dem unterscheidenden Bewusstsein). 4) Sandjnâ-skandha (Kapitel von der mittelbaren Erkenntniss). 5) Sanskâra- oder Bhâvanâ-skandha (Kapitel von der Phantasie im weitesten Sinne).

4) Diebstahl, Rausch und Lüsternheit. (Commentar.)

5) Der Plural steht mit Rücksicht auf die drei Bücher des Piṭaka (Tripiṭaka).

6) Der Commentar bemerkt, dass ein Augenblick (Kshana) dasjenige Maass von Zeit sei, um acht übereinander gelegte Lotusblätter mit dem Grabstichel zu durchschneiden

nichtung. Sie stellen sich als vier dar, nämlich als: Gestalt, Gestaltlosigkeit, Erlösung und logische Norm, und indem sich jedes dieser vier Stücke wieder in zwei spaltet, werden sie acht.

4. Die Natur dessen, was „Gestalt" heisst, ist „Element" und „Qualität". Die Natur dessen, was „Nichtgestalt" heisst, ist „Gedanke" und „That". Die Natur dessen, was „Erlösung" heisst, ist Erlösung von „Schuld" und von den (fünf) Kategorien. Die Natur dessen, was „logische Norm" heisst, ist „Position und Negation".

5. Erde, Wasser, Feuer, Wind sind die Elemente. Gefühl, Geruch, Saft (Geschmack) und Farbe (Gesicht) sind die geschätzten Qualitäten. Wenn sich diese zweimal Vier vereinigen, so entsteht die Dinggestalt. Das was der Geist auf dem Wege der Sinne erschaut, ist „Gedanke". Die Bezeichnung eines Dinges mit gut und böse ist „That".

6. Die „Erlösung von Schuld" ist die Beseitigung der Leidenschaft (Râga) u. s. w. Die andre Erlösung ist die Vernichtung der fünf psychologischen Kategorien, als Gestalt u. s. w. Die zwiefache logische Norm, die sich in den drei Stücken: Conjunctio, Successio, Praedicatio vollendet, wird auf diese Weise je zu Drei und mithin zu Sechs.

7. Derjenige, der „Aliquis" genannt wird, ist Jemand, in welchem sich die fünf Kategorien, als Gestalt u. s. w. vereinigen. Nun die Aussage darüber ist die positive Norm in Bezug auf „Conjunctio". Die Thatsache dagegen, dass Jemand (frei) dastehend jene Fünf, als Gestalt u. s. w. zuwege bringt [1]), ist ein Beispiel für die negative Norm in Bezug auf Conjunctio.

8. Die Aussage über die Weise, wie Etwas auf dem Wege der Folge von Ursache und Wirkung bald wird, bald entwird, so dass der verwirrende Begriff der drei Zeiten ganz hinfällt, ist die positive Norm in Bezug auf „Successio". Die Entscheidung dagegen, dass Einer zu allen Zeiten existirt, ist die negative Norm in Bezug auf „Successio".

9. Das Entstandne so prädiciren, dass Alles, was in die Erscheinung tritt, untergehen wird, ist die positive Norm in Bezug auf „Praedicatio". Die Aussage, dass die gepriesenen Dinge, wie Etwas, das den Augen entwichen ist, alternd sich geändert haben, ist die negative Norm in Bezug auf „Praedicatio".

10. Es giebt ausser der positiven und negativen Norm noch eine andre: die, wo eine Position sich an eine Position lehnt, — die, wo eine Negation sich an eine Position lehnt, — die, wo eine Position sich an eine Negation lehnt, — die, wo eine Negation sich an eine Negation lehnt.

11. Das Entstehen einer Wahrnehmung in Anlehnung an eine andre ist eine an eine Position sich lehnende Position. Die

---

1) Der Commentar setzt hinzu: „Ohne sich damit zu verbinden."

Thatsache, dass eine (vorhandne) Wahrnehmung nachher zu nichte gehen wird, ist eine an eine Position sich lehnende Negation. Das Hervortreten einer Wahrnehmung, die vorher nicht existirte, ist eine an eine Negation sich lehnende Position. „Haar in der flachen Hand" das ist eine an eine Negation sich lehnende Negation [1]).

12. Objecte, die ausser jenen vier Arten (V. 3) noch genannt werden, — was sind sie? Wir wissen's nicht. „Es giebt einen Aether, eine Seele, Zeiten und Orte und — ein höchstes Wesen, das über Beschreibung und Gedanke hinausgeht und dem man sich nur innerlich nahen kann." So spricht man, wenn Einem die Galle steigt (d. i. wenn man wahnwitzig wird), nicht wahr? Einen Halt hat's nicht.

13. Der Aether kann hier (wo wir wissenschaftlich reden) gar nicht in's Spiel kommen, Wenn du sprichst: „Es giebt einen alle Dinge tragenden Aether!" — ei der kann ja nicht tragen, da er gestaltlos ist. Sprichst du aber „Der erhabne Aether ist des Schalles Treiber [2])!" so ist ja eben dieser (Schall) ein Form-Aggregat. Wenn du endlich sprichst: „Er steht unwandelbar allenthalben fest!" — ei das ist ja nirgends der Fall.

14. Du sprichst: „Die lebendige Seele ist mit Intelligenz begabt" — ei was braucht es dann der Sinne, der Sinnen-Dinge und der Bücher (zur Erkenntniss)? — Du sprichst: „Man erkennt dadurch, dass man die Dinge berührt, befasst und sich so mit ihnen mischt [3]). Auch das ist falsch: denn wenn zur Nachtzeit Grün und Roth miteinander vorliegen, so steht man verworren da, und es kommt die zweifelnde Frage: Was ist's?

15. Du sprichst: „Die Sinne erkennen nicht; wenn sie aber nicht da sind, so wird alles Erkennen zu nichte. Es giebt eine Intelligenz, die, in Anschluss an die fünf (Sinne), erkennt." Ei so müsste ja jene (Intelligenz) das, was die Fünf in Erfahrung bringen, in Einer Anschauung erkennen. Wenn du nun sagst: „Anlehnungsweise erkennt sie, so nimmt sich dein Geständniss: (Obschon ich dich mit Augen sehe) o Buddhist, so erkenne ich dich [4]) doch nicht! sehr schön aus.

16. Da ist die Phrase: „Es giebt ausser Wissen, und zu Wissendem auch einen Wissenden." Wohlan ist denn der Wissende wissenhaft, oder nicht? Wenn nicht — so gleicht er eben der Erde [5]). Ist er aber wissenhaft, so ist es grade so als wenn

---

1) Der Commentar: Die Aussage „In der flachen Hand ist Haar" und die andre „Hier ist ein von (diesem?) Haar gemachter Strick" ist die an eine Negation sich lehnende Negation.

2) Wörtlich „Wagenlenker".

3) Diess scheint auf Vaibhâshika zu gehen, der einen unmittelbaren Contact zwischen dem Erkennenden und dem zu Erkennenden annimmt.

4) d. h. in deinem innern Wesen.

5) d. h. er ist materieller Natur, ohne Intellectualität.

man die zugerichteten Erbsen den Imbiss (Kari) zum Reis nennen wollte [1]).

17. Wenn die Seele Geist ist, so wird sie sich mit dem (ganz heterogenen) Körper nicht innig verbinden. Ist sie aber Körper, so befasst sich doch nicht ein Körper in einem andern. Sprichst du: „Sie ist ein Atom!" ei so wird sie durch die vielen Oeffnungen des Körpers hinausschlüpfen. Sagst du endlich: „Sie ist ewig!" so muss das Bewusstsein ohne Anfang und Ende sein.

18. Wenn du sprichst: „Die Seele (als Allseele, im Sinne des Vêdânta-Systems) erfüllt Alles!" — ei sie ist doch eben nicht überall [2]). Sagst du aber: „Sie weilt erfüllend in allen betreffenden Körpern!" so wird sie mit dem Körper zugleich in's Verderben dahin stürzen. Sprichst du endlich: Sie weilt bloss an Einem Orte (des Körpers), so wird sie von Fuss und Scheitel nichts wissen.

19. Wie kann denn nun hier die sogenannte „Zeit" bestehen? Wenn du sagst: „Zeit ist die Art und Weise des dreifachen Geschäfts, das in Hervorbringen, Erhalten und Zerstören besteht!" so wird die Zeit ganz in jene Dinge eingehend mit ihnen zerfallen. Sie wird nach den Dingen nicht mehr existiren. Sie gehört offenbar in die Kategorie der Negation. Sie entsteht durch den sachlichen Process.

20. Wenn du ostwärts von mir stehst, so sprichst du meinerseits von „Westen". Wer westwärts von mir steht, redet meinerseits von Osten. Auf welcher Seite soll ich denn nun diese sogenannte „Weltgegend" fassen? Sprich. Deine Position, die aus der Negation entsprossen, ist nichtig.

21. „Einer hat die Welt geschaffen!" sprichst du. Wenn die Welt schon vorher existirte, so brauchte sie Keiner zu schaffen; wo nicht, so konnte sie Keiner schaffen. Wenn er aber, bei Vorherexistenz der materiellen Ursache, die in der Wirkung begriffne Welt hervorbringt, — ei giebt es denn irgend wo Etwas, was existirt und nicht existirt?

22. Wenn du sprichst: „Wie (der Töpfer) einen Krug, hat er das Vorhandne geformt!" — wohlan, wo stehend, hat er es geformt? Sagst du: „Drüber stand die Gottheit!" nun so muss die Welt schon vorher existirt haben. Wenn er aber unausschliesslich allenthalben steht (i. e. als Alles erfüllend zu denken ist), so wird das Allenthalben selbst ihn resultirt haben.

---

1) Der Sinn ist: Zugerichtete Erbsen können nicht als Imbiss zum Reis gelten, indem auch sie, wie der Reis, des Zerbeissens nicht bedürfen; sie unterscheiden sich eben nicht wesentlich vom Reis. Ganz so fällt der Wissende mit dem Wissen in Eins zusammen, wenn eben der erstere als wissenhaft betrachtet wird. Also wozu die Unterscheidung, die doch nur eine phraseologische ist.

2) Der Commentar setzt erklärend hinzu: „indem die gesammten Körper von einander sehr verschieden sind."

23. Wenn du sprichst: „Aus Barmherzigkeit hat Gott das, was nicht war, hervorgebracht!“ ei wie kann man doch von Barmherzigkeit reden in Bezug auf Jemanden, der den mörderischen Löwen, Tiger, Elephanten und Tod zu schaffen im Stande ist. Sagst du: „Nein es gefiel also seiner Macht, und darum schuf er alles, dass es sich mehren sollte!“ — wohlan so beuge dich immerhin vor einem launenhaften Murrkopf.

24. Was ist denn der Zweck hiebei? Wenn du sprichst, dass das, was er schaffend erreichte, blosses Spiel war, so wird ja dein Gott zu einem kleinen Kinde. Wenn du aber behauptest, (die Welt sei entsprossen) aus (früher) verrichteten Werken, so müssen ja diejenigen, die das grosse Werk verrichteten, präexistirt haben. Nein, nein, wenn die wahre Erkenntniss kömmt, so musst du die Welt als anfangslos setzen.

25. Wenn du sprichst: „Gestalt-behaftet stand er da!“ so muss Einer jene Gestalt vorher erschaffen haben. Sagst du aber: „Die Gestalt war sein freier Wunsch!“ so wird das bei aller Welt der Fall sein müssen. Meinst du jedoch, dass die Erdenwesen ihre Gestalt mit Rücksicht auf (früher verrichtete) Werke angenommen haben, — ei dann müssen alle diejenigen, die eine Gestalt haben, auf dem Wege (früher verrichteter) Werke angenommen haben (und mithin auch Gott).

26. Wenn du sprichst: „Er ist ohne Gestalt!“ so kann er aus dem Zustande (ewigen) Werdens Niemanden herausziehen, — dem Aether gleich. Sagst du aber: „Er ist wie der Schatten, darein man sich begiebt!“ so wird er das Eigenthum derer werden, die sich in diesen Schatten begeben. Wenn du endlich sprichst: „Grosses Wissen wohnt ihm bei!“ ei so braucht es, um mit Liebe an ihn zu denken, eine Gestalt. Wo nicht, so ist Andacht unmöglich.

27. Wenn du sprichst: „Ei unsre Religionsbücher stellen Gott als ewig dar!“ so wäre es allerdings eine treffliche Thatsache, wenn man, abgesehen von den Lehrern Eurer Religionsschriften, (auch anderwärts) so lehrte. Sagst du aber: „Wir wissen ihn durch die Religionsbücher und durch ihn wissen wir die Religionsbücher!“ so ist das ja ein unvergleichliches Wunder.

28. Die aufwachsenden Bäume u. s. w. sind ohne Leben. Die Gestalt der Elemente annehmend, vervielfältigen sie sich auf dieser Erde je nach ihrer besondern Gattung und wie der Bau der weissen Ameise, wie Haar und Horn wachsen und vergehen sie. Sie pflanzen sich bloss zum Nutzen der andern Wesen fort, — nicht wahr?

29. Tödten darfst du nie. (Bereits) Getödtetes essen aber magst du immerhin. Alles was gestorben ist, steht mit Erde (und allen leblosen Stoffen) auf gleicher Stufe. Hat der das Verdienst, welcher das Wasser eingiesst und für die trinkende

Zunge hinsetzt? oder etwa der, welcher unterwegs Halt macht und trinkt? [1]) Sprich.

30. Dass die fünf Kategorien (siehe I, Anm. 3) sich vereinigen und der Reihe nach auf dem Wege der Successio [2]) zu Grunde gehen, — das ist der Schmerz des gefesselten Zustandes. Wenn sie ganz vergehen und man dann gründlich erstirbt, so ist das die Wonne der Erlösung [3]).

31. Die wahre Natur des Wissens, — welches die zerstörenden Leidenschaften abthut, die löblichen Tugenden zur Vollendung bringt, die herabwürdigenden Sinnen-Anschauungen vertreibt, Freude und Schmerz verdorren macht, die acht nicht getadelten fehllosen Lebensweisen entfaltet und Alles zum Aufhören bringt, — ist die Festigkeit der Beschauung.

Der Sivait entgegnet:

1. In Unwissenheit hast du, o Bauddha, gesagt: „Unser Herr nimmt Alles wahr!" (s. oben V. 1). Wenn du (erklärend) sprichst: „Für immer Alles (auf einmal) weiss er nicht, — denn (das zu Wissende) ist unendlich, — er erfährt aber Eins nach dem Andern," ei so darfst du nicht behaupten, dass diess Alles unendlich sei [4]). Sagst du aber: „Mittelst unendlichen Wissens erkennt er Alles!" so weiss ja das Wissen nicht Alles, indem es (der buddhistischen Anschauung gemäss) im Augenblick entsteht und vergeht. Dadurch wird das Gewusste jedenfalls zu nichte; nicht wahr?

---

1) Der Sinn ist: Wie dort das Verdienst auf Seiten dessen ist, der das Wasser für den durstigen Wandrer hinsetzt, — und nicht auf Seiten des Trinkenden, so hier die Schuld auf Seiten des Schlächters und nicht auf Seiten des Essenden.

2) Der Commentar bemerkt, dass es mit Rücksicht auf die 4 Elemente eine vierfache Successio gebe.

3) Nach dem Commentar: der (vollkommnen) Erlösung von den fünf (psychologischen) Kategorien. Diese zerfallen nach ihm auf dem Wege der Unterabtheilung in drei und vierzig: Rûpa 8: die vier Elemente und die denselben inhärirenden Qualitäten, Vêdanâ 3: angenehme, unangenehme und gemischte Empfindung, Sandjnâ 6: die Organe des Gehörs, Gefühls, Gesichts, Geruchs, Geschmacks, Gemüths, Bhâvanâ 20 (10 gute Eigensch. und 10 böse): a) die bösen: Lügen, Verleumden, zornige Rede führen, unnütze Worte reden (diess die vier Mund-Sünden), stehlen gehen, eitle Verrichtung führen, tödten (diess die drei Körper-Sünden), Mordsucht, Fleischeslust, Habsucht (dies die drei Geistes-Sünden); b) die guten: Wahres reden, Gutes reden, Angenehmes reden, Nützliches reden (diess die vier Mund-Tugenden); den Tempel nach der rechten Seite hin umkreisen, Busse verrichten, spenden (diess die drei Körpertugenden), milden Sinnes sein, aller Begierde entsagen, und Lust zur Askese haben (diess die drei Geistestugenden). Vidjnâna 6: Gehör, Gefühl, Gesicht, Geschmack, Geruch, Gemüth.

4) Der Commentar bemerkt: „Bei dem successiven Erkennen findet ein Losgeben auf die Dinge, dann ein Eingehen in dieselben und endlich eine Ablösung von denselben statt, so kann man diess nicht unendlich nennen."

2. Du sprichst: „Einige Dinge erkennend, geht er ihrer Verzweigung nach und reflectirt auf diese Weise über alle Dinge!“ Ei, sie werden im Verlauf zu einer Vielheit, jedes einzelne Ding zerschlägt sich in viele Differenzen. Was nützt daher die (von dir angedeutete) Art der Erkenntniss (nach welcher das Ganze aus dem Einzelnen soll erkannt werden)? — Wenn man hienieden (auch nur) Ein Ding erkennen will, so bedarf es dazu des (in sich selbst mannichfaltigen) Processes der Wahrnehmung, der Untersuchung und des Abschlusses. Dadurch wird dann die Erkenntniss selbst sehr vielspaltig. Dazu hast du auch selbst gesagt, dass die entstandne Erkenntniss nicht Stich hält. Wo bleibt da alles Denken?

Der Commentar bemerkt: Diese beiden Verse (1 und 2) widerlegen die Behauptung eines der 24 Bauddha's, dass Buddha Alles wisse.

3. Wenn er das Heil der Erlösung erst selbst erfahren und dann die wahre Tugend verkündigt hat, so ist das, als wenn Einer erst stürbe und dann sprechen wollte: (ich meine) es ist als wenn Einer Butter und Honig mischte, ässe, daran stürbe und dann wieder käme und verkündigte: Leutchen, das ist nicht zuträglich! Sagst du aber: Nein, nein, das Sterben erfolgte nachher, ei so ist das von ihm Gelehrte keine im Himmel gangbare Münze [1]). — Der Schaum im Munde eines Fröschleins breitet anschwellend sich zu einem Flusse aus, und du, dessen Mass (nach Tiefe und Ausdehnung) nicht kennend, wünschest die an diesem Ufer Stehenden an das andre Ufer hinüber spazieren zu lassen [2]).

4. Du sprichst: „Nicht (bloss) wie ein Saft Alles durchdringend, erzeigt er sich den Lebendigen huldvoll; nein er kam selbst in dieses feuriger Schmerzen volle Leben und erzeigte so den Erdenbewohnern seine Milde!“ Ei das ist ja grade so, als wenn eine Gazelle viele in einem Netze gefangne Gazellen sieht, aufspringt und auf das Netz zurennend selbst darin gefangen wird. Das heisst doch in die grosse Sünden-Hölle selbst hinunterstürzen. Wer wird dir doch hierin beistimmen? Wenn du aber sprichst: „Nein, um Tugend zu üben ward er geboren, — und er übte sie!“ so will das auch gar nicht passen [3]).

---

1) Der Commentar bemerkt: „Er kennt die Erlösung nicht, folglich reicht auch die von ihm gelehrte Tugend zur Seligkeit nicht aus.

2) Der Sinn ist vielleicht der: Buddha ist ein Träumer. Aus dem Schaume im Munde eines Frosches d. i. aus der uranfänglichen Leere macht er einen Fluss d. i. die Welt, und bemüht sich nun die Seelen hinüberzuretten ganz in der Weise, wie Jemand der, die Tiefe eines Flusses nicht kennend, die an diesem Ufer Stehenden an das andere Ufer hinüberzugehen bereden möchte (d. h. durch seinen Vorwitz stürzt er, statt zu retten, ins Verderben).

3) Indem das dann, wie der Commentar sagt, von allen Seelen gelten müsste. Der Commentar bemerkt im Allgemeinen: In diesem Verse wird

5. Wenn du sagst: „Er wurde in unzähligen Yoni's geboren, um allenthalben Recht und Ordnung aufzurichten" ei alles, was von daher kommt (i. e. in irgend einer Yoni geboren wird), kommt um (frühern) Thuns willen. Wenn er aber in Folge eines selbst ersonnenen unvergleichen Wunsches (des Wunsches wohl zu thun nämlich) auf Erden erschien, so wird das mit allen Erdbewohnern so sein müssen. Sprichst du: „Er war in dem Leibe eines Weibes, spaltete die Mutter und kam auf Erden" — (so erwiedere ich:) Er hat seine Mutter getödtet [1]). Dann rede mir von der Tugend eines Solchen ja Nichts vor.

6. Als er [2]) Löwe, Jakal, Tiger u. s. w. wurde [3]), legte er doch gewiss seine himmlische Weisheit ab und that mit Lust Mord. Wo nicht, — sollte er denn etwa Stroh für seinen Hunger gegessen haben? — Wenn du's recht bedenkst, — falls er in der That „fremde Sorgen zu seinen eignen Sorgen macht", so wird er natürlich auch mit dem Schmerz derer, die den Mann verloren haben [4]), und derer, die Schlingen legend umherwandern, sympathetisiren müssen. Das Thun eines Solchen wird — wenn man's sagen soll, — eine rechte Tugend-Zierde sein.

7. Ehe du einen Gegenstand findest, das dazu gehörige Wort findest und aussagst, geht ja (deinem Systeme gemäss) die Wahrnehmung unter. Wie soll da ein in sich zusammenhängendes Werk zu Stande kommen? Wenn du sagst: „Es kommt auf dem Wege der Successio zu Stande" — so geht doch ein wissenschaftliches Werk nur so von statten, dass es das, was zuvor ausgesagt wurde, immer wieder aussagt (d. i. das Folgende auf das Vorhergehende stets zurückbezieht). Sprichst du: Nein, was nach dem Untergang (der frühern Erkenntniss) gross dasteht, das (bringt das wissenschaftliche Werk zu Stande)! — ei so ist es damit grade eben so (d. i. die nachfolgende Wahrnehmung wird wie die vorhergehende zu nichte). Was in aller Welt ist das für ein Werk, welches auf der Rede des Thoren, der das Wort des Narren nicht verstanden hat, basirt ist. Nenne es ja nicht Etwas, worin Anfang, Mitte und Ende übereinstimmen.

8. „Erst hat unser Herr viele Tugenden geübt, ist dadurch zum rechten Verständniss gelangt und hat dann gnädiglich die Regel unsrer Religion mitgetheilt, damit die lebendigen Wesen

---

die Ansicht abgewiesen, dass Buddha um der Erlösung der Menschheit willen oder um der Tugend-Uebung willen geboren worden.

1) Der Commentar sagt: „Seine Meinung ist, dass seine Mutter in sieben Tagen starb."

2) Der Commentar setzt hier nicht ohne Grund: Âdibuddha.

3) Um allenthalben Recht und Ordnung aufzurichten. Siehe V. 5 zu Anfang.

4) Der Commentar erklärt; „Die den Mann verschmähen und sich der Buhlerei ergeben." Siehe 1, 2.

der Seligkeit theilhaftig würden." So sprichst du. Ei aber wer hat denn die Regel, nach welcher die grossen Tugenden verrichtet werden, ihm mitgetheilt? Du sagst: „Ihm gleich, irgend Jemand zuvor." Nun wer hat denn dem die Regel mitgetheilt? und so fort ins Unendliche. Da muss denn wohl jener „Jemand" zu nichte werden. Wer wird nun auf deinem heiligen Sitze sitzen? Das sag!

9. „Eben der Verfasser der buddhistischen Glaubensregel sass darauf." Wenn du also sprichst, so frage ich: Ei wo war denn der, welcher ihn darauf erhob, — er oder sein Werk? Siehe da ist kein Weg zu einer wahren Lehrüberlieferung. Verlangst du eine solche, nun so wird der Urweise, der am Ende der Dinge bleibt, sie offenbart haben, und das sind dann eben die Vêdâgama's. Denen gemäss lehren Alle, dass man sich im Essen beschränken und Askese verrichten solle. Deine Glaubensregel aber hat Einer, der ungewaschnen Gesichts schon vor Sonnenaufgang auch Fleisch isst, ein wahrer Gourmand, mitgetheilt. Ei das ist eine unvergleichliche Glaubensregel.

10. Dreierlei Arten gesprochner - Nûl's (= Sûtra Faden und System) giebt es in der Welt: grundlegende, nebengängige und angelehnte [1]). Wenn man nun frägt: Welche unter diesen Nûl's ist denn deine? so kannst du nicht sagen: Diese da. Wie kannst du denn nun deine Nûl für eine Nûl ausgeben? Das ist doch sehr artig, dass du mit deiner Nûl, die als Lügengewebe nicht einmal so gut ist, wie das Gewebe des Ast-Wurms (einer Art Chrysalis auf den Aesten der Bäume), der Baumwollenstaude und der Spinne, die Tugend zu weben umherstreichst.

11. „Buddha ist vollständig zu Grunde gegangen." So sprechend, — wen verehrst du denn hier? o du einer falschen Askese hingegebner Bauddha! Sprichst du etwa: „Für die Verstorbnen einige Ceremonien zu verrichten, ist für die, welche sie hier verrichtet haben, ein Verdienst!" ei dann muss ja die Seele fortleben; nur so kann das Verdienst etwas nützen. Dann muss auch Jemand sein, der deiner That vergeltend gedenkt. Aber das ist ja dein System nicht. Du bringst Docht und Oel, sobald die (aus religiösen Beweggründen an heiliger Stätte) hingesetzte Lampe erlöschen will. Ist das nicht eine grundverkehrte Art [1])?

12. Wenn du sprichst: „Alle Dinge, die in einem Schriftwerke gesagt werden, gehören in das Gebiet der Folgerung, ganz so, wie man durch ein solches Werk auf dem Wege der Folgerung erkennt, dass es Jemanden giebt, der das Werk verfasst hat" — so erwiedre ich: Ja wenn wirklich ein (ursprünglich offenbartes) Schriftwerk vorhanden ist, das auch nur mit Einem Worte des Himmels und der Hölle Erwähnung thut, so kannst du

1) Der Commentar bemerkt, dass ja seinem System gemäss das gespendete Oel und Docht nur der Lampe zu gute kommen.

wohl von diesen Dingen sprechen. Wo nicht, — in welcher Weise willst du sie denn erkennen? Du sprichst: „Eben auf dem Wege der Folgerung". Ei diese Erkenntnissregel fehlt dir ja [1]). Dasjenige, was die über die sinnliche Wahrnehmung und die philosophische Folgerung hinausgehenden Dinge in's Licht setzt, sind eben die Âgama's.

13. Du sprichst: „Alle Dinge sind dauerlos!" Kommt denn dieses Prädicat dem Nichtseiendem, dem Seienden oder dem aus beiden Gemischten zu? — Was das Nichtseiende betrifft, — ei ein Nichtseiendes existirt ja nun und nimmer. Was aber das Seiende anlangt, das seinem Ziele entgegenstrebt, so muss es jederzeit existiren. Wenn du sprichst: „Eben darum bezieht sich jenes Prädicat auf die Dinge, die Nichtseiendes und Seiendes zugleich sind," — so erwiedere ich: Das Seiende wird nie zum Seienden und das Seiende nie zum Nichtseienden. Sagst du nun: Zeige mir doch ein Ding, wovon du aussagst: „Schau, dieses Ding ist nicht dauernd!" — wohlan, das Ding, das in die Erscheinung tritt, dauert (eine Weile) und geht dann zu Ende [2]).

14. „Der Spross erscheint, indem der Samen verdirbt. Das ist der (Welt-) Process, indem alle Gestalt (fort und) fort untergeht." Wenn du so sprichst, so kommt dabei ein Untergang (doch nur) für die Gestalten (der Dinge) heraus und du hast deine eigne Behauptung, dass Alles unbeständig sei, vergessen, — und bist zu einem Djaina geworden. Sprichst du aber: „Nun wohl, mag es auch nicht als Spross, Blatt und Baum erstehen und seinen Verlauf nehmen, — wenn es aber doch abstirbt, so ist es ganz gewiss Etwas, das so wie es entsteht nicht Stich hält!" so antworte ich: die Erscheinung, die, ohne zu fehlen, Knabe, Mann und Greis wird, schwindet dahin, sich ändernd und doch Stich haltend [3]).

15. Du sagst: „Alle leibliche Gestalt ist (nichts als) Element" — ei wenn sich die Elemente einen sollen, so geräth eins mit dem andern in Streit. Du sprichst: „Es ist (nichts als) männlicher und weiblicher Samen" — ei so sag mir doch, wie kam denn dem Wurm im Holz und dem Frosch im Stein die Gestalt? Du behauptest: „Es ist Beides „„Tugend und Schuld"" selbst" — ei die werden sich nie zu Einer Gestalt festiglich vereinen. Du meinst: „Es ist (nichts als) Speise" — ei, wenn du auch immer fort issest und auf diese Weise zunimmst, der

---

1) Der Sinn ist: Du hast ja keine geoffenbarte Glaubensregel, aus welcher du deine Erkenntniss auf dem Wege der Folgerung ableiten könntest.

2) Der Commentar sagt: „Dem Körper kommt das *Werden*, nicht aber die *Dauerlosigkeit* zu. Du kannst es jedoch auch so fassen: Da die grobe Leiblichkeit und die Racen-Verschiedenheit *ununterbrochen* fortgeht, so ist auch dieses beständig."

3) Der Commentar bemerkt: Wenn auch die grobelementliche Gestalt vergeht, so bleibt doch die feinelementliche

Leib nutzt sich zuletzt doch ab. Du sagst: „Es ist der Intellect“ — o du Narr, soll denn der gestaltlose Intellect zu einem gestalthaften Irrationale werden? Du sprichst endlich: „Nein, nein, es ist Etwas ganz Nichtiges“ — ei dann blühen Blumen in der Luft [1]).

16. Du sagst: „(Das ist kein Unsinn:) wie der Baum aus dem Samen, kommt die Gestalt aus dem absoluten Nichts“ — ei schau! in dem Samen bereits vorhanden, erhebt er (der Baum) sich. Wenn du entgegnest: „Sollte er in der That darin vorhanden sein? Ich habe im Samen nie einen Baum bemerkt“ so erwiedre ich: Das Reiskorn wird nie zu einem Betelnussbaum sich strecken, sondern nur zur Reis-Länge sich ausdehnen [2]). Aus Nichts wird Nichts. Das was mittelst einer Ursache entsteht, nennen wir Wirkung, und dieser kommt dann Wirklichkeit zu. Du hast übrigens deine frühere Behauptung ganz vergessen, dass wenn die fünf Kategorien sich einen, dann (die Gestalt) sich verwirklicht, — gleichwie die Wissenschaft aus dem Geiste hervorgeht [3]).

17. Du sagst: „Alle Gestalt entsteht in der Form der Achtzahl, d. i. der 4 Elemente und ihrer 4 Qualitäten.“ — Wohl, da ist z. B. Feuer, Wasser und Erde (und die entsprechenden Qualitäten) Farbe, Saft und Geruch. Das Feuer vereinigt sich, mit Darangabe der Farbe, wahrlich nicht mit Wind, Wasser und Erde. Das Wasser vereinigt sich, mit Darangabe des Saftes, wahrlich nicht mit Feuer, Wind und Erde. Das Erdreich vereinigt sich, mit Darangabe des Geruches, wahrlich nicht mit Wasser, Feuer und Wind. O du hirnverbrannter Mensch, du kennst also nicht einmal die Grosselemente, die doch Sinnendinge sind.

18. Du sprichst: „Wie innerhalb des arzneilichen Oels die arzneiliche Kraft haust, so verborgner Weise die Acht als feines Element (innerhalb des groben).“ Es muss doch aber auch ein Arzt da sein, der Arznei und Oel mengt, so muss es auch Jemanden geben, der (jene Acht dem groben Elemente) beimischt. Wenn aber etwa alle Körperlichkeit an jenen Acht (in gleicher Weise) Theil hat, so werden auch alle Dinge ganz gleich ausfallen; allein die Eigenschaft des einen Dings geht in die Eigenschaft des andern Dings ganz offenbar nicht ein. Du verstehst den Sinn deiner eignen Rede nicht. Ausserdem zeig, wenn du kannst, dass das Element und sein Accidenz zwei verschiedne Dinge sind. Das Accidenz ist nichts Anderes als die

---

1) D. i. Dann kommen wir ad absurdum.

2) Also muss die Pflanze doch im Samen beschlossen liegen.

3) Der Commentar bemerkt: Dieser Vergleich soll bloss beispielsweise die Thatsache erläutern, dass in der Ursache die Wirkung zum Vorschein kommt.

Qualität des Elements. Die Welt ist Qualität und Qualitäts-Inhaberin zugleich (Guṇa und Guṇi).

19. Du sprichst: „Die Erkenntniss geht zu Grunde und schafft so eine andre;" ei etwas zu Grunde Gegangnes kann nichts schaffen. Ausserdem hört ja damit aller Zusammenhalt in Wissen und Handeln auf. Du sagst: „Nein, erst nachdem sie (eine neue) geschafft hat, geht (die alte) Erkenntniss zu Grunde"; aber zu einer und derselben Zeit können doch zwei Wissen nicht neben einander bestehen. Du sprichst: „Nein, nein, die (frühere) Erkenntniss erzeugt die (folgende), ohne selbst ganz zu Grunde zu gehen;" nun dann ist sie beständig und unbeständig zugleich und dann kann sie nicht als bloss unbeständig passiren. Du sagst endlich: „O sie macht's im Vergehen, wie Dünger und Stroh;" — wohlan an dem (düngenden) Stroh geht nur das besondre Ding zu Grunde, die (allgemeine) Kraft bleibt zurück und schafft [1]).

20. „In der Form unvergänglicher Aufeinanderfolge geht das Wissen vor sich." Wenn du so sprichst, nun so ist eben jene Aufeinanderfolge beständig. Sagst du aber: „Mit dem Wissen ist es wie mit dem laufenden Wasser; (nach vorne hin) verrinnt's und (von hinten her) fliesst es zu," so erwiedre ich: Nein, Alles, was in dem laufenden Gewässer vorhanden ist, nimmt seinen Verlauf zugleich; so geht auch die Kenntniss des Gegenstandes, den man so eben erforscht, mit der Kenntniss, welcher die Vorstellungs- und Unterscheidungskraft zuvor nachgegangen ist, im Geiste Hand in Hand dahin. Gleichwie ein grosses Gewässer unaufhörlich dahineilt, und immer voller fliesst, so ist es auch mit dem Wissen. Ohne Untergang immer mehr anschwellend, nimmt es seinen Verlauf.

21. Ist (deine) Aufeinanderfolge als Ursache oder als Wirkung zu fassen oder nimmt sie an Beiden Theil? Als Ursache sowohl wie als Wirkung wird sie einen dauerhaften Charakter haben (denn sie wird ja nie unterbrochen). Sprichst du aber: Sie fluctuirt in stetem Werden (indem sie theils Ursache, theils Wirkung ist), nun so ist sie auch so von Dauer, dieweil sie fortwährend zu Grunde geht, um wieder zu erscheinen. — Dafern das Wissen etwas (von den Sinnen) Verschiednes ist, so muss es Etwas sein, welches Dauerhaftigkeit erlangt, indem die fünf Kategorien sich einen. Das Wissens-(Princip) sowohl als der (Wissens-)Erwerb [2]) werden keineswegs zu nichte, sondern alterniren bloss [3]), indem das Vor zum Nach und das Nach zum

---

1) Es kann mithin auch so nicht heissen, dass das Wissen nur momentan ist.

2) Der Commentar: Die Seele sowohl, als der von der Seele zu erlangende Gegenstand.

3) Der Commentar: Die Sinne werden wissenhaft, das Gewusste wird sinnenhaft.

Vor wird. Dieses Alterniren verstehst du nicht; lerne es verstehen.

22. Wenn du sprichst: „Die Wahrnehmung vergeht und entsteht wieder zu einer und derselben Zeit" — ei so wird Entstehen und Vergehen zu einem und demselben Dinge. Wenn dir aber die Veränderung eines Dinges Zeit ist, warum sprechen wir dann Alle von Zukunft, Gegenwart und Vergangenheit? (Du sagst vielleicht:) „O das geschieht bloss, weil das Ding selbst kommt, steht und vergeht, eine Zeit giebt es darum doch nicht." Wenn es so ist, so hast du ja in keiner Weise den Begriff „Drei-Zeit" berücksichtigt. Nun wird es bloss Einen dinglichen Act geben. Sprichst du aber: Nein, nein, die drei Acte erfolgen in Einem Moment, so wird die gegebne Zeit zur Dreiheit. Denn die Zeit, in welcher eine Nadel hundert Lotusblätter durchsticht, bietet ein Dreifaches [1]).

23. Wenn du sprichst: „Wahrnehmung erzeugt Wahrnehmung" (so erinnere dich) dass (deiner eignen Theorie gemäss) die Wahrnehmung nicht andauert und mithin auch keine neue Wahrnehmung erzeugen kann. Falls die Wahrnehmung auf dem Wege der Aufeinanderfolge aufhört, so existirt sie nachher auch selbst nicht mehr. Nennst du aber den Leib das Substrat der Wahrnehmung, dann muss sie im Leibe unaufhörlich im Schwange gehen (auch im Schlafe). Sprichst du: „Sie entsteht durch die Thätigkeit der Wahrnehmungs-(Organe) des Leibes," — ei diese sind nie ohne Thätigkeit (und so wird dann also auch die Wahrnehmung nie aufhören). Sagst du: „Wissen ergiebt Thätigkeit und Thätigkeit ergiebt Wissen" [2]), so wird alle persönliche Thätigkeit zu nichte.

24. Wenn du sprichst: „(Umgekehrt) Thätigkeit ergiebt Wissen und Wissen ergiebt Thätigkeit" so musst du der Thätigkeit ebensowohl einen intellectuellen Charakter zuertheilen, als dem Wissen. Eines kann nicht das Andre zuwege bringen. Ferner: Da diese Dinge ohne Nachdauer sind, so können sie nicht erst einander zu wege bringen und dann untergehen. Sagst du: „Wie Feuer im Holz entsteht und dann dieses in Asche auflöst, so entsteht der Gedanke in der Thätigkeit und vernichtet dann diese" so erwiedre ich: Ei so wird ja das Wissen, in demselben Maasse als es zum Sein gelangt, die Thätigkeit zerstören, und kann dann ferner selbst nicht wieder erstehen, — gleichwie das Feuerholz aus dem Feuer nicht willkürlich wieder erstehen kann.

25. Du sprichst: „Als Teufel, Götter, Brahmâ erstehen (die Wesen) durch sich selbst mit dem (entsprechenden) Körper, ohne

---

1) Indem die Nadel fasst, durchsticht und loslässt.

2) Der rechtgläubigen Philosophie gemäss ist die (frühere) That der Same zu allererst für die ursachende Körper-Form, deren Charakter Unwissenheit ist und das Wissen hat im Gegentheil die Bestimmung, aller Thätigkeit ein Ende zu machen.

Vater und Mutter und jede feste Stütze." (Dagegen höre:) Der Leib kommt in der Weise der Wirkung, so muss es auch eine bewirkende Ursache geben. Sind diese Körper ein Erzeugniss des vergänglichen Wissens? Oder eine blosse Composition von den acht Stücken? oder haben Werke ihn erzeugt? (Wenn nicht), giebt es wohl (nach deiner Theorie) Jemanden, der die Körperlichkeit erschaffen hat? Sobald du zu einem tüchtigen Verständniss gelangst, wirst du's wohl erkennen. Diese Welt verlangt eine erste, eine Hülfs- und eine bewirkende Ursache. Das wissen ist (wahres) Wissen.

26. O Buddhist, der du sprichst: „Wenn die fünf Kategorien als Gestalt u. s. w. sich einigen, so entsteht Jemand; irgend Jemandanders existirt nicht" (höre mich!). Derjenige, der jene fünf Kategorien wahrnimmt, ist etwas davon Verschiedenes. Du sagst: Ei, Vidjnâna (eine jener fünf Kategorien; siehe 1, 1 Anm. 3) wird sie wahrnehmen. Nun aber frage ich, wer nimmt denn Vidjnâna wahr? Wenn du sprichst: „Wie Licht, das die Gestalt u. s. w. zeigt, zugleich sich selbst zeigt, so bringt die Wahrnehmung, die Anderes zur Kenntniss bringt, sich auch selbst in Kenntniss" (so antworte ich:) Wie das Auge die Gestalt u. s. w. nicht bloss, sondern auch das Licht selbst sieht, so giebt es auch Jemanden, der sowohl die Wahrnehmung als den (wahrgenommenen) Gegenstand sieht.

27. Du jammerst: „Leib, Sinne und Gemüth (Manas) sind mein Ich." Allein der Körper verliert ja alles Bewusstsein im Schlafe; eben so die Sinne; so weiss eines nichts vom andern. Uebrigens geht auch das Gemüth im Nu zu Grunde; daher weiss es nicht, was in den drei Zeiten vorgeht. Das was mit forschendem Verstande begabt ist, Leib, Sinn und Gemüth — dieses Dreies — kennt, das „Ich" klar von diesen drei Dingen unterscheidet, mit Hülfe des Manas über die Gegenstände reflectirt, sie auf dem Wege der Sinne erprobt und mittelst des Leibes wirkt, — das ist das wahre Selbst (Âtman).

28. „Weil vergangne Wahrnehmungen später mit dem Gedanken wieder auftreten: Ach, das habe ich einmal gewusst! so ist das was weiss die Wahrnehmung." Wenn du so behauptest, so antworte ich: Es sagt Jemand „Das zuvorgesprochne Wort sprach ich". Hat denn etwa der (blosse) Mund es gesprochen? Aehnlich ist es auch, wenn Jemand sagt: „Ich habe alle die Wahrnehmungen, die sich ergaben, mir angeeignet und weiss sie nun." Was ist denn das? Schau, das ist die Seele. Mit Hülfe des Manas, des Mundes und des übrigen Körpers nimmt sie wahr, spricht, handelt, und bleibt so als eine feste Basis der Wahrnehmung stehen.

29. „Es giebt eine doppelte Erkenntniss, eine auf dem Wege der Sinne, und eine im Innern entstehende; die eine geht unter und die andere taucht auf." Dagegen erwiedere ich: Leute,

wenn im Zustand des Wachens, wissen nicht genau zu sagen, wie sie's im Traume gesehen haben, noch sind sie sich, wenn im Zustand des Schlafes, dessen, was sie im wachen Zustand erfahren haben, genau bewusst. Ferner: Ein (von seiner Geburt an) Blinder kennt weder Gestalt noch Farbe. (Diess denn zeigt, dass die Seele nur mittelst der Sinne wahrnimmt.) Sprichst du „Nicht doch", so erinnre ich: Wenn ein bewusster Traum schwindet und das Bewusstsein hinstirbt und man dann (wieder) in Schlaf versinkt, so wird sich kein ordentlicher Zusammenhang herstellen. Allein sobald das Bewusstsein ersteht, nimmt die Seele beides den Traum und das Wachen wahr.

30. Wenn du sagst: „Zu Einer Zeit an Einem Orte kann nur Eine Wahrnehmung statt finden" so erwiedre ich: Nicht bloss Ein Ohr vernimmt den Schall, beide Ohren vernehmen ihn. Ferner: Zwei Augen, zwei Ohren und der innere Sinn sehen Jemanden, hören sein Wort und nehmen ihn auf diese Weise wahr zu gleicher Zeit. Ohne den innern Sinn nehmen die fünf Sinne nimmer wahr. Der einzelne Sinn mag e i n z e l n e Wahrnehmungen empfangen, aber die (durch die fünf äussern Sinne vermittelten) fünf innern Wahrnehmungen zusammen nehmen sie nicht wahr. Sie vermögen auch nicht zu unterscheiden. Das gehört dem innern Sinne zu. Das aber, was beide Arten (die äussern Sinne und den inneren Sinn) wahrnimmt, ist der Geist.

31. Wenn du sprichst: „Der gestaltlose (Geist) gewinnt (durch Vereinigung mit den fünf Sinnen) eine Gestalt und tritt nun in sechserlei Weise wechselnd, wechselnd bald hier und bald da auf" so antworte ich: Die drei Zustände des Jünglings-, Mannes- und Greisenalters entstehen nicht, indem er, (selbst) ohne einen festen Stand im Innern, mit der (äussern) Gestalt sich eint. Ferner: Wenn man einen Leib im Schlafe schüttelt und ruft, *woher* dann kommt das Bewustsein? Sprichst du „aus der Seele!" ei das Manas kennt wohl die Geschäfte der Sinne, versteht sie aber nicht zu wecken. Nicht von der Lampe, sondern vom Dochte hängt das Licht ab. Sag mir den Stand, wo zur Zeit der Ohnmacht das Bewusstsein feststeht.

32. Begier, Abscheu, Handeln, Lust, Betrübniss, Wissen — das alles sind Eigenschaften der Seele. Darunter ist Begierde das, wenn man zuerst eine Frucht mit Lust isst, dann eine andre von derselben Art sieht und nun in dem Gedanken „O diese Frucht ist gerade wie jene, die ich zuvor gegessen" sie begehrt. So ist es auch mit den übrigen Dingen, wie Abscheu u. s. w. Dieweil man von solchen Dingen nach wie vor eine Vorstellung hat, so muss Einer (d. i. ein Selbst) existiren. So setzen unsre grossen Philosophen; dein System aber verabscheuen sie.

33. Allen Dingen Weg und Raum schaffend, nimmer weichend, obgleich selbst weder Licht, noch Finsterniss, doch Beiden Platz gebend, von den unvergleichlichen Eigenschaften (der Ele-

mente) die des Tones besitzend, — so steht der Aether fest gegründet, während der Wind und die übrigen Elemente sich (auf ihm, als ihrem Substrate) entfalten und zusammenziehen. — Was die Seele anlangt, so haben wir bereits darüber gesprochen. Das, was man Zeit heisst, schafft in dreierlei Gestalt (Morgen, Mittag, Abend; — gestern, heute, morgen) Gutes und Böses: die Oertlichkeit dagegen, in der Gestalt der vier tadellosen Himmelsgegenden, selbstständig, unwankend vertheilt den Lohn (für die innerhalb der Zeit verrichteten Thaten).

34. Da die Welt in der Form des Gewirkten existirt, so muss es auch einen Hervorbringer jener Wirkung geben, — gerade wie bei einem Kruge und andern Gefässen. Das was in der Nordsprache über „Tugend, Reichthum, Lust und Erlösung“ handelt und den Menschen das (richtige) Wissen und Handeln an die Hand giebt, ist (heilige) Schrift. Leute von scharfem Verstand haben diese heilige Schrift je und je recitirt und so auf die Gegenwart (in ununterbrochner Folge) herabgebracht, so muss wohl Jemand von ausgezeichneter grosser Weisheit der ursprüngliche Offenbarer sein. Auch für unsre Handlungen brauchen wir einen (richterlichen) Zeugen. So muss denn wohl Siva existiren. Wisse das!

35. Du sprichst den Bäumen das Leben ab. Allein sie welken und wachsen, und darum sind sie allerdings belebt. Sagst du aber: Nein nein, wenn sie kein Wasser bekommen, so welken sie, und wenn sie welches bekommen, so gedeihen sie, darum sind sie leblos“ so erwiedre ich: Ei alles Leben aus dieser Welt wird gestärkt, wenn es Speise empfängt, und geht zu Grunde, wenn nicht; ein verwelkter Baum wird, wenn er auch Wasser bekommt, sicherlich nicht aufleben. (Du sagst vielleicht: „Der Baum ist ja ohne Organe.“) Auch der Embryo, das Ei u. s. w., worin das innere Leben verborgen ist, sind ohne feste Organe. (Sprichst du aber: Beim Embryo u. s. w. zeigen sich die Organe nachher), hier aber zeigen sich nie Organe. (Mag es so sein. Aber) der Baum wächst, blüht und bringt Frucht und so muss er auch Leben besitzen.

36. „Wenn in dem Baume Leben ist, — ei wird denn, wenn man einen Zweig abbricht und pflanzt, das vorhandne Eine Leben sich vervielfältigen?“ Ich antworte: Same, Wurzel und Zweig sowohl des Baumes, als das Auge der Kodikizhanku fängt, sich (mit der Erde) einigend, Leben. Du sagst vielleicht: „Was dasjenige erlangt, das in einem Ei, einem Stein [1]) und einem Mutterleibe entsteht, das erlangt auch das, was aus dem Boden herauswächst (Existenz nämlich), allein das Vermögen auf der Erde hinzuwandeln erlangt es ja nicht.“ O du Thor, können denn

1) Der Text hat Verpu und der Commentar Kal: beides heisst Stein. Sollte aber statt Verpu vielleicht Vêrvei (Schweiss, Feuchte) zu lesen sein?

fusslose Menschen auf der Erde hinwandeln? Es giebt eben sehr verschiedene Wesen.

37. „*Gestorbenes* essen ist keine Sünde." O Bauddha, der du so sprichst, höre! Weil man weiss, dass du's essen wirst, schlachtet man und bringt es dir zu essen, und so fällt man deinetwegen in Schuld, — denn für Nichtessende schlachtet man wahrlich nicht. Sprichst du: „Ei die Schuld haftet auf den Schlächtern" so frage ich dich: Was für eine Art von Askese übst du denn, dass diejenigen, die dich füttern, in Schuld fallen? Opferst du nicht selbst deiner Gottheit Fleisch? Dein eignes Fleisch verabscheust du als unrein und isst doch andrer Wesen Fleisch. Wenn's so hergeht, — was für einen Begriff hast du dann von Reinheit?

38. Wenn du sprichst: „Dem Schatten gleich, den ein Schirm wirft, dem Bilde gleich, das sich im Spiegel zeigt, wird der Intellect (immer wieder in einem andern Körper) geboren" so antworte ich: Wenn die Ursache schwindet (z. B. der Schirm), so schwindet auch der ihn begleitende Schatten (als Wirkung). Nun aber schwinden ja auch deine fünf Kategorien dahin. Wenn das der Fall ist, so wird auch dein (durch sie) zur Geburt gelangender Intellect zu nichte werden. Sagst du aber: „Mitten aus dem (schwindenden) Traume heraus entwickelt sich das Bewusstsein; so aus der (schwindenden) „That" (Karman) heraus resultirt auf dem Wege des Denkens die Geburt" so antworte ich: Wenn dem gedrängten Embryo, dem Blindgebornen, dem Eie das Leben ausgeht, was wird dann daraus werden? (Darum steht es fest:) That und Intellect verlassen nie die angeborne Körperform [1]).

39. Du nennst den allmähligen Untergang der fünf Kategorien „Fessel-Schmerz," den gänzlichen Untergang aber „Erlösungs-Wonne." Ei, wenn die fünf Kategorien dahinsterben, wer sind dann diejenigen, die der Seligkeit geniessen werden? Du antwortest: Besondre Geniesser giebt es nicht. Nun frag ich dich: Für wen ist denn die „Erlösungs-Wonne?" Wenn du sprichst: „Für den Intellect unter jenen fünf Stücken" so muss es eben einen unvergänglichen Intellect geben; dann müssen aber auch die (gesammten) fünf Stücke, als Gestalt u. s. w. für immer existiren. Daraus würde nun wieder ein Zustand der Fesselung resultiren und Schmerz schaffen. Du verstehst nichts von der „Erlösungs-Wonne!" Siehst du wohl?

40. Der Anfangslose, Freie, Höchste, Unerschütterliche, der Inhaber aller Weisheit, Macht und Gnade, lässt seine (gnä-

---

1) Die ursachende Körperform geht (auch im Vedânta-System) mit an den Ort der Belohnung und gewinnt nach Ablauf des Meritum oder Demeritum eine neue Gestalt. (Zuletzt freilich, beim Eintritt der vollen Erlösung, löst sich auch diese in das Brahma auf.)

dige) Macht einfliessen, allenthalben wo das Karman (Schuld und Verdienst) sich ohne ein Plus oder Minus genau ausgleichen, blickt (mit Augen der Huld) also darein, dass alle Unreinigkeit verzehrt wird, unterdrückt Manas und die übrigen Vermögen des Geistes, schenkt treffliche Weisheit, wie er selbst am besten verehrt werde, entnimmt mit hochgnädiger Hand (die Seele) der bittern Geburt und leitet sie zur Erlösung von unveränderlicher Süssigkeit. Das ist *unsere* Seligkeit.

Jogâtchârja:

Weil der Intellect als Stoff, als in die Erscheinung tretender Stoff sich von selbst erhebt, ferner weil der Intellect in Verbindung mit dem (sinnlichen) Eindruck (Vâsanâ) daherkommt, endlich weil der Intellect ohne Gestalt ist, so gleicht das Universum einem Traume. So lehrt der ganz ungelehrte verstandlose Jogâtchârja.

Der Sivait entgegnet.

1. Du sagst, es gebe neben dem Intellect auch einen Eindruck. So sprichst du denn von *zwei* Dingen: Intellect und Eindruck. Wenn du aber behauptest: auch der „Eindruck ist Intellect," so erwiedre ich: Nein, der Eindruck ist ein Gedanke, der erst dann entsteht, nachdem ein begehrlicher Contact mit dem Gegenstande stattgefunden. — Traum ist ein Gedanke, der wegen eines (im Wachen) gesehenen Gegenstandes kommt.

2. Wenn der Intellect zum Stoffe wird, so musst du dein eignes Ich Körper nennen. Dafern man den Geist Welt heisst, entsteht ein Mischding mit entgegengesetzten Eigenschaften. Wenn der vorhandene Stoff eine Gestalt annimmt, so wird auch der Intellect jene Gestalt annehmen, und der grobe Stoff wird zu Intellect, — einem schimmernden Crystalle gleich. [1])

Mâdhjamika:

Die Glieder (i. e. die leiblichen Organe) treten als Wesenheit auf; wenn sie authören, so ist Nichts mehr vorhanden, das sprechen könnte: Dies ist ein Ding! und so wird auch die Welt der Dinge zu nichte! Dieweil nun Glied (Organ) und Ding zu nichte werden, so wird auch das Wissen zu nichte. So spricht in seiner fehlerhaften Weise Mâdhjamika.

Der Sivait entgegnet:

1. Die Glieder (d. i. die einzelnen Theile) eines irdenen Gefässes u. s. w., — auch wenn man sie noch so sehr in Acht nimmt, — fügen sich nicht in einen gewebten Stoff u. s. w. —

---

1) Der Commentar bemerkt: Wie der Crystall, der mit einer Farbe aufs engste verbunden ist, als jene Farbe selbst erscheint, so erscheint der Intellect, wenn er sich mit einer Gestalt verbindet, als jene Farbe selbst.

und umgekehrt. (Ebenso disparat sind Materie und Geist.) Obschon du das enstehende Glied (des Leibes) hinwegnimmst, (der gliedbehaftete sc. Geist) bleibt doch. Ein Ding entsteht aus der Vereinigung von beiden. So existirt denn Stoff und Intellect.

2. Wenn auch die Sinne, der Ton (sammt den übrigen elementarischen Gegenständen) und die gesondert reflectirenden Vermögen vorhanden sind, wenn der wesenhafte Geist (Âtman) sich nicht damit verbindet, so wird sich auch eine Erkenntniss nimmermehr ergeben. Dafern sich aber der wesenhafte Geist damit verbindet, so entsteht Erkenntniss. Wo Erkenntniss ist, da ist Geist, und wo Geist ist, da ist Erkenntniss.

Vaibhâshika:

Wenn Safran und Pulver (von Kalk u. s. w.) sich mischen, so entsteht eine Farbe. In gleicher Weise kommt das weitverzweigte Universum zur Erscheinung, in dem Ding und Wissen sich mengen. Das musst du klar als die wahre Weisheit erkennen. Diess erkennend gelangt man mit Lust zur Seligkeit. So spricht Vaibhâshika.

Der Sivait entgegnet:

Das Ding ist äusserlich, das Wissen innerlich. Da ist keine Möglichkeit dass eins dem andern entgegenkommend sich mische, — falls du zu einer klaren Ansicht gelangst. Ausserdem aber ist das Wissen körperlos, das zu Erkennende aber körperfest; auch darum kann Beides sich nicht mengen. Eine weitere Antwort haben wir nicht für den Wirrkopf Vaibhâshika *).

---

*) Der Tamulische Text der obigen Schrift wird als Beilage in einem der nächsten Hefte mitgetheilt werden.

Zendstudien.

Von

Dr. Martin Haug.

(S. Bd. VII, S. 314 ff.)

Uebersetzung und Erklärung von Jaçna c. 44. (Schluss.)

Vers 9—20.

9. Diess will ich fragen dich, sag' es mir in Wahrheit, Ahura!
Wie ist der Glaube mir, den ich hoch heilig halten soll,
Den er verkündigen möge vor dem mächt'gen König?
Ein starker König ist der Deine, ein Gewalt'ger, Mazda!
In Reinheit und mit gutem Geist anzündend zur Verehrung.

10. Diess will ich fragen dich, sag' es mir in Wahrheit, Ahura!
Welches ist weitaus der beste Glaube,
Der mir der Erde Fluren rein erhalte,
Der durch Lieder und durch Opfer diess in Wahrheit schaffe!
Dich, o Mazda, verehren Gebete (Opfer) meiner Erkenntniss.

11. Diess will ich fragen dich, sag' es mir in Wahrheit, Ahura!
Wie Ârmaiti zu dem von euch gelange,
Dem wächst der Glaub' an dich, o Mazda!
Ich lass zuerst dich nun von diesen wissen;
Doch alle, die von schlechtem Geist', erspähe ich mit Hass.

12. Diess will ich fragen dich, sag' es mir in Wahrheit, Ahura!
Wer ist der Fromme, wer der Unfromme, wonach ich frage;
Ist er (irgend einer) ein Teufel wohl oder auch ein Engel?
Wann dich mit Macht anfällt ein Schlechter,
So büsse er es. [Dieser wird nicht für einen Teufel gehalten.]

13. Diess will ich fragen dich, sag' es mir in Wahrheit, Ahura!
Wie wollen wir von hier das Böse ganz vertreiben,
Vernichten die, die voll von Ungehorsam sind,
Die nicht die Reinheit ehren durch Befolgung,
Die nicht des guten Geists Gebete kennen?

14. Diess will ich fragen dich, sag' es mir in Wahrheit, Ahura!
Wie soll ich mich bemächt'gen des Verderbers,
Um zu ermorden ihn durch deines Lobes Lieder?
Indem ich spreche ein gewalt'ges kräft'ges (Lied) gegen
Frevler
Vernichte ich ihr Glück und ihre Macht.

15. Diess will ich fragen dich, sag' es mir in Wahrheit, Ahura!
Wenn du beherrschest dieses Land in Reinheit,
Dann kommt von selbst und ungeheissen Fett (d. i. Produkte
der Erde) hervor.
Durch jene heil'gen Worte, die du Mazda festigtest.
[Wo und wem schufst du diese von den Bäumen?]

16. Diess will ich fragen dich, sag' es mir in Wahrheit, Ahura!
Wer schlug den Vṛtra, zeigte an das Fett? Welches mir
Die Saamen sind, die gab ich den Geschöpfen; ehre das Gesetz!
Dann sei Erkenntniss des Gehorsams dem,
Den du, o Mazda, willst, wer es auch sei!

17. Diess will ich fragen dich, sag' es mir in Wahrheit, Ahura!
Wie ich soll gehn, euch zu lobpreisen, Mazda,
Soll gehn zu eurem Opfer, dass mir sei Wachsthum und Gedeihen;
Um zu geniessen Gesundheit und Unsterblichkeit.
[Jenes Lied, das ist ein Schatz an Reinheit.]

18. Diess will ich fragen dich, sag' es mir in Wahrheit, Ahura!
Wie soll in Reinheit ich diess Opfer spenden,
Zehn Pferde, männliche, und ein Kameel?
Dass mir o Mazda läutere die Gesundheit
Und Unsterblichkeit, [wenn ich es diesen spende.]

19. Diess will ich fragen dich, sag' es mir in Wahrheit, Ahura!
Wer dem diess Opfer Spendenden nicht giebt,
Wer diesem reingepriesenen nicht giebt,
Was ist der Lohn ihm dann dafür?
Er weiss wohl, dass ihm ist der schlimmste (geringste).

20. [Strafe, o Mazda, guter Herrscher, müssen dann die Dêwa's leiden.]
Diess will ich fragen, wer für sich durch Opfer ehrte
Eine Kuh, damit gegeben werde Macht und Weisheit
Dem König, dass er sich zum Ruhm erhebe.
[Nicht geben sie in Reinheit ein Gebiet zum Erbe ihm.]

Erklärungen.

V. 9. In der ersten Zeile ist die Verbindung des Relativs mit dem Nominativ des Hauptsatzes zu bemerken, wodurch der Satz eine kernhafte Kürze erhält. Es sollte voller heissen: kâ daênâ, jãm jaos jaoȝdânê; der Accus. jãm zu Anfang der zweiten Zeile ist aus der im Zend, wie im Sanskrit und Griechischen bekannten Attraction des Relativums zu erklären. — jaos ist mit jaoȝdânê dem Sinne nach eng zu verbinden; diese Fügung vertritt ganz die Stelle eines intensiven Verbums des Sanskrit; oder besser wir haben hier eine aufgelöste und äusserlich gewordene Intensivform. Das Intensivum ist nämlich eigentlich nur eine Wiederholung der ganzen Wurzel zur Verstärkung des Begriffs, wie eine strenge Untersuchung desselben zuletzt erweist [1]); die nähere Ausführung würde mich indessen hier zu weit führen.

---

1) Mit Recht hat diese Ansicht kürzlich auch Benfey ausgesprochen (Weitere Beiträge zur Erklärung des Zend p. 40 f.), wenn sie auch von Spiegel (Zur Interpretation des Vendidad p. 28 f.) in Zweifel gezogen zu werden scheint.

In dem ältern Jaçna-Dialekt kommen ebenso wie im Sanskrit häufig die eigentlich sogenannten Intensiva vor, man vgl. v. 11 dieses Capitels fra-vôividê (vôi = Skr. vê W. vid), v. 15 didereghjô (W. derez = dṛh); 32, 11 mâmoreñdan u. râreshjan (Ww. moreñd u. resh) u. s. w. Der zweite, spätere Dialekt zeigt bereits diese alterthümlichen kraftvollen Formen nicht mehr recht deutlich; er löst sie auf und macht aus der erstgesetzten Wurzel ein Substantivum, das der Declination unfähig ist, z. B. ghjare ghjareñtis (für ghjar-ghjareñtis oder ghjâ-ghjâreñtis, man vgl. das Vedische marmṛg Rv. IV, 1, 2, 19. 2, 5, 6. von der Wurzel mṛg); dieses Substantivum, wenn man es so nennen darf, ist indess nichts als die nackte Wurzel mit einem angehängten kurzen Vokal (a oder ĕ), den ich mit Benfey (Weitere Beiträge zur Erklärung des Zend p. 41) als Bindevokal betrachte. Denn nur als ein Intensivum dieser Art mit dem noch ursprünglichen Bindevokal a lässt sich z. B. fravâza-vazaiti (Vend. III, 100) ansehen. Aber gerade dadurch, dass die Präposition nur einmal und zwar nur vor der wiederholten Wurzel, der ausserdem noch die Accusativendung fehlt, steht, geben sich solche Bildungen noch als ächtere Intensiva zu erkennen und sind wohl von Fügungen, wie pairi karshem pairi karshôit und pairi daêzañn pairi daêzajên, die Spiegel (Zur Interpret. des Vendidad p. 29) damit zusammenstellt, zu unterscheiden. Solche Fügungen sind erst die spätesten Entwicklungen der Intensiva, wo die erstmals gesetzte Wurzel bereits zu einem vollkommen declinirbaren Substantivum geworden ist. Das in Frage stehende jaos-jaojdânê gehört, obschon im ältern Dialekt sich findend, zu den schon sich auflösenden Intensiven; eine solche Auflösung konnte hier sehr leicht eintreten, weil dem alten Dialekt die Zusammensetzung des so häufigen jaojdâ aus jaos + dâ noch klar sein konnte, da jaos noch ganz allein vorkommt (Jaçn. 43, 13). Dem Modus nach ist jaojdânê erste Person des Imperativs, die sich im Zend auf âni und ânê ohne Unterschied geendigt zu haben scheint. — Fragen wir nach dem Ursprung und der Bedeutung des jaojdâ, wofür auch die erweiterte Form jaojdath steht, so müssen wir auf das Vedische jôs zurückgehen. Dieses kommt gewöhnlich in Verbindung mit çam vor und bildet damit eine bestimmte Cultusformel, deren ursprünglicher Sinn sehr schwer zu bestimmen ist. Man sehe folgende Stellen: Rv. I, 14, 9, 7 suçarmâṇâ svavasâ hi bhûtam athâ dhattam jagamânâja çam jôḥ d. i. Ihr (Agni und Sôma) seid die gut schützenden, gut helfenden; daher verleiht ihr dem Opfernden Heil und Glück; I, 16, 1, 5: Bṛhaspatê sadam it naḥ sugam kṛdhi çam jôr jat tê Manurhitam tad îmahê d. i. Bṛhaspati! mache uns doch stets gutes Heil und Glück; was dir von Manus verliehen ist, darum bitten wir dich; I, 16, 9, 2: jać cham (çam) ća jôç ća Manur jêgê pitâ tad açjâma tava Rudra praṇîtishu d. i. Welches Heil und Glück Manus, der Vater, opfernd erfleht hat, dieses wollen wir durch deine

Führung, o Rudra! gewinnen! VII, 4, 14, 5: tena (scil. rathena) nah çañ jôr ushasô vjushṭâu nj Açvinâ vahataṁ jaġê asmin d. i. auf diesem (Wagen) bringet ihr, o Açvin, uns beim Aufglänzen des Morgenroths zum Opfer Heil und Glück. VIII, 5, 9, 8: çañ ća jôçća majô dadhê viçvasjâi dêvahûtjâi d. i. Heil und Glück und Freude verleiht er (Agni) für jede Gottesverehrung (jeden Gottesdienst); VIII, 8, 2, 15: Agniṁ dvêshô jôtavê nô gṛṇimasj Agniṁ çañ jôçća dâtavê d. i. den Agni lobpreisen wir, damit er abhalte von uns die Feinde; den Agni (lobpreisen wir), damit er uns Heil und Glück gebe. jôs allein stehend ohne çañ habe ich bis jetzt nicht finden können; wohl aber kommt çañ *Glück, Heil* sehr häufig ohne jôs vor, besonders Rv. VII, 3, 2, wo jeder Halbvers damit beginnt (man vgl. ferner VIII, 3, 6, 8 ff. 5, 9, 8. 8, 2, 15. IX, 1, 11, 3. 7.) und bildet sogar einen Superlativ çañtama in der Bedeutung *am glücklichsten, am heilbringendsten* (vgl. V, 3, 10, 1. VIII, 3, 1, 22. 5, 3, 15. 8, 5, 8. Vâl. 5, 5). Fragen wir nach der Bedeutung der Formel çañ jôs oder çañća jôçća oder çañ jôçća, so lehrt der Zusammenhang der angeführten Stellen, dass sie den Sinn von *Heil, Glück* haben muss. Die Indischen Scholiasten leiten jôs gewöhnlich von der Wurzel ju *abwehren* ab und deuten es durch jâvanam scil. bhajânâm (Abwehrung der Schrecken); so Nir. IV, 21. Aber gegen diese Erklärung streitet die Bildung; denn jôs ist ein uralter Genitiv zu çam und steht nur in Beziehung zu diesem Wort; bloss durch Misskennung dieses Verhältnisses der Unterordnung konnten beide Wörter von einander durch ća getrennt werden. Eine Uebersetzung „Glück der Abwehrung", wie man sie nach der Deutung der Scholiasten machen müsste, würde aber keinen passenden Sinn geben. Das ju ist indess wahrscheinlich ein uraltes Wort für *Geschlecht, Familie, Sippe*; Spuren dieser Bedeutung finden sich noch in der W. ju *verbinden*, jôni *Heerd, Haus*, in übertragener Bedeutung *der Mutterschooss*, jôshâ *Weib*, jôshit id. beides eigentlich die zu einer Sippe Gehörige; vielleicht ist auch juvan, juvati *jung* hieher zu ziehen, insofern die einem Geschlecht Entsprossenen im Verhältniss zu diesem als die Jüngern, d. i. als Kinder zu den Aeltern gedacht werden konnten. Eine weitere Bestätigung dieser Erklärung scheint darin zu liegen, dass dieses çañ jôs von der Sage auf Manus, den Vater des Menschengeschlechts, zurückgeführt wird (Rv. 1, 16, 1, 5. 9, 2); denn der Segen, der dem Geschlecht gilt, wird passend als von dem Stammvater ausgegangen betrachtet. Çañ jôs heisst nach dieser Untersuchung nun *Heil des Geschlechts!* oder *Heil dem Geschlecht!* und war eine alte allgemein übliche Lobpreisungs- oder Segnungsformel. Später wurde ihre bestimmte Beziehung auf das Geschlecht, sobald ju seine ursprüngliche Bedeutung verlor, immer mehr verdunkelt, und als ein Ausdruck für Glück überhaupt angesehen. Diese Verdunklung der ursprünglichen Bedeutung muss uralt sein; denn schon in den ältesten Stücken des Avesta kommt jaos ohne çaṃ allein in dem Sinne von *Glück* vor (Jaçna 48, 13: jaos daregahja *langen Glücks*), welcher ursprünglich nur in çaṃ lag. Davon ist abgeleitet jaosti (Jaçn. 38, 2) *Lobpreisung*; am gebräuchlichsten aber sind die verbalen Zusammensetzungen jaoǵdâ und jaoǵdath eigentlich *Glück, Heil machen*, d. i. *heilig halten, verehren*, welche Bedeutung das Wort an unserer Stelle hat; später nimmt es dann die Bedeutung *reinigen* an, was sich ganz aus dem Geist der Pârsireligion erklären lässt; denn das Heilige ist ihr nur das Reine. — Die Genitive hudânaos khshathrahjâ sind abhängig von daênâ, *Glauben, Religion.* hudânu, dem das Vedische sudânu *gute Gaben habend* (Beiwort der Götter, z. B. der Marut's Rv. I, 4, 4, 2. 8, 5, 10.), sowohl der Form als der Bedeutung nach vollkommen entspricht, findet sich noch ausser unserer Stelle Jaçn. 31, 16. hudânus khshathrem, 53, 3. Ârmatôis hudânu-vareshvâ in den *gute Gaben spendenden* Kreisen der Erde; im Ormuzd-Jescht v. 15 wird hudhânus (nur ungenaue Schreibweise für hudânus) und sein Superlativ hudhânustemô unter den Namen (eher Prädikaten) des Ormuzd, die Zarathustra hersagen soll, aufgeführt. Die Verbindung daênâ hudânaos khshathrahjâ bezeichnet den Glauben (den Mâzdajâçnischen nämlich) als den Spender des irdischen Glücks und Wohlergehens; khshathra ist eigentlich *Wohnung* (W. kshi *wohnen*), woraus sich der Begriff *Herrschaft* erst durch die Anschauung der Wohnungen als fester Sitze, von wo aus ein wenn auch noch so kleiner Bezirk beherrscht wurde, entwickelt hat; später wurde das Abstractum zu einem Concretum und bezeichnete den *Herrscher*; so ist das Wort schon aufzufassen in dem Namen des Amshashpand Khshathra vairja (guter Herrscher). — paitis-çaqjât Optativ der 3ten Person Singularis der W. çaq *mächtig sein* + Präposition paitis, welches nur eine vollere Form für paiti ist; in den Keilinschriften treffen wir sie als patish, Pârsi pataś, Neupers. پیش (pêsh). Die Grundbedeutung der Präposition paiti, Skr. prati, die eigentlich nur ein Abstractum der Präpos. pra *vor* ist und das *Vordere* bezeichnet, ist *vor einem, angesichts* eines (Latein. coram), woraus dann die Bedeutung *in Bezug auf*, dann blos *zu*, *auf*, *gegen* etc. sich erst entwickelt hat. In den mit paiti oder voller paitis zusammengesetzten Verben drückt diese Präposition entweder eine deutliche oder versteckte Beziehung auf den Gegenstand aus, auf welchen die Thätigkeit des Verbalbegriffs gerichtet ist; so heisst z. B. paitis-mareñti (Jescht VIII, 5. 41. 48.) *anrufen*, eig. vor ihm (dem Stern Tistrja) rufen. An unserer Stelle geht paitis auf hudânaos khshathrahjâ, aber ohne dass diese Fügung unmittelbar von ihm abhänge; der Sinn ist vielmehr: Wie soll ich den Glauben, der irdisches Glück spendet, ausüben, dass er in Bezug darauf mächtig sei, d. i. dass er dieses Glück recht fördere? — ereshvâ khshathrâ — mazdâ ist als Interjectionalsatz zu fassen; die Copula fehlt. Dem ereshvâ entspricht lautlich ganz das Vedische ṙshvá. In den Nighant. (3, 3) ist es unter den mahannâmâni aufgezählt; es findet sich öfter neben bṙhat *gross, mächtig*, z. B. Rv. 1, 6, 2, 9 vom Wind, VII, 5, 7, 6 vom Reichthum, VII, 5, 16, 1 und 6, 10, 2 vom Himmelsgewölbe; ohne bṙhat I, 11, 7, 2: ṙshvâsa ukshaṇaḥ (*die starken Ochsen*) Vâl. 2, 7 von den Pferden des Indra; Nir. 7, 6 von dem Arm. Aus allen diesen Stellen geht deutlich hervor, dass ṙshvá so viel als *gross, stark, gewaltig, mächtig* bedeutet. Aber wie gelangen wir durch die Etymologie zu dieser Bedeutung? Die W. ṙsh *gehen*, die am nächsten liegt, giebt keinen passenden Sinn; ebensowenig können wir ṙshi *Seher, Dichter* herbeiziehen. Am besten fasst man es als eine Verstümmlung von einem vṙshva (vgl. vṙshan *Stier*, dann allgemeiner blos *stark, mächtig*) mit Wegfall des Anlauts, eine Erscheinung, die in der Vedischen Sprache nicht selten ist. Diese Bedeutung *stark, kräftig* lässt sich für das entsprechende Zendische ereshvâ auch im Avesta oder eigentlich nur im Jaçna nachweisen. Jaçn. 28, 7: vohû gaidî manaṅhâ dâidî ashâdâo daregâjû ereshvâis tû ukhdhâis Mazdâ Zarathusthrâi aoǵôṅhvat rafenô ahmaibjâćâ ahurâ jâ daibishvatô dabaishâo taurvajâma [1]), d. i. Sprich mit frommem Sinn: Gieb Reinheitspendender, Ewiger, du Mazda! dem Zarathusthra durch kräftige Worte grossen (mächtigen) Sieg und (verleih) uns, Ahura, dass wir die hassenden Hasser überwinden mögen. 29, 3: paiti-mravat avaêshãm nôiṭ vîdujê jâ shavaitê âdrẽng ereshvâoṅhô [2]) d. i. Er antwortete nichts von denen zu wissen, die auspressen die starken Steine (mit den Steinen). 51, 5: viçpâ tâ pereçãç jathâ ashât haćâ gãm vîdaṭ vâçtrjô skjaothanâis ereshvô hãç hukhratus nemaṅhâ [3]) d. i. Alles dieses betend gewann der Landmann in Folge der Reinheit die Erde (den Ertrag des Feldes) er der stark ist durch den Opferdienst, einsichtsvoll durch die Lobpreisung (Gottes). — açistîs ein *ἅπαξ λεγόμενον*, das sich nur auf etymologischem Wege erklären lässt. Es ist ein Abstractum, gebildet durch das a privat. und die Endung ti von der Wurzel çîsh = Skr. çiksh *lehren*. Im Jaçna findet sich der Optativ (Potentialis) çishôiṭ 43, 3: at hvô vaṅhẽus vahjô nâ aibî ǵamjât jẽ nâo erezûs çavaṅhô pathô çîshôiṭ d. i. Doch der bessere Mann mag selbst gehen zu dem Guten, dass er uns lehre die richtigen Wege des Heils (zum Heil); ferner das Participium perfecti passivi mit dem

---

1) dabaishâo Acc. plur. eine vollere Aussprache für das Vedische dveshaḥ *Feindschaft, Feind*. taurvajâma 1ste Person Pluralis des Causat. der W. turv *überwinden, besiegen*.

2) Dieser Vers wurde schon einmal von mir besprochen (Zeitschr. VII. S. 512. Nr. 1); ereshvâoṅhô ist als Accus. Pluralis zu fassen und eng mit âdrẽng zu verbinden; eine Bezeichnung des Sôma ist es hier nicht, wie ich irrig vermuthete.

3) gãm kann auch mit *Kuh* übersetzt werden, wozu das Vedische gôvid Kühe findend d. i. gewinnend, ersiegend leicht verleiten kann.

a privativum açîstem 34, 4: aṭ tôi âtarĕm ahurâ aoǵôñhvañtem ashâ uçemahî açîstem ĕmavañtem çtôi-rapeñtem ćithrâ-avañhem d. i. Nun verehren wir, Ahura, in Reinheit das Feuer, das starke, unbeugsame (eig. das keine Unterweisung annehmende), mächtige, das geschlecht-erfreuende, saamenstarke; das Subst. çîshâ *Lehre* 28, 2: tvĕm mazdâ ahurâ frô mâ çîshâ thwahmâṭ vaoćañhê d. i. Du, Ahura Mazda, redest zu mir wegen deiner Lehre (von deiner Lehre). Steht nun für çîsh die Bedeutung *lehren* fest, so ist açîstîs eigentlich *der Zustand des Nichtgelehrtseins*; was keiner Unterweisung bedarf, hat das Wissen in sich selbst. Da Ahura Mazda passend als das Wesen aufgefasst werden kann, das keiner Lehre bedarf, sondern vielmehr der Urquell alles Wissens und aller Lehre ist, so lässt sich açîstis durch *Grund* der Lehre oder *des Wissens, Selbstgelehrsamkeit* übersetzen. — Der Satz von bademôi — manañhâ ist ein Interjectionalsatz. hademôi Dativ von hadema, was dem Sanskritischen sadman *Sitz, Wohnung* entspricht. Dieses bedeutet in den Veden öfter bestimmter *den Opferplatz, die Opferstätte* Rv. VII, 2, 11 sadman ni çiçâti barhiḥ, auf den Opferplatz wirft er nieder das Barhis (die heilige Streu) und v. 22 desselben Liedes: hôtêva sadma parj êmi rêbhan, wie der Priester umwandle ich preisend die Opferstätte. Eben diese Bedeutung lässt sich auch für das in Rede stehende hadema erweisen. Man vergleiche ausser unserer Stelle Jaçn. 46, 14: jĕñg-çtû mazdâ hademôi minas ahurâ tĕñg zbajâ vañhĕus ukhdhâis manañhô d. i. welche du für die Opferstätte geschaffen hast, Ahuramazda, die will ich verehren in Worten guten Geistes. Jedoch können wir an dieser Stelle auch die allgemeinere Bedeutung *Verehrung* annehmen. In dem Sinne von *verehren* wird pari-sad *umher sitzen* oft in den Veden gebraucht. — skjãç ist Nomin. part. praes. des Causale der Wurzel çuk, Skr. ćuć *leuchten* (noch erhalten im Neupersischen سوختن sûkhten *brennen*) und steht für çukajãç, also der leuchten machende, der anzündende, d. i. der fromme Verehrer des Feuers. Ebenso ist çaoskjãç (s. hierüber meine Bemerkungen in der Recension von Spiegel's Pârsi-Grammatik in den Göttinger Gel. Anzeigen 1853) das Part. praes. des Intensivums und steht für çaosukajãç, der immerfort eifrig anzündende d. i. der ausserordentlich fromme Verehrer des Feuers, deren es nur wenige giebt, wie z. B. Vîstâçpa. In den Veden entspricht çoçućânaḥ (Rv. III, 2, 3, 1) oder çuçućânaḥ (IV, 1, 1, 3. 3, 1, 8) *leuchtend, brennend*, von dem Heerdgotte Agni gebraucht. Hieher gehört auch skjaothana ein von einem Adjectiv çukaju *leuchtend, glänzend* oder eher *Leuchtung wünschend* oder *erregend* durch die Endung tana abgeleitetes Substantiv eig. *die Leuchtung*, der Zustand des Brennens, Leuchtens; da gerade das Hervorrufen dieses Zustandes einen Haupttheil der Pârsischen Religionsübung ausmachte, so konnte dieses Wort eine allgemeinere Bezeichnung für *heilige*

Handlung, Opfer werden [1]). Desgleichen Stammes ist auch Çaoka, Name eines weiblichen Genius im Vendidad eig. *die Flamme.*

V. 10. tãm daênãm (Acc.) ist unmittelbar abhängig von vaoća (sage). hâtãm Genit. plur. von hât, fast nur in diesem Casus vorkommend. Der Acc. findet sich jedoch Jaçn. 32, 6. Ganz deutlich ist der Sinn dieses Wortes in dem bekannten und so unendlich angeführten Gebete jêńhê hâtãm, das aus Jaçn. 4, 26 aufbewahrt ist; es heisst:

jêńhê hâtãm âaṭ jêçnê paitî vaáhô
mazdâo ahurô vaêthâ ashâṭ haćâ
jâońhãmćâ tãçća tâoçća jazamaidê.

Von allen Gütern, welche der Verehrung
Ahura mazda würdig weiss der Reinheit halber,
Von denen verehren wir die und die. (Die genauere
Angabe der zu verehrenden guten Dinge fehlt.)

Wörtlich übersetzt heisst es: Wessen der daseienden Güter (Acc.) Ahura mazda dann für die Verehrung (würdig) erkennt der Reinheit wegen, deren (von denen) wollen wir *die* (masc.) und *die* (fem.) verehren. hâtãm dient hier nur zur Verallgemeinerung des Begriffs; wessen von den daseienden ist nur *wessen es auch sei* oder *welcherlei Art es auch sei.* Diese Bedeutung, die sicher ist, führt uns auch auf die Etymologie. Es ist nämlich das Part. praes. der Wurzel as *sein* und entspricht ganz dem Vedischen sat, das sich indess nur in der Form satas, die man als Gen. sing. oder Nom. Accus. plur. fassen kann, findet. Jâska (Nirukt. 3, 20.) erklärt es durch prâptasja tirastîrṇam (was jenseits des Erreichten liegt d. i. *fern*). Ein Adverbium kann es indess nicht sein, wie schon Roth (Erläuterungen S. 35) kurz bemerkt hat. Die im Nirukta aus Rv. VII, 6, 15, 21 angeführte Stelle: abhîdu çakraḥ paraçur jathâ vanaṁ pâtrêva bhindant sata eti rakshasaḥ ist zu übersetzen: der Mächtige (Indra) geht los auf das daseiende rakshas, wie die Axt das Holz spaltet, wie (sie) die Trinkschale (spaltet d. i. durch spalten verfertigt). Häufig findet sich in den Veden auch der Ausdruck satpati von Indra, Agni u. s. w. (Rv. VIII, 1, 2, 38. 2, 6, 8. 18. 3, 7, 36. 4, 1, 10. X, 5, 5, 1. VI, 1, 18, 3 und sonst noch oft); man übersetzt ihn am besten durch *Wesenherr* (Herr über das Seiende). Man könnte indess gegen die Identifizirung des hât mit sat das lange â des erstern geltend machen; jedoch findet eine solche Verlängerung im Zend öfters statt; vgl. hâget (Jaçn. 58, 1.) von der W. hać Skr. saé. — gaêthâo Acc. plur. von gaêtha wird gewöhnlich *Welt* übersetzt, indem man sich auf das Neupersische گیتی (gêtî) *Welt* stützt. Dass diese Uebersetzung aber irrig ist, zeigt unsere

1) Die Ableitung Burnouf's von einem angenommenen skjut, das einem Skr. ćjut *tröpfeln* entsprechen soll, lässt sich auf keine Weise rechtfertigen und ist ganz entschieden zu verwerfen.

Stelle deutlich, sowie andere Stellen des Jaçna z. B. 46, 12: Ârmatôis gaêthâo frâdô thwakhshanhâ; ferner mehrere Stellen im Vend. farg. 13, wo es Spiegel mit Hürde übersetzt, diese Bedeutung wohl nur aus dem Zusammenhang errathend. Diess kann man doch nicht übersetzen: Du schufst der Erde *Welten* durch die Schöpfung. Man kann leicht sehen, dass die gaêtha's Abtheilungen der Erde sind und wohl einen ähnlichen Begriff ausdrücken, wie in der spätern Pârsischen Kosmologie die Vare's (dieser Name kommt indess auch schon im Jaçna vor; s. meine Abhandlung über die Altpersischen Wörter des A. T. in Ewalds Jahrbüchern der Biblischen Wissenschaft Bd. V s. v. פַּר). Früher (Zeitschr. VII, S. 322 n. 1.) leitete ich das Wort von gâ ab; diese Ableitung ist jedoch falsch, und ich will nun versuchen eine neue und bessere zu geben. Zuerst fragt sich, ob die Form gaêtha nicht eine verkürzte ist. Da aê oft einem Sanskritischen aja entspricht, so liegt die Annahme nahe, dass es ursprünglich gajatha gelautet hat. Diess dürfen wir um so eher annehmen, als wir auf diesem Wege zu einer sichern Ableitung gelangen. Es ist nämlich eine Abstractbildung mittelst des Suffixes tha, was im Vedischen Sanskrit wie auch im Zend häufig angewendet wird, von gaja das sich sowohl in den Veden, als im Avesta findet. In den Nighant. ist gája als apatjanâma Name für Nachkomme (2, 2.), als dhananâma (2, 10.) und gṛhanâma (3, 4.) aufgeführt. Alle drei Begriffe (Kind, Reichthum, Haus) finden wir in dem Wort *Habe*, *Besitzthum* vereinigt. Diese passt auch ganz in den Zusammenhang der Vedenstellen, in denen sich dieses Wort findet. VII, 2, 2, 1: jaḥ çaçvatô adâçushô gajasja prajantâsi sushvitarâja vedaḥ d. i. der du (Indra) das Besitzthum der Habe (d. i. Habe überhaupt) eines jeden Unfrommen dem reichlich Spendenden (d. i. dem Frommen) zutheilst; vgl. ferner VIII, 4, 4, 22. IX, 1, 23, 3. In dem uralten Siegesliede VII, 2, 1. bedeutet es v. 13 *Beute* (die erbeutete Habe). Der Ableitung nach ist es auf die W. ǵi *siegen* zurückzuführen; der Palatal ǵ ist in ihr eben so unursprünglich, wie die Bedeutung; das ǵ ist immer erst aus g erweicht und der Begriff *siegen* hat sich erst aus dem allgemeinern *erwerben*, *besitzen* entwickelt; da in jenen Urzeiten nämlich der meiste Erwerb im Raube bestand, den man erst durch Sieg gewinnen musste, so lag die Bedeutung *siegen* nahe. Im Avesta lässt sich ebenfalls die Bedeutung *Habe*, *Gut*, *Besitzthum* nachweisen. Vend. farg. 2 p. 15 l. 1 ed. Spiegel: taêća narô çraêsta gaja ǵvaiñti aêtaêshva varefshva jô Jimô kerenaot d. i. Diese Männer leben im besten Besitzthum (im grössten Wohlstand) in diesen Bezirken, die Jima machte. Jaçn. 13, 7: budhâoñhô gajêqjâća marathnô ashaonô fravashim jazamaidê [1]) d. i. Wir verehren

---

1) marathna ist ein Abstractum von der W. mar = mṛ *sterben* durch thana gebildet und *bezeichnet* das ganze Menschengeschlecht. Hier wird gaja

des Gutes spendenden Besitzthums des reinen Urmen-
, 3: athâ tû nē gajaççâ açtentâoçcâ qjâod.i.dann mögest
a) unsere Habe und sicherer Besitz sein (açtentà ein
m, durch das Suff. tà und das a privat. von der W.
len abgeleitet, eig. die *Nichtgestohlenheit* d. i. die feste
;liche Habe, die nicht genommen werden kann). 51, 19:
dâtâ mraot gajêhjâ Mazda d. i. sprach Gesetze des Besitz-
d. i. er gab Gesetze in Betreff des Vermögens. Eine öfter
kehrende Redensart ist qahê gajêhê qanvatô ameshahê (Jaçn.
Jescht VIII, 11. X, 55. 74.). Burnouf erklärt es hier
örper; indess ist diese Bedeutung eigentlich nur aus dem
und Zusammenhang des Satzes errathen und stützt sich auf
keine sichere Grundlage. Sie passt auch nur in der ange-
rten Jaçna-stelle; für die übrigen gibt sie keinen passenden
nn (diese fügen auch noch das Prädikat upathwarstahê bei).
s heisst auch nur *Habe*, *Besitzthum*. Die Stelle ist eine Remi-
iscenz aus einem alten Homaliede und schildert das glänzende
unvergängliche Besitzthum dieses so gefeierten Homa. Nachdem
nun die Bedeutung das gaja sicher gestellt ist, so wollen wir
auf das für gaêtha als ursprünglich angenommene gajatha zurückkommen. Dieses hat einen etwas bestimmtern Sinn; es bezeichnet nämlich das Besitzthum auf dem Felde, die grössern
durch Marken abgetheilten Güterstücke. So gelangen wir in die
Urzeit unseres Stammes, wo die Heimath, der Bezirk um den
gemeinsamen Heerd, in der Aramati und Ârmaiti personifizirt, in
grössere Stücke (die gaêtha's), deren jedes einer besondern Familie angehörte, getheilt war. Alle Familien schaarten sich um
ein Heiligthum (das áram, *Heerd*) und die einzelnen Individuen
nannten sich arja's d. i. Genossen *eines* Heerdes; ihre Nachkommen sind die Ârja's d. i. Söhne der Heerdgenossen. Alle beschützte ein gemeinsamer Gott, Arjaman d. i. der Gott der Heerdgenossen, dessen Gedächtniss nicht bloss in den Vedischen Âditja
dieses Namens und in einem guten Gotte des Avesta, Airjamnô
fortlebte, sondern auch in dem von den alten Sachsen hochge-
feierten Gott Irmen und in dem Armenischen Stammheros Armên als
eine Erinnerung an die Urzeit unseres Stammes erhalten ist [1]). —
frâdôiț Optativ (nur im Sinn eines *abhängigen Modus*) der Wurzel
dâ = dhâ setzen, schaffen. Mit der Präpos frâ = pra *vor* hat sie
die Bedeutung *fortschaffen* d. i. *erhalten*, *fördern*. dôit, dem im
Sanskr. dêt entsprechen würde, ist aus dâjat erst zusammenge-

---

in gajêqjâ (Gen. für gajêhjâ = gajêhê) noch besonders flectirt, was deutlich beweist, dass man es mit dem nachfolgenden marethnô zuerst nicht unmittelbar verband; denn um es kurz zu sagen, aus gajô-marethna d. i. das *Menschengeschlecht* als *Besitzthum habend* ist Kajomors, der Urvater der Menschen in der spätern Sage entstanden.

1) Ueber Arjaman gedenke ich nächstens in einer besondern Abhandlung ausführlich zu reden und die hier kurz vorgetragene Ansicht zu begründen.

zogen. Man vergleiche frâdô 2te Person des sogenannten zweiten Aorists Jaçn. 34, 14: taṭ zî mazdâ vairîm açtvaitê ustânâi dâtâ vañhêus skjaothanâ manañhô jô zî gêus verezênê azjâo; khshmâkãm huciçtîm ahurâ khratêus ashâ frâdô verezenâ [1]); d. i. dieses Gute (Lohn) ist dem Dasein verliehen (von dir), Mazda, durch Gottesdienst mit frommem Sinn, der du antreibst zur Verherrlichung der Kuh, (der) du eure gute Erkenntniss durch die Macht des Verstandes förderst in Reinheit. — hucemnâ Instrumental des medialen Particips der W. hac ist mit skjaothanâ zu verbinden; beide beziehen sich dann auf ukhdhâis, so dass wörtlich zu übersetzen ist *durch die den Worten folgende gottesdienstliche Handlung* oder durch *die von Worten begleitete Ceremonie.* Der Sinn ist: Wenn Ahura mazda durch heilige Lieder und das Anzünden und Verehren des reinen Feuers (diess ist eigentlich skjaothana) verehrt wird, so schützt er die Fluren seiner Verehrer vor allen schädlichen Einflüssen böser Naturmächte. — eres daidjat ist dem ashâ fradêiṭ der vorhergehenden Linie ganz analog und hat eigentlich dieselbe Bedeutung. eres ist ebenso adverbial zu fassen wie ashâ (Instrumental) und bedeutet *gerade, in Wahrheit* vgl. Skr. ṛgu (diesem entspricht indess erezu am nächsten) *gerade, richtig;* eres ist daraus durch häufigen Gebrauch verdorben; im Latein. entspricht rec-tum. daidjat ist eine Optativform der erweiterten Wurzel dad = dath (aus dâ) *fortschaffen, fördern.* — Der Satz maqjâo his mazdâ ist zwar durch keine Partikel mit dem vorhergehenden verbunden, hängt aber doch dem Sinn nach eng damit zusammen. Wenn der Glaube an Ahura mazda solche segensreiche Wirkungen für die Fluren hat, so werden die Einsichtsvollsten ihn auch am meisten verehren. maqjâo ist gen. sing. des weiblichen Possessivums der ersten Person: *meiner,*

---

1) ustâna bedeutet *Dasein, Leben* überhaupt von ut + sthâna. Das Prädikat açtvat hebt den Begriff des Daseins nur strenger und entschiedener hervor und könnte etwa durch *wirklich* wiedergegeben werden. Das vairîm bezieht sich auf das mîżdem (Lohn) des vorhergehenden Verses. Für jôi (nom. plur.) ist sicher jô (nom. sing.) zu lesen. verezênê Dativ von verezêna, einer Substantivbildung der Wurzel verez, die nicht wie Burnouf thut, mit Skr. vṛh, dessen Bedeutung *wachsen* zudem gar nicht passen würde, sondern mit der Vedischen Wurzel bṛh, *schütteln, streuen* (daher barhis die Opferstreu) zusammenzustellen ist. Die allgemeinere Bedeutung *thun, handeln,* die verez im Zend unzweifelhaft hat, ist erst aus der speziellen sacralen *die Opferstreu schütteln*, entstanden. In den von dieser Wurzel abgeleiteten Nominibus tritt der Begriff des *Starken, Grossen* auf, vgl. bṛhat = berezat, verezena = Ved. bṛhanâ (nur in dieser Instrumental-Form gebraucht) *Grösse, Stärke, Macht.* Diese Bedeutung ist aus der Anschauung der Kraft, die zum Schütteln der Opferstreu erfordert wurde, geflossen. Diese interessante Wurzel in alle ihre Derivata zu verfolgen, verbietet mir hier der Raum. — Die Kuh spielte in dem Altarischen Cultus die grösste Rolle. Im Avesta ist häufig gêus urvâ *Kuh-seele* angerufen, die gleichsam als das lebende Princip der irdischen Schöpfung betrachtet wurde; daher konnte das daraus entstellte Neupersische گوهر (gewher) die Bedeutung *Natur* annehmen.

dessen Nom. nicht vorkommt; man vgl. maqjâo istôis J. 46, 18. maqjâo ashôis 50, 9; ganz gleiche Bildungen sind thwaqjâo 48, 8 von der zweiten und qaqjâo 33, 14 von der dritten Person. Für îstis liest man mit K 6 richtiger îstîs und fasst dieses als nom. plur.; denn der plur. verb. uçên verlangt fast nothwendig einen nomin. plur. uçên 3te pers. plur. impf. von W. vaç, die im ältern Jaçna öfter vom *verehren* gebraucht wird. îstis ist nämlich ein Abstract. der W. jaz, jaç Skr. jaǵ *verehren* (durch Opfer). M. vgl. 32, 9. îstîm ganz parallel mit hâitîm (Ved. sâti *Gabe, Spende* von der W. san, spenden) *Gabe, Opfergabe*; 34, 5: kâ îstis akjaothanâis, welches (ist) die Verehrung durch (in) heilige Handlungen? In den Veden entspricht ishṭi *Opfer*, häufig im Dativ ishṭajê (Rv. I, XI, 1, 2. I, 16, 7, 1. I, 16, 8, 5.).

V. 11. tēñg Accus. plur. masc. des Demonstrativstammes ta. Die Endung des Accus. plur. auf ēñg ist nur dem ältern Dialekt eigen und findet sich in diesem unendlich häufig bei den Demonstrativ- und Relativpronominen, den Adjectiven und Substantiven auf a. Sie scheint durchgängig masculiner Art zu sein. Den Lauten nach entspricht sie ganz dem bekannten Vedischen Accus. plur. masc. âñs, der sich auch noch im Gothischen erhalten hat. Das ē steht nämlich in dem ältern Dialekte häufig einem Sanskritischen â gegenüber, und das g ist eine Verhärtung des h, das gewöhnlich dem Sanskrit. s entspricht. — vē in dem spätern Dialekt vâo = Skr. vas, angelehntes Pronomen der 2ten Person Pluralis, wie nē = nâo ist, das dem Sanskritischen nas entspricht. — Die Präposition â ist mit dem ǵamjât (eine Conjunctivform der Wurzel ǵam = gam gehen) eng zu verbinden, welche Zusammensetzung den Sinn von *herzukommen* hat. — vashêtê, wofür die Varianten vashjêtê bieten, ist 3te Person sing. praes. medii der W. vash = vaksh *wachsen*; das ê vor tê ist aus der im Zend so häufigen Assimilation der Vokale zu erklären. — thwôi = tvê Locat. des Pronomens der zweiten Person. Der Sinn der Stelle ist: Wie mag wohl der Schutzgeist der Erde denjenigen von euch (darunter sind die opferdarbringenden Menschen gemeint) sich nahen, deren Glaube an Ahuramazda immer wächst? Um diese Worte zu verstehen, muss man sich an die uralte Arische Sitte erinnern, die Götter in Liedern zum Opfermahle einzuladen mit den Worten *komm herzu!* (â gahi). Denn davon, dass die Götter das Opfer, das ihnen die Menschen willig darbringen, kosten, hängt die Wirkung desselben ab. Wenn Ârmaiti zum Opfer kommt, so giebt die Erde reichlichen Ertrag; sie naht aber blos denen, die an die himmlischen Lichtgeister glauben, an deren Spitze Ahuramazda steht. — fravôivîdê 1ste Person des Intensivums der Wurzel vid *wissen*. Da das Intensiv häufig causative Bedeutung hat, so heisst es wissen lassen d. i. *anzeigen*; nur so lässt sich der dabei stehende Dativ tôi (Skr. tê) *dir* erklären. — âis ist Instrumental plur. des Demonstrativstammes a.

und im Sinn von *wegen dieser*, *über diese* zu fassen; es bezieht sich auf die im vorhergehenden Satze genannten Gläubigen an Ahuramazda. Die sprechende Person ist wohl Ahuramazda selbst; der Angeredete ist der Dichter des Liedes. Wenn der Dichter fragt, wie Ârmaiti zu denen kommen könne, die eifrig den Ahuramazda verehren, so will er zunächst wissen, wer diese Verehrer seien. Nun wird der Gott redend eingeführt mit den Worten: ich will dir über *diese* Anzeige machen. — Der letzte Satz des Verses von viçpêñg — dvaêshañhâ gehört noch zu den Worten des Ahura mazda; nicht bloss über seine Verehrer will er dem Dichter Auskunft geben, sondern auch alle, die schlechten Sinnes sind, will er erspähen, aber nicht mit Güte, sondern mit Hass. Westergaard schreibt añjêñg mainjêus, was man mit *andere an Geist*, das ist dem Zusammenhange nach *verkehrte*, *schlechte* übersetzen müsste. Diese Deutung wäre indess viel zu vag und unbestimmt. K 4 hat añgrêñg und diess kann auf das Richtige führen; diese Lesung selbst würde nicht gut in den Zusammenhang passen, da añgrê gleich dem Vedischen añgiras ist, womit halbgöttliche Wesen, eine Art Genien, bezeichnet werden, um so weniger, da es im Avesta nur gute Geister bezeichnet, wie aus dem folgenden Verse deutlich erhellt. Aendert man indess diese Lesart in añrêñg um, was nicht die geringste Schwierigkeit macht, da beide fast ganz gleich ausgesprochen worden sein müssen, so bekommt man den ganz passenden Sinn: die *Schlechten* an Geiste, d. i. die Schlechten überhaupt. ç p a ç j â 1ste Person des Optativs der Wurzel çpaç *spähen*, *erspähen*. — d v a ê s h a ñ h â Instrumental von dvaêshañh = Ved. dveshas *Hass*.

V. 12. a s h a v â der *Reine* steht hier im Gegensatze zu dregvâo der *Schlechte*, und bezeichnet insbesondere den *Verehrer* des reinen heiligen Feuers, den Mazdajaçner, während sein Gegensatz Name der Ungläubigen ist. d r e g v â o wird von Benfey (Weitere Beiträge zur Erklärung des Zend S. 56) ganz richtig von der Sanskrit. Wurzel druh, deren ursprünglichere Form drug gewesen sein muss, abgeleitet. Das va ist einfach adjectivische Ableitungssylbe. Ebenso ist auch von Benfey l. c. katârem richtig mit dem Griechischen πότερον verglichen. Es leitet eigentlich nur eine disjunctive Frage ein. Seiner Ableitung nach ist es ein Comparativ des Fragestammes ka. Das â in der Endung târem gegenüber von Sanskr. tara in katara darf nicht befremden, da, wie wir schon öfter gesehen haben, in den ältern Stücken des Jaçna ein ursprünglich kurzes a gedehnt werden kann, eine Erscheinung, die sich auch in den Veden findet. — Der Relativsatz jâis perecâ bezieht sich auf beide, den *Frommen* und *Unfrommen*. — h v ô = s v a s *selbst*. Indess tritt gewöhnlich der Sinn des eigentlichen Reflexivums nicht recht hervor; es ist häufig nur eine nachdrückliche Bezeichnung der 3ten Person des persönlichen Pronomens; *hier* scheint es zu einem pronomen indefinitum im

Sinn von *irgend wer*, *irgend einer* geworden zu sein. — In dem Satze katârem — añgrô steht das zweite vâ hinter hvô statt añgrô, zu dem es eigentlich gehört. Dieser Satz enthält ein Wortspiel zwischen añrô und añgrô. añrô hat die bestimmte Bedeutung von *schlecht* und ist bekannt genug aus dem Namen des bösen Geistes, des añrô mainjus. Mit diesem añrô darf durchaus nicht añgrô verwechselt werden, das der Structur unserer Stelle gemäss nothwendig einen Gegensatz zu ihm bilden, also ein gutes Wesen bezeichnen muss. Zu einer solchen Annahme nöthigt auch Jaçn. 43, 15: nôiṭ nâ paourus dregvatô qjâṭ ćikhnushô; aṭ tôi viçpĕñg añgrĕñg ashâunô âdarĕ d. i. Nicht konnte der erste Mensch ein Verehrer des Bösen sein; denn sie (die Lichtgeister) schufen alle Añgira's rein. Es ist das añgiras der Veden, welches Wort indess durchaus nicht für identisch mit ἄγγελος oder gar mit ἄγγαρος, welches ganz Semitischen Ursprungs ist, zu halten ist; sie werden häufig die Väter der Menschen genannt und zahlreiche Geschlechter werden von ihnen abgeleitet (siehe hierüber Böthlingk und Roth Sanskritwörterbuch S. 55). — Für jĕ mâ ist jĕm â oder jĕmâ zu schreiben; mâ giebt nämlich in dem Satze gar keinen rechten Sinn, da wir schon ein Object zu dem Verbum paiti eretê (3te Person sing. praes. medii der W. ere = ṛ *gehen*) *angreifen* in thwâ *dich* haben; jĕmâ dagegen ist eine blos dem ältern Dialekt eigene Conjunction, bestehend aus dem Acc. sing. femin. des Relativpronomens ja und der Präpos. â *bis*. *an* und heisst eigentlich *zu welcher* (es ist irgend ein Substantiv, wie Zeit, zu ergänzen, man vgl. ᾗ im Griechischen) *an welche, bei welcher* scil. Zeit d. i. wann. Man vgl. 30, 3: aṭ tâ mainjû paourujê jâ jĕmâ qafnâ açrvâtem. Aber zuerst *die* Geister, welche, wann es in der Nacht stille (eig. unhörbar) ist, am eifrigsten die reinen Gedanken, Worte und Werke fördern, diese kommen in Wahrheit als Gutes, *nicht* Böses Gebende. — çavâ Instrumental für çavañhâ *mit Macht*, *Gewalt*. — ćjañhat, das den Nachsatz zu jĕmâ bildet, ist eine 3te Person sing. Conjunct. Aoristi der Wurzel ći = zi Strafe *leiden*, *büssen* eig. *untersuchen*, *richten*; man vgl. das Ved. ći in demselben Sinn (s. Roth Erläuterungen zum Nirukta S. 50). Die Endung añhat entspricht ganz den Vedischen Conjunctiven Aoristi auf asat. Die Worte nôit ajĕm añrô mainjêtê scheinen gar nicht in den Zusammenhang zu passen; man kann annehmen, dass sie nur einen Vordersatz bilden, dessen Nachsatz fehlt. ajĕm ist gleich einem Sanskritischen ajam, das sonst im Zend zu aêm wird. —

V. 13. Druǵem Accus. von drukhs eigentl. die *Lüge;* dann personifizirt ein böses dämonisches Wesen. Der Wurzel druh haftet im Iranischen die Bedeutung *lügen* an; man vgl. duruǵ in den Keilinschriften und das Neupersische دروغ (durûgh), ganz das Deutsche *Trug*; dregvâo *der Lügner*, dann der Schlechte überkeit ist. — nis = der Sanskritischen Präposition nis *weg*, *hinweg*. Die Doppelsetzung der Präposition zuerst ohne, dann mit einem Verbum verstärkt nur den Begriff, also *ganz hinweg*. — nâshâma 1ste Person Pluralis Conjunct. (Voluntativ) der Wurzel nâsh = Skr. naç *untergehen*, jedoch mit causaler Bedeutung *vernichten*. Indess hat diese Wurzel auch im Zend hie und da intransitive Bedeutung, z. B. Jescht II, 11: vîçpa drukhs gânâiti vîçpa drukhs nâshâiti jatha haonaoiti aêshãm vaćãm d. h. jedes böse Wesen wird geschlagen, jedes böse Wesen wird vernichtet, sobald es diese Worte hört. Jaçn. 9, 30: paiti aĵdis zairitahê çimahê vîshôvaêpahê kehrpem nâshemnâi ashaonê haoma zâirê vadare ǵaidhi d. i. wir quälen (eigentlich umlagern) die Körper der gelben Schlange, der Gift ausspritzenden zum vernichtet werden des Reinen (damit der Reine zu Grunde gehe). Homa! schaffe du Wasser (zu vadare vgl. Jaçn. 32, 10.) der goldglänzenden! — Die Präposition â ist mit ahmat Ablat. des Demonstrativstammes *a* zu verbinden: von *diesem* (scil. Ort) an. — Der Accus. plur. tĕñg ist noch abhängig von nâshâma. Zu avâ *weg* ist dieses Verbum zu ergänzen; â weist auf â ahmat zurück. — açrustôis Genitiv von açrusti *Ungehorsam*, eine Abstractbildung von der Wurzel çru durch das Suff. ti und das a privat. Das s vor t setzt eine erweiterte Wurzel çrut voraus; açrusti muss nämlich für açrutti stehen. Dass die angegebene Bedeutung ganz sicher ist, zeigt Jaçn. 10, 16, wo es dem çraosha *Gehorsam* gegenübersteht; man vgl. ferner 33, 4. — perenâoñhô Nom. plur. von perena *voll* gleich Skr. pûrna; die Endung âoñhô entspricht ganz dem Vedischen Nomin. Plur. âsaḥ. — âdîvjêiñti ein ἅπαξ λεγόμενον; es ist wohl von der Wurzel vî in den Veden *gehen*, auch vom Verehren der Götter gebraucht, und der Praepos. adhi abzuleiten: *herzugehen* d. i. verehren. Der Genitiv ashahjâ hängt von dieser Präposition ab. — Für paćĕmnâ, das schlechterdings keinen Sinn giebt, auch wenn man es in übertragener Bedeutung *klug*, *einsichtsvoll* fassen wollte, ist mit andern Codicc. haćĕmnâ zu lesen; dieses ist ein adverbial gebrauchter Instrumental des Partic. medii der Wurzel hać *folgen*, also: *indem sie folgen*. — praçjâ Nom. Acc. plur. neutr., die Lobpreisungen, Loblieder, eig. was sich auf das Lob bezieht. — ćâkhnarĕ 3te Person Pluralis Perfecti der Wurzel khan, eine härtere Form von ǵñâ *erkennen*, *wissen*.

V. 14. djãm zusammengezogen für dajãm 1ste Person sing. Optativi der Wurzel dhâ *setzen* oder dâ *geben*. Die dritte Person dajât findet sich Vendid. 3 S. 145 ed. Burnouf: jat javô dajâṭ âaṭ daêva qiçen. jat çudhus dajât âaṭ daêva tuçen. jaṭ pistrô dajât âaṭ daêva uruthen. jat guñdô dajât âaṭ daêva perethen. Wann er (der Landmann) Aerndte macht, so schwitzen die Dêws; wenn er reinigt dann (das Korn), so quälen sich die Dêws; wenn er es stampft, so fliehen die Dêws; wenn er es mahlt, so gehn zu

Grunde die Dêws [1]). — zaçtajô Gen. Loc. Dualis von zaçta *Hand;* es ist eng mit djãm zu verbinden: *wie soll ich in die Hände bringen* d. i. mich *bemächtigen.* — nî = Skr. ni *weg* ist mit merãſdjâi zu verbinden; dieses ist Infinitiv mit der bekannten Sylbe djâi gebildet von merãſ = merenć *morden.* — thwahjâ Gen. des Pronomens der zweiten Person. — mãthrâ *heiliges Lied, Gebet*, das Vedische mantra *Lied* (Nir. 7, 1. Rv. VII, 1, 7, 6. X, 1, 14, 4.) eig. das Produkt des *Denkens, Sinnens* (W. man *denken*). — çēñghahjâ Gen. von çēñgha *Lob, Lobpreis* (Wurzel çēngh, çangh, altpers. thah = Sks. çañs *anzeigen*). — him Acc. von dem Pronomen der 3ten Person hî, entspricht ganz dem Vedischen sîm; er bezieht sich auf drugem zurück. — ēmavaitîm ist Vedisch amavat *stark, mächtig.* — çinãm kommt bloss hier vor; es ist ein Adjectiv gebildet von der Wurzel çi *scharf sein, schärfen* (die Indischen Lexikographen geben der Wurzel die Aussprache çô, was ganz irrig ist), durch na, also *scharf schneidend;* beide Adjectiva beziehen sich auf mãthrâis; sie haben die weibliche Endung îm, ãm, weil mãthrâ femininum ist. Ist çinâ ein Substantiv, so weiss ich keine Erklärung; die Bedeutung müsste indess *Segensspruch, Gebet* sein. — dâvôi eine Infinitivbildung (eigentlich nur die Wurzel mit der Dativendung) von du, im Zend *sprechen;* später wurde es vom Sprechen der bösen Geister gebraucht; hier vom Sprechen gegen dieselben. Man vgl. 51, 9: jãm khshnûtem rânôibjâ dâo thwâ âthrâ çukhrâ mazdâ — aibî ahvâhu dakhstem dâvôi d. i. so (jãm adverbial auf *welche* d. i. auf welche Weise, *so*) erweisest du dich gnädig den Grenzen (des

---

1) Die Stelle wurde von Spiegel in seiner Uebersetzung des Vend. *S* 85 falsch verstanden. dajât kann schlechterdings nicht mit *es giebt* übersetzt werden; denn eine solche Verwendung des Verbum *geben* zum Ausdruck: *es ist da, vorhanden* ist den ältern Arischen Sprachen, wie auch den Semitischen ganz fremd; dieser Begriff wird nur durch die dritte Person (sing. u. plur.) des Verbum *sein* in jenen ältern Idiomen ausgedrückt; am allerwenigsten würde indess das Activ passen; es müsste doch wenigstens das Passivum sein; denn selbst im Barbaren-Latein wird doch nicht gesagt dat es giebt, sondern doch datur. Man muss dajât mit den jedesmal vorhergehenden Substantiven eng zu *einem* Begriffe verbinden, wie es in dem bekannten jaoſdâ der Fall ist; javô-dâ ist somit *Korn machen* d. i. *ärndten;* çudhus-dâ Reinigung machen (von der W. çudh *reinigen*) d. i. *reinigen;* pistrô-dâ *Zermalmung machen* d. i. *zerstampfen* (W. piç, piñç Latein. pinsere *zerstossen, zermahlen;* pistrô ist das Werkzeug zum Zerstampfen, der *Mörser;* es kann aber auch im Sinn eines Abstractums stehen); guñdô-dâ Mehl machen, d. i. mahlen (vgl. Sanskr. gundâ *Staub, Mehl*), worunter das eigentliche Ausmahlen des Getraides, das nicht durch blosses Zerstampfen geschehen konnte, zu verstehen ist. qiçen von Skr. svid *schwitzen* (aus Angst); tuçen von Skr. tuç, tud stossen in intransitiver Bedeutung; uruthen von Skr. vṛt *wenden*, intransitiv *sich wenden, fliehen;* perethen von Zend pereth, erweiterte Wurzel von pere vernichten, intrans. *zu Grunde gehen.* Es sind vier Verse aus einem ältern Lied, jeder mit 10 Sylben; die Cäsur ist nach der fünften; sie sind merkwürdig, weil wir hier den Reim vollständig entwickelt finden; man vgl. dajât am Schlusse eines jeden Verses; ferner die Reimpaare qiçen — tuçen; uruthen — perethen.

Feldes) durch das glänzende Feuer, Mazda, zu sprechen über die Geschöpfe ein kräftiges (Gebet). — dregvaçû Locativ plur. von dregvâo *schlecht* (vgl. pishjaçu 50, 2.); er ist abhängig von dâvôi: zu *sprechen gegen* die *Bösen*. — â ist mit unâsê zu verbinden; dieses ist erste Person conjunct. imperf. medii der Wurzel nâs, nâsh *vernichten* mit dem Augment; dieses darf hier gar nicht befremden, da sein Gebrauch im Jaçna, wie in den Veden noch sehr schwankend ist. — îs Acc. plur. des Demonstrativstammes i, aber ohne strenge Accusativbedeutung; es hat nur den Sinn eines casus obliquus im allgemeinen. — dvafshěng Acc. plur. von dvafshâ ein Abstractum von dvafshô, das sich Jaçn. 53, 8. in der Bedeutung *Starker, Mächtiger* findet, bedeutet *Stärke, Macht*; es ist abzuleiten von dva *zwei* und fshâ = psâ *essen* und in Folge davon *stark, fett* werden, und heisst eigentlich *doppeltes essend* d. i. *doppelt stark* werdend, *zwiefach stark*; in Betreff des Gebrauchs und der Bedeutung von dva in Zusammensetzungen vgl. man das Vedische dvibarhas *doppelt stark, sehr stark*. — ăçtěng Acc. plur. von ăçtâ *Glück, Gunst*. M. vgl. 34, 8: jat açaoġâo nâidjâoṅhem thwahjâ mazdâ ăçtâ urvâtahjâ; jôi nôit ashem mainjaštâ aêibjô dûirê vohû açmanô d. i. denn du schmücktest den, der dir am nächsten (deinen eifrigsten Verehrer) mit der Gunst deiner Lebensfülle; die nicht der Reinheit sich befleissen, denen sei fern der gute Himmel! 46, 18: jě maibjâ jaos ahmâi açčiṭ (für açuĉiṭ) vahistâ maqjâo istôis vohû ĉôishem manaṅhâ ăçtěng ahmâi jě mâo ăçtâ daidîta d. i. wer (wenn einer) mir hiefür Verehrung brannte (d. i. darbrachte) am besten, wer am reichlichsten mit Gaben und mit frommem Sinn mir Huldigung bringt, dem will ich Huld (Glück) verleihen, der uns mit Huld beschenkte. Das Wort ist noch treu im Gothischen ansti *Gunst, Gnade* erhalten. In den Veden entspricht kein Wort; vielleicht ist ançu *Theil, Antheil* damit zusammenzustellen.

V. 15. pôimat. Westergaard trennt unrichtig pôi. mat; es ist ein Adjectiv der Wurzel pi *fett sein*, wovon in den Veden das Adject. pîvan masc. pîvarî f. Griech. πίων, πίειρα *fett* stammen, mit Substantivbedeutung. Von dieser Wurzel finden sich im Zend mehrere Substantive mit thwa gebildet, theils mit, theils ohne Guna, wie fra-pithwa *Ueberfluss*, tarô-pithwa *Nahrungsmangel*. pôithwa-vehrkô (Vend. 13 S. 408 ed. Burn.) *Fettwolf* (neben çćâthwa-vehrkô *Glanzwolf*); Jesht X, 70 anu-pôithwahê *fest, stattlich*, neben Adjectiven, die *gross, stark, mächtig* ausdrücken. — khshajêhî 2te Person sing. praes. indicat. der Wurzel kshi *wohnen*, dann *herrschen*. Der Genitiv ahjâ (vom Demonstrativstamm a) ist abhängig von pôimat; es ist ein Substantiv wie shôitra *Feld* zu ergänzen. — hjat, eigentlich ein Optativ der W. as *sein*, dient zur Einleitung des Nachsatzes in Bedingungssätzen. — hěm = Skr. sam ist mit ġamaêtê zu verbinden. Dieses ist die 3te Person sing. praes. medii vom ġam = gam *gehen.* Das Subject zu diesem Verbum liegt in dem Relativsatze jà tù mazdâ dìderegshô. — çpâdâ, das sich nur an dieser Stelle zu finden scheint, ist eine alterthümliche Form für das Skr. svadhà *sich selbst setzend* d. i. nach *freiem Willen*, in welchem Sinne öfter der Vedische Instrumental svadhàbhis (Rv. I, 16, 9, 13.) vorkommt. Das sv des Sanskr. entspricht zwar gewöhnlich dem q im Zend und çp im Zend steht dem çv im Sanskrit gegenüber; aber der Laut s gieng häufig in ç über und so können wir ein Sanskritisches çvadhâ als eine vom gewöhnlichen svadhâ nur *dialektisch* verschiedene Aussprache ganz leicht annehmen, und daraus wäre dann çpàdâ im Zend geworden. Der Form nach ist es Instrumental in dem Sinne *von selbst, aus freien Stücken.* — anaoćaṅhâ Instrumental von anaoćaṅh, das aus dem a priv. in der längern Aussprache an und aoćaṅh = vaćaṅh *Wort* zusammengesetzt ist und den Sinn von *ungeheissen* hat. — avàis urvâtàis gehört zu dem Relativsatze. avâis Instrumental von ava *jener.* urvâtem gen. urvâtabjâ n. pl. urvàtâ, wofür auch urvâthâ (J. 51, 14) instr. urvâtâis verwandt mit urvathô *überliefertes Wort, heilige Rede, Gebet* J. 31, 1 (von der Pehlewiübersetzung durch אפסתק מנר erklärt) von Ormuzd als Schutzmittel gegen die Feinde zum Nutzen der Frommen gegeben 30, 11., und den Erleuchteten 31, 3 [1]) und solchen, die in näherem Umgang mit ihm stehen 34, 8 geoffenbart; indess hat auch der Böse seine urvâta's, durch die er die reine Schöpfung zu zerstören sucht 31, 1 b. — Zu unterscheiden davon ist urvâti gen. urvâtôis J. 46, 5 [2]) *Genossenschaft, Familie* parallel mit mithrôibjô. urvaitis Jt. XI, 14 *Hilfe* abstr. pro concr. von Serosch; urvâitîs acc. pl. Jt. VIII, 40. von den Wassern und Wolken. Hieher gehört auch aṅtare urvaitja Vend. 4, 15 ff. vielleicht *auf Grund des Familiengesetzes.* — tû entspricht der bekannten Sanskritischen Partikel tu, die zur Hervorhebung eines Begriffs dient. — dìdereghĵô 2te Person sing. Aoristi des Intensivs (sogenannter reduplicirter Aorist) der Wurzel derez *wachsen* (s. darüber meine Abhandlung über die Persischen Wörter des A. Testaments in Ewald's Jahrbüchern Bd V, s. v. אֲדַרְזְדָּא); die Laute ghĵ sind euphonische Veränderung für zsh oder zs; es sollte nämlich regelrecht heissen diderez-shô. Die Bedeutung ist indess eine causative, wie es sehr häufig beim Intensivum der Fall ist. Man vgl. dîdrughĵô Jaçn. 48, 7.

1) Hier schreibt Westergaard urvatem; es ist aber ohne Zweifel urvâtem zu lesen; denn wäre jene Schreibart richtig, so müsste es auf urvathô zurückgeführt werden; die für dieses Wort nachgewiesene Bedeutung passt aber nicht in die Stelle und ein urvatem mit *besonderer* Bedeutung giebt es nicht.

2) Welcher Herrschende hält einen die Genossenschaft hintergehenden, welcher Edelgeborne einen die Freunde, welcher recht lebende Reine den Gottlosen, *der* sage es dem Verwandten, zum Fluche möge er ihn fortstossen! Dass qaêtu *Verwandte* heisst, lässt sich mit vielen Stellen belegen; qaêdvadhatem *Ehe unter Verwandten.* Die weitere Erörterung der Stelle würde mich hier zu weit führen.

Der letzte Satz von kuthra — dadào steht in keinem rechten Zusammenhang mit dem vorhergehenden; er ist wahrscheinlich eine Glosse. ajào ist der Gen. sing. femin. des Demonstrativums a vgl. Vend. 13 S. 409: ajâo vehrkajâo; ferner Jaçn. 30, 5. 6. 31, 2. 10., wo es adverbial zu stehen scheint. vananãm Genit. plur. von vanâ *Holz*. dadào 2te Person sing. perfecti der W. dâ *geben*.

V. 16. verethrem-ǵâ = vṙtrahâ Vṙtratödter, ein ehrender Beiname des Indra in den Veden. Von diesem Wort bildet sich durch das Suffix thwâ ein Abstractum; denn wir müssen, soll der Satz einen Sinn geben, Verethrem-ǵâ-thwâ als *ein* Wort lesen; dazu stimmt auch ganz das folgende pôi-çĕñghâ *Nahrungskunde*, das ebenfalls als *ein* Wort betrachtet werden muss; çĕnghâ ist Subst. der bekannten W. çĕngh = çañs *anzeigen*, *loben*. Wir haben in diesem Verse noch ganz die Vedische Anschauung, wie sie uns in den Indraliedern vorliegt. Indra, der starke Held, der im Luftkreis thront, schlägt mit seinem Donnerkeil den Dämon Vṙtra (Verhüller), in dem nur das Dunkel der Wolken personifizirt ist. Er holt die Kühe aus dem Versteck, in welchem sie von den Dämonen eingeschlossen sind; den Weg dazu zeigt ihm nach der Sage der göttliche Hund Saramâ (s. Rosen Annotat. ad Rigved. S. 20 f.). Unter den himmlischen Kühen ist das befruchtende Regenwasser zu verstehen; diess ist das pôi (das Fett) an unserer Stelle; ob çĕnghâ auf die angegebene Sage vom Hunde Saramâ geht, lässt sich nicht sicher entscheiden. — Der folgende Satz: jôi heñtî — ahûbîs steht mit dem vorhergehenden in gar keiner Verbindung; dãm 1ste Person Aor. II von dâ *geben*. Der Sinn ist: ich legte in alle Geschöpfe Saamen. — Die folgenden Worte ratûm ćîǰdî passen nicht recht zu dem vorigen und auch nicht gut zu den folgenden. ćîǰdî ist Imperativ von çish eine durch sh erweiterte Form der W. ći *suchen*; es bedeutet nach den Parallelstellen unzweifelhaft *verehren* (Visper. 12, 2. 4. Jaçn. 13, 5), welche Bedeutung aus der des *Suchens* leicht entstanden sein kann, wenn man *suchen* in religiösem Sinne: *Gott suchen* nimmt. Die Worte von at hôi bis zum Schlusse des Verses bilden einen in sich zusammenhängenden Satz. çraoshô *Gehorsam* ist mit ǵañtû Erkenntniss (W. ǵan, zan *erkennen*) in *ein* Wort zu schreiben, also *Gehorsamserkenntniss* d. i. Erkenntniss der wahren Religion. hôi ist Dativ des Demonstrativs hî; es ist in dem folgenden ahmâi wieder aufgenommen. vashî 2te Pers. sing. praes. von vaç *wollen*. Der Sinn der Stelle ist: Die wahre Religion wird nur *dem* zu Theil, dem Ahura mazda wohl will.

V. 17. zarem bildet mit ćarânî (1ste Person Imperativi der W. ćar *gehen*) einen Begriff. Man vergleiche in Betreff der Bedeutung zaraçća Jescht IX, 26: dazdi mê vañuhi çevistê Drvâçpa taṭ âjaptem jathâ azem haćajêni vañuhim âzâtãm hutaoçãm anumatêê daênajâo anukhtêê daênajâo anuvaratêê daênajâo jâ mê daênãm mâzdajaçnîm zaraçćadât d. i. gieb mir, gute mächtigste Drvâçp, dieses erreichbare (d. i. lass mich erreichen), dass ich hinterlassen möge eine gute Nachkommenschaft, eifrig dem Glauben nachzudenken, dem Glauben nachzureden, dem Glauben nachzuhandeln, welche (die Nachkommenschaft) mir den Mâzdajaçnischen Glauben und die Lobpreisung mache (d. i. den Mâzdajaçnischen Glauben verehre; es liegt hier eine Hendiadys vor). Der Ableitung nach ist das Wort auf die Skr. Wurzel ǵr̄ = gr̄ *lobsingen* (den Göttern), deren organische Form ǵar gar ist, zurückzuführen; davon kommt in den Veden das so häufige ǵaritr̄ *der Lobsänger* (Rv. V, 3, 11, 10. VI, 2, 4, 4. VII, 1, 3, 8. 2, 1, 1 u. s. w.). Wörtlich heisst zarem ćarânî *ich will lobpreisen gehn* d. i. ich will lobpreisen, man vgl. in Veden aram gam. — Ueber khshmaṭ und khshmâkãm s. zu V. 1. — âçkitîm. Der Accusativ ist mit ćarânî zu verbinden, in demselben Sinn wie mit zarem. âçkitî ein ἅπαξ λεγόμενον, ist ein Substant. der schon besprochenen Wurzel ćuć, die ursprünglich ćuk lautete, wie noch das Adject. ćukra beweist; es ist gebildet von der Causalform ćukaj mit der Präp. â und sollte vollständig âçukajati *Anzündung, d. i. Verehrung* heissen; eine andere Form, die indess der ursprünglichen näher steht, ist skjêiti in skjêitibjô Jaçn. 53, 8. Es ist merkwürdig, dass fast alle Derivate der Wurzel ćuk das kurze u ausschliessen und so ihr Ursprung etwas verdunkelt wurde. Durch zarem und âçkitîm ist die ganze praktische Religion bezeichnet; in *Lobliedern* und durch *Anzünden* des heiligen Feuers verehrten die alten Irânier die himmlischen Lichtgeister, die Urheber des leiblichen und geistigen Wohls, der leiblichen und geistigen Reinheit. Sie hiessen ahura's = asura *die ewig Lebendigen*, die selbst lauter Leben das Leben in die Welt ausgiessen; auch der Name mazdâ (der Weise) scheint ihnen gemeinsam zu sein. Wir finden nämlich in den ältern Liedern des Jaçna ausserordentlich häufig neben beiden Namen, die gewöhnlich getrennt vorkommen, den Plural *ihr* (vē khshmâ, khshmâkãm jûshma etc.), weit seltener den Singular *du*. Beide Namen wurden dann bei dem Streben nach Einheit, wohl schon früh, auf ein Einzelwesen übergetragen. Demnach ist Ahuramazda nur der als eine Person gedachte Collectivbegriff der ewig lebendigen und allweisen Lichtgeister, welche Personificirung indess schon im ältern Jaçna stark begonnen hat. Die weitere Ausführung dieser Ansicht kann nur in einer vollständigen Darlegung des Alt-Irânischen Götterglaubens eine Stelle finden; desswegen enthalte ich mich für jetzt weiterer Bemerkungen über diesen höchst wichtigen und interessanten Gegenstand. — jjat(ćâ) gibt den Zweck an *dass, damit.* qjâṭ für hjât = Skr. ajât. Ueber die Verwandlung des h in q ist schon gesprochen. — vâkhs-aêshô; der erste Theil dieses Compositums ist die bekannte Wurzel vakhs, vaxh *wachsen;* der zweite aêshô findet seine Erklärung durch Ableitung von Skr. edh *blühen;* der Uebergang der Dentale in Zischlaute ist bekannt genug; man vgl. im Skr. tud und tuç beides *stossen;* Skr. avid Zend giç schwitzen; sonach hiesse es: Wachsthumsblüthe d. i. blühendes Wachsthum, Gedeihen. Man kann indess auch aêshô mit dem Ved. ish *Speise* zusammenbringen, also Wachsthumsspeise d. i. zum Wachsen *hinreichende Nahrung.* Der Sinn ist bei beiden Auffassungen der gleiche. — çarôi, Dativ von çara *Haupt* ist mit môi zu verbinden und nur ein stärkerer Ausdruck für *mir selbst.* — bûǵdjâi Infinitiv von bûǵ = Skr. bhuǵ *geniessen,* wovon im Veda sich bhôǵana *Speise, Genuss* (Rv. V, 6, 11, 10. pl. *Güter* überhaupt VII, 2, 1, 17. 5, 3) ableitet. Jaçn. 31, 18 findet sich das Substant. bûǵem *Genuss, Vortheil.* — haurvâtâ ameretâtâ werden gewöhnlich zusammen genannt; beide sind als Accusative abhängig von bûǵdjâi: *um zu geniessen haurvâtâ* und *ameretâtâ.* Wir sehen aus dieser Stelle, sowie aus dem folgenden Verse ganz deutlich, dass beide noch eine appellative Bedeutung haben müssen und in der ältern Zeit noch keine Genien waren, wie in der spätern Pârsischen Mythologie. haurvâtâ ist eine Abstractbildung von haurva = sarva *alles, ganz,* heisst also wörtlich *Ganzheit* d. i. *Unversehrtheit,* womit die feste, dauernde, ungeschwächte Gesundheit bezeichnet wird; ameretâtâ von amereta = amṛta *unsterblich,* ist demnach *Unsterblichkeit,* wodurch indess nicht der streng philosophisch-theologische Unsterblichkeitsbegriff ausgedrückt werden soll, sondern nur die lang dauernde, der Zerstörung lange trotzende Lebenskraft. — Den letzten Satz ava' mâthrâ etc. kann man zwar mit dem vorhergehenden verbinden; aber der Sinn ist etwas matt; zudem ist er auch überflüssig; denn als Mittel, um ungeschwächtes leibliches Wohlsein zu erringen, wurden schon vorher die Loblieder und die Feuerverehrung (zarem und açkitîm ćarâni) angeführt. Wozu denn hier noch ein besonderes Lied? Es ist desshalb wahrscheinlich, dass diese Worte eine Glosse sind; wenn sie zum Verse gehören, so fehlt wohl der Satz, an den sie sich anschliessen. jē = jâ fem. des Relativs. — râthemô. Man vergleiche den uralten Liedervers Jaçn. 53, 6, in dem noch ganz die Vedische oder eher die altarische Anschauung herrscht:

ithâ î haithjâ narô athâ ǵênajô
drûǵô haćâ râthemô jēmō çpashuthâ frâidim
drûǵô âjêçê hôis pithâ tanvô parâ
Vajû beredubjô das-qarethem nâçat qâthrem. 1)

Nun wohlan, fromme Männer und Weiber!
Wenn ihr Lust nach des Schlechten Habe heget,
So spende ich das Fett von des Schlechten Körper (d. i. sein Vermögen).
Vaju vernichte den schlechte Speise Bringenden die Speise!

---

1) frâidim ist mit çpashutha zu einem Begriff zu verbinden: *Lust sehen = wollen.* râthemô ist neutraler Accusativ. — pithâ *das Fett* von der W. pi.

Man vgl. ferner 8, 3 ràthma. Der Ableitung nach ist es Substantiv der W. rà *geben*, wovon ràti *Gabe*, *Spende* in den Veden, ferner ratna *Schatz*, *Reichthum*. Wörtlich übersetzt heisst das Sätzchen: jenes Lied, welches ein Schatz an Reinheit (Frömmigkeit). Darunter ist vielleicht das berühmte Gebet ahû vairjô zu verstehen.

V. 18. mîʒdem Acc. von mîʒda *Gabe*, *Geschenk*, *Lohn*, Neupersisch مزد (muzd) *Lohn*, ganz dasselbe mit dem Griechischen μισθός von der W. miz = Skr. mih *befruchten* (eig. den Saamen ergiessen), dann *geben*, *spenden*; in beiden Bedeutungen, sowohl der ursprünglichen als der abgeleiteten findet es sich in den Veden; im Irânischen findet sich nur die abgeleitete; mizen 3te Person plur. imperf. V. 20 unsers Capitels; mimighʒô 45, 10 (so ist für mimagbʒô, das von mah abgeleitet die Bedeutung *vergrössern* haben muss, die aber nicht gut passt, zu lesen), 2te Person sing. des Intensivs: *du beschenkst*. — hanânî 1ste Pers. sing. imperativi von han = Skr. san *spenden*, *geben*. — arshnavaitîs Acc. plur. von arshnavat *männlich* nur eine stärkere Bildung für arshnô, das denselben Sinn hat; man vgl. Vend. 9 p. 332 açpahê paiti arshnô, 14 p. 418: jatha açpahê arshnô pereçka, wie der Preis eines männlichen Pferdes; am nächsten entspricht das Griechische ἄρσην, ἄῤῥην; der Ableitung nach ist es dasselbe mit Skr. vṙshan (für varshan) eig. *der Befruchter*, besonders *der Stier* mit Wegfall des Anlauts. — ustra das Kameel. — apavaiti 3te Person conjunctivi (imperfecti) der Wurzel pû *läutern*, *reinigen*, die indess einem Indicativ ganz gleich sieht. Für den Indicativ praesentis kann man aber die Form schon wegen des Augments nicht halten; auch nicht für das Imperfect. Indic., wegen der vollern Endung ti. Es kann nur eine Conjunctivform sein; der lange Vokal â vor der Endung, der dem Conj. eigenthümlich ist, wird in den Veden oft verkürzt (man vgl. ganz ähnliche Erscheinungen im Homer). — hî ein Demonstrativpronomen. taêibjô Dat. plur. des Demonstrat. ta; es ist unklar, worauf dieses Pronomen zu beziehen ist. — dàoṅhâ 1ste Person sing. conjunctivi Aoristi medii; Bopp hält die Form falsch für eine 2te Pers. sing. imperat. medii (Vergleichende Grammat. p. 1001); hätte er die Stellen, in denen sie vorkommt, genau untersucht, statt sie nur rein für sich ohne Rücksicht auf den Zusammenhang zu betrachten, was ein höchst irreführender Weg ist, so würde er die richtige Erklärung gefunden haben. Man vgl. 34, 1: jâ skjaothanà jâ vaćaṅhâ jâ jaçnà ameretatâtem ashemćâ taêibjô dàoṅhâ mazdà khshathremćâ haurvatàtô; aêshãm tôi ahurà ĕhmà paourutemàis daçtê. Welche Opfer, Gebete, Loblieder ich für die Unsterblichkeit, Reinheit, Macht (irdischen Wohlstand) und Gesundheit darbringe, Mazda, so beschenkt uns Ahura mit der grössten Fülle derselben. Die 2te Person lautet dàoṅhê 36, 1. — Diese letzten Worte jathà hî taêibjô dâoňhâ passen nicht in den Zusammenhang und sind wohl eine Glosse; sie können auch der Anfang eines neuen Verses sein, der verloren gegangen ist.

V. 19. jaçtat ist zu trennen jaç=jaț und taț. Die Verwandlung des Dentals vor einem andern Dental in einen Zischlaut ist im Zend bekannt genug. — haneñtê Dat. sing. des part. praes. von han spenden. — Der zweite Satz ist dem ersten ganz parallel und drückt eigentlich denselben Sinn aus. Merkwürdig ist hier die Trennung der Negation nôiț in ihre zwei Bestandtheile nâ und iț, deren erster wie natürlich unmittelbar vor dem Verbum dâitê, der zweite ganz nachdrucksvoll am Anfange des Satzes steht. — ereȷukhdhâi Dat. sing. von ereȷukhdha *wahr gepriesen*, worunter wohl Ahuramazda zu verstehen ist. — mainis *Erbe, Ansehen*, eig. *Meinung* von man (man vgl. Skr. maṇi). — Der Acc. tem steht ungenau für den Dativ tôi. — ahjâ bedeutet hier *dafür*. — Der letzte Satz vîdvâo etc. enthält die Antwort auf die vorhergegangene Frage kâ mainis. Die Copula fehlt. avăm bezieht sich auf mainis. apĕmâ Superlat. der Präpos. apa, *der entfernteste*, d. i. *der geringste*, in welcher Bedeutung es hie und da vorkommt.

V. 20. Der erste Satz von ćithenâ—âoňharĕ steht weder mit dem vorhergehenden noch mit dem nachfolgenden in Verbindung. ćithenâ ist Infinitiv der Wurzel ći *büssen*. Die Infinitivendung tana (Neupers. ten) ist im Altpersischen vorherrschend, wie Oppert gezeigt hat. hukhshathrâ *von guter Herrschaft* ein Beiwort der guten Genien. âoňhare 3te Person plur. aorist. medii der Wurzel as *sein*. — peshjêiňtî, das Westergaard aus peshjêitî des Copenhagener Codex Nr. 5 verbessert hat, giebt keinen genügenden Sinn, mag man es von paç *binden* oder paç (für spaç) *sehen* ableiten; das erstere paç geht indess im Zend nach der 9ten Conjugat. z. B. peshnaiti Vend. 4 p. 164; das letztere hat im Zend noch seine vollere Form çpaç wenigstens im Verbum. Die meisten Handschriften bieten piskjêiňtî und diess ist die einzig richtige Lesart; es ist einfach das Causale der Wurzel çuk, çuć mit der Präposition api, die auch in den Veden zu pi verstümmelt wird z. B. pitvam in prapitvam, abhipitvam (von âp lässt es sich nicht ableiten, wie ich früher gethan) und eigentlich die Annäherung (*an, zu*) bezeichnet; im Sanskr. würde es apiçućajanti lauten. Die Derivata der Wurzel çuk haben indess mehr oder minder die ursprüngliche Bedeutung des Brennens, Anzündens abgelegt und die abgeleitete des Verehrens durch Opfer angenommen. So heisst es auch hier *durch Opfer verehren*. — aêibjô Dat. plur. des Pronom. der 3ten Person i (eig. Demonstrativum) ist hier reflexiv: *welche für sich* (für ihren eigenen Zweck) *opfernd verehren*. — kăm Acc. des Interrogativums kâ fem. ist mit găm zu verbinden; es hat indess den fragenden Sinn abgelegt und ist ein pronom. indefinitum *irgend wer, irgend einer* geworden; man vgl. τίς und τις (auch bei Substantiven indefinit gebraucht). — Die Worte von karapâ — dâtâ sind abhängig von jâis *dass dadurch gegeben sei.* — karapâ. Das Wort ist etwas schwierig zu erklären. Jaçn. 32, 12 findet es sich zwischen varatà und khshathrem und bedeutet *Macht;* davon abgeleitet ist karapôta 32, 15 neben kevità (Würde, Ansehen, von kavi) von der gleichen Bedeutung. Es ist von der W. kṛp eine erweiterte Form von kṛ *machen* abzuleiten. — uçikhs nom. sing. ist ganz das Vedische uçiǵ nach Nigh. 3, 15 ein medhâvinâma; in den Veden ist es Beiwort der Götter, z. B. des Agni (Rv. III, 1, 11, 2); häufig findet sich der Plural uçiǵaḥ womit die Verehrer und Lobpreiser der Götter, wahrscheinlich die Priester, bezeichnet werden (III, 2, 3, 2. IV, 1, 6, 12. VII, 6, 1, 4). An unserer Stelle hat uçikhs, das ich bis jetzt nicht weiter im Avesta gefunden habe, die Bedeutung eines Abstractums *Weisheit, Verstand.* — aêshmâi, Dativ des Pronomens i, bezieht sich auf das kavà des folgenden Satzes, der durch das Relativum jâ an den vorhergehenden angeknüpft ist. — kavà, kavi ist ein uralter Arischer Ehrenname, womit ursprünglich die frömmsten und angesehensten Glieder eines Stammes, Priester, Propheten, Dichter und Könige, bezeichnet wurden; in den Veden herrscht die Bedeutung *Weiser, Dichter* vor, während es im Avesta schon ein Würdename für Könige geworden ist und gewöhnlich vor Königsnamen steht, z. B. kavâ Vîstâçpa. Das Lateinische civis Oskisch qevs ist ganz dasselbe Wort. Was die Ableitung dieses Wortes betrifft, so ist es auf eine Wurzel ku *brennen*, die das Griechische in καίω für καFjω (man vgl. das futurum καύ-σω) am treuesten bewahrt hat, zurückzuführen; es bezeichnet demnach eigentlich *den Anzünder des Feuers* d. i. *den Hausvater* oder *Priester;* man vergl. das schon besprochene çaoskjãç. — ânmainâ Dativ sing. von ânmainî *Ansehen, Ruhm*, wie aus 45, 10, wo es im Parallelismus mit çrâvî *Ruhm* steht, erhellt. Es ist aus der Präposition ân = anu und maini zusammengesetzt, heisst also wörtlich *das Nach-meinen*, was nachher über einen gedacht und gemeint wird, d. i. *Ruf, Ruhm.* — urûdûjatâ 3te Person sing. imperfecti passivi der Wurzel rudh *wachsen.* Das erste u ist nur ein unwesentlicher Vorschlag, wie er sich bei dieser Wurzel öfters findet; eben so ist auch das û nach der Wurzel rûd nur als ein Nachhall des wurzelhaften u anzusehen. Das Passivum hat hier die intransitive Bedeutung: *aufsteigen, gelangen.* — Der Vers enthält einen Mythus, den wir nicht näher kennen. Der Dichter will wissen, wer die gewesen, die einst eine Kuh durch Opfer verehrt oder gar selbst geopfert haben und dadurch grosse Macht und grosses Ansehen für ihren König erlangt hätten. Anklänge an einen solchen Mythus finden sich in den Liedern an die Ṛbhavas (Rv. IV, 1, 1—4), die die Kuh zertheilten und durch ihre Thaten grosse Macht und so ar die Unsterblichkeit errân en. Die Verehrung der Kuh muss bei den Irâniern in der grauesten Vorzeit sehr geblüht haben, wie eine tiefere Untersuchung der ältesten Stücke des Avesta erweisen wird. — Der letzte Satz nôiț mizen — frâdaṅhâ steht in keinem Zusammenhang mit dem vorhergehenden. mizen 3te Person plur. imperf. von miz = mih *spenden*, geben. — frâdaṅhê Dativ sing. von frâdaṅh, das wohl *Erbe* bedeutet und von der W. dâ *geben* + praepos. frâ, also eigentlich *Fortgabe* abzuleiten ist; indess kann es auch bloss die Bedeutung *Geschenk* haben.

Blicken wir noch einmal auf das ganze Capitel zurück, so ist leicht zu ersehen, dass wir hier nicht ein älteres Lied, sondern eine Reihe von Liedern oder Liederversen, die unter sich oft in keinem engern oder in gar keinem Zusammenhange stehen, vor uns haben. Wir haben Bruchstücke alter Somalieder (in V. 2 u. 5), einen herrlichen Schöpfungshymnus (V. 3—5 u. 7), ein Lied auf den guten Mâzdajaçnischen Glauben und seine Segnungen (V. 8—11), ein anderes gegen die Unfrommen, die Nichtbekenner des guten Glaubens (V. 11—14), ein Opferlied (V. 17—19), eines auf Ahuramazda als den, der das Gedeihen der Felder giebt (V. 15), alte Mythen (V. 16 u. 20) und noch eine Reihe einzelner ganz abgerissener Verse. Wie es jetzt vorliegt, scheint es ein Ganzes zu bilden; denn jede Strophe, die je 4 Verse, jeden zu 10—12 Sylben zählt, beginnt mit den gleichen Worten: Diess will ich fragen dich etc., und später wurde es auch so betrachtet; denn V. 21 unsers Kapitels, der nur die Anfangsworte bekannter Gebete enthält, finden wir ein taț-thwâpereçâ, worunter nur dieses Capitel gemeint sein kann. Aus eben diesem Umstande sieht man deutlich, dass dieses Stück schon frühe ein Ganzes gebildet haben muss. Da die einzelnen Lieder öfters unter sich gar nicht zusammenhängen, ja da manche Strophen blos ganz abgerissene Liederverse (V. 2 u. 6) enthalten, so ist klar, dass die einzelnen Theile schon lange für sich bestanden haben müssen, ehe sie ein Sammler und Ueberarbeiter in die jetzige Gestalt brachte.

Dieser Zustand der Zusammenhangslosigkeit, dieser oft so deutlich fragmentarische Charakter des Ganzen, ist ein schlagender Beweis von dem grossen Verluste, den schon sehr früh die heilige Hymnenpoesie der Feueranbeter erlitten hat. Sie war einst wohl eben so reich als die Vedische; aber die Ungunst der Zeiten hat uns von diesen Denkmälern Altirânischen Glaubens und Lebens nur noch Bruchstücke hinterlassen, die uns im Jaçna vorliegen. Sie sind für den ganzen Pârsismus von der grössten Wichtigkeit; denn in ihnen liegt der Keim und die Wurzel, aus der die spätere Religion aber unter einem andern Himmel und unter fremden Einflüssen hervorsprosste. Das einzige Mittel sie richtig zu erkennen, sind die Lieder des Veda, die nicht nur fast dieselben sprachlichen Bildungen und Satzfügungen blos dialektisch verschieden, sondern auch oft die ganz gleiche Anschauungsweise zeigen. Die traditionellen Uebersetzungen müssen hier nothwendig ganz irre führen, da sie in einer Zeit entstanden sind, wo die Religion bereits eine ganz andere Gestalt hatte, als wir sie im Jaçna finden. Der Zeitraum zwischen der Entstehung der Lieder und der Pehlewi-Uebersetzungen beträgt mindestens 1000—1200 Jahre; denn sie sind schon viele Jahrhunderte älter als der gesetzliche Theil des Vendidad, der doch jedenfalls vorchristlich ist. So weit wir die traditionelle Uebersetzung des Jaçna aus Anquetil kennen, so können wir und wenn Anquetil auch zur Hälfte sie falsch verstanden hat, nicht im mindesten durch sie ein sicheres Verständniss dieser uralten Stücke erhalten.

Tübingen, 15. Oktober 1853.

Verbesserungen und Nachträge.

Bei den ungeheuren Schwierigkeiten, die der Forscher im ältern Jaçna als einem bis jetzt noch ganz unbebauten Gebiete zu überwinden hat, sind Missverständnisse und Irrthümer fast unvermeidlich. Da ich durch fortgesetztes Studium dieser uralten Denkmäler auch in meinen beiden ersten schon vor einem Jahr geschriebenen Abhandlungen solche erkannt habe, halte ich es für Pflicht sie nach bestem Wissen und Gewissen zu berichtigen, bei welcher Gelegenheit ich auch noch manches nachtragen will.

Vers 1 u. 2 enthalten nicht die Anfangsworte von Gebeten oder Bruchstücken von Liedern, wie ich früher annahm, sondern sind integrirende Bestandtheile des Capitels. V. 1 lautet nach berichtigter Uebersetzung wörtlich:

Beim Lobpreis, wann es euer Lobpreis (ist),
Mög der Deine meinem Freund verkünden, Mazda!
„Uns in Reinheit darzubringen freundliche Verehrung,
„Wann er zu uns kommt mit gutem Geiste.“

Der Sinn dieses Verses ist nicht recht klar. nemē steht für nemô n. sg. oder nemâo n. pl. Man vgl. vaćē für vaćô Wort 45, 5, manē wahrscheinlich für manâo 46, 19, ćithrē neben vîçpâ für ćithrâo 45, 1, nē für nâo (Skr. nas), vē für vâo (Skr. vas). khshmâvatô gen. sing. von khshmâvâç *der eure* von khshmâ *ihr* bezieht sich wohl auf die ahura's mazda's, *die lebendigen, weisen* d. h. auf Ormuzd und die übrigen höchsten Genien. Ahura mazda findet sich nämlich im ältern Jaçna nicht bloss im Singular als Name des höchsten guten Genius, sondern auch im Plural ahurâoñhô 30, 9. 31, 3 und mazdâoñhô 45, 1. Auch da, wo der Singular Ahuramazda steht, finden wir häufig das Pronomen im Plural, khshmâ, jûshmâ, vē, vâo etc., was ein deutlicher Beweis davon zu sein scheint, dass man sich nur allmälig an die Vorstellung eines einzelnen Ahura mazda gewöhnte. — Zu thwâvâç *der Deinige* vgl. 31, 16. 48, 3; es ist wohl, wie ich schon früher gezeigt, nur ein stärkerer Ausdruck für *du*; ebenso ist mavaitê = môi *mir* (vgl. 46, 7, wo es deutlich nur *mir* heisst). Wollte man bei beiden durchaus streng an einem possessiven Sinne festhalten, so liesse sich schwer sagen, wer eigentlich *der deinige* und *der meinige* ist; man müsste sich in allerhand haltlosen Vermuthungen ergehen. — frjâi dat. sing. von frjô = Skr. prija, *Lieber, Freund* vgl. J. 46, 2: jathâ frjô frjâi daidît, wie der Freund dem Freunde gibt; 43, 14: nâ frjâi vaêdemnô daidît, ein wissender Mann gibt dem Freunde. — çaqjât (Optat.) ist nicht auf die Skr.-Wurzel çak *mächtig sein* zurückzuführen, sondern auf die häufig in dem Jaçna vorkommende Zendische W. çĕñgh (für çañgh) *verkünden, anzeigen, sagen.* Das q des Zend kann nicht wohl einem Skr. k entsprechen; es steht 1) einem Skr. sv gegenüber, 2) ist es im ältern Zend-Dialekte eine härtere Aussprache für h, wie die Genitive auf aqjâ = ahjâ, die Dative aqjâi = ahjâi zeigen, welche Aussprache hauptsächlich, wo h vor j zu stehen kommt, eintritt; man vgl. auch die weiblichen pronominalen Genitive maqjâo, thwaqjâo, qaqjâo. Bei der W. çañgh trifft indess diese Veränderung des h in q mit Unterdrückung des ohnehin schwachen Nasals nicht bloss im Verbum, sondern auch im Nomen zu, man vgl. çaqâre (wahrscheinlich sing.) in J. 29, 4: mazdâo çaqâre mairistô, Mazda ist der am meisten das Wort verkündende; (mairistô superl. von der W. mare, mere *sprechen,* wie bairista J. 51, 1 von bere *tragen*) und çâqĕnî, wahrscheinlich plur. in J. 53, 5: çâqĕnî vazjamnàbjô kainibjô mraomî d. i. Worte (wohl Segensworte) verkünde ich den heirathenden Mädchen. Desselben Stammes oder vielleicht ganz dasselbe Wort ist das Neupersische سخن (sukhun) *Wort.* — Die Worte von aṭ nĕ bis zum Schlusse des Verses scheinen die Rede der Ahura's, jedoch indirekt einzuführen; der Sinn scheint zu sein: der deine, d. i. du, soll uns, den Ahura's, Verehrung zollen, wenn er (du) in guter Gesinnung sich uns naht. hâkurenâ plur. Der Singular hâkurenem findet sich J. 33, 9, aus welcher Stelle wenigstens so viel hervorgeht, dass es eine Art von Gottesverehrung bezeichnet; aus den diesem Wort beigegebenen Verben bare *bringen* und dâ *geben* kann man auf die Bedeutung *Opfer* schliessen; desselben Stammes ist das Verbum hañkârejêmi, das in den Anrufungen des jüngern Jaçna öfter nach nivaêdhajêmi *ich rufe an* sich findet und wohl *ich bringe Opfer* bedeutet.

V. 2. Wie (ist) des besten Lebens Anfang
Um irgendwo zu nützen (dem), der da ist?
Denn du selbst, der wahrhaft heilige, o Geist Mazda,
Wandelst als ein Helfer aller Welt mit Reinheit.

Zu kâthē vgl. 47, 4, welche Stelle ich jetzt übersetze: Wegen dieses heiligen Geistes, des Mazda, suchen sie zu schaden dem Gottlosen, jedoch nicht auch nur dem geringsten Reinen; wo nur irgend ein Verehrer (Priester) dem Reinen ist, *der* ist ein schlimmer Zerstörer dem Gottlosen. (Zu içvâ vgl. 43, 14. akô *schlecht* vgl. 32, 5. 12. 43, 5. 45, 1 ff., wovon der Dewakô-manô von a+ka=οὔτις ein *Nichts, Taugenichts.*) In dieser Stelle hat kâthē deutlich eine etwas verallgemeinernde Bedeutung *wo nur* oder auch *wie nur*; dadurch scheint es sich von kathâ *wie* zu unterscheiden. — çûidjâi infin. der Wurzel çu *nützen, helfen* vgl. 49, 3: ahmâi varenâi mazdâ nidâtem ashem çûidjâi ţkaêshâi râshajaṅhê drukhs: Dieser Lehre, o Mazda, ist gegeben Ashem (Reinheit) zum Nutzen, dem Glauben zu schaden (ist gegeben) Drukhs (das Böse). erekhtem part. pass. der W. erez *wahr sein*, wovon erezu *wahr* [1]); es ist adverbial zu fassen und eng mit çpeñtô zu verbinden; vgl. 32, 7. erekhtem vaêdistô, der *in Wahrheit* wissendste (der in Wahrheit am meisten weiss). — hârô ist 2te pers. sing. Aor. II der W. har, here=Skr. sṛ *gehen*, wonach die Parallelstelle 31, 13 von hârô an so zu übersetzen ist: *du gehst* umher in Reinheit, du erspähest alles ringsherum. — Der Dat. plur. vîçpôibjô ist mit dem Instrum. ahûbis, der wie öfter für den Dativ steht, zu verbinden. Dieser Ausdruck „alle Lebenden" d. i. alle Lebendigen bezeichnet wahrscheinlich soviel als der im Abschnitt Haptaṅghati (Jaçn. cc. 35—42) vorkommende ubôibjâ ahubjâ (dat.) 35, 8. 38, 3. ubôjô aṅhvô (gen.) *beide Leben oder Welten*, deren König Ahura mazda ist 41, 2. Diese „beiden Leben" sind das *erste* auch açtvat *daseiend* und das *zweite* (daibitîm J. 45, 1) auch parâhû oder vahista genannt oder nach unserer Anschauungsweise das *diesseitige* und *jenseitige* Leben, nach Rabbinischer Anschauung הָעוֹלָם הַזֶּה und הָעוֹלָם הַבָּא; beide Begriffe finden sich in den alten Jaçnaliedern häufig. — urvathô heisst nach der Tradition *Freund;* diese Bedeutung ist jedoch nicht die ursprüngliche, da das Wort seiner Ableitung nach offenbar mit urvâ *Seele* zusammenhängt. Die von mir früher angenommene Bedeutung *Schutzgeist* Fravashi passt nicht recht; die Fravashi's, welcher Name sich nicht in dem ältern Jaçna (nur ein oder das anderemal in dem spätern Haptaṅghati) findet, heissen zu dem

---

1) varena heisst im ältern Jaçna *Lehre*, *Unterweisung* vgl. 45, 2. 48, 4. 31, 11. Im Altpersischen der Keilinschriften findet sich ein Verbum var-(nu) *lehren*; die Pârsische Tradition kennt ein verenoued=verenvaiti (J. 31, 17.) *er lehrt*; hievon ist es abzuleiten. varena im Vendidâd ist dagegen auf die Wurzel vṛ *bedecken* zurückzuführen und heisst *Bedeckung*, namentlich von der Bekleidung der Erde mit Grass, Bäumen etc. gebraucht 9, 171. 18, 127 (Spieg.); aiwi-varena Verhüllung (vielleicht Kissen) Vend. 7, 27. 122. Das lautlich entsprechende varna im Veda bedeutet etwas ganz anderes 1) *Glanz*, *Farbe* Rv. IX, 3, 5, 8. 4, 4, 2. 8. 2) *Klasse, Geschlecht* I, 104, 2; III, 3, 5, 9 (ârja varṇa im Gegensatz zu den dasju).

in den ältern Liedern urvânô *Seelen* 42, 4. 45, 2. 49, 10 u. a. Nachdem ich die meisten Stellen, in denen das Wort vorkommt, noch einmal genau untersucht habe, hat sich folgendes Ergebniss herausgestellt:

urvathô nom. urvathem acc. 1) *Verwandter, Familienglied* J. 45, 11 urvathô brâtâ ptâ vâ [1]); drvô-urvathâ *Verwandte* (Aeltern) *schützend*, Beiwort der Drvaçp Jt. XI, 1. 2) *Genosse, Freund* J. 46, 14 mit dem Prädicat ashavâ; ferner 51, 11. 3) *Schützer, Helfer* J. 44, 2; 71, 13 neben thrâta (Erhalter); Jt. XI, 2. 4) *Verehrer* J. 10, 9 neben çtaota (Lobpreiser) 50, 6 [2]) eine Benennung Zoroaster's, v. 7 [3]), 31, 21 [4]). Ein Adjectiv davon ist urvathrâo Jt. VIII, 47 die *helfenden, Gedeihen bringenden* von den Wassern, wo Westergaard gegen die Handschriften urvathâo corrigirt, was ein Plural subst. wäre, aber in den Zusammenhang nicht wohl passt.

V. 4. Zu dvânmaêibjô vgl. das Verb. causal. uz-dvânajat *eilend forttreiben* Jt. V, 61. — dâmis nom. sing., acc. dâmim *schöpferisch, Schöpfer* Beiname des Ormuzd 31, 7. 8. 45, 7 und der Armaiti 34, 10. Die Worte kaçâ vaṅhêus etc. heissen demnach: wer (ist) der Schöpfer des guten Geistes, Mazda! M. vgl. 31, 8, wo Ormuzd *Vater des guten Geistes* heisst; ebenso 45, 4. Wohl davon ist dâmi Gen. dâmôis zu unterscheiden, das *Weisheit, Einsicht* bedeutet J. 43, 5. 51, 10; dâmi-dâtem Jt. X, 61.

V. 5. tafna für tafnu *Wärme* kommt wirklich Jt. III, 8. 15 in mehreren codd. vor; Westerg. schreibt stets tafnu. Dass wenigstens ein tafnaṅh nom. tafnô existirte, beweisen der Superlativ tafnô-tema Jt. III, 15 und das Adj. tafnaṅhaṅtem Jt. VII, 5 (Prädikat des Mondes). — znêmâ findet sich noch einmal im ältern Jaçna 41, 4, wo es aber die erste pers. plur. impf. der

---

1) Der schwierige Vers scheint folgendermassen übersetzt werden zu müssen: Wer die Daêva's und andere Menschen verachtet, die ihn verachten; wer andere als diese hochehrt, nämlich die frommen Feueranbeter nach der heiligen Lehre des Hausvaters, so ist Verwandter, Bruder oder Vater Ahura mazda d. h. Ormuzd ist einem solchen Menschen ein Schützer. tarem man für *verkehrt halten = verachten*; arem man für *gut halten = hochehren*. dêṅg-patôis Gen. von dêṅg-pati, das sonst nicht weiter vorkommt, stellt man am richtigsten mit dem Vedischen dampati zusammen; dieses heisst 1) *Hausherr* von Agni Rv. I, 19, 1, 8. neben viçâm pati, VIII, 9, 4, 7. dampatê, wo indess die entsprechende Sâmavedastelle I, 1, 1, 3, 14. satpatê hat und Indra VIII, 7, 10, 16. 2) dual. dampatî *Eltern* VIII, 5, 1, 5; X, 1, 10, 5 neben ģanitâ von Tvashṭar. — Für ahurâ mazdâ ist wohl der Nomin. ahurô mazdâo zu lesen, da der Vocativ keinen Sinn zu geben scheint.

2) jê mâthrâ etc. heisst: der im Lied die Rede bringt (Lieder dichtet), der Verehrer in Reinheit mit Lobpreis, Zarathustra.

3) Hier schreibt Westergaard urvatô ohne eine andere Lesart anzugeben, die Bomb. Ausgabe liest indess richtig urvathô; ebenso Jt. XI, 2 gegen die Autorität mehrerer Handschrifen.

4) jê hôi mainjû skjaothanâisćâ urvathô; der ihm in Gesinnung und Handlunge Verehrer ist.

W. zi = Skr. ği ist. — Die von dem Vedischen áram gegebene Erklärung bedarf einer nähern Modification und bestimmtern Fassung; namentlich muss die durchgängige adverbiale Bedeutung strenger festgehalten werden; es heisst eigentlich *zum Heerd, nach Haus, heim*, mit gam *heimgehen*, mit vah *heimführen* (so deutlich Rv. VII, 4, 11, 14 wo man auch auf den vagern Sinn *entgegen* oder *herzu* rathen könnte); indess scheinen diese Ausdrücke dem Zusammenhang nach doch einen religiösen Ritus zu bezeichnen, den wir nicht näher kennen. Aus der Bedeutung *heim, daheim* entwickelte sich die von *in Bereitschaft, bei der Hand, fertig* z. B. Rv. IX, 1, 24, 5 (wenn du, o Indu, mit den Steinen ausgepresst in das Reinigungsgefäss träufelst, *bereit* für Indra); eben diese Bedeutung hat es auch in Verbindung mit kř, aramkř *fertig machen, bereiten*, später *schmücken*. Das entsprechende Zendische arĕm, arem wird von der Tradition als *Knecht* gefasst, welche Bedeutung jedoch weder in den Sinn einer Stelle recht passt, noch auch sich etymologisch rechtfertigen lässt; es heisst 1) *bereit, zur Hand* J. 45, 14. (aus dieser Bedeutung hat sich wahrscheinlich die traditionelle Auffassung entwickelt); 2) *geeignet* J. 44, 8 arĕm vaêdjâi *geeignet zu wissen*; 3) *gut* im Gegensatz zu tarĕm *verkehrt, schlecht* J. 45, 11. — Das nahe verwandte âra (oder âri), womit ganz überraschend das Lateinische āra stimmt, hat die ursprüngliche Bedeutung treuer bewahrt; Anquetil übersetzt es wie arem durch *Knecht*, was aber nie einen Sinn giebt. Auch dieses kommt nur adverbial vor 1) ârem *heim* 43, 10 zaozaomî ârem ich eile *nach Hause, heim*, wahrscheinlich ein religiöser Ritus. 2) ârôi *daheim* ganz dem Vedischen ârê entsprechend, das indess die entgegengesetzte Bedeutung *fern* angenommen hat J. 33, 9.[1]) 34, 3.[2]) 50, 5.[3]) 3) ârôis â *daheim zu Hause* 51, 4; beweisend ist aber 51, 14 wo es deutlich im Gegensatz zu vâçtra *Feld* steht. Diese sehr schwierige Stelle übersetze ich jetzt: Nicht sind die urvâta's (s. zu V. 15) bereit als Verderber für die Geschöpfe auf dem *Feld*, heilbringend (sind sie) der Kuh *zu Hause*, indem man sie übt und spricht, wer auch nur ihr äus-

1) Der früher von mir falsch übersetzte Vers lautet so: Diese (nämlich die Seelen, Schutzgeister) sind den Geist an Reinheit wachsen machend das ganze Jahr hindurch; er bringe (wahrscheinl. der Gläubige) in Erleuchtung, Einsicht, Weisheit in der besten Gesinnung daheim denen (Seelen) eine Opfergabe, welche Seelen ihn begleiten (beschützen). Zu maêthâ wohl desselben Stammes und desselben Sinnes wie Skr. medhas *Weisheit* vgl. J. 30, 9. 31, 12. 34, 6. majâ = Skr. mâjâ.

2) „Dir, Ahura, ist das Opferfleisch (miazdem) eine bestimmte Satzung, dem Herrscher über alle gaêtha's, die du schützest mit gutem Geiste, die gutgeschaffenen daheim (in der Heimath, im Lande); in euch allen, Mazda, ist Segen."

3) „*In der Heimath* ihr (man könnte auf *herbei* rathen, aber nicht rechtfertigen) Mazda, Ascha, Ahura! zu euch will ich beten." Die folgenden Worte sind mir bis jetzt unverständlich; mein früherer Erklärungsversuch ist haltlos, da aibi-deresta nicht *umher sehen* heissen kann vgl. J. 31, 2. 34, 4.

serstes (geringstes) Wort gegen die Wohnung des Schlechten wendet (karapanô ist ein Nomin. plur. vgl. J. 46, 11. 48, 10; gen. plur. karafnãm häufig in den Jescht unter bösen Wesen; die Bedeutung *verderbend*, *Verderber* ist deutlich Jt. IV, 8. — drûǵô demânê kommt im ältern Jaçna öfter vor und bezeichnet, im Gegensatz zu garô demânê später Gorotman *Paradies*, die Wohnung des bösen Geistes, die Hölle).

arethâ heisst nach der Tradition *Lehre*, *Unterweisung*. Diese Bedeutung, die auch Burnouf angenommen, ist, wie sehr ich mich auch früher dagegen sträubte, doch richtig; nur hinsichtlich der Ableitung bleibe ich noch bei meiner frühern Ansicht. Die Worte von jâ manôthrîs an sind demnach zu übersetzen: wer (schuf) den in den Sinnen durch die Lehre Erleuchteten? M. vgl. 43, 13 wo ich jetzt übersetze: Die Lehre ist mir gegeben, darin zu wandeln, von Wonne, von langem Glück, welches keiner von euch (in) der guten Schöpfung unterdrückt, die zu Deiner Herrschaft sich bekennt (vôiǰdjâi ist Infin. von viç mit Erweichung des ç zu ǰ wegen des folgenden weichen d; têm giebt keinen Sinn; will man es beibehalten, so müsste man dâtâ als Perf. nehmen, was nicht wohl geht; es ist wohl nur wegen des folgenden jĕm gesetzt, um ein respondens zu haben); ferner 33, 8: frô môi fravôizdûm arethâ tâ jâ vohû shavâi manańhâ, mir ist eine Lehre, um fortzuwandeln, die ich mit gutem Geist verehren will.

V. 6. In diesem Verse kann ich auch jetzt noch nur Anführungen von drei Liederversen entdecken. — Hier erlaube ich mir die Bedeutung von Ârmaiti im ältern Jaçna näher zu untersuchen.

Ârmaiti nom. Ârmaitis u. Ârmaitîs (J. 31, 3. 12.) mit ća Ârmaitiśćâ acc. Ârmaitim gen. Ârmatôis Voc. Ârmaitî (instrum.? J. 43, 10) u. Ârmaitê (J. 33, 13. 48, 5. 51, 2.) acc. pl. Ârmatajô (38, 2.) eigentlich der Platz um den Heerd, die Heimath, daher 1) *Erde* [1]) mit den Prädikaten khshathrâmaţ *mit Gebiet versehen* = *felderreich* J. 44, 7 berekhdhâ *gross mächtig* 34, 9. 44, 7. hushitis *mit guter Wohnung* 48, 11., hushôithemâ die *wohnlichste* 48, 6., hukhshathrâ! *mit guter Herrschaft* oder *gutem Gebiet* 48, 5, vâçtravaiti *flurenreich* 48, 11., ashâmaţ *mit Reinheit versehen* 48, 11; sie besteht aus gaêtha's (einzelne abgegränzte Besitzstücke) 44, 10. 46, 12., von deren *Förderung* (frâ-dâ) öfter die Rede ist, hat *liebliche Fluren* (râmâ vâçtrâ) 47, 3., ist mit râna's (Marken) versehen, denen Ahura mazda *Reinheit* und *gutes Feuer* austheilt 31, 3. 43, 12. 47, 6. und hat vare's, *Bezirke*, daher der Ausdruck hudânu-vareshvâ Ârmatôis 53, 3 (in den *gute Gaben* spendenden vare's der *Erde*); sie ist von Ahura mazda geschaffen, der ihr den *Weg anwies* 31, 9. und auf ihr

1) Desselben Stammes ist wohl das Homerische adverb. ἔραζε *zur Erde* und unser deutsches Wort *Erde*.

Bäume für das Geschlecht des ersten Lebens wachsen lässt 48, 6. Auch noch im Vendidâd (3, 119. 8, 127) wird çpeñta Ârmaiti für *Erde* gebraucht.

2) n. pr. *Genie der Erde*, welche Bedeutung von der ursprünglichern oft kaum zu scheiden ist. Sie ist eine *Tochter* Ahura Mazda's 45, 4., heisst çpeñta *heilig*, welches Beiwort im ältern Jaçna seltener 32, 2. 34, 9. 51, 4. 11., später aber stehend ist, dâmis *schöpferisch*, *Schöpfer* 34, 10., ahura *lebendig* 33, 12., vañuhî *gut* 35, 7., und kommt in Verbindung mit andern guten Genien vor, namentlich mit Aschi 31, 4. oder Aschem, Vohu-manas und Khshathrem 31, 11; sie *kommt* zu den Verehrern des Ahura mazda 44, 11. und spendet, wenn sie kommt (ǵaçatâ) *Gaben* 28, 4. [1]), giebt *Speise* 28, 8., *körperliches Gedeihen* 30, 7., *Kraft* und *Stärke* (tevîshî) 33, 12., in der sie *ununterbrochen* (utajûitî) *fortwächst* 34, 11, verleiht *Reichthum* und *Besitz* 43, 1., und namentlich *Reinheit* 43, 1. 10. 16., von der sie begleitet ist und mit ihr bei Ahura mazda thront 46, 16., sie fördert eifrig den guten Glauben, den *Feuerdienst* 47, 2. 51, 21., desswegen heisst sie huskjaothanâ 45, 4. Dadurch kommt sie auch in Verbindung mit daênâ *Gesetz* vor 35, 7; sie soll die *Gesetze stärken* 33, 13, ja es wird von einer besondern daênâ der Ârmaiti geredet 49, 5; sie zeigt denen, die durch *Reinheit* die gaêtha's *fördern*, die *Vorschriften* (ratus) der *Einsicht Mazda's*, die *keiner betrügt* 43, 6. Ihre Heiligkeit und Reinheit wird durch *schlechte Lehre* 49, 2 und *schlechte Handlungen* 34, 9. verletzt. 38, 2. kommt der Plural Ârmatajô neben îžâo, jaostajô frastajô lauter Bezeichnungen für *Verehrung*, *Lobpreisung* und scheint *Glauben*, *Andacht* zu bedeuten; ebenso 49, 10 wo nemas durch Ârmaitis îžâćâ erklärt scheint.

Ganz identisch damit ist Aramati in den Veden. Diess heisst 1) *Erde* Rv. X, 8, 2, 4: djaur uruvjaćô — mahj Aramatih panijast, der weitumfassende Himmel — die grosse Erde; v. 5: sindhavas tirô mahîm Aramatim dadhanvire, die Flüsse strömten über die grosse Erde hin. 2) n. pr. einer Genie, deren Wesen sich aus den verhältnissmässig wenigen Stellen nicht mehr mit Sicherheit erkennen lässt. Sie kommt in Verbindung mit Agni vor, der sie auf Götterpfaden herzuführt V, 3, 11, 6 und zu dem sie in der Dämmerung kommt VII, 1, 1, 6; wird auch mit den Âditja's VIII, 5, 1, 12 u. Bṙhaspati X, 4, 5, 15 zusammengenannt; sie zerstört die ṙtu's, wenn die Weberin (die Nacht) den Schleier gewoben [2]), II, 4, 6, 4. Sie heisst mahî die *grosse*, panîjasî

---

1) Zavẽñg = Ved. havinshi nur in etwas allgemeinerer Bedeutung. M. vgl. 29, 3. jahmâi ǵimâ zavẽñg keredushâ, zu welchem, dem Gaben bereitenden, ich kommen will. keredushâ instr. steht für den Dativ.

2) Das avjat vajanti vitatam übersetzte ich früher ganz unrichtig; avjat ist auf die Wurzel ve *weben* zurückzuführen. Langlois übersetzt: Partageant de moitié avec lui, (la Nuit) s'occupe à tisser sa voile immense.

preiswürdige, havishmatî *mit Opfer versehene*, ghṛtâčî *butterträufelnde*, râta-havjâ *gespendete Opfer habende*, vasûju *schatzverlangend*, juvati *jugendlich*, devîgnâ *göttliches Weib*. Aus dem Umstande, dass sie in Verbindung mit dem Feuergott Agni vorkommt und als eine mit Opfergaben versehene und danach begierige Göttin erscheint, kann man, wenn man an der ursprünglichen Bedeutung von ara *Heerd* festhält, sie als *Göttin des Heerdes* fassen. Dafür würde auch sprechen, dass sie mit Einbruch der Nacht (doshâvastor bezeichnet wohl nur die *Dämmerung*) zu Agni kommt und die ṛtu's (die 3 Tageszeiten *Morgen Mittag Abend*) zerstört; d. h. mit andern Worten: wenn der Tag zu Ende ist, wird das Feuer auf dem Heerde angezündet. Dass sie mit Bṛhaspati zusammengenannt wird, spricht eher für, als gegen die Annahme; Bṛhaspati ist nämlich wohl ursprünglicher *Gott der heiligen Streu*, die um den Heerd ausgestreut wurde; erst später wurde er zu einem Gotte des Gebets; nimmt man indess diese Bedeutung als die ursprüngliche, so könnte man Aramati als *Genie des Gebets* oder der *Andacht* deuten; aber alles andere würde nicht passen, am wenigsten aber der Umstand, dass das Wort in einer oben angeführten Stelle wirklich *Erde* heisst, namentlich da uns alle vermittelnden Begriffe, die wir bei der Ârmaiti des Avesta haben, fehlen.

azîm adj. Prädikat der *Erde*, ebenso azî 46, 19; es heisst wahrscheinlich *unvergänglich*; man vgl. das Vedische agjâni *Unvergänglichkeit* und agjamnem *unvergänglich* Vend. 2, 67. J. 38, 5 finden wir einen acc. pl. azîs nach apas; hier ist es ein Substantiv und bedeutet vielleicht *Säfte* wie Anquetil übersetzt.

V. 7. vjânajâ ein instrum. von vjâni *Weisheit*, *Erkenntniss* erhalten Jt. X, 64: jahmi vjânî daênajâi çrîrâi, in welchem die Erkenntniss für den guten Glauben; vgl. J. 29, 6: vîdvâo vafûs vjânajâ, der mit Weisheit das Wesen kennt. Verwandt ist das Wort mit Ved. vajuna ein pragñâ- und praçasjanâma. Die Worte kē uzemem etc. sind demnach zu übersetzen: Wer macht ausgezeichnet an Weisheit dem Vater den Sohn?

Tübingen 28. Januar 1854.

Berichtigungen.

Band VII.

S. 321 Z. 10 v. u. sind die Buchstaben a h, die zwischen r und w stehen, zu streichen.

„ 324 Z. 16 v. u. lies für ܩܡܪܠ zweimal ܩܡܪܠ (kirat).

„ 326 Z. 10 v. u. lies für Ezaik *Esnik*.

„ 328. Der letzte Satz von Vers 4: „wer des guten Geistes Wohnungen“ ist zu übersetzen: wer (schuf) die Geschöpfe guten Geistes d. i. die reine Schöpfung.

„ 521 Nr. 1 vôijdjâi ist nicht von vaz abzuleiten, sondern von viç.

Zur ältesten Sagenpoesie des Orients.

Von

G. F. Grotefend [1]).

I. Sancherib als assyrischer Kriegesheld der Sage.

Meiner Behauptung, dass die Denksäule aus Nimrud die Thaten *Shalmaneser's* melde, steht die herrschende Meinung entgegen, dass er nicht über dreissig Jahre König gewesen sein könne, wenn man nicht den *Sancherib* sammt *Sargon* und *Esarchaddon* für Unterkönige der assyrischen Oberherrscher an der Spitze ihrer eroberungssüchtigen Heere erklären wolle, wie es *Nebuzaradan* unter dem babylonischen Könige *Nebukadnezar* war. Dieses verpflichtet mich zu einem überzeugenden Erweise, dass dem also sei, weshalb ich mir ausführlich darzuthun erlaube, dass alle Stellen, worin von *Sancherib*, den *Alexander Polyhistor*, *Berossus*, *Josephus*, *Eusebius* und *Syncellus* als einen *assyrischen* Oberkönig anerkennen, im *A. T.* die Rede ist, nur Einschaltungen aus einem Sagenbuche seien, dessen Beginn ich hier zuvor darlege, ehe ich zum Erweise jener Einschaltungen übergehe, und nur noch bemerke, dass sie schon durch den verschieden lautenden Bericht des *Herodot* II, 141. wahrscheinlich werden. Der Beginn des Sagenbuches ist nichts Anderes als die Urgeschichte der Menschengeschlechter und aller Völker der Erde, welche der letzte Sammler aller Schriften des *A. T.* in dasselbe zur Ergänzung und Vergleichung der nur Weniges enthaltenden ersten Geschichte aufnahm und an ihm passend scheinende Stellen vertheilte. Man braucht nur das, was sich durch die Bezeichnung Gottes als eines *Herrn* oder *Jehova* vom Uebrigen unterscheidet, zusammen zu stellen, um zwei verschiedene Urgeschichten in ihrer ursprünglichen Gestalt zu gewinnen, was in vielerlei Hinsicht ein besonderes Interesse gewährt. Weil ich aber die semitischen Sprachen nicht grammatisch kenne, so lege ich dabei den alterthümlichen Stil der Uebersetzung *Luther's* mit geringer Veränderung, welche ich mir besonders in der hebräischen Namenschreibung erlaube, zu Grunde und füge den einzelnen Abschnitten in möglichster Kürze meine Bemerkungen hinzu, woraus es sich zuletzt ergeben wird,

---

1) Vierzehn Tage vor seinem Tode übersandte mir der ehrwürdige Verfasser die hier mitgetheilten Aufsätze, auf die er ein besonderes Gewicht zu legen schien. Ich übergebe beide Arbeiten dem Publicum als letzte Reliquien eines Mannes, der um die Wissenschaft des Orients sich ein unsterbliches Verdienst erworben hat, und der bis ins späteste Greisenalter mit unermüdetem Ernste forschte und strebte. **Brockhaus.**

woher das Sagenbuch stamme und wer es vielleicht verfasst habe. Was ich liefere, ist dieses Sagenbuch, und was ich übergebe, ist die ursprüngliche hebräische Urgeschichte.

I. Die Schöpfung alles dessen, was ist. 1 *Mos.* II, 4—25.

II, 4—7. „Also ist Himmel und Erde geworden, da sie geschaffen sind zu der Zeit, als Gott der Herr Erde und Himmel machte und allerlei Bäume auf dem Felde, die zuvor nie gewesen waren auf Erden, und allerlei Kraut auf dem Felde, das zuvor nie gewachsen war. Denn Gott der Herr hatte noch nicht regnen lassen auf Erden, und es war kein Mensch, der das Land bauete; aber ein Nebel ging auf von der Erde und feuchtete alles Land. Und Gott der Herr bildete den Menschen aus Erdenstaub und blies ihm einen lebendigen Odem in seine Nase, und also ward der Mensch eine lebendige Seele."

Die gänzliche Verschiedenheit dieses bei aller Breite des Ausdrucks in versartigen Wiederholungen und Gegensätzen kurzen Berichtes von dem weitläuftigen Schöpfungsliede des ersten Capitels, welches der Sabbathsfeier wegen gedichtet (2 *Mos.* XX, 11) bei der Nachwelt sich im Gedächtniss erhielt, springt so sehr in die Augen, dass sie nicht weiter erläutert zu werden brauchte, wenn sich nicht daraus der verschiedene Ursprung der beiderlei Sagen ergäbe. Während der Schöpfungsgesang der ägyptisch-phönikischen Sage entspricht, welche wir auf das Vollkommenste aus *Ovid's Verwandlungen* I, 5—88. kennen lernen, wornach in zweimal vier Tagen zuerst die vier Bestandtheile des Weltalls, des Aethers Licht, des Wolkenhimmels Luft, des Erdbodens Wasser und Land, alsdann dieser Theile belebte und mit freier Bewegung des Geistes und Körpers begabte Wesen, die Gestirne (vgl. *Cicero de nat. deor.* II, 21), Vögel, Fische und Landthiere, durch Gottes blosses Wort aus dem Nichts hervorgerufen wurden, welche der hebräische Dichter nur um des siebenten Ruhetages willen unter zweimal drei Tage ordnete, wie die spätern Römer ihre Nundinen mit siebentägigen Wochen nach der Zahl der Wandelsterne vertauschten, folgte der Verfasser der entgegengesetzten Dichtung der assyrisch-persischen Ansicht, welche der *Bundehesh* in *Kleuker's Zendavesta* III. S. 39. vgl. *Zendav.* II. S. 149 ff. mittheilt, derzufolge Ormuzd zuerst den Sternhimmel und das Wasser der Wolken und Meere der Erde, dann deren Pflanzen, Thiere und Menschen aus dem schon vorhandenen Stoffe in je drei Zeiten von tausend Jahren bildete, und fügte dem Namen Gottes noch den des *Herrn* hinzu, der nach dem folgenden Abschnitte dessen Stelle allein vertritt. Statt dass im *Bundehesh* XXX. gesagt wird, man müsse zuerst Tag zählen, dann Nacht, weil es zuerst Tag und darauf Nacht geworden sei, und der Verfasser der denselben entsprechenden Sage den aus Erdenstaub gebildeten Menschen, *Adam* genannt, als ursprünglich zum Landbau geschaffen schildert, lässt das hebräische Schöpfungsgedicht die Tage mit dem Abende beginnen, dessen Kühle der Herr (III, 8.) abwartete, bevor er im Garten ging, und der nach Gottes Bilde erschaffene Mensch wird (I, 28.) wie zur Viehzucht bestimmt gesegnet, weshalb darnach in der phönikisch-hebräischen Sage alles fehlte, was die assyrisch-persische von dem Paradiese meldete, dessen persische Benennung erst bei *Nehemia* II, 8. und in andern spätern Schriften, wie des apokryphischen *Esra* VI, 2. vorkömmt.

II, 8—15. „Und Gott der Herr pflanzte einen Garten in *'Eden* gegen Morgen und setzte den Menschen darein, den er gebildet hatte. Und Gott der Herr liess aufwachsen aus der Erde allerlei Bäume lustig anzusehen und gut zum Essen, und den Baum des Lebens mitten im Garten und den Baum der Erkenntniss des Guten und Bösen. Und es ging aus von Eden ein Strom zu wässern den Garten und theilte sich daselbst in vier Hauptwasser. Das erste heisst *Pishon:* das fleusst um das ganze Land *Chavilach*, und daselbst findet man Gold, und das Gold des Landes ist köstlich, und da findet man Bdellion und den Edelstein Onyx. Das andere Wasser heisst *Gichon:* das fleusst um das ganze Land *Kush*. Das dritte Wasser heisst *Chiddekel:* das fleusst vor Assyrien: das vierte Wasser ist der *Phrath*. Und Gott der Herr nahm den Menschen und setzte ihn in den Garten *'Eden*, dass er ihn bauete und bewahrte."

Von einem Garten des Herrn, der 1 *Mos.* XIII, 10. mit einem wasserreichen Lande gleichwie Aegyptenland verglichen wird, lesen wir bei *Jes.* LI, 3. und *Ezech.* XXXI, 8 f. und den Garten *'Eden* glaubte *Kleuker* in der *Zendavesta* (II. S. 65.) durch Zoroaster's Geburtsort (*Bundehesh* XXXIII) *Hadenesh* als Orte der Ruhe bezeichnet. Von den vier Hauptwassern, welche demselben entströmen, werden die Namen *Phrath* und *Chiddekel* für *Euphrates* und *Tigris* in der babylonischen Keilinschrift aus Behistun (Z. 34. u. 36.) gefunden, und nur über *Pishon* und *Gichon* sind die Meinungen verschieden. Im Buche *Sirach* (XXIV, 27—29.) bildet der *Gichon* zum Tigris einen solchen Gegensatz, dass dadurch der *Nil* angedeutet zu werden scheint; allein dessen Quelle lässt sich mit den Quellen des *Euphrates* und *Tigris* nicht zusammenstellen. In der Sage sind die vier Flüsse so geordnet, dass die unbekannten, welche eine genauere Bestimmung erforderten, vorangestellt wurden, und nur der *Phrath* am Schlusse keines weitern Beisatzes bedurfte, weil er den westlich davon wohnenden Juden bekannt genug war. Das grosse Wasser *Chiddekel*, von welchem schon *Daniel* X, 4. spricht, erhält nur die Bestimmung, dass es vor Assyrien, also ostwärts fliesse. Hiernach steht dem das ganze Land *Kush* oder *Khusistan* südostwärts umfliessenden *Gichon* der *Pishon* als ein nordwestwärts strömender Fluss entgegen, worunter der *Phasis* um so mehr zu verstehen ist, da sich auf ihm die ganze Bestimmung bezieht, sobald man *Chavilach* oder *Chuilach* als *Kolchis* und בְּדֹלַח zwischen dem Golde und Edelsteine als בְּדִיל (*Zinn*) erklärt. Sowie nun der *Pishon*, von פּוּשׁ abgeleitet, dem benachbarten *Hippus* bei *Strabo* gleich mit Stolz daherspringendem Rosse entspricht, so lässt sich der *Gichon*, dessen Name von גִּיחַ stammend, auf jeden hervorbrechenden Springquell bezogen werden kann, dem auf Raub ausgehenden Wolfe als *grosser Zab* oder זְאֵב vergleichen, und der *Phrath*, dessen Name sich eben sowohl von dem des schon von *Xenophon* (*Anab.* I, 5.) als ausserordentlich schnell sich zerstreuendes Wild פֶּרֶא (bei *Jer.* II, 24.) erkannten wilden Esels als von פָּרַץ oder der Ausbreitung des Wassers (bei 2 *Sam.* V, 20.) ableiten lässt, dem pfeilschnell schiessenden *Tigerstrome* zur Seite stellen. Demnach lag das Paradies, dessen Bewohnung den Menschen nach Adam's Sündenfalle (1 *Mos.* III, 24.) auf immer versagt wurde, im fernsten Osten Klein-Asiens zwischen den Quellen der vier Flüsse, die nach allen Weltgegenden ihr Wasser sandten, wie nach dem *Bundehesh* VIII. u. XII f. alle Wasser vom *Albordsh* herabfliessen. Es ist dieses zwar eine der höchsten und kältesten Gegenden Asiens, aber dabei fehlt es in den Thälern und dem niedrigen Striche nach Süden nicht an Wärme und Fruchtbarkeit zur Erzeugung des *Hom*, der nach dem *Bundehesh* (XXVII) den Tod vertreibt, und der Frucht der Erkenntniss des Guten und Bösen oder der *Γνῶσις* dessen, was nach dem *Bundehesh* (XXIX. am Schlusse) des Ormuzd und Ahriman ist.

II, 16—25. „Und Gott der Herr gebot dem Menschen und sprach: Du sollst essen von allerlei Bäumen im Garten; aber vom Baume der Erkenntniss des Guten und Bösen sollst du nicht essen: denn welches Tages du davon issest, wirst du des Todes sterben. Und Gott der Herr sprach: Es ist nicht gut, dass der Mensch allein sei: ich will ihm eine Gehülfin machen, die um ihn sei. Denn als Gott der Herr gebildet hatte von der Erde allerlei Thiere auf dem Felde und allerlei Vögel, brachte er sie zu dem Menschen, dass er sähe, wie er sie nennete: denn wie der Mensch allerlei lebendige Thiere nennen würde, so sollten sie heissen. Und der Mensch gab einem jeglichen Vieh und Vogel unter dem Himmel und Thiere auf dem Felde seinen Namen; aber für den Menschen ward keine Gehülfin gefunden, die um ihn wäre. Da liess Gott der Herr einen tiefen Schlaf fallen auf den Menschen, und der entschlief: und er nahm seiner Rippen eine und schloss die Stelle zu mit Fleisch. Und Gott der Herr bauete ein Weib aus der Rippe, die er vom Menschen nahm und brachte es zu ihm. Da sprach der Mensch: Das ist doch Bein von meinen Beinen und Fleisch von meinem Fleische: man wird sie Männin heissen darum, dass sie vom Manne genommen ist. Darum wird ein Mann seinen Vater und seine Mutter verlassen und an seinem

Weibe hangen, und sie werden sein ein Fleisch. Und sie waren beide nacket, der Mensch und sein Weib, und schämten sich nicht."

In den Worten *Mann* und *Männin* ist der Bezug auf die persischen Benennungen *Meshia* und *Meshiane* (*Bundeh.* XV.) nicht zu verkennen, und der Schluss dieses Abschnittes bereitet die Sage von Ahriman's Lüge vor, welche der vor funfzig Jahren vom Abte *Lichtenstein* bekannt gemachte Cylinder, worauf Ahriman hinter dem mit Zoroaster redenden Donnergotte über der Bergspitze, dessen Beischrift ihn als den Schutzgott des Stadtviertels (עִיר רְבַב) von Niniveh, wo die Denksäule Shalmaneser's aufgestellt war, bezeichnet, die Versuchungsfrucht vorzeigt, als ursprünglich assyrische Lehre darstellt.

II. Der verschlimmerte Zustand des ersten Menschenpaares. 1 *Mos.* III, 1—26.

III, 1—7. „Und die Schlange war listiger denn alle Thiere auf dem Felde, die Gott der Herr gemacht hatte und sprach zum Weibe: Ja! sollte Gott gesagt haben: Ihr sollt nicht *essen von* allen Bäumen im Garten? Da sprach das Weib zur *Schlange*: Wir essen von den Früchten der Bäume im Garten; aber von den Früchten des Baumes mitten im Garten hat Gott gesagt: Esset nicht davon, rühret es auch nicht an, dass ihr nicht sterbet. Da sprach die Schlange zum Weibe: Ihr werdet mit Nichten des Todes sterben, sondern Gott weiss, dass, welches Tages ihr davon esset, so werden eure Augen aufgethan, und ihr werdet sein wie Gott und wissen, was gut und böse ist. Und das Weib schauete an, dass von dem Baume gut zu essen wäre und lieblich anzusehen, und dass es ein lustiger Baum wäre, weil er klug machte, und nahm von seiner Frucht und ass und gab ihrem Manne auch davon, und er ass. Da wurden ihrer beiden Augen aufgethan, und sie wurden gewahr, dass sie nacket waren, und flochten Feigenblätter zusammen und machten sich Schürze."

Bei dieser Unterhaltung des Weibes mit der Schlange, deren Gestalt Ahriman angenommen hatte, ist im Namen *Gottes des Herrn* der Zusatz absichtlich weggelassen, sowie es sich daraus erklärt, warum dem Namen des *Herrn* noch der Name *Gottes* vorgesetzt wurde. Später wird Gott nur der *Herr* oder *Jehovah* genannt, der Mann dagegen von nun an als *Adam* von seinem Weibe, welches den Namen *Chavah* erhält, unterschieden.

III, 8—24. „Und sie hörten die Stimme Gottes des Herrn, der im Garten ging, da der Tag kühl geworden war, und Adam versteckte sich mit seinem Weibe vor dem Angesichte Gottes des Herrn unter die Bäume im Garten. Und Gott der Herr rief Adam und sprach zu ihm: Wo bist du? Und er sprach: Ich hörte deine Stimme im Garten und fürchtete mich: denn ich bin nacket; darum versteckte ich mich. Und er sprach: Wer hat dir gesagt, dass du nackt bist? Hast du gegessen von dem Baume, davon ich dir gebot, du solltest nicht davon essen? Da sprach Adam: Das Weib, das du mir zugesellet hast, gab mir von dem Baume, und ich ass. Da sprach Gott der Herr zum Weibe: Warum hast du das gethan? Das Weib sprach: Die Schlange betrog mich also, dass ich ass. Da sprach Gott der Herr zur Schlange: Weil du solches gethan hast, seiest du verflucht vor allem Vieh und vor allen Thieren auf dem Felde: auf deinem Bauche sollst du gehen und Erde essen dein Leben lang. Und ich will Feindschaft setzen zwischen dir und dem Weibe und zwischen deinem Samen und seinem Samen: derselbe soll dir den Kopf zertreten, und du wirst ihn in die Ferse stechen. Und zum Weibe sprach er: Ich will dir viel Schmerzen schaffen, wann du schwanger wirst: du sollst mit Schmerzen Kinder gebären, und dein Wille soll deinem Manne unterworfen sein, und er soll dein Herr sein. Und zu Adam sprach er: Dieweil du hast gehorcht der Stimme deines Weibes und gegessen von dem Baume, davon ich dir gebot und sprach: Du sollst nicht davon essen! verflucht sei der Acker um deinetwillen. Mit Kummer sollst du dich darauf nähren dein Leben lang: Dorn und Disteln soll er dir tragen, und du sollst das Kraut auf dem Felde essen. Im Schweisse deines Angesichts sollst du dein Brod essen, bis dass du wieder zur Erde werdest, davon du genommen bist: denn du bist Erde und du sollst zur Erde werden. Und Adam hiess sein Weib *Chavah* darum, dass sie eine Mutter ist aller Lebendigen. Und Gott der Herr machte Adam und seinem Weibe Röcke von Fellen und zog sie ihnen an. Und Gott der Herr sprach: Siehe! Adam ist geworden als Unser einer und weiss, was gut und böse ist: nun aber, dass er nicht ausstrecke seine Hand und breche auch von Baume des Lebens und esse und lebe ewiglich! Da liess ihn Gott der Herr aus dem Garten *'Eden*, dass er das Feld bauete, davon er genommen ist, und trieb Adam aus und lagerte vor den Garten *'Eden* die *Kherubim* mit der Flamme des geschlängelten Schwertes zu bewahren den Weg zum Baume des Lebens."

Sowie der Plural der Worte 1 *Mos.* I, 26: *Lasset uns Menschen machen!* beweiset, dass der einige Gott ursprünglich in der Mehrzahl gedacht wurde, zu welcher man auch mehre *Kherubim* als Blitzgötter zählte; so ist auch der Ausdruck *Unser einer* ein Zeuge des ursprünglichen Glaubens an eine Mehrheit der Götter in der Sage, die nicht geschaffen, sondern gezeugt wurden.

III. Die ersten Nachkommen des geschaffenen Menschenpaares. 1 *Mos.* IV, 1—26.

IV, 1—17. „Und *Adam* erkannte sein Weib *Chavah*, und es ward schwanger und gebar den *Qain* und sprach: Ich habe gewonnen den Mann, den Herrn; und sie fuhr fort und gebar den *Habel*, seinen Bruder. Und Habel ward ein Schäfer, Qain aber ein Ackermann; es begab sich aber nach Tagen, dass Qain dem

Herrn Opfer brachte von den Früchten des Feldes. Und Habel brachte auch von den Erstlingen seiner Heerde und von ihren Fetten, und der Herr sah gnädiglich an Habel und sein Opfer. Aber Qain und sein Opfer sah er nicht gnädiglich an: da ergrimmte Qain heftig, und seine Gebärden verstellten sich. Da sprach der Herr zu Qain: Warum ergrimmest du? und warum verstellen sich deine Gebärden? Ist es nicht also? Wenn du fromm bist, so bist du angenehm, bist du aber nicht fromm, so ruhet die Sünde vor der Thür. Aber lass du ihr nicht ihren Willen, sondern herrsche über sie. Da redete Qain mit seinem Bruder Habel, und es begab sich, da sie auf dem Felde waren, erhob sich Qain wider seinen Bruder Habel und schlug ihn todt. Da sprach der Herr zu Kain: Wo ist dein Bruder Habel? Er sprach: Ich weiss nicht; soll ich meines Bruders Hüter sein? Er aber sprach: Was hast du gethan? Die Stimme von deines Bruders Blute schreiet zu mir von der Erde: und nun verflucht seiest du von der Erde, die ihr Maul hat aufgethan und deines Bruders Blut von deinen Händen empfangen. Wenn du den Acker bauen wirst, soll er dir hinfort sein Vermögen nicht geben: unstät und flüchtig sollst du sein auf Erden. Qain aber sprach zum Herrn: Meine Sünde ist grösser, denn dass sie mir vergeben werden möge. Siehe! du treibst mich heute aus dem Lande, und ich muss mich vor deinem Angesichte verbergen und muss flüchtig sein auf Erden, und es wird geschehen, dass mich todt schlägt, wer mich findet. Aber der Herr sprach zu ihm: Nein! sondern wer Qain todt schlägt, der soll siebenfältig gerochen werden. Und der Herr machte ein Zeichen an Qain, dass ihn niemand erschlüge, wer ihn fände. Also ging Qain vom Angesichte des Herrn und wohnte im Lande *Nod* gegen Morgen von *'Eden*. Und Qain erkannte sein Weib, das ward schwanger und gebar den *Chanokh*, und er bauete eine Stadt und nannte sie nach seines Sohnes Namen *Chanokh*."

Wie *'Eden*, so ist auch *Nod* als Verbannungsgegend östlich davon nur ein bedeutsamer Name der Sage, sammt seiner Stadt *Chanokh* oder dem Platze der freisprechenden Heiligung.

IV, 18—26. „Chanokh aber zeugte *'Irad*, 'Irad zeugte *Machujaël*, Machujaël zeugte *Methushaël*, Methushaël zeugte *Lamekh*. Lamekh aber nahm zwei Weiber: eines hiess *'Ada*, das andere *Ssilla*. Und 'Ada gebar *Jabal*: von dem sind hergekommen, die in Hütten wohnten und Vieh zogen, und sein Bruder hiess *Jubal*: von dem sind hergekommen alle Harfner und Pfeifer. Ssilla aber gebar auch, nämlich den *Thubalqain*, den Meister in allerlei Erz und Eisenwerk, und die Schwester des Thubalqain war *Naamah*. Und Lamekh sprach zu seinen Weibern 'Ada und Ssilla: Ihr Weiber Lamekh's! höret meine Rede und merket, was ich sage. Ich habe einen Mann erschlagen mir zur Wunde und einen Jüngling mir zur Beule: Qain soll siebenmal gerochen werden, aber

Lamekh sieben und siebenzigmal. Adam erkannte abermal sein Weib, und es gebar einen Sohn, den hiess es *Sheth*: denn Gott hat mir, sprach es, einen andern Samen gesetzt für Habel, den Qain erwürgt hat. Und Sheth zeugte auch einen Sohn und hiess ihn *Enosh*. Zur selbigen Zeit fing man an zu predigen von des Herrn Namen."

Der Schluss dieses Abschnittes deutet an, was der Verfasser des Sagenbuches vorzüglich bezweckte: die Verehrung des Jehovah zu fördern, an dessen Statt die ersten Menschengeschlechter die Gestirne anbeteten. Dieser Geschlechter werden nach der Zahl der Sphären, innerhalb welcher die Gestirne ihre Bahn durchlaufen, zehen aufgezählt, von welchen sich, wie *Buttmann* in seinem *Mythologus* gezeigt hat, diejenigen, deren Namen und Altersbestimmungen die hebräische Sage von den Phönikern entlehnte, nur wenig, und zwar vorzüglich in der Anordnung ihrer Folge und Nachkommenschaft, unterscheiden. Statt dass aber die hebräische Sage dabei nur genau die Zeit berechnet, welche von der Schöpfung des ersten Menschenpaares bis zur Vertilgung seiner Nachkommen verfloss, sucht der Verfasser des Sagenbuches zugleich den Ursprung der verschiedenen Berufe, welchen sich die Menschen zu widmen pflegen, zu bestimmen. Nach babylonischer Mythe haben vor der grossen Wasserfluth zehen Könige zehen Saren von je 3600 Jahren geherrscht, welche die Zahl von 60 mal 60 ausfüllen. Bevor ich hiernach das Gesetz zu bestimmen versuche, wornach die hebräische Sage das Alter jedes Geschlechtsgeistes berechnete, worüber man den Jahresbericht der *Deutschen morgenländischen Gesellschaft* für 1845—1846. S. 46 ff. nachlesen mag, werde es mir vergönnt, die Namen der Könige als solche zu deuten, wodurch die Beherrscher der zehen Sphären des Weltalls bezeichnet wurden.

Der erste dieser Namen *Alorus* entspricht den Worten אל אור zur Bezeichnung des *Lichtgottes* in der höchsten, das ganze Weltall umschliessenden, Sphäre. Diesem entgegengesetzt bedeutet der zweite Name *Alaparus* für אֵל עָפָר den *Gott des Erdenstaubes* oder des Stoffes, aus welchem der höchste Lichtgott alles in der Welt bildete. Der dritte Name *Amelon* oder *Amillar* ist als אֻמְלָל oder die vergängliche Zeit des *Saturn* von אָמַל (*vergehen*) im Gegensatze der endlosen Zeit des ewigen Lichtgottes zu deuten, wiewohl demselben auch der vierte Name *Ammenon* für אֱמוּנוֹן von אָמַן (*Bestand haben*) zur Bezeichnung des lebendigen Gottes oder *Jupiter* entgegengesetzt wird. Der fünfte Name *Megalarus* oder *Megalan* für מְגָרֶן von גָּרָה bezeichnet den Streit anstiftenden Kriegsgott *Mars* oder *Mavors*, sowie der sechste Name *Daus der Hirte* durch seinen Beisatz auf den *Sonnengott* hinweiset, dessen Weidevieh דאֹן statt צאֹן, der Sammelname von שֶׂה, genannt wurde. Der siebente Name, der sich auf *Mercur* bezieht, *Amedorachus*, scheint den Flötenbläser durch die Bezeichnung eines

Hauchkundigen יִדְּעֵי רוּחַ anzudeuten, sowie der achte Name *Amphis* den *Mond* als אֵם פִּקְּחָה (*Mutter der Fruchtbarkeit*) bezeichnen mag. Der neunte Name *Otiartes* lässt sich durch אוֹתִיאַחֲרוּת (*Zeichen der Verbindung*) für die *Venus* erklären, sowie der zehnte *Xisuthrus* durch חֲזֵיסֶתֶר (*Vorschauer einer Geborgenheit*, vgl. *Jes.* IV, 6.). Da der letzte dieser Könige dem biblischen *Noach* entspricht, so lässt sich etwas Aehnliches bei dessen Vorgängern vermuthen.

Das erste Menschenpaar, welches demzufolge dem ersten Götterpaare, von welchem alles in der Welt erzeugt ist, verglichen werden muss, führt darauf, in dessen drei Söhnen *Qain* oder *Qainan*, *Habel*, *Sheth* (*Erwerb*, *Vergang*, *Ersatz*) die Vergänglichkeit des Stoffes bezeichnet zu finden; während aber *Chanoch* die *Sicherung* oder die *Fixsternsphäre* andeutet, bezeichnet *Enosh* den schwächlichen Menschen im Gegensatze des starken *Adam* oder des Erdensohns, und *'Irad* von עָרַד (*flüchtig sein*), wie *Jared* von יָרַד (*herunterkommen*) die Verflüchtigung oder den Untergang der Zeit des *Saturn*. *Machujaël* von חול (*im Kreise wiederkehren*) kann dagegen, wie *Mahalaleël* von הָלַל (*hellglänzen*), auf Dauer und Bestand des *Jupiter* bezogen werden. Die Namen *Methushaël* und *Methushelah* sind wie שְׁאֵלָה und שֶׁלָה nur verschiedene Schreibungen desselben Wortes und bezeichnen mit שָׁלַל verglichen einen plündernden Beutemacher oder den selbst den Leichnam (מַת) noch beraubenden Kriegsgott *Mars*. *Lamekh* von לָמַךְ bedeutet zwar auch einen plündernden Räuber; es ist jedoch der Sage zufolge nicht der Mars, sondern der *Sonnengott* darunter zu verstehen, der durch seinen Kreislauf den Mann oder das Jahr und den Jüngling oder den Tag erschlägt. Seine zwei Weiber sind Tag und Nacht, *'Adah* (*Frauenschmuck*) und *Ssillah* (*Schattendunkel*) genannt: jedes Weib gebar ihm zwei Kinder. Die Tagesgöttin 'Ada gebar den *Jabal* und *Jubal* oder die Ströme des Lichtes *Apollo* und der Luft *Mercur*: jener weidete die Sonnenrinder, dieser erfand die Laute und Hirtenflöte. Die Nachtgöttin oder der Mond gebar den *Thubalqain* oder *Vulcan* und die *Naamah* oder die *Venus*, welche das Sagenbuch wie die babylonische Mythe als Morgen- und Abendstern in eine niedrigere Sphäre als den Mond versetzte. Sowie *Jabal* den Sonnengott nach der Beschäftigung der Menschen am Tage bezeichnet, bei welcher *Jubal* sie durch sein Saiten- und Flötenspiel (vgl. *Herodot* I, 17.) ergötzt, so deutet *Thubalqain* den Mond nach ihrer Thätigkeit während der Nacht an, und bezeichnet durch seinen Namen, da *Thubal* wie *Jabal* und *Jubal* von יָבַל (*strömen*) gebildet ist, den *Feuerstrom des Erwerbes*, wobei *Naamah* durch ihre Anmuth die Arbeit versüsst.

So unverkennbar in diesen Herrschern die Kreisläufe der Wandelsterne sind, wobei der Einfluss der untern und obern, welche *Lamekh* als Sonne von einander scheidet, den astronomischen Beobachtungen der Chaldäer gemäss auf verschiedene Weise erläutert wird; so dunkel ist das Gesetz, nach welchem die hebräische Sage das Alter der zehn Nachkommen bestimmt. Da jedoch *Chanokh* als Sphäre der Standsterne die Geschlechterfolge mit einem Alter von 365 Jahren unterbricht, so finden wir auch hier den Kreislauf der Sonne am Firmamente angedeutet; und da *Berossus* einen *Saros* zu 3600 oder 60mal 60 Jahren berechnete, deren Zahl sich auf die Eintheilung einer Stunde in 60 Minuten und einer Minute in 60 Secunden bezieht, so scheint durch die Zeit vor der Zeugung eines Sohnes die Morgendämmerung, sowie durch die spätere Lebensdauer die Tageszeit bis zum Sonnenuntergange angedeutet zu werden. Theilt man demnach die angegebenen Alterszahlen durch 60, so ergiebt sich mit Ausschluss des *Chanokh*, der durch sein göttliches Leben frühzeitig verschwand, folgende Tabelle:

1. *Name.*	2. *Dämmerung.*	3. *Tageszeit.*	4. *mit der Dämmerung.*	5. *Dauer der Nacht.*
1. *Adam.*	130. / 2° 10'.	800. / 13° 20'.	930. / 15° 30'.	8° 30'.
2. *Sheth.*	105. / 1° 45'.	807. / 13° 27'.	912. / 15° 12'.	8° 48'.
3. *Enosh.*	90. / 1° 30'.	815. / 13° 75'.	905. / 15° 5'.	8° 55'.
4. *Qainan.*	70. / 1° 10'.	840. / 14°.	910. / 15° 10'.	8° 50'.
5. *Mahalaleël.*	65. / 1° 5'.	830. / 13° 50'.	895. / 14° 55'.	9° 5'.
6. *Jared.*	162. / 2° 42'.	800. / 13° 20'.	962. / 16° 2'.	7° 58'.
7. *Methushelah.*	187. / 3° 7'.	782. / 13° 2'.	969. / 16° 9'.	7° 51'.
8. *Lamekh.*	182. / 3° 2'.	595. / 9° 55'.	777. / 12° 57'.	11° 3'.
9. *Noach.*	500. / 8° 20'.	—	950. / 15° 50'.	8° 10'.

Wiefern sich hiernach das Klima bestimmen lässt, für welches diese Berechnung gilt, und welchen Monaten die verschiedene Dauer des Tages und der Nacht entspricht, muss ich den Gelehrten zu prüfen überlassen, welche astronomische Kenntnisse dazu besitzen: ich begnüge mich damit, meine Vermuthung auszusprechen, dass der Sage eine ägyptisch-phönikische Rechnung zum Grunde liege.

IV. Die Vernichtung alles Sündhaften durch die Fluth. 1 *Mos.* VI, 1—8. VII, 1—5. 7—12. 18. 20. 23. VIII, 4 f. 7. 13 f. 18—22.

VI, 1—8. „Da aber die Menschen begannen sich zu mehren

auf Erden und sich Töchter zeugten; da sahen die Söhne Gottes nach den Töchtern der Menschen, wie sie schön waren, und nahmen zu Weibern, welche sie erwählten. Da sprach der Herr: Die Menschen wollen sich durch meinen Geist nicht mehr strafen lassen: denn sie sind Fleisch: ich will ihnen noch Frist geben hundert und zwanzig Jahre. Zu den Zeiten waren Riesen auf Erden und auch hernach, da die Söhne Gottes die Töchter der Menschen beschliefen und ihnen Kinder zeugten: dieses sind die Helden, so von Alters her berühmt sind. Da aber der Herr sah, dass des Menschen Bosheit gross war auf Erden und alles Dichten und Trachten ihres Herzens nur böse war immerdar, da reuete es ihn, dass er die Menschen gemacht hatte auf Erden und es bekümmerte ihn in seinem Herzen, und er sprach: Ich will die Menschen, die ich geschaffen habe, vertilgen von der Erde, vom Menschen an bis auf das Vieh und bis auf das Kriechende und bis auf die Vögel unter dem Himmel: denn es reuet mich, dass ich sie gemacht habe. *Noach* aber fand Gnade vor dem Herrn."

Statt der *Söhne Gottes* übersetzt man richtiger *Söhne der Götter*, wie bei *Daniel* III, 21., weil darunter die vorher aufgezählten Herrscher verstanden werden, deren mit den Töchtern der Menschen erzeugten Kinder die *Riesen* und *Helden* sind, so von Alters her berühmt waren wie die Heroen der Griechen. Ihre Benennung נְפִלִים statt רְפָאִים (*Zach.* IX, 13. X, 5. 7.) bezeichnet sie als durch ihre ausserordentliche Grösse übermüthig gewordene Helden, und die Frist von 120 Jahren vor ihrer Bestrafung füllet durch 60 getheilt die zwei Jahre aus, um welche die Verse VII, 6. IX, 28 f. XI, 10. differiren, wenn man damit V, 32. vergleicht, und erwägt, dass die Fluth ein volles Jahr hindurch währte. Sowie jedoch nicht klar ist, dass die Frist von 120 Jahren damit in Verbindung steht, da nach *Herodot* I, 178. in Babylon 120 überhaupt eine heilige Zahl gewesen zu sein scheint, nach welcher die Perser die Einschaltung des Vierteltages im Sonnenjahre so lange verschoben, bis er nach 120 Jahren einen Monat betrug, so wird auch in den ausgezogenen Stellen des Sagenbuchs nicht bemerkt, dass *Noach* ein Sohn *Lamekh's* gewesen sei.

VII, 1—4. „Und der Herr sprach zu Noach: Geh in einen Kasten, du und dein ganzes Haus: denn dich habe ich gerecht ersehen vor mir zu dieser Zeit. Aus allerlei reinem Vieh nimm zu dir je sieben und sieben, das Männlein und sein Fräulein; desselben gleichen von den Vögeln unter dem Himmel je sieben und sieben, das Männlein und sein Fräulein, auf dass Samen lebendig bleibe auf dem ganzen Erdboden. Denn noch über sieben Tage will ich regnen lassen auf Erden vierzig Tage und vierzig Nächte und vertilgen vom Erdboden jegliches Wesen, das ich gemacht habe."

Nach der babylonisch-persischen Sage war Noach's Kasten

ein Haus ohne Fenster, von welchem er (VIII, 13.) das Dach aufthat, als er nach der Abtrocknung des Erdbodens sah; der Kasten der hebräischen Sage glich dagegen einem phönikischen Schiffe mit drei Böden (VI, 16.), 300 Ellen lang, 50 Ellen weit und 30 Ellen hoch, mit Fenstern und Thüren an der Seite.

VII, 5. 7—12. „Und Noach that alles, was ihm der Herr gebot, und er ging in den Kasten mit seinen Söhnen, seinem Weibe und seiner Söhne Weibern, vor dem Gewässer der Sintfluth. Vom reinen Vieh und vom unreinen, von den Vögeln und von allem, was auf Erden kreucht, gingen zu ihm in den Kasten bei Paaren je ein Männlein und Fräulein, wie ihm der Herr geboten hatte. Und da die sieben Tage vergangen waren, kam das Gewässer der Sintfluth auf Erden. Im sechshundertsten Jahre des Alters Noach's, am siebenzehnten Tage des andern Mondes, das ist der Tag, da aufbrachen alle Brunnen der grossen Tiefe und sich aufthaten die Fenster des Himmels und der Regen kam auf Erden vierzig Tage und vierzig Nächte."

Diese vierzig Tage und vierzig Nächte füllen mit den sieben Tagen vor dem Regen die 47 Tage aus, welche im ersten dreissigtägigen Monate und den 17 Tagen des andern Monates im Jahre verflossen.

VII, 18. 20. 23. VIII, 4 f. 7. 13 f. „Also nahm das Gewässer überhand und wuchs so sehr auf Erden, dass der Kasten auf dem Gewässer fuhr. Funfzehn Ellen hoch ging das Gewässer über die Berge, die bedeckt wurden. Also ward vertilget jegliches Wesen auf dem Erdboden, vom Menschen an bis auf das Vieh und auf das Kriechende und auf die Vögel unter dem Himmel: das ward alles von der Erde vertilget; allein Noach blieb über und was mit ihm im Kasten war. Am siebenzehnten Tage des siebenten Mondes liess sich der Kasten nieder auf das Gebirge *Ararat*. Es verlief aber das Gewässer fortan und nahm ab bis auf den zehnten Mond: am ersten Tage des zehnten Mondes sahen der Berge Spitzen hervor. Und er liess einen Raben ausfliegen: der flog immer hin und wieder her, bis das Gewässer vertrocknete auf Erden. Im sechshundert und ersten Jahre des Alters Noach's, am ersten Tage des ersten Mondes, vertrocknete das Gewässer auf Erden. Da that Noach das Dach vom Kasten und sah, dass der Erdboden trocken war. Also ward die Erde ganz trocken am sieben und zwanzigsten Tage des andern Monats."

Dieser letzten Bestimmung zufolge dauerte die Fluth zehn Tage über das Mondjahr, welches bei der hebräischen Sage zum Grunde liegt, da nach ihr (VII, 24.) das Gewässer 150 Tage überhand nahm und (VIII, 3.) nach 150 Tagen wieder abnahm, worauf Noach (VIII, 6—12) vierzig Tage später das Fenster des Kastens öffnete und nach je sieben Tagen drei Tauben, deren erste nur *einen* Tag ausblieb, ausfliegen liess, bis auf diese Weise

355 Tage verflossen waren. Die 150 Tage, innerhalb welcher das Gewässer überhand nahm und wieder ablief, sind kein Beweis für dreissig Monate, sondern die Hälfte der runden Zahl 300, zu welchen 40 und zweimal sieben Tage nebst dem Tage, an welchem die erste Taube sogleich wieder zurückkehrte, als heilige Zahlen hinzugezählt werden. Der 17. Tag des andern Monats, an welchem das Wasser hervorbrach, und der 17. Tag des siebenten Monats, an welchem der Kasten sich auf den *Ararat* als höchsten Berg der Erde niederliess, liegen zwar fünf Monate aus einander, wie der erste Tag des zehnten Monats, da anderer Berge Spitzen hervorsahen, vom ersten Tage des ersten Monats im folgenden Jahre, als das Gewässer sich ganz verlief, drei; allein die Zeitbestimmung nach der Tageszahl im Monate ist persischer Sitte gemäss, welche nach *Benfey* und *Stern über die Monatsnamen einiger alter Völker* bei den Juden erst nach der babylonischen Gefangenschaft in Gebrauch kam, wofür in den ältern Schriften des A. T. mit Ausnahme einer Einschaltung (1 *Kön.* VI, 1. — VIII, 66.) die Zeit auf eine andere Weise bestimmt wurde; und während nach der hebräischen Sage die Fluth 355 Tage eines Mondjahres ausfüllte, fügte das Sagenbuch noch 10 Tage für ein persisches Sonnenjahr von 365 Tagen hinzu, in welchem ausser 5 Ergänzungstagen am Jahresschlusse jeder Monat 30 Tage zählte, weshalb nach dem *Bundehesh* VII. der Regen, welchen der Stern *Tashter* bei seinem Eintritte in das Zeichen des Krebses im vierten Monate des Jahres kommen liess, dreissig Tage und dreissig Nächte anhielt. Dazu, dass der Verfasser des Sagenbuchs dem Sonnenjahre nur 10 statt 11 Tage mehr beilegte, und demnach das Mondjahr zu 355 Tagen berechnete, trug vielleicht der Zahlenwerth des Wortes שָׁנָה bei.

VIII, 18 — 22. „Also ging Noach heraus mit seinen Söhnen und mit seinem Weibe und mit seiner Söhne Weibern: dazu allerlei Thiere, allerlei Kriechendes, allerlei Vögel, alles was auf Erden kreucht, das ging aus dem Kasten nach seinen Geschlechtern. Noach aber bauete dem Herrn einen Altar und nahm von allerlei reinem Vieh und von allerlei reinem Gevögel, und opferte Brandopfer auf dem Altare. Und der Herr roch den lieblichen Geruch und sprach in seinem Herzen: Ich will hinfort nicht mehr die Erde verfluchen um der Menschen willen: denn das Dichten des menschlichen Herzens ist böse von Jugend auf: und ich will hinfort nicht mehr schlagen alles, was da lebet, wie ich gethan habe. Forthin, so lange die Erde stehet, soll nicht aufhören Samen und Aernte, Frost und Hitze, Sommer und Winter, Tag und Nacht.“

Nach VIII, 13. endete die Fluth im 601. Jahre des Alters Noach's; wie lange dieser aber nach der Fluth noch lebte, bestimmt das Sagenbuch nicht: statt dessen schaltet dieses im folgenden Abschnitte eine Verfluchung seines Sohnes *Cham* ein, welche taêibjô dâoñhâ passen nicht in den Zusammenhang und sind wohl eine Glosse; sie können auch der Anfang eines neuen Verses sein, der verloren gegangen ist.

V. 19. jaçtat ist zu trennen jaç=jaṭ und taṭ. Die Verwandlung des Dentals vor einem andern Dental in einen Zischlaut ist im Zend bekannt genug. — hanentê Dat. sing. des part. praes. von han spenden. — Der zweite Satz ist dem ersten ganz parallel und drückt eigentlich denselben Sinn aus. Merkwürdig ist hier die Trennung der Negation nôiṭ in ihre zwei Bestandtheile nâ und iṭ, deren erster wie natürlich unmittelbar vor dem Verbum dâitê, der zweite ganz nachdrucksvoll am Anfange des Satzes steht. — ereʃukhdhâi Dat. sing. von ereʃukhdha *wahr gepriesen*, worunter wohl Ahuramazda zu verstehen ist. — mainis *Erbe, Ansehen*, eig. *Meinung* von man (man vgl. Skr. maṇi). — Der Acc. tem steht ungenau für den Dativ tôi. — ahjâ bedeutet hier *dafür*. — Der letzte Satz vîdvâo etc. enthält die Antwort auf die vorhergegangene Frage kâ mainis. Die Copula fehlt. avâm bezieht sich auf mainis. apêmâ Superlat. der Präpos. apa, *der entfernteste*, d. i. *der geringste*, in welcher Bedeutung es hie und da vorkommt.

V. 20. Der erste Satz von ćithenâ—âoñharĕ steht weder mit dem vorhergehenden noch mit dem nachfolgenden in Verbindung. ćithenâ ist Infinitiv der Wurzel ći *büssen*. Die Infinitivendung tana (Neupers. ten) ist im Altpersischen vorherrschend, wie Oppert gezeigt hat. hukhshathrâ *von guter Herrschaft* ein Beiwort der guten Genien. âoñhare 3te Person plur. aorist. medii der Wurzel as *sein*. — peshjêiñtî, das Westergaard aus peshjêitî des Copenhagener Codex Nr. 5 verbessert hat, giebt keinen genügenden Sinn, mag man es von paç *binden* oder paç (für spaç) *sehen* ableiten; das erstere paç geht indess im Zend nach der 9ten Conjugat. z. B. peshnaiti Vend. 4 p. 164; das letztere hat im Zend noch seine vollere Form çpaç wenigstens im Verbum. Die meisten Handschriften bieten piskjêiñtî und diess ist die einzig richtige Lesart; es ist einfach das Causale der Wurzel çuk, çuć mit der Präposition api, die auch in den Veden zu pi verstümmelt wird z. B. pitvam in prapitvam; abhipitvam (von âp lässt es sich nicht ableiten, wie ich früher gethan) und eigentlich die Annäherung (*an, zu*) bezeichnet; im Sanskr. würde es apiçućajanti lauten. Die Derivata der Wurzel çuk haben indess mehr oder minder die ursprüngliche Bedeutung des Brennens, Anzündens abgelegt und die abgeleitete des Verehrens durch Opfer angenommen. So heisst es auch hier *durch Opfer verehren*. — aêibjô Dat. plur. des Pronom. der 3ten Person i (eig. Demonstrativum) ist hier reflexiv: *welche für sich* (für ihren eigenen Zweck) *opfernd verehren*. — kãm Acc. des Interrogativums kâ fem. ist mit gãm zu verbinden; es hat indess den fragenden Sinn abgelegt und ist ein pronom. indefinitum *irgend wer, irgend einer* geworden; man

Shem, Cham, Japheth, und sie zeugeten Kinder nach der Sintfluth. Die Kinder *Japheth's* sind Gomer, Magog, Madai, Javan, Thubal, Meshekh und Thiras; aber die Kinder von *Gomer* sind Ashkhenaz, Riphath und Thogarma; die Kinder von *Javan* sind Elishah, Tharshish, Khithim und Rodanim; von diesen sind ausgebreitet die Inseln der Heiden in ihren Ländern, jegliche nach ihrer Sprache, Geschlechtern und Leuten."

Der Schluss dieses Abschnittes, der am Schlusse der beiden folgenden wiederkehrt, deutet *einerseits* an, dass *Japheth's* Name als eines weit verbreiteten (IX, 27.) zur Bezeichnung Europa's gedichtet sei, wie der Name seines Vaters *Noach* die Ruhe vor der Verbreitung unter *Peleg* (X, 25.) ungefähr dreitausend Jahre vor Christus, und der Name seiner beiden Brüder *Shem* den Ruhm Asiens und *Cham*, wodurch die Aegyptier selbst ihr Land bezeichneten, die Hitze Afrika's andeuten sollte; *andererseits*, dass das Verzeichniss der über den ganzen bekannten Erdboden verbreiteten Menschengeschlechter nach ihrer verschiedenen Sprache und völkerschaftlichen Verbindung und Lebensweise entworfen wurde, während die Namen der Kinder von Shem, Cham, Japheth, wirkliche Länder- und Städtenamen sind. Von den sieben Kindern *Japheth's* sind zwei, *Gomer* und *Javan*, deren Namen auch die babylonischen und medischen Keilinschriften aus *Behistun* und *Nakshi-Rustam* enthalten, durch eine besondere Nachkommenschaft ausgezeichnet, weil sie mit den ihnen zugesellten Brüdern zusammen wohnten. Denn *Gomer*, von welchem schon *Ezechiel* (XXXVIII, 6.) spricht, bezeichnet die *Kimmerier* des *Herodot* (I, 15 f.), welche zur Zeit des Sohnes vom lydischen Könige *Gyges* oder *Gog*, den *Ezechiel* (XXXVIII, 2 f. und XXXIX, 1.) den obersten Fürsten im Lande *Magog* oder *Maionien* am *Maiander* zwischen *Meshekh* und *Thubal* oder den Bergen *Messogis* und *Timolos* nennt, Lydiens Hauptstadt Sardis ohne die Burg bis zur Herrschaft des Alyattes ein Jahrhundert lang besetzt hielten, während sich neben ihnen *Javan* oder die *Ionier* in Miletos (*Herodot* I, 25—28.) als Volk der Inseln und Herren zur See frei erhielten und nicht nur mit ihrem Besieger Alyattes und dessen Sohn Kroisos Friede und Freundschaft schlossen, sondern auch in der Hauptstadt der gleich den Lykiern freigebliebenen Kilikier *Thiras* oder *Tarsos* sesshaft wurden. Als Kinder von *Gomer* werden *Ashkhenaz* oder *Askania* im Norden (vgl. *Jerem.* XI, 27.), *Riphath* (tatarisch *Rifaët*, Alpe) oder der *Taurus* im Süden, und *Thog-arma* (tatarisch *Thagh-Arma*), Berg-Armenien (vgl. *Ezech.* XXVII, 13 f. und *Ἄριμα* bei *Homer* Il. II, 783.) im Osten des von Lydien westlich beherrschten Phrygiens angeführt; als Kinder von *Javan* aber *Elishah* auf der Halbinsel von *Hellas* und *Tharshish* oder *Tartessos* (*Herodot.* I, 163.) auf der Halbinsel von Hispanien nebst *Khithim* oder *Κίτιον* (vgl. *Jes.* XXIII, 1. 6. 10. *Ezech.* XXVII, 6 f.) auf der Insel Kypros und *Rodanim* oder *Rhodos*. Vielfache Be-

image
not
available

choboth-'Ir und *Khelach*; dazu *Resen* zwischen Ninveh und Khelach: dies ist eine grosse Stadt."

So sehr auch diese Einschaltung von einem Andern verfasst zu sein scheint, so gehört sie dennoch demselben Verfasser an, welcher dadurch des ersten Reiches Ursprung berichten wollte, sowie er das Völkerverzeichniss (XI, 1—9.) mit der Erklärung schloss, wie die Zerstreuung der Völker mit ihren verschiedenen Sprachen, Ländern und Leuten entstand. Es fällt nur auf, dass er den Stifter des ersten Reiches in *Shinghar* und *Ashur* aus Khush kommen liess; das Befremdende dieses Berichtes schwindet jedoch, sobald man beachtet, dass er seine Einschaltung an Sheba und Dedan anschloss, wornach unter *Khush* nicht *Aethiopien* in Afrika, sondern *Khusistan* oder *Susiane* am persischen Meerbusen zu verstehen ist. Statt dass durch die Kinder von Japheth und Cham Völker und Länder bezeichnet werden, ist *Nimrod* der Name eines Riesen, der wie *Merodach* (von מְרַד) einen von seinem bisherigen Herrscher Abfallenden andeutete, und vermöge der in den shemitischen Sprachen gewöhnlichen Weise, mit dem Begriffe eines Frevlers den Begriff eines Thoren zu verbinden, dem כְּסִיל (*Amos* V, 8. *Hiob* IX, 9. XXXVIII, 31.) zu vergleichen, wodurch das Sternbild des *Orion* benannt wurde, den *Jesaias* XIII, 10. als das grösste aller Sternbilder andeutet. Vom Lande *Nimrod's* und *Ashur's* spricht *Micha* V, 5., sowie *Babel* und *Ashur* (IV, 10. V, 4.), mit *Jesaia* im A. T. zuerst, bei dem (*Jes.* XI, 11.) auch *Shinghar* mit vielen andern Ländern und Völkern aller drei Erdtheile verbunden wird. Zur Bestimmung der mit *Babel* verbundenen Oerter führen vielleicht die Entzifferungen neuaufgefundener Keilinschriften; jedenfalls müssen sie aber in Babel's Nachbarschaft gesucht werden, wo der Ruinenhügel *Akker-kaf* dem *Akkad* (*Veste*) genannten Orte zu entsprechen scheint. Von den mit *Ninveh* im Lande *Ashur* verbundenen Oertern wird *Resen*, dessen Name dem *Larissa* Xenophon's entspricht, wenn man das vorgesetzte ל als Zeichen eines Dativs betrachtet, als eine grosse Stadt zwischen Ninveh und Khelach bezeichnet.

X, 13—22. „*Missraim* zeugte *Ludim* u. s. w."

Die Namen der Kinder von *Missraim* und *Khanaan* überlasse ich mit den Namen der Kinder *Shem's* den Bestimmungen derjenigen Gelehrten, welche mit der Geographie von Aegypten und Syrien genauer bekannt sind, um dafür das Geschlechtsverzeichniss *Shem's* in der hebräischen Sage (XI, 10—26.) zu besprechen. Ich bemerke nur noch, dass unter *Shem's* Kinde *Lud* (X, 22.), wodurch nur Ober-Mesopotamien zwischen *Arpakhshad* oder *Arrapachitis* und *Aram* oder *Syrien* bezeichnet sein kann, eben so wenig als unter den *Ludim* in Aegypten die *Lydier* gemeint sind. Nach *Jes.* LXVI, 19. würden unter den Letztern oberägyptische Bogenschützen zu verstehen sein, wenn durch פול die Nilinsel *Philä* bezeichnet sein sollte; andere Propheten, wie *Ezechiel*

image
not
available

sie nun zogen gegen Morgen, fanden sie eine Ebene im Lande *Shinghar* und wohnten daselbst und sprachen unter einander: Wohlan! lasset uns Ziegel streichen und im Feuer brennen! und nahmen Ziegel zu Steinen und Erdpech zu Lehmen, und sprachen: Wohlan! lasset uns eine Stadt und einen Thurm bauen, dessen Spitze bis an den Himmel reiche, dass wir uns ein Merkmal machen: denn wir werden vielleicht zerstreuet in alle Länder. Da fuhr der Herr hernieder, dass er sähe die Stadt und den Thurm, welche die Menschenkinder baueten. Und der Herr sprach: Siehe! es ist einerlei Volk und einerlei Sprache unter ihnen allen, und sie haben das angefangen zu thun, und es wird ihnen nun nicht fehlen, alles, was sie vorgenommen haben, zu thun. Wohlan! lasset uns hernieder fahren und ihre Sprache daselbst verwirren, dass keiner des andern Sprache vernehme. Also zerstreuete sie der Herr von dannen in alle Länder, dass sie mussten aufhören, die Stadt zu bauen. Daher heisst ihr Name Babel; weil der Herr daselbst verwirrt hatte aller Welt Sprache und sie zerstreuet von dannen in alle Länder."

Obgleich diese Erklärung des Namens *Babel* darauf berechnet ist, daran den Ursprung der mancherlei Sprachen zu knüpfen, so konnte sie doch nur einem Nicht-Babylonier in den Sinn kommen. Da Nebukadnezar's eigene Ausschreiben in babylonischer Keilschrift, wie selbst *Daniel* IV, 27. und die apokryphischen Bücher vom Bel zu Babel, dessen Vergrösserung und Verschönerung durch diesen König bezeugen, und der Thurm zu Babel, dessen Trümmer noch vorhanden sind, obgleich ihn Xerxes ausplünderte, sowie sein Vater Darius (*Herodot* I, 180. 181.) der Nitokris Grabmal über dem Eingangsthore der erst durch Seleukia's Erbauung zerstörten Stadt, beraubte, durch seine acht Absätze nach der Zahl der Wandelsterne und der Standsterne am Himmel (*Herodot* I, 181.) auf dessen Bestimmung zu einer Sternwarte schliessen lässt; so lebte der ausländische Verfasser der Sage in einer so späten Zeit, dass er es wagen durfte, eine andere Bestimmung des Thurmes als die eines Beltempels anzugeben.

VII. Abram's Umherziehen mit und nach seinem Vater Therach. 1 *Mos.* XI, 27—31. XII, 1—XIII, 18.

XI, 27—31. „Dies sind die Geschlechter *Therach's:* Therach zeugte *Abram*, *Nachor* und *Haran;* aber Haran zeugte *Lot*. Da nahmen Abram und Nachor Weiber: Abram's Weib hiess *Sarai* und Nachor's Weib *Milkhah*, Haran's Tochter, der ein Vater war der *Milkhah* und *Jiskhah;* aber Sarai war unfruchtbar und hatte kein Kind. Da nahm *Therach* seinen Sohn *Abram* und *Lot*, seines Sohnes Haran Sohn, und seine Schnur *Sarai*, seines Sohnes Abram Weib, und führte sie aus *Ur-Khasdim*, dass er ins Land Khanaan zöge, und sie kamen gen Charan und wohnten daselbst."

Woher Therach stamme, wird im Sagenbuche nicht ange-

image
not
available

28. *Nehem.* XI, 31.), entgegen gesetzt. Denn da *Shekhem* auf dem Gebirge Ephraim's lag, dessen Bewohner, wie das *Shiboleth* derselben bezeugt (*Richt.* XII, 6.), das שׁ wie ס aussprachen; so lässt es sich auch vermuthen, dass in jenem Namen das ק mit כ vertauscht wurde, zumal da die starken *Terebinthen des Herrn* (vgl. *Jes.* IX, 10 u. 14.) damit verbunden sind, wie mit *'Ai* das *Gotteshaus*, dessen Name für *Luz* (1 *Mos.* XXVIII, 19. XXXI, 13. XXXV, 1—15.) nach dreifacher Sage entstanden sein soll.

XII, 9—20. „Darnach wich Abram ferner und zog aus gegen Mittag; es kam aber eine Theurung in das Land. Da zog Abram hinab in Aegypten, dass er sich daselbst als ein Fremdling hielte: denn die Theurung war gross im Lande. Und da er nahe bei Aegypten kam, sprach er zu seinem Weibe Sarai: Siehe! ich weiss, dass du schön bist von Angesicht. Wenn dich nun die Aegypter sehen werden, so werden sie sagen: Das ist sein Weib! und werden mich erwürgen und dich behalten. So sage doch, du seiest meine Schwester, auf dass es mir desto besser gehe deinetwegen, und meine Seele bei Leben bleibe um deinetwillen. Als nun Abram in Aegypten kam, sahen die Aegyptier das Weib, dass es sehr schön war, und die Fürsten des Pharao sahen es und priesen es vor ihm. Da ward es in des Pharao Haus gebracht, und er that dem Abram Gutes um seinetwillen. Und er hatte Schafe, Rinder, Esel, Knechte und Mägde, Eselinnen und Kameele, aber der Herr plagte den Pharao mit grossen Plagen, und sein Haus, um Sarai, Abram's Weibes, willen. Da rief Pharao Abram zu sich und sprach: Warum hast du mir das gethan? warum sagtest du mir es nicht, dass sie dein Weib wäre? warum sprachst du denn, sie wäre deine Schwester? derhalben ich sie mir zum Weibe nehmen wollte: und nun siehe! da hast du dein Weib; nimm es und zeuch hin. Und Pharao befahl seinen Leuten über ihm, dass sie ihn geleiteten und sein Weib und alles, was er hatte.“

Bei diesem Abschnitte legte dessen Verfasser offenbar die Erzählung des zwanzigsten Capitels zum Grunde, mit welcher die hebräische Sage der Geschichte vom Stammvater der Hebräer begann, und, weil er damit Abram's Zug nach Aegypten südwärts verband, entlehnte er zugleich die Nachrichten von der Theurung und Pharao's Plagen aus den Sagen von der Theurung aller Länder ausserhalb Aegyptens (XLI, 54 ff.) und den Plagen Pharao's, welche Mose's zweites Buch erzählt. Weil ferner Abram dabei, wie XX, 4. XXXVII, 1., gleich *Lot* XIX, 9. und *Mose* 2. *Mos.* II, 22. ein Fremdling genannt wird, worauf auch der Name גְּרָר (XX, 1.) anzuspielen scheint; so lässt sich daraus vermuthen, dass durch die Benennung עִבְרִי die Hebräer als Einwanderer aus fremdem Lande bezeichnet wurden.

XIII, 1—18. „Also zog Abram herauf aus Aegypten mit seinem Weibe und mit allem, was er hatte, und Lot auch mit sersten (geringstes) Wort gegen die Wohnung des Schlechten wendet (karapanô ist ein Nomin. plur. vgl. J. 46, 11. 48, 10; gen. plur. karafnãm häufig in den Jescht unter bösen Wesen; die Bedeutung *verderbend*, *Verderber* ist deutlich Jt. IV, 8. — drûǵô demânê kommt im ältern Jaçna öfter vor und bezeichnet, im Gegensatz zu garô demânê später Gorotman *Paradies*, die Wohnung des bösen Geistes, die Hölle).

arethâ heisst nach der Tradition *Lehre*, *Unterweisung*. Diese Bedeutung, die auch Burnouf angenommen, ist, wie sehr ich mich auch früher dagegen sträubte, doch richtig; nur hinsichtlich der Ableitung bleibe ich noch bei meiner frühern Ansicht. Die Worte von jâ manôthris an sind demnach zu übersetzen: wer (schuf) den in den Sinnen durch die Lehre Erleuchteten? M. vgl. 43, 13 wo ich jetzt übersetze: Die Lehre ist mir gegeben, darin zu wandeln, von Wonne, von langem Glück, welches keiner von euch (in) der guten Schöpfung unterdrückt, die zu Deiner Herrschaft sich bekennt (vôiǰdjâi ist Infin. von viç mit Erweichung des ç zu ǰ wegen des folgenden weichen d; têm giebt keinen Sinn; will man es beibehalten, so müsste man dàtà als Perf. nehmen, was nicht wohl geht; es ist wohl nur wegen des folgenden jĕm gesetzt, um ein respondens zu haben); ferner 33, 8: frô môi fravôizdûm arethâ tâ jâ vohû shavâi manaṅhâ, mir ist eine Lehre, um fortzuwandeln, die ich mit gutem Geist verehren will.

V. 6. In diesem Verse kann ich auch jetzt noch nur Aufführungen von drei Liederversen entdecken. — Hier erlaube ich mir die Bedeutung von Ârmaiti im ältern Jaçna näher zu untersuchen.

Ârmaiti nom. Ârmaitis u. Ârmaitis (J. 31, 3. 12.) mit ća Ârmaitisćâ acc. Ârmaitim gen. Ârmatôis Voc. Ârmaitî (instrum.? J. 43, 10) u. Ârmaitê (J. 33, 13. 48, 5. 51, 2.) acc. pl. Ârmatajô (38, 2.) eigentlich der Platz um den Heerd, die Heimath, daher 1) *Erde* [1]) mit den Prädikaten khshathrâmaṭ *mit Gebiet versehen* = *felderreich* J. 44, 7 berekhdhâ *gross mächtig* 34, 9. 44, 7. hushitis *mit guter Wohnung* 48, 11., hushôithemâ die *wohnlichste* 48, 6., hukhshathrâ *mit guter Herrschaft* oder *gutem Gebiet* 48, 5, vâçtravaitî *flurenreich* 48, 11., ashâmaṭ *mit Reinheit versehen* 48, 11; sie besteht aus gaêtha's (einzelne abgegränzte Besitzstücke) 44, 10. 46, 12., von deren *Förderung* (frâ-dâ) öfter die Rede ist, hat *liebliche Fluren* (râmâ vâçtrâ) 47, 3., ist mit râna's (Marken) versehen, denen Ahura mazda *Reinheit* und *gutes Feuer* austheilt 31, 3. 43, 12. 47, 6. und hat vare's, *Bezirke*, daher der Ausdruck hudânu-vareshvâ Ârmatôis 53, 3 (in den *gute Gaben* spendenden vare's der *Erde*); sie ist von Ahura mazda geschaffen, der ihr den *Weg anwies* 31, 9. und auf ihr

---

1) Desselben Stammes ist wohl das Homerische adverb. ἔραζε *zur Erde* und unser deutsches Wort *Erde*.

sein soll, gefördert werde; so erlaube ich mir doch noch einige Bemerkungen über die Sage vom ersten Kriege im vierzehnten Capitel, welches eben so, wie das dreizehnte, mit der Erwähnung des Terebinthenhains *Mamre* bei dem einstigen Königssitze David's (2 *Sam.* II, 1. V, 3.) *Chebron* schliesst, weil man diese äusserst späte Erdichtung, wodurch die Sage vom Ursprunge des todten Meeres vorbereitet werden sollte, für ein uraltes Bruchstück einer wahren Geschichte gehalten hat. Schon die Namen der kriegführenden Könige, welche kein anderer Schriftsteller kennt, müssen ein Misstrauen gegen ein hohes Alterthum erwecken; am meisten streiten aber dagegen die Oerternamen, über deren Bestimmung ich auf *Tuch's* Bemerkungen im ersten Bande der *Zeitschrift der D. M. G.* S. 161 — 194. verweisen kann. Denn wenn auch *Chebron* (4 *Mos.* XIII, 23.) sieben Jahre vor *Ssoar* oder *Tanis* in Aegypten erbauet war, so wird doch davon, wie von *Eshkol* und *'Aner* (XIV, 13. 24.), immer ohne irgend eine Beziehung auf den ersten Krieg gesprochen, und *Choba's* Name (XIV, 15.) kömmt nur im apokryphischen Buche *Judith* (IV, 4. XV, 4.) vor. Von *Dan* (XIV, 14.) wird aber sogar (*Jos.* XIX, 47. *Richt.* XVIII, 12.) berichtet, dass dafür früher *Leshem* oder *Lajisch*, wie für *Beithel* (1 *Mos.* XXVIII, 19. XXXV, 6 f. *Jos.* XVIII, 13. *Richt.* I, 23.) *Luz*, im Gebrauche war; und XIV, 7. wird ein Brunnen *Mishphat* genannt, wodurch das Haderwasser bezeichnet zu sein scheint, dessen Ursprung 4 *Mos.* XX, 9—13. berichtet wird. Von *Lot's Kindern* und den furchtbaren *Emim* spricht ausser *Ps.* LXXXIII, 9. nur das fünfte Buch Mose's II, 9 f., wo v. 20 f. auch von andern Riesen die Rede ist. Eben so spricht von dem Könige der Gerechtigkeit *Malkhissedeq*, der zugleich Priester war, im A. T. nur *Ps.* CX, 4.; denn bei *Jos.* X, 1. ist von *Adoni-Ssedeq* die Rede, der ein König zu Jerusalem war, statt dass unter *Shalem* (1 *Mos.* XIV, 18.) *Shailim* (1 *Sam.* IX, 4. *Hiob* III, 23.) zu verstehen sein soll, und der Krieg von vier Königen mit fünfen (1 Mos. XIV, 9.) sieht einer Nachahmung von *Jos.* X, 16 f. gleich. Die Bezeichnung des höchsten Gottes durch אֵל עֶלְיוֹן versetzt diese in die Zeit, in welcher die Psalmen den Herrn auch עֶלְיוֹן ohne oder mit dem Vorsatze יְהוָֹה (*Ps.* IX, 3. XXI, 8. VII, 18.) oder mit אֱלֹהִים *Ps.* LVII, 3.) statt des Plurals עֶלְיוֹנִין (*Dan.* VII, 22 und 25.) nannten. Nach allem diesem gehört die Sage vom ersten Kriege in das später verfasste Sagenbuch, wie noch vieles Andere, welches sich als solches nicht sowohl durch den blossen Namen des *Herrn* als durch dessen persönlich erscheinende Engel, von welchen einer (1 *Mos.* XXI, 17.) ein Engel *Gottes* heisst, erkennbar darstellt. Eben dazu gehört die Erzählung von *Sancherib* und *Chizqijah*, welches zu erweisen ich den obigen Auszug vorausgeschickt habe.

Von *Sancherib* ist im *A. T.* ausser den apokryphischen Buche des *Tobias*, welches als ein spätgeschriebener Roman keine Be-

preiswürdige, havishmatî *mit Opfer versehene*, gṛtâçî *butterträufelnde*, râta-havjâ *gespendete Opfer habende*, vasûju *schatzverlangend*, juvati *jugendlich*, devîgnâ *göttliches Weib*. Aus dem Umstande, dass sie in Verbindung mit dem Feuergott Agni vorkommt und als eine mit Opfergaben versehene und danach begierige Göttin erscheint, kann man, wenn man an der ursprünglichen Bedeutung von ara *Heerd* festhält, sie als *Göttin des Heerdes* fassen. Dafür würde auch sprechen, dass sie mit Einbruch der Nacht (doshâvastor bezeichnet wohl nur die *Dämmerung*) zu Agni kommt und die ṛtu's (die 3 Tageszeiten *Morgen Mittag Abend*) zerstört; d. h. mit andern Worten: wenn der Tag zu Ende ist, wird das Feuer auf dem Heerde angezündet. Dass sie mit Bṛhaspati zusammengenannt wird, spricht eher für, als gegen die Annahme; Bṛhaspati ist nämlich wohl ursprünglicher *Gott der heiligen Streu*, die um den Heerd ausgestreut wurde; erst später wurde er zu einem Gotte des Gebets; nimmt man indess diese Bedeutung als die ursprüngliche, so könnte man Aramati als *Genie* des *Gebets* oder der *Andacht* deuten; aber alles andere würde nicht passen, am wenigsten aber der Umstand, dass das Wort in einer oben angeführten Stelle wirklich *Erde* heisst, namentlich da uns alle vermittelnden Begriffe, die wir bei der Ârmaiti des Avesta haben, fehlen.

azîm adj. Prädikat der *Erde*, ebenso azî 46, 19; es heisst wahrscheinlich *unvergänglich*; man vgl. das Vedische aǵjâni *Unvergänglichkeit* und aǵjamnem *unvergänglich* Vend. 2, 67. J. 38, 5 finden wir einen acc. pl. azîs nach apas; hier ist es ein Substantiv und bedeutet vielleicht *Säfte* wie Anquetil übersetzt.

V. 7. vjânajâ ein instrum. von vjâni *Weisheit*, *Erkenntniss* erhalten Jt. X, 64: jahmi vjânî daênajâi çrîrâi, in welchem die Erkenntniss für den guten Glauben; vgl. J. 29, 6: vîdvâo vafûs vjânajâ, der mit Weisheit das Wesen kennt. Verwandt ist das Wort mit Ved. vajuna ein praǵñâ- und praçasjanâma. Die Worte kē uzemem etc. sind demnach zu übersetzen: Wer macht ausgezeichnet an Weisheit dem Vater den Sohn?

Tübingen 28. Januar 1854.

Berichtigungen.

Band VII.

S. 321 Z. 10 v. u. sind die Buchstaben a h, die zwischen r und w stehen, zu streichen.

„ 324 Z. 16 v. u. lies für ܩܪܝܬ zweimal ܩܪܝܬ (kirat).

„ 326 Z. 10 v. u. lies für Ezaik *Eznik*.

„ 328. Der letzte Satz von Vers 4: „wer des guten Geistes Wohnungen“ ist zu übersetzen: wer (schuf) die Geschöpfe guten Geistes d. i. die reine Schöpfung.

„ 521 Nr. 1 vôiǵdjâi ist nicht von vaz abzuleiten, sondern von viç.

und (XXV, 8 ff.), wo zuletzt auch von *Evil-Merodach* die Rede ist, bei hohen Beamten vorgesetzt erscheint. Da es sich aus der Vergleichung der verschiedenen Erzählungen von Sancherib ergibt, dass nicht die des Propheten, sondern die des zweiten Buches der Könige die ältere war; so lege ich bei den nachfolgenden Bemerkungen diese zum Grunde, welche nach *Ewald's* zweiter Ausgabe der Einleitung in die *Geschichte des Volkes Israël* S. 114. sich schon durch ihre eigenthümliche Sprache als spätere Einschaltung kund gibt.

Sogleich die Bestimmung des Ortes, von welchem aus der Erzschenk geredet haben soll, verräth einen Verfasser, welcher ausser XX, 20. vorzüglich *Jer.* VII, 3. vor Augen hatte, während der Titel eines *grossen Königs* (XVIII, 19. 28.) erst bei *Esra* (IV, 10) gefunden wird, welcher (IV, 7.) auch wie 2 *Kön.* XVIII, 26. die *syrische* Sprache von der *jüdischen* (*Neh.* XIII, 24.) unterscheidet. Dem Erzschenken legt aber der Verfasser eine solche Rede in den Mund, wie sie nur ein Nachahmer von *Jes.* X, 6 ff. auszusprechen vermochte, wo man auch (XIX, 18.) die *Sprache Khanaan's* der *ägyptischen*, wie den *Sargon* (XX, 1.) dem *Sancherib*, entgegengesetzt findet. Während der Verfasser im Verzeichnisse der vom assyrischen Könige besiegten Völker (XVIII, 34. XIX, 17 f.) von XVII, 6. 24. 30 f. XVIII, 11. 34. abweicht, und XVIII, 36. nur kurz berührt, was wir 2 *Chron.* XXXII, 2—8. ausführlicher lesen, lässt er den Propheten Jesaias wiederholt sowohl tröstend als scheltend zum Könige Chizqijah kommen und (XIX, 37.) also reden, wie der Prophet (*Jes.* VII, 7.) zu Achas spricht, welcher jedoch vom Herrn, seinem Gotte, ein Zeichen zu fordern verweigert, statt dass Chizqijah (2 *Kön.* XX, 8.) ein solches für dasjenige verlangt, was zufolge des vorhergehenden Verses schon erfüllt war, und das Zeichen, welches der Prophet gibt, besteht in einem Rückgange des Schattens am Zeiger des Achaz um zehn Stufen, so dass es scheint, als sei der Verfasser auf diese Bestimmung durch den Zahlenwerth eines bei der mystischen Vergleichung der Namen טבאל (*Jes.* VII, 6.) mit רְמַלְיָא geführt, weil das י eben so wegfällt, wie wenn man bei der Bestimmung des Zahlenwerthes von נִינְוֵה gleich מַלְאַךְ יְהוָה zu 111 das י nicht beachtet. Denn bei der Angabe (XIX, 35.), dass der Engel des Herrn, worauf sich (XIX, 7.) die Weissagung von einem *Geiste* bezieht, in *einer* Nacht im Lager von Assyrien 185,000 Mann statt aller Gewaltigen des Heers und Fürsten und Obersten im Lager des Königs zu Assur (2 *Chron.* XXXII, 21.) geschlagen habe, spricht sich eine *fünffache* Vervielfältigung der Zahl 37 mit 1000 aus, welche die Zahl 111 *dreimal* vervielfacht. Das dabei gebrauchte Verbum des Schlagens lässt es kaum verkennen, dass unter dem Engel des Herrn der gute Geist נכיאל für die Zahl 111 im Siegel der Sonne oder dem Zauberquadrate von 37 Feldern, auf dessen bösen Geist סוֹרַת = 666 sich die *Offenbarung des Johannes*

image
not
available

Gottes *Nisrokh* Haus mit Namen nennt, so ist es denkbar, dass sie fast sämmtlich erdichtet wurden. Denn da die Vertauschungen der Kehlbuchstaben ג, ח, כ, nicht ganz ungewöhnlich sind, so kann das *Verbum* סָרַח als die gemeinsame Wurzel der Namen סרגון und נְסִיךְ betrachtet werden, so dass jener wie סָרֵךְ (*Dan.* VI, 7 ff.) einen hochstehenden Vorgesetzten mit lang herabhängenden Kopfbinden (*Ezech.* XXIII, 15.), dieser wie das weibliche Particip in *Niphal* (*Jerem.* XLIX, 7.) vergossene und überfliessende Abweichung vom wahren Gotte bezeichnet. *Sancherib's* Name, der bei *Alexander Polyhistor* und *Berossus Sinecherim* lautet und nur in seinem ersten Theile vom Namen *Sampsiceranus*, mit welchem *Cicero* in seinen Briefen an *Atticus* (III, 10, 2. 14, 1. 17, 2.) den *Cn. Pompejus* als Besieger eines Königs von *Emesa* שַׁמְשְׁחֵרִם (*vertilgende Sonne*) andeutet, verschieden und mit שָׂנֵא (*Feind* bei *Dan.* IV, 16.) wie mit שִׂנְאָה (*Feindschaft* 5 *Mos.* I, 27.) und חֵרֶם oder חָרַב (*Jerem.* L, 21. 27.) *der Vertilgung weihen* zusammengesezt ist, kann dem Namen der Blitzgötter mit dem flammenden Schwerte כְּרוּבִים entsprechen, so wie die Namen seiner Söhne *Nergal-Share-zer* und *Adramelekh* von den Götternamen (2 *Kön.* XVII, 30 f.) entlehnt sein können, wofür wir bei *Zacharias* (VII, 2.) *Sharezer* und *Regemmelekh* lesen, während bei *Jeremias* (XXXIX, 3. 13.) andere Namen gefunden werden, nach welchen *Eserchaddon* (vgl. *Esra* IV, 2.), wofür bei *Tobias* (I, 21.) *Σαχέρδων* und im Kanon des *Ptolemäus Asaradin* geschrieben wurde, eben sowohl der Name des *Merodach Baladan* als *Nebuzaradan* verwandt ist, welche beide auch in den babylonischen Keilinschriften sowohl früher als in den Urkunden aus der Zeit der persischen Könige *Darius* II. und *Artaxerxes* II. vorkommen.

Nach allem diesem leidet es kaum noch einen Zweifel, dass die ganze Erzählung von *Sancherib* als Nachfolger des *Shalmaneser* eine spätere Erfindung ist, wenn wir gleich bei *Abydenus* als mehr geschichtlich glaubhaft lesen: „*Axerdis* autem Aegyptum partesque Syriae inferioris in suam potestatem redegit (vgl. *Herodot.* II, 141. *Jes.* XX, 1.): ex qua (*quo*) *Sardanapalus* (vgl. *Nabupol-asser* und *Nabu-zaradan*) quoque exstitit, post quem *Saracus* (vgl. *Sargon* und *Sarekh*) in Assyrios regnavit.“ Fragen wir aber, wer dieses erdichtet habe, so bietet sich *Esra's* Zeitgenosse *Zacharias* als der geeignetste Verfasser dar, sofern er sich auch als der Verfasser des vorausgeschickten Sagenbuches darstellen lässt. Sogleich der Anfang seiner Weissagungen gleicht im Stile der Rede, welche der Erzschenk (2 *Kön.* XVIII, 19—35.) vor Jerusalem ausgesprochen haben soll, und die öftere Wiederholung derselben Ausdrücke mit genauer Bestimmung des Gesagten ist auch eine Eigenthümlichkeit des Verfassers des Sagenberichtes. Die Bezeichnung des Gottes Israel's als des *Herrn Zebaoth*, welche ausser der ähnlichen Erzählung vom *Riesen Goliath* (1 *Sam.* XVII, 45.) erst in den jüngern Schriften des *A. T.*

ihm die ganze Bestimmung bezieht, sobald man *Chavilach* oder *Chuilach* als *Kolchis* und בְּדֹלַח zwischen dem Golde und Edelsteine als בְּדִיל (*Zinn*) erklärt. Sowie nun der *Pishon*, von פּוּשׁ abgeleitet, dem benachbarten *Hippus* bei *Strabo* gleich mit Stolz daherspringendem Rosse entspricht, so lässt sich den *Gichon*, dessen Name von גִּיחַ stammend, auf jeden hervorbrechenden Springquell bezogen werden kann, dem auf Raub ausgehenden Wolfe als *grosser Zab* oder זְאֵב vergleichen, und der *Phrath*, dessen Name sich eben sowohl von dem des schon von *Xenophon* (*Anab*. I, 5.) als ausserordentlich schnell sich zerstreuendes Wild פֶּרֶא (bei *Jer*. II, 24.) erkannten wilden Esels als von פָּרַץ oder der Ausbreitung des Wassers (bei 2 *Sam*. V, 20.) ableiten lässt, dem pfeilschnell schiessenden *Tigerstrome* zur Seite stellen. Demnach lag das Paradies, dessen Bewohnung den Menschen nach Adam's Sündenfalle (1 *Mos*. III, 24.) auf immer versagt wurde, im fernsten Osten Klein-Asiens zwischen den Quellen der vier Flüsse, die nach allen Weltgegenden ihr Wasser sandten, wie nach dem *Bundehesh* VIII. u. XII f. alle Wasser vom *Albordsh* herabfliessen. Es ist dieses zwar eine der höchsten und kältesten Gegenden Asiens, aber dabei fehlt es in den Thälern und dem niedrigen Striche nach Süden nicht an Wärme und Fruchtbarkeit zur Erzeugung des *Hom*, der nach dem *Bundehesh* (XXVII) den Tod vertreibt, und der Frucht der Erkenntniss des Guten und Bösen oder der *Γνῶσις* dessen, was nach dem *Bundehesh* (XXIX. am Schlusse) des Ormuzd und Ahriman ist.

II, 16—25. „Und Gott der Herr gebot dem Menschen und sprach: Du sollst essen von allerlei Bäumen im Garten; aber vom Baume der Erkenntniss des Guten und Bösen sollst du nicht essen: denn welches Tages du davon issest, wirst du des Todes sterben. Und Gott der Herr sprach: Es ist nicht gut, dass der Mensch allein sei: ich will ihm eine Gehülfin machen, die um ihn sei. Denn als Gott der Herr gebildet hatte von der Erde allerlei Thiere auf dem Felde und allerlei Vögel, brachte er sie zu dem Menschen, dass er sähe, wie er sie nennete: denn wie der Mensch allerlei lebendige Thiere nennen würde, so sollten sie heissen. Und der Mensch gab einem jeglichen Vieh und Vogel unter dem Himmel und Thiere auf dem Felde seinen Namen; aber für den Menschen ward keine Gehülfin gefunden, die um ihn wäre. Da liess Gott der Herr einen tiefen Schlaf fallen auf den Menschen, und der entschlief: und er nahm seiner Rippen eine und schloss die Stelle zu mit Fleisch. Und Gott der Herr bauete ein Weib aus der Rippe, die er vom Menschen nahm und brachte es zu ihm. Da sprach der Mensch: Das ist doch Bein von meinen Beinen und Fleisch von meinem Fleische: man wird sie Männin heissen darum, dass sie vom Manne genommen ist. Darum wird ein Mann seinen Vater und seine Mutter verlassen und an seinem nachgewiesen haben, *Esra* die Monate nur (wie 1 *Mos.* VII, 11. VIII, 5. 10 f.) zählt, und *Nehemias* nur benennt, könnte man auf den Priester *Esra* als Verfasser des Sagenbuches schliessen wollen; allein die Bezeichnung der Helden als *Riesen* (*Zach.* IX, 13. X, 5.), wie sie sowohl vor der Sintfluth (1 *Mos.* VI, 4.) als nach derselben (1 *Mos.* XIV, 5.) auf Erden gelebt haben sollen, und *Jesaias* (XIII, 10.) sie den Sternen des Himmels als *Orione* zugesellt, lässt, wie der dem *Sinecherim* entsprechende *Mann des Vertilgungsfluches* (אִישׁ חֶרְמִי *Zach.* IV, 11.), vorzüglich an Zacharias denken. Ich könnte noch eine grosse Anzahl gemeinsamer Ausdrücke bei *Zacharias* mit dem *Sagenbuche* und den *Erzählungen von Sancherib* anführen; nach dem bereits Erwähnten erscheint dieses jedoch als eben so überflüssig wie zeitraubend, und mag daher den eigenen Bemerkungen forschender Leser dieser Schriften überlassen bleiben, zumal da ich die sparsame Musse meines hohen Alters auf die Ausarbeitung eines weit wichtigern Nachtrages zu verwenden beabsichtige.

Hannover d. 2. Novemb. 1853.

II. Der erste Krieg auf Erden eine Dichtung aus späterer Zeit.

Den ersten Krieg auf Erden berichtet das vierzehnte Capitel der *Genesis*, welches nach *Tuch's* Bemerkungen im ersten Bande der *Zeitschrift der Deutschen morgenländischen Gesellschaft* S. 161., wie als bewiesen vorausgesetzt werden dürfe, als uraltes geschichtliches Document eine Anzahl von Andeutungen enthalten soll, die uns willkommene Blicke in jene Zeit fast erloschenen Andenkens werfen lassen. Eine sorgfältigere Prüfung des Erzählten wird jedoch zeigen, dass es zwar sehr beachtenswerth und belehrend, aber eine spätere Erfindung ist, wobei höchstens zugegeben werden kann, dass darin eine ältere babylonische Mythe zum Grunde liege. Da ich schon in dem Aufsatze über *Sancherib* dargethan habe, dass jenes Capitel von Zacharias oder einem seiner Zeitgenossen in die Urgeschichte eines Sagenbuches eingeschaltet sei, um nach dem Berichte über eine alles vertilgende Wasserfluth, bei welcher nur *Noach* mit sieben Angehörigen am Leben blieb, auch der Entstehung des Salzmeeres durch eine Verbrennung von vier Städten der Umgegend von *Sedom* und *Ghomorrah*, der nur *Abram's* Neffe *Lot* mit seinen beiden Töchtern entging, während sein Weib durch seine Neugier zur Salzsäule ward, ausser andern Berichten die Sage vom ersten Kriege auf Erden voranzuschicken, so brauche ich dabei nur zu zeigen, in welcher Weise diese Sage ausgebildet wurde. Ihr zufolge wurde der Krieg durch den König von *'Ailam Kedorla'omer* veranlasst, dessen Name *Band zur Garbe* darauf führt, dass er, wie die Naich dir gebot, du solltest nicht davon essen? Da sprach Adam: Das Weib, das du mir zugesellet hast, gab mir von dem Baume, und ich ass. Da sprach Gott der Herr zum Weibe: Warum hast du das gethan? Das Weib sprach: Die Schlange betrog mich also, dass ich ass. Da sprach Gott der Herr zur Schlange: Weil du solches gethan hast, seiest du verflucht vor allem Vieh und vor allen Thieren auf dem Felde: auf deinem Bauche sollst du gehen und Erde essen dein Leben lang. Und ich will Feindschaft setzen zwischen dir und dem Weibe und zwischen deinem Samen und seinem Samen: derselbe soll dir den Kopf zertreten, und du wirst ihn in die Ferse stechen. Und zum Weibe sprach er: Ich will dir viel Schmerzen schaffen, wann du schwanger wirst: du sollst mit Schmerzen Kinder gebären, und dein Wille soll deinem Manne unterworfen sein, und er soll dein Herr sein. Und zu Adam sprach er: Dieweil du hast gehorcht der Stimme deines Weibes und gegessen von dem Baume, davon ich dir gebot und sprach: Du sollst nicht davon essen! verflucht sei der Acker um deinetwillen. Mit Kummer sollst du dich darauf nähren dein Leben lang: Dorn und Disteln soll er dir tragen, und du sollst das Kraut auf dem Felde essen. Im Schweisse deines Angesichts sollst du dein Brod essen, bis dass du wieder zur Erde werdest, davon du genommen bist: denn du bist Erde und du sollst zur Erde werden. Und Adam hiess sein Weib *Chavah* darum, dass sie eine Mutter ist aller Lebendigen. Und Gott der Herr machte Adam und seinem Weibe Röcke von Fellen und zog sie ihnen an. Und Gott der Herr sprach: Siehe! Adam ist geworden als Unser einer und weiss, was gut und böse ist: nun aber, dass er nicht ausstrecke seine Hand und breche auch vom Baume des Lebens und esse und lebe ewiglich! Da liess ihn Gott der Herr aus dem Garten *'Eden*, dass er das Feld bauete, davon er genommen ist, und trieb Adam aus und lagerte vor den Garten *'Eden* die *Kherubim* mit der Flamme des geschlängelten Schwertes zu bewahren den Weg zum Baume des Lebens."

Sowie der Plural der Worte 1 *Mos.* I, 26: *Lasset uns Menschen machen!* beweiset, dass der einige Gott ursprünglich in der Mehrzahl gedacht wurde, zu welcher man auch mehre *Kherubim* als Blitzgötter zählte; so ist auch der Ausdruck *Unser einer* ein Zeuge des ursprünglichen Glaubens an eine Mehrheit der Götter in der Sage, die nicht geschaffen, sondern gezeugt wurden.

III. Die ersten Nachkommen des geschaffenen Menschenpaares. 1 *Mos.* IV, 1—26.

IV, 1—17. „Und *Adam* erkannte sein Weib *Chavah*, und es ward schwanger und gebar den *Qain* und sprach: Ich habe gewonnen den Mann, den Herrn; und sie fuhr fort und gebar den *Habel*, seinen Bruder. Und Habel ward ein Schäfer, Qain aber ein Ackermann; es begab sich aber nach Tagen, dass Qain dem nen Jahresanfängen bis zum October heruntergedrückt, und während er zufolge der letzten synchronistischen Uebersicht der Monate in der dritten Beilage in *Ephesus* die Zeit vom 24. Junius bis zum 24. Julius ausfüllte, fiel er in Tyrus auf den 20. August bis zum 18. September, wie ungefähr in *Antiochia* und *Askalon*, in *Sidon* dagegen wie in *Lykien* in den October. Damit stimmt es, dass die Aerntezeit am Schlusse des fruchtbringenden Halbjahres nicht, wie die Regenzeit des ausruhenden Halbjahres durch einen Wassermann abgebildet wird, durch einen Aehrenmann, sondern durch eine kopflose Aehrenjungfrau bezeichnet worden ist, welche man zu einer עַשְׁתֹּרֶת umschuf oder zu einer *Astarte*, die nach der schönen Schilderung des *Aratus* (*Phaen.* 95 ff.) als *Astraea* im dritten Weltalter aufhört die Erde zu besuchen, weil das immer mehr verderbte Menschengeschlecht nur am Krieg Gefallen fand, und für die Zukunft unter den Sternen des Himmels, dem mehr nördlichen *Bootes* benachbart, ihren Platz zwischen den Zeichen des Löwen und der Scorpionsscheeren einnahm. Auch führen *Benfey* und *Stern* in ihrer Schrift *über die Monatsnamen einiger alten Völker* S. 66. eine Stelle aus dem *Vispered* (bei *Kleuk.* I, 239. *Mscpt. lithogr.* 7, 13) an, worin die fünf Ergänzungstage der Reihe nach angerufen werden, und bei jedem derselben etwas, wie es scheint, insbesondere mit ihm in Verbindung Stehendes erwähnt wird. Am ersten Tage lautet dieser Zusatz: „Ich rufe an die *Weiber*, die viele Arten von Männern Beschützenden, die von *Mazda* Geschaffenen, die Reinen, der Reinheit Herren" (vgl. *Vendid. lithogr. p.* 81, 12. u. *p.* 8. Z. 7 v. u.). Auch der *Amshaspand*, welcher dem letzten der zwölf persischen Monate *Sefendarmad* (pehlwisch *Sapandomad*) seine Benennung gab, ist weiblich als Gebieterin der Erde, und mit der Erde selbst identificirte Schutzgottheit.

Unter den Weibern sind überhaupt die Schutzgottheiten der fünf Ergänzungstage zu verstehen, welche nach ihren Namen benannt wurden, wenn wir darauf die Worte des im *Vendidad* (*Kleuk. Zendav.* II. S. 379. vgl. S. 138. 142. 173.) enthaltenen Gebets beziehen: „Ich rufe an *Tashter*, das leuchtende und Glanz strahlende Gestirn, der den Leib des Stieres mit Goldhörnern trägt. Ich rufe an die herrlichen *Gah's*, die grossen und sehr reinen Könige, den Gah *Honved*, den Gah *Oshtret*, den Gah *Sepandomad*, den Gah *Vohukhshethre*, den Gah *Vehoshtoïstoïsh*." Bei *Plutarch* (*de Isid. et Osir. Kleuk. Anh. zu Zendav.* II, 3. S. 76. §. 166 f. u. S. 80. §. 170 f.) lesen wir dafür die Erläuterung: „*Oromazes* hat 6 Götter gebildet, den des *Wohlwollens*, der *Wahrheit*, der *Gesetzlichkeit*, der *Weisheit*, der *Bereicherung* und der *Freude am Guten*. Darnach — schmückte er den Himmel mit Gestirnen, und vor allen bestellte er einen Stern zum Wächter und Beschirmer, den *Sirius*, noch andere 24 Götter hinzufügend." Diese 24 Götter bilden mit den vorher angeführten 6 die Zahl

image
not
available

Namen der fünf Könige, welche als den vier Jahreszeiten von 360 Tagen zugegeben für zwölfjährige Unterthanen erklärt werden, die, im dreizehnten Jahre abtrünnig, im vierzehnten zur frühern Unterwürfigkeit zurückgeführt wurden, mit denselben in Uebereinstimmung zu bringen sind. Der König von *Sedom* heisst בֶּרַע, was nach Gesenius *brennend*, aber auch *brutus* oder *frevelhaft* bedeutet, wie בִּרְשַׁע statt אִישׁ רֶשַׁע im Gegensatze der *Εὔνοια* und *Ἀλήθεια*: שִׁנְאָב bedeutet, von שְׁנָא (den Befehl des Königs *übertreten*, *Dan.* III, 28.) abgeleitet, einen ungehorsamen Sohn im Gegensatze der *Εὐνομία* und *Σοφία*, und שֶׁמְאֵבֶר von שְׁמַם (*verwüsten*) und אֵבֶר (*stark sein*) zusammengesetzt, einen argen Verheerer im Gegensatze des *Πλοῦτος* und *τὰ ἐπὶ τοῖς καλοῖς ἤδεα.* Der Name des fünften Königs wird verschwiegen, der Name seiner Stadt בֶּלַע (*Verderben*), die auch צֹעַר (*Geringfügigkeit*) heisst, oder *Σωγάρ* nach griechischer Schreibung, lässt jedoch nicht zweifeln, dass er dem mit dem *Zogan* bekleideten Gefangenen zu vergleichen ist, der als Statthalter (סָגָן) einer kleinen Stadt nur für überzählig gegen die vier Jahreszeiten galt, was eben so bezeichnend ist, wie die Erhebung der Monate und Jahreszeiten zu vollen Jahren und Ländern, während die Gebiete der Schalttage nur benachbarten Städten gleichgestellt werden.

Auch die Namen dieser Städte scheinen ihrer Bedeutung zufolge später erdichtet zu sein, da סְדֹם, von שְׂדִים, wodurch nach 1 *Mos.* XIII, 10. ein wasserreiches Gefilde und ein Garten des Herrn gleichwie Aegyptenland bezeichnet wird, verschieden im *Glossar. gr.* des *Alberti p.* 49. durch *βόσκημα ἢ πύρωσις* dem בְּעֵרָה entsprechend erklärt wird. Während man sich hierbei auf die Viehweiden in der ersten Jahreszeit bezogen haben mag, so bezieht sich der Name עֲמֹרָה auf die Garben der zweiten, אַדְמָה dagegen auf das angebauete Land des Monats *Sapandomad*, welches in der vierten Jahreszeit die Gazellenschaaren (צְבֹאִים) vertreten. Sind gleich die Gebiete der Jahreszeiten wirkliche Ländernamen, so wurden sie doch ihrer Bedeutung wegen gewählt, da man שִׁנְעָר als Jahresstadt, אֶלָּסָר wie תְּלַשָּׂר als Einsammlung der Kornbündel von אָלַל (*sammeln*) und אָסַר (*binden*), עֵילָם als lange Dauer, und גּוֹיִם als Völker des kreisenden Jahres zu *Gilgal* (*Jos.* XII, 23. von גָּלַל, *abrollen*, *Jos.* V, 9.) deutete. Durch die Riesen wurden die grossen Sternbilder an den vier Enden des Himmels bezeichnet, wie durch die רְפָאִים, deren letzter der König עוֹג (*der einen Kreis Bildende*) zu בָּשָׁן (5 *Mos.* III, 11.) war, die *Orione* des *Jesaias* XIII, 10., der Zusatz קַרְנַיִם zu עַשְׁתְּרוֹת statt עֶדְרֵי (5 *Mos.* I, 4. *Jos.* XIII, 12. *Heerden*) deutet auf die beiden Hörner der Stiergöttin *Astarte* oder der Venus, die zugleich Morgen- und Abendstern war. Die זוּזִים zu הָם werden von den LXX als *ἔθνη ἰσχυρά* (*starke, untersetzte Menschen*) gedeutet, deren Wohnsitz הָם als Volksgetümmel von הָמָה benannt sein mag; es werden aber darunter die nördlichen *Bären* (עַיִשׁ oder עָשׁ von עוּשׁ,

image
not
available

lische Natur an: ihre eignen und ihrer Familie verdienstvolle Thaten sind die Lösung; alle übrigen kehren zum Duzakh zurück;" und im *Jesht-Farvardin* (ebend. S. 253.) lesen wir: „Lobpreis den starken, reinen, vortrefflichen Ferver's der Heiligen, die am *Gahanbar Hamespethmedem* in die Strassen kommen! Zehn Nächte (nämlich in den fünf ersten, wie in den fünf letzten Tagen eines Jahres) kommen sie dahin und sprechen: Der Mensch, der uns gefallen will, feiere uns *Schaësh Izeschna*, und gebe uns seine Wünsche! er fülle des Priesters Hand mit Fleisch und neuem Kleide, dass sein Gebet erhöret werde" u. s. w.

Anstatt noch länger bei dieser Erläuterung zu verweilen, füge ich den weit wichtigern Beweis hinzu, dass schon die *Homeriden* der Griechen, vermuthlich durch die Lydier, deren fünf Königen aus dem Geschlechte der Herakliden *Herodot* I, 7. zwar keine Namen von Amshaspand's nach persischer Weise, aber doch assyrisch-babylonische Götternamen, ausser *Herakles* und *Alkaios*, *Belos*, *Ninos*, *Agron*, beilegt, von welchen der letzte dem Namen des Priesters אַהֲרֹן ähnlich lautet: sowie *Otfr. Müller* den sich verbrennenden *Sardanapalos* im *Sandan* nachgewiesen hat, nicht nur die Sage vom ersten Kriege auf Erden kannten, sondern auch die vielfachen Sagen von ähnlichen Kriegen derselben nachgebildet wurden. — Ganz von Irrthume befangen ist *Herodot* (II, 50), wenn er schreibt: „Fast alle Namen der Götter sind aus *Aegypten* nach Griechenland gekommen: denn ohne Poseidon und die Dioskuren, Here, Hestia, Themis, die Chariten und Nereïden, sind alle andern Götternamen in Aegypten einheimisch; die Götter aber, deren Namen sie nicht kennen, haben, wie ich glaube, ihre Namen von den *Pelasgern* bekommen, ausser Poseidon, den die Griechen durch die *Libyer* kennen lernten, welche ihn von jeher verehrten." Aus den homerischen Gesängen lernen wir vielmehr, dass die Griechen ihren Poseidon durch die thrakischen Pelasger empfingen, welchen er durch die *Phoeniken* auf Samothrake zugeführt wurde. Denn in deren Gebiete lag der Götter- und Musensitz *Olympos*, von welchem *Poseidon* (*Il.* XV, 187 ff.) selbst sagt:

„Unserer sind drei Brüder, erzeugt durch *Rheia* von *Kronos*:
Zeus und ich selbst und als dritter der Todtebeherrschende *Hades*.
Dreifach ist alles getheilt, und jeglichem Ehre verliehen.
Mein Loos ist es, auf immer das schäumende Meer zu bewohnen;
Aber von Hades wurde das nächtliche Dunkel erlooset:
Zeus erlooste des Himmels Bezirk in Aether und Wolken;
Allen gemein jedoch ist die Erd' und der hohe Olympos."

Dem ähnlich lesen wir in der *Genesis* (X, 1.): „Dies ist das Geschlecht der Kinder *Noach's*: *Shem*, *Cham*, *Japheth*, und (IX, 19.) von denen ist alles Land besetzt."

Sowie dem Namen *Japheth* der *Iapetos* (*Il.* VIII, 479) entspricht, welcher mit *Kronos* an den äussersten Gränzen des Landes

image
not
available

ben (*Od.* XI, 253.) einen Streiter aufzustellen; aber die Namen derjenigen, welche wir bei Homer angeführt finden, stimmen vollkommen mit denen zusammen, mit welchen das vierzehnte Capitel der Genesis beginnt. Man braucht nur in den Namen des ersten und letzten der vier Könige das im Griechischen ungewöhnliche Schluss-*L* zu streichen, um die Namen der streitbarsten Helden in Rath und That, des Sehers *Amphiaraos* (*Od.* XV, 244.) durch Versetzung der beiden letzten Silben und des stärksten Kriegers *Tydeus* (*Il.* IV, 372 ff. V, 800 f.) ohne Weiteres zu erhalten. Des *Arioch* Name (*Brandstifter*) wurde durch Uebersetzung in *Kapaneus* (*Il.* II, 564), sowie der Name des *Kedorla'omer* durch *Polynikes* (*Streitsüchtiger Il.* IV, 377) wiedergegeben; vielleicht wurde jedoch jener Name auch auf das Ross *Arion* (*Il.* XXIII, 547) übertragen, durch dessen Schnelle von den Sieben *Adrestos* allein sein Leben rettete, sowie man den zusammengesetzten Namen des *Kedorla'omer* in seine beiden Theile zerlegte, und den ersten mit dem *Κῆτος* (*Il.* XX, 147.) oder *Κῆτορ*, der zweiten mit *Λαομέδων* (*Il.* V, 640.), welche beide Herakles besiegte, nachzubilden versuchte. Wenn die den vier Königen entgegengestellten Thebaner bei Aischylos sich nicht auf gleiche Weise wie die in der Genesis vom *Kedorla'omer* bekriegten deuten lassen; so beruht dieses auf derselben Dichterwillkür, welche jenen vier Königen drei andere beifügte: denn statt des *Adrestos* nannte Sophokles wie Aischylos den *Hippomedon*, *Eteokles* und *Parthenopaios*, aber gegen Polynikes kämpft sein Bruder unter dem Namen *Eteokles* (*Jahresheld*), welchen auch Homer (*Il.* IV, 386.) anführt. Mit gleicher Willkür lässt dieser (*Il.* XX, 70 ff. XII, 378 ff. u. 385 ff.) je fünf Götter gegen einander kämpfen, wie er vorher fünf der ausgezeichnetsten Könige der Griechen (*Il.* XI, 611 ff. 660 ff. XVI, 25 ff.), *Diomedes*, *Odysseus*, *Agamemnon*, *Eurypylos* und *Machaon* verwundet dichtet, von welchen Diomedes (*Il.* V, 813. VI, 313.) ein Sohn des *Tydeus* und Enkel des *Oineus* (*Weinpflanzer*) genannt wird. Durch diese Abstammung ist uns ein Wink gegeben, dass dem ersten thebischen Kriege eben so der *aetolische* (*Il.* IX, 529 ff.) voranging, wie ihm die Eroberung Theben's durch die sogenannten *Epigonen* (*Il.* IV, 406.) mit den beiden troïschen Kriegen nachgebildet wurde.

Den Gesängen der Homeriden gingen noch viele andere Dichtungen ähnlicher Art vorher, da Herakles (*Il.* V, 642) noch viele Städte zerstörte, von welchen *Ephyre* am Flusse *Selleïs* (*Il.* II, 659 f.) südlich von *Thrake* (*Il.* XIII, 301.) namentlich erwähnt wird: dessen Eroberung von *Oichalia*, von wo der Thrake *Thamyris* zu einem Wettgesange nach Pylos kam (*Il.* II, 596.), und welches zur Zeit des zweiten troischen Krieges des Asklepios Söhne (*Il.* II, 730 f.) besassen, erdichtete man vermuthlich daher, weil Herakles des Eurytos Sohn Iphitos (*Od.* XXI, 26 ff.) tödtete. Allein alle diese Gesänge gingen verloren, weil sie wegen des Mangels *image not available*

Mit ihm bewohnten den Olympos seine beiden jüngern (*Il.* XV, 166. 182. 204.) Brüder, der *Erderschütterer* (*Il.* VIII, 440) und *Aïdes* (*Il.* V, 395 ff.), welche jedoch noch besondere Wohnungen in ihrem Erbtheile hatten, *Poseidaon* in den Tiefen des Meeres bei *Aigai* (*Il.* XIII, 21. *Od.* V, 381), wovon das ägäische Meer benannt zu sein scheint, und *Aïdoneus* (*Il.* XX, 61) in der Unterwelt, und nur zuweilen auf den Olympos kamen, sowie umgekehrt während des troïschen Krieges Zeus als Ἰδαῖος (*Il.* III, 276. VII, 202. XVI, 604 f. XXIV, 290 f.) zuweilen auf der höchsten Kuppe *Gargaros* (*Il.* VIII, 48. XIV, 292. 352. XV, 152) auf dem Ida, wo er einen heiligen Hain und Altar besass, seinen Sitz nahm. Darum wohnte die Gattin des Poseidaon *Amphitrite* (*Od* III, 91. V, 422. XII, 60. 97) im Meere, die des unterirdischen Zeus oder *Aïdes* (*Il.* IX, 457. 569. *Od.* X, 491 ff. XI, 635) *Persephoneia* in der Unterwelt, wofür der *Here* auf dem Olympos (*Il.* XIV, 166 f.), wo ihr Sohn Hephaistos ihr ein wohl verschlossenes Putzzimmer verfertigt hatte, noch zwei andere Gattinnen des Zeus beigesellt wurden, die Korngöttin *Demeter* (*Il.* V, 500. XIV, 326.) und Aphrodite's Mutter *Dione* (*Il.* V, 370. 381.). Den sechs älteren Göttern werden sechs jüngere beigegeben, drei männliche, *Ares* (*Il.* V, 360 ff.), *Hephaistos* (*Il.* XVIII, 142 f. 369 ff.), *Hermes* (*Il.* XXIV, 333 ff. *Od.* V, 49 f.), und drei weibliche, *Pallas Athene* (*Il.* I, 400. IV, 20. 69 ff.), *Aphrodite* (*Il.* III, 407. V, 360. XIV, 324.), *Charis* (*Il.* XVIII, 381), des Hephaistos Gattin. Dazu kamen noch mehre Untergötter, wie der Arzt *Paieon* (*Il.* V, 401. 899 f.), die aufwartende *Hebe* (*Il.* IV, 2. V, 722. 905. *Od.* XI, 603), die Botin *Iris* (*Il.* II, 786. VIII, 398. 409 f. XV, 144. XVIII, 166 ff. u. s. w.), die *Musen* (nach *Od.* XXIV, 60. neun an der Zahl, vgl. *Il.* I, 604), *Horen* und *Chariten* (*Il.* I, 604. V, 749. XIV, 276), von welchen Here dem Schlafgotte die *Pasithea* als eine der jüngern zu geben versprach.

Die Namen der Götter lauteten natürlich anders als in der ionischen Mundart der Homeriden, und glichen mehr der makedonischen Mundart und zum Theile auch den Mundarten der Völker Alt-Italiens, zu welchen die Pelasger einerseits zur See von Samothrake, andererseits noch mehr zu Lande von Epirus aus kamen, weshalb auch manche pelasgische Namen in die altlateinische Sprache übergingen. Zum Theil hatten die Götter auch ganz verschiedene Namen, wie es (*Il.* I, 403 f.) der hundertarmige *Briareos* bezeugt, welchen die Götter oder die thrakischen Sänger mit einem Namen benannten, den das *Etymol. M.* (213, 13 f.) auf die mannigfaltigste Weise zu erklären versucht, nach Homer aber die allgemeine Volkssprache der Ionier durch *Aigaion* wiedergibt. Eben so verschieden waren manche Göttersagen und Genealogien, wie die Abstammung der *Uranionen* von *Okeanos* und *Tethys* lehrt, dessen Nichterscheinen in der allgemeinen Götterversammlung (*Il.* XX, 4 ff.), an welcher doch alle Flussgötter und Nymphen

image
not
available

des Aethers zu fesseln, den jedoch die hundertarmige Naturkraft beschützte. Die *Pallas* mag ihren Beinamen vom Vorgebirge *Athos* erhalten haben, hiess aber *Τριτώ* oder *Τριτογένεια* als Tochter des Zeus auf der höchsten Kuppe des vom Wellenschlage um die Klippenspitzen umrauschten Athos: denn der Seegott *Τριτών* und des Meergottes Gattin *Ἀμφιτρίτη* deutet an, dass ihre Namen wie *Φρίκη* von *φρίττω* den Wellenschlag bezeichneten, während *Ἀφροδίτη* als *Ἀστάρτη* der die Heerden befruchtenden עַשְׁתֹּרֶת entsprach, sowie die das Land befruchtende *Demeter* als Getraidegöttin verehrt wurde. Als Tochter des Wellenschlages war *Pallas Athene* zugleich eine kräftige Kriegsgöttin wie *Ares*, der die thrakische Kriegslust bezeichnete, und eine Weberinn im Gegensatze des *Hephaistos*, der als Arbeiter im Feuer vermuthlich *Vulcanus* hiess, wie dessen Gattinn *Χάρις* (חֵן) statt des phönikischen נַעֲמָה *Venus*. Weil aber die Aphrodite eine Tochter des Zeus von *Dione* genannt wird, so entspricht deren Mutter der griechischen *Ἱστίη* und lateinischen *Vesta* (אֶשֶׁת für אִשָּׁה *Feuer*) als die Göttin der zur Befruchtung nothwendigen Wärme. *Ἑρμῆς* endlich, den (*Hom. H. in Cererem* 335 ff.) Zeus zum Erebos sandte, den Aides mit schmeichelden Worten zu bereden, dass er der Demeter die ihr geraubte Tochter zurückgeben möge, scheint nach dem hebräischen חֶרְמֵשׁ (5 *Mos.* XVI, 9. XXIII, 25.), *Sichel zur Aernte*, benannt zu sein, musste sich aber die mannigfaltigsten Deutungen als *Χρυσόῤῥαπις* gefallen lassen.

Von Homer's Gesängen, die nicht nur von der pelasgischen Götterlehre vielfach abweichen, sondern auch zuweilen einander selbst widersprechen, wird *Hermes* in der Iliade mit Ausnahme des Schlussgesanges selten, desto öfter in der Odyssee erwähnt. *Il.* V, 390. entwendet er den durch dreizehen Monate von des Dreschers Aloeus Söhnen in ehernen Kerker gefesselten Ares; *Il.* XIV, 491. verleiht er einem heerdenreichen Troër Besitzthum; *Il.* XVI, 181 ff. erzeugt er als harmloser Helletödter mit der Tänzerin Polymele, in welche er sich bei einem Reigen der Artemis verliebte, den schnellfüssigen Kämpfer Eudoros; *Il.* XV, 214. XX, 34 f. 72. gesellt er sich als Nutzen schaffender Schlaukopf zu den Gegnern der troïschen Götter gegen Leto; *Il.* XXI, 498 ff. tritt er jedoch als geschäftiger Helletödter aus Achtung gegen die Gattinnen des Zeus vom Kampfe zurück. Im Schlussgesange der Iliade (XXIV, 24.) heisst er (wie *Od.* I, 38.) der scharfblickende Helletödter, und wird (*Il.* XXIV, 330 ff. wie *Od.* V, 28 ff.) als geflügelter Freund der Gerechtigkeit, der mit seinem Zauberstabe die Augen eben sowohl zu öffnen als zu schliessen vermöge, von seinem Vater Zeus zur Botschaft verwendet. *Od.* X, 278 ff. zeigt er seine Zauberkunde, *Od.* XI, 626. geleitet er den Herakles in die Unterwelt; *Od.* XIV, 435. heisst er ein Sohn der *Maias* und *Od.* XV, 319 f. verleihet er allen Menschen Anmuth und Ruhm in ihren Werken, *Od.* XIX, 396 f.

(XXVII, 10. XXX, 5.) und (*Jerem.* XLVI, 9
muthen, dass פוּל mit פוּט verwechselt, und
Mela (I, 7, 5.) *Lotosesser* an der Küste vo
den Vorgebirgen *Boreum* und *Phycus* zu
Bestimmung (X, 21.), dass *Shem* ein Vate
gewesen sei, deutet an, dass bei allen da
deren Sprache mit der hebräischen verwand
shad's Sohn und 'Eber's Vater (XI, 12—14)
nach *Dan.* IV, 1. die behagliche Ruhe ang
die ersten drei Geschlechter innerhalb ein
zweiten Jahre nach der Fluth (XI, 10) bis
der Völker unter *Peleg* (X, 25) in der a
Arrapachitis verweilten, um dadurch das no
derselben zu erklären, während *'Eber* eine
Peleg das Auseinanderziehen der Völkerstäm
Abraham (XIII, 6—13) bezeichnen sollte. S
gerer Bruder, von קָטָן *Joqtan* genannt, dur
seiner Kinder sich über ganz Südasien (X
oder der arabischen Völkerschaft *Masei* in
H. N. VI, 26, 30) bis an den östlichen Berg
Σιππάρα (*Ptolem.* VII, 1, 16) im diesseitige
tete, zogen Peleg's Nachkommen über ein
auf *Therach*, der in *Charan* oder *Κάῤῥαι* (XI,
Heerden zwischen dem Phrath und Tigris
men *Reghu* statt רֹעִי (*Hirte*), *Serug* statt שְׁרִיג
(*Blasender*) statt נָחִיל (*Hirtenflöte*) sind Z
weise; ihre Altersbestimmung bis zur Zeugu
nur zur Hälfte die Zahlen 30 oder 29 um
steigt, scheint aber von der Anzahl der T
Monate, welche von *Shem* bis *Abraham* durc
treten werden, wobei *Therach* und *Abram*, wi
im syrischen Kalender für je zwei Monate
man von Abraham's Lebenszeit nur 34 od
zeichnung eines Schaltmonates mit fünf Sch
die Zahl 355 ausfüllen, wobei sich die übersc
(XI, 10) als Jahr der Fluth zum Schlusse
Shem und als Jahr der Ruhe nach der Flut
lehnt zu sein: ihr Lebensalter bis zum To
Zeit des Zusammenhaltens des Völkerstamm
gedeutet werden, wiewohl die ganze Jahr
Buch Moses nach *Bredow's* Bemerkungen S
erkannt wird: man vergleiche auch *die heili*
von *Rhode* S. 244 ff.

VI. Die Zerstreuung der Völker na
bau. 1 *Mos.* XI, 1—9

„Es hatte aber alle Welt einerlei Zun

licher Vollendung der ihm vom früher gebornen Persiden Eurystheus (*Il.* XIX, 90—123.) auferlegten Arbeiten (*Od.* XI, 601—626.), deren schwierigste und letzte war, den Hund aus des Aïdes Gebiete heraufzuholen, unter die unsterblichen Götter als Gatte der Hebe aufgenommen wurde, deren Mundschenkenamt *Ganymedes* (*Il.* XX, 232 ff.) übernahm, der Bruder der Troër *Ilos* (אֵל) und *Assarakus* (אֲסַרַךְ), welchen die Götter seiner Schönheit wegen in die Gemeinschaft der Unsterblichen entrückten. Fast alles dieses ist in Zusätzen späterer Dichter enthalten, welche auch zwölferlei Arbeiten des Herakles anordneten, um durch deren Vollendung die Bewegung der Sonne durch die zwölf Zeichen des Thierkreises anzudeuten. Die Homeriden wussten noch nichts von einem Thierkreise, wenn gleich unter den ihnen bekannten Sternbildern (*Il.* XVIII, 486. *Od.* V, 272.) auch die *Plejaden* und *Hyaden* genannt werden. Wenn sie sämmtliche Götter des Olympos jährlich zu den fernen Aethiopen am Okeanos gehen liessen, um sich daselbst bis zum zwölften Tage bei Opfermahlen zu erfreuen (*Il.* I, 423 ff. 493 ff. XXIII, 205 ff.); so bezeichneten sie dadurch vermuthlich die Zeit, welche dem Mondjahre von 354 Tagen zur Ausgleichung eines Sonnenjahres von 365 Tagen zugegeben werden musste, wiewohl Poseidaon auch allein die zweifach getheilten Aethiopen (*Od.* I, 22 ff. V, 282.) nach Belieben besuchte.

Anstatt den Thierkreis durch irgend eine Zwölfzahl zu bezeichnen, deutet die Irrfahrt des Odysseus vier Jahreszeiten eines Mondjahres an. Ein Mondjahr wird (*Od.* XII, 127 ff.) durch die sieben Rindertriften und eben so viele Schafheerden der Sonne von je 50 Stücken auf der thrinakischen Insel bezeichnet, wobei zufolge dessen, was (*Od.* X, 85 f.) bei den Lästrygonen bemerkt wird, die Rinderweide die Nacht, die Schafhürde den Tag andeutet. Der Thiere sind zwar nur 750 Stück, aber dazu kommen für beiderlei Heerden zwei Nymphen, *Phaëthusa* und *Lampetie*, welche sie bewachen, und noch zwei andere Nymphen, welche ferne Inseln des Meeres bewohnen, *Kalypso* auf der ogygischen Insel (*Od.* VII, 244 ff. XII, 448.) und *Kirke* auf der ääischen (*Od.* X, 135 ff.) zur Andeutung des Abends und Morgens, weil jene eine Tochter des verderblich gesinnten *Atlas*, der im Westen die Tiefen alles Fahrmeeres kennt und die hohen Säulen zwischen Himmel und Erde hält (*Od.* I, 52 ff.), diese (*Od.* X, 137 ff.) eine leibliche Schwester des verderblich gesinnten *Aietes*, Tochter der lichtbringenden Sonne und Enkelinn des Okeanos genannt wird. Die Insel der Kalypso im Nabel des Meeres war (*Od.* V, 64 ff.) mit unfruchtbaren Bäumen bewachsen, auf welchen Nacht-, Raub- und Wasservögel nisteten, enthielt jedoch vier Quellen, die den Vierteln der Nacht gleich nahe bei einander die Auen mit Blumen schmückten; eben so umringten zwar die Wohnung der Zauberinn Kirke (*Od.* X, 210 ff.) gezähmte Wölfe und Lö-

geben; sein Name ist aber nicht verschied
als *Wanderzug eines Hirten* bezeichnet, statt
einen *Vater der Höhe* und *Haran* von חָרַר
deutet. Davon unterscheidet sich *Charan*
(*Jerem.* XVII, 6.) als ausgedörrte Steppe
wohnt; *Ur-Khasdim* ist dagegen, weil *Lot*
treiben) einen *Verschleierer* bezeichnet, wi
heilige Loos am Brustschilde des Hohenp
selbe in schwer zu entscheidenden Fällen a
durch *Feuer* oder *Licht der Zeichendeuter* zu
apokryphische Buch *Judith* V, 5 f. dafür *Cha*
entgegen finden wir in den folgenden Abs
Höhe bei seinen Wanderzügen als einen de
denden Lehrer angedeutet, dessen Weib *Sa*
Milkhah (*Königin*) und *Jiskhah* von יָסַךְ (*Ge*
Stammfürsten bezeichnet.

XII, 1—8. „Und der Herr sprach zu
nem Lande und von deiner Freundschaft
Haus in ein Land, das ich dir zeigen w
zum grossen Volke machen und will dich
grossen Namen machen, und du sollst ein
segnen, die dich segnen, und verfluchen,
dir sollen gesegnet werden alle Geschlechte
Abram aus, wie der Herr zu ihm gesag
mit ihm; Abram aber war fünf und siebenzi
Charan zog. Also nahm Abram sein Weib
Bruders Sohn, mit aller ihrer Habe, die
und den Seelen, die sie gezeugt hatten in C
aus zu reisen ins Land Khanaan, und als
in dasselbige Land, zog Abram durch bis
und an den Hain *Moreh:* denn es wohnten
naaniter im Lande. Da erschien der Herr
Deinem Samen will ich dies Land geben:
einen Altar dem Herrn, der ihm erschiener
er auf von dannen an einen Berg, der l
Stadt *Beithel*, und richtete seine Hütte auf,
Abend und *'Ai* gegen Morgen hatte, und
Herrn einen Altar und predigte vom Name

Sowie im vorhergehenden Abschnitte
Ur-Khasdim, wo man vergebens Denkmale
hoffen darf, nur ihrer Bedeutung wegen
Abram's auserwählt waren; so sind hier i
der ausgedörrten Steppe und dem Orakel
Osten die hochgewachsenen *Sykomoren* von
tigen *Terebinthen des Herrn* und die Stad
westlich von *'Ai*, der khanaanitischen Kön
gränze des Stammes Benjamin (*Jos.* VII,

Sonne spielen auf keine Weltgegend an (*Od.* XII, 3 f.), sondern auf das Morgenlicht des neuen Jahres, in welchem Odysseus vor der Rückfahrt von der ääischen Insel (*Od.* XII, 9 ff.) die Pflicht einer Todtenbestattung erfüllt. Dann ging die Fahrt zuerst (*Od.* XII, 39 ff. 158 ff.) vor den Zaubergesängen der *Seirenen* zur Andeutung der verführerischen Frühlingslust vorüber, worauf sich dem Schiffenden (*Od.* XII, 55 ff. 201 ff.) zweierlei gleich gefahrvolle Wege eröffneten. Der eine führte durch die Brandungen der zusammenschlagenden *Irrfelsen*, welche allein (*Od.* XII, 69 ff.) die allbesungene *Argo* von Aietes her durch der Here Liebe zum *Ieson* (יְשׁוּעַ) glücklich durchfuhr; der andere durch die *Skylla* und *Charybdis* (*Od.* XII, 73 ff. 201 ff.) zur Andeutung der Stürme bei dem Uebergange vom Sommer zum Herbste, auf dessen Dauer bis zum Jahresschlusse der Aufenthalt auf der thrinakischen Insel anspielt (*Od.* X, 127 ff. 260 ff.), da Odysseus (*Od.* XII, 291.) vor Dunkelwerden daselbst ankam. Beständiges Wehen des Ost- und Südwindes (*Od.* XII, 326) zwang zum Verweilen, sowie der West- und Südwind (*Od.* XII, 408 ff.) die Abfahrenden wieder zurück führte.

Dies mag genügen zum Erweise, dass sowohl die Irrfahrt des Odysseus als der erste Krieg auf Erden in der Genesis nach den Erscheinungen innerhalb der vier Jahreszeiten geschildert sind, so wie überhaupt die Gesänge der Homeriden, wie die Urgeschichte der heiligen Schrift, erst dann richtig verstanden werden, wenn man bei jenen die ältern Sagen der europäischen Pelasger von den spätern der asiatischen Dichter, und bei dieser die ältern Sagen der Phöniken von den spätern der Babylonier ausser andern hinzugefügten Einschaltungen gehörig sondert. Ich erlaube mir nur noch die Bemerkung, dass zwar die Irrfahrt des Odysseus, wie überhaupt die Rückkehr der griechischen Helden aus Troja (*Od.* III, 135) und der aitolische Krieg (*Il.* IX, 533. vgl. 459.), den biblischen Sagen von der Vertreibung des ersten Menschenpaares aus dem Garten in Eden und der Vertilgung der sündigen Nachfolger durch die grosse Wasserfluth, von der Zerstreuung der Völker bei dem Thurmbau zu Babel und der Zerstörung Sodom's durch himmlisches und irdisches Feuer, gleich, als durch den Zorn einer Gottheit veranlasst gedichtet wurde; aber die Ursache der beiden thebischen und troïschen Kriege, sowie der Vertreibung der Kentauren durch die Lapithen und des ersten Krieges auf Erden (1 *Mos.* XIV) der Zorn eines Königs wegen ungerechter Behandlung war.

Hannover d. 30. November 1853.

ihm gegen Mittag; Abram aber war sehr reich an Vieh, Silber und Gold; und er zog immer fort von Mittag bis gen Beithel an die Stelle, da am ersten seine Hütte war zwischen Beithel und 'Ai, eben an dem Ort, da er vorher den Altar gemacht hatte, und er predigte allda den Namen des Herrn. Lot aber, der mit Abram zog, hatte auch Schafe und Rinder und Hütten, und das Land mochte es nicht ertragen, dass sie bei einander wohnten. Denn ihre Habe war gross, und sie konnten nicht bei einander wohnen, und es war immer Zank zwischen den Hirten über Abram's Vieh und zwischen den Hirten über Lot's Vieh: so wohnten auch zu der Zeit die Khanaaniter und Pheriziter im Lande. Da sprach Abram zu Lot: Lieber! lass nicht Zank sein zwischen mir und dir, und zwischen meinen und deinen Hirten: denn wir sind Gebrüder. Steht dir nicht alles Land offen? Lieber! scheide dich von mir. Willst du zur Linken, so will ich zur Rechten; oder willst du zur Rechten, so will ich zur Linken. Da hob Lot seine Augen auf und besah die ganze Gegend am Jordan; denn ehe der Herr *Sodom* und *Ghemorah* verderbete, war sie wasserreich, bis man gen *Ssoar* kömmt, als ein Garten des Herrn gleichwie Aegyptenland. Da erwählte sich Lot die ganze Gegend am Jordan und zog gegen Morgen. Also schied sich ein Bruder vom andern, dass Abram wohnte im Lande Khanaan, und Lot in den Städten derselben Gegend und setzte seine Hütten bis gen Sodom; aber die Leute zu Sodom waren böse und sündigten sehr wider den Herrn. Da nun Lot sich von Abram geschieden hatte, sprach der Herr zu Abram: Hebe deine Augen auf und sieh von der Stätte an, da du wohnst, gegen Mitternacht, gegen Mittag, gegen Morgen und gegen Abend. Denn alles das Land, das du siehest, will ich dir geben und deinem Samen ewiglich: und ich will deinen Samen machen wie den Staub auf Erden. Kann ein Mensch den Staub auf Erden zählen, so wird man auch deinen Samen zählen. Mache dich auf und zeuch durch das Land in die Länge und Breite, denn dir will ich es geben. Also erhob Abram seine Hütten, kam und wohnte im Haine *Mamre*, der zu *Chebron* ist, und bauete daselbst dem Herrn einen Altar."

Ob ich gleich mit diesem Abschnitte, der als Einleitung zu allen folgenden zu betrachten ist, meinen Auszug der sagenhaften Urgeschichte beschliesse, weil es aus dem bisher Erläuterten zur Genüge erhellt, dass die Bücher Mose's mit zweierlei vollständig zusammenhängenden Urgeschichten beginnen, von welchen die älteste bis zum zwanzigsten Capitel zu den Berichten von der Schöpfung und Sintfluth nur zwei verschieden erfundene Geschlechtsverzeichnisse zur Begründung einer fortlaufenden Geschichte hinzufügt, die jüngste dagegen nach einem wohlberechneten Plane und in einem gleichartigen Stile den Ursprung der Welt und alles dessen, was auf Erden vor Alters sich ereignete, also berichtet, dass dadurch die Verehrung des Herrn, wie sie eddîn (Glanz der Religion), wurde geboren zu Mosul in der 10. Nacht des Ramaḍân 539 (6. März 1145). Schon früh starb ihm sein Vater, aber dessen Stelle vertraten seine mütterlichen Oheime, die Söhne Śaddâd's, woher auch er den Namen Ibn-Śaddâd bekam, mit dem ihn die einheimischen Schriftsteller am häufigsten bezeichnen. Die Art und den Gang seiner wissenschaftlichen Ausbildung hat er selbst beschrieben in seinem Werke دلايل الاحكام „die Beweise der gesetzlichen Bestimmungen". Nach mohammedanischer Sitte prägte er zuerst den Koran seinem Gedächtnisse ein; dann studirte er bei Abû-Bekr Jaḥjâ b. Sa'dûn b. Tammâm aus dem Stamme Azd, geb. 486 (1093), nach Andern 487 (1094) zu Cordova in Spanien. Diesem Manne verdankte er den grössten Theil seiner Bildung; denn ganze eilf Jahre genoss er dessen Unterricht und las, nach des Lehrers eigenem Zeugnisse, unter seiner Leitung mehr Bücher als irgend ein anderer seiner Schüler. Das letzte dieser Bücher war die Erklärung des wenig Bekannten im Koran (شرح الغريب) von Abû-'Obeid Alḳâsim b. Sallâm (gest. im J. 224, Chr. 838—9), und das Ende der Vorlesungen darüber fiel in das letzte Drittel des Śa'bân 567 (Apr. 1172); während des Festes des Fastenbruchs nach dem Ramaḍân desselben Jahres starb Abû-Bekr. Er hörte ferner bei dem Scheich Abu'l-berekât 'Abd-Allâh ben-Alchaḍir ben-Alḥosein, bekannt unter dem Namen Assîzaǵî (von Sîzaǵ, einem Dorfe in Siǵistân) und berühmt als Ueberlieferungs- und Gesetzgelehrter, damals Professor an dem alten Gymnasium der Atâbeks in Mosul, früher Richter in Baṣrah; von diesem erhielt er die schriftliche Erlaubniss, das bei ihm Gehörte selbst zu lehren, am 5. des 1. Ǵumâdâ 566 (14. Jan. 1171) ausgestellt. Ein anderer seiner Lehrer war Meǵd-eddîn Abu'l-Faḍl 'Abd-Allâh b. Aḥmed b. Moḥammad aus Ṭûs, Prediger (Chaṭîb) in Mosul (geb. zu Bagdad Mitte Ṣafar 487 = März 1094, gest. zu Mosul in der Nacht auf den Ramaḍân 578 = 7. Jan. 1183), zu dem wegen seines Rufes als Ueberlieferungsgelehrter Schüler aus allen Gegenden kamen und von dem Behâ-eddîn die bemerkte Erlaubniss am 26. Reǵeb 558 (30. Juni 1163) erhielt. Unter seinen Lehrern sind weiter zu nennen der Richter Fachr-eddîn Abu'r-riḍâ As'ad ben-'Abd-Allâh ben-Alḳâsim Aśśehrzûrî und Meǵd-eddîn Abû Moḥammad 'Abd-Allâh ben-Moḥammad ben 'Alî Alaśîrî Aṣṣinhâǵî (gest. im Śawwâl 561, Aug. 1166, zu Damaskus und begraben in Ba'lbek), von denen der erstere ihm das Lehrerdiplom im Śawwâl 567 (Mai-Juni 1172), der letztere im Ramaḍân 559 (Juli-Aug. 1164) ertheilte. Fügen wir zu diesen noch den Sirâǵ-eddîn Abû-Bekr Moḥammad ben-'Alî Alḥajjânî hinzu, der ihm das nämliche Diplom im J. 559 (1163—4) gab, so bleibt zwar noch mancher seiner Lehrer zurück; aber theils waren sie damals, als er das obengenannte Buch zu Bagdad schrieb, ihm selbst entfallen, theils rücksichtigung verdient, nur in einer unverkennbaren Einschaltung des Propheten *Jesaias* (XXXVI—XXXIX), wie im zweiten Buche der *Könige* (XVIII, 13. 17—XX, 19.), und im zweiten Buche der *Chronica* (XXXII) die Rede. Nach 2 *Chron.* XXVI, 22. schrieb zwar der mit *Sancherib* und *Chizqijah* gleichzeitige Prophet *Jesaias* die Geschichte des jüdischen Königs *Uzijah*; dass er aber auch die Geschichte der demselben nachfolgenden Könige geschrieben habe, wird weder 2 *Chron.* XXVII, 9., noch 2 *Chron.* XXVIII, 26. gesagt, vielmehr scheint aus dieses Propheten sechstem Capitel hervorzugehen, dass er seit Uzijah's Tode nur seine Visionen bekannt machte, sowie wir in dessen siebentem Capitel ein Gesicht zur Zeit des Enkels von Uzijah lesen, aus welchem 2 *Kön.* XVI, 1. etwas eingeschaltet wurde. In derselben Weise erwähnt der Prophet in seinem zwanzigsten Capitel den assyrischen König *Sargon* und dessen Feldherrn *Tharthan*, welcher 2 *Kön.* XVIII, 17. mit dem Erzkämmerer und Erzschenken zusammengestellt ist, welche *Sancherib* von Lachis aus gegen Jerusalem gesandt haben soll. Wenn 2 *Chron.* XXXII, 32., wo vom Gesichte, aber nicht von einer Geschichte des Propheten geredet wird, von Jesaias aussagt, dass er von der *Barmherzigkeit des Chizqijah* geschrieben habe, und sich dabei auf ein nicht mehr vorhandenes *Buch der Könige in Juda und Jisrael* bezieht, woraus der Anfang dieses Capitels ausgezogen zu sein scheint; so giebt derselbe Ausdruck 2 *Chron.* XXXV, 26. mit dem Zusatze *nach der Schrift im Gesetze des Herrn* zu erkennen, dass darunter die Frömmigkeit verstanden werde, von welcher 2 *Chron.* XXIX—XXXI. den Beweis liefert. Sowie *Jes.* XXXVIII, 9—20. ein ganzer Psalm eingeschaltet ist, auf welchen die beiden Verse folgen, die 2 *Kön.* XX, 7 f. an einer verkehrten Stelle stehen; so ist auch alles eingeschaltet, was die vier Capitel *Jes.* XXXVI—XXXIX enthalten. Dass dieses nicht vom Propheten selbst geschrieben sei, bezeugen die darin enthaltenen Weissagungen, sobald man sie als sein Erlebtes betrachtet, was wenigstens alsdann anzunehmen ist, wenn sie mit solcher Bestimmtheit ausgesprochen werden, wie die Versicherung von Jehovah (*Jes.* XXXVIII, 5.), dass Chizqijah noch fünfzehn Jahre nach seiner Genesung am Leben bleiben werde. Hätte der Prophet dieses noch erlebt, so müsste er auch unter Chizqijah's Sohne *Menaseh* geweissagt haben, was er jedoch im Anfange seiner Weissagungen nicht berichtet. Ein unerhört hohes Alter hätte er aber erreicht, wenn er auch die Eroberung Jerusalem's und die Wegführung der Nachkommen Chizqijah's gen Babel (XXXIX, 6 f.) erlebte. In dieser Zeit weissagten die Propheten *Jeremias* und *Daniel*, bei welchen wir die assyrische Bezeichnung eines Obersten durch רַב mit dem Plurale רַבְרְבִין (*Jer.* XXXIX, 3 ff. *Dan.* 1, 3 ff. vgl. *Esth.* 1, 8.) wie in den Keilinschriften der assyrisch-babylonischen Könige ebenso gebräuchlich finden, sowie sie 2 *Kön.* XVIII, 17.

lehnte er den Ruf ab. Seine Besorgniss war auch in der That nicht ungegründet, denn am 7. Du'l-ḥiǵǵah (22. März) mussten die Abgeordneten nach vergeblicher Unterhandlung wieder abreisen (s. Vita Saladini p. 56 f.). Im J. 581 (1185—6) rückte Ṣalâḥ-eddîn wiederum mit einem Heere gegen Mosul, und der Fürst ʿIzz-eddîn schickte den Behâ-eddîn zum dritten Male um Hülfe nach Bagdad. Aber auch diessmal blieb die Sendung erfolglos, und ebenso unverrichteter Sache kamen die in der nämlichen Absicht nach Persien gegangenen Gesandten zurück. Indessen war Ṣalâḥ-eddîn erkrankt, und in der Hoffnung, dass dieser Umstand ihn zum Frieden geneigter machen werde, schickte der Fürst in aller Eile die beiden Behâ-eddîn, Ibn Śaddâd und Arrabîb, zur Unterhandlung an ihn. Ehrenvoll aufgenommen, brachten sie auch wirklich den Frieden zu Stande. Unser Behâ-eddîn liess, in Gemässheit der erhaltenen Vollmacht, den Sultan Ṣalâḥ-eddîn und dessen Bruder Almalik Alʿâdil den Friedensvertrag beschwören, und beide Gesandte gingen hierauf mit dem Sultan nach Harran (s. Vita Saladini p. 62). — Nach Behâ-eddîn's eigener Erzählung in seinem Werke ملجأ الحكام فى التباس الاحكام „Zuflucht der Richter bei Ungewissheit der gesetzlichen Bestimmungen," machte er im J. 583 (1188) die Pilgerreise nach Mekka, in der Absicht, dann Jerusalem und das Grab Abrahams in Hebron zu besuchen. Während er sich nach der Rückkehr von Mekka noch in Damaskus aufhielt, liess ihn Sultan Ṣalâḥ-eddîn, in der Meinung, er sey in irgend einer Angelegenheit von Mosul herübergekommen, zu sich rufen. Er seinerseits begab sich nach Hofe in der Erwartung, über die während des letzten Wallfahrtsfestes auf dem Berge ʿArafât vorgefallene Ermordung des syrischen Fürsten Śems-eddîn Ibn-Almoḳaddam befragt zu werden. Der Sultan erkundigte sich aber nur nach seiner Reise, seinen Reisegefährten u. dgl. und ersuchte ihn zuletzt um einen Vortrag über einige Ueberlieferungen, den er auch sofort hielt. Als er abgetreten war, kam ihm der fürstliche Geheimschreiber, der berühmte ʿImâd-eddîn Alkâtib Aliṣfahânî, nach und bedeutete ihn im Namen des Sultans, wenn er von Jerusalem zurückkommen werde, sich wieder bei Hofe zu melden. Behâ-eddîn glaubte, diess geschehe wegen irgend eines Geschäftes, womit ihn der Sultan für seine Rückreise nach Mosul beauftragen wolle. An demselben Tage, als Ṣalâḥ-eddîn die Belagerung von Kaukab aufhob, trat Behâ-eddîn die Reise nach Jerusalem an, und am 6. des 1. Rabiʿ 584 (30. April 1188), wo jener wieder in Damaskus einzog, kam auch dieser dahin zurück. Da der Sultan schon nach fünf Tagen wieder aufbrach, so wurde Behâ-eddîn, obgleich er seine Rückkehr gebührend angezeigt hatte, diessmal zu keiner Audienz berufen, benutzte aber die Zeit, welche er nun in Damaskus zubrachte, zur Abfassung eines Werkes, worin er die gesetzlichen Bestim-

XIII, 18. bezieht, statt des Vertreters des jüdischen Volkes vor Gottes Throne מִיכָאֵל (*Dan.* XIII, 3. 21. XII, 1.), dessen Name um ein י zu klein ist, zu verstehen sein soll, sowie die Zahl 185,000 = 5. 37. 1000 darauf anzuspielen scheint, dass חִמֵּשׁ eben sowohl *befünften* als *in Schlachtreihe ordnen* bedeutet, und vor dem Herrn (*Ps.* XC, 4. 2 *Petr.* III, 8.) 1 wie 1000 gilt; wiewohl auch ein Name קְדְמִיאֵל, wodurch ein *Diener Gottes* bezeichnet wird, den Zahlenwerth 185 enthält. Dergleichen Bestimmungen der Namen nach ihrem Zahlenwerthe können in einer Zeit, da man auch die Namen willkürlich vertauschte, wie 2 *Kön.* XIV, 21. XV, 1 ff. der König *'Usijah* mit demselben Namen benannt wird, welchen sich im Buche des *Tobias* (V, 19.) der Engel *Raphaël* beilegt, nicht befremden, weil die Einführung solcher *Zahlzeichen*, wie sie *Anquetil* (*Kleuker's Zendavesta* II, 51. S. 69. unter No. 4.) als pehlwisch bezeichnet, statt der ähnlichen Zahlzeichen der Keilschrift durch die *Rechentafel des Einmaleins* sehr leicht auf die Erfindung der *Zauberquadrate* führte.

Ich vermuthe sogar, dass auch das sogenannte *Mühlenspiel* mit seinen drei in einander gezeichneten Vierecken, welche durch eine Mittellinie auf jeder Seite durchschnitten werden, von den spiellustigen Viehhirten in Babylon's Nachbarschaft noch vor dem gänzlichen Verfalle dieser Stadt unter der Herrschaft der Parther den von Nebukadnezar angelegten hängenden Gärten nachgebildet wurde, weil es sich nur auf diese Weise erklären lässt, warum der Sieger bei dem dreimaligen Verschlusse seiner Mühle dem Gegner eine Marke oder *Bohne* (גֵּרָה) als *Kuh* in Empfang nimmt. Denn sowie der Belthurm zu Babel mit acht Absätzen erbaut war, so hatte Nebukadnezar die hängenden Gärten auf drei Terrassen im Viereck angelegt, über welche in deren Mitte das Wasser des Euphrat's vermittelst besonderer Schöpfwerkzeuge mit Treträdern, durch welche die Babylonier den Aegyptiern gleich (5 *Mos.* XI, 10 f.) ihre Felder zu wässern pflegten, hinaufgeleitet wurde, zu welchem Zwecke an den Enden jeder Terrasse solche Windmühlen aufgestellt waren, wie sie der Prophet *Zacharias* V, 9 andeutet, wo zwei Weiber mit vier vom Winde getriebenen Flügeln nach Art der beiden langgestreckten Frauen, welche die *Oriental Cylinders by A. Cullimore* unter No. 7. von zwei ruhenden Gazellen begleitet darstellen, und mit einem den Bau eines Hauses vorbedeutenden Getraidemaasse über dem Haupte der Erscheinung von vier Wagen, auf welchem die vier Winde des Himmels, nachdem sie vor dem Herrscher aller Lande gestanden sind, die Erde durchziehen, vorausgehen. Die Zahl der neun Marken bei dem Mühlenspiele bezieht sich auf die dreimaldrei Maschinenplätze an jeder Vierecksseite, wodurch lauter Zahlen gebildet werden, welche nach der Lehre der Chaldäer als heilig galten, wie 12 = 3. 4, und 36 = 3. 12 und 4. 9, und da das zweite Buch der *Chronica* (XXXII, 21.) weder *Ninivoh*, noch *Sancherib's* Söhne, noch seines seinem Bruder dem Sultan zu begeben, ihm über jene Vorschläge Bericht zu erstatten und seine Antwort entgegenzunehmen (ebend. p. 209 f.). Als der Sultan am 1. des 2. Rabî 588 (16. Apr. 1192) seinem Sohne Almalik Alafḍal befohlen hatte, wegen offenen Ungehorsams des Almalik Almanṣûr ben-Almalik Almoẓaffar das Gebiet desselben am Euphrat zu besetzen, Almalik Alʿâdil aber sich desselben beim Sultan sehr annahm, war Behâ-eddîn der Unterhändler zwischen beiden (ebend. p. 224). Am 19. des 2. Ǵumâdâ (2. Juli 1192) liess der Sultan, nach Jerusalem zurückgedrängt, die Fürsten zu sich entbieten und sie durch eine Rede Behâ-eddîn's zu neuem Eifer in Abwehr der drohenden Gefahr anfeuern (ebend. p. 235). Nach dem Friedensschlusse zwischen den Franken und dem Sultan ermahnte ihn Behâ-eddîn im Ramaḍân desselben Jahres (Sept. u. Oct. 1192) zur Pilgerreise nach Mekka. Man traf schon Vorbereitungen dazu; allein die Sache unterblieb und Behâ-eddîn wurde noch im nämlichen Monat vom Sultan als Gesandter an Almalik Alʿâdil geschickt (ebend. p. 264). Als der Sultan den ʿIzz-eddîn zum Statthalter von Jerusalem einsetzen wollte, liess er seinen Bruder Almalik Alʿâdil und seine Söhne Almalik Alafḍal und Almalik Aẓẓâhir durch Behâ-eddîn um ihre Meinung darüber befragen. Auf ihre Zustimmung wurde der neue Statthalter an einem Freitage von Behâ-eddîn beim heiligen Steine in der Ṣachra-Moschee zu seinem Amte eingeweiht (ebend. p. 268). Der Sultan war schon früher, am 6. Śawwâl (15. Oct. 1192), von Jerusalem nach Aegypten aufgebrochen, hatte aber den Behâ-eddîn dort zurückgelassen, mit dem Auftrage, bis zu seiner Rückkehr die Ausstattung und Einrichtung eines von ihm (dem Sultan) erbauten Krankenhauses zu besorgen und die Oberleitung eines ebenfalls von ihm gestifteten Gymnasiums zu führen (ebend. p. 267). Bald darauf aber berief ihn der Sultan, der seine Reise nach Aegypten aufgegeben hatte, wegen wichtigerer Geschäfte zu sich nach Damaskus. Behâ-eddîn reiste d. 23. Moḥarrem 589 (29. Jan. 1193) von Jerusalem ab und kam d. 12. Ṣafar (17. Febr.) in Damaskus an, wo er sogleich vorgelassen und gnädig empfangen wurde (ebend. p. 270). Aber schon am 27. dess. Mon. (4. März) verlor er seinen edeln Beschützer und Freund durch den Tod. Er selbst war bei dessen letzten Augenblicken nicht gegenwärtig; als er in das Sterbezimmer eintrat, hatte Ṣalâḥ-eddîn schon ausgelebt. Gross war der Schmerz Aller, welche diesem Vorkämpfer des Islam näher gestanden hatten; vielleicht am grössten aber der Schmerz Behâ-eddîns, denn seit Jahren hatte gegenseitige Achtung, Uebereinstimmung der Ansichten und Gesinnungen und fast stetes Zusammenseyn in Glück und Unglück zwischen beiden Männern ein Band gewoben, welches stärker war als das der Blutsverwandtschaft.

Mit Ṣalâḥ-eddîn's Tode begann im Leben Behâ-eddîn's eine

gebräuchlich wird, findet sich auch 2 *Kön*. XIX, 21., und wir dürfen es bei der Erzählung von Sancherib, wie bei der Sagengeschichte, als Zweck betrachten, dass gezeigt werden sollte, wie sich der Herr, der als der Gott des Stammvaters David (2 *Kön*. XIX, 34. XX, 6.) die Stadt Jerusalem beschirmt, seiner Verehrer annimmt. Denn was *Ewald* in der zweiten Ausgabe des oben angeführten Buches S. 232. als nähern Zweck des Verfassers des jüngsten Buches im *A. T.* bezeichnet, fand vorzüglich zu des Zacharias Zeit bei dem neuen Aufbau des Tempels in Jerusalem statt. Die Bezeichnung Jerusalem's als einer *Tochter Zion's* (*Zach*. II, 10. IX, 9.), die bei den Dichtern und Propheten des *A. T.* oft gefunden wird, fehlt auch 2 *Kön*. XIX, 21. nicht; mehr beweiset jedoch die gleiche Beziehung auf *David* (2 *Kön*. XIX, 34. XX, 5 f. und *Zach*. XII, 7 ff.). Wenn der Erzschenk (2 *Kön*. XVIII, 25.) eines Geheisses vom Herrn sich berühmt, so entspricht diesem des *Zacharias* Aussage (II, 9. VI, 15.), sowie dessen Weissagung (XIV, 1 f.) der des Propheten Jesaias (2 *Kön*. XX, 17.). Eben so entsprechen sich die Bezeichnungen des Herrn über Israel als eines einigen und lebendigen Gottes, der Himmel und Erde und den Odem des Menschen in ihm (vgl. 1 *Mos*. II, 7.) gemacht hat (2 *Kön*. XIX, 15—20. und *Zach*. XII, 1. XIV, 9.), und so wenig es sich verkennen lässt, dass der Verfasser der Urgeschichte, welche sich durch den Namen des allmächtigen Gottes (אֵל שַׁדַּי 1 *Mos*. XVII, 1. XXVIII, 3. 2 *Mos*. VI, 3.) auszeichnet, unter der persischen Herrschaft lebte, so sehr zeigt sich des Zacharias Vorliebe für persische Sitten und Denkweise.

Sowie Zacharias in den beiden ersten Versen seines dritten Capitels des *Satan's* erwähnt, so bezeichnet er (I, 10. III, 9. IV, 10.) die sieben Erzengel vor Gottes Throne (*Tob*. XII, 15.) nach persischer Sitte, worüber *Brissonius de regio Persarum principatu* § 190 (vgl. 212.) alle Aussagen griechischer Schriftsteller gesammelt hat, als Aufseher des Reiches, welche dem Könige berichten mussten, was sie bei ihren Durchzügen im Lande wahrgenommen hatten, durch *sieben Augen des Herrn*, die alle Länder der Erde, nachdem sie vor dem Beherrscher gestanden haben, auf viererlei Wagen (VI, 1 ff.) nach den vier Weltgegenden durchfahren, gleichwie nach *Kleuker's Bundehesh* II. Ormuzd an den vier Himmelsenden vier Wachen gestellt hat, Acht zu haben über die Standsterne. Die *Siebenzahl* der Perser, nach welcher bei der Sintfluth (1 *Mos*. VII, 2 f.) allerlei reines Vieh und die Vögel unter dem Himmel in den Kasten einzogen, ungeachtet es an Raume dazu fehlen musste, spricht *Zacharias* (IV, 2.) in den sieben Lampen am Leuchter und je sieben Röhren an einer Lampe aus. Aus der Bestimmung der Zeit durch die Tageszahl der Monate, welche der Prophet *Zacharias* (I, 7. VII, 1.) zugleich, wie das Buch *Esther* zählt und mit persischen Namen nennt, statt dass mit den Ausnahmen, deren Veranlassung *Stern* und *Benfey*

Reichthümer sammeln konnte. Als hochsinniger Gelehrter aber verwendete er sein Vermögen zum Nutzen der Wissenschaft: er erbaute 601 (1204—5) beim ʿirakenischen Thore, dem Palaste Nûr-eddîn Maḥmûd's gegenüber, ein Gymnasium und nahe dabei eine Ueberlieferungsschule. Zwischen beiden wollte er bestattet seyn, um auch nach seinem Tode in der Erinnerung der Studirenden fortzuleben und sie zur Nacheiferung anzuspornen. So liess er also auf jenem Platze ein Grabmal für sich errichten, mit zwei Thüren, deren jede einer seiner beiden Stiftungen zugekehrt war. Er selbst behielt sich in diesen für seine Lebenszeit die erste Professur vor und stellte einige ausgezeichnete Gelehrte an, welche unter seiner Leitung als Repetenten Unterricht ertheilten; aber zuletzt konnte er wegen Altersschwäche jene Stelle nicht mehr ausfüllen; seine Schüler kamen daher in seine Privatwohnung und hörten ihn da Ueberlieferungskunde vortragen (s. Ibn Challikân Nr. ٨٥٣). Im J. 608 (1211—12) wurde er der Tochter des Almalik Alʿâdil, Alchatun Ḍaifah, mit welcher Almalik Aẓẓâhir sich vermählt hatte, zum Empfange entgegengeschickt [1]. Mitte Moḥarrem 609 (Juni 1212) kam sie in Aleppo an (fol. 235 r.). Im J. 613 (1216—7) wurde zwischen Keikâûs ben-Keichosrau und Almalik Aẓẓâhir ein Bündniss geschlossen, wonach der letztere sich in den Schutz des erstern begeben und seine Truppen mit dessen Heere vereinigen sollte. Da aber Aẓẓâhir diesen Vertrag nur aus Furcht vor seinem Oheim eingegangen war, so reute ihn das Geschehene als Keikâûs gegen die Grenze anrückte. Daher wurde Behâ-eddîn an Almalik Alʿâdil nach Aegypten geschickt, um von diesem gegen die Zusicherung, dass Aẓẓâhir seinen Sohn Almalik Alʿazîz Moḥammad, Alʿâdil's Enkel, zum Nachfolger ernannt habe, Schutz und Hülfe zu erlangen. Die Sendung glückte und Alles, was Behâ-eddîn verlangte, wurde zugestanden. Als die Nachricht davon nach Aleppo kam und Keikâûs immer stärker auf eine Vereinigung der Heere drang, wurde Aẓẓâhir, im Kampfe zwischen seinem dem Keikâûs gegebenen Worte und der Sorge für das Wohl seiner Familie, vor Kummer und Sorgen im 2. Ǵumâdâ (Sept.—Oct. 1216) von einer Krankheit ergriffen, welche am 25. dess. Mon. (9. Oct.) seinen Tod herbeiführte (fol. 236). Dadurch kam Aleppo in eine missliche Lage. Es glich einem Schiffe auf stürmischem Meere, dessen Steuerruder ein Knabe führen soll; denn Almalik Alʿazîz, seines Vaters Nachfolger, war noch ein Kind; von aussen drohten mächtige Feinde und im Innern herrschte Zwietracht. Die Fürsten hielten Rath, unter wessen Schutz man sich begeben solle; aber war es Mangel an Einsicht, oder eigennützige Berechnung: viele derselben und besonders die Aegypter stimmten dafür, den Alma-

1) Cod. Paris. 642 berichtet, dass Behâ-eddîn im J. 608 zur Werbung um die Prinzessin nach Aegypten geschickt worden sey.

men aller andern Könige nur erdichtet sei, um eine Jahreszeit zu bezeichnen, deren zur Zeit des Dichters vier gezählt wurden, während das Jahr mit der Beendigung der Aerndte seinen Anfang nahm. Nur so lässt sich erklären, warum dem Hauptanführer des Kriegs zwei Verbündete desselben vorausgeschickt werden, während ein dritter nachfolgt. Es fragt sich nur, ob sich auch deren Namen auf bestimmte Jahreszeiten, sowie sie der Zusammenhang fordert, deuten lassen.

Der Name אַמְרָפֶל entspricht der Bezeichnung des Frühlings, wenn man ihn aus dem chaldäischen Worten אִמַּר (*Lamm Esr.* VI, 9. 17. VII, 17.) und פֶּל für פּוּל (*gross*) zusammengesetzt glaubt; der Name אַרְיוֹךְ bezeichnet aber deutlich den Löwen, dessen Zeichen im Thierkreise dem der Aehrenjungfrau vorhergeht, sowie ihm der Herbst unter der Bezeichnung כְּדָרְלָעֹמֶר nachfolgt. Hiernach wird der Winter durch die Zusammensetzung aus תִּדַע (*Erfahrung*) und עָל (*Sonnenuntergang* vgl. *Dan.* VI, 15.) תִּדְעָל angedeutet. Die fünf Könige dagegen, welche zwölf Jahre hindurch unter der Oberherrschaft *Kedorla'omer's* standen und im dreizehnten Jahre von ihm abfielen, bezeichnen die fünf Ergänzungstage, welche im babylonischen und persischen Kalender am Schlusse des zwölfmonatlichen Jahres von 360 Tagen durch besondere Feste gefeiert wurden. Nach *Athenaeus* (XIV, 639.) berichtete, wie wir bei *Brissonius de regio Persarum principatu* (II, 71.) lesen, *Berossus* im ersten Buche seiner babylonischen Geschichte, am sechszehnten Tage des Monates *Loos* sei in Babylon das Fest der *Sakeen* gefeiert, welches fünf Tage dauerte, an denen die Herren sich von ihren Untergebenen beherrschen liessen, und einer derselben, mit einem *Zogan* benannten Königsmantel bekleidet, an deren Spitze stand. An dessen Statt nennt *Dio Chrysostomus* in seiner vierten Rede von der Königsherrschaft einen zum Tode verurtheilten Gefangenen, welcher während dieses Festes, *τῶν Σακκῶν ἑορτή* genannt, auf königlichem Throne sitzend nach Gefallen schwelgen und vom Harem freien Gebrauch machen durfte, aber zuletzt entkleidet, gegeisselt und erhenkt wurde. Während man des *Berossus* Schreibung *Σακέας* für verderbt hielt, hat man gleich irrig das *Sakeenfest* als ein *Saken*- oder *Skythenfest* gedeutet und zu erklären gesucht; allein der Name einer östlichen Gränzstadt Numidiens mit einem Tempel der Venus *Sicca Venerea* führte darauf, dass es auf die סֻכּוֹת בְּנוֹת (2 *Kön.* XVII, 30.) zu beziehen sei, da die babylonischen Mädchen der Mylitta zu Ehren (*Herodot* I, 199) ihre Keuschheit preisgaben, und wegen der grossen Hitze, wann die Sonne in das Zeichen der Scorpionsscheeren trat, in Hütten von Strauchwerk Schatten und Kühlung suchten.

Der makedonische *Λῷος* wird zwar gewöhnlich mit dem *Julius* verglichen, aber nach *Hermann über griechische Monatskunde* S. 30. wurde er durch eine Monatsverschiebung nach verschiede-

Alaśraf in der Chatun-Moschee. Almalik Alkâmil hatte zu dieser Feierlichkeit für seine Tochter Fâṭima den ʿImâd-eddîn, den Sohn des Oberscheichs, abgeordnet; der Bevollmächtigte des Almalik Alʿazîz war Behâ-eddîn. Als diese Angelegenheit am 6. Reǵeb (31. Mai 1229) zu Ende gebracht war, kehrte Behâ-eddîn mit seinen Begleitern, alle von Almalik Alkâmil mit prächtigen Ehrenkleidern beschenkt, nach Aleppo zurück (fol. 247 f.). Im Śawwâl 628 (Aug. 1231) wurde er wieder von Almalik Alʿazîz nach Aegypten gesendet, um seine Gemahlin herzugeleiten. Er blieb einige Zeit in Cairo, bis die Prinzessin mit ihrem Vater nach Damaskus aufbrach. Im Ramaḍân 629 (Jun.-Jul. 1232) kam sie in Aleppo an (fol. 249). Mittlerweile war dort in der Lage der Dinge eine grosse Veränderung eingetreten. Almalik Alʿazîz hatte die Zügel der Regierung zwar selbst ergriffen, liess sich aber ganz von jugendlichen Freunden und Genossen leiten. Behâ-eddîn, wohl wissend, dass Alter und Jugend nicht zusammenpassen und dass sein weiser Rath mehr belästigen als nützen würde, zog sich von den öffentlichen Angelegenheiten ganz zurück. Ibn-Challikân, dessen Vater von der Zeit her, wo er mit Behâ-eddîn in Mosul zusammen studirt hatte, sein vertrauter Freund geblieben war, ging damals als Jüngling nach Aleppo, wohin ihm schon sein Bruder vorausgegangen war, und wurde, noch besonders empfohlen vom Sultan Almalik Almoʿaẓẓam Moẓaffar-eddîn Abû Saʿîd Kûkbûrî, von Behâ-eddîn gütig empfangen. Er nahm beide Brüder in sein Gymnasium auf, gab ihnen einträgliche Stipendien und stellte sie trotz ihrer Jugend auf gleichen Fuss mit seinen älteren Schülern. Da Ibn-Challikân bis zu seinem Tode bei ihm blieb, so hatte er die beste Gelegenheit zur Sammlung der Nachrichten, welche er uns über den Mann in seiner letzten Lebensperiode giebt und aus denen das Folgende ausschliesslich genommen ist. — Wegen seines hohen Alters verliess Behâ-eddîn damals nie seine Winterwohnung und litt, obgleich auf alle Weise davor geschützt, doch sehr an Frost. Schwach wie ein junges Hühnchen, erhob er sich nur mit vieler Mühe zur Verrichtung des Gebetes, und dem öffentlichen Freitagsgottesdienste konnte er nur im hohen Sommer beiwohnen. Sich aufrecht zu erhalten, war ihm kaum möglich; denn seine Beine glichen zwei dünnen Stäben. Ein Maǵrebiner, Abu 'l-Ḥaǵǵâǵ Jûsuf mit Namen, der eines Tages zu ihm kam, sprach, als er ihn so schwach und gebrechlich sah, folgende Verse:

لو يعلم الناس ما فى ان تعيش لهم   بكوا لانّك من ثوب الصبا عارى
ولو ارادوا التقاصا من حياتهم   لما فدوك بشىء غير اعمار

„Wüssten die Menschen, was sie dadurch, dass du lebest, gewinnen,
Würden sie weinen, dass dir abfiel der Jugend Gewand;

image
not
available

Fürsten und speisten in den Nächten des Ramadân an dessen Tafel. Nach dem Freitagsgottesdienste pflegte Behâ-eddîn den Anwesenden prophetische Ueberlieferungen vorzutragen. — Seine Unterhaltung war gefällig, gewandt, schlagfertig und mit schöner Literatur gewürzt. Wenn er Gesellschaft bei sich hatte, recitirte er oft folgenden Vers:

ان السلامة من ليلى وجارتها   ان لا تمرّ على حال بناديها

„Willst du Ruhe vor Leila und ihrer Nachbarin haben,
Komm nie dem Orte zu nah, der sie zum Plaudern vereint!"

Eben so den Vers des Dichters Şurrdurr [1]):

وعهودهم بالرمل قد نُقضت   وكذاك ما يبنى على الرمل

„Gelöset ist, weil schlecht gewebt, ihr Bundesband, —
So geht auch unter, was gebauet wird auf Sand [2])."

Dessgleichen den Vers des Abu 'l-Fawâris Sa'd ben Moḥammad mit dem Beinamen Ḥaiṣ Baiṣ [3]):

لا تضع من عظيم قدر وان كنت مشارا اليه بالتعظيم

„Verkleinre keinen andern Hochgeachteten,
Auch wenn man mit Hochachtung auf dich selber zeigt."

Behâ-eddîn hatte die Lebensweise und die Umgangsformen, ja sogar die Tracht der Eingebornen von Bagdad angenommen. Die Vornehmen der Stadt stiegen bei den häufigen Besuchen, die sie ihm abstatteten, je nach ihrem Range in kleinerer oder grösserer Entfernung vor dem Thore seines Hauses, jeder auf seinem bestimmten Platze, von ihren Pferden ab.

Seine Werke sind, nach der wahrscheinlichen Zeitfolge ihrer Abfassung: 1) دلايل الاحكام „die Beweise der gesetzlichen Bestimmungen," von den Ueberlieferungen, aus denen gesetzliche Bestimmungen abgeleitet sind. Er schrieb es in Bagdad, also in den vier Jahren nach 568 (1172—3). 2) Das obenerwähnte Werk über den heiligen Krieg, verfasst zu Damascus im J. 584 (1188—9). 3) ملجأ الحكام فى التباس الاحكام „Die Zuflucht der

1) Geb. vor 400 (1009—10), gest. 465 (1072—3).

2) Unübersetzbares Sinnspiel mit رَمْل als Infinitiv von رَمَلَ, er hat locker gewebt oder geflochten, und als n. appell. für Sand. Fl.

3) Gest. in der Nacht auf den 6. Śa'bân 574 (17. Jan. 1179). Obigen Beinamen bekam er von der dem Beduinen-Arabisch entnommenen Redensart ما للناس فى حيص بيص „warum sind die Leute in Verwirrung und Unruhe?" deren er sich einmal bedient hatte.

anrennen) verstanden. Die אֵימִים im Gefilde קִרְיָתַיִם (*die Schrecken erregenden Helden im Bezirke der Doppelstadt*) beziehen sich auf den knieenden *Hercules*, der mit seiner Ferse auf den Kopf der nördlischen *Schlange* tritt, und den *Perseus*, der mit seinem Sichelschwerte das Seeungeheuer vom Frasse der *Andromeda* zurückschreckt, vgl. 5 *Mos.* II, 10 ff. Die חֹרִי endlich (5 *Mos.* 2, 12. 22), welche durch die Idumäer vom Gebirge שֵׂעִיר (*Dickicht des Waldes* vgl. *Richt.* III, 26.) vertrieben wurden, sind die Höhlenbewohner im Süden bis zur hohen Eiche oder Terebinthe *Pharan's* an der Wüste zwischen Midian und Aegypten, welche auf den *Fuhrmann* mit der *Ziege Amalthea* in der Höhle der Rhea und die Milchstrasse bis zum *Sirius* bezogen werden können.

Wegen des Borns *Mishpat* oder *Qadesh* ist 4 *Mos.* XX, 1—14. XXVII, 14. XXXIII, 36 f. XXXIV, 4. u. 5 *Mos.* I, 2. 19. II, 14., wo v. 20 f. ein den Kindern Lot's verliehenes Riesenland erwähnt wird, und wegen *Chazzon-Thamar* (*Beschneidung der Palme*), welches später עֵין גֶּדִי (*Bocksquelle Chron.* XX, 2.) hiess, zu vergleichen, woraus es sich ergiebt, dass der erst später entstandene Name *Mishpat* für *Qadesh* (*Geheiligtes*) gewählt wurde, um dadurch ein *Strafgericht* anzudeuten. Auch die Namen der Verbündeten *Abram's* (*Vater der Höhe*) sind nicht ohne Bezug gewählt, da מַמְרֵא von יָרֵא auch Furcht erregende *Grösse*, אֶשְׁכֹּל von אָשַׁךְ jede *enge Verbindung*, wie עָנֵר statt צָנֵר von צָנַר = צָרַר bedeutet. Die Zahl von 318 Knechten Abram's, die in seinem Hause geboren waren, deutet auf die Zeit des Jahres, in welcher Abram seinen Neffen Lot mit aller seiner Habe aus der Gefangenschaft oder den Fesseln des Winters befreiete: denn zu einem vollen Jahre von 365 Tagen fehlen noch 47 oder 40 Tage und eine Woche von 7 Tagen, wie bei der grossen Wasserfluth (1 *Mos.* VIII, 6 u. 10.). Hiernach ist der Name דָּן (*Richter*) statt des frühern לַיִשׁ oder לֶשֶׁם (*Jos.* XIX, 47. *Richt.* XVIII, 29. *Löwe*) ebenfalls absichtlich gewählt, wie חוֹבָה (*Schuld*) und דַּמֶּשֶׂק als aus דָּן und מֶשֶׁק (die *Besitznahme strafend*, vgl. XV, 2.) zusammengesetzt. Das Feld des *Königsthales* erscheint demnach eben sowohl erdichtet, wie מַלְכִּי-צֶדֶק (*König der Gerechtigkeit*), der ein König von שָׁלֵם (*Friede*) genannt wird, aber auch als *Moslem* oder *Gottergebener* ein Priester des אֵל עֶלְיוֹן, dessen Benennung עֶלְיוֹן, Pl. עֶלְיוֹנִין erst unter *Daniel* VII, 22. 28., theils ohne Vorsatz, wie *Ps.* IX, 3. XXI, 8., theils mit dem Vorsatze אֱלֹהִים, wie *Ps.* LVII, 3. oder יְהֹוָה, wie *Ps.* VII, 18., aufkam, dem assyrischen, babylonischen und persischen Glauben zugleich entsprechend. Auch die Befreiung Lot's durch seinen frommen Verwandten scheint von den Seelen der Heiligen in fünf Ergänzungstagen entlehnt zu sein: denn im *Vadsh der Gatha's* (*Kleuk. Zendav.* II, S. 173.) heisst es: „Ormuzd entleert in diesen fünf Tagen den *Duzakh*; die eingeschlossenen Seelen werden von *Ahriman's* Plagen erlöset, wenn sie Busse thun und sich ihrer Sünde schämen, und nehmen himm-

Notizen, Correspondenzen und Vermischtes.

Ueber einen neuen Versuch, die Hieroglyphen akrologisch zu erklären.

Schon im Jahre 1827 stellte *Klaproth* in seiner Schrift „Lettre sur la découverte des hiéroglyphes acrologiques adressée à M. le chevalier de Goulianof“ den Grundsatz auf, jedes Hieroglyphenzeichen drücke alle diejenigen Worte akrologisch aus, welche mit demselben Buchstaben beginnen, als der Name des Bildes; z. B. um das Wort *Herz* (ϩⲏⲧ) zu bezeichnen, hätten die Aegypter den *Ibis* (ϩⲓⲡ) gewählt, weil beide Worte gleiche Anfangsconsonanten hätten u. s. w. Zu diesem Versuche einer Hieroglyphenerklärung veranlasste ihn wohl hauptsächlich der Umstand, dass sich, wenn auch nur in wenigen Beispielen, fast in allen Sprachen dergleichen akrologische Abkürzungen finden; so das Griechische κ. τ. λ. für *καὶ τὰ λοιπὰ*, das Römische D. O. M. für Deus Optimus Maximus, so bei uns Frankfurt a. M. u. A. Doch müssen wir bekennen, dass derartige Abkürzungen sich immer nur für wenige und zwar geläufige und bekannte Redensarten angewendet finden, dass dieselben jedoch als Schriftsystem in irgend einer Sprache durchgeführt der grenzenlosesten Willkür Thür und Thor öffnen würden. Schriebe man nur I. A. S. G. H. U. E., so würde gewiss kein Mensch im Stande sein, mit völliger Sicherheit und nur allein den ersten Vers der Genesis darin zu erkennen; vielmehr würde nur der grösste Zufall oder eine göttliche Offenbarung auf das richtige Verständniss dieses Satzes hinleiten können. Nicht einmal für kurze Sätze also, geschweige denn für ganze Bücher, ist die Akrologie anwendbar; sie lässt sich nur auf Münzen, Siegelsteinen oder Denkmälern, wo Abkürzungen erwünscht sind, vertheidigen und entschuldigen. Es müssten daher bei den Aegyptern zwei verschiedene Schriftarten angenommen werden; eine *akrologische* für Inschriften, eine *phonetische* oder *symbolische* für die Papyrusrollen. Aber dieser letzten Hypothese widerspricht die unbestreitbare Wahrheit, dass sich sowohl auf ägyptischen Steindenkmälern, als auch in den Papyrusrollen viele Hieroglyphenbilder und Gruppen übereinstimmend und mit denselben Bedeutungen finden, dass die einen aus den andern, Denkmäler aus den Papyrusrollen, Papyrusrollen aus den Denkmälern erklärt werden müssen; mit einem Worte, dass die Hieroglyphenschrift überall unverändert dieselbe gewesen ist. Ist das ganze Todtenbuch nicht akrologisch geschrieben, so ist es auch gewiss nicht eine einzige Hieroglypheninschrift; aber das Todtenbuch würde akrologisch geschrieben ebenso unverständlich sein und selbst für die Zeitgenossen gewesen sein, wie uns der Pentateuch, wenn statt בְּרֵאשִׁית nur ב, statt בָּרָא nur ב u. s. w. geschrieben stände.

image
not
available

der zweite Theil dieses Namens ιρι durch das Auge bezeichnet wurde, weil das *Auge* altägyptisch ἶρι hiess. Vgl. Plut. de Is. et Os. c. 10. Auch auf das Gebiet anderer Sprachen erstreckt sich die in dem Buche vorgetragene akrologische Spielerei; IOA z. B. (Jehovah) soll durch Akrologie entstanden sein aus *Isis*, *Osiris* und *Anubis*; für welche Entdeckung dem Verf. gewiss die Theologen Dank wissen werden.

Doch wir gehen weiter zu der akrologischen Deutung ganzer Inschriften, wie sie der Verf. versucht hat. S. 33 enthält die Erklärung einer Inschrift aus seiner eigenen Sammlung; dieselbe besteht aus den vier Hieroglyphenzeichen: deux pommiers, un serpent, un cheval, und die griechischen Namen dieser Bilder *Μελεα*, *Μελεα*, *Οφις*, *Καβαλλης* werden akrologisch für M-M-O-K genommen und durch *Μεγαλῳ Μενανδρῳ Οιχομενῳ Κασεις* d. h. *Au grand Ménandre mourant, ses parents et amis* übersetzt. Aber warum soll man das eine M durch *Μεγαλῳ*, das andere durch *Μενανδρῳ* erklären; warum nicht durch *Μάγος*, *Μαθητής*, *Μακάριος*, *Μακεδονία*, *Μάλχος*, *Μάρκος*, *Μήνης* oder tausend andere ähnliche Worte? Die Richtigkeit, und zwar alleinige Richtigkeit der gerade von ihm vorgeschlagenen Uebersetzung wird der Verf. schwerlich erweisen können. Denn selbst, wenn alle übrigen Worte akrologisch geschrieben werden könnten, so würden doch gewiss die Aegypter nicht Eigennamen wie Menander durch den einfachen Buchstaben M angedeutet und verlangt haben, dass nun Jeder diese akrologische Andeutung richtig lesen und verstehen könne.

Auf vier Tafeln nun findet sich am Schlusse dieser „Acrologie" betitelten Abhandlung eine Erklärung der Hieroglypheninschriften des Obelisken von Luxor, welche wir einer nähern Prüfung unterwerfen wollen. Zunächst, um noch einmal den Beweis zu liefern, wie unsicher eine akrologische Erklärung eines längeren Textes stets sein müsse. Dass man vermittelst der Akrologie aus jeder Inschrift Alles herauslesen könne, muss vor Allem bemerkt werden, dass der Verf. selbst in dieser kurzen Inschrift für dasselbe Zeichen fast jedesmal verschiedne Bedeutungen gewählt hat, so dass er sich niemals wird darüber rechtfertigen können, warum er gerade so und nicht anders übersetzt hat. Wir nehmen z. B. das aus dem Namen des Ptolemäus bekannte Zeichen, den Berg (*T*), dessen phonetische Bedeutung schon Champollion richtig gefunden. Nach dem Verfasser ist er = *Τμηγης couperet*, drückt daher *T* und akrologisch folgende Worte aus: *Τηρητης conservateur*, *Τροφιμος nourricier*, *Ταρχεων après les funérailles*, *Ταμιευμα administration*, *Τοπος pays*, *patrie*, *Ταπεινος humble*, *Τειρων comprimant*, *Τεκων ayant donné naissance*, *Τικτομενος fils*, *Τρεπων chassant*, *Τολμηρια l'audace*, *Τερψις le bonheur*, *Τιων honorant*, *Ταρχεων Τιμηεντων des funérailles solennelles*, *Θεος Dieu* u. s. w. Die Pupille ist nach ihm = *Οφθαλμος oeil* = *O* und bezeichnet *'Ο le*, *Οτρυνομενος élevé*, *Οπισθεν successeur*, *Ουρανοεντος du divin*, *Ορθος légitime*, *Ουρανος le ciel*, *Οπυιους marié*, *Οβελος obélisque* u. v. A. — Wenn so viele und noch hundert andere Bedeutungen für jedes Hieroglyphenzeichen zu Gebote stehen, so ist es kein Wunder, wenn man jeden Satz übersetzen kann, wie man will und wie er zu vorgefassten Ansichten gerade passt, und daher der Verf., wie er selbst in seinem Buche

einer Schrift, welche zur Zeit des *Bellerop.*
sen von *Oineus* (*Il.* VI, 216.), noch in einz
168 f. 178.) bestand, dem Gedächtnisse an
nicht so vollkommen waren, wie die Gesi
man allein für würdig erkannte, auf die l
zu werden. Denn dass die Verfasser jene
Homeriden verschieden waren, leuchtet a
Sprache hervor, in welcher die *Kentauren*
XI, 832.) *Φῆρες* statt *Θῆρες* (*Il.* I, 268. II, 7
dass jedoch deren Verfasser *Hellenen* waren,
ger Bewaffnung mit Speeren, statt dass
Pelasger, welche überdies nur Götterkämpfe
waren. Sowie in der Götterlehre der Pelas
Titanen in den unterirdischen Tartaros hinun
sie (*Il.* VIII, 459 ff. XIV, 279. XV, 225.) u
unerquickt durch Sonnenstrahl und Luftzüge
und sowie er einst (*Il.* XV, 18 ff.) seine
Here (*Il.* IV, 59 f.) mit zwei Ambossen a
Aetherwolken aufgehenkt hatte; so wollten
(*Il.* I, 439 ff.), *Here*, *Poseidaon* und *Pallas At*
aber Thetis rief den hundertarmigen *Briar*
Okeanos, den Stammgott aller Götter (*Il.*
Kraft übertrifft, zum Beisitzer des Zeus hera
schreckten. Als Zeus seinen Vater Kronos
die Erde und das Meer verwies, rettete sic
zur Mutter *Tethys* im Palaste ihres Gatter
Here geboren und erzogen war. Den *Ares*
Aloïden *Otos* und *Ephialtes* (*Il.* V, 385 ff.),
308 ff.) durch Uebereinanderthürmen der bö
mel zu erstürmen drohten, ein ganzes Jal
ehernen Verschlusse gefesselt ein, bis ihn i
Hermes herausstahl.

So roh hiernach die alten *Pelasger*, be
verkündiger des Zeus im stürmischen *Dod*
XIV, 327 f. XIX, 296 f.), die *Seller*, mit u
auf der Erde gelagert, auf des Zeus Rathsc
Eiche achteten, in Vergleiche gegen die g
spätern Zeit erscheinen; so hatten sie doch
menen Staat von zwölf Bewohnern des O
die Homeriden aber ein Viertel durch andere
Mit künstlerischem Verstande hatte *Hephaist*
jeden Gott, wie für sich selbst (*Il.* XVIII, 3
barem Erze einen Palast erbauet: entfernt
(*Il.* I, 498 f. V, 753 f.) thronte *Zeus* auf de
vielgezackten Olympos in einem mit pol
allgemeine Götterversammlung (*Il.* XX, 5 ff
Schlafzimmer (*Il.* I, 609 f. XIV, 338 f.) aus

Ein *dritter* Grund, weshalb der Uebersetzung des Verf. kein Vertrauen geschenkt werden darf, ist der Umstand, dass in derselben selbst ganz gleiche Gruppen an verschiedenen Stellen verschieden übersetzt sind. Hier nur einige Beispiele. *Gans* und *Pupille* bedeuten nach ihm gewöhnlich *Οπισθεν Στεναρου Successeur du Puissant*, an einer anderen Stelle jedoch *Ουρανου Σωσουσα donné par le ciel pouvant tout sauver*; *Hanfstengel* und *Biene* übersetzt er *Μοναρχος Σεβαστος Monarque sacré* aber auch *Μυησεως Σεβαστης de l'initiation religieuse*; ja eine Gruppe, die er einmal durch *Σεβασμιου Σκεπομενου Σοφοις sacré, proclamé par les Sages* erklärt, soll an einer anderen Stelle Nichts weiter als *Σε-Σω-Στρις* Sésostris bedeuten.

Viertens endlich sind viele Hieroglyphenbilder, die Champollion richtig benannte, vollständig verkannt. Ich stelle wenige derselben einander gegenüber:

Champollion.	*L'auteur.*
théorbe	bouteille
sistre	lyre
plante	javelot
racine d'arbre	boucle d'oreille
moitié de sphère	couperet (*τμηγης*)
rouleau de papyrus	rabot (*οργανον*)
couche	fente (*ραγας*)
coudée	coin (*σφην*) u. s. w.

Nach allen diesen Bemerkungen wird Jeder leicht ermessen, welche Stellung dies neue System den übrigen Hieroglyphensystemen gegenüber werde einnehmen müssen. Es ist das Ergebniss eines ohne Kenntniss des Koptischen und ohne Bekanntschaft mit allen übrigen bei Weitem sicherern und zuverlässigern Entzifferungsversuchen begonnenen Studiums. Denn nur dadurch ist es zu erklären, dass der Verf. die Aegypter auf ihren Denkmälern *griechisch* sprechen lässt, und zwar eine ganz echthomerische Sprache; seine Erklärung des Obelisken von Luxor bewegt sich in Worten wie *ἤπιος, ἠΐθεος, τέκμαρ, κοίρανος, οὐρανόεις* u. s. w. Die Wiederlegung der Behauptung, die Ursprache der alten Aegypter sei die hellenische gewesen, ist leicht. War Altägyptisch und Althellenisch gleich, hiess in der Hieroglyphensprache das Auge *Ὀφθαλμός*, wie der Verf. annimmt, wie konnte Plutarch (de Is. et Os. c. 10 S. 354. 355) sagen, das griechische Wort *ὀφθαλμὸς* entspreche dem ägyptischen *ἰρι* (kopt. ιορϩ pupilla); wie konnte Horapollo 1, 6 versichern, das Herz (*καρδία*) heisse ägyptisch *ΉΘ* (kopt. ϩⲏⲧ) u. s. w.?

Eine Wiederlegung der Uebersetzung des Obelisken von Luxor im Einzelnen würde hier zu weit führen; auch beabsichtigt der Unterzeichnete *seine* Uebersetzung desselben Obelisken nach demselben Systeme bearbeitet, nach dem er die Inschrift von Rosette entziffert, nächstens mitzutheilen.

Dr. M. Uhlemann.

image
not
available

nicht aus Wachs gemacht angegeben werden. Der Stab war aus ܣܦܐ, was in Castell's Lexicon S. 890 durch *ulmus, laurus, juncus, scirpus* mit Vergleichung des Arabischen ساج übersetzt wird. Das Wort ist mir bisher nirgends vorgekommen. Angerufen ward von Nektaneb bei seinen Zaubereien Gott Amon von Libyen, während nach Pseudo-Kallisth. „*die Götter der Wahrsagerei*“ von ihm angerufen werden. Bei der Erzählung von der Ankunft jener morgenländischen Völker, gegen welche Nektaneb's Zauberei vergeblich war, finden sich im Syrischen viel mehr und anders benannte Völker als bei Pseudo-Kallisth. Nachdem Nektaneb vor diesen Feinden aus Aegypten geflohen, fragten nach Pseudo-Kallisth. die Aegypter ihre Götter, und es antwortete ihnen ihr Gott im Tempel des Serapeion; im Syrischen steht die genauere Angabe, „sie seyen zum Haupte der Götter ihres Volkes ܐܦܣܛܘܣ gegangen, über Nektaneb's Flucht und Aufenthaltsort zu fragen“. Söllte dieses syrische Wort der entstellte Name *Hephästus* seyn? Der Gott weissagt, der entflohene alte König werde nach einiger Zeit einen neuen andern Herrn bringen, jünger als er, heldenhaft und mächtig, der ihn tödten, seine Stelle einnehmen, dann auf der Erde herumziehen und alle Feinde Aegyptens in der Aegypter Knechtschaft bringen werde. Nach Pseudo-Kallisth. sollte Nektaneb selbst verjüngt wieder kommen. — Nektaneb's Flucht nach Macedonien, sein Wahrsagen daselbst, Bekanntwerden mit der Olympias, und wie er sie für seine Liebe gewinnt, ihr die Nativität stellt, über den abwesenden König Philipp weissagt, und dann verkündet, dass der Gott *Amon* sie umarmen werde, diess alles findet sich im Syrischen fast wörtlich wie bei Pseudo-Kallisth.; nur lautet die Antwort auf der Olympias Frage, ob Philipp sie verstossen werde, etwas verschieden, indem das syr. Manuscript erzählt, es sey diess Gerücht *eine Lüge*, später aber werde das Gedrohte wirklich eintreffen; bei Pseudo-Kallisth. aber heisst es „es ist *keine Lüge*“. Es wird demnach nur die Zeit etwas anders angegeben. Wie Nektaneb ihr vorhersagt, sie werde Gott im Traume sehen, ihr dann durch Zauberei das Traumbild vorgaukelt, als umarme sie Amon, hierauf ihr verspricht, es zu vermitteln, dass sie wachend mit Amon Umgang haben könne, nur solle sie vor der Drachengestalt nicht erschrecken, die zuerst kommen werde u. s. w., und wie er dann nach der Voraussagung, zuletzt werde der Gott unter seiner (Nektaneb's) Gestalt ihr erscheinen, mit ihr Umgang pflegt, diess alles stimmt im Syrischen in der Hauptsache sehr genau mit Pseudo-Kallisth. überein. Nur ist das 7te Kap. bei Weismann, Band 2, S. 10, dem grössten Theile nach nicht im Syrischen. Ferner umarmte er nach der syr. Erzählung die Olympias unter verschiedenen Gestalten als Amon, Herakles, Dionysos, zuletzt in seiner gewöhnlichen Gestalt. Die Frage der verlegenen Olympias, was sie thun solle, wenn Philipp sie schwanger finde, wie bei Pseudo-Kallisth.

Die Erzählung, wie Nektaneb auch den Philipp durch einen Traum und zwar ebenfalls durch einen *Habicht* getäuscht, stimmt genau mit dem Kap. 8 des Pseudo-Kallisth. überein, nur dass im Syr. hinzugesetzt wird, Philipp habe im Traume gesehen, dass ein Fluss ähnlich dem Nil dem Lager entströme, auf welchem Olympias und der vermeintliche Amon sich umarmt hatten.

auch zum Diebstahle und Meineide; zu Anfa
sanges in der Odyssee führt er als *Kyllenier*
legten Freier zur Unterwelt. In dem Gesan
(*Od.* VIII, 266 ff.) heisst er (VIII, 335) der
und scheuet sich nicht, vor den anwesenden
dass er bei der Aphrodite schlafen möchte,
dreimal ärgern Fesseln als Ares von Hephaisto
Es gehört aber dieser Gesang zu den spät
worin sehr vieles anders gedichtet ist, als in
auch diese drei troïsche Schutzgottheiten, we
wie die Palme auf Delos (*Od.* VI, 162 f.) be
aus über Lykien (*Il.* XVI, 666 ff.) kennen gel
Apollon und *Artemis Iocheaira*, sammt ihrer
445 ff. XX, 39 f. XXI, 435. 480. 497. 505
Dione und des *Aïdes* auf den Olympos verse
(V, 355 ff. XXI, 416 ff.) zeigen sich *Are*
einander befreundet, aber die Odyssee (VII
diese als Gattinn des *Hephaistos*, mit welcher j
Als Lieblingsaufenthalt weiset sie dem *Ares*
Thrake, der *Aphrodite* oder *Kypris*, welche (
Kythereia genannt wird, Paphos auf Kypros,
am duftenden Altare eines heiligen Haines e
Hephaistos (*Od.* VIII, 283 f. 294.) die Stadt
ihn die unverständlich redenden Sintier (*Il.*
aufgenommen hatten, als ihn sein erzürnter V
pus zur Erde warf.

In einer von demselben Dichter eingesch
VI, 119 ff.) wird *Korinthos* (*Il.* II, 570) *Eph*
König *Proitos* den Zeitgenossen des *Oineus*
phontes, fälschlich eines Ehebruchs beschuldig
gervater in Lykien sandte, auf dass er ihm t
auferlegte. Dieser tödtete aber die *Chimai*
(שׁלֹּימִין *sich ergebende*) und *Amazonen* (אַמְצִין,
dem ihm gelegten Hinterhalte. In derselben
130 ff.) *Lykurgos* erwähnt, der die Pflegerin
nysaeischen Gefilde verscheuchte, und sowie
325.) ein Sohn der Semele in Theben genan
von dessen Thaten übrigens die Homeriden s
vor ein Sohn der Danaë, Akrisione beibenan
Sohn der Alkmene in Theben. Von Dionysos
Mutter (*Od.* XXIV, 74.) *Thetis*, welche ihn bei
Lykurgos (als benachbarte Nereïde) freundlich
eine goldene Urne, des Hephaistos Werk,
Bellerophontes (*Il.* VI, 194.) weiheten dagege
regenten ihres Königs abgesonderte Länderei.
er allen Göttern zuletzt verhasst, und irrte n
mend im aleïschen Gefilde umher, statt dass H

griechischen Goldgeldes bedienten, auch jetzt noch, neben den von ihnen selbst geprägten Dinaren, in Syrien und Irak von den griechischen Gebrauch gemacht und diese, weil ihre Handelsleute am meisten in Tyrus mit den Griechen Handel trieben und von da diese Dinare zu ihnen gelangten, mit dem Namen der tyrischen belegt. In ähnlicher Weise deutete de Sacy im Magazin encyclop. par Millin T. VI. S. 495. die ebenfalls dunkele Benennung *Tabarische* Dirhems.

Durch die um hundert Jahre frühere Erzählung des Pilgrims Ibn Dschubair erfahren wir noch etwas Näheres über das Gewichtsverhältniss der in Frage stehenden Münzsorten. Indem dieser Reisende bei der Veste Tibnin am Wege nach Tyrus vorbeikommt in dem nordgaliläischen Districte Belad Bescharah (vgl. Robinson's Paläst. III. S. 647 ff.), noch jetzt einem grossen, starken und nicht sehr verfallenen Castell, das damals die christliche Ritterfamilie der von Toron besass, berichtet er, die Maghrebiner würden hier einer Steuer von „einem Dinar und Kirat von der Sorte der tyrischen Dinare auf den Kopf" unterworfen. Die Ursache zu deren Einführung sey gewesen, dass früher einmal eine Schaar solcher maghrebinischer Krieger, während sie Frieden mit den Christen hatten, sich mit Nureddin verbündet, eine Burg der Franken genommen und reiche Beute gemacht hätten; über solche Feindseligkeit aufgebracht, hätten die Franken sich für jeden Kopf einen solchen Dinar zahlen lassen. Der Dinar aber sey 24 Kirat.

Durch den Umstand, dass gerade nach der Ausplünderung einer reichen christlichen Veste den dabei betheiligten Maghrebinern und nur diesen von den fränkischen Herrn die Kopfsteuer in der Münzsorte der دنانير صورية auferlegt ward, wird offenbar die Vermuthung, dass dieses eine christliche Geldart gewesen sey, noch um vieles wahrscheinlicher.

Die Gewichtsangabe aber spricht es deutlich aus, was auch sonst aus der Erzählung hervorleuchtet, dass die hier in Frage stehenden Dinare schwerer waren, als die muhammedanischen. Auch dieses stimmt zu unserer Ansicht. Das schwerste Gewicht hatten die Dinare Abdulmelik's, des Stifters der national-arabischen Münze; vgl. die Tafel in Castigl. Monet. Cufich. S. LXIV; sie wogen, wie Makrizi in der Histor. monet. arab. S. 13. berichtet, 22 Kirat weniger 1 Habba nach *syrischem* Gewichte, welches, gegensätzlich zu dem von Mekka, überwichtig war (المَيالة). Die Differenz zwischen den beiderlei Mitskal betrug 24 Habba. Jene Dinare Abdulmeliks zu 22 Kirat weniger 1 Habba oder zu 87 Habba waren gegen den vollen syrischen Mitskal zu 24 Kirat oder 96 Habba um 9 Habba leichter. Um so viel, also um 9 Habba, waren demnach die دنانير صورية, denen Ibn Dschubair 24 Kirat giebt, schwerer selbst als die besten Dinare des Islam, die Maghrebiner also durch eine Kopfsteuer nach diesem Münzfuss härter als andere Steuerpflichtige angesehen, wie solches dem ganzen Zusammenhange der Erzählung Ibn Dschubair's gemäss ist.

Weiter trifft das auch mit den Gewichtsverhältnissen zusammen, die wir durch die uns noch erhaltenen christlichen und muhammedanischen Goldmünzen jener Zeit gewinnen. Unter jenen, die nach Syrien und Irak gelangten, können nicht wohl andere, als die bekannten sogenannten *Byzantiner* gedacht

wen, aber den Odysseus erquickten (*Od.* X,
Hain- und Fluss-Nymphen. Sowie die Ilia
gigen Besuche der Götter zum Mahle der Ae
XXIII, 205 ff.) beginnt und schliesst, und di
gleichen Besuche des Poseidaon (*Od.* I, 22
XIV, 160 ff. XIX, 305 ff.) mit einem Jahr
wird auch Odysseus zuerst (*Od.* IX, 82 ff.
Lotophagen verschlagen, bevor er (*Od.* I, 7
Phorkys beschifft, durch welches der Westwi
Ithaka förderte. Hier kam er zuerst zum La
Kyklopen (*Od.* IX, 105 ff.), die unerfahren i
Schifffahrt ungeachtet des fruchtbaren Erdbode
lichen Wohnsitzes der Phaiaken (*Od.* VI, 3
555 ff.), welche sich berühmten, die wunder
sein, als gesetzlose Hirten in gewölbeten
gipfel ohne Frauen und Kinder (*Od.* IX, 3
Andeutung des Frühlings, in welchem der Sta
strahlenden Sonne bei dem Strernbilde des Wi
550.) dem Landmann und Schiffer zu ruhen

Die vom Schaffner der Winde (*Od.* X,
dern (*Od.* X, 1 ff.), sechs Söhnen und sech
deutung der zwölf Stunden eines vollen T
babylonischer Zeitrechnung bewohnte *aiolische*
Wechsel der Jahreszeiten während der Ta
des Lenzes, sowie des Odysseus Rückkeh
beschiffenden (πλωτῇ) Insel (*Od.* X, 55 ff.)
der Sonne vom Wendekreise des Krebses.
Tage hindurch schiffend gelangte Odysseus
siebenten zur hohen Stadt der *Lästrygonen*,
des längsten Tages ein schlafloser Hirt sich
werben könnte, und zur Andeutung der Ae
das Sternbild der Jungfrau erreicht hat, ein
Tochter (*Od.* X, 105 ff.) des Beherrschers e
hohen Bergen zur Stadt Holz fahrenden Volk
Frau, den riesenhaften Lästrygonen (*Od.* X,
Kundschafter des Odysseus empfing. Die A
der *ääischen Insel* der Kirke (*Od.* X, 135 ff.
bis ganz umrollte der Jahrkreis (*Od.* X, 4
Beginn des Herbstes, sowie die Fahrt zum T
Hauche des Nordwindes (*Od.* X, 507.) auf d
Ende des Winters, welcher durch das Gebiet
μέριοι, *Od.* XI, 14 ff.), die in Nacht und
des Abends, noch des Morgens die Sonne
wird. Die Rückfahrt aus dem Todtenreiche
XI, 105.) nach des Teiresias Rathe mit Be
ten der Verführung, ist aber auch nach vier
net. Die Behausungen und Reigen der tagen

Segmente nimmt man dieselbe Figur eines x, nur etwas kleiner, wie auf der Zenkiden-Münze von Sindschar wahr, welche Castiglioni (Monete Cufiche Tav. IX. No. 8) abgebildet und S. 159., als im Jahr 596 geschlagen, erklärt hat. Auch die Legende um den Kopf des Adverses wird nun bis auf die beiden letzten Worte vollständig deutlich. Sie lautet:

الملك المنصور قطب الدين محمد بن زنكى ولى — — — — — —

al-Malik al-Mansur Kotb al-din Muhammed, Sohn Zenki's, Herr oder *Verbündeter* (Walij) *von* - - - -

Zwar ist in dem المنصور das صو nicht ganz wahrnehmbar, weil der Rand der Münze hier etwas ausgebrochen ist, aber dieses Beiwort wird dem Kotb al-din ebenso wie hier in einer Berliner Handschrift der Annalen Tabari's beigelegt, wo vorn eingeschrieben ist: لخزانة مولانا الملك المنصور العالم العادل المجاهد المرابط الرحيم قطب الدنيا والدين — محمد بن زنكى, und noch stimmen die übrigen Elemente des Wortes zu der vorgeschlagenen Lesung. Zweifelhaft bleibt mir dagegen der Schluss der Umschrift, obgleich die Erhaltung der Charaktere nichts zu wünschen übrig lässt. Es sind zwei Worte, deren letzteres entweder وسنجار oder وسلطان zu lesen ist, und ersteres deutlich auf مك endet, welchem ein لا ähnlicher Zug und noch ein Buchstabe wie ء oder ـع oder ف oder ق vorhergehen. Ist die Lesung des Schlusswortes وسنجار vorzuziehen, wie ich glaube, so muss das vorletzte auch einen Orts- oder Provinznamen aus dem Bereiche des Kotb al-din enthalten. Trotz aller Nachforschungen habe ich aber noch keinen zu den Elementen passenden Namen auffinden können.

Endlich erscheint noch vor dem nach rechts gewendeten Kopf in kleiner Schrift recht deutlich eine Legende, die man nicht anders als سنة نوح lesen kann. Eine höchst merkwürdige Jahresbestimmung, mit welcher ich, da natürlich an ein Noah-Jahr nicht gedacht werden kann, obgleich die Sage ging, dass auf dem Sindschar-Berge Noah's Arche geruhet habe, nichts zu beginnen wusste, bis mir die Nachrichten Ibn-al-Athir's und Abulfeda's zu Hülfe kamen. Ersterer (ed. Tornberg. II. S. 130.) berichtet nämlich, dass das Jahr 600 d. Hidschr., in welchem unsere vorliegende Münze geschlagen wurde, in doppelter Hinsicht ein ganz besonderes Unglücksjahr war, einmal durch das Waffenglück der Franken gegen die Muslimen, die mit einer Flotte sogar in Aegypten einen Einfall machten, dem Lande al-Adil's, als dessen Lehnsträger sich Kotb al-din bekennt, sodann durch ein furchtbares Erdbeben von der weitesten Ausdehnung, welches Aegypten, Syrien, Mesopotamien, Romanien, Sicilien, Cyprus verwüstete, und bis nach Mossul, Irak und weiter reichte; vgl. auch Abulfed. Annal. IV. S. 210. Da nun سنة نوح *ein Wehklage-Jahr* bedeutet, wenn نَوْح in seiner appellativischen Bedeutung genommen wird, so kann bei solcher Zusammenstimmung es wohl keinem Zweifel unterliegen, dass dieses eben der hier in Anwendung kommende, richtige Sinn sey. Wir gewinnen damit ein gar nicht unwichtiges neues Datum in der muhammedanischen Münzgeschichte, welches eine Analogie und

image
not
available

habe ich بن نكر nicht durch الحم erklärt, sondern blos ausdrücken wollen, dass das erste Wort, in welchem Hr. Prof. Tornberg اجذم, احكم, اخطم u. s. w. vermuthet, nicht deutlich sei; die beiden Striche („) l. c. S. 402, no. 3) sind nicht Gleichheitsstriche, sondern zeigen an, dass ein oder mehrere Buchstaben unlesbar seien. So hat Frähn diese Striche in seiner *Recensio*, bei der in Rede stehenden Münze in den *Novis supplementis* und sonst immer gebraucht. Die Münze enthält also vor بن نكر noch ein Wort, dessen Anfang Frähn الحم gelesen hat. Man möchte da fast الحمام sehen, obgleich diese Lesart aus mehrern Gründen die richtige nicht sein kann. Es wird also nur ein besser erhaltenes Exemplar das Dunkel aufzuhellen im Stande sein.

Zum Schluss theile ich Ihnen noch einige Serendscher Münzen mit, die nach der *Recensio* und den *Novis supplementis* (1842) dem asiatischen Museum zugekommen sind, und in den von mir beabsichtigten *Additamentis ad Nova supplementa* etc. ihren Platz finden werden. Es sind die folgenden:

1) *Serendsch.* a. 179. II. الخليفة الرشيد. Oben جعفر; unten بخ

2) ibid. 181. II. || محمد رسول الله || صلى الله عليه وسلم || الخليفة الرشيد. Oben على; unten يزيد

3) ibid. 181. II. It. aber oben على; unten يزيد

4) ibid. a. 182. II. it. oben على; unten ع بن بركة بخ

Eine Münze des Chalifen Qaṭarí.

Von diesem wenig genannten Chalifen besitzt die Münzsammlung der Königsberger Universität eine merkwürdige Münze mit pehlewischer und arabischer Aufschrift. Es ist dieselbe deren Herr Prof. *Nesselmann* gedenkt in der Schrift: Ein Münzfund bei Putzig. Königsb., 1853. Seite 12. am Ende (oder neue Preussische Provinzial-Blätter, andere Folge, IV. S. 430.).

Die Kehrseite zeigt unzweideutig die Jahrszahl 75 (nach der Flucht). Auf der Vorderseite würde man den Namen des Münzhern *K(a)tra* oder *K(a)t(a)ra* zu lesen geneigt sein, wenn ihm nicht jene noch immer nicht mit Sicherheit gelesene Bezeichnung beigefügt wäre, die mit gutem Grunde für ein Aequivalent des arabischen امير المومنين gehalten und in Herrn Dr. *Mordtmann's* schöner Arbeit bei No. 786. 803. 849, sowie im Nachtrage dazu bei No. 46 erwähnt wird. Mit Rücksicht hierauf ist aber unzweifelhaft *K(a)t(a)rij* zu lesen; denn es kann nur *'Abdu-l-malik's* Gegner in Persien gemeint sein, derselbe قَطَرِىّ بن الفُجَاءَة, von dem im Commentar zur Hamâsa, bei Freytag S. 44, gesagt wird: وهو احد الخوارج سُلِّم عليه بالخلافة ثلث عشرة سنة. Vgl. über ihn *Weil*, Gesch. der Chalifen, I.

sind sie hier mit Stillschweigen übergangen
gebene Aufzählung von dem Studieneifer
gendes Zeugniss ablegt. — So mit einer g
Korans, der Ueberlieferung, des Rechts un
gerüstet, ging er nach Bagdad [1]), um das
suchen. Es glückte ihm auch bald, an
Niẓâm-elmulk die Stelle eines Repetenten zu
als der damalige erste Professor Abû-Naṣr A
ben-Moḥammad Aśśâśî Ende Reǵeb 569 (M
wurde, auch unter dessen Nachfolger Raḍ
Aḥmed ben Ismâ'il aus Kazwîn behauptete.
dieses Amt bekleidet, als er nach Mosul z
an dem vom Richter Kemâl-eddîn Abû-F
Aśśehrzûrî gestifteten Gymnasium eine Prof
wurde er bald von 'Izz-eddin, dem Fürsten
und ausgezeichnet, und als derselbe 578 (
gerung von Seiten Ṣalâḥ-eddîn's fürchtete, d
11. Reǵeb desselben Jahres (10. Nov. 1182)
so war es Behâ-eddîn, den er einige Tage
schickte, den Chalifen um Hülfe zu bitten.
Behâ-eddîn den Weg zurück, und wenn auc
Eifer nicht entsprach, so konnte es doch n
linge in Staatsgeschäften, zur Last geleg
Bagdad aus nur der damals als Gesandter de
eddîn weilende Oberscheich Badr-eddîn be
Frieden zu vermitteln. Die Ursache lag viel
des Chalifen und der grossen Macht Ṣalâḥ-
dini ed. Schultens, p. 50). Als Behâ-eddîn
579 (1183—4) mit Andern von Mosul wied
sendet wurde, setzte er es hier durch, dass d
eddîn sich ihnen anschloss, um sein Ansehn
die Bewohner Mosuls geltend zu machen. Im
brach er mit dem Oberscheich und dem Rich
Kemâl-eddîn von Bagdad auf und am 11. D
langten sie in Damaskus an, begleitet von
der ihnen, besonders dem Oberscheich zu
Strecke entgegengekommen war. Schon die
die Aufmerksamkeit des Sultans so auf sich,
Professur des kürzlich verstorbenen Behâ A
sium Menâzil-el'izz in Cairo antragen liess.
die Lage der Dinge kannte und fürchten
wenn der Friede nicht zu Stande käme, wi

---

1) Das Jahr dieser Uebersiedelung finde ich
scheinlich erfolgte sie 568 (1172—3); denn im Ś
erhielt er noch ein Lehrerdiplom, und hatte scho
gelebt, als er dort Repetent wurde.

dessen Titel allein dem Gravius hätte die Augen öffnen sollen, da derselbe ausdrücklich sagt, dass es von der türkischen Herrschaft der Sultane Aegyptens handelt [1]).

Nach der Berichtigung dieser beiden Irrthümer sey die Frage aufgeworfen, ob der gelehrte Fürst von Hama jemals den Vornamen *Abulféda* (richtiger *Ebulfidá*) geführt und ob dieser Name nicht aus der Vermengung des Namens dieses Geschichtschreibers mit dem ihm ganz gleichnamigen Geschichtschreiber *Ismail Imadeddin Ibn Kesir* herrührt, welcher wirklich den Vornamen *Ebulfidá* führte. Dass *Ebulfidá* auf dem Titel der Handschrift der Hofbibliothek steht, von welcher Schickard die Abschrift besorgte, welche dermalen auf der Pariser Bibliothek, beweist gar Nichts, indem die Titel morgenländischer Handschriften so häufig von den Abschreibern gefälscht werden; dass die Handschrift, woraus Hr. Prof. *Fleischer* die vorislamitische Geschichte übersetzt hat, und *Ibn Schohbet* sowohl als *Ibn Tagriberdí* den Vornamen *Ebulfidá* haben, beweist nur wenig gegen folgende vierzehn orientalische historische und bibliographische Werke, welche den Namen *Ebulfidá* gar nicht kennen; diese sind: 1) die Geschichte *Ibn Kesirs*, 2) das *Ewaïl Ibn Schihne's*, 3) die Universalgeschichte *Ibn Muneddschim's*, 4) die *Wefejat Ssafedi's*, 5) das bibliographische Wörterbuch der Männer des achten Jahrhunderts der Hidschret, 6) die chronologischen Tafeln *Hadschi Chalfa's*, 7) die türkische Universalgeschichte von ein und achtzig Dynastien *Nochbet et-Tewarich* (im Cataloge von Hammer's Handschriften Nr. 197, dermalen auf der Kais. Bibliothek zu Wien), 8) das *Dschihannuma*, das von dem *Takwimol-Boldan* und dessen Verfasser sehr ausführlich spricht, 9) das grosse encyclopädische Werk *Taschköprisade's* (in Hammer's Cataloge Nr. 12), 10) das dreibändige historische Wörterbuch Taschköprisade's (auf der Hofbibliothek), 11) das bibliographische Wörterbuch Hadschi Chalfa's unter den Artikeln *Takwimol-Boldan* und *Mochtassar*, 12) *Makrisi* (Bd. II. S. 212 der Ausgabe von Kairo), 13) *Lari's* Universalgeschichte, 14) endlich das *Mochtassar* selbst i. J. 712 (1312), wo in dem vom Chalifen ertheilten Sultansdiplome, in welchem regelmässig alle Namen, d. i. der Name, Vorname und Beiname, aufgeführt werden, der Vorname Ebulfidá nicht zu finden ist [2]).

Bekanntermassen ist der Vorname der Höflichkeitsname der Araber, wie bei den Russen das nomen patronymicum, und in biographischen Artikeln wird, nachdem der vollständige Name gegeben worden, nur der Vorname gebraucht. Es fragt sich nun, unter welchem Namen der gelehrte Fürst von Hama den orientalischen Geschichtschreibern und Bibliographen bekannt sey? — Unter keinem anderen als *el-Melik el-Muejjed*, oder kurzweg *el-Muejjed* (nicht *el-Mowayyed*), d. i. der (von Gott) Begünstigte; den Beweis davon liefert Hadschi

1) Handschrift der Hofbibliothek Bl. 25 K. S.

2) Abulfedae annales Muslemici Tom. V. p. 262 u. 263.
[So lange für unsern Abulfeda kein anderer als dieser ihm von morgenländischen Gewährsmännern wirklich gegebene Vorname nachgewiesen ist, werde ich mir erlauben, das an und für sich schwache argumentum ex silentio hier für nicht beweisend zu halten. Im Sultanats-Diplom steht nicht einmal der Name Ismâ'îl. Fleischer.]

mungen über den heiligen Krieg behand
lichen Ueberlieferungen zusammenstellte
aufhellte, da er wohl wusste, dass er s
des kriegerischen Sultans am sichersten e
30 Hefte starke Buch überreichte er dem
sten Zusammenkunft mit ihm in der E
Kurden (Ḥiṣn-alakrâd), wo dieser im Anf
Mai 1188) lagerte. Das Buch wurde in d
und viel gelesen. Nach Ṣalâḥ-eddîn's Tod
seines Sohnes Almalik Alafḍal über (s. Vi
Bei jener Zusammenkunft erklärte er d
schluss, fortan in einer Moschee bei Mos
Leben zu führen, und suchte mehrmals u
bis ihm endlich der Sultan durch den Re
nen liess, er könne es nicht über sich
lassen. Von dieser Zeit an widmete er
des Sultans und begleitete ihn auf den me
diese glänzendste Periode seines Lebens,
sten Kriegs- und Staatshändeln thätigen
wiss einen nicht unbedeutenden Einfluss a
Handlungen seines hohen Gönners ausül
flüchtig hinweggehen; es sey uns daher erl
erwähnten Geschichtswerke die auf ihn se
momente jener Zeit kurz auszuheben.

Als der Sultan in der zweiten Hälfte
Monaten des J. 1188) die Festung Bagrâs
obachtungscorps vor Antiochien aufstellte
diese Gelegenheit, um die Stadt zu sehe
liche Grab des Ḥabîb Annaǵǵâr (s. Beiḍ
zu besuchen (Vita Saladini p. 86). Im Ra
als der Sultan aus Aleppo gewisse Nachri
des deutschen Kaisers Friedrich I. erhielt,
eddîn an die Fürsten von Singar, Mesopo
bela, um sie zum heiligen Kriege zu en
sollte er auch den Chalifen zur Hülflei
11. Ramaḍân (23. Oct.) verliess er den Su
seines Auftrages bei den Fürsten entledig
Bagdad und kam von dort am 5. des I
1190) noch vor dem Eintreffen der nac
Hülfsheere mit den besten Versprechungen
zurück (ebend. p. 110 ff.). In demselben
Zengî den Sultan durch Vermittlung Behâ-
ihm aber nicht gewährt wurde (ebend. p. 1
587 (20. Oct. 1191) berief Almalik Alʿâd
mehrere Fürsten zu sich, eröffnete ihnen
Richard von England seinem Gesandten
schläge, und trug dem Behâ-eddîn auf, s

2) رسالهٔ نصرت افندی Risaléi Nussret Efendi, Abhandlung des Nussret Efendi, medizinische Schrift, türkisch. Lithographirt.

3) مزکی النفوس Mufekkí Ennafús, der Reiniger der Seelen, ein dogmatisch-ethisches Werk von Scheich Abdullah Errúmi, türkisch. Lithogr.

4) سفینهٔ الرؤساء Sefinét Erruesá, Compendium der Reis-Efendis, eine Sammlung von Biographien dieser Würdenträger des osmanischen Reiches seit dem ersten derselben unter Suleiman dem Grossen bis zum Jahre d. H. 1249 (1833), türkisch. Lithogr.

5) انشای جدید Inschái dschedíd, Neuer Briefsteller, eine Sammlung von türkischen Briefformularen und Musterbriefen. Lithogr.

6) منتخبات لغات عثمانیه Muntechabáti lughâti osmanié, Auswahl osmanischer Wörter. Zweiter Band eines türkisch- (arabisch-persisch-) türkischen Wörterbuches von Redhouse. Lithogr. (Den ersten Bd. s. Ztschr. VII, S. 250, Nr. 10.)

7) سیاحتنامهٔ لوندره Siahatnaméi Londra, Beschreibung einer Reise nach London, türk. Lithogr.

8) دیوان نفعی Diwáni Nef'í, Gedichtsammlung des Nef'í, türkisch. Lithogr.

9) منطق Mantik, Abhandlung über die Logik, arabisch. Lithogr.

10) ترجمهٔ سؤال ابلیس Terdschüméi Suáli Iblís, Uebertragung der Abhandlung benannt „die Fragen des Teufels", Kinderschrift, türkisch aus dem Arabischen. Lithogr.

11) حکایهٔ خورشید وماهرو Hikiajéi Churschíd u Mahrú, Erzählung von der Sonne und dem Mondgesichte, türkischer Liebesroman mit Holzschnitten. Lithogr.

Aus einem Briefe des Dr. E. Röer an Prof. Brockhaus.

Kalkutta, d. 30. Mai 1854.

Von Prof. *Hall's* Ausgabe des Súrya Siddhánta mit Ranganâtha's Kommentar sind schon 88 Seiten gedruckt, und das erste Heft wird in kurzem in der Bibliotheca Indica erscheinen. — Professor Hall ist ein fleissiger Mitarbeiter an der Bibliotheca Indica geworden; ausser Súrya S. giebt er die Sânkhya Pravachana Sûtra heraus, und will bei deren Beendigung die Vaiçeshika-Sûtra mit Kommentar drucken lassen. Ausserdem ist er mit der Herausgabe eines beschreibenden Kataloges der Handschriftensammlung in der Bibliothek des Benares College beschäftigt, worüber er mir Folgendes mittheilt: „Mein Sanskrit-Katalog schreitet rasch vorwärts. Ich habe so eben die Korrekturbogen bis zu Ende des Ab-

neue Periode, die, wenn auch nicht weniger
doch ohne Zweifel minder genugthuend für
grosse Gebiet, welches Ṣalâḥ-eddîn durch P
sammengebracht hatte, wurde unter seiner Fa
eddîn empfing die gegenseitigen Treugelö
Fürsten, — Gelöbnisse, die nur zu bald
Familie gebrochen werden sollten. Der Beh
Almalik Aẓẓâhir, liess sich den Behâ-eddîn
Almalik Alafḍal, dem Fürsten von Damask
sendete ihn dann nach Aegypten zu Almalik
Sohne Ṣalâḥ-eddîn's, um demselben den Eid
men. Schon vor seiner Abreise nach Aegy
Richteramt von Aleppo angetragen, er schlu
er den damaligen Inhaber nicht verdrängen
bei seiner Rückkehr die Stelle durch desse
trug er kein Bedenken mehr sie anzunehmen.
Kemâl-eddîn's in seinem obenerwähnten Ge
Behâ-eddîn, als er im J. 591 (1194—5)
men war, nach Absetzung des Vicerichters Z
Richter von Aleppo mit der Aufsicht übe
tungen, ausserdem Rath und Vezir des Für
(cod. Paris. 728, fol. 223 v.). Zu seinem S
teramte ernannte er den Zein-eddîn Ibn-
245 v.). Im J. 591 schloss Almalik Aẓẓâhi
ein Bündniss, wonach der letztere ein Heer
und Almalik Alʿâdil führen sollte. Als Alm
gen Damaskus aufgebrochen war, kündigte
Heeres den Gehorsam auf, so dass er genöthi
zurückzukehren. Alafḍal und Alʿâdil folgte
gelang dem letztern ihn zu überreden, da
Oberherrschaft in den islamitischen Ländern
daher mit ihren vereinigten Heeren dieses R
Auf die Nachricht davon sendete Aẓẓâhir s
Azzâhir Dâûd mit Behâ-eddîn und Ṣabîḥ
Fürsten von Śaizar, an Alʿazîz ab, um den
zu verhindern und das freundschaftliche Ver
Familiengliedern wiederherzustellen; aber
kamen, waren die beiden Fürsten schon auf de
sich auf keine Verhandlung ein. Die G
Alafḍal hiervon Nachricht, und dieser schl
ein Schutzbündniss (fol. 225 v.). Als in
Alʿazîz die Stadt Damaskus, für welche er
tung Ṣarchad abgetreten hatte, mit seine
schickte Aẓẓâhir, welcher Aleppo mit einen
und zu befestigen beschlossen hatte, den
eddîn Kiliǵ an Alʿazîz, um Frieden zu schl
hatte von Aẓẓâhir bedeutende Lehen erhalte

dass die Bildung, welche er sich jetzt erwirbt, später seinem Volke zum Segen gereichen wird. Wir legen es nicht darauf an, die bestehende Kirchenverfassung der Nestorianer umzustossen oder irgend andere Neuerungen bei ihnen einzuführen ausser denen, welche unfehlbar aus allgemeiner Bildung und fleissigem Bibellesen hervorgehen. Wir wünschen das Volk dahin zu bringen, dass es sich selbst erziehe und in höherem Grade als jemals seine Vorfahren zu einer unternehmenden, kraftvollen und ergebenen Heerschaar des Kreuzes erwachse. Auf Erreichung dieses Endzieles verwenden wir jährlich gegen 10,000 spanische Thaler oder 2000 £ engl. Diese Summen werden uns von dem „American Board" geliefert, in dessen Dienste wir stehen.

Der hauptsächliche, ja fast einzige Zweck meines Schreibens ist der, Ihnen das lebhafte Interesse auszudrücken, welches wir an dem von Ihnen bearbeiteten syrischen Wörterbuche nehmen. Seit der ersten Ankündigung dieses Werkes haben wir uns immer höchlich darauf gefreut und das Bedürfniss empfunden, Ihnen zur Aeusserung unserer Theilnahme und zu freundschaftlicher Aufmunterung aus der Ferne die Hand zu reichen. Da uns aber neulich eine Andeutung zugekommen ist, dass Sie aus Mangel an Förderung von aussen ihr Unternehmen vielleicht ganz aufgeben würden, fühle ich mich unwiderstehlich getrieben Sie inständig zu bitten, auch zum Besten unserer Mission und der Nestorianer „auszuharren bis an's Ende".

Ich wünschte, wir könnten Sie bei ihrer schwierigen Arbeit unterstützen; aber vermuthlich besitzen Sie alle Hülfsmittel, die Ihnen Orumia zu bieten vermag, mit Ausnahme der Hülfe, welche die lebendige Kenntniss der Muttersprache gewährt. Vor etwa acht Monaten habe ich dem Dr. E. Robinson für die amerikanische morgenländische Gesellschaft eine handschriftliche Grammatik des Neusyrischen überschickt, in der ich die Entstehung der heutigen Sprache aus dem Altsyrischen nachzuweisen und daneben zu zeigen suche, wie sie von dem Persischen und Türkischen überfluthet und verderbt worden ist. Wahrscheinlich ist die Grammatik jetzt schon gedruckt, und Exemplare derselben werden ohne Zweifel auch nach Deutschland gesendet werden.

In den Mussestunden der letztvergangnen Monate bin ich der neujüdischen Sprache in diesem Theile Persiens nachgegangen, und zu gelegner Zeit werde ich vielleicht die Ergebnisse dieser Untersuchung veröffentlichen. Die Sprache zeigt grosse Aehnlichkeit mit dem Neusyrischen und unterstützt insofern die Ueberlieferung der Nestorianer, nach welcher sie bekehrte Juden sind. Weitere Forschung möchte indessen zeigen, dass dieses Neujüdische von dem Neusyrischen so absteht, wie das Altchaldäische vom Altsyrischen, und in diesem Falle sind sie wohl beide von einer gemeinschaftlichen Quelle, dem Altaramäischen, abzuleiten, ohne dass man für die Zeit nach Christus eine Wechselwirkung zwischen ihnen anzunehmen hätte.

image
not
available

Bibliographische Anzeigen.

The Prâkrita-Prakâça of Vararuchi, with the Commentary (manoramá) of Bhámaha. The first complete edition of the original text. By Edward Byles Cowell, of Magdalen Hall, Oxford. 1854 Hertford, St. Austin. XXXII. 204.

Es hatte lange schon, und mit Recht, Staunen erregt, dass im ganzen grossen England so wenig Sinn für die Sanskritstudien sich zeigte, welche dasselbe so nahe angehn, für welche ein so ausgezeichneter Lehrer wirkt, und welchem überdem durch die grossartige *Boden*'sche Stiftung jährlich so reiche Unterstützung und Aufmunterung zu Theil wird. Mit der lebhaftesten Freude begrüssen wir daher in dem obigen Werke die erstere grössere Arbeit eines Oxforder Schülers des hochverehrten *H. H. Wilson*, welche nicht direkt für praktische Zwecke bestimmt, sondern der Wissenschaft im Allgemeinen gewidmet ist, und wir hoffen und wünschen von ganzem Herzen, dass es nicht bei diesem schönen Anfange sein Bewenden haben, sondern eine reiche Folge sich demselben anschliessen möge. Herr *E. B. Cowell*, der sich bereits früher durch einen Artikel „on Hindu Drames“ im Westminster Review (Octob. 1850) und durch eine Uebersetzung der Urvaçi (1851) bekannt gemacht, hat mit dieser Ausgabe des Vararuci eine äusserst glückliche Wahl getroffen und damit einen gar tüchtigen Baustein für das der Zukunft noch vorbehaltene grosse Werk einer vergleichenden Prâkṛit-Grammatik, die vom Pâli und den Inschriften des Piyadasi etc. ausgehend sich bis auf die neueren und neuesten Dialekte zu erstrecken hätte, geliefert. Zwar waren uns zwei Drittel des Vararuci bereits seit 1837 durch *Lassen*'s treffliche Prâkṛitgrammatik (und Delius's radices prakriticae) bekannt, jedoch wegen unzureichender Hülfsmittel nur in ziemlich fehlerhafter Gestalt: hier dagegen erhalten wir einen durch die Vergleichung aller in London und Oxford befindlichen Mss. durchweg kritisch gesicherten Text, der von reichem kritischen Material begleitet und von einer getreuen Uebersetzung, von mehreren Auszügen aus Hemacandra's Prâkṛit-Grammatik (dem letzten Buche seiner Sanskṛitgrammatik) und einem Index der hauptsächlichsten Prâkṛit-Wörter gefolgt ist, welchem letzteren wir nur eine etwas grössere Ausführlichkeit gewünscht hätten. Die Vorrede handelt von dem angeblichen Zeitalter des Vararuci wie von den benutzten Mss., und enthält sodann auf p. XVII—XXXI eine kurze, alles Wesentliche zusammenfassende Darstellung der hauptsächlichsten Regeln des Prâkṛit. Das Ganze zeugt von musterhaftem Fleiss und genauer Sorgfalt, würdig der äusseren überaus splendiden Ausstattung, die dem Herrn Verleger sehr zur Ehre gereicht: das einzige, was wir an letztrer auszusetzen wüssten, ist, dass Noten- und Text-Schrift nicht geschieden sind: auch will uns der rothe Druck der sûtra, der den Augen nichts weniger als wohl thut, schlecht behagen.

Wir schliessen hier einige weitere Bemerkungen an. Was zunächst den Namen Prâkṛit betrifft, so ist es wohl am gerathensten zu der von *Wilson* im Lexikon sec. edit. gegebenen Erklärung: „*low, common, vulgar*, thence

Und vermöchten sie es, des Lebens Kür
Wahrlich! sie gäben für dich Leben i

Er selbst aber führte bei Betrachtung seine
Verse im Munde:

فليدرع صبرا على فقد احبّائه
في نفسه ما يتمنّاه لاعدائه

„Wer langes Leben wünscht, der wap
Mit Gleichmuth, zu ertragen seiner Fr
Wer aber diesen Wunsch erlangt, erfä
Die Uebel, die er seinen Feinden wün

Rheumatische Beschwerden, welche ihn stet
seinem Gehirne, und sein Kopf wurde zulet
wenn Bekannte zu ihm kamen, er sich n
wer sie waren, und auch die ihm gesagten
vergessen hatte, wenn sie fortgingen. In
werthen Zustande lebte er lange Zeit, bis
(8. Nov. 1234) nach einer Krankheit von w
Geist aufgab (Ibn Challikân und Kemâl-ed
wurde seiner eigenen Bestimmung gemäss i
Grabmale beigesetzt. Gelehrte und fromme L
Zeit den Koran, und vor den beiden Gittern
er selbst vierzehn Koranleser gestiftet, welc
Nacht den Koran pensumweise durchlasen.
Ibn-Challikân am 23. des 2. Ǵumâdâ 635 (1
verliess, um nach Aegypten zurückzukehren.
erbberechtigten Verwandten hatte Behâ-eddîn
Hospiz für Sufis bestimmt.

Als Behâ-eddîn nach Aleppo kam, stan
ten daselbst eben nicht in Blüthe, wovon e
der geringen Anzahl höherer Lehranstalte
sorgte er dafür, dass mehrere Gymnasien er
nete Männer an dieselben berufen wurden. S
ihn der Sammelplatz berühmter Gelehrter a
genden, und in den Betrieb der Wissenschaf
Er selbst genoss dort, theils wegen der i
welcher er mit Ṣalâḥ-eddîn gestanden hatte,
Verdienste um die Stadt, lange das höchste
wagte ihm entgegenzutreten. Der Atâbek
war zwar Śihâb-eddîn Togrul, aber Behâ-
den meisten Fällen den Ausschlag. Die
gewissermassen zwischen diesen beiden Mä
Ansehn ging auf die Gesetzgelehrten, b
Gymnasiums, über. Sie hatten Zutritt zu

rakosha sodann, bereits der alte nur in tibetischer Uebersetzung erhaltene des Subhûti, vgl. *Schiefner* die logischen und grammatischen Schriften im Tandjur p. 18, führen Vararuci als Quelle desselben für das Genus der Wörter an, und der Verfasser der Medinî beruft sich (ob vielleicht bloss ruhmredig?) auf einen kosha des Vararuci. Wir haben weiter den bekannten Vers, in welchem Vararuci unter den neun ratna am Hofe des Königs Vikrama — aber welches Vikrama? — aufgeführt wird. Es ist uns ferner eine Reihe von 15 Sprüchen, nîtiratnam genannt, unter dem Namen des çrîmahâkavi Vararuci aufbewahrt, vgl. *Haeberlin* Sanskrit Anthology p. 502—3. Eine grössere Zahl von dgl., çatagâthâ, von dem âcârya Vararucî herrührend ist in tibetischer Uebersetzung erhalten, vgl. *Schiefner* a. a. O. p. 24 und das vorhin über die Hymnen im Tandjur Bemerkte. Wir haben endlich schliesslich auch ein medicinisches Lehrbuch des çrî Vararuci, yogaçatam genannt, in 103 çlokâs, vgl. Catalog der Berliner Sanskrit-Handschriften nro. 959—62. Dass alle diese Werke nicht von demselben Verfasser herrühren können, liegt auf der Hand, und wir haben somit sowohl die Wahl, mit welchem dieser verschiedenen Vararuci wir den Verfasser des prâkṛitaçâstram identificiren wollen, als auch, ob dies überhaupt zu geschehen hat, und ob wir nicht vielleicht auch diesen noch als eine besondere Persönlichkeit festzuhalten haben. Es liegt somit ein weites Feld für Conjekturen vor, das allein Sichere aber ist natürlich nur zu sehen, ob nicht vielleicht in dem Werke selbst sich irgend welche Spuren finden lassen, die über seine Zeit annähernden Aufschluss geben können. Dgl. sind nun in der That glücklicher Weise darin enthalten, und zwar zunächst in den Namen zu erkennen, welche Vararuci den von ihm behandelten Prâkṛitdialekten giebt, Mâhârâshṭrî nämlich, Çaurasenî, Mâgadhî und Paiçâcî. Die drei ersteren dieser Namen repräsentiren den Westen, die Mitte und den Osten Indiens, und zwar gehört der erste derselben, der des Hauptdialekts, offenbar in eine Zeit, wo bereits das Reich der Mâhârâshṭra, Mahratten, bestand. Die bis jetzt erste Erwähnung desselben geschieht im Mahâvança p. 71. 74 ed. Turnour, wo erzählt wird, dass zu Açoka's Zeit buddhistische Sendboten in Mahâraṭṭha mit Erfolg predigten. Es entsteht nun zunächst die Frage, ob damit die Existenz dieses offenbar ursprünglich rein politischen, nicht gentilen Namens wirklich für Açoka's Zeit (also circa 250 a. Chr.) oder nur für die des Mahâvança selbst (also circa 480 p. Chr.) erwiesen wird. Für letztere Auffassung stimmt jedenfalls, dass eine weitere Erwähnung desselben erst bei Hiuen Thsang (629 p. Chr.) geschieht, der ihr Reich als ein sehr mächtiges schildert. Bis dahin kömmt ihr Name weder bei den Griechen, die doch gerade mit dem Westen in Verbindung waren, noch vor der Hand in Inschriften oder sonst wo vor, und wird derselbe seltsamer Weise auch von dem gleichzeitig mit dem Verfasser des Mahâvança lebenden Varâhamihira, der zudem gerade auch dem Westen (Avanti) angehört, in seinem so ausführlichen geographischen Capitel gar nicht erwähnt. Der Grund, weshalb von ihnen der Hauptdialekt des Prâkṛit bei Vararuci seinen Namen erhielt, kann nur darin liegen, dass eben in dem Westen Indiens das indische Drama seinen Ursprung und seine höchste Blüthe gefunden hat, und muss wohl zur Zeit des Vararuci diese Blüthe bei den Mahratten, an den Höfen ihrer ritterlichen Könige, vorzugsweise gepflegt

Richter bei Ungewissheit der gesetzlichen Be
nach 584 geschrieben, da er darin seine P
und Jerusalem erwähnt. 4) باعم فى الفقه
Ausgezeichnetsten in der Gesetzwissenschaft"
ابن ايوب „Lebensbeschreibung des Şalâḥ-ed
scheinlich sein letztes, jedenfalls sein für
Albert Schultens hat dasselbe bekanntlich
setzung und für seine Zeit wichtigen geog
gen herausgegeben. Wir bemerken schliessl
nach Şalâḥ-eddîn's und vor Aẓẓâhir's Tod
(1193) und 613 (1216) geschrieben seyn
fasser gebraucht von dem Ersteren das nur a
رحمه الله „Gott sey ihm gnädig", von dem
lebenden Fürsten zukommende عز الله نصره
herrlichen Sieg."

dieser wenigstens nur einige Eigenthümlichkeiten, in der von Vararuci gelehrten Gestalt vorkommen, so mag der Grund dafür theils der sein, dass uns eben die betreffenden Dramen, in denen sie so vorkommen und denen er seine Beispiele entlehnt hat, verloren gegangen sind, wie uns ja überhaupt nur sehr wenige Dramen, nur die vollendetsten, nicht aber ihre älteren Vorstufen, gegen die sie sich selbst mehrfach als „neu" bezeichnen, vorliegen, theils aber der — und hierauf legt Lassen mit Recht besonderes Gewicht —, dass bei dem schon durch das Clima bedingten häufigen Abschreiben jene Eigenthümlichkeiten durch Schuld der Copisten sich verwischt haben. Dagegen aber nöthigt der Umstand, dass in den erhaltenen Dramen sich vielfach andere Dialekte finden, als die von Vararuci behandelten, von vorn herein und zunächst jedenfalls zu der Annahme, dass diese Dialekte, resp. die Dramen, in denen sie vorkommen, zu Vararuci's Zeit noch gar nicht existirten. Indess hat solch ein Schluss doch auch sein Bedenkliches: wir würden durch ihn z. B. genöthigt anzunehmen, dass sowohl die Mṛichakaṭikâ als die Urvaçî, in welchen beiden die von Vararuci nicht berührten, in so hohem Grade degenerirten Apabhrança-Dialekte eine so hervorstechende Rolle spielen, erst nach seiner Zeit geschrieben seien, wie dies auch Lassen (Ind. Alt. II, 1156) annimmt: wir thun indess wohl gut, den Bogen jenes Schlusses einstweilen noch nicht zu straff zu spannen, da ja möglicher Weise auch noch ganz andere Faktoren bei jener Nichtbehandlung des Apabhrança durch Vararuci im Spiel sein könnten: welche freilich, darüber fehlt mir vor der Hand jede Vermuthung.

Wenn Herr *Cowell* übrigens auf p. VII die Ansicht ausspricht, dass die Prâkṛit-Grammatik des Vararuci (Kâtyâyana) und die Pâli-Grammatik des Kaccâyana „are only the Brahmanical and Buddhist versions of the same tradition," so kann ich ihm darin durchaus nicht beistimmen. Es besteht zunächst zwischen den beiderseitigen Werken auch nicht die geringste Aehnlichkeit oder Verwandtschaft. Vararuci legt überall das Sanskrit und die Terminologie der Sanskrit-Grammatik mit allen ihren anubandha zu Grunde und giebt nur die *Abweichungen* von Ersterem an (çeshaḥ saṃskṛitât 9, 18): sein Werk ist deshalb eigentlich nur eine Art Lautlehre (Cap. 1—4) und Flexionslehre (Cap. 5. Nominal-Declination, 6. Pronomina und Zahlwörter, 7—8. Verbum, 9. Indeclinabilia). Die Pâli-Grammatik dagegen geht ganz systematisch zu Werke, ohne auf das Sanskrit irgend welche Rücksicht zu nehmen, behandelt die Sprache rein für sich und in vollständig erschöpfender Weise: zwar ist die Grammatik des Kaccâyana nicht mehr selbst erhalten, wohl aber ein Auszug daraus, dessen Eintheilung gewiss die des Originals bewahrt hat, zumal sich dieselbe auch ziemlich identisch in dem von *Tolfrey* übersetzten, und von *Clough* edirten Bâlâvatâra wiederfindet, vgl. *Westergaard* Codic. Indici bibl. reg. Havn. p. 56—7: die termini technici der Sanskrit-Grammatik finden sich auch hier vor: die anubandha fehlen aber begreiflicher Weise, obwohl der Ausdruck uṇâdi z. B. gekannt ist (vgl. übrigens *Spiegel* in der *Höfer*'schen Zeitschrift I, 227 ff.). Es würde daher jedenfalls nur rein zufällig sein können, wenn die Grammatiker des Prâkṛit und des Pâli wirklich Beide Kâtyâyana hiessen: dies ist indess nicht einmal der Fall: denn aus dem im Vorhergehenden Angeführten möchte es wohl hinlänglich klar sein, dass wir den Vararuci, Verfasser des prâkṛitaçâstra, der im Westen Indiens

image
not
available

schichte. Die meisten dieser Rubriken haben wieder ihre Unterabtheilungen, z. B. bei den Chinesen das religiöse Leben folgende Skizzirung: I. das Gottesbewusstsein: die Reichsreligion, die Lehre des Laotse und des Fo. Die Zweiheit als Grund des Alls u. s. w., II. der Mensch u. s. w., III. die Beziehung des Göttlichen und des Menschlichen auf einander u. s. w., IV. das kirchliche Leben u. s. w. — In Betreff der Indier [warum nicht lieber: Inder? da wir doch diese Formation des Namens von den Griechen und Römern erhalten haben, bei diesen aber das Volk Indi genannt wird, nicht Indii] wird nach einer Einleitung über die Grundidee der Indischen Weltanschauung, den innern Gegensatz der Brahma- und der Buddhalehre und über das Indische Volk, I. das Brahmanenthum von S. 234 bis 519, dann II. der Buddhismus von S. 520 bis 592 besprochen. Die Form der Darstellung ist diese, dass erst in grösserer Schrift Paragraphen, dann zu diesen erläuternde Bemerkungen in kleinerer Schrift und endlich in noch kleineren Lettern die betreffenden literarischen Nachweisungen gegeben werden.

Schon die erwähnte Gliederung des Stoffes bezeugt einen grossen Reichthum des hier gebotenen Materials. Um aber das Ganze richtiger auffassen zu können, muss aus Theil I Folgendes beachtet werden. „Die Geschichte der Menschheit will den in der Geschichte waltenden, sich als einiger fortentwickelnder Geist erkennen ... Gott ist der strahlende Mittelpunkt für alle besondern Geister und darum für die Geschichte" u. s. w. Nach gemachter Theilung der Völker in rohe Naturvölker, in Völker der Uebergangsstufen von den wilden zu den geschichtlichen Völkern (zu welchen Uebergangsvölkern er die Finnischen oder Uralischen, die Mongolen, die Völker von Mexiko und Peruaner rechnet) handelt nun der Vf. in diesem 2. Bande zuerst von den gebildeten Völkern der objectiven Weltanschauung, der „verständigen Auffassung des objectiven Bewusstseins", den Chinesen und Japanern, dann von dem Volke der Inder, als dem der „vernünftigen, nach der Einheit im Denken ringenden Form des objectiven Bewusstseins".

Man erkennt leicht die philosophische Schule, welcher diese Arbeit zugehört, aber Jeder, auch wer den vom Vf. angenommenen Standpunkt nicht theilt, wird bekennen müssen, dass das Ganze mit sehr umfassenden und tiefen Vorstudien, in hoher Geistigkeit, mit scharfsinnigem Eindringen in das Geistesleben dieser Völker, in lebenvoller Diction, und jedenfalls in mächtig anregender Weise gearbeitet ist.

Nur wünschen wir, dass der Geschichte dieser Völker noch mehr Rechnung möchte getragen worden sein; wir meinen damit, dass die genetische, die allmählige Entwickelung des eigenthümlichen Geisteslebens dieser Völker wäre mehr nachgewiesen worden. Der Vf. hat diess zum Theil gethan, wie z. B. das Besprechen der Vedenlehre vor der Lehre der Epen und der spätern Zeit bezeugt, auch mehrmals aus der Darstellung der einzelnen Rubriken einleuchtet. Auch verkennen wir nicht, dass bei diesem Zwecke einer Geschichte des Heidenthums als einer „Geschichte des Geistes in der heidnischen Menschheit als Gegensatz und weltgeschichtliche Voraussetzung des Christenthums", die sich darbietenden Realien: das religiöse Leben, das wissenschaftliche Leben, der Staat u. s. w. vorherrschen mussten vor der Darstellung der stufenweisen Entwickelung der einzelnen zu besprechenden

image
not
available

Inhaltsverzeichniss, wie mehrfach hinderlich das Vorherrschen der einzelnen Realien für eine richtige Auffassung des gesammten Geisteslebens des Volkes geworden ist, da doch dieses Geistesleben zu verschiedenen Zeiten auch ein mehrfach verschiedenes gewesen ist. So stehen z. B. hier wie coordinirt: I. Gott: *a*) die Vedenlehre, *b*) die Lehre der Epen u. s. w., II. die Welt: der Grund der Welt, die Maja ..... die Dreifaltigkeit der Welt. Der Mensch. Die Naturzustände (Kasten). Ursprung der Kasten u. s. w., und nun kommt III. Verhältniss Gottes und der Welt zu einander, dabei das Opfer, das Soma-Opfer u. s. w. Diese Mischung des geschichtlich Früheren und Späteren, welche freilich bei dieser Anlage des Ganzen, ja bei dem genommenen Gesichtspunkte unvermeidlich war, hat doch dem Leser eine objective Ansicht des Ganzen erschwert, um so dankenswerther wäre eine durchgehende Scheidung und Markirung gewesen, was dieser und was jener Bildungsstufe des Volkes angehöre.

Ueber die in der Geschichte dieser Völker angenommenen Perioden, in Betreff deren wir mehrfach andrer Meinung sind, wie über manches Einzelne, worin wir dissentiren, z. B. über die neuerdings so oft wiederholte und doch geschichtlich völlig unbegründete Annahme, dass die Chinesen „von den westlichen Gebirgen, der gemeinsamen Heimat des Menschengeschlechts, herabgestiegen" seien, ferner darüber, dass schon in den Veda's die Naturmacht des Entstehenden in Indra, die der Erhaltung in Varuna, die des Vergehens und Zerstörens in Agni, als dreifache Grund-Gestaltung der Natur-Kraft hervorleuchten; über die vermeintliche Abhängigkeit der Indischen Götter von dem opfernden Menschen, wie über die oft und doch irrig angenommene Nichterwähnung der Sünde in den Veda's, gegen welche beide letzterwähnten Ansichten schon der treffliche Roth in dieser Zeitschrift VII. Bd. IV. H. S. 607 sich erklärt hat, — gedenken wir an einer andern Stelle uns zu äussern.

Wir scheiden aber vom Verfasser mit wahrer Achtung, ja zum Theil Dankbarkeit; er hat viel Kerniges gegeben; wie ausgezeichnet ist die umfassende, tiefe Auseinandersetzung des die Brahmaiden Betreffenden, der abstrusen Lehre des Laotse u. a. Scheint doch auch in der reichen Literatur, welche hier zu beachten war, dem Verfasser wenig Wesentliches entgangen zu sein, und die Citate sind so viel wir nachsehen konnten, richtig. Wenn nun auch allerdings nicht selten in der Auffassung die Subjectivität des Darstellers zu entschieden vorgewaltet hat und ihm da nur mit Vorsicht gefolgt werden kann, so ist dennoch sehr Vieles unbezweifelt in tiefer, geistvoller Erfassung richtig und zu wahrem Gewinne für die Wissenschaft dargestellt worden.

Käuffer.

Bibliotheca Tamulica sive Opera praecipua Tamuliensium ed. transl. adnotat. glossariisque instructa a Car. Graul. Tom. I: tria opp. Indor. philosophiam orthodoxam exponentia in serm. German. transl. atque explicata. Lips. 1854. Dörffling et Franke. 8. — (Auch mit dem Specialtitel: *Tamulische Schriften zur Erläuterung des Vedanta-Systems oder der rechtgläubigen Philosophie der Hindus. Uebersetzung und Erklärung von Karl Graul.*)

image
not
available

Nach der ausdrücklichen Erklärung des Verf. und den hier gegebenen Proben beabsichtigt derselbe eine Einführung in die sämmtlichen Zweige der Tamul. Literatur, — hauptsächlich um dem Christlichen Sendboten im Tamulenlande das so schwierige und doch unerlässliche Studium derselben erleichtern zu helfen.

Bieten nun auch dem, der aus anderweiten Indischen Quellen die Vedanta-Philosophie kennt, die hier gereichten Tamulischen Schriften wenig Neues von Bedeutung; so verspricht doch diese sehr tüchtige Arbeit die authentischsten Documente für das Studium der Indischen Philosophie zu liefern, auch ist schon um des vom Verf. zuletzt genannten Zweckes willen diess Werk der Unterstützung Aller zu empfehlen und seine Fortsetzung muss jedem Freunde der Indischen Studien als höchst wünschenswerth erscheinen, da ja gerade erst eine genauere Kenntniss der vielen Sprachen Indiens, insbesondre auch des Dekhan, und ihrer aus Sanskrit und Ursprache bestehenden Elemente, manche wichtige Aufschlüsse über die früheste Geschichte der Indischen Volksstämme geben kann. Ist doch vornehmlich die Kenntniss des Tamulischen (an der Ostseite) und des nahverwandten, angrenzenden Malabarischen (an der Westküste des Dekhan), dieser Mittelländer zwischen Ceylon und Hindustan, schon für die Geschichte theils der Ausbreitung der Arischen Inder, theils des Buddhismus von grosser Bedeutsamkeit.

Möge daher der Verf. vielfältige, ermunternde Theilnahme zur Förderung seines edlen Unternehmens finden.

Käuffer.

Philipp's Anfrage bei den Traumauslegern, die An schämung der Olympias bei Philipp's Rückkehr, u erzählt der Syrer wieder genau nach Pseudo-Kallis halt des 10. Kap. von Pseudo-Kallisth., wie Nektan mahle des Philipp erscheint u. s. w. Das im 11. Kallisth. Berichtete kehrt gleichfalls im syr. Code: licher ist in demselben die astrologische Constellati Alexander geboren werden sollte. Donner, Blitze seine Geburt nach dem syr. Berichte, wie nach den

Soweit mein flüchtiger Bericht über das wenige

Was sind دنانير الصورية

Mittheilung von Hrn. Hofrath **Stick**

Einer brieflichen Anfrage des Hrn. Blau in Co es, auf die zwei Stellen, in den Reisen des Ibn S. ٣٠٤) und in el-Cazwini's Kosmographie (hrsg. vo aufmerksam geworden zu seyn, wo der الصورية schieht. Es ist mir nicht bekannt, dass ein oriental diese tyrischen Dinare Aufschluss gegeben hätte, Münzen unter diesem Namen bewahrte. Cazwini Artikel صور, *Tyrus*, es hätten jene Dinare von d und die Bewohner von Syrien und Irak leisteten g damit. Diese Angabe ist wenige Jahre vor der Verw geschrieben; denn diese fand unter Malek al-Asch (1291 n. Chr.) statt, vgl. Géogr. d'Aboulféd. par R V. S. 98., und Cazwini starb im Muharram des (1283 n. Chr.), vgl. de Sacy Chrest. arab. III. S. dieser Zeit unter muslimischer Herrschaft stand, so nächst liegen, unter jenen tyrischen Dinaren islami welches in dieser, damals noch sehr blühenden wäre. Allein weder könnte diese eine Münzstätte Landschaften, wie Syriens und Iraks, den hinlän haben, um sich gerade dieser Art von Dinaren al lungsmittels zu bedienen, noch würden bei einem Münzen dieser Art so verschwunden seyn, dass wi finden. Man wird also den Namen nicht wohl von ableiten können; sondern, wenn nach dem Vorgang auf diese Stadt festgehalten wird, annehmen müsse sie sich vor der Einrichtung einer eigenen national

---

1) Im Hinblick auf die hiermit vermuthlich eng Prof. *Graf* oben S. 442 ff. behandelte koranische Alc Prof. *Zingerle*, in seinem nächsten Berichte beson Abhandlung dargebotenen Parallelen zu berücksichti

Von der Asiatic Society of Bengal:
4. Zu Nr. 593. Bibliotheca Indica. No. 43. 44. Calcutta 1852; No. 45—57. 67. 68. 1853; No. 69. 1854; No. 70—73. 1853; No. 74. 1854. 23 Hefte. 8. (No. 43. Doublette, vgl. Ztschr. VII. S. 458 f. Nr. 9.)

Von der Soc. orient. de France:
5. Zu Nr. 608. Revue de l'Orient, de l'Algérie et des Colonies. Douzième année. Mai, Juin 1854. Paris 1854. 2 Hefte. 8.

Vom Herausgeber:
6. Zu Nr. 848. The Journal of Sacred Literature. Edit. by *J. Kitto*. No. VIII. July 1853. Lond. 8.

Von dem Curatorium der Universität zu Leyden:
7. Zu Nr. 892. Libri Exodi et Levitici secundum arabicam Pentateuchi Samaritani versionem, ab 'Abû-Sa'îdo conscriptam, quos ex tribus Codicibus edidit *A. Kuenen*. Lugd. Batav. 1854. 8.

Vom Verfasser, Hrn. Muir:
8. Zu Nr. 936. Çrîpaula caritram. S. l. [Calcutta] et a. kl. 8. (Auf einem eingehefteten Blättchen ist bemerkt: The present issue of this tract has an addition of 121 slokes, giving an abstract of the events related in the 8th, the latter part of the 9th, the 10th and the 12th Chapters of the Acts, which did not at first form part of the Narrative.) (S. Ztschr. VI. S. 149, VII. S. 459, No. 13.)

Von d. Bombay Branch of the Royal Asiatic Society:
9. Zu Nr. 937. The Journal of the Bombay Branch of the Royal Asiatic Society. January, 1854. Bombay 1854. 8.

Von der Asiatic Society of Bengal:
10. Zu Nr. 1044. Journal of the Asiatic Society of Bengal. No. CCXXXVIII. No. VII. — 1853. Calcutta 1853; No. CCXXXIX. No. I. — 1854. Calc. 1854. 2 Hefte. 8.

Von dem Ausschuss des histor. Vereines für Steiermark:
11. Zu Nr. 1232. Mittheilungen des histor. Vereines für Steiermark. 4. Heft. Mit 2 Tafeln Abbildungen. Gratz 1853. 8.

Jahresbericht über den Zustand und das Wirken des histor. Vereines für Steiermark seit der letzten allgemeinen Versammlung, d. i. seit 1. April 1853 bis letzten Jänner 1854. Von dem Vereins-Secretär Prof. Dr. *Göth*. 8.

Von der Mechitharistencongregation in Wien:
12. Zu Nr. 1322. Europa. (Armen. Zeitschrift.) Jahrgang 1854. Nr. 18—29. 12 Blatt. Fol.

II. Andere Werke.

Von den Verfassern, Uebersetzern und Herausgebern:

1401. Ein Münzfund bei Putzig. Von *G. H. F. Nesselmann*. (Aus den Neuen Preussischen Provinzial-Blättern a. F. Bd. IV. 1853. abgedruckt.) Königsberg 1853. 8.

1402. La renaissance des études Syriaques. Lettre à M. le Directeur des annales de philosophie chrétienne par M. *Félix Nève*. Paris 1854. 8.

1403. Le Boudhisme, son fondateur et ses écritures, par *Félix Nève*. Paris 1854. 8.

1404. Fünf Gesänge der Feenkönigin. Von Edmund Spencer. In freier metrischer Uebertragung von Dr. *G. Schwetschke*. Halle 1854. 8. (Gewidmet „Joseph von Hammer-Purgstall, dem ruhmreichst Achtzigjährigen“.)

1405. Scienti'a S. Scripture de *Timoteu Cipariu*. Blasiu, 1854. 8. (Umschlagtitel: Scienti'a S. Scripture isagogica ermenevtica si archeologica.) [In walachischer Sprache.]

1406. Bericht über die wissenschaftliche Thätigkeit des Hrn. Prof. Wassiljew. Von *A. Schiefner*. 8. (Aus den Mélanges asiatiques T. II.)

1407. Zur Geschichte der Kreuzzüge. Nach handschriftlichen hebräischen Quellen herausgegeben von *Adolph Jellinek*. Leipzig 1854. 8.

image
not
available

1420. L'Alcoran de Mahomet. Traduit de l'Arabe, par *André du Ryer.* Nouvelle édition revuë et corrigée. Amsterdam 1734. 2 Bde. 8.

1421. Imperium Babylonis et Nini ex monimentis antiquis auctore *Joh. Friderico Schroeero.* Francofurti et Lipsiae 1726. 8.

Von d. Bataviaasch Genootschap van Kunsten en Wetenschappen:

1422. Verhandelingen van het Bataviaasch Genootschap van Kunsten en Wetenschappen. Deel XXIV. Batavia 1852. 4.

Von Herrn Archidiakonus Dr. Pescheck in Zittau:

1423. סדר תפלות מכל השנה כמנהג פולין פיהם ומעהררין ... שנת תקע״א לפ״ק (1811).

Von Hrn. Dr. Poppelauer:

1424. Thorath Emeth sive liber et praecepta et doctrinam plenam perfectamque accentuum libb. psalmorum, proverbiorum et Jobi continens secundum Massoram et principia quae nobis reliquerunt R. Aharon ben Ascher, R. Jehuda ben Bilaam aliique prioris temporis clarissimi grammatici, composuit *S. Baer.* Accedit et epistola quae uberrime de hac materia agitur [sic], scripta ab illustriss. et doctiss. viro *S. D. Luzzatto.* Rödelheim 1852. 8. (Hebr. Titel: תורת אמת וכו׳.)

Vom Verleger, Hrn. F. Geelhaar (Fr. Enslin'sche Buchh.) in Berlin:

1425. Das Todtengericht bei den alten Aegyptern. Eine Habilitations-Rede gehalten vor der philos. Facultät der Königl. Georg-August-Universität zu Göttingen - von Dr. *Max Uhlemann.* Berlin 1854. 8.

Vom Verfasser, Hrn. Muir:

1426. Mataparîxâ etc. Mirzapore 1852. 8. (Doublette von Nr. 1214.)

1427. Notes of a trip to Chinee in Kanawur, in October, 1851. [From the Benares Magazine for Dec. 1851.] 8.

1428. On Indian Buddhism. [From the Benares Magazine for Feb. 1852. 8.]

Von Hrn. Muir:

1429. Iswarokta sâsta dhârâ etc. The course of divine revelation in Sanscrit and Maráthí. (Uebersetzung aus einem Aufsatze des Hrn. Muir im Hindee-Dialekt.) [Bombay] 1852. 8.

III. Handschriften, Münzen u. s. w.

Von Hrn. Prof. Cipariu:

203. Ein MS. des Divan des Hafiz. 4.

Von Hrn. Dr. Behrnauer:

204. Ein Gypsabdruck mit Maria Theresia's Brustbild und der Umschrift: M. Theresia Pia Felix Aug.

205. Ein Gypsabdruck mit den Brustbildern von Maria Theresia u. Franz Joseph und der Umschrift: Maria Theresia Fundatrix MDCCLIV Franciscus Josephus Fautor MDCCCLIV.

206. Ein Gypsabdruck mit dem Bildniss der Pallas und der Umschrift: I. Festum Saecul. Academiae Linguarum Orient. Celebratum. In der Mitte: D. III. Jan. MDCCCLIV.

Von Hrn. Dr. Jellinek:

207. Portrait of Moïse Laws giver of the Israelites and the greatest of the Prophetes. (Containing the fifth Book.) Written in small letters by *Hilel Braverman.* [Zugleich mit entsprechender französ. und deutscher Unterschrift. — Enthält das Deuteronomium mit ganz kleinen Buchstaben in der Form eines Brustbilds des Moses geschrieben.] S. l. et a. [1854.] 1 Blatt fol. Kupferstich.

---

weitere Bestätigung gewährt für die Erklärung, die Frähn (dessen Sammlg. kleiner Abhandlungen I. S. 114) über die sogenannte Trauermünze Saladin's vorschlug, welche wenige Jahre vor unserer Münze in der Nachbarschaft ihrer Prägestätte in Saladin's Todesjahre mit Hinsicht auf dieses Factum von dem Ortokiden Husam al-din Juluk Arslan, Könige von Diarbekr, geschlagen wurde. Was auf dieser letztern die vier, sichtlich in klagender Stellung dargestellen Figuren plastisch ausdrücken, das ist auf unserer vorliegenden, bezüglich auf einen Trauerfall anderer Art, mit den, sonst noch auf keiner Münze wahrgenommenen Worten klar ausgesprochen. Vielleicht wird dieses Datum dazu dienen, weiter noch manche andere, bis jetzt dunkele Legende aufzuklären. Wir gewinnen die Thatsache, dass auch einmal solche besondere Zeitereignisse auf muhammedanischen Münzen Erwähnung gefunden haben, es also auch eine Art Gedächtnissmünzen gegeben hat.

Würde dieses Eine schon genügen, diesem Stücke unsere Theilnahme zuzuwenden, so kommt noch dazu, dass gerade in dem Jahre seiner Prägung der Prägeherr Kotb al-din Muhammed, der Herr von Sindschar und Nissibin, sich freiwillig dem Ajjubiden al-Adil unterworfen hatte; so dass nun Alles, wie ich es früher nur vermuthungsweise andeuten konnte, zu voller historischer Gewissheit heraustritt. Ueber die Zugehörigkeit der Münze an die Dynastie der Zenkiden bleibt kein Zweifel. Sie hat so in mehrfacher Hinsicht eine Wichtigkeit, dass ich eine Copie nach dem neu aufgetauchten, besser erhaltenen Exemplare in dem Muhammedanischen Münzschatze nicht verfehlen werde zur Oeffentlichkeit zu bringen.

Aus einem Briefe des Staatsrathes von Dorn
an Prof. Fleischer.

St. Petersburg, d. 5. Oct. 1853.

— Endlich ist es mir vergönnt, Ihnen einige berichtigende Bemerkungen zu den Aufsätzen der HH. Professoren Stickel und Tornberg über die Serendscher Münzen (Zeitschr. d. D. M. G. Bd. VI. S. 115. 285. 398 u. Bd. VII. S. 110) zuzusenden. Dieselben dürften auch den beiden genannten Gelehrten um so willkommener sein, als sie einige der besprochenen Schwierigkeiten heben, welche rücksichtlich der St. Petersburger Münzen nur aus einem Missverständnisse hervorgegangen sind.

1) Die St. Petersburger Münze mit dem verfänglichen اصرم u. s. w. (Ztschr. VI. S. 400 u. VII. S. 111) ist von mir nie in das Jahr 192 versetzt worden. Sie trägt deutlich das J. 182, und so hat es Frähn in seinen *Novis supplementis*, deren Druck unter meiner Aufsicht schon im vorigen Jahr begonnen, aber durch meine Krankheit unterbrochen wurde, gelesen und angegeben. Dagegen gebe ich gern zu, dass in dem zweifelhaften Worte اصرم wirklich ein ا als Anfangsbuchstabe angenommen werden muss, obgleich Frähn es nicht gethan hat.

2) Auf der Münze vom J. 198 (Zeitschr. Bd. VI. S. 402. u. VII. S. 111)

Herr Dr. Fr. Pruner-Bey, Leibarzt des Vicekönigs von Aegypten, in Kairo (jetzt in Deutschland).
- Râja Râdhâkânta Deva Behadur in Calcutta.
- H. C. Rawlinson, Lieut.-Colon., Resident der britischen Regierung in Bagdad.
- Dr. E. Röer, Secretär der asiat. Gesellschaft in Calcutta.
- Dr. G. Rosen, kön. preuss. Consul u. Hanseat. Viceconsul in Jerusalem.
- Edward E. Salisbury, Prof. des Arab. u. des Sanskrit am Yale College in New Haven, N.-Amerika.
- W. G. Schauffler, Missionar in Constantinopel.
- Const. Schinas, kön. griech. Staatsrath u. Gesandter für Oesterreich, Preussen u. Bayern zu Wien.
- Dr. Ph. Fr. von Siebold, d. Z. in Boppart am Rhein.
- Dr. Andr. J. Sjögrèn, Staatsrath u. Akademiker in St. Petersburg.
- Dr. Eli Smith, Missionar in Beirut.
- Dr. A. Sprenger, Dolmetscher der Regierung in Calcutta, Examinator des Collegiums von Fort William u. Superintendent der gelehrten Schulen in und um Calcutta, Secretär der asiat. Gesellsch. von Bengalen, d. Z. in Syrien.
- G. K. Tybaldos, Bibliothekar in Athen.
- Dr. N. L. Westergaard, Prof. a. d. Univ. in Kopenhagen.
- Dr. J. Wilson, Missionar, Ehrenpräs. d. asiat. Gesellsch. in Bombay.

III.

Ordentliche Mitglieder [1]).

Se. Hoheit **Carl Anton**, nachgeborner Prinz des Preuss. Königs-Hauses, vormals Fürst zu Hohenzollern-Sigmaringen (113).

Se. Königl. Hoheit **Aquasie Boachi**, Prinz von Ashanti, königl. Niederländ. Berg-Ingenieur für den Dienst in Ostindien, in Buitenzorg auf Java (318).

Herr Dr. W. Ahlwardt, Privatgelehrter in Gotha (325).
- Charles A. Aiken, Stud. theol. in Andover (Massach., U.-St.) (357).
- Jul. Alsleben, Stud. theol. in Berlin (353).
- Dr. R. Anger, Prof. d. Theol. in Leipzig (62).
- Dr. F. A. Arnold, Docent d. morgenl. Spr. in Halle (61).
- G. J. Ascoli, Privatgelehrter in Görz (339).
- A. Auer, k. k. österr. Reg.-Rath, Director d. Hof- u. Staats-Druckerei in Wien (249).
- Dr. H. Barth, Docent an d. Univ. in Berlin, d. Z. auf Reisen in Afrika (283).
- Dr. Gust. Baur, Prof. d. evang. Theol. in Giessen (288).
- Dr. B. Beer, Privatgelehrter in Dresden (167).
- Dr. W. F. Ad. Behrnauer, dritter Amanuensis an der k. k. Hofbibliothek in Wien (290).
- Dr. Charles T. Beke, resident partner of the commercial house of Blyth Brothers and Co. auf Mauritius (251).
- Dr. Ferd. Benary, Prof. an d. Univ. in Berlin (140).
- Dr. Theod. Benfey, Prof. an der Univ. in Göttingen (362).
- Elias Beresin, Prof. an der Univ. in Kasan (279).
- Dr. G. H. Bernstein, Prof. der morgenl. Spr. in Breslau (40).
- Dr. E. Bertheau, Prof. d. morgenl. Spr. in Göttingen (12).

---

1) Die in Parenthese beigesetzte Zahl ist die fortlaufende Numer und bezieht sich auf die nach der Zeit des Beitritts zur Gesellschaft geordnete Liste Bd. II. S. 505 ff., welche bei der Meldung der neu eintretenden Mitglieder in den Nachrichten fortgeführt wird.

S. 395. 413. 445 ff. In der That sieht auf pehlewischen Münzen ein doppeltes *j*, d. i. *i* und *j*, hie und da einem *a* auffallend gleich, wie unter andern mehrere Münzen zeigen, auf denen der Name des *Zijâd bin Abi Sufjân* vorkommt.

Der Titel des Gegenchalifen *Katari* (*Qaṭari*) ist in seinem zweiten Theile leider auch auf dieser, sonst sehr schön ausgeprägten Münze nicht deutlicher, als auf den übrigen Münzen, wo er bisher gefunden worden ist, und noch heute sehe ich mich ausser Stande über Aussprache und genaue Bedeutung desselben etwas Brauchbares mitzutheilen. Die früher versuchten Deutungen, wie نیرو دهندکان, ورون دهندکان (*Mordtm.*), نیرو اندکان (*Dorn*, Mélanges Asiatiques, Tom. II. p. 260), u. s. w., kann ich nicht für richtig halten. Das ganze Resultat meiner vielfachen Erwägungen dieser crux interpretum nach den mir bekannt gewordenen Exemplaren ist dieses, dass 1) das *j*, welches zu Anfang der unteren Zeile zu stehn pflegt, zu dem Worte أمیر in der oberen Zeile zu ziehen ist und das *i* der Izâfet ausdrückt; dass 2) da, wo die untere Zeile mit وی beginnt, ein ähnliches Verhältniss Statt findet und *Amîrui* (= أميرِ) gesprochen werden muss; endlich 3) dass sich als die Folge der Zeichen des zweiten Wortes am wahrscheinlichsten diese ergiebt: zuerst *w* (oder *n*), dann *rw* (oder *rn*), dann entweder *jéw* (oder *jén*), oder auch *déw* (*dén*), ferner *jk* (*jg*), oder *dk* (*dg*), endlich *an*; wobei jedoch zu bemerken ist, dass das *j* (oder *d*) vor dem *é* nicht recht deutlich zu sein pflegt und vielleicht auszulassen ist, sowie dass *é* möglicher Weise in *an* (oder *hn*) aufzulösen ist. Noch immer liegt es am nächsten in dem Worte eine auf ـندکان ausgehende Pluralform des Partic. praes. zu vermuthen.

Der Prägeort der Münze des Qaṭari ist durch die bekannte, bei *Mordtmann* S. 18. Nr. 22 besprochene Gruppe bezeichnet; vor und hinter derselben steht hier ein Punct. Nach dem was wir von dem Schauplatze seiner Thätigkeit wissen, würde die Deutung der Gruppe durch *Sind* in diesem Falle wohl nicht unangemessen sein. — Die arabische Randschrift auf der Vorderseite lautet: لا حکم الا لله; vgl. *Mordtmann*, Nr. 864.

Königsberg, 14. Juni 1854. J. Olshausen.

Berichtigungen.

Zwei Irrthümer des Gravius, welche bisher von der scharfen Critik der Orientalisten ganz übersehen worden, befinden sich in der Ausgabe der geographischen Tafeln Chuaresm's, wo erstens der Fürst von Hama Melik *el-Muejjed Ismail Imadeddin* mit *Ismail Imadeddin* dem türkischen Sultan Aegyptens, der i. J. 743 d. H. den Thron bestieg, vermengt, zweitens das Sterbejahr des Herrschers von Hama, welches in allen Geschichten als 732 angegeben ist, ganz irrig als 747 angesetzt wird. Die von Gravius aus dem Sukkerdan angeführte Stelle befindet sich im vierten Hauptstücke desselben,

Herr Dr. Z. Frankel, Oberrabbiner in Dresden (225).
- Dr. Siegfried Freund, Privatgelehrter in Breslau (380).
- Dr. G. W. Freytag, Prof. d. morgenl. Spr. in Bonn (42).
- R. H. Th. Friederich, Adjunct-Bibliothekar der Batavia'schen Gesellschaft für Künste u. Wissensch. zu Batavia (379).
- Dr. H. C. von der Gabelentz Exc., geh. Rath in Altenburg (5).
- H. Gadow, Prediger in Trieglaff bei Greifenberg (267).
- G. Geitlin, Prof. d. Exegese in Helsingfors (231).
- Dr. J. Gildemeister, Prof. der morgenl. Spr. in Marburg (20).
- A. Gladisch, Director der Realschule in Krotoschin (232).
- W. Gliemann, Conrector am Gymnasium in Salzwedel (125).
- Dr. J. Goldenthal, Prof. d. morgenl. Spr. in Wien (52).
- Dr. Wilh. Gollmann, practicirender Arzt in Wien (377).
- Dr. R. A. Gosche, Custos der orient. Handschrr. d. königl. Bibliothek in Berlin (184).
- Dr. K. H. Graf, Prof. an d. Landesschule in Meissen (48).
- Dr. Carl Graul, Director der Evang.-Luther. Missionsanstalt in Leipzig (390).
- Lic. Dr. B. K. Grossmann, Pfarrer in Püchau bei Leipzig (67).
- Dr. C. L. Grotefend, Archiv-Secretär u. Conservator des Königl. Münzcabinets zu Hannover (219).
- Dr. Jos. Gugenheimer, Kreisrabbiner in Teschen (östr. Schlesien) (317).
- Herm. Alfr. v. Gutschmid, Privatgelehrter in Dresden (367).
- Dr. Th. Haarbrücker, Docent der morgenl. Spr. in Berlin (49).
- H. B. Hackett, Prof. d. Theol. in Newton Centre (Massach., U.-St.) (356).
- Richard Hänichen, Stud. philol. in Leipzig (391).
- Lic. Dr. Ge. L. Hahn, Docent d. Theol. in Breslau (280).
- Freiherr J. von Hammer-Purgstall, k. k. österreich. wirkl. Hofrath in Wien (81).
- Hofr. Anton von Hammer, Hofdolmetsch in Wien (397).
- Dr. D. Haneberg, Prof. d. morgenl. Spr. in München (77).
- Dr. G. Ch. A. Harless, Präsident des evang. Oberconsistoriums und Reichsrath in München (241).
- Dr. K. D Hassler, Director des kön. Pensionats in Ulm (11).
- Dr. M. Haug, Privatgelehrter in Tübingen (349).
- Heinrich Ritter von Haymerle, Attaché der k. k. österreich. Internunciatur zu Constantinopel (382).
- Dr. J. A. A. Heiligstedt, Privatgelehrter in Halle (204).
- Dr. K. F. Hermann, Prof. an d. Univ. in Göttingen (56).
- Dr. G. F. Hertzberg, Docent an der Univ. zu Halle (359).
- Dr. K. A. Hille, Hülfsarzt am königl. Krankenstift in Dresden (274).
- Dr. F. Hitzig, Prof. d. Theol. in Zürich (15).
- Dr. A. Hoefer, Prof. an d. Univ. in Greifswald (128).
- Dr. A. G. Hoffmann, geh Kirchenrath u. Prof. d. Theol. in Jena (71).
- Dr. W. Hoffmann, Hofprediger u. Generalsuperintendent in Berlin (150).
- Dr. J. Ch. K. Hofmann, Prof. d. Theol. in Erlangen (320).
- Chr. A. Holmboe, Prof. d. morgenl. Spr. in Christiania (214).
- A. Holtzmann, grossherzogl. badischer Hofrath u. Prof. der ältern deutschen Sprache u. Literat. in Heidelberg (300).
- Dr. H. Hupfeld. Prof. d. Theol. in Halle (64).
- Dr. A. Jellinek, Prediger b. d. jüd. Gemeinde in Leipzig (57).
- Dr. H. Jolowicz, Privatgelehrter zu Königsberg in Pr. (363).
- Dr. B. Jülg, Prof. d. klassischen Philologie u. Litteratur und Director des philol. Seminars an d. Univ. in Krakau (149).
- Dr. Th. W. J. Juynboll, Prof. d. morgenl. Spr. in Leyden (162).
- Dr. Jos. Kaerle, Prof. d. arab., chald. u. syr. Sprachen u. d. alttestamentl. Exegese in Wien, fürstbischöfl. Consistorialrath von Brixen (341).

Chalfa's bibliographisches Werk unter den Artikeln
wo es kurzweg heisst: fekerehu el-Muejjed. Hier
Hrn. Flügel's zu erwähnen, welcher erstens den
Takwimol-Boldan gegebenen Titel der Quelle c
verwandelt, zweitens in der Uebersetzung dem
ed-din beisetzt, das im Texte nicht vorhanden ist

Verzeichniss der in Constantinopel letzt lischen Drucke und Lithog

Von

Freiherrn v. Schlechta-W

(S. Bd. VII, S. 250.)

Constant

1) علم طبقات ارض Ilm thabakáti erf, Wissensc
aus dem Französischen in das Arabische und
übertragene Abhandlung über Geologie. Bleid

---

1) Obige Verdächtigung einer Verwandlung
merke ich, dass im Hauptartikel تقويم البلدان bei
Z. 4) das allbekannte richtige كتاب الفيصل s
Haken eingeschlossene Artikel تقويم البلدان
Nr. 9315) ein wortgetreues Einschiebsel des Pariser
gebrauchten Codex S enthält, das auch daselbst a
dieser Stelle eingerückt ist. Mir stand es nicht z
wandeln, sonst hätte ich dieses فوز in فيصل
gehören in die Anmerkungen. Also gerade das Gege
findet statt, und weder Hadschi Chalfa noch ich h
kel. — Was den zweiten Punkt betrifft, so halte
bindung des المؤيّد mit الملك (der, nämlich von
in Uebereinstimmung mit den Zunamen der übrigen
الملك المنصور, u. s. w.) jenes مؤيّد الدين n
bemerken, dass in Zunamen, die mit الدين zus
Wort häufig weggelassen und dafür das regens m
wird. So sagt man z. B. الموفّق statt الدين
العماد statt ..., المعين statt معين الدين, الدين ...
statt جلال الدين.

Herr Dr. J. Olshausen, Oberbibliothekar u. Prof. d. orient. Sprachen an d. Univ. in Königsberg (3).
- Dr. Ernst Osiander, Repetent am evang.-theol. Seminar in Maulbronn (347).
- H. Parrat, vormaliger Professor zu Bruntrut, Mitglied des Regierungsraths in Bern (336).
- Dr. G. Parthey, Buchhändler in Berlin (51).
- W. Pertsch, Stud. philol. in Berlin (328).
- Dr. J. H. Petermann, Prof. an d. Univ. in Berlin, d. Z. auf einer Reise in Syrien (95).
- Dr. A. Peters, Prof. an der Landesschule in Meissen (144).
- Dr. Petr, Prof. der alttestamentl. Exegese an d. Univ. zu Prag (388).
- Dr. Jul. Pfeiffer auf Burkersdorf bei Herrnhut (370).
- S. Pinsker, Oberlehrer an d. israel. Schule in Odessa (246).
- Dr. G. O. Piper, Privatgelehrter in Bernburg (208).
- Dr. Sal. Poper, Pred. d. jüd. Gemeinde in Strassburg (Preussen) (299).
- Dr. Mor. Poppelauer, Erzieher in Frankf. a. M. (332).
- Dr. A. F. Pott, Prof. d. allgem. Sprachwissenschaft in Halle (4).
- George W. Pratt, in New York (273).
- Theod. Preston, A. M., Fellow am Trinity-College in Cambridge (319).
- Christ. Andr. Ralfs, Stud. orient. in Leipzig (344).
- Dr. G. M. Redslob, Prof. d. bibl. Philologie an d. akadem. Gymnasium in Hamburg (60).
- Isaac Reggio, Prof. u. Rabbiner in Görz (338).
- Dr. J. G. Reiche, Consist.-Rath u. Prof. d. Theol. in Göttingen (154).
- Dr. E. Reuss, Prof. d. Theol. in Strassburg (21).
- Xaver Richter, Priester in München (250).
- Dr. C. Ritter, Prof. an d. Univ. u. d. allgem. Kriegsschule in Berlin (46).
- Dr. E. Rödiger, Prof. d. morgenl. Spr. in Halle (2).
- Dr. R. Rost, Lehrer an der Akademie in Canterbury (152).
- Dr. R. Roth, Prof. an d. Univ. in Tübingen (26).
- Dr. F. Rückert, geh. Reg.-Rath, in Neusess bei Coburg (127).
- A. F. von Schack, grossherzogl. mecklenburg-schwerin. Legationsrath u. Kammerherr, auf Brüsewitz bei Schwerin (322).
- Ritter Ignaz von Schäffer, Kanzler des k. k. österr. Generalconsulats in Aegypten (372).
- Ant. Schiefner, Adjunct bei d. kais. russ. Akad. der Wiss. und Conservator an der Biblioth. der Akad. in St. Petersburg (287).
- Carl Schier, Privatgelehrter in Dresden (392).
- Dr. G. T. Schindler, Prälat in Krakau (91).
- O. M. Freiherr von Schlechta-Wssehrd, Secrétaire Interprète bei d. k. k. österreich. Internunciatur in Constantinopel (272).
- Dr. A. A. E. Schleiermacher, geh. Rath in Darmstadt (8).
- Lic. Constantin Schlottmann, kön. preuss. Gesandtschaftsprediger in Constantinopel (346).
- Dr. Ch. Th. Schmidel, Guts- u. Gerichtsherr auf Zehmen u. Kötzschwitz bei Leipzig (176).
- G. H. Schmidt, Kaufmann u. königl. dänischer Generalconsul in Leipzig (298).
- Dr. W. Schmidthammer, Lic. d. Theol., Prädicant u. Lehrer in Alsleben a. d. Saale (224).
- Dr. C. W. M. Schmidtmüller, pens. Militärarzt 1. Classe der k. niederl. Armee, in Erlangen (330).
- Dr. A. Schmölders, Prof. an d. Univ. in Breslau (39).
- Erich von Schönberg auf Herzogswalde, Kgr. Sachsen, d. Z. auf einer Reise in Indien (289).
- Dr. Fr. Schröring, Gymnasiallehrer in Wismar (306).
- Dr. G. Schueler, Bergrath u. Prof. an d. Univ. in Jena (211).

image
not
available

Herr W. D. Whitney aus Northhampton (Massach., U. St.) (366).
- Lic. Dr. Joh. Wichelhaus, Prof. der Theol. zu Halle (311).
- Moriz Wickerhauser, ord. Prof. d. morgenl. Spr. an der k. k. orient. Akademie u. ord. öffentl. Prof. der türk. Sprache am k. k. polytechnischen Institut zu Wien (396).
- Dr. K. Wieseler, Prof. d. Theol. in Kiel (106).
- Dr. Windischmann, Domkapitular in München (53).
- Dr. Franz Woepcke, in Paris (352).
- Dr. M. Wolff, Prediger b. d. jüd. Gemeinde in Culm, Reg.-Bezirk Marienwerder (263).
- Dr. Ph. Wolff, Stadtpfarrer in Rottweil (29).
- William Wright, Privatgelehrter in St. Andrews, Schottland, d. Z. in Oxford (284).
- Dr. H. F. Wüstenfeld, Prof. an d. Univ. in Göttingen (13).
- Dr. H. Wuttke, Prof. d. histor. Hülfswissenschaften in Leipzig (118).
- Dr. E. A. Zehme, Inspector an der kön. Ritterakademie in Liegnitz (269).
- Dr. J. Th. Zenker, Privatgelehrter in Leipzig (59).
- P. Pius Zingerle, Director am Gymnas. in Meran (271).
- Dr. L. Zunz, Seminardirector in Berlin (70).

In die Stellung eines ordentlichen Mitgliedes ist eingetreten:

Die Bibliothek der Ostindischen Missions-Anstalt in Halle (207).

Verzeichniss der gelehrten Körperschaften und Institute, die mit der D. M. G. in Schriftenaustausch stehen.

1. Die Gesellschaft der Künste und Wissenschaften in Batavia.
2. Die Gesellschaft der Wissenschaften in Beirut.
3. Die Kön. Akademie der Wissenschaften in Berlin.
4. Die Royal Asiatic Branch Society in Bombay.
5. Die Asiatic Society of Bengal in Calcutta.
6. Die Kön. Societät der Wissenschaften in Göttingen.
7. Der historische Verein für Steiermark in Gratz.
8. Das Curatorium der Universität in Leyden.
9. Die R. Asiatic Society for Great Britain and Ireland in London.
10. Die Syro-Egyptian Society in London.
11. Die R. Geographical Society in London.
12. Die Library of the East India Company in London.
13. Die Redaction des Journal of Sacred Literature (Hr. *J. Kitto*) in London.
14. Die Kön. Akademie der Wissenschaften in München.
15. Die American Oriental Society in New-Haven.
16. Die Société Asiatique in Paris.
17. Die Société Orientale de France in Paris.
18. Die Société de Géographie in Paris.
19. Die Kais. Akademie der Wissenschaften in St. Petersburg.
20. Die Société d'Archéologie et de Numismatique in St. Petersburg.
21. Die Redaction des Journal of the Indian Archipelago (Herr *J. R. Logan*) in Singapore.
22. Die Smithsonian Institution in Washington.
23. Die Kais. Akademie der Wissenschaften in Wien.

Literarische Notiz.

Dass die neuen syrischen Typen, welche wir den vereinten Bemühungen *Bernstein's* und des sel. *Tullberg*, so wie dem Unternehmungsgeiste und der Kunstfertigkeit der *Teubner'schen Officin* in Leipzig verdanken, an Vollständigkeit, Genauigkeit und Schönheit alles in dieser Hinsicht bisher Geleistete weit hinter sich zurücklassen, darüber ist unter den Sachverständigen wohl nur eine Stimme, seitdem Prof. Bernstein selbst in seiner Ausgabe der harklensischen Uebersetzung des Johannes-Evangeliums, Leipzig b. Teubner, 1853 (Ztschr. VII, S. 460, Nr. 1213) eine Probe davon gegeben hat. Aber es ist nicht genug, dass ein industriell-wissenschaftliches Capital existirt: es soll sich auch verwerthen und Zinsen tragen. Wenn nun Bernstein im Vorberichte des gedachten Buches S. XXIX u. XXX bereits dankbar anerkannt hat, wie das Zustandekommen dieser Typen durch den von der *Königlich Schwedischen Regierung* in voraus bewilligten Ankauf einer beträchtlichen Quantität derselben für die Universität zu Upsala wesentlich gefördert worden ist: so freuen wir uns, der *Königlich Preussischen Regierung* in derselben Beziehung jetzt einen nicht minder aufrichtigen Dank darbringen zu können. Denn, wie wir so eben von Prof. Bernstein erfahren, ist durch die hohe Fürsorge und Munificenz Sr. Excellenz des Herrn Staatsministers *von Raumer* zur Anschaffung der mehrgenannten Typen für die Universitäts-Druckerei zu Breslau die Summe von 675 Rthlr. gewährt worden, hauptsächlich — wie der Ministerial-Erlass besagt — damit Bernstein's syrisches Lexikon unter dessen Augen daselbst gedruckt werden könne.

especially applicable to a provincial and peculiar
guage" zurückzukehren. Die erste und eigentli
pràkṛita, wie sie sich im Çatapatha Bràhmaṇa und
yana, überhaupt in allen älteren Stellen findet, i.
sprunge, der Grundlage, der allgemeinen Regel
dienend" (im Gegensatze zu vikṛiti und vaikṛita),
„gewöhnlich, gemein" entwickelt hat. Die Bedeu
ist dem Worte erst sekundär von den Grammatike
Hemacandra, aufgeheftet worden: bei Vararuci
direkt vor, seine Erklärungen: çauraseni, prakṛi
prakṛitiḥ çauraseni | paiçâci, prakṛitiḥ çauraseni
mit dem Titel seines Werkes in den Capitelunters
hin, dass er die drei erst genannten Dialekte
zweiter Stelle genannten auffasste (während sie
deren vikṛiti bezeichnet werden können). Es h
mon, vulgar, low" für die Vulgärsprache offenba
Gegensatze zu, dem Namen saṃskṛitâ, der die „
bezeichnet, entwickelt: dass letztere Auffassung
richtige sei, beweisen (gegenüber von *Roth's* An
Stellen des Râmâyaṇa, in denen das Wort in ein
menhange steht, der zwar noch nicht die techn
aber doch zeigt wie diese entstanden ist [1]). Di
Namen neben einander geschieht bis jetzt (abge
Bemerkungen in den Dramen, die natürlich nur
haben, und von der sogenannten Pâṇinîyâ çixâ) b
Colebrooke Ende des fünften Jahrhunderts zu setze

Der Name Vararuci kommt in der indische
So haben wir zunächst die Angabe des Somadev
Kâtyâyana, geboren in Kauçâmbî, Schüler des Pâ
vârttika zu dessen sûtra), und Minister des Kö
In etwas veränderter Gestalt wird die von Somade
Vararuci in einer tibetischen Geschichte des
Schiefner im Bülletin d. kais. russ. Acad. d. W. vom
wird er, und ebenso im Index des Kandjur, als Fr
nannt, resp. als Purohita des Königs Bhîmaçakla vo
Tandjur tritt er neben Nâgârjuna als Verfasser von
Mahâkâladevî auf. Vararuci ferner heisst nach
ein Scholiast der Kâtantra- oder Kalâpa-Grammatik.

---

1) Hanumat findet die Sîtâ von grausigen râ
abgehärmt „saṃskâreṇa yathâ hinâṃ vâcam arthâs
er überlegt, ob er sie nicht zu sehr erschrecken
dishyâmi dvijâtir iva saṃskṛitâm" 29, 17: beschlies
vaxyâmy ahaṃ vâkyaṃ manushya iva saṃskṛitam"
tam) eines Rathgebers wird genannt „saṃskṛitaṃ h
82, 3: Pitâmaha sprach zum Râma ein „vâkyaṃ saṃ
arthavad dharmasaṃhitam" VI, 104, 2. Zur Bedeut
lich, gemein" vgl. z. B. VI, 48, 3.

image
not
available

image
not
available

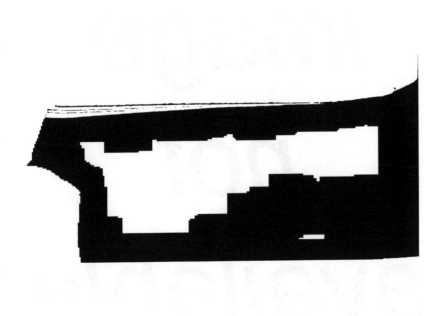

image
not
available

image
not
available

image
not
available

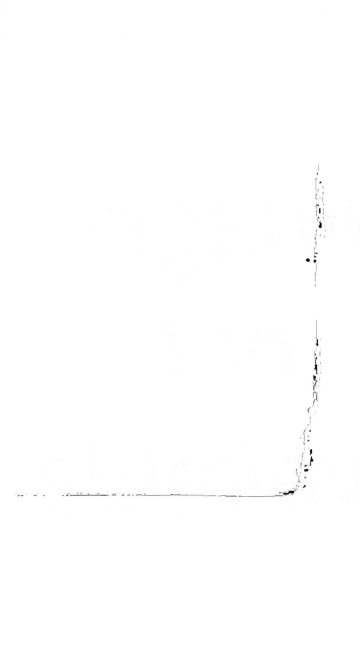

(Hebr. Titel: קנטרס גזרות תתנ"ו לרבינו אליעזר בר נתן הנודע בשם הראב"ן ז"ל ואגרת אל קהלות הקדש היהודים הנמצאים באשכנז להודיע להם מיטב ארץ תוגרמה ויתרון מלכות ישמעאל מאת יצחק צרפתי ז"ל.)

1408. R. Salomo Alami's Sittenlehren in Form eines Sendschreibens an einen Schüler im Jahre 1415 in Portugal geschrieben. Herausgegeben von *Adolph Jellinek.* Leipzig 1854. 12.

(Hebr. Titel: אגרת מוסר ששלח כמוהר"ר שלמה אלעמי ז"ל לתלמידו מפורטוגאל בשנת הקע"ה ליצירה.)

1409. Der Mikrokosmos. Ein Beitrag zur Religionsphilosophie und Ethik von R. *Josef Ibn Zadik*, einem Zeitgenossen des R. Jehuda ha-Levi. Aus dem Arabischen ins Hebräische übersetzt von R. Mose Ibn Tabbon und zum ersten Male herausgegeben von *Adolph Jellinek.* Leipzig 1854. 8.

(Hebr. Titel: ספר עולם הקטן לר' יוסף בן צדיק ז"ל וכו'.)

1410. R. Joseph Ibn Zadik. Ein Beitrag zur Geschichte der Philosophie im zwölften Jahrhundert von Dr. *B. Beer.* (Aus Frankel's „Monatsschrift für Geschichte und Wissenschaft des Judenthums" besonders abgedruckt.) Leipzig 1854. 8.

1411. ילקוט ישר אסיפת חקירות על ענינים שונים כרך ראשון. Collectanea dissertationum ex memoriis *Is. Reggio.* Fasc. primus. Görz 1854. 8.

1412. Bibliotheca Carnatica ed. *Mögling.* Mongalore 1848—51. 4 Bde. Fol. Lithogr. (Bd. I.: 1. Mahâbhârata 34 Capp. 1848; 2. Dâsarapadagaḷu 1850; 3. Sprüchwörter; Bd. II.: Basavapurâṇa 1850; Bd. III.: Bhârata des Jaimini 1851; Bd. IV.: Channa Basavapurâṇa 1851.)

1413. Philo Judaeus om Essaeerne, Therapeuterne och Therapeutriderna, Judarnas förföljelse under Flaccus och Legationen till Cajus Caligula, samt Utdrag ur Philos gammaltestamentliga, Allegoriska Skrifttolkningar, flerstädes med Evangelii dogmer och bud jemnförde och sammanställde. Öfversättning, med bifogade noter och anmärkningar, af *J. Berggren.* Söderköping 1853. 8.

1414. Beschrijving van een gedeelte der residentie Riouw, door *E. Netscher.* S. l. et a. [Batavia]. 8.

1415. Oratio de codicum orientalium, qui in Academia Lugduno-Batava servantur, bibliotheca, quam habuit *Theodor. Guil. Joh. Juynboll*, die VIII. Febr. a. MDCCCLIV, in Academia Lugduno-Batava, quum Magistratum Academicum deponeret. Lugd. Bat. 1854. 8.

1416. Quaestiones nonnullae Koheletbanae. Dissert. quam -- ad Licentiati in theologia honores rite obtinendos d. XIII. m. Julii a. MDCCCLIV -- publice defendet *Henricus Gideon Bernstein.* Vratislaviae. 8.

1417. $\frac{\text{21. April}}{\text{3. Mai}}$ 1854. Noch einige Nachweisungen über Pehlewy-Münzen. Von *B. Dorn.* 8. (Aus dem Bull. histor.-philol. T. XII. No. 6.) [Vgl. oben S. 636. Nr. 1400.]

1418. Catalogus van de Bibliotheek van het Bataviaasch Genootschap van Kunsten en Wetenschappen, door Dr. *P. Bleeker.* 1846. Tweede uitgave, door *J. Munnich.* (Auch unter dem Titel: Bibliothecae societatis artium scientiarumque quae Bataviae floret, catalogus systematicus. Curante *P. Bleeker,* Anno 1846. Editio altera. Curante *J. Munnich.*) Batavia, 1853. 8.

Von Herrn Prof. Wuttke:

1419. Hartlyhaus, oder Schilderungen des häuslichen und gesellschaftlichen Lebens der Europäer in Ostindien. Leipzig 1791. 8.

Verzeichniss der gegenwärtigen Mit[g]
morgenländischen Gesellschaft in alp[h]

I.

Ehrenmitgliede[r]

Herr Dr. Ch. C. J. Bunsen Exc., kön. preuss. wi[r]
- Dr. B. von Dorn, kais. russ. Staatsrath u
  burg.
- Freiherr A. von Humboldt Exc., kön. preu
- Stanisl. Julien, Mitgl. d. Instit. u. d. Ver
  u. Prof. d. Chines. in Paris.
- Herzog de Luynes, Mitglied des Instituts
- Dr. J. Mohl, Mitgl. d. Instit. u. Secretär d.
- A. Peyron, Prof. d. morgenl. Spr. in Tu
- Baron Prokesch von Osten, k. k. öst
  in Frankfurt a. M.
- E. Quatremère, Mitgl. d. Instit. u. Prof
- Reinaud, Mitgl. d. Instit., Präsident d.
  d. Arab. in Paris.
- Dr. Edward Robinson, Prof. am theolog
  Präsident der amerik. orient. Gesellscha
- Baron Mac Guckin de Slane, erster Do
  Armee in Algier.
- George T. Staunton, Bart., Vicepräside
  London.
- Dr. Horace H. Wilson, Director d. asiat.
  Prof. d. Sanskrit in Oxford.

II.

Correspondirende Mit

Herr Francis Ainsworth, Ehren-Secretär der
  in London.
- Dr. Jac. Berggren, Probst u. Pfarrer zu
- P. Botta, franz. Consul in Jerusalem.
- Cerutti, kön. sardin. Consul zu Larnaka
- Nic. von Chanykov, kais. russ. Staatsrat
- R. Clarke, Secretär d. asiat. Gesellschaft
- William Cureton, Kaplan I. Maj. der Köni
  nicus von Westminster, in London.
  R. v. Frähn, kais. russ. Gesandtschafts-Se
- F. Fresnel, franz. Consular-Agent in Dsc
- Dr. J. M. E. Gottwaldt, Prof. des Pers.
  d. Univ. in Kasan.
- C. W. Isenberg, Missionar in Bombay (d
- J. L. Krapf, Missionar in Mombas in Ost-
- E. W. Lane, Privatgelehrter in Worthing,
- H. A. Layard, Esq., M. P., in London.
- Dr. Lieder, Missionar in Kairo.
- Dr. A. D. Mordtmann, Hanseat. Geschäfts
  burg. Consul in Constantinopel.
- J. Perkins, Missionar in Urmia.
- Dr. A. Perron, in Paris.
- Dr. W. Plate, Ehren-Secretär der syri
  London.

image
not
available

Herr Dr. J. E. R. Käuffer, Landesconsist.-Rath
den (87).
- Dr. C. F. Keil, Prof. d. Exegese u. d. morg
- Dr. H. Kellgren, Docent an d. Univ. in He
- G. R. von Klot, Generalsuperintendent v. L
- Dr. A. Knobel, Prof. d. Theol. in Giessen
- Dr. J. G. L. Kosegarten, Prof. d. Theo
Greifswald (43).
- Alex. Freih. von Krafft-Krafftshagen
Preussen Leibhusaren-Regim., auf Krafftsh
- Dr. Ch. L. Krehl, Secretär an der öffentl. kön.
- Dr. Alfr. von Kremer, erster Dragoman d
Generalconsulats in Alexandrien (326).
- Dr. Abr. Kuenen, Prof. d. Theol. in Leyde
- Dr. A. Kuhn, Gymnasial-Oberlehrer in Berli
- Dr. Wilh. Lagus in Helsingfors (387).
- Dr. Jul. Landsberger, Rabbiner in Brieg
- Dr. F. Larsow, Prof. an d. Gymnas. z. grau
- Dr. Ch. Lassen, Prof. d. Sanskrit-Literatur
- Dr. H. Leo, Prof. d. Geschichte in Halle (
- Dr. C. R. Lepsius, Prof. an d. Univ. in B
- Dr. H. G. Lindgrén, Pfarrer in Tierp bei
- Dr. J. Löbe, Pfarrer in Rasephas bei Altenb
- Dr. E. Lommatzsch, Prof. d. Theol. am
berg (216).
- Dr. H. Lotze, Privatgelehrter in Leipzig (3
- Dr. E. I. Magnus, Privatdocent an d. Univ
- Russell Martineau, B. A. Lond., Lehrer
- Dr. Adam Martinet, Prof. der Exegese u.
kön. Lyceum zu Bamberg (394).
- Dr. B. H. Matthes, Agent d. Amsterd. Bibelge
- Ernst Mayer, Attaché der k. k. österreic
stantinopel (384).
- Dr. A. F. Mehren, Prof. der semit. Sprache
- Dr. H. Middeldorpf, Consist.-Rath u. Prof
- Georg von Miltitz, herzogl. braunschweig.
eichen im Kgr. Sachsen (313).
- Graf Miniscalchi, k. k. österreich. Kamm
- Dr. J. H. Möller, herzogl. sächs. goth. Ar
Gotha (190).
- Chr. Heinr. Monicke in Leipzig (376).
- Dr. F. C. Movers, Prof. d. kathol. Theol.
- Dr. J. Müller, Prof. d. morgenl. Spr. in M
- Dr. Jos. Müller, supplirender Prof. der deu
am Gymnasium Porta nuova in Mailand (3
- Dr. M. Müller, Taylorian Professor an d
M. A. Christ church (166).
- Th. Mündemann, Stud. theol., in Lünebu
- J. Muir, Civil Bengal Service in Bengalen
- Dr. G. H. F. Nesselmann, Prof. an d. Univ.
- Dr. K. F. Neumann, Prof. in München (7
- Lic. Dr. W. Neumann, Prof. der alttestan
der evangel.-theol. Facultät zu Breslau (
- Dr. John Nicholson in Penrith (England)
- Dr. Ch. W. Niedner, Prof. d. Theol., in
- Dr. G. F. Oehler, Prof. d. Theol. u. Ep
in Tübingen (227).

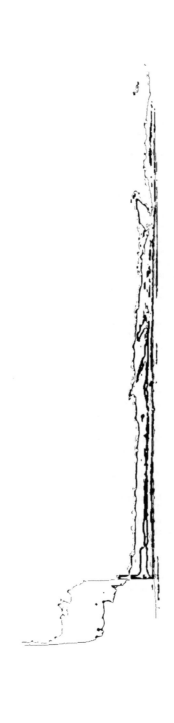

image
not
available

Taf.

Literarischer Anzeiger,

der

Zeitschrift der Deutschen morgenländischen Gesellschaft

beigegeben von

F. A. Brockhaus in Leipzig.

1854. Nr. 2.

Inserate sind an die Buchhandlung von F. A. Brockhaus *in Leipzig einzusenden. Die Gebühren betragen 2 Ngr. für die Zeile oder deren Raum.*

An die Mitglieder der Deutschen morgenländischen Gesellschaft.

Die Pariser Asiatische Gesellschaft gibt unter dem Titel „**Collection d'auteurs orientaux**" eine Sammlung wichtiger, bisher unedirter Werke orientalischer Autoren heraus mit dem besondern Zwecke, dieselben durch einen für dergleichen Drucke ungewöhnlich billigen Preis allgemein zugänglich zu machen. Der Werth der Sammlung wird noch dadurch erhöht, dass dem Texte ausser den nöthigen Noten auch eine französische Uebersetzung beigegeben wird. Durch Beschluss der Asiatischen Gesellschaft sollen die Mitglieder der „Deutschen morgenländischen Gesellschaft" die Bände zu dem gleichen Preise beziehen können, der für ihre eigenen Mitglieder festgesetzt ist. Da indess die Gesellschaft selbst eine Vermittelung in dieser Beziehung nicht übernehmen kann, so ist die Veranstaltung getroffen worden, dass diejenigen Mitglieder, welche die „**Collection d'auteurs orientaux**" anzuschaffen wünschen, dieselbe von mir zu diesem ermässigten Preise mit Aufschlag meiner Spesen gegen Baarzahlung von **1 Thlr. 15 Ngr.** für den Band beziehen können. Der erste Band: „**Voyages d'Ibn Batoutah, texte arabe**, accompagné d'une traduction par *Defrémery* et *B. R. Sanguinetti*. Tome premier." ist bereits erschienen. Da jeder Band auch einzeln abgegeben wird, so bitte ich bei Bestellungen zu bemerken, ob man die ganze Sammlung oder nur einen einzelnen Theil daraus anzuschaffen wünscht. Docenten können zu Lehrzwecken eine beliebige Anzahl Exemplare zu demselben Preise beziehen.

Bei Aufträgen, die nicht direct bei mir gemacht werden, ist dem vermittelnden Buchhändler eine Provision zu vergüten.

Leipzig, Januar 1854.

F. A. Brockhaus.

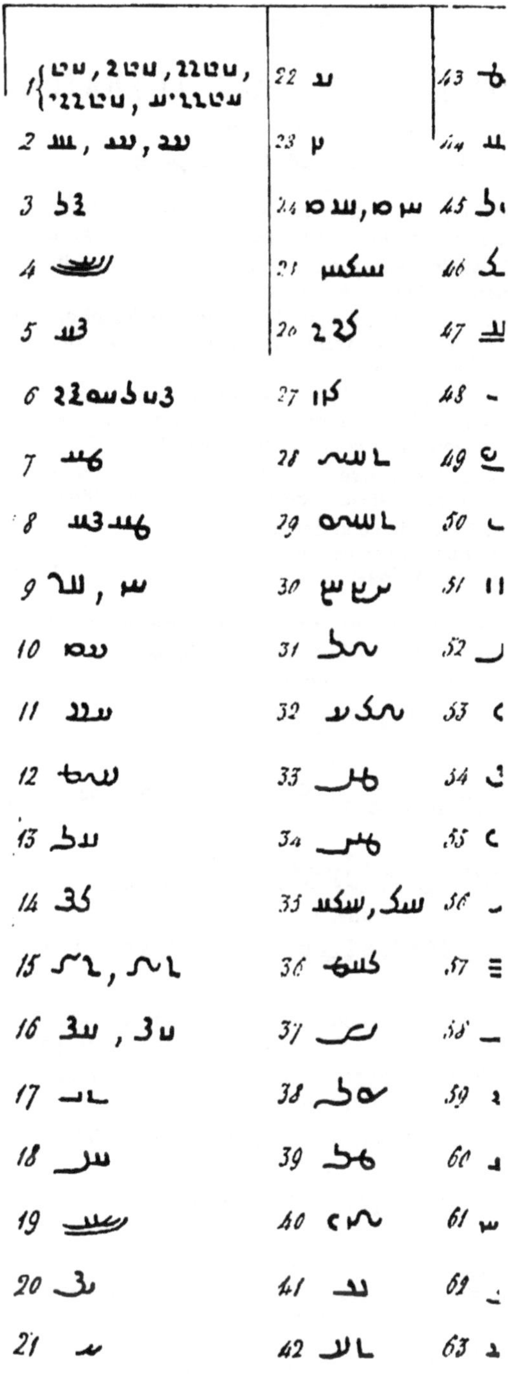
1
2
3
4
5
6
7
8
9
10
11
12
13
14
15
16
17
18
19
20
21
22
23
24
25
26
27
28
29
30
31
32
33
34
35
36
37
38
39
40
41
42
43
44
45
46
47
48
49
50
51
52
53
54
55
56
57
58
59
60
61
62
63

Druck von F. A. Brockhaus in Leipzig.

Literarischer Anzeiger,

der

Zeitschrift der Deutschen morgenländischen Gesellschaft

beigegeben von

F. A. Brockhaus in **Leipzig.**

1854. Nr. 3.

Inserate sind an die Buchhandlung von F. A. Brockhaus *in Leipzig einzusenden. Die Gebühren betragen 2 Ngr. für die Zeile oder deren Raum.*

Statt für 22 Thlr. — für 10 Thlr. Pr. Court.!

كتاب تقويم البلدان

(Kitâbu taqwîmi buldâni.)

Géographie d'Ismaël Abou'l fédâ, en arabe, publiée d'après deux manuscrits du Musée britannique de Londres et de la Bibliothèque royale de Dresde par Charles Schier. Édition autographiée. In folio. Dresde, 1846.

Wir haben von diesem Werke den Rest der Auflage übernommen und stehen Exemplare soweit der Vorrath reicht zu obigem Preise zu Diensten.

Leipzig, Mai 1854.

Voigt & Günther.
Buchhändler.

Von **F. A. Brockhaus** in **Leipzig** ist durch alle Buchhandlungen zu beziehen:

Wegweiser

zum

Verständniss der türkischen Sprache.

Eine deutsch-türkische Chrestomathie.

Von

MORIZ WICKERHAUSER.

8. Wien. 1853. Geh. 5 Thlr. 10 Ngr.

[illegible]

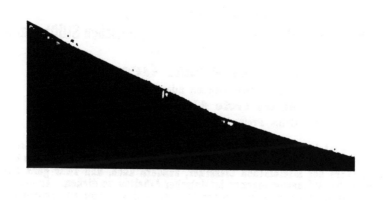

Druck von F. A. Brockhaus in Leipzig.

Literarischer Anzeiger,

der

Zeitschrift der Deutschen morgenländischen Gesellschaft

beigegeben von

F. A. Brockhaus in **Leipzig.**

1854. Nr. 4.

Inserate sind an die Buchhandlung von F. A. Brockhaus in Leipzig einzusenden. Die Gebühren betragen 2 Ngr. für die Zeile oder deren Raum.

Statt für 22 Thlr. — für 10 Thlr. Pr. Court.!

كتاب تقويم البلدان

(Kitâbu taqwîmi buldâni.)

Géographie d'Ismaël Abou'l fédâ, en arabe, publiée d'après deux manuscrits du Musée britannique de Londres et de la Bibliothèque royale de Dresde par Charles Schier. Édition autographiée. In folio. Dresde, 1846.

Wir haben von diesem Werke den Rest der Auflage übernommen und stehen Exemplare soweit der Vorrath reicht zu obigem Preise zu Diensten.

Leipzig, Mai 1854.

Voigt & Günther.
Buchhändler.

In Commission bei **F. A. Brockhaus** in **Leipzig** erschien:

Vergleichungs-Tabellen

der

Muhammedanischen und Christlichen Zeitrechnung

nach dem ersten Tage jedes Muhammedanischen Monats berechnet

und

im Auftrage und auf Kosten der Deutschen morgenländischen Gesellschaft

herausgegeben von

Dr. Ferdinand Wüstenfeld.

1854. 4. Geh. Preis 20 Ngr.

[redacted]

Druck von F. A. Brockhaus in Leipzig.

image
not
available

Druck von F. A. Brockhaus in Leipzig.

Lightning Source UK Ltd.
Milton Keynes UK
UKHW021219241218
334508UK00010B/478/P

9 780365 545156